BIBLIOTHEK DES TECHNISCHEN WISSENS

Arndt Kirchner   Manfred Maier   Sven Holzberger
Dietmar Schmid   Ulrich Kugel

Produktionsorganisation
Qualitätsmanagement und Produktpolitik

12. überarbeitete Auflage

VERLAG EUROPA-LEHRMITTEL · Nourney, Vollmer GmbH & Co. KG
Düsselberger Straße 23 · 42781 Haan-Gruiten

Europa-Nr.: 52417

Die Autoren des Buches

Arndt Kirchner	Dipl.-Ing. (FH)	Oberlenningen
Manfred Maier	Dipl.-Ing. (FH), Dipl.-Wirt.-Ing. (FH), Oberstudienrat	Dornstadt
Dietmar Schmid	Dr.-Ing., Professor	Essingen
Ulrich Kugel	Dipl.-Ing. (BA), Studienrat	Kirchheim/Teck
Sven Holzberger	Dipl.-Wirt.-Ing. (FH), Studienrat	Kornwestheim

Lektorat und Leitung des Arbeitskreises: Prof. Dr.-Ing. Dietmar Schmid, Essingen

Illustrationen:
Grafische Produktionen Jürgen Neumann, 97222 Rimpar

Betreuung der Bildbearbeitung:
Zeichenbüro des Verlags Europa-Lehrmittel, Ostfildern

Dem Buch wurden die neuesten Ausgaben der Normen und Gesetze zugrunde gelegt. Verbindlich sind jedoch nur die Normblätter selbst und die amtlichen Gesetzestexte. Wie in Lehrbüchern üblich, werden etwa bestehende Patente, Gebrauchsmuster oder Warenzeichen meist nicht erwähnt. Das Fehlen eines solchen Hinweises bedeutet daher nicht, dass die dargestellten Produkte davon frei sind. Die Bilder sind von den Autoren entworfen bzw. entstammen aus deren Arbeitsumfeld. Soweit Bilder, insbesondere Fotos, einem Copyright Dritter unterliegen, sind diese mit dem ©-Symbol und dem Urhebernamen versehen und im Quellenverzeichnis aufgelistet.

12. Auflage 2022
Druck 5 4 3 2 1

Alle Drucke derselben Auflage sind parallel einsetzbar, da sie bis auf die Korrektur von Druckfehlern identisch sind.

ISBN 978-3-8085-5295-7

Alle Rechte vorbehalten. Das Werk ist urheberrechtlich geschützt. Jede Verwertung außerhalb der gesetzlich geregelten Fälle muss vom Verlag schriftlich genehmigt werden.

© 2022 by Verlag Europa-Lehrmittel, Nourney, Vollmer GmbH & Co. KG, 42781 Haan-Gruiten
www.europa-lehrmittel.de

Satz: Grafische Produktionen Jürgen Neumann, 97222 Rimpar
Umschlaggestaltung: braunwerbeagentur, 42477 Radevormwald
Umschlagfoto: Foto von Prof. Dr.-Ing. Dietmar Schmid, Essingen
Druck: Plump Druck & Medien GmbH, 53619 Rheinbreitbach

Vorwort zur 12. Auflage

Die **Produktionsorganisation**, das Produktmanagement in Verbindung mit dem Qualitätsmanagement, rückt immer stärker in den Mittelpunkt heutiger Unternehmen. Wirtschaftlicher Erfolg setzt nicht nur das Beherrschen technischer Lösungen voraus, sondern auch ihre Umsetzung mit der richtigen Produktionsorganisation und der geeigneten Produktpolitik im globalen Wettbewerb. Waren diese Aufgaben früher fast nur die Aufgaben des oberen Managements, so sind dies heute, dank flacher Hierarchien, Aufgaben, die fast jede Mitarbeiterin und jeden Mitarbeiter in einem Unternehmen angehen.

Dieses Buch soll die Aufgaben in diesem Arbeitsfeld verdeutlichen, den Lernenden die Augen für betriebliche Zusammenhänge öffnen und Hilfe für eine erfolgreiche eigene berufliche Tätigkeit sein. Für Lehrende, die oftmals die berufliche Wirklichkeit nur aus „früheren" Erfahrungen kennen, soll dieses Buch eine Handreichung darstellen, die den aktuellen Stand heutiger Unternehmenspolitik repräsentiert.

Gegliedert ist das Buch in diese Bereiche:

Produktionsmanagement mit
- Betriebsorganisation,
- Methoden der Planung,
- Informationsfluss,
- Arbeitssystemgestaltung, Ergonomie,
- Kostenrechnung,
- Produktionsplanung und -steuerung (PPS),
- Manufacturing Execution Systems (MES),
- Projektmanagement sowie
- Personalmanagement (PM).

Qualitätsmanagement mit
- Qualität und Prüfplanung,
- DIN ISO 9000:2015-11 ff sowie
- TQM und TQM-Werkzeuge.

Produktpolitik mit
- Marketing und Marketinginstrumenten,
- Strategie sowie
- Käuferverhaltensforschung und Marktforschung.

Das vorliegende Buch vermittelt den Lehrstoff, wie er in den Berufsfachschulen und in Berufskollegs für Technik und Wirtschaft gefordert wird, ferner wie er notwendig ist in Technikerschulen und in Meisterschulen sowie im Bereich der beruflichen Weiterbildung. Für Studierende der Hochschulen, insbesondere mit technisch orientierten Studiengängen, vermittelt das Buch das notwendige ergänzende Wissen für die betriebswirtschaftlichen Fragestellungen, denen sich jeder im Beruf stellen muss.

Die vorliegende **12. Auflage** wurde aktualisiert. Hervorzuheben sind die Neuerungen in den Kapiteln Montagetechnik, Betriebsdatenerfassung, Personalmanagement und Produktpolitik.

In der **EUROPATHEK** (siehe vordere Umschlaginnenseite) stehen eine Reihe von digitalen **Zusatzmaterialien** zur Verfügung: ein Repetitorium zum schrittweisen Studieren und zur Lernkontrolle ganzer Wissensgebiete sowie wichtige Gesetzestexte.

Wenn Sie mithelfen möchten, dieses Buch für die kommenden Auflagen zu verbessern, schreiben Sie uns unter **lektorat@europa-lehrmittel.de**. Ihre Hinweise und Verbesserungsvorschläge nehmen wir gern auf.

Im Sommer 2022 Dietmar Schmid

Inhaltsverzeichnis

1	Einführung	9
1.1	Ziel der Produktion.	9
1.2	Produktionsarten	10
1.3	Unternehmensphilosophien	12
1.3.1	Lean Production	13
1.3.1.1	Lean Production: Fertigung	13
1.3.1.2	Lean Production: Entwicklung.	14
1.3.1.3	Lean Production: Konstruktion	15
1.3.1.4	Lean Production: Organisation	15
1.3.2	Toyota-Produktions-System (TPS)	16
1.4	Exkurs: Industrie 4.0.	17

2	Betriebsorganisation	21
2.1	Unternehmen und Betriebsorganisation . .	21
2.1.1	Das Unternehmen und der Markt	22
2.1.2	Entwicklungstendenzen bei Unternehmen.	23
2.1.3	Die neuen Anforderungsprofile.	23
2.2	Der Unternehmensprozess	24
2.2.1	Die neuen Herausforderungen	24
2.2.2	Konsequenzen für Unternehmen und ihre Produkte	25
2.2.3	Workflow (Prozessketten und Prozessnetze)	27
2.2.4	Das Prozessmanagement.	28
2.2.5	Einführung des Prozessmanagements	29
2.2.5.1	Prozesse definieren (Etappe I)	29
2.2.5.2	Prozesse analysieren (Etappe II)	31
2.2.5.3	Prozesse optimieren (Etappe III)	34
2.2.5.4	Prozesse festigen (Etappe IV)	36
2.3	Die Aufbauorganisation.	38
2.3.1	Organisation	38
2.3.2	Gestaltungsprinzipien	39
2.3.3	Aufgabe, Stelle, Instanz und Arbeitsplatz. .	39
2.3.4	Gliederungsmerkmale	41
2.3.5	Aufbaustrukturprinzipien	41
2.4	Die Ablauforganisation	44
2.4.1	Ziele und Aufgaben	44
2.4.2	Gestaltung der Arbeitsabläufe.	45
2.4.3	Der Auftrag	46
2.4.4	Die Artteilung und die Mengenteilung	47
2.4.5	Die Arbeitsstrukturierung.	48
2.5	Unternehmensstrategien.	49
2.5.1	Auslandsinvestitionen	49
2.5.2	Simultaneous Engineering (SE)	50
2.5.3	Lean Management	51
2.6	Unternehmenssteuerung.	52
2.6.1	Controlling.	52
2.6.2	Benchmarking	55
2.6.3	Reengineering	57

3	Methoden der Planung	61
3.1	Planung	61
3.1.1	Planungsanstöße	61
3.1.2	Projektplanung	62
3.1.3	Rechte des Betriebsrates und Einbeziehung der Mitarbeiter	63
3.2	Planungssystematik.	64
3.2.1	Verbindung von Theorie und Praxis	64
3.2.2	Analyse der Ausgangssituation.	65
3.2.3	Ziele und Aufgaben	65
3.2.4	Arbeitssystem	66
3.2.5	Feinkonzept	67
3.3	Methoden der Ideenfindung	68
3.3.1	Brainstorming	68
3.3.2	Morphologische Analyse	69
3.4	Planungsdarstellung	72
3.4.1	Projektstrukturplan	72
3.4.2	Balkenplan (Gantt-Diagramm)	72
3.4.3	Flussdiagramm	73
3.4.4	Netzplan.	73
3.5	Planungshilfen	76
3.5.1	ABC-Analyse	76
3.5.2	XYZ-Analyse	76
3.5.3	Nutzwertanalyse	78
3.5.4	Wertanalyse.	80

4	Grundlagen des betrieblichen Informationssystems	83
4.1	Information und Produktionsfaktoren	83
4.2	Produktprogramm und Produktlebenszyklus.	83
4.3	Produktentwicklung und Auftragsabwicklung	84
4.4	Datenmanagement.	85
4.5	Computer Aided Industry (CAI)	87
4.6	Kommunikationssysteme	88
4.6.1	Lokale Kommunikation	89
4.6.2	Internet und Intranet.	90
4.6.3	Lokale Netze (LAN)	91
4.6.4	IT-Sicherheitsmanagement	92
4.6.4.1	Einführung.	92
4.6.3.2	Grundwerte der IT-Sicherheit	92
4.6.4.3	Vorschriften und Gesetze	93
4.6.4.4	Strukturierung	94
4.7	Datenarten	95
4.8	Modellbetrieb	97
4.9	Nummerung	99
4.9.1	Identnummer	99
4.9.2	Klassifizierungsnummer	99
4.9.3	Verbundnummer.	100
4.9.4	Parallelnummer	100
4.9.5	Sachmerkmalliste	101
4.10	Dateiverarbeitung und Datenbanken	102
4.10.1	Datenstrukturen	102
4.10.2	Datenbanken	103
4.10.3	Relationales Datenmodell	104
4.10.4	Entity-Relationship-Modell (ERM)	105

4.10.5	Entwurf einer Datenbank zur Bestellabwicklung.	107		5.4.3.2	Etappe II: Materialfluss-Prozess analysieren	193
4.10.6	Erstellen einer Datenbank mit Apache OpenOffice Base	109		5.4.3.3	Etappe III: Materialfluss-Prozess optimieren.	195
4.10.7	Datenbankabfragesprache SQL	116		5.4.3.4	Etappe IV Materialfluss-Prozess festigen	197
4.11	**Erzeugnisgliederung**	**117**		**5.5**	**Fabrikplanung**	**199**
4.11.1	Teilearten	117		**5.6**	**Virtualisierung**	**211**
4.11.2	Fertigungsorientierte Erzeugnisgliederung	117		5.6.1	Stereoskopische Betrachtung	211
				5.6.2	Virtual Environments (VE)	211
4.11.3	Stücklisten	121		5.6.3	Anwendung von VE-Systemen	214
4.11.3.1	Mengenübersichtsstückliste	121		**5.7**	**3D-Druck**	**215**
4.11.3.2	Strukturstückliste	121		**5.8**	**Arbeitsbewertung**	**219**
4.11.3.3	Baukastenstückliste	122		5.8.1	Ziele und Anforderungen an die Arbeitsbewertung	219
4.12	**Arbeitsablauf und Zeiten**	**127**		5.8.2	Verfahren der Arbeitsbewertung	220
4.12.1	Ablaufabschnitte und Ablaufarten	127		5.8.2.1	Summarische Arbeitsbewertung	220
4.12.2	Vorgabezeit	129		5.8.2.2	Analytische Arbeitsbewertung	221
4.12.3	Zeitermittlung	130		5.8.3	Arbeitsbeschreibung	222
4.13	**Arbeitsplanung**	**135**		5.8.4	Anforderungsanalyse	223
4.13.1	Aufgaben der Arbeitsplanung	135		5.8.5	Quantifizierung der Anforderungen	224
4.13.2	Arbeitsplan	135		5.8.6	Einstufen in Lohngruppen (Tarifieren)	226
4.13.3	Arbeitsplanerstellung	136		5.8.7	Zukunft der Arbeitsbewertung	227
4.13.4	Rationalisierung der Arbeitsplanung	138		5.8.8	Vor- und Nachteile der Arbeitsbewertung	227
4.13.5	Arbeitspläne für das Beispielerzeugnis des Modellbetriebes	139		5.8.9	Beispiele aus einem Tarifvertrag	227
				5.9	**Entlohnung und Entgeltdifferenzierung**	**229**
5	**Arbeitssystemgestaltung**	**143**		5.9.1	Allgemeines	229
				5.9.2	Grundlagen der Entgeltdifferenzierung	229
5.1	**Grundlagen der Arbeitssystemgestaltung**	**143**		5.9.3	Anforderungsabhängige Entgeltdifferenzierung	230
5.1.1	Der Mensch ist das Maß	143		5.9.4	Leistungsabhängige Entgeltdifferenzierung	231
5.1.2	Menschengerechte Arbeitsgestaltung	145		5.9.5	Arten der leistungsabhängigen Entlohnung	231
5.1.3	Die Gestaltung von Arbeitssystemen im Gesamtüberblick	146		5.9.6	Zeitlohn, Gehalt, Zeitlohn mit Leistungszulagen	235
5.2	**Ergonomie**	**147**		**5.10**	**Entgeltrahmenabkommen, Entgeltrahmentarifverträge (ERA)**	**236**
5.2.1	Aufgabe, Ziel und Inhalt	147		5.10.1	Einführung	236
5.2.2	Ergonomische Checkliste für manuelle Arbeitssysteme	147		5.10.2	Arbeitsbewertungsmethoden	239
5.2.3	Arbeitsbelastung und Arbeitsbeanspruchung	154		5.10.3	Tarifierungsbeispiele	245
5.2.4	Belastungsanalyse und Gestaltungsregeln bei der körperlichen Arbeit	158		**5.11**	**Rechtliche Grundlagen bei der Arbeitssystemgestaltung**	**249**
				5.11.1	Verfassungsrechtliche Grundlagen	249
5.2.5	Belastungen durch die Arbeitsorganisation (Schichtarbeit)	162		5.11.2	Umsetzung in der sozialen Marktwirtschaft	249
5.2.6	Beispiel für eine Arbeitsplatzgestaltung	164		5.11.3	Arbeitsrecht und Arbeitsschutz	250
5.3	**Montagetechnik**	**172**		5.11.4	Die wichtigsten Regelwerke	250
5.3.1	Grundlagen	172		5.11.5	Das staatliche Arbeitsschutzrecht	252
5.3.2	Der Materialfluss	177		5.11.6	DGUV Vorschrift 1 „Grundsätze der Prävention" – Unfallverhütungsvorschrift	252
5.3.2.1	Lagern	177				
5.3.2.2	Puffern	178		5.11.7	Die Fürsorgepflicht	253
5.3.2.3	Bunkern	178		5.11.8	Das Europäische Arbeitsschutzrecht	253
5.3.2.4	Magazinieren	180		5.11.9	Die Gefährdungsbeurteilung	255
5.3.2.5	Fördern	181		5.11.9.1	Einführung	255
5.3.3	Montagemaschinen	184		5.11.9.2	Inhalt und Ablauf der Gefährdungsbeurteilung Vorgehensweisen und Verfahren	255
5.3.4	Roboter	185				
5.3.5	Montageorganisation	189		5.11.9.3	Verantwortung und Mitwirkung bei der Gefährdungsbeurteilung	258
5.4	**Materialflussoptimierung**	**191**				
5.4.1	Zielsetzung	191		5.11.9.4	Zeitpunkt der Gefährdungsbeurteilung	258
5.4.2	Planung und Gestaltung	191		5.11.9.5	Gestaltungsrangfolge von Arbeitsschutzmaßnahmen	259
5.4.3	Beispiel im Modellbetrieb	192				
5.4.3.1	Etappe I: Materialfluss-Prozess definieren	192		5.11.9.6	Die Verantwortung des Unternehmers	262

5.11.10	Gefahrstoffe	263
5.11.11	EU-Maschinenrichtlinie	265
5.11.12	Europäische Sicherheitsnormen	268

6 Kostenrechnung für die Betriebspraxis — 269

6.1	Was sind Kosten?	269
6.2	Gliederung der Kosten	270
6.3	Kostenartenrechnung	272
6.4	Innerbetriebliche Leistungsverrechnung	275
6.4.1	Verfahren zur innerbetrieblichen Leistungsverrechnung	276
6.4.2	Betriebsabrechnungsbogen (BAB)	276
6.4.3	Platzkostenrechnung	285
6.5	Kalkulationen	290
6.5.1	Aufgaben der Kalkulation	290
6.5.2	Arten der Kalkulation	290
6.5.3	Divisionskalkulation	290
6.5.4	Zuschlagskalkulation	293
6.6	Vollkostenrechnung und Teilkostenrechnung	297
6.6.1	Vollkostenrechnung	297
6.6.2	Teilkostenrechnung (Deckungsbeitragsrechnung)	297
6.6.3	Vergleich Vollkostenrechnung und Teilkostenrechnung	299
6.7	Kostenvergleichsrechnungen	304
6.7.1	Ermittlung von Grenzwerten	306
6.7.2	Eigenleistung oder Fremdleistung	307
6.7.3	Statische Investitionsrechnung	308
6.7.4	Dynamische Investitionsrechnung	310
6.7.4.1	Kapitalwertverfahren	310
6.7.4.2	Internes Zinsfußverfahren	312
6.7.4.3	Annuitätenverfahren	314
6.7.4.4	Dynamische Amortisationsrechnung	316
6.8	Prozesskostenrechnung	317
6.9	Zielkostenrechnung (Target costing)	319

7 Produktionsplanung und -steuerung (PPS) — 322

7.1	PPS-Grundlagen	322
7.1.1	Logistik, PPS, ERP und SCM	322
7.1.2	Zielkonflikt der PPS	323
7.1.3	PPS-Planungsgrößen	325
7.1.4	Grobablauf der PPS	327
7.1.5	Planungsebenen	330
7.1.6	Vom MRP-Konzept zum ERP-System	331
7.2	Das SAP ERP®-System	332
7.2.1	Grundlagen	332
7.2.2	Merkmale des SAP ERP-Systems	333
7.2.3	Unternehmensstruktur und Organisationseinheiten	334
7.2.4	Einführung in die Bedienung	335
7.2.5	Materialstammdaten	336
7.2.6	Stücklisten	338
7.3	Produktionsprogrammplanung	339
7.3.1	Überblick	339
7.3.2	Prognoseverfahren	339
7.3.3	XYZ-Analyse	344
7.3.4	Bevorratungsstrategie	345
7.3.5	Dispositionsverfahren	346
7.3.6	ABC-Analyse	348
7.3.7	Auftragsneutrale Durchlaufzeitplanung	350
7.3.8	Eigenfertigung oder Fremdbezug	354
7.3.9	Bestandsplanung	355
7.4	Vertrieb	359
7.4.1	Angebotsarten	359
7.4.2	Angebotsbearbeitung	360
7.4.3	Rahmenvereinbarung	362
7.5	Materialsteuerung	364
7.5.1	Materialbedarfsermittlung	365
7.5.2	Materialbestandsführung	368
7.5.3	Beschaffungsrechnung	373
7.5.4	Materialdisposition eines Kundenauftrages	376
7.6	Eigenfertigungsplanung und -steuerung	382
7.6.1	Durchlaufterminierung (Feinterminierung)	383
7.6.2	Kapazitätsterminierung (Kapazitätsfeinplanung)	385
7.6.3	Reihenfolgeplanung	386
7.6.4	Auftragsveranlassung und Auftragsüberwachung	388
7.7	Betriebsdatenerfassung (BDE)	390
7.7.1	Aufgaben von BDE	390
7.7.2	Technik der BDE	391
7.7.2.1	Strichcodes und Flächencodes	391
7.7.2.2	Codeleser	393
7.7.2.3	Elektronische Identifikationssysteme	395
7.7.3	Funkterminals	397
7.8	Fertigungssteuerung mit Kanban	398

8 Manufacturing Execution Systems (MES) — 399

8.1	Ziele von MES	399
8.2	Das MES-System	400
8.2.1	Aufgabe	400
8.2.2	Grundlegende MES-Aufgabe im Produktionsprozess	400
8.2.3	Nutzungspotential	400
8.3	MES-Aufgabe in einem Produktionsprozess (Beispiel)	401
8.3.1	Auftrag	401

9 Projektmanagement — 403

9.1	Grundlagen des Projektmanagements	403
9.1.1	Der Begriff Projekt	403
9.1.2	Elemente des Projektmanagements	404
9.1.3	Projektmanagementprozess und Projektwertschöpfungsprozess	405

9.1.4	Grundsätze des Projektmanagements ... 406		11	**Qualitätsmanagement** 447
9.1.5	Tätigkeitsbereiche des Projektmanagements 407		11.1	Einführung........................ 447
9.1.6	Projekt-Aufbauorganisation........... 407		11.1.1	Qualität 447
9.1.7	Projekt-Organisationsformen 408		11.1.1.1	Qualitätsmerkmale................. 448
9.1.8	Projektphasen...................... 410		11.1.1.2	Fehler............................. 448
9.2	**Projektinitialisierung und Projektdefinition.................... 411**		11.1.2	Ziele des Qualitätsmanagements....... 449
			11.1.3	Qualitätskreis und Qualitätspyramide ... 451
9.2.1	Projektinitialisierung und Start der Projektdefinitionsphase 411		11.2	**Teilfunktionen des Qualitätsmanagements................ 451**
9.2.2	Situationsanalyse.................... 412		11.2.1	Qualitätsplanung 452
9.2.3	Projektumfeld- und Stakeholder-Analyse. 412		11.2.2	Qualitätsprüfung................... 453
9.2.4	Zielentwicklung..................... 413		11.2.2.1	Prüfplanung........................ 453
9.2.5	Projektgrobplanung 414		11.2.2.2	Prüfausführung..................... 454
9.2.6	Risikomanagement................... 414		11.2.2.3	Prüfhäufigkeit...................... 456
9.2.7	Projektmarketing und Projektkommunikation................ 416		11.2.2.4	Prüfdatenverarbeitung............... 457
			11.2.3	Qualitätslenkung................... 457
9.2.8	Projektantrag und Projektauftrag 417		11.2.4	Qualitätsförderung.................. 458
9.3	**Projektplanung.................... 417**		11.3	**DIN EN ISO 9000:2015 ff 459**
9.3.1	Projektstrukturplan und Arbeitspakete... 418		11.3.1	Grundsätze des Qualitätsmanagements (QM) 460
9.3.2	Projektablaufplan 420			
9.3.3	Terminplanung 421		11.3.1.1	Prozess............................ 461
9.3.4	Ressourcenplanung 424		11.3.1.2	Prozessorientierter Ansatz............ 461
9.3.5	Kosten- und Finanzplanung........... 426		11.3.2	Einleitung (Allgemeines) 463
9.3.6	Projektplanung abschließen 427		11.3.2.1	Grundsätze des Qualitätsmanagement .. 464
9.3.7	Schätzverfahren 428		11.3.2.2	Risikobasiertes Denken 464
9.4	**Projektdurchführung und Projektcontrolling.................. 429**		11.3.2.3	Die Norm DIN EN ISO 9001:2015...... 465
			11.3.3	Kontext der Organisation (Normabschnitt 4)................... 465
9.4.1	Aufgaben des Projektcontrollings....... 429			
9.4.2	Terminkontrolle..................... 430		11.3.3.1	Verstehen der Organisation (Normabschnitt 4.1) 465
9.4.3	Kosten- und Leistungskontrolle........ 431			
9.4.4	Abweichungsursachen und Steuerungsmaßnahmen 433		11.3.3.2	Verstehen der Erfordernisse und Erwartungen (Normabschnitt 4.2) 465
9.4.5	Berichte 434		11.3.3.3	Festlegen des Anwendungsbereichs (Normabschnitt 4.3) 466
9.5	**Projektabschluss................... 434**			
			11.3.3.4	Qualitätsmanagementsystem aufbauen (Normabschnitt 4.4) 466
10	**Personalmanagement (PM)** **435**			
			11.3.4	Führung (Normabschnitt 5).......... 467
10.1	Einführung........................ 435		11.3.4.1	Führung und Verpflichtung (Normabschnitt 5.1) 467
10.1.1	Ziele und Aufgaben 435			
10.1.2	Personal 4.0 und die Abschaffung des Fließbandes........................ 436		11.3.4.2	Politik (Strategie) (Normabschnitt 5.2)... 467
			11.3.4.3	Rollen, Verantwortlichkeiten und Befugnisse (Normabschnitt 5.3) 468
10.2	**Personalplanung..................... 437**			
10.2.1	Zielsetzung 437		11.3.5	Planung (Normabschnitt 6)........... 468
10.2.2	Stellenplanung 438		11.3.5.1	Umgang mit Risiken und Chancen (Normabschnitt 6.1) 468
10.2.3	Stellenbesetzung 439			
10.2.4	Personalförderung 441		11.3.5.2	Qualitätsziele und Planung (Normabschnitt 6.2) 469
10.2.5	Personalbeurteilung 441			
10.2.6	Personalentlohnung 443		11.3.5.3	Planung von Änderungen (Normabschnitt 6.3) 470
10.3	**Personalführung.................... 443**			
10.3.1	Übersicht.......................... 443		11.3.6	Unterstützung (Normabschnitt 7)...... 470
10.3.2	Konfliktmanagement 444		11.3.6.1	Ressourcen (Normabschnitt 7.1) 470
10.4	**Mitarbeiterqualifizierung............. 445**		11.3.6.2	Kompetenz (Normabschnitt 7.2) 473
10.4.1	Qualifizierungsplanung 445		11.3.5.3	Bewusstsein (Normabschnitt 7.3) 473
10.4.2	Gestaltung der Qualifizierungsmaßnahmen 445		11.3.6.4	Kommunikation (Normabschnitt 7.4)... 474
			11.3.6.5	Dokumentierte Information (Normabschnitt 7.5) 475
10.4.3	Qualifizierungsbereiche 446			
10.4.4	Beteiligungsqualifizierung 446		11.3.7	Betrieb (Normabschnitt 8)........... 476
			11.3.7.1	Betriebliche Planung und Steuerung (Normabschnitt 8.1) 476
			11.3.7.2	Anforderung an Produkte und Dienstleistungen (Normabschnitt 8.2) ... 476

11.3.7.3	Entwicklung von Produkten und Dienstleistungen (Normabschnitt 8.3) . . . 479		12.1.4	Marketing und Prozessorientierung 536	
11.3.7.4	Externe Prozesse, Produkte und Dienstleistungen (Normabschnitt 8.4) . . . 481		12.1.5	Marketing und die Ziele des Qualitätsmanagements 537	
11.3.7.5	Produktion und Dienstleistungserbringung (Normabschnitt 8.5) 484		12.1.5.1	Kundenorientierung 537	
			12.1.5.2	Kundenwünsche und Total Quality Management. 538	
11.3.7.6	Freigabe von Produkten und Dienstleistungen (Normabschnitt 8.6) . . . 485		12.1.5.3	Das *Kano*-Modell 539	
11.3.7.7	Steuerung nichtkonformer Ergebnisse (Normabschnitt 8.7) 486		12.1.5.4	Kundenorientierung und Kundenzufriedenheit 540	
11.3.8	Bewertung der Leistung (Normabschnitt 9) 486		**12.2**	**Marketinginstrumente** **542**	
			12.2.1	Die marktpolitischen Instrumente des Marketing 542	
11.3.8.1	Überwachung, Messung, Analyse und Bewertung (Normabschnitt 9.1) 486		12.2.2	Ziele und Gliederung der Produktpolitik. . 543	
11.3.8.2	Internes Audit (Normabschnitt 9.2) 487		12.2.3	Programmstrukturanalysen und das Portfolio 547	
11.3.8.3	Managementbewertung (Normabschnitt 9.3) 488		12.2.3.1	Übersicht 547	
11.3.9	Verbesserung (Normabschnitt 10) 488		12.2.3.2	Kurzbeschreibung des Marktwachstum-Marktanteil-Portfolio. 547	
11.3.9.1	Allgemeines (Normabschnitt 10.1) 488		12.2.3.3	Erstellung eines Produktportfolios 548	
11.3.9.2	Nichtkonformitäten und Korrekturmaßnahmen (Normabschnitt 10.2) 489		12.2.3.4	Strategien zum Portfolio – der Produkt-Lebenszyklus. 549	
			12.2.4	Das mehrdimensionale Portfolio von McKinsey. 549	
11.3.9.3	Fortlaufende Verbesserung (Normabschnitt 10.3) 489		12.2.5	Strukturanalysen. 550	
11.3.9.4	Anhänge in ISO 9001:2015. 489		12.2.5.1	Die Analyse der Altersstruktur. 551	
11.4	**Total Quality Management (TQM)** **490**		12.2.5.2	Benchmarking und die Innovationskraft. . 551	
11.4.1	Qualität als oberstes Unternehmensziel. . 491		12.2.6	Die Umsatzstrukturanalyse 552	
11.4.2	Six Sigma 492		12.2.6.1	Die Umsatzanteile. 552	
11.5	**Werkzeuge des TQM** **494**		12.2.7	Die Produktpositionierungsanalyse 553	
11.5.1	7 Tools – Werkzeuge zur Problemerkennung und Problemanalyse 494		12.2.7.1	Beschreibung der Positionierungsanalyse. 553	
11.5.1.1	Das Flussdiagramm 494		12.2.7.2	Die Verfahren zur Bestimmung von Produktmarkträumen 554	
11.5.1.2	Die Pareto-Analyse 496				
11.5.1.3	Das Ursache-Wirkungs-Diagramm 497		12.2.7.3	Die faktorenanalytische Verdichtung 555	
11.5.1.4	Das Verlaufsdiagramm 497		12.2.7.4	Die Positionierungs-Analyse (PA) 555	
11.5.1.5	Das Baumdiagramm. 498		12.2.8	Analyse des Vertriebs über den Zwischenhandel 556	
11.5.1.6	Das Streudiagramm. 498				
11.5.1.7	Das Matrixdiagramm 499		12.2.9	Operative Programm- und Produktpolitik 557	
11.5.2	QFD – Quality Function Deployment. 499		12.2.9.1	Deckungsbeitragsanalysen 557	
11.5.3	FMEA – Failure Mode and Effects Analysis. 501		12.2.9.2	Kundenzufriedenheitsanalysen, die Beschwerdepolitik 558	
11.5.4	Statistische Prozesslenkung 504		**12.3**	**Marketingstrategien zur Umsetzung der Produktpolitik** **560**	
11.5.4.1	Einführung. 504		12.3.1	Die Qualitätsorientierung. 561	
11.5.4.2	Darstellen und Auswerten von Prüfdaten 506		12.3.2	Die Innovationsorientierung 562	
11.5.4.3	Mathematische Modelle zur Beschreibung von Zufallsereignissen 511		12.3.3	Die Markierungsorientierung. 563	
			12.3.4	Die Programmbreitenorientierung 563	
11.5.4.4	Qualitätsregelkarten 520		12.3.5	Kostenorientierung 564	
11.5.4.5	Maschinenfähigkeit und Prozessfähigkeit 524		**12.4**	**Käuferverhaltensforschung** **566**	
11.6	**KAIZEN** **525**		12.4.1	Marketingmanagement und Marketingforschung. 566	
11.6.1	Begriff und Prinzip des KAIZEN. 525				
11.6.2	Innovation und KAIZEN 526		12.4.2	Das Paradigma des Kaufverhaltens 567	
11.6.3	Funktionsweise von KAIZEN 526		**12.5**	**Das Marketing-Mix** **569**	
11.7	**Glossar** **527**				

12	**Produktpolitik**	**531**

Verzeichnis der Sachworte und der Personen		**571**

12.1	**Marketing** **531**	
12.1.1	Einführung. 531	
12.1.2	Merkmale und Aufgaben des Marketings 533	
12.1.3	Unternehmenspolitik 535	

Quellenverzeichnis		**584**

1 Einführung

Unter Produktion versteht man allgemein die Herstellung oder das Verändern von Produkten. Produkte können sowohl Sachgüter, z. B. Motoren als auch Dienstleistungen, z. B. Wartungsarbeiten sein.

1.1 Ziel der Produktion

Das Ziel der Produktion ist Bedarfe zu decken und/oder Gewinne zu erzielen. So hat die Produktion im privaten Bereich, z. B. die Herstellung einer Mahlzeit in der häuslichen Küche das Ziel den eigenen Ernährungsbedarf zu decken. Die Herstellung von Mahlzeiten im Gastronomiebereich verfolgt hingegen das Erzielen von Gewinnen. Gewinne sind notwendig um Investitionen tätigen zu können und so die Unternehmen nachhaltig zu sichern. In sozialistischen Ländern mit Planwirtschaft war oft die Bedarfsorientierung im Vordergrund. In westlichen Gesellschaften ist es die Gewinnorientierung.

Gewinne kann man erzielen, wenn Kosten, Qualität und Lieferbereitschaft im Einklang stehen und wenn für das Produkt eine Nachfrage besteht. Daraus leitet sich die Orientierung am Kunden ab. Es kann meist davon ausgegangen werden, dass Produkte und/oder Produktionsunternehmen im Wettbewerb zueinander stehen. Dann ist für eine Gewinnorientierung die *Einzigartigkeit* eine bedeutsame Eigenschaft (**Bild 1**).

Die Einzigartigkeit kann z. B. in den Produkteigenschaften, nämlich in den Funktionen, den Materialien und den Formen liegen oder in der Art der Produktion hinsichtlich der entstehenden Kosten und Qualität oder auch hinsichtlich einer schnellen Lieferfähigkeit.

Zur Einzigartigkeit muss die Eigenschaft Wandlungsfähigkeit hinzukommen, sonst wird die Einzigartigkeit schnell verloren sein. Einzigartigkeit ist nichts Statisches. Einzigartig zu sein bedeutet jeden Tag neue Herausforderungen aufzunehmen und in diese mit besonderen Anstrengungen zu bestehen.

Bild 1: Einzigartigkeit und Wandlungsfähigkeit

Die Produktionsorganisation hat nun das Ziel, im Rahmen der *Ablauforganisation*[1] gewinnoptimale Bedingungen aus der Sicht des Materialflusses und des Informationsflusses zu schaffen (**Bild 1**). Es geht dabei konkret darum: wie sind Arbeitskräfte, Fertigungsgegenstände (Werkzeuge, Maschinen und z. B. Produkte) und Fertigungsmittel räumlich und zeitlich anzuordnen.

Im Rahmen der *Aufbauorganisation*[2] sind die strukturellen Aufgliederungen, Teilprozesse und Teilaufgaben zu gestalten und daraus Aufgabenfelder, z. B. Herstellung, Instandsetzung, Verwaltung mit den zugehörigen Stellen- und Leistungsbeschreibungen, abzuleiten

1.2 Produktionsarten

Abhängig von der Anordnung und Struktur der Betriebsmittel unterscheidet man:
- Die Werkbankfertigung,
- die Baustellenfertigung,
- die Werkstattfertigung und
- die Fließfertigung.

Werkbankfertigung

Im klassischen Handwerksbetrieb sind Werkzeuge, Betriebsmittel und Werkstoffe auf Arbeitsplätzen rund um die Arbeitenden gruppiert. In frühen Zeiten waren es häufig Ein-Mann-Handwerksbetriebe und dem Handwerker oblagen alle Arbeiten von der Akquisition (Beschaffung, Auftragsbesorgung) über die Herstellung bis zur Dokumentation und Rechnungsstellung. Den Ein-Personen-Handwerker findet man auch heute noch, z. B. als Schneider, Steinmetz (**Bild 2**) oder im Kunsthandwerk. Bei komplexen Produktionen, wie z. B. für die Herstellung von Gussteilen sind aber schon immer mehrere Personen, auch in der Antike (**Bild 3**) arbeitsteilig, notwendig gewesen.

Bild 2: In der Werkstatt eines Steinmetz

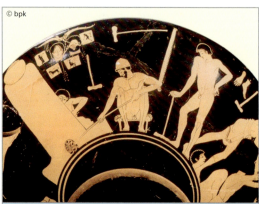

Bild 3: Antike Gießerei, Bild auf einer griechischen Vase (um 500 v. Chr.)

Bild 1: Ablauforganisation und Aufbauorganisation

---

[1] siehe auch Seite 44ff; [2] siehe auch Seite 38ff

1.2 Produktionsarten

Baustellenfertigung

Hier ist das Fertigungsobjekt meist an einen wechselnden Ort gebunden, wie z. B. bei der Herstellung eines Hauses oder aber es sind sehr sperrige Güter, wie z. B. Schiffe und große Flugzeuge (**Bild 1**). Man unterscheidet daher die außerbetrieblichen, Baustellenfertigung und die innerbetriebliche Baustellenfertigung.

Die Arbeiten können häufig in Form von Gruppenarbeit und als eine ganzheitliche Tätigkeit verrichtet werden. Der Werker oder Mitarbeiter hat einen intensiven Bezug zu seiner Arbeit, er kennt konkret den Auftraggeber, die Fertigungstermine und kann oft auch unterschiedliche Tätigkeiten verrichten. Er trägt unmittelbar Verantwortung für die Qualität des Produkts, den Arbeitsfortschritt und die Arbeitssicherheit.

Bild 1: Innerbetriebliche Baustellenfertigung, Beispiel: Flugzeugbau

Werkstattfertigung

Bei der Werkstattfertigung, als der Weiterentwicklung der Werkbankfertigung, sind die Maschinen für einen Aufgabentypus in Werkstätten zusammengefasst, z. B. die Schweißerei, die Dreherei, die Härterei. So sind in der Schweißerei gleiche oder ähnliche Schweißmaschinen aufgestellt. Es gehören aber auch für die Aufgabe des Schweißens ergänzende Maschinen und Geräte dazu, wie z. B. eine Richtpresse.

Typisch für die Werkstattfertigung ist der relativ starke innerbetriebliche Transport der Produkte von und zu den einzelnen Werkstätten (**Bild 2**). Für eine kosten- und lieferzeitgünstige Produktion bedarf es dabei einer ausgeklügelten Logistik für die Materialflüsse und die Maschinenbelegungen. Die Werkstattfertigung zeichnet sich, bei richtiger Organisation, durch ihre hohe Flexibilität hinsichtlich der Produkte, der Lieferzeiten und der Leistungsmengen aus. Die Arbeiten bei der Werkstattfertigung lassen sich auch in Form der Gruppenarbeit organisieren. Die Werker haben in ihrem Teilbereich Verantwortung für die Qualität, die Fertigungstermine und teilweise auch für die Produktionsabläufe innerhalb der Werkstätte (**Bild 3**).

Bild 2: Werkstattfertigung für Fahrständer-Bandsägemaschinen, hier: Montage

Werkbankfertigung, Baustellenfertigung und Werkstattfertigung ermöglichen bei den Beschäftigten einen vielfältigen Arbeitseinsatz mit weitreichenden Verantwortlichkeiten.

Sicherstellen des Produktionsprogramms

Qualität, Quantität, Termine u. a.

Organisieren und Optimieren des Fertigungsabschnitts

Personaleinsatz, Maschinenbelegung u. a.
Neu- und Umgestalten der Arbeitssysteme u. a.
Arbeitsorganisation u. a.

Sichern der Qualität

Prüfen, Überwachen, Instandhalten u. a.

Führen von Mitarbeitern

Mitarbeiter einsetzen, fordern und fördern u. a.

Bild 3: Tätigkeitsmerkmale des Werkstattleiters

Fließfertigung

In der Fließfertigung wird die Produktion, meist von serienidentischen Produkten, in aufeinanderfolgende Produktionsschritte gegliedert und in eine dazu passende räumliche und zeitliche Folge hintereinandergeschaltet. Das Fließband mit kurzzyklisch ablaufenden, gleichartigen Verrichtungen ist das Synonym dafür (**Bild 1**).

Das Fließprinzip ermöglicht bei minimalen Transportwegen, Transportzeiten und Lagerflächen für die Fertigung von Serien gleicher oder sehr ähnlicher Produkte ein Maximum an Ausbringung, ein Maximum an Qualität und ein Minimum an Kosten. Fließfertigung kann vollständig händisch erfolgen oder vollständig automatisiert (**Bild 2**) oder im Mix, also zum Teil automatisiert, wie z. B. bei der Herstellung eines Motors: Die Motorbauteile werden automatisiert produziert wohingegen die Motormontage weitgehend händisch erfolgt.

Die Fließfertigung ist gekennzeichnet durch eine meist geringe Fertigungstiefe, d. h. es werden viele Komponenten zugekauft und sehr spezielle, von Dritten entwickelte, Materialien eingesetzt.

Die Fließfertigung bedarf einer gründlichen Vorplanung mit hohen Investitionen und birgt grundsätzlich hohe Risiken, z. B. bei Produktänderung, bei Nachfrageänderung, beim Ausfall einer Maschine oder beim Ausfall von zugelieferten Komponenten.

Es gilt die günstigen Fertigungsbedingungen auch für Kleinserien oder gar für Einzelwerkstücke zu realisieren. Hierzu werden große Anstrengungen gemacht, z. B. unter dem Stichwort *Flexible (Fließ-) Fertigung*. Es werden dazu mit einem universell einsetzbaren Maschinenpark in Verbindung mit einer flexiblen Verkettung (**Bild 3**) bzw. mit programmierbaren Transportgeräten kontinuierliche Materialflüsse erzeugt.

1.3 Unternehmensphilosophien

Zur Minderung der Risiken versuchen die Produktionsbetriebe die Kunden hinsichtlich einer gesicherten Abnahme und die Zulieferer hinsichtlich sicherer und kostengünstiger Zukaufkomponenten in die Pflicht zu nehmen. Auch werden die Maschinen, die Werkzeuge und die Produktionsstätten zunehmend nicht mehr vom Produktionsunternehmen beschafft, sondern abhängig von der Anlagenverfügbarkeit (Pay on Availability) und abhängig von der tatsächlichen Produktionsleistung (Pay on Production) vergütet.

Bild 1: Serienmontage am Fließband

Bild 2: Roboter in der Serienmontage von Autokarosserien

Bild 3: Roboter zur flexiblen Verkettung

So wird z. B. die Finanzierung und der Betrieb der anlagentechnischen Infrastruktur aus dem Unternehmen gelöst und an ein Betreiberkonsortium vergeben. Damit reduzieren sich die Fixkosten durch ein geringeres Anlagenvermögen und es reduziert sich vor allem das Produktionsrisiko.

1.3 Unternehmensphilosophien

1.3.1 Lean Production

Mit engl. *lean* = schlank wird betont, dass alles Unnötige in der Produktion und im Management zu vermeiden ist. Lean hat damit die Bedeutung mit allen Maßnahmen, höchste Effizienz zu erreichen.

> Lean Production bedeutet, dass jeder Art von Verschwendung der Kampf angesagt wird. Auf Notwendigkeit ist stets zu überprüfen:
> - Der Energieaufwand,
> - der Aufwand an Personal,
> - der Aufwand an Maschinen,
> - der Aufwand an Flächen und Räumen,
> - der Aufwand an Material (**Bild 1**).

Die Herausforderungen resultieren
- aus dem wachsenden Preisdruck durch die Globalisierung der Märkte,
- den kürzer werdenden Produktlebenszyklen und
- dem verstärkten Wunsch nach größerer Typenvielfalt.

Damit wird in der Produktion auch eine höhere Flexibilität erlangt. Die vorhersehbaren Planungszeiträume werden kürzer. Der Blick in die Zukunft wird kürzer.

1.3.1.1 Lean Production: Fertigung

Flexible Fertigung. Die Produktionseinrichtungen sind so zu gestalten, dass eine hohe Flexibilität entsteht.

Bild 1: Einsparpotenziale

> Flexibilität entsteht:
> - durch Dreh-Fräszentren mit universeller Werkzeugvorhaltung,
> - mit flexiblen Fertigungszellen, bestückt mit Maschinen für unterschiedliche Arbeitsaufgaben (sich ergänzende Maschinen: Sägen, Fräsen, Schleifen, Entgraten, Putzen ...), evtl. zusätzlich mit sich ersetzenden Maschinen für höhere Ausbringung und zur Absicherung bei einem Maschinenausfall,
> - mit Robotern, die mit Mehrfachgreifern oder Universalgreifern für unterschiedliche Werkstücke ausgestattet sind.
> - durch Null-Fehler-Strategie. Teileprüfung und Fehlerbeseitigung unmittelbar im Produktionsbereich.

Rapid Manufacturing, Fertigen ohne Werkzeuge (Beispiel)

Die generativen Fertigungsverfahren, ursprünglich entwickelt für das Herstellen von Prototypen, durch einen Produktaufbau in dünnen Schichten, ermöglicht heute auch die direkte Herstellung von Fertigteilen aus dem CAD-Entwurf. So können Einzelwerkstücke oder Kleinserien in Kunststoffen oder durch das Lasersintern in Metallen und Keramiken ohne weitere Werkzeuge automatisiert hergestellt werden. Die geometrische Komplexität spielt nahezu keine Rolle. Die Funktionsintegration kann sehr weit gehen. So enthält der Robotergreifer (**Bild 2**) als ein einziges Integralteil: Greifzange, Greiffinger, Antriebsbalg und Aufnahme.

Bild 2: Rapid Manufacturing: Robotergreifer

1.3.1.2 Lean Production: Entwicklung

Simultaneous Engineering (SE). Unter Simultaneous Engineering (SE) versteht man die verkürzte Entwicklung eines neuen Produkts in dem mehrere Phasen **zeitlich überlappend** ausgeführt werden, insbesondere die Produktentwicklung und die Produktionsmittelplanung (**Bild 1**).

Da die Produktionsmittelplanung schon während des Konstruktionsprozesses beginnt, fließen in die Konstruktion Erfahrungen aus der Fertigung ein, wie z. B. Integration von Spannflächen oder von Aufnahmepunkten (**Bild 2**). Mögliche Schwierigkeiten in der Fertigung werden schon frühzeitig sichtbar und können im Team behoben werden.

Bei den Entwicklungsprojekten werden Teams gebildet aus unterschiedlichen Bereichen (**Bild 3**): Marketing, Rechnungswesen, Einkauf, Vertrieb, Konstruktion, Fertigung, Montage, u. a. mit kurzen wöchentlichen Fortschrittsberichten.

Kooperation und Partnerschaft mit Zulieferern. Die Einbindung der Zulieferer in die Produkt- und Produktionsmittelentwicklung verkürzt spätere Korrekturphasen und integriert das Know-How der Zulieferer und meist auch deren Kunden in die eigene Produktion. Die Verlässlichkeit der Zulieferer muss abgesichert, d. h. geprüft sein, z. B. durch Unternehmensaudits (Unternehmensbewertungen).

Bild 2: Umlenkhebel mit angegossenem Spannnocken

Bild 3: Team für SE-Projekt

Bild 1: Simultaneous Engineering

1.3 Unternehmensphilosophien

1.3.1.3 Lean Production: Konstruktion

Die Konstruktion der Produkte ist hauptverantwortlich für die Kosten und für die Art der Produktion. So sind die Konstrukteure angehalten die Konstruktionen fertigungsgerecht und montagegerecht, kostengerecht, umweltgerecht, transportgerecht u. a. zu gestalten.

Je weniger Einzelteile ein Produkt aufweist um so kostengünstiger ist meist die Herstellung. Die Forderung ist also, mehrere Funktionen in ein Bauteil zu integrieren. Man spricht von **Integralbauweise**.

So können z. B. Karosserieteile aus mehreren Blechteilen geformt, gefügt, mit Löchern und Durchbrüchen geschnitten und mit Bolzen und Gewindestiften verschweißt werden oder aber mit einem Schuss als Integralbauteil in einer Druckgießmaschine hergestellt werden **(Bild 1)**.

1.3.1.4 Lean Production: Organisation

Die Produktion wird in kleine überschaubare, gleichrangige Bereiche mit hoher Eigenverantwortung gegliedert. Ausgeführt werden die Arbeiten in kleinen Teams oder in Gruppen **(Bild 2)**. Die Gruppen wählen aus ihrer Mitte einen Sprecher.

Die Merkmale der Gruppenarbeit sind:
- Die Einzelverrichtungen können von allen Mitarbeitern der Gruppe ausgeführt werden.
- Die Stellenbeschreibungen der Mitarbeiter sind hinsichtlich der Tätigkeitsinhalte nicht individualisiert.
- Der Sprecher hat keine Privilegien.
- Die Arbeitsentgelte sind für alle in der Gruppe gleich.

Notwendig ist für die Einführung von Gruppenarbeit, dass für die Gruppe eine Schulung zur Selbstorganisation durchgeführt wird und dass die Belange der Gruppe von den Führungskräften ernst genommen werden **(Bild 3)**. Es ist auch wichtig dass ein offener Informationsaustausch stattfindet, dass z. B. der Produktionsstatus für alle transparent und abrufbar ist.

Bild 2: Gruppenarbeit, Beispiel

Bild 1: Integralbauteil und übliches Blechteil

Bild 3: Gruppenarbeit

1.3.2 Toyota-Produktions-System (TPS)

TPS ist ein von Toyota bzw. den Ingenieuren *Taiichi Ohno* (1912 bis 1990) und *Shigeo Shino* (1909 bis 1990) entwickeltes Verfahren zur Organisation einer Serienproduktion. In Abwandlungen wird es seit den 90er Jahren in der ganzen Welt, insbesondere bei den Zulieferern der Automobilindustrie, angewendet. Die Grundidee ist eine Produktion im Kundentakt, d. h. Just in Time (JIT), aber mit dosierten Verzögerungen.

Die tragenden Säulen sind:
- Synchronisierung der Produktion,
- Standardisierung der Prozesse,
- Fehler vermeiden,
- Anlagen verbessern,
- Mitarbeiter trainieren (**Bild 1**).

Fertigt der Hersteller pro Tag oder pro Woche, je nach Produkt mehr als der Kunde abnimmt, so ist erhöhte Lagerkapazität und erhöhte Kapitalbindung die Folge. Das kostet Geld. Fertigt der Hersteller weniger gibt's einen Lieferabriss und damit ein ernsthaftes Problem mit dem Kunden. Da Bestellungen häufig täglich schwanken, könnte man versucht sein die Produktion exakt diesem Tagesrythmus anzupassen. Das würde aber zu starken Mengen-Schwankungen und damit verbunden zu Qualitäts-Schwankungen im Produktionsprozess führen. Aus der Kenntnis der Vergangenheit nivelliert man den Produktionsprozess, z. B. in dem man die Anpassungen nur wöchentlich vornimmt.

Bild 1: Toyota-Produktions-System

Synchron Produzieren. Im TPS wird versucht nur das zu produzieren, was gerade gebraucht wird. Man produziert in kleinen Losgrößen und erreicht trotz erhöhter Rüstkosten eine sehr wirtschaftliche und verstetigte Produktion. Die Durchlaufzeiten in einem solchen ziehenden System (Pull-System) sind gegenüber einem schiebenden System (Push-System) üblicherweise sehr viel kürzer.

Standardisierung der Prozesse. Das TPS verlangt klare, für jedermann leicht erfassbare, Verhalten- und Arbeitsregeln und dass Abweichungen sofort sichtbar werden. So werden Lagerplätze für Rohteile und für Fertigteile markiert, sodass z. B. Werker nicht eigenmächtig Vorräte ansammeln können oder als sogenanntes „Vorderwasser" Fertigteile versteckt halten können.

Vermeidung von Fehlern. Fehlervermeidung gilt bei allen Tätigkeiten. Es erfordert Disziplin und Ehrlichkeit bei den Mitarbeitern. Produkte werden meist nicht nur stichprobenweise geprüft, sondern es werden möglichst alle Fertigteile bzw. Prozesse von jedem Mitarbeiter als eine von ihm geprüfte Arbeitseinheit dokumentiert abgegeben bzw. geleistet.

Verbesserung der Produktionsanlagen. Die Mitarbeiter in den Produktionsbereichen kümmern sich um Verbesserungen an den Produktionsmitteln. Auch obliegt ihnen eine vorausschauende Instandhaltung und Wartung der Anlagen.

Rüstzeitminimierung. Die Rüstzeiten bestimmen im Allgemeinen die wirtschaftlichen Losgrößen und zwar je aufwendiger das Umrüsten ist, je größer müssen die Fertigungslose gemacht werden. Große Losgrößen behindern aber das Ziel der synchronen Produktion. So werden die Werker angehalten Wege und Hilfsmittel zu finden, welche ein schnelles und personalsparendes Umrüsten ermöglichen.

Motivation und Qualifizierung der Mitarbeiter.
Motivierte Mitarbeiter sind der Schlüssel für eine erfolgreiche Produktion. Die Motivation erreicht man mit Information, Übertragung von Verantwortung, eigene Gestaltungsmöglichkeiten am Arbeitsplatz und durch Qualifizierung.

1.4 Exkurs: Industrie 4.0

Mithilfe dieses Exkurses wird kurz dargestellt wie der Weg zur **Industrie 4.0** vollzogen werden kann. **Bild 1** zeigt die Schritte der Entwicklung in den bisherigen industriellen Revolutionen.

Industrie 4.0: Das Werkstück wird intelligent

Das Werkstück ist bisher in der Produktion der Industrie 3.0 noch nicht mit eigener Intelligenz ausgestattet. Es weiß nicht, was es ist, wo es herkommt und ob es wichtig oder unwichtig ist. Das ändert sich nun. Und darauf müssen die Fabriken der Zukunft vorbereitet werden – vor allem die Menschen, die in ihnen arbeiten. Bei manchen Unternehmen ist das schon begonnen: Hier hat jedes Teil einen „Matrix-Code" und kann bis zum Kunden verfolgt werden. Es meldet sich aber noch nicht selbsttätig.

Mensch und Maschine arbeiten Hand in Hand

In Fabriken wird es in Zukunft mehr und mehr intelligente Systeme geben, die über Wissen zum Fertigungsprozess verfügen und selbst Entscheidungen treffen. Es geht darum, Mensch und Maschine in der Zukunft in die Lage zu versetzen Hand in Hand zu arbeiten. Der Roboter bedient den Menschen und nicht umgekehrt der Mensch den Roboter.

Wenn Maschinen zukünftig eigene Entscheidungen treffen – etwa, dass ein Werkstück einem anderen vorgezogen werden muss, weil es wichtiger oder eiliger ist – müssen die Maschinen dies wiederum an jene weitergeben, die den Gesamtprozess steuern, nämlich an die Menschen. Eine klassische Maschine musste nie etwas erklären. Die Fähigkeit, ihr Handeln zu kommunizieren und vor allem auch zu erklären, wird man den Maschinen noch beibringen müssen.

> Maschinen bedienen den Menschen, nicht umgekehrt. Die Menschen lösen Aufgaben und beseitigen Probleme.

In der Fabrik 4.0 verändert sich auch die Rolle der Mitarbeiter. Sie sind nicht mehr Knopfdrücker oder Einleger, sondern greifen steuernd ein, reparieren oder treffen Entscheidungen. Es ist nicht so, dass die Maschine den Beschäftigten die Arbeitsplätze wegnehmen, denn, das wird so nicht passieren. Das war auch mit der Automatisierung in der Industrie 3.0 nicht der Fall. Dafür ist weiterhin sehr viel nur von Menschen machbar. Doch müssen die notwendigen Maßnahmen für eine Weiterqualifizierung der Mitarbeiter entwickelt werden. Dazu gehören konkrete Aus- und Weiterbildungsmodelle, passend zu den neuen Anforderungsprofilen.

Bild 1: Die vier industriellen Revolutionen

Industrie 4.0: Arbeit		Industrie 4.0: Konstruktion
Arbeit 1.0 • **Schwere menschliche Arbeit wird durch Maschinen ersetzt,** • Die Landflucht in die Städte im Umfeld der Fabriken. Es entwickelt sich eine Arbeiterklasse mit kümmerlicher Nahrungsversorgung ohne soziale Sicherung.	 © Galerie Cyprian Boenner GCB **Maschineller Schmiedehammer,** Gemälde von *F. von Keller* (1887)	**Konstruieren und Zeichnen 1.0** • Zeichnungen sind Kunstwerke. Maschinen werden sowohl nach funktionalen Gesichtspunkten als auch nach ästhetischen konstruiert. • Einführung von Werknormen für Maße, Toleranzen und Materialien • Der Constructeur ist Erfinder und Ersteller der Zeichnungen.
Arbeit 2.0 • **Fließbandarbeit**, monoton, arbeitsteilig, schlecht bezahlt, häufig Frauenarbeit, • Beginnende gewerkschaftliche Arbeiterbewegung, • Einführung sozialer Sicherungen: Kranken-, Unfall-, Altersversicherung.	 © Robert Bosch GmbH **Fließbandmontage, 1932**	**Konstruieren und Zeichnen 2.0** • Handzeichnungen mit Bleistift oder Tusche, • Zeichenwerkzeuge: Lineal, Zirkel, Schablone, Zeichenbrett oder Zeichenmaschine mit zwei orthogonalen Linealen, • Transparentpapier für Blaupausen, • DIN 6 (1922): Zeichnungen · Anordnung der Ansichten und Schnitte.
Arbeit 3.0 • **Automatisierung monotoner Arbeit,** • Gruppenarbeit, Teamarbeit, • Hochqualifizierte Facharbeit • Dienstleistungssektor nimmt stark zu, • Sozialpartnerschaft zwischen Arbeitgeber und Arbeitnehmer.	 © Siemens AG **Montage an CT-Scannern**	**Konstruieren und Zeichnen 3.0** • Computer Aided Drafting (CAD) als 2D-System zum Zeichnen mit Geraden und Kreiselementen, Symboldateien, • 3D-Systeme zum Konstruieren (CAD = Computer Aided Design) • Räumliche Objektdarstellung, • Schnittstelle zu CAM (Computer Aided Manufacturing).
Arbeit 4.0 • **Arbeit in virtuellen Räumen,** Auflösung örtlicher und zeitlicher Strukturen, • Globaler Arbeitsmarkt, • Mehrere Berufe im Leben, • Wechsel zwischen angestellt und selbständig, • Flexibles Rentenalter, jenseits von 70, • Arbeiten in virtuellen Räumen.	 © Bosch Rexroth **Virtuell geplante Montage mit MTpro (Bosch Rexroth)**	**Konstruieren und Zeichnen 4.0** • Computer ist allgegenwärtig und über Internet vernetzt. Informationen, Berechnungen usw. können abgerufen, einbezogen und mit anderen geteilt werden. • GPS-Toleranzmanagement, • Konstrukte werden in virtuellen Environments, VE (Cyberspace) stereografisch betrachtet.

1.4 Exkurs: Industrie 4.0

und Zeichnung	Industrie 4.0: Montage
 Detail einer Patentzeichnung für einen Dampfhammer, 1842	**Montage 1.0** Erste Formen einer arbeitsteiligen **Serienmontage** realisierte *Eli Whitney* (1765 bis 1825) zur Herstellung von 10 000 Musketen (Vorderlader-gewehre). Ein produktions-begleitendes Messen und Prüfen ermöglichte die serien-identische Teilefertigung. © norlinhistory: Eli Whitney **Serienmontage für 10 000 Musketen in Nordamerika, um 1800**
 © Klaus Müller **Bleistiftzeichnung aus Berichtsheft eines Mechaniker-Lehrlings, 1960**	**Montage 2.0** Die Montagetechnik wird durch das **Fließband** mit festen Taktintervallen geprägt. *Henry Ford* (1863 bis 1947) führte die Fließbandfertigung (moving assembly line) in der Karosseriefertigung 1913 ein und konnte damit die Arbeitseffizienz um das Achtfache steigern. © bpk **Fließbandmontage bei Ford (USA), um 1929**
 CAD mit Stiftplotter, Kurven sind mit Polygonen angenähert, 1978	**Montage 3.0** In der Karosseriemontage werden starre Schweißautomaten durch flexible Schweißroboter abgelöst. In ersten Versuchen bewegen sich z. B. **Montageroboter** mit Bildverarbeitungssystemen, synchron zum Fließband um Räder zu montieren. **Conveorsynchrone Rad-Montage mit Industrieroboter, um 1985**
 Beispiel für eine GPS-Tolerierung	**Montage 4.0** Industrieroboter sind umfassend in allen Bereichen der Serienmontage integriert. Die Produktqualität wird mit Sensoren und Bildverarbeitung montagebegleitend sichergestellt. Die **3D-Montagesimulation** ermöglicht schnelle Anpassungen. **Montagesimulation im virtuellen 3D-Raum (Cyberspace), 2003**

Industrie 4.0 und die Konsequenzen

Die Produkte werden vielfältiger, die Produktion wird stärkeren Absatzschwankungen ausgesetzt sein. Man bestellt auch Investitionsgüter zunehmend „On Demand", also nach Anforderung. Die Produktion erfolgt nach Kundenauftrag. Die Produktion der Zukunft wird in noch höherem Maße flexibel sein.

> Produktion der Zukunft wird wandlungsfähiger sein, die Losgrößen werden kleiner und es wird vermehrt Individualproduktion geben.

Die Zukunft wird gekennzeichnet sein, durch eine konsequente Datenerfassung aller Objekte mit laufender Aktualisierung von Zustand, Ort und den nächsten Zielen. Das gilt sowohl für Produkte als auch für Produktionssysteme und Mitarbeiter.

> Dezentrale Steuerungsmechanismen werden zunehmen, aber völlig autonom agierende Produktionsstätten wird es trotzdem vorerst nicht geben.

Der Mensch bleibt

Der Mensch bleibt nach wie vor der entscheidende Faktor im Produktionsbereich, jedoch in einer engen Vernetzung (online) mit intelligenten Systemen, z. B. mit Robotern, Produktionsmaschinen und Logistiksystemen (Tabelle 1).

Dies gilt auch bei weiter sich erhöhendem Automatisierungsgrad. Manuell laufende Prozesse wird es auch in Zukunft geben. Monotone, repetitive Arbeit und physisch schwere Arbeit wird stark rückläufig sein. Kreatives Arbeiten, mit situativ zu treffenden Entscheidungen, bleibt nach wie vor, neben regelbasierten Vorgaben, erhalten. Totale Automation ist mit hohem Risiko verbunden. Die Gegenanzeigen sind Flexibilisierung in der Arbeit, Flexibilisierung bei den Produktionsprozessen und Flexibilisierung bei den Produkten. Alles wird im Wandel sein und eher zu kleinen Stückzahlen führen. Hohe Produktflexibilität und Prozessflexibilität ist ohne Einbindung erfahrener Mitarbeiter nicht möglich, da die Automatisierung hohe Investitionskosten mit langfristigen Amortisationen verursacht und Einschränkungen mit sich bringen hinsichtlich Verfügbarkeit und Flexibilität.

> Die Zukunft gehört einer smarten Automatisierung mit flexibler Verknüpfung durch erfahrene Mitarbeiter.

Arbeit der Zukunft

Die Flexibilisierung der Arbeit hinsichtlich Zeit und Ort gehört zu den Zukunftsaufgaben. Üblich sind bereits in vielen Unternehmen Arbeitszeitkonten und Zeitarbeit (Leiharbeit).

Arbeitszeitkonten ermöglichen die Verteilung von Arbeitszeit auf Tage, Wochen oder Jahre. Hierbei wird die geleistete Arbeit mit der vertraglich, z. B. lt. Tarifvertrag geltenden Arbeit, verrechnet. Aus Mehrarbeit oder Minderarbeit werden Zeitguthaben bzw. Zeitschulden aufgebaut und in einem definierten Zeitraum ausgeglichen. Der Zeitausgleich ermöglicht eine individuelle Verteilung von Arbeitszeit.

> Man unterscheidet Kurzzeitkonten und Langzeitkonten.
> Bei **Kurzzeitkonten** betrachtet man die wöchentlichen Arbeitsstunden. Diese sollen z. B. innerhalb eines halben Jahres oder eines vollen Jahres ausgeglichen werden.
> **Langzeitkonten** sind Wertguthaben, welche sich auf die Lebensarbeitszeit beziehen und längere Auszeiten oder vorgezogene Rente ermöglichen oder auch durch Geld abgegolten werden.

Die Flexibilisierung der Arbeit kann durch die Mitarbeiter auch selbst organisiert werden – statt dass sie von „oben" angeordnet wird. Die **sozialen Netzwerke** können dabei eine wertvolle Hilfe leisten.

Tabelle 1: Arbeit der Zukunft

Einwirkungen durch Technik ⇒	Der Mensch im Unternehmen der Zukunft	Auswirkungen für ⇐ Beschäftigte
Automatisierung • Der Automatisierungsgrad steigt, • Automatisierung wird intelligent, • Automatisierung entlastet • Kooperationen mit Robotern entstehen		**Beschäftigung wird** • inhaltlich vielseitiger, • örtlich verteilt, • zeitlich variabel **Arbeit:** • Repetitive Arbeit verschwindet, • Schwere Arbeit entfällt
Kommunikationsnetze und soziale Medien • dienen der Information, • der innerbetrieblichen Kommunikation, • der kontinuierlichen Weiterbildung, • der Selbstorganisation der Arbeit		**Beschäftigte** • erhalten Garantien für onlinefreie Zeiten, • müssen flexible Arbeitszeiten akzeptieren, • werden mit Arbeitszeitkonten belegt, • gehen selbstbestimmt in Bezug auf Alter und Arbeitsvolumen in den Rentenübergang

2 Betriebsorganisation

2.1 Unternehmen und Betriebsorganisation

Im Kapitel Betriebsorganisation werden die Organisationssysteme:

- Betrieb,
- Unternehmen,
- Betriebsorganisation

und ihre Entwicklung beschrieben **(Bild 1)**. Dies erscheint im ersten Ansatz *banal*, da dies doch „Allgemeinwissen" ist und schon in anderen Fächern und Zusammenhängen beschrieben wurde und hier nun nochmals angesprochen wird. Warum also diese „Wiederholung"?

Ein Unternehmen, ein Handwerksbetrieb, ein Dienstleistungsunternehmen ist oft von einem *Einzelnen*, vielleicht mit einem Partner gegründet worden. Dieser hat dann durch immer mehr Aufträge, z. B. zuerst den Ehepartner oder einen Bekannten und dann auch „Fremde" eingestellt. Alles wurde *informell* geregelt. Also gerade wer Zeit hatte nahm die Anrufe und Aufträge entgegen oder bestellte das Material, schrieb Rechnungen und verwaltete auch Geld für betriebliche Einkäufe.

Viele Unternehmer wollen alles selbst entscheiden, mit der Folge, dass dann die Arbeit liegen bleibt, bis eine „Entscheidung vom Chef" da ist.

Wenn die Gründer ausgebildete Meister oder Techniker sind, geht alles schon viel organisierter zu, denn die Ausbildung vermittelt die Grundkenntnisse zur Betriebsorganisation, zum Rechnungswesen und zur Kalkulation. Dies gilt natürlich auch allgemein für alle Gründer die im *kaufmännisch-betriebswirtschaftlichen* Bereich ihre Ausbildung oder Studium gemacht haben.

Alle anderen sind im organisatorischen, wirtschaftlichen und finanziellen Bereich Laien. Ein schreckliches Erwachen gibt es dann, wenn zum Beispiel Rechnungen nicht oder nur teilweise mit Abzug bezahlt werden. Die Lohn- und Materialentnahmescheine dazu aber fehlen oder unvollständig sind. Beschwerden sind dann sinnlos! Wenn dann noch eines Tages das Finanzamt oder auch die Bank an die Tür klopft und nach Unterlagen sucht, die dann aber niemand finden kann wird es sehr ungemütlich für den Geschäftsführer. Bei Insolvenzverschleppung drohen sogar Haftstrafen. Spätestens jetzt kommt die Frage nach der Organisation.

Die Betriebsorganisation klärt: Wer ist für was, wie, weshalb und warum zuständig?

Über eine Aufgabenverteilung (Ablauf- und Aufbauorganisation) muss entschieden werden. Der Unternehmer muss Aufgaben abgeben, delegieren und sich auf seine Kernaufgaben beschränken.

Bild 1: Betrieb, Unternehmung und Betriebsorganisation

2.1.1 Das Unternehmen und der Markt

Ein Unternehmen liegt im Spannungsfeld zwischen dem Absatzmarkt und dem Beschaffungsmarkt. Auf die Marktlage und auf die Konkurrenz muss das Unternehmen ständig flexibel reagieren und intervenieren[1], z. B. auch den Wettbewerber aufkaufen (**Bild 1**).

Ein Unternehmer kann entweder durch Erschließen neuer Märkte reagieren oder auch mit neuen Produkten bzw. Produktvarianten auf den Markt gehen. Aber auch durch ein Ausloten des Beschaffungsmarktes können neue und bessere Lieferkonditionen, wie z. B. der Preis, die Qualität oder der Produktumfang (Kompletteinbauteile) ausgehandelt werden.

Wirtschaftlichkeit und Humanität
Über allen betriebswirtschaftlichen Entscheidungen die ein Unternehmen zu fällen hat, insbesondere wenn Arbeitssysteme rationeller[2], flexibler zu gestalten oder zu verbessern sind, stehen die Wertbegriffe Wirtschaftlichkeit und Humanität als die Hauptziele (**Bild 2**), so z. B. auch bei REFA[3].

Bild 2: Humanität und Wirtschaftlichkeit

Das Ziel des Unternehmers, des Kapitalgebers muss die Wirtschaftlichkeit und die Rentabilität sein, denn nur dann kann das Unternehmen überleben. Das in das Unternehmen investierte Kapital sollte sich angemessen verzinsen.

Das Ziel der Arbeitnehmer ist ein gerechter, angemessener Lohn und ein humaner[4] Arbeitsplatz, bei dem die Belastung und die Beanspruchung langfristig erträglich sind und an dem die gesetzlichen Arbeitsschutzvorschriften eingehalten werden.

---

[1] lat.-fr. intervention = Einmischung; Vermittlung und wirtschaftliche Einmischung eines Staates in die Verhältnisse der Wirtschaft
[2] lat. ratio = Vernunft; Grund; Verstand; lat.-fr.: rationell = verständig, ordnungsmäßig, zweckmäßig, sparsam, haushälterisch
[3] REFA früher = Reichsausschuss für Arbeitsstudium; heute = Verband für Arbeitsstudien und Betriebsorganisation e.V.; Ziel von REFA ist die Untersuchung und Gestaltung von Arbeitssystemen
[4] lat.: human = menschlich, mild, gesittet, gebildet, anständig; Humanität = edle Menschlichkeit als harmonische Ausbildung der wertvollen Bildungs- und Gemütsanlagen im Menschen, hohe Gesittung, der Sinn für das Gute im Verhalten zu den Mitmenschen und zur Kreatur

Bild 1: Das Unternehmen und der Markt

2.1.2 Entwicklungstendenzen bei Unternehmen

Die Anforderungen an die Unternehmen haben sich in den letzten Jahren entschieden gewandelt. Insbesondere die weltweite Konkurrenz, die hohe Flexibilität der Anbieter und die geänderten Kundenanforderungen stellen die Unternehmen vor große Herausforderungen. Viele Unternehmen reagieren darauf mit der Einführung von neuen Technologien und Arbeitsstrukturierungsmaßnahmen, wie z. B. Gruppenarbeit, lean production[1], KVP[2].

Damit soll das gesamte Erfahrungs-, Wissens- und Leistungspotenzial der Mitarbeiter ständig für das Unternehmen erschlossen werden.

Es werden nur Unternehmen überleben, die mit zukunftsorientierten Managementsystemen ihre Mitarbeiter führen und motivieren können.

Nur ein erfolgreiches Unternehmen kann Gewinne einfahren, somit gute Löhne zahlen und hat zufriedene, motivierte und gesunde Mitarbeiter.

Leistungszwang und Reglementation[6] verhindern nicht nur die Motivation, also die Freude am eigenständigem Mitdenken und Vorausschauen, sondern erzeugen noch zusätzlich Fehler, denn die Arbeit wird eventuell absichtlich falsch ausgeführt oder es wird nur nach Vorschrift bzw. nach Plan gearbeitet.

Wie aus **Bild 1** ersichtlich ist, wandelt sich das Wesen des Unternehmens der Zukunft durch einen nicht aufzuhaltenden **Innovationssprung**[7] vom traditionellen konservativen Verhalten zu einem modernen zukunftsorientierten Systemdenken.

> Toleranz, Respekt, und Anerkennung der täglichen Arbeit durch die Unternehmer ist gefordert.

Dies lässt sich an einigen Beispielen exemplarisch darstellen:

- Traditionelle Arbeitsformen, wie das starre Fließband, werden durch Gruppenarbeitsplätze ersetzt. Dann kann man besser auf die wechselnden Kundenansprüche reagieren.
- Dirigismus[3], ein autoritärer Führungsstil[4], unterdrückt die Fähigkeiten der Mitarbeiter und fordert die Arbeitnehmer nicht heraus.

  Ein kooperativer Führungsstil[5] erschließt die einzelnen besonderen Fähigkeiten der Mitarbeiter zum Wohle des Unternehmens und der Mitarbeiter.

Von den Kollegen/innen sind ein Miteinander, ein Mithelfen und das Akzeptieren und das Tolerieren des Leistungsniveaus der Kollegen/innen gefragt.

2.1.3 Die neuen Anforderungsprofile

Der VDI[8] hat in einer Studie zum Arbeitsmarkt festgestellt, dass die Nachfrage an Ingenieuren und Technikern in Entwicklung und Konstruktion, Verkauf und Marketing, Steuerung und Planung sowie Service und Qualitätstechnik bei derzeit 70 % der Stellenangebote liegt. „Reine" Produktions- und Fertigungsfachleute werden dagegen kaum nachgefragt. Außerdem sind komplexe Qualifikationen gefordert: Fachwissen muss gepaart sein mit weiteren **Fremdsprachen** sowie **Teamfähigkeit** und **Sozialkompetenz**.

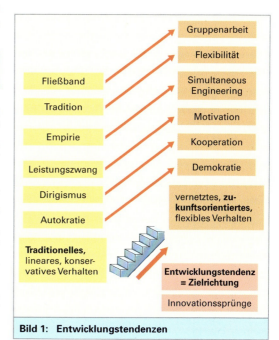

Bild 1: Entwicklungstendenzen

---

[1] lean production von engl. lean = mager, mit weniger Personal und Material wirtschaftlicher zu produzieren und zusätzlich die Durchlaufzeiten zu verkürzen;

[2] KVP = kontinuierlicher Verbesserungsprozess, eine aus dem japanischen Management übernommene Methode, die den Produktionsprozess in stetigen kleinen Schritten verbessern soll;

[3] lat. nlat. Dirigismus = staatliche Lenkung der Wirtschaft;

[4] Die alleinige Entscheidungsbefugnis liegt beim Unternehmer, keine Mitspracherechte der Mitarbeiter;

[5] Der Unternehmer, der Manager übergibt den Mitarbeitern gewisse Entscheidungs- und Anordnungsbefugnisse;

[6] lat.-fr. Reglement = Gesamtheit von Vorschriften, Bestimmungen, die für einen bestimmten Bereich, für bestimmte Tätigkeiten gelten;

[7] lat.-nlat Innovation = Einführung von etwas Neuem, Erneuerung, Neuerung;

[8] VDI = Verein Deutscher Ingenieure e. V. 1856 gegr. Verein von Ingenieuren aller Fachrichtungen mit dem Ziel der Förderung und des Austausches der techn.-wiss. Erkenntnisse und der Vertretung ihrer berufl. Interessen. Die VDI-Richtlinien gelten als anerkannte Regeln der Technik und Maßstab für einwandfreies technisches Verhalten.

2.2 Der Unternehmensprozess

2.2.1 Die neuen Herausforderungen

Schon in den Ausführungen des vorhergehenden Kapitels wurde angedeutet, dass sich das Umfeld für die Wirtschaft und die Manager der internationalen Industrielandschaft dramatisch verändert hat. Davon sind nicht nur die Großbetriebe betroffen, sondern derzeit insbesondere die Zulieferer, also die mittelständischen Unternehmen. Die großen Industrieunternehmen sind heute weltweit aktiv. Nicht nur um ihre Produkte zu vermarkten, sondern um **wirtschaftlich, politisch und strategisch präsent zu sein**. Deshalb müssen die Randbedingungen, die Herausforderungen genau erfasst werden und die Konsequenzen für die deutschen Unternehmen dargestellt werden. Nur die Unternehmen, die diese neuen Anforderungen (**Bild 1**) erkennen und umsetzen, werden weiter auf dem Weltmarkt erfolgreich sein.

Unsere Gesellschaft hat inzwischen den Anspruch auf einen hohen Lebensstandard, auf soziale Absicherung, auf Freiheit, eine gesunde Umwelt und persönliche Sicherheit als Selbstverständlichkeit eingestuft. Die Mitarbeiter der Firmen geraten durch ihre Arbeit in innere Konflikte, denn die Unternehmen planen, entwickeln und produzieren Produkte, die die Umwelt und die Lebensqualität gefährden.

Oftmals geraten die Unternehmen und somit die Manager und Mitarbeiter durch die Medien noch zusätzlich in Gewissensnot. Den Managern, den Führungskräften der Unternehmen erwachsen daraus ganz neue Herausforderungen. Sie werden nicht mehr nur als Fachmann für ihre Produkte verantwortlich gemacht, sondern auch für ihre Wirkung auf die Umwelt, den Lebensstandard, die sozialen Einflüsse – ein Waschmittel darf heute nicht mehr nur sauber waschen, sondern es muss auch umweltschonend sein!

An diesem Punkt erkennt man die prozessualen Zusammenhänge, die Abhängigkeit und die Rückkopplungen. Der Manager muss mit den Mitarbeitern im Dialog bleiben, damit diese sich mit den Unternehmenszielen identifizieren. Ausgelöst wurde der Wandel zuerst durch die Konkurrenz von Japan, Taiwan und Korea. Jetzt dominiert China. Die ersteren überzeugten mit ihrer wirtschaftlichen Dynamik einer kundenorientierten Qualität, innovativen Produktion und kurzen Modellzyklen und China operiert nun mit großer Marktmacht (neue Seidenstraße).

Die Aufgabe der Arbeitspädagogik ist, den Mitarbeiter • mit seiner Arbeit verbinden, • mit seiner Arbeit vertraut machen, • die Arbeit beherrschen zu lassen, • zu Leistungen verhelfen.	Schlüsselqualifikationen für: • Berufliche Handlungsfähigkeit • Berufliche Mündigkeit - Problemlösungsfähigkeit und Kreativität, - Kooperations- und Kommunikationsfähigkeit, - Bewertungs- und Begründungsfähigkeit, - Selbstständigkeit und Leistungsfähigkeit, - Verantwortungsfähigkeit.

Bild 1: Die neuen Anforderungsprofile

Die neuen Herausforderungen:
Der Weltmarkt. 2/3 des gesamten Weltmarkts werden von multinationalen Unternehmen abgewickelt, die in den USA, China, Korea, Europa und Japan ihren Sitz haben.
Die Globalisierung im Welthandel wird sich noch verstärken.
Die Lebensqualität. Die Gesellschaft fordert einen (steigenden) Lebensstandard, soziale Absicherung, Freizeit, eine gesunde Umwelt und Sicherheit.
Die Technisierung und Industrialisierung muss diese Forderung erfüllen.
Die Medien. Die Medien (Presse und TV) bestimmen und entwerfen für den Kunden sein Lebensbild, die vorgestellte Lebensqualität (Vorbildfunktion).
Die Bewertung in einem Test besitzt inzwischen höchste Akzeptanz (Warentest).
Die neue Konkurrenz. Durch das immer stärkere Auftreten von Japan, China, Korea auf dem Weltmarkt ist es zu einer Neuverteilung gekommen – besonders ihre wirtschaftliche Dynamik, die Kundenorientierung, das Qualitätsbewusstsein (TQM) und ihre Innovationsfreudigkeit überzeugt – die Öffnung des Ostens bringt neue Billiglohnkonkurrenz (Massengüter).
Die Produkte. Die Produkte repräsentieren immer die Forderungen der Kunden, also die Nachfrage des Marktes zu einem bestimmten Zeitpunkt (Trendprodukte) – die Kundenorientierung des Marketings ist oberstes Gebot und das Ziel.
Die Industrie. Die Industrie wird für die Schäden an der Umwelt und den sozialen Veränderungen (Arbeitslosigkeit) verantwortlich gemacht. Die Industrie muss gesellschaftspolitische Ideen entwickeln, um ihren Markt zu erhalten, um neue Kunden zu gewinnen und um alte zu erhalten.
Das Management. Die alten hierarchischen Führungskonzepte sind überholt, alle Mitarbeiter müssen ihre Ideen (Innovationen) in die Firma gleichberechtigt einbringen.
Die Prozessorientierung verlangt ein vernetztes, kreatives Denken.
Die Komplexität und Innovation. Die Kundenorientierung verlangt einfallsreiche und intelligent konzipierte Produkte und Dienstleistungen, aber auch neue Organisationsformen. Trotz der erforderlichen hohen Rationalisierung (Preisdruck) wegen der Komplexität und Variantenvielfalt können die Unternehmen die Arbeitsplatzzahl bei höherer Qualifikation der Mitarbeiter erhalten.

2.2.2 Konsequenzen für Unternehmen und ihre Produkte

Da sich der internationale Konkurrenzkampf bei Gebrauchsgütern heute meist nur noch auf den Sektoren Kosten und Preise abspielt, ist es insbesondere für die Unternehmen in Deutschland, einem „Hochlohnland", eine äußerst schwierige Aufgabe hier dagegen zu halten. Wie stark China zeigt **Bild 1**. Ohne Abstriche auf den Sektoren Lebensstandard und hohem Beschäftigungsstand bei gleichzeitiger Rationalisierung der Unternehmen mitzuhalten, ist nur durch eine generelle Umstrukturierung, durch neue Denkansätze und mit Innovationen möglich.

Generell ist dies möglich, da bei den Beschäftigten ein hohes **Ausbildungspotenzial** vorhanden ist. Es hat allerdings keinen Sinn mit „Billigprodukten" auf dem Weltmarkt konkurrieren zu wollen. Hier herrscht ein Überangebot, ein reiner, vollkommener Käufermarkt und „Kampfpreise" sind hier die Vorgabe.

Nur mit attraktiven und **innovativen Produkten** mit extrem hoher Variantenvielfalt, bei denen der Statuswert den Nutzwert übersteigt, kann die deutsche und europäische Industrie erfolgreich sein. Dazu benötigt das Unternehmen eine außerordentlich hohe, flexible und schnelle Organisation, also ein straffes Prozessmanagement. „High-Tech" ist eine elementare Grundvoraussetzung für alle Produkte. „High-Tech" wird in allen Bereichen Einzug halten **(Tabelle 1)**.

Innovative Produkte
Diese haben einen eigenen Charakter, sie sind **intelligent konzipiert** und sind mit einem akzeptablen Preis ausgestattet. Dies verlangt eine hohe Rationalisierung vom Einkauf über die Entwicklung, Produktion bis zum Verkauf in Form der Prozessorientierung. Eine besondere Betrachtung findet dabei die **Strategie der Modellzyklen**. Kurze Modellzyklen bewirken einen hohen Werteverfall und bei hochwertigen Produkten eine Verstimmung der Kunden. Zudem verzinsen sich die meist hohen Investitionen bei kurzen Zyklen nicht mehr.

Deshalb rücken das Design, der Marktwert, das Prestige der Produkte und Dienstleistungen in den Mittelpunkt für diese angesprochenen, zu umwerbenden Käuferschichten. Der Käufer dieser „gehobenen" Produkte fordert sein **persönliches Produkt**, eine eigene persönliche Betreuung, ein Dienstleistungsangebot rund um die Uhr und natürlich Termingenauigkeit bei kürzester Lieferzeit.

Bild 1: Entwicklung des Bruttosozialprodukts nach Angabe der Weltbank

Tabelle 1: Anwendungsbeispiele der Mikroelektronik

Anwendungsbereich	Beispiele
Büro und Handel	PC, Spracherkennung, Verkaufsterminal, Kopiergeräte.
Industrie	Logistik, Steuerung, Regelung, Positionierung, Robotik, PPS.
Energie, Umwelt	Solartechnik, Alarmsysteme, Schaltnetze, Checkkarte.
Auto und Verkehr	ABS, Abgasregelung, Motronic, Flugsicherung, Fahrkartenautomat.
Kommunikation	Telefonsysteme, Internet, Intranet, GPS, Staumeldesysteme.
Haushalt	Waschmaschine, Herde, Heizungssysteme, Energiesparlampen.
Gesundheit	Computertomografie, Herzschrittmacher, Narkosegerät.
Freizeit	Digitalkamera, Foto, TV, Radio, PC für Spiele und Heimarbeiten.

Prozessorientierung

Zu lösen sind diese Herausforderungen nur mit prozessorientierten Ansätzen, die Überlappungen, Verkettungen und Querverbindungen fordern. Außerdem müssen die Gedanken einer **fortwährenden Optimierung** der einzelnen Prozesse in allen Hierarchien in Form von KAIZEN oder eines kontinuierlichen Verbesserungsprozesses einfließen. Der *Taylorismus* mit der Trennung von Durchführung und Kontrolle, der individuellen Verantwortung der Einzelnen für den einzelnen Arbeitsschritt, muss durch ein Prozessdenken, eine Verantwortung für das Ganze abgelöst werden.

> Dass der Unternehmungsprozess heute schon in der Automobilindustrie erfolgreich praktiziert wird, lässt sich durch das folgende Beispiel zeigen. Der Zulieferer als Mitglied der Prozesskette liefert komplette einbaufertige Baugruppen bei hoher Variantenvielfalt zum exakten Stundentermin. Der perfekte Zulieferer hat seinen Produktionsort in der Nähe der Montagewerke des Endprodukts, produziert immer genau die Baugruppen für die laufende Schicht und liefert die Teile direkt an den Montageort. In vielen Fällen übernimmt der Zulieferer auch noch den Einbau seiner eigenen Baugruppen.

> Der Zulieferer ist nicht nur für die Qualität und die Terminierung seiner Produkte verantwortlich, sondern er haftet auch noch für den Einbau seiner Produkte.

> Die Montage der Zukunft gleicht dem modernen Supermarkt: Hier mieten die Firmen die Regale (Preis nach Standort) und die eigenen Vertreter füllen diese mit ihren Produkten.

Der Supermarkt wird zum reinen Dienstleistungsunternehmen. Im Industriebetrieb mietet der Lieferant einen *leeren* Montageplatz für den Einbau seiner Baugruppen und bringt seine Mitarbeiter, Maschinen, Anlagen und Werkzeuge mit. Die Unternehmen haben in den letzten Jahren mit vielen Einzelansätzen versucht, ihren Betrieb rationeller zu organisieren um ihre Rentabilität zu verbessern und um konkurrenzfähig zu bleiben.

> Beispiele zur Verbesserung der Rentabilität sind:
> - Verringerung der Entwicklungstiefe,
> - Verringerung der Fertigungstiefe,
> - Gleichteile und Baukastensysteme,
> - Just-in-time,
> - Verkürzung der Produktionsentstehungszeiten,
> - Verkürzung der Modellzyklen (Lebensdauerzyklen),
> - KAIZEN,
> - Kontinuierlicher Verbesserungsprozess (KVP),
> - Qualitätstechniken,
> - Global outsourcing (**Bild 1**),
> - Rationalisierung und Automatisierung (**Bild 2**).

Der Unternehmensprozess baut auf den Prinzipien des TQM (Total Quality Managements) auf und plant, lenkt und regelt mithilfe von Prozessketten und Prozessnetzen.

Das Outsourcing vernichtet viele Arbeitsplätze, verlangt aber eine ausgeklügelte Prozessorganisation. Ähnliches zeigt die exponenzielle Zunahme der Industrie-Roboter. Auch hier werden Arbeitsplätze vernichtet, aber die Installation und Wartung verlangt zusätzlich hochqualifizierte, flexible Mitarbeiter.

Bild 1: Meinungsumfrage zum Outsourcing

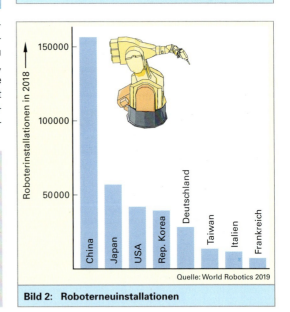

Bild 2: Roboterneuinstallationen

2.2 Der Unternehmensprozess

2.2.3 Workflow (Prozessketten und Prozessnetze)

Alle Funktionen eines Unternehmens laufen in komplexen Prozessen unterschiedlichster Art ab. Die einzelnen Bereiche sind im Workflow (Prozessketten) zusammengeschaltet. Materialien, Teile, Daten, Informationen werden an die nachgeschalteten Bereiche weitergegeben.

Bild 1: Lineare Prozessketten mit getrenntem Prozessablauf

Es entstehen im einfachsten Fall **lineare Prozessketten** (**Bild 1**). Bei ihnen folgen die Prozesse (Arbeitsschritte oder Aufträge) einfach hintereinander, jeder Mitarbeiter ist *allein* für seinen Prozess verantwortlich. Diese Form ist in der Praxis allerdings die Ausnahme, denn die Verflechtungen und auch Rückkopplungen sind sowohl in der Entwicklung wie auch in der Produktion, im Vertrieb sowie im Einkauf alltäglich.

Prozessketten mit Rückkopplungen, einem „feed back" (**Bild 2**) entstehen dadurch, dass Prozesse geplant überlappen, z. B. wird der Aufbau einer neuen Montagelinie für ein neues Produkt parallel mit der Entwicklung des neuen Produkts durchgezogen. Änderungen in der Konstruktion, Anpassungen durch die Versuche erbringen natürlich auch Rückkopplungen, d. h. also Änderungen in dem Aufbau, dem Konzept der Montagelinie.

Folge: Das gleichzeitige Entwickeln, Konstruieren, Planen und Produzieren ermöglicht eine sofortige Änderung und Prüfung bei allen anderen Prozessen. Dies bringt eine große Zeitersparnis und die Einsparung von Kosten, da Änderungen bei anderen Prozessen rechtzeitig abgefangen werden können, oder wenigstens der Änderungsaufwand geringer wird.

Prozessketten mit Querverbindungen (Bild 3) entstehen durch die Komplexität der Produkte und Dienstleistungen, denn die Unternehmen können aus wirtschaftlichen Gründen nicht alle Prozesse selbst beherrschen. Deshalb lassen sie ganze Baugruppen, oder z. B. die Entwicklung oder die Software von Zulieferern oder Dienstleistungsunternehmen für sich komplett bei einem Zulieferer entwickeln. Dadurch entstehen grundsätzlich terminliche und technische Querverbindungen, also auch Abhängigkeiten.

Folge: Die einzelnen Unternehmen müssen sich im ständigen Informationsaustausch über den Stand ihrer Prozesse auf dem Laufenden halten.

Prozessketten mit Abhängigkeiten oder Prozessnetze (Bild 4) entstehen dadurch, dass ein Unternehmen eine Baugruppe, z. B. den gleichen Motor (Gleichteil) in verschiedene Typen eines Autos einbaut. Somit kann die Variantenvielfalt ohne allzu großen Mehraufwand gesteigert werden.

Folge: Prozessnetze verlangen von den Managern höchste Aufmerksamkeit, sowie eine flexible kreative Planung und von den Mitarbeitern hohe Motivation und ein handlungsorientiertes Arbeiten. Die Prozesse haben nämlich nicht nur terminliche, sondern auch sachliche und ressourcenbedingte Abhängigkeiten, die bei richtiger Planung und Steuerung höchste Effizienz und damit eine optimale Wirtschaftlichkeit garantieren.

Bild 2: Prozessketten mit Rückkopplungen

Bild 3: Prozessketten mit Querverbindungen

Bild 4: Prozessnetz für ein Produkt von der Designstudie bis zur Serienreife (Auszug)

Das Management hat sich bisher traditionell nur mit strategischen Aufgaben und der Lösung von großen Einzelproblemen beschäftigt. Heute muss das Management sich mit der Konzeption und der Umsetzung von Prozessketten und Prozessnetzen auseinander setzen. Das Produkt darf aber niemals den Anforderungen des Prozesses unterworfen werden, d. h. das Produkt bestimmt den Prozess.

2.2.4 Das Prozessmanagement

Ziel des Prozessmanagements ist es, dem Unternehmen eine Übersicht über alle Aufgaben und Aktivitäten, also über alle Prozesse zu verschaffen. Die Prozesse werden identifiziert, beschrieben und konsequent an den Anforderungen der externen und internen Kunden ausgerichtet. Die Wirtschaftlichkeit wird dadurch erhöht und die Kundenzufriedenheit garantiert.

Kundenorientierung, Mitarbeiterorientierung und Prozessorientierung bilden die Grundlagen, die Pfeiler des Prozessmanagements **(Tabelle 1)**.

Der Prozessbegriff. Um eine gemeinsame Sprache zu sprechen, wurde der Prozessbegriff nach DIN EN ISO 9000 folgendermaßen definiert.

> Ein Prozess ist ein Satz von in Wechselbeziehungen stehenden Mitteln und Tätigkeiten, die Eingaben in Ergebnisse umzugestalten.
> *Anmerkung:* Zu den Mitteln (Ressourcen) können das Personal, die Einrichtungen und Anlagen, die Technologie und die Methoden gehören.

Hauptprozesse und Teilprozesse. Üblicherweise werden Prozesse, die abteilungsübergreifende Aufgaben beinhalten, wegen ihrer Komplexität, als **Hauptprozesse** bezeichnet **(Bild 1)**. Diese werden in **Teilprozesse** zerlegt, die dann wiederum in einzelne in sich geschlossene Tätigkeiten (Aufgaben = Prozesse) gegliedert werden.

Das Prozessmodell. Das Prozessmodell **(Bild 2)** ist innerhalb des Prozessmanagements eine weitere wichtige Grundlage. Jedem Prozess werden drei verschiedene Rollen zugeordnet. Jeder Prozess ist **Kunde (1)**, er erhält z. B. Material, Informationen vom vorhergehenden Prozess.

Innerhalb des betrachteten Prozesses erfolgt die **Verarbeitung (2)** (= Prozessaufgabe) und anschließend wird der Prozess dem **Lieferanten (3)** gemäß den Kundenanforderungen des nachfolgenden Prozesses ausgeliefert.

Tabelle 1: Prozessmanagement

Kriterien	Beschreibung
Überblick	Durch die Gliederung der Tätigkeiten, Vorgänge, Aktivitäten in vernetzte, rückgekoppelte Prozesse, lässt sich ein modernes Unternehmen zeitgemäß gliedern.
Organisation	Die wachsende Komplexität der Organisation verlangt nach neuen Ordnungssystemen, die flexibel und dynamisch reagieren.
Aufgaben	Alle Prozesse des Unternehmens werden identifiziert, analysiert und beschrieben.
Ausrichtung	Das Prozessmanagement muss konsequent auf die Kundenorientierung ausgerichtet werden.
Folge Ergebnis	Die Folge ist eine Erhöhung der Wirtschaftlichkeit und als Ergebnis ergibt sich eine hohe Kundenzufriedenheit.

Bild 1: Hauptprozesse und Teilprozesse

Bild 2: Prozessmodell

2.2 Der Unternehmensprozess

Schlüsselprozesse. Prozesse, die besonders bedeutend sind für die Kundenzufriedenheit, werden Schlüsselprozesse[1] genannt. Weitere Unterscheidungen können in der Häufigkeit auftreten, ob einmalig oder wiederholend und ob der Prozess z. B. von einer Person oder einer Gruppe bearbeitet wird, oder ob der Prozess regelmäßig, planmäßig oder zufällig stattfindet.

2.2.5 Einführung des Prozessmanagements

Bild 1: Innerbetriebliche Werbung, Methoden

Die Einführung des Prozessmanagements muss genauestens geplant und vorbereitet werden. Die Information und die Motivation der Mitarbeiter und der Manager stehen dabei im Mittelpunkt, denn man muss sich immer bewusst sein, dass das Einbringen von neuen Methoden und Arbeitsweisen innere Widerstände verursacht (**Bild 1**).
Im Folgenden werden in Anlehnung an DIN EN ISO 9000 die vier Etappen (**Tabelle 1**) zum Aufbau und der Einführung beschrieben.

2.2.5.1 Prozesse definieren (Etappe I)

In der ersten Etappe müssen die organisatorischen Voraussetzungen zur Einführung des Prozessmanagements geschaffen werden. Die zu installierenden Arbeitsgruppen werden dabei aus der vorhandenen Organisation gebildet, sie werden dauerhaft angelegt, sie bekommen neue Schwerpunkte zugeordnet.

[1] Wichtige Kunden nennt man Keyaccount-customer = Schlüsselkunden.
[2] siehe Kapitel 11.5.3

Tabelle 2: Schlüsselprozesse

Benennung der Hauptprozesse	Prozessschwerpunkt bei				
	E	B	P	V	U
Marktdatengewinnung	x			x	
Personalentwicklung					x
Qualitätsplanung	x		x		x
Finanzplanung					x
Liquiditätsbestimmung					x
Produktentwicklung	x			x	
Produktsegmentierung				x	
Beschaffung		x			
Produktion			x		
Instandhaltung			x		
Absatz				x	
Beschwerdeabwicklung					x

E: Entwicklung/Konstruktion, B: Beschaffung und AV
P: Produktion, V: Vertrieb, U: Unternehmensleitung

Tabelle 1: Die vier Etappen zur Einführung des Prozessmanagements

Etappen	I (Kap. 2.2.5.1)	II (Kap. 2.2.5.2)	III (Kap. 2.2.5.3)	IV (Kap. 2.2.5.4)
Haupt-Etappen	Prozesse **definieren**	Prozesse **analysieren**	Prozesse **optimieren**	Prozesse **festigen**
	Schaffung der organisatorischen Voraussetzungen mit der **Einsetzung des Leitungskreis** und Definition der Schlüsselprozesse.	Prozesse abgrenzen, Identifizierung des internen und externen Kunden einschl. der Prozessbeschreibung.	Anforderungen an die Prozessergebnisse aufarbeiten und auf ihre **Erfüllung überprüfen** und gegebenenfalls optimieren.	Prozesse mithilfe der Werkzeuge und Methoden des Qualitätsmanagements und von KAIZEN bewerten und einführen.
Teil-Etappen	• Leitungskreis installieren, • Schlüsselprozesse bestimmen, (Analyse mit QFD und HoQ) • Prozessverantwortlichen bestellen und Team bilden.	• Externe und interne Kunden bestimmen, • Prozesse erfassen, Flussdiagramme erstellen, • 7-TOOLS und weitere Methoden des TQM.	• Prozessergebnisse aufarbeiten (Pflichtenheft überprüfen), • Rentabilität optimieren und Wert steigern (WA-Analyse erstellen, HoQ überprüfen). • FMEA[2] erstellen	• Prozessergebnisse bewerten und beurteilen, • Kontinuierliche Verbesserungsprozesse einführen, • Kennzahlen festlegen (Benchmark).

Teil-Etappe: Leitungskreis installieren

Da die Einführung des Prozessmanagements „Top down" erfolgen muss, wird der Anstoß und die Durchführung von einer Gruppe gesteuert werden, bei der die Unternehmensleitung persönlich beteiligt ist. Sie sorgt dafür, dass die ständige Prozessverbesserung immer am Leben erhalten wird.

Die Schwerpunkte der Arbeit des Leitungskreises **(Bild 1, vorhergehende Seite)** sind dabei: die Ressourcen bereitstellen, die Zielvereinbarung setzen, Probleme erkennen, abstimmen und beseitigen und eine ständige Motivation aller Beteiligten durch Aktivitäten, Forderung und Anerkennung aufrecht zu halten.

Teil-Etappe: Schlüsselprozesse bestimmen

Bei der Festschreibung der Schlüsselprozesse **(Tabelle 2, vorhergehende Seite)** werden die zentralen Prozesse, insbesondere die Kundenzufriedenheit, bestimmt. Die Kundenorientierung, das zentrale Ziel des Qualitätsmanagements (TQM[1]) und des Marketings, sichert dem Unternehmen den gewünschten Geschäftserfolg und somit den Mitarbeitern die Arbeitsplätze.

Der Kunde kauft heute nur das Produkt, die Ware, die Dienstleistung, die zuverlässig und vollkommen seine gestellten Anforderungen erfüllt, denn es gibt auf dem Markt genügend gleichwertige alternative Produkte und Lösungen. Die Bindung des Kunden (Loyalität) kann nur durch eine positive Einstellung zum Produkt, gepaart mit einem Verbundenheitsgefühl zum Unternehmen, gesichert werden.

Damit sich das Unternehmen einen Überblick über die zu verfolgenden Prozesse verschaffen kann, wird in einem ersten Schritt ein **Prozessgliederungsplan** erstellt **(Tabelle 1)**. Dadurch wird die Strategieentwicklung des Unternehmens für die Ausrichtung der Prozesse am externen Kunden aufgezeigt. Des Weiteren bringt dann im ersten Schritt eine Verbesserung der Schlüsselprozesse die größten Erfolge. Dies wiederum motiviert alle Beteiligten und fordert die noch nicht integrierten (überzeugten) Mitarbeiter zum Mitziehen und zum Mitmachen auf.

Prozessmanagement und TQM-Werkzeuge

Ähnliche Prinzipien und Techniken verfolgen die Methoden der ABC-Analyse[2], des Pareto-Diagrammes[2] oder die Wertanalyse[2] (WA). Zum Unterschied sind diese Methoden bisher in den traditionell organisierten Unternehmen als Insellösungen durchgeführt worden. Jetzt können diese Methoden als Teilprozesse in den Gesamtprozess des prozessorientierten Unternehmens integriert werden. Die Ergebnisse werden dem gesamten Unternehmen zur Verfügung gestellt und umgesetzt. Die Erfassung der Kernprozesse und der zugehörigen Teilprozesse muss sorgfältig durchgeführt werden. Die Schnittstellen und deren Übergabeparameter zu beschreiben, ist dabei ein nicht einfaches Problem. Es können niemals alle Parameter, besonders in der Planungsphase, erkannt werden. Die Mitarbeiter müssen immer flexibel, spontan, handlungsorientiert, also kundenorientiert reagieren.

> Nachdem im Prozessgliederungsplan alle Prozesse erfasst sind, wird der Leitungskreis zu einer Moderation unter dem Thema „Welche Prozesse sind für den Kunden von Nutzen?" eingeladen. Hier werden durch gezielte Bewertungen die Schlüsselprozesse durch eine Rangordnung bestimmt. (Tabelle 1)

Teil-Etappe: Prozessverantwortlichen bestellen und Prozessteam bilden

Ohne die Klärung und Festlegung der Zuständigkeiten für die einzelnen Prozesse kann natürlich nicht mit einer Verbesserung begonnen werden.

Tabelle 1: Prozessgliederungsplan und Rangordnung

Prozess	Teilprozess	Hinweise
Entwicklung	System-FMEA (Rang 3) Designlenkung Pflichtenheft Entwicklungs-FMEA[3] (Rang 1) Konstruktions-FMEA	Abgleich mit dem Kunden
Planung und Steuerung	Prozess-FMEA (Rang 4) Lenkung von Dokumenten Arbeitsanweisungen	
Beschaffung	Vertragsprüfungen Auswahl von Lieferanten Beurteilung von Lieferanten Beschaffungsdokumente	Umweltschutzbestimmungen prüfen
Fertigung	SPC (Rang 2) Lenkung fehlerhafter Produkte	
Montage	PMÜ Prüfstatus Lagerung	
Service	Schulung Wartung	Beschwerde analysieren auswerten

---

[1] Total Quality Management (siehe Kapitel 11, Qualitätsmanagement); [2] Analyse Methoden des TQM (siehe Kapitel 11); [3] FMEA = Fehlermöglichkeits- und Einflussanalyse (siehe Kapitel 11)

2.2 Der Unternehmensprozess

Zuerst muss für den Prozess ein Prozessverantwortlicher benannt werden. Bei Schlüsselprozessen muss es ein Mitglied aus der Unternehmensleitung sein. Die Prozessverantwortlichen sollten nicht nur ihren Teilprozess kennen, sondern im groben Umfang am Gesamtprozess beteiligt sein bzw. beteiligt werden. Bei Prozessen, die innerhalb einer Abteilung ablaufen, wird der Abteilungsleiter automatisch zum Prozessverantwortlichen. Dadurch wird der Grundsatz deutlich, dass im Sinne einer schlanken und flexiblen Organisation keine neue Stellen zu schaffen sind.

Prozessmanagement und Kompetenzen
Bei abteilungsübergreifenden Prozessen muss eine Person ausgewählt werden, welche die Fertigkeiten und Fähigkeiten hat, den gesamten Prozess als Ganzes zu managen. Der Prozessverantwortliche muss grundsätzlich die entsprechende **Fachkompetenz** und zudem **Sozialkompetenz**, also kommunikative und strategische Fähigkeiten, besitzen und natürlich über **Methodenkompetenz** verfügen. Nur solche Verantwortliche werden ein Team gut und erfolgreich coachen und koordinieren, die Teammitglieder fördern und sachlich kritisieren, ihnen bei Problemen weiterhelfen und sie bei Schwierigkeiten unterstützen. Da der **Prozessverantwortliche** die Anforderungen der Kunden kennt, ist er der Ansprechpartner für den externen Kunden, zusätzlich auch für alle internen Lieferanten. Dies fördert die Kommunikation.

Prozessmanagement und der Verbesserungsprozess
Das Prozessteam bildet innerhalb des Prozessmanagements den Kern für alle Tätigkeiten im Sinne des ständigen Verbesserungsprozesses. Die Mitglieder müssen sich durch beste Prozesskenntnisse und große Nähe zum Kunden auszeichnen. Da das Prozessteam in Gruppenarbeit organisiert ist, können alle Fähigkeiten und Potenziale der einzelnen Mitglieder eingebracht und umgesetzt werden.

Wenn das Prozessteam abteilungsübergreifend arbeitet, soll aus jeder beteiligten Abteilung mindestens ein Mitarbeiter mitarbeiten. Das Mitglied muss mit Entscheidungsbefugnis ausgestattet sein, denn alle Entscheidungen des Prozessteams müssen in den anderen Abteilungen umgesetzt werden. Die Mitglieder treffen sich üblicherweise z. B. wöchentlich zu Verbesserungs-Moderationssitzungen, dadurch wird ein kontinuierliches, stetiges Arbeiten (Verbessern) gewährleistet.

2.2.5.2 Prozesse analysieren (Etappe II)

Die nun folgende detaillierte Beschreibung der Prozesse ersetzt im Unternehmen die Stellenbeschreibungen und die allgemeinen Organisationspläne. Dadurch wird wiederum die prozessorientierte Sichtweise für das Prozessteam und für alle Mitarbeiter sichtbar gemacht, außerdem sollen nicht einfach zusätzlich neue Organisationspläne oder Verfahrensweisen eingeführt werden, sondern im Sinne des schlanken Unternehmens die Organisation übersichtlicher werden. Das Prinzip der externen und internen Kundenorientierung steht immer im Mittelpunkt der Prozessbeschreibung **(Tabelle 1)**.

Teiletappe: Externe und interne Kunden bestimmen

Die Beschreibung des Prozesses beginnt mit der Auflistung aller internen und externen Kunden, dazu sind eine Moderation (z. B. Brainstorming, Mind-Mapping) für das Prozessteam die besten Methoden. Ziel ist es dabei, die Anforderungen und Wünsche der Kunden exakt und unverfälscht, also ohne Eigeninterpretationen, aufzuarbeiten und darzustellen.
Die nachfolgende Sichtung der Prozessergebnisse in einem weiteren Workshop ermöglicht die Trennung zwischen Input und Output. Mit den Techniken des Quality Engineering, mit der Methode des QFD und speziell mit dem House of Quality (HoQ) lassen sich die Prozesse besonders gut aufarbeiten. Damit kann erkannt werden, ob die gewünschten Anforderungen des Kunden (= **Kundenorientierung** = Stimme des Kunden) als Prozessergebnis (= Design = Sprache des Konstrukteurs) auch erfüllt werden. Besonders im 3. Schritt, wenn die Prozessergebnisse den einzelnen Kunden zugeordnet werden, wird dann noch die Vollständigkeit abgeprüft. Können z. B. bestimmte Prozessergebnisse keinem Kunden zugeordnet werden, so ist dies ein deutlicher Ansatzpunkt für eine (unbedingte) Verbesserung bzw. eine (Nach-)-Analyse.

Tabelle 1: Kundenorientierung

Vorgehensweise	Prozessergebnisse
1. Bestimmung der externen und internen Kunden. 2. Erfassung aller Daten und der Prozessergebnisse. 3. Zuordnung der Daten und Ergebnisse zu den Kunden.	– Produkte, – Informationen, – Dienstleistungen (allg.), – Serviceleistungen, – Instandhaltung.

Teil-Etappe: Prozesse erfassen

Flussdiagramme

Um den Prozess(-ablauf) anschaulich darzustellen benutzt man Flussdiagramme. Sie veranschaulichen die Prozesse. Die Kunden und alle Mitarbeiter können den gesamten Prozess „sehen". Sie erkennen die Zusammenhänge, sie können sofort Ergänzungen, Schwachstellen und Mängel erkennen und Verbesserungsmöglichkeiten einbringen.

Die Erarbeitung des Flussdiagramms erfolgt durch das Prozessteam in mehreren Sitzungen, bis es den Detaillierungsgrad erreicht, der erforderlich ist. Gerade durch das analytische Erarbeiten des Flussdiagramms wird in vielen Fällen den Mitarbeitern erst der einzelne Vorgang klar. Bisherige terminliche Verzögerungen, Kostenüberschreitungen, Qualitätsschwankungen werden erkannt. Der bisher geprägte Verhaltensstil mit Einzelschuldzuweisungen geht zur Gesamtverantwortung, zur Methode der kontinuierlichen Verbesserung über.

Zuerst sollte bei der Erstellung von Flussdiagrammen grob vorgearbeitet werden. Erst dann kann mit der Detaillierung begonnen werden. So können schnell gute Teilergebnisse präsentiert werden. Diese werden vom Prozessteam analysiert und man erkennt, wo ein Bedarf zur weiteren Verfeinerung des Flussdiagramms besteht.

Bild 1 stellt die **IST-Analyse** dar, mit der dann das Prozessteam in einer gemeinsamen Gruppensitzung die Verbesserungen anschaulich diskutieren kann. Eine alternative Darstellung, insbesondere für abteilungsübergreifende Prozesse, ist die Miteinbeziehung aller beteiligten Gruppen, Abteilungen, Zulieferer und Kunden in die Darstellung des Prozessablaufs (**Bild 2**). Oftmals stechen dann Verbesserungen und Optimierungen rein durch die optische Präsentation ins Auge. Denn wird immer wieder dieselbe Abteilung aktiviert, stellt sich die Frage, ob die Teilaufgaben nicht gemeinsam durchgeführt werden können. So können Durchlaufzeiten verkürzt, Kapazitäten eingespart, Ablauffehler vermieden und letztendlich rationeller gearbeitet werden.

Prozessabläufe werden grafisch dargestellt

Bild 1: Flussdiagramm für einen Auftrag

Bild 2: Prozessablauf mit Stellengliederung

2.2 Der Unternehmensprozess

Teil-Etappe: Die 7-TOOLS zur Problemaufarbeitung

Die 7-TOOLS (**Bild 1**) sind hervorragende grafische Problemlösungstechniken mit deren Hilfe schnell und anschaulich Probleme aufgearbeitet werden können. Die Werkzeuge dienen der Problemerkennung und Problemanalyse oder beidem. Das Pareto-Diagramm bzw. die ABC-Analyse sind für die Kundenanalyse, die Bestimmung der Rangfolge von Kapazitäten und von Kosten das wichtigste Hilfsmittel. Zur Ermittlung von Ursache-Wirkungs-Zusammenhängen, z. B. bei der Ermittlung der Einflüsse bei Verzögerungen bei der Durchlaufzeit, ist das Ishikawa-Diagramm äußerst nützlich. Das Baumdiagramm (**Bild 2**) ermöglicht z. B. die anschauliche Darstellung von gesamten Erzeugnissen oder Montagefolgen. Dies kann dann noch durch einen Ablaufgraf (**Bild 3**) ergänzt werden. Hier werden Input und Output grafisch dargestellt.

Das Quality Function Deployment (QFD)[2]

Das QFD, ebenfalls eine Methode des TQM, sollte unbedingt im Prozessmanagement eingesetzt werden. Das QFD dient der Qualitäts- und Produktivitätssteigerung bei Produkten und Dienstleistungen, also der kontinuierlichen Verbesserung von Prozessen. Das QFD wird vornehmlich in der Planungs- und Konzeptionsphase eingesetzt.

- Das QFD dokumentiert die Komplexität, die Abhängigkeiten und Einflüsse von Prozessen,
- Das QFD sammelt die Kundenanforderungen und übersetzt diese in Qualitätsmerkmale,
- Das QFD ist eine teamorientierte und faktenorientierte Methode und gewichtet die Beziehungen zwischen den Kundenanforderungen und den daraus resultierenden Produktmerkmalen,
- Das QFD kann außerdem zum Vergleich zwischen den verschiedenen Mitbewerbern benutzt werden.

Weitere Methoden

Es gibt noch weitere Möglichkeiten um Abläufe anschaulich darzustellen und um sie zu analysieren: die 7-TOOLS und die grundlegenden Werkzeuge des Total Quality Management[1] (TQM). Die 7-Tools und die Werkzeuge des TQM werden in den Kapiteln Qualitätsmanagement und Methoden der Planung ausführlich besprochen.
Alle Werkzeuge des TQM tragen zur Beseitigung von Fehlern bei. Sie helfen bei der Beseitigung von Problemen und steigern dadurch die Produktivität. Dies ist das Ziel des Prozessmanagements.

---

[1] engl. Total Quality Management = absolutes Qualitätsmanagement, siehe auch Kapitel 11
[2] engl. Quality Function Deployment = Qualitäts-Funktionsentwicklung, siehe auch Kapitel 11

Bild 1: Die 7-TOOLS des TQM

Bild 2: Beispiel für ein Baumdiagramm

Bild 3: Beispiel für einen Ablaufgraf

2.2.5.3 Prozesse optimieren (Etappe III)

Das Aufarbeiten der Anforderungen dient dazu, dass der definierte Prozess jederzeit erfüllt werden kann. Damit wird er prozessfähig. Die Kontrolle wird z. B. in der Fertigung mithilfe der statistischen Prozessregelungen (SPC)[1], einem Modul des TQM, durchgeführt.

Dabei wird versucht mithilfe der **Nullfehler-Strategie** die Entstehung von Fehlern frühzeitig zu erkennen um sie damit zu vermeiden. Die Methode wird im Buch im Kapitel Qualitätsmanagement ausführlich dargestellt.

Die zentrale Aufgabe in der **Etappe III** ist die Aufarbeitung der gesammelten Daten des Prozesses (6. Teiletappe) um dann die Daten herauszufischen, die der Prozesskunde benötigt. Im nächsten Schritt muss dann die Rentabilität des Prozesses (7. Teiletappe) untersucht werden. Das Ziel ist dabei die Konzentration auf das Wesentliche. Nützlich ist dabei wiederum die ABC-Analyse. Die konkrete Ablauffolge des Aufarbeitens sollte mithilfe der *5-Schritt-Methode* (**Tabelle 1**) systematisch durchgeführt werden.

Teil-Etappe: Prozessergebnisse aufarbeiten

Wie schon einleitend erwähnt wurde, gilt es im ersten Schritt die Prozessergebnisse zu sichten. Das Team erarbeitet sich mit einer Prioritätenliste eine Rangfolge für die Abarbeitung der Ergebnisse. Um sich auf das Wesentliche konzentrieren zu können ist es also wichtig, unwichtige oder weniger relevante Prozessaktivitäten auszusondern. Diese Abklärung muss aber unbedingt mit dem Kunden abgesprochen werden.

Durch das Streichen von einzelnen Elementen (Aufgaben, Tätigkeiten) aus der Prozesskette kann zusätzlich der Wert des Prozesses erhöht werden. Deshalb wird z. B. ein Matrix-Diagramm erstellt.

Ergänzt werden müssen nur noch die Aufwendungen (Kosten und Kapazitäten) für die gewünschten Ergebnisse des Prozesses. Diese ergänzen dann die Matrix, um sie effektiv im Unternehmen selbst und dem Kunden präsentieren zu können.

Jetzt kann das Prozessteam mit dem Kunden seine Anforderungen und dessen Kostenaufwand abgleichen und damit die notwendigen Verbesserungen einleiten. Prozessergebnisse, die einen hohen Aufwand erfordern, müssen auf ihre Notwendigkeit hin geprüft werden. Nicht gewünschte Kundenforderungen sollten ganz gestrichen werden, sofern sie das Prozessergebnis insgesamt nicht gefährden.

Zu beachten ist dabei, dass viele Kundenforderungen zwar nicht honoriert werden (mit *Geld* oder *Anerkennung*), die Produkteigenschaften und Dienstleistungen müssen aber trotzdem vorhanden sein.

Tabelle 1: Schritte zur Umsetzung von Verbesserungen	
1. Schritt	Flussdiagramm und Ist-Prozesse vergleichen und abstimmen. Notwendige weitere Daten ermitteln sowie unnötige Prozessergebnisse herausstreichen. Anforderungskatalog erstellen.
2. Schritt	Teamverantwortliche benennen und Prozessteam aufbauen. Prozessaktivitäten abchecken und überflüssige Aktivitäten herausstreichen. Verbesserungsvorschlagsliste erarbeiten und mit dem Team bewerten und Tätigkeiten festlegen.
3. Schritt	Verwirklichung des geplanten Prozesses in kontrollierbaren und überschaubaren Teilbereichen testen, damit sich das Team mit dem Prozess auseinandersetzt und Erfolge sichtbar werden. Korrekturen am Prozess können oder müssen jetzt erkannt und eingearbeitet werden.
4. Schritt	Weitere aufbauende und sich ergänzende Teilschritte werden durch das Prozessteam eingeführt. Der (Teil-) Prozess wird nochmals analysiert und bewertet und mit den Methodenwerkzeugen wie z.B. ein Flussdiagramm oder dem House of Quality modifiziert.
5. Schritt	Vorbereitung einer Präsentation mit dem Ziel alle erreichten technischen Fortschritte, die erhöhte Produktivität, die schnellere Durchlaufzeit, letztendlich die höhere Kundenzufriedenheit darzustellen. Ergebnispräsentation des Prozessteams vor der Geschäftsleitung, bzw. der nächst höheren Prozessebene.

---

[1] SPC von engl. Statistic Process Control = statistische Prozesslenkung

2.2 Der Unternehmensprozess

Kano-Modell und Positionierungsanalyse

Zu erinnern ist dabei an das *Kano*-Modell[1]. Hier wird zwischen den Basisanforderungen, den Leistungsanforderungen und den Begeisterungsanforderungen unterschieden.

> So ist z. B. die Klimaanlage im Kleinwagen-PKW in Europa noch dem Bereich Begeisterungsanforderungen zu zuordnen, also durchaus ein gutes Marketinginstrument, allerdings mit Einschränkungen, wegen der Umweltdiskussion. In den USA ist die Klimaanlage eine Selbstverständlichkeit und kein Mensch macht sich dort wegen der Umweltverträglichkeit Gedanken!

Mit einer Abwandlung des *Kano*-Modells führt ein deutscher Automobilhersteller Qualitätsstrategieuntersuchungen durch **(Bild 1)**. Hier wird die **Kundenzufriedenheit drei Gruppen** zugeordnet:
- Gruppe A   Überraschungen,
- Gruppe B   Ausgesprochene Forderungen bzw. Erwartungen,
- Gruppe C   Selbstverständlichkeiten.

Jede Innovation, also eine Überraschung, oder eine Begeisterungsanforderung wird im Laufe des Lebenszyklus eines Produkttyps, z. B. Auto, PC, für den Kunden in der Bewertung abfallen und letztendlich zur Selbstverständlichkeit „verkommen". Diese Kundenforderungen müssen zudem immer billiger angeboten werden, da die Konkurrenz sie ebenfalls als Selbstverständlichkeit anbietet.

Da die beiden Ansätze im Grundsatz identisch sind, eignen sie sich als Werkzeug für die Etappe III des Prozessmanagements. Die Beschreibung der Kundenzufriedenheit (**Kernprozess**) ist aus der **Tabelle 1** ersichtlich. Die Prozesse können entsprechend ihrer „Wertigkeit" klassifiziert werden. Dies ist z. B. für den Marketingprozess wichtig, denn damit kann man erkennen, wo das eigene Unternehmen besser oder schlechter als die Konkurrenz ist. Auch die Methode der Erstellung eines Portfolios[2] oder einer Positionsanalyse kann in der Etappe III von großem Nutzen sein.

Teil-Etappe: Rentabilität optimieren, Wert steigern

Um die Rentabilität der einzelnen Prozessergebnisse zu erhöhen und um damit den Prozess zu optimieren, kann man ihre Ergebnisse z. B. mithilfe von den Begriffen der **Wertanalyse (WA)** nach DIN 69910 Hauptleistungen, Nebenleistungen und unnötigen Leistungen gliedern und ordnet diese entsprechend zu **Tabelle 2**.

Bild 1: Qualitätsstrategie eines PKW-Herstellers

Tabelle 1: Beschreibung der Kundenzufriedenheit

Zufriedenheitsfaktoren, Produkteigenschaften und Kundenforderungen

Gruppe C	Gruppe B	Gruppe A
Selbstverständlichkeiten	Forderungen und Erwartungen	Überraschungen
– nicht explizit genannte Eigenschaften, – vollständiges Erfüllen registriert der Kunde in der Regel nicht, – tritt aber ihre Nichterfüllung plötzlich auf, ist der Kunde „schwerwiegend" unzufrieden.	– die Zufriedenheit wächst mit dem Grad der Erfüllung und – umgekehrt wächst die Unzufriedenheit mit dem Grad der Nichterfüllung, wobei das Fehlen einer einzigen Forderung ausschlaggebend sein kann.	– bereits wenige Kleinigkeiten können einen überragenden Beitrag zur Zufriedenheit liefern, – durch sie lässt sich am ehesten Marktführerschaft erreichen. – Innovationen sollten dem Kunden auffallen.

Tabelle 2: Funktionsarten der Wertanalyse

Hauptfunktion = Hauptprozesse	Nebenfunktion = Nebenprozesse	unnötige Funktion = überflüssige Prozesse
Beispiele		
Teil montieren	Teil einspannen	Teil lagern

---

[1] Noriaki Kano, jap. Wissenschaftler. Er klassifiziert die Kundenwünsche in 3 Anforderungsarten.

[2] Beschreibung und Beispiele für das Portfolio findet man im Kapitel 12 im Abschnitt Produktpolitik

2.2.5.4 Prozesse festigen (Etappe IV)

Um die geplanten Prozesse und ihre Ergebnisse ständig im Griff zu halten ist es notwendig, sie kontinuierlich zu überwachen. Dazu muss das Prozessteam aussagekräftige Kennzahlen für die einzelnen Teilprozesse erarbeiten. Erst durch diese Vorarbeiten kann die kontinuierliche Verbesserung umgesetzt werden.

Die **Kennzahlen** ermöglichen den Vergleich von **Soll zu Ist** (z. B. Mengenausstoß, Umsatz), vom letzten Quartal zum neuen Quartal (z. B. Ausschussquote, Krankheitsstand), von der letzten Auslieferung zur neuen Auslieferung (z. B. Beschwerden, Reklamationen). Das Prozessteam wird dadurch im Sinne von KAIZEN ständig motiviert, denn die Erfolge werden sichtbar **(Tabelle 1)**.

Prozessmanagement, KAIZEN[1], KVP und Verschwendung

Ziel des Prozessmanagements, von KAIZEN und des KVP ist, dass die Teammitglieder bzw. die Prozessbeteiligten ständig ihre Arbeitstätigkeit, den eigenen Arbeitsplatz und die Arbeitsumgebung, also ihren Prozess kritisch beobachten und hinterfragen. **Jegliche Verschwendung ist zu vermeiden** und nicht-wertschöpfende Tätigkeiten sind auf das Notwendige zu reduzieren.

Um dem Prozessmanagement schnell auf die Sprünge zu helfen, also sofort sichtbare Anfangserfolge zu erzielen, ist die Methode von *Imai*[2], nämlich ständig nach „Orten" der Verschwendung zu suchen, geeignet.

Das Beispiel einer Verschwendungsstudie bei einem Kopiermaschinenhersteller belegt dies **(Tabelle 1, folgende Seite)**. Grundlage und Konzept der ständigen Verbesserung ist der **PTCA-Kreis** (*Deming*-Rad) **(Bild 1, folgende Seite)** oder der verbesserte **STCA-Kreis (Bild 1)**. Voraussetzung des KVP und der somit erfolgreichen, schrittweisen, ständigen Verbesserung, ist die Definition eines eindeutigen Ausgangszustandes (Ist), der durch die Formulierung eines Standards gesetzt wird. Nachdem der Standard (= SOLL) der Wirklichkeit (= IST) entspricht (SOLL = IST), beginnt ein neuer Verbesserungsprozess. Die Methode des KAIZEN wird ausführlich im Kapitel QM vorgestellt und erläutert.

Tabelle 1: Prozessergebnis und Bewertung

Prozess	Bewertung (Kennzahl)
Marketingprozess	Kundenanalysen (Portfolio) Marktbeobachtung
Beschaffungsprozess	Rücksendungen (Beschwerden) Lieferterminüberschreitungen Lagerbestände Durchschnittliche Lagerdauer
Entwicklungsprozess	Produktlebenszyklus Zahl der Änderungen Variantenzahl
Produktionsprozess	Durchlaufzeit Übergangszeiten (Wartezeiten)
Kostenrechnungsprozess	Anteil Fixe Kosten Zahlungsausstände

Jeder (Arbeits-) Prozess wird am Anfang, nach seiner Einführung gewisse Schwankungen (Leistungsmenge, Qualität, Zeitbedarf) aufweisen. Der **STCA-Zyklus** nach W.E. Deming ist eine Methode um einen Standard (Ausgangspunkt = Ist) zu setzen.

Bild 1: Der STCA-Zyklus

---

[1] Begriff kommt aus Japan. KAI bedeutet „Veränderung" und ZEN „das Gute", also KAIZEN = die Veränderung zur Verbesserung.
[2] *Imai, Masaaki* ist Präsident von Kaizen Support Services in London, einem Wirtschafts- und Personalberatungsunternehmen

2.2 Der Unternehmensprozess

Teil-Etappe: Prozesse bewerten

Um die Erfolge bei der Durchführung der Prozesse zu sichern, zu stabilisieren und jedem zur Motivation sichtbar zu machen, müssen die Prozessergebnisse anschaulich dargestellt und bewertet werden. Die einfachste Methode ist dabei mit Kennzahlen, Diagrammen und Schaubildern zu arbeiten; am besten eignen sich dazu einfache EDV-Tabellenkalkulationen wie z. B. Excel.

Die Methoden des QM, hier z. B. die **SPC** (statistische Prozessregelung) mit Nullfehler-Strategie, müssen im Prozessmanagement eingesetzt werden. Nur so können Wartezeiten und Terminverzug, Ausschuss und Nacharbeit in der Produktion durch die **Maschinenfähigkeitsuntersuchung** sowie die Prozessfähigkeitsuntersuchungen vorbeugend (nahezu) ausgeschlossen werden. Zur laufenden Prüfung von Veränderungen der Prozessergebnisse benutzt die QM in der Produktion als *Kennzahl* die **Qualitätsregelkarten**. Diese regeln den Prozess meist über kontinuierliche Merkmale. Dabei wird entweder sollwertorientiert eingegriffen (für anerkannte beherrschte Zustände) und zwar über eine Warngrenze und Eingriffsgrenze oder toleranzorientiert (volle Ausnutzung der Standzeiten).

Der **PTCA-Zyklus** beginnt mit der Analyse der aktuellen Situation (**Planen**). Danach wird der Plan umgesetzt (**Tun**) und anschließend z. B. mit Hilfe von Kennzahlen überprüft (**Checken**). Die „abschließende" **Aktion** hat die wichtige Aufgabe den Prozess abzusichern, sie ist also eine Vorbeugungsmaßnahme gegen Rückfälle. **Standardisieren-Verbesserung-Standardisierung-....**

Bild 1: Der PTCA-Zyklus (PDCA-Zyklus)

Tabelle 1: Beispiele für die neun Arten der Verschwendung			
Nr.	Verschwendungsbereich	Art der Verschwendung	Reaktionen und Maßnahmen
1	**Lagerung, Disposition**	Lagerung von nicht sofort benötigten Teilen.	Verbrauchs- und bestandsorientierte Beschaffungsplanung.
2	**Qualität, Anforderungen**	Hohe Ausschussquote.	Einführung von FMEA-Analysen.
3	**Anlagen, Maschinen**	Ungenügende Auslastung von einzelnen Maschinen.	Sondermaschinen nur noch kurzfristig anmieten.
4	**Kosten, Investitionen**	Unangemessene Überdimensionierung.	Amortisationsrechnungen, Verfahrensvergleichsrechnungen.
5	**Organisation, Management**	Zu hoher Personal-Organisationsaufwand.	Einführung von Prozessmanagement in allen Ebenen.
6	**Produktdesign**	Produkte erfüllen mehr Funktionen als verlangt.	Systematische Erkundung der Kundenwünsche mit QFD (HoQ).
7	**Ausbildung, Qualifizierung**	Besetzung der Arbeitsplätze mit überqualifiziertem Personal.	Konsequente Anforderungsanalysen über alle Arbeitsplätze durchführen.
8	**Arbeitsablauf, Logistik**	Prozessablaufbeschreibungen werden nicht eingehalten, respektiert.	Einstellung, Motivation und Information in den Gruppen (Prozess-Teams) verbessern.
9	**Produktlebenszyklus**	Produktionsstart und Serienlauf ist stockend.	Einweisung und Schulung kontinuierlich verbessern.

Teil-Etappe: Kontinuierliche Verbesserungsprozesse einführen

Um dem Prozessteam das Bewusstsein für den kontinuierlichen Verbesserungsprozess „einzuimpfen", und um die Mitarbeiter für die Ideen des KAIZEN zu begeistern, müssen z. B. die Management-Prinzipien und Thesen von *W. Edwards Deming*[1] **(Tabelle 1)** bekannt gemacht werden.
Dem Prozessteam werden die Thesen durch gut geschulte Moderatoren in einer Moderation klargelegt und eingeübt. Das Team bestimmt anschließend, welche Regeln vom Team in den nachfolgenden Sitzungen nach und nach angegangen werden sollen.

Teil-Etappe: Kennzahlen festlegen (Benchmarking)

Benchmarking ist ein Analyseinstrument zum systematischen Suchen und Finden der besten Praktiken (best practices). Man vergibt für die betrachteten Lösungsvarianten Kennzahlen und vergleicht diese (siehe Kapitel 2.6.2 Benchmarking).

2.3 Die Aufbauorganisation

2.3.1 Organisation

Organisation warum?
Spätestens wenn ein Unternehmer seinen ersten Mitarbeiter einstellt, wird er zu einer **Aufgabenteilung** und zu einer Organisation der Arbeit gezwungen. Die Bedeutung einer schlagkräftigen, effizienten und wirtschaftlichen Organisation wird bei zunehmender Betriebsgröße immer wichtiger. Eine schlecht organisierte Aufgabenteilung bewirkt Verzögerungen, Fehler, Doppelarbeit, Demotivation.

Der allgemeine Organisationsbegriff
Eine gute Organisation zeichnet sich durch drei Merkmale aus, nämlich durch **Ordnung**, durch **Zielgerichtetheit** und durch **Wirtschaftlichkeit (Bild 1)**. Organisation ist also in der Regel ein System von dauerhaften Regelungen, welche die Aufgabenbereiche der Aufgabenträger festlegen. Der Nachteil von festen Rahmenrichtlinien aber ist, dass das Unternehmen starr und unflexibel wird, Motivation und Eigeninitiative werden unterdrückt.

> Unternehmen mit starren Organisationen können nicht schnell genug reagieren auf Veränderungen in der Technik, in der Gesellschaft und in der Weltwirtschaft.

Tabelle 1: Die 13 Thesen nach W. E. Deming

1. Installiere ein unverrückbares Unternehmungsziel (z.B. KAIZEN).
2. Installiere einen neuen Denkansatz (Prozessdenken).
3. Keine Sortierprüfungen mehr (keine Vollkontrolle).
4. Nicht unbedingt das niedrigste Angebot berücksichtigen.
5. Verbessere ständig die Systeme (KVP).
6. Schaffe moderne Anlernmethoden (Rhythmische Arbeitsfolgen).
7. Sorge für richtiges Führungsverhalten (Eigenständigkeit).
8. Beseitige die Atmosphäre der Angst (offene Kommunikation).
9. Beseitige Barrieren (Überwindung des Abteilungsdenken).
10. Vermeide Ermahnungen (Fehlererkennung erzeugt stabile Prozesse).
11. Setze keine festgeschriebenen Ziele (keine festen Leistungsvorgaben).
12. Gestatte es, auf gute Arbeit stolz zu sein (Vorbildfunktion).
13. Fördere die Ausbildung (ständige Höherqualifizierung).

Bild 1: Merkmale einer Organisation

Bild 2: Organisation, Improvisation und Disposition

---

[1] *William Edwards Deming* (1900 bis 1993), amerikanischer Wirtschaftswissenschaftler

2.3 Die Aufbauorganisation

Organisation, Improvisation[1] und Disposition[2]
Moderne Unternehmen müssen heute ihre **Organisation** auf unvorhersehbare Ereignisse einrichten. Als Grundlage muss sich das Unternehmen eine Organisation, eine Rahmenrichtlinie, eine Art Grundgesetz geben; hier werden die Ziele des Unternehmens und das Managementsystem mittelfristig festgelegt **(Bild 2, vorhergehende Seite)**. Die Organisation muss den Mitarbeitern, Gruppen und Abteilungen für unvorhergesehene Veränderungen Freiräume für **Improvisationen** zugestehen. Diese haben zuerst einen vorläufigen Charakter und können dann, wenn sie sich bewähren, zur neuen Regel, zur Richtlinie werden.

Innerhalb des täglichen Betriebsablaufs treten einmalige und fallweise zu regelnde Ereignisse auf. Diese müssen mit dem Betriebsablauf abgestimmt, also **disponiert** (Termine, Mengen, Kapazitäten) werden. Jede Disposition muss den Umständen entsprechend angepasst werden.

2.3.2 Gestaltungsprinzipien

Eine Aufbauorganisation sollte vier Ausprägungen besitzen **(Tabelle 1)**, nämlich die der **Zweckmäßigkeit**, der **Wirtschaftlichkeit**, des **Gleichgewichts** und der **Koordination**. Werden die vier Grundprinzipien beim Aufbau, bei der Überprüfung und bei der anschließenden Umgestaltung oder bei der Modernisierung der Organisation angewendet, so werden die Maßnahmen greifen und die Mitarbeiter werden mitziehen.

2.3.3 Aufgabe, Stelle, Instanz und Arbeitsplatz

Die (Arbeits-) Aufgabe und ihre Beschreibung
Traditionell steht die **Aufgabe** im Mittelpunkt der Organisation, denn alle Handlungen in einem Unternehmen werden letztendlich durch einen Menschen, den Mitarbeiter veranlasst. Um eine Aufgabe zu erfüllen, sind die sechs „W-Fragen" zu beantworten, nämlich **wie, woran, wem, womit, wo** und **wann (Tabelle 2)**.

Zur Beschreibung von Stellen oder einzelnen Arbeitsplätzen wird z. B. bei REFA eine **Beschreibung des Arbeitssystems mit sieben Systemelementen verwendet (Bild 1)**. Diese Methode ermöglicht eine genaue Abgrenzung der zu analysierenden Aufgabe und man erkennt die Schnittpunkte zu anderen Systemen.

---

[1] lat. Improvisieren = ohne Vorbereitung, aus dem Stegreif ein Thema darbieten
[2] lat. Disposition = Anordnung, Gliederung; Verfügung; Anlage; Empfänglichkeit

Tabelle 1: Gestaltungsprinzipien bei der Aufbauorganisation

Zweckmäßigkeit	Die Organisation muss dem **Gesamtziel** des Unternehmens entsprechen.
Wirtschaftlichkeit	Die Organisation muss **ergiebig** sein, d.h. das Unternehmen muss **rentabel** sein.
Gleichgewicht	Die Organisation darf nicht starr sein. Das Unternehmen muss **flexibel** reagieren können.
Koordination	Die Organisation muss eine klare **Unterteilung** in Teilaufgaben gewährleisten.

Tabelle 2: Begriff und Merkmale der Aufgabe Die sechs „W-Fragen"

Zielsetzung für eine zweckbezogene menschliche Handlung		
W-Frage	Merkmal	Beispiel
wie	Verrichtung	Sägen, Prüfen, Disponieren
woran	Objekt	Rd 30 x 100, DIN A3 Blatt
wem	Aufgabenträger	Konstruktion, AV, Fertigung
womit	Sachmittel	Kreissäge, PC, Vorrichtung
wo	Raum und Ort	B1/234, WE, Lager
wann	Termin und Zeit	123. Tag, 20. Woche, 10 min/Stück

Bild 1: Die sieben Systemelemente

Arbeitssysteme und Systemelemente

Die eindeutige **Definition der sieben Systemelemente (Tabelle 1)** hat die Aufgabe, innerhalb eines Unternehmens eine eindeutige unverwechselbare Sprache zu sprechen. Bei der Anforderungsermittlung und der Endgeltdifferenzierung ist dies eine wesentliche Grundlage für Vergleiche und Einstufungen.

- **Arbeitssysteme** können sehr unterschiedliche Größen haben. Das kleinste Arbeitssystem ist der einzelne Arbeitsplatz, das größte ist der Betrieb bzw. das Unternehmen.
- Die **Arbeitsaufgabe** kennzeichnet den Zweck des Arbeitssystems. Es müssen Tätigkeiten ausgeführt werden.
- Den **Arbeitsablauf** beschreibt das räumliche und zeitliche Zusammenwirken von Menschen und Betriebsmittel um die Arbeitsaufgabe zu erfüllen.
- Der **Mensch und das Betriebsmittel** bestimmen die Organisation, die Qualität und die Quantität des beschriebenen Arbeitssystems.
- Die **Eingaben** in ein Arbeitssystem können Rohstoffe, Halbzeuge, Messzeuge, Vorrichtungen, Arbeitsanweisungen sowie auch Energien, Stoffe und Medien jeder Art sein.
- Die **Ausgaben** aus einem Arbeitssystem sind primär die bearbeiteten Produkte, die Dienstleistungen, aber auch zusätzliche Ausgaben, wie z. B. Wärme, Abfall und Gase.
- Mit dem Systemelement **Umwelteinflüsse** werden alle wesentlichen äußeren Einflüsse beschrieben. Hier muss man sich immer auf das Wesentliche beschränken!

Die Stelle und die Instanzen

Innerhalb der Aufbauorganisation ist die **Stelle** die *kleinste Einheit*, sie ist ihr Grundbaustein. Jede einzelne Stelle bündelt entsprechend ihrer Aufgabenbeschreibung die ihr zugeordneten Teilaufgaben.

Eine **Instanz** ist eine Stelle mit Entscheidungsbefugnis und mit Anordnungsbefugnis, nämlich eine Leitungsstelle innerhalb einer traditionellen Aufbauorganisation. Zukunftsorientierte Aufbauorganisationen vermeiden den Begriff der Instanz; hier haben die einzelnen Stellen nur unterschiedliche Aufgaben-, Kompetenz- und Verantwortungsbeschreibungen.

Um einem Stelleninhaber Handlungsfähigkeit zu ermöglichen, müssen die drei Inhalte einer Stelle nach dem Prinzip der Delegation von Verantwortung **(Bild 1)** in einer Hand, also in der Stelle liegen.

Tabelle 1: Beispiele und Erläuterungen zu den sieben Systemelementen

Nr.	Systemelement	Beispiele
1	Arbeitsaufgabe = Systembeispiel	Rundlinge sägen oder z. B.: – Bestellungen bearbeiten – Arbeitspläne erstellen.
2	Arbeitsablauf	Sägeanschlag auf Maß 19 mm einstellen, Vorschub auf Position A6, Drehzahl auf G2 einstellen Stangenmaterial A 12/45 mit Hilfskran aus Regal 23 entnehmen und in Säge 098/1 einlegen. Stange gegen Anschlag schieben und mit Spanner festspannen.
3	Mensch	Herr Müller 23 Jahre Hilfsarbeiter Lohngruppe V 2 Jahre als Säger beschäftigt.
4	Betriebs- bzw. Arbeitsmittel	Kreissäge Kälberer 3000 FE K.St.: 200 Platz: 230 Baujahr 1988 Zustand: gut Vorrichtungen: keine Messzeuge: Schieblehre.
5	Eingabe	Halbzeugmaterial Rd 200 DIN... Arbeitsplan Lohnkarte, Terminkarte, mündliche Anweisung durch den Meister.
6	Ausgabe	Gesägte Rundlinge, Späne, ausgefüllte Lohnkarte, Terminkarte.
7	Umwelt-einflüsse	Lärm 85 dB/(A) Nässe durch Kühlmittel Zugluft durch Hallenhaupttor.

Bild 1: Aufgabenbeschreibung der Stelle

2.3 Die Aufbauorganisation

Eine Stelle, bzw. die Stellenbeschreibung muss die **Aufgabe**, die **Kompetenz** und die **Verantwortung** klar beschreiben und anordnen, also delegieren.

Einzelarbeit, Mehrstellenarbeit und Gruppenarbeit

Der **Arbeitsplatz**, der mit dem **Fachbegriff Stelle** bezeichnet wird, ist der örtliche Bereich in dem die Arbeitsaufgabe erfüllt wird. Oftmals haben die Mitarbeiter/innen durch die neuen, komplexen Anforderungen des Marktes keine einzige Stelle (Arbeitsplatz), sondern sie arbeiten stundenweise, oder auch schichtweise an anderen Stellen. Um rationell zu arbeiten, produziert der Betrieb nicht auf Vorrat, sondern nach Auftrag genau die Produkte und Dienstleistungen, die gerade (heute) verlangt werden. Von Mitarbeiter/innen werden dazu die Schlüsselqualifikationen, nämlich berufliche **Handlungsfähigkeit und Mündigkeit** vorausgesetzt. Weiterhin müssen die Mitarbeiter auch oftmals mehrere Stellen (Maschinen) bedienen. Die Mehrstellenarbeit wird im Fertigungsbetrieb die Regel (**Tabelle 1**).

2.3.4 Gliederungsmerkmale

In der traditionellen Aufbauorganisation (Aufgabenanalyse nach *E. Kosiol*[1], 1968) entstehen durch die Delegation von Aufgaben von einer Instanz auf eine nachfolgende Stelle betriebliche Rangordnungen (**Tabelle 2**). Zuerst wird dabei die Gesamtaufgabe in Teilaufgaben zerlegt, also eine Aufgabenanalyse durchgeführt. Dazu müssen nun Gliederungssysteme mit spezifischen Merkmalen gebildet werden. In der Praxis bilden sich dabei durch eine Betriebsvergrößerung in der Personenzahl oder auch durch Veränderungen im Produktspektrum eigenständige Lösungen. Kann z. B. eine Person den Verkauf nicht mehr bewältigen, so muss eine zusätzliche Person eingestellt werden.

2.3.5 Aufbaustrukturprinzipien

Um eine Aufbauorganisation zu gestalten, gibt es fünf grundlegende Strukturen (**Bild 1**). Sie zeigen die Leitungsbeziehungen und die Stellenbeziehungen untereinander in einer Organisationsstruktur.

Tabelle 1: Definition von Arbeitssystemen

	Einstellige Einzelarbeit	Einstellige Gruppenarbeit
Eine Stelle (Einstellenarbeit)	**Beispiel:** Sägen von Rundlingen auf einer Kreissäge.	**Beispiel:** Demontage einer Maschine durch 2 Mitarbeiter.
	Mehrstellige Einzelarbeit	Mehrstellige Gruppenarbeit
Mehrere Stellen (Mehrstellenarbeit)	**Beispiel:** Bedienung von 3 Automaten, beschicken mit Rohmaterial, Entnahme des Produkts.	**Beispiel:** Mehrere Mitarbeiter bedienen mehrere Spritzgussmaschinen.

Tabelle 2: Gliederungsmerkmale

Merkmal	Beschreibung
Verrichtung (Tätigkeit)	Der Produktionsbetrieb gliedert seine Abteilungen entsprechend den Aufgaben: Entwickeln, Beschaffen, Fertigen, Montieren, Kontrollieren, Lagern, Verkaufen.
Objekte (Produkte)	Das Unternehmen gliedert entsprechend den Sparten (den Produktgruppen) z. B.: eine Gruppe Gartengeräte, eine Gruppe Forstgeräte. Jede Gruppe (Sparte) hat dann eine eigene Entwicklung, Disposition, Fertigung. Oft werden für Fertigung und Montage zentrale Stellen eingerichtet.
Rang (Hierarchie)	Bei der klassischen hierarchischen Gliederung des Betriebs (Kleinbetrieb) steht oben der Werkleiter, ihm untergeordnet sind die Betriebsleiter, darunter die Meister und Facharbeiter.
Phase (Ablauffolge)	Die zeitliche oder organisatorische Ablauffolge des (Produktions-)prozesses bestimmt die Gliederung des Betriebs, z. B.: Auftragsbearbeitung, Auditerstellung, Disposition, Prototypenbau, Fertigung, Montage. Dies ist der Ansatz der Prozessorientierung.
Zweckbeziehung	Jedes Unternehmen, jede Branche verfolgt seinen Unternehmenszweck, z. B.: Produktion (primäre Ziele) und die daraus abgeleiteten sekundäre Ziele, die spezifischen Tätigkeiten. Aus diesem Grund sind Betriebsvergleiche nicht objektiv, insbesondere die Umsatz-Gewinn-Verhältniszahlen schwanken dabei sehr stark!

Bild 1: Struktur der Aufgabenorganisation

---

[1] *Erich Kosiol*: Grundlagen und Methoden der Organisationsforschung, Verlag Duncker & Humblot

Systeme der Leitung

Beim Ein- und Mehrlinienprinzip nehmen die Entscheidungsbefugnisse von oben nach unten ab. Sie gelten als die klassischen Grundmodelle der Kompetenzzuteilung. Trotz allen Unkenrufen[1] wird dieses Prinzip in bestimmten Bereichen seine Gültigkeit als Grund- und Ausgangsmuster behalten.

Das **Einliniensystem** befolgt den Grundsatz der *Einheit* der Auftragserteilung. Eine Stelle darf, wie auch das **Bild 1** zeigt, nur von der übergeordneten Stelle (= Instanz) Anordnungen annehmen. Meist wird das System nicht in seiner Idealform verwendet, sondern es werden horizontale und/oder vertikale Instanzenwege zugelassen, die dann die Dynamik des Systems verbessern. So darf (muss) der Mitarbeiter z. B.: bei fehlendem Teilenachschub in der Spätschicht eine Maschine umrüsten, obwohl die Zuständigkeit nach Linie beim zuständigen Meister liegt.

Das **Mehrliniensystem (Bild 2)** soll die Mängel des Einliniensystems ausgleichen, der Mitarbeiter erhält von mehreren Stellen (= Instanzen) Anordnungen. Ausgangspunkt ist das Funktionsmeistersystem nach *Taylor*[2], der die Erkenntnisse der Arbeitsteilung auf das Leitungssystem übertragen hat.

Leitungshilfsstellen

Wegen der zunehmenden Komplexität der Aufgaben, der Instanzen und der Stellen, werden **innerbetriebliche Spezialisten** benötigt, deren Arbeitsort (= Stelle) schlecht einer Instanz zugeordnet werden kann. Betriebe mit reinen Ein- oder auch Mehrliniensystemen müssen diese Mitarbeiter/innen nach dem Organisationsplan Abteilungen zuweisen. Dies führt dann aber sehr oft zu Konflikten, wenn ein(e) Kollege/in für alle Abteilungen diese ausführen oder koordinieren muss. Würde die Stelle der Geschäftsleitung zugeordnet, hätte er(sie) „automatisch" als Instanz Befugnisse, die nicht erwünscht und erforderlich sind.

Allgemein unterscheidet man nach **Tabelle 1** vier Grundmuster des **Stab-Linien-Prinzip**. Alle nutzen dabei den Vorteil der Unabhängigkeit von der direkten Unterstellung aus. Die typische Stabstelle ist die des Assistenten, der z. B. Kosten-Nutzen-Analysen durchführt und die Ergebnisse sichert.

Bild 1: Das Einliniensystem

Bild 2: Das Funktionsmeistersystem

Tabelle 1: Stab-Linien-Prinzipien	
Systemart	**Beschreibung**
Führungsstab	Der/Die Mitarbeiter/-in wird der Leitungsinstanz zugeordnet und bearbeitet dort entscheidungsvorbereitende Aufgaben ohne Entscheidungsbefugnis.
Zentralstabstelle	Wenn aus vielen Instanzen Information gesammelt werden müssen, wie z. B. beim Controlling, werden die Daten von einem Zentralstab ausgewertet.
Führungsstäbe auf mehreren Ebenen	Die einzelnen Stäbe arbeiten unabhängig voneinander an verschiedenen Aufgaben. Die Kommunikation zwischen den Stäben erfolgt nur über den Instanzenweg.
Stabshierarchien	Wenn eine starke Koordination zwischen den einzelnen Stäben der verschiedenen Hierarchien garantiert werden muss, so bildet man ein eigenes „Liniensystem des Stabes".

---

[1] Ruf der Unken (Frösche) = Pessimismus
[2] Taylorismus nach dem amerik. Ingenieur *F. W. Taylor*, 1856 bis 1915 der das Taylorsystem, ein System der wissenschaftlichen Betriebsführung mit dem Ziel, einen möglichst wirtschaftlichen Betriebsablauf zu erzielen, eingeführt hat.

2.3 Die Aufbauorganisation

Produktorientierung und Projektorientierung

Die Diversifikation[1] bei den Produkten und der schnellen Umstrukturierung und Erweiterung der Märkte führt zu neuen Anforderungen an die dadurch expandierenden Unternehmen. Die traditionellen Organisationsformen **(Bild 1)**, die den schnellen Entscheidungs- und Kommunikationsprozess behindern, müssen ersetzt werden durch **objektorientierte Organisationen**.

Die Spartenorganisation, die Matrixorganisation sowie das Produktmanagement und Projektmanagement werden in Unternehmen mit einem differenzierten Produktprogramm wirtschaftlich einsetzbar.

Die Spartenorganisation

Bei der objektorientierten Spartenorganisation **(Bild 2)** werden die alten *eigenständigen* Funktionsbereiche, nämlich die Beschaffung, die Produktion, der Vertrieb und die Verwaltung anteilig nach dem Geschäftsaufkommen den einzelnen Sparten, z. B. Kehrmaschinen, Sauger zugeordnet und somit zu überschaubaren, übersichtlichen Objekten. Die Mitarbeiter können sich mit diesen voll identifizieren und somit selbstständig motivieren. **Den einzelnen Sparten werden entsprechende Kompetenzen erteilt**.

Die Durchlaufzeiten werden kürzer. Auf Änderungen und Störungen kann gezielt reagiert werden. Der gesamte Produktionsprozess wird flexibler. Das Unternehmen kann dynamischer auf den Markt reagieren und agieren.

Oftmals werden den Sparten weitergehende Kompetenzen mit der sich einschließenden Verantwortung über die Produktpalette, die Investitionen, den Personaleinsatz, den Umsatz und Gewinn zugestanden. Diese werden dann zu **„Profit-Centern" (Bild 3)**. Hierbei verspricht man sich einen besonderen Leistungsanreiz. Die zentralen Funktionen, wie z. B. Forschung und Datenverarbeitung werden wie Fremdleistungen mit dem **Profit-Center** verrechnet.

Literatur:
- *Wiendahl, Hans-Peter*: Betriebsorganisation für Ingenieure, Verlag Hanser
- *Acker, H.P.* und *Jürgensen, A.*: Betriebswirtschaft kompakt, Verlag Europa-Lehrmittel
- *Fries, Hans-Peter* und *Otto, G. C.*: Industrielle Betriebswirtschaftslehre, Verlag Vieweg
- *Gutenberg, Erich*: Grundlagen der Betriebswirtschaftslehre: Die Produktion, Verlag Springer
- *Dambacher M. et al.*: Produktion-Technologie und Management, Verlag Europa-Lehrmittel

[1] Diversifikation = Vielfalt, Ausweitung des Sortiments

Bild 1: Der traditionelle Aufbau eines Unternehmens (Beispiel)

Bild 2: Die objektorientierte Spartenorganisation

Bild 3: Das Profit-Center

2.4 Die Ablauforganisation

2.4.1 Ziele und Aufgaben

Die in **Tabelle 1** dargestellte Unterscheidung gibt einen Überblick über die betrieblichen Organisationssysteme. Kein Unternehmen kann ohne die Beachtung der einzelnen Ordnungssysteme existieren. Aus den verschiedenen Ansätzen der Aufbauorganisation muss die Unternehmensleitung entsprechend ihrer Unternehmensstruktur die richtige Wahl treffen. Grundsätzlich können die Mitarbeiter mit einem **überschaubaren, einfachen System** besser und sicherer umgehen. Dies sollte immer die Zielrichtung sein. Ferner muss das Unternehmen, nachdem es sich hierarchisch geordnet hat, die Abläufe, also die Ablauforganisation festlegen. Kein industrielles Unternehmen kann und sollte allerdings alle Abläufe bis ins kleinste Detail planen. Der Aufwand dazu wäre immer unangemessen hoch, also nicht wirtschaftlich. Zudem würden die Mitarbeiter zu reinen Ausführenden degradiert und demotiviert; sie könnten niemals flexibel, also in einem angemessenen Spielraum, ihre Arbeiten ausführen. Gerade in der heutigen Zeit werden Ablaufregelungen gewünscht, welche kundenorientiert angepasst werden. Der einzelne Mitarbeiter erhält deshalb nur noch **Grundmuster** für die Ablauforganisation und wird aufgefordert diese flexibel, dem Fall entsprechend anzuwenden. Trotzdem sind feste Abläufe im Unternehmen durch die **Pflichtenhefte** der Kunden und insbesondere auch durch die Auditierungsvorschriften (DIN EN ISO 9000), sowie durch die „Normierung" durch die EDV-Software einzuhalten. Diese „Muster" vereinfachen letztendlich die Abläufe. Denn jeder (Unternehmer und Kunde) spricht so die gleiche Sprache. Es gibt weniger Missverständnisse.

Das Prozessmanagement und das TQM benutzt die Aufbauorganisation und die Ablauforganisation als Grundpfeiler für die Definition und Beschreibung der Prozesse. Um nämlich die Produktivität von Abläufen untersuchen zu können, müssen diese strukturiert und beschrieben werden.

> Die Abläufe im Unternehmen sollten nicht bis ins kleinste Detail geplant werden.

Tabelle 1: Aufbauorganisation, Prozessmanagement und Ablauforganisation		
Aufbauorganisation	Prozessmanagement	Ablauforganisation
Unter der Aufbauorganisation eines Unternehmens wird **die hierarchische Gliederung** in Organisationseinheiten verstanden. Diese können z. B. ein Werk, Abteilung, Gruppe oder Team sein. Damit befasst sich die Aufbauorganisation mit der Gliederung in aufgabenteilige Einheiten sowie mit deren Koordination untereinander. Eine weitere Aufgabe ist die Zuordnung von Weisungsbefugnissen zu den verschiedenen Stellen.	Alle Abläufe und Funktionen eines Unternehmens laufen in komplexen Prozessen unterschiedlicher Art ab. So z. B. die Prozesse der Produktion, der Logistik, der Investition, der Führung, des Marketings. **Der Prozess wird in Teilprozesse gegliedert** und diese organisieren sich von einfachen Prozessketten bis zu komplexen mit Rückkopplungen, sowie weiter zu dynamischen Prozessnetzen. Die einzelnen Teilprozesse sind die Kunden bzw. die Lieferanten des nächsten Teilprozesses.	Die Ablauforganisation befasst sich mit der **Strukturierung von Prozessen** zur Erfüllung von Aufgaben. Die Aufbauorganisation regelt den grundsätzlichen Ablauf der normalen Geschäftsvorfälle um ein rationelles und einheitliches Vorgehen sicherzustellen. Beispiele sind die Bestellabwicklung, die Bedarfsermittlung, die Angebotsbearbeitung, sowie die Planung des Produktionsablaufs.
Statische längerfristige Betriebsstruktur	**Dynamische Ablaufprozess-organisation**	**Allgemeine, statische Ablauforganisation**

2.4 Die Ablauforganisation

2.4.2 Gestaltung der Arbeitsabläufe

Jedes Unternehmen muss sich bei der Erarbeitung von Plänen für die (Arbeits-) Ablauforganisation die Grundsätze des Qualitätsmanagements nach DIN EN ISO 9000 zu eigen machen. Die **Tabelle 1** gibt einen Überblick über die zu verfolgenden Ziele und Grundsätze des Qualitätsmanagements, die zum Beginn notwendig sind um eine gute Ablauforganisation erstellen zu können. Dabei wiederholen sich die Grundsätze der Prozessorganisation (Kapitel 1.3).

Die Gründe für die Beachtung der Zertifizierung (= Dokumentation) liegen auf der Hand, denn z. B. als Zulieferer ist man **ohne Zertifizierung** nicht **konkurrenzfähig**. Es fehlt die Rückverfolgbarkeit, die Nachweisführung und es steigt das **Produkthaftungsrisiko** stark an, denn der Beweis für eine fehlerfreie Produktion liegt jetzt beim Unternehmer. Er muss alle Qualitätsanforderungen so erfüllen, dass im Rahmen der Sorgfaltspflichten keine Fehler (= Nichteinhalten einer Forderung) entstehen können. Eine Produktion ohne Dokumentation nach DIN EN ISO 9000 ist deshalb „gefährlich", da die Beweislast beim Hersteller liegt.

Die Schrittfolgen zur Gestaltung der Ablauforganisation **(Tabelle 1)** dienen der Strukturierung der Analyse der Abläufe und somit der schnellen und planmäßigen Erstellung einer Ablauforganisation. Die Tiefe und die Abgrenzung werden von der Tätigkeit, der Aufgabe, dem Produkt und den Kundenforderungen bestimmt.

---

[1] skr.-chin.-jap. Zen = Meditation aus dem Tschan entwickelte japanische Richtung des Buddhismus, die durch Meditation tätige Lebenskraft u. größte Selbstbeherrschung das Einswerden mit Buddha zu erreichen sucht. Das japanische KAIZEN ist eine prozessorientierte Art zu denken, nach dem Prinzip der kontinuierlichen Verbesserung (KVP) im Gegensatz zu dem innovations- und ergebnisorientierten Denken der westlichen Manager.

Tabelle 1: Die Schrittfolgen bei der Gestaltung der Arbeitsabläufe

	Schrittfolge	Beschreibung	Methoden, Werkzeuge
1	Arbeitsanalyse	– Gliederung des Arbeitsablaufs in die Teilschritte. – Der Grad der Untergliederung wird bestimmt vom: Unternehmen, Produkt, Kundenforderungen, Qualitätsforderungen. Das Resultat ist die Bestimmung aller Teilschritte und ihre Reihenfolge.	– QFD – HoQ (Qualitätshaus) – ABC-Analyse – System-FMEA – Portfolio
2	Arbeitsgang organisieren	– Synthese, also Zusammenfassung von Teilaufgaben zu betrieblich angepassten Arbeitsabläufen unter Berücksichtigung von: Art der Anlagen, Art der Maschinen, Kenntnisse und Ausbildungsstand der Mitarbeiter, Bestimmung des Automatisierungsgrads.	– QFD – Matrixdiagramm – Baumdiagramm – SPC – Prozess-FMEA
3	Arbeitsplatzorganisation	– Zuordnung von konkreten Stellen, Mitarbeitern, Arbeitsplätzen und Maschinen. – Beschreibung der Hilfsmittel, Teile, Sachmittel, Werkzeuge, Software, die zur Versorgung der Verrichtung, des Ablaufabschnitts notwendig sind.	– Prozess-FMEA – SPC – Maschinenfähigkeit – Prozessfähigkeit – Affinitätsdiagramm
4	Arbeitsablauforganisation	– Bestimmung der parallel oder hintereinander geschalteten Ausführung der Teilarbeiten. – Ziel dabei, die Durchlaufzeiten aus Gründen der Flexibilität (Lieferbereitschaft) mit den zusätzlichen Rüstzeiten (Rüstkosten) zu optimieren. – Hohe Wertschöpfung zum Prozessende.	– Flussdiagramm – Optimale Losgröße – Prozessfähigkeit – Materialflussorganisation
5	Arbeitsablaufterminierung	– Vorrangig sind dabei, die Transportzeiten, die Liegezeiten (vor und nach der Bearbeitung) und die Zwischenlagerungen (Puffer) zu minimieren, besser zu eliminieren mit dem Ziel: 1. Reduzierung der Durchlaufzeiten, 2. Kostenreduzierung (Zwischenlagerung) und 3. Flexibilität.	– Problementscheidungsplan – Balkendiagramm – Ablaufanalyse – Netzplan
6	Arbeitsablaufdokumentation	– Voraussetzung für eine optimale Dokumentation ist ein Qualitätsmanagement nach DIN EN ISO 9000, das hierarchisch aufgebaut die Ziele und Verantwortlichkeiten festlegt: Qualitätsziele, Qualitätshandbuch, Richtlinien, Arbeitspläne, Prüfpläne.	– DIN EN ISO 9000 – KAIZEN[1] – KVP

2.4.3 Der Auftrag

Kernpunkte von Beschreibungen eines Auftrags sind, dass eine Abteilung, eine Stelle, eine Gruppe, eine Instanz, ein Mitarbeiter z. B. von einer anderen Stelle eine Arbeit oder eine Verrichtung einfordert **(Tabelle 1)**. Jeder Mitarbeiter benötigt einen schriftlichen oder mündlichen Einzelauftrag oder auch Dauerauftrag **(Bild 1, folgende Seite)**.

Durch die allgemeinen „Regeln" der Ablauforganisation des Unternehmens ist jede Stelle (= innerbetrieblicher Lieferant) der anderen verpflichtet, die Aufträge entsprechend den Anforderungen des Bestellers (= innerbetrieblicher Kunde) anzuliefern. Die Regeln müssen aus den Prinzipien des Prozessmanagements und des Qualitätsmanagements abgeleitet werden.

Aufträge sind der Ausgangspunkt für die Logistik der Produktionsplanung und Steuerung. Hierunter wird die gesamte Ablaufplanung vom Eingang des Kundenauftrags bis zum Versand verstanden **(Tabelle 2)**.

[1] nach *Detlef Much*: PPS-Lexikon, Berlin 1995, Seite 36
[2] nach der *Methodenlehre des Arbeitsstudiums*, München 1971

Tabelle 1: Die Definition des Auftrags nach REFA und dem PPS-Lexikon

PPS-Lexikon[1]	REFA[2]

• Ein Auftrag ist eine schriftliche oder mündliche Aufforderung einer befugten Stelle an eine andere Stelle desselben Unternehmens, eine konkrete Aufgabe durchzuführen.
 	
• Grundsätzlich kann eine von einem Kunden erteilte Bestellung zu einem Kundenauftrag führen.
 	
• Andererseits kann ein vom Vertrieb erstellter Absatzplan die Produktion von Lageraufträgen auslösen.
	• Ein Auftrag ist eine schriftliche oder mündliche Aufforderung zur Ausführung einer Arbeit.
	
	• Zur Kennzeichnung eines Auftrags gehören allgemein:
	  – die Art des Auftrags und der zu erfüllenden Arbeitsaufgabe,
	  – die geforderte Menge,
	  – die Zeitangaben,
	  – die Gütevorschriften.

Tabelle 2: Die Elemente der Auftragsbeschreibung

Element	Beschreibung, Erläuterung	
(Zeit) Dauer der Arbeitsaufgabe	**befristet:** – Fertigungsauftrag zur Produktion von Teil 67056, – Entwicklungsauftrag für ein Getriebe Typ 76/V1, – Instandsetzung der Schweißanlage 13/5.	**unbefristet:** – Dauerauftrag für einen Lageristen, – Tätigkeit als Meister in der Fertigung.
Art der Arbeit	– Die Bearbeitung, die Verarbeitung, die Konstruktion, die Montage, das Erstellen von Plänen; dabei werden die Aufträge sehr detailliert nach den geforderten Kundenwünschen beschrieben oder auch sehr grob, z. B. bei einem Instandhaltungsauftrag. Die Verantwortung liegt beim Stelleninhaber, er ist durch seine Stellenbeschreibung allgemein gebunden.	
Mengenvorgaben	– Mengendaten für den laufenden Auftrag, z. B. in Stück, Kilogramm, Meter, Quadratmeter, die 100 % zu erfüllen sind, evtl. Zusatzmengen für Ausschuss, Ersatzteile planen.	
Zeitvorgaben	– Starttermin, Liefertermin, die Vorgabezeit (einschl. Rüstzeit, Grundzeit, Verteilzeit, Erholungszeit), die Planzeiten, die Durchlaufzeit für den vorliegenden Auftrag.	
Kapazitätsvorgaben	– Anlagen, Maschinen, Werkzeuge, Vorrichtungen, Messzeuge und Mitarbeiter einsatzbereit auswählen, sowie mit der geplanten Belegungszeit zur Verfügung stellen.	
Kostenvorgaben	– Sie ergeben sich entweder direkt aus der Verrechnung der Mengen mit den Zeitvorgaben und den Stundensätzen, bzw. den Platzkosten, oder aber direkt als „Paket" eines Prozesses z. B. für die Entwicklung des Getriebes, welches das Entwicklungsteam zur Verfügung hat.	
Qualitätsvorgaben	– Sie sind durch die Kundenorientierung (Auditierung), das Kostenbewusstsein, die Produkthaftung immer mehr zum Schwerpunkt der Auftragsbeschreibung geworden, denn übertriebene Qualitätsvorgaben (Angsttoleranzen = hohe Kosten) sind genau so schlecht wie mangelhafte und ungenaue Qualitätsvorgaben, oder Schwankungen in der Toleranz.	

2.4.4 Die Artteilung und die Mengenteilung

Die Zusammenstellung über die Arbeitsteilung mit der **Tabelle 1** gibt einen groben Überblick über die Möglichkeiten der Artteilung und der Mengenteilung im Produktionsbetrieb. In der Praxis werden sich die beiden Möglichkeiten immer gegenseitig ergänzen. Auch die genannten Vorteile können im Einzelfall schnell durch ihre Nachteile wieder aufgehoben werden. Der Vorteil der ständigen Wiederholung durch die Mengenteilung und damit einer hohen Prozesssicherheit bringt für den Mitarbeiter oft Monotonie und einseitige Belastungen.

Durch das Einführen eines betrieblichen **Vorschlagswesens**, integriert in den kontinuierlichen Verbesserungsprozess, können die Mitarbeiter mit Verbesserungsvorschlägen zu ihrem eigenen Arbeitsplatz motiviert und handlungsorientiert in den Prozess eingeschaltet werden. Dies bringt dem Mitarbeiter Anerkennung sowie einen finanziellen Anreiz, sich mehr einzubringen und dem Unternehmen eine höhere Wirtschaftlichkeit bei humanen Arbeitsbedingungen.

> Die Arbeitsinhalte werden wieder erweitert oder bereichert (Arbeitsstrukturierung) um die Motivation zu fördern und die Prinzipien von KAIZEN und KVP umzusetzen.

Das traditionelle Fließband ist nicht „out", aber es wird flexibler, humaner, anspruchsvoller, also prozessgerecht ausgelegt.

Die Nachteile der Artteilung und Mengenteilung wurden nicht genannt, da sie einfach die Umkehrung der Vorteile sind!

Die Arbeitsteilung bildet die Grundlage für das folgenden Kapitel der Beschreibung der Fertigungstypen, der Fertigungsprinzipien und der Arbeitsstrukturierung.

Literatur:
- *REFA – Verband für Arbeitsstudien*: Ausgewählte Methoden des Arbeitsstudiums, Verlag Hanser
- *Kaufmännische Betriebslehre*, Verlag Europa-Lehrmittel
- *Voß, Egon*: Industriebetriebslehre für Ingenieure, Verlag Hanser
- *Warnecke, H. J.*: Der Produktionsbetrieb: Eine Industriebetriebslehre für Ingenieure, Verlag Springer
- *Wiendahl, H.-P.*: Anwendung der Belastungsorientierten Fertigungssteuerung, Verlag Hanse

Bild 1: Auftragsarten

Tabelle 1: Die Arbeitsteilung

Art	Mengenteilung	Artteilung
Beschreibung, Beispiel	Der einzelne Mitarbeiter eines Teams (einer Gruppe) führt die gesamte Ablauffolge komplett aus. Bei einem Auftrag von 20 Schaltkästen zu montieren, erhält der Einzelne, bei einem 5-Mann-Team, den Auftrag 4 Schaltkästen zu montieren.	Der einzelne Mitarbeiter eines Teams (einer Gruppe) bearbeitet nur einen Ablaufabschnitt von dem Gesamtauftrag. Der 1. Mitarbeiter verschweißt z. B. die 20 Rohrahmen, der 2. verschraubt alle Seitenbleche an den 20 Schaltkästen, der 3. montiert die Türen, der 4...
Typ	Einzelfertigung	Serienfertigung
Anforderungen	Facharbeiten Qualifizierung	Angelernte Arbeiten, Spezialisierung
Produkte	– Einzelanfertigungen – Anlagen – Einzelmaschinen – Variantenfertigung	– Gebrauchsgegenstände – Zulieferteile (Baugruppen) – Wiederholteilefertigung
Vorteile	– Ständige Qualifizierung – Hohe Erfüllung der Kundenforderungen (Varianten)	– Hohe Arbeitsgeschwindigkeit – Geringe Fehlerrate – Kurzfristige Einarbeitung

2.4.5 Die Arbeitsstrukturierung

Durch die Arbeitsstrukturierung kann das Unternehmen die folgenden Ziele durchsetzen:
- Erhöhung der **Flexibilität** auch bei Stückzahlschwankungen und Variantenvielfalt, sowie schnelle Reaktion auf neue Kundenwünsche (Änderungen).
- Abbau der festen zeitlichen Bindung und Einplanung von **Teilzeitarbeitsplätzen**.
- Verbesserung der **Wirtschaftlichkeit** und der Produktivität des Unternehmens durch Stabilisierung der Qualität (Prozessorientierung), Reduzierung der Durchlaufzeiten, Einsparung von Puffern und Verringerung der Bestände.

Erweiterung des **Handlungsspielraums** und des Entscheidungsspielraums (Mitarbeiterorientierung), Erhöhung der Attraktivität der Arbeitsplätze. Damit wird die individuelle Leistungsentfaltung erhöht, die Arbeitsinhalte werden vergrößert und die Fremdkontrolle verringert.
- Verbesserung der **Arbeitszufriedenheit** durch eine Identifizierung mit dem Arbeitsergebnis und der Reduzierung von einseitigen Belastungen, sowie der Möglichkeit zur Höherqualifizierung.

Ablauforganisation und DIN EN ISO 9000

Die Methoden der Arbeitsstrukturierung wurden in den Unternehmen zuerst als Einzelmaßnahmen oftmals als „Insel" installiert.

Flankierende Maßnahmen wie z. B. die notwendigen Kompetenzen wurden nicht eingeplant und so kam es oftmals nicht zu den erhofften Effekten, die als Ziele gegeben waren. Es fehlte die Basis des TQM mit ihren Säulen: **Zielorientierung**, **Kundenorientierung**, Prozessorientierung und **Mitarbeiterorientierung**. Deshalb waren die Inseln, die Teams, die Mitarbeiter meist auf sich allein gestellt.

Viele Unternehmen, insbesondere die der Zulieferindustrie, mussten in den letzten Jahren die Zertifizierung durchführen, um als sogenannter „A-Lieferant" weiter eingeordnet zu bleiben. Sie liefern ihre Produkte (Baugruppen oder Teile) ohne Eingangskontrolle direkt an die Endmontage an. Dies erforderte oftmals gewaltige Anstrengungen um die Organisation entsprechend DIN EN ISO 9000 umzugestalten. Deshalb sind die Grundinhalte für die Ablauforganisation besonders wichtig.

Tabelle 1: Die Möglichkeiten der Arbeitsstrukturierung

Strukturtyp	Beschreibung	Mitarbeiter-qualifikation	Mitarbeiter-belastung	Voraus-setzungen	Anwen-dungsfall
Aufgaben-erweiterung (enlargement)	Zusammenfassung von strukturell gleichartigen Teilaufgaben	– bei gleichem Qualifikationsniveau Erweiterung der Arbeitsaufgabe	– Reduzierung von einseitiger Belastung – zusätzliche Flexibilität	– wirtschaftliche Auslastung der zusätzlich notwendigen Betriebsmittel	– Serienmontage (Varianten) von Kleinteilen oder Baugruppen
Aufgaben-bereicherung (enrichment)	Zusammenfassung von strukturell verschiedenen Teilaufgaben	– handlungsorientiertes Niveau mit langfristiger Weiterbildungsmotivation	– zusätzliche Belastung durch Planung, Kontrolle, Entscheidungsaufgaben	– Prozessorientierte Tätigkeitsgliederung – Kundenorientierte Produkte	– Auftragsgesteuerte Produktion nach Kundenauftrag
Arbeits-wechsel (rotation)	Durchführung unterschiedlicher Tätigkeiten im zeitlichen Wechsel	– Bereitschaft zum ständigen Wechsel von nicht vorbestimmter Arbeit	– keine Bindung an Platz – Fehlerrisiko – reduzierte soziale Einbindung	– längerfristige Durchführung – Integration der Arbeitsgruppen	– schwankende Auslastung der Arbeitsplätze – Fertigungsinsel
Gruppenarbeit	– Erfüllung einer Arbeitsaufgabe durch mehrere Mitarbeiter – Teambildung	– selbstverantwortliches Arbeiten mit und in der Gruppe – Kooperation	– Konfliktbereitschaft und deren ständige Aufarbeitung – Autonomie	– Arbeitsaufgabe muss überschaubar sein und einen inneren Zusammenhang haben	– komplexe Produkte mit verschiedenen Kundenanforderungen

2.5 Unternehmensstrategien

2.5.1 Auslandsinvestitionen

Die Industrieunternehmen müssen sich den Herausforderungen der Globalisierung stellen. Dies geschieht indem sie **Produktionsstätten** vor Ort auf- und ausbauen sowie den **Vertrieb** und **Kundendienst** etablieren und festigen. Der Investitionsanteil ins Ausland ist von 38 % (2003) auf 45 % (2014) gestiegen.

Die **Kundennähe** ist für deutsche Industrieunternehmen der wichtigste Grund für Auslandsinvestitionen. Für 87 % der Betriebe ist dies das ausschlaggebende Motiv **(Tabelle 1)**.

Handelshemmnisse (26 %) bleiben der zweitwichtigste Grund. Durch die Verlagerung der Produktion werden z. B. Importzölle vermieden. Zudem erlauben einige Länder den Markteintritt nur, wenn zumindest ein Teil der Produktion vor Ort ausgeführt wird.

Mithilfe der konsequenten **TQM-Umsetzung** kann das Unternehmen seine Strategien gezielt aufbauen, verbessern und überwachen **(Bild 1)**.

Tabelle 1: Gründe für Auslandsinvestitionen

Gründe	Jahr 2011	Jahr 2014
Kundennähe	90 %	87 %
Handelshemnisse beim Export in die Zielregion	22 %	26 %
Absicherung gegen Wechselkursrisiken	18 %	22 %
Lieferantennähe	15 %	14 %
Energie- und Rohstoffbezug	9 %	12 %
Bessere Verfügbarkeit von Fachkräften in die Zielregion	7 %	10 %
Technologiezugang	4 %	5 %

Unternehmensstrategie

Total Quality Management (TQM) fördert die Veränderung in Sinne des PTCA-Kreises

DIN ISO 8402 (Totales Qualitätsmanagement):
„Auf der Mitwirkung aller ihrer Mitglieder basierende Führungsmethode einer Organisation, die Qualität in den Mittelpunkt stellt und durch Zufriedenstellung der Kunden auf langfristigen Geschäftserfolg sowie auf Nutzen für die Mitglieder der Organisation und für die Gesellschaft zielt."

Zielorientierung	Kundenorientierung	Prozessorientierung	Mitarbeiterorientierung	Veränderungsorientierung	Gesellschaftsorientierung
• Vorgaben werden als messbare und erreichbare Ziele gesetzt. • Die gesetzten Unternehmerziele werden auf alle Ebenen heruntergebrochen.	• Ziel ist es jeden Kunden (extern und intern) zufrieden zu stellen. • Genaue Kenntnis des Kunden und dessen Bedürfnisse und Anforderungen.	• Wiederholende Tätigkeiten, also die Prozesse müssen standardisiert und verbessert werden. • Prüfung der Effektivität des Prozesses durch den Prozesseigentümer.	• Der Mitarbeiter, das wertvollste Gut des Unternehmens muss ständig für seine Aufgabe weiter qualifiziert werden. • Ganzheitliches Denken und Handeln beim KVP.	• Ständiges Nachfragen, welche traditionellen Abläufe vom Kunden bzw. für das Unternehmen noch von Nutzen sind.	• Die Pflege des Images. Der Wandel von gesellschaftlichen Schwerpunkten muss ständig aktualisiert werden.

DIN EN ISO 9000 (Absicherung, Standardisierung in Sinne des SPCA-Kreises)

Design, Produktion, Montage	Produktion und Montage	Endprüfung	Dienstleistungen

Bild 1 : Unternehmensstrategien

Einen besonderen Stellenwert innerhalb der Unternehmensstrategien hat die KAIZEN-Strategie. Sie beruht auf einem „Drei-Ebenen-Konzept": von der Strategie über das System zum Werkzeug **(Tabelle 1)**.

Die Verbesserungsstrategie des KAIZEN verlangt die Beachtung von zwei **Hauptkomponenten**:
1. die **Erhaltung** und Stabilisierung des Prozesses durch Standardisierung (DIN EN ISO 9000) durch Schulung und Disziplin, bzw. Ordnung.
2. die **Verbesserung** (KVP), bzw. Optimierung des Prozesses (TQM), der Prozessabläufe, der Standards, allgemein durch KAIZEN (kleine Verbesserungsschritte) oder eine Innovation (Neuentwicklung).

Tabelle 1: Die Methode – KAIZEN, ein prozessorientiertes Konzept

2.5.2 Simultaneous Engineering (SE)[1]

Mit **Simultaneous Engineering (SE) (Bild 1)** kann eine Firma alle Bereiche von der Planung über die Simulation des Produkts, der Produktfunktionen und der Produktherstellung, sowie deren Kosten erfassen und bewerten.

Ausgangspunkt des SE ist die Simulationstechnik zur Optimierung von Produktionssystemen. Die VDI-Richtlinie 3633 grenzt dies wie folgt ab:
„Simulation ist das Nachbilden eines Systems mit seinen dynamischen Prozessen in einem experimentierfähigen Modell, um zu Erkenntnissen zu gelangen, die auf die Wirklichkeit übertragbar sind."

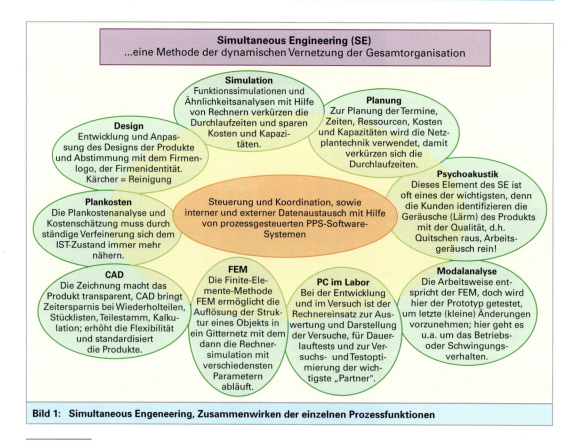

Bild 1: Simultaneous Engeneering, Zusammenwirken der einzelnen Prozessfunktionen

---

[1] Simultaneous Engineering = gleichzeitiges Bearbeiten und Betrachten des gesamten Geschäftsprozesses

2.5 Unternehmensstrategien

Durch die Erfassung und Auswertung aller Daten des Entwicklungsprozesses über einen Rechnerverbund verfügen alle beteiligten Arbeitsgruppen ständig über den neuesten Entwicklungsstand. Außerdem können die Mitarbeiter vollkommen ortsunabhängig und zudem parallel im ständigen interaktiven Datenaustausch miteinander arbeiten. Benötigt z. B. der Designer für die ergonomische Gestaltung einer Bedienungstafel die Anforderungen und Grundform des Produkts, so kann er die Daten (CAD-Zeichnung) direkt über den Rechnerverbund von der Konstruktionsdatenbank abholen. Kann er durch die Vorgaben des Produkts keine Lösung erstellen, so kann er durch Rückkopplung direkt auf die Konstruktion Einfluss nehmen und Änderungen bzw. Verbesserungen erwirken. Damit bewältigt man komplexe Aufgabenstellungen in kürzester Zeit und bringt neue Produkte zudem kostengünstig zur Serienproduktion. Generell wird hierbei versucht mit **Funktionssimulationen und Ähnlichkeitsanalysen die Durchlaufzeiten** zu verkürzen sowie Kosten und Kapazitäten zu sparen. Kleine Muster oder Modelle werden im Windkanal getestet und dann „hochgerechnet".

2.5.3 Lean Management

Lean Management (schlankes Management) wurde vom MIT (Massachusetts Institute of Technology) aus dem Grundbegriff lean production, mit der Zielsetzung schlank und fit, weiterentwickelt. Eine (Massen-) Produktion gilt dann als „lean", wenn sie folgende Bedingungen erfüllt:
- $1/2$ des Personals in der Fertigung,
- $1/2$ der Produktionsfläche,
- $1/2$ der Investitionen für Werkzeuge und Einrichtungen,
- $1/2$ der Kosten für Entwicklung und Konstruktion,
- $1/2$ des durchschnittlichen Lagerbestandes,
- vielfältigste Varianten der Produkte.

Die Verminderung des Faktoreinsatzes kann nicht durch einfache „Streichmaßnahmen" konzeptionell mittel- und langfristig durchgesetzt werden, ohne dass dadurch das Unternehmen in Schwierigkeiten gerät.

Nur ein konzeptionell geplantes Lean Management kann solche Reduktionen erfolgreich planen und durchsetzen. Die **primäre Zielausrichtung** der Lean Production, des Lean Managements ist es, Serienprodukte und Dienstleistungen mit **niedrigstem Aufwand** bei umfassendem Qualitätsstandard (TQM) herzustellen.

Die Steigerung der Produktivität und die Senkung der Kosten sind der wesentliche Inhalt des Lean Managements. Die **sekundäre Zielsetzung** setzt gezielt auf die **Stärkung der Mitarbeiter** um sie in ihrem Bereich zu stärken und sie damit kreativer und motivierter mitarbeiten zu lassen. Dabei ist der wichtigste Punkt die Motivation der Mitarbeiter durch die Führung, Teamarbeit und Verantwortung.

Die Arbeitsprinzipien und Grundstrategien sind in **Bild 1** und in der **Tabelle 1, folgende Seite** zusammengestellt. Die Unternehmensleitung verfolgt demnach schwerpunktmäßig die Konzepte der Kundenorientierung und des Kaizen, das mittlere Management muss die Konzepte und besonders das TQM umsetzen.

Das Leitziel des Lean Managements ist die Schaffung einer leistungsfähigeren Organisation mit folgenden Inhalten:
- Abbau der tiefen Organisationsstrukturen, also Schaffung der **schlanken Hierarchie**, z. B. Eliminierung der Meisterstellen, der Hauptabteilungsstellen.
- Kleinere, **flexible Kollegien**, Gruppen, die dann für wechselnde Einsätze (Zeit und Tätigkeit) verfügbar sind.

Das zentral geleitete und technokratisch geführte Großunternehmen hat keine Zukunft mehr, denn es kann die Tendenzen in den Märkten nicht schnell genug erkennen und flexibel umsetzen. Kleine überschaubare, eigenverantwortliche „Teilunternehmen", organisiert nach den Prinzipien des Lean Managements haben eine Zukunft!

Die Unternehmensphilosophie der Firma Gelenkwellen GmbH

Leitsatz: Gelenkwellen lenken uns überall hin

1. Was macht die Firma?	2. Wie benehmen wir uns?	3. Welche Ziele verfolgen wir?
Die Fa. Gelenkwellen GmbH deckt europaweit den Grundbedarf an Gelenkwellen.	Wir üben uns im erfolgreichen Miteinander durch Dienen am Kunden.	Marktführerschaft in den Produktgruppen halten.

Bild 1: Unternehmensphilosophie

2.6 Unternehmenssteuerung

2.6.1 Controlling

Die aus dem englischen stammende Bezeichnung „to control" ist mit den Begriffen wie „steuern", „regeln", „beeinflussen", aber auch mit „unter Kontrolle halten" übersetzbar und bedeutet stark vereinfacht, *eine Sache im Griff zu haben*. Damit ist man über Ereignisse informiert und kann so beraten, eingreifen und koordinieren, um die Ziele des Unternehmens zu verwirklichen.

Die Hauptaufgabe des Controllings ist, die wichtigsten Informationen zum richtigen Zeitpunkt in dem erforderlichen Verdichtungsgrad allen in der Leitung im Unternehmen eingebundenen Mitarbeitern zur Verfügung zu stellen.

So ist die Arbeit im Controlling die Bereitstellung von Informationen und Methoden, z. B. Techniken, Instrumente, Modelle und Denkmuster für die arbeitsteilig ablaufenden Planungs- und Regelprozesse im Unternehmen.

Damit ist das Controlling für alle diejenigen wichtig, die in einem Unternehmen auf allen Ebenen und für jeden Prozess Entscheidungen zu treffen haben.

Um die Controllingaufgaben sachgerecht erfüllen zu können, müssen mess- und zählbare Daten als Kennzahlen gebildet werden.

Diese Kennzahlen lassen Aussagen über das Unternehmen zu:
- in seiner Position am Markt,
- in seiner Position über vergleichbare Unternehmen (Benchmarking),
- in seinen betriebswirtschaftlichen Kennzahlen wie Kosten, Gewinn und Liquidität,
- in seinen Prozessabläufen bezogen auf Fertigungszeiten, Qualität und Aufwand.

Diese Ist-Werte der Kennzahlen können mit Kennzahlen oder früheren Ist-Werten verglichen werden. Wenn eine bestimmte relative oder absolute Größe erreicht ist, sind korrigierende Eingriffe vorzunehmen.

Eine Dezentralisierung und eine Segmentierung der Fertigungsabläufe verlangen eine Dezentralisierung des Controllings, bis hinunter zu teilautonomen Gruppen oder anderen Basiseinheiten.

> Die Prozess- und Funktionsverantwortlichen müssen mit Kompetenz und Entscheidungsbefugnis ausgestattet sein, um entsprechend steuernd eingreifen zu können.

Arten des Controllings
Nach den Aufgabenstellungen unterscheidet man bezogen auf das Unternehmensgeschehen:
- operatives oder Prozess- und Projektcontrolling,
- internes Controlling,
- internes-externes Controlling (Benchmarking),
- Unternehmens- und Bereichscontrolling,
- sowie Geschäfts- und Prozesscontrolling.

Kennzahlen des Controllings
Controlling lebt von den Kennzahlen. Die Kennzahlen bilden die quantitativen Sachverhalte im Unternehmen ab, wie: Gewinn und Verluste, Stand der Prozessoptimierung oder über Informationen aus der Wettbewerbs- und Zukunftssicherung.
Neben der Festlegung der Art der Kennzahlen, hat jedes Unternehmen auf die Vergleichbarkeit der Kennzahlen zu achten. Dies verbessert die Transparenz und erleichtert die Verständigung **(Tabelle 1)**.

Tabelle 1: Kennzahlen zum Produktionsprozess			
Kennzahl für:	Qualität	Zeit/ Logistikleistung	Kosten/ Produktivität
Systemgrad		•	•
Techn. Störungsgrad	•	•	•
Instandhaltungsgrad	•		•
Auslastungsgrad			•
Schichtfaktor		•	•
Anzahl Ausweicharbeitsplätze		•	•
Selbstprüfungsgrad	•	•	•
Nacharbeitsgrad	•		
MA-Qualifikation	•		•
MA-Flexibilitätsgrad fachlich	•	•	•
MA-Flexibilitätsgrad zeitlich		•	•
Liefertreue	•	•	•
Durchlaufzeit		•	
Anzahl Arbeitsgänge/Teil		•	•
Herstellkosten/ Fläche			•
Wertschöpfungsgrad		•	•
OEE*/GAE**	•	•	•
* OEE von Overall Equipment Effectiveness ** GAE von Gesamtanlageneffektivität			

2.6 Unternehmenssteuerung

Die Ermittlungsmethoden von Plandaten für diese Kennzahlen sollte abgestimmt und *einheitlich* sein. Damit lassen sich einfacher Zielwerte vorschlagen und vereinbaren.

Dieser Zielvereinbarungsprozess sollte immer:
1. ausgerichtet auf die Unternehmensziele sein,
2. durchgängig und wiederspruchsfrei sein,
3. flexibel an geänderte Unternehmensziele angepasst werden können.

In den Zielvereinbarungsprozess sind alle Unternehmensebenen einzubinden.

> Je weniger unterschiedliche Kennzahlen, desto effektiver ist das Controlling.

Durch Einbinden des Controllingsvorgangs in **einfache und vernetzte Regelkreise** lässt sich die Vorgehensweise optimieren.

Die Regelkreise müssen sicherstellen, dass Plan- und Zielwerte nicht nur vereinbart werden (**Planen = P**), sondern auch nach diesen Zielen gehandelt wird (**Tun = T**). Die Ergebnisse des Handelns sind: die Ist-Werte, mit den Zielwerten zu vergleichen (**Erfassen = E**) und anschließend Abweichungen von den Soll-Werten mit angepassten Maßnahmen auszuregeln (**Anpassen = A**) (**Bild 1**).

> Controlling ist ein kontinuierlicher Prozess. Controlling muss für jeden Teilprozess und auch in den kleinsten Unternehmenseinheiten angewendet werden (**Bild 2**).

Durch die Konzentration auf Prozesskennzahlen können verzögerte Zielabweichungen schnell verfolgt und behoben werden (**Tabelle 1, folgende Seite**).

> **Literatur:**
> - *Horvath, P.*: Controlling, Verlag Vahlen
> - *Huch B.* und *andere,*: Rechnungswesenorientiertes Controlling: Ein Leitfaden für Studium und Praxis, Verlag Springer
> - *Weber, J., Schäffer, U.*: Einführung in das Controlling, Verlag Schäffer-Poeschel

Bild 1: Regelkreis des Controllings

Bild 2: Wirkungen von Prozessverbesserungen

Beispiel:
Welche betrieblichen Sachverhalte werden durch nachstehende Beziehungszahlen ausgedrückt?

$$\frac{\text{Umsatz des Unternehmens}}{\text{Umsatz der Branche}} \cdot 100\,\% = \text{Marktanteil}$$

$$\frac{\text{Kosten für Forschung und Entwicklung}}{\text{Umsatz}} \cdot 100\,\% = \text{Entwicklungsintensität}$$

$$\frac{\text{Ist-Beschäftigung}}{\text{Planbeschäftigung}} \cdot 100\,\% = \text{Beschäftigungsgrad}$$

$$\frac{\text{Ausschuss}}{\text{Produktion}} \cdot 100\,\% = \text{Fehlerquote}$$

$$\frac{\text{Materialbedarf pro Periode}}{\text{Bestellmenge}} = \text{Bestellhäufigkeit}$$

$$\frac{\text{Materialverbrauch pro Jahr}}{\text{durchschnittlicher Materialbestand}} = \text{Lagerumschlag}$$

$$\frac{\text{Materialbestand}}{\text{durchschnittlicher Materialbedarf pro Periode}} = \text{Lagerreichweite}$$

$$\frac{\text{Personalkosten}}{\text{Umsatz}} \cdot 100\,\% = \text{Lohnquote}$$

$$\frac{\text{Fremdkapital}}{\text{Cash-flow}} = \text{Entschuldungsgrad}$$

$$\frac{\text{Leistung}}{\text{Kosten}} = \text{Wirtschaftlichkeit}$$

$$\frac{\text{Deckungsbeitrag}}{\text{Umsatz}} \cdot 100\,\% = \text{Deckungsbeitragsintensität}$$

Verfügbarkeitsfaktor · Leistungsfaktor · Qualitätsfaktor = DEE bzw. GAE

Tabelle 1: Aufgaben des Controllers

In Linienfunktion (mit Führungsverantwortung)

- Finanzbuchhaltung (Erstellen von Monats-, Quartals- und Jahresabschlüssen, gegebenenfalls nach US-Erfordernissen)
- Betriebsbuchhaltung (Kosten- und Leistungsrechnung, Betriebsabrechnung, Vor- und Nachkalkulation, Deckungsbeitragsrechnung)
- Sicherung der Liquidität (Cash Management)
- Kapitalbeschaffung (Verhandlung mit Banken)
- Steuern und Versicherungen
- Allgemeine Verwaltung (Verhandlung mit Behörden)
- Kaufmännische Abwicklung von Projekten
- Umsetzung von Plänen in konkrete Aktionen
- EDV-Anwendungen

In Stabsfunktion (ohne Weisungsbefugnisse)

- Unternehmens- bzw. Bereichsplanung (strategisch)
- Budgetierung (operativ)
- Soll-Ist-Vergleiche
- Abweichungsanalyse
- Produktivitätsuntersuchungen
- Investitions- und Risikoanalyse (Wirtschaftlichkeitsrechnung)
- Überwachung von Beteiligungsgesellschaften
- Beratung der Unternehmensbereiche in betriebswirtschaftlichen Fragen
- Strukturuntersuchungen (Schwachstellenanalyse)
- Berichterstattung (nach innen)

Bild 1: Unternehmen und Betrieb

2.6.2 Benchmarking

Benchmarking[1] ist ein Instrument der Wettbewerbsanalyse. Es beinhaltet das systematische Suchen und Finden der besten Praktiken (best practices), bzw. der dauernde systematische Vergleich eigener Prozesse mit vorbildlichen Prozessen anderer erfolgreicher Unternehmen. Anschließend versucht man, die besten Prozesse auf das eigene Unternehmen zu übertragen. Der Vergleich kann sich auf die Herstellung eines Produkts, die Durchführung einer Dienstleistung oder die Abwicklung bestimmter Abläufe in der Materialwirtschaft und Logistik beziehen.

Es werden vier Typen des Benchmarking unterschieden:
1. Internes Benchmarking,
2. Wettbewerbs-Benchmarking,
3. Funktionales Benchmarking,
4. Allgemeines Benchmarking.

Internes Benchmarking wird innerhalb des eigenen Unternehmens durchgeführt. Hierbei werden ähnliche Funktionen, die in unterschiedlichen Unternehmenseinheiten ausgeführt werden, verglichen. Ziel dieses Vergleichs ist es, herauszufinden, welche Unternehmenseinheit die untersuchte Funktion besser ausführt und worin dies begründet ist. Daraus können Lösungen abgeleitet werden, um die Leistungsfähigkeit weniger effizienter Bereiche auf das Niveau der besseren anzuheben **(Tabelle 1)**.

---
[1] engl. bench = Schicht, Bank, engl. mark = Zeichen
benchmark = Nivellierungszeichen, hier: Leistungskennwert

Tabelle 1: Produktbezogenes Benchmarking

Kennzahl	Dimension	Ist-stand	Bester	Mittel	Schlechtester
Zeitbezogen:					
– Time-to-market	Monate	15	9	12	18
– Lieferzeit	Wochen	26	15	26	35
– Liefertreue	%	80	95	80	60
– Servicebereitschaft	Tage	5	2	10	15
– Ersatzteilbelief.	Tage	15	10	18	30
Qualitätsbezogen					
– Reklamationsgrad	% v. ausgel. Stück	30	5	20	45
– Nacharbeit	% v. Umsatz	8	3	?	15
– ISO 9000 zertifiziert		x	x	nein	nein
Kostenbezogen					
– Produktkosten A	€	35,3	ca. 28		ca. 42
– Produktkosten B	€	48	ca. 36		ca. 42
– Wertschöpfungsgrad	% v. Umsatz	56,5	42		53
– Produktivität	Umsatz/ MA (€)	125	240	165	
– Vertriebseffizienz	Vertriebs-MA	420	640	480	

Bild 1: Wettbewerbs-Benchmarking

Beim **Wettbewerbs-Benchmarking** dient als Vergleichsmaßstab der direkte Wettbewerber des eigenen Unternehmens. Wird ein Konkurrent ausgewählt, ist sicherzustellen, dass beide Unternehmen auch tatsächlich vergleichbar sind. Beispielsweise hat ein global arbeitendes Unternehmen viel größere Beschaffungsmöglichkeiten als ein mittelständisches Unternehmen **(Bild 1, vorhergehende Seite)**.

Beim **funktionalen Benchmarking** ist das Vergleichsfeld nicht auf die eigene Branche beschränkt. Das Vorbild kann auch ein Unternehmen oder eine Organisation sein, die nur in einem entfernten Sinn vergleichbare Probleme zu lösen hat.

Man kann z. B. im Logistikbereich auch als Automobilhersteller von Logistikexperten, wie z. B. Online-Versandhändler bzw. Paketdienstleister lernen. Im funktionalen Benchmarking muss jedes Unternehmen, unabhängig von dem Wirtschaftszweig, in dem es tätig ist, einige Funktionen wahrnehmen, die nahezu gleich sind, wie z. B. die Abwicklung von Auftragseingängen oder Rechnungserstellungen. Werden diese allgemeinen Funktionen einem Benchmarkingprozess unterzogen, so können die Vorbildunternehmen aus allen Branchen kommen.

In der **Vorgehensweise des Benchmarkings** unterscheidet man unterschiedliche Schritte **(Bild 1)**.

Im **ersten Schritt** wird der Gegenstand festgelegt, der verglichen werden soll. Dies beinhaltet eine genaue Abgrenzung und eine Festlegung, welches das Ziel des Vergleichs sein soll.

Im **zweiten Schritt** wird der zu vergleichende Prozess analysiert, insbesondere die Kennzahlen und die Vergleichskriterien festgelegt.

Im **dritten Schritt** folgt die Auswahl des Vergleichspartners. Er soll eine gute, möglichst die beste Lösung (best practice) vorweisen können und muss bereit sein, auf diesen Vergleich einzugehen. Ein Vergleich liefert auch dem Besseren neue Erkenntnisse, anderseits wird auch Wissen weitergegeben.

Im **vierten Schritt** erfolgt die Analyse des Vergleichsprozesses in der selben Art und Weise wie der eigene Prozess angestrebt wird **(Bild 2)**.

Im **fünften Schritt** erfolgt die Integrationsphase. Die analysierten Ergebnisse müssen bekannt gemacht werden und konkrete Ziele festgelegt werden. Nur bei einer ausreichenden Kommunikation kann gewährleistet werden, dass die bevorstehenden Veränderungen auf Akzeptanz im Betrieb stoßen und damit auch Erfolg bei der Umsetzung haben. Damit der Umsetzungsprozess für alle Beteiligten verständlich und nachvollziehbar ist, müssen

Bild 1: Benchmarkingprozess

Bild 2: Vergleich der Tätigkeitsfelder von Maschinenbedienern

Ziele und Richtlinien erarbeitet werden, z. B., wie werden die Arbeitsabläufe innerhalb des Betriebes sich im Laufe der Zeit verändern und wie soll die Organisation am Ende des Umstellungsprozesses aussehen.

In **dem sechsten abschließenden Schritt** müssen konkret Mitarbeiter festgelegt werden, die für den Erfolg der Aktionen verantwortlich sind. Die zur Umsetzung notwendigen Geldmittel müssen berechnet und zur Verfügung gestellt werden. Die Verantwortlichen des Umsetzungsprozesse müssen kontinuierlich die Fortschritte des Prozesses messen und veröffentlichen.

2.6.3 Reengineering

Das Reengeneering will den Mitarbeiter bzw. das Unternehmen dazu bewegen, ihre gesamten Abläufe völlig zu überdenken und neu zu organisieren.

Damit ist das Ziel des Reengineering (Überarbeitung) nicht nur eine Verbesserung innerhalb des Unternehmens nach den Kriterien: Kosten, Qualität, Service und Zeit, sondern eine Neugestaltung der Organisation. Diese Neugestaltung orientiert sich an der Wertschöpfung der Arbeit für den Kunden. Hierbei werden die Arbeit und die Funktionen der Abteilungen und Unternehmen so neu definiert, dass sie einen positiven Beitrag zur Wertschöpfung leisten können. Diese Vorgehensweise nimmt keinen Arbeitsablauf und keine Arbeit für selbstverständlich sondern fragt immer nach „Effizienz" und „Effektivität". (Bild 1).

Das Reengineering bezieht sich auf Unternehmensprozesse. Ein Unternehmensprozess ist die Summe von Aktivitäten, für die mehrere unterschiedliche Eingaben benötigt werden und die für den Kunden einen Nutzen erzeugt.

Betrachtet man z. B. den Unternehmensprozess „Auftragsabwicklung", so ist dessen Eingabe der Auftrag des Kunden und die Ausgabe die Anlieferung der bestellten Ware beim Kunden. Diesem Ziel haben sich alle Aktivitäten der einzelnen Prozessschritte unterzuordnen.

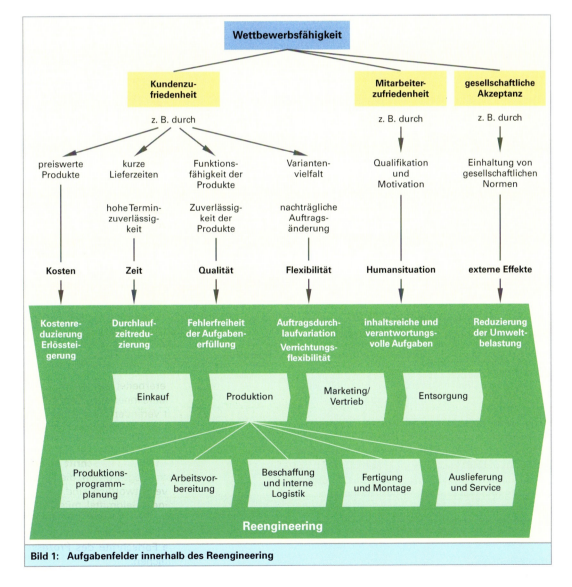

Bild 1: Aufgabenfelder innerhalb des Reengineering

Der wichtigste Schritt im Reengineering ist also weg von der Funktionsorientierung und hin zur Prozessorientierung. Prozessorientierung im Unternehmen bedeutet, dass alle Einzelaktivitäten durch Entscheidungs- und Ablaufzusammenhänge miteinander verbunden sind.

Die Bedeutung des Prozesses liegt vor allem in der abteilungsübergreifenden Zielorientierung, welche die Trennung von technischen und verwaltungsorientierten Unternehmensbereichen überwindet (**Bild 1**).

Durch die Konzentration auf ein Prozessziel kann mithilfe der Geschäftsprozesse die Komplexität eines Unternehmens auf ein übersichtliches Maß reduziert werden.

Bei der Analyse der **Wertschöpfungsprozesse** werden alle wertsteigernden Tätigkeiten aufgeführt. Dabei wird zwischen primären (unmittelbar wertsteigernd) und sekundären Aktivitäten (Versorgungs- und Steuerungsleistungen) unterschieden (**Bild 2**).

Prozesse, die in der Wertschöpfung eine besondere Bedeutung haben sind in einem Unternehmen die **Kernprozesse**.

Die Kernprozesse bzw. **Kernkompetenzen** lassen sich mit folgenden Fragen ermitteln:
1. Wer ist die Zielgruppe für das Erzeugnis aus dem Prozess?
2. Wie ist die Forderung unserer Zielgruppe?
3. Welches ist unser Angebot für diese Zielgruppe?
4. Wie hebt sich unser Angebot vom Wettbewerber ab?
5. Welche zusätzliche Leistung bietet der Kernprozess aufgrund der vorhandenen Kernkompetenz?

Ein weiterer wichtiger Punkt im Reengineering sind die Segmentierungen in externe und interne Kunden.

Unter **interne Kunden** versteht man die Kunden innerhalb eines Unternehmens oder innerhalb einer Wertschöpfungskette eines Prozesses.

Als **externe Kunden** werden alle die Kunden bezeichnet, die Ergebnisse, bzw. Produkte des Unternehmens beziehen oder einsetzen. Die Kunden/Lieferantenbeziehung sowohl innerhalb und außerhalb des Unternehmens fördert das kundenorientierte Handeln des einzelnen Mitarbeiters.

Zur Segmentierung (Trennung) der Kundengruppen ist die Festlegung der Schnittstellen zwischen den einzelnen Prozessschritten erforderlich (**Bild 1, folgende Seite**).

Bild 1: Vor- und nachgelagerte Wertschöpfungsstufen

Bild 2: Wertschöpfungsprozesse

Literatur:
– *Camp, R. C.*: Benchmarking, Verlag Hanser
– *Straub, R.*: Benchmarking. Eine Darstellung des Benchmarking als modernes Instrument der Leistungsverbesserung. Dissertation, Universität Zürich 1997

2.6 Unternehmenssteuerung

Bild 1: Interne und externe Kundenbeziehung

Bild 2: Merkmale der Prozesszeitverkürzung

Mithilfe der Kundensegmentierung erhöht man z. B. das Wissen über die Struktur der Kunden nach Umsatz, Umsatzverteilung, nachgefragten Artikeln oder auch der geographischen Standortsverteilung. Erst nach dem diese Daten bekannt sind, kann mit dem Reengineeringsprozess begonnen werden. So wird das Unternehmensprofil kundenorientiert angepasst (**Bild 1**).

Beim **Top-down-Ansatz** (von oben nach unten) in der Neugestaltung werden die Geschäftsprozesse grob formuliert und dann weiter in Teil- und Grundprozesse untergliedert.

Beim **Bottom-up-Ansatz** (von unten nach oben) werden erst die Grundprozesse erarbeitet und zu Teil- bzw. Hauptprozessen zusammengefasst.

Die Neugestaltung von Geschäftsprozessen erfolgt nach folgenden Schritten:

1. Identifikation von Geschäftsprozessen.
2. Erfassen der Merkmale der Geschäftsprozesse.
3. Auswertung und Analyse der Geschäftsprozesse nach verschiedenen Kennzahlen, wie Durchlaufzeiten, Transportzeiten und Liegezeiten, Gesamtkosten und Prozesskosten, Prozessqualität und Reklamationen sowie Mengenschwankungen und Pufferstrecken in der Produktion.
4. Entwurf von Soll-Prozessen.
5. Optimieren von Geschäftsprozessen (**Bild 2**).
6. Dokumentation und Verwaltung von Geschäftsprozessen.

Für die Umsetzung von Reengineeringsprojekten stehen viele Werkzeuge und Hilfsmittel zur Verfügung. Diese Methoden werden auch Work-Flow-Management-Systeme (WFMS) genannt.

Diese stellen Systeme dar, die Geschäftsprozesse miteinander verknüpfen, vernetzen und einzelne Prozessschritte nachprüfen. Die WFM-Systeme liefern vor allem Informationen über:

1. Fortschritt der Bearbeitung eines Vorgangs, eines Ablaufs oder eines Prozesses,
2. die Bearbeitungszeit eines Vorgangs,
3. Anzahl und Art der unterschiedlichen Vorgänge,
4. welcher Mitarbeiter hat diesen Vorgang bearbeitet und
6. zu welcher Zeit sowie mit welchen Messmitteln wurde die Qualitätssicherung durchgeführt.

Mit diesen Systemen werden deutlich die Transparenz und die Regelungsmöglichkeiten in einem Unternehmen erhöht.

Reengineering stützt sich auf die Erkenntnis, dass das Überleben im Wettbewerb vor allem in seinen Mitarbeitern selbst und dem optimalen Zusammenspiel zwischen der Organisation, der Führung und der Kernkompetenz liegt.

Die Mitarbeiter können ihre Fähigkeiten nur dann richtig einsetzen, wenn innerhalb der Unternehmensprozesse Reibungsverluste und Produktivitätsverhinderung abgebaut werden (**Bild 1**).

Literatur:
- *Cremer, K.*: Graphbasierte Werkzeuge zum Reverse Engineering und Reengineering, Deutscher Universitäts-Verlag
- *Bommer, Ch., Spindler, M., Barr, V.*: Software-Wartung: Grundlagen, Management und Wartungstechniken, dpunkt Verlag

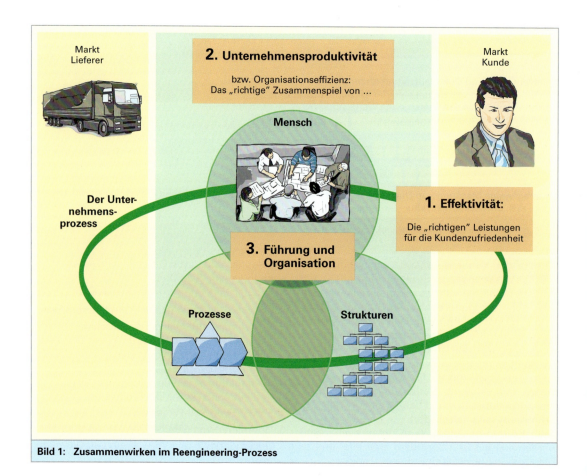

Bild 1: Zusammenwirken im Reengineering-Prozess

3 Methoden der Planung

3.1 Planung

Um die Wettbewerbsfähigkeit eines Unternehmens zu sichern, muss ständig nach Verbesserungs- und Rationalisierungsmöglichkeiten gesucht werden. Das Weiterentwickeln des Unternehmens im Hinblick auf den sich ändernden Markt ist ein weiterer Grund für ständige **Planungsanstöße**. Erforderliche Anpassungen müssen, um Fehlentwicklungen zu vermeiden, sorgfältig geplant und mit all ihren Auswirkungen dargestellt und beschrieben werden. Entscheidungsvorlagen sind zu erstellen. Die Findung neuer Ideen und Verbesserungsansätze muss gezielt entwickelt und gefördert werden.

Die Umsetzung der neuen Gedanken in die betriebliche Praxis muss durch systematisches Vorgehen und angemessenen Aufwand bei der Planung sichergestellt werden.

> Planungen sichern die Wettbewerbsfähigkeit.

Das Stellen von Planungsaufgaben ist Voraussetzung für das rationelle Bearbeiten von Vorhaben und Projekten.

Die Planungsaufgabe baut auf der Ist-Situation auf und formuliert das Planungsziel. Wenn es das Vorhaben erlaubt, sollte die Aufgabenerfüllung mit einer messbaren Größe abgeschlossen werden.

> Die Formulierung der Planungsaufgabe ist nicht erst bei größeren Projekten erforderlich, sondern hilft auch bei der Bewältigung der typischen, alltäglichen Aufgaben.

Eine wesentliche Randbedingung für den Planungsablauf ist die Vorgabe der Planungsart. Man unterscheidet die Neuplanung, die Umplanung und die Einplanung, z. B. einer neuen Produktvariante (**Bild 1**). Von dieser Feststellung ist der Umfang der zu schaffenden organisatorischen Voraussetzung für das Planungsteam abhängig. Ebenso ist damit bereits festgelegt, in welcher Stufe der Planungssystematik die Planung beginnt.

Daten können bereits vorliegen und verringern damit den Aufwand für eine Situationsanalyse oder machen sie gegebenenfalls überflüssig. Es ist zu prüfen, ob vorliegende Daten die erforderliche Qualität haben und noch gültig sind.

3.1.1 Planungsanstöße

Vielfach geben verschiedene Faktoren den Anstoß für einen Planungsauftrag. In der betrieblichen Praxis liegt einem Planungsauftrag ein Zusammenwirken mehrerer der genannten Auslöser

Bild 1: Planungssystematik in der Produktion

zugrunde. Ein Unternehmen wird immer bestrebt sein, Kombinationen herzustellen; z. B. eine Kapazitätserweiterung gleichzeitig mit einer Rationalisierung des Arbeitsablaufs, um eine Verbesserung der Arbeitsbedingungen zu erreichen, z. B. Ersatz von zwölf nicht mehr ausgelasteten Einzweckmaschinen durch zwei CNC-Werkzeugmaschinen.

Wichtige Planungsanstöße sind:
- Ändern eines Produktes,
- Einführen eines neuen Produktes,
- Kapazitätsänderung,
- Beseitigen von Schwachstellen,
- Rationalisierungsvorhaben,
- Einsatz neuer Technologien,
- Einhalten neuer gesetzlicher oder tariflicher Regelungen und Vorschriften.

3.1.2 Projektplanung

Vor Beginn der eigentlichen Planungsarbeiten sind, je nach Umfang der Veränderung, weitere Voraussetzungen zu prüfen und ggf. zu schaffen:
- Zusammensetzung des Planungsteams,
- Benennen des Projektleiters,
- Kompetenzerweiterung durch einen externen Berater,
- Entscheidungsgremium festlegen.

Um die angemessene Planungskapazität bereitzustellen, ist gerade in kleineren und mittleren Unternehmen zu prüfen, inwieweit ein zeitlich begrenzt arbeitendes Planungsteam der Geschäftsleitung die Entscheidung vorbereitet und sich gegebenenfalls von einem Berater unterstützen lässt.

Diese Prüfung wird in Klein- und Mittelbetrieben den Umfang der Projektarbeit im Verhältnis zur vorhandenen Planungskapazität berücksichtigen (**Bild 1**).

In Großbetrieben wird meist bei umfangreichen Planungen ein Planungsteam eingerichtet. Es wird ein Projektleiter und ein Beratungsgremium benannt und ein Entscheidungsausschuss gebildet.

Beispiel: Die spanende Bearbeitung soll in einem neuen Teil des Betriebs eingerichtet werden.
Lösung: (**Tabelle 1**).

In kleineren Unternehmen wird das Projektteam maximal aus drei Personen bestehen oder minimal aus einem Projektleiter. Bei der Bildung eines Projektteams ist darauf zu achten, dass möglichst folgende Anforderungen erfüllt sind:
- Demokratisches Verhalten,
- Mut zum Unkonventionellen,
- Fachwissen, Systemkenntnisse,
- Kein interner Wettbewerb,
- Uneingeschränkte Kommunikation,
- Lernbereitschaft und Lernfähigkeit,
- Geistige Beweglichkeit, Kreativität,
- Kritikfähigkeit,
- Motivierbarkeit,
- Selbstbewusstsein,
- Überzeugungskraft.

Neben diesen Anforderungen sollten innerhalb des Planungsteams in ausgewogenem Maße Kenntnisse und Erfahrungen der Prozesse sowie von Planungsvorgängen vorhanden sein. Auch arbeitsmedizinisches, ergonomisches und sicherheitstechnisches Wissen sollte im Projektteam vorliegen oder bei Bedarf von Beratern eingebracht werden.

Der Projektleiter hat in diesem Zusammenhang insbesondere dafür Sorge zu tragen, dass alle Mitglieder des Planungsteams bei ihren Arbeiten das in der Planungssystematik vorgegebene Vorgehen konsequent einhalten. Zu den Aufgaben des Projektleiters gehört es, regelmäßig alle Gremien über den Fortgang der Planungsarbeiten zu informieren, um die Einhaltung des vom Auftraggeber vorgesehenen Zeit- und Kostenrahmens sicherzustellen.

Bild 1: Projektstruktur

Tabelle 1: Neustrukturierung der Zerspanung

Aufgabe: Zusammenführen mehrerer Zerspanungsbereiche in einen neuen Werksteil, mit einem zukunftssichernden Zerspanungskonzept.

Entscheidungsteam	Geschäftsleitung
Projektleiter	Leiter der Stabsstelle der Geschäftsleitung, unterstützt durch Mitarbeiter der Stabsstelle als Teilprojektleiter.
Internes Projektteam	Je ein Vertreter aus den Bereichen: Arbeitsvorbereitung, NC-Programmierung, Fertigungssteuerung, Logistik, Qualitätsmanagement, Betriebsmittelbeschaffung, DV-Systeme, Werkzeugwesen, Sonderbetriebsmittel, Wartung und Instandsetzung.
Externes Projektteam	Hard- und Softwareentwickler und Lieferanten von PPS, BDE und Logistik-Systemen.
Mitarbeiterinformation, Schulung	Durchführende sind die Teilprojektleiter, Teilnehmer aus allen Ebenen der Produktion und den angegliederten Bereichen.

Die Mitarbeiter sind in die Planung einzubeziehen.

3.1.3 Rechte des Betriebsrates und Einbeziehung der Mitarbeiter

Bei der Planung ist sicherzustellen, dass alle einschlägigen Rechtsvorschriften eingehalten werden. Bei der Gestaltung von Arbeitsplatz, Arbeitsverfahren und Arbeitsabläufen sowie bei der Planung von Neu-, Um- und Erweiterungsprojekten hat der Betriebsrat nach § 90 des Betriebsverfassungsgesetzes (BetrVG) ein Unterrichtungs- und Beratungsrecht **(Tabelle 1)**.

Nach § 91 BetrVG hat er ein Mitbestimmungsrecht, wenn die Arbeitnehmer durch Änderungen der Arbeitsplätze, des Arbeitsablaufes oder der Arbeitsumgebung, die den gesicherten arbeitswissenschaftlichen Erkenntnissen offensichtlich widersprechen, in besonderer Weise belastet werden.

Besondere Bedeutung kommt bei technischen oder organisatorischen Neu- oder Umgestaltungsmaßnahmen der Beteiligung der Mitarbeiter zu. Als Mindestanforderung ist zu nennen, dass

> Der Betriebsrat hat Informationsrechte, Mitwirkungsrechte und Mitbestimmungsrechte **(Tabelle 2)**.

Es wird auf folgenden Rechte hingewiesen:
- Das allgemeine Informationsrecht des Betriebsrates durch den Arbeitgeber nach § 80 Abs. 2: Zur Durchführung seiner Aufgaben ist der Betriebsrat rechtzeitig und umfassend vom Arbeitgeber zu unterrichten, z. B. bei der Einführung von BDE Betriebsdatenerfassung.
- Das Recht des Betriebsrates, bei der Durchführung seiner Aufgaben, Sachverständige hinzuziehen nach § 80 Abs. 3, entsprechend dem Stand der Rechtsprechung.
- Das Mitbestimmungsrecht des Betriebsrates in sozialen Angelegenheiten nach § 87, z. B. vor dem Umbau der Sozialräume, aufgrund der Beschäftigung weiblicher Arbeitskräfte.
- Das Mitwirkungsrecht des Betriebsrates bei der Personalplanung nach § 92, z. B. bei zusätzlichem Personalbedarf.
  Die Informations-, Mitwirkungs- und Mitbestimmungsrechte des Betriebsrates in Fragen der Berufsbildung nach §§ 96 bis 98, z. B. bei der Durchführung innerbetrieblicher Weiterbildungsmaßnahmen. Die Mitbestimmungsrechte des Betriebsrates bei personellen Einzelmaßnahmen nach §§ 99 und 102, z. B. bei Kündigungen.
- Das Unterrichtungsrecht des Betriebsrates in wirtschaftlichen Angelegenheiten nach § 106, z. B. die Betriebskosten der Kantine.
- Das Unterrichtungs- und Mitwirkungsrecht des Betriebsrates bei Betriebsänderungen nach §§ 111 und 112, z. B. die Verlegung eines Betriebsteiles.

Tabelle 1: Betriebsverfassungsgesetz

Paragraphen	Gesetzestext für
§ 80	Allgemeine Aufgaben Betriebsrat
§ 87	Mitbestimmungsrecht
§ 92	Personalplanung
§§ 96–98	Berufliche Bildungsmaßnahmen
§§ 99–102	Mitbestimmung bei Personalfragen
§ 106	Wirtschaftsausschuss
§§ 111–112	Betriebsänderungen

Tabelle 2: Mitbestimmungsrecht des Betriebsrats

Mitbestimmungsrecht hat der Betriebsrat für:
- Beginn und Ende der täglichen Arbeitszeit einschließlich der Pausen,
- Mehrarbeit,
- Fragen der Betriebsordnung und des Verhaltens der Arbeitnehmer im Betrieb,
- Einführung und Anwendung von technischen Einrichtungen, mit denen eine Leistungs- und Verhaltenskontrolle möglich ist,
- Ausgestaltung des Arbeitsschutzes,
- Einführung und Anwendung von neuen Entlohnungsgrundsätzen,
- Aufstellung allgemeiner Urlaubsgrundsätze und des Urlaubsplans, wenn zwischen dem Arbeitgeber und den beteiligten Arbeitnehmern kein Einverständnis erzielt wird,
- Sozialeinrichtungen wie z. B. die Kantine,
- Festsetzung der Akkordlohn- und Prämiensätze,
- Grundsätze des betrieblichen Vorschlagswesens,
- Gruppenarbeitsgrundsätze.

der unmittelbar von der Gestaltungsmaßnahme betroffene Personenkreis frühzeitig von den geplanten Änderungen zu unterrichten ist. Darüber hinaus können die Kenntnisse, die Mitarbeiter von Arbeitsabläufen und Arbeitsplatz haben dazu genutzt werden, im Rahmen der Situationsanalyse Schwachstellen des bestehenden Systems genauer zu bezeichnen und auch Vorschläge zu erhalten, welche Merkmale das Arbeitssystem im Soll-Zustand aufweisen soll.

Die intensivste Form der Beteiligung der Mitarbeiter ist die Einbindung der speziellen Sachkenntnis des Arbeitsplatzinhabers in das Planungsteam. Die Erfahrung zeigt, dass durch die Einbeziehung der Mitarbeiter häufig Gestaltungsfehler vermieden und bessere Gestaltungsergebnisse erzielt werden können und dass die Akzeptanz technischer oder organisatorischer Maßnahmen durch die betroffenen Personen mit dem Grad der Beteiligung am Gestaltungsprozess wächst.

> Bei der Planung ist sicherzustellen, dass die Mitwirkungsrechte nach dem Betriebsverfassungsgesetz von Anfang an beachtet werden.

3.2 Planungssystematik

Die Planungssystematik ist eine praxisnahe Hilfe bei der Erfüllung von Planungsaufgaben in der Produktion. Im Einzelnen soll damit erreicht werden:
- Eine ganzheitliche Systembetrachtung unter Einbeziehung von Menschen, Technik, Organisation und Information,
- Eine methodische Erarbeitung und Bewertung von Lösungsvarianten,
- Eine gute Transparenz des Planungsablaufs,
- Die Bereitstellung fundierter Planungsergebnisse für unternehmerische Entscheidungen,
- Reproduzierbare Planungsergebnisse,
- Ein kalkulierbarer Zeit- und Kostenaufwand für einzelne Planungsaufgaben (**Bild 1**).

Aufbau und Inhalt der Planungsstufen müssen so erarbeitet werden, dass auf Grundlage der Ergebnisse der verschiedenen Analyse- und Konzeptionsschritte Entscheidungen getroffen werden können. So wird sichergestellt, dass wesentliche, den weiteren Planungserfolg bestimmende Planungsergebnisse verabschiedet werden, bevor die nächste Planungsstufe begonnen wird.

> Planungsergebnisse muss man darstellen und verabschieden.

Bild 1: Planungskonzept

3.2.1 Verbindung von Theorie und Praxis

Methodisches Planen erfordert die Ausgangssituation zu erfassen und das Ziel zu definieren. Zukunftsweisende und realisierbare und damit optimale Lösungen finden wir, wenn die Vorteile des Bewährten mit den Vorteilen des bewusst Neuartigen verbunden werden und damit sowohl praxisorientierte als auch theorieorientierte Lösungsansätze gesucht und miteinander kombiniert werden (**Bild 2**).

> Praxisorientierte und theoretische Lösungsansätze sind zu verbinden.

Neben den speziellen Hilfsmitteln gibt es eine Reihe von Planungsinstrumenten, die weitestgehend universell für unterschiedliche Aufgabenstellungen eingesetzt werden können. Hierzu gehören neben den Kreativitätstechniken, z. B. Brainstorming, schwerpunktmäßig alle Bewertungsmethoden, z. B. Nutzwertanalyse oder auch Kostenvergleichsrechnung.

Die zeitliche Abwicklung der Planung ist durch ständige Terminüberwachung zu sichern, wobei entsprechende Hilfsmittel, wie Balkendiagramme,

Bild 2: Lösungsansätze

Tabelle 1: Planungsinstrumente	
Kreativitätstechnik	Brainstorming Morphologische Analyse
Bewertungstechnik	Nutzwertanalyse ABC-Analyse Kostenvergleichsrechnung
Terminüberwachung	Balkendiagramm Netzplantechnik
Planungsdarstellung	Projektstrukturplan

Netzpläne und Ähnliches unentbehrlich sind. Die durchgängige und umfassende Dokumentation aller Planungsgrundlagen und Planungsergebnisse macht den Planungsvorgang transparent und erlaubt es, die Schritte der Entscheidung nachzuvollziehen (**Tabelle 1**).

3.2 Planungssystematik

3.2.2 Analyse der Ausgangssituation

Der Planungsanstoß setzt Schwerpunkte, jedoch in der Regel noch keine verbindlichen Eckdaten für konkrete Ziele und abgeleitete Planungsaufgaben. Erst eine differenzierte Beschreibung des aktuellen Ausgangszustandes liefert die gewünschten Daten. Insbesondere bei Verbesserungen komplexer Arbeitssysteme hilft die Analyse, vorhandene Schwachstellen zu erkennen, z. B. bei einer Materialflussanalyse. Dabei ist auch darauf zu achten, dass bei einer solchen Situationsanalyse neben Schwächen auch Stärken des untersuchten Bereiches aufgezeigt und für die Entscheidungsträger aufbereitet werden. Eine umfassende Situationsanalyse sollte Aussagen zu folgenden Punkten enthalten:

- Betriebsmittel,
- Arbeitsplatzbeschreibungen, Arbeitsabläufe,
- Zeiten, Bestände, Kapazitäten,
- Kennzahlen, Hilfsmittel,
- Belastungen, Umwelteinflüsse,
- Kooperationen, Informationen,
- Organisationen, Qualifikationen.

Zur Durchführung einer Situationsanalyse können folgende Hilfsmittel eingesetzt werden:

- Aktuelle Betriebsdaten,
- Erhebungsbögen, Zähllisten, Checklisten,
- Selbstaufschreibungen,
- Befragungen.

Das Ergebnis sollte aktuell, charakteristisch für den IST-Zustand und ausreichend genau sein. Die Einzelergebnisse der Situationsanalyse werden vom Planungsteam zu wesentlichen Aussagen und Empfehlungen zusammengefasst. Diese werden grafisch und textlich aufbereitet und den Entscheidungsträgern präsentiert.

Eine systematische Planung erfolgt stufenweise (**Tabelle 1**). In der 1. Stufe wird die Ausgangssituation ermittelt und dargestellt.

> Der IST-Zustand wird ermittelt und dargestellt.

3.2.3 Ziele und Aufgaben

Ausgehend von den Ergebnissen der Situationsanalyse und unter Einbeziehung von Vorstellungen, die dem Planungsanstoß zugrunde lagen, lassen sich konkrete Ziele ableiten. Dabei ist es zweckmäßig, ein übergeordnetes Ziel zu formulieren und zwar unter Berücksichtigung der Wirtschaftlichkeit und der menschengerechten Gestaltung der Arbeitssysteme.

Tabelle 1: Planungsstufen

Stufe 1	Ausgangssituation analysieren – Analyseschwerpunkte festlegen, – Analyse durchführen, – Analyseergebnisse darstellen.
Stufe 2	Ziele festlegen, Aufgaben abgrenzen – Ziele konkretisieren, – Ziele gewichten, – Planungsaufgaben abgrenzen.
Stufe 3	Arbeitssystem konzipieren – Arbeitsabläufe erarbeiten, – Arbeitssystem entwickeln, – Qualifikationsanforderung abschätzen, – Personalbedarf planen, – Entgeltsystem planen, – Arbeitszeitmodell planen, – Varianten bewerten und auswählen.
Stufe 4	Feinkonzept erstellen – Gestaltungsregeln umsetzen, – Betriebsmittel planen, – Personal planen, – Realisierungsplan erstellen.
Stufe 5	Arbeitssystem einführen – Betriebsmittel beschaffen, – Personelle Maßnahmen durchführen, – Arbeitssystem installieren, – Belastung analysieren.
Stufe 6	Arbeitssystem einsetzen – Abschlussdokumentation erstellen, – Erfolgskontrolle durchführen.

Stellt sich bei der Zielformulierung das Problem als zu vielschichtig heraus, so werden Problemkreise (Teilziele) gebildet und diese nach ihrer Priorität zeitversetzt behandelt. Die Zielsetzung wird mit dem Auftraggeber des Planungsauftrags abgestimmt. Die Zielformulierung muss bestätigt, die Genehmigung der weiteren Vorgehensweise muss erteilt, und Termine müssen akzeptiert werden.

Die Zielsetzung beinhaltet *Muss-Kriterien* und *Kann-Kriterien*. Muss-Kriterien müssen von den ausgearbeiteten Lösungsvarianten unbedingt erfüllt werden.

> Die Zielformulierung einer Planung muss Folgendes umfassen:
> - Die Ursache des Problems (Ist-Zustand),
> - Planungsschwerpunkt, Zielvorgabe,
> - Die Abgrenzung des Planungsfeldes,
> - Die Nennung der Maximalforderung (Idealvorstellung),
> - Die Randbedingungen (Einflussgrößen, Richtlinien),
> - Das geplante Vorgehen (folgende Schritte, Termine).

Im Falle der Nichterfüllung scheidet diese Variante sofort aus. Kann-Kriterien sollten von den einzelnen Lösungsvarianten möglichst erfüllt werden. Es sind Kriterien, die Alternativen liefern und die eine Auswahl der bestgeeigneten Varianten ermöglichen.

In einem weiteren Schritt werden diesen Zahlen quantitative oder qualitative Maßstäbe zugeordnet. Bei quantitativen Maßstäben können es relative oder absolute Werte sein. Bei den qualitativen Maßstäben muss der Versuch unternommen werden, möglichst Formulierungen zu wählen, denen einheitliche Vorstellungen im Planungsteam zugrunde liegen, z. B. keine Materialbereitstellung im Flur.

Nachdem die Ziele konkretisiert und gewichtet vorliegen, muss das Planungsteam die Aufgaben abgrenzen. Hierzu zählen in erster Linie die Festlegung der Systemgrenzen des zu betrachtenden Arbeitssystems und die exakte Beschreibung der zum Umfeld bestehenden Schnittstellen.

> Die Zielsetzung möglichst genau festlegen, Lösungsvarianten bewerten und Aufgaben abgrenzen.

Bild 1: Konzipieren des Arbeitssystems

3.2.4 Arbeitssystem

Das bei der Zielformulierung bereits begonnene Annähern zwischen theoretischen Überlegungen und praktischen Bedingungen wird bei der Erstellung des Grobkonzepts so lange konsequent weitergeführt, bis ein Konzept vorliegt, das in groben Zügen die Lösung der Aufgabe schildert. Dies bedeutet auch, dass zunächst Planungsalternativen entwickelt werden. Diese sind zu bewerten, um eine Auswahl für das Ausarbeiten des Grobkonzepts treffen zu können, z. B. alternative Versorgungssysteme einer Fertigungszelle.

Das Prinzip des Plans und die daraus resultierenden Konsequenzen müssen so deutlich sein, dass eine Grundsatzentscheidung getroffen werden kann. Diese Entscheidung muss dann für die weiteren Phasen Gültigkeit haben **(Bild 1)**.

> Aus Planungsalternativen wird das Grobkonzept.

Um die neuen Arbeitsabläufe erarbeiten zu können, werden die Soll-Daten für das geplante Arbeitssystem konkretisiert. Dies umfasst die Angabe, welche Produkte und Produktgruppen das Arbeitssystem herstellen bzw. welche einzelnen Dienstleistungen es erbringen soll. Entsprechend der Planungsfrist werden die Vorgaben für die Kapazitätsplanung abgeleitet. Mithilfe der Folgestruktur ist die Gliederung des Gesamtarbeitsablaufs in einzelne Ablaufschritte übersichtlich darstellbar. Es ist zu entscheiden, welche Arbeits-

inhalte durch Zusammenlegen von Ablaufschritten gebildet werden sollen, z. B. Bereitstellung von Werkzeugen und Vorrichtungen.

Hierfür sind die mitarbeiterbezogenen und die technikbezogenen Daten der Ausgangsanalyse zugrunde zu legen und die Aufgaben nach Art und Menge auf unterschiedliche Arbeitspersonen bzw. Betriebsmittel aufzuteilen.

Betrachtet werden muss dabei z. B. der Handlungsspielraum und die Überschaubarkeit des Ablaufs für den Vorgesetzten. Die für die neuen Aufgaben erforderlichen Qualifikationen geben den ersten Anhaltspunkt für Schulung und Weiterbildung der Mitarbeiter.

Mit dieser Feststellung der erforderlichen Qualifikationen können verschiedene Varianten erarbeitet werden. Dabei sind die Überlegungen zu den räumlichen, zeitlichen und organisatorischen Aspekten in der Struktur des Arbeitssystems zu berücksichtigen. Die Schnittstelle mit den angrenzenden Arbeitssystemen muss ebenfalls beachtet werden. Die erforderlichen Berechnungen für die Ausführungszeiten je Teilvorgang bzw. Ablaufschritt richten sich wiederum danach, ob es sich um eine Neu-, Um-, oder Einplanung eines Arbeitssystems handelt. Bei Neuplanungen werden für die Datenermittlung zwangsläufig Schätzungen zugrunde gelegt, bei Um- oder Einplanungen kann in der Regel auf Vergleichswerte zurückgegriffen werden.

> Qualifikationsanforderungen muss man abschätzen.

3.2 Planungssystematik

Anhand der geplanten Arbeitsaufgaben kann ermittelt werden, welche Qualifikation die Mitarbeiter im neugestalteten Arbeitssystem mitbringen müssen und welcher Kapazitätsbedarf benötigt wird. Auf dieser Grundlage können die einzelnen Arbeitsaufgaben zu Stellen gebündelt werden, für die gegebenenfalls unterschiedliche Qualifikationsanforderungen bestehen. Dieser Qualifikationsbedarf muss mit dem Qualifikationsbestand verglichen werden, unabhängig davon, wie der Bedarf gedeckt werden soll.

Für das geplante Arbeitssystem ist auch das geeignete Entgeltsystem zu finden. Dabei sind die bestehenden Tarifverträge zu beachten. Dieser Planungsvorgang sieht in der Mehrzahl aller Fälle die Auswahl des Entlohnungsgrundsatzes und der Entlohnungsmethode vor, die die von den gesetzten Zielen abgeleiteten Kriterien am besten erfüllen **(Tabelle 1)**.

Die Mitbestimmungsrechte des Betriebsrates bei Fragen der betrieblichen Lohngestaltung und bei der Festlegung von Akkordlohn und Prämienlohn sowie vergleichbare leistungsbezogene Entgelte sind zu beachten.

Vorrangig ist die Festlegung der Ziele, die das Entgeltsystem erreichen soll. Dies geschieht in Zusammenarbeit mit dem Betriebsrat, da sowohl betriebliche Erfordernisse als auch Erwartungen der Mitarbeiter zu berücksichtigen sind. Aus den Zielen, z. B. Qualitätssteigerung oder minimale Zeiten für Stillstand der Betriebsmittel, leiten sich Kriterien ab, deren Erfüllung sich qualitativ und quantitativ bestimmen lassen.

> Planungsvarianten werden bewertet.

Um eine abgesicherte Entscheidung zwischen den Planungsvarianten zu erreichen, sind die Varianten anhand der quantifizierbaren und der nicht quantifizierbaren Zielkriterien zu vergleichen. Dazu werden sowohl die Ergebnisse von Kosten- und Wirtschaftlichkeitsbetrachtungen als auch die Arbeitssystemwerte (Nutzwerte) der einzelnen Varianten gegenübergestellt. Anhand der so durchgeführten Bewertung der Planungsvarianten kann die beste Lösung ausgewählt werden.

3.2.5 Feinkonzept

Der Übergang vom Grobkonzept zum Feinkonzept besteht überwiegend aus Detailarbeit bis zur Realisierungsreife. Die Qualität dieser Arbeit hat entscheidenden Einfluss auf den Erfolg der Realisierung.

Im Feinkonzept müssen die theoretischen und praxisbezogenen Betrachtungen vollständig miteinander verflochten sein.

Tabelle 1: Entgeltsysteme

Leistungslohn	Zeitlohn
Akkordlohn	Stundenlohn
Prämienlohn	Monatslohn

Tabelle 2: Betriebsmittelbeschaffung

1.	Technische Anforderungen ermitteln
2.	Wirtschaftlichkeitsrechnung durchführen
3.	Pflichtenheft erstellen
4.	Abnahmebedingungen festschreiben
5.	Beschaffungsvorschriften beilegen
6.	Forderungen der Wartung und Instandsetzung berücksichtigen
7.	Schulung und Inbetriebnahme planen

Für das Erreichen des angestrebten Ziels ist es erforderlich, dass alle geplanten Aktivitäten „machbar" werden. Hierbei kommt es besonders darauf an, dass an alle in der späteren Realisierungsphase anfallenden Aktivitäten und an mögliche Schwachstellen und Abweichungen gedacht wird.

Vorgehensweise:
- Erstellen eines Tätigkeitskatalogs mit Erläuterungen,
- Festlegen des Ablaufplans,
- Festlegen der Verantwortungsbreite mit Schnittstellen und Abgrenzungen,
- Schätzen der Zeiten und Festlegen von Eckterminen.

Zeigt sich bei dieser Detaillierung, dass der Tätigkeitskatalog zu umfangreich und damit unübersichtlich ist, so empfiehlt es sich, die Aufgabenstellung in Teilaufgaben zu untergliedern und jede für sich zu planen.

Im Rahmen des Feinkonzepts ist es erforderlich, die spezifischen technischen Anforderungen für die noch zu beschaffenden oder zu bauenden Betriebsmittel festzulegen und in Form eines Pflichtenheftes (Beschaffung) oder eines Lastenheftes (Entwicklung) aufzuschreiben. Lasten- und Pflichtenhefte sind wesentliche Hilfsmittel eines Arbeitsgestaltungsprojekts **(Tabelle 2)**.

> Pflichtenheft für die zu beschaffenden, Lastenhefte für die zu entwickelnden Betriebsmittel erstellen.

Pflichten- und Lastenhefte dienen dazu, die Anforderungen an ein Arbeitssystem oder an ein Betriebs- bzw. Arbeitsmittel festzulegen und die Zusammenarbeit zwischen Betreiber, Planer, Entwickler und Hersteller zu erleichtern und bewertbar zu machen.

Im *Lastenheft* sind die Anforderungen aus Anwendersicht für den Entwickler, einschließlich aller Randbedingungen beschrieben **(Tabelle 1)**, im *Pflichtenheft* die Funktionsforderungen an das zu beschaffende Betriebsmittel **(Tabelle 2)**. In beiden Aufgabenbeschreibungen sollten die Forderungen möglichst prüfbar bzw. messbar sein.

> Im Lastenheft beschreibt man die Anforderungen aus der Sicht des Anwenders.

> Im Pflichtenheft werden die Eigenschaften des zu beschaffenden Betriebsmittels beschrieben.

3.3 Methoden der Ideenfindung

In der Entwicklungsplanung können verschiedene Hilfsmittel und Methoden eingesetzt werden. Sie sind im Wesentlichen sowohl in der Phase der Erzeugnisplanung als auch der Erzeugnisentwicklung anwendbar. Im Vordergrund stehen Hilfsmittel, die sich zum einen nur auf die Unterstützung bei der Ideenfindung, zum anderen auf die Bewertung und Auswahl von Vorschlägen beziehen. Es werden zwei Gruppen von Methoden angewendet: Ideen sammeln und Ideen suchen **(Bild 1)**. Diese Techniken werden bewusst als Mittel eingesetzt, um Denkblockaden abzubauen und starre Denkmuster aufzulösen.

> Denkblockaden abbauen!

Die Beschreibung der Techniken soll eine gewisse Sicherheit bei der Nutzung für die eigene Arbeit ergeben. Ein gezieltes Vorgehen erweist sich immer wirkungsvoller als planlos zu arbeiten. In der Teamarbeit gelingt es, mehrere Mitarbeiter in den kreativen Prozess einzubeziehen.

Alle Methoden der Ideenfindung zielen auf die unbewusste oder bewusste Beeinflussung des Denkprozesses ab.

3.3.1 Brainstorming

Brainstorming (Gedankensturm) ist die bekannteste Methode der Ideenfindung. Sie zielt darauf ab, die negativen Merkmale von Problemlösungssitzungen, wie die Eigenheiten der Gesprächspartner, Verzettelung in Einzelheiten, vorzeitige Beurteilung und das Äußern von Killerphrasen, z. B. *das haben wir schon einmal versucht, das funktioniert nicht*, durch vier Grundregeln zu beseitigen:
- Kein Kritisieren eigener oder fremder Gedanken
- Freies und ungehemmtes Äußern von Gedanken und auch außergewöhnlichen Ideen
- Aufgreifen und Verfolgen der Ideen anderer
- Produzieren möglichst vieler Ideen ohne Rücksicht auf Qualität

Tabelle 1: Beispiel für ein Lastenheft

Lastenheft: Entwickeln eines BDE-Terminals (Betriebsdatenerfassung)	
Hauptmerkmale	Forderungen
Funktionen	Menüführung, Funktionstasten, Plausibilitätsprüfung, Speicherkapazität
Stromversorgung	extern 230 V
Einsatzort	Werkhalle, stationär
Schnittstellen, Anbindung an ein PPS-System	Netzwerk (LAN)
Einlesen von Daten	Magnetkartenleser
Display	Mehrzeilig (mind. 10 Zeilen, alphanummerisch)

Tabelle 2: Beispiel für ein Pflichtenheft

Pflichtenheft: Beschaffung eines CNC-Bearbeitungszentrums	
Hauptmerkmale	Forderungen
Anzahl der gesteuerten Achsen	vier Achsen
Arbeitsraumgröße	500 x 500 x 500 mm Arbeitsraum geschlossen
Genauigkeit	Wiederhol-, Positioniergenauigkeit, Linearität, Maschinenfähigkeit
Automatisierungsgrad	Werkzeug-, Palettenwechsler, Späneförderer
CNC-Steuerung	Programmierung, Speicherkapazität, Schnittstellen

Bild 1: Methoden der Ideenfindung

3.3 Methoden der Ideenfindung

Diese Grundregeln sollen eine Atmosphäre schaffen, in der vorurteilsfrei die Vorteile dieser Gruppenarbeit zum Tragen kommen. Es ist empfehlenswert, die Gruppenmitglieder vor Arbeitsbeginn zur Einhaltung der Regeln jeweils neu zu verpflichten und die Regeln gut sichtbar aufzuhängen (Flipchart).

Für die Durchführung eines Brainstormings sollte besonders beachtet werden:

Vorbereitung:
- Sitzung sorgfältig vorbereiten und nicht spontan einberufen,
- Problem klar und möglichst übersichtlich herausarbeiten,
- Komplexe Probleme aufgliedern,
- Die Gruppe sollte aus vier bis sieben Teilnehmern, möglichst aus unterschiedlichen Arbeitsgebieten, bestehen,
- Thema einige Tage vor der Sitzung bekannt geben,
- Als Zeitraum für die Sitzung etwa 30 min bis 60 min einplanen.

Ablauf:
- Möglichkeiten schaffen, Ideen festzuhalten (Protokollführer, Flipchart, Kärtchen und Pinnwand) **(Bild 1)**,
- Thema nochmals bekanntgeben und diskutieren. Probleme möglichst als offene Fragen formulieren,
- Moderator erinnert an die Einhaltung der Regeln,
- Ideen nicht erörtern, nur Grundgedanken festhalten,
- Moderator soll eigene Ideen zurückhalten, aber bei Stockung den Ideenfluss wieder in Gang bringen,
- Gegen Ende Ideen nochmals vorlesen, um neue Anreize zu schaffen.

Auswertung:
- Auswertung normalerweise **nicht** im Anschluss an die Sitzung von der Gruppe vornehmen lassen,
- Zusammenstellen und Sortieren der Ideen,
- Ausarbeitung und spätere Bewertung durch Fachleute,
- Über spätere Ergebnisse und Realisierung informieren (Urheberrecht eines Einzelnen gibt es nicht).

Brainstorming ist eine einfache Kreativitätstechnik.

3.3.2 Morphologische Analyse

Die morphologische[1] Analyse umfasst fünf Schritte, die nacheinander durchlaufen werden müssen **(Bild 2)**.

---
[1] griech. morpho = Gestalt, griech. logos = Wort, Rede, ...logie = ...wissenschaft. Unter Morphologie versteht man die Lehre vom Gestalten oder Formen. Die morphologische Forschung beschäftigt sich mit den strukturellen Beziehungen zwischen Handlungen und Ideen jeder Art.

Bild 1: Ideen festhalten

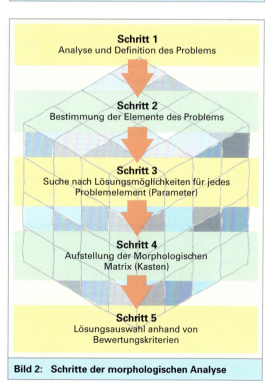

Bild 2: Schritte der morphologischen Analyse

Ziel der morphologischen Analyse ist es, das Gesamtleistungsfeld einer Problemstellung zu erfassen und unter Verwendung einer Darstellungsmatrix (**Morphologische Matrix**) zu einer systematischen Lösungs-findung und -bewertung zu gelangen.

Alle denkbaren Lösungsmöglichkeiten werden in der Darstellungsmatrix (zweidimensional) oder in einem Kasten (dreidimensional, **Morphologischer Kasten**) eingetragen. In der Regel wird die zweidimensionale Darstellungsmatrix angewendet. Bei der Matrix werden in die linke Spalte die Problemelemente, in die dazugehörige Zeile die Lösungsmöglichkeiten eingetragen (**Tabelle 1 bis 3**). Durch Kombination der Kästchen ergeben sich die Lösungsansätze.

Die morphologische Analyse bietet durch die Systematik der Zusammenstellung aller Lösungsansätze eine hervorragende Gesamtdarstellung aller Vorschläge für eine Problemlösung. Allerdings ergibt sich bei vollständiger Kombination aller Lösungsansätze sehr schnell eine so große Anzahl von Vorschlägen, dass diese nicht mehr manuell ausgewertet werden können.

> Durch die systematische Zusammenstellung aller Lösungsmöglichkeiten ergeben sich viele Problemlösungen.

> Die morphologische Analyse dient der systematischen Ideenfindung.

Tabelle 1: Darstellungsmatrix am Beispiel eines fahrbaren Blattschneiders (Teeschneider)

Problemelement	Lösungsmöglichkeiten		
Antrieb	manuell	elektrisch mit Netzanschluss	elektrisch mit Batterie
Schneidwerk	einzeln stehende Klingen	mehrere rotierende Messer	umlaufende Schneidkette
Fahrgestell	höhenverstellbar	zusammenklappbar	feststehend
Führung des Fahrgestells	manuell	schienengebunden	optischer Leitstrahl
Wirkungsbereich Schneidewerk	Teilhöhe der Hecke	vollständige Seitenhöhe der Hecke	nur Oberkante

Tabelle 2: Festlegen des Grundkonzepts am Beispiel eines Gartengrills

Problemelemente	Lösungsmöglichkeiten				
Fleischzugabe	Auflage auf einem Rost	Auflage auf Draht	Spieß	Aufhängen auf Drähten	Klammern
Fleischzuführung	von Hand	Transportband	auswechselbare Halterung	Schüttvorrichtung mit Schieber	Kurbelgestänge
Hitzeerzeugung	Kohle	Holzkohle	Strom	Gas	Sonnenenergie
Regulierung der Hitze	wechselhafte Energiezufuhr	Verstellung der Fleischhalterung	Abschirmbleche	Kühlmittelzugabe	variable Heizfläche

Tabelle 3: Ein neuer Tisch soll entwickelt werden

Problemelemente	Lösungsmöglichkeiten					
Anzahl der Beine	0	1	3	4	5	6
Material	Holz	Glas	Kunststoff	Kork	Stoff	Papier
Höhe in cm	0	20	50	70	100	200
Form	rund	quadratisch	oval	rechteckig	Polygon	
Ergebnis	Der Tisch schwebt, ist aus Glas und wird an der Decke aufgehängt.					

Die Schritte der morphologischen Analyse

Bei den einzelnen Schritten der morphologischen Analyse ist Folgendes zu beachten:

1. Schritt: Analyse und Definition des Problems

- Vorstellen, Diskutieren und Abgrenzen des Problems,
- Aufspalten in Teilprobleme oder Problemverallgemeinerung,
- Neudefinieren des Problems oder der Teilprobleme.

2. Schritt: Bestimmung der Elemente des Problems

- Zusammenstellung aller wesentlichen Aspekte des Problems (Funktionssammlung, Ablaufanalyse, Negativkatalog),
- Ermitteln der Elemente des Problems (Parameter),
- Inhaltliches Überprüfen der Parameter,
- Auflösen der Nichtparameter,
- Anordnen der Parameter in der Vorspalte der Matrix,
- Prüfen der Bedeutung der Parameter hinsichtlich ihrer Problemlösung (konzeptionelle Parameter bestimmen die Grundstruktur der Problemlösung, modifizierte Parameter gestalten sie aus),
- Begrenzen der Anzahl der Parameter auf sechs bis sieben durch Zurückstellen der modifizierten Parameter,
- Prüfen der Parameter auf Unabhängigkeit voneinander,
- Neuformulierung abhängiger Parameter.

Nichtparameter sind:
- Oberbegriffe wie Handhabung, Produktpolitik, Qualität usw.,
- Einzellösungen wie Systembauweise, Direktwerbung, Motorantrieb usw.,
- Bedingungen oder Restriktionen wie preiswert, praktisch, leicht bedienbar,
- Oberbegriffe auflösen (Handhabung in Bezug auf was?),
- Einzellösungen als Ausprägungen zurückstellen bzw. übergeordnete Parameter suchen,
- Bedingungen und Restriktionen in die Problemdarstellung aufnehmen.

3. Schritt: Suche nach Lösungsmöglichkeiten für jeden Parameter

- Suchen nach Lösungen für die einzelnen Parameter (der Katalog soll so vollständig wie möglich sein, um hinsichtlich der Problemstellung ein „Totallösungsfeld", das alle denkbaren Lösungen einschließt, zu erhalten),
- Prüfen, ob die Lösungsmöglichkeiten alternativ sind,
- Auflösen nicht alternativer Lösungsmöglichkeiten (strukturell abhängige Ausprägungen erfordern eine Neuformulierung der betroffenen Parameter),
- Prüfen, ob die Lösungsmöglichkeiten konkret sind, z. B. Signalgeber: optisch, akustisch, mechanisch, thermisch. Gliedern in optisch durch Warnlampe, optisch durch Rauch usw.,
- Auflisten der Lösungsmöglichkeiten jeweils in der Zeile des dazugehörigen (Parameters) Problemelementes.

4. Schritt: Aufstellung der Morphologischen Matrix und Verkettung der Elemente zu Lösungsansätzen

- Auswählen je einer Lösungsmöglichkeit aller Parameter und Verbinden der ausgewählten Möglichkeit durch einen Linienzug, stellt einen Lösungsansatz dar (Tabelle 2, vorhergehende Seite),
- Prüfen der Brauchbarkeit und Vollständigkeit der Lösung,
- Vereinfachen der Auswertung durch Entfernen nicht praktikabler oder uninteressanter Ausprägungen bzw. durch Kennzeichnen und Verwenden der hinsichtlich der Zielsetzung besonders interessanten Lösungsmöglichkeiten (die Anzahl der in der Morphologischen Matrix enthaltenen Lösung ist gleich dem Produkt der Anzahl der Lösungsmöglichkeiten aller Parameter),
- Interpretieren der Lösungsansätze und Weiterentwicklung.

5. Schritt: Lösungsauswahl anhand von Bewertungskriterien

- Aufstellen eines Kriterienkataloges zum Beurteilen der Lösung,
- Gewichten der Kriterien,
- Bewerten der Lösung anhand des gewichteten Kriterienkataloges,
- Auswählen der relativ besten Lösung.

3.4 Planungsdarstellung

Ziel der Projektplanung ist es, ein möglichst genaues Modell eines Projektablaufs zu schaffen. Das Modell soll alle Aktivitäten darstellen, die für das Durchführen des Vorhabens erforderlich sind. Die Reihenfolge, in der diese Einzelarbeiten auszuführen sind, muss klar erkennbar sein.

3.4.1 Projektstrukturplan

Ein umfangreiches und komplexes Projekt kann nicht auf einen Satz durchgeplant werden; z. B. die Planung einer neuen Fertigungshalle. Deshalb wird zuerst ein Projektstrukturplan entworfen, der den Rahmen bilden soll, innerhalb dessen sich Planung, Überwachung und Steuerung des Projekts vollziehen. Es wird der Projektstrukturplan erstellt **(Bild 1)**. Der Aufbau kann objektorientiert, bzw. erzeugnisorientiert sein.

> Der Projektstrukturplan bildet die Gliederung für komplexe Projekte.

Beispiel: Bau einer Fabrikhalle
Bei dem Hallenbau plant man *objektorientiert* die Teilaufgaben: Errichten und Ausbau von Technikkeller, Erdgeschoss/Halle, Verwaltungsanbau, Dach, Wareneingang. *Funktionsorientiert* plant man die Teilaufgaben: Aushubarbeiten, Rohbau, Innenausbau, Installationsarbeiten, Schreiner- und Malerarbeiten. Im ersten Schritt (erste Ebene) werden beim Strukturplan die Arbeitspakete festgelegt. Der nächste Schritt löst die Arbeitsebene in Vorgänge auf. Diese zweite Ebene stellt die kleinste zu planende Einheit dar. Zur einfacheren Identifizierung werden die Vorgänge nummeriert und in einer Vorgangsliste zusammengefasst. Durch die Angabe der Vorgangsdauer wird die Übersicht vervollständigt. Vorgangsliste zum Projekt Bau einer Fabrikhalle **(Tabelle 1)**.

3.4.2 Balkenplan (Gantt[1]-Diagramm)

Das bekannteste und am weitesten verbreitete Verfahren der Zeitplanung ist das Erstellen eines Balkendiagramms. Im Balkenplan gibt der Balken eines Vorgangs mit seiner Länge die Dauer und mit seiner Lage, bezogen auf die Zeitachse, die zeitliche Einordnung wieder. Durch unterschiedlich dicke Balken kann die erforderliche Bearbeitungskapazität angezeigt werden **(Bild 1, folgende Seite)**.
Die Vorteile des Balkenplans sind:
• Übersichtlichkeit bei wenigen Vorgängen,
• Unmittelbare Aussage über Zeitdauer und zeitliche Einordnung.

> Der Balkenplan erfasst Vorgänge und Zeiträume.

Bild 1: Projektstruktur am Beispiel des Neubaus einer Fertigungshalle

Tabelle 1: Vorgangsliste am Beispiel für den Neubau einer Fertigungshalle

Arbeitspaket		Vorgang		Dauer: Wochen
Nr.	Bezeichnung	Nr.	Bezeichnung	
00	Bauarbeiten	01	Erdarbeiten	1
		02	Fundament und Mauerwerk	11
10	Sanitär- und Heizungsinstallation	11	Entwässerungsrohre (im Fundament)	1
		12	Rohrinstallation	4
		13	Heizungsinstallation	4
		14	Endmontage, Sanitär und Heizung	2
20	Dacharbeiten	21	Dachstuhl	1
		22	Dach eindecken	1
30	Schreinerarbeiten	31	Fenster	1
		32	Türen, Tore	1
40	Stuckateurarbeiten	41	Außenputz	3
50	Malerarbeiten	51	Anstrich	2
60	Elektroinstallationsarbeiten	61	Leerrohrverlegung	8
		62	Verkabelung	2
		63	Endinstallation	1
70	Einzug	71	Einzug	1

---
[1] Ein Gantt-Diagramm ist ein Balkenplan mit Zeitachse, benannt nach *Henry L. Gantt*, 1861 bis 1919

3.4 Planungsdarstellung

Nachteilig ist, dass man nicht erkennt, in welcher Weise die einzelnen Vorgänge miteinander verknüpft sind.

Beispiel: Welche Folgen hat es, wenn die Dachdeckerarbeiten wesentlich verzögert werden?
Diese Frage kann nicht spontan aus dem Plan beantwortet werden. Vielmehr müssen zunächst alle nachfolgend geplanten Aktivitäten einzeln daraufhin untersucht werden, ob das gedeckte Dach Voraussetzung für ihre Erledigung ist oder ob sie auch vor dem Dachdecken erledigt werden können.

3.4.3 Flussdiagramm

Als Hilfsmittel für die Darstellung der Reihenfolge, in der Einzelarbeiten auszuführen sind, dient auch das Flussdiagramm (engl. Flow Chart) **(Bild 2)**.

3.4.4 Netzplan

Mit dem Verfahren der Netzplantechnik löst man das Problem der Darstellung von Abhängigkeiten. Das Konzept ist einfach. Ein Projekt wird in Vorgänge zerlegt, deren Abhängigkeiten dargestellt werden. Die grafische Darstellung dieser Ablaufstrukturen veranschaulicht die logische und zeitliche Aufeinanderfolge von einzelnen Vorgängen **(Bild 3)**.

Die Merkmale der Netzplantechnik sind:
- Klare Gliederung der Projektstruktur,
- Planabweichungen während der Ausführung können schnell erkannt und ihre Folgen sicher beurteilt werden,
- Notwendigkeit und Umfang von Gegenmaßnahmen sind feststellbar. Ihr Aufwand kann ihrer Wirkung gegenübergestellt werden,
- Projektabläufe werden transparent und überschaubar dargestellt,
- Vorgänge und Abhängigkeiten werden grafisch dargestellt oder in eine Netzplandatei aufgenommen,
- Alle routinemäßigen Planungsschritte und das Informationswesen können durch die Datenverarbeitung automatisiert werden.

Die Netzplantechnik ist zu einem universellen Planungsinstrument für große Projekte in Forschung, Verwaltung und Wirtschaft geworden. Sie ist aber auch in der täglichen Arbeit auf weniger umfangreiche Projekte und Aufgaben zu übertragen, da sie zur sachlogischen Durchdringung und Darstellung der Probleme und Teilaufgaben zwingt.

> Der Netzplan zeigt die Vorgänge und ihre Abhängigkeiten.

Bild 1: Balkenplan (Beispiel Hallenbau)

Bild 2: Flussdiagramm

Bild 3: Beispiel Grundbaustein

Vorgangs-nummer	Bezeichnung	
FAZ	D	FEZ
SAZ	GP	SEZ

Beispiel:

02	Fundament und Mauerwerk	
2 KW	11 Wo	13 KW
2 KW	0	13 KW

FAZ frühester Anfangszeitpunkt
SAZ spätester Anfangszeitpunkt
D Dauer
GP Gesamtpuffer
FEZ frühester Endzeitpunkt
SEZ spätester Endzeitpunkt
KW Kalenderwoche
Wo Wochen

Eins der wichtigsten Verfahren ist die MPM (engl. **Metra Potential Methode**). Sie wird im folgenden Beispiel für einen Fabrikhallenbau angewandt.
Für die Erstellung eines Netzplanes werden die Abhängigkeiten der einzelnen Vorgänge bestimmt. Dazu müssen für jede Tätigkeit die vorhergehende (Vorgänger) sowie die Verknüpfungen ermittelt werden. Nun muss man sich einen Überblick über die Reihenfolge der Arbeiten und deren Ausführungszeiten verschaffen.
Die einfachste Form der **Anordnungsbeziehung** besteht in der Bedingung, dass ein Vorgang erst dann beginnen darf, wenn ein anderer Vorgang beendet ist (Ende-Anfang-Beziehung). Natürlich kann auch ein Vorgang mehrere Vorgänger oder Nachfolger (mehrere Anordnungsbeziehungen) haben. Es entsteht so ein Ablaufplan (Netz), der beim Verfahren MPM aus Pfeilen (Beziehungen) und Rechtecken (= Vorgängen) dargestellt wird **(Bild 1)**.
Erst nachdem Vorgänger, Nachfolger und Dauer jeder Tätigkeit bekannt sind, ist es möglich, den Netzplan zu entwickeln. Dabei wird die Ablaufstruktur eines Projekts so dargestellt, dass Vorgänge und Abhängigkeiten bzw. Anordnungsbeziehungen zwischen den Vorgängen ersichtlich werden.

Zeitrechnung
Bei der Zeitrechnung geht es darum, neben der Dauer der einzelnen Vorgänge und des gesamten Projekts die früheste und späteste zeitliche Lage der einzelnen Vorgänge und die Zeitreserven, die für die einzelnen Vorgänge verfügbar sind zu ermitteln. Dies ermöglicht die Vorwärtsrechnung und Rückwärtsrechnung (Bild 1).

Vorwärtsrechnung
Ausgehend vom vorgegebenen (frühesten) Projektstarttermin wird durch Addition der Vorgangsdauer der früheste Projektabschlusstermin errechnet. Bei einem Vorgang, an dem mehrere Wege zusammenlaufen, wird mit dem jeweils größten Wert weitergerechnet.

Rückwärtsrechnung
Ausgehend vom vorgegebenen Projektabschlusstermin wird durch Subtraktion der Vorgangsdauer der spätest zulässige Projektstartzeitpunkt errechnet. Treffen bei einem Vorgang mehrere Pfeile zusammen, wird mit dem jeweils kleinsten Wert weitergerechnet.

Puffer
Die Differenz zwischen dem spätesten Wert der Rückwärtsrechnung und dem frühesten Wert der

Bild 1: Zeitrechnung

Vorwärtsrechnung ergibt, bezogen auf den einzelnen Vorgang, die Pufferzeit. Sie gibt die Zeitreserve an, mit der ein Einzelvorgang spätestens eingeleitet werden muss.

Vorteile der Netzplantechnik
Das System der Netzplantechnik zwingt zu gründlichem Durchdenken des Projekts und des Projektablaufs.
Durch die eingehende Analyse des Projekts und die damit verbundene Aufteilung in einzelne Vorgänge, kann eine eindeutige Abgrenzung einzelner Kompetenzbereiche der am Projekt beteiligten Stellen erreicht und gleichzeitig deren Überwachung erleichtert werden.
Durch Angabe des kritischen Pfades sind die Wirkungen von Störungen und Verzögerungen frühzeitig zu erkennen und leicht in den Griff zu bekommen, da ihre Auswirkungen auf den ganzen Plan jederzeit durchgespielt werden können.

> Der kritische Pfad lässt die Wirkung von Störungen frühzeitig erkennen.

Nach dem Verabschieden des Netzplanes können Balkenpläne aufgestellt und diese an die Kompetenzbereiche weitergeleitet werden.
Auf der Basis eines Terminplanes ist es mithilfe der Netzplantechnik möglich, den Kosten- und Kapazitätsbedarf zu ermitteln und zu optimieren. Dem etwas größeren Aufwand für die Planung und Überwachung bei der Netzplantechnik stehen erhebliche Zeit- und Kostenersparnisse während der Ausführungsphase gegenüber.

3.4 Planungsdarstellung

Kritischer Pfad

Ist die Pufferzeit „0", dann liegt dieser Vorgang auf dem kritischen Pfad. Dieser stellt den Weg durch das Projekt dar, der keine Zeitreserven mehr enthält. Entsprechend diesen Regeln führen wir auch die Zeitrechnung an unserem Netzplan für den Bau der Fabrikhalle durch (Bild 1). Man erkennt, dass die Halle innerhalb von 31 Wochen fertiggestellt werden kann und die Vorgänge 01, 11, 02, 12, 13, 41, 32, 51, 63, 14, 71 sich auf dem „Kritischen Pfad" befinden, d.h. eine Verzögerung bei diesen Vorgängen wirkt sich auf den Endtermin aus.

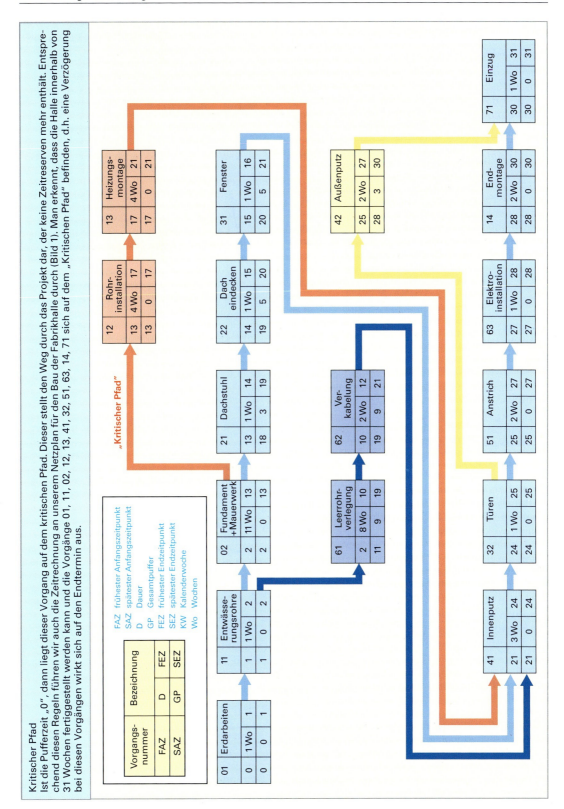

3.5 Planungshilfen

3.5.1 ABC-Analyse

Aufgabe der ABC-Analyse ist das Ermitteln der wirtschaftlichen Bedeutung verschiedener Gegenstände und Aufgaben in Form einer Rangordnung und ihrer Zuordnung zu den Wertgruppen A, B und C. Die Aufgabengliederung zeigt in übersichtlicher Form, was getan wird, aber nicht, wie wichtig die einzelne Aufgabe ist. Die ABC-Analyse ermöglicht, die Wertigkeit der einzelnen Teilbereiche bezogen auf die Aufgabe zu ermitteln und darzustellen. Durch die Kenntnis der Wertigkeit und der daraus resultierenden Rangfolge ist es möglich, bei Problemlösungen die Aufgaben oder Gegenstände, die einen Anteil am Wert haben, mit der entsprechenden Priorität zu versehen (**Bild 1**).

Bild 1: Wertigkeit der Teile

> Die ABC-Analyse gibt die Wertigkeit von Einzelgruppen an.

Im Verwaltungs- und Dienstleistungsbereich dient die ABC-Analyse:
* Dem Finden von Gestaltungsansätzen,
* Der überschlägigen Qualifizierung von Arbeitsaufgaben,
* Der Auswahl geeigneter Erhebungstechniken, damit Daten nur mit der Datengüte erhoben werden, die der Bedeutung der jeweiligen Aufgaben entsprechen.

Beispiele für eine Klassenstruktur:
* 80 % der Arbeitszeit entspricht der Aufgabenklasse A
* 15 % der Arbeitszeit entspricht der Aufgabenklasse B
* 5 % der Arbeitszeit entspricht der Aufgabenklasse C

Grundlage einer ABC-Analyse in diesem Bereich ist die Festlegung entsprechender Kriterien nach denen Aufgaben ausgewertet werden sollen. Das können sein:
* Mengen- und Zeitanteile,
* Der Aufwand in Mitarbeiterjahren,
* Personal-, Sachmittel- und Informationskosten.

In den Bereichen der Materialwirtschaft und der Wertanalyse hat die ABC-Analyse große Bedeutung. Mit ihrer Hilfe lässt sich zum Beispiel feststellen, welche Erzeugnisse den größten Anteil am Umsatz oder welche Lagerart den größten Anteil am gesamten Wert des gelagerten Materials haben. Im Verwaltungsbereich wurde festgestellt, dass in der Regel ein kleiner Anteil der Aufgaben den größten Teil der Arbeitszeit in Anspruch nimmt. Der größere Teil der Aufgaben füllt dagegen nur einen geringen Teil der Arbeitszeit. Die ABC-Analyse macht diesen Sachverhalt deutlich. Um das zu erfassen, werden Klassen von Aufgaben gebildet (A, B, C), die den entsprechend aufgewendeten Anteil der Arbeitszeit repräsentieren.

Wenn die Ermittlung von Anteilen mit einem zu großen Erhebungsaufwand verbunden ist, kann zunächst eine einfache Gewichtung auf Schätzbasis erfolgen. Das Ergebnis jedes Verfahrens ist der prozentuale Anteil der Teil- und Unteraufgaben an der gegliederten Aufgabe.

3.5.2 XYZ-Analyse

Die XYZ-Analyse ist oftmals mit der ABC-Analyse verbunden. Die XYZ-Analyse ist ein Verfahren der Materialwirtschaft (s. auch S. 340). Es werden Güter und Artikel einer Klassifikation bezüglich ihrer Umsatzregelmäßigkeit zugeordnet. Artikel, die sehr regelmäßig und in einigermaßen konstanten Stückzahlen verkauft werden (z. B. Energiesparlampen), werden als X-Artikel bezeichnet, während die Z-Klasse solche Artikel beinhaltet, deren Verkauf sehr unregelmäßig oder stochastisch verläuft (z. B. Ersatzteile).

Die Klassen gestalten sich wie folgt:
* X für konstanten Verbrauch, Schwankungen sind eher selten,
* Y für stärkere Schwankungen im Verbrauch, meist aus trendmäßigen oder saisonalen Gründen.
* Z für völlig unregelmäßigen Verbrauch.

3.5 Planungshilfen

Beispiel:
ABC-Analyse, Ausschnitt mit 14 Teilen aus einem Teilelager.
Tabelle 1:
① Berechung des Jahresbedarfswertes,
② prozentualer Anteil
③ Bestimmung des Ranges

Tabelle 2:
① Eintrag und Sortierung nach dem Rang
② Berechnung des prozentualen kumulierten Jahresbedarfswertes
③ Bestimmung des Teileanteils (9600 St. ≙ 100 %)
④ Berechnung der kumulierten Positionenanzahl
⑤ Festlegung der ABC-Eingruppierung

Tabelle 1: Ermittlung des Jahresbedarfs und des Ranges

Pos.	Benennung	Jahresbedarf St./Jahr	Stückpreis €/St.	Jahresbedarfswert €/Jahr	%	Rang
1	Ständer	600	18,90 €	11 340,00 €	23,21	2
2	Hebel	600	16,30 €	9 780,00 €	20,02	3
3	Gewindebolzen M10×1	600	3,50 €	2 100,00 €	4,30	6
4	Kurventeller	600	25,60 €	15 360,00 €	31,44	1
5	Stange	600	6,80 €	4 080,00 €	8,35	4
6	Scheibe 1	600	3,00 €	1 800,00 €	3,68	7
7	Scheibe 2	1 200	3,00 €	3 600,00 €	7,37	5
8	Druckfeder	600	0,38 €	228,00 €	0,47	9
9	Zylinderstift 10m6×24	600	0,08 €	48,00 €	0,10	13
10	Zylinderstift 10m6×70	600	0,15 €	90,00 €	0,18	10
11	Sechskantmutter ISO 4032	600	0,11 €	66,00 €	0,14	12
12	Kugelkopf C 32	600	0,42 €	252,00 €	0,52	8
13	Zylinderstift 1,5m6×6	1 200	0,03 €	36,00 €	0,07	14
14	Sicherungsring 20×1,2	600	0,13 €	78,00 €	0,16	11
	Summen	**9 600**		**48 858,00 €**	**100**	

Tabelle 2: Wert-Mengen-Klassifizierung mit ABC-Zuordnung

Rang	Pos.	Benennung	Jahresbedarfswert			Anzahl der Positionen			ABC Gruppe
			%	kumuliert %	%Gruppe	%	kumuliert %	%Gruppe	
1	4	Kurventeller	31,44	31,44		6,25	6,25		A
2	1	Ständer	23,21	54,65	**74,67**	6,25	12,50	**18,75**	A
3	2	Hebel	20,02	74,67		6,25	18,75		A
4	5	Stange	8,35	83,02		6,25	25,00		B
5	7	Scheibe 2	7,37	90,39	**23,70**	12,50	37,50	**31,25**	B
6	3	Gewindebolzen M10×1	4,30	94,69		6,25	43,75		B
7	6	Scheibe 1	3,68	98,37		6,25	50,00		B
8	12	Kugelkopf C 32	0,52	98,89		6,25	56,25		C
9	8	Druckfeder	0,47	99,36		6,25	62,50		C
10	10	Zylinderstift 10m6×70	0,18	99,54		6,25	68,75		C
11	14	Sicherungsring 20×1,2	0,16	99,70	**1,64**	6,25	75,00	**50,00**	C
12	11	Sechskantmutter ISO	0,14	99,84		6,25	81,25		C
13	9	Zylinderstift 10m6×24	0,10	99,94		6,25	87,50		C
14	13	Zylinderstift 1,5m6×6	0,07	100		12,50	100		C

Die Gruppe der A-Teile, mit einem Anteil der Positionen von 18,8 % repräsentiert 74,7 % des Gesamtjahresbedarfs.

Die Gruppe der B-Teile, mit einem Anteil von 31,3 % repräsentiert 23,7 % des Gesamtjahresbedarfswerts und die C-Teile, mit der Hälfte aller Teile, nur 1,6 %.

3.5.3 Nutzwertanalyse

Die Nutzwertanalyse ist eine Entscheidungshilfe zwischen alternativen Lösungsvarianten. Die alternativen Lösungen werden mithilfe eines Punktesystems bewertet und das Ergebnis ergibt eine Reihenfolge der Alternativen. In die Entscheidungskriterien können objektiv und subjektiv bewertbare Merkmale aufgenommen werden. Die Ermittlung des Ergebnisses ist Teamaufgabe und wird durch die Systematik der Nutzwertanalyse transparent und nachvollziehbar dargestellt.

Eine Entscheidung, die auf der Basis einer Nutzwertanalyse gefällt wird, hat Bestand und ändert sich nur, wenn sich die Planungsgrundlagen ändern.
Bei bekanntem Projektziel oder bekannter Aufgabenstellung liegen z. B. drei mögliche Alternativen zum Erreichen des Zieles vor. Für die Ermittlung des Gewichtungsfaktors müssen die zehn wichtigsten Bewertungskriterien in einer Matrix gewichtet werden. Jedes einzelne Kriterium wird gegenüber jedem anderen bewertet.

> Die Nutzwertanalyse macht Entscheidungen transparent.

Beispiel: Flexible Fertigung

Übergabe der Werkstücke (Rohteile) vom automatischen Flurförderfahrzeug in den Nahbereich der Werkzeugmaschine.

Die Aufgabenstellung in diesem Beispiel lautet:

Die bestmögliche Übergabe der zu bearbeitenden Rohteile vom fahrerlosen Transportsystem zur Werkzeugmaschine ist zu finden.

Die zu versorgenden Arbeitsplätze bestehen aus mehreren Werkzeugmaschinen mit unterschiedlichem Automatisierungsgrad. Drei Alternativen sind möglich **(Tabelle 1)**. Die zehn wichtigsten Bewertungskriterien werden vom Team erarbeitet und in die Gewichtungsmatrix eingetragen.

Ihr unterschiedlicher Einfluss auf die Entscheidungen wird mit dieser Matrix ermittelt **(Tabelle 1, folgende Seite)**. Beim Ausfüllen der Matrix lautet die Frage an das Team z. B.: Ist das Bewertungskriterium 1 (Arbeitskräftebedarf) wichtiger als das Kriterium 5 (Platzbedarf)? Antwort „Ja", dann eintragen 2/0. Die Quersumme ergibt den Gewichtungsfaktor (G). Der Erfüllungsgrad wird in diesem Beispiel mit den Faktoren 1 = Erfüllungsgrad schlecht, 2 = Erfüllungsgrad durchschnittlich und 3 = Erfüllungsgrad gut, bewertet, z. B. für das Bearbeitungszentrum BAZ[1] 1200 **(Tabelle 2)**.

Das Ergebnis für das BAZ 1200 wird als Produkt der Faktoren Gewichtung x Erfüllung ermittelt. Um das Ergebnis auf die wichtigsten Werkzeugmaschinen in der Halle ausdehnen zu können, müssen alle Arbeitsplätze entsprechend analysiert werden.

Das Produkt der Faktoren ist ein Maß für den Nutzen der einzelnen Alternativen, daher Nutzwert. Addiert man die Nutzwerte getrennt für jede Alternative, ergibt sich die Rangfolge der Alternativen. Der rechnerisch höchste Nutzwert zeichnet die beste Alternative aus **(Tabelle 2)**.

Tabelle 1: Beispiel: Übergabe der Rohteile/Werkzeugmaschine

Alternative 1	Übergabe der Rohteile auf ein Ablagegestell (maschinennah).
Alternative 2	Übergabe der Rohteile auf eine Spannstation (nahe Palettenwechsler).
Alternative 3	Übergabe der gespannten Rohteile direkt in den Palettenwechsler.

Tabelle 2: Ermittlung des Erfüllungsgrades (E)

	Erfüllungsgrad BAZ 1200	1. Alternative	2. Alternative	3. Alternative
1	Arbeitskräftebedarf	1	2	2
2	Autonome Bearbeitung	1	2	3
3	Technisches Risiko Realisierbarkeit Zuverlässigkeit	3	2	1
4	Stufenweiser Aufbau Anlaufverhalten	3	2	1
5	Platzbedarf	2	0	3
6	Notbetrieb bei Ausfall des Verkettungssystems	3	1	1
7	Organisationsaufwand	3	2	1
8	Systemleistungsfähigkeit Durchlaufzeit pro Werkstück	2	2	3
9	Flexibilität (Kapazität, Produkte, Änderungen)	3	2	2
10	Investitionskosten	3	1	1

---

[1] BAZ, Abk. für Bearbeitungszentrum

3.5 Planungshilfen

Beispiel (Fortsetzung) mit Gewichtung

Tabelle 1: Zehn Bewertungskriterien

	Bewertungskriterien	1	2	3	4	5	6	7	8	9	10	Gewichtungs-faktoren (G)
1	Arbeitskräftebedarf		0	0	1	2	1	2	1	0	1	8
2	Autonome Bearbeitung	2		0	0	2	1	2	1	0	1	9
3	Techn. Risiko, Realisierbarkeit, Zuverlässigkeit	2	2		2	2	1	2	2	1	2	16
4	Stufenweiser Aufbau, Anlaufverhalten	1	2	0		2	1	2	1	1	2	12
5	Platzbedarf	0	0	0	0		0	1	0	0	1	2
6	Notbetrieb bei Ausfall des Verkettungssystems	1	1	1	1	2		2	1	1	2	12
7	Organisationsaufwand	0	0	0	0	1	0		0	0	1	2
8	Systemleistungsfähigkeit/ Durchlaufzeit pro WS	1	1	0	1	2	1	2		1	1	10
9	Flexibilität, Kapazität, Produkte, Änderungen	2	2	1	1	2	1	2	1		2	14
10	Investitionskosten	1	1	0	0	1	0	1	1	0		5

Punkteverteilung: 2 : 0 ⇒ 1. Kriterium wichtiger als 2. Kriterium, 1 : 1 ⇒ 1. Kriterium gleich wichtig wie 2. Kriterium, 0 : 2 ⇒ 1. Kriterium weniger wichtig als 2. Kriterium.

Tabelle 2: Nutzwertermittlung

Übergabestation BAZ 1200		Gewichtungs-faktoren	Übergabe-alternative 1		Übergabe-alternative 2		Übergabe-alternative 3	
Bewertungskriterien		G	E	G×E	E	G×E	E	G×E
1	Arbeitskräftebedarf	8	1	8	2	16	2	16
2	Autonome Bearbeitung	9	1	9	2	18	3	27
3	Techn. Risiko, Realisierbarkeit, Zuverlässigkeit	16	3	48	2	32	1	16
4	Stufenweiser Aufbau, Anlaufverhalten	12	3	36	2	24	1	12
5	Platzbedarf	2	3	6	2	4	1	2
6	Notbetrieb bei Ausfall des Verkettungssystems	12	3	36	1	12	1	12
7	Organisationsaufwand	2	3	6	2	4	1	2
8	Systemleistungsfähigkeit/ Durchlaufzeit pro Werkstück	10	2	20	2	20	3	30
9	Flexibilität, Kapazität, Produkte, Änderungen	14	3	42	2	28	2	28
10	Investitionskosten	5	3	15	1	5	1	5
Analytische Systemwerte				226		163		150

E = 1: schlecht, E = 2: durchschnittlich, E = 3: gut

Ergebnis: Die Übergabealternative 1 erreicht die höchste Punktzahl und ist daher zu wählen.

3.5.4 Wertanalyse

Nach DIN 69 910 wird die Wertanalyse als das systematische, analytische Durchdringen von Funktionsstrukturen mit dem Ziel einer abgestimmten Beeinflussung von deren Elementen, z. B. Kosten und Nutzen, in Richtung einer Wertsteigerung bezeichnet. Hierbei werden die Funktionen eines geplanten oder bereits gefertigten Erzeugnisses festgestellt, analysiert und für ihre technische Verwirklichung systematisch alle heute denkbaren Lösungen ermittelt und überprüft. Anschließend wird diejenige Lösung ausgewählt und bis zur Fertigungseinführung verfolgt, deren Kosten dem gesetzten Kostenziel am nächsten kommt und deren Wirtschaftlichkeit gewährleistet ist.

Die Verbreitung der Wertanalyse hat ihre Ursache darin, dass sie eine sehr wirkungsvolle Methode zur Verringerung der Herstellungskosten von Erzeugnissen darstellt. Die Wertanalyse hat sich darüber hinaus als eine Denkweise erwiesen, die nicht nur auf Erzeugnisse, sondern auch auf Organisationen, Abläufe und Einrichtungen innerhalb eines Betriebes angewendet werden kann, deren Verwirklichung in wirtschaftlicher Weise geschehen soll.

Diese Denkweise hat folgende Merkmale:
- Die, auf die Funktion des untersuchten Objektes gerichtete Betrachtungsweise,
- Die organisatorische Zusammenarbeit (Teamarbeit) zwischen Mitarbeitern aus verschiedenen Verantwortungsbereichen,
- Die systematische Anwendung von Regeln für gemeinsames, kreatives Arbeiten.

Funktion
Die Funktion ist der zentrale Begriff der Wertanalyse. Ihr Ziel ist, die gewünschte Funktion eines Produkts mit dem geringsten Aufwand so zu erfüllen, dass sie den größten Nutzen und damit den größten Ertrag bringt. Die Differenz zwischen Ertrag und Aufwand ist der Wert eines Produkts.

Unter Funktion sind alle Aufgaben zu verstehen, die mithilfe eines bestehenden oder zu entwickelnden Erzeugnisses erfüllt werden, beziehungsweise erfüllt werden sollen.

Die Beschreibung der Funktion soll nicht mehr als zwei Worte, ein Hauptwort und ein Tätigkeitswort umfassen.

Beispiel: Die Funktion eines Kühlschranks ist: Nahrungsmittel kühlen.

> Die Beschreibung der Funktion soll möglichst nicht länger als zwei Worte sein.

Funktionsarten und Funktionsklassen
Man unterscheidet:
- Gebrauchsfunktionen (sogenannte technische Funktionen),
- Geltungsfunktionen (sogenannte nichttechnische Funktionen).

Die *Gebrauchsfunktion* einer Uhr ist, die Zeit anzuzeigen. Ihre *Geltungsfunktion* ist, schön auszusehen. Investitionsgüter haben vorwiegend Gebrauchsfunktionen, Schmuck und Kunstgegenstände fast ausschließlich Geltungsfunktionen.

Weiter sind folgende Funktionsklassen von Bedeutung:
- Hauptfunktionen und
- Nebenfunktionen.

Hauptfunktionen kennzeichnen die eigentliche Aufgabe des zu untersuchenden Erzeugnisses, z. B. medizinische Rotlichtlampe: Infrarotstrahlung (Wärmestrahlung) abgeben. Ihre Erfüllung ist unerlässlich **(Bild 1)**.

Nebenfunktionen kennzeichnen weitere notwendige Aufgaben (Nebenaufgaben), die dazu beitragen, die Hauptfunktionen zu erfüllen, z. B. rotes Licht erzeugen.

Nebenfunktionen sind häufig durch die Art der gewählten Konstruktion bedingt. Nebenfunktionen, die vom Kunden nicht verlangt beziehungsweise nicht angemessen honoriert werden, sind unnötig.

Solche Funktionen können auch aus unklaren Angaben oder einer Missdeutung der Aufgabenstellung resultieren. Sie können auch von der Eigenart einer Lösung abhängen (z. B. Rotlicht erzeugen).

Bild 1: Medizinische Rotlichtlampe

3.5 Planungshilfen

Beispiele für Haupt- und Nebenfunktionen eines Mixermessers sind in zwei Lösungsalternativen angegeben (**Bild 1**). Die Hauptfunktion des Mixermessers ist: Speisen zerkleinern. Bei der Lösung a werden für die Erfüllung der Hauptfunktion drei verschieden geformte Messer verwendet. Bei der Lösung b wird die Hauptfunktion von einem aus einem Stück hergestellten Messer erreicht.
Die Nebenfunktionen
- Messer ausrichten,
- Messer befestigen,
- Messer antreiben,

werden bei der Lösung a durch ein Zwischenstück mit zwei Flächen, einer Mutter, einer Abdeckkappe, zwei Scheiben und einer Antriebswelle erfüllt. Die Lösung b zeigt, dass die genannten Nebenfunktionen ebenso gut mit drei Einzelteilen, der Mutter, der Abdeckkappe und der Welle erfüllt werden können.

Bild 1: Lösungsalternativen für ein Mixermesser

Funktionsbedingte Eigenschaften

Die Beschreibung der Funktion wird durch Nennung der funktionsbedingten Eigenschaften ergänzt. Durch sie sollen die besonderen Ansprüche wiedergegeben werden, die an das Erzeugnis gestellt werden, wie gut, wie lang, und wie oft es beispielsweise benutzt werden soll.

Die funktionsbedingten Eigenschaften sollen möglichst zahlenmäßig angegeben werden, z. B. Temperatur 600 °C, Lebensdauer 3000 h. Das Produkt soll diese Eigenschaften gerade erfüllen, es soll nicht schlechter, aber auch nicht wesentlich besser sein.

Die funktionsbedingten Eigenschaften entsprechen den Minimalforderungen bei der Gestaltung von Arbeitssystemen. Es gilt, dass nur die Eigenschaften beziehungsweise Forderungen genannt werden sollen, die unbedingt erfüllt werden müssen und dass keine überflüssigen oder überhöhten Forderungen gestellt werden dürfen, z. B. bei der Rauigkeit der Oberfläche oder bei Toleranzangaben.

Funktionsanalyse

Die Funktionsanalyse besteht in der Erfassung eines Produkts durch:
- Benennung und Beschreibung der Funktion seiner Einzelteile,
- Angaben der Funktionsart,
- Angabe der Herstellungskosten.

Die Lösungsalternativen werden sodann hinsichtlich der Kosten gegenübergestellt. Dabei berücksichtigt man neben den Materialeinzelkosten und den Fertigungslohnkosten auch Kosten für Ersatzteilhaltung und wenn möglich auch Kosten für etwaige Gewährleistungen.

Die Senkung von Produktkosten können durch folgende Maßnahmen erreicht werden:
- Reduzierung der Anzahl der Einzelteile,
- Montagegerechte Gestaltung der Bauteile,
- Vorgruppenmontage,
- Komplettbearbeitung von Einzelteilen.

Jede Toleranzerweiterung und jede Reduzierung der Oberflächengüte senkt die Produktionskosten erheblich. Voraussetzung ist dabei aber, dass die geplante Funktion des Produkts erhalten bleibt.

Beispiel: Herstellung eines Federbandes für eine Reglereinstellplatte

1. Funktionsanalyse

Skizze:

Beschreibung:
Die Baugruppe besteht aus der Einstellplatte, 5 Sechskantschrauben, zwei Stiften und einem mehrfach gebogenen Federband. Das Federband liegt federnd an den Schrauben an und ist axial durch einen Sicherungsring auf einem der Aufnahmestifte gesichert.

Funktionsbedingte Eigenschaften:
Schrauben müssen verstellbar sein, dabei muss die Federsteifigkeit so sein, dass die Rastung gut spürbar ist. Federband muss demontierbar und austauschbar sein.

Nr.	Benennung	Beschreibung der Funktion	Hauptfunktion	Nebenfunktion	Herstellungskosten €/100 St.	%
1	Einstellplatte (ohne Schrauben)	Schrauben und Stifte aufnehmen, Federband abstützen		X	7,44	8,5
2	Federband	Schrauben sichern	X		15,07	17,2
3	Stift	Feder abstützen und axial sichern		X	2,76	3,1
4	Stift	Feder abstützen		X	1,66	1,9
5	Sicherungsscheibe	Federband sichern		X	0,24	0,3
	Montage des Federbandes einschl. Sicherungsring				60,75	69,0
					87,92	100,0

2. Lösungsalternativen

Nr.	Vorschlag für Federband		Vorteil	Nachteil	Bemerkung
	Ist-Zustand				
1	ohne Bolzen und Stift		wenige Teile	Federung für mittlere Schraube evtl. nicht mehr ausreichend	nicht weiter verfolgen, da 2 und 3 günstiger
2	gerade Federbänder		zwei einfache, gleiche Federn; Sicherungsscheibe, Bolzen, Stift, 2 Bohrungen und Montage der Stifte entfallen	Federn kippen bei ungünstiger Stellung der Schrauben	weiter verfolgen, Muster anfertigen, Probe
3	1 U-förmig gebogenes Federband		nur eine Feder, einfache Biegeform, sonst wie bei 2	Montage evtl. schwieriger als bei 2	weiter verfolgen, Muster anfertigen, Probe
4	2 dreieckförmig gebogene Federn		weniger Teile, einfache Montage	teurere Federn als bei 2; Bruchgefahr, da scharfe Biegekanten	nicht weiter verfolgen
5	Weichgummi- oder Plastikteile		wenige, einfache Teile, einfache Montage	Rastung evtl. nicht ausreichend	provisorisches Muster anfertigen, Dauerlauf notwendig

3. Kostenvergleich (nur Materialeinzelkosten und Fertigungslohnkosten)

Nr.	Kostenart	Ist-Zustand	Lösung 2	Lösung 3
1	Materialkosten in €/100 Stück Einstellplatte mit Einstich Federband	27,17	3,75 5,48	3,75 5,48
2	Fertigungslohnkosten für Montage in € 100/Stück	60,75	14,40	13,72
3	Vergleichskosten in €/100 Stück	87,92	23,63	23,05
4	Vergleichskosten in %	100	26,8	26,1
5	Vergleichskosten in €/Jahr bei m = 24000 Stück/Jahr	21000	5670	5530
6	Kosten für Entwicklung und Einführung der neuen Lösungen		800	1000
7	Rückverdienstzeit in Jahren		0,1	0,1

4 Grundlagen des betrieblichen Informationssystems

4.1 Information und Produktionsfaktoren

Das wichtigste Ziel eines Unternehmens ist es, die eigene Existenz auch für die Zukunft zu sichern. Um die laufenden Geschäftsprozesse zu finanzieren und die Beschäftigung der Mitarbeiter abzusichern müssen durch Leistungserstellung ausreichende Erträge erwirtschaftet werden. Dies geschieht im Produktionsunternehmen durch die sinnvolle Kombination der elementaren **Produktionsfaktoren** (Elementarfaktoren):
- Menschliche Arbeit,
- Betriebsmittel,
- Material und Energie.

Mithilfe von **Informationen** werden aus diesen Elementarfaktoren Produkte hergestellt, die von den Kunden gewünscht und erworben werden (**Bild 1**). Die Informationen sind z. B. aus Zeichnungen, Stücklisten, Arbeitsplänen oder Aufträgen zu entnehmen. Sie sind aber auch als Wissen (Know-how) in den Köpfen der Mitarbeiter gespeichert. Produzieren ist also das Umwandeln von Information in gestaltete Materie mithilfe der Produktionsfaktoren. Die Produktionsfaktoren, die man zur Fertigung (Teilefertigung und Montage) von Erzeugnissen benötigt, nennt man **Ressourcen**[1].

4.2 Produktprogramm und Produktlebenszyklus

Das Produktionsziel muss die Befriedigung individueller Kundenwünsche sein. Der besondere Nutzen für den Abnehmer kann dabei im Produkt selbst, z. B. Preis, Funktionalität, Qualität und Variantenvielfalt und auch in der Serviceleistung begründet sein.

Bild 1: Information und Produktionsfaktoren

Bild 2: Der Produktlebenszyklus

---
[1] franz. la ressource = Hilfsquelle, Hilfsmittel, Geldmittel

Aufgrund geänderter Marktanforderungen und technologischer Entwicklungen kann kaum ein Produkt für alle Zeiten im **Produktprogramm** (alle vom Unternehmen angebotenen Produkte) bleiben. Für die rechtzeitige Änderung oder Ergänzung des Produktprogrammes zur Sicherung der Wettbewerbsfähigkeit eines Unternehmens muss man wissen, in welcher „Lebensphase" sich jedes Produkt befindet. In Abhängigkeit von der typischen Umsatz- und Gewinnentwicklung werden im **Produktlebenszyklus** für jedes Produkt **sieben Lebensphasen** zwischen der Ideenfindung und der Rücknahme vom Markt unterschieden **(Bild 2, vorherige Seite)**. Dieser Produktlebenszyklus hat sich in den letzten Jahren für die meisten technischen Produkte stetig verkürzt. Es müssen daher in immer kürzer werdenden Zeitabständen neue Produktideen entwickelt und die Frist **„Time-to-market"** (engl. Zeit bis zum Markt) von der Produktidee bis zur Markteinführung des verkaufsfähigen Produktes verringert werden.

4.3 Produktentwicklung und Auftragsabwicklung

Im Produktionsunternehmen unterscheidet man zwischen folgenden zwei Prozessketten (Abläufen, Vorgangsfolgen):

- dem **technischen** produkt- und produktionsorientierten Prozess zur **Produktentwicklung** neuer Produkte und
- dem **logistischen** ablauforientierten Prozess zur **Kundenauftragsabwicklung (Bild 1)**.

Beide Prozesse laufen aufgrund des Produktlebenszyklus und der immer wieder neu zu bearbeitenden Kundenaufträge zyklisch ab.

In der Wirtschaft versteht man unter **Logistik** ein System zur ertragsoptimierten Planung, Steuerung und Durchführung sämtlicher Material- und Warenbewegungen innerhalb und außerhalb des Unternehmens. Die sogenannte **logistische Kette** umfasst den Materialfluss von der Beschaffung beim Zulieferbetrieb über die Produktion von Produkten im Unternehmen bis zum Vertrieb der Produkte an die Kunden und die Entsorgung der Abfallstoffe sowie den entsprechenden planenden und steuernden Informationsfluss. Während sich die Logistik sowohl auf den Materialfluss als auch auf den Informationsfluss bezieht, umfasst die sogenannte Produktionsplanung und -steuerung (PPS) im wesentlichen nur den entsprechenden Informationsfluss.

Der **Wertschöpfungsprozess** umfasst alle Vorgänge, die zur Erfüllung des Kundenwunsches erforderlich sind. Er ist optimal gestaltet, wenn nur Tätigkeiten (Prozesse) und Ressourcen erforderlich sind, die unmittelbar zur Erfüllung des Kundenwunsches beitragen.

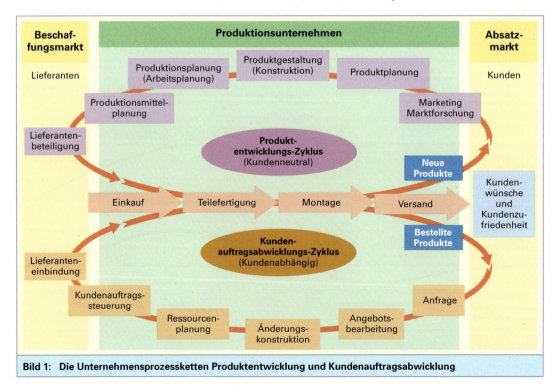

Bild 1: Die Unternehmensprozessketten Produktentwicklung und Kundenauftragsabwicklung

4.4 Datenmanagement

Produktdatenmanagement (PDM)
Mit dem Produktdatenmanagement wird der gesamte Lebenszyklus eines Produkts im voraus überlegt (antizipiert) und informationstechnisch begleitet. So werden Produkte in allen Phasen von dem Produktentwurf, der Produktkonstruktion über die Fertigung, den Vertrieb, der Nutzung bis hin zur Verschrottung durch Simulation und Virtualisierung getestet **(Bild 1)**.

Produktdatenmodell
Für dieses Produktdatenmanagement wird ein Produktdatenmodell erstellt **(Bild 2)**. Es beschreibt das Produkt durch Dateien für:
- Die Geometrie insgesamt und für die Einzelteile,
- die Stücklisten,
- die Fertigungsvorgänge mit NC-Daten und Roboterprogrammen,
- die Werkstoffe,
- die Prüf- und Testprogramme,
- die Aufbauvorgänge (Digital Mock Up),
- die Produktpräsentation,
- die Kostenrechnung,
- die Vertriebs- und Marketingvorgänge,
- die Wartung und den Service,
- das Recycling.

ERP-System
Das PDM ermöglicht eine ganzheitliche Darstellung aller produktrelevanten Eigenschaften und es kooperiert eng mit dem ERP-System eines Unternehmens **(Bild 3)**. ERP steht für Enterprise Resource Planning = Unternehmens Quellen Planung und ist ein Informationssystem, das auf einer Datenbank alle Unternehmensressourcen, d.h. die Fertigungskapazitäten, die Lieferfähigkeiten, die Personalkapazitäten, die Dienstleistungsfähigkeiten am Bildschirm abrufbar zur Verfügung stellt.

Die Nutzung heutiger ERP-Systeme wie auch das PDM erfolgt über Browser, sehr ähnlich dem Internetbrowser (www). In vielen Unternehmen ist das hausinterne Internet (= Intranet) Bestandteil des ERP-Systems.

Mit PDM und ERP ist es möglich, Informationen und Daten so zu strukturieren und bereitzustellen, dass „Wissen" entsteht. Und „Wissen" ist das eigentliche Potenzial eines Unternehmens.

Mit „Wissen" werden neue Märkte erschlossen, neue Produkte entwickelt und so gefertigt und vertrieben, dass Gewinne entstehen.

Bild 1: Produkt-Daten-Management

Bild 2: Produktdatenmodell

Bild 3: PDM und ERP

Wissensmanagement

Das Wissensmanagement sorgt dafür, dass Wissen nutzergerecht zur Verfügung steht. Es stellt z. B. dem Werker an der CNC-Maschine ergänzend zu seinen CNC-Datensätzen auch Informationen über die eingesetzten Werkstoffe, über die Nutzung der von ihm gefertigten Werkstücke und über die Kunden zur Verfügung. So wird der Werker umfassend auch über seine eigentliche Aufgabe hinaus informiert und damit auch stärker motiviert. Umgekehrt ermöglicht das Wissensmanagement die Aufnahme von Kenntnissen und Erfahrungen, die der Werker macht. Er hat z. B. eine bestimmte Technik beim Aufspannen eines Werkstücks entwickelt. Diese wird durch das Wissensmanagement aufgenommen und dann auch anderen – bei ähnlichen Aufgaben – zur Verfügung gestellt.

Durch ein systematisches Management im unternehmensbezogenen Wissen werden Wettbewerbsvorteile erzielt:
1. durch Mehrwissen,
2. durch bessere Ausnutzung des vorhandenen Wissens,
3. durch schnellere Anwendung des verfügbaren Wissens.

Das Mehrwissen erzielt man durch systematisches Sammeln („Aufsaugen") von Wissen, nämlich das Wissen der Mitarbeiter, der Kunden und der Wettbewerber.

Die bessere Ausnutzung erreicht man neben der Zurverfügungstellung von technischen Hilfsmitteln wie PCs mit PDM/ERP und den zugehörigen Programmen zum Wissensmanagement durch problemorientierte Teambildung mit den Aufgaben der Problemanalyse, der Entwicklung von Lösungsansätzen und der Umsetzung von Lösungskonzepten. Die schnellere Anwendung des verfügbaren Wissens erfolgt durch gut strukturierte Wissensdatenbanken, die über den Browser schnell und einfach abgefragt werden können.

Workflow

Mit PDM können die Teilaufgaben der Fertigung ineinandergreifend organisiert werden. Anstelle der früheren sequentiellen (aufeinanderfolgenden) Arbeitsfolge (Workflow) wird nunmehr die Folgearbeit bereits angestoßen bevor die Vorarbeit vollständig abgeschlossen ist **(Bild 1)**. Man spricht von Concurrent Engineering[1] (gleichzeitiges tätig sein). Dies führt zu einer Zeitersparnis und damit zu einem Wettbewerbsvorteil.

Das Concurrent Engineering erbringt im Workflow eine Zeitersparnis und damit einen Wettbewerbsvorteil.

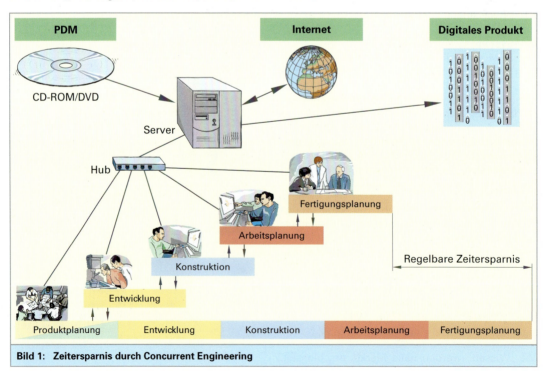

Bild 1: Zeitersparnis durch Concurrent Engineering

---

[1] Neben dem Begriff Concurrent Engineering wird auch der Begriff Simultaneous Engineering (SE) verwendet.

4.5 Computer Aided Industry (CAI)

Zur informationstechnischen Unterstützung des Produktionsunternehmens wird eine Vielzahl von computergestützten Systemen eingesetzt. Der primär technische, produktbezogene Informationsprozess von der Produktentstehung bis zur eigentlichen Fertigung wird zum CAD/CAM-System zusammengefasst. Er gliedert sich in die rechnerunterstützte Entwicklung und Konstruktion (CAD), die rechnerunterstützte Planung des Produktionsprozesses (CAP), die rechnerunterstützte Fertigung (CAM) sowie die rechnerunterstützte Qualitätssicherung (CAQ) **(Bild 1)**.

Der Begriff **Computer Aided Design (CAD)** umfasst alle konstruktionsbegleitenden Tätigkeiten wie die Berechnung und Simulation von Entwicklungsentwürfen, einschließlich der grafisch-interaktiven Darstellung (Zeichnung) von Gegenständen mit Rechnerunterstützung. Ein gutes CAD-System beinhaltet außerdem ein umfangreiches Informationssystem über Normen, Richtlinien, mögliche Zukaufsteile und die bereits im Unternehmen erstellten Zeichnungen.

Aufgabe des **Computer Aided Planning (CAP)** ist die Unterstützung beim Erstellen von Arbeitsplänen. Mithilfe von rechnerunterstützten Verfahren werden die optimalen Arbeitsvorgangsfolgen, Betriebsmittel und Vorgabezeiten festgelegt. Bei der geplanten Fertigung durch NC-Maschinen kann im Rahmen von CAP das, die Maschine steuernde, NC-Programm rechnerunterstützt erstellt werden. Es enthält, neben den aus dem CAD-System übernommenen Geometriedaten des zu fertigenden Teiles, auch die Technologiedaten für die CNC-Maschine, wie z. B. Drehzahl und Vorschub.

Mit **Computer Aided Manufacturing (CAM)** wird die rechnerunterstützte kurzfristige technische Steuerung und Überwachung von Arbeitsmaschinen, z. B. NC-Drehmaschinen, Handhabungsgeräten, z. B. Roboter sowie Transport- und Lagersystemen bezeichnet.

Unter **Computer Aided Quality Assurance (CAQ)** versteht man die computerunterstützte Planung und Durchführung des Qualitätsmanagements. Ein umfassendes CAQ-System unterstützt die konsequente Verfolgung des Qualitätsgedankens von der Produktidee bis zum praktischen Einsatz beim Kunden.

Bild 1: Zeitersparnis durch Concurrent Engineering

Die computerunterstützte **Produktionsplanung und Steuerung (PPS)** wird mithilfe von ERP-Systemen (Enterprise Resource Planning) durchgeführt. Diese Systeme dienen der organisatorischen Planung, Steuerung und Überwachung der Produktionsabläufe, um den Absatzmarkt mit den gewünschten Produkten in der richtigen Menge termingerecht und kostengünstig zu versorgen. In enger Abstimmung mit dem Vertrieb werden dazu dem CAD/CAM-Bereich und dem Einkauf unter Berücksichtigung des jeweiligen Kapazitäts- und Materialbestandes die entsprechenden Aufträge erteilt.

Der integrierte Einsatz der Informationstechnik in allen mit der Produktion zusammenhängenden Unternehmensbereichen wird als **Computer Integrated Manufacturing (CIM)** bezeichnet. Ein sinnvolles Zusammenwirken ist nur möglich, wenn alle CIM-Komponenten mit denselben Daten arbeiten können. Eine gemeinsame und jederzeit aktuelle Datenbasis ist also zwingend notwendig.

Unter dem Begriff **Computer Aided Office (CAO)** werden die Informationssysteme im Büro- und Verwaltungsbereich zusammengefasst. Die Verbindung des CIM-Systems mit dem CAO-System wird als **Computer Integrated Business (CIB)** oder **Computer Integrated Industry (CAI)** bezeichnet (**Bild 1**).

Bild 1: Schema der Computer Aided Industry

4.6 Kommunikationssysteme

Der direkte elektronische Datenaustausch erfolgt online[1] mithilfe von Kommunikationssystemen. Innerhalb eines Unternehmens bezeichnet man solch ein Kommunikationssystem als **Local Area Network (LAN = Lokales Datennetz)**. Es ermöglicht die Datenübertragung zwischen verschiedenen **Datenendstationen (Bild 2)**. Solche Datenendstationen sind z. B. Bildschirmarbeitsplätze, aber auch NC-Maschinen. Daten und Programme, auf die verschiedene Arbeitsplätze (Datenendstationen) zugreifen müssen, werden häufig von einem zentralen **Server** (engl. Server = Lieferant) verwaltet. Dieser leistungsfähige Rechner mit umfangreicher Speicherkapazität stellt den einzelnen, weniger leistungsfähigen Arbeitsplatzrechnern, den sogenannten **Clients** (engl. Kunde), bei Bedarf die entsprechenden Anwenderprogramme und die dazu benötigten Daten zur Verfügung. Die Clients verarbeiten diese Daten mit eigener Rechnerleistung und belasten den Server nicht. Die Ergebnisdaten dieser Client-Verarbeitung werden auf dem Server gespeichert und stehen so den anderen Clients zur Verfügung. Für die einzelnen Geschäftsprozesse werden oft eigene Server eingesetzt (z. B. CAD-Server), die wiederum untereinander vernetzt sind.

Bild 2: Unternehmensübergreifende Kommunikation im Netz

---

[1] engl. on line = direkt verbunden

4.6 Kommunikationssysteme

4.6.1 Lokale Kommunikation

Im Bereich innerhalb einer Fabrik bezeichnet man die Kommunikationssysteme mit **LAN** (**Local Area Network** = lokales Netz). Sie werden von den Firmen selbst betrieben und sind je nach Größe einer Fabrik in verschiedene Hierarchiestufen (**Bild 1**) eingeteilt. Der Datenverkehr zwischen den einzelnen Fabriken einer Firma oder den großen Abteilungen einer Firma wird über **Hochgeschwindigkeitsnetze mit Lichtwellenleitern (LWL)** abgewickelt.

Artgleiche LANs werden über **Bridges** (Brücken) oder Router (Wegefinder) aneinander gekoppelt. Bridges übertragen Nachrichten nur, wenn der adressierte Teilnehmer sich nicht im eigenen Netz befindet. **Router** sind wie Bridges. Sie übernehmen aber zusätzlich die Aufgabe, in einem vermaschten Netz, den günstigsten Übertragungsweg auszusuchen. **Switches** sind Schalter, die Computer über Leitungsverbindungen zusammenschalten. Bridges, Switches und Router übertragen Nachrichten nur, wenn diese ungestört, also frei von Übertragungsfehlern, sind. Dadurch belasten defekte Stationen oder Netze andere Netze nicht. LANs, die sich in ihrer Art unterscheiden, tauschen über **Gateway-Computer** (Gateway = Torweg) Nachrichten aus. Zur Verlängerung der Netzreichweite verwendet man **Repeater** (Wiederholer). Diese lesen die Nachricht und senden sie erneuert weiter.

Protokoll

Die Beschreibung der Art, wie die Datenübertragung in Kommunikationssystemen erfolgt, heißt **Protokoll**. Kommunikationsprotokolle haben nach ISO (International Standardisation Organisation = internationale Standardisierungsorganisation) eine Einteilung in 7 Teilbereiche. Jeder Teilbereich wird als **Schicht** (layer) bezeichnet. Protokolle, die offen sind, d.h. für jedermann einsehbar, und die somit auch gemeinsam benutzbar sind für eigene Entwicklungen, werden in Form des **ISO-OSI-7-Schichtmodells (Tabelle 1)** beschrieben (OSI von Open System Interconnection = offene Systemverbindung).

Tabelle 1: ISO-OSI-7-Schichtenmodell

- Schicht Nr. 1: Bitübertragungsschicht
- Schicht Nr. 2: Sicherungsschicht
- Schicht Nr. 3: Vermittlungsschicht
- Schicht Nr. 4: Transportschicht
- Schicht Nr. 5: Kommunikationssteuerungsschicht
- Schicht Nr. 6: Darstellungsschicht
- Schicht Nr. 7: Verarbeitungsschicht

Bild 1: Datennetze

4.6.2 Internet und Intranet

Das Internet ist neben dem Telefon zum wichtigsten Tele-Kommunikationsmittel geworden und die Zahl der Benutzer nimmt schneller zu als dies jemals beim Telefon oder Telefax der Fall war. Das Internet hatte seinen Ursprung im Bereich der Computervernetzung beim amerikanischen Militär und den Universitäten. Heute sind an das Internet alle Unternehmen, Schulen und Verwaltungen angeschlossen. Aber auch viele Privatpersonen sind mit ihrem PC über sogenannte Service-Provider (Netzanbieter) am Internet **(Bild 1)**.

> Das Internet ermöglicht den einfachen Datenaustausch zwischen weltweit verteilten Computern.

Mit der einfachen Handhabung des Internet-Datenaustausches, z. B. über WWW-Browser (WWW von World Wide Web = weltweites Netz, to browse = abgrasen, suchen, schmökern), können Dateien, z. B. Produktbeschreibungen, Veranstaltungen und beliebige textliche und bildliche Darstellungen, in weltweit verteilten Computern gesucht, übertragen und beim Nutzer angesehen und ausgedruckt werden. Da dies weltweit relativ einfach und effizient möglich ist, wird diese Technik auch innerhalb der Betriebe zur Vernetzung der Computer verwendet. Hier nennt man diese Technik **Intranet (Bild 2)**.

> Das Intranet dient dem Datenaustausch zwischen Computern innerhalb von Unternehmen.

Dienste im Internet
Um die Internetdienste nutzen zu können, muss der Computer an ein Netz mit weltweiten Verbindungen angeschlossen sein. Dies geschieht über einen Online-Dienst, z. B. T-Online (Telekom-Online), AOL (American Online), CompuServe oder über ein Wissenschaftsnetz (WIN) der Universitäten.

> Die wichtigsten Dienste sind:
> - **WWW** (von engl. World Wide Web = weltweites Netz) ist ein multimediales Informationssystem.
> - **E-Mail** (engl. Electronic Mail = elektronische Post) ermöglicht einen weltweiten Austausch individueller Nachrichten.
> - **FTP** (engl. File Transfer Protocol = Datenübertragungsprotokoll) zur Dateiübertragung von Rechner zu Rechner.
> - **Telnet** ermöglicht das Rechnen auf anderen Rechnern.
> - **News** ist ein Diskussions- und Informationsdienst.

Bild 1: Das Internet

Bild 2: Das Intranet

4.6 Kommunikationssysteme

4.6.3 Lokale Netze (LAN)

Die Anordnung der Netzwerkverbindungen und Netzverzweigungen nennt man Netztopologie. Die wichtigsten Netztopologien sind die Busstruktur und die Sternstruktur.

Busstruktur und Sternstruktur

Der Bus ist eine Datensammelleitung, die gemeinsam von allen Teilnehmern benutzt wird (**Bild 1**). Die Datenübertragung erfolgt direkt vom sendenden Teilnehmer zum Empfänger. Während dieser Datenübertragung können die anderen Teilnehmer keine Daten austauschen. Die Busleitung wird entweder zu allen Teilnehmern durchgeschleift oder bei Verwendung von **Sternkopplern** (**Hub**, hub = Speichenrad) sternförmig sowohl zu den Teilnehmern als auch zu weiteren Sternkopplern verlegt (**Bild 2**).
Aktive Sternkoppler enthalten **Repeater** (to repeat = wiederholen). Repeater empfangen das Datensignal und senden es verstärkt an die angeschlossenen Teilnehmer. Passive Hubs teilen die ankommende Signalleistung auf die angeschlossenen Teilnehmer auf.

Mit einem **Switch** (to switch = schalten) wird ähnlich wie bei der Telefonvermittlung die Datenleitung zum jeweiligen Empfänger durchgeschaltet. Über einen Switch können daher gleichzeitig mehrere Teilnehmer Daten austauschen. Am Switch sind die Teilnehmer sowohl mit einer Sendeleitung als auch einer Empfangsleitung angeschlossen (Dublexverbindung).

Bild 1: Busstruktur

Bild 2: Sternstruktur mit Hub und mit Switch

> Ein Switch ermöglicht die Vollduplex-Verbindung mehrerer Teilnehmer untereinander.

Der **Netzzugriff**, d. h. der Zugang zur gemeinsamen Datenleitung, muss nach vereinbarten Regeln (Protokoll) erfolgen, damit es im Datenverkehr keine Kollisionen (Störungen) gibt.

> Die wichtigsten Verfahren sind das Tokenverfahren und CSMA/CD.

Beim **Tokenverfahren** gibt es im Netz ein Sendefreizeichen (eine Bitfolge), nämlich den Token. Dieser wird von Station zu Station weitergereicht, und wer den Token hat, darf senden.

CSMA/CD ist aus dem engl. Carrier Sense Multiple Access with Collision Detection abgeleitet und heißt übersetzt: ein Verfahren mit Abfrage des Signalträgers bei mehrfachem Zugriff mit Kollisionserkennung.

Das Verfahren arbeitet wie folgt:

- Ein sendewilliger **Teilnehmer hört** in das Datennetz hinein, ob gerade ein anderer Teilnehmer sendet, also das Netz belegt ist (Carrier Sense = Abfrage der Leitung).

- Ist das Netz frei, so sendet der Teilnehmer für eine kurze Zeit (einige Mikrosekunden) und überträgt dabei ein Datenpaket an einen vorbestimmten anderen Teilnehmer.

- Ist das **Netz belegt**, so **wird abgewartet** und ständig mitgehört, bis das Netz frei wird und sodann sofort gesendet. Da dies auch andere Teilnehmer tun, ist die Wahrscheinlichkeit groß, dass mehrere Teilnehmer gleichzeitig mit Senden beginnen.

- **Greifen mehrere Teilnehmer** gleichzeitig auf das Netz zu, dann führt dies zu einer **Kollision**. Diese Kollision wird von jeder Station bewertet. Jede Station stoppt das Senden und beginnt mit einem erneuten Sendeversuch nach Ablauf einer von einem **Zufallsgenerator** bestimmten Zeit.

4.6.4 IT-Sicherheitsmanagement

4.6.4.1 Einführung

Sicherheitsvorkehrungen in der Kommunikationstechnik und Informationstechnik sind immer noch häufig vernachlässigte Bereiche, vernachlässigt aus Nachlässigkeit, aus Unkenntnis, aus Unvermögen.

Verständlich ist dies durchaus, haben doch Vorgesetzte und Unternehmensverantwortliche während ihrer eigenen Ausbildung, die oftmals Jahrzehnte zurückliegt, davon nichts gehört und nichts gelernt. Es gab das Problem einfach nicht. Mit dem „Computerkram" beschäftigt sich die „obere Etage" oftmals auch nur am Rande. Es ist nach ihrer Sicht die Aufgabe der Techniker: *Die Systeme müssen halt laufen.*

Wie verwundbar Unternehmen durch Störungen (**Bild 1**) im IT- Bereich sind erfährt man auch gelegentlich als Privatperson, wenn es z. B. wegen „Computerabsturz" an Automaten keine Fahrkarten oder kein Geld gibt, wenn Kundenadressen und Kontonummern im Internet kursieren u. v. m.

Den Befall von *Computervieren* bemerkt man manchmal am privaten PC, was aber die eingeschleusten Trojaner an möglichem Schaden schon angerichtet haben, kommt oftmals nicht oder erst spät ans Licht.

4.6.3.2 Grundwerte der IT-Sicherheit

Die Grundwerte der IT-Sicherheit sind:

- **Vertraulichkeit**. Vertrauliche Daten müssen vor Missbrauch geschützt werden.

- **Verfügbarkeit**. Der IT-Nutzer muss zum vorgesehenen Zeitpunkt Zugang zu den für ihn vorgesehenen IT-Dienstleistungen, Funktionen, Daten und Informationen haben.

- **Integrität**[1]. Die Daten bzw. Informationen müssen unverfälscht und im vorgesehenen Nutzer-Profil vollständig sein.

Diese Grundwerte (**Bild 2**) müssen in einem Unternehmen zuverlässig geschützt sein. Eine Vernachlässigung kann nicht nur immensen Schaden hervorrufen sondern auch strafrechtliche Folgen haben.

- Störung oder Zerstörung der Kommunikationsverbindungen, z. B. der Datenleitungen durch Erdrutsch.
- Störung oder Zerstörung der Informationstechnik-Systeme, z. B. der Computer durch Brand.
- Störung oder Zerstörung der Informationstechnik-Prozesse, z. B. durch Computerviren.
- Ausspähen und/oder Verfälschen von Informationen.

Bild 1: Störungen im IT-Bereich

Bild 2: Störungen im IT-Bereich

In Unternehmen, wie auch privat, sind IT-Sicherheitsmaßnahmen durch strategisches Handeln Pflicht. IT-Sicherheitsmanagement ist eine strategische Unternehmensaufgabe.

---

[1] Integrität von lat. integritas = Makellosigkeit, Unbestechlichkeit, hier: Unverletzlichkeit

4.6 Kommunikationssysteme

4.6.4.3 Vorschriften und Gesetze

Es gibt Gesetze und Erlasse mit direktem Bezug zur IT-Sicherheit, z. B. das Bundesdatenschutzgesetz (BDSG) und die Grundsätze zum Datenzugriff und zur Prüfbarkeit digitaler Unterlagen (GDPdU). Hinzu kommen etliche Gesetze mit indirekten Vorgaben, z. B. das Strafgesetzbuch (StgB) § 203 „Verletzung von Privatgeheimnissen" und das Handelsgesetzbuch (HGB) § 317 „Gegenstand und Umfang der Prüfung". – Das Gesetz zur Kontrolle und Transparenz im Unternehmensbereich (KonTraG).

Im Rahmen der Steuergesetze (UstG), der Aktiengesetze (AktG) des Handelsgesetzbuchs (HGB), der Abgabenordnung (AO) und weiterer besteht z. B. die qualifizierte Aufbewahrungspflicht für Dokumente, z. B. Rechnungen, Briefe, auch E-Mails, Bilanzen. Das GDPU regelt die gesicherte **digitale Archivierung** von solchen Unterlagen mit Aufbewahrungszeiten von meist 10 Jahren.

BDSG, § 64 Anforderungen an die Sicherheit (Auszug)

Im Fall einer automatisierten Verarbeitung sind Maßnahmen zu ergreifen, die Folgendes bezwecken:

1. Verwehrung des Zugangs zu Verarbeitungsanlagen, mit denen die Verarbeitung durchgeführt wird, für Unbefugte (**Zugangskontrolle**),
2. Verhinderung des unbefugten Lesens, Kopierens, Veränderns oder Löschens von Datenträgern (**Datenträgerkontrolle**),
3. Verhinderung der unbefugten Eingabe von personenbezogenen Daten sowie der unbefugten Kenntnisnahme, Veränderung und Löschung von gespeicherten personenbezogenen Daten (**Speicherkontrolle**),
4. Verhinderung der Nutzung automatisierter Verarbeitungssysteme mit Hilfe von Einrichtungen zur Datenübertragung durch Unbefugte (**Benutzerkontrolle**),
5. Gewährleistung, dass die zur Benutzung eines automatisierten Verarbeitungssystems Berechtigten ausschließlich zu den von ihrer Zugangsberechtigung umfassten personenbezogenen Daten Zugang haben (**Zugriffskontrolle**),
6. Gewährleistung, dass überprüft und festgestellt werden kann, an welche Stellen personenbezogene Daten mit Hilfe von Einrichtungen zur Datenübertragung übermittelt oder zur Verfügung gestellt wurden oder werden können (**Übertragungskontrolle**),
7. Gewährleistung, dass nachträglich überprüft und festgestellt werden kann, welche personenbezogenen Daten zu welcher Zeit und von wem in automatisierte Verarbeitungssysteme eingegeben oder verändert worden sind (**Eingabekontrolle**),
8. Gewährleistung, dass bei der Übermittlung personenbezogener Daten sowie beim Transport von Datenträgern die Vertraulichkeit und Integrität der Daten geschützt werden (**Transportkontrolle**),
9. Gewährleistung, dass eingesetzte Systeme im Störungsfall wiederhergestellt werden können (**Wiederherstellbarkeit**),
10. Gewährleistung, dass alle Funktionen des Systems zur Verfügung stehen und auftretende Fehlfunktionen gemeldet werden (**Zuverlässigkeit**),
11. Gewährleistung, dass gespeicherte personenbezogene Daten nicht durch Fehlfunktionen des Systems beschädigt werden können (**Datenintegrität**),
12. Gewährleistung, dass personenbezogene Daten, die im Auftrag verarbeitet werden, nur entsprechend den Weisungen des Auftraggebers verarbeitet werden können (**Auftragskontrolle**),
13. Gewährleistung, dass personenbezogene Daten gegen Zerstörung oder Verlust geschützt sind (**Verfügbarkeitskontrolle**),
14. Gewährleistung, dass zu unterschiedlichen Zwecken erhobene personenbezogene Daten getrennt verarbeitet werden können (**Trennbarkeit**).

Grundsätze zum Datenzugriff und zur Prüfbarkeit digitaler Unterlagen (GDPdU),
Auszug aus dem Steuerrecht

Der Originalzustand der übermittelten ggf. noch verschlüsselten Daten muss erkennbar sein (§ 146 Abs. 4 AO). Die Speicherung hat auf einem Datenträger zu erfolgen, der Änderungen nicht mehr zulässt. Bei einer temporären Speicherung auf einem änderbaren Datenträger muss das Datenverarbeitungssystem sicherstellen, dass Änderungen nicht möglich sind.

- Bei Einsatz von Kryptographietechniken sind die verschlüsselte und die entschlüsselte Unterlage aufzubewahren.

- Bei Umwandlung (Konvertierung) der sonstigen aufbewahrungspflichtigen Unterlagen in ein unternehmenseigenes Format (sog. Inhouse-Format) sind beide Versionen zu archivieren und nach den GoBS mit demselben Index zu verwalten sowie die konvertierte Version als solche zu kennzeichnen.

- Wenn Signaturprüfschlüssel oder kryptographische Verfahren verwendet werden, sind die verwendeten Schlüssel aufzubewahren.

- Bei sonstigen aufbewahrungspflichtigen Unterlagen sind der Eingang, ihre Archivierung und ggf. Konvertierung sowie die weitere Verarbeitung zu protokollieren.

4.6.4.4 Strukturierung

Das Managementsystem für Informationssicherheit (**ISMS**, von engl. Information Security Management System) hat als Aufgabe, die Informationssicherheit in einem Unternehmen zu gewährleisten und fortlaufend zu verbessern. Ähnlich wie andere Managementsysteme ist das ISMS gegliedert in:

- Managementgrundsätze (**Bild 1**),
- Ressourcen,
- Mitarbeiter,
- Sicherheitsprozess, mit Leitlinie, Strategie, Dokumentation und Organisation.

Wie andere Prozesse auch, ist der Sicherheitsprozess Veränderungen unterworfen und kann mit dem Deming-Kreis bzw. dem PDCA-Kreis (von engl. Plan-Do-Check-Act = Planen → Umsetzen → Überprüfen → Verbessern) deutlich gemacht werden (**Bild 2**).

Zu den Managementgrundsätzen gehört:

1. Die oberste Leitungsebene trägt die Gesamtverantwortung der Informationssicherheit. Die Führungskräfte bekennen sich zu dieser Verantwortung und machen den Mitarbeitern die Bedeutung der Informationssicherheit klar.
2. Die Informationssicherheit ist integraler Bestandteil aller Geschäftsprozesse. So sind z. B. neben Einkauf, Produktion, Verkauf und Buchhaltung auch die Bereiche Entwicklung, Forschung und Ausbildung einzubeziehen.
3. Die oberste Managementebene initiiert, steuert und überwacht den Sicherheitsprozess, insbesondere obliegt ihr:
    - Die Verabschiedung der Sicherheitsziele und der Sicherheitsstrategie,
    - Die Untersuchung der Sicherheitsrisiken auf die Geschäftstätigkeit,
    - Die Schaffung der organisatorischen Rahmenbedingungen,
    - Die Bereitstellung der finanziellen, personellen und räumlichen Ressourcen,
    - Die Überprüfung der Zielerreichung und die Schwachstellenanalyse,
    - Die Sensibilisierung und Schulung der Mitarbeiter hinsichtlich der Informationssicherheit.

---

[1] *William Edwards Deming* (1900 bis 1993), amerikanischer Wirtschaftswissenschaftler

Bild 1: Managementgrundsätze zur Informationssicherheit

Bild 2: Deming[1]-Kreis/PDCA-Regelkreis

Erstunterweisung bei Neueinstellungen

Neueingestellte werden am besten durch den IT-Sicherheitsbeauftragten in die IT-Sicherheitsvorgaben eingewiesen. Hierzu werden dem Neuling alle relevanten Vorgaben schriftlich ausgehändigt und mündlich, am besten an seinem Arbeitsplatz, erläutert und gegebenenfalls durch Vormachen der einzelnen Vorgänge gezeigt. Nach Klärung aller Fragen überzeugt sich der IT-Sicherheitsbeauftragte, dass der Neuling alles verstanden hat, z. B. dadurch, dass er von diesem die Vorgaben wiederholen bzw. mit eigenen Worten beschreiben lässt.

Die Unterweisung ist mit Datum und der Unterschrift des Neuen zu dokumentieren und in dessen Personalakte aufzubewahren.

4.7 Datenarten

Zur Auftragsabwicklung benötigt ein Produktionsunternehmen eine Fülle von Informationen über Gegenstände, Personen und Sachverhalte.

Werden Informationen mithilfe von Zeichen auf einem Datenträger, z. B. Papier oder Magnetplatten dargestellt, so spricht man von Daten.

Es ist Aufgabe der **Datenverwaltung,** die zur Produktion benötigten Daten zu erfassen, zu speichern, zu aktualisieren und bei Bedarf bereit zu stellen. Dafür werden Daten in der betrieblichen Praxis nach ihrem Bezug (Datenobjekt) und ihrer Datenart geordnet **(Tabelle 1)**.

Stammdaten[1] sind Daten über Eigenschaften von einem Datenobjekt, die längere Zeit Gültigkeit haben. Wichtige Datenobjekte für die Produktionsplanung und -steuerung sind Mitarbeiter, Teile, Arbeitsplätze, Kunden und Lieferanten. Typische Stammdaten sind z. B. ihre Namen oder Bezeichnungen.

Strukturdaten beschreiben die Beziehungen zwischen den Objekten nach Zahl und Art. In einem Kundenauftrag wird z. B. das Datenobjekt *Kunde*, der mit dem Merkmal *Kundenname* bestimmt ist, mit dem Datenobjekt *Teil*, das durch seine *Teilenummer* definiert ist, mithilfe der Beziehung „bestellt" verknüpft. Das Merkmal der Bestellbeziehung ist die Bestellmenge **(Bild 1, folgende Seite)**.

Bestandsdaten beschreiben die Menge bzw. den Wert der durch Stammdaten beschriebenen Objekte.

Bewegungsdaten enthalten Angaben, wie die Bestandsdaten geändert werden müssen um sie der betrieblichen Wirklichkeit anzupassen. **Änderungsdaten** dagegen enthalten Angaben, wann und wie Stammdaten geändert werden müssen.

---

[1] Bei SAP haben Stammdaten eine längere zeitliche Gültigkeit.

Tabelle 1: Beispiele für Datenobjekte und Datenarten				
Datenobjekt	**Stammdaten**	**Strukturdaten**	**Bestandsdaten**	**Bewegungsdaten**
Personal	Personalnummer, Name, Geburtstag, Qualifikation	Zuordnung zwischen Mitarbeiter und Abteilung	Anwesenheitszeit, Überstunden	Kommt-Geht-Meldung
Teil, Material, Artikel	Teilenummer, Benennung, Maßeinheit Verrechnungspreis	Zuordnung der Baugruppen, Einzelteile und Rohstoffe zum Erzeugnis Stücklisten	Lagerbestand, Bestellbestand, Werkstattbestand	Lagerzugänge, Bestellmenge, Ausschussmenge
Betriebsmittel	Maschinennummer, Benennung, Leistungsdaten, Platzkosten	Zuordnung der Betriebsmittel zu den zu fertigenden Teilen Arbeitspläne	verfügbare Kapazität, Abschreibungsstand	Anfang und Ende von Maschinenstörungen
Kunden	Kundennummer, Name, Adresse	vom Kunden bestellte Teile Kundenaufträge	Umsatz mit Kunden	Eingang einer Kundenbestellung

Auftragsneutrale Daten – auch **Grunddaten** genannt – sind Stammdaten und Strukturdaten, die unabhängig von einem konkreten Auftrag vorliegen. Bei Serienfertigung enthalten die Teilestammdatei, die Arbeitsplatzstammdatei sowie die Stücklisten und Arbeitspläne auftragsunabhängige Daten (**Bild 2**). Sie bilden die relativ langlebige Grundlage für die sich ständig wiederholende Auftragsabwicklung. Unvollständige oder falsche Grunddaten müssen daher auf jeden Fall vermieden werden. Dies bedeutet aber, dass ein erheblicher Aufwand für die Ermittlung und Aktualisierung dieser Daten sowie für ihren Datenschutz und ihre **Datensicherung** getrieben werden muss. Während es beim **Datenschutz** darum geht, dass die Daten vor Missbrauch geschützt werden, ist es Aufgabe der Datensicherung, einen Datenverlust zu verhindern.

Bei der Wiederholfertigung ist es sinnvoll, die Informationen in auftragsunabhängige (auftragsneutrale) und auftragsabhängige (auftragsbezogene) Informationen zu trennen. Das hat den Vorteil, dass für verschiedene Aufträge immer wieder dieselben **auftragsunabhängigen Informationen** verwendet werden können.

Bild 1: Der Kundenauftrag als ein Beispiel für Strukturdaten

> Aus auftragsunabhängigen Daten entstehen durch Hinzufügen der Auftragsmengen und den Auftragsterminen (Start, Ende) auftragsabhängige Daten.

Auftragsabhängige Informationen entstehen bei der Abwicklung von Kundenaufträgen. Sie geben vor allem Auskunft über Mengen und Termine von relativ kurzlebigen Kundenaufträgen, Fertigungsaufträgen und Bestellungen, sowie über Bestandsveränderungen der davon betroffenen Datenobjekte (**Bild 3**).

Bild 2: Grunddaten

Bild 3: Auftragsneutrale und auftragsabhängige Informationen bei Serienfertigung

4.8 Modellbetrieb

Um die teilweise komplexen Problemlösungen eines Produktionsunternehmens besser zu verstehen, werden im Rahmen dieses Buches Methoden- und Verfahren der Produktionsorganisation mithilfe des Modellbetriebes MOBE GmbH (kurz MOBE) veranschaulicht.

Die Firma MOBE sei ein mittelständisches Maschinenbauunternehmen mit 36 Mitarbeitern. MOBE fertigt neben Lenkgestängen, Kreuzgelenken und Gabelgelenken vor allem Wellengelenke als Standardprodukt als auch nach speziellen Kundenwünschen **(Bild 1)**.
Das zweite Standbein der Firma MOBE bildet die Blechverarbeitung. Hier werden im Lohnauftrag verschiedenste Blechteile und Blecherzeugnisse wie z. B. Halter **(Bild 2)** und Behälter **(Bild 3)** hergestellt. Die mehrteiligen Erzeugnisse haben eine relativ einfache Struktur und werden teilweise aufgrund von Kundenbestellungen (kundenauftragsgebunden) und Lageraufträgen (kundenanonym) einmalig oder in Serie produziert.

Aufgrund der stetigen Bereitschaft auf spezielle Kundenwünsche einzugehen, war in den letzten 10 Jahren ein stetiger Anstieg des Umsatzes zu verzeichnen. Mit zunehmender Ausweitung der Produktpalette und der Teilevielfalt wurde es für die Firma MOBE aber immer schwieriger, die Übersicht über ihre Produktion zu behalten und die erforderliche Produktqualität zu gewährleisten.
Außerdem führte das teilweise etwas hektische und nicht genügend durchdachte rasche Wachstum der Firma zu Störungen im Informationsfluss zwischen den verschiedenen Abteilungen und damit auch zu einer Verschlechterung des Betriebsklimas.

MOBE verfügt nun schon über eine gewisse EDV-Unterstützung. Es werden Textverarbeitungs- und Tabellenkalkulationsprogramme, ein PC-CAD-System sowie verschiedene nacheinander gekaufte Hilfsprogramme eingesetzt. Da die Programme untereinander jedoch nicht harmonieren, fehlt ein unternehmensübergreifendes EDV-System, mit dem die komplette Auftragsabwicklung von der Angebotsbearbeitung bis zur Auslieferung der Produkte an den Kunden durchgängig geplant und gesteuert werden kann. Solch ein Produktionsplanungs- und -steuerungssystem (PPS-System) soll nun beschafft und eingeführt werden. Aus diesem Grund werden im Vorgriff alle Geschäftsprozesse analysiert und nach modernen Gesichtspunkten gestaltet.

Parallel zu diesem Projekt werden sowohl das Qualitätsmanagement als auch einige Aspekte der Unternehmenskultur neu durchdacht und gegebenenfalls verbessert. Wichtige Fakten, Überlegungen und Ergebnisse dieser Arbeit werden beispielhaft für alle Produktionsbetriebe in den folgenden Kapiteln dargestellt.

Bild 1: Kreuzgelenk

Bild 2: Halter

Bild 3: Kassette

In einem ersten Schritt zur Verbesserung des Material- und Informationsflusses veranlasst die Geschäftsführung eine räumliche Umstrukturierung **(Bild 1)**.

Durch die räumliche Nähe zwischen Vertrieb, Konstruktion und Arbeitsplanung wird bei der Entwicklung von neuen Produkten die Zusammenarbeit zwischen diesen Funktionsbereichen gefördert. Auch bei der Angebotsbearbeitung soll durch die räumliche Nähe von Vertrieb und Produktionsplanung und -steuerung (PPS) eine enge Verknüpfung zwischen den Kundenwünschen und den betrieblichen Möglichkeiten hergestellt werden.

Die räumliche Nähe von Arbeitsplanung und Fertigung fördert den Erfahrungsaustausch zwischen diesen beiden Bereichen. Dies erlaubt auf Änderungen und Störungen schnell reagieren zu können.

Besonderer Wert wird auf einen übersichtlichen und reibungslosen Materialfluss gelegt. Nach der Wareneingangskontrolle werden das Rohmaterial (Halbzeug) im Rohmateriallager und fremdbezogene Teile im Teilelager zwischengelagert. Das Rohmaterial wird in der Teilefertigung, die außer in einer Fertigungsinsel nach dem Verrichtungsprinzip (Werkstattfertigung) organisiert ist, zu Einzelteilen weiterverarbeitet. Die Einzelteile werden beim Zugang ins Teilelager fertiggemeldet, teilweise zwischengelagert und je nach Auftrag kommissioniert (zusammengestellt) an die Montage weitergeleitet. Lagerhaltige Baugruppen werden im Teilelager, fertige Erzeugnisse, die lagerhaltig geführt werden, werden im Erzeugnislager gelagert. Ersatzteile, Erzeugnisse und Teile, die auswärts weiter verarbeitet und anschließend wieder zurückgesandt werden (verlängerte Werkbank), verlassen die Firma MOBE über den Versand.

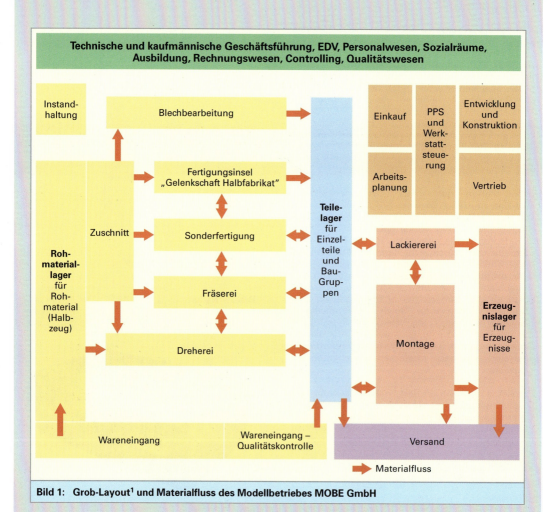

Bild 1: Grob-Layout[1] und Materialfluss des Modellbetriebes MOBE GmbH

---

[1] engl. to lay out = auslegen, entwerfen, Layout = skizzenhafter Entwurf

4.9 Nummerung

Viele der bei der Auftragsabwicklung benötigten Daten werden mithilfe von Nummern verschlüsselt. Nummern drücken die Information einfacher und präziser als Worte aus. Außerdem können Nummern mit EDV leichter verarbeitet werden.

Unter **Nummerung** versteht man nach DIN 6763 das Bilden, Erteilen, Verwalten und Anwenden von Nummern für Nummerungsobjekte, beispielsweise für Teile, Mitarbeiter, Arbeitsplätze und Aufträge. Das **Nummerungssystem** legt den Aufbau der Nummer und die Bedeutung der einzelnen Nummernteile fest. Entsprechend der verschiedenen Datenobjekte unterscheidet man zwischen Sachnummern-, Personennummern- und Auftragsnummernsystemen (**Bild 1**).

Dafür werden nummerische Nummern, Alphanummern und alphanummerische Nummern eingesetzt. Sonderzeichen und Leerstellen dienen der leichteren Lesbarkeit von Nummern.

Bild 1: Betriebliche Nummerungssysteme

Die zwei Hauptaufgaben von Nummern sind:
- Identifizieren und
- Klassifizieren.

4.9.1 Identnummer

Identifizieren heißt, das Nummernobjekt (eine Person, eine Sache oder einen Sachverhalt) eindeutig und unverwechselbar zu kennzeichnen. Nummern, die nur diese Aufgabe erfüllen, nennt man **Identnummern**. Selbstverständlich darf nur *eine* Identnummer für ein Objekt vergeben werden, um Verwechslungen zu vermeiden. Aus demselben Grund sollte man sich bemühen eine gemeinsame Identnummer für das Nummerungsobjekt und seine zugehörigen Unterlagen (Dokumente) und Sachen zu verwenden (**Bild 2**). Die einfachste Form einer Identnummer ist die reine Zählnummer, die durch lückenloses fortlaufendes Zählen gebildet wird.

4.9.2 Klassifizierungsnummer

Klassifizieren heißt, ein Nummernobjekt aufgrund seiner Eigenschaften und Merkmale (Attribute) einer Gruppe (Klasse) von gleichartigen Objekten zuzuordnen um es schneller finden zu können.

In der **Tabelle 1 (folgende Seite)** ist z. B. für das Merkmal „Teileart" ein Auszug aus einem Nummernplan zur Teileklassifizierung dargestellt. Der Nummernplan ist nach DIN 6763 eine Übersicht über die im Voraus festgelegte Bedeutung von klassifizierenden Nummernteilen. Hier ist der Nummernplan hierarchisch aufgebaut, d. h. mit zunehmender Stellenzahl wird die grobe Klasseneinteilung immer feiner.

Bild 2: Eine gemeinsame Identnummer

Mit einer reinen **Klassifizierungsnummer** kann meist nur die Identifizierung einer Objektgruppe aber nur selten eines einzelnen Objekts vorgenommen werden.

Beim Aufbau einer Klassifizierungsnummer sollte man darauf achten, dass keine Merkmale aufgenommen werden, die sich für dieses Nummernobjekt häufig ändern.

So ist es z. B. nicht sinnvoll, zur Klassifikation von Mitarbeitern das Lebensalter aufzunehmen. Das Geburtsdatum würde sich als Klassifizierungsmerkmal besser eignen.

Die Nummern in einem Produktionsbetrieb bestehen in der Regel aus einem klassifizierenden und einem identifizierendem Teil. Je nachdem in welcher Beziehung die beiden Teile zueinander stehen, spricht man von einer Verbundnummer oder von einer Parallelnummer.

4.9.3 Verbundnummer

> Beim Verbundnummernsystem ist der klassifizierende Teil starr mit einer Zählnummer verbunden.

Die Bedeutung der Zählnummer hängt vom klassifizierten Nummernteil ab. Eine Identifizierung ist, wie z. B. bei dem Kfz-Kennzeichen, nur mit der Gesamtnummer möglich (**Bild 1**). Die Gesamtnummer wird um so länger, je mehr Klassifizierungsmerkmale in die Verbundnummer aufgenommen werden. Dies erleichtert auf der einen Seite das gezielte Suchen nach bestimmten Objekten, erhöht aber auf der anderen Seite den Aufwand und die Fehleranfälligkeit bei der Handhabung langer Nummern.

> Ist der Aufbau einer Verbundnummer einmal festgelegt, so kann nachträglich kein weiteres Klassifizierungsmerkmal eingefügt werden, da sich damit auch die Gesamtnummer ändern würde. Daher ist es wichtig, dass beim Aufbau eines Verbundnummernsystems genügend Stellen vorgesehen werden, damit das Nummernsystem zur Identifizierung aller neuen Objekte ausreicht und nicht gesprengt wird, wie dies z. B. nach der deutschen Wiedervereinigung mit den Postleitzahlen geschah. Die Verbundnummer wird auch als „teilweise sprechende" Nummer bezeichnet, da allein mithilfe des klassifizierenden Nummernteiles wichtige Aussagen über das Objekt gemacht werden können.

4.9.4 Parallelnummer

> Beim Parallelnummernsystem ist der identifizierende Teil vom klassifizierenden Teil vollständig getrennt.

Der Identnummer wird eine – von dieser völlig unabhängige – Klassifizierungsnummer zugeordnet (**Bild 2**). Die beiden Nummernteile werden parallel zueinander geführt und können getrennt oder kombiniert aufgebaut und benutzt werden. Dies hat den Vorteil, dass mit der relativ kurzen Identnummer Objekte schnell, wenig fehleranfällig und eindeutig bezeichnet werden können. Die parallel dazu geführte Klassifizierungsnummer erlaubt dagegen das schnelle Suchen nach Objekten.

> Parallelnummern sind günstig, um die Wiederverwendung oder das Modifizieren von bereits bestehenden Teilen und Dokumenten zu fördern und damit gegenüber der Neuentwicklung Kosten einzusparen. Ein weiterer Vorteil der Parallelnummer liegt darin, dass jederzeit der klassifizierende Nummernteil um weitere Klassifizierungsmerkmale erweitert werden kann, ohne dass sich die Identifizierung dadurch ändert.

Tabelle 1: Auszug aus einem Nummernplan zur Teileart – Klassifizierung

Nummernschlüssel	Teileklassen-Bezeichnung
1	Rohstoffe, Halbzeug
...	
2	Mechanische Bauteile
...	
21	Mechanische Verbindungselemente
211	Schrauben, Muttern
2111	Kopfschrauben
21110	Kopfschrauben, Außenantrieb
211101	Sechskantschrauben
211102	Sechskantpassschrauben
...	
21111	Kopfschrauben, Innenantrieb
21112	Senkschrauben
...	

Bild 1: Beispiel für eine Verbundnummer

Bild 2: Beispiel für eine Parallelnummer

ERP (Enterprise Resource Planning)-Systeme benötigen zum gezielten Suchen von Objekten keine eigene Klassifizierungsnummer mehr. Mithilfe von vordefinierten oder neu anzulegenden Masken, in die vom Benutzer der gesuchte Datenfeldwert eingegeben wird (z. B. alle Kunden mit Wohnort Berlin), werden aus der Datenbank alle Objekte (hier z. B. Kunden) ausgegeben, bei denen der Wert des entsprechenden Datenfeldes (hier z. B. Wohnort) dem gesuchten Datenfeldwert (hier z. B. Berlin) entspricht.

4.9.5 Sachmerkmalliste

Das Suchen von Datenobjekten mithilfe von Klassifizierungssystemen hat den Nachteil, dass die Klassifizierungsschlüssel in der Regel keinen Aufschluss über Detailinformationen geben, wie z. B. über die für den Konstrukteur wichtigen exakten Maße eines Teiles. Hier können Sachmerkmallisten Abhilfe schaffen.

> Eine Sachmerkmalliste ist die Zusammenstellung der für eine Gegenstandsgruppe (Sachgruppe) wichtigen Merkmale.

Ein **Sachmerkmal**, wie z. B. die Gewindelänge von Sechskantschrauben, beschreibt einen Gegenstand unverschlüsselt unabhängig von dessen Herkunft und seinem Einsatzbereich (**Bild 1**).

Im Rahmen von DIN 4000 sind eine Vielzahl von Sachmerkmallisten[1], überwiegend für Normteile, erarbeitet worden. Für betriebstypische Gegenstandsgruppen, wie z. B. Gehäuse, sollte jedes Unternehmen eigene Merkmalsätze festlegen. Dies erleichtert das schnelle Auffinden von ähnlichen oder gleichen Gegenständen, sodass folgende wichtige Ziele verwirklicht werden können:

- Reduzierung der Sortenvielfalt durch Standardisierung von Teilen und Betriebsmitteln (Maschinen, Werkzeugen),
- Verringerung der Auftragsdurchlaufzeit durch Wiederverwendung von Unterlagen und Hilfsmitteln,
- Verringerung der Rüstzeit durch Bildung von Rüstfamilien,
- Verbesserung der Produktqualität durch den Einsatz bewährter Teillösungen.

Bild 2 veranschaulicht, wie mithilfe des sogenannten Matchcodes, bei dem als Platzhalter für nicht angegebene Zeichenfolgen z. B. ein Malzeichen (*) eingegeben wird, der Teileklassifizierung und der Sachmerkmalliste ein Teil mit EDV-Einsatz schnell gefunden werden kann.

---
[1] Die Vorgängernorm DIN 4000-1:1992-09 verwendet anstelle des Begriffs *Merkmal-Liste* bzw. *Sachmerkmal-Liste* den Begriff *Sachmerkmal-Leiste*.

Bild 1: Beispiel für eine Sachmerkmalliste

Bild 2: Suchen nach einer Schraube für eine Stückliste

4.10 Dateiverarbeitung und Datenbanken

In der EDV werden als Datenträger für die laufende Arbeit hauptsächlich Magnetplatten eingesetzt. Magnetbänder und CD-ROMs verwendet man zur Archivierung von Daten und zur Datensicherung.

4.10.1 Datenstrukturen

Bei der Datenorganisation auf Datenträgern unterscheidet man zwischen der physischen Struktur und der logischen Struktur.

Physische Datenstruktur
Die physische Struktur wird von der körperlichen Speicherung der Daten bestimmt (**Bild 1**). Die kleinste physische Einheit ist das **Bit**. Es kann nur zwei Zustände (ja oder nein beziehungsweise 1 oder 0) einnehmen und wird durch eine Magnetisierung auf dem Datenträger realisiert.
Mehrere Bits (meist 8 + 1 Prüfbit) werden zu einem **Byte** zusammengefasst. Die Anzahl von Bytes, die zwischen der Magnetplatte und dem Hauptspeicher des Computers bei einem Zugriff auf einmal übertragen wird, nennt man einen **Block**. Bei Magnetplatten entspricht dieser Block meistens einem Sektor (Kreisabschnitt) einer **Spur**. Alle Spuren, die bei einem Magnetplattenstapel übereinander liegen, werden **Zylinder** genannt (Bild 1).

Logische Datenstruktur
Die logische Struktur beschreibt die logischen Zusammenhänge der Daten. Die kleinste logische Einheit ist ein **Zeichen** (Ziffer, Buchstabe oder Sonderzeichen). Es wird mithilfe eines Bytes dargestellt. Die Zuordnung zwischen den 256 möglichen Bitkombinationen zu einem bestimmten Zeichen erfolgt heute meistens mithilfe des **ASCII-Codes** (Amerikanischer Standard Code für Informationsaustausch). Die nächst größere logische Einheit bildet man aus einem oder mehreren Zeichen und nennt sie **Datenfeld**. Zur vollständigen Beschreibung eines Feldes muss mindestens der Feldname und die Feldlänge (Anzahl der möglichen Zeichen) der Datentyp wie z. B. Zahl, Text oder Datum angegeben sein. In einem Datenfeld wird jeweils ein Merkmal (Attribut) eines **Datenobjektes** abgespeichert.

Datenobjekte können sein:
- Eine Person (z. B. ein Mitarbeiter),
- ein konkreter Gegenstand (z. B. ein Teil) oder
- ein Ereignis (z. B. eine Bestellung).

Bild 1: Struktur von Daten auf einem Plattenspeicher

4.10 Dateiverarbeitung und Datenbanken

Alle Felder die Informationen zu einem Objekt enthalten, werden zu einem **logischen Satz** zusammengefasst siehe vorhergehende Seite. Alle gleichartigen Sätze bilden zusammen eine **Datei**. Um einzelne Datensätze schnell wieder zu finden, wird in jedem Datensatz mindestens ein Feld mit einem Ordnungsbegriff vorgesehen, der den Datensatz eindeutig identifiziert. Dieser Ordnungsbegriff wird **Primärschlüssel** genannt und entspricht meist der Identnummer des entsprechenden Datenobjektes (**Bild 1**). Zusätzliche Ordnungsbegriffe, die einen Datensatz nicht eindeutig identifizieren müssen, heißen **Sekundärschlüssel**. In einer Kundendatei ist zum Beispiel die Kundennummer der Primärschlüssel. Der Kundenname ist dagegen der Sekundärschlüssel der für eine alphabetisch geordnete Namensliste eingesetzt werden kann.

Eine **serielle Speicherung** liegt vor, wenn die Datensätze in der Reihenfolge ihres Zugangs abgespeichert werden. Das Wiederauffinden ist in diesem Fall nur mit sukzessivem (schrittweisem) Suchen möglich. Die Datei wird, am Dateianfang beginnend, Satz für Satz durchgelesen, bis der gesuchte Satz gefunden ist.

Eine sogenannte **Indexdatei**, die parallel zur Hauptdatei geführt wird, erlaubt ein wesentlich schnelleres Auffinden von gesuchten Datensätzen. Die Indexdatei enthält nur den automatisch sortierten (sequentiell gespeicherten) Primärschlüssel und die entsprechenden Satzadressen der Hauptdatei. Mithilfe eines speziellen Suchverfahrens wird in der Indextabelle der gewünschte Schlüssel sehr schnell gefunden, da er sequentiell gespeichert ist. Die zugehörige in der Indexdatei gespeicherte Satzadresse zeigt auf den entsprechenden Datensatz in der Hauptdatei (**Bild 1**).

4.10.2 Datenbanken

Konventionelle Dateisysteme verfolgen das Ziel, alle Daten, die ein Anwenderprogramm zur Lösung eines bestimmten Problems benötigt, möglichst in einer Datei abzuspeichern. Dies führt dazu, dass die gleichen Daten, die für unterschiedliche Problemlösungen benötigt werden, mehrmals in verschiedenen Dateien abgespeichert werden.

Im Gegensatz dazu können **Datenbanken** viele Anwendungen gleichzeitig unterstützen. Eine Datenbank besteht im Wesentlichen aus dem Datenbestand (Datenbasis) und einem Datenverwaltungssystem (engl. DBMS = database management system), das den Datenbestand unabhängig von speziellen Anwenderprogrammen organisiert (**Bild 2**).

Bild 1: Dateiaufbau und schnelles Suchen mithilfe einer Indexdatei

Bild 2: Beispiel für den Einsatz einer Datenbank

Die wichtigsten Eigenschaften einer Datenbank sind:
- **Strukturierung der Daten**: Keine ungeordnete Mehrfachspeicherung (Redundanz); leichter Abruf gewünschter Daten von Anwendern ohne detaillierte Kenntnis der Speicherungs- und Zugriffsverfahren der Datenbank.
- **Flexibilität**: Die Datenbank kann leicht von zukünftigen Anwenderprogrammen genutzt werden.
- **Datenintegrität**: Korrektheit und Vollständigkeit der abgespeicherten Daten wird durch folgende Maßnahmen erreicht:
  - **Eingabekontrolle** zur Vermeidung der Aufnahme von widersprüchlichen Daten (Datenkonsistenz),
  - **Datensicherung** gegen Verlust und Verfälschung der gespeicherten Daten durch technische Störungen und Bedienungsfehler,
  - **Datenschutz** gegen missbräuchliche Verwendung der Daten mithilfe der Regelung der Zugriffsberechtigungen.

Entsprechend der verschiedenen Aufgabenbereiche einer Datenbank, unterscheidet man zwischen folgenden **Sichten** (Ebenen) auf die Datenbank (**Bild 1**):

- **Benutzersicht** (Externe Ebene)
  Die externe Ebene stellt die individuelle Sicht (view) des Benutzers auf die Daten der Datenbank bereit. Jeder Benutzer soll bzw. darf nur den Teil der Unternehmensdaten sehen, der für ihn bzw. seine Anwendung von Bedeutung ist.

- **Logische Sicht** (Konzeptionelle Ebene)
  Die logische Sicht beschreibt die Gesamtheit aller Daten der Datenbank und ihre Beziehungen zueinander, wie z. B. den Zusammenhang zwischen den Kundendaten und den bestellten Artikeldaten.

- **Interne Sicht** (Physische Ebene)
  Die interne Sicht beschäftigt sich mit der physikalischen Anordnung (Abspeicherung) der Daten auf den Datenträgern, der Optimierung des Datenzugriffs und der Datensicherung.

Bild 1: Sichten auf eine Datenbank

4.10.3 Relationales Datenmodell

Zur Beschreibung eines Ausschnittes der realen Welt (Realität) mithilfe von Daten wird heute am häufigsten das relationale Datenmodell (engl.: relational database model) eingesetzt (**Bild 2**). Es bildet die Basis für alle relationale Datenbanken, wie z. B. Oracle, Paradox oder MS Access. Das Grundelement dieses Modells ist die zweidimensionale **Tabelle** (= Relation). In der Tabelle werden die Daten für eine Menge von gleichartigen **Entitäten** (z. B. alle Kunden) gespeichert.

Bild 2: Relationales Datenmodell

Eine **Entität** (engl. Entity) ist die Bezeichnung für ein Objekt der realen Welt (z. B. Kunde Maier). Jede **Zeile** einer Tabelle (Relation) wird **Datensatz**, **Instanz** oder **Tupel** genannt und beschreibt eine konkrete Entität der Entitätsmenge, den die Tabelle darstellt (**Bild 1**). So stehen in der Tabelle Kunden (Entitätsmenge) pro Zeile jeweils die interessierten Daten eines bestimmten Kunden (Entität).

Jede **Spalte** der Tabelle entspricht einem **Attribut** (Merkmal) der Entitäten. Die Namen der Attribute müssen eindeutig sein und stehen als Spaltenüberschriften in der Tabelle. Die konkreten Entitäten werden durch die entsprechenden Attributwerte beschrieben. So werden z. B. die Entitäten Kunden durch die Attribute (Merkmale) Kundennummer, Name, Wohnort usw. beschrieben. Ein **Attributwert** ist der Inhalt einer Zelle innerhalb einer Tabelle. Um die Datensätze (Entitäten) innerhalb einer Tabelle eindeutig identifizieren zu können, muss die Tabelle einen sogenannten **Primärschlüssel** (Hauptindex) enthalten. Dieser eindeutige Primärschlüssel kann ein Attribut oder eine Attributkombination sein. So ist z. B. die Kundennummer der Primärschlüssel der Tabelle (Entitätsmenge) Kunden.

Pro Entität darf jedes Attribut nur einen Wert enthalten. Existiert für ein Attribut eine begrenzte Anzahl von zulässigen Attributwerten, so wird die Zusammenfassung aller zugelassenen Attributwerte für dieses Attribut **Domäne** bzw. **Wertebereich** genannt. Das Attribut ME (Mengeneinheit) umfasst z. B. im Modellbetrieb nur die Werte „St", „m" und „Pack".

> Jede Tabelle (Relation) einer Datenbank muss einen Primärschlüssel enthalten.

4.10.4 Entity-Relationship-Modell (ERM)

Ziel des Datenbankentwurfes ist es, ein Datenmodell von einem Ausschnitt der Wirklichkeit zu entwickeln. Das bekannteste und meistverwendete grafische Hilfsmittel zur Entwicklung eines Datenmodells ist das sogenannte **Entity-Relationship-Modell (ERM)**. Das ERM bildet alle Entitäten und ihre Beziehungen zueinander ab.

Eine Entitätsmenge (Tabelle) wird in ERM-Diagrammen als Rechteck dargestellt. Der Name der Entitätsmenge wird innerhalb des Rechtecks angegeben. Die Attributnamen der Entitäten werden entweder in abgerundeten Rechtecken oder in einem Rechteck unterhalb des Namens der Entitätsmenge aufgeführt (**Bild 2**). Das Attribut, das den Primärschlüssel einer Entitätsmenge enthält, wird durch Unterstreichen, Fettdruck oder ein Schlüsselsymbol hervorgehoben.

Bild 1: Aufbau einer Tabelle (Relation)

Bild 2: Beispiel für die Beschreibung einer Entitätsmenge

Eine **Beziehung** (Relationship) beschreibt die logische Verknüpfung zwischen Entitäten. So bestellt z. B. der Kunde Mayer 10 Kassetten. Die Art der Beziehung wird mithilfe von **Beziehungstypen** (Relationshiptypen) beschrieben.

Außer der Attribute (Merkmale) der Beziehung beschreibt der Beziehungstyp den zahlenmäßigen Zusammenhang zwischen den einzelnen Entitäten der Entitätsmengen.

Relationshiptypen werden in ERM-Diagrammen als Rauten dargestellt. Die Beschreibung der Beziehung wird innerhalb der Raute eingetragen. Die Raute wird mit ungerichteten Kanten (Verbindungslinien) mit den beteiligten Entitätsmengen (Tabellen) verbunden. Der zahlenmäßige Zusammenhang zwischen den Entitätsmengen wird auf den Kanten notiert.

Man unterscheidet bei Beziehungen folgende zahlenmäßigen Zusammenhänge:

- **1:1-Beziehung** (sprich: eins zu eins)
  Bei einer 1:1 Beziehung zwischen zwei Entitätsmengen (Tabellen) besitzt jede Entität (jeder Datensatz) der Mastertabelle maximal eine Beziehung zu einer Entität (einem Datensatz) der Detailtabelle. Dies gilt ebenso umgekehrt **(Bild 1)**. Die beiden Tabellen können zu einer Tabelle zusammengefasst werden.

- **1:*n*-Beziehung**
  (sprich: eins zu *n* bzw. eins zu viele)
  Bei einer 1:*n* Beziehung zwischen zwei Entitätsmengen (Tabellen) kann jede Entität (jeder Datensatz) von der Mastertabelle beliebig viele Beziehungen mit den Entitäten (Datensätzen) der Detailtabelle besitzen. Andererseits ist ein Datensatz der Detailtabelle genau einem Datensatz der Mastertabelle zugeordnet. Die Verknüpfung erfolgt mithilfe des Primärschlüssels der Mastertabelle und einem identischen **Fremdschlüssel**, der in der Detailtabelle als Attribut (Spalte) enthalten sein muss. Jeder Fremdschlüsselwert der Detailtabelle muss als Primärschlüsselwert in der Mastertabelle vorhanden sein **(Bild 2)**.

- ***n*:*m*-Beziehung**
  (sprich: *n* zu *m* bzw. viele zu viele)
  Bei einer n:m Beziehung zwischen zwei Entitätsmengen (Tabellen) kann jede Entität der einen Tabelle beliebig viele Beziehungen mit Entitäten der zweiten Tabelle besitzen und umgekehrt **(Bild 3)**.
  Da *n*:*m* Beziehungen sehr komplex und kaum zu verwalten sind, werden sie in zwei 1:*n* Beziehungen durch Einfügen einer dritten Tabelle (z. B. POSITIONEN) dargestellt **(Bild 4)**.

Zu einem Artikeldatensatz in der Tabelle ARTIKEL gehört **nur ein** Datensatz in der Tabelle BESTANDSDATEN **und umgekehrt**.

Bild 1: Eins-zu-Eins-Beziehung (1:1)

Ein Kunde kann **viele Aufträge** erteilen und umgekehrt kann **jeder Auftrag** nur von **einem Kunden** erteilt werden.

Bild 2: Eins-zu-Viele-Beziehung (1:*n*)

Ein Auftrag kann **mehrere Artikel** enthalten und umgekehrt kann **ein Artikel** in **mehreren Aufträgen** enthalten sein.

Bild 3: Viele-zu-Viel-Beziehungen (*n*:*m*)

Bild 4: Zwei 1:*n*-Beziehungen zur Darstellung einer *n*:*m*-Beziehung

4.10 Dateiverarbeitung und Datenbanken

Referentielle Integrität[1] (Beziehungsintegrität)
Um die Unverletzlichkeit einer Beziehung zwischen zwei Entitätsmengen (Tabellen) zu gewährleisten, muss jeder Wert des Fremdschlüssels in der Detailtabelle auch als Primärschlüssel-Wert in der Mastertabelle vorhanden sein. Aus dieser Forderung ergeben sich die **referentiellen Integritätsbedingungen**:

- Wenn der eingegebene Wert eines Fremdschlüssels nicht im zugehörigen Primärschlüssel-Feld eingetragen ist, muss die entsprechende Einfüge- bzw. Änderungsanweisung des Fremdschlüsselwertes zurückgewiesen werden.
- Wenn der Wert eines Primärschlüssels, für den es einen Fremdschlüssel gibt, gelöscht wird, muss eine der folgenden Reaktionen erfolgen:
  - Die Löschanweisung des Primärschlüssels wird zurückgewiesen, oder
  - alle Datensätze in der Detaildatei, bei denen der Wert eines Fremdschlüssels mit dem gelöschten Wert eines Primärschlüssels übereinstimmen, werden komplett gelöscht **(Bild 1)**.

> Beziehungen zwischen zwei Tabellen werden mithilfe des Primärschlüssels der Mastertabelle hergestellt.

4.10.5 Entwurf einer Datenbank zur Bestellabwicklung

Im Folgenden wird das Vorgehen bei der Entwicklung einer einfachen Datenbank dargestellt. Die Datenbank soll die Verwaltung von Kundenaufträgen unterstützen.

Im Rahmen einer **Problemanalyse** wird zuerst der Zweck der Datenbank und die dafür benötigten Daten festgelegt. Die Datenbank Bestellabwicklung soll Kundendaten, Artikeldaten und Auftragsdaten speichern, um diese Daten nach verschiedenen Kriterien (Gesichtspunkten) auswerten und Rechnungen erstellen zu können.

---
[1] Integrität = Unbescholtenheit; Unverletzlichkeit

Datenbank planen
In einem ersten Versuch wird nur die in **Bild 2** dargestellte Tabelle KUNDENAUFTRAEGE angelegt und mit Testdaten gefüllt.
Am Beispiel der Tabelle KUNDENAUFTRAEGE sollen zunächst einige Beispiele für unerwünschte Nebeneffekte (Anomalien) aufgezeigt werden, wenn die Struktur einer Tabelle nicht gut geplant wird.

- **Redundanz (Wiederholung von Information)**
  Zahlreiche Daten werden mehrfach gespeichert. Bei jeder Auftragsposition werden z. B. die Adressdaten neu gespeichert. Dies führt zu einer großen Speicherverschwendung und zu einer hohen Wahrscheinlichkeit von Fehleingaben.

- **Änderungs- (Update-) Anomalien**
  Wenn sich z. B. die Artikelpreise ändern, muss dieser Wert und die damit verbundenen Gesamtkosten in vielen Datensätzen geändert werden. Dies ist sehr arbeitsaufwendig und fehleranfällig.

- **Einfüge- (Insert-) Anomalien**
  Ein neuer Artikel kann in diese Tabelle nur eingefügt werden, wenn auch ein Kundenauftrag vorliegt, d. h. die Tabelle kann nur für die Bestellabwicklung, aber nicht für die Artikelverwaltung eingesetzt werden.

- **Lösch- (Delete-) Anomalien**
  Werden alle Aufträge eines Kunden gelöscht, so kann auch die Information über die entsprechende Kundenadresse verloren gehen.

Bild 1: Löschen in Tabellen mit referenzieller Integrität

AuftragsNr	Adresse	Bestelldatum	Position	ArtikelNr	Artikel	Einzelpreis	Menge	Gesamtpreis
761	Herr Mayer, Hauptstr. 77, 50858 Köln	17.06.2022	1	1201	Prifil Typ 1	4,00 €	10 m	40,00 €
761	Herr Mayer, Hauptstr. 77, 50858 Köln	17.06.2022	2	2431	Kassette	80,00 €	5 St	400,00 €
762	Firma Munck, Rosenstr. 12, 73430 Aalen	17.06.2022	1	1899	Halter Gr. 2	35,00 €	1 Pack	35,00 €
763	Frau Keller, Tunnelstr. 3, 12247 Berlin	18.06.2022	1	2431	Prifil Typ 1	80,00 €	10 St	800,00 €
763	Frau Keller, Tunnelstr. 3, 12247 Berlin	18.06.2022	2	1898	Halter Gr. 1	30,00 €	2 Pack	60,00 €

Bild 2: Tabelle KUNDENAUFTRÄGE: Schlecht geplante Struktur

Normalisieren

Um die genannten unerwünschten Nebeneffekte zu beseitigen, muss die Tabelle KUNDENAUFTRAEGE nach bestimmten Regeln in mehrere Tabellen aufgeteilt (normalisiert) werden. Das Resultat der Anwendung dieser Regeln wird als **Normalform** der Tabellen bezeichnet. Die wichtigsten Regeln zur Normalisierung werden im Folgenden aufgeführt.

- Für jede Entitätsmenge (jeden Objekttyp) muss eine eigene Tabelle erstellt werden, in der jede Entität (jedes Objekt) neben den Entitätsattributen eine eindeutige Identnummer, den sogenannten Primärschlüssel, erhält. In der nicht-normalisierten Tabelle KUNDENAUFTRAEGE sind die Entitätsmengen (Objekte) Kunden, Aufträge, Positionen und Artikel enthalten.

- Jeder Attributwert muss atomar sein. Ein Attributwert ist atomar, wenn er nicht aus mehreren Werten besteht oder zusammengesetzt ist. So wäre z. B. der Attributwert „Frau Keller, Tunnelstr. 3, 12247 Berlin" nicht atomar, da er eine vollständige Adresse enthält, die in die Attribute Anrede, Nachnamen, Straße, Postleitzahl und Ort aufgeteilt werden kann.

- Alle Attribute sind nur vom vollständigen Primärschlüssel abhängig. So ist z. B. das Bestelldatum von der Auftragnummer, aber nicht von der Artikelnummer abhängig.

- Der Inhalt zweier Zeilen (Datensätze) darf nicht identisch sein.

- Felder, die aus anderen Feldern berechnet werden (wie z. B. der Gesamtpreis), sind überflüssig und benötigen zusätzlichen Speicherplatz. Diese Felder können für jede Datenausgabe neu berechnet werden. Sie werden daher normalerweise nicht in die Tabelle aufgenommen.

- Da $n{:}m$-Beziehungen sehr komplex und kaum zu verwalten sind, werden sie in zwei $1{:}n$ Beziehungen durch Einfügen einer dritten Tabelle dargestellt.

- Kopfdaten und Positionsdaten müssen in getrennten Tabellen verwaltet werden. So hat z. B. jeder Kundenauftrag neben mehreren Auftragspositionen mit den bestellten Artikeln, nur einen einmalig auftretenden Auftragskopf, der die Auftragsnummer, den Kunden und das Auftragsdatum enthält.

Bild 1 zeigt die Gesamtstruktur der Datenbank Bestellabwicklung mit den Tabellen KUNDEN, AUFTRAEGE, POSITIONEN und ARTIKEL in Normalform. Die Primärschlüssel sind fettgedruckt. Der Primärschlüssel der Tabelle POSITIONEN wird pro Auftragsposition aus dem Verbund der Attribute Auftragsnummer (Auftrags-Nr.) mit der Positionsnummer (Pos.-Nr.) gebildet. In die Tabelle AUFTRAEGE werden die Attribute Lieferdatum und Zahlungsdatum zur Überwachung der Bestellabwicklung aufgenommen.

> Um Datenredundanz zu vermeiden und Datenintegrität zu gewährleisten, müssen die Tabellen einer Datenbank in die Normalform gebracht werden.

Bild 1: Entity-Relationship-Modell der Datenbank Bestellabwicklung in Normalform

4.10.6 Erstellen einer Datenbank mit Apache OpenOffice Base[1]

Mit dem Datenbankprogramm Apache OpenOffice Base 4 soll der Datenbankentwurf, siehe vorhergehende Seite, umgesetzt werden. Zum Anlegen einer neuen Datenbank klickt man im Startbildschirm von OpenOffice auf den Button *Datenbank*.

Es erscheint das Dialogfenster des Datenbank-Assistenten. Dort markiert man die Option *Neue Datenbank erstellen* und klickt anschließend auf den Button *Weiter*. Im folgenden Dialogfenster des Datenbank-Assistenten wählt man *Ja, die Datenbank soll angemeldet werden* sowie *Die Datenbank zum Bearbeiten öffnen* und klickt anschließend auf den Button *Fertig stellen*.

Im sich öffnenden Dialogfenster wird nun in das Eingabefeld *Dateiname* der Name der neuen Datenbank (hier: *Bestellabwicklung*) eingeben. Wenn man auf den Schalter *Speichern* klickt, wird die neue Datenbank erstellt und sofort automatisch auf der Festplatte gespeichert. Außerdem erscheint das OpenOffice Base- Startfenster mit dem Datenbankfenster mit der Titel-, Menü- und Symbolleiste **(Bild 1)**.

Das Datenbankfenster ist der Hauptarbeitsplatz, über den die, in der Datenbank definierten, Objekte verwaltet werden.

Im linken Teil des Datenbankfensters sind die wichtigsten Objekttypen (Objektkategorien) von OpenOffice Base aufgelistet:

Tabellen: Eine Tabelle ist eine Sammlung von Daten von gleichartigen Objekten (Entitätsmenge) wie z. B. Kunden. Jede Zeile der Tabelle enthält einen Datensatz mit den Daten eines Objektes, jede Spalte der Tabelle enthält ein Attribut (Merkmal) der Objekte.

Abfragen: Mit einer Abfrage kann man Daten einer oder mehrerer Tabellen ermitteln, die bestimmte Bedingungen erfüllen. Das Ergebnis einer Abfrage ist wiederum eine Tabelle.

Formulare: Formulare dienen dem Anwender zur benutzerfreundlichen Eingabe von Daten in die Datenbank und der übersichtlichen Darstellung von Daten aus Tabellen und Abfragen.

Berichte: In Berichten werden Daten aus den Tabellen und Abfragen zusammengefasst. Die Berichte können ausgedruckt werden. Der Berichtaufbau wird einmalig definiert und kann dann immer wieder auf die Datenbank angewendet werden.

Makros: Mithilfe von Makros automatisiert man stets wiederkehrende Arbeiten mit der Datenbank. Dazu speichert man eine Abfolge von Kommandos oder Tastatureingaben. Diese können anschließend jederzeit „abgespielt" werden. In OpenOffice Base werden Makros mithilfe der Befehle *Makros verwalten* bzw. *Makro ausführen* aus dem Menü *Extras* erstellt bzw. ausgeführt.

---

[1] **Apache OpenOffice** (vormals **OpenOffice.org**) ist ein freies Office-Paket, das von der Apache Software Foundation weiter entwickelt wird.

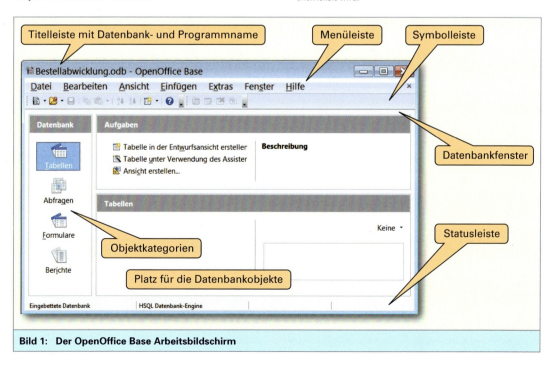

Bild 1: Der OpenOffice Base Arbeitsbildschirm

Erstellen einer Tabelle

Um eine neue Tabelle zu erstellen, klicken Sie im Datenbankfenster auf der linken Seite unter Datenbank auf das Tabellensymbol (**Bild 1,** ①) und dann unter *Aufgaben* auf *Tabelle in der Entwurfsansicht erstellen* ②. Sie erhalten nun ein Formular ③, mit dem Sie die Felder (Attribute[1]) der Tabelle anlegen können. Ein Feld wird definiert, indem Sie ihm einen Feldnamen geben (z. B. KundenNr ④) und ihm in der Spalte *Feldtyp* einen Datentyp zuordnen. Es stehen mehrere Datentypen zur Auswahl, die sichtbar werden, wenn man auf das Pfeilsymbol ⑤ klickt, das erscheint, wenn man in die Spalte *Feldtyp* gelangt. Die Beschreibung des Feldes ⑥ ist nicht obligatorisch.

Datentypen (Feldtypen) geben die Dateneigenschaften eines Attributes an. Häufig benutzte Datentypen sind Text, Zahlen, Datum, Währung etc. Je nach Datentyp können verschiedene Operationen mit einem Attribut ausgeführt werden. Zum Beispiel kann getestet werden, ob ein Attribut vom Datentyp Zahl kleiner als ein vorgegebener Wert ist oder ob ein Attribut vom Typ Text eine bestimmte Buchstabenfolge enthält. Der Datentyp (*Feldtyp*) der KundenNr soll *Integer* (ganzzahlig) sein.

Für jeden Feldtyp können bestimmte **Feldeigenschaften** definiert werden. Diese werden im unteren Teil der Entwurfsansicht angezeigt. Je nach Felddatentyp sind verschiedene Eigenschaften einstellbar, wie z. B. *Eingabe erforderlich oder Länge*. Wenn für den Feldtyp *Integer* die Feldeigenschaft *Auto-Wert* auf *Ja* gesetzt ist ⑦, wird vom System automatisch eine fortlaufende Nummer vergeben, sobald beim späteren Erfassen von Daten in die fertig angelegte Tabelle ein neuer Datensatz eingegeben wird.

Der **Primärschlüssel** ist ein Feld oder eine Kombination von Feldern, dessen Wert jeden Datensatz der Tabelle eindeutig identifiziert. Zum Anlegen des Primärschlüssels einer Tabelle markiert man alle zum Primärschlüssel gehörenden Felder (für mehrere Felder muss man die Strg-Taste gedrückt halten) durch einen Klick in die Spalte vor dem Feldnamen ⑧. Danach wählt man nach einem Rechtsklick den Menüpunkt *Primärschlüssel* ⑨. Vor dem entsprechenden Feldname erscheint ein Schlüsselsymbol ⑧. In Bild 1 unten, sind alle Felder (Attribute) der Kundentabelle mit ihren Feldtypen dargestellt.

---
[1] lat. attributum = das Zugeteilte, das Beigefügte (als nähere Bestimmung)

Bild 1: Struktur der Kunden-Tabelle anlegen

4.10 Dateiverarbeitung und Datenbanken

Um eine Tabelle zu speichern, klickt man in der Symbolleiste auf das Diskettensymbol (**Bild 1,** ①). Im sich öffnenden Dialogfenster *Speichern unter* gibt man den Namen der Tabelle (hier KUNDEN) ein ② und klickt auf den OK-Knopf.

Analog zur Tabelle KUNDEN werden die Strukturen der Tabellen ARTIKEL ③, AUFTRAEGE ④ und POSITIONEN ⑤ definiert und gespeichert.

In der Tabelle ARTIKEL muss für den Feldtyp *Zahl* des Attributes *Einzelpreis* die Feldeigenschaft *Format* mithilfe des Buttons rechts neben *Format-Beispiel* ⑥ auf *Währung* gesetzt werden.

In der Tabelle AUFTRAEGE ist das Feld *KundenNr* ein Fremdschlüssel mit dessen Hilfe eine Verknüpfung zum Primärschlüssel *KundenNr* in der Tabelle KUNDEN hergestellt werden kann. Ein Attribut einer Tabelle wird als Fremdschlüssel bezeichnet, wenn es in einer anderen Tabelle als Primärschlüssel auftritt.

In der Tabelle POSITIONEN besteht der Primärschlüssel aus einer Kombination der Felder *AuftragsNr* und *PosNr*. Über den Fremdschlüssel *ArtikelNr* kann nach einer Verknüpfung auf die Artikeldaten der Tabelle ARTIKEL zugegriffen werden.

Beziehungen zwischen Tabellen festlegen

Beziehungen beschreiben wie Informationen, die sich in verschiedene Tabellen befinden, miteinander logisch verbunden (verknüpft) sind.

Um Beziehungen zu definiert wählt man den Befehl *Beziehungen* aus dem Menü *Extras*. Es erscheint das Fenster *Beziehungen* (**Bild 2,** ①). In dieses Fenster fügt man alle Tabellen ein, zwischen denen eine Verknüpfung hergestellt werden soll. Nach einem Klick auf den Button *Tabellen hinzufügen* ② erscheint das entsprechende Dialogfenster ③. In diesem Fenster *Tabellen hinzufügen* doppeltklickt man auf die gewünschten Tabellen ④, die man in das Fenster *Beziehungen* ① einfügen will.

Bild 2: Tabelle ins Fenster Beziehungen hinzufügen

Bild 1: Strukturen der Tabellen ARTIKEL, AUFTRAEGE und POSITIONEN

Nachdem alle Tabellen in das Fenster *Beziehungen* eingefügt sind, kann man in diesem Fenster die gewünschten Beziehungen (Relationen) herstellen. In den meisten Fällen sind dies 1:*n*-Beziehungen, bei denen ein einmalig auftretender Primärschlüsselwert der ersten Tabelle (Mastertabelle) als Fremdschlüsselwert in einer zweiten Tabelle (Detailtabelle) auftreten kann.

Erstellen von 1:*n*-Beziehungen

Zum Erstellen einer 1:*n*-Beziehung markiert man den Attributnamen des Primärschlüssels der Mastertabelle (**Bild 1** ①) und zieht ihn bei gedrückter Maustaste auf den entsprechenden Fremdschlüssel in der Detailtabelle ②. Sobald man die Maustaste loslässt, werden die beiden betroffenen Attribute durch eine Linie verknüpft, deren Enden mit 1 und mit *n* beschriftet sind ③.

Mit dem Befehl *Neue Relation...* aus dem Menü *Einfügen* kann ebenfalls im sich öffnenden Dialogfenster eine Relation erstellt werden, wenn sich die betroffenen Tabellen im Beziehungsfenster befinden. Nach der Auswahl der jeweils beteiligen Tabellen ④ wählt man mithilfe von Pull-Down-Menüs die beteiligten Felder (Attribute) ⑤ und bestätigt die Auswahl mit dem OK-Button.

Entsprechend dem Entity-Relationship-Modell (ERM) der Datenbank *Bestellabwicklung* (s. Seite 102) werden nun alle 1:*n*-Beziehungen zwischen den Tabellen KUNDEN, AUFTRAEGE, POSITIONEN und ARTIKEL erstellt (**Bild 2**).

Eingabe von Daten

Die Testdaten der Datenbank *Bestellabwicklung* können in der *Datenblattansicht* zügig eingegeben werden. Dazu doppelklickt man im Datenbankfenster auf die Tabelle, in die man Daten eingeben möchte (**Bild 1, folgende Seite**, ①).

Bild 1: Herstellen von 1:*n*-Beziehungen

Bild 2: 1:*n*-Beziehungen der Datenbank *Bestellabwicklung*

4.10 Dateiverarbeitung und Datenbanken

Bild 1: Testdaten der Datenbank Bestellabwicklung in Datenblattansicht (Table Data View)

Erstellen eines Formulars

Mithilfe von Formularen kann der Benutzer Daten komfortabler als in der Datenblattansicht bearbeiten. Um Formulare zu erstellen zu erstellen, klickt man im Datenbankfenster auf den Objektschalter *Formulare* (**Bild 2**, ①) und anschließend auf die Schaltfläche *Formular unter Verwendung des Assistenten erstellen* ②.

Es erscheint das Dialogfenster *Formular Assistent* ③. Von hier aus wird man Schritt für Schritt durch das Erstellen eines Formulars geführt. Am Ende dieses Prozesses erscheint nach der Eingabe des Formularnamens ein Formular, mit dem man Datensätze eingeben oder bearbeiten kann ④.

Mit der TAB-Taste oder Return-Taste bewegt man sich von einem Feld zum nächsten Feld.

Am unteren Ende des Formulars befindet sich eine Navigationsleiste, mit der man zu existierenden Datensätzen springen kann. Um einen neuen Datensatz einzugeben, klickt man auf das Symbol mit dem Pfeil und Stern ⑤. Neueingaben oder Änderungen von Datensätzen speichert man durch einen Klick auf das Diskettensymbol ⑥ in der Navigationsleiste. Die Arbeit mit einem Formular beendet man mit einem Klick auf der Schließen-Symbol ⑦ des Formular-Fensters. Für spätere Eingaben kann jedes Formular im Datenbankfenster nach einem Klick auf *Formulare* aufrufen werden.

Im Entwurfsmodus kann ein Formular weiter bearbeitet werden. So wurde in unserem Fall z. B. mithilfe des Listenfeld-Assistenten ein Pull-Down-Menü eingefügt, aus dem eine Anrede (Herr, Frau oder Firma) ausgewählt werden kann ⑧.

Bild 2: Erstellen eines Formulars

Abfrage (Query)

Abfragen sind strukturierte Fragen, die man an die Datenbank richtet, um nach bestimmten Informationen in einer Tabelle oder mehreren verknüpften Tabellen zu suchen. Abfragen, die häufig gestellt werden, können gespeichert werden, um sie wieder zu verwenden.

An der Frage „Welche Kunden haben ihre Aufträge noch nicht bezahlt?" soll das Erstellen einer Abfrage demonstriert werden.

Die Abfrage ist in OpenOffice Base ein eigener Objekttyp. Daher klickt man zuerst im Datenbankfenster auf den Objektschalter *Abfragen* (**Bild 1,** ①). Nach einem Doppelklick auf den Schalter *Abfrage in der Entwurfsansicht erstellen …* ② öffnet sich das noch leere Entwurfsfenster *Query Design für die Abfrage 1* ③ und das Dialogfenster *Tabellen oder Abfragen hinzufügen* ④ mit einer Liste der in der Datenbank bereits definierten Tabellennamen und Abfragen.

Aus dieser Liste wählt man die Namen der Tabellen aus ⑤, die man für die Abfrage benötigt und fügt sie durch einen Klick auf den Schalter *Hinzufügen* ⑥ in den Tabellenanzeigebereich des Entwurfsfensters der Abfrage ein. In unserem Fall sind dies die verknüpften Tabellen KUNDEN und AUFTRAEGE. Nachdem sich alle für die Abfrage benötigen Tabellen im Entwurfsfenster der Abfrage befinden, schließt man das Dialogfenster *Tabelle oder Abfragen hinzufügen* ⑥.

Nun muss der Abfrage-Entwurfsbereich angelegt werden. Dazu doppelklickt man in den Tabellenlisten im oberen Teil des Abfragefensters auf jene Feldnamen (Attribute), welche in der Abfrage benötigt werden ⑦. Für jedes Attribut wird entsprechend der Reihenfolge des Doppelklickens auf die Felder in den Tabellenlisten im Abfrage – Entwurfsbereich eine Spalte angelegt.

Jetzt müssen noch die Bedingungen (Kriterien) der Abfrage in die Zeile *Kriterium* eingetragen werden. Bei den Kunden, die ihre Aufträge noch nicht bezahlt haben, ist im Feld (Attribut) *Zahlungsdatum* noch kein Datum eingetragen. Es ist also leer. Daher wird in die Entwurfszeile *Kriterium* der Entwurfsspalte *Zahlungsdatum* IST LEER eingetragen ⑧.

Nach einem Klick auf den Button *Abfrage ausführen* in der Symbolleiste ⑨ erscheint das Ergebnis der Abfrage in Datenblattansicht.

Bild 1: Erstellen einer Abfrage

4.10 Dateiverarbeitung und Datenbanken

Die Ergebnistabelle einer Abfrage kann innerhalb eines Feldes (Attributes) aufsteigend oder absteigend sortiert werden, wenn dies im Abfrage-Entwurfsmodus mithilfe eines Pull-Down-Menüs in der Zeile *Sortierung* festgelegt wird.

Bild 1 zeigt weitere Möglichkeiten zum Definieren von Kriterien. Hier wird nach allen Kunden gesucht deren Namen mit dem Buchstaben „M" beginnen und die die Artikelnummern 1201 oder 2431 in einer Menge von größer als 4 am 17.06.2015 bestellt haben.

Mit der im **Bild 2** definierten Abfrage sollen für eine vom Benutzer eingegebene Artikelnummer alle bestellten Mengen aufsummiert werden. Dazu müssen die Artikelnummern zusammengefasst (gruppiert) werden. Daher wird in der Entwurfszeile *Funktion* des Attributes *Artikel_ID* mithilfe des sich dort befindlichen Pull-Down-Menüs die Funktion *Gruppierung* gewählt ①. Zum Aufsummieren der Mengen je Artikel, wählt man in der Zeile *Funktion* des Attributes *Menge* die Funktion *Summe* ②.

Damit die gewünschte Artikelnummer erst bei der Ausführung der Abfrage durch den Benutzer festgelegt werden kann, stellt man die entsprechende Parameter-Frage hinter einem Doppelpunkt in die Zeile *Kriterium* des Attributes *Artikel_ID* ③.

Nach einem Klick auf den Button *Abfrage ausführen* ④ frägt das System im Dialogfenster *Parameter-Eingabe* nach der Artikelnummer ⑤, für die es dann nach einem Klick auf den OK-Button, die Summe aller entsprechenden Kundenaufträge ausgibt ⑥.

Bild 2: Gruppierung und Parameterabfrage

Bild 1: Beispiel für verschiedene Auswahlkriterien

Mit Abfragen können auch Berechnungen durchgeführt werden. Dazu trägt man in der Zeile *Feld* einer neuen Spalte den gewünschten arithmetischen Ausdruck ein. Dabei können beliebige Attribute der im Abfrage-Tabellenbereich platzierten Tabellen mithilfe von arithmetischen Operatoren (z. B. + oder *) und Standardfunktionen (z. B. SQRT = Wurzel von) verknüpft werden (**Bild 1,** ①). Die Tabellennamen und Attribute müssen jeweils zwischen Anführungszeichen stehen und durch einen Punkt getrennt werden. Weiterhin zeigt Bild 1 die Berechnung des Gesamtpreises je Position ②.

4.10.7 Datenbankabfragesprache SQL

Alle relationalen Datenbanksysteme verwenden heute zur gezielten Suche die Datenbanksprache SQL (Structured Query Language). Mit der wichtigsten SQL-Anweisung SELECT kann man aus Tabellen entsprechend der in **Bild 2** dargestellten Syntax Daten selektieren.

Abfragen werden von OpenOffice Base immer in die Abfragesprache SQL übersetzt. Wenn man von der Entwurfsansicht des Abfragefensters in die SQL-Ansicht wechselt (**Bild 3,** ①) sieht man die zu der Abfrage gehörige SQL-Anweisung ②.

Hier bedeutet sie „Selektiere die Benennungen und die Einzelpreise aus der Tabelle ARTIKEL, bei denen die Artikel_ID > 1800, der zweite Buchstabe der Benennung „a" und die Mengeneinheit (ME) entweder „Pack" oder „St" ist. Die Ausgabe soll nach der Artikel_ID aufsteigend sortiert erfolgen.

SQL-Suchbefehl nach Datensätzen einer Tabelle, die bestimmte Bedingungen erfüllen, mit sortierter Ausgabe:

```
SELECT    <Feldliste>
FROM      <Tabelle>
WHERE     <Bedingung>
ORDER BY  <Feldname>
```

Feldliste:
Felder, die ausgegeben werden sollen, durch Kommata getrennt

Einfache Bedingung:
<Feldname> <Vergleichs-Operator> <Wert>

Kombinierte Bedingung:
<Einf. Beding.1> <Log. Operator> <Einf. Beding.2>

Vergleich mit unvollständigen Angaben:
<Feldname> LIKE <Zeichenfolge mit Platzhalter>

Vergleichs-Operatoren:
<, <=, =, >=, >, IN

Logische Operatoren:
AND, OR, NOT

Platzhalter:
% bzw. *   für mehrere Zeichen
_ bzw. ?   für ein Zeichen

Das erste Zeichen gilt für SQL, das zweite Zeichen gilt für OpenOffice

Bild 2: SQL – Syntax für eine einfache SELECT-Anweisung

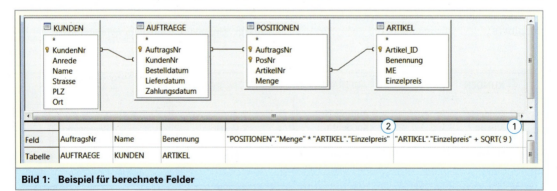

Bild 1: Beispiel für berechnete Felder

Bild 3: Beispiel einer Abfrage in der SQL-Ansicht

4.11 Erzeugnisgliederung

4.11.1 Teilearten

Die **Erzeugnisgliederung** (Produktstruktur) spiegelt die Zusammensetzung eines Erzeugnisses aus Baugruppen, Einzelteilen und Rohmaterial wider. Ein Erzeugnis ist ein gebrauchsfertiger oder verkaufsfähiger Gegenstand. Die Gesamtheit aller in einem Unternehmen hergestellten Erzeugnisse nennt man **Erzeugnisspektrum** oder **Produktprogramm**.

Eine **Baugruppe** wird aus zwei oder mehr Einzelteilen und/oder Untergruppen montiert. Ein **Einzelteil** ist ein Teil, das in der Konstruktionsstückliste mit einer Positionsnummer versehen wird. Eigengefertigte Einzelteile werden in der Teilefertigung des eigenen Produktionsunternehmens aus einem **Rohmaterial** (Halbzeug), wie z. B. einem Stangenmaterial, hergestellt. Ein Einzelteil kann aber auch als Fertigteil, wie z. B. ein Gussgestell, oder als Fertiggruppe, wie z. B. ein Motor, am Beschaffungsmarkt fremd bezogen und in ein Erzeugnis eingebaut werden (**Bild 1**).

Die Begriffe **Teil, Material** und **Artikel** werden als Oberbegriffe für Erzeugnisse, Baugruppen, Einzelteile und Rohmaterialien verwendet.

Materialien, die ebenfalls in das Produkt eingehen, in der Stückliste aber nicht aufgeführt werden, bezeichnet man als **Hilfsstoffe**. Dies sind im Allgemeinen Materialien deren rechtzeitige Beschaffung von der Abteilung veranlasst wird, die diese Materialien benötigen.

Hilfsstoffe sind z. B. in vielen Betrieben Schweißdraht, Fette, Klebstoffe oder auch Verpackungsmaterialien.

4.11.2 Fertigungsorientierte Erzeugnisgliederung

Bei der Bildung von Gruppen denkt ein Konstrukteur vor allem an **Funktionsgruppen** z. B. an den Antrieb oder an die Steuerung. Diese Funktionsgruppen, die eine technische Funktion (Aufgabe) erfüllen, entsprechen aber häufig nicht dem fertigungstechnischen Ablauf, der bei der Auftragsabwicklung im Mittelpunkt des Interesses steht. Beim Automobilbau können z. B. die Teile der Funktionsgruppe „Lenkung" nicht als eine **Baugruppe** montiert und dann als Ganzes in das Chassis eingebaut werden.

Bei der Strukturierung von Erzeugnissen müssen aus fertigungstechnischer und organisatorischer Sicht vor allem die im Folgenden aufgezählten Gesichtspunkte und Ziele berücksichtigt werden.

Bild 1: Teilearten

Gesichtspunkte zur Erzeugnisgliederung:
- **Funktionalität:** das gefertigte Produkt muss alle geforderten Funktionen erfüllen.
- **Baukastenprinzip:** Teile und Baugruppen sollten möglichst in vielen, vor allem auch in zukünftigen Erzeugnissen eingesetzt werden können (Wiederholbaugruppen) ohne die Möglichkeit zur Bildung von kundenspezifischen Varianten zu beschränken. Dies spart Kosten für Konstruktion und Fertigung von neuen Teilen.
- **Montagegerechte Gliederung:** Baugruppen entsprechend den Montagemöglichkeiten der Produktion unter besonderer Berücksichtigung der Personalqualifikation planen.
- **Beschaffungsmarkt:** Möglichst schon vormontierte Komponenten und nicht viele Einzelteile bei den Lieferanten beziehen.
- **Auftragsdurchlauf:** Möglichst schneller und störungsfreier Auftragsdurchlauf durch Bildung von lagerhaltigen Teilen, die je nach Kundenwunsch leicht kombiniert werden können und die Planung von Vormontagegruppen, die parallel zueinander gefertigt werden können.
- **Ersatzteilwesen:** Um die große Anzahl an lagerhaltigen Ersatzteilen zu reduzieren, sollten statt vielen Ersatzteilen entsprechende Ersatzteilgruppen in geringerer Anzahl gebildet werden.
- **Transport und Lagerwesen:** Größe und Gewicht von Baugruppen müssen die entsprechenden Lagerungs- und Transportmöglichkeiten bis hin zum Kunden berücksichtigen.

8	8	3113	Sicherungsscheibe	DIN 6799		
7	8	3112	Gummilippenring			
6	136	3111	Nadel	INA-40		
5	8	3110	Nadelbüchse			
4	2	3109	Gelenkkreuz			
3	2	3108	Rohrwellenschaft		C45PbK	
2	2	3107	Zahnwellenschaft		C45PbK	
1	1	3106	Verbindungswelle		AlMgSi	
Pos.	Me-nge	Teile-Nr.	Benennung	Normbez./Bemerkung	Halbz./Werkst.	Halbzeug-Teile-Nr.

MOBE GmbH Stuttgart — Maße ohne Toleranzangaben nach DIN 2168m — Maßstab 1:1 — Gewicht
Datum 20.2.97 — Name Str/Rm — 3105 — Kreuzgelenkwelle 40/490/ZZ

© ALFRED HEYD GmbH

Bild 1: Explosionszeichnung des Erzeugnisbeispiels Kreuzgelenkwelle 40/490/ZZ

Mit der Erzeugnisgliederung sollte schon in der Entwurfsphase eines Produktes ein Team aus Vertretern der Konstruktion, des Einkaufs, der Arbeitsplanung und der Normenstelle beauftragt werden, um die Belange aller betroffenen Abteilungen zu berücksichtigen.

Am Beispiel der Kreuzgelenkwelle (**Bild 1**) soll im Folgenden gezeigt werden, wie man zur endgültigen Festlegung der Erzeugnisstruktur vorgehen kann (**Bild 2**):
1. Montagereihenfolge festlegen:
Zuerst wird eine technisch sinnvolle Reihenfolge bestimmt, in der die von der Konstruktion in der Zusammenbauzeichnung (Bild 1) aufgeführten Einzelteile zusammengefügt werden können (**Bild 1, folgende Seite**). Zur Montage der Kreuzgelenkwelle wird zuerst ein Gummilippenring (Pos. 7) auf jeden der vier Zapfen des Gelenkkreuzes (Pos. 4) geschoben, der danach in die Querbohrung des Rohrwellenschaftes (Pos. 3) gesteckt wird. Anschließend werden in einem 3. Montageschritt 17 Nadeln (Pos. 6) in je einer Nadelbüchse (Pos. 5) mithilfe von Fett kreisförmig am Innenrand positioniert. Der Hilfsstoff Fett, der in der Stückliste nicht ausdrücklich aufgeführt wird, schmiert das Lager und verhindert, dass die Nadeln vor der weiteren Montage wieder aus der Büchse fallen.

Bild 2: Erzeugnisstruktur erstellen

4.11 Erzeugnisgliederung

Gegenüber dem üblicherweise eingesetzten Nadelkäfig zeichnet sich diese Konstruktion durch eine größere Belastbarkeit bei gleicher Baugröße aus. Die so mit Nadeln gefüllten Büchsen werden im 4. Montageschritt auf die zwei Gelenkkreuzzapfen gepresst, die aus den Querbohrungen des Rohrwellenschaftes (Pos. 3) ragen. Damit die Nadelbüchsen sich nicht mehr verschieben, werden sie im 5. Montageschritt mithilfe von je einer Sicherungsscheibe (Pos. 8) fixiert. Beim 6. Montageschritt wird der Zahnwellenschaft (Pos. 2) über die restlichen zwei freien Gelenkkreuzzapfen gestülpt und in Schritt 7 und 8 analog zum 4. und 5. Schritt mit weiteren zwei mit Nadeln gefüllten Büchsen und Sicherungsscheiben verbunden. Zwei der so entstandenen Zahnwellengelenke werden im 9. Montageschritt mit der Verbindungswelle (Pos. 6) durch Kleben verbunden. Der Klebstoff ist in der Konstruktionsstückliste nicht aufgeführt und daher ein Hilfsstoff.

2. Rohmaterialien endgültig bestimmen:
Sofern von der Konstruktion nur der Werkstoff in der Konstruktionsstückliste aufgeführt wurde, muss spätestens nun ein in der Werksnorm aufgeführtes Halbzeug ausgewählt werden. So wird für die Verbindungswelle (Pos. 1) das Rohr DIN EN 12449 AlMgSi 36 x 5 ausgewählt.

3. Baugruppen auswählen:
Aus den vielen Schritten der Montagereihenfolge müssen die Zwischenstufen als eigenständige Baugruppen definiert werden, die im Rahmen der Auftragsabwicklung eindeutig identifiziert werden müssen. Dies können Wiederholbaugruppen, einzulagernde Baugruppen oder Ersatzteilgruppen sein. In unserem Fall wird der Bauzustand nach dem 8. Montageschritt als Baugruppe mit der Bezeichnung „Zahnwellengelenk 40" festgelegt. Dies hat den Vorteil, dass diese Baugruppe mit unterschiedlich langen Verbindungswellen zu beliebig vielen neuen Kreuzgelenkwellen der Größe 40 kombiniert werden kann. Da die 17 Nadeln mithilfe von Fett an einem besonderen Arbeitsplatz für Behinderte in die Nadelbüchse eingefügt und im Werkslager zwischengelagert werden, muss zur eindeutigen Identifizierung diese vormontierte Nadelbüchse mit Nadeln ebenfalls als Baugruppe definiert werden.

4. Halbfabrikate definieren:
Zur wirtschaftlicheren Fertigung und zur Beschleunigung des Auftragsdurchlaufes wird das Halbfabrikat „Gelenkschaft 40" gebildet, das im Lager vorrätig gehalten werden soll. Dieses Halbfabrikat ist ein Zwischenstadium der Teilefertigung für den Rohrwellenschaft (Pos. 3), den Zahnwellenschaft (Pos. 2) sowie für weitere kundenspezifische Wellenschaftvarianten.

5. Noch fehlende Teilenummern festlegen:
Für die bei der Erzeugnisgliederung endgültig neu definierten Teile kann nun zur eindeutigen Identifizierung die künftig im Betrieb gültige Teilenummer festgelegt werden. Beginnend mit der bis jetzt höchsten freien Nummer 3113 werden die im **Bild 1, folgende Seite**, aufgeführten Nummern gewählt, da in unserem Modellbetrieb für die Teilenummern eine reine Identnummer (fortlaufende Zählnummer) benutzt wird und keines der in der Erzeugnisgliederung aufgeführten Teile bis jetzt in der laufende Produktion eingesetzt wurde.

6. Erzeugnisbaum erstellen:
Das Ergebnis all dieser Überlegungen zur Erzeugnisgliederung wird in Form eines sogenannten Erzeugnis-Stammbaumes dargestellt (Bild 1, folgende Seite).

Bild 1: Montageschritte, Baugruppen und Halbfabrikate für das Erzeugnisbeispiel

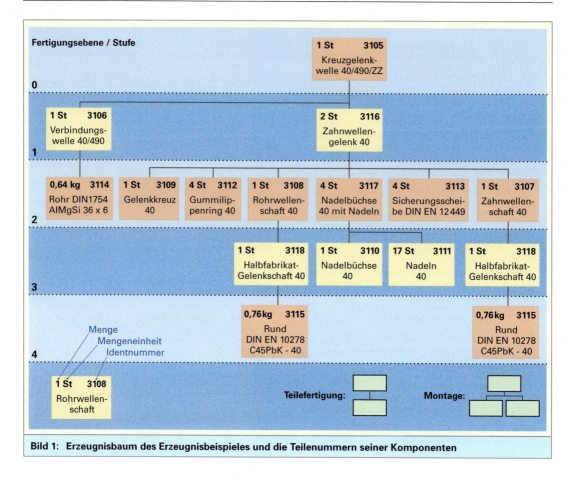

Bild 1: Erzeugnisbaum des Erzeugnisbeispieles und die Teilenummern seiner Komponenten

Im **Erzeugnisbaum** werden entsprechend dem logischen Ablauf der Teilefertigung und der Montage alle für die Herstellung des Erzeugnisses benötigten Materialien (Teile) aufgeführt.

Die **Fertigungsebene** eines Teils ist die Ebene, auf der das Teil nach fertigungstechnischen Gesichtspunkten jeweils benötigt wird. Den Übergang zwischen einer untergeordneten und einer übergeordneten Fertigungsebene nennt man Fertigungsstufe oder **Baustufe**. Sie entspricht immer einer Teilefertigung oder einer Montage. Die oberste Ebene auf der sich das versandfertige Erzeugnis befindet, hat immer die Nummer 0.

Unter der **Dispositionsebene** versteht man die unterste Fertigungsebene eines Teiles, das in einem Erzeugnis auf verschiedenen Fertigungsebenen wiederholt auftritt (Wiederholteil).

Die **Mengenangaben** in einem Erzeugnisstammbaum beziehen sich immer auf eine Mengeneinheit (ME) des jeweils direkt übergeordneten Teiles.

So werden z. B. auf der Fertigungsebene 3 nur ein und nicht vier Teile 3110 (Nadelbüchse) angegeben. Die Gesamtzahl der für die Herstellung einer Kreuzgelenkwelle benötigten Teile muss demnach gesondert berechnet werden. Die für eine Montage benötigten Teile sollte man in der Reihenfolge von links nach rechts auftragen, wie dies der zeitlichen Folge der einzelnen Montageschritte entspricht.

Als **Mengeneinheit** (ME) wird i.A. die Einheit gewählt, mit der das entsprechende Teil mengenmäßig und kostenmäßig abgerechnet wird.

> Da der Erzeugnisstammbaum die Grundlage für die Stücklisten ist, die zu den wichtigsten Grunddaten eines Produktionsbetriebs gehören, sollte bei der Erzeugnisgliederung mit der nötigen vorausschauenden Sorgfalt vorgegangen werden und sich in ihr der Sachverstand aller an der Produktion direkt oder indirekt Beteiligten niederschlagen.

4.11.3 Stücklisten

Die Stückliste ist die listenmäßige Darstellung des Aufbaus eines Erzeugnisses oder einer Baugruppe. Sie gehört neben der Zeichnung und dem Arbeitsplan zu den wichtigsten Datenträgern eines Fertigungsbetriebes. Die Stücklisten werden als Grundlage für die Lösung zahlreicher betrieblicher Aufgaben benötigt **(Tabelle 1)**.
Die Stücklisten zeigen zu jeder Materialposition neben der Mengenangabe meist noch weitere Daten, wie z. B. die Beschaffungsart, den Lagerort, die Abmessungen, das Gewicht, die Bezugsart oder den Preis.

Je nach Art, wie die Erzeugnisstruktur in der Stückliste dargestellt wird, unterscheidet man zwischen folgenden Stücklistenformen:
- Mengenübersichtsstückliste,
- Strukturstückliste und
- Baukastenstückliste **(Bild 1)**

4.11.3.1 Mengenübersichtsstückliste

Die **Mengenübersichtsstückliste** ist die einfachste Stücklistenform **(Bild 2)**. In ihr werden alle im Erzeugnis enthaltenen Teile (Baugruppen, Einzelteile, Halbfabrikate und Rohstoffe), unabhängig von der Fertigungsebene, auf der sie benötigt werden, aufgezählt. Für jede Teilenummer wird nur die Gesamtmenge aufgeführt, mit der sie in das Erzeugnis eingeht. Die Erzeugnisstruktur ist nicht erkennbar. Die Mengenübersichtsstückliste eignet sich daher nur für Fertigungsbetriebe mit einfacher Erzeugnisstruktur. Eine Sonderform der Mengenübersichtsstückliste ist die **Mengenstückliste**. In ihr werden nur die Einzelteile (Positionen in der Konstruktionsstückliste) mit ihrer Gesamtmenge aufgeführt. Sie entspricht somit in ihrem Aufbau der Konstruktionsstückliste.

4.11.3.2 Strukturstückliste

Die Strukturstückliste enthält alle Teile in einer nach Fertigungsebenen strukturierten Anordnung **(Bild 1, folgende Seite)**. Sie entspricht in ihrem Informationsgehalt dem Erzeugnisbaum. Die Struktur wird durch die Angabe der Fertigungsebene (Baustufe) und der besseren Übersicht wegen mithilfe von Gliederungszeichen, wie z. B. Punkten oder Leerstellen, dargestellt. Für jede übergeordnete Teilenummer müssen unmittelbar danach die direkt untergeordneten Teilenummern angegeben werden.
Die Mengenangaben beziehen sich auf eine Mengeneinheit der direkt übergeordneten Teilenummer.

Tabelle 1: Beispiel für die Aufgaben von Stücklisten

Funktionsbereich	Aufgabe
Konstruktion	Auskunft über die in der Zeichnung dargestellten Teile
Arbeitsplanung	Grundlage für die Ablaufplanung in der Fertigung
Mengenplanung	Grundlage der Materialbedarfsermittlung
Einkauf	Überblick über die zu beschaffenden Materialien
Lager	Grundlage für das Bereitstellen (Kommissionieren) von Teilen
Fertigung	Grundlage für die Veranlassung und Überwachung in der Fertigung
Rechnungswesen	Grundlage für die Vorkalkulation und die Nachkalkulation

Bild 1: Stücklistenformen

3105		Kreuzgelenkwelle 40/490/ZZ	
Lfd. Nr.	Teile-Nr.	Benennung	Menge
1	3106	Verbindungswelle 40/490	1 St
2	3107	Zahnwellenschaft 40	2 St
3	3108	Rohrwellenschaft 40	2 St
4	3109	Gelenkkreuz 40	2 St
5	3110	Nadelbüchse 40	8 St
6	3111	Nadel 40	136 St
7	3112	Gummilippenring 40	8 St
8	3113	Sicherungssch. DIN 6799	8 St
9	3114	Rohr DIN EN 12449 AlMgSi 36x6	0,64 kg
10	3115	Rund DIN EN 10278 C45PbK-40	3,04 kg
11	3116	Zahnwellengelenk	2 St
12	3117	Nadelbüchse 40 mit Nadeln	8 St
13	3118	Halbfabrikat Gelenkschaft 40	4 St

Bild 2: Mengenübersichtsstückliste für das Erzeugnisbeispiel

Vorteile der Strukturstückliste:

- Die Produktstruktur und der Fertigungsablauf sind ohne weitere Hilfsmittel erkennbar.
- Die Materialdisposition kann stufenweise und damit genauer und kostengünstiger als mit Mengenübersichtsstückliste durchgeführt werden.
- Eine stufenweise Terminierung ist möglich.

Nachteile der Strukturstückliste:

- Mehrfache Aufführung von Wiederholteilen und ihrer Struktur.
  Die Struktur von selbst gefertigten Einzelteilen und Baugruppen, die auf verschiedenen Ebenen oder in verschiedenen Erzeugnissen benötigt werden, muss bei jedem wiederholten Einsatz nochmals angegeben werden. Dies führt zu einem relativ hohen Speicheraufwand und zu einer hohen Fehlerrate bei Eingabe und Änderung der entsprechenden Strukturdaten.
- Die Strukturstückliste komplexer Produkte ist unübersichtlich.

Strukturstückliste			
3105		Kreuzgelenkwelle	
Bau-Stufe	Teile-Nr.	Benennung	Menge
. 1	3106	Verbindungswelle 40/490	1 St
. . 2	3114	Rohr DIN EN 12449 AlMgSi 36x6	0,64 kg
. 1	3116	Zahnwellengelenk 40	2 St
. . 2	3109	Gelenkkreuz 40	1 St
. . 2	3112	Gummilippenring 40	4 St
. . 2	3108	Rohrwellenschaft 40	1 St
. . . 3	3118	Halbfabrikat Gelenkschaft 40	1 St
. . . . 4	3115	Rund DIN EN 10278 C45PbK-40	0,76 kg
. . 2	3117	Nadelbüchse 40 mit Nadeln	4 St
. . . 3	3110	Nadelbüchse 40	1 St
. . . 3	3111	Nadel 40	17 St
. . 2	3113	Sicherungssch. DIN 6799	4 St
. . 2	3107	Zahnwellenschaft 40	1 St
. . . 3	3118	Halbfabrikat Gelenkschaft 40	1 St
. . . . 4	3115	Rund DIN EN 10278,-C45PbK-0	0,76 kg

Bild 1: Strukturstückliste für das Erzeugnisbeispiel

4.11.3.3 Baukastenstückliste

Die Baukastenstückliste ist eine einstufige Stückliste. Sie enthält für eine übergeordnete Teilenummer nur die unmittelbar untergeordneten Teilenummern. Die Mengenangaben beziehen sich immer auf eine Mengeneinheit der im Stücklistenkopf genannten übergeordneten Teilenummer. Eine Baukastenstückliste ist damit für eine Baugruppe die Montagestückliste und für ein eigengefertigtes Einzelteil die Rohstoffangabe (**Bild 2**).

Bild 2: Baukastenstruktur des Erzeugnisbeispieles

4.11 Erzeugnisgliederung

Zur Beschreibung eines mehrstufigen Erzeugnisses wird ein Satz von mehreren Baukastenstücklisten benötigt (**Bild 1**). Für eigengefertigte Baugruppen und Einzelteile, die auf verschiedenen Ebenen oder in verschiedenen Erzeugnissen vorkommen, muss die Baukastenstückliste nur einmal erstellt werden.

Vorteile der Baukastenstückliste:
- Der Stücklistenaufbau ist relativ einfach und übersichtlich aufgebaut.
- Wiederholteile und Wiederholgruppen haben nur eine eindeutig identifizierbare Stückliste. Dies verringert den Speicherungsaufwand und Änderungsaufwand und damit auch die Fehlerrate beim Eingeben und beim Ändern der Stücklistendaten von Wiederholteilen.
- Aus dem Satz von Baukastenstücklisten, die zu einem Erzeugnis gehören, kann sowohl die Mengenübersichtsstückliste als auch die Strukturstückliste erzeugt werden.
- Die Baukastenstücklisten sind am besten für den EDV-Einsatz geeignet.

Nachteile der Baukastenstückliste:
- Die gesamte Erzeugnisstruktur für mehrstufige Erzeugnisse ist nur sehr schwer erkennbar.
- Der Gesamtbedarf an Material für ein Erzeugnis muss berechnet werden.

4.11.4 Variantenstücklisten

Erzeugnisse werden häufig in mehreren Varianten hergestellt, die sich von der Grundausführung nur in wenigen Positionen unterscheiden. So bietet z. B. unser Modellbetrieb die Kreuzgelenkwellen in drei verschiedenen Längenvarianten an. Dazu werden die zwei Zahnwellengelenke, die bei allen Längenvarianten gleich sind, mit jeweils unterschiedlich langen Verbindungswellen verklebt (**Bild 2**).

© ALFRED HEYD GmbH

Kreuzgelenkwellen		Verbindungswellen	
Variante	Teile-Nr.	Länge in mm	Teile-Nr.
A	3105	490	3106
B	3105-1	370	3106-1
C	3105-2	250	3106-2

Bild 2: Längenvarianten des Erzeugnisbeispieles

Baukastenstückliste

3105   Kreuzgelenkwelle 40/490/ZZ

Pos.	Teile-Nr.	Benennung	Menge
1	3106	Verbindungswelle 40/490	1 St
2	3116	Zahnwellengelenk 40	2 St

Baukastenstückliste

3106   Verbindungswelle 40/490

Pos.	Teile-Nr.	Benennung	Menge
1	3114	Rohr DIN EN 12449 AlMgSi 36x6	0,64 kg

Baukastenstückliste

3116   Zahnwellengelenk 40

Pos.	Teile-Nr.	Benennung	Menge
1	3109	Gelenkkreuz 40	1 St
2	3112	Gummilippenring 40	4 St
3	3108	Rohrwellenschaft 40	1 St
4	3117	Nadelbüchse 40 mit Nadeln	4 St
5	3113	Sicherungssch. DIN6799	4 St
6	3107	Zahnwellenschaft 40	1 St

Baukastenstückliste

3108   Rohrwellenschaft 40

Pos.	Teile-Nr.	Benennung	Menge
1	3118	Halbfabrikat Gelenkschaft 40	1 St

Baukastenstückliste

3118   Halbfabrikat Gelenkschaft 40

Pos.	Teile-Nr.	Benennung	Menge
1	3115	Rund DIN EN 10278 C45PbK-40	0,76 kg

Baukastenstückliste

3117   Nadelbüchse 40 m Nadeln

Pos.	Teile-Nr.	Benennung	Menge
1	3110	Nadelbüchse 40	1 St
2	3111	Nadel 40	17 St

Baukastenstückliste

3107   Zahnwellenschaft 40

Pos.	Teile-Nr.	Benennung	Menge
1	3118	Halbfabrikat Gelenkschaft 40	1 St

Bild 1: Satz von Baukastenstücklisten für das Erzeugnisbeispiel

Mehrfach-Baukastenstückliste für die Kreuzgelenkwellen-Varianten: 40/Länge/ZZ					
Komponenten			Produktvarianten		
			A	B	C
Pos.	Teile-Nr.	Bezeichnung	3105 Kreuzgelenkw. 40/490/ZZ	3105-1 Kreuzgelenkw. 40/370/ZZ	3105-2 Kreuzgelenkw. 40/250/ZZ
1	3106	Verbindungswelle 40/490	1 St	–	–
2	3106-1	Verbindungswelle 40/370	–	1 St	–
3	3106-2	Verbindungswelle 40/250	–	–	1 St
4	3116	Zahnwellengelenk 40	2 St	2 St	2 St

Mehrfach-Baukastenstückliste für die Verbindungswellen-Varianten: 40/Länge					
Komponenten			Teilevarianten		
			A	B	C
Pos.	Teile-Nr.	Bezeichnung	3106 Verbindungs-welle 40/490	3106-1 Verbindungs-welle 40/370	3106-2 Verbindung-welle 40/250
1	3114	Rohr DIN EN 12449 AlMgSi 36 x 6	0,64 kg	0,48 kg	0,33 kg

Bild 1: Mehrfach-Baukastenstücklisten für die Varianten der Kreuzgelenk- und der Verbindungswellen

Die Speicherung der einzelnen Varianten kann mit verschiedenen Verfahren erfolgen:

Redundante Speicherung
Bei diesem Verfahren wird jede Variante als völlig selbstständiges Erzeugnis behandelt und unabhängig von den anderen Varianten abgespeichert. Dies kann aber bedeuten, dass der Überblick über die verschiedenen Varianten leicht verloren geht und dass Daten, die bei allen Varianten gleich sind, mehrfach (redundant) aufgeführt werden müssen.

Mehrfachstückliste
Die Mehrfachstückliste oder Typenstückliste ist eine tabellarische Zusammenfassung der Stücklisten aller betrachteten Varianten auf einem Datenträger. In horizontaler Richtung werden die verschiedenen Variantenausprägungen aufgezählt. In vertikaler Richtung sind alle Komponenten, die für die Herstellung aller Varianten benötigt werden, mit den entsprechenden Mengenangaben für die verschiedenen Varianten aufgelistet. So sieht man aus dem **Bild 1** z. B., dass für die Kreuzgelenkwelle 3105-1 die Verbindungswelle 3106-1 und zwei Zahnwellengelenke 3117 benötigt werden. Die für die verschiedenen Verbindungswellen benötigten Mengen an Rohrmaterial ist in der zweiten Mehrfach-Baukastenstückliste im Bild 1 aufgeführt.

Grundstückliste und Plus-Minus-Stückliste
Die Plus-Minus-Stückliste ist eine Stückliste, in der unter Bezug auf eine sogenannte Grundstückliste die hinzukommenden und/oder die entfallenden Teile aufgeführt sind. Die Grundstückliste ist die vollständige Stückliste für die eine Variante, die als Grundtyp aller anderen Varianten festgelegt wird. Im **Bild 2** ist dies die Kreuzgelenkwelle 3105.

Grund-Baukastenstückliste 3105 Kreuzgelenkwelle 40/490/ZZ			
Pos.	Teile-Nr.	Benennung	Menge
1	3106	Verbindungswelle 40/490	1 St
2	3116	Zahnwellengelenk 40	2 St

Plus-Minus-Baukastenstückliste 3105-1 Kreuzgelenkwelle 40/370/ZZ				
Grundstückliste: 3105				
Pos.	Teile-Nr.	Benennung	Menge +	–
1	3106	Verbindungswelle 40/490		1
2	3106-1	Verbindungswelle 40/370	1	

Plus-Minus-Baukastenstückliste 3105-2 Kreuzgelenkwelle 40/250/ZZ				
Grundstücksliste: 3105				
Pos.	Teile-Nr.	Benennung	Menge +	–
1	3106	Verbindungswelle 40/490		1
2	3106-2	Verbindungswelle 40/250	1	

Bild 2: Die Grund-Baukastenstückliste und die Plus-Minus-Baukastenstücklisten

4.11 Erzeugnisgliederung

Für die übrigen Varianten wird in jeweils einer eigenen Plus-Minus-Stückliste über das Vorzeichen festgelegt, ob im Vergleich zum Grundtyp ein Teil hinzukommt oder wegfällt. So fällt z. B. in unserem Fall für die Herstellung von der Kreuzgelenkwelle 3105-2 im Vergleich zur Kreuzgelenkwelle 3105 die Verbindungswelle 3106 weg und wird durch die kürzere Verbindungswelle 3106-2 ersetzt. Im Normalfall gehören zur Beschreibung einer Variante damit zwei Stücklisten: die Grundstückliste und die zur Variante gehörende Plus-Minus-Stückliste.

Auswahlstückliste
Während bei den oberen aufgeführten Verfahren zur Verwaltung von Variantenstücklisten alle möglichen Erzeugnisvarianten vollständig vordefiniert sind, geht man bei der Auswahlstückliste von zunächst unvollständig definierten Erzeugnissen aus. Bei einer sehr großen Anzahl von möglichen Varianten, wie dies zum Beispiel im Automobilbau oder auch bei der stark kundenorientierten Einzelfertigung vorkommt, wird die genaue Zusammensetzung einer Erzeugnisvariante erst dann festgelegt, wenn der Kunde unter den verschiedenen Möglichkeiten seine Variante ausgewählt hat. Mithilfe von Software, den sogenannten Variantengeneratoren, kann aufgrund vorgegebener Algorithmen (Rechenverfahren) und der Kundenwünsche die Generierung (Erzeugung) entsprechender Variantenstücklisten automatisch erfolgen.

4.11.5 Teileverwendungsnachweis

Der Teileverwendungsnachweis ist eine Liste, die angibt, in welcher Menge ein bestimmtes Material in übergeordneten Einzelteilen, Baugruppen und Erzeugnissen verwendet wird. Während man bei der Stückliste vom Erzeugnis ausgeht und auf die zugehörigen Materialien (Baugruppen, Einzelteile und Rohstoffe) schließen kann, geht man bei einem Verwendungsnachweis von einem Material aus und fragt, wo dieses überall vorkommt. Die Betrachtung des Erzeugnisbaumes erfolgt dabei von unten nach oben (**Bild 1**). Entsprechend der Stücklisten-Hauptformen gibt es Mengenübersichtsteileverwendungsnachweise, Strukturteileverwendungsnachweise und Baukastenteileverwendungsnachweise (**Bild 2**).

Teileverwendungsnachweise werden benötigt, um z. B. folgende Fragen zu beantworten:
- Welche Erzeugnisse sind betroffen, wenn eine Gruppe oder ein Einzelteil konstruktiv geändert wird?
- Welche Einzelteile, Gruppen und Erzeugnisse werden verspätet gefertigt, wenn sich die Lieferung einer Bestellung verzögert?
- Wie sind die kostenmäßigen Auswirkungen, wenn sich ein bestimmtes Material verteuert?

Bild 1: Betrachtungsrichtung der Stückliste und des Teileverwendungsnachweises

Mengenübersichts-Teileverwendungsnachweis			
3110		Nadelbüchse 40	
Pos.	Teile-Nr.	Benennung	Menge
1	3116	Zahnwellengelenk 40	4 St
2	3117	Nadelb. mit Nadeln 40	1 St
3	3105	Kreuzgelenkwelle 40/490/ZZ	8 St
4	3105-1	Kreuzgelenkwelle 40/370/ZZ	8 St
5	3105-2	Kreuzgelenkwelle 40/250/ZZ	8 St

Struktur-Teileverwendungsnachweis			
3110		Nadelbüchse 40	
Baustufe	Teile-Nr.	Benennung	Menge
→ 2	3117	Nadelb. mit Nadeln 40	1 St
>> 1	3116	Zahnwellengelenk 40	4 St
>>> 0	3105	Kreuzgelenkwelle 40/490/ZZ	2 St
→ 2	3117	Nadelb. mit Nadeln 40	1 St
>> 1	3116	Zahnwellengelenk 40	4 St
>>> 0	3105-1	Kreuzgelenkwelle 40/370/ZZ	2 St
→ 2	3117	Nadelb. mit Nadeln 40	1 St
>> 1	3116	Zahnwellengelenk 40	4 St
>>> 0	3105-2	Kreuzgelenkwelle 40/250/ZZ	2 St

Baukasten-Teileverwendungsnachweis			
3110		Nadelbüchse 40	
Pos.	Teile-Nr.	Benennung	Menge
1	3117	Nadelb. mit Nadeln 40	1 St

Bild 2: Teileverwendungsnachweise

Aufgabe 1

Gegeben sind folgende Baukastenstücklisten zur vollständigen Beschreibung der Erzeugnisstrukturen der Erzeugnisse Kassette Gr. 1 und Kassette Gr. 2 (**Bild1**):

101	Kassette Gr. 1	
102	Schale Gr. 1	2 St
103	Scharnier	2 St
104	Niet	8 St

108	Kassette Gr. 2	
109	Schale Gr. 2	2 St
103	Scharnier	2 St
104	Niet	8 St

103	Scharnier	
106	Band	2 St
107	Stift	1 St

102	Schale Gr. 1	
105	Blech	0,15 kg

109	Schale Gr. 2	
105	Blech	0,3 kg

106	Band	
105	Blech	0,02 kg

Erstellen Sie für die Kassette Gr. 1 (101)
- die Mengenübersichtsstückliste
- die Strukturstückliste

und für das Blech (105)
- den Baukasten-Teileverwendungsnachweis
- den Mengenübersichts-Teileverwendungsnachweis

Strukturstückliste

101	Kassette Gr. 1		
Bau-Stufe	Teile-Nr.	Benennung	Menge
. 1	102	Schale Gr. 1	2 St
. . 2	105	Blech	0,15 kg
. 1	103	Scharnier	2 St
. . 2	106	Band	2 St
. . . 3	105	Blech	0,02 kg
. . 2	107	Stift	1 St
. 1	104	Niet	8 St

Baukasten-Teileverwendungsnachweis

105	Blech		
Pos.	Teile-Nr.	Benennung	Menge
1	102	Schale Gr. 1	0,15 kg
2	106	Band	0,02 kg
3	109	Schale Gr. 2	0,30 kg

Mengenübersichts-Teileverwendungsnachweis

105	Blech		
Pos.	Teile-Nr.	Benennung	Menge
1	101	Kassette Gr. 1	0,38 kg
2	102	Schale Gr. 1	0,15 kg
3	103	Scharnier	0,04 kg
4	106	Band	0,02 kg
5	108	Kassette Gr. 2	0,68 kg
6	109	Schale Gr. 2	0,30 kg

Lösungen zu Aufgabe 1

Mengenübersichtsstückliste

101	Kassette Gr. 1		
Pos.	Teile-Nr.	Benennung	Menge
1	102	Schale Gr. 1	2 St
2	103	Scharnier	2 St
3	104	Niet	8 St
4	105	Blech	0,38 kg
5	106	Band	4 St
6	107	Stift	2 St

© ALFRED HEYD GmbH

Bild 3: Kassette

4.12 Arbeitsablauf und Zeiten

Im Arbeitsablauf wird festgelegt,
- **wo** (z. B. in welcher Abteilung oder an welchem Arbeitsplatz),
- **wann** (in welcher zeitlichen Aufeinanderfolge) und
- **womit** (z. B. von welchen Menschen und/oder Betriebsmitteln)

eine Arbeitsaufgabe erledigt werden soll. Dazu wird ein Auftrag (**Tabelle 1**) erstellt, der eine schriftliche oder mündliche Aufforderung zur Ausführung einer Arbeit darstellt.

Tabelle 1: Kennzeichen eines Auftrages

Auftrag: Aufforderung zur Durchführung einer Aufgabe von einer dazu befugten Stelle an eine andere Stelle desselben Unternehmens

Kennzeichen	Beispiel
• Arbeitsaufgabe	Montage von Kreuzgelenkwellen 3105
• Auftragsart	Lagerauftrag
• geforderte Menge	10 Stück
• Termin	28. Kalenderwoche
• Zeitdauer	30 min
• Gütevorschrift	nach Prüfplan P3105

4.12.1 Ablaufabschnitte und Ablaufarten

Der Detaillierungsgrad (das kleinste betrachtete zeitliche Element) bei der Beschreibung eines Arbeitsablaufes hängt von der Art des Arbeitsauftrages ab (**Tabelle 2**). So wird z. B. bei der Betrachtung des Auftrages zur Herstellung von kompletten Kreuzgelenkwellen der Arbeitsablauf in größere **Ablaufabschnitte** unterteilt als beim Zusägen der für die Kreuzgelenkwellen benötigten Verbindungswellen.

Die Mikro-Ablaufabschnitte können nach REFA in verschiedene **Ablaufarten** unterschieden werden:
1. **Rüsten** (R) oder **Ausführen** (A). Beim **Rüsten** wird das Arbeitssystem für die Erfüllung der Arbeitsaufgabe vorbereitet und falls nötig wieder in seinen Ausgangszustand zurückversetzt. Diese Arbeiten, wie z. B. das Lesen des Arbeitsauftrages, das Einrichten und das Säubern der Maschine fallen je Auftrag nur einmal an und sind i.A. von der Auftragsmenge unabhängig. Beim **Ausführen** erfolgt die Durchführung der eigentlichen Arbeitsaufgabe wie z. B. das Verändern des Arbeitsgegenstandes durch Sägen.
2. **Mensch** (M) oder **Betriebsmittel** (B). Der Mensch führt innerhalb einer festgelegten Arbeitszeit (Einsatzzeit) eine **Tätigkeit** aus oder unterbricht diese für kurze Zeit. Das Betriebsmittel unterliegt während seiner Einsatzzeit einer **Nutzung** oder die Nutzung des Betriebsmittels ist unterbrochen.

Tabelle 2: Hierarchische Gliederung von Arbeitsabläufen

	Ablaufabschnitt	Definition	Beispiel	Zeitart
Makro-Ablaufabschnitte	Gesamtablauf (Projekt)	Gesamter Arbeitsablauf zur Herstellung eines Erzeugnisses oder Durchführung eines größeren Vorhabens (Projektes)	Herstellung von 10 kompletten Kreuzgelenkwellen nach Kundenspezifikation oder Umbau einer Werkstatt	$T_{D\,Gesamt}$ Gesamtdurchlaufzeit
	Ablaufstufe (wird im Arbeitsplan beschrieben)	Fertigung von Einzelteilen oder Montage einer Baugruppe (Schritt von einer Fertigungsebene zur nächst höheren)	komplette Teilefertigung von 10 Zahnwellenschaften	T_D Durchlaufzeit
Mikro-Ablaufabschnitte	Vorgang (Arbeitsgang)	Fertigung eines Teiles an einem Arbeitsplatz	einen Zahnwellenschaft auf der Fräsmaschine komplett fräsen	t_e Zeit je Einheit bzw. Stückzeit
	Vorgangsstufe (Ablaufabschnitt im engeren Sinn)	sachlogisch in sich abgeschlossene Folge von Vorgangselementen	Werkstück in Fräsmaschine einspannen	t_h Hauptzeit oder t_n Nebenzeit
	Vorgangselement (kleinster Ablaufabschnitt)	Ablaufabschnitt der sich sinnvoll nicht weiter unterteilen lässt	zum Werkstück hinlangen oder Greifen des Werkstückes	

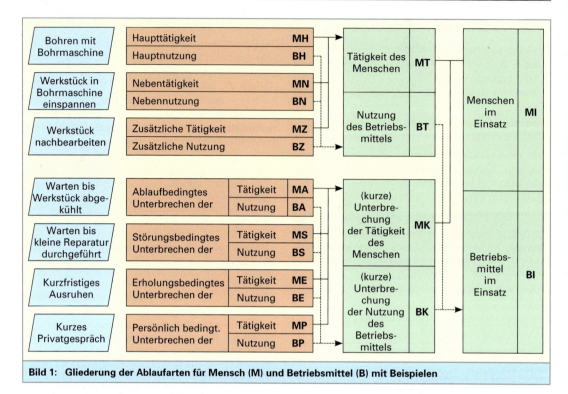

Bild 1: Gliederung der Ablaufarten für Mensch (M) und Betriebsmittel (B) mit Beispielen

Sowohl die Tätigkeit bzw. die Nutzung, wie auch ihre Unterbrechung kann in weitere Ablaufarten untergliedert werden (**Bild 1**).

Art der Tätigkeit bzw. der Nutzung
- **Haupttätigkeit** (MH) bzw. **Hauptnutzung** (BH):
  Zur unmittelbaren, planmäßigen Erfüllung der Arbeitsaufgabe wie z. B. das eigentliche Bohren von Hand mit einer Bohrmaschine führt der Mensch eine Haupttätigkeit aus bzw. erfolgt eine Hauptnutzung des Betriebsmittels.
- **Nebentätigkeit** (MN) bzw. **Nebennutzung** (BN):
  Die planmäßige Tätigkeit des Menschen bzw. Nutzung des Betriebsmittels, die nicht unmittelbar, sondern nur indirekt zur Erfüllung der Arbeitsaufgabe führt, wie z. B. das Ausspannen und Prüfen des Werkstückes, wird Nebentätigkeit bzw. Nebennutzung genannt.
- **Zusätzliche Tätigkeit** (MZ) bzw. **zusätzliche Nutzung** (BZ):
  Für außerplanmäßige aber für den Arbeitsfortschritt nötige Abläufe, wie z. B. das Beheben einer kleinen Störung oder eine Nacharbeit wird der Mensch zusätzlich tätig bzw. wird das Betriebsmittel zusätzlich genutzt.

Art der Unterbrechung der Tätigkeit bzw. der Unterbrechung der Nutzung

- **Ablaufbedingtes Unterbrechen** der Tätigkeit (MA) bzw. der Nutzung (BA):
  Der Mensch bzw. das Betriebsmittel wartet planmäßig auf die Beendigung eines Ablaufabschnittes, wie z. B. auf das Erreichen der Arbeitstemperatur oder auf das Trocknen von Farbe.
- **Störungsbedingtes Unterbrechen** der Tätigkeit (MS) bzw. der Nutzung (BS):
  Der Mensch bzw. das Betriebsmittel muss unplanmäßig wegen einer kurzfristigen technischen oder organisatorischen Störung, wie z. B. das Fehlen von Material oder das Warten während einer kleineren Reparatur, die Arbeitsdurchführung unterbrechen.
- **Erholen** (ME) oder **erholungsbedingte Unterbrechung** der Nutzung (BE):
  Der Mensch erholt sich kurzfristig nach starker Anstrengung, um wieder voll einsatzfähig zu sein. In dieser Zeit kann die Nutzung des Betriebsmittels aufgrund einer fehlenden Bedienungsperson unterbrochen sein.
- **Persönlich bedingtes Unterbrechen** der Tätigkeit (MP) bzw. Nutzung (BP):
  Der Mensch unterbricht kurzfristig aus persönlichen Gründen, wie z. B. ein Privatgespräch oder das Öffnen eines Fensters seine Tätigkeit. Dies kann dazu führen, dass die Nutzung des Betriebsmittels – durch den Menschen verursacht – unterbrochen wird.

4.12 Arbeitsablauf und Zeiten

Häufig decken sich bei ein und demselben Arbeitsablauf die Ablaufart für die Tätigkeit des Menschen nicht mit der Ablaufart des Betriebsmittels.

Während z. B. die Fräsmaschine einen automatischen Fertigungsprozess durchführt, erholt sich der Einrichter von den Rüstarbeiten. Parallel zur Hauptnutzung des Betriebsmittels (BH) steht in diesem Beispiel ein erholungsbedingtes Unterbrechen der Tätigkeit des Menschen (ME).

4.12.2 Vorgabezeit

Wenn man die Zeitdauer von Ablaufabschnitten meint, spricht man von **Zeitarten**. Die für die Durchführung einer Arbeitsaufgabe (Auftrag) vorgegebene Zeitdauer (Soll-Zeit) nennt man **Vorgabezeit**. Die Vorgabezeit für den Menschen bezeichnet man als **Auftragszeit** T. Die Soll-Zeit für ein Betriebsmittel nennt man dagegen **Belegungszeit** T_{bB}. **Bild 1** zeigt die Zeitarten, aus denen sich die Vorgabezeit zusammensetzt.

Die Hauptzeit t_h, die Nebenzeit t_n und die Zeit für ablaufbedingtes Warten t_w wird zur **Grundzeit** t_g zusammengefasst **(Bild 2)**. Sie umfasst alle zur planmäßigen Arbeitsausführung notwendigen Arbeitsschritte.

Die **Verteilzeit** t_v berücksichtigt unregelmäßig anfallende Zeiten, die zusätzlich zur planmäßigen Ausführung der Arbeitsaufgabe benötigt werden.

Bild 1: Bestandteile der Vorgabezeit

Bild 2: Aufbau und Ermittlung der Auftragszeit

Die Verteilzeit umfasst z. B. die Zeit zur Behebung von kleineren Störungen oder für persönlich bedingte Unterbrechungen und wird meistens mithilfe eines Verteilzeit-Prozentsatzes z_v berechnet, der sich auf die Grundzeit t_g bezieht.

Die **Erholungszeit** t_{er} ist eine planmäßige Unterbrechung der Tätigkeit um die Arbeitsermüdung abzubauen. Sie wird tariflich oder durch Betriebsvereinbarung festgelegt und kann mithilfe eines prozentualen Erholungszuschlages z_{er} auf der Basis der Grundzeit t_g ermittelt werden.

Bei der Berechnung der **Auftragszeit** T wird nach der mengenunabhängigen **Rüstzeit** t_r und der mengenabhängigen **Ausführungszeit** t_a unterschieden (Bild 2, vorherige Seite). Die Rüstzeit umfasst alle pro Auftrag einmalig durchzuführenden Arbeiten wie z. B. die Maschine auf- und abzurüsten. Die Ausführungszeit ergibt sich aus der Multiplikation der **Auftragsmenge** m mit der **Zeit je Einheit** t_{e1}. Bei sehr großen Auftragsmengen wird auch mit t_{e10} und t_{e100}, der Vorgabezeit für 10 bzw. 100 Mengeneinheiten gearbeitet.

4.12.3 Zeitermittlung

Die Ermittlung und Darstellung exakter Zeitdaten ist eine entscheidende Voraussetzung für eine zuverlässige Planung und Durchführung von Produktionsprozessen. Zeitdaten bilden die Grundlage für die Bewertung und Entlohnung der menschlichen Arbeit, die Kostenrechnung, die Terminierung und die Kapazitätsplanung.

Die Verfahren zur Ermittlung der Zeitdauer lassen sich grundsätzlich in folgende drei Methoden unterscheiden (**Bild 1**):
- Erfassen von Ist-Zeiten,
- deren Aufbereitung in Form von Planzeiten und
- die Bestimmung von Soll-Zeiten mithilfe der Ist-Zeiten oder Planzeiten

Bild 1: Verfahren zur Zeitermittlung

4.12 Arbeitsablauf und Zeiten

Die bei der Zeitermittlung eingesetzten Methoden müssen gewährleisten, dass die ermittelten Zeiten reproduzierbar sind. Dies bedeutet, dass eine Wiederholung der Zeitermittlung zu den selben Ergebnissen führt. Daher müssen nicht nur die Zeiten, sondern auch alle die Zeitdauer beeinflussenden Arbeitsbedingungen bei der Zeitermittlung erfasst und dokumentiert werden.

Je nach Verwendungszweck der zu ermittelnden Zeiten müssen unterschiedliche Genauigkeitsanforderungen an die Zeitdaten gestellt werden.

Erfassen von Ist-Zeiten
Ist-Zeiten sind tatsächlich vom Menschen bzw. Betriebsmittel zur Durchführung von bestimmten Ablaufabschnitten gebrauchte Zeiten. Sie können unmittelbar durch Zeitmessungen oder mittelbar durch das Zählen der Häufigkeit ihres Auftretens erfasst werden.

Beim **Multimoment-Häufigkeitszählverfahren** wird die Häufigkeit des Auftretens von Ablaufabschnitten gezählt. Hieraus lässt sich statistisch der **Zeitanteil** eines Ablaufabschnittes ermitteln.

Beim **Multimoment-Zeitmessverfahren** werden zusätzlich die aktuellen Uhrzeiten der Beobachtungen notiert und daraus mithilfe von statistischen Verfahren die **Zeitdauer** des beobachteten Ablaufschnittes errechnet.

Das wichtigste und genaueste Verfahren zur Ermittlung der Ist-Zeit ist die **Zeitaufnahme** nach **REFA** (Bild 1). Dabei wird in der **Vorbereitungsphase** das Arbeitssystem (Arbeitsaufgabe, Arbeitsverfahren und -methode, sowie die Arbeitsbedingungen) genau beschrieben. Der Arbeitsablauf wird in Ablaufabschnitte gegliedert, wie z. B. Werkstück einspannen, Werkstück bearbeiten, Bearbeitungsmaß prüfen und Werkstück ausspannen. Für jeden Ablaufabschnitt wird das Endereignis als Messpunkt, wie z. B. das Vorgangselement „Werkstück loslassen", die Bezugsmenge sowie die Einflussgröße und ihr Messwert ermittelt.

In der **Durchführungsphase** wird entsprechend den festgelegten Messpunkten die Zeit meistens als **Fortschrittszeit F** lückenlos durch einen Beobachter mit einem Zeitmessgerät gemessen und der **Leistungsgrad L** in Prozent je Ablaufabschnitt beurteilt. Bei der Beurteilung des Leistungsgrades vergleicht der Beobachter die Bewegungsgeschwindigkeit (Intensität) und die Beherrschung (Wirksamkeit) der ausgeführten Arbeit mit dem Erscheinungsbild einer normalen Leistung, die mit 100 % angesetzt wird.

Beschreibung des Arbeitssystems

Arbeitsaufgabe:	Rundmaterial absägen
Arbeitsverfahren und -methode:	Spannhebel lösen, Stange gegen Anschlag schieben, Spannhebel anziehen, Scheibe mit automatischer Zustellung absägen
Arbeitsgegenstand:	Rund DIN EN 10278-C45PbK-40
Mensch:	Müller Fritz (35, erfahren)
Betriebsmittel:	Kreissäge 1704
Umwelteinflüsse:	Maschinenlärm 85 dB(A)

Ablaufabschnitte festlegen

Nr.	Ablaufabschnitt Messpunkt	Bez.-mg.	Einflussgröße	Wert
1	Stange verschieben und spannen	1	Greifweg	60 cm
			Gewicht	20 kg
	Spannhebel loslassen			
2	Scheibe automatisch absägen	1	Durchm.	40 mm
			Drehzahl	20 1/min

Fortschrittszeit F messen, Leistungsgrad L beurteilen, Ist-Einzelzeiten t_i berechnen

Nr.	L in % t_i, F in 1/100 min	Zyklus I	II	III	IV	V
1	Leistungsgrad L	110	105	110	110	115
	Fortschrittszeit F	39	113	184	252	317
	Ist-Einzelzeit t_i	39	46	41	38	36
2	Leistungsgrad L	–	–	–	–	–
	Fortschrittszeit F	67	143	214	281	317
	Ist-Einzelzeit t_i	28	30	30	29	28

Auswertung

Nr.	$\Sigma L/n$ $\Sigma t_i/n$	$\bar{L}$ $\bar{t}$	$t = \dfrac{\bar{L}}{100} \cdot \bar{t}$	Zeitart
1	550 / 5	110	44	t_{MN}
	20 / 5	40		
2	–	–	29	t_{BH}
	145 / 5	29		
	Σt in 1/100 min		73	
	Grundzeit t_g in min		0,73	
	Erholungszeit t_{er} in min		0,2	Vereinbar.
	Verteilzeit t_v in min		0,07	z_v = 10 %
	Zeit je Einheit t_{e1}		1,0	min

Bild 1: Beispiel einer Zeitaufnahme

Dies setzt eine entsprechende Erfahrung des Beobachters voraus. Bei der Herstellung von mehreren Teilen wiederholen sich die Abläufe zyklisch, sodass man je Ablaufabschnitt mehrere Zeiten erhält. Die Zeiten und die Leistungsgrade werden in einen Zeitaufnahmebogen eingetragen.

In der **Auswertungsphase** werden bei erfolgter Fortschrittszeitmessung die Ist-Einzelzeiten t_i durch Subtraktion der aufeinander folgenden Fortschrittszeiten F ermittelt. Die während der Zeitaufnahme protokollierten Störungen werden aus der Rechnung herausgehalten. Mithilfe einer statistischen Auswertung wird nun geprüft, ob sich die Streuung der Ist-Zeiten im vorgegebenen Bereich bewegt. Die Soll-Zeiten t je Ablaufabschnitt erhält man durch Multiplikation des Durchschnittswertes der entsprechenden Leistungsgrade mit dem Durchschnittswert der entsprechenden Ist-Einzelzeiten. Die Summe der Soll-Zeiten aller Ablaufabschnitte ergibt die Grundzeit t_g. Die gesuchte Zeit je Einheit t_{e1} ergibt sich durch Addition der Grundzeit t_g, der Erholungszeit t_{er} und der Verteilzeit t_v.

Planzeiten erstellen
Die Ermittlung der Vorgabezeiten durch Zeitaufnahmen ist sehr aufwendig. Daher versucht man, für Ablaufabschnitte, die in ähnlicher Form bei verschiedenen Arbeitsaufgaben häufiger vorkommen, die Soll-Zeit einmal festzulegen. Sollzeiten für Ablaufabschnitte, deren Ablauf mithilfe von Einflussgrößen beschrieben werden, nennt man **Planzeiten**. Die Abhängigkeit der Planzeiten von den zeitbestimmenden Einflussgrößen wird mithilfe von Nomogrammen, Zeitformeln (Regressionsformeln) oder Tabellen dargestellt. **Bild 1** zeigt dies am Beispiel des Messens von Werkstückdurchmessern beim Drehen.

Dazu wurden die Normalzeiten für den Ablaufabschnitt „Durchmesser messen" aus verschiedenen Zeitaufnahmen zusammengestellt. Wie man aus der grafischen Darstellung leicht erkennen kann, besteht zwischen der Normalzeit und dem zu messenden Durchmesser ein linearer Zusammenhang, den man mithilfe einer Zeitformel (Regressionsformel[1]) beschreiben kann. Die tabellarische Darstellung wird am häufigsten angewendet.

Typische Beispiele hierfür sind die **Systeme vorbestimmter Zeiten** (SvZ). Bei diesen Verfahren wird für das Ausführen von Vorgangselementen, die vom Mensch voll beeinflussbar sind, wie z. B. das Hinlangen, Greifen und Loslassen, die Soll-Zeit mithilfe von Bewegungszeittabellen bestimmt.

---

[1] lat. regressio = zurückführen, math. Methode um eine Formel für die Zusammenhänge von Einflussgrößen zu finden, z. B. bei der *linearen* Regression sucht man eine Geradengleichung.

Daten aus mehreren Zeitaufnahmen:
Ablaufabschnitt: Durchmesser messen

mit Messschieber		mit Messschraube	
Durchmesser d in mm	Normalzeit t in 1/100 min	Durchmesser d in mm	Normalzeit t in 1/100 min
22	11	18	35
64	16	24	42
80	19	80	46
120	23	140	62
160	24	160	66
220	28	180	67
260	29	250	82
300	34	300	95

⬇

Nomogramm: Durchmesser messen

⬇

Messzeit t in Abhängigkeit vom Durchmesser d

Zeitformeln: (t in 1/100 min, d in mm)
für Messschieber: $t = 12 + 0{,}08 \cdot d$
für Messschraube: $t = 32 + 0{,}2 \cdot d$

⬇

Planzeit-Tabelle: Durchmesser messen

Durchmesser d in mm	Zeit in 1/100 min	
	mit Messschieber	mit Messschraube
50	16	40
100	20	50
150	24	60
200	28	70
250	32	80
300	36	90

Bild 1: Erstellen und Darstellen von Planzeiten

4.12 Arbeitsablauf und Zeiten

Grundlage für die Bewegungszeittabellen sind Filmaufnahmen von verschiedenen Bewegungen und deren Auswertung im Zeitlupenverfahren unter Verwendung von Mikrozeitmessern.
Alle Methoden der Systeme vorbestimmter Zeiten gehen von dem Gedanken aus, dass sich die manuellen Tätigkeiten des Menschen in Bewegungselemente aufteilen lassen, deren Zeitdauer unter gleichen Bedingungen (Einflussgrößen) immer konstant ist. Dem entsprechend gliedert sich die Vorgabezeitermittlung in die zwei Schritte:
- Analyse des Bewegungsablaufes einer Arbeitsaufgabe in die einzelnen Bewegungselemente und die
- Zuordnung der entsprechenden Zeiten unter Verwendung der Bewegungszeittabellen.

Dies führt zu optimal gestalteten Arbeitsplätzen und zu präzisen Vorgabezeiten, da bei diesem Vorgehen der Arbeitsablauf schon in der Planungsphase exakt durchdacht und festgelegt werden muss.
Die bekanntesten Verfahren der Systeme vorbestimmter Zeiten sind
- Work-Faktor (WF), und
- Methods-Time-Measurement (MTM).

Während WF insbesondere die Erfassung der quantitativ-messbaren Einflussgrößen betrachtet, werden bei MTM auch qualitative, also beurteilbare Einflussgrößen (z. B. der Schwierigkeitsgrad einer Tätigkeit) mit in die Analyse herangezogen.

Zeitanteile, die vom Menschen nicht beeinflussbar sind und nur von technischen Parametern (z. B. bei NC-Maschinen) abhängen, werden **Prozesszeiten** genannt. Diese Zeiten lassen sich in den meisten Fällen, wie z. B. die Hauptnutzungszeit beim Drehen, mithilfe von **Prozesszeit-Formeln** berechnen. **(Bild 1)**. Alle Prozesszeit-Formeln für die verschiedenen spanenden Fertigungsverfahren berücksichtigen die Maße des zu bearbeitenden Gegenstandes und die Arbeitsgeschwindigkeit des Werkzeuges des Betriebmittels entsprechend folgender Formel:

$$\text{Unbeeinflussbare Hauptzeit} = \frac{\text{Maße des Arbeitsgegenstandes}}{\text{Arbeitsgeschwindigkeit des Werkzeuges}}$$

Das **Vergleichen und Schätzen** ist ein weiteres Verfahren zur Vorgabezeitermittlung. Dabei wird für die Arbeitsaufgabe zunächst nach gleichen oder ähnlichen Arbeitsläufen gesucht, für die bereits Zeitwerte vorliegen **(Bild 2)**.
Aus dem Vergleich der Einflussgrößen, wie z. B. der Werkstückgeometrie, wird dann durch Schät-

$$t_h = \frac{\pi \cdot D \cdot L \cdot i}{f \cdot v_c \cdot 1000}$$

t_h	[min]	Hauptnutzungszeit
D	[mm]	Außendurchmesser
L	[mm]	Vorschubweg
f	[mm]	Vorschub je Umdrehung
v_c	[m/min]	Schnittgeschwindigkeit
i		Anzahl der Schnitte

Bild 1: Hauptnutzungszeit t_h beim Drehen

zen aus den bekannten Zeitdauern die zu ermittelnde Vorgabezeit abgeleitet. Das Vergleichen und Schätzen wird durch das **Zeitklassenverfahren** systematisiert. Typische Standardarbeiten eines Betriebes, für die die benötigten Zeitdauern bereits bekannt sind, werden in Zeitklassen eingeordnet. Als Soll-Zeit wird der Zeitklassen-Mittelwert derjenigen Zeitklasse verwendet, in die die neue Arbeitsaufgabe am ehesten einzuordnen ist.

1. Arbeitsaufgabe beschreiben.
2. Ähnlichen Arbeitsgegenstand (Standardarbeit) suchen.
3. Unterschiede zwischen der Arbeitsaufgabe und Standardarbeit hinsichtlich
   - Arbeitbedingungen,
   - Werkstückgeometrie und
   - Fertigungsablaufabschnitte
   untersuchen.
4. Entsprechend Punkt 3 zur Standardarbeit hinzukommende und wegfallende Zeiten schätzen und Vorgabezeit für Arbeitsaufgabe festlegen (z. B. mithilfe des Zeitklassenverfahrens).

Bild 2: Vergleichen und Schätzen

Einen zusammenfassenden Überblick über die eingesetzten Verfahren zur Ermittlung der Vorgabezeiten sowie deren Methoden, Hilfsmittel, Kenngrößen und Einsatzbereiche gibt **Tabelle 1**.

Tabelle 1: Vergleich der Verfahren zur Vorgabezeitbestimmung

Verfahren	Istzeiten erfassen	Sollzeiten zusammensetzen	Sollzeiten berechnen	Sollzeiten vergleichen und/bzw. schätzen
Methoden und Hilfsmittel	• Fremdaufschrieb (Zeitaufnahme) • Selbstaufschrieb • Befragung	• Planzeittabellen • Zeittabellen für Systeme vorbestimmter Zeiten • Diagramme	• Formeln • Diagramme • Nomogramme	• Vorhandene Planungsergebnisse (z.B. Standardarbeitenkatalog) • Kennziffern
Kenngrößen – Planungsaufwand	hoch	mittel	mittel	gering
Planungsgenauigkeit	hoch	mittel	mittel	gering
Einsatzbereiche – Einzelfertigung	gering	mittel	mittel	hoch
Kleinserienfertigung	mittel	hoch	hoch	mittel
Serien- und Massenfertigung	hoch	mittel	mittel	gering

Legende: ■ hoch ◧ mittel □ gering

Aufgaben:

1. Für eine Fräsarbeit wurden folgende Daten ermittelt:

   $\Sigma t_{MH} = 4{,}6$ min $\Sigma t_{MN} = 7{,}4$ min $\Sigma t_{MA} = 1{,}2$ min

   $z_{er} = 10\,\%$ $z_v = 8\,\%$

   Ermitteln Sie t_e.

2. Berechnen Sie die Auftragszeit T für eine Auftragsmenge $m = 20$ Stück und einer Rüstzeit $t_r = 30$ min mit den in Aufgabe 1 genannten Daten.

3. Ermitteln Sie mithilfe von Bild 1 auf Seite 132 die Nebenzeiten t_n um einen Durchmesser d von 175 mm mit einer Messschraube zu messen.

4. Ermitteln Sie die Hauptzeit t_h für das Drehen mit folgenden Daten:

   $D = 200$ mm, $L = 150$ mm, $i = 2$ Schnitte, $f = 0{,}32$ mm, $v_c = 120$ m/min.

Lösungen:

$t_e = t_g + t_{er} + t_v$
$t_g = \Sigma t_h + \Sigma t_n + \Sigma t_w$
$ = \Sigma t_{MH} + \Sigma t_{MN} + \Sigma t_{MA}$
$ = (4{,}6 + 7{,}4 + 1{,}2)$ min $\qquad = 13{,}20$ min
$t_{er} = z_{er} \cdot t_g / 100\,\% = 0{,}1 \cdot 13{,}2$ min $= 1{,}32$ min
$t_v = z_v \cdot t_g / 100\,\% = 0{,}08 \cdot 13{,}2$ min $= 1{,}06$ min
$t_e = t_g + t_{er} + t_v = 15{,}58$ min → **16 min**

$T = t_r + m \cdot t_e$
$ = 30$ min $+ 20 \cdot 16$ min $=$ **350 min**

Nach der Planzeittabelle ist die Nebenzeit t_n
60 · 1/100 min für $d = 150$ mm und
70 · 1/100 min für $d = 200$ mm.
Durch Interpolation erhält man damit für $d = 175$ mm eine Nebenzeit t_n von **0,65 min**.

$$t_h = \frac{\pi \cdot D \cdot L \cdot i}{f \cdot v_c \cdot 1000} = \frac{3{,}14 \cdot 200\text{ mm} \cdot 150\text{ mm} \cdot 2}{0{,}32\text{ mm} \cdot 120\text{ m/min} \cdot 1000\text{ mm/m}}$$

$= $ **4,91 min**

4.13 Arbeitsplanung

4.13.1 Aufgaben der Arbeitsplanung

Die Arbeitsplanung umfasst alle einmalig auftretenden Planungsmaßnahmen, um die Arbeitsabläufe in der Fertigung festzulegen. Dazu gehören die fertigungs- und ablaufgerechte Gestaltung der Arbeitsgegenstände (Teile), die Betriebsmittel, die Festlegung der Arbeitsverfahren, die Arbeitsmethoden und die Arbeitsbedingungen sowie die Bereitstellung entsprechend befähigter Mitarbeiter **(Tabelle 1)**.

Unter **Arbeitsverfahren** versteht man die Anwendung einer Technologie zur gewünschten Veränderung eines Gegenstandes wie z. B. Verfahren zur spanlosen oder spanabhebenden Formgebung. Die **Arbeitsmethode** ist das Zusammenfassen der Regeln zur Ausführung des Arbeitsablaufes, wie z. B. die Schnittgeschwindigkeit und der Vorschub beim Drehen. Unter **Arbeitsbedingungen** sind alle technischen, wirtschaftlichen, organisatorischen und sozialen Einflüsse zu verstehen, denen ein Arbeitssystem (Arbeitsplatz) ausgesetzt ist, wie z. B. Maschinenzustand oder Schichtarbeit.

4.13.2 Arbeitsplan

Durch systematische Vorplanung bei der Arbeitsplanung soll in der Fertigung mit geringstmöglichem Aufwand der größtmögliche Ertrag erwirtschaftet werden. Das wichtigste Ergebnis der Arbeitsplanung sind die **Arbeitspläne (Bild 1)**. Sie gehören neben den Zeichnungen und den Stücklisten zu den wichtigsten Informationsquellen für die Teilefertigung und Montage eigengefertigter Teile (Einzelteile, Baugruppen und Erzeugnisse).

Tabelle 1: Aufgaben der Arbeitsplanung

Horizont	Aufgabe	
kurzfristig	Stücklistenverarbeitung	Erstellung von Fertigungs- und Montagestücklisten aus Konstruktionsstücklisten
	Arbeitsplanerstellung	Bestimmung von Arbeitsvorgangsfolge, Betriebsmitteln und Vorgabezeiten
	NC-Programmierung	Erstellung von Steuerprogrammen für numerisch gesteuerte Maschinen und Handhabungsgeräte
	Fertigungsmittelplanung	Konstruktion und Fertigung von Vorrichtungen und Prüfmitteln
mittelfristig	Planungsvorbereitung	Beratung von Konstruktion und Produktion
	Kostenplanung	Vorkalkulation und Entscheidungsvorbereitung für Eigenfertigung oder Fremdvergabe
	Qualitätssicherung	Erstellen von Prüfplänen und Beratung bei der Qualitätsplanung, Unterstützung der Zertifizierung
langfristig	Materialplanung	Planung der am Lager vorzuhaltenden Materialsorten; Lieferantenbewertung und -auswahl
	Methodenplanung	Entwicklung neuer umweltgerechter Verfahren, Methoden und Hilfsmittel zur Fertigung und Montage
	Investitions- und Fabrikplanung	Planung von Fertigungsmitteln, Anlagen und Produktionsbereichen einschließlich der Arbeitsplatzgestaltung

Bild 1: Arbeitsplanerstellung

Der Arbeitsplan gibt an,
- in welcher Weise,
- in welcher Reihenfolge,
- auf welchen Maschinen,
- mit welchen Hilfsmitteln und
- mit welchem Zeitbedarf Teile zu fertigen sind.

Im Kopfteil enthält der Arbeitsplan organisatorische und sachbezogene Daten. Sie enthalten Angaben über den zu fertigenden Gegenstand (Einzelteil, Baugruppe oder Erzeugnis), die zu verwendenden Ausgangsmaterialien und den Mengenbereich für den der Arbeitsplan gilt. Danach folgen die Daten zur Beschreibung der einzelnen Arbeitsgänge. Dies sind mindestens die Bezeichnung des Arbeitsvorgangs, des Arbeitsplatzes, der Rüstzeit (die zur Einrichtung des Arbeitsplatzes geplante Zeit) und der Zeit je Einheit (Stückzeit).

4.13.3 Arbeitsplanerstellung

Vor der Erstellung von Arbeitsplänen steht schon während des Konstruktionsprozesses die **Make-or-buy-Analyse**[1]. Mithilfe einer Kostenvergleichsrechnung wird in enger Zusammenarbeit zwischen Arbeitsplanung, Konstruktion und Einkauf entschieden, ob ein neu entwickeltes Teil im eigenen Betrieb gefertigt oder bei einem Zulieferer fremdbezogen wird.

Die eigentliche Erstellung von Arbeitsplänen erfolgt in den meisten Fällen für einen bestimmten Mengenbereich auftragsneutral. Sie beginnt mit der **Konstruktionsberatung,** bei der vor allem auf die fertigungs- und montagegerechte Gestaltung der neu konstruierten Teile geachtet wird **(Bild 1)**.

Bei der **Ausgangsteilbestimmung** werden Art und Abmessungen des Rohteils bestimmt. Die Auswahl erfolgt unter Berücksichtigung der Anforderungen an das Werkstück sinnvollerweise in enger Zusammenarbeit zwischen Konstruktion und Arbeitsplanung. Hierbei müssen
- technologische (z. B. Werkstoff, Gestalt)
- wirtschaftliche (z. B. Beschaffungs- und Bearbeitungskosten)
- sowie zeitliche Kriterien (z. B. Beschaffungszeit von Material und Vorrichtungen)

berücksichtigt werden.

Die **Arbeitsgangfolgeermittlung** legt die Reihenfolge der Arbeitsgänge (z. B. Sägen, Drehen und Fräsen) fest, durch die das Rohmaterial (z. B. Stangenmaterial) über schrittweises Verändern die Form und/oder der Stoffeigenschaften in den Fertigzustand übergeführt wird. Unter dem Begriff **Arbeitsgang** werden alle Arbeiten zusammengefasst, die an einem Arbeitsplatz zusammenhängend ausgeführt werden.

Funktionen der Arbeitsplanerstellung	Hilfsmittel
Vorbereitende Tätigkeiten • Voraussichtliche Produktionsmenge festlegen • Qualitätsanforderungen ermitteln • Make-or-buy-Analyse • Überprüfen auf fertigungsgerechte Konstruktion	• Produktionsprogr. Teil Jan. Feb. 3105 100 150 2011 200 180 • Kundenanford. • Firmenstrategie • Normen, Vorschr. • Prospekte, Angeb. • Betriebsmittelauslastung
Ausgangsteilbestimmung • Aufmaßermittlung • Rohformbest. • Rohmaßfestleg. • Gewichtsber.	• Materialkatalog • Aufmaße
Arbeitsvorgangsfolgeermittlung • Gegenüberstellen von Ausgangs- und Endzustand • Festlegung der Arbeitsinhalte • Suche nach alternativen Fertigungsverfahren • Wirtschaftlichkeitsvergleich • Reihenfolge	• Detaillierte Kenntnisse aller Bearbeitungsverfahren • Ähnliche Werkstücke • Vergleichbare Arbeitspläne • Verfahrensbeschreibung und Verfahrenskosten
Maschinen- und Fertigungshilfsmittelauswahl • Maschinen • Werkzeuge • Vorrichtungen • Messmittel • Festlegen der Fertigungsvorschriften	• Maschinenkartei • Werkzeug-, Vorrichtungs- und Messmittelkataloge • Mitarbeitererfahrung
Vorgabezeitermittlung • Rüstzeiten • Schnittwerte • Hauptzeiten t_h und Nebenzeiten t_n • Erholzeiten t_{er} und Verteilzeiten t_v • Berechnung der Zeit je Einheit t_e	• Schnittwertekatalog • Zeitrichtwerte • Planzeitkatalog

Links (Spalte): Einmalig je Arbeitsplan / Je Arbeitsvorgang

Bild 1: Arbeitsplanerstellung

---
[1] engl. to make = machen (selbst machen), engl. to buy = kaufen (zu kaufen)

4.13 Arbeitsplanung

Zur Arbeitsgangfolgeermittlung müssen zuerst alle im Betrieb möglichen Bearbeitungsverfahren zur Erzeugung der gewünschten Fertigteilgeometrie erfasst und analysiert werden. Nach Ausschluss der Verfahren, die den Anforderungen an die zu erreichende Qualität (z. B. Form- und Maßtoleranzen) nicht genügen, wird unter Berücksichtigung der zu produzierenden Stückzahlen das wirtschaftlich günstigste Verfahren ausgewählt.

Bei der **Fertigungsmittelauswahl** werden jedem Arbeitsgang die erforderlichen Fertigungsmittel (Maschinen, Werkzeuge und Vorrichtungen) zugeordnet. Dies geschieht mit dem Ziel, die im Betrieb vorhandenen Produktionsmöglichkeiten möglichst optimal zu nutzen. Zunächst werden alle infrage kommenden Maschinen miteinander verglichen und die geeignetste Maschine ausgewählt. Dabei sind sowohl technische Merkmale wie z. B. mögliche Einspanndurchmesser, maximale Maschinenleistung oder Drehzahlbereich als auch wirtschaftliche Merkmale, wie Losgröße, Maschinenauslastung und Verfügbarkeit zu berücksichtigen. Ein viel verwendetes Hilfsmittel zur Bestimmung der geeignetsten Maschine ist die AWF-Maschinenkartei des Ausschusses für Wirtschaftliche Fertigung (**Bild 1**).

Nach der Maschinenauswahl werden die für den Arbeitsgang benötigten Fertigungshilfsmittel festgelegt und ggf. deren Anfertigung bzw. Bestellung veranlasst.

Fertigungshilfsmittel sind Werkzeuge, Vorrichtungen und Messmittel, die nicht als Standardzubehör an der Maschine vorhanden sind. Während ein **Werkzeug** wie z. B. ein Bohrer unmittelbar auf das Werkstück zur Formveränderung einwirkt, fixiert eine **Vorrichtung** die genaue Lage des Werkstückes zum Werkzeug während des Bearbeitungsvorganges. **Standardwerkzeuge** (z. B. Bohrer) und **Standardvorrichtungen** (z. B. Rundschalttische) können für eine Vielzahl verschiedener Arbeitsaufgaben eingesetzt werden. Dagegen ermöglichen Sonderwerkzeuge (z. B. Spritzgießwerkzeuge) und Sondervorrichtungen (z. B. Bohrvorrichtung) nur bestimmte, meist komplexe Bearbeitungsaufgaben. Da Sonderwerkzeuge bzw. -vorrichtungen speziell angefertigt werden müssen und somit wesentlich teurer als der Standard sind, muss genau geprüft werden, ob ihr Einsatz Vorteile bringt. Diese Vorteile können sich durch Substitution und somit den Wegfall von anderen Arbeitsgängen, eine bessere Qualität oder durch die Verkürzung der Bearbeitungszeit ergeben.

Die **Vorgabezeitermittlung** dient der Bestimmung der zur Ausführung der einzelnen Arbeitsgänge vorgegebenen Soll-Zeiten. Im Maschinenbau werden im Arbeitsplan meist nur die Rüst- und Stückzeiten in Minuten angegeben.

Bild 1: AWF-Maschinenkarte (Beispiel)

Eine detaillierte Ermittlung der Vorgabezeiten ist aufwendig. In der Einzel- und Kleinserienfertigung ist jedoch ein hoher Genauigkeitsgrad meist nicht erforderlich. Bei Massen- und Großserienfertigung ist eine genaue Bestimmung der Vorgabezeit von besonderer Bedeutung, da sie eine wesentliche Voraussetzung für die Planung wirtschaftlicher Investitionen bildet. Vorgabezeiten können durch Zeitaufnahmen, Berechnung mit Formeln, Zusammensetzen von Planzeitwerten und durch Vergleichen und Schätzen ermittelt werden. Die hierfür benötigten Werte können Schnittwert-, Maschinen- und Planzeittabellen entnommen werden.

Beim Einsatz einer NC-Maschine müssen als weitere Fertigungshilfsmittel das meist teilespezifische NC-Programm zur Maschinensteuerung und die dazugehörenden Arbeitsunterlagen wie die Werkzeugliste zur Voreinstellung, das Einrichteblatt mit Werkzeugplan und die Ablaufzeichnungen vorbereitet werden.

Die **Arbeitsgangbeschreibung** muss in ihrem Umfang die berufliche Qualifikation des ausführenden Mitarbeiters berücksichtigen. Sie sollte weiterhin kurz, eindeutig, vollständig, einprägsam und übersichtlich im Aufbau sein.

4.13.4 Rationalisierung der Arbeitsplanung

Teilefamilien

Ein wesentlicher Schritt die Arbeitsplanerstellung zu vereinfachen und die Fertigung wirtschaftlicher zu gestalten, ist das Zusammenfassen von geometrisch ähnlichen Teilen zu sogenannten *Teilefamilien*. Da sich die geometrischen Endformdaten der Teile einer Teilefamilie nur unwesentlich unterscheiden, ist in der Regel auch der zu ihrer Herstellung durchzuführende Fertigungsprozess gleich.

Fertigungsfamilien

In sogenannten Fertigungsfamilien werden Teile zusammengefasst, die trotz stark unterschiedlicher Endformen mit den selben Fertigungsverfahren auf den gleichen Maschinen hergestellt werden. Klassifizierungsnummern oder Sachmerkmalleisten, die die Endform eines Teiles bzw. die zu seiner Herstellung benötigten Fertigungsverfahren beschreiben, erleichtern das Finden von ähnlichen Arbeitsplänen. Statt durch eine aufwendige **Neuplanung** können damit im Rahmen einer **Ähnlichkeitsplanung** bereits vorhandene Teillösungen zu neuen Arbeitsplänen kombiniert oder vorhandene Arbeitspläne ähnlicher Teile geändert bzw. angepasst werden.

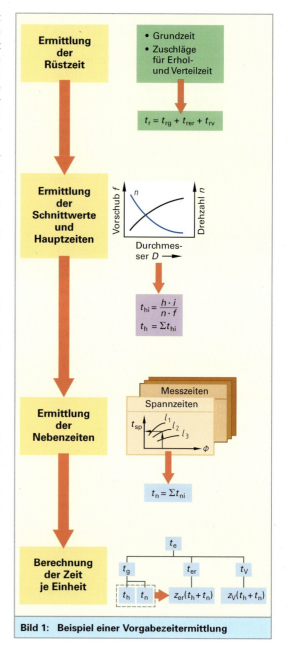

Bild 1: Beispiel einer Vorgabezeitermittlung

Ein weiterer Rationalisierungseffekt ergibt sich durch den Einsatz von CAP (Computer Aided Planning) **(Bild 1, folgende Seite)**. Aufgabe des CAP ist die rechnerunterstützte Planung der Arbeitsvorgänge, Verfahren und Betriebsmittel sowie die Ermittlung von Vorgabezeiten. Das Haupteinsatzgebiet des CAP liegt bei der Unterstützung der NC-Programmierung.

4.13 Arbeitsplanung

Bild 1: CAP (Computer Aided Planning)

4.13.5 Arbeitspläne für das Beispielerzeugnis des Modellbetriebes

Für die Fertigung der Kreuzgelenkwelle (**Bild 2**) sind auf den folgenden Seiten alle Arbeitspläne für die Teilefertigung und die Montage dargestellt. Aus der Erzeugnisstruktur (**Bild 3**) ist die Teileart und Bezugsart der dafür benötigten Teile zu erkennen.

Bild 1, folgende Seite zeigt das Groblayout des entsprechenden Modellbetriebes mit den wichtigsten Kostenstellen und den benötigten Arbeitsplatzgruppen. Die fremdbezogenen Teile (Bezugsart F) werden im Wareneingang angeliefert und kontrolliert. Danach wird das Rohmaterial (Teileart R) im Rohmateriallager (RohLag) und die fremdbezogenen Einzelteile (Teileart T) im Zwischenlager (ZwiLag) eingelagert. Die eigengefertigten (Bezugsart E) Einzelteile (Teileart T) und selbst montierten Baugruppen (Teilart G) werden nach ihrer Fertigstellung ebenfalls ins Zwischenlager (ZwiLag) gebracht und dort für die Vor- und Endmontagen kommissioniert (zusammengestellt).

Bild 2: Kreuzgelenkwelle

Bild 3: Struktur der Kreuzgelenkwelle

Teileart (TA):
- E: Erzeugnis
- G: Baugruppe
- T: Einzelteil
- R: Rohmaterial

Bezugsart (BA):
- E: Eigenfertigung
- F: Fremdbezug

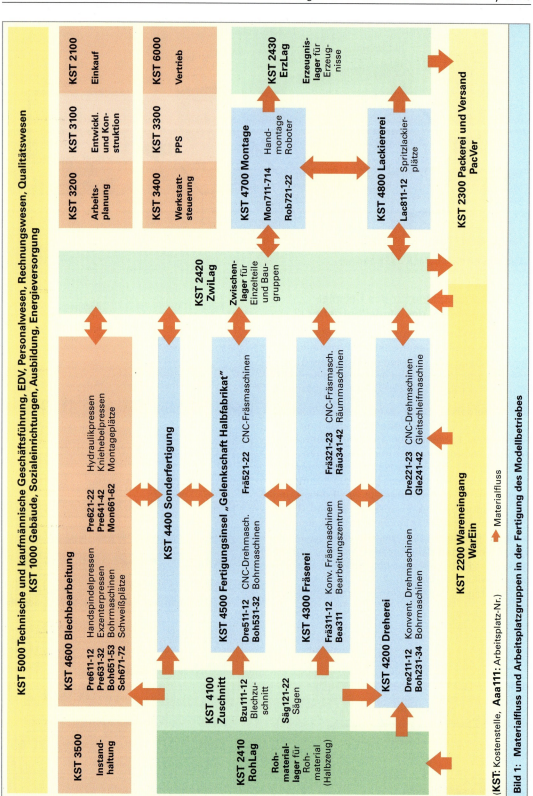

Bild 1: Materialfluss und Arbeitsplatzgruppen in der Fertigung des Modellbetriebes

4.13 Arbeitsplanung

Arbeitspläne für die Teilefertigung des Erzeugnis-Beispieles (auftragsneutral)

Modellbetrieb		Teilefertigungs-Arbeitsplan			Ersteller:	Ro/Dat.: 17.01.22		
Fertigteil-Nr.: 3118		Fertigteil-Benennung: Halbfabrikat Gelenkschaft 40				Zeichn.-Nr. 3118-3	Mengenbereich: bis 2000	
Ausgangsteil-Nr.: 3115		Ausgangsteil/Rohform/Werkstoff/Abmessung: Rund DIN EN 10278 – C45 Pb K – 40				Rohgew.: 0,76 kg	Fertig-gew.: 0,53 kg	Lager: RohLag
AG-Nr.	Kosten-stelle	Arb.platz-gruppe	Arbeitsgang-beschreibung		Fertig.-hilfs-mittel	NC-Pro-gramm	Rüstzeit [min]	Stückzeit [min]
010	4100	Säg120	Absägen auf Länge 68				15	2
020	4500	Dre510	Drehen, Längsbohren Ø 22			3118-510	45	7
030	4500	Frä520	Fräsen, Querbohren Ø 17		VoF3118	3118-520	60	14

Modellbetrieb		Teilefertigungs-Arbeitsplan			Ersteller:	Ro/Dat.: 17.01.22		
Fertigteil-Nr.: 3107		Fertigteil-Benennung: Zahnwellenschaftschaft 40				Zeichn.-Nr. 3107-1	Mengenbereich: bis 1000	
Ausgangsteil-Nr.: 3118		Ausgangsteil/Rohform/Werkstoff/Abmessung: Halbfabrikat Gelenkschaft 40				Rohgew.: 0,53 kg	Fertig-gew.: 0,49 kg	Lager: ZwiLag
AG-Nr.	Kosten-stelle	Arb.platz-gruppe	Arbeitsgang-beschreibung		Fertig.-hilfs-mittel	NC-Pro-gramm	Rüstzeit [min]	Stückzeit [min]
010	4300	Räu340	Räumen N25x0,6x40x7H		WzR3107		15	1
020	4200	Gle240	Gleitschleifen, Reinigen				20	30 je 20 St

Modellbetrieb		Teilefertigungs-Arbeitsplan			Ersteller:	Ro/Dat.: 17.01.22		
Fertigteil-Nr.: 3108		Fertigteil-Benennung: Rohrwellenschaft 40				Zeichn.-Nr. 3108-1	Mengenbereich: bis 1000	
Ausgangsteil-Nr.: 3118		Ausgangsteil/Rohform/Werkstoff/Abmessung: Halbfabrikat Gelenkschaft 40				Rohgew.: 0,53 kg	Fertig-gew.: 0,47 kg	Lager: ZwiLag
AG-Nr.	Kosten-stelle	Arb.platz-gruppe	Arbeitsgang-beschreibung		Fertig.-hilfs-mittel	NC-Pro-gramm	Rüstzeit [min]	Stückzeit [min]
010	4200	Dre220	Drehen Ø 32 H7			3108-221	30	0,5
020	4200	Gle240	Gleitschleifen, Reinigen				20	30 je 20 St

Modellbetrieb		Teilefertigungs-Arbeitsplan			Ersteller:	Ro/Dat.: 17.01.22		
Fertigteil-Nr.: 3106-1		Fertigteil-Benennung: Verbindungswelle 40/490				Zeichn.-Nr. 3106-1	Mengenbereich: bis 200	
Ausgangsteil-Nr.: 3114		Ausgangsteil/Rohform/Werkstoff/Abmessung: Rohr DIN EN 12 449 AlMgSi 36x6				Rohgew.: 0,64 kg	Fertig-gew.: 0,62 kg	Lager: RohLag
AG-Nr.	Kosten-stelle	Arb.platz-gruppe	Arbeitsgang-beschreibung		Fertig.-hilfs-mittel	NC-Pro-gramm	Rüstzeit [min]	Stückzeit [min]
010	4100	Säg120	Absägen auf Länge 492				15	2
020	4200	Dre220	Drehen, Seite 1 Drehen, Seite 2			3106-520a 3106-520b	60	3

© ALFRED HEYD GmbH

Montage-Arbeitspläne für das Erzeugnis-Beispiel, Forts.

Modellbetrieb			Montage-Arbeitsplan		Ersteller: Ro/Dat.: 17.01.22		
Fertigteil-Nr.: **3117**			Fertigteil-Benennung: **Nadelbüchse 40 mit Nadeln**		Zeichn.-Nr. 3117-1	Mengenbereich: bis 500	
Ausgangsteil-Nr.:			Ausgangsteil/Rohform/Werkstoff/Abmessung:		Menge:	Fertig- gew.:	Lager:
3110			Nadelbüchse 40		1		ZwiLag
3111			Nadel 40		17		ZwiLag
AG-Nr.	Kosten- stelle	Arb.platz- gruppe	Arbeitsgang- beschreibung		Fertig.- hilfs- mittel	Rüstzeit [min]	Stückzeit [min]
010	4700	Mon710	Büchse mit Lagerfett füllen, Nadeln einführen, in Vorratsbehälter 3117 stapeln		VoM3117	20	1

Modellbetrieb			Montage-Arbeitsplan		Ersteller: Ro/Dat.: 17.01.22		
Fertigteil-Nr.: **3116**			Fertigteil-Benennung: **Zahnwellengelenk 40**		Zeichn.-Nr. 3116-1	Mengenbereich: bis 500	
Ausgangsteil-Nr.:			Ausgangsteil/Rohform/Werkstoff/Abmessung:		Menge:	Fertig- gew.	Lager:
3109			Gelenkkreuz 40		1		ZwiLag
3112			Gummilippenring 40		4		ZwiLag
3108			Rohrwellenschaft		1		ZwiLag
3117			Nadelbüchse 40 mit Nadeln		4		ZwiLag
3113			Sicherungsscheibe DIN 6799		4		ZwiLag
3107			Zahnwellenschaft 40		1		ZwiLag
AG-Nr.	Kosten- stelle	Arb.platz- gruppe	Arbeitsgang- beschreibung		Fertig.- hilfs- mittel	Rüstzeit [min]	Stückzeit [min]
010	4700	Mon710	nach Montageplan 3116 montieren, nach Prüfplan 3116 kontrollieren, in Vorratsbehälter 3116 stapeln		VoM3116	30	4

Modellbetrieb			Montage-Arbeitsplan		Ersteller: Ro/Dat.: 17.01.22		
Fertigteil-Nr.: **3105**			Fertigteil-Benennung: **Kreuzgelenkwelle 40/490/ZZ**		Zeichn.-Nr. 3105-1	Mengenbereich: bis 500	
Ausgangsteil-Nr.:			Ausgangsteil/Rohform/Werkstoff/Abmessung:		Menge:	Fertig- gew.	Lager:
3106			Verbindungswelle 40/490		1		ZwiLag
3116			Zahnwellengelenk 40		2		ZwiLag
AG-Nr.	Kosten- stelle	Arb.platz- gruppe	Arbeitsgang- beschreibung		Fertig.- hilfs- mittel	Rüstzeit [min]	Stückzeit [min]
010	4700	Mon710	Klebeflächen mit Cleaner reinigen, Klebstoff gleichmäßig auftragen, Gelenke aufschieben, in Vorrichtung VoM3105 einspan- nen, nach Prüfplan 3105 kontrollieren, Prüfstempel einprägen in Transportbehälter legen		VoM3105	30	2

© ALFRED HEYD GmbH

5 Arbeitssystemgestaltung

5.1 Grundlagen der Arbeitssystemgestaltung

5.1.1 Der Mensch ist das Maß

Diesen Leitspruch sollte sich jedes Unternehmen zu eigen machen. Eine menschengerechte, humane Arbeitsplatzgestaltung erfordert zwar höhere Investitionen, verbessert aber die Wirtschaftlichkeit und die aufgewendeten Kosten werden sich amortisieren. Schon kurzfristig zeigen sich die ersten Erfolge. Die Qualität wird ansteigen, bzw. sich stabilisieren. Es gibt weniger Nacharbeit und weniger Ausschuss. Die Zahl der Krankmeldungen aufgrund von Überbelastungen z. B. Lasten heben (**Bild 1**), wird deutlich sinken. Die Motivation der Mitarbeiter wird durch ansprechende Arbeitsplätze (**Bild 2**) ansteigen und damit wird die Fluktuation abnehmen. Desweitern wird die Arbeitssicherheit zunehmen. Dafür sorgen z. B. die sauberen, hellen Arbeitsplätze. Die Berufsgenossenschaften können dies durch ihre Statistiken eindeutig beweisen, denn krankheitsbedingte **Ausfalltage kosten viel Geld** durch Terminverzug, Regressforderungen, Überstunden und Ersatzkräfte. Letztendlich sollten die Forderungen des Qualitätsmanagements, einschließlich der Zertifizierung, allen klar machen, dass eine konsequente Arbeitsplatzgestaltung die elementare Voraussetzung für jedes Unternehmen ist.

Bild 1: Arbeitsgerechte Bauteilpositionierung

Bild 2: Ergonomisch gestaltete Arbeitsplätze

> Zur „Einstimmung" in das Kapitel Arbeitssystemgestaltung mit dem Schwerpunkt der Arbeitsplatzgestaltung sei hier *Winston Churchill*[1] zitiert, der nicht nur gesagt hat: „no sports", sondern auch: „wenn man sitzen kann, sollte man nicht stehen, und wenn man liegen kann, nicht sitzen", und damit 90 Jahre alt geworden ist. Für ihn war der Mensch das Maß aller Dinge!

Für die Theorie und die Systematisierung der Montage, den Taylorismus[2], muss *Taylor*[3] genannt werden. Die Firma *Ford (USA)* hat nämlich in den 20er-Jahren die erste großtechnische Fließbandmontage eingeführt. Aber andere Firmen z. B. die Firma Westinghouse in Pittsburg, USA, haben um 1890 schon das System der Arbeitsteilung eingesetzt (**Bild 3**).

Bild 3: Fließbandarbeit bei der Fa. Ford, USA um 1920

---

[1] *Winston Churchill,* 1940 bis 1945 Premierminister und Verteidigungsminister des UK

[2] Taylorismus: von *Taylor* entwickeltes System der wissenschaftlichen Betriebsführung, das auf dem Prinzip der Arbeitsteilung beruht.

[3] *Winslow Taylor:* amerik. Ingenieur (1856 bis 1915)

Zuvor hat der sogenannte erste Volkswirtschaftler Adam Smith[1] (**Bild 1**) die Arbeitsteilung theoretisch untersucht. A. Smith hat durch seine Studien nachweisen können, dass die Arbeitsteilung (= Fließbandarbeit) die Produktivität von gesamten Volkswirtschaften steigert und somit die Voraussetzung für jegliches wirtschaftliche Handeln darstellt. Heute, zu Anfang des 21. Jh., haben wir eine globale **Arbeitsteilung**. Bei einer Einzelfertigung, schrieb A. Smith, kann ein Arbeiter 20 Nadeln herstellen, in der Form der Arbeitsteilung mit 10 Arbeitern können 4800 Nadeln pro Arbeiter hergestellt werden. Taylor hat durch seine arbeitswissenschaftlichen Studien nachgewiesen, dass durch die Arbeitsteilung jeder Mitarbeiter seinen Teil zur Produktion von komplexen Produkten beitragen konnte, ohne dass eine Berufsausbildung notwendig war. Die Arbeits-(teil)schritte müssten nur entsprechend im Umfang an die Qualifikation des Mitarbeiters angepasst sein. Das Erlernen der Arbeit konnte fast ohne Einarbeitung und Übung erfolgen.

Die Abhängigkeit vom Arbeitgeber ohne universelle Berufsausbildung waren in dieser Zeit nicht relevant. Allein eine Arbeit zu haben, war dem Einzelnen wichtiger! Voraussetzung allerdings war, dass das Produkt einen relativ einfachen Aufbau hatte, es gut kontrollierbar war und große Serien von (fast) gleichen Produkten hergestellt wurden. Diese Art der manuellen Montage hat sich lange Zeit nicht wesentlich verändert, obwohl sich schon bald die Anforderungen an die Technik deutlich erhöht haben und die Mitarbeiter eine humane Arbeitsplatzgestaltung nach ergonomischen Gesichtspunkten forderten. Die Zahl der Produktvarianten hat extrem zugenommen. Die klassische Arbeitsteilung war diesen Anforderungen der Kundenorientierung nicht mehr gewachsen. Viele Unternehmen sind dann durch den globalen Markt in große Schwierigkeiten gekommen und mussten neue Arbeitsstrukturmaßnahmen einbringen, wie z. B. die Gruppenarbeit, um die genannten Anforderungen erfüllen zu können.

Gilbreth hat durch seine Untersuchungen die Grundlagen zur **Planzeitermittlung**, also der Vorbestimmung von Zeiten (SvZ[2] bei REFA) von einzelnen Handgriffen bis zu einzelnen Vorgangselementen gelegt. Mit seinem MTM[3]-System kann fast jede manuelle Arbeit in die fünf Grundelemente (**Tabelle 1**) gegliedert werden.

---

[1] Adam Smith (1723 bis 1790), schottischer Nationalökonom und Moralphilosph, stellt in seinem Werk der Arbeitswertlehre den Wert der Arbeitsteilung heraus

[2] SvZ = Systeme vorbestimmter Zeiten = Vorgabezeiten für einzelne Arbeitsschritte

[3] MTM Kunstwort für Methods-Time Measurement, Methode zur Ermittlung von Zeiten für Arbeitsabläufe

Bild 1: *Adam Smith*

Tabelle 1: Die fünf Grundelemente des MTM-Systems

Element	Hinlangen	Greifen	Bringen	Fügen	Loslassen
	(R) reach	(G) grasp	(M) move	(P) position	(RL) release
Kurzbeschreibung	Hinlangen zu einem Gegenstand	Greifen eines Gegenstandes	Bringen (Bewegen) eines Gegenstandes	Genaue Montage mit einer kleinen Toleranz	– Gegenstand loslassen – Kontrolle aufgeben
Wichtige Fälle	RA allein und gleicher Ort RB allein und veränderlicher Ort RC vermischt	G1A leicht zu fassen G4 Auswählgriff von vermischten Gegenständen	MA gegen Anschlag MB ungefähre Lage MC genaue Lage	P1 lose Passung P2 enge Passung P3 feste Passung	RL1 Öffnen Finger RL2 Aufheben des Kontaktes

Tabelle 2: Prinzipien der Arbeitsplatzgestaltung

Prinzipien	Bewegungsvereinfachung	Bewegungsverdichtung	Teilmechanisierung
Beschreibung	Reduzierung von aufwendigen Bewegungen zu einfacheren	Zusammenfassung oder Eliminierung von Bewegungselementen	Ersatz der Handarbeit durch einfache Betriebsmittel oder Automaten
Anwendung bzw. Beispiele	– Fasen der Teile – Greifbehälter – greifgünstiges Anordnen der Teilebehälter	– Beidhandarbeit – Vermeidung von Haltearbeiten – Teileübergaben vermeiden	– Schrauber – Rüttler – Pneumatikspannelemente – Auswerfer

5.1 Grundlagen der Arbeitssystemgestaltung

Diese Methode ermöglicht die Bestimmung der Zeitvorgabe ohne dass die Arbeitsplätze real vorhanden sind. Des weiteren werden auch die Belastungen deutlich und können durch ergonomische Maßnahmen rechtzeitig angepasst werden. Die Prinzipien der Arbeitsplatzgestaltung nach bewegungstechnischen Gesichtspunkten (**Tabelle 2, vorhergehende Seite**) wie z. B. die Bewegungsvereinfachung bei der Grundbewegung „Fügen" durch das Anbringen von Fasen am Stift oder der Bohrung verkürzt die Montagezeit um bis zu 40 % (**Bild 1**).

5.1.2 Menschengerechte Arbeitsgestaltung

Die Arbeitswissenschaft hat die in der **Tabelle 1** dargestellten hierarchischen Beurteilungsebenen entwickelt. Es muss zuerst die vorhergehende Ebene erfüllt sein bevor die nächste Ebene geprüft wird. Im Einzelnen definiert die Arbeitswissenschaft die Beurteilungsebenen wie folgt:

- **Ausführbarkeit**

ist dann gegeben, wenn die Grenzbelastungen nicht überschritten werden, z. B. Heben einer überschweren Last.

- **Erträglichkeit**

meint die Einhaltung der Dauerleistungsgrenze. Dies ist der Grenzbereich, bei dem im Verlauf der Regelschicht das Energieangebot und der Energiebedarf ausgeglichen wird, oder die Belastungsintensität während der Arbeit, die ohne größere Ermüdung und vermehrte Pausen kontinuierlich über die Schichtzeit durchführbar ist.

- **Zumutbarkeit**

ist ein soziologisches und ökonomisches Problem und hängt unter anderem von der jeweiligen Einstellung der Gesellschaft zur Arbeit ab. So werden in Zeiten von hoher Arbeitslosigkeit dem Arbeitsuchenden auch Arbeitsstellen zugemutet, die deutlich unter seinem Ausbildungsniveau und seinem Normalverdienst liegen.

- **Zufriedenheit**

ist ein individuelles und sehr subjektives Merkmal. Die Betrachtung dieses Merkmals führt unmittelbar in die Ausführungen des Fachgebiets der „Betrieblichen Kommunikation". Hier ist das Modell von *Maslow* mit der Bedürfnishierarchie (**Bild 2**) sehr hilfreich. Ein motivierter Mitarbeiter wird zufrieden sein!

---
[1] Anthropologie = Wissenschaft vom Menschen und seiner Entwicklung von griech. anthropos = Mensch
[2] engl. corporate identity = Selbstdarstellung eines Unternehmens oder einer Gemeinschaft

Bild 1: Reduzierung der Montagezeit

Bild 2: Die Maslow-Bedürfnis-Pyramide

Tabelle 1: Bewertungsebenen für die Beurteilung menschlicher Arbeit	
Beurteilungsebene	Zuständigkeiten und Verantwortlichkeiten innerhalb der Arbeitswissenschaft
Ausführbarkeit	Anthropologie[1] und Anthropotechnik, Technologie, Ergonomie.
Erträglichkeit	Arbeitsphysiologie und Arbeitspsychologie, Arbeitsmedizin, Technologie und Arbeitswirtschaft.
Zumutbarkeit	Soziologie und Pädagogik, Arbeitspsychologie und Arbeitsphysiologie, Arbeitsrecht und Personalwirtschaftslehre.
Zufriedenheit	Sozialwissenschaften, Betriebliche Kommunikation, Ökonomie, Volkswirtschaftslehre, Betriebswirtschaftslehre, Corporate Identity[2].

5.1.3 Die Gestaltung von Arbeitssystemen im Gesamtüberblick

Zur Verbesserung der Arbeitsbedingungen und zur Erhöhung der Rentabilität des Unternehmens gibt es vielfältige Möglichkeiten. Im folgenden Kapitel wird als Schwerpunkt innerhalb der Arbeitssystemgestaltung die **Ergonomie** besonders herausgestellt. Die vielfältigen Möglichkeiten, die ein Unternehmen zur Bestgestaltung aller Arbeitssysteme hat, sind in der **Tabelle 1** ohne Vollständigkeitsanspruch zusammengestellt. Dies sollte uns nochmals deutlich machen, dass wir immer prozessorientiert analysieren, planen, denken und arbeiten müssen.

Die Gruppenarbeit einführen und das Positive ausnutzen ist eine feine Sache, sie dann trotz der auftretenden Probleme am Leben zu erhalten ist häufig schwierig! Derzeit wird die Gruppenarbeit besonders gefördert, da sich die Methoden des Qualitätsmanagements, der Kundenorientierung und des Prozessdenkens im Allgemeinen damit hervorragend umsetzen lassen.

Die **Tabelle 2** listet die wichtigsten Einzelziele und Methoden der menschengerechten Arbeitssystemgestaltung auf. Dabei wird deutlich, dass sich nicht alle Ziele mit einer bestimmten Umstrukturierungsmaßnahme erfüllen lassen, ja sich sogar manche Ziele widersprechen. Deshalb ist eine sachgerechte Auswahl notwendig!

> Durch *job rotation*[1], *job enlargement*[2] und *job enrichment*[3] erreicht man menschengerechte Arbeitsbedingungen.

---

[1] engl. job rotation = Wechsel des Arbeitsplatzes und der Tätigkeit,
[2] engl. job enlargement = Ausweitung der Arbeitsinhalte,
[3] engl. job enrichment = Anreicherung der Arbeit mit anspruchsvolleren Tätigkeiten
[4] DGUV = Deutsche Gesetzliche Unfallversicherung

Tabelle 2: Ziele und Methoden der Arbeitssystemgestaltung

	Zielkatalog der menschengerechten Arbeitsgestaltung, bzw. Möglichkeiten zur Verbesserung der Arbeitssysteme (Auswahl)	job-rotation	job-enlargement	job-enrichment	teilautonome Gruppenarbeit
1	Humanität erhöhen und sicherstellen	x	x	x	x
2	Physische Belastung verringern	x			x
3	Monotoniebelastung verringern	x	x		x
4	Ermüdung verringern, bzw. verhindern	x	x		
5	Qualifizierung ermöglichen	x	x	x	x
6	Belastungswechsel sicherstellen			x	x
7	Arbeitszufriedenheit erhöhen und stabilisieren	x	x	x	x
8	Arbeitsmotivation erhöhen und sicherstellen	x	x	x	x
9	Überbeanspruchung verhindern, bzw. abbauen	x			
10	Arbeitszyklus vergrößern		x		
11	Integration in Arbeitsgruppe verbessern	x			x
12	Flexibilität des Arbeitssystems erhöhen	x	x	x	x
13	Störanfälligkeit des Arbeitssystems verringern	x	x	x	x
14	Selbstverwirklichung ermöglichen			x	x
15	Entfremdung von der Arbeit verringern	x	x	x	x
16	Arbeitsinhalt qualitativ vergrößern			x	
17	Arbeitsablauf verbessern, optimieren	x			
18	Fremdsteuerung verringern				x
19	Soziale Kontakte fördern und ausbauen				x
20	Fremdkontrolle verringern, aufheben			x	x
21	Verantwortung erhöhen			x	x
22	Handlungsspielraum vergrößern			x	x
23	Produktqualität verbessern, bzw. sicherstellen	x	x	x	x
24	Fluktuation verringern, abbauen			x	x
25	Wirtschaftlichkeit und Produktivität erhöhen	x	x	x	x

Tabelle 1: Praktische Aufgaben der Arbeitsgestaltung

Arbeitssystemgestaltung = Arbeitsgestaltung + Arbeitsplatzgestaltung + Arbeitsablauforganisation

Arbeitsablaufgestaltung	Bestgestaltung von:	Maßnahmen des Arbeitsschutzes		Verfahren zur
– job-rotation – job-enlargement – job-enrichment – teilautonome Arbeitsgruppe	– Arbeitsvorgang – Arbeitsplatz – Arbeitsumgebung – Grundsätze der Ergonomie für die Gestaltung von Arbeitssystemen (DIN EN ISO 6385)	– Unfallverhütung – Arbeitshygiene – Sicherheitsbeauftragte (DGUV[4] Information 211-042) – Sicherheit von Maschinen (DIN EN 13861)	– Fertigungstechnische und ergonomisch günstige Produktgestaltung – Qualitätsmanagement und Zertifizierung – KVP und KAIZEN – Kundenorientierung	– Eignungsermittlung – Ausbildung – Arbeitsunterweisung – Arbeitsbewertung

5.2 Ergonomie

5.2.1 Aufgabe, Ziel und Inhalt

Die **Ergonomie** benutzt die anatomischen[1] (Anthropometrie), physiologischen[2], soziologischen[3] und technischen Erkenntnisse um die Grenzen der **Ausführbarkeit** und **Erträglichkeit** einer Arbeitsmethode zu bestimmen. Sie ermittelt die Grundlagen der humanen Arbeitsgestaltung für eine Anpassung der Arbeit an den Menschen, z. B. Lärmschutz, Hebehilfen, Beleuchtung und umgekehrt, des Menschen an die Arbeit z. B. Ausbildung, Übung, Training.

In der **Tabelle 1** sind die Zielebenen der Ergonomie zusammengestellt. Die Anwendung dieser Kriterien wird je nach den Möglichkeiten einer Volkswirtschaft unterschiedlich in den Unternehmen berücksichtigt und eingesetzt werden.

Die Ergonomie beschäftigt sich besonders mit der menschlichen Leistungsfähigkeit und Belastung, sowie der angemessenen Gestaltung von Maschinen und Anlagen und der Arbeitsplatzumgebung. Die Ergonomie befasst sich aber auch mit dem Verhalten und den Reaktionen des Menschen bei seiner Arbeit. Die **Tabelle 2** zeigt als Zusammenfassung die wesentlichen Gründe, die für eine genaue Planung und Beachtung des ergonomischen Systems Mensch-Arbeitsplatz sprechen. Die Zusammenstellung zeigt deutlich, welche wirtschaftlichen Erfolge ein Unternehmen durch die konsequente Umsetzung der Ergonomie erzielen kann.

Zur detaillierten Betrachtung der Ergonomie wird auf die Norm DIN EN ISO 6385 (Grundsätze der Ergonomie für die Gestaltung von Arbeitssystemen) und DIN EN 13861 (Sicherheit von Maschinen – Leitfaden für die Anwendung von Ergonomie-Normen bei der Gestaltung von Maschinen) verwiesen.

5.2.2 Ergonomische Checkliste für manuelle Arbeitssysteme

Die Checkliste ermöglicht einen **Schnelleinstieg** in die Zielsetzung, die Notwendigkeit und die Aufgabenstellung der **Ergonomie**, die dann in den folgenden Kapiteln ausführlich dargestellt wird.

1. Warum sollte man ergonomische Arbeitsmittel verwenden?
Die wichtigste Erkenntnis bei der ergonomischen Verbesserung der Betriebsmittel, der Maschinen des Arbeitsplatzes ist, dass die **Dauerleistung** und das **Wohlbefinden** der Mitarbeiter maßgeblich erhöht wird.

---

[1] Anatomie = Lehre vom Bau der Organismen, griech. anatome = Zergliederung;
[2] Physiologie = Naturkunde, griech. physis = Natur;
[3] Soziologie = Wissenschaft zur menschlichen Gesellschaft, lat. societas = Gesellschaft

Tabelle 1: Zielkriterien der Ergonomie

	Zielebene	Beschreibung der Kriterien
1	Leistungsfähigkeit des Menschen	Vermeidung von Überbelastungen und Unterbelastungen.
2	Gestaltung der Betriebsmittel	Ausstattung der Betriebsmittel, dass diese fehlerlos und unfallfrei bedient werden können.
3	Natürliche Körperhaltung	Gestaltung der Arbeitsplätze nach den anthropometrischen Maßen des Menschen.
4	Umweltbedingungen	Lärmschutz, Klimaschutz, gute, blendfreie Beleuchtung.

Tabelle 2: Das ergonomische System Mensch und Arbeitsplatz

Wirtschaftliche Gründe	Humane Gründe	Rechtlich-soziale Gründe
– bessere Leistungsfähigkeit (Ausdauer) – niedriger Krankenstand – Senkung der Unfall(-folge)-kosten – keine Erschwerniszuschläge, z. B. Lärm – keine Frühinvalidität – Senkung der Beiträge an die Berufsgenossenschaften (BG).	– Erleichterung der Arbeit beim Heben von Lasten, beim Montieren – Abbau von statischer Haltearbeit – Monotonieabbau – Aufbau von Verantwortung gepaart mit der Kompetenz – Erhaltung der Gesundheit	z. B. Gesetze: – Arbeitssicherungsgesetz – Arbeitsstättenverordnung – Maschinenschutzgesetze z. B. Unfallverhütung: – LärmVibration ArbSchV z. B.: Arbeitsstättenregel: – ASR A3.5 Temperaturen z. B. DIN-Normen: – DIN 33403 Klima z. B. VDI-Richtlinie – VDI 6022 Hygieneanforderungen

hintere Sitzhaltung | mittlere Sitzhaltung | vordere Sitzhaltung

Bild 1: Dynamisches Sitzen

Jeder weiß aus eigener Erfahrung, dass professionelle, also ergonomisch gestaltete Werkzeuge und Arbeitsgeräte eine **höhere Qualität**, bei deutlich **kürzeren Arbeitszeiten** und bei **geringerem Kraftaufwand** haben.

Bei der Büroarbeit, deren Anteil ständig zunimmt, wird von der Metall-Berufsgenossenschaft das dynamische Sitzen empfohlen **(Bild 1, vorhergehende Seite)**.

> Die Leistung der Mitarbeiter darf durch schlechte Arbeitsmittel nicht vergeudet werden, sondern sollte über den ganzen Arbeitstag zur Produktion voll genutzt werden.

Der Wechsel von hinterer, mittlerer und vorderer Sitzhaltung ermöglicht einen Belastungswechsel. Die statische einseitige Sitzhaltung verspannt die Mitarbeiter. Ihre Leistungsfähigkeit lässt über die Tageszeit nach. Durch das dynamische Sitzen wird eine Verringerung der Belastung der Rückenmuskulatur und des Stützapparats erreicht. Damit steigt die Arbeitsleistung der Mitarbeiter, denn sie können konzentriert und motiviert ohne Verspannungen durcharbeiten. Zudem werden langfristig die Krankmeldungen z. B. wegen Migräne durch Rücken- oder Nackenverspannungen deutlich zurückgehen.

2. Beachtung der Körpergrößen (Anthropometrie)
Wenn Menschen mit Arbeitssystemen, also z. B. Arbeits- und Betriebsmitteln oder Gebrauchsgeräten arbeiten, müssen diese an deren Körperformen angepasst sein. Bei der Kleidung ist dies selbstredend, aber auch der Lichtschalter sollte in einer für alle Mitmenschen angemessene Höhe angebracht sein. Die Anthropometrie ist also nicht nur für die Arbeitsgestaltung im Unternehmen, sondern auch für die erzeugten Produkte im Sinne der Kundenorientierung ein wichtiger Aspekt, z. B. die Fußfreiheit im PKW, die Bedienungselemente bei der Waschmaschine **(Tabelle 1)**. Bei der statistischen Erfassung der Messwerte sind Gliederungen nach dem Geschlecht notwendig. Die erfassten Werte werden in Perzentil-Gruppen[1] gegliedert. **Bild 1** stellt die Summenhäufigkeit in % für den guten Praxiswert vom 5. Perzentil bis zum 95. Perzentil (von 5 % bis 90 %) für Frauen und Männer dar[2]. Der 50. Perzentil für Männer (Größe 176 cm) heißt, dass 50 % aller Männer eine Größe bis 176 cm haben. Für einheitliche (große) Serien werden die Produkte oftmals nur mit einen Wert vom 20. bis 80. Perzentil geplant. Große bzw. kleine Menschen sind dann stark benachteiligt.

> Im Sicherheitsbereich müssen Menschen vom 1. bis 99. Perzentil die Produkte nutzen können, d. h. die Bedienung muss allen Mitarbeitern möglich gemacht werden.

Bild 1: Die Summenhäufigkeit in % bei den Körpergrößen (vgl. DIN 33402-2)

1 1535 mm **kleine Frauen** 5 % sind kleiner
2 1625 mm **mittelgroße Frauen**; 50 % sind kleiner bzw. größer
3 1720 mm **große Frauen** 5 % sind größer
4 1650 mm **kleiner Mann** 5 % sind kleiner
5 1750 mm **mittelgroßer Mann**; 50 % sind kleiner bzw. größer
6 1850 mm **großer Mann** 5 % sind größer

Tabelle 1: Anwendungsfälle für die Beachtung der Körpergrößen

Höhe der Arbeitsfläche			Höhe der Fußauflage	Höhe des Arbeitsstuhls (DIN EN 1335)	Größe der Greifräume
Nur sitzende Tätigkeit	Nur stehende Tätigkeit	Sitzende & stehende Tätigkeit			
Mann ca. 72 cm Frau ca. 69 cm	Mann ca. 105 cm Frau ca. 95 cm	Gewichtsverteilung 60 % auf Sitzfläche 40 % auf die Füße	Höhe ca. 30 cm Fläche ca. 40 · 40 cm Winkel: 20°	Sitzhöhe: 420 bis 500 mm Sitztiefe: 380 bis 440 mm Sitzbreite: 400 bis 480 mm	Besondere Beachtung der Wirk- und Greifräume des 5. Perzentil – kleine Personen

---

[1] it. percento = für hundert. Perzentil wird verwendet wie der Begriff Prozent
[2] Ermittlung nach DIN 33 402 (Altersgruppe 26 bis 40 Jahre)

3. Die Auswahl des Arbeitstisches

Es ist nicht möglich, eine bestimmte Körperhaltung ununterbrochen einzuhalten, weil sich durch die ständige Anspannung der belasteten Körperteile die Durchblutung verschlechtert. Man ermüdet, die Konzentration lässt nach, die Arbeitsgüte vermindert sich.

Besonders bei eintönigen Tätigkeiten, die aber eine gewisse Aufmerksamkeit erfordern, ist eine wechselnde Arbeitshaltung angebracht. Deshalb ist es vorteilhaft, die Arbeitsplätze so einzurichten, dass die Tätigkeit in **verschiedenen Körperhaltungen** durchgeführt werden kann (DIN EN ISO 6385). Das Sitzen kann jedoch als eine relativ günstige Dauerhaltung angesehen werden. Es kommt gegenüber dem Stehen zu einer Entlastung der Beine, sodass der Energieverbrauch um etwa 3–5 % vermindert wird und die Kreislaufbelastung kleiner wird. Dafür ist die Kraftwirkung der Arme im Sitzen geringer, der Arbeitsbereich der Hände reduziert und das Blickfeld eingeengt. Präzisionsarbeiten und Bildschirmarbeiten (nach DIN EN ISO 9241 Teil 11) lassen sich am besten im Sitzen ausführen (**Bild 1 und Bild 2**).

Für die Gestaltung von Bildschirmarbeitsplätzen müssen besonders viele Richtlinien der Arbeitsstättenverordnung beachtet werden. Diese sind in der DGUV Information 215 – 410 zusammengefasst.

> Die Haltungsfrage ist dann optimal gelöst, wenn der Mitarbeiter am Arbeitsplatz zwischen sitzender und stehender Körperhaltung wechseln kann. Dies kann durch eine entsprechende Arbeitsgestaltung (Sitz-Steharbeitsplatz), aber auch durch Arbeitsplatzwechsel (job rotation), also mit Arbeitsstrukturierungsmaßnahmen erreicht werden.

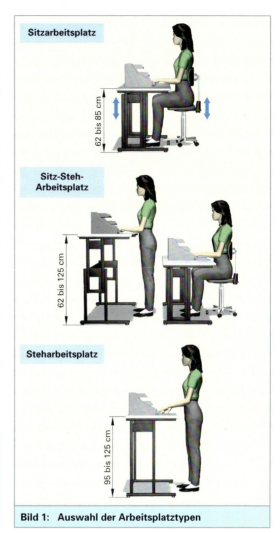

Bild 1: Auswahl der Arbeitsplatztypen

Bild 2: Beispiel für einen elektromotorisch höhenverstellbaren Arbeitstisch

4. Die Dimensionierung der Greifräume

Bei der Betrachtung der Wirkräume von Armen, Beinen und des Sehfelds ist der maximale Greifraum der Arme bei manueller Montage, aber auch für die Stellteile bei der Bedienung von Maschinen und Anlagen, das wichtigste Kriterium. Nach DIN EN ISO 6385 soll der Wirkraum nach dem von der jeweiligen Tätigkeit abhängenden Raumbedarf bemessen werden. Insbesondere sind die Höhe der Arbeitsfläche, die Ausgestaltung der Sitze sowie ein ausreichender Bewegungsraum zu berücksichtigen.

Die Abmessung des Wirk- oder Greifraums ist durch die Länge und Beweglichkeit des Arms gegeben; aber nicht alle Zonen im Raum lassen einen **harmonischen Bewegungsfluss** zu. Günstige oder weniger günstige Gelenkstellungen schränken den Bewegungsraum ein (**Bild 1**). Bei der Gestaltung des Arbeitsplatzes sollen alle Stellteile, Werkzeuge und Werkstücke innerhalb des maximalen Greifraums angeordnet sein. Ist dies nicht möglich, sollten die selten benötigten Teile oder Stellteile so angeordnet sein, dass sie durch eine einfache Rumpfbewegung erreichbar sind. Bei stehender Arbeitsweise wird der Wirkraum deutlich erweitert (**Bild 2**).

Es wird zwischen dem **maximalen Greifraum (4)** mit gestreckten Armen, dem **optimalen Greifraum (3)** mit angewinkelten Armen, dem **Beidhandraum (2)** für das rationelle Fügen mit (gleichzeitig) beiden Händen und dem **zentralen Arbeitsraum (1)** unterschieden (Bild 1).

Greifräume, somit die *Reichweiten* von Händen, Armen und Beinen müssen sicherheitstechnisch überprüft werden. Die Vorschriften über **Sicherheitsabstände** sind nach **DIN EN ISO 13857** sehr streng und ausführlichst geregelt. Die Abstände der Schutzeinrichtung (Gitter, Zaun) von der zu schützenden Konstruktion, z. B. Pressen, drehende Wellen, sind in Form von Tabellen vorgegeben. Dabei sind je nach Risikoabschätzung kleine oder kleinere Abstände anzuwenden. Es ist die Eintrittswahrscheinlichkeit und die voraussichtliche Schwere einer Verletzung zu berücksichtigen. Ein geringes Risiko besteht z. B. bei einer Gefährdung durch Reibung oder Abrieb (am Schleifblock), ein hohes Risiko z. B. bei einer Gefährdung durch Aufwickeln beim Drehen an einer Drehmaschine.

5. Anordnung der Teilebehälter optimieren

Für die Anordnung der Teilebehälter sind die folgenden Grundregeln zu formulieren, wobei die Planung des Materialflusses eine zentrale Bedeutung hat. Der Materialfluss bestimmt die Arbeitsrichtung am Arbeitsplatz und somit folgt ihr die Anordnung der Teilebehälter.

Natürlich müssen alle zur Arbeitsausführung notwendigen Werkzeuge, Stellteile und Vorrichtungen denselben Anordnungsregeln folgen und in die Anordnung der Teilebehälter integriert werden.

1 optimaler Arbeitsraum
2 Beidhandraum
3 optimaler Greifraum mit angewinkelten Armen
4 maximaler Greifraum mit gestreckten Armen

Bild 1: Bewegungsraum bei sitzender Tätigkeit

Bild 2: Bewegungsräume des Menschen

Bild 3: Materialwagen für Teile

5.2 Ergonomie

- Alle Greifwege sind so kurz wie möglich zu halten **(Bild 3, vorhergehende Seite)**.
  - Insbesondere ist dies in Richtung des Arbeitsablaufs zu verwirklichen und je nach Arbeitsaufgabe
  - von links nach rechts arbeiten oder besser
  - von außen nach innen (Beidhandarbeit).
- Alle Behälter sind im optimalen Greifraum zu platzieren **(Bild 1)**.
  - die, nach dem am häufigsten, zu greifenden Behälter zentral vor den Montageort platzieren, einschließlich der Werkzeuge und Stellteile – am besten mithilfe einer einfachen ABC-Analyse vorsortieren.
- Alle Möglichkeiten der Beidhandarbeit ausschöpfen **(Bild 1)**.
  - Immer die zwei zu montierenden Teile links und rechts im gleichen Winkel im Teilebehälter bevorraten und von außen nach innen arbeiten,
  - trotzdem sollten die häufigsten Teile mittig sortiert sein,
  - Kleinstteile, z. B. Scheiben, Muttern, Ringe und Hilfsstoffe, z. B. Fett, Kleber, Pasten können durchaus zentral mittig vor dem Montageort platziert werden.
- Die Platzierung von großen Teilebehältern und schweren Teilen muss besonders untersucht werden.
  - Große Behälter sollten immer links oder rechts vom normalen Blickfeld positioniert werden – die Mitarbeiter dürfen nicht „eingebaut" werden
  - evtl. 2 Behälter einplanen,
  - schwere Teile sollten möglichst nicht angehoben werden, sondern auf dem Arbeitsplatz geschoben werden **(Bild 2)**.

Eine Auswahl der möglichen verschiedenen Greifbehälterformen zeigt das **Bild 3**.

Bild 1: Beidhandarbeit

Bild 2: Bewegungsrichtungen

Bild 3: Verschiedene Greifbehälterformen und Montagehilfen

Greifbehälter (Stahl)	Greifschalen (Kunststoff)	Greifbehälter (Kunststoff)	Greifbehälter-regale	Teilesilo (Stahl)
- optimale Raumausnutzung am Arbeitsplatz durch Aufeinanderstapeln der Behälter möglich - flexible Positionierung - ergonomische Entnahme - einfache Vereinzelung	- für kleine Teile leicht zugänglich - am Rahmen des Arbeitsplatzes montierbar - schnelles austauschen möglich - fixe Position	- für größere Teile - Schutzabdeckung verfügbar - sicherer Teiletransport - für Greifbehälterregale	- zur Bereitstellung der Behälter auf dem Arbeitstisch - ungünstige Anordnung im Greifraum - flexible Anordnung der Behälter möglich	- kann einen großen Teilevorrat speichern - Dosierung über Schieber möglich - großer Platzbedarf - Gefahr der Beschädigung der Teile

6. Arbeitsposition ergonomisch planen und gestalten

Zu den zuvor ausgeführten Kriterien müssen bei der Arbeitsplatzauslegung noch die folgenden Kriterien berücksichtigt werden, die sonst zur schnellen Ermüdung, zu Konzentrationsmangel und somit zum Leistungsabfall führen.

- Die Arbeitsstelle darf **nie über der Herzhöhe liegen (Bild 1)**.
  - Da die Blutzufuhr bei Arbeitsstellen über der Herzhöhe den Kreislauf sehr stark belasten, die Blutzufuhrmengen abnehmen, führt dies zu einem Leistungsabfall.
- Statische Haltearbeiten müssen immer vermieden werden.
  - Bei statischer Haltearbeit ist die Blutzufuhr stark eingeschränkt, dies bewirkt einen unmittelbaren Leistungsabfall, der zudem lange Erholungsphasen verlangt **(Bild 2)**. Eine detaillierte Erläuterung dieser Problematik erfolgt im Kapitel „Belastungsanalyse" **(Tabelle 1)**.
  - Für **schwere Teile** oder bei Arbeiten in hohem Arbeitsrhythmus müssen für diese Teile **Aufnahmevorrichtungen** eingeplant werden um so der Belastung, also die Haltearbeit zu vermeiden.
- Bei jeder Montageplanung sollte immer ein **Belastungswechsel** eingeplant werden.
  - Allein der Wechsel zu einem anderen, durchaus ähnlichen Arbeitsplatz, kann schon einen Belastungswechsel ermöglichen, wenn der eine Platz z. B. höhere Konzentration, oder eine andere Belastungsfolge verlangt, der andere dagegen mehr Kraftaufwand oder größere Bewegungslängen.
- **Statische Haltearbeit** muss vermieden werden, da diese z. B. am PC zu Verspannungen im Schulter- und Nackenbereich führt **(Bild 3)**.

Bild 1: Arbeitsstelle unter der Herzhöhe

Bild 2: Maximale Dauer einer statischen Muskelarbeit in Abhängigkeit vom Kraftaufwand

Tabelle 1: Haltungsarbeit und Haltearbeit

Art	Kennzeichen	Beispiele
Haltungs-arbeit	– keine Bewegung von Gliedmaßen – keine Kräfte auf das Werkstück	– Halten des Oberkörpers beim gebeugten Stehen – Anzeigen ablesen
Halte-arbeit	– keine Bewegung von Gliedmaßen – Kräfte am Werkstück	– Überkopfschweißen – Tragarbeiten
Kontraktions-arbeit	– Geringe Bewegungsfrequenzen in gleichbleibender Körperhaltung	– Gussschleifen – zeitaufwendige Einpassarbeiten

Bild 3: Statische Haltungsarbeit durch Handauflagen vermeiden

5.2 Ergonomie

7. Sitz-Stehkonzept bei der Planung konzipieren

Insbesondere bei der Neuplanung von Arbeitssystemen sollte unbedingt ein Sitz-Stehkonzept aufgebaut werden **(Bild 1)**.

So kann der Mitarbeiter wahlweise individuell seinen *Belastungswechsel* bestimmen. Dieses Konzept erfordert zwar höhere Anfangsinvestitionen, die sich aber durch eine gleichmäßige Arbeitsgüte und eine höhere Leistung wieder einspielen lassen.

- Es können Arbeiten, die eine hohe Genauigkeit erfordern bevorzugt im Sitzen und Stapel- und Hubarbeiten bevorzugt im Stehen erledigt werden.
- Die Montage von großen Teilen wird erleichtert, wenn der Arbeitstisch oder der Arbeitsstuhl in eine montagerechte Position gefahren werden kann.
- Letztendlich ist dieses Konzept auch beim Einsatz von besonders kleinen oder großen Mitarbeitern geeignet.

8. Beachtung der Blickbereiche

Für alle Vorgänge und so natürlich auch für das Kopfdrehen, das Augendrehen und das Fokussieren[1] wird Zeit (bis ca. 3 s) benötigt, die durch eine geschickte Arbeitsplatzgestaltung eingespart werden kann **(Bild 2)**.

> Für die Blickbereiche gilt:
> - **Optimaler Blickwinkel 30°**
>   – keine Kopf- und Augenbewegungen
> - **Maximaler Blickwinkel 70°**
>   – mit Augenbewegung, aber noch keine Kopfbewegung[2].

Deshalb sollte der Arbeitsgestalter bei seinen Planungen die folgenden Gestaltungsregeln für die Anordnung der Greifbehälter und der Stellteile beachten:

- Möglichst keine Kopfbewegungen,
- Möglichst geringe Augenbewegungen,
- Möglichst gleiche Sehentfernungen.

Dem ersten Anschein nach widersprechen diese Regeln dem vorher empfohlenen **Belastungswechsel**. Durch die drei Gestaltungsregeln soll der Arbeitsgestalter nur darauf hingewiesen werden, dass er unnötige und zeitaufwendige Wechsel vermeiden soll. Für die **Kopfbewegungen** gilt dasselbe, denn durch unnötiges ständiges „Suchen" der Teile ermüdet der Mitarbeiter. Das Suchen kostet zudem Zeit und ist eine Verschwendung im Sinne des Qualitätsmanagements.

---

[1] Fokussieren bedeutet Augen auf Sehentfernung scharf einstellen, lat. focus = Brennpunkt
[2] Zum Vorteil von einigen Schülern wissen viele Lehrer nichts von ihrem eingeschränkten Blickwinkel beim Blick in den Klassenraum!

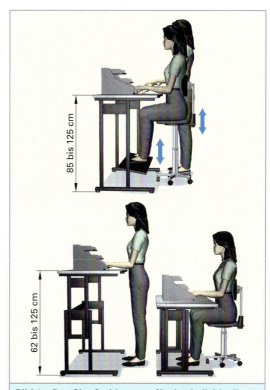

Bild 1: Das Sitz-Stehkonzept für den individuellen Belastungswechsel

Bild 2: Der optimale und maximale Blickbereich

9. Beleuchtung dem Arbeitsplatz entsprechend gestalten

Die Beleuchtung ist in der Arbeitssystemgestaltung eines der wichtigsten Kriterien. Dieses wird aber besonders von einigen am falschen Platz sparenden Unternehmen sträflich missachtet: sie erhöhen die **Unfallzahlen**, erzeugen damit **Ausschuss**, ermüden die Mitarbeiter und vermindern noch zusätzlich die Leistung.

Eine deutliche Sprache spricht dazu eine Untersuchung in einem Industriebetrieb **(Bild 1)**, die zeigt, dass sich die **Leistung** durch ausreichende Beleuchtung um ca. 10 % steigern lässt, die **Ausschusskosten** um den gewaltigen Betrag von **40 % senken** ließen. Dies ist sicher nicht in jedem Einzelfall wiederholbar, doch sollte diese Untersuchung einige verantwortliche Arbeitsgestalter (Techniker) und Unternehmer wach rütteln. Die Richtwerte für die Beleuchtungsstärke am Arbeitsplatz sind in DIN EN 12 464 festgelegt. Bei der Auslegung der Beleuchtung ist besonders auf die Beleuchtungsstärke, auf die Verwendung von blendfreiem Licht und auf eine sehr **gleichmäßige** Beleuchtung der Arbeitsfläche zu achten. Es ist ferner auf die Beleuchtungsdifferenzen zwischen Arbeitsplatz und dessen Umgebung Rücksicht zu nehmen. Diese darf den Faktor 10 nicht überschreiten.

Für die **Arbeitsplatzbeleuchtung** gelten die Werte in der **Tabelle 2** (Auszug aus DIN EN 12 464).

Energiekosten fallen durch die LED-Beleuchtung weniger ins Gewicht als dies bei der bisherigen Beleuchtungstechnik der Fall war.

5.2.3 Arbeitsbelastung und Arbeitsbeanspruchung

Die Definition des **Arbeitssystembegriffs** nach DIN EN ISO 6385 bildet die Grundlage für die Darstellung der Arbeitsbelastung und der Arbeitsbeanspruchung des Menschen durch die Arbeit. Im Kapitel Betriebsorganisation wurde der Begriff des „Arbeitssystems" in ähnlicher Weise nach REFA dargestellt und definiert **(Tabelle 3)**:

- Arbeitssysteme dienen der Erfüllung von Arbeitsaufgaben.
- Dabei wirken Menschen und Arbeitsmittel zusammen und transformieren die Eingaben zu Ausgaben.
- Der Transformationsprozess ist dabei der eigentliche Arbeitsablauf, der als Prozess geplant und ablaufen muss.
- Durch das System entstehen Einflüsse auf die Umgebung, die als soziale und physikalische Einflüsse in Richtung Umwelt oder umgekehrt zurück auf das System einwirken.

Tabelle 1: Beispiele für Beleuchtungsstärken in der Umwelt

Beleuchtung	Stärke in lx (Lux)	Faktor
Sternklare Neumondnacht	0,01	1
Vollmondbeleuchtung	0,24	10^1
Straßenbeleuchtung	1 bis 50	10^3
Gute Arbeitsbeleuchtung	200 bis 2 000	10^4
Trüber Wintertag	2 000 bis 4 000	10^5
Sommertag bei bedecktem Himmel	10 000 bis 30 000	10^6
Sonnenschein vom klaren Himmel	bis 100 000	10^7

Bild 1: Der Einfluss der Beleuchtung auf die Leistung und die Ausschussquote

Tabelle 2: Nennbeleuchtungsstärken für Räume und Tätigkeiten

Arbeitsplatz bzw. Raum	Nennbeleuchtung in lx
Verkehrswege für Personen & Fahrzeuge	100
Anreißen, Kontrollieren	750
Metallbearbeitung – grobe Arbeiten >0,1 mm	200
Montagearbeiten – fein	500
Montagearbeiten – feinst (Leiterplatten)	1000

Tabelle 3: Definition der Belastung und Beanspruchung nach DIN EN ISO 6385

Arbeitsbelastung	Arbeitsbeanspruchung
Die **Arbeitsbelastung** ist die **Gesamtheit** der erfassbaren **Einflüsse**, die im Arbeitssystem (Arbeitsplatz) auf den Menschen einwirken	Die **Arbeitsbeanspruchung** ist die Auswirkung der Arbeitsbelastung in Abhängigkeit der **individuellen Eigenschaften**, Fähigkeiten und Fertigkeiten.

5.2 Ergonomie

Durch das Denkmodell des Arbeitssystems (**Bild 1**) können alle möglichen Belastungen des Arbeitssystems durchgespielt werden. Zudem können mit alternativen Modellen Lösungen entworfen werden.

Mithilfe der einfachen Darstellung des **Bild 2** lässt sich die Auswirkung von Belastungen auf den Menschen sehr anschaulich darstellen. Der Begriff Belastung (**Tabelle 1, folgende Seite**) umfasst den gesamten Bereich, also das Heben und Bewegen von Lasten, die reine Überwachungstätigkeit (Maschinen und Anlagen), das Stehen oder Sitzen am Arbeitsplatz, die Klimabelastung (z. B. Temperatur, Nässe), die Belastung durch den Schichtwechsel, sowie die sozialen Faktoren des Umfeldes, wie das allgemeine Betriebsklima, das Verhältnis zu den Kollegen und den Vorgesetzten, die Betriebsorganisation, die Arbeitsplatzsicherheit.

Mithilfe einer Analyse der Belastungen durch das *Arbeitssystem-Modell* oder eines Ursache-Wirkungs-Diagramms[1] können die Belastungen erfasst werden und die Beanspruchungen an den Mitarbeiter bewertet werden. Das Ziel ist natürlich immer die Belastungen auszuschalten oder wenigstens zu vermindern, aber auch die Mitarbeiter durch Personalentwicklungsmaßnahmen, wie Schulung und Training, auf die Arbeitsaufgabe besser vorzubereiten, sodass die Beanspruchung erträglich wird. Die **Tabelle 1** zeigt die Wirkungen auf den Menschen durch die Arbeitsaufgabe.

Bild 1: Alternatives Arbeitssystem-Modell – Belastungen und Beanspruchung

Bild 2: Die Wirkung derselben Belastung auf verschiedene Personen

Tabelle 1: Belastung, Beanspruchung und die Beanspruchungsfolgen

Belastung	Beanspruchung	Beanspruchungsfolgen
Die Belastung beschreibt die neutrale Wirkung des Arbeitssystems	Die Beanspruchung beschreibt die **individuelle** Wirkung der Belastung	Die Beanspruchungsfolgen beschreiben die Auswirkungen
Beispiele:		
– Lärm – Beleuchtung – Gase, Dämpfe – Ablaufstörungen – Teilegewicht – Temperatur	– Anstrengung durch die Arbeit – Herzfrequenz höher – schnelle Atmung – hoher Blutdruck – erhöhte Temperatur	– erhöhter Krankenstand – verminderte Hörfähigkeit – Ermüdung – Nackenverspannung

---
[1] In QM auch Fischgrät- oder Ishikawa-Diagramm genannt

Jede Belastung löst eine von der individuellen Leistungsfähigkeit unabhängige Reaktion aus:
* Welche Belastungen treten am Arbeitsplatz auf?
* Welche physischen Fähigkeiten hat der Mensch?
* Wie wirken sich die Beanspruchungen aus und wie kann man sie quantifizieren?
* Welche Möglichkeiten der Arbeitsgestaltung gibt es?

Die Stärke der Beanspruchung (= Schwere der Arbeit) hängt sowohl von der *Höhe der Belastung*, als auch von der Ausprägung individueller Eigenschaften, wie der Leistungsfähigkeit und der persönlichen Eignung ab **(Tabelle 1)**.

Durch die fortschreitende Mechanisierung und Automatisierung hat sich insbesondere in den hochindustrialisierten Staaten wie Deutschland ein grundlegender Wandel im Anforderungsspektrum der beruflichen Tätigkeit vollzogen. Die physischen Belastungen des Menschen nahmen im gleichen Maße ab, wie die psychischen Belastungen und Beanspruchungen zugenommen haben. Insbesondere bei älteren Menschen erzeugt dies Probleme. Die Berufsausbildung wurde nach den traditionellen Mustern vollzogen und jetzt werden diese Qualifikationen, wie z. B. handwerkliches Können, Routine, Übung, nicht mehr primär nachgefragt.

Prozessdenken, Konzentration, Aufmerksamkeit und Flexibilität, also handlungsorientiertes Arbeiten, gepaart mit Kreativität im Sinne von ständigem Erneuern, Verwerfen und Hinterfragen ist die neue Losung.

Dies erfordert neue Denkstrukturen, bringt aber für den traditionell denkenden Mitarbeiter eine hohe mentale Belastung!

Beurteilungskriterien der Belastung und Beanspruchung

Für die praktische Beurteilung der physischen Belastung hat die Arbeitswissenschaft sehr gute Methoden entwickelt. Leider gibt es aber für die quantitative Erfassung der psychischen Belastungen noch große Probleme, besser gesagt, keine oder sehr umstrittene Methoden, die kaum in der Praxis angewendet werden können. Die **Tabelle 1, folgende Seite** gibt eine Übersicht über die Ansätze zur Ermittlung der Belastungshöhe bei den verschiedenen Belastungsarten. Dabei kann bei der quantitativen Messung, z. B. beim Lärm wird der Schalldruck in dB(A)[1] gemessen und mit der LärmVibrationsArbSchV[2] verglichen, der Wert exakt bestimmt werden. Doch sind auch hier Messfehler (Bedienung, Messort, Messmethode) nicht ausgeschlossen. Bei der qualitativen Messung wird die Belastung in Klassen eingeteilt, z. B. sehr anspruchsvolle Arbeit, anspruchsvolle Arbeit, schwierige Arbeit, durchschnittliche Arbeit u.s.w.. Die Eingruppierung erfolgt dann nach einer vorher festgelegten **Klassenbeschreibung**. Diese wiederum kann nie allen Fällen gerecht werden. Zudem kann es bei verschiedenen Beurteilern zu verschiedenen Ergebnissen kommen, da sie die Arbeit und die Klassenbeschreibung unter einem anderen Blickwinkel betrachten.

Tabelle 1: Zusammenstellung der Anforderungen (= Belastungen)

Psychischer Bereich		Physischer Bereich	
Emotionaler Bereich	**Mentaler Bereich**	**Dynamische Muskeltätigkeit**	**Statische Muskeltätigkeit**
Meist bei Arbeitsprozessen mit hoher Verantwortung für Menschen und Produkte, sowie mit Ängsten, Zeitdruck oder Ärger umgehen und sie bewältigen.	Eine Beanspruchung bei der alle geistigen Funktionen beteiligt sind, die für die Organisation, Koordination und Ausführung der Leistung unmittelbar verantwortlich sind.	„tatsächliche Muskelarbeit" – Arbeit im Sinne von Kraft · Weg	„Keine" Muskelarbeit (physikalisch) – keine Arbeit beim Halten einer Last
Verantwortung für die Sicherheit	Informationen aus der Umwelt (Signale)		
Verantwortung für Material und Geräte	Informationen in Reaktionen umsetzen		
Aufmerksamkeit bei Lichtmangel	Konzentrierte Vigilanz (Wachsamkeit) aufrechthalten		
Ankämpfen gegen Monotonie			
Informationsfülle oder Informationsmangel	Einstellung auf verändernde Bewusstseinhalte – auf kritische Situationen reagieren		
Lärmwirkungen	Vorausschauend denken und handeln		
Klima im Arbeitsraum	Geistig tätig sein – also wachsam sein		

---

[1] dB(A) kennzeichnet einen Schalldruck (Lärm) mit einer angepassten Empfindlichkeit die dem menschlichen Ohr entspricht (zulässige Lärmgrenze 85dB(A))

[2] LärmVibrationsArbSchV: Verordnung zum Schutz der Beschäftigten durch Lärm und Vibration

5.2 Ergonomie

Dauerbeanspruchungsgrenze und Dauerleistungsgrenze

Der durch eine Beanspruchungsmessung ermittelte Beanspruchungs(-zahlen)wert ist allein wenig aussagekräftig, solange nicht geklärt ist, ob diese Beanspruchung zu einer Beeinträchtigung oder Schädigung des Mitarbeiter/in führt. Deshalb müssen subjektive, von dem Mitarbeiter unabhängige, Dauerbeanspruchungsgrenzen bestimmt werden.

Diese Grenzen sind bereits auf die individuellen Eigenschaften einer repräsentativen Personengruppe bezogen. Zudem gibt es leider nur für die körperliche Arbeit fundierte Untersuchungen und Vorgaben **(Tabelle 1)**.

> Für den Amateursportler ist diese Belastungsgrenze bei seinem täglichen Training sichtbar. Wenn sie gut im Training sind, joggen sie eine bestimmte Strecke in derselben Zeit mit demselben Puls. Wollen sie stärker/schneller werden, müssen sie das Tempo steigern. Der Puls erhöht sich am ersten Übungstag sehr stark. Er wird sich aber im Laufe der Zeit wieder auf niedrigerem Niveau stabilisieren. Sie können das Spiel weiter treiben bis sie an die Dauerleistungsgrenze stoßen.
>
> Dies kann dann evtl. ein böses Ende haben, wenn sie nicht unter ärztlicher Kontrolle stehen, sie erkennen selbst nicht, wo Ihre Dauerleistungsgrenze liegt! Ein Unternehmen kann sich dies nicht leisten. Es sollte bei jeder Arbeit wissen, wo die Leistungsgrenzen liegen. Dies verlangt z. B. auch das Arbeitsrecht, denn der Arbeitgeber muss seine Fürsorgepflicht erfüllen (§§ 611 und 242 BGB Dienstvertrag und Nebenleistungspflichten).

Die Dauerleistungsgrenze **(Bild 1)** ist zunächst für jede Person unterschiedlich, abhängig von den individuellen Eigenschaften und Fähigkeiten. Zur praktischen Umsetzung wird diese auf einen Arbeitsplatz bezogen, der dann eine Arbeitsperson repräsentiert. Diese Arbeitsperson muss aber durchschnittlich leistungsfähig und für die Arbeit zudem **gesundheitlich geeignet** sein.

Jeder Unternehmer kann/muss neue Mitarbeiter einem Gesundheitscheck unterziehen und nicht geeignete abweisen, oder aber den Arbeitsplatz so gestalten, dass keine Überlastungen auftreten.

> Die **Dauerleistungsgrenze** charakterisiert eine maximale Leistung, die ohne nennenswerte Arbeitsermüdung und **ohne gesundheitliche Schädigung** jeden Arbeitstag auf Dauer (also über ein ganzes Arbeitsleben) erbracht werden kann.
>
> Diese Grenze gilt nur für Arbeitspersonen, die für die bestimmte Tätigkeit keine **gesundheitlichen** Einschränkungen aufweisen.

Tabelle 1: Ermittlung der Belastungshöhe

Belastung	Beispiele für Kriterien zur Beschreibung der Belastungshöhe	Beispiele für Ansätze Quantitativ (Belastungsgrößen)	Beispiele für Ansätze Qualitativ (Belastungsfaktoren)
Energetische Belastung	Schwere / Schwierigkeit / Genauigkeit	– Ermittlung mechanischer Größen – Ermittlung des Arbeitsenergieumsatzes	– Klassifikation der Belastungsabschnitte z. B. MTM – Gestaltungszustand der Arbeit
Informatorische Belastung	Kompliziertheit / Schwierigkeiten / Genauigkeit	– Ermittlung der Häufigkeit und Verteilung verschiedener Signale – Ermittlung des Informationsflusses	– Art und Unterschiedlichkeit der zu verarbeitenden Signale – Handlungsmöglichkeiten – Gestaltungszustand der Arbeit
Physikalische Umgebung, Soziale Umgebung	Intensität	Messmethoden z. B. aus der – Optik (Beleucht.) – Akustik (Schall) – Wärmelehre (Klima) – Mechanik (Schwingungen) – Chemie (Gefahrstoffe)	– Auswirkungen von persönlichen Schutzmaßnahmen (Schutzkleidung) – Beschreibung des Betriebsklimas – Gruppenstruktur (Soziogramm)

Die **Dauerleistungsgrenze** ist diejenige Höhe der Beanspruchung, die auch bei **fortgesetzter** Belastungsdauer gerade noch **gleich bleibt** und keinen Anstieg der Belastung (Messwerterhöhung) zeigt.

Bild 1: Die Dauerleistungsgrenze

Eine Möglichkeit hierfür ist die Messung des täglichen Energieumsatzes (**Bild 1**). Der Energiebedarf wird dabei in einen gleich bleibenden Grundumsatz und Freizeitumsatz mit ca. 10 000 kJ/Tag gegliedert. Darauf wird der Arbeitsenergieumsatz je nach Schwere der Arbeit aufgesetzt, wobei die Dauerleistungsgrenze wieder individuell schwanken wird, aber bei ca. 20 000 kJ/Tag begrenzt sein sollte.

In diesem Zusammenhang sei noch auf die Erholungszeiten hingewiesen, die bei Überbelastungen immer notwendig sind. Erholungszeiten sind auch dann erforderlich, wenn bei Belastungen zwar die Belastung im Einzelfall nicht überschritten wird, aber in der gesamten Arbeitszeit keine Pausen (zum Stabilisieren der Pulsfrequenz) eingebaut sind. Die Erholungszeit soll dann diese Doppelbelastung ausgleichen. Dies ist nicht immer erforderlich, denn, wenn auf dynamische Muskelarbeit eine Belastung durch Aufmerksamkeit folgt, kann dies nach den Verfahren der Ermittlung der Erholungszeit entfallen (REFA).

5.2.4 Belastungsanalyse und Gestaltungsregeln bei der körperlichen Arbeit

Die Belastungen durch die Muskelarbeit sind zwar insgesamt durch den Strukturwandel in der Industrie, die verbesserte Arbeitssystemgestaltung und die Aufklärung der Berufsgenossenschaften zurückgegangen, doch müssen hier, wegen der Gestaltungsregeln und der oft falschen und unzureichenden Ausbildung über den Lastentransport insgesamt, die Auswirkungen auf den Mitarbeiter herausgearbeitet werden. Gerade weil inzwischen schwere Arbeiten von Betriebsmitteln übernommen werden, sind die Mitarbeiter nicht mehr trainiert. So überfordern sie sich schnell. Z. B. bei einem Kranausfall versuchen sie die Lasten selbst ohne entsprechende Schulung zu heben! Dieser unsachgemäße Lastentransport führt dann zu Langzeitschäden, die nicht nur dem Mitarbeiter Schmerzen bereiten, sondern Ausfallzeiten und Folgekosten verursachen! **Tabelle 1** zeigt die wichtigsten Ausprägungen der körperlichen Arbeit.

Die schwere dynamische Arbeit ist sicherlich nur noch in Einzelfällen anzutreffen. Dabei kommt es selten zu Überbelastungen, wenn die Mitarbeiter gesundheitlich überprüft, geeignet und geübt sind und sich selbst nicht überbelasten. Der Mitarbeiter bleibt ständig im trainierten Zustand, der Blutbedarf und die Durchblutung bleiben in einem ausgeglichenen Zustand.

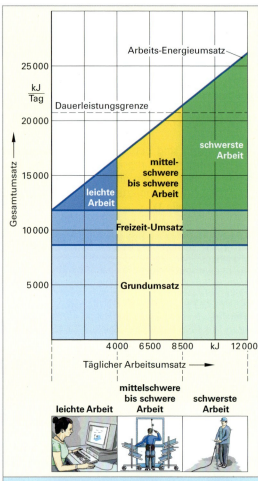

Bild 1: Energieumsatz bei leichter bis schwerer Arbeit

Tabelle 1: Die Ausprägungen der Belastungen bei körperlicher Arbeit

Ausprägungen			
Haltungsarbeit	Statische Haltearbeit	Schwere Dynamische Arbeit	Einseitige Dynamische Arbeit
– Sitzen ohne Rückenlehne – Intensives, ganztägliches Arbeiten mit dem PC – LKW fahren	– „Freihändiges" Bohren und Halten der Maschine – Gussputzen	– Bewegen von schweren Teilen – Schmieden – Bewegung von min. 1/7 Muskelmasse	– Baugruppen nur mit Hand-Arm-System montieren – kleine Muskelgruppen

➡ Blutbedarf   ➡ Durchblutung

5.2 Ergonomie

Wichtig ist hier, dass die Prämien, oder die Entgeltzuschläge die Leistung, z. B. ab 30 % Mehrleistung, durch starke Abnahme der Lohnzuschläge nach oben begrenzen (**Bild 1**) und der Mitarbeiter „ausgebremst" wird.

Die **einseitige dynamische Arbeit** hat dagegen stark zugenommen, denn alle manuellen Montagearbeiten belasten nur noch wenige Muskelgruppen, meist nur das Hand-Arm-System. Hier liegt heute der Schwerpunkt der Arbeitssystemgestaltung auf der angepassten, ergonomischen Gestaltung der Arbeitsplätze, die eine richtige Körperhaltung „erzwingen" und zusätzlich einen **Belastungsausgleich** ermöglichen sollen.

Die Haltearbeit ist die Arbeit, die lediglich zur Einhaltung einer bestimmten Körperhaltung dient. Die tägliche Arbeit am Rechner ist zusätzlich körperlich belastend und führt z. B. zu Verspannungen der Nackenmuskulatur, die wiederum weitere Beschwerden auslösen kann. Auch die Haltearbeit hat in den letzten Jahren zugenommen und der Arbeitsgestalter sollte auf diese besonderen Anforderungen eingehen, da diese oftmals unbemerkt leistungsmindernd die Mitarbeiter belasten.

Da alle Körperglieder ein Gewicht haben, erfordert jede Körperhaltung eine mehr oder minder große Muskelarbeit, die *Versteifungsarbeit* genannt wird. Die Größe wird von der Auslenkung bestimmt. Deshalb wirkt jede Stütze immer kraftmindernd und leistungssteigernd und fördert die Ausdauer und Konzentration.

Die **Haltearbeit** lässt sich oftmals nur mit einem hohen technischen Aufwand und somit großen Kosten eliminieren. Sie ist für den Mitarbeiter immer stark ermüdend, da durch die Kontraktion des Muskels bei der Haltearbeit die Blutgefäße im zusammengedrückten Zustand verbleiben und es nicht zu der erforderlichen Blutzufuhr kommen kann. Bei vielen Arbeiten fließen die Haltearbeit und die Haltungsarbeit ineinander und wirken so doppelt belastend, z. B. bei Deckenarbeiten mit Maschinen (Schrauben, Bohren).

Die ergonomisch richtigen Körperhaltungen sind in der **Tabelle 1** als Grundprinzipien zusammengestellt. Die zentrale Aufgabe der Arbeitsgestaltung muss es sein, die einseitige Muskelbelastung auf ein Mindestmaß zu reduzieren, die Haltungsarbeit so klein wie möglich zu halten und dem Mitarbeiter die größtmögliche Bewegungsfreiheit anzubieten.

Bild 1: Leistungsbegrenzung durch degressive Lohnkurven

Tabelle 1: Grundprinzipien der ergonomisch richtigen Körperhaltung		
Haltearbeit klein halten, bzw. eliminieren	Größtmögliche Bewegungsfreiheit vorsehen	Einzusetzende Körperkräfte gering halten
• Zahl der zu versteifenden Gelenke durch die Arbeitsgestaltung möglichst gering halten, bzw. den Kraftfluss möglichst kurz gestalten: – Bein- und Armauflagen, – Kopfstützen, – richtig angepasste Arbeitshöhen/Tischhöhen, – Hochstellen des Arbeitsgegenstandes, – Arbeitspodeste. • Beim Arbeiten im Stehen sollten Sitzmöglichkeiten oder ein Stehsitz vorgesehen werden.	• Jeder Wechsel der Körperhaltung bringt Entlastung und/oder Entspannung. • Auch „bequeme" Körperhaltungen werden auf lange Zeit zur Zwangshaltung, da immer die gleichen Muskeln beansprucht werden. • Beachtung der Bewegungsfreiheit der Arme. • Beachtung der Beinfreiheit bei der Tischgestaltung. • Einbauten in den Tisch möglichst vermeiden. • Sichtfreiheit gehört ebenso zur Bewegungsfreiheit, sie ist auch aus sicherheitstechnischen Gründen wichtig.	• Kraftbetontem Heben und Tragen ist das Schieben vorzuziehen, aber auch das Ziehen sollte vermieden werden. • Die geforderte Arbeitskraft sollte etwa 30 % der Maximalkraft nicht überschreiten. • Die Arbeitskraft sollte immer auf die Längsachse des Körpers oder auf das Schultergelenk gerichtet sein. • Allgemein gelten die „Hebelgesetze" auch für die Muskeln.

Hinweise und Regeln zum Lastentransport

Manueller Lastentransport (Heben, Abstellen, Tragen, Halten und Umsetzen von Lasten) kommt immer noch dort vor, wo die Transportaufgabe ständig variiert, zu kompliziert ist oder selten auftritt, sodass sie nicht schneller und somit wirtschaftlicher mit anderen Hilfsmitteln durchgeführt werden kann. Trotzdem dürfen die Belastungsgrenzen nicht überschritten werden.

Die Arbeitssystemgestalter sollten zusammen mit den Sicherheitsbeauftragten die Mitarbeiter über das richtige Lastenheben aufklären können (**Tabelle 1, folgende Seite**).

Das Wichtigste ist die regelmäßige gesundheitliche Überprüfung der Mitarbeiter und ein intensiver **Eingangstest**. Danach muss jeder Mitarbeiter intensiv geschult und trainiert werden, sodass sie die Techniken und die Gefahren für die Gesundheit des Manipulierens und Beförderns von Lasten kennen und damit umgehen können. Dabei steht das konsequente Einhalten eines *flachen Rückens* im Mittelpunkt der Unterweisung, sowie das Wissen, dass die Wirbelsäule im belasteten Zustand nicht gedreht werden darf (**Bild 1 und Bild 2**).

Sportler heben aus den Beinen

falsches Heben!

Bild 1: Sportler heben aus den Beinen; der Werker sollte das ebenfalls tun

Art der Haltung	Normales Sitzen	Gebeugtes Sitzen	Normales Stehen	Gebücktes Stehen
Belastung (Haltungsarbeit)	Hals, Rumpfmuskulatur durch Versteifungsarbeit	Starke Belastung der Rücken- und Nackenmuskulatur	Belastung Hals, Rumpf-, Bein- und Fußmuskulatur	Sehr starke B. der Nacken-, Rücken-, Oberschenkel-, Fußmuskulatur + Versteifungsarbeit „Stehen"
Energieverhältnis	1	1,4	1,4	3,1
Art der Haltung	Ober/Unterarm hängend	Oberarm hängend Unterarm waagerecht	Ober/Unterarm horizontal nach vorne	Ober/Unterarm nach oben gestreckt
Belastung Auswirkung	Keine Belastung der Armmuskulatur	Oberarmmuskulatur wird durch Halten des Unterarms belastet	Statische Belastung der Schulter-Armmuskulatur Belastung über Dauerleistung	Wie vorher, doch zusätzlich wird die Durchblutung über der „Herzhöhe" immer schlechter
Dauer	„unbegrenzt"	Schichtzeit	kurzzeitig	sehr kurz

Bild 2: Belastungen durch verschiedene Körper- und Armhaltungen

5.2 Ergonomie

Weiter zu beachten ist, dass die Kräfte beim Lastenheben nicht in jeder Körperstellung gleich sind, sondern stark variieren, z. B. Gewichtheber „fahren" mit Schwung über diese „Todzonen". Hilfreich sind beim Lastenheben und Seitwärtsdrehen **Abstellflächen** in der richtigen „Zwischenhöhe". Für kurze Transportstrecken sind Pendelbewegungen der Arme und ein Wechsel in der Körperhaltung zum Spannungswechsel vorteilhaft. Bei der Beschickung von Maschinen muss der Mitarbeiter immer frontal zur Maschine stehen, da die seitlichen Stellungen immer eine unsymetrische Belastung des Rumpfes verursachen. Nach den Empfehlungen des internationalen Arbeitsamtes in Genf (ILO) wird als höchstzulässige Traglast für den Mann 55 dN angegeben, die normalen Grenzlasten müssen allerdings stark nach der Einsatzzeit angepasst werden **(Tabelle 1)**.

Lagern und Stapeln von Lasten

Lager und Stapel dürfen nur so erstellt werden, dass die Belastung *sicher* aufgenommen werden kann. An den Lagern und Lagereinrichtungen muss die zulässige Belastung deutlich erkennbar und dauerhaft angebracht sein. Um Verletzungen an den Händen oder Füßen zu vermeiden, sind beim Stapeln von Lasten wie z. B. Kisten, Balken, Platten, Unterleghölzer zu verwenden, die nicht kippen dürfen und für das Anheben genügend Freiraum lassen. Runde Gegenstände müssen zusätzlich gegen Wegrollen gesichert werden. Rohre, Stangen und Profile, die hochkant gestapelt werden, müssen gegen seitliches Kippen oder Wegrutschen gesichert werden. Beim Lagern in Regalen gelten zusätzliche Vorschriften.

In der BGHM[1] – Information 102 ist die Beurteilung von Gefährdungen und Belastungen als Anleitungshilfe zur systematischen Vorgehensweise dargestellt. Zusätzlich wird auf weitere Vorschriften hingewiesen. Da der Arbeitgeber die Beurteilung eigenverantwortlich durchführen muss, wird über eine Risikoabschätzung ein notwendiger Handlungsbedarf ermittelt. Hierbei wird die Wahrscheinlichkeit des Auftretens und das mögliche Schadensausmaß für die Ermittlung der drei Risikogruppen verwendet. Hieraus werden die notwendigen Maßnahmen festgelegt und müssen schriftlich fixiert und mit Termin erledigt werden. Abschließend muss noch eine Bewertung der Wirksamkeit durchgeführt werden.

[1] BGHM: Berufsgenossenschaft Holz und Metall

Tabelle 1: Die wichtigsten Regeln und Hinweise zum Lastentransport

Auswahl und Schulung der Mitarbeiter	Heben und Abstellen von Lasten	Tragen und Halten von Lasten	Umsetzen von Lasten
• Auswahl der Mitarbeiter mit geeigneten Tests, • Regelmäßige ärztliche Kontrollen, • Mitarbeiter muss mit der Technik des Manipulierens und Beförderns von Lasten unterwiesen und geschult werden, • Konsequente Einhaltung des „flachen Rückens" üben und belehren, • unbedingt ist das Verdrehen des Rückens unter Last zu vermeiden.	• Beim Lastenheben über 120 cm muss ein Abstellen und Umgreifen in 100 cm bis 120 cm Höhe ermöglicht werden, • Das Abstellen muss in aufrechter Körperhaltung erfolgen, evtl. mit geringer Hüft- und Kniebeuge, • Für Rückenlasten muss eine Abstellfläche in gleicher Höhe bereitgestellt werden, • Nicht in jeder Körperstellung können dieselben Lasten angehoben werden, z. B. in 70 cm Höhe das 3-fache zu 110 cm Höhe.	• Für gleichzeitiges Tragen und Halten muss man eine Tragehilfe bereitstellen, • Schwere Lasten sind körpernah zu tragen und am Rumpf, Hüfte oder Oberschenkel abzustützen, • Jede Kürzung der Tragdauer vermindert die Ermüdung exponentiell, • Tragen mit gebeugten Unterarmen muss vermieden werden, • Die Traglast muss um so geringer sein, je länger der Lastweg ist.	• Das Umsetzen von Lasten darf nur parallel zur Symmetrieebene erfolgen, d. h. Drehbewegungen von Rumpf und Wirbelsäule sind konsequent zu vermeiden, ansonsten muss das Umsetzen in mehrere Phasen zerlegt werden, • Einhändig dürfen nur leichte Gegenstände manipuliert werden, • Das Beschicken von Maschinen muss immer frontal zur Maschine orientiert sein, • Hubtische unbedingt einplanen.

Gesamtdauer Stunden/Tag	Grenzlasten in dN für manuelle Transportarbeiten nach Köck*					
	Männer			Frauen		
< 1	50	40	30	30	20	15
1 1/2 bis 4	32	25	18	16	12	9
4 bis 6	20	14	9	9	6	4
> 6	10	6	3	5	2	1

* Linke Spalte gilt für besonders leistungsfähige Personen, mittlere Spalte für normalleistungsfähige Personen und rechte Spalte für ungeübte Personen.

5.2.5 Belastungen durch die Arbeitsorganisation (Schichtarbeit)

In den meisten Unternehmen des produzierenden Gewerbes hat die Schichtarbeit, um die Anlagen und Maschinen besser auszulasten und somit die Kosten zu senken, sehr stark zugenommen. Auch im Dienstleistungsbereich hat die Schichtarbeit in allen Bereichen Einzug gehalten. Der Lieferant von Maschinen muss heute, je nach Vertragsverpflichtung, innerhalb von einer Stunde oder von Tagen beim Kunden präsent sein und den Schaden beheben.

Bei der Schichtarbeit kommen die Mitarbeiter zu regelmäßigen, oder unregelmäßigen wechselnden Tageszeiten, aber auch zu festen, aber ungewöhnlichen Tageszeiten zur Arbeit. In vielen Berufen ist die *Schicht* nichts ungewöhnliches, sondern schon immer die Regel, z. B. bei der Polizei, der Bahn, im Gaststättengewerbe oder im Krankenhaus.

Im Industrieunternehmen muss man bei der Schichtarbeit nicht nur „Bereitschaft halten" oder auf Notfälle reagieren, sondern mit den Anlagen und Betriebsmitteln voll produktiv arbeiten. Dies bedingt, dass die Mitarbeiter die **ganze Schichtzeit 100%-ig**, wie bei der *Tagesarbeit* ihre Leistung erbringen müssen. Damit soll nicht gesagt sein, dass z. B. der zum Schichtdienst eingeteilte Arzt, um Mitternacht nur mit halber Kraft operieren darf. Es werden aber keine üblichen Routinearbeiten im Bereitschaftsdienst in der Nacht erledigt!

Die besonderen Herausforderungen im Industrieunternehmen, **dass Tag und Nacht die gleiche Qualität und Quantität** nachfragt, verlangt besondere Maßnahmen. Die Schichtarbeit bringt für die Mitarbeiter besonders hohe Belastungen (**Tabelle 1**).

Die Schichtarbeiter müssen nämlich gegen den Verlauf ihrer physiologischen Leistungsbereitschaft arbeiten (**Bild 1**). Die besonders herauszuhebenden Störungen für die Mitarbeiter sind, dass der Tagschlaf nach der Nachtarbeit meist durch Lärm gestört wird, es kommt zu Schlafzeitdefiziten. Diese bewirken wiederum z. B. eine verminderte Konzentrationsfähigkeit, Minderleistungen und **erhöhte Unfallgefahr**. Aber auch die Körperfunktionen des Menschen haben einen periodischen Verlauf mit einer Periodendauer von etwa einem Tag, der durch den Hell-Dunkel-Wechsel von Tag und Nacht gesteuert wird.

Des Weiteren werden die **sozialen Kontakte**, je nach Schichtplan mehr oder weniger stark eingeschränkt. Die auftretenden Erkrankungen wie Appetitstörungen, Kreislaufbeschwerden und andere vegetative Störungen treten verstärkt bei älteren Mitarbeitern auf.

Bild 1: Die Leistungsbereitschaft und die Zahl der Fehlleistungen über den Tagesverlauf

Tabelle 1: Auswirkungen der Schichtarbeit auf die Mitarbeiter						
Physiologische Leistungsbereitschaft	Der Verlauf der durchschnittlichen Leistungsbereitschaft der Mitarbeiter stimmen nicht mit den Anforderungen der Schichtarbeit überein. Deshalb kommt es zu unterschiedlichen Befindlichkeitsstörungen.					
	Schlafstörungen	Appetitstörungen	Magenbeschwerden	Kreislaufbeschwerden	Verminderte Leistungsfähigkeit	Konzentrationsschwierigkeiten
Störungen im sozialen Umfeld der Mitarbeiter/innen	Der normale Lebensrhythmus muss verändert, bzw. stark eingeschränkt werden					
	„No sports", d. h. regelmäßiges Training im Sportverein ist nicht mehr möglich	Abbruch/Ende von Freundschaften	Kulturveranstaltungen können nicht besucht werden	Abhängigkeit vom privaten PKW, da der öffentliche Nahverkehr nicht verkehrt	Abnahme/Abbruch des Kontakts zum normalen täglichen Familienleben mit der Familie	

5.2 Ergonomie

Die verbreitetsten Arten der Schichtarbeit sind:
- 2-Schichtarbeit mit z. B. Frühschicht 6.00 bis 14.00 Uhr, Spätschicht 14.00 bis 22.00 Uhr,
- 3-Schichtarbeit mit z. B. Frühschicht, Spätschicht und Nachtschicht 22.00 bis 6.00 Uhr,
- Kontischicht (3-Schicht) mit Wochenenddienst.

Da die Schichtarbeit viele negative Wirkungen auf die Mitarbeiter hat, liegt es auf der Hand, dass der Arbeitgeber bei der Einführung jeglicher Form von Schichtarbeit eine *erhöhte Fürsorgepflicht* hat.

Die Einhaltung der Empfehlungen der **Tabelle 1** bringen dem Unternehmen nicht nur Kosten. Der zuerst vordergründige Mehraufwand für ergonomisch gestaltete Arbeitsplätze wird sich kurzfristig durch eine höhere Leistung, geringeren Ausschuss, höhere Qualität und bessere Motivation schnell wieder ausgleichen! Besonders eine verantwortliche Mitarbeit des Betriebsrats, oder der Mitarbeiter bei der Erarbeitung der Schichtpläne ist hier unbedingt erforderlich.

Der in **Tabelle 2** dargestellte Schichtplan berücksichtigt viele der in Tabelle 1 zusammengestellten Empfehlungen. Sicherlich ist es nicht immer möglich allen Mitarbeiter gerecht zu werden. Bei jedem Schichtplan sollte aber primär darauf geachtet werden, dass nicht zu viele Nachtschichten hintereinander liegen, denn sonst häufen sich die Schlafdefizite an.

Wenn auf jede einzeln eingestreute Nachtschicht eine arbeitsfreie Zeit von 24 Stunden folgt, kann ein Schlafmangel nach einem ungenügenden Tagschlaf sofort in der folgenden Nacht kompensiert werden.

Auch eine Reduzierung der Nachtarbeitszeit auf 6 bis 7 Stunden hat sich in vielen Unternehmen durchgesetzt und sich positiv auf die Leistungsbereitschaft ausgewirkt. In den USA hat man mit der Änderung der klassischen Schichtwechselzeiten von 6.00/14.00/22.00 Uhr auf 8.00/16.00/24.00 Uhr gute Erfahrungen gemacht, denn der späte Beginn der Nachtschicht stört die sozialen und familiären Kontakte weniger. Zudem kann der Nachtschichtler sofort „in Ruhe schlafen", denn um 8.00 Uhr ist die Familie außer Haus.

Der Schichtplan **(Tabelle 2)** stellt sicherlich das Maximum an hintereinander liegenden Nachtschichten dar, doch der Vorteil dieses Schichtplans ist seine große Übersichtlichkeit für den Mitarbeiter und das Unternehmen. Deshalb wird dieser in einem mittelständischen Unternehmen u. a. auf Drängen des Betriebsrats verwendet.

Tabelle 1: Gestaltung der Schichtarbeit

Grundsätze	Ausführung, Hinweise		
Allgemeine gesundheitliche Vorgaben	Vermeidung von Schlafreduktionen	Erhaltung eines ausreichenden Freizeitbereichs	Verminderung der sozialen Isolation
Personallose Schicht	So weit wie immer möglich sollte die Nachtarbeit, also die 3. Schicht, durch automatische Werkstück- und Werkzeugzuführung vermieden werden. Dabei genügt oft ein „Weiterlaufen" bis der Materialspeicher leer gefahren ist – Störungen bedingen den Stillstand.		
Begrenzung Nachtschichten	– Die Anzahl der hintereinander liegenden Nachtschichten muss begrenzt werden. – Nachtschichten sollten nur einzeln in den Schichtplan eingestreut werden.		
Nachtschicht und 24 h Freizeit	– Nach jeder Nachtschicht muss eine Freizeit von mindestens 24 Stunden folgen. – Kurze Schichtwechsel müssen vermieden werden.		
Freie Wochenenden	– Jeder Schichtplan sollte freie Wochenenden mit mindestens zwei zusammenhängenden Arbeitstagen berücksichtigen. – Damit können die während der Woche bestehenden sozialen Behinderungen (Familie, Freunde, Sport) ausgeglichen werden.		
Gleiche Anzahl von freien Tagen	Die Zahl der freien Tage darf bei Schichtarbeitern nicht geringer als bei Tagarbeitern sein.		
Überschaubare Schichtpläne	– Schichtpläne müssen überschaubar gestaltet sein, damit die Mitarbeiter eine individuelle Freizeitplanung gestalten können. – Schichtwechselzyklus von 4 Wochen ist zu empfehlen, danach keine großen Änderungen.		

Tabelle 2: Einfacher 3-Schichtbetrieb mit 3 Mannschaften

F = Frühschicht 6.00–14.00   S = Spätschicht 14.00–22.00   N = Nachtschicht 22.00–6.00

5.2.6 Beispiel für eine Arbeitsplatzgestaltung

Mithilfe eines einfachen Beispiels wird die Vorgehensweise und die Ablauffolge bei der Arbeitssystemgestaltung dargestellt. Dabei wird nur ein Einzelarbeitsplatz gestaltet. Der Schwerpunkt liegt dabei auf der Arbeitsplatzgestaltung. Die Arbeitssystemgestaltung (Arbeitsorganisation, Arbeitsumgebung) kann sich daran anschließen. Das gewählte Beispiel lässt sich durch seinen Umfang im Unterricht in Gruppenarbeit lösen. Die Teilnehmer können überschaubar ihre Ergebnisse präsentieren. Auch dürfen die Auftragsmengen bei Beispielen dieser Größenordnung 500 bis 5000 Stück/Jahr nicht unterschreiten bzw. überschreiten.

Ansonsten wird ein automatisierter Arbeitsplatz, oder eine einfache Handmontage eingesetzt werden müssen. Die aufgewendeten Investitionen (fixe Kosten) für den Arbeitsplatz müssen sich logischerweise über die Auftragsmenge amortisieren.

Aber auch verkürzte Montagezeiten, höhere gleichbleibende Qualität, kleinere Durchlaufzeiten, oder verringerte Fehlzeiten durch ergonomische Arbeitsplatzgestaltung können höhere Investitionen rechtfertigen. Die dargestellte Lösung ist ein Vorschlag.

Bei einer Einführung in die Arbeitssystemgestaltung sind „echte" Produktionsbeispiele zu vermeiden, da diese eine „offene Lösung" mit mehreren Varianten meist verhindern.

Die folgenden Gründe sprechen in den Unternehmen oft gegen eine Optimallösung:

- Ähnliche Produkte wurden schon produziert, deshalb wurde der alte Arbeitsplatz aus Kostengründen und Zeitgründen nur modifiziert.
- Die ursprüngliche Auftragsmenge war sehr klein, sodass sich die Einrichtung eines Arbeitsplatzes nicht „gerechnet" hat. Die Produkte wurden „von Hand" einzeln montiert und jetzt bei steigender Auftragsmenge ist niemand bereit in das „unsichere" Produkt Geld zu investieren.
- Das Unternehmen kann sich nicht das notwendige Investitionsvermögen (Geld) beschaffen um die Optimallösung umzusetzen. Dieser Fall tritt insbesondere bei kleinen Unternehmen auf.
- Die Lieferung muss in einem sehr engen Zeitrahmen erfolgen, sodass die Arbeitssystemgestaltung dem Produktionsteam übertragen wird. Diese optimieren dann ihre Arbeitsplätze während der Produktion.

Für das Unternehmen selbst ist dann die unter den gegebenen Voraussetzungen ausgewählte Lösung trotzdem die optimale Lösung.

Vorüberlegungen und Ablauffolge

Voraussetzung für die Durchführung einer Arbeitsplatzgestaltung sind ausreichende Kenntnisse von den Grundregeln der Arbeitssystemgestaltung, also z. B. der Ergonomie, des Bewegungsstudiums und der Arbeitsorganisation **(Tabelle 1)**.

Tabelle 1: Die Arbeitsschrittfolgen bei der Arbeitssystemgestaltung

Nr.	Arbeitsschritte	Erläuterungen
1	Erstellung der montagegerechten Erzeugnisstruktur	Beachtung der Auftragsmengen und Fertigungsart Fein- oder Grobstrukturierung.
2	Entwicklung der Ablaufanalyse	Bestimmung der Montageabfolge und der zeitlichen Abfolge.
3	Beschreibung des Grobarbeitsablaufs	Stichwortartige Beschreibung der Montageabfolge.
4	Vorentwurf der Arbeitsplätze	Handskizze der Arbeitsplätze, Vorplanung der Hilfsmittel.
5	Festlegung und Entwurf der Hilfseinrichtungen	Vorrichtungen, Werkzeuge, Messzeuge, Sondermaschinen, Betriebseinrichtungen, Schrauber.
6	Detailplanung der Arbeitsplätze mit allen Hilfsmitteln, Bewegungslängen, Greifbehältern, ...	Detailplanung des Arbeitsplatzes unter Berücksichtigung der Grundsätze der Bewegungslehre, der Greifräume, Ablaufanalyse.
7	Durchführung der Planzeitermittlung (MTM-Analyse oder WORK-Faktor oder Planzeittabellen)	Mithilfe der MTM-Analyse wird jeder Handgriff der Montagefolge aufgelistet und kann so geprüft und optimiert werden.
8	Bestimmung der Vorgabezeit und Taktzeitabstimmung	Aus den Daten der MTM-Analyse wird die Auftragszeit aufgerechnet und die Arbeitsplätze zeitlich aufeinander abgestimmt.
9	Kalkulation des gesamten Investitionsaufwands	Der Platz und alle notwendigen Hilfsmittel werden verrechnet.
10	Berechnung der Amortisationszeit, und des Deckungsbeitrags	Die notwendigen Investitionen werden dem „Zeitaufwand" für die Montage gegenübergestellt.
11	Bestimmung der Schulungsmaßnahmen	Fachliche und zeitliche Vorplanung – Mitarbeitereignung.
12	Zertifizierung/Auditierung des Arbeitssystems nach TQM-Qualifikationen	Prüfen der Umsetzung der Kundenforderungen mit der Leistung des Arbeitsplatzes.

5.2 Ergonomie

Für die einfache Detailplanung eines Einzel-Arbeitsplatzes genügen die Arbeitsschritte 1 bis 7, wobei die Durchführung einer detaillierten Planzeitermittlung (Schritt 7) z. B. in Form der MTM-Analyse nur bei großen Serien und/oder zur Auftragszeitvorgabe erfolgen muss. Durch die Gegenüberstellung von mehreren entwickelten Arbeitsplatzvarianten kann der für das Unternehmen optimale Arbeitsplatz auch ohne realen Testaufbau bestimmt werden.

Im Folgenden wird für das Erzeugnis „Bohrvorrichtung" (**Bild 1**), Tabelle 1 (Stückliste) und Tabelle 2 (Mengenstückliste) die Arbeitsplatzgestaltung exemplarisch dargestellt. Das Produkt ermöglicht die Ausarbeitung weiterer Varianten, z. B. der verschiedenen Bohrungsdurchmesser und variierte Bohrabstände. Außerdem ist das Produkt in seiner Grundkonstruktion sehr verbesserungsfähig und deshalb für Schulungszwecke besonders geeignet. Durch eine Wertanalyse oder eine KVP-Analyse lässt sich das Produkt weiterentwickeln.

Tabelle 2: Mengenstückliste (Beispiel)

lf.Nr.	Teil-Nr.	St/kg	Benennung	Pos
1	100 000	1	Bohrvorrichtung	
2	100 001	1	Aufnahme komplett	
3	100 002	1	Bohrplatte komplett	
4	100 003	1	Bügel komplett	
5	100 011	1	Aufnahme	1
6	100 012	1	Bügel	2
7	100 013	1	Spannschraube	3
8	100 014	1	Anschlagplatte	4
9	100 015	1	Bohrplatte	5
10	100 016	2	Bundbohrbuchse A 6x10	6
11	100 017	6	Zylinderschraube M6x12	7
12	100 018	2	Zylinderstift 5 m6x15	8
13	100 019	2	Zylinderschraube M6x20	9
14	100 021	4,1	4kt 100x52	
15	100 022	0,3	Fl 100x20x21	
16	100 023	0,2	Rd 22x42	
17	100 024	0,5	Fl 63x5x18	
18	100 025	0,2	Fl 90x5x62	

Tabelle 1: Stückliste (Auszug)

St	Benennung	Pos.	Werkstoff
1	Aufnahme	1	1.0044
1	Bügel	2	1.0044
1	Spannschraube	3	1.0721
1	Anschlagplatte	4	1.0044
1	Bohrplatte	5	1.0044
2	Bohrbuchse A 6x10 DIN 172	6	
6	Zylinderschr. M6x12 DIN EN ISO 4762	7	8.8
2	Zylinderstift 5 m6x15 DIN EN ISO 8734	8	
2	Zylinderschr. M6x20 DIN EN ISO 4762	9	8.8

Bild 1: Bohrvorrichtung

Durchführung der Arbeitsplatzgestaltung

1. Schritt: Erstellung der montagegerechten Erzeugnisstruktur

Die meist für die PPS entworfene Erzeugnisstruktur ist im Idealfall (für den Arbeitssystemgestalter) schon *montagegerecht* aufgebaut. Allerdings gilt für die *PPS-Erzeugnisgliederung* der Grundsatz der Feinstrukturierung. Damit können nachträglich alle denkbaren Varianten (Produktprogrammplanung) aus dem *Urprodukt* abgeleitet werden.

Die im PPS-System abgelegten Baugruppen entsprechen im Arbeitsumfang nur in seltenen Fällen genau dem notwendigen Arbeits/Zeitaufwand für einen Arbeitsplatz. Am konkreten Arbeitsplatz werden also meist mehrere Baugruppen zusammengefasst montiert.

Der Aufbau der montagegerechten Erzeugnisgliederung muss möglichst *flach* angelegt werden (**Bild 1**). Bei diesem Prinzip werden die meisten Baugruppen in der ersten Ebene aufgebaut. So ist das Produkt in den verschiedensten Varianten montierbar. Die Baugruppen können flexibel durch Eigenproduktion oder Fremdvergabe unabhängig in verschiedenen Losgrößen montiert werden. Bei der Endmontage können alle Baugruppen in den verschiedensten Varianten montiert werden, wobei nur noch zusätzliche Normteile wie z. B. Schrauben, Scheiben, Stifte fest am Arbeitsplatz unabhängig vorrätig gehalten werden.

Eine Erzeugnisstruktur, die in die *Tiefe* (viele Strukturebenen) (**Bild 2**) gegliedert ist, bedingt zwangsläufig eine unflexible, starre „Fließbandfertigung", denn die Montage muss von der unteren zur oberen Ebene erfolgen. Autonome Zwischenschritte sind nicht (kaum) möglich, denn sie bedingen die Teileanlieferung der montierten Vorstufen.

Für das Beispiel „Bohrvorrichtung" wurde entsprechend den Vorgaben eine flache Erzeugnisstruktur erstellt (**Bild 3**). Diese ermöglicht die autonome Vormontage bzw. Bereitstellung von drei Baugruppen. Diese können je nach Kundenwunsch in den verschiedensten Varianten montiert und meist ohne Arbeitsplatzumbau ausgeliefert werden.

Bild 1: Erzeugnisstruktur mit flachem Strukturaufbau

Bild 2: Erzeugnisstruktur mit tiefem Strukturaufbau

Bild 3: Erzeugnisstruktur der Bohrvorrichtung

5.2 Ergonomie

2. Schritt: Entwicklung der Ablaufanalyse

Die Ablaufanalyse ermöglicht die grafische Darstellung des Montageablaufs (**Bild 1**). Dieser wird von der Bereitstellung im Rohmateriallager über die Fertigung, die Zwischenlagerung, die anschließenden Montagefolgen bis zur Endmontage und Erzeugnislagerung dargestellt. Auf die Analyse der Fertigung wurde hier wegen des Schwerpunkts der Montagegestaltung verzichtet.

Durch die netzplanmäßige Darstellung kann die Arbeitssystemgestaltung die Zahl der notwendigen Arbeitsplätze und den Ablauf grob abschätzen, besonders dann, wenn er für die einzelnen Montagen notwendige Vorgabezeit abgeschätzt hat. Des Weiteren kann auch eine geschickte Belegung der Arbeitsplätze mit den verschiedenen Baugruppen-Montagen vorgeplant werden. Voraussetzung ist allerdings, dass die Montagenabfolgen und die Planzeiten schnell grob abschätzbar sind. Ansonsten müssen hier zuerst Voruntersuchungen durchgeführt werden.

Da die Unternehmen in der Praxis meist ähnliche Produkte in verschiedenen Varianten produzieren, können die Arbeitssystemplaner auf bekannte Daten zurückgreifen und so schnell zu guten Ergebnissen kommen.

Die Erzeugnisstruktur und die Ablaufanalyse zeigen für das Beispiel „Bohrvorrichtung", dass ein Einzelarbeitsplatz bei der vorgegebenen Auftragsmenge ausreicht.

3. Schritt: Beschreibung des Grobarbeitsablaufs

Bei der Montage (**Tabelle 1**) wird davon ausgegangen, dass die Stiftbohrungen in der Bohrplatte (100015) nicht zusammen mit der Aufnahme (100011) gebohrt werden müssen. Diese wurden z. B. mit einer Bohrvorrichtung einzeln exakt verbohrt.

> Durch die grobe Montagebeschreibung erschließen sich dem Arbeitssystemgestalter „automatisch" die für die Montage notwendigen Hilfsmittel, wie z. B. Greifbehälter, Vorrichtungen, Werkzeuge, Hebezeuge, Schrauber.

Tabelle 1: Die Grobmontagebeschreibung

	Kurzbeschreibung	Hilfsmittel
1	Aufnahme senkrecht gegen Anschlag in Vorrichtung V1, Anschlagplatte mit 2 Zylinderschrauben mit Schrauber S1 montieren > 100 001	Vorrichtung V1 Schrauber S1
2	Bohrbuchse mit Kunststoffhammer H1 in Bohrplatte einfügen, 2 Zylinderstifte fügen und anschlagen > 100 002	Hammer H1 (Kleinpresse) Holzunterlage
3	Spannschraube mit Bügel verschrauben (10 Stück vormontieren) > 100 003	Handarbeit
4	Aufnahme kompl. in Vorrichtung V2 gegen Anschlag ablegen, Bohrplatte kompl. fügen, 2 Zylinderstifte fertig fügen, Bügel kompl. fügen, 4 + 2 Zylinderschrauben mit Schrauber S1 verschrauben > 100 000	Vorrichtung V2 Hammer H1 Schrauber S1

Bild 1: Ablaufanalyse für das Produkt „Bohrvorrichtung 100 000"

4. Schritt: Vorentwurf des Arbeitsplatzes

Die Erstellung des Vorentwurfs des Arbeitsplatzes **(Bild 1)** erfolgt parallel zur Grobmontagebeschreibung. So kann der Arbeitssystemgestalter gleichzeitig die Montageorte, die Hilfsmittel, sowie die Greifbehälter dem Text des Grobarbeitsplans entsprechend platzieren. Er erkennt so unmittelbar welche Vor- und Nachteile seine geplante Montagefolge hat.

Viele Unternehmen benutzen zur ergonomischen Arbeitsplatzgestaltung Softwarepakete, die auf einer CAD-Basis arbeiten **(Bild 2)**. Sie gestalten damit Einzelarbeitsplätze und komplette Montagesysteme in 3D-Form.

Teilweise ermöglichen die Modelle eine echte Simulation von Bewegungsabläufen und zusätzlich noch eine Generierung der Planzeiten. Somit können die Vorgabezeiten, Durchlaufzeiten, Arbeitsplatzkosten, Kapazitäten und Belastungen virtuell bestimmt und variiert werden. Dies ist dann für ein Unternehmen wirtschaftlich, wenn die Arbeitsplätze für eine Massenfertigung ausgelegt werden. Ansonsten kann die Entwurfs- und Detailplanung mithilfe von einfachen Arbeitsplatzschablonen **(Bild 3)** schnell und kostengünstig durchgeführt werden.

5. Schritt: Festlegung und Entwurf der Hilfseinrichtungen

Nachdem durch den Vorentwurf des Arbeitsplatzes die notwendigen Vorrichtungen und Werkzeuge festgelegt sind, kann der Bau oder die Beschaffung in Absprache (Teamsitzung) mit den zuständigen Abteilungen begonnen werden.

In unserem Beispiel müssen nur zwei sehr einfache Vorrichtungen gebaut werden. Die Vorrichtung V1 **(Bild 1, folgende Seite)** sollte die Aufnahme in senkrechter Lage fixieren, sodass die Montage und das Verschrauben der Anschlagplatte mit dem Schrauber sicher erfolgen kann. Die Vorrichtung V2 **(Bild 2, folgende Seite)** dient ebenfalls nur zum Fixieren der Aufnahme um die Montage sicher und definiert durchführen zu können. Der Schrauber hat einen Aufsatz zum Einstecken der Schrauben. Dieser hält die Schraube, sodass die Schrauben nicht von Hand vormontiert werden müssen.

Bei kleinen Losgrößen wird man auf die Vorrichtungen verzichten, denn sie amortisieren sich dann nicht, sondern erleichtern „nur" die Arbeit. Aber bei Produkten, die zertifiziert ausgeliefert werden müssen, wird man die Vorrichtungen einsetzen um *gleichbleibende* Qualität garantieren zu können.

Auch das Verschrauben kann weiter automatisiert werden, z. B. dadurch, dass der Schrauber über einen Vereinzelner die Schrauben aufnimmt. Es entfällt somit das Bestücken von Hand.

Bild 1: Vorentwurf des Arbeitsplatzes

Bild 2: Arbeitsplatz

Bild 3: Arbeitsplatz-Zeichenschablone

5.2 Ergonomie

6. Schritt: Detailplanung des Arbeitsplatzes

Die Detailplanung des Arbeitsplatzes umfasst im Schwerpunkt die ergonomische Anordnung der Greifbehälter, der Werkzeuge, der Vorrichtungen, der Bedienungselemente und der Beleuchtung. Der in **Bild 1, folgende Seite** dargestellte einfache Hand-Arbeitsplatz ist für diese kleinere Auftragsmenge ausreichend ausgestattet und ergonomisch gestaltet. Die Investitionskosten sind für die Auftragsmenge vertretbar.

Die geplante Vormontage der Baugruppe „Aufnahme komplett 100 001" ermöglicht eine fixierte senkrechte Montage der Anschlagplatte. Das Einbringen der Stifte und der Bohrbuchse in die Bohrplatte kann bei größeren Serien nicht mehr mit der Hand (Hammer) durchgeführt werden. Dann muss eine kleine Handpresse eingeplant werden. Sie sichert zusätzlich die Qualität der Arbeit ab und gewährleistet eine gleichbleibende Ausführung.

Die Anordnung der Greifbehälter muss nach den Prinzipien der Bewegungslehre erfolgen.

Die Größe der Greifbehälter und der Greifschalen wird allein durch die Teilegröße bestimmt. Die Behälter für die Aufnahme, die Anschlagplatte und die Zylinderschrauben müssen direkt vor die Vorrichtung V1. Der Montageschrauber wird mittig zwischen den beiden Vorrichtungen aufgehängt. Das **Bild 2, folgende Seite** zeigt das Beispiel eines kompletten flexiblen Montagesystems.

> Häufig zu bewegende Teile und Hilfsmittel sollten mittig am Arbeitsplatz angeordnet werden, zudem müssen die Bewegungen insgesamt immer möglichst klein sein.

7. Schritt: Durchführung der Planzeitermittlung

Für die exakte Vorkalkulation und die Überprüfung der Machbarkeit der Montage muss eine Bewegungsanalyse, z. B. in Form der MTM-Analyse (MTM, von methods-time measurement = Zeit-Messmethoden) erfolgen. Man listet alle Handgriffe der Montagefolge in Form einer Beschreibung aller Handbewegungen auf. Dabei bestimmen die Bewegungslängen und die Bewegungsfälle der Grundbewegungen die Zeitdauer für eine Einzelbewegung.

Mit dem MTM-Verfahren werden zwar *Planzeiten* bestimmt, doch genau genommen ist MTM ein Verfahren der Systeme vorbestimmter Zeiten (SvZ). Dabei können die Zeitwerte für alle vom Menschen voll beeinflussbaren Tätigkeiten mithilfe von Tabellen bestimmt werden. Die Tabellen wurden mithilfe von Filmaufnahmen bei vielen verschiedenen Tätigkeiten zusammengestellt und stellen so die Mittelwerte des Zeitbedarfs für ein Vorgangselement (Bewegung) dar.

Das MTM-Verfahren kennt fünf Grundbewegungen **(Tabelle 1, Seite 171)** mit denen schon 85 % – 95 % aller manuellen Montagearbeiten beschrieben werden können.

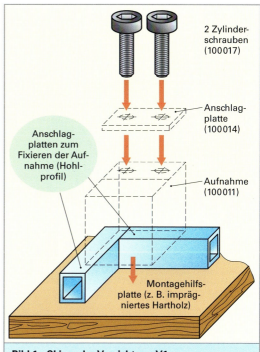

Bild 1: Skizze der Vorrichtung V1

Bild 2: Skizze der Vorrichtung V2

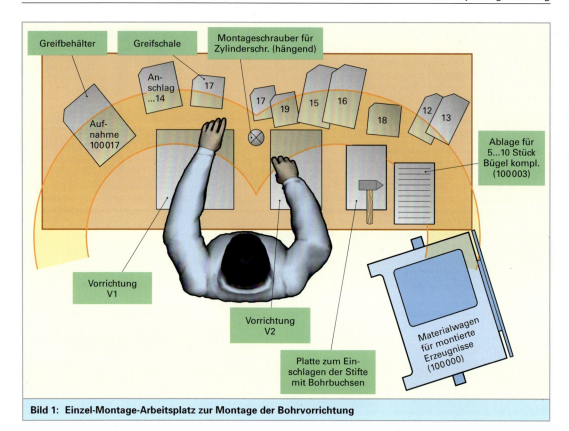

Bild 1: Einzel-Montage-Arbeitsplatz zur Montage der Bohrvorrichtung

Bild 2: Flexible Montage

8. Schritt: Bestimmung der Vorgabezeit

Mit der Zeitermittlung durch die Verfahren der SvZ wird im Allgemeinen die Grundzeit (t_g) bestimmt. Es müssen nun noch die Verteilzeiten, die Erholungszeiten und die notwendigen Rüstzeiten bestimmt werden, um die Auftragszeit vorgeben zu können. Dazu können die Verfahren nach REFA angewendet werden.

Das MTM-Verfahren **(Tabelle 2)** hat für jeden Bewegungsfall eine Zeittabelle. Die Zeitwerte hängen dabei im Normalfall von zwei Grundbedingungen ab; nämlich der **Bewegungslänge** (diese wird aus dem Arbeitsplatzentwurf entnommen) und der **Qualität der Bewegung**. Die Bewegungen müssen z. B. *sehr genau* oder *sorglos* oder *ungefähr* ausgeführt werden.

Tabelle 1: Die Grundbewegungen des MTM

Grundbewegung	Kurzbeschreibung
Hinlangen reach	Hand/Finger zu einem Gegenstand (Teil/Werkzeug) bewegen.
Greifen grasp	Gegenstand auswählen und greifen.
Bringen move	Gegenstand zum Bestimmungsort bringen, Anfügen bis +/– $\geq$ 6 mm.
Fügen position	Gegenstände ineinander fügen oder anfügen (anlegen) bei hoher Genauigkeit, (Spiel $\leq$ 12 mm), Passungen fügen.
Loslassen release	Kontrolle über die Gegenstände aufgeben, Teil loslassen.

Tabelle 2: Die Grundbewegungen des MTM

Bewegungs-länge	Fall A TMU*	Fall B TMU	Fall C TMU	Beschreibung der Fälle (z. B. für das Hinlangen– Auszug)
2	10	12	14	Fall A: Hinlangen zu einem allein stehenden Gegenstand ...
4	12	14	16	
6	14	16	18	Fall B: Hinlangen ..., der sich einem veränderlichen Ort ...
8	...			
...				Fall C: Hinlangen ..., der mit anderen vermischt liegt
80				

* 100000 TMU $\triangleq$ 1 Stunde; 27,8 TMU $\triangleq$ 1 Sekunde

9. Schritt: Kalkulation des gesamten Investitionsaufwands

Zu den gesamten Investitionsaufwendungen für den Arbeitsplatz müssen nun noch die Zusatzaufwendungen für die Planung, die Schulung und Einarbeitung der Mitarbeiter, die Aufwendungen für den Test- und Probebetrieb aufgerechnet werden. Besonders hohe, kaum exakt berechenbare Kosten verursachen organisatorische Änderungen, wie z. B. die Einführung von Teamarbeit. Alle diese Mittel muss die Abteilung für die Arbeitssystemgestaltung beantragen und erhalten.

Zu den Investitionsaufwendungen zählen die Aufwendungen für den Arbeitsplatz und die Zusatzaufwendungen.

10. Schritt: Berechnung der Amortisationszeit und des Deckungsbeitrags

Jedes Unternehmen hat nur einen beschränkten „Haushalt", d. h., die für Investitionen zur Verfügung stehenden Mittel sind begrenzt. Sie werden nur den Projekten zur Verfügung gestellt, die nachweisen können, dass sich die Investitionen „rechnen" und schnell amortisieren, also „zurückverdienen". Sie müssen also einen hohen Deckungsbeitrag einfahren. Deshalb werden „überzogene" Projekte bei der Geschäftsleitung schnell abgelehnt.

Die Aufgabe des Technikers ist es, seine Projekte durch „saubere" Kalkulationen geschickt zu verkaufen, wobei ihn aber unrealistische Annahmen schnell einholen. Denn wenn man durch die Investition die geplanten Vorgabezeiten oder Einsparungen nicht erreicht, wird das Controlling dies bei der nächsten Abrechnung feststellen.

11. Schritt: Schulungsmaßnahmen

Gleichzeitig mit der Planung des Arbeitssystems muss die Mitarbeiterqualifikation für den neuen oder umgestalteten Arbeitsplatz untersucht werden. Erforderliche neue, fachliche Qualifikationen kann man je nach Vorwissen, relativ kurzfristig und unproblematisch durch Weiterbildung und Schulung der Mitarbeiter erreichen. Problematisch und langfristig geplant werden müssen organisatorische Änderungen, wie z. B. die Einführung von Teamarbeit.

Mitarbeiter müssen rechtzeitig geschult werden.

12. Schritt: Auditierung des Arbeitssystems

Viele Zulieferer sind verpflichtet, zertifizierte Produkte an den Kunden auszuliefern. Dies wiederum bedeutet, dass alle Produktionsanlagen, auf denen das Produkt hergestellt wird, zertifiziert sein müssen. Die detaillierte Arbeitsplatzbeschreibung ist die Grundlage für die Zertifizierung. Die Anlagen sollten deshalb z. B. jederzeit und schnell prüfbar und justierbar sein.

5.3 Montagetechnik

5.3.1 Grundlagen

Die Montage[1] von Bauteilen zu Baugruppen und von Baugruppen zu fertigen Geräten, Maschinen und Anlagen erfolgt vielfach in Handarbeit. Die Serienmontage, d. h. die Montage von Serienteilen erfordert *„flinke Hände"* und ist wegen der Monotonie der Tätigkeit und der ständig gleichartigen Arbeitsbelastung eine, für den Menschen, sehr belastende Arbeit.

Diese Serienmontage erfolgt als Fließmontage und wird zunehmend mit Robotern und speziellen Montagemaschinen automatisiert ausgeführt (**Bild 1**). Sofern eine nicht automatisierbare Montagearbeit übrig bleibt, ist darauf zu achten, dass die Montage-Restarbeitsplätze nicht in den Maschinentakt der Montagelinie ohne hinreichende Teilepufferung eingeplant werden.

> Die Hauptfunktionen der Montage sind:
> - Fügen;
> - Justieren und Prüfen;
> - Handhaben;
> - Fördern und
> - Sondertätigkeiten.

Die Tätigkeiten der Handmontage sind: Hinlangen, Greifen, Bringen, Fügen, Loslassen (**Bild 2**). Dabei legt man besonderen Wert auf die erforderliche Motorik, wie z. B. Beidhandbewegungen, Beugen, Bücken, Aufrichten, aber auch auf die Augenbewegungen und auf die erforderlichen Kräfte. Aufgrund dieser Teiltätigkeiten kann man den Montageplatz ergonomisch günstig gestalten (siehe auch Kap. 14.3).

> Zum Vorbestimmen von Montagezeiten gibt es eingeführte Verfahren, wie z. B. das MTM-Verfahren (Method-Time-Measurement), das MTA-Verfahren (Motion Time Analysis) oder das WF-Verfahren (Work-Factor). In Deutschland kommt vor allem die REFA-Methodenlehre[2] zur Anwendung. Beim MTM-Verfahren wird die Zeit in der Einheit TMU (Time Measurement Unit) gemessen: 1 TMU = 0,036 s → 100000 TMU = 1 h.

Zur Optimierung des Montageablaufs werden die einzelnen Tätigkeiten einer bestehenden Montage analysiert und zwar durch: Beobachten (auch mit Videoaufnahmen), Zählen der Teiltätigkeiten und Erfassen der Teilzeiten. Dabei erhält man Hinweise auf besonders zeitintensive und damit teure Einzelverrichtungen. Zur Neugestaltung von Montagearbeitsplätzen nutzt man zweckmäßigerweise eine Computersimulation (**Bild 3**).

Mit Simulationssystemen visualisiert man Greifräume und Blickfelder der Werker. Dabei wird der Bewegungsfreiraum erkennbar und man kann die Arbeitsplätze den Körpergrößen anpassen. Die Projektierungssoftware verfügt fertige Modelle für Frauen und Männer in unterschiedlichen Größen und Standardhaltungen (gehen, stehen, sitzen). Alle weiteren Körperhaltungen können programmiert und animiert werden.

Bild 1: Serienmontage mit Robotern

Bild 2: Handmontage

Bild 3: Projektierung von Montagearbeitsplätzen mit MTpro (Bosch-Rexroth)

---

[1] franz. le montage = der Aufbau, das Zusammensetzen

[2] Der gemeinnützige REFA-Verband entwickelt, abgestimmt mit Arbeitgeber und Arbeitnehmerorganisationen, Verfahren zur Arbeitsgestaltung, Betriebsorganisation und Unternehmensentwicklung: REFA-Methodenlehre. Diese umfasst Datenerfassungsmethoden mit Zeitstudien, Multimomentaufnahmen, Selbstaufschreibungen.

5.3 Montagetechnik

Montage 4.0

Die Montage 4.0 verfolgt eine flexible sowie wirtschaftliche und ressourcenschonende Herstellung von Erzeugnissen und zwar unter Nutzung intelligenter Systeme, nämlich *smarter* Produktionssysteme, *smarter* Produktkomponenten in Verbindung mit einer intelligenten Logistik.

Serienprodukte, seien es Fahrzeuge oder Elektrogeräte, Kleidung oder Sportartikel, sie alle werden in vollautomatisierten und/oder in teilautomatisierten Montageschritten aus Einzelteilen zusammengefügt.

Bei den manuellen Montageschritten ist die besondere Herausforderung, dass diese unter Einhaltung der europäischen Arbeitsstandards international wettbewerbsfähig gestaltet werden.

Die intelligenten Montagesysteme müssen wandlungsfähig sein und sich neuen und wechselnden Produkten möglichst selbst anpassen. Sie sind **ressourceneffizient** und stehen ergonomisch im Kontext mit **humaner Arbeit**.

Wichtige Montagekomponenten sind kollaborierende Roboter (**Bild 1** und **Bild 2**). Sie kooperieren bei der Arbeit mit dem Menschen. Handgeführte Industrieroboter (**Bild 3**) und *Exoskelette* (**Bild 4**) erleichtern das Montieren schwerer Bauteile oder unterstützen Monteure in ungünstigen Arbeitspositionen. Die Exoskelette geben eine Federunterstützung z. B. bei Überkopfarbeiten.

Kollaborierende Roboter (Cobot) arbeiten im Regelfall ohne mechanische Schutzzäune gemeinsam mit den Werkern „Hand in Hand" (Bild 1). Sie verfügen über mehrere redundant wirkende Sensor-Sicherheitssysteme, z. B. in jeder Achse eine Drehmoment-Sensorik. Schon bei geringster Krafteinwirkung wird die Bewegungsgeschwindigkeit reduziert, so dass keine Verletzungen entstehen. Andererseits gibt es am Roboter Servo-Berührbereiche mit deren Hilfe der Roboter vom Menschen leicht bewegt (und ggf. dabei auch programmiert) werden kann. Zur Kommunikation mit dem Roboter verwendet man neben der direkter Roboterarmberührung auch Tastenfelder, Touchpad mit Hand-Gestik, Spracheingaben und die Eingaben durch Körper-Gestik (z. B. mit *Kinect*, Microsoft).

Zweiarmige Roboter kommen dem Menschen und seinen haptischen Fähigkeiten sehr nahe (Bild 2). Ihr Einsatz ist vor allem in der Serienmontage für kleine Teile und im Zusammenspiel mit dem Menschen geeignet. Die Zweiarmigkeit ermöglicht eine schnelle „Inhandmontage" (wie das der Mensch auch macht): Die eine Hand hält, die andere Hand fügt.

Bild 1: Kollaborierender Leichtroboter in der Montage

Bild 2: Kollaborierender Zweiarmroboter

Bild 3: Handgeführter Industrieroboter

Bild 4: Montieren mit Exoskelett

Montagegerechte Produkte

Der Montageaufwand und die Montagequalität, besonders bei Serienfabrikaten sind entscheidend für die Kosten und die Qualität des fertigen Fabrikats und somit entscheidend für den Erfolg eines verkaufsfähigen Produkts.

Die Kosten eines Produkts werden zu etwa 75 % im Rahmen der Konstruktion festgelegt und dabei wird auch festgelegt wie hoch der Montageaufwand ist.

Demontage

Demontageaufgaben gibt es bei Wartungs- und Reparaturarbeiten und zunehmend zum Recycling von Wertstoffen oder bei Austauschteilen.

Die Kosten der Demontage schlagen sich erst im weiteren Produktlebenszyklus nieder und werden beim Kauf eines Produkts oft nicht beachtet. Produkte mit leichter Demontage ermöglichen:
- Kostengünstigen Austausch von Bauteilen und Baugruppen,
- Wiederverwendung gebrauchter Bauteile und Baugruppen,
- Einfache Fehlersuche durch Bauteiltausch,
- Recycling wertvoller Werkstoffe,
- Trennung von Schadstoffen.

Basiswerkstück

Mit dem Basiswerkstück wird das Produkt bzw. Gerät „geboren". Es ist häufig eine Platte, z. B. das Motherboard bei einem PC oder eine Bodenplatte, z. B. die Bodenplatte bei einem Kraftfahrzeug (**Bild 1**). Dieses Basiswerkstück erhält dann eine Fertigungskennzahl, z. B. eine Seriennummer und je nach Art des Produkts eine Zuordnung zu einem Kunden bzw. zu einer Auftragsnummer. Das Basiswerkstück wird nun im Laufe der Montage *von einem* Montageplatz *zum nächsten* weitertransportiert. Bei Produkten mit kleinen Abmessungen wird das Basiswerkstück häufig auf einem Werkstückträger fixiert (**Bild 2**).

Bild 1: Bodenplatte bei einem Kfz als Aufbauplattform

Bild 2: Werkstückträger, WT

Grundregeln montage- und demontagegerechter Produktgestaltung:

- Ein Produkt sollte aus möglichst **wenigen Teilen** zusammengesetzt werden; also je weniger Teile um so günstiger ist i. A. die Montage. Die Produktkomplexität wird meist durch die Zahl der Bauteile bestimmt.
- Komplexe Produkte, wie z. B. Fahrzeuge müssen in **Baugruppen** (Fahrwerk, Motor, Lenkung usw.) aufgegliedert werden und diese Baugruppen wiederum in Unterbaugruppen, die vormontiert werden können bevor sie getestet und geprüft werden.
- Jede Unterbaugruppe sollte möglichst **wenige weitere Verbindungen** zu anderen Unterbaugruppen haben.
- **Produktvarianten** sollten sich in den Unterbaugruppen **unterscheiden** und nicht in der produktneutralen Baugruppenmontage.

- Soweit wie möglich sollten die Unterbaugruppenmontagen der Produktvarianten etwa **gleich viele Arbeitsschritte** enthalten.
- Die Bauteile sollten **möglichst symmetrisch** sein.
- Wenn die Bauteile unsymmetrisch sind, so sollten sie sich **deutlich unsymmetrisch** zeigen.
- Die **Zuführbarkeit** der Bauteile sollte einfach **automatisierbar** sein. Biegeschlaffe Teile sollten vermieden werden, also möglichst keine Teile aus Textilien u. Ä.
- Die Montagerichtungen bzw. **Fügerichtungen** sollten **möglichst einheitlich** und minimal sein, z. B. nur senkrechtes Fügen.
- **Verbundwerkstoffe** vermeiden, damit Werkstoffe sortenrein rückgewonnen werden können.

5.3 Montagetechnik

Für die symbolische Darstellung der Handhabungs- und Montageaufgaben sowie der Grundaufgaben des Fertigens gibt es in VDI 2860 leicht verständliche Bildelemente, vgl. **Tabelle 1** und **Tabelle 2**.

Tabelle 1: Bildelemente für Montage- und Handhabungsfunktionen

Symbol	Funktion	Symbol	Funktion	Symbol	Funktion	Symbol	Funktion
	geordnete Speicherung		Zusammenführen		Führen		Verfügbarkeit prüfen
	teilweise geordnete Speicherung		Sortieren		Befördern		Identität prüfen
	ungeordnete Speicherung		Drehen		Hängen		Form prüfen
	Trennen		Wenden		Anhalten		Abmessung prüfen
	Verbinden		Verschieben		Freigeben		Farbe prüfen
	Aufteilen		Ausrichten		Festhalten		Gewicht prüfen
	Anordnen		Positionieren		Loslassen		Position prüfen
	Verzweigen		in Reihe bringen		Prüfen, Messen		Zählen

Beispiel:

Teile in ungeordneter Speicherung → in Reihe bringen → Befördern → Farbe prüfen → Aussondern, Verzweigen → Befördern → Zählen → Gutteile in geordneter Speicherung

Schlechtteile ungeordnet

Tabelle 2: Bildelemente für Fertigungsschritte

Formgeben	Formändern	Behandeln	Fügen

Merkmale und Verhalten der Montageteile

Die konzeptionelle Gestaltung eine Montage, insbesondere im Hinblick auf die Automatisierbarkeit erfordert eine Analyse der zu montierenden Teile

- hinsichtlich der geometrischen und stofflichen Ausprägungen und
- hinsichtlich des Teileverhaltens in Ruhe und bei Bewegung.

Die Teileform, zusammen mit den absoluten Abmessungen und den Abmessungsrelationen und die geometrischen Formelemente bestimmen wesentlich die Handhabbarkeit. Man unterscheidet:

- die Makroform
- die typisierenden Formelemente und
- die physikalischen Eigenschaften.

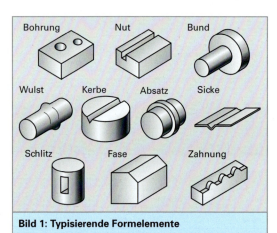

Bild 1: Typisierende Formelemente

Makroformen sind:
Kantige Teile (Tabelle 1)
– Teilevolumen: Länge L x Breite B x Höhe H,
– Lange Teile: Eine der drei Größen L, B, H groß. Die beiden anderen Größen klein,
– Plattenteile: Zwei der drei Größen L, B, H groß, eine Größe klein,
– Prismatische Teile: Alle drei Größen L, B. H etwa gleich groß.

Runde zylindrische Teile, meist Drehteile. Sie können z. B. mit Dreibackengreifern gehandhabt werden.

Kugelige Teile haben viele oder unendlich viele stabile Lagen, müssen jedoch bei Oberflächenmarkierungen orientiert aufgenommen und montiert werden.

Hohlteile können sehr fragil sein und erfordern z. B. ein kraftgeregeltes Greifen.

Besonders schwierig zu handhaben sind **räumlich gewundene Teile, sperrige Teile, Wirrteile und biegeschlaffe Teile.**

Typisierende Formelemente (Bild 1) sind z. B.:
– Bohrung,   – Nut,
– Absatz,   – Sicke,
– Bund,   – Wulst,
– Schlitz,   – Fase
– Kerbe,   – Verzahnung.

Die typisierenden Formelemente sind häufig hilfreich für die Identifizierung der Teile und ihre Positionierung im Montageumfeld und beim Montagevorgang.

Physikalische Eigenschaften, wie z. B.
– metallisch/nichtmetallisch
– magnetisch/nichtmagnetisch
– fest/biegeschlaff,
– rau/glatt
– matt/glänzend/spiegelnd,
– transparent/glasklar.

Tabelle 1: Makroformen, Beispiele

Prismatische Massivteile	Zylindrische Massivteile	Hohlteile	Runde Hohlteile
Frästeile oder Gussteile z. B. in Quaderform. Gut handhabbar, gut zum Spannen und Bearbeiten. Viele stabile Lagen.	Drehteile oder Gussteile. Gut handhabbar, gut zum Spannen und Bearbeiten. Viele stabile Lagen.	Meist Blechteile, oft gezinkt und mit Sicken. Eher schwierig zu handhaben und zu spannen. Wenige stabile Lagen.	Rohrabschnitte, häufig gebogen und räumlich verwunden. Schwierig zu handhaben. Wenige stabile Lagen.
Lange Massivteile	**Zylindrisch lange Massivteile**	**Wirrteile**	**Formteile**
Massivwerkstücke Stangenabschnitte oder Gussteile. Gut handhabbar, gut zum Spannen und Bearbeiten. Wenige stabile Lagen.	Meist Drehteile aus Stangenmaterial. Gut handhabbar, gut spannbar. Wenige stabile Lagen.	Z. B. Federn und Spannringe, meist Schüttgut. Schwierig zu vereinzeln und zu handhaben.	Z. B. O-Ringe und Dichtungen, oft Schüttgut, geschäumte Teile. Schwierig zu handhaben.
Platte Teile	**Kegelige und kugelige Teile**	**Bleche**	**Biegeschlaffe Teile**
Meist Blechteile, auch mit Abkantungen und Durchbrüchen. Eher schwierig zu handhaben. Wenige stabile Lagen.	Drehteile oder Gussteile. Meist schwierig zu handhaben. Wenige stabile Lagen.	Rollenmaterial und Stapelmaterial. Eher schwierig zu handhaben und zu entstapeln. Wenige stabile Lagen.	Z. B. gewobene, gestrickte oder gehäkelte Teile. Schwierig zu handhaben.

5.3 Montagetechnik

5.3.2 Der Materialfluss

Zur Montage von Produkten müssen die Einzelteile zu Baugruppen und diese zu den fertigen Produkten zusammengesetzt werden. Die anfallenden Aufgaben des gesamten Materialflusses, nämlich des Lagerns, Förderns, Handhabens, Fügens, Prüfens kann auf sehr unterschiedliche Weise gelöst werden. Dabei ist meist im Sinne einer flexiblen Montage zu beachten, dass Produktvarianten und auch neue Produkte auf vorhandenen Montagelinien/Montageplätzen montiert werden können.

5.3.2.1 Lagern

Lager haben die Aufgabe Rohstoffe, Vorprodukte, Zwischenprodukte und Fertigwaren zeitweilig aufzunehmen. Damit können Schwankungen in der Beschaffung und Lieferung ausgeglichen, durch größere Lose günstige Beschaffungs- und/oder Produktionspreise erzielt werden und Transporte kostenoptimal und/oder zeitoptimal realisiert werden.

Bild 1: Automatisches Regalzeilenlager

Bei den Lagern unterscheidet man zwischen
- Zentrallager,
- dezentraler Lager und
- Umlauflager.

Zentrallager werden meist als **Regalzeilenlager** (Hochregallager) gebaut (**Bild 1**). Die Teilelagerung erfolgt bei Großteilen in den Regalfächern oder bei Kleinteilen in Behältern, in den Regalfächern.

Über manuell gesteuerte oder über automatisch arbeitende Regalförderzeuge (RFZ) werden die Lagerteile ein- und ausgelagert (**Bild 2**). Die RFZ fahren auf Schienen am Boden und stützen sich an Führungsschienen ab. Gesteuert werden die RFZ meist über eine SPS oder einen Lagerverwaltungsrechner (LVR). Auch können Regallager im direkten Zugriff mit Robotern bedient werden (**Bild 3**).

Bild 2: Blick in den Regalgang

Die Kommissionierung[1], d. h. die Zusammenstellung von Artikeln zu einem Auftrag erfolgt in Kommissionierstationen. Diese befinden sich meist vor den Gängen der Regallager. Die Kommissionierarbeitsplätze werden oft über Rollenförderer miteinander verbunden (Bild 1).

> Gelagert werden sollte so wenig wie möglich und so kurzzeitig wie möglich.

Bild 3: Regallager mit Roboterzugriff

---
[1] lat. commisso = Auftrag

Bei zentraler Lagerung werden die Güter konzentriert in einem Lagergebäude untergebracht mit dem Risiko, dass bei einer Zerstörung, z. B. durch Brand die gesamte Produktion in schwerste Mitleidenschaft gezogen wird.

Geringere Risiken, gegebenenfalls auch günstigere Transportbedingungen, z. B. geringere Transportwege liegen bei *dezentralen Lagern* vor. Bei den **Umlauflagern** erfolgt die Lagerung im Transportmittel. Man spart sich Lagerräume, hat nur geringes Risiko und hohe Lieferbereitschaft. Es gibt nur Umschlagplätze und Abnahmestellen (z. B. bei der Gemüseversorgung. Die Lager befinden sich in den LKWs auf der Straße). Im industriellen Bereich organisiert man Zentrallager häufig als Hochregallager mit selbstfahrenden Regalförderzeugen und automatisierter Einlagerung und Auslagerung. Dabei können die Waren bestimmten Lagerplätzen zugeordnet werden oder in regelloser Weise gelagert werden. Der Computer merkt sich die Einlagerposition.

5.3.2.2 Puffern

Pufferspeicher dienen zum Überbrücken von Störungen bei automatisierten Montageanlagen und zur Ermöglichung von Pausen bei manuellen Montagen sowie zur Vermeidung einer strengen Taktbindung. Man unterscheidet (**Bild 1**):

- Durchlaufpuffer,
- Umlaufpuffer,
- Rücklaufpuffer,
- Direktzugriffpuffer.

Als **Durchlaufpuffer** bieten sich fast alle Transporttechniken an, z. B. Gurtförderer, Hängebahnförderer, Rollenbahnen. Ist zwischen den Arbeitsstationen kein größerer Abstand, so verwendet man **Rücklaufpuffer**, die nur gefüllt werden wenn die Teileaufnahmekapazität zeitweilig nicht ausreicht. Eine Umlaufpufferung wird vor allem bei manuellen Montagearbeitsplätzen eingerichtet, wenn mehrere Arbeitsplätze damit versorgt werden müssen und wenn dabei sehr unterschiedliche Montagezeiten anfallen sowie wenn eine hohe Fluktuation in der Platzbesetzung vorliegt.

Durch Puffer wird eine starre Verkettung von Arbeitsstationen vermieden. Sie führen zur *Entkopplung* von einem Maschinentakt, ermöglichen Pausen und vermindern Produktionsausfälle bei Störungen.

Mit Puffern gelingt eine Anpassung an unterschiedliche Arbeitsgeschwindigkeiten.

5.3.2.3 Bunkern

Beim Bunkern nimmt man keine Rücksicht auf die räumliche Lage der Werkstücke. Man speichert sie als *Schüttgut*, z. B. Schrauben und Montagekleinteile oder Gussteile (**Bild 2**). Bei einer automatisierten Montage hat man dann meist große Probleme das gebunkerte Material wieder handhaben zu können. Es muss aufwendig vereinzelt und geordnet werden.

Bei den Bunkern unterscheidet man solche *ohne Werkstückbewegung*, z. B. Behälter, Gitterboxen, (Schäfer-)Kästen und solche *mit Werkstückbewegung*. Letztere ermöglichen häufig auch das **Entwirren**, das **Vereinzeln** und das **Ordnen**.

Bild 1: Pufferarten

Bild 2: Bunkern von Gussteilen in einer Gitterbox

5.3 Montagetechnik

Beim Bunkern unterscheidet man:
- Trichterbunker,
- Schaukelbunker,
- Schöpfbunker,
- Kettenaustragsbunker,
- Nachfüllbunker und
- Behälter (**Bild 1**).

Der Vorteil des Bunkerns ist die einfache und kostengünstige Einspeicherung. Der Nachteil ist, dass die automatisierte Teileentnahme oft sehr schwierig ist. Der sogenannte „Griff in die Kiste" mit Robotern ist nur in wenigen Fällen gelöst. Schüttgut, insbesondere Kleinteile aus Metall und Kunststoff können aber vorteilhaft in Trichterbunkern mit Vibrationsaustrag gebunkert und geordnet entnommen werden.

Beim **Trichterbunker mit Vibrationsaustrag** ist an der Wandung eine gestufte Wendelbahn angebracht (**Bild 1**). Damit gelangen bei jedem Füllungsgrad die Teile auch auf die nach oben führende Wendelbahn. Die drei schräg gestellten Blattfederfüße des Trichterbunkers werden über Elektromagnete in Vibration versetzt und zwar so, dass eine Schwingbewegung in tangentialer Richtung zum Behälterrand entsteht. Die Schwingamplitude liegt bei weniger als 1 mm, die Schwingfrequenz liegt bei etwa 25 Hz bis 100 Hz. Durch die Schwingbewegung werden auch Bewegungskräfte auf die gebunkerten Kleinteile übertragen und zwar so, dass diese allmählich die wendelförmige Bahn hinauf wandern.

Mit einem Trichterbunker mit Vibrationsaustrag kann man bunkern, fördern, ordnen und vereinzeln.

Der Griff in die Kiste – Bin Picking[1]

Zur Kommissionierung und zur Montage liegen die zu greifenden Objekte oft wahllos durcheinander in einer Kiste. Eine besondere Herausforderung hinsichtlich der Problemlösung für einen „Griff in die Kiste" (**Bild 2**) mit Industrie-Roboter (**IR**) besteht in den komplexen Teilaufgaben (**Bild 3**).

Der „Griff in die Kiste" gelingt einigermaßen für **gleiche oder artgleiche, ungeordnet liegende Bauteile**. Das Greifen mit Universalgreifern, der menschlichen Hand ähnlich, gibt es wohl. Da man die Greifstrategie ohnehin spezifisch an die Greifobjekte und die Behältersituation anpassen muss, werden meist Sauggreifer, Magnetgreifer oder 2-Finger-Greifer verwendet. An die Bildverarbeitung (**BV**) werden sehr hohe Anforderungen gestellt. Es wird zur räumlichen Posenbestimmung der zu greifenden Teile Tiefeninformation benötigt, d. h. die Teile müssen hinsichtlich ihrer 3D-Gestalt erfasst werden, z. B. mittels Lichtschnittprojektionen.

Bild 2: „Griff in die Kiste" – Bin Picking

Bild 3: Prozessablauf zu Bin Picking (vereinfacht)

IR Industrieroboter
BV Bildverarbeitung

[1] engl. bin = Behälter, eng. picking = pflücken, greifen

Bild 1: Bunkersysteme

5.3.2.4 Magazinieren

Magazine[1] sind Speicher für die *geordnete* Zwischenaufnahme von Werkstücken, z. B. auf einer Palette (**Bild 1**). Man benötigt Magazine (**Bild 2**) sowohl bei manueller Montage als auch bei maschineller Montage, vor allem, wenn der Montageprozess räumlich auseinandergerissen ist. Wir unterscheiden:

- Trichtermagazine,
- Schachtmagazine,
- Stufenmagazine,
- Rollbahnmagazine,
- Gleitbahnmagazine,
- Kanalmagazine,
- Förderbandmagazine,
- Hubmagazine,
- Kettenmagazine,
- Revolvermagazine,
- Trommelmagazine,
- Palettenmagazine.

Günstig ist es, wenn sich in die Transportaufgabe bzw. in die Magazinier- bzw. Pufferaufgabe ein Teilprozess der Fertigung einbeziehen lässt, z. B. ein Trocknungsprozess oder ein Abkühlprozess. Die Pufferstrecke bzw. Pufferzeit wird dann häufig auf diesen Prozess abgestimmt, sodass dieser nach der Durchlaufzeit sicher abgeschlossen ist. Beispiele sind Montageprozesse von Gussteilen und Schmiedeteilen.

Häufig müssen zur Montage unterschiedliche Teile aus mehreren Magazinen zusammengeführt werden. **Bild 3** zeigt die Zusammenführung von zwei verschiedenen Rundteilen (blau und grün) aus zwei Kaskadenmagazinen. Das Zellenrad mit einem Aufnahmeprofil für die Montageteile wird synchron zur Transportkette angetrieben. So liefert die Transportkette im Wechsel beide Teile.

Bild 1: Palettenmagazin auf einem Förderband

Bild 3: Kaskadenmagazine mit Teilezusammenführung

Bild 2: Magazinbauarten

---

[1] Das Wort Magazin entstammt dem Arabischen *al maḫzan* und bedeutet Kammer. Im militärischen Sprachgebrauch hat es einerseits die Bedeutung einer allgemeinen Lagervorratshaltung und andererseits bezeichnet man damit die schussbereite Vorratshaltung von Munition in Schusswaffen. Hierbei wurden viele Magazinarten entwickelt, wie sie ähnlich in der Montagetechnik genutzt werden. Am bekanntesten ist das Revolvermagazin (Trommelmagazin) das dem *(Trommel-)Revolver* den Namen gab. Weitere Magazinarten in der Waffentechnik sind: Stangenmagazin, Kurvenmagazin, Trapezmagazin, Tellermagazin, Röhrenmagazin, Schneckenmagazin.

5.3.2.5 Fördern

Zur Beförderung von Werkstücken von einer Bearbeitungs- bzw. Montagestation zur nächsten oder von einem Speicher zu den Montageplätzen werden Flurfahrzeuge oder fördernde Bewegungssysteme verwendet.

Die wichtigsten Fördersysteme sind:
- Rutschen, Transporttische,
- Rollenförderer,
- Bandförderer,
- Kettenförderer,
- Hängebahnförderer und
- Fahrerlose Transportsysteme (FTS).

Transporttische und Rutschen

Die Rutschen (**Bild 1**) sind die einfachsten Fördermittel. Sie haben zum selbsttätigen Gleiten der Teile eine Neigung von 2 % bis ca. 7 %. Die Rutschbahn ist mit glatter Oberfläche oder aber sie ist mit Tragkugeln versehen und in manchen Fällen wird zur leichteren Beweglichkeit auch über Düsen Luft eingeblasen, und die Teile schweben auf einem Luftpolster. Transporttische mit *Allseitenrollen* ermöglichen ein allseitiges Verschieben und Verdrehen der Teile (**Bild 2**).

Rollenförderer

Bei den Rollenförderern (**Bild 3**) gibt es solche deren Rollen mit Formschluss über Ketten und Kettenräder oder Zahnräder und Zahnriemen (**Bild 4**) angetrieben werden und solche die über Reibschluss, z. B. durch Bänder und Reibräder bewegt werden. Die Antriebskräfte werden entweder von Rolle zu Rolle oder insgesamt auf sämtliche Rollen übertragen. Es gibt auch Rollenförderer mit elektromotorisch einzeln angetriebenen Rollen.

Angetriebene Rollenbahnen ermöglichen als sogenannte *Stauförderer* eine Förderung in der Weise, dass sich vor einer Entnahmestation eine kleine Warteschlange der Teile bildet und so bei diskontinuierlicher Teileabnahme keine Wartezeiten entstehen. Bei den Stauförderern werden z. B. Rollen mit Rutschnaben oder Rutschkupplungen verwendet (**Bild 5**), d. h. der Rollenmantel bleibt bei Stau mit dem Werkstück stehen, während sich die Nabe dreht und auf den Rollenmantel ein konstantes Moment ausübt. Auch über berührende oder berührungslose Sensoren kann der Stau erfasst werden und die Rollenantriebe stillgesetzt oder auf ein verringertes Vorschubmoment geschaltet werden.

Zum Ausschleusen von Werkstücken werden schräg gestellte Rollen angehoben und angetrieben (Bild 3).

δ^0 Neigungswinkel in Grad
μ Gleitreibungszahl $\mu = 0{,}2$ Belag mit Kunststoff
ϑ_A Anfangsgeschwindigkeit in m/s (gering)
ϑ_E Endgeschwindigkeit in m/s
m Masse des Fördergutes in kg
D_m Mittlerer Durchmesser

Aus der Energiebilanz

$$m \cdot g \cdot H = m \cdot g \cdot \cos \delta \cdot \mu \cdot l + \frac{m}{2} \cdot (\vartheta_E^2 - \vartheta_A^2)$$

mit $\vartheta_A \ll \vartheta_E$

ergibt sich die Endgeschwindigkeit

$$\vartheta_E = \sqrt{2 \cdot g \cdot H \cdot (1 - \mu \cdot \cos \delta)}$$

Bild 1: Gerade Rutsche Wendelrutsche

Bild 2: Transporttische mit Allseitenrollen

Bild 3: Rollenförderer mit Ausschleuseweiche und Palettendrehung

Bild 4: Rollenantrieb über Zahnriemen

Bild 5: Rollen mit Rutschkupplung

Staurollenkette

Ähnlich dem Doppelgurtförderer ist der Förderer mit **Doppelstaurollenketten** aufgebaut. Anstelle der Gurte kommt eine Kette mit Rollen an die Kettenglieder (**Bild 1**). Diese Rollen sind drehbar gelagert und tragen den Werkstückträger. Kommt es zum Stau, dann läuft die Kette weiter, die Rollen drehen sich in den Kettengliedern, sodass nur geringe Antriebskräfte auf die Werkstückträger wirken.

Staurollenförderer dienen auch als Puffer zwischen den zwei Maschinen M1, M2 (**Bild 2**). Die Pufferkapazität ist abhängig von der Stückgutgröße und Staustreckenlänge. Durch Parallelschalten mehrerer Staurollenstrecken kann sie erweitert werden.

Bild 1: Doppelstaurollenkette

Bild 2: Staurollenkette als Puffer

Bandförderer

Nach DIN 15201 sind Bandförderer Stückgutförderer und Schüttgutförderer für waagerechte oder geneigte und geradlinige Förderung mit Bändern als Trag- und Zugorgan (Gummigurte, Stahlbänder, Drahtgurte, Seile, Riemen). Bandförderer können ortsfest, fahrbar, verschiebbar, klappbar sein.

Gurtförderer fördern über Gurte bzw. Bänder. Diese umschlingen zwei Rollen. Dabei wird eine Rolle elektromotorisch angetrieben. Häufig werden zum Transport von Werkstückträgern Doppelgurtförderer verwendet. Beim Doppelgurtförderer kann man durch die mittlere Freizone zusätzliche Operationen vornehmen, z. B. durch einen Hubzylinder ein Teil bzw. den Werkstückträger anheben und ausschleusen. Die Gurte gibt es in unterschiedlichen Ausführungsformen, z. B. glatt, mit Kunststoffbelag, mit Gummi oder auch mit Stollen um bei Schrägen ein Abrutschen zu verhindern. Mit Doppelgurtförderern lassen sich praktisch alle Formen von *Montagetopologien* z. B. mit Linienstruktur oder Karreestruktur in beliebigen Verschachtelungen verwirklichen (**Bild 3**). Für rechtwinklige Richtungsänderungen gibt es relativ einfache Lösungen, da beim Doppelgurt in der freien Mitte ein Querantrieb eingebracht werden kann.

Bild 3: Prüfarbeitsplatz mit Doppelgurtförderer

Hängeförderer

Hängeförderer gibt es mit Kettenantrieben, Seilantrieben (ähnlich Skilift) und mit Laufschienen in denen bei etwa 3 % Gefälle Laufkatzen mit einer Werkstückhängevorrichtung rollen. Hängeförderer dienen in dieser Form auch als Puffer (**Bild 4**).

Bild 4: Hängebahnförderer

Fahrerlose Transportsysteme (FTS)

Fahrerlose Transportsysteme (**Bild 1**) sind Fahrzeuge, meist mit Elektroantrieb, die Werkstücke und Werkzeuge auf Paletten oder Fahrzeugkarosserien automatisch aufnehmen und an vorbestimmte Abgabestellen, z. B. Montageplätze oder Läger abgeben. Der Zielort wird über induktive Transponder, über Infrarotsender oder durch Funk übertragen. Die Fahrzeugnavigation erfolgt entweder über Leitdrähte, welche im Flurboden der Fertigungshallen verlegt sind oder über Funknavigationssysteme, ähnlich der Satellitennavigationstechnik bei Kraftfahrzeugen (GPS) oder abschnittsweise über eine Kreiselsteuerung und Referenzierung durch optische oder magnetische Markierungen längs der Wege. Mit Ultraschallsensoren, welche rund um das Fahrzeug angebracht sind (ähnlich den PKW-Parkhilfen) erkennen die FTS etwaige Hindernisse. Schließlich sind in Fahrtrichtung vorwärts und rückwärts Stoßleisten mit Schaltkontakten angebracht, welche bei Berührung das FTS stoppen.

Die Lastaufnahme muss der Transportaufgabe angepasst werden. Häufig gibt es eine Aufnahmeplattform, die individuell höhenverstellbar (**Bild 2**) sowie drehbar ist und/oder die horizontal zu verschieben ist, z. B. quer zur Fahrtrichtung sodass das Ab- und Aufladen seitlich erfolgt.

Die Vorteile von FTS für die Montage sind:

- Größtmögliche Verkettungsflexibilität in einem Montagewerk. Alle Teile können automatisiert an jeden Standort gebracht werden.
- Kein Taktzwang. Die Abfolge der Fahrziele ist beliebig individualisierbar. Wenn die Montage fertig ist wird das FTS weggeschickt.
- Fördert die Bildung von Montageinseln.
- Ermöglicht die Montage im Typenmix.
- Kann bei Verfügbarkeit von zusätzlichen Flächen/ Hallen beliebig erweitert werden.

Nachteilig sind die relativ hohen Kosten und der relativ große Platzbedarf für Fahr-, Rangier- und Ausweichbewegungen.

Bei der Montage mit FTS als Transportmittel sind folgende Aufgaben zu lösen:

1. **Fahrzeugoperationen:** Fahrkurs mit Fahrzeiten, Ausweichstrategien, Zeiten für Andockvorgänge, Lastaufnahme, Lastabgabe, Batterieaufladen, FTS-Inspektion/Wartung (**Bild 3**).
2. **Einsatzorganisation:** Zielvorgabe, Zuordnung von Transportaufgaben zu freiwerdenden oder freien Fahrzeugen, Zielvorgabe für leere Fahrzeuge.

Bild 1: Materialfluss mit FTS

Bild 2: FTS mit Übergabe einer Gitterbox

Bild 3: Flexible Montageverkettungen mit FTS

5.3.3 Montagemaschinen

Zur automatisierten Montage von Aggregaten und Geräten ist eine Anordnung zu treffen, dass der Teilezusammenbau vorzugsweise nur in senkrechter oder in waagerechter Fügerichtung erfolgt. Lediglich Hilfsbewegungen, wie z. B. das Verriegeln über einen Bajonettverschluss kann auch in anderen Richtungen geschehen.

Bei einer solchen Montage bietet sich eine Lösung gemäß **Bild 1** an. Die Montagebasisplatte wird über ein Transportsystem zugeführt. Die Aufbauteile werden in *Vibrationsbunkern* oder *Magazinen* um ein Handhabungssystem herum platziert und stehen diesem *vereinzelt, geordnet* und *lagerichtig positioniert* zur Handhabung zur Verfügung. Einfache Kleinstteile, wie Blechwinkel, Drahtfedern u.ä. werden gegebenenfalls erst an der Montagestation vom Band hergestellt. So entfällt eine aufwendige Ordnungseinrichtung.

Bei der **Montage mit Roboter** eignen sich besonders 4-achsige Waagrechtarmroboter vom Typ SCARA (von Selective Compliance Assembly Robot Arm = Montageroboter mit ausgewählter Nachgiebigkeit). Diese Geräte sind von der Konstruktion her sehr steif und genau in der senkrechten Fügerichtung und nachgiebig quer dazu.

In senkrechter Richtung werden alle Kräfte von den Gelenkscharnieren aufgenommen, während quer dazu die motorischen Antriebe die Kräfte bereitstellen und somit auch steuerbar sind. Dies hat den Vorteil, dass bei Fügeoperationen ein Verklemmen vermieden wird.

Nachteilig bei einer Montagestation mit Roboter ist, dass nur an einer Stelle, nämlich da wo die Roboterhand sich gerade befindet, gearbeitet wird.

Rundtaktmontagemaschinen drehen mit jedem Takt das Montageteil um eine Station weiter. Jede Montagestation „arbeitet" bei jedem Takt (**Bild 2**). Entsprechend den Montagearbeiten werden die Montagewerkzeuge an den Ständer des Rundtaktdrehtellers angeflanscht.

Es sind Rundtaktmontagemaschinen mit 8, 12, 16 und 24 Stationen üblich. Das Layout richtet sich nach der Aufgabe und den Platzverhältnissen. Als Speicher verwendet man hierbei oft Vibratonstrichterspeicher (**Bild 3**).

> Fügeoperationen sollten möglichst von oben nach unten erfolgen oder in waagerechter Richtung.

Bild 1: Flexible Montagestation mit SCARA-Roboter

Bild 2: Rundtaktmontage, Drehteller mit Anbauflansch für 16 Stationen

Bild 3: Layout einer Rundtaktmontage

5.3.4 Roboter

Den Begriff „Roboter" prägte der tschechische Schriftsteller *Karel Capek*. Das war im Jahre 1921. Capek beschrieb für das Theaterstück R.U.R. (Rossums Universal Robots) als Vision einer Zukunftsgesellschaft *menschenähnliche Maschinen,* die er *Roboter* und *Roboterinnen* nannte (tschech. robota = Schwerarbeit leisten). Sie haben die Aufgabe, Fronarbeit, also schwere Arbeit, zu leisten.

Aus der Anschauung der Produktionsverhältnisse jener Zeit entstand die Vision der Robotergesellschaft. Die 20er Jahre stehen für eine Zeit mit breit einsetzender Massenproduktion. *Arbeitsteilige* Fertigung wird bis heute in konsequenter Weise betrieben. Arbeitsinhalte reduzieren sich häufig auf flinke *monotone Handlungen*, welche an den Takt der Maschine oder an das Fließband gebunden sind.

Bild 1: Industrieroboter

Kennzeichen dieser „Fließbandgesellschaft" sind die Arbeitsbelastungen durch:
- Monotonie in der Arbeit,
- Stress, Lärm, Staub, Hitze,
- physische Schwere der Arbeit.

Roboter sind geeignet, solche Arbeiten zu verrichten.

Roboter sind überwiegend als *Gelenkroboter* mit „Schultergelenk", „Armgelenk" und „Handgelenk" aufgebaut (**Bild 1**). Der Arbeitsraum entspricht bei Geräten mittlerer Größe etwa dem eines stehenden Werkers. Das Handhabungsgewicht liegt meist bei etwa 300 N. Es gibt aber auch Roboter für mehr als 3000 N. Die Arbeitsgeschwindigkeiten sind meist deutlich höher als bei manueller Arbeit und betragen etwa 1 m/s.

Damit das Zusammenspiel der einzelnen Gelenkbewegungen zu einer zielgerichteten, z. B. *geradlinigen*, Roboterhandbewegung führt, sind sehr schnell rechnende Mehrprozessorsteuerungen notwendig, wobei mehrere Millionen Rechenschritte pro Sekunde auszuführen sind (**Bild 2**).

Bild 2: Zusammenspiel mehrerer Bewegungsachsen zum Erzeugen einer geraden Linie

Roboter verwendet man zu Handhabungsaufgaben, wie z. B. zur Entnahme von Werkstücken aus einer Druckgießmaschine oder zum Einlegen von Teilen bei der Montage und zu Bearbeitungsaufgaben, wie z. B. zum Entgraten und Lackieren (**Bild 3**). Die prozentuale Verteilung hat sich in den letzten Jahren zugunsten der Montagetechnik verändert. Der Bereich der Werkstückbearbeitung ist jetzt stark am Wachsen.

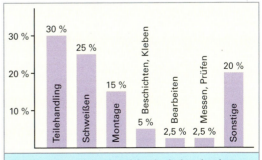

Bild 3: Anwendungsbereiche der Industrieroboter

Der kinematische Aufbau

Art, Anordnung und Zahl der Bewegungseinheiten (Achsen) bestimmen bei einem Roboter die äußere Gestalt, den Arbeitsraum, die Verwendbarkeit und den steuerungstechnischen Aufwand. Die Bewegungseinheiten sind Drehgelenke (rotatorische Achsen, **R**-Achsen) oder geradlinige Führungen (translatorische Achsen, **T**-Achsen).

Um verschiedene Punkte im Raum erreichen zu können, sind drei Achsen erforderlich. Diese Achsen nennt man **Hauptachsen**. Sie bilden den **Roboterarm**. Zur Einstellung eines Greifers oder Werkzeugs in beliebiger räumlicher Richtung (Orientierung) sind weitere drei Achsen erforderlich **(Bild 1)**. Diese nennt man **Handachsen**. Handachsen sind stets rotatorische Achsen.

Bild 1: Die 6 Achsen eines Roboters zur Einstellung der Position und zur Orientierung

> Zur Einstellung des Roboters auf eine Position im Roboterarbeitsraum sind insgesamt 6 Achsen, entsprechend den 6 Freiheitsgraden der Bewegung eines Körpers im Raum, erforderlich.

Man unterscheidet 3 Freiheitsgrade für die Position, z. B. mit den Koordinaten X, Y, Z, und 3 Freiheitsgrade für die Orientierung mit den Drehachsen D für die **Rollbewegung**, E für die **Nickbewegung** und P für die **Gierbewegung (Bild 2)**.

Bild 2: Die 6 Freiheitsgrade der Bewegung

> Die Roboter werden nach ihrer **Kinematik**[1], d. h. nach der Art ihrer Bewegungen, unterteilt.

Bei der **TTT-Kinematik** folgen, beginnend bei der Roboteraufstellfläche, drei translatorische Hauptachsen aufeinander **(Bild 3)**. Diese Art von Robotern verwendet man z. B. als **Portalgeräte** zum Beladen und Entladen von Paletten und zur Montage. Ihr Arbeitsraum ist quaderförmig; die Kantenlängen entsprechen den Längen der X-, Y- und Z-Achse. Für geradlinige Bewegungen im Arbeitsraum müssen die einzelnen Achsen mit unterschiedlichen, aber konstanten Achsengeschwindigkeiten verfahren werden. Die Steuerung ist der einer NC-Fräsmaschine ähnlich. Steuert man im Handbetrieb die Achsen einzeln an, ergeben sich geradlinige Teilbewegungen in einem **kartesischen Koordinatensystem**.

> Portalroboter ermöglichen sehr große Arbeitsräume.

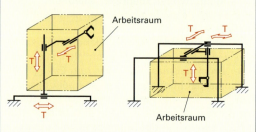

Bild 3: Roboter mit TTT-Kinematik

---

[1] griech. kinema = das Bewegte, Kinematik = Beweglichkeitslehre, Bewegungsart

5.3 Montagetechnik

Bei der **RTT-Kinematik** sind zwei translatorische Achsen auf eine rotatorische Achse aufgesetzt **(Bild 1)**. Ein Drehturm (1. Achse) trägt eine translatorische Achse (2. Achse) zur Höheneinstellung und diese eine translatorische Achse (3. Achse) zur Einstellung der Reichweite in radialer Richtung. Der Arbeitsraum ist zylinderförmig. Steuert man im Handbetrieb die Achsen einzeln an, erhält man für die 2. und 3. Achse je eine geradlinige Teilbewegung und für die 1. Achse einen Kreisbogen. Dieser liegt in der X/Y-Ebene. Um den Roboter in gewohnter Weise mit den rechtwinkeligen Koordinaten X, Y, Z programmieren und in diesen Achsrichtungen bewegen zu können, sind in der Robotersteuerung fortlaufend Umrechnungen von kartesischen Koordinaten in **Polarkoordinaten** (Maschinenkoordinaten) vorzunehmen.

Roboter mit **RRT-Kinematik** haben z. B. eine Drehachse als 1. Achse, eine Schwenkachse als 2. Achse und eine translatorische Achse als 3. Achse **(Bild 2)**. Der Arbeitsraum hat die Form einer Halbkugel. Steuert man die ersten beiden Achsen einzeln an, erhält man je eine kreisförmige Teilbewegung. Um den Roboter in gewohnter Weise mit den rechtwinkeligen Koordinaten X, Y, Z programmieren und in diesen Achsrichtungen bewegen zu können, sind fortlaufend Umrechnungen vom kartesischen Koordinatensystem in ein **Kugelkoordinatensystem,** das Roboterkoordinatensystem, vorzunehmen.

Auch der Roboter in der Bauform nach **Bild 3** hat als translatorische Achse keine Linearführung, sondern Gelenke nach einem Parallelogramm. Der Roboter dieser Bauform erreicht große Auskraglängen mit dünnem Arm und ist besonders für das Punktschweißen von Karosserien mithilfe einer Schweißzange geeignet.

Eine häufige Achsenanordnung, insbesondere für Roboter zur Montage ist die **RRT-Kinematik mit waagrechtem Arm**. Aufbauend auf zwei rotatorischen Achsen für einen in waagrechter Richtung beweglichen Arm folgt eine translatorische Achse für eine senkrechte Hubbewegung **(Bild 4)**. Der Arbeitsraum ist zylinderförmig.

Diese Roboterbauform ermöglicht hohe Fügekräfte in senkrechter Richtung, da diese Kräfte nicht über die Gelenkantriebe aufgenommen werden müssen. In waagrechter Richtung können diese Roboter aber nachgiebig sein. Meist haben diese Roboter nur eine Handachse zur Werkstückdrehung, also insgesamt nur 4 Achsen. Diese Roboter werden auch SCARA-Roboter genannt (von engl. Selective Compliance Assembly Robot Arm = Montageroboterarm mit ausgewählter Nachgiebigkeit).

Bild 1: Roboter mit RTT-Kinematik

Bild 2: Roboter mit RRt-Kinematik

Bild 3: Beispiel für einen Roboter in RRT-Kinematik mit Parallelogrammgelenk

Bild 4: Roboter mit RRT-Kinematik und waagrechtem Arm (SCARA)

Bei der **RRR-Kinematik** werden alle Bewegungen über Drehgelenke ausgeführt. Man spricht hier auch von **Gelenkrobotern (Bild 1)**. Gelenkroboter haben bezüglich ihres Arbeitsraums den geringsten Platzbedarf und brauchen für schnelle Bewegungen die kleinsten Beschleunigungskräfte. Sie werden bei gleichen Beschleunigungsmassen bzw. Trägheitskräften, steifer und robuster gebaut als Roboter anderer Kinematik.

> Die Mehrzahl der Roboter haben einen Aufbau entsprechend der RRR-Kinematik.

Parallelkinematik

Bei einer Roboter-Parallelkinematik sind die Roboterachsen zur Bewegungserzeugung nebeneinander angeordnet (und nicht aufeinander folgend = serielle Kinematik). Ähnlich wie bei einem Fotostativ kann durch unterschiedliche Beinlängen der Roboterendeffektor sowohl in der Höhe als auch in der seitlichen Auskragung verstellt werden. Mit insgesamt sechs Beinen (Hexapod = Sechsfüßler) kann der Roboterendeffektor in seinen sechs Freiheitsgraden (in eingeschränktem Posenbereich) ausgerichtet werden **(Bild 2)** oder mit drei Parallelogramm-Beinen und einem mittleren Führungsstab in drei Raumachsen bei gleichbleibender Orientierung **(Bild 3)**.

Der große Vorteil der Parallelkinekmatik ist die sehr trägheitsarme und gleichwohl steife Bauweise, da die Achsantriebsmotoren ortsfest bleiben können. Daraus resultieren hohe Beschleunigungen. So verwendet man Roboter mit einer Parallelkinematik vor allem zum Handhaben kleiner Massen, z. B. zum Verpacken von Keksen.

Achserweiterungen

Häufig werden den 6 Roboterachsen noch eine **7. Achse** zur Arbeitsraumerweiterung hinzugefügt, indem man den Roboter auf eine Schiene setzt oder an eine Schiene hängt.

Die Erweiterung mit einem Dreh-Kipptisch, also mit einer **7. Achse und 8. Achse (Bild 4)** ermöglicht eine besonders günstige Zuordnung vom Bearbeitungswerkstück zu dem vom Roboter bewegten Bearbeitungswerkzeug. Alle 7 oder 8 Achsen können gleichzeitig in Bewegung sein, z. B. in der Weise, dass beim Schweißen von räumlich gewundenen Werkstücken stets ein waagerecht liegendes Schmelzbad vorhanden ist.

Bild 1: RRR-Kinematik des Gelenkarm-Roboters

Bild 2: Hexapod

Bild 3: Tripod

Bild 4: Roboter mit Dreh-Schwenktisch

5.3.5 Montageorganisation

Topologie

Die Montagestationen und Montagearbeitsplätze werden so zusammengestellt, dass in Fließrichtung zur Montagebasisplatte der Montagefortschritt erfolgt. Die Anordnung (Topologie[1]) der Montagestationen ist dann eine *Linie*, ein *Ring*, ein *Karree* oder ein Mix aus diesen Anordnungen. Teile die bei der Qualitätsprüfung, z. B. bei der Funktionsprüfung auffallen, werden ausgeschleust, kommen gegebenenfalls in eine (Teil-)Demontagelinie und werden nochmals in den Montageprozess eingereiht. Hierfür sind in den Transportlinien Weichen einzuplanen.

Bild 1: Vorranggraph für den Montageablauf

Montageablauf

Der Montageablauf wird in *Teilverrichtungen* gegliedert und diese werden nach ihrer zeitlichen Reihenfolge nummeriert (**Bild 1**). Es steht Tij für die „j-te" Teilverrichtung des Montageteils „Ti". Beispiel: T34, bedeutet, dass das Montageteil T3 (Schraube) in der Montageoperation j = 4 verschraubt wird. So ergeben sich für die Anordnung sogenannte „Vorranggraphen" (Bild 1).

Bild 2: Maschinelle und manuelle Teilverrichtungen

---

[1] Topologie = Lehre von der Lage im Raum, griech. topos = Ort, ...logie = Nachsilbe mit der Bedeutung „Lehre"

Bei der Erstellung der Vorranggraphen geht man folgendermaßen vor:

- Man schreibt/skizziert die Teilverrichtungen auf Kärtchen und schätzt/ermittelt die Montagezeit.

- Die Kärtchen werden unter Berücksichtigung der vorhergehenden und der nachfolgenden Teilverrichtung an eine Steckwand geheftet. Es entstehen Zeilen mit der zeitlichen Reihenfolge der Teilverrichtungen.

- Jede Teilverrichtung wird so angeheftet wie sie zum frühesten Zeitpunkt erledigt werden kann. Man erhält die Grobstruktur des Vorranggraphen.

- Es werden nun in den Vorranggraphen die Verbindungslinien eingezeichnet (**Bild 2**).

- Die Kärtchen und Verbindungslinien werden jetzt so variiert, dass Blöcke entstehen, die zusammengehörend automatisierbar sind und solche die lohnintensiv (und nicht automatisierbar) sind (**Bild 1, folgende Seite**).

- Die nichtautomatisierbaren Teilverrichtungen sollten nicht vereinzelt in bzw. zwischen automatisierbaren Teilverrichtungen liegen, damit keine enge Taktbindung entsteht. Für die Handmontagen sind Entkopplungen vom Montagetakt durch Pufferspeicher vorzusehen.

- Die Handmontageplätze sind so anzuordnen, dass die Mitarbeiter/innen nicht isoliert sind, dass sie also im Blickkontakt stehen und miteinander kommunizieren können.

- Die manuellen Arbeitsplätze sind so zu gestalten, dass diese als Sitz-/Steharbeitsplätze eingerichtet werden.

- Die Teilverrichtungen an manuellen Arbeitsplätzen sind möglichst mit überlappenden Tätigkeiten zum Vorgängerarbeitsplatz und zum Nachfolgearbeitsplatz auszustatten. Damit ist es möglich, dass bei Problemen im Arbeitstempo der Vorgänger oder der Nachfolger Teilaufgaben mit übernehmen kann.

Bild 1: Vorranggraph für die Montage (Beispiel)

Arbeitsteilung und Verkettung

Montagen sind zumeist arbeitsteilig organisiert, d. h. an den Arbeitsplätzen erfolgt nur eine Teilmontage. Man unterscheidet dabei:

- Manuelle Montage ohne Werkstückträger,
- manuelle Montage mit Werkstückträger,
- Montagesysteme mit manuellen und automatisierten Arbeitsgängen und
- automatisierte Montage.

Es gibt aber auch Einzelarbeitsplätze mit ganzheitlicher Montage, z. B. im Motorenbau: „one person one engine" **(Bild 2)**.

Bild 2: Ganzheitliche Montage

Zur *betriebssicheren* Montage werden die Montagestationen und Montagearbeitsplätze mit „sich ersetzender Funktionalität" *mehrfach* ausgebildet. Man erreicht eine hohe Montageflexibilität wenn diese „sich ersetzenden" Montageplätze duch *flexible* Transportsysteme (fast) beliebig verkettet werden können. So kann bei einfachen Operationen durch „Parallelschalten" die Ausbringung erhöht und durch „Reihenschalten" die Montagekomplexität vergrößert werden **(Bild 3)**.

Die Automatikstationen sind so konzipiert, dass sie autarke Einzelmaschinen darstellen und leicht am Band aufgestellt werden können. Die Gesamtfehlerraten aller Automatikstationen sollten, bezogen auf die Gesamtproduktionsstückzahl, 150.000 ppm (parts per million) nicht überschreiten.

Bild 3: Montagestrukturen

5.4 Materialflussoptimierung

5.4.1 Zielsetzung

Die Zielsetzungen der Materialflussoptimierung sind bei den Unternehmen sehr unterschiedlich (**Tabelle 1**). Für den Arbeitsplaner ist natürlich die schönste Aufgabe einen kompletten Materialfluss, einschließlich der Fabrikplanung durchzuplanen und umzusetzen. In diesem Kapitel ist der Schwerpunkt „nur" die Umgestaltung, die Verbesserung des Materialflusses, also die Materialflussoptimierung.

Das wichtigste Ziel ist dabei die **Verkürzung der Durchlaufzeit**. Viele Unternehmen „verzetteln" sich bei ihrer Zielsetzungswahl indem sie „sicherheitshalber" mehrere Ziele vorgeben. Deshalb muss eine **ganzheitliche Zielvorgabe** erarbeitet werden. Diese sollte zuerst allgemein erfasst werden: „**Materialflussprozess neu arrangieren**". So kann die **Etappe** des Prozessmanagements: **Prozesse definieren** erfolgreich mit diesem Moderationsthema begonnen werden (**Bild 1**).

5.4.2 Planung und Gestaltung

Schwerpunkt dieses Kapitels „**Materialflussoptimierung**" wird die Analyse des Materialflusses und dessen einfache Optimierung sein. Zur Bearbeitung dieser Aufgabe sind grundlegende Kenntnisse über die sieben **Qualitätswerkzeuge Q7** und die sieben **Managementwerkzeuge M7** des Qualitätsmanagements (TQM) erforderlich. Diese sind im Buch im Kapitel Qualitätsmanagement beschrieben.

Tabelle 1: Die Zielsetzungen der Materialflussoptimierung

Ziel	Beschreibung, Aktionen, Folgewirkungen
Durchlaufzeiten verkürzen	Die wichtigste Aufgabenstellung bei der Materialflussoptimierung. Eine Verringerung hat viele Folgewirkungen wie geringere Kapitalbindung, höhere Kundenzufriedenheit, höherer Durchsatz,…
Lagerung reduzieren, vermeiden	Unnötiges Material zu lagern ist Verschwendung, erzeugt Zusatzarbeit durch ständiges Umlagern.
Arbeitsstrukturierung umsetzen	Gruppenarbeit und job rotation verbessern den Materialfluss, die Mitarbeiter können sofort an den Engpassstellen eingesetzt werden.
Erhöhung der Produktqualität	Ein übersichtlicher und planmäßig ablaufender Materialfluss erhöht die Qualität.
Verringerung der Belastung	Die Ausfälle wegen Überbelastungen der Mitarbeiter werden mittelfristig geringer werden, die Motivation wird ansteigen.
Zertifizierung durchsetzen	Die Kunden verlangen vom Unternehmen eine Zertifizierung, ohne einen geordneten und dokumentierten Materialfluss kann dies nicht erreicht werden.

Bild 1: Die vier Etappen des Prozessmanagements

5.4.3 Beispiel im Modellbetrieb

Das Beispiel bezieht sich auf den im Buch vorgegebenen Modellbetrieb und die Arbeitspläne für die Produktion der Gelenkwelle.
Die Planung, Optimierung und Neugestaltung des Materialflusssystems wird nach den **vier Etappen des Prozessmanagements** durchgeführt.

5.4.3.1 Etappe I: Materialfluss-Prozess definieren

1. Leitungskreis installieren. Dem Schwerpunkt unserer Aufgabenstellung entsprechend verzichten wir auf die Festlegung und Auswahl der Organisation und gehen davon aus, dass je ein Mitarbeiter der Fertigungsleitung, der Materialdisposition, des Qualitätsmanagements, des Controllings, des Betriebsrats, die Sicherheitsfachkraft und Mitarbeiter des Prozesses zum Leitungskreis bestimmt worden ist.

2. Schlüsselprozess bestimmen. Durch eine **Moderation** mit allen Beteiligten wird das Thema: **Materialflussprozess neu arrangieren** von einem Moderator vorgestellt. Den Teammitgliedern werden durch den Controller die Geschäftskennzahlen vorgestellt. Diese entsprechen seiner Ansicht nach nicht der „branchenüblichen" Wirtschaftlichkeit. Das Team wird nun aufgefordert, alles in die Moderation einzubringen, was einen guten Materialfluss behindert. Das **Bild 1** zeigt einen Ausschnitt aus der Moderation. Den Clustern werden Arbeitsüberschriften zugeordnet und in eine **Arbeitsprogrammtafel** nach ihrem Ranking sortiert eingetragen **(Tabelle 1)**.

3. Prozessteam bilden und Prozessgliederungsplan erstellen. Nun kann die Geschäftsleitung den **Projektleiter** und dessen **Teammitglieder** bestimmen und muss entscheiden, welche Ziele das Team endgültig mit welchem Etat umsetzen soll. Die Planung und Durchführung der weiteren Arbeitsschritte nach dem Prozessmanagement wird der Projektleiter am besten mit dem Arbeitsmittel der Netzplantechnik durchführen.

Tabelle 1: Ranking der Arbeitsaufträge als Ergebnis der Moderation

Position	Arbeitsaufträge: Untersuchung	Rangstufe
1	der Maschinenstörungen durch den Materialfluss	10
2	der Beeinflussung der Arbeit durch Umwelteinflüsse	8
3	der Mitarbeiterbelastung durch Heben von Lasten	4
4	der Materialflussorganisation – Kommissionierung	3
5	der Art der Fördereinrichtungen auf ihre Eignung	2
6	des Aufbaus und der Lage der Lagersysteme	1

Bild 1: Modell eines innerbetrieblichen Materialflusssystems

5.4.3.2 Etappe II: Materialfluss-Prozess analysieren

Die detaillierte Prozessbeschreibung muss am Projektziel ausgerichtet werden. Die Auswahl der Werkzeuge aus den Q7, dem M7 und den speziellen für die Materialflussoptimierung ist groß und schon aus Kostengründen wird man nicht alle einsetzen.

1. Externe und interne Kunden bestimmen. Das Ziel ist, die Wünsche und Anforderungen der Kunden unverfälscht aufzunehmen. Die Anforderungen der externen Kunden können durch eine Beschwerdeanalyse gewonnen werden. Die durch den Prozess betroffenen internen Kunden können in einer Teamsitzung durch ein MindMap befragt werden **(Bild 1)**.

2. Prozesse erfassen. Der Materialflussbogen ermöglicht die detaillierte Aufnahme einzelner Materialbewegungen einschließlich ihrer Einflussgrößen (Menge, Gewicht, Weg, Zeit, Belastungen, Energie, Umwelteinflüsse). Der Ablauf wird zusätzlich visuell dargestellt und kann somit mit einem Verbesserungsvorschlag optisch gut verglichen werden. Ein Beispiel ist in **Tabelle 1** für den Materialfluss der Serienfertigung des Teiles 3107 Zahnwellenschaft durch den Modellbetrieb dargestellt. Die Detaillierung ist den Erfordernissen der Aufgabenstellung angepasst. Schwerpunkt ist die **Erfassung der Transportwege** und der **Liegezeiten**.

Tabelle 1: Der Materialflussbogen – Teil 3108 Rohrwellenschaft 40							
Materialflussbogen	Teil/Produkt: *Teil 3108* Kostenstelle/Abteilung/Werk: *Modellbetrieb*			Datum: Bearbeiter:			
Nr.:	Ablaufabschnitt	Ablaufarten[1] des AG		Menge (St)	Weg (m)	Ist-Zeit (min)	Notiz
1	Bearbeiten des Bereitstellungsauftrags	+ ⇨ ☐ ▶ ▽		1		20	
2	Ausfassen Rohmaterials Teil 3118	○ ⇨ ☐ ▶ ▽		100	10	5	
7	Fahrt zum Arbeitsplatz Dre220 KSt 4200	○ ⇨ ☐ ▶ ▽			100	3	
...		○ ⇨ ☐ ▶ ▽					
Ablaufart	**Beschreibung/Tätigkeit**						**Symbol**
Einwirken	Bearbeiten, Verarbeiten, Umwandeln, Prüfen						○ (oder +)
Transportieren und Handhaben	Tragen, Fahren, Schieben, Drehen, Wenden, Eingeben, Ausgeben, Ziehen						⇨ (oder ⬇)
Prüfen	Indentifizieren, Messen						☐
Lagern	Längerfristiges Liegen der Teile						▽
Liegen	Ablaufbedingtes Liegen oder zusätzliches Liegen(Wartezeiten, Störungen)						▶

[1] Anmerkung: Die Beschreibung der Ablaufarten entspricht nicht der REFA-Gliederung.

Bild 1: Mind-Map der internen Kundenbeziehungen (Ausschnitt)

ABC-Analyse (Pareto-Verfahren). Mit einer ABC-Analyse-Auswertung der Fertigungsaufträge der Modellfirma **Tabelle 1** über das letzte Quartal kann man sich einen Überblick über die Materialflussbewegungen verschaffen. Die Optimierung des Materialflusses kann durch das Prinzip der ABC-Analyse – **Konzentration auf das Wesentliche** – vereinfacht werden. Die Festlegung der Rangstufen erfolgt aufgrund des Auftragswertes.

> Der Auftragswert berechnet sich wie folgt:
> Auftragswert (€) = Auftragsmenge (St) x Herstellkosten (€/St).

In der Praxis könnten auch andere Kriterien zur Festlegung des Rankings[1] ausgewählt werden, z. B. die Dringlichkeit der Aufträge, die Umsatzrentabilität der Aufträge.

Die Aufträge werden nun, wie in **Tabelle 3** dargestellt, nach ihrer Rangstufe sortiert eingetragen. Nach den Regeln der ABC-Analyse werden nur die Aufträge 9, 10 und 11 als A-Aufträge bestimmt und weiter analysiert. Mit diesen 3 Aufträgen wird **82,2 % des Auftragsvolumens** durch die Modellfirma bewegt. Wenn hier der Materialfluss optimiert werden kann, ist die Hebelwirkung bei kleinem Aufwand sehr groß!

Zur Vereinfachung der Aufgabe werden für die **A-Aufträge** nicht die detaillierten Materialfluss-Bögen verwendet, sondern der einfache **Arbeitsablaufbogen (Tabelle 2)**. Mit diesem Werkzeug lässt sich schnell das Materialfluss-IST-Layout zeichnen und die Transport-Matrix berechnen.

Tabelle 2: Ablauf-Bogen der A-Teile

Kostenstelle		Auftrag 110/6200	Auftrag 109/5100
2200	WE	①	
2300	Versand		⑤
2410	Rohmat.-Lager	②	
2420	Zwisch.-Lager	⑤	①
2430	Erzeug.-Lager		④
4100	Zuschnitt	③ ⑥	②
4700	Montage		③
4800	Lackiererei	④	

Tabelle 3: Auswertung der ABC-Analyse (Auszug)

Rang	Pos.	Auftrag	Auftragswert €/Auftrag	Anteil %	kumuliert % + %	ABC
1	11	110/6200	20 000	50,2	50,2	A
2	10	109/5100	6 750	16,9	67,1	A
3	9	108/4200	6 000	15,1	82,2	A
4	8	107/4100	2 400	6,0	88,2	B
5	14	113/9800	1 200	3,0	91,2	B
12	6	105/3116	200	0,5	99,2	C
13	12	111/7160	200	0,5	99,7	C
14	13	112/8230	100	0,3	100,0	C

Tabelle 1: Fertigungsaufträge der Modellfirma und Ranking (Auszug)

Pos.	Auftrag	Menge St	Herstellkosten €/St	Auftragswert €/Auftrag	Rang-Platz
1	100/3118 – Gelenkschaft	400	2,00	800,00	6
2	101/3107 – Zahnwellens.	200	1,50	300,00	10
3	102/3108 – Rohrwellens.	200	2,20	440,00	8
7	106/3105 – Kreuzgelenk	200	1,50	300,00	10
8	107/4100 – Hubwelle	1 200	2,00	2 400,00	4
9	108/4200 – Schnecke	2 000	3,00	6 000,00	3
10	109/5100 – Kurzheber	1 500	4,50	6 750,00	2
11	110/6200 – Schnellspanner	2 000	10,00	20 000,00	1
12	111/7160 – Kugel 30	500	0,40	200,00	12
13	112/8230 – Kugel 40	200	0,50	100,00	14
14	113/9800 – Kugelpaar 20	600	2,00	1 200,00	5

---
[1] engl. ranking = Rangplatz einnehmen

5.4 Materialflussoptimierung

Das Materialfluss-Ist-Layout. Bild 1 zeigt den IST-Materialfluss der A-Aufträge durch die Modellfirma. Die Transportmengen sind dabei mit verschiedenen Stricharten hervorgehoben. Da die Modellfirma maßstäblich abgebildet ist, kann man aus der Darstellung gut Erkenntnisse über die Transportwege gewinnen.

Transport-Matrix. Um die Materialflussbewegungen rechnerisch auswerten zu können, wird die Transport-Matrix **(Tabelle 1, folgende Seite)** mit den A-Aufträgen erstellt. Bei Eintrag der Häufigkeit bezieht man sich auf die ABC-Analyse-Auswertung. Der Auftrag 110/6200 erhält die **Häufigkeit 50.** Zusätzlich könnten mit einem Gewichtungsfaktor auf die Häufigkeit die Weglängen eingerechnet werden.

5.4.3.3 Etappe III: Materialfluss-Prozess optimieren

Nach der Analyse des Prozesses trifft sich das Team zu einer Moderation über die gewonnenen Ergebnisse. Dabei wird festgestellt, dass eine Materialflussoptimierung von allen gewünscht wird und zudem die Prozessziele erreicht werden. Der Projektleiter ergänzt im Projektmanagement die Daten, erarbeitet den vorläufigen Termin-, Kosten- und Kapazitätsplan und gibt dies der Geschäftsleitung zur Entscheidung weiter. Hier wird in erster Linie geprüft werden, ob sich die Optimierung rechnet. Nur eine gut ausgearbeitete **Nutzwertanalyse** wird die Geschäftsleitung von dem Erfolg der Investition überzeugen. Dieses Verfahren ist im Buch[1] mit einem Beispiel sehr ausführlich erläutert.

Wenn die Geschäftsleitung von den gewonnenen Daten überzeugt ist, wird mit der Optimierung des Prozesses begonnen. Der Projektleiter wird jetzt eine weitere Teamsitzung einberufen; dabei werden die Arbeitsaufträge für die Ausarbeitung von Ideallösungen vergeben. Bei einfachen Projekten kann diese auch sofort in der Teamsitzung ausgearbeitet werden.

> Bei dem folgenden ausgearbeiteten Lösungsvorschlag geht man davon aus, dass sich ein Umbau der Modellfirma als rentabel erwiesen hat. Die Darstellung aller Lösungsmodelle und ihre Bewertung würde das Ziel: „Einführung in die Materialflussoptimierung" überschreiten. Für das Ausarbeiten von Lösungsalternativen muss z. B. über eine Verbindung der Kostenstellen durch ein direktes Transportsystem nachgedacht werden; dies verkürzt die Transportzeiten und spart die Kosten für einen Umbau. Ein Verlegen der Kostenstelle Lackiererei (4600) kann in

---
[1] Produktionsorganisation Kapitel 3.5.3 Nutzwertanalyse

Bild 1: IST-Analyse des Materialflusses der AA-Teile durch den Modellbetrieb

keinem Fall in Betracht gezogen werden. Die Kosten sind dabei immer zu hoch. Weiter müssn bei einer Bewertung alle Qualitätskriterien im Sinne TQM erfüllt sein. Die Belastungen der Mitarbeiter durch Heben und Tragen sollten sich verringern; damit erhöht sich die Motivation und die Qualität. Weiter muss darüber nachgedacht werden, ob eine Einarbeitung in das neue System erforderlich ist. Kann die Produktion trotz der Umbaumaßnahmen fortgeführt werden? Welche Kosten entstehen zusätzlich durch die Auflagen der Arbeitssicherheit. Müssen Mitarbeiter freigesetzt werden, muss hier das Kündigungsschutzgesetz beachtet werden? Sind die Ruheräume, die Toiletten jetzt noch gleich gut erreichbar?

Transport-Matrix auswerten. Die Transport-Matrix kann auf zwei Arten ausgewertet werden, nämlich nach der **Summe der Ein- und Ausgänge** pro Kostenstelle **(Tabelle 2)** oder nach den **Transportwegen** (m) von Kostenstelle zu Kostenstelle. Zur Auswertung der **Tabelle 2** wurden die Häufigkeiten der Ein- und Ausgänge pro Kostenstelle aus der Transportmatrix übernommen und die Daten, nach dem Rang sortiert, in Zeile 1 und 2 eingetragen. Dann wurde gemäß der ABC-Analyse die Häufigkeit hi (%) (Zeile 3) und die Summenhäufigkeit Hi (%) (Zeile 4) berechnet. Jetzt können die Kostenstellen in die A-, B- und C-Klassen eingeteilt werden. Als Schranke wurde hier 70 % gewählt.

Die Auswertung der **Tabelle 2** mit der ABC-Analyse zeigt, dass die Kostenstellen **4200** (Dreherei), **4100** (Zuschnitt) und **2410** (Rohmateriallager) die AA-Kostenstellen sind. Diese sollten somit **zentral** angeordnet werden.

Die grafischen Darstellungen **(Bild 1, folgende Seite)** in Form des **Histogramms** (Q7-Werkzeug), das aus der ABC-Analyse abgeleitet ist, veranschaulichen den Prozess. Die eingefügte Sekundärachse mit der Summenhäufigkeit Hi(%) zeigt den Verlauf der Lorenzkurve. Bei einer Teamsitzung können die Teilnehmer sofort die kritischen Punkte erkennen und bewerten.

Tabelle 1: Transport-Matrix der A-Teile in der Modellfirma von........................nach														
Aus-gänge	82	0	65	17	50	65	82	32	50	0	0	50	17	Ein-gänge
K.-St	2200	2300	2410	2420	2430	4100	4200	4300	4400	4500	4600	4700	4800	
2200														0
2300					50									50
2410	65													65
2420	17							15					17	49
2430												50		50
4100			65											65
4200						65		17						82
4300				17			15							32
4400							50							50
4500														0
4600														0
4700											50			50
4800							17							17
Ein-/Ausg.	82	50	130	66	100	130	164	64	100	0	0	100	34	1020
Rang	7	10	2	8	4	2	1	9	4	12	12	4	11	
Anteil	8 %	5 %	13 %	6 %	10 %	13 %	16 %	6 %	10 %	0 %	0 %	10 %	3 %	100 %

Tabelle 2: Tabellarische Auswertung der Transportmatrix über die Summe der Ein- und Ausgänge mit der ABC-Analyse														
Kostenstelle	Nr	4200	2410	4100	2430	4400	4700	2200	2420	4300	2300	4800	4500	4600		Zeile 1
Summen	Zahl	164	130	130	100	100	100	82	66	64	50	34	0	0	1020	Zeile 2
Häufigkeit hi	%	16 %	13 %	13 %	10 %	10 %	10 %	8 %	6 %	6 %	5 %	3 %	0 %	0 %	100 %	Zeile 3
Summenh. Hi	%	16 %	29 %	42 %	51 %	61 %	71 %	79 %	85 %	92 %	97 %	100 %	100 %	100 %		Zeile 4
Klassen	ABC	A	A	A	A	A	A	B	B	B	C	C	C	C		Zeile 5
	A	164	130	130	100	100	100								724	Zeile 6
	B							82	66	64					212	Zeile 7
	C										50	34	0	0	84	Zeile 8

5.4 Materialflussoptimierung

Materialfluss-SOLL-Layout. Die gewählte Lösung **(Bild 1, folgende Seite)** ist eine einfache und kostengünstige Lösung, denn es müssen nur die Kostenstellen 4300, 4400 und 4500 quer gelegt werden; dies wird zu keiner wesentlichen Produktionseinschränkung führen. Zur endgültigen Bewertung der Lösung muss eine **Materialfluss-SOLL-Analyse** durchgeführt werden. Danach müssen die IST-Analyse und die SOLL-Lösungen in Form der **Nutzwertanalyse** bewertet werden **(Tabelle 2, folgende Seite).**

Rentabilität optimieren. Wenn die Lösungsalternative bestimmt ist, muss diese, bevor sie eingeführt wird, auf ihre Rentabilität untersucht werden. Die Prozessqualität muss sich durch die Optimierung unbedingt erhöhen. Der Materialfluss-Prozess muss als stabiler Prozess ohne Störungen und Ausfallschwankungen ausgelegt sein. Dazu müssen **FMEA-Untersuchungen** über den Hauptprozess und seine wesentlichen Teilprozesse gemacht werden. Die **FMEA**[1] untersucht mit der **Risikoprioritätszahl RPZ** die **Fehlerrate** des Prozesses und damit seine **Stabilität.**

Kosten-Vergleichsrrechnungen[2] müssen in der Praxis klar belegen, dass die neue Lösung wirtschaftlich ist. Bei einer Vergleichsrechnung müssen aber auch die verminderte Belastung der Mitarbeiter, die Kundenzufriedenheit durch schnellere Auslieferung, die höhere Motivation der Mitarbeiter und die daraus resultierende geringere Fehlerquote einberechnet werden. Dies lässt sich im voraus nur durch tendenzielle Trendanalysen bestim- men. Deshalb muss die **Nutzwertanalyse**[3] der reinen Kosten-Vergleichsrechnung der unbedingte Vorrang gegeben werden.

Bild 1: Häufigkeit der Ein-/Ausgänge pro Kostenstelle und die Summenhäufigkeit Hi (%) (Lorenzkurve)

Nur mit einem ausgereiften **Projektmanagement-System**, z. B. MS-Project, kann der Prozess sicher im Terminrahmen, mit ausreichenden Kapazitäten und bei Einhaltung des Kostenrahmens eingeführt werden. Viele Prozessteile laufen bei einer Neugestaltung des Materialflusses parallel. Mit der Netzplantechnik kann sich der Projektleiter einen Überblick verschaffen.

Um den Prozess einzuführen, zu stabilisieren und seine Ergiebigkeit überprüfen zu können müssen Systeme der Standardisierung im Unternehmen verankert sein. Hier ist das Konzept des KAIZEN (STCA-Zyklus)[4] zu empfehlen. Auch die Thesen nach Deming fördern den ständigen Verbesserungsprozess (KVP).

5.4.3.4 Etappe IV Materialfluss-Prozess festigen

Schon während der Erarbeitung des neuen Materialfluss-Prozesses müssen sich alle Beteiligten ständig über die Einführung und Umsetzung des Prozesses Gedanken machen. Der Erfolg der Prozessoptimierung hängt aber auch davon ab, ob die Mitarbeiter den Veränderungsprozess, die Innovation annehmen. Wurden die Mitarbeiter über ein Vorschlagswesen in die Gestaltung einbezogen, wird die Motivation hoch sein.

Selbstverständlich müssen vorab alle arbeitsrechtlichen und sicherheitsrechtlichen Bestimmungen abgeprüft werden. Der Betriebsrat wird sonst den Prozess blockieren und der Sicherheitsbeauftragte die Einführung verbieten.

Zur ständigen Überwachung des Ablaufs des technischen Prozesses ist die SPC (Statistische Prozessregelung) die gängige Methode. Hier können eine kontinuierliche Qualitätsüberwachung (KQÜ) und eine kontinuierliche Prozessregelung (KPR) oder die statistische Qualitätsüberwachung (SQÜ) und die statistische Prozessregelung (SPC) eingesetzt werden.

---

[1] siehe Kapitel 11.5.3 FMEA – Failure Mode and Effects Analysis
[2] siehe Kapitel 6.7 Kostenvergleichsrechnungen
[3] siehe Kapitel 3.5.3 Nutzwertanalyse
[4] siehe Kapitel 11.6 KAIZEN und Kapitel 2.2.5.4 Prozesse festigen (Etappe IV)

Die Bewertung des Gesamtprozesses muss mit **Kennzahlen** erfolgen. Die Darstellung in der **Tabelle 1** zeigt, wie der Materialoptimierungsprozess sich über die folgenden Jahre entwickeln soll. Bei der Bewertung der Durchlaufzeit wird die durchschnittliche Durchlaufzeit/Auftrag aus dem Ausgangswert (IST Jahr 2022 = 140) gesetzt. Der neue Prozess soll schon im folgenden Jahr die Durchlaufzeit um 10 % verkürzen (Soll 2023 = 126) und dann nochmals um 20 % (Soll 2024 = 100).

Tabelle 1: Prozesskennzahlen

Prozesskennzahlen (Benchmarkziffer)	Ist 2022	Plan 2023	Plan 2024
Durchlaufzeiten	140	126	100
Belastung (Lasten)	95	90	85
Ausbringungsmenge	75	85	90
Fehlerquote	85	80	75
Lagerzeiten	115	110	100
Kundenbeschwerden	123	100	80

Tabelle 2: Nutzwertanalyse mit gewichtetem Rankingverfahren

Nr	Kriterium	Gewichtung	IST-Zustand Ranking	IST-Zustand Summe	Alternative 1 Umbau der Modellfirma Ranking	Alternative 1 Summe	Alternative 2 Neue Transportsysteme Ranking	Alternative 2 Summe	Bemerkungen
1	Transportwege (m)	10	4	40	10	100	8	80	Hohe Gewichtung, wegen der Zielsetzung
2	FMEA, RPZ	8	6	48	8	64	8	64	Hauptprozess
3	Kosten des Materialflusses	3	7	21	10	30	8	24	Bewertet an der Zahl der Bewegungen
4	Belastungen, Mitarbeiter	3	4	12	7	21	10	30	Heben und Tragen von Lasten
5	Arbeitssicherheit	3	7	21	8	21	8	24	Lärm, Beleuchtung
6	Ausbringungsmenge (St)	7	7	49	9	49	8	56	Mengensteigerung
7	Kundenforderungen	5	4	20	7	35	6	30	Zielerfüllung bewerten
	Summe			**805**		**1230**		**1150**	

Bild 1: Soll-Lösungsvorschlag: Materialflusses der AA-Teile durch den Modellbetrieb

5.5 Fabrikplanung

Wachstum, Marktdynamik und technischer Fortschritt verlangen eine ständige Anpassung der einzelnen Unternehmen an die Marktverhältnisse. Diese Anpassung kann nur durch systematische Planung erreicht werden. Diese systematische Planung umfasst das Vorausdenken und Vorausberechnen aller zukünftigen Gegebenheiten und Abläufe. Dabei entscheidet die Qualität der Planung über Wirtschaftlichkeit und Rentabilität eines Unternehmens.

In zunehmendem Maße wird erkannt, dass Entscheidungen über Planungen und Einrichtungen bestehender oder zukünftiger Betriebe von großer Tragweite sind. Sie gehören zu den wichtigsten Entscheidungen in einem Unternehmen **(Tabelle 1)**.

In der Fabrikplanung werden Arbeitssysteme wie Gebäude, Maschinen, Anlagen und Abläufe im Rahmen der Arbeitsvorbereitung geplant.

Sie ist die vorausbestimmende Gestaltung von Produktionsbetrieben. Hierbei geht es um die Produktionsmittelgestaltung, d. h. um die Gestaltung von Fertigung und Montage.

Die Fabrikplanung ist ein Teil der Unternehmensplanung. Wobei die Fabrik nach betriebswirtschaftlichen Zielen sowie nach den Erfordernissen des arbeitenden Menschen und der Umwelt zu planen ist **(Tabelle 2)**. Veränderungen in der Produktion, wie Erweiterungen, Erneuerungen, Rationalisierungen, stellen für ein Unternehmen Investitionen dar. Daher bestehen zwischen Fabrikplanung und Investitionsplanung sehr enge Beziehungen.

Auch werden für die „Fabrikplanung" andere Namen, wie Werk- bzw. Werkstrukturplanung oder Betriebsstättenplanung verwendet.

Tabelle 2: Fabrikplanung

- **Fabrikplanung** ist die vorausbestimmte Gestaltung industrieller Produktionsbetriebe

- **Planungsprozesse** berücksichtigen:
  - technologische Aspekte (Produkt/Material, Produktionsmittel),
  - organisatorischen Aufbau und Ablauf,
  - wirtschaftliche, umweltbezogene, architektonische und juristische Besonderheiten.

- Die Fabrikplanung ist an der optimalen Gestaltung und rationellen Verwirklichung von Neu-, Erweiterungs-, Rationalisierungs- und Ersatzinvestitionen sowie Investitionen aufgrund behördlicher Aufnahmen beteiligt.

Tabelle 1: Richtungen in der Fabrikplanung

Produkte/Märkte	Technologien	Produktionskonzepte	
• Drastische Lieferzeitverkürzung	• Neue Werkstoffe	• Nationale und internationale Produktionsverbände (z. B. SKD* und CKD**-Werke)	• Fraktale Fabrik (Selbstorganisation, Dynamik)
• Kürzere Produktlebenszyklen	• Neue Fertigungsverfahren, z. B. 3D-Druck		• Wandlungsfähige, offene Produktionssysteme
• Zunahme der Variantenvielfalt	• Flexible Automatisierung	• Optimierte Fertigungstiefe, Systemlieferanten, Lieferantenintegration)	
• Hohe Qualität (Produkte, Prozesse)	• Rechnergestütztes Facility Management (Planung, Realisierung, Bewirtschaftung, Controlling)	• TQM	• Segmentierung, Fabriken in der Fabrik, verringerte Arbeitsteilung, Teamarbeit)
• Kreislaufwirtschaft (Produkt)		• Just-in-time bis hin zu Manufacturing-on-Demand, Continuous-Flow)	• Simultane Produkt- und Produktionsentwicklung
• Losgröße 1	• 4. Industrielle Revolution		
• Individualisierung der Produkte	• Onlinehandel (Webshop)	• Lean Production (Verschwendungsminimierung)	• Digitalisierung

*SKD = Semi-Knocked-Down
**CKD = Completely-Knocked-Down

Diese Planungen befassen sich mit dem Einsatz von Betriebsausstattungen (Anlagen, Maschinen) und legen somit mittel- bis langfristig ihre Strukturen in den Gebäuden und Grundstücken fest **(Tabelle 1)**.

Im Rahmen der wandlungsfähigen Unternehmensstrukturen wird die Fabrikplanung ständig in Unternehmensziele mit eingefügt.

Die Fabrikplanung lässt sich in folgende Bereiche unterteilen **(Bild 1)**:

1. Die **Standortplanung** befasst sich mit der Standorterrichtung und den günstigsten Randbedingungen wie Grunderwerbs-, Arbeits- und Transportkosten.

2. Die **Flächenplanung** legt die sinnvolle Anordnung der Grundstücke und Gebäude fest.

3. Die **Infrastrukturplanung** sorgt für eine reibungslose Medienversorgung wie Luft, Wasser, Energie und Informationen.

4. Die **Logistik** hat die Aufgabe des Gestaltens des Informations- und Materialflusses sowie die Anpassung an inner- und außerbetriebliche Systeme.

5. Die **Betriebsmittelplanung** legt die Maschineneinrichtungen und weitere Arbeitsmittel fest und ist eng verflochten mit der Logistik.

6. In den **Nebenbetrieben** werden alle Hilfsfunktionen, wie z. B. Instandhaltung, Entsorgung oder Energieversorgung ausgeübt.

7. Die **Personal- und Organisationsplanung** ermöglicht die Bereitstellung des Personals für die in den Stellenbeschreibungen festgelegten Anforderungen aus den Produktionsabläufen.

Bei der Vorgehensweise der Fabrikplanung gibt es zwei verschiedene Planungsweisen, die teilweise gleichzeitig Anwendung finden **(Bild 1, folgende Seite)**.

Bild 1: Bereiche der Fabrikplanung

Tabelle 1: Betriebsstättenplanungen (nach REFA)	
außerbetriebliche Anlässe	innerbetriebliche Anlässe
Neuplanungen	
• Erzeugnisse für Marktlücken, • Erzeugnisse mit neuen Technologien, • Verlagerung der Absatzmärkte, • Umsatzveränderungen bei Erzeugnissen, • Erweiterung des Produktionsprogrammes, • Erschließung von Gewinnungsstätten, • neue Technologien und Anlagen, • Änderung der Siedlungsstruktur, • Zerstörung durch Brand, Explosion u. ä., • öffentliche Förderungsprogramme.	• Beschaffung neuer Fertigungsanlagen, • Verbesserung des Materialflusses, • technische Eigenschaften vorhandener Gebäude, • Platzmangel für Erweiterungen, • Höhe der Unterhaltskosten, • Dezentralisierung der Erzeugnisbereiche, • Konzentration, • Firmenimage • Energieeinsparung.
Umplanungen	
• kapazitive Anpassung an Umsatzveränderungen, • Anpassung technischer Einrichtungen an den Stand der Technik, • Konjunktur-, Mode- und Saisoneinflüsse, • Änderung der Lieferbereitschaft, • Veränderungen am Arbeitsmarkt, • behördliche Auflagen.	• Änderung der Fertigungsmethoden, • Engpässe, • Änderung der Organisationsstrukturen, • Rationalisierungsmaßnahmen, • Sortimentsveränderungen, • Verlagerung der Eigenfertigung, • Gesundheits- und Unfallschutz, • Sicherheitsmaßnahmen, • Forderungen des Betriebsrates.

5.5 Fabrikplanung

Bild 1: Bereiche der Fabrikplanung

Bottom-up:
Die Planung erfolgt von unten nach oben. Sie beginnt mit der untersten Planungsebene, der Betriebsmittelstruktur. Die Teilpläne werden an die jeweils übergeordnete Struktur weitergeleitet, die die Pläne koordiniert, zusammenfasst und wiederum weitergibt, bis sie an der obersten Planungsebene, die sich mit der Standortstruktur befasst, angelangt ist.

Top-down:
Hier erfolgt die Ableitung der Pläne von oben nach unten. Der von der Geschäftsführung festgelegte globale Rahmenplan (Standortstruktur) wird von den nachgelagerten Planungsstufen in Teilpläne zerlegt und weiter verfeinert. Diese dienen der nächsten Planungsebene wiederum als Rahmenplan bis sie bei der Betriebsmittelplanung angelangt sind.

In zunehmendem Maße kommen hierbei immer leistungsfähigere maßgesteuerte Animationen durch Simulation, virtuelle Realität und 3D-CAD-Systeme zum Einsatz.

Im Gesamtablauf der Planung werden ausgehend von der Unternehmensstrategie Produkt, Produktionswege und Vertriebswege analysiert (**Bild 2**). Daraus resultiert der Ist-Zustand. Im Rahmen der strategischen Planung werden die Maßnahmen zur Erreichung des Soll-Zustandes wie Kapazitätsreduktion oder Kapazitätserhöhung festgelegt.

Bild 2: Gesamtablauf der Planung

Bei der **Strukturplanung** erfolgt eine Detaillierung der Ist-Analyse. Es kommt zu einer Beurteilung zwischen Soll und Ist, wobei auf die Technologie, die Produkte und die Produktstrukturen sowie der langfristigen Absatzplanung eingegangen wird. Aus diesen Ergebnissen entsteht ein Standortplan, auch Werkstättenkonzept genannt.

Ausgehend davon folgt die technologiebezogene Auswahl von Produktionskonzepten und die räumlich orientierte Anordnung. Beide werden in der Detailplanung zu einem Gesamtlayout zusammengefasst. In der Ausführungsplanung wird dieses Gesamtkonzept in einen zeitlichen Ablauf gebracht.

Für die systematische Vorgehensweise wird eine Planungssystematik angewendet, die eine isolierte Betrachtung der Einzelelemente des Gesamtsystems verhindert. Dies führt zur Ganzheitsplanung. Kernstück dieser Ganzheitsplanung ist die Unterteilung des Planungsablaufes in einzelne Planungsschritte. Dies erfolgt mit der **6-Stufen-Methode der Systemplanung**.

Sie wird sowohl in der Neuplanung von Betrieben als auch bei der Umplanung von Ist-Zuständen erfolgreich angewendet **(Bild 1, folgende Seite)**.

Ein Zielkonzept umfasst:
1. die Ziele, die mittelfristig bis langfristig angestrebt werden sollen, wie die Senkung der Fertigungskosten oder die Änderung ganzer Fertigungsabläufe.
2. Die bestehenden Möglichkeiten, die Ziele zu erreichen, z. B. Beseitigung von Produktionsengpässen, Verkürzung der Durchlaufzeiten und bessere Flächen- oder Raumnutzung.
3. Die Prioritätenfestlegung der durchzuführenden Maßnahmen im Bereich der Fabrikplanung.

Die Basis für jede Planung stellen die Produkte, das Produktprogramm und die Mengen dar, die mittel- oder langfristig produziert werden sollen. Das Produktprogramm enthält Angaben über Art, Stückzahl und zeitliche Verteilung auf Perioden der zu produzierenden Erzeugnisse und muss für die Fabrikplanung prognostiziert werden **(Bild 1)**.

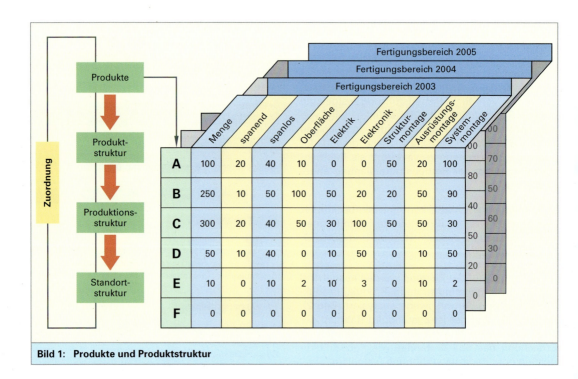

Bild 1: Produkte und Produktstruktur

5.5 Fabrikplanung

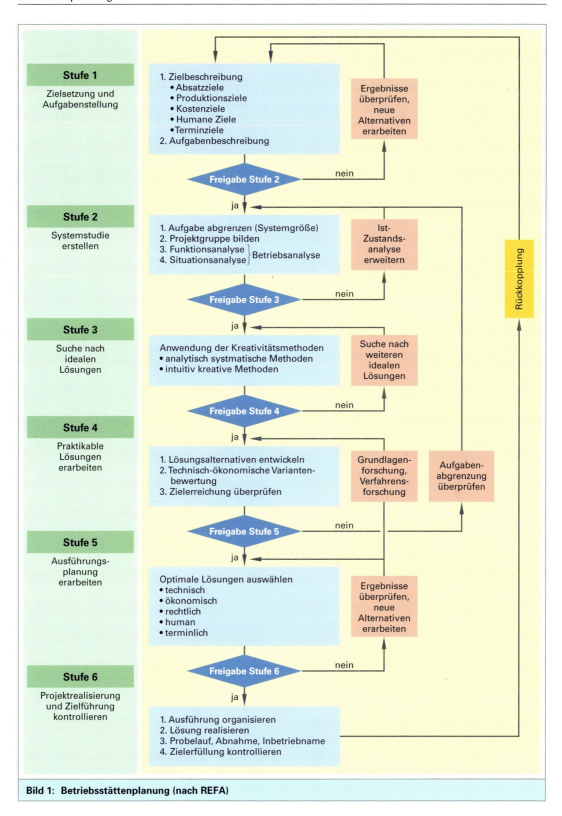

Bild 1: Betriebsstättenplanung (nach REFA)

Je turbulenter sich die Absatzmärkte verhalten, desto flexibler muss die Fabrik ausgelegt werden. Neben diesen Größen wird das Produktionsprogramm vom Produktlebenszyklus und der Variantenentwicklung beeinflusst.

Ausgehend davon können über die Analysen der Produktstruktur die notwendigen Fertigungsmittel bestimmt werden.

Diese Fertigungsmittel stehen oft in Bezug zu verschiedenen örtlichen Gegebenheiten. Deshalb ist es notwendig Zuordnungen zwischen Produktstrukturen und Standortstrukturen zu finden. Durch den schnellen Strukturwandel der Fertigungsabläufe (**Bild 1**) und der Produkte sowie Fusionen, Kooperationen und Übernahmen sind Konzentrationen bzw. Verteilungen der Kapazitäten und Fertigungsaufgaben auf die Standorte wichtig (**Bild 2**).

Bild 1: Strukturwandel im Flugzeugbau

Neue Technologien, wie z. B. der 3D-Druck bzw. die Additiven Fertigungsverfahren müssen bei kleinen Stückzahlen beachtet werden.

Hinzu kommt eine saubere Abgrenzung der Produkte, Produktgruppen oder Einzelteile zwischen den Standorten. Prozessketten sind so durchgehend zu planen, dass keine unnötigen Transportwege-, Liege- und Rüstzeiten entstehen.

In der **Systemstudie** (Stufe 2) werden die Aufgaben speziell in der Neuplanung oder Umplanung abgegrenzt, da hierdurch der Planungsaufwand und die Bildung der Größe der Projektgruppen bestimmt werden.

Die Projektgruppen sollten von der Unternehmensführung, Geschäftsleitung oder Vorstand geführt werden. Die Projektleitung ist dieser Ebene berichtspflichtig und wird je nach Bedarf ergänzt durch Mitarbeiter aus Behörden, Architekten, Planungsingenieuren und Spezialisten. Durch die Einbeziehung aller Betriebsbereiche nach Bedarf und Fragestellung wird eine sichere Planung erreicht.

Bild 2: Standortstruktur und -zuordnung von Produktionsaufgaben

Die **Funktionsanalyse** untersucht und plant den funktionellen Zusammenhang des Produktionsablaufes. Bei diesen Untersuchungen werden zwei Zielsetzungen verfolgt:

- Ermittlung der betrieblichen Daten und Angaben, die für die Planung und Reorganisation des Betriebes erforderlich sind.
- Ermittlung von Ansatzpunkten für technische und betriebliche Verbesserungen, für Rationalisierungs- und Kostensenkungsmaßnahmen

sowie für Anwendungen neuer Fertigungskonzepte innerhalb der Fabrikplanung.

Grundsätzlich gilt:
So genau wie nötig – so grob wie möglich.

In der **Situationsanalyse** werden die vorhandenen Randbedingungen, wie Grundstück, Gebäude, Festpunkte, Verkehrserschließung, Energieversorgung, Müllbeseitigung, Umweltschutz und Bauauflagen untersucht.

Bei der Suche nach **idealen Lösungen** (s.h. auch Stufe 3) geht man ohne Berücksichtigung der vorhandenen Gegebenheiten vom **theoretischen Ideal-Modell** aus (**Bild 1, folgende Seite**).

5.5 Fabrikplanung

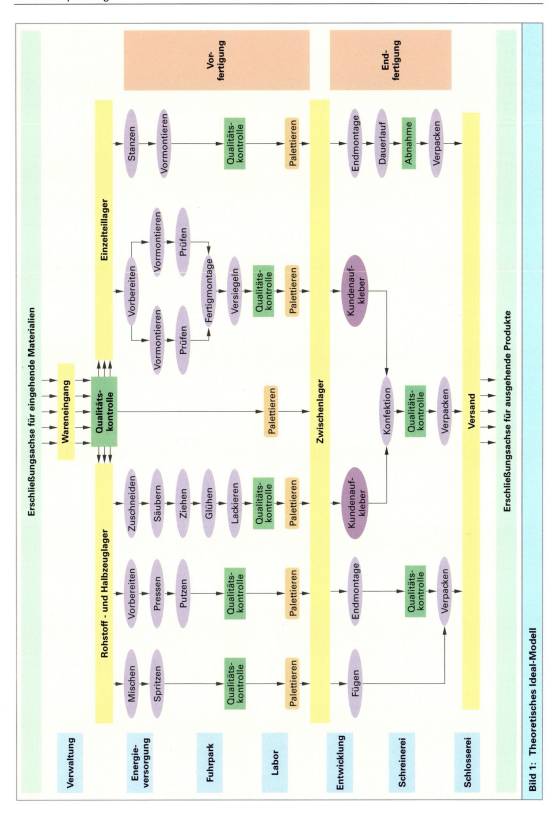

Bild 1: Theoretisches Ideal-Modell

Die Suche nach der **praktikablen Lösung** (Stufe 4) ist die entscheidende Stufe im Planungsgesamtablauf.

In diesem Planungsabschnitt werden die Planungszielsetzung, die Ist-Zustands-Analyse und die Problemstellung mit dem Ideal-Plan systematisch verknüpft. Hier werden schon endgültige Strukturen im Konzept festgelegt **(Bild 1)**.

Bei weiterer Verfeinerung des Entwurfs eines Fertigungssystems **(Bild 2)** geht man so vor:
- Aus der Kombination von langfristigen Produktionsprogrammen und den Teilebeschreibungen kann ein Bearbeitungsprofil (Stundenzahl pro Verfahren) ermittelt werden. Dieses Bearbeitungsprofil stellt den Soll-Wert der Produktion dar.
- Aus der Maschinenbeschreibung und dem Produktionsbedarf kann ein Maschinenprofil erstellt werden, das ebenfalls die Stundenzahl pro Verfahren angibt und den derzeitigen Ist-Zustand beschreibt.

Durch Abgleich des Bearbeitungs- und Maschinenprofils wird die Auswahl der Maschinentypen nach Marktanalysen, Grobbewertung und Nutzwertanalyse ausgewählt.

Bild 1: Strukturwandel im Flugzeugbau

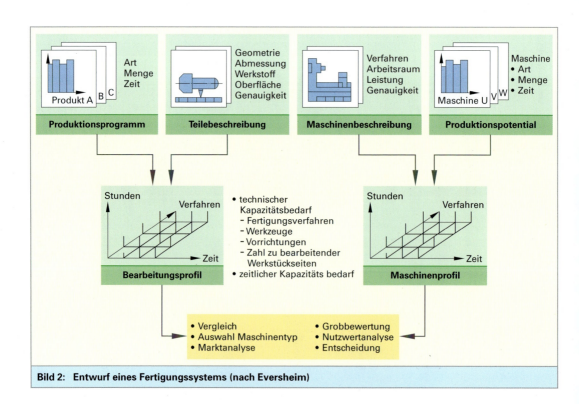

Bild 2: Entwurf eines Fertigungssystems (nach Eversheim)

5.5 Fabrikplanung

Durch weitere Analysen des Teilespektrums mit den bekannten Methoden lassen sich noch detailliertere Aussagen erarbeiten **(Bild 1)**. Den Abschluss der Planung macht die technische und wirtschaftliche Bewertung des Fertigungssystems **(Bild 2)**.

Nach der Verabschiedung des Grob-Layouts in der Stufe 4 wird auf dieser die Feinplanung aufgebaut.

Neben der Planung der Fertigungssysteme ist der Entwurf des Materialflusssystems eine besondere logistische Aufgabe. Die logistischen Ziele stehen hierbei im Vordergrund, wie:

Planung und Bereitstellung
- des richtigen Materials,
- in der richtigen Menge,
- im richtigen Zustand (Gebrauchseigenschaft),
- zum richtigen Zeitpunkt und
- am richtigen Ort;

mit möglichst hoher Wirtschaftlichkeit, d. h.
- gleichmäßige Auslastung vorhandener Kapazitäten,
- Senkung der Kapitalbindung in den Beständen,
- Verbesserung der Lieferbereitschaft,
- Reduzierung der Distributionskosten.

Bild 2: Vorgehensweise zur Planung von Fertigungssystemen

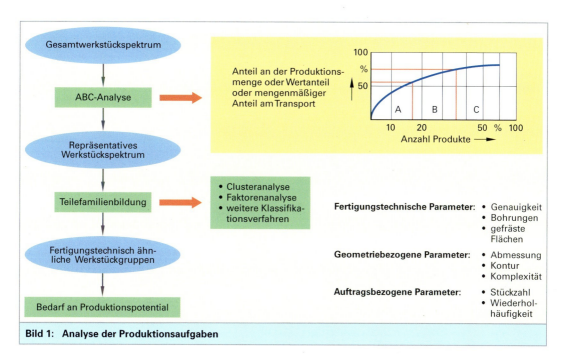

Bild 1: Analyse der Produktionsaufgaben

Bei der Planung von Lager- und Kommissionierbereichen **(Bild 1)** gilt es zwischen gegensätzlichen Zielen hoher Materialverfügbarkeit und geringer Kapitalbindung in der Fertigung einen guten Kompromiss zu suchen. Lagerbestände sollten möglichst vermieden werden, um nicht unnötig Kapital im Unternehmen zu binden. Im Rahmen der schlanken Produktion (lean production) gehen Unternehmen soweit, überwiegend auf größere Lager zu verzichten, da die Lieferung der Roh-, Hilfs- und Betriebsstoffe produktionssynchron (just-in-time) geliefert werden.

Zur rechtlichen Beurteilung der Fabrikplanung sind bei der Errichtung, bei Änderungen oder Nutzungsänderungen von Fabrikanlagen immer baurechtliche und immissionsschutzrechtliche Rechtsfragen zu klären **(Bild 1, folgende Seite)**. Die humanen Lösungen umfassen u. a. die Arbeitsfläche und ihre Bestandteile **(Bild 2)**.

Je rechtzeitiger und genauer die einzelnen Details in der Layout-Planung der Flächen durchgeführt werden, desto störungsfreier laufen die Realisierungen nach Klärung der technischen und wirtschaftlichen Fragen. So muss vor der Realisierung gemäß § 90 des Betriebsverfassungsgesetz der Betriebsrat umfassend informiert und zur Beratung hinzugezogen werden.

Bild 2: Flächenarten bei der Layout-Planung

Bild 1: Entwurf eines Materialflusssystems für ein Lager und zur Kommissionierung

5.5 Fabrikplanung

Tabelle 1: Planungsrecht

	Überörtliches Planungsrecht	Örtliches Planungsrecht	Bauordnungsrecht	Nebenrecht
Bund	Gesetze und Programme • Bundesraumordnungsgesetz • Raumordnungsbericht • Raumordnungsprogramm	Gesetze und Verordnungen • Baugesetzbuch • Baunutzungsverordnung • Planzeichenverordnung		Gesetze und Verordnungen, z. B. • Bundesimmissionsschutzgesetz • Bundesnaturschutzgesetz
Länder	Gesetze und Pläne: • Landesplanungsgesetz • Landesentwicklungspläne • Regionalpläne	Ausführungsgesetze und Durchführungs-Verordnungen	Gesetze und Verordnungen z. B. • Bauordnung • Stellplatzverordnung • Versammlungsstättenverordnung	Gesetze und Verordnungen z. B. • Naturschutzgesetz • Denkmalschutzgesetz • Schutzgebietsverordnung
Gemeinden		Satzungen und sonstige Pläne, z. B. • Flächennutzungsplan • Bebauungsplan • Sanierungssatzung	Satzungen, z. B. • Gestaltungssatzungen • Spielplatzsatzungen • Stellplatzsatzungen	Satzungen, z. B. • Grundordnungspläne • Denkmalbereichssatzungen

Bild 1: Ausführungsplanung mit Kostenüberwachung und Terminüberwachung

Für die Abwicklung so entstandener Vorgaben ist die Ausführungsplanung verantwortlich. Dafür müssen Termin und Kostenpläne erarbeitet und überwacht werden (**Bild 1**).
In der 6. Stufe der Projektrealisierung und Zielerfüllung sind Probeläufe, möglichst unter betriebsmäßigen Bedingungen notwendig, um die Funktionen und die Zuverlässigkeit der Planungen zu überprüfen.
Mit der Schlussabnahme der Anlage ist der Gefahrenübergang vom Lieferanten auf den Nutzer erfolgt. Es beginnt die Garantiezeit.

Simulationstechnik:

Die Simulationstechnik ist hauptsächlich von der Entwicklung der EDV-Systeme abhängig.
In der VDI-Richtlinie 3633 wird als Simulation definiert: „... die Nachbildung eines dynamischen Prozesses in einem Modell, um zu Erkenntnissen zu gelangen, die auf die Wirklichkeit übertragbar sind ...".

Einen besonderen Sprung in der Entwicklung konnte die Simulation mit der Entwicklung grafischer Oberflächen verzeichnen (**Bild 1**). Ausgangspunkt der Simulation ist immer ein reales System, das man in einem Modell abzubilden versucht. Anhand dieses Modells können jetzt Untersuchungen durchgeführt werden, die zu Rückschlüssen auf das Verhalten des realen Systems führen (**Bild 2**).

Dieses Simulationsmodell ist ein dynamisches Modell, das normalerweise durch ein EDV-Programm verkörpert wird. Durch schnell wechselnde Bilder entsteht der Eindruck einer Bewegung bzw. einer Animation. Mit diesen Animationen erzeugt das Simulationsmodell Daten zum Ablauf eines Bewegungsvorgangs in Echtzeit oder auch geometrische Gegebenheiten eines Layouts der gewünschten Fertigungsumgebung, bis hin zu ergonomisch gestalteten Arbeitsplätzen. Montageabläufe, in denen sich Werker unter nahezu fertigungsähnlichen Bedingungen in dem Simulationsmodell bewegen können sind schon in der Anwendung.

Unterschiedliche Anwendungen zur Modellierung und Simulation sind:
- Diskrete Modelle zur Ablaufsimulation wie Flussdiagramm und Graph,
- 3D-Bewegungssimulation und Layout
- sowie Finite-Elemente-Methode.

Kostenbetrachtung:

Eine wichtige Planungsaufgabe ist die Bereitstellung des notwendigen Kapitals zur Durchführung von Planungsaufgaben. Diese sind häufig mit hohen Investitionsaufwänden verbunden. So gehören auch zur Fabrikplanung die Ermittlung des Kapitalbedarfs und damit auch die Darstellung der Vor- und Nachteile der Investition. Hierbei stellt sich die Frage der unternehmensinternen oder der unternehmensexternen Beschaffung der entsprechenden Finanzmittel. Diese Probleme werden zukünftig immer häufiger über das Gelingen einer Planung und Ausführung entscheiden.

[1] VE von Virtual Environment (Virtuelle Umgebung)
[2] VR von Virtual Reality (Virtuelle Realität)

Bild 1: Entwicklung der Simulationstechniken

Bild 2: Abbildung von Produktionskonzepten in Modellen

Literatur

- *Fabrikplanung-Planungsvorgehen*: VDI-Verlag für Produktionstechnik (ADB), Fachausschuss Fabrikplanung, Düsseldorf
- *VDI-Richtlinie*: VDI 3633 Simulation von Logistik-, Materialfluss- und Produktionssystemen, Blatt 1 bis Blatt 11
- *Eversheim, W.*: Organisation in der Produktionstechnik, Band 3, Arbeitsvorbereitung, VDI-Verlag
- *Grundig, C.-G.*: Fabrikplanung: Planungssystematik, Methoden, Anwendungen, Verlag Hanser

5.6 Virtualisierung

Prozesse, Anlagen, ja ganze Fabriken werden digital dargestellt (**Bild 1**). Meist erfolgt die Digitalisierung durch eine CAD-Konstruktion. Die Objekte sind also künstlicher Art. Man kann auch durch 3D-Scannen von natürlichen Objekten ein virtuelles Modell herstellen.

5.6.1 Stereoskopische Betrachtung

Die Betrachtung erfolgt heute meist noch am Bildschirm eines Computers oder an einer Leinwand mit einem Beamer. Besonders vorteilhaft für die Fabrikplanung und Arbeitsplatzgestaltung ist eine stereoskopische Darstellung.

Das meist verwendete Verfahren ist die Betrachtung von zwei auf eine Leinwand projizierten Bildern mit einer Polarisationsbrille. Dabei benützt man bei den zwei Projektoren und den zwei Brillengläsern jeweils zwei unterschiedliche Polarisationsfilter. So sieht man mit dem einen Auge das eine Bild und mit dem anderen Auge das andere Bild (**Bild 2**).

Ein anderes Verfahren ist die Nutzung von Shutterbrillen (to shut = schließen). Die Shutterbrille gibt in schnellem Wechsel, synchronisiert mit dem Bildwechsel, am Bildschirm mal den Blick für das linke Auge und mal für das rechte Auge frei.

5.6.2 Virtual Environments (VE)

Die großflächige 3D-Projektion ermöglicht für Personen nicht nur ein Betrachten der räumlichen dargestellten Objekte, sondern auch ein „Eintauchen" (Immersion) in die virtuell dargestellte Welt. Man spricht von virtuellen Umgebungen (Virtual Environments, VE). Vor der Projektionswand kann man nämlich in einer Tiefe, die in etwa der Wandhöhe entspricht, sich hineinstellen mit dem Gefühl mit zur virtuellen Welt zu gehören.

Fügt man einer Projektionswand im Halbrund oder rundum weitere Projektionswände hinzu, so entsteht eine sogenannte Cave[1], z. B. eine Drei-Wand-Cave (**Bild 3**). Mit vier Wänden, plus Decke, plus Fußboden kann man sogar eine rundum geschlossene Cave realisieren. Hier ist der Eindruck der Virtualisierung total.

Steigt man auf einen virtuellen Turm und blickt man in die Tiefe, so wird einem schwindelig.

Bild 1: Digitale Prozessvisualisierung in stereoskopischer Darstellung (Objekte erscheinen ohne Brille doppelt)

Bild 2: Stereoskopisches Sehen mit Polarisationsbrille

Bild 3: Drei-Wand-Cave

---
[1] engl. cave = Höhle
[2] lat. immersio = eintauchen

Szenensteuerung

Zur Szenensteuerung werden günstiger Weise kabellose Steuerungstechniken verwendet. Üblich sind Funksteuergeräte und optische Steuergeräte. Analog zur Computermaus mit einer Bewegung in einer Ebene für 2-dimensionale Signale, müssen hier mit einem räumlich operierenden Steuergerät 6-dimensionale Steuerfunktionen realisiert sein, nämlich für 3 Ortsdimensionen (X, Y, Z) um z. B. Objekte räumlich verschieben zu können und für 3 Richtungsdimensionen (A, B, C) damit man z. B. Objekte drehen, schwenken und neigen kann (**Bild 1**). Bei den berührungslos optischen Steuergeräten werden die Positionen von 5 kleinen Kugeln (**Bild 2**), welche im Infrarot-Blitzlicht hell leuchten durch Triangulation (**Bild 3**) erfasst. Durch die Abbildung der, gegen den Hintergrund, hell reflektierenden Kugel in den beiden CCD-Kameras lassen sich die Winkel Alpha, Beta, Gamma eines Vermessungsdreiecks bestimmen. Der Basisabstand I der Kameras ist bekannt und so ist das Dreieck A1, B1 und C1 vollständig bestimmt und zwar auch in den räumlichen Neigungen, da die räumliche Anordnung der Kameras bekannt ist und die Kugel sich auf den CCD-Chips der Kameras in einer Ebene senkrecht dazu abbildet.

Damit man von dem 6D-Steuergerät nicht nur die Position bestimmen kann, sondern auch die räumliche Ausrichtung (Orientierung) müssen gleichzeitig mindestens von zwei weiteren Kugeln die Positionen erfasst werden. Zur Identifizierung, welche Kugel nun welche ist, werden die Kugeln nicht in symmetrischem Abstand zueinander angeordnet und es werden statt der Mindestzahl von 3 Kugeln 5 Kugeln verwendet. Damit ist es möglich diese zu identifizieren, auch wenn das Steuergerät z. B. „verkehrt" herum gehalten wird. Bei einer Mehrwand-Cave werden mehr als 2 Kameras eingesetzt. So kann sich der Akteur in der Cave frei bewegen. Sein Steuergerät ist immer im Sichtbereich von zwei Kameras und wird somit in seiner Position und Orientierung erfasst (**Bild 4**).

Bild 2: Steuergerät und Tracking-Brille mit Polarisationsgläsern

Bild 3: Triangulation mit Infrarotblitz und Infrarotkameras

Bild 1: 6 Freiheitsgrade der Bewegung eines Objekts

Bild 4: Kamera und Infrarotlampe für das Tracking

5.6 Virtualisierung

Mit dem Steuergerät kann man nun ähnlich wie mit einem Lichtzeiger Objekte „anklicken". Das VE-System projiziert hier virtuell einen räumlichen Strahl, der vom Steuergerät des Akteurs auszugehen scheint und entsprechend der Ausrichtung des Steuergeräts auf das anvisierte Objekt gerichtet wird **(Bild 1)**. Damit können nun diese Objekte, z. B. wie im CAD angeklickt und manipuliert werden. Das Steuergerät hat dafür wie eine Computermaus zwei Tastschalter. Zur Manipulation werden räumliche Icons oder Befehlskugeln in die räumliche Szene virtuell eingestellt und können vom Akteur mit dem Steuergerät anvisiert und angeklickt werden.

Es gibt z. B. eine Funktion für das *Handling* von Baugruppen. Damit können Objekte entfernt, hinzugefügt, verschoben und verdreht werden **(Bild 2)**. Mit der Schnittfunktion kann man einen Fächerstrahl erzeugen und damit Objekte schneiden. Man sieht diese im aktuell geschnittenen Querschnitt.
Die *Messfunktion* ermöglicht das räumliche vermessen zwischen anvisierten und angeklickten Raumpunkten.
Die *Annotationsfunktion* ermöglicht eine Art „Bekleckerung". Man kann damit schreiben, markieren, füllen, u. Ä. Mit der *Animationsfunktion* kann man ein Szenario in Bewegung versetzen; die Roboter bewegen sich und die Avatare (künstliche virtuelle Menschen) laufen und arbeiten.

Tracking
Zur vollkommenen Szenensteuerung müssen sich die Objekte bei Wechsel des Standorts und der Blickrichtung des Akteurs danach ausrichten. Steht z. B. ein Objekt scheinbar mitten im virtuellen Raum und der Akteur wechselt von der rechten Seite auf die linke Seite seinen Standort, so muss er das Objekt zunächst von der rechten Seite projiziert bekommen und danach von der linken Seite. Wenn er sich bückt erblickt er es von unten und wenn er mit dem Kopf durch das Objekt hindurch geht, so sieht er es von innen **(Bild 3)**.

Zur laufenden Anpassung der Szenenprojektion an den aktuellen Standort und die aktuelle Blickrichtung müssen Standort und Blickrichtung des Akteurs laufend erfasst werden, d. h. er muss in seiner (Kopf-Bewegung) messtechnisch verfolgt werden. Dies geschieht durch das Tracking (Verfolgen) mithilfe einer Tracking-Brille (Bild 2, vorhergehende Seite). Die Tracking-Brille hat auch 5 Kugeln und diese werden ebenfalls durch eine optische Triangulationsmesstechnik laufend in der Position vermessen wie dies beim Steuergerät der Fall ist. Die Kugeln reflektieren hell im Infrarotlicht. Für den Akteur ist dieses nicht sichtbar und somit auch nicht störend.

Bild 1: Anklicken von Steuermenüs auf Befehlskugeln

Bild 2: Virtueller Lichtzeiger zum Handling von Objekten

Bild 3: Das Tracking

Augmented Reality (AR), Mixed Reality

Augmented[1] Reality (AR) bedeutet erweiterte Realität. Reale Szenen werden durch virtuelle Objekte erweitert[2] bzw. mit realen Elementen vermischt (Mixed Reality). Auf die Bühne eines VE-Systems kann man reale Objekte bringen und diese mit in die virtuelle Welt einbeziehen. Man mischt die reale Welt mit der virtuellen Welt. So kann man z. B. einen virtuellen Roboter an einem realen Werkstück programmieren (**Bild 1**). Es geht auch umgekehrt. Man kann einen realen Roboter an einem virtuellen Werkstück durch Teach-in programmieren. Der Akteur sieht räumlich vor sich in natürlicher Größe das virtuelle Gebilde und das reale Objekt. Er kann um das reale Objekt herum gehen und die virtuelle Szene passt sich seinem Standortwechsel an.

5.6.3 Anwendung von VE-Systemen

Die VE-Systeme werden z. B. im Bereich der Neuentwicklung von Fahrzeugen eingesetzt (**Bild 2**). Der Designer erhält ein wirkliches Gefühl von dem real nicht vorhandenen Produkt. Er kann in das Fahrzeug einsteigen und sofern ihm ein realer Autositz auf die Aktionsbühne gestellt wird, kann er sitzend das noch nicht gebaute Fahrzeug in seiner inneren Räumlichkeit mit allen Bedienelementen „erleben".

[1] engl. to augment = erweitern, vermehren
[2] siehe auch Seite 394

Anwendungsbeispiele:

Architekten können durch noch nicht gebaute Räumlichkeiten schreiten oder diese aus der Luft beobachten.

Montagearbeiten können genau vorgeplant werden einschließlich aller Handgriffe der Monteure.

Monteure, also wirkliche Leute können sich, bevor es die Montagearbeitsplätze gibt, mit den Montageaufgaben vertraut machen, bzw. man kann die Arbeitsplätze „erproben" bevor man sie aufbaut.

Fast alle Produktionsprozesse können der realen Produktion virtuell vorweggenommen werden und zwar im 1:1-Maßstab.

Auf diese Weise kann man beschleunigt neue Produktionsvorgänge und Produktionsanlagen planen und sicherer die richtigen Entscheidungen treffen.

Bild 2: Besprechung einer PKW-Studie

Bild 1: Augmented Reality mit virtuellem Roboter und realem Werkstück

5.7 3D-Druck

Allgemeines

Mit *3D-Druckern* können auf schnelle Weise komplexe Objekte direkt aus dem CAD-Modell hergestellt werden. Dies geschieht in dem man kleinste Volumenelemente, meist in Form dünner Schichten[1], aufeinandersetzt. Man nennt dies Additive Fertigung (*AM, von Additive Manufacturing*). Ausgangswerkstoffe sind Flüssigkeiten, Pulver, Laminate oder Fäden/Drähte aus unterschiedlichen Materialien **(Bild 1)**. Die Materialien werden durch Energieeintrag über Strahlung (Laserstrahlung, UV-Licht, Elektronenstrahlung) oder durch Polymerisation oder durch Verkleben verfestigt. Der Aufbauprozess erfolgt vollständig computergesteuert, z. T. in Anlehnung an Printer (Drucker). Abhängig vom Verfahren und der Objektgröße kosten die AM-Geräte zwischen einigen 100 EURO **(Bild 2)** und über 100 000 EURO **(Bild 3)**.

Bild 2: Personal 3D-Printer

Bild 3: Großer 3D-Printer (Fabrikat voxeljet)

Die Nutzung wird eingeteilt in die Kategorien:
- **Rapid Prototyping (RP)** zur Herstellung von Modellen, z. B. Designmodelle, Ergonomie-Modelle, Funktionsmodelle, Gießmodelle,
- **Rapid Manufacturing (RM)** zur Herstellung von Endprodukten, häufig Einzelprodukte, z. B: Zahnprothesen, Hüftimplantate, Gehörkapseln, künstlerische Objekte, archäologische Repliken,
- **Rapid Tooling (RT)** zur Herstellung von Produktionswerkzeugen, z. B. von Gießformen und Stempeln.

[1] Die erste Patentanmeldung, Erfinder *Charles W. Hull*, zu dieser Technologie hat die Bezeichnung „APPARATUS FOR PRODUCTION OF THREE-DIMENSIONAL OBJECTS BY STEREOLITHOGRAPHY" U.S. Patent 4,575,330, Mar. 11, 1986.

Werkstoffe	Polymere	Metalle, Polymere, Minerale	Polymere, Papiere, Metalle	Polymere, Metalle
Ausgangszustand	Flüssigkeiten	Pulver	Laminate	Fäden, Drähte
Ablauf und Prozess	• in Linie oder • zeilenweise oder • flächig durch • Laserstrahl • Belichtung • Wärmestrahlung	• in Linie • zeilenweise • flächig durch • Stromschmelzen • Sintern • Drucken	• flächig durch • Verkleben • Verbacken	• in 2D-Linie • in 3D-Linie durch • Verschweißen • Verbacken
Verfahren	• Stereolithography **SL** • Micro Light Switching **MLS** • Digital Light Processing **DLP** • Multi Jet Modeling **MJM** • Poly Jet Modeling **PJM**	• Selective Laser Melting **SLM** • Mask Sintering **MS** • Laser-Sintering **SLS** • 3D-Printing **3DP**	• Layer Laminated Manufacturing **LLM**	• Fused Layer Modeling **FLM**

Bild 1: Übersicht über AM-Prozesse

AM-Verfahren. Die wichtigsten Verfahren[1] sind das selektive Verfestigen von Flüssigkeiten (Harze) und Pulvern mittels Laserstrahlung, das Drucken von Flüssigkeiten und das Schmelzen von Fäden (Bild 1, vorhergehende Seite).

Stereolithography (SL). Bei der Stereolithography verwendet man photosensitives Harz (Polymer) und verfestigt dieses schichtweise mithilfe eines numerisch lenkbaren UV-Laserstrahls an der Oberfläche eines Harzbades **(Bild 1)**. Nach der Verfestigung der Bauteilschicht wird der Bauteilträgerboden um eine Schichtstärke abgesenkt und es erfolgt die Verfestigung der darauf aufbauenden Objektschicht. Für überhängende Objekteile und der Objektunterseite werden Stützkonstruktionen (supports) generiert **(Bild 2)**. Nach Abschluss des Bauprozesses wird das Objekt gereinigt, die Supports mit den Sollbruchstellen werden abgebröselt, zur „Nachvernetzung" wird mit UV-Licht bestrahlt, ggf. geglättet und koloriert (s. Detail in Bild 2).

3D-Printing (3DP). 3D-Drucker basieren auf einer Technologie die sich aus den Tintenstrahldruckern entwickelt hat. Ähnlich wie dort bewegt sich ein Druckkopf: Hier über einer schichtweise absenkbaren Bauplattform **(Bild 3)**. Man unterscheidet:

- Direktdruckverfahren und
- Pulververarbeitende Systeme.

Bei den **Direktdruckern** wird entweder erwärmtes flüssiges Wax (3DWax Printing) verdruckt oder UV-sensitives Polymer (Poly-Jet-Modeling, PJM oder Multi Jet Modeling MJM). Im ersten Fall entsteht beim Abkühlen der Wachströpfchen ein Wachsmodell hoher Genauigkeit. Es kann z. B. direkt als Urmodell im Feinguss verwendet werden (Wachsausschmelzverfahren). Im zweiten Fall entsteht während der gleichzeitigen UV-Belichtung ein Kunststoffmodell. Die Stützstrukturen werden automatisiert erzeugt **(Bild 4)**.

Bei den **pulververarbeitenden Systemen** wird in ein Pulverbett eine pulververklebende Binderflüssigkeit verdruckt. So können Objekte aus fast allen festen Pulvermaterialien (Metalle, Minerale, Polymere) hergestellt werden. In einem Postprozess kann das Bauteil zur Erhöhung der Festigkeit gesintert und infiltriert werden. Stützstrukturen sind nicht erforderlich, das Objekt liegt im Pulverbett. Man produziert damit z. B. Gießformen **(Bild 5)**.

---

[1] Eine ausführliche Darstellung aller gängigen Verfahren findet man in „Additive Fertigungsverfahren-Rapid Prototyping, Rapid Tooling, Rapid Manufacturing", Verlag Europa-Lehrmittel, Haan.

Bild 1: SL-Process

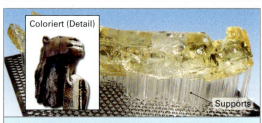

Bild 2: Stereolithography einer Replik des Löwenmenschen (um 30 000 v. Chr.)

Bild 3: SLS-Process und SLM-Process

Bild 4: SLM-Bauteil (Realizer GmbH)

Bild 5: PJM Gliederkette, Direktdruck

5.7 3D-Druck

Selective Laser Sintering (SLS) und Selective Laser Melting (SLM). Ausgangswerkstoff ist feines Kunststoffpulver, z. B. Nylon oder niedrig schmelzendes feines Metallpulver oder Formsand. Mithilfe eines CO_2-Lasers, der über einen Spiegel mit zwei NC-Achsen gesteuert wird, entsteht im Auftreffpunkt des Laserstrahls eine Schmelze. Die Kunststoffpulverteile oder die Metallpulverteile oder die Sandkörner verbacken miteinander und so wird das Werkstück Schicht um Schicht aufgebaut **(Bild 1)**. Entsprechend dem Zuwachs in Z-Richtung wird Pulver nachgeschüttet und der Werkstückboden abgesenkt. Von Vorteil bei diesem Verfahren ist, dass auch metallische Werkstücke hergestellt werden können sowie Formwerkstücke zum Gießen. Die Schichtdicke liegt bei etwa 0,1 mm. Die Beweglichkeit des Laserstrahls bei etwa 1 m/s.

Selective Mask Sintering (SMS). Beim selektiven Maskensintern werden wiederholt aufgetragene Schichten aus Kunststoffpulver selekkiv verschmolzen. Die verschmolzenen Schichtbereiche bilden das Bauteil. Das nicht verschmolzene Pulver stützt das Bauteil. Es kann nach dem Fertigungsprozess abgeschüttet werden. Die Erwärmung erfolgt durch eine starke Infrarotstrahlung. Die Bauteilschichten werden nacheinander als Negativbilder, ähnlich einem Scherenschnitt, aus einem hitzebeständigen reflektierenden Tonerpulver (Aluminiumoxid) auf eine Glasplatte übertragen und dort elektrostatisch fixiert. Das geschieht ähnlich wie der Tonerauftrag aufeiner Kopierwalze nach dem Prinzip der Xerographie. Nach dem Erhitzen wird die Maskenscheibe entladen und der Toner wird abgestreift. Es beginnt der Zyklus von Neuem mit der Belichtung der Glasplatte für die nächste Schicht und dem Tonerauftrag. Die Bauplattform wird um eine Schichtdicke abgesenkt und Kunststoffpulver aufgezogen.

Die Kunststoffpulver sind Thermoplaste, z. B. Polyamide, Polyethylene, Poycarbonate. Auch Wachspulver kommen infrage. Dies führt dann zu Wachsmodellen, welche dann z. B. beim Gießen im Wachsauschmelzverfahren Verwendung finden. Zur verbesserten Wärmeabsoption können sie schwarz eingefärbt sein, z. B. mit Rußstäben.

Fused Layer Modeling (FLM). Bei diesem Verfahren wird Wachs oder Nylon (Thermoplast) über eine feine 2-achsig numerisch gesteuerte Düse unter Wärme und Druck extrudiert (ausgedrückt) und zwar entlang der Werkstückkonturlinie **(Bild 3)**. Ähnlich dem Auftragsschweißen wird eine Lage über die andere gesetzt. Das frisch extrudierte Material verschmilzt dabei mit dem bereits aufgebrachten Material. Die Schichtdicken betragen etwa 0,1 mm. Die Auftragsgeschwindigkeit liegt bei ca. 250 mm/s.

Bild 1: Laser-Sintern

Bild 2: Selektives Maskensintern

Bild 3: FLM-Verfahren

Laser Laminated Manufacturing (LLM). Bei diesem Verfahren werden mittels eines Laserstrahls dünne Laminate oder auch beschichtete Papiere ausgeschnitten und schichtweise aufeinander geklebt **(Bild 1)**. Damit die ausgeschnittenen Objektschichten zum Aufeinanderkleben gehandhabt werden können verbleiben dünne Stege zu einem quadratischen Raster. So entsteht ein Objekt, das in einer Würfelumgebung liegt.

Die Informationskette und die Prozesskette

Der Werdeprozess von der *Bauteil-Idee* bis zum *fertigen Bauteil* wird von einer mitlaufenden Informationskette begleitet **(Bild 2)**. Gestartet wird der Prozess als Idee und stellt sich im menschlichen Gehirn dar. Die Art der Daten sind noch nicht erforscht. Nun verzweigt sich die *Prozesskette* in zwei alternative Pfade:
- CAD-Modell;
- körperliches Modell.

Beim **CAD-Modell** folgt nach mehreren Optimiervorgängen und Variantenkonstruktionen der Slicing-Prozess (to slice = in Scheiben schneiden). Hier wird das 3D-Volumenmodell vom jeweiligen CAD-System „gecliced", d. h. in Scheiben zerlegt und in STL-Daten (Stereolithographie-Language = Stereolithographiesprache) umgesetzt. Diese STL-Dateien stellen die Eingabeinformation für den RP-Prozess dar. Die *verfahrensspezifischen* Daten, wie sie die jeweilige RP-Anlage benötigt, werden mit der *firmenspezifischen RP-Software* aus den STL-Daten erzeugt.

Der Weg über das **körperliche Modell** geht so, dass entsprechend der Idee mit einfachen Mitteln z. B. Modellschaum als Werkstoff, Raspel und Säge oder z. B. mit Knetwachs ein Modell hergestellt wird. Dieses tastet man mit einem *3D-Scanner* ab und bekommt eine *Punktewolke* der Modelloberfläche. Die Punktewolke muss nun in Flächen bzw. Flächenelemente mit einem geeigneten CAD-System umgewandelt werden. Dies ist mit z. T. großem Zeitaufwand verbunden. Man nennt diese Aufgabe Flächenrückführung. Nach -erfolgter *Flächenrückführung* kann der Slicing-Prozess beginnen.

Die Rapid-Prototyping-Anlage erzeugt je nach Verfahren ein:
- Wachsmodell;
- Modell zum Abformen;
- eine gießfähige Negativform;
- ein fertiges Werkstück.

Bild 1: LLM Process

Bild 2: Informationskette und Prozesskette

5.8 Arbeitsbewertung

5.8.1 Ziele und Anforderungen an die Arbeitsbewertung

Die technischen und organisatorischen Entwicklungen in den Betrieben aller Industriezweige wird durch die globalen wirtschaftlichen Herausforderungen beschleunigt. Für die Betriebe wird es dadurch immer schwieriger, ihre Mitarbeiter anforderungs- und damit leistungsgerecht zu entlohnen.

Die erhöhten Anforderungen ergeben sich durch:
- die neuen technologischen Entwicklungen,
- die kurzen Entwicklungs- und Produktionszeiten,
- die kurzen Liefertermine sowie
- die niedrigen Kosten bei hoher Qualität (**Bild 1**).

Dies erfordert von den Mitarbeitern in den Betrieben:
1. anspruchsvolle, hochwertige **Tätigkeiten** in geänderten Produktionsstrukturen,
2. **Wissen** in hauptsächlich maschinen- und anlagebezogenen Abläufen sowie verbindende übergeordnete Kenntnisse aus den Betriebsabläufen,
3. **Können** mit steigenden Denkleistungen in Routineabläufen und in Störsituationen,
4. **Erfahrungen** aus neuesten Technologien,
5. **Verhaltensweisen** mit hohen Anforderungen an **selbstständiges Arbeiten** mit gleichzeitig großer Kommunikationsbereitschaft in unterschiedlichsten Arbeitsformen der Gruppen- und Teamarbeit,
6. **Verantwortung** durch den steigenden Handlungsspielraum in flachen Organisationen bei vermehrter Weitergabe der Verantwortung nach unten.

Diese Forderungen können nur erfolgreich gemeistert werden, wenn die Mitarbeiter für seine Aufgaben ausreichend motiviert werden kann.
Neben den Veränderungen in den Produkten führt dies zu neuen Arbeitsabläufen und damit zu einer erweiterten Bereitschaft der Mitarbeiter zu einer ständigen Anpassungs- und Höherqualifikation. Um diese Leistungsbereitschaft der Mitarbeiter immer wieder abfordern zu können, werden hierzu Daten über die Höhe und Art der neuen Anforderungen benötigt. Es wird heute immer schwieriger, diese Daten zu bestimmen und in Betriebsvereinbarungen oder Tarifverträgen festzulegen.
Dies wird um so wichtiger, da die Daten mehrfach zur Anwendung kommen in:
- der Arbeitsentgeltdifferenzierung,
- der Personalorganisation und
- der Arbeitsgestaltung.

Die jetzt verwendeten Daten kommen aus unterschiedlichen Verfahren, die im Begriff „Anforderungsermittlung" zusammen gefasst sind (**Bild 2**).

Produkt- und Markt-Veränderungen
- technologisch anspruchsvolle Produkte,
- häufiger Produktwechsel durch kurze Lebenszyklen,
- kurze Innovationszeiten,
- kleine Losgrößen bzw. Einzelfertigung,
- Auftragsschwankungen,
- hohe Qualitätsanforderungen.

Flexible Produktionssysteme neue Technologien
- CNC-Maschinen,
- Bearbeitungszentren,
- Fertigungszentren,
- Flexible Fertigungssysteme,
- CAD-CAM-Anwendungen,
- Automatisierung,
- Roboter,
- Additive Fertigung,
- Machine Learning.

Flexible Organisationen
- PPS-Systeme,
- BDE-Systeme,
- Lean Produktion,
- Inselfertigung (ohne Lager, kurze Durchlaufzeiten),
- JIT-Fertigung,
- KANBAN-Fertigung,
- Digitalisierung,
- Künstliche Intelligenz (KI).

Flexibler Personaleinsatz
- Einsatz an mehreren Stellen,
- Bereitschaft zur Übernahme von verschiedenen Tätigkeiten mit unterschiedlichen Anforderungen,
- zeitliche Flexibilität,
- Schichtarbeit,
- Teamarbeit
- Kollaborierende Roboter.

Bild 1: Technischer und organisatorischer Wandel in Betrieben

Bild 2: Anforderungsermittlung

5.8.2 Verfahren der Arbeitsbewertung

Bei der Zerlegung und der zahlenmäßigen Erfassung (Quantifizierung) der Anforderungen werden *summarische* und *analytische* Verfahren unterschieden **(Bild 1)**.

> Zur summarischen Arbeitsbewertung zählt:
> - das Lohngruppenverfahren und
> - das Rangfolgeverfahren.

> Die analytische Arbeitsbewertung gliedert sich in:
> - die Rangreihenverfahren und
> - das Stufenwertzahlverfahren.

5.8.2.1 Summarische Arbeitsbewertung

In der summarischen Arbeitsbewertung werden hauptsächlich zwei Bewertungsmerkmale berücksichtigt, nämlich die **Arbeitskenntnisse** und die **Arbeitsbelastungen**.

Bei der Bewertung der **Kenntnisse** sind es hauptsächlich die Ausbildung und die Erfahrung sowie die Denkfähigkeit. Handfertigkeiten und Körpergewandtheit beeinflussen wesentlich die Zeit, die ein geeigneter Mitarbeiter für die Ausführung der Arbeit unter Normalleistung benötigt. Dabei ist es bei der summarischen Bewertung nicht so wichtig, ob die Zeit im Einzelfall durch besondere **Eignung** geringer oder durch weniger Eignung höher ist.

Entsprechend dem in den Lohngruppen festgeschriebenem Kenntnisstand wird die Arbeit summarisch in eine Lohngruppe eingruppiert. Im weiteren Bewertungsvorgang werden die **Belastungen** berücksichtigt, wie sie sich aus der Arbeit und der Arbeitsbeschreibung ergeben. Wenn die Belastung in der Lohngruppenbeschreibung nicht enthalten ist, werden ein oder zwei Lohngruppen, manchmal sogar drei Lohngruppen, zu der durch Kenntnisse bewerteten Lohngruppe zugeschlagen **(Tabelle 1)**.

Lohngruppenverfahren:
Beim summarischen Lohngruppenverfahren werden die Arbeitsaufgaben mit den Beschreibungen der Lohngruppen verglichen und dann der entsprechenden Lohngruppe zugeordnet. Die Beschreibungen sind in Tarifverträgen festgelegt. Grundlage für die Einstufung der Arbeit in eine Lohngruppe sind die für die Arbeit notwendigen Anforderungen.

Unter **Arbeit** ist immer die Summe der Tätigkeit zu verstehen, die von einem Mitarbeiter ausgeführt wird.

Bild 1: Verfahren der Arbeitsbewertung

Tabelle 1: Lohngruppen mit Beispielen

Lohngruppen	Beschreibung	Lohngruppenzuschläge Belastung		
		mittel	erschwert	besonders erschwert
1	kurze Anweisung (bis zu 3 h)	2	3	4
2	kurze Anweisung u. Übung (bis 2 Wochen)	3	4	5
3	kurze Einarbeitungszeit bis 4 Wochen	4	5	6
4	Sach- u. Arbeitskenntnis, kurze Einarbeitungszeit, bis 10 Wochen	5	•	6
5	Anlernzeit, 10–12 Wochen	•	•	6
6	Anlernzeit, mehr als 12 Wochen bis 2 Jahre	•	7	8
7	Arbeitszeit mit Berufslehre (bis 3–3,5 Jahre)	•	8	9
8	Arbeiten mit Berufserfahrung (Berufsausbildung plus Berufserfahrung 2–3 Jahre)	•	9	10
9	Arbeiten mit Anforderungen an das fachliche Können, Berufsausbildung plus mehrjähriger (über 3 Jahre) Berufserfahrung	•	10	11
10	Arbeiten mit umfangreichen Berufskenntnissen und betrieblichem Spezialwissen	•	11	12
11	Arbeiten mit Verantwortung und Selbstständigkeit	•	12	+
12	Arbeiten mit hervorragendem Können, Dispositionsvermögen, umfassendes Verantwortungsbewusstsein und entsprechenden theoretischen Kenntnissen	•	+	+

5.8 Arbeitsbewertung

In den Fällen, in denen die erforderlichen Arbeitskenntnisse durch Anlernen erworben werden müssen, ist die Dauer der hierfür erforderlichen Anlernzeit maßgebend. Die Festlegung der Dauer der Anlernzeit soll auf einen normal geeigneten Mitarbeiter bezogen werden. Dieser muss dann die Arbeit sachgemäß ohne gesteigerte Leistung ausführen können.

Rangfolgeverfahren:
Beim Rangfolgeverfahren werden die Arbeiten im Betrieb auch summarisch bewertet und in eine Rangfolge zu einander gebracht. Entsprechend der Rangfolge werden dann den Beispielen Lohngruppen zugeordnet.
Dieses Verfahren eignet sich nur für kleine Betriebe mit wenig Arbeitsplätzen. Arbeiten mit größerer Zahl unterschiedlicher Anforderungen sind schlecht summarisch zu erfassen. Mitarbeiter werden hier nicht immer gerecht eingestuft.
Die Anwendung der summarischen Arbeitsbewertung ist einfach und schnell. Aber die Probleme dieser Bewertung sind, die oft ungenauen und den tatsächlichen Bedingungen nicht immer angepassten Ergebnisse. Dies führt in Betrieben häufig zu Lohnstreitigkeiten und Motivationsverlusten des Mitarbeiters.

5.8.2.2 Analytische Arbeitsbewertung

Muss die Arbeit eines Menschen mit mehreren Anforderungsarten erfasst werden, wie z. B. Kenntnisse, Verantwortung und Belastung, so spricht man bei der Arbeitsbewertung von einem unterteilten (analytischen) Vorgehen. Dieses Verfahren ist gekennzeichnet durch eine Einzelbewertung der Anforderungen nach Art und Höhe.
Die zwei wichtigsten Verfahren sind:
- das **Rangreihenverfahren** und
- das **Stufenwertzahlverfahren**.

Die analytische Arbeitsbewertung ist auf den Hauptanforderungsarten des 1950 vereinbarten „Genfer Schemas" aufgebaut.
Diese Hauptanforderungsarten sind:
1. das Fachwissen (Können) mit der Unterteilung in Kenntnisse und Geschicklichkeit,
2. die Verantwortung,
3. die Arbeitsbelastung, unterteilt in körperliche und geistige Belastung sowie
4. die Arbeitsbedingungen, wobei hier hauptsächlich die Umgebungseinflüsse gemeint sind.

In **Tabelle 1** sind Anforderungsarten unterschiedlicher Arbeitsbewertungsmethoden gegenübergestellt. So gibt es im Tarifgebiet Nordwürttemberg-Nordbaden bis zu 20 Bewertungsmerkmale.

Tabelle 1: Beispiele für die Gliederung von Anforderungsarten

Hauptanforderungsarten	nach REFA	Hagner/Weng (1952) (Lohnempfänger)	Hamburgische Elektrizitäts-Werke AG (Lohn- und Gehaltsempfänger)	Metallindustrie Nordwürttemberg/ Nordbaden Lohn- und Gehaltsrahmen-Tarifvertrag I vom 19.06.2001	Metallindustrie Baden-Württemberg Entgeltrahmen-Tarifvertrag (ERA-TV) vom 16.09.2003
Können	1. Kenntnisse 2. Geschicklichkeit	1. Arbeitskenntnisse und Erfahrung 2. Geschicklichkeit	1.1 Geistige und körperliche Fähigkeit 1.2 Betriebserfahrung	1. Kenntnisse, Ausbildung und Erfahrung 2. Geschicklichkeit, Handfertigkeit	1. Wissen und Können 1.1 Anlernen 1.2 Ausbildung und Erfahrung 2. Leistung
Verantwortung	3. Verantwortung	3. Verantwortung a) Betriebsmittel und Zeugnisse b) Sicherheit anderer c) Arbeitsablauf	3.1 Verantwortung für eigene Arbeit 3.2 Verantwortung für Personalführung	6. Verantwortung für die eigene Arbeit 7. Verantwortung für die Arbeit anderer 8. Verantwortung für die Sicherheit anderer	3. Handlungsspielraum/ Verantwortung 4. Mitarbeiterführung
Belastung	4. geistige Belastung 5. muskelmäßige Belastung	4. Arbeitsbeanspruchung a) Muskeln b) Sinne und Nerven c) Nachdenken	2.1 Geistige Belastung 2.2 Muskelbelastung	3. Belastung der Sinne und Nerven 4. Zusätzlicher Denkprozess 5. Belastung der Muskeln	5. Denken 6. Kommunikation
Umgebungseinflüsse	6. Umgebungseinflüsse	5. Umgebungseinflüsse a) Temperatur b) Wasser Feuchtigkeit, Säure, Dämpfe c) Schmutz, Fett, Öl, Staub d) Gase e) Lärm und Erschütterung f) Blendung oder Lichtmangel g) Erkältungsgefahr h) Unfallgefahr	Erschwernisse durch Umgebungseinflüsse werden gesondert behandelt	9. Schmutz 10. Staub 11. Öl/Fett 12. Temperatur 13. Nässe, Säure, Lauge 14. Gase, Dämpfe 15. Lärm 16. Erschütterung 17. Blendung/Lichtmangel 18. Erkältungsgefahr 19. Unfallgefahr 20. Hinderliche Schutzkleidung	7. Belastungen 7.1 der Muskeln 7.2 durch Reizarmut 7.3 durch Umgebungseinflüsse (Lärm, Schmutz, Öl, Fett, Hitze, Kälte, Zugluft, Wasser, Säure, Lauge, Gase, Dämpfe, Staub, Blendung und Lichtmangel, Unfallgefahr, Schutzkleidung)

Rangreihenverfahren

In der Metallindustrie wird das Rangreihenverfahren am häufigsten verwendet. Beim analytischen Rangreihenverfahren werden die beschriebenen Arbeitsaufgaben je Bewertungsmerkmal unter Beachtung der tariflichen Rangreihe verglichen und eingeordnet. Im Vergleich mit der tariflichen Rangreihe ergibt sich für jedes Bewertungsmerkmal eine Rangstufenzahl. Die Rangstufen je Bewertungsmerkmal werden entsprechend der tariflichen Gewichtung zu Teilarbeitswerten umgerechnet. Die Summe der Teilarbeitswerte ergibt den Arbeitswert. Die Bestimmung der Rangstufenzahl für eine neu zu bewertende Arbeitsaufgabe wird durch Musterbeispiele, den sogenannten **Richtbeispielen** oder **Brückenbeispielen** in tarifliche Bewertungstafeln erleichtert. Diese Richtbeispiele werden von den Tarifparteien herausgegeben.

Tabelle 1: Beispiel für Anforderungsart *Lärmbelästigung*[1]

Rangstufe	Lärmbereich in db (A)	Wertzahl
0	unter 65	0
5	65 bis 69	0,3
10	69 bis 73	0,6
15	73 bis 76	0,9
20	76 bis 78	1,2
25	78 bis 80	1,5
30	80 bis 82	1,8
35	82 bis 83,5	2,1
40	83,5 bis 85	2,4
45	85 bis 87	2,7
50	87 bis 88	3
55	88 bis 89	3,3
60	89 bis 90	3,6
65	90 bis 91	3,9
70	91 bis 92	4,2
75	92 bis 92,5	4,5
80	92,5 bis 93	4,8
85	93 bis 93,5	5,1
90	93,5 bis 94	5,4
95	94 bis 94,5	5,7
100	94,5 bis 95	6

[1] nach dem Manteltarifvertrag in der Metallindustrie Südbaden

Durch die laufende Ergänzung der Richtbeispiele und Rangreihen auf betrieblicher Ebene, aber auch durch Erweiterung der tariflichen Richtbeispiele durch die Tarifvertragsparteien ist dieses Verfahren besonders anpassungsfähig. Dadurch können technologische und organisatorische Entwicklungen immer wieder aktuell eingearbeitet und für den Mitarbeiter berücksichtigt werden.

Bei der Bewertung je Merkmalswert können in Sprüngen zu je fünf Rangplatz-Nummern bis zu 100 Rangplatz-Nummern vergeben werden.

Stufenwertzahlverfahren

Hier ist jede Anforderungsart in festgelegte Anforderungsstufen geteilt. Den Stufen sind Wertzahlen und Wertzahlpunkte zugeordnet.

- Bei der Bewertung werden im ersten Schritt die Stufenbeschreibungen aufgesucht und mit der tatsächlichen Arbeitsaufgabe verglichen.
- Im zweiten Schritt wird die Dauer bzw. die Höhe der Beanspruchung abgelesen.
- Aus der Summe aller Wertzahlpunkten wird die Wertzahlsumme gebildet. Hieraus ergibt sich die Arbeitswertgruppe.

Das Stufenwertzahlverfahren unterscheidet sich von den anderen Arbeitsbewertungsverfahren dadurch, dass die Höhe und Dauer getrennt und nacheinander in die Bewertung einbezogen werden. Bei den anderen Verfahren wird immer unter Anforderungshöhe stets Höhe und Dauer als eine Größe verstanden (**Tabelle 1**).

Die einzelnen Anforderungsarten sind unterschiedlich gestuft. Die Anzahl der Stufen ist von der Spannweite zwischen maximaler und minimaler Größe einer Einzelanforderung abhängig. Dieses Verfahren ist in der Anwendung einfach. Der Vorteil des Verfahrens liegt in der guten Verständlichkeit für alle Betroffenen.

Die Bewertung und Einstufung der Arbeitsaufgabe im Rahmen des Entgeltrahmen-Tarifvertrages (ERA) erfolgt unter Anwendung des Stufenwertzahlverfahrens (siehe auch 5.10). Das Stufenwertzahlverfahren kann unmittelbar oder in der Form einer Vergleichsbewertung, bezogen auf die tariflichen Niveaubeispiele oder bezogen auf die betrieblichen Ergänzungsbeispiele angewendet werden. Bestandteil des Systems der Bewertung und Einstufung ist der Katalog von tariflichen Niveaubeispielen.

5.8.3 Arbeitsbeschreibung

Die analytische Arbeitsbewertung baut auf der Arbeitsbeschreibung auf. Zur Bewertung einer Arbeit oder eines Arbeitsbereichs ist eine Arbeitsbeschreibung so zu erstellen, dass aus ihr die Arbeitsaufgaben, die Arbeitsabläufe und die Arbeitsumstände genau und vollständig abzulesen sind.

Die Arbeitsbeschreibung wird für viele Aufgaben in den Betrieben verwendet. Im Rahmen der Personalorganisation und der Ablauforganisation gibt es hierfür unterschiedliche Bezeichnungen: Aufgaben-, Tätigkeits-, Funktions- und Stellenbeschreibung. Diese vielseitige Verwendung der Arbeitsbeschreibung setzt voraus, dass die Beschreibung systematisch durchgeführt wird und reproduzierbar ist.

Dies wird dadurch erfüllt, dass die Beschreibung:
- eindeutig und zutreffend
- sowie ausführlich und einheitlich ist.

Eine einheitliche Systematik kann durch einen einmal eingeführten Vordruck erreicht werden.

In der Arbeitsbeschreibung sind hauptsächlich die Beschreibungen des Arbeitssystems und der Organisationsbeziehungen enthalten:
1. die Arbeitsaufgabe in kurzer Beschreibung, z. B. Drehen von Wellenteilen, Fräsen von Gehäusen,
2. das Werkstück mit der Bezeichnung des Werkstoffs und des Gewichts,
3. die Arbeitsunterlagen, wie mündliche Unterweisungen, Zeichnungen, Muster und Handbücher,
4. die Betriebsmittel, wie die Art der Maschine oder die Maschinengruppen, ihre Steuerung und Werkzeugspeicher sowie Vorrichtungen, Messgeräte und Werkzeuge,
5. der Arbeitsplatz mit den räumliche Verhältnissen, der Lärm, die Heizung, die Belüftung, die Beleuchtung sowie sonstige Einrichtungsgegenstände und soziale Kontaktmöglichkeiten,
6. der Arbeitsvorgang und der Arbeitsablauf mit der genauen Darstellung der Arbeitsschritte in ihrer Abfolge und die Tätigkeiten des Mitarbeiters mit den Kontakten zu vor- und nachgelagerten Abteilungen,
7. die Fertigungsart, wie Einzelstückfertigung, Kleinserienfertigung, Serienfertigung, Teile- und Variantenvielfalt,
8. die Fertigungszeit und der Fertigungsmenge in einer Zeiteinheit.

Diese notwendigen Daten können durch
- Selbstaufschreiben,
- Fremdaufschreiben durch Vorgesetzten oder Beauftragten sowie durch
- mündliche Befragung mit schriftlicher Erfassung

aufgenommen und dann für die Arbeitsbeschreibung verwendet werden.

5.8.4 Anforderungsanalyse

Die Anforderungsanalyse besteht im Beschreiben und Beurteilen sowie im Schätzen und Messen der Daten für die in der Arbeitsbeschreibung festgelegten Anforderungsarten (2. Schritt der Anforderungsermittlung, **Bild 1**).

Die Abgrenzung der Anforderungsarten ist für die Quantifizierung sehr wichtig und inhaltlich bedeutend. Die Beschreibung dieser Anforderungen erfolgt in jedem Tarifgebiet mit anderen Schwerpunkten. Bei Anwendung müssen immer die in jedem Gebiet geltenden Manteltarifverträge benutzt werden.

Arbeitsbeschreibungen sind Voraussetzung zur Festlegung von Anforderungswerten.

Bild 1: Anforderungsermittlung

Anforderungsanalysen können nach einer unterschiedlichen Anzahl von Anforderungsarten gegliedert werden. Auch Begriffe und Inhalte werden unterschieden. Hierbei steigert sich nicht die Genauigkeit einer Analyse mit der Zahl der Anforderungsarten. Die Überschneidungen von Anforderungen wachsen. Daher müssen diese bei der Analyse ganz besonders sorgfältig ausgewählt werden.

So erweiterte REFA das Genfer Schema auf sechs Anforderungsarten:
- geistige Belastung,
- Geschicklichkeit,
- Kenntnisse,
- muskelmäßige Belastung,
- Verantwortung sowie
- Umgebungseinflüsse.

Bei ERA werden in einem Punktbewertungs-Verfahren die Hauptmerkmale Handlungs- und Entscheidungsspielraum, Können, Kooperation und Mitarbeiterführung unterschieden. Aufgrund der neuen Art der Anforderungsermittlung werden zukünftig neue ERA-spezifische Anforderungsermittlungen notwendig.

5.8.5 Quantifizierung der Anforderungen

Zur Ermittlung und Festlegung der zahlenmäßigen Höhe der Anforderungen, die von einer einzelnen Aufgabe an den Mitarbeiter gestellt werden, müssen die Tätigkeiten mit den in den Tarifverträgen festgelegten Anforderungen verglichen werden. Hierbei spricht man vom *Qualifizieren*. Beim Festlegen des Schwierigkeitsgrads wird die Anforderung z. B. *quantifiziert*.

Das Vorgehen zur Quantifizierung der Anforderungen wird an der häufig benutzten analytischen Arbeitsbewertung gezeigt **(Bild 1)**.

Die Quantifizierung erfolgt in den Stufen:
- Entscheiden über die Form der Gewichtung (getrennt oder gebunden),
- Bewerten, Vergleichen der Arbeiten mit Richtbeispielen und Bestimmen der Rangplatz-Nummer oder Stufenzahl **(Bild 2)**,
- Errechnen des Anforderungswertes durch Multiplikation der Rangplatz-Nummer mit dem Gewichtungsfaktor und
- Summieren der Anforderungswerte.

Durch die Gewichtung erhält jede Anforderungsart mithilfe des Gewichtungsfaktors den Wert der ihrer Bedeutung im Arbeitsablauf entspricht. Das Ziel ist hierbei, die richtige Entgeltdifferenzierung, zugeordnet zu den Anforderungen, für den Mitarbeiter zu erreichen.

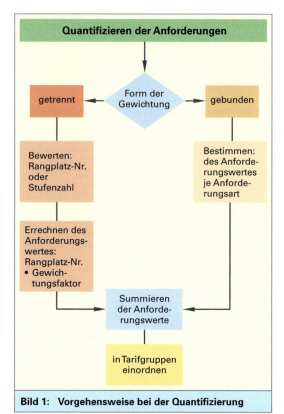

Bild 1: Vorgehensweise bei der Quantifizierung

Bild 2: Methoden zur Quantifizierung von Anforderungen

5.8 Arbeitsbewertung

Ein Beispiel für Gewichtungsfaktoren zur getrennten Gewichtung der Anforderungen zeigt **Tabelle 1**. In diesem Beispiel haben die Kenntnisse das höchste und die muskelmäßige Belastung das geringste Gewicht. Zur Ermittlung des Anforderungswertes je Anforderungsart werden die Gewichtungsfaktoren mit der Rangplatz-Nummer einzeln multipliziert.
Für das Beispiel: „Montieren des Leistungsteils einer elektrischen Ausrüstung" wird die Wertzahlsumme aus den einzelnen Anforderungswerten gebildet, **Tabelle 2**.

Beim **Rangreihenverfahren** mit gebundener Gewichtung reichen die Anforderungswerte von 0 bis zu einem unterschiedlich hohen Wert. Dieser ist von einer Anforderungsart zur anderen verschieden. Hier sind die Gewichtungsfaktoren in die Richtbeispiele direkt mit eingearbeitet. Dies hat in der Anwendung den Nachteil, dass bei Änderung der Gewichtung die Richtbeispieltafel völlig neu überarbeitet werden muss. Deshalb wird das Verfahren in der Praxis nur selten angewendet.

Das **Stufenverfahren** wird mit gebundener und getrennter Gewichtung häufiger eingesetzt. Beim Stufenverfahren mit gebundener Gewichtung erfolgt das Bewerten der Anforderungen in den Schritten:
- Vergleichen der Anforderungen des zu bearbeitenden Arbeitssystem mit den Stufenbeschreibungen und den Beispielen je Anforderungsart,
- Bestimmen des Anforderungswertes je Anforderungsart und
- Bildung der Wertzahlsumme aus den einzelnen Arbeitswerten.

Grundlage dieses Verfahrens sind Bewertungstafeln je Anforderungsart, die aus mehreren Stufen bestehen **(Tabelle 1, folgende Seite)**. Diese Stufen sind beschrieben, aber auch zum Teil mit Daten in Tabellenform belegt.
Diese Stufen enthalten beispielsweise die Steigerungen:

0. Stufe: sehr gering,
1. Stufe: gering, niedrig,
2. Stufe: mittel,
3. Stufe: groß, hoch,
4. Stufe: sehr groß, sehr hoch.

Beim Stufenverfahren mit *gebundener* Gewichtung sind die Stufenzahlen unmittelbar die Anforderungswerte.

Beim Stufenverfahren mit *getrennter* Gewichtung ergibt sich erst, wie beim Rangreihenverfahren, die Stufenzahl durch die Gewichtung der Anforderungswerte je Anforderungsart **(Tabelle 2)**.

Tabelle 1: Beispiel für Gewichtungsfaktoren

Anforderungsart	Gewichtungsfaktor
Kenntnisse	1
Geschicklichkeit	0,5
Verantwortung	0,8
Belastung • geistig • muskelmäßig	 0,8 0,4
Umgebungseinflüsse	0,6

Tabelle 2: Beispiel für Gewichtung

Anforderungsart	Rangplatz-Nr. aus Katalog	Gewichtungsfaktor	Anforderungswert
Kenntnisse	60	1,0	60
Geschicklichkeit	45	0,5	22,5
Verantwortung	50	0,8	40
geistige Belastung	60	0,8	48
muskelmäßige Belastung	35	0,4	14
Umgebungseinflüsse	30	0,6	18
Wertzahlsumme			202,5

Anforderungswert = Rangplatz-Nr. · Gew.-Faktor

Literatur

– *Freidank, C.-C.*: Kostenrechnung. Grundlagen des innerbetrieblichen Rechnungswesens und Konzepte des Kostenmanagements, Oldenbourg Wissenschaftsverlag, München

– *Olfert, K.*: Kostenrechnung, Kiehl, Herne

– *Schmidt, A.*: Grundlagen der Vollkosten-, Deckungsbeitrags- und Plankostenrechnung sowie das Kostenmanagement, Kohlhammer, Stuttgart

– *REFA Verband für Arbeitsstudien und Betriebsorganisation e.V.* Methodenlehre der Betriebsorganisation: Lexikon der Betriebsorganisation, München : Hanser

Tabelle 1: Bewertungstafel für die Arbeitsschwere		
Stufe*	Stufendefinitionen	Richtbeispiele
0	Arbeiten ohne besondere Beanspruchung	bei Bereitschaft
I	Leichte Arbeiten, wie Handhaben leichter Werkstücke und Handwerkzeuge, Bedienen leichtgehender Steuerhebel oder ähnlicher mechanisch wirkender Einrichtungen; auch langdauerndes Stehen oder ständiges Umhergehen.	– Waschraumwärter – Maschinen- und Anlagenführer – Montierer – Selbstständiger Feinwerkmechaniker in einer Großdreherei – Gießkranfahrer im S.M.-Stahlwerk – Staplerfahrer – Beizer für Labor-Proben aus dem Walzwerk
II	Mittelschwere Arbeiten, wie Handhaben etwa 1 bis 3 kg schwerer Werkzeuge, Bedienen schwergehender Steuereinrichtungen, unbelastetes Begehen von Treppen und Leitern, Heben und Tragen von mittelschweren Lasten in der Ebene (von etwa 10 bis 15 kg) oder Hantierungen, die den gleichen Kraftaufwand erfordern. Ferner: Leichte Arbeiten, entsprechend Stufe I, mit zusätzlicher Ermüdung durch Haltearbeit mäßigen Grades, wie Arbeiten am Schleifstein oder Arbeiten mit Bohrwinden und Handbohrmaschinen.	– Anlagenmechaniker in der mechanischen Werkstatt eines Hüttenwerkes – 1. Scherenmann – Walzwerk/280er Feineisenstraße – Reparaturmechaniker am Hochofen – 1. Konvertermann im Thomas-Stahlwerk – Großstückformer – Elektroniker für Energie- und Gebäudetechnik
III	Schwere Arbeiten, wie Tragen von etwa 20 bis 40 kg schweren Lasten in der Ebene oder Steigen unter mittleren Lasten und Handhaben von Werkzeugen (über 3 kg Gewicht), auch von Kraftwerkzeugen mit starker Rückstoßwirkung, Schaufeln, Graben, Hacken. Ferner: mittelschwere Arbeiten, entsprechend Stufe II, in angespannter Körperhaltung, z. B. in gebückter, kniender oder liegender Stellung. Höchstmögliche Dauer der Körperbeanspruchung in diesem Schweregrad bei sonst günstigen Arbeitsbedingungen (Umwelteinflüssen) = 7 Stunden.	– 1. Schmelzer – Hochofen – Metallbauer – 4. Schmelzer – Hochofen – 1. Reckschmied in der Gesenkschmiede – 1. Freiformschmied am 1250-kg-Dampfhammer – 2. Kokillenmann im S.M.-Stahlwerk – Fertigputzer für schwere Stahlgussstücke – Doppler im Feinblechwalzwerk
IV	Schwerste Arbeiten, wie Heben und Tragen von Lasten über 50 kg oder Steigen unter schwerer Last, vorwiegender Gebrauch schwerster Hämmer, schwerstes Ziehen und Schieben. Ferner: Schwere Arbeiten, entsprechend Stufe III, in angespannter Körperhaltung, z. B. in gebückter, kniender oder liegender Stellung. Höchstmögliche Dauer der Körperbeanspruchung in diesem Schweregrad bei sonst günstigen Arbeitsbedingungen (Umwelteinflüssen) = 6 Stunden.	– Handarbeit im Steinbruch – Sand in eine Lore schaufeln – Hebler im Hammerwerk – Masselträger – Hochofen – Schlackenlader in der Thomasschlackenmühle – Schlackenlader – Hochofen

* Stufen-Wertzahlverfahren der Eisen- und Stahlindustrie

5.8.6 Einstufen in Lohngruppen (Tarifieren)

Beim Einstufen in Lohngruppen werden die neutral ermittelten Arbeitswerte in Lohnwerte umgesetzt. Das Vorgehen bei der Einstufung ist im rechtlichen Sinn ein Entlohnungsgrundsatz, der zwischen Arbeitgeber und Arbeitnehmervertreter (Betriebsrat) vereinbart werden muss. Sonst gelten die tariflichen Vereinbarungen der Tarifverträge aus den Tarifbezirken.

Ein Beispiel der Vorgehensweise bei der Einstufung und Eingruppierung zeigt **Bild 1, folgende Seite**:

Die Einstufung der Arbeit wird in einer paritätischen (gleichzahlig von Arbeitnehmer- und Arbeitgebervertretern) besetzten Kommission durchgeführt. Die Eingruppierung der Arbeitnehmer erfolgt durch den Arbeitgeber.

Ein Beispiel für Arbeitswerte und zugehöriger Lohngruppe in **Tabelle 1** ist aus dem Manteltarifvertrag für Arbeiter und Angestellte in der Metallindustrie in Nordwürttemberg/Nordbaden entnommen. Hier kann die ermittelte Summe der Arbeitswerte Lohngruppen zugeordnet werden. Die Entlohnung entspricht dann den Anforderungen dieses Arbeitsplatzes und hat weitgehend persönlich neutrale Eigenschaften für den Arbeitnehmer.

5.8.7 Zukunft der Arbeitsbewertung

Zur Bildung gemeinsamer Entgeltgruppen für Arbeiter und Angestellte werden auch zukünftig Arbeitsbewertungsverfahren erforderlich bleiben. Eine Stellen- oder Arbeitsbeschreibung bleibt die Grundlage der Beschreibungsform für den Mitarbeiter zur Erledigung seiner Aufgabe. Inwieweit dabei summarische oder analytische Verfahren verwendet werden, ist nicht bedeutend. Bedeutend ist lediglich, dass nur die abgerufene Qualifikation berücksichtigt wird, damit auch weiterhin ein Qualifikationsanreiz besteht. Nur mit einem entsprechenden Anreiz sind die Anforderungen an die zukünftige Weiterqualifizierung des Mitarbeiters zu bewältigen. Auch beim japanischen **Senioritätsprinzip**, bei dem die Grundeinstufung im wesentlichen durch das Lebensalter bestimmt wird, gibt es eine große Spannweite entsprechend der abgerufenen Qualifikation.

5.8.8 Vor- und Nachteile der Arbeitsbewertung

Der Vorteil liegt hauptsächlich in einer leichten Methode zur anforderungsabhängigen und gerechten Lohndifferenzierung. Weiter eröffnet diese Methode Möglichkeiten zur ständigen Verbesserung des Arbeitsplatzes bzw. des Arbeitsablaufes durch den Gedanken des kontinuierlichen Verbesserungsprozesses (KVP). Durch die genaue Erfassung der Arbeitsbedingungen lassen sich leichter Änderungen und neue Erkenntnisse in der Gesundheitsvorsorge verwirklichen. Die systematische Beschreibung der Arbeitsabläufe ermöglicht geänderte Anforderungsprofile in neue Ausbildungs- und Weiterbildungsgänge einzubinden. Damit kann man leichter dem Mitarbeiter aktuelle notwendige Ausbildungen anbieten und in den Betrieben Ausbildungen verwirklichen.

Bild 1: Vorgehen bei der Einstufung und bei der Eingruppierung

Tabelle 1: Arbeitswert und Lohngruppe (Beispiel)	
Arbeitswerte	Lohngruppen
0 bis 3,5	I
über 3,5 bis 6	II
über 6 bis 8,5	III
> 8,5 bis 11,5	IV
> 11,5 bis 14,5	V
> 14,5 bis 17,5	VI
> 17,5 bis 21	VII
> 21 bis 24,5	VIII
> 24,5 bis 28	IX
> 28 bis 31,5	X
> 31,5 bis 35	XI
> 35	XII

5.8.9 Beispiele aus einem Tarifvertrag

Arbeitsbewertungen für das Programmieren, Einrichten und Bedienen einer CNC-Maschine sind als Beispiele im Folgenden dargestellt.

Beispiel: **Benennung: Programmieren, Einrichten und Bedienen einer CNC-Drehmaschine** Beispiel Nr. 28

Nr.	Bewertungsmerkmal	Bewertungsbegründung	RS	WF	RS·WF/10
1	Kenntnisse, Ausbildung und Erfahrung:	– Zeichnungslesen – unterschiedliche Werkstoffe – Fertigungsverfahren Drehen – verschiedene Bearbeitungswerkzeuge und Messmittel – Einsatzmöglichkeiten von Maschinen und Steuerung	85	1,0	8,50
2	Geschicklichkeit, Handfertigkeit und Körpergewandtheit:	– Handhaben Spannmittel, Werkzeuge, Werkstücke und Messmittel	40	0,8	3,20
3	Zusätzlicher Denkprozess:	– Arbeitsablauf planen – Spannmittel festlegen – Werkzeuge festlegen – Programmieren – Optimieren	40	0,8	3,20
4	Verantwortung für die eigene Arbeit:	– Betriebsmittel – Werkstücke – Arbeitsablauf – Einrichten – Auftragsdisposition	50	0,8	4,00
5	Verantwortung für die Arbeit anderer:			0,6	–
6	Verantwortung für die Sicherheit anderer:	– Arbeit mit Hallenkran	5	0,9	0,45
7	Belastung der Sinne und Nerven:	– Programm einfahren – Werkzeug voreinstellen – Maschine einrichten – Programmieren – Messen – Aufspannen	50	0,9	4,50
8	Belastung der Muskeln:	– ganztägiges Stehen und Gehen – Einrichten – Werkstückhandhabung	25	0,8	2,00

Summe TAW (1 – 8) = 25,85
Summe TAW (9 – 20) = 2,3
AW Erfahrungswert = 28,2
Lohngruppe = X

RS = Rangstufe
WF = Wichtefaktor
TAW = Teil-Arbeitswert
W = Arbeitswert

Nr.	Andere Tarifbeispiele		1 K	2 G	3 ZD	4 VEA	5 VAA	6 VSA	7 S+N	8 BM	1-8 TAW	9-20 TAW	AW	LGr.
		WF	1,0	0,8	0,8	0,8	0,6	0,9	0,9	0,8				
I	Hybridfacharbeiten	RS	130	75	75	80	40	25	75	30			47,50	XII
		TAW	13,0	6,0	6,0	6,4	2,4	2,5	6,5	2,4	45,2	2,3		
B	Einrichten und Bedienen eines flexiblen Fertigungssystems	RS	100	50	40	55	30	20	60	25			34,90	XI
		TAW	10,0	4,0	3,2	4,4	1,8	1,8	5,4	2,0	32,6	2,3		
G	Programmieren, Einrichten u. Bedienen einer CNC-Koordinaten-Messmaschine	RS	90	50	50	60	–	–	60	20			28,95	X
		TAW	9,0	4,0	4,0	4,8	–	–	5,4	1,6	28,8	0,15		
F	Programmieren, Einrichten u. Bedienen einer CNC-Drehmaschine	RS	85	40	40	50	–	5	50	25			28,15	X
		TAW	8,5	3,2	3,2	4,0	–	0,45	4,5	2,0	25,85	2,3		
E	Einrichten von CNC-Drehzentren	RS	85	45	40	55	35	25	60	30			34,15	XI
		TAW	8,5	3,6	3,2	4,4	2,1	2,5	5,4	2,4	31,85	2,3		
C	Einrichten und Bedienen einer CNC-Außenrundschleifmaschine	RS	75	40	25	40	–	5	50	25			25,15	IX
		TAW	7,5	3,2	2,0	3,2	–	0,45	4,5	2,0	22,85	2,3		
H	Voreinstellen von Werkzeugen für NC-Werkzeugmaschinen auf Voreinstellgerät	RS	60	40	20	40	–	5	40	30			22,75	VIII
		TAW	6,0	3,2	1,6	3,2	–	0,45	3,6	2,4	20,45	2,3		
N	Fahren mit Lkw im Nahverkehr	RS	40	40	10	40	10	40	50	25			24,20	VIII
		TAW	4,0	3,2	0,8	3,2	0,6	3,6	4,5	2,0	21,9	2,3		
L	Lagertätigkeiten	RS	35	30	10	30	–	5	30	30			16,95	VI
		TAW	3,5	2,4	0,8	2,4	–	0,45	2,7	2,4	14,65	2,3		
M	Montieren von Lenkgetrieben	RS	35	35	5	30	5	–	30	25			16,40	VI
		TAW	3,5	2,8	0,4	2,4	0,3	–	2,7	2,0	14,1	2,3		
D	Bedienen einer CNC-Drehmaschine	RS	30	25	–	25	–	–	25	–			13,95	V
		TAW	3,0	2,0	–	2,0	–	–	2,25	–	30	2,3		
O	Küchenarbeiten	RS	25	25	–	15	–	5	15	30			12,20	V
		TAW	2,5	2,0	–	1,2	–	0,45	1,35	2,4	9,9	2,3		

Bewertungsmerkmale (1–8) TAW = RS·WF/10   Bewertungsmerkmale (9–20) TAW ≙ Erfahrungswert

5.9 Entlohnung und Entgeltdifferenzierung

5.9.1 Allgemeines

Ein Arbeitnehmer erhält für seine Arbeit ein Arbeitsentgelt, nämlich Lohn oder Gehalt. Das Entgelt bezieht sich allgemein auf einen gearbeiteten Zeitabschnitt, wie Stunde, Schicht, Woche, Monat oder Menge.

> Geregelt wird die Höhe des Entgelts für den Arbeitnehmer nach
> - Tarifverträgen,
> - betrieblichen Regelungen und
> - Einzelarbeitsverträgen.

Durch die Selbstständigkeit der Tarif- und Arbeitsvertragsparteien, das sind die *Arbeitgeber* und die Arbeitnehmer, vertreten durch die *Gewerkschaften*, wird der Eingriff des Staates in Entlohnungsfragen ausgeschlossen, z. B. bei Verhandlungen von Tarifverträgen. Bei der Gestaltung von Lohnfragen in Betrieben hat der Betriebsrat, das ist die betriebliche Arbeitnehmervertretung, ein Mitbestimmungsrecht nach dem Betriebsverfassungsgesetz (BetrVG).

> Der Betriebsrat bestimmt bei Entlohnungsgrundsätzen im Betrieb mit.

5.9.2 Grundlagen der Entgeltdifferenzierung

Der größte Anteil des Entgelts ist auf die Anforderung, die eine Arbeit bzw. ein Arbeitssystem an den Menschen stellt, bezogen; z. B. Kenntnisse, Geschicklichkeit, Verantwortung, Belastungen. Das vom Menschen beeinflusste Leistungsergebnis ergibt den weiteren Bestandteil des Entgelts.

> Andere tarifliche Entgeltanteile sind:
> - Schichtzulagen,
> - Sonn- und Feiertagszulagen,
> - Nachtarbeitszulagen,
> - besondere Zulagen, wie Auslösungen,
> - Reisekosten, Tagegelder. Diese werden im Einzelfall vertraglich geregelt.

Der *anforderungsabhängige* Entgeltanteil wird auch Tariflohn, Grundlohn, Basislohn oder Ausgangslohn genannt und gilt als die Bezugsleistung des Menschen. Liegt das Leistungsergebnis über der Bezugsleistung, so wird dies in der leistungsabhängigen Entgeltdifferenzierung berücksichtigt.
Weitere Lohnanteile werden als freiwillige Zulagen gezählt (**Bild 1**).

Der Lohn setzt sich aus Grundlohn, Leistungszulagen und freiwilligen Zulagen zusammen.
Anforderungsabhängige Anteile des Lohns werden durch Arbeitsbewertungen ermittelt. Die Schwerpunkte in dieser Ermittlung sind: Kenntnisse, Geschicklichkeit, zusätzliche Denkprozesse, Verantwortung für die eigene Arbeit, Verantwortung für die Arbeit anderer, Verantwortung für die Sicherheit anderer, Belastung der Sinne und Nerven, Belastung der Muskeln, Schmutz, Temperaturen, Nässe, Säuren und Laugen, Gase, Dämpfe, Lärm, hinderliche Schutzkleidung u. a.

> Dem Ergebnis der Arbeitsbewertung werden
> - Lohngruppen,
> - Gehaltsgruppen und
> - Entgeltgruppen zugeordnet.

Z. B. gelten für den gewerblichen Mitarbeiter die Lohngruppe LG 1 bis LG 12 oder für den kaufmännische Angestellten die Gruppe K 1 bis K 7, für den technischen Angestellten die Gruppe T 1 bis T 7 und für die Meister die Gruppe M 1 bis M 5.
Bei der *leistungsabhängigen* Entgeltfestlegung wird das Leistungsergebnis durch Messen oder Zählen der Arbeitsanteile erfasst und berücksichtigt, z. B. Stückzahl der Teile innerhalb einer Schicht oder verbrauchte Fertigungszeit für die Herstellung eines Teiles. Anwendungen für beide Formen der Entgeltdifferenzierung sind in **Bild 1, folgende Seite** dargestellt.

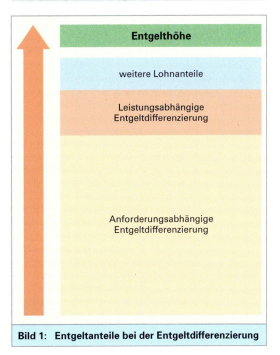

Bild 1: Entgeltanteile bei der Entgeltdifferenzierung

Bild 1: Überblick über Grundsätze der anforderungs- und leistungsabhängigen Entgeltdifferenzierung

5.9.3 Anforderungsabhängige Entgeltdifferenzierung

Summarische Arbeitsbewertung

Hierbei wird nicht die einzelne Anforderung sondern die Summe der Anforderungen des Arbeitssystems, wie z. B.

- das Werkstück (Bezeichnung, Werkstoff, Gewicht),
- die Arbeitsunterlagen (mündliche Unterweisung, Zeichnungen, Muster, Handbücher)
- das Betriebsmittel,
- der Arbeitsplatz,
- der Arbeitsvorgang und der Arbeitsablauf,
- die Fertigungsart und
- die Fertigungszeit

als Ganzes berücksichtigt.

Für den gewerblichen Arbeitnehmer fließt das Ergebnis der summarischen Arbeitsbewertung in Lohngruppen und für Angestellte in Gehaltsgruppen ein. Bei der Einstufung der Arbeitsaufgabe wird unterschiedlich vorgegangen. Es wird in Rangfolgen oder in Lohngruppen eingestuft.

Bei der Einstufung in Rangfolgen gibt es Aufgabenkataloge für die unterschiedlichsten Produktgruppen und Fertigungsbereiche sowie für die Gesamtschwierigkeiten der Arbeitsaufgabe.

Tabelle 1: Zuordnung von Grundlohn zum Lohnschlüssel

• Lohngruppe • Entgeltgruppe	2	8	 12
Lohnschlüssel in %	81 % ...	100 %	... 133 %
tariflicher Grundlohn in €/h		Ecklohn	
Tarifvertrag			

Den in Rangfolgen aufgelisteten Arbeitsaufgaben werden Entgeltgruppen zugeordnet. Diese werden in Tarifverträgen vereinbart.

> Arbeitsaufgaben und Schwierigkeiten sind in Rangfolgen erfasst und werden Entgeltgruppen zugeordnet.

Bei der Einstufung in Lohngruppen wird auch hier jeder Lohnstufe eine Entgeltgruppe zugeordnet, aber die Entgeltgruppen werden durch Richtbeispiele beschrieben. Die Lohn- und Gehaltsgruppenzuordnungen zum Entgelt werden auch im Tarifvertrag geregelt. Lohnstufen in der summarischen Arbeitsbewertung entsprechen Entgeltgruppen.

Meist wird für Lohn- und Gehaltsgruppen ein prozentualer Lohnschlüssel festgelegt. Dabei entspricht 100 % in dem Schlüssel die Ecklohngruppe **(Tabelle 1)**.

Analytische Arbeitsbewertung

Bei dieser Arbeitsbewertung werden die Anforderungen, die das Arbeitssystem an den Menschen stellt, mit Wertzahlen beurteilt. Die Summe und die Vorgehensweise bei den analytisch ermittelten Wertzahlen sind in Tarifverträgen oder unterschiedlich von Betrieb zu Betrieb in Betriebsvereinbarungen geregelt.

Die Anforderungen in der analytischen Arbeitsbewertung werden als Wertzahlsumme zusammengefasst.

5.9.4 Leistungsabhängige Entgeltdifferenzierung

Ziel der leistungsabhängigen Bezahlung ist es, den arbeitenden Menschen zu einer Leistungshergabe zu motivieren. Die Höhe seines Entgelts kann von seiner Leistung selbst beeinflusst werden.

Bild 1: Beispiele für Lohnlinienverläufe

Die verschiedenen Möglichkeiten der leistungsabhängigen Entlohnung sind:
- der Akkordlohn,
- der Prämienlohn und
- der Zeitlohn mit einer Leistungszulage.

Ermittelt und dargestellt wird die Leistung über Kennzahlen und Lohnlinien. Als Kennzahlen kommen vor allem Verhältniszahlen infrage. Die Verhältniszahlen werden aus Mengen und Zeiten gebildet. Dabei ist die Menge das Arbeitsergebnis bei bestimmter Qualität. Häufig verwendet werden:
- das Verhältnis von Ist- zu Soll-Menge sowie von Soll- zu Ist-Zeit,
- der Wirkungsgrad des Arbeitssystems, vor allem das Verhältnis von Eingabe- zu Ausgabemenge sowie der Nutzungsgrad der Betriebsmittel,
- Leistungswerte, die mithilfe einer Leistungsbewertung bestimmt sind.

Die Lohnlinie ist die grafische Darstellung von Abhängigkeiten der anforderungs- bzw. leistungsabhängigen Lohnhöhe (**Bild 1**). Bei linearen Lohnlinienverläufen sind die Zusammenhänge leicht verständlich und einfach in der Anwendung. Progressive (steigende) und degressive (fallende) Lohnlinien werden bevorzugt, wenn es bei den Kennzahlen einen optimalen Bereich gibt, z. B. bei Nutzungsgraden von Betriebsmitteln.

Bei einem *progressiven Verlauf* liegt der optimale Bereich bei hohen Kennzahlen, d. h. bei einem hohen Ergebnisgrad. Bei einem *degressiven Verlauf* soll das Erreichen hoher Werte verlangsamt werden, um Qualitätsstandards weiterhin zu erhalten (Bild 1).

Bild 2: Lohnlinie und Lohnkostenlinie bei Akkordlohn

5.9.5 Arten der leistungsabhängigen Entlohnung

Bei dieser Entlohnung unterscheidet man anforderungs- und leistungsabhängige Lohnanteile.

Akkordlohn

Als Kennzahl wird die vom Menschen beeinflussbare Mengenleistung bzw. der daraus abgeleitete **Zeitgrad** benutzt. Der Zeitgrad ist auf eine bestimmte Bezugsleistung bezogen. Die Lohnlinie verläuft proportional mit der Steigung. Die Lohnlinie und die Fertigungskostenlinie (**Bild 2**) sind beim Akkordlohn von besonderer Bedeutung. Die prozentuale Lohnhöhe, auch als Verdienstgrad bezeichnet, ist in jedem Punkt der Lohnlinie gleich der prozentualen Mengenleistung. Dagegen sind die Fertigungslohnkosten je Mengeneinheit (€/Stück) unabhängig von der Mengenleistung. Unter dem Akkordlohn wird allgemein der **Zeitakkordlohn** verstanden. Die Leistungskennzahl ist hierbei der Zeitgrad.

$$\text{Zeitgrad in \%} = \frac{\text{vorgegebene Auftragszeit}}{\text{Ist-Auftragszeit}} \cdot 100\,\%$$

Die Ermittlung des Zeitgrads setzt Vorgabezeiten voraus. Zwischen Vorgabezeit (Zeit je Auftrag) und vorgegebener Mengeneinheit (Menge je Zeiteinheit) besteht nur ein rechnerischer Unterschied. Beziehen sich die Auftragszeiten bzw. die Ausführungszeiten auf mehrere Personen, so spricht man von Gruppenakkordlohn.

> Der Akkordlohn ist die Multiplikation von Lohngruppe oder Lohnsatz mal Zeitgrad. Der Lohnsatz wird auch als **Akkordrichtsatz** bezeichnet.

> **Beispiel: Akkordlohn**
> Auftragsweise Abrechnung im Zeitakkord
> In einer Montage sollen 10 Kleinmotoren montiert werden. Der Montageablauf ist durch den Menschen voll beeinflussbar. Die Auftragszeit beträgt T = 6 Stunden (360 min). Diese Aufgabe wird bei Normalleistung (Zeitgrad = 100 %) mit einem Grundlohn von 10 €/ Std. durchgeführt. Erfüllt der Mitarbeiter den Auftrag in 6 Stunden, so beträgt der Akkordlohn 60 € je Auftrag. Werden aufgrund eines höheren Leistungsgrades statt 360 min nur 280 min benötigt, so beträgt der Zeitgrad:
> $$\text{Zeitgrad in \%} = \frac{360 \text{ min}}{280 \text{ min}} \cdot 100\,\% = 128{,}5\,\%$$
> Durch die erbrachte Mehrleistung von 28,5 % über der vorgegebenen Normalleistung ergibt sich ein um 28,5 % höherer Stundenlohn. Der Lohn des Mitarbeiters beträgt 12,85 € je Stunde.
>
> Die Fertigungslohnkosten je Auftrag betragen unabhängig vom Zeitgrad stets 60 €.

Beim **Geldakkord** wird der Lohn unmittelbar festgelegt oder vereinbart und bezieht sich auf die erbrachte Mengeneinheit. Für die doppelte Menge gibt es also das doppelte Geld unabhängig von der gebrauchten Zeit.

Beim Geldakkordlohn stellt die Kennzahl keine Verhältniszahl dar, sondern die absolute Menge je Mengeneinheit. Diese Lohnart wird im Handwerk, in der Bauindustrie und in der Heimarbeit angewendet.

> Zeitakkord: je kürzer die Arbeitszeit pro Stück, desto höher der Lohn je Stunde.

> Geldakkord: je mehr Stücke, desto höher der Lohn.

Voraussetzungen für die Anwendung des Akkordlohnes sind:
- die Vorherbestimmbarkeit des Arbeitsablaufes und der Arbeitsbedingungen,
- die Reproduzierbarkeit der Vorgabezeiten und
- die Beeinflussbarkeit der Mengenleistung durch den Menschen.

Die Anwendung des Akkordlohns ist nicht geeignet bei Arbeiten, deren Mengenleistung überwiegend von den eingesetzten Betriebsmitteln, oder dem vorgeschriebenen Arbeitsverfahren abhängt. Lässt sich der Akkordlohn nicht anwenden, so sollte eine andere leistungsabhängige Entlohnungsform angewendet werden.

Je größer der Anteil unbeeinflussbarer Ablaufabschnitte an der Gesamtzeit ist, desto weniger kann der Mensch die Mengenleistung bzw. den Zeitgrad der Anlage oder des Betriebsmittels beeinflussen.

Prämienlohn

Kennzeichnend für den Prämienlohn ist eine gute Gestaltungsmöglichkeit von anforderungs- und leistungsabhängiger Unterscheidung zur leistungsabhängigen Entlohnung. Beim Prämienlohn wird dieser bezogen auf eine Leistungskennzahl. Die Leistungskennzahl wird auch Bezugsgröße oder Einflussgröße genannt. Hier kommen Kennzahlen, wie Mengen-, Güte-, Nutzungs- und Einsparungsdaten von Zeiten und Kosten zur Anwendung. Weitere wichtige Merkmale wie z. B. allgemeine Kostensenkungen, Qualitätsgrenzen, Unterschreitung oder Einhaltung der Termine, Personaleinsparung lassen sich normalerweise auf einer dieser Kennzahlen zurückführen.

Voraussetzung für die Auswahl einer oder mehrerer Leistungskennzahlen sind:
- die wirtschaftliche und einfache Erfassbarkeit,
- die Beeinflussbarkeit vom Menschen und
- es muss eine Leistungssteigerung für den Menschen möglich sein.

> Prämienlohn berücksichtigt hauptsächlich qualitative Leistungsmerkmale zur Beseitigung betrieblicher Schwachstellen.

- **Betriebsmittelnutzung:**
  Vermeidung von Störungen, Ausfällen, Mehrzeiten beim Fertigen und Rüsten.

- **Qualitätssicherung:**
  Vermeiden von Ausschuss, Nacharbeit, Rücklieferungen, Terminproblemen.

- **Material- und Energieverbrauch:**
  Vermeiden von unwirtschaftlichem Verbrauch an Werkstoffen, Hilfsstoffen, Energie, Werkzeugen, Prüfmitteln und Inventar.

5.9 Entlohnung und Entgeltdifferenzierung

Im **Bild 1** ist die Zuordnung des Prämienlohns zur Leistungskennzahl mit den normalerweise verwendeten Begriffen und Kurzzeichen dargestellt. Die Leistungsspanne bewegt sich zwischen einer minimalen und maximalen Leistungskennzahl. Die minimale Leistungskennzahl wird Prämienausgangs-, Prämienanfangs-, Grund- oder Richtleistung genannt. Als Prämienlohnspanne wird der Bereich zwischen den minimalen und maximalen Lohndaten verstanden.

Mengenprämienlohn

Die Mengenprämienlöhne werden auf die Leistungskennzahl „Mengenleistung" bezogen. Diese Lohnform wird bei Abläufen
- mit einem größeren Anteil unbeeinflussbarer Ablaufabschnitte,
- mit einem größeren Anteil nur bedingt beeinflussbarer und technologisch bestimmten Ablaufabschnitten verwendet und
- das Leistungsergebnis muss in einem eng begrenzten Bereich liegen.

Bild 1: Grundbegriffe und Funktionen des Prämienlohns

Beispiel 1:
In einer Montageabteilung müssen unterschiedliche Aggregate montiert werden.

Ermitteln Sie die Prämienlohnlinie mit den Leistungskennzahlen:

maximale Mengenleistung = 60 Aggregate/Stunde
minimale Mengenleistung = 35 Aggregate/Stunde

Der Verlauf der linearen Lohnlinie sei nach oben und unten begrenzt.

Lösung: **Bild 2**

Bild 2: Prämienlohnlinie für Beispiel 1

Beispiel 2:
In einer Abteilung werden Getriebe montiert. Als betrachtete Leistungskennzahl wird die Zeiteinsparung genommen. Hierbei gilt die nachstehende Gleichung:

$$K \text{ in \%} = \frac{\text{vorgegebene Auftragszeit minus gebrauchte Zeit}}{\text{vorgegebene Auftragszeit}} \cdot 100\ \%$$

minimale Zeiteinsparung = 0 %
maximale Zeiteinsparung = 30 %
Verlauf der Lohnlinie sei proportional.

Lösung: **Bild 3**

Bild 3: Prämienlohnlinie für Beispiel 2

Nutzungsprämienlohn

Die Leistungskennzahl K wird hierbei aus Betriebsmittelzeiten abgeleitet und als Nutzungsgrad bezeichnet.

Nutzungsgrad:
$$K \text{ in \%} = \frac{\text{Summe der Betriebsmittelhauptzeiten}}{\text{Ist-Einsatzzeit}} \cdot 100\%$$

Ziel von Nutzungsprämien ist die Unterbrechungszeitanteile von Brach- und andere Fertigungsverlustzeitanteile möglichst klein zu halten.

Die Hauptnutzungszeit des Betriebsmittels soll hierdurch groß werden. Bei kapitalintensiven Maschinen haben Nutzungsprämienlöhne besondere Bedeutung erreicht, da in automatischen Fertigungseinrichtungen hohe Anteile unbeeinflussbarer Ablaufabschnitte auftreten. Die Erfassung der Zeitanteile erfolgt mit Zeit- und Nutzungsschreibern sowie Betriebsdatenerfassungssystemen (BDE).

Die Lohnlinien hierbei verlaufen sehr oft progressiv. Dies führt zu einer möglichst intensiven Nutzung der Betriebsmittel. Eine Begrenzung nach oben vermeidet eine Maschinenüberlastung.

Güte- und Ersparnisprämienlohn bzw. Qualitätsprämienlohn

Bei dieser Prämienlohnart werden unterschiedliche Mengenverhältnisse als Leistungskennzahl verwendet.

Qualitätsprämie (Beispiel):
$$\text{Qualitätsprämie in \%} = \frac{\text{Menge mit Mängeln}}{\text{Menge der Stichprobe}} \cdot 100\%$$

Kombinierter Prämienlohn

Die Prämienlöhne mit mehreren Leistungskennzahlen werden sehr erfolgreich angewendet.

Der Mitarbeiter wird hierbei angeregt, sich für eine gute Gesamtleistung in seinen ihm übertragenen Arbeitsaufgaben einzusetzen und Überbewertung einzelner Leistungskomponenten vorzubeugen. Bei der Überbewertung der einen Komponente z. B. „hohe Mengenleistung", kann mit steigender Menge die Qualität sinken und eine Überlastung des Betriebsmittels durch unterlassene Wartungsarbeiten eintreten.

Andere Lohnformen

Weitere Formen der leistungsabhängigen Entgeltdifferenzierung sind:
- der Festlohn für eine einmal festgelegte Leistung,
- der Zeitlohn mit Leistungszulagen über einen festgelegten Zeitraum und
- Leistungslohn mit Leistungsstufen,
- Zielvereinbarungen und
- Provisionen.

In diese Lohnformen können alle bekannten Entgeltformen eingeordnet werden, wie Pensumlohn, Programmlohn oder Kontraktlohn.

Beispiel:
An einem Bohrwerk ist ein Nutzungsschreiber mit Meldetasten angebracht.

Als Leistungskennzahl wird der Hauptnutzungsgrad gewählt:

Hauptnutzungsgrad in %
$$= \frac{\text{Summe Hauptnutzungszeit in min/Monat}}{\text{Ist-Einsatzzeit in min/Monat}} \cdot 100\%$$

Ist-Einsatzzeit:
20 Tage/Monat x 8 h/Schicht x 2 Schichten/Tag x 60 min/h = 19 200 min/Monat

abzüglich

fehlende Aufträge:	1000 min/Monat
fehlende Arbeitsmittel:	1450 min/Monat
fehlende Informationen:	432 min/Monat
Summe	= 16318 min/Monat

Hauptnutzungszeit: 14255 min/Monat

$$\text{Hauptnutzungsgrad} = \frac{14255 \text{ min/Monat}}{16318 \text{ min/Monat}} \cdot 100\% = 87\%$$

Verlauf der Lohnlinie ist progressiv und bei einem Hauptnutzungsgrad von 90 % nach oben begrenzt, **(Bild 1)**.

Bild 1: Prämienlohn für Beispiel

5.9.6 Zeitlohn, Gehalt, Zeitlohn mit Leistungszulagen

Bei diesen Lohnformen wird eine feste Vergütung für eine bestimmte Zeiteinheit gegeben. Ist die Zeiteinheit eine Stunde, Woche oder Monat so spricht man vom Stundenlohn, Wochenlohn oder Monatslohn.

Die Bezeichnung Gehälter wird für Entgelte der Beamten und Angestellten verwendet.

Beim **Zeitlohn** besteht keine direkte Abhängigkeit zwischen Lohnhöhe und Leistung. Der Arbeitnehmer bekommt ohne Zeit- oder Sachzwang einen konstanten Lohn. Die Entlohnung motiviert nicht zu einer höheren Leistung. Sinkt die erbrachte Leistung unter die Normalleistung, so steigen die Fertigungslohnkosten pro Mengeneinheit (**Bild 1**).

Beim **Zeitlohn mit Leistungsmerkmalen** wird der Lohn anforderungs- und leistungsabhängig differenziert. Hier wird mit Beurteilungsmerkmalen die Leistung des Menschen bewertet. So z. B. für Gehaltsempfänger nach:
- der Wirksamkeit und der Zeitausnutzung,
- der Zuverlässigkeit und der Güte des Arbeitsergebnisses,
- der Initiative in Selbstständigkeit und Beweglichkeit sowie
- in der Zusammenarbeit, der Kooperation einschließlich dem Führungsverhalten.

Ziel einer solchen Leistungsbewertung ist die Beurteilung der menschlichen Leistung durch einen Leistungswert oder auch mit Leistungspunkten auszudrücken. Von der Höhe des Leistungswertes bzw. der Punktzahl wird die Höhe der Leistungszulage bestimmt.

Im Rahmen der Leistungsbewertung wird wie bei der Arbeitsbewertung zwischen summarischen und analytischem Vorgehen unterschieden. Die Bewertung und Beurteilung der Leistung erfolgt periodisch durch den unmittelbaren Vorgesetzten, z. B. Meister, Gruppenleiter oder den Abteilungsleiter. Grundlage ist die Arbeits- bzw. Stellenbeschreibung. Die Leistungsbewertung orientiert sich an der Erfüllung der Anforderung durch den Mitarbeiter.

Das Ergebnis der Bewertung soll dem Mitarbeiter in einem Gespräch mitgeteilt und erklärt werden. Gleichzeitig soll dieses Gespräch dazu genutzt werden, dem Mitarbeiter seine Stärken und Schwächen, aber auch seine Entwicklungsmöglichkeiten in dem Betrieb aufzuzeigen.

Bild 1: Lohnlinie beim reinen Zeitlohn

Zusammenfassung:

Zeitlohn (allgemein):
Vorteile:
- Einfaches Lohnsystem,
- geringer Aufwand für die Abrechnung,
- kein Zeitdruck für den Arbeitnehmer,
- sicheres planbares Einkommen und
- keine Vernachlässigung der Qualität.

Nachteile:
- Kein Leistungsanreiz, wird teilweise von den Arbeitnehmern als ungerecht empfunden,
- unsichere Kalkulation der Zeitanteile
- geringere Nutzung der Betriebsmittel.

Zeitlohn mit Leistungsbewertung:
Vorteile:
- Leistungsgerechte Entlohnung,
- Leistungsanreize und
- motivierte Arbeitnehmer.

Nachteile:
- Gefahr subjektiver Einflüsse der Leistungsbeurteilung,
- Mehraufwand durch Beurteilung und
- Probleme beim Aufbau der Leistungszulage.

Literatur
- REFA Verband für Arbeitsstudien und Betriebs-Organisation e. V.: Anforderungsermittlung und Arbeitsbewertung. München: Hanser (Methodenlehre der Betriebsorganisation)
- Stelter, D.: Wertorientierte Anreizsysteme, Stuttgart 1999, Herausgeber: Bühler, W. und Siegert, T.

5.10 Entgeltrahmenabkommen, Entgeltrahmentarifverträge (ERA)

5.10.1 Einführung

ERA ist die Kurzbezeichnung für neue Tarifwerke in der Metall- und Elektroindustrie. In ihnen wurde eine einheitliche Vergütungssystematik für Arbeiter und Angestellte geschaffen (**Bild 1**). Unter der Kurzbezeichnung ERA wird ein **E**ntgelt**r**ahmen**a**bkommen für die Tarifgebiete Hessen, Nordrhein-Westfalen, Nordverbund, Pfalz, Rheinland-Rheinhessen, Saarland, Thüringen und Sachsen verstanden.

Als **E**ntgelt**ra**hmentarifvertrag gilt dies in den Tarifgebieten Baden-Württemberg, Bayern, Berlin, Brandenburg, Niedersachsen, Osnabrück-Emsland und Sachsen-Anhalt.

Durch die in der Bundesrepublik Deutschland geregelten Entgelte für sozialversicherungspflichtige Arbeitnehmer in Tarifverträgen kam es je nach Branche im Baugewerbe, Chemie, Metall und Elektroindustrie, öffentlicher Dienst und Versicherungsgewerbe zu ganz unterschiedlichen Bewertungskriterien. Diese waren für **Arbeiter** und **Angestellte** gleichfalls nicht einheitlich (**Bild 2**).

Die seit ca. 100 Jahren historisch bedingte Trennung zwischen gewerblichen Arbeitnehmern („Handarbeit") und Angestellten („Kopfarbeit") und häufig zusätzlicher Unterscheidung zwischen Kaufleuten, Technikern und Meistern führte zu erheblichen Fehlbewertungen der Arbeitsentgelte.

Bild 1: Ablösung der getrennt bestehenden Lohn- und Gehaltstarifverträge durch ERA

Bild 2: Früheres Vergütungskonzept, getrennt nach Arbeitern und Angestellten

5.10 Entgeltrahmenabkommen, Entgeltrahmentarifverträge (ERA)

Mit der veränderten Arbeitswelt, neuen Technologien, neue Formen der Arbeitsorganisationen und -abläufe sowie gewandelten Wertevorstellungen haben sich die Anforderungen und Belastungen der Arbeit an den Menschen geändert.

Eine Unterscheidung zwischen Arbeitern und Angestellten sowie eine Benachteiligung der gewerblich-technischen Berufe sind durch schwer überschaubare und schwierige Abläufe in diesen Bereichen in der heutigen Arbeitswelt völlig unangebracht (**Bild 1**).

Durch die zunehmende Komplexität und Dynamik aller Märkte müssen sich Entgelte wesentlich flexibler anpassen und die betrieblichen Arbeitsaufgaben anforderungsgerecht einstufen lassen. Mit diesem ständigen Wandel werden auch neue Anforderungen an die bestehenden Vergütungsstrukturen für die Beschäftigten in der Metall- und Elektroindustrie gestellt. ERA[1] führte die bisherigen Lohnrahmentarifverträge für Arbeiter und die Gehaltsrahmentarifverträge für Angestellte zu einem einheitlichen Vergütungssystem zusammen. Somit wurden einheitliche Wertmaßstäbe für die Bewertung von Arbeitsaufgaben von Arbeitern und Angestellten festgelegt.

Diese Wertigkeit von Arbeitsaufgaben ist dann in den Entgeltgruppen und der damit verbundenen Entgeltrichtlinie tariflich festgelegt. Damit lösten die Entgeltgruppen die Lohn- und Gehaltsgruppen ab.

Je nach Tarifgebiet gibt es bei der Wertigkeit von Arbeitsaufgaben unterschiedliche Unterteilungen, so z. B.:
- 11 Entgeltgruppen (E 1 bis E 11) in den Tarifgebieten ME Mitte, Nordverbund und Sachsen-Anhalt,
- 12 Entgeltgruppen im Tarifgebiet Thüringen, Sachsen und Bayern,
- 13 Entgeltgruppen in den Tarifgebieten Berlin, Brandenburg, Niedersachsen und Osnabrück-Emsland,
- 14 Entgeltgruppen im Tarifgebiet Nordrhein-Westfalen.
- 17 Entgeltgruppen (EG 1 bis EG 17) im Tarifgebiet Baden-Württemberg.

Bild 1: Anforderungen an die Mitarbeiter durch den Markt und durch die Unternehmen

Wichtige Besonderheiten der Tarife sind:
- Keine Trennung mehr zwischen Arbeitern und Angestellten. Es wird nur noch von Beschäftigten gesprochen.
- Alle betrieblichen Arbeitsaufgaben werden nach einem einheitlichen Arbeitsbewertungsverfahren bewertet. Leider sind diese Bewertungsverfahren in den Tarifgebieten nicht einheitlich gestaltet.
- Entgeltrelevante Belastungen oder Erschwernisse werden getrennt vom Grundentgelt berücksichtigt. Als Zulage, für Belastungen wird dies z. B. in Baden-Württemberg abgegolten, wobei dies in Nordrhein-Westfalen als Erschwerniszulage bezahlt wird.
- Neue Möglichkeiten der betrieblichen Gestaltung beim leistungsbezogenen Entgelt.

Prinzipien der leistungsgerechten Entgeltfindung

Als gerecht kann ein Entgelt angesehen werden, wenn:
1. für gleiche Arbeit das gleiche Entgelt gezahlt wird (**anforderungsgerechtes Entgelt**), und
2. für mehr Leistung mehr Entgelt erreicht wird (**leistungsgerechtes Entgelt**).

Die Prinzipien der Entgeltfindung gehen bei ERA in die Entlohnungskomponenten ein.

---

[1] Die nachfolgenden Seiten zu ERA, insbesondere die Tarifierungsbeispiele, wurden mit Unterstützung und mithilfe von Informationsschriften der Tarifparteien *IG Metall, Bezirk Baden-Württemberg und dem Verband der Metall- und Elektroindustrie Baden-Württemberg e.V.- Südwestmetall* - erstellt.

Grundstruktur der ERA-Vergütungssystematik

Auf der Grundlage der Anforderungen, die eine Aufgabe an den Beschäftigten stellt, wird das **anforderungsabhängige** Grundentgelt ermittelt (**Bild 1**).

Diese Ermittlung richtet sich nach der Schwierigkeit der Aufgabe. Vor allen Dingen wird die durchzuführende Tätigkeit mit den Anforderungen an den Auszuführenden betrachtet. Weiter werden die Voraussetzungen geprüft die erfüllt sein müssen, um die Tätigkeit ausführen zu können. Dies wird alles bei der Einstufung in die Entgeltgruppen durch die bekannten summarischen und analytischen Arbeitsbewertungen berücksichtigt (siehe auch Abschnitt 5.8.2.2).

Bild 1: Entgeltaufbau nach ERA-Tarifvertrag

Was für eine Tätigkeit wird von dem Beschäftigten durchgeführt?

Die **leistungsabhängige** Entgeltkomponente wird auf der Grundlage der Leistungskriterien durch Leistungsbeurteilung und/oder Leistungsmessung der persönlichen, d. h. individuellen Leistung eines Beschäftigten festgelegt. Gleiches gilt auch für eine gemeinsame Beschäftigungsgruppe.

Wie führt der Beschäftigte seine Tätigkeit aus?

Somit ist das Leistungsverhalten und/oder das Leistungsergebnis des Beschäftigten die Grundlage für diese leistungsabhängige Entgeltkomponente.
Weiter werden noch betriebsspezifische Entgeltregelungen getroffen, die vom Unternehmenserfolg oder von den Marktgegebenheiten abhängen.

Auf der Grundlage der allgemeinen Entgeltsäule wird in allen regionalen Entgeltrahmenabkommen der Aufbau ähnlich durchgeführt:
- anforderungsabhängiges Grundentgelt,
- individuelles und/oder gruppenbezogenes Leistungsentgelt und
- Belastung- bzw. Erschwerniszulage.

Weiter können unter anderen, tarifliche Entgeltkomponenten, wie Ausgleichsbeträge, individuelle Verdienstsicherung und Sockelbeträge hinzukommen (**Bild 2**).

Um eine gerechte Entgeltfindung zu ermöglichen, ist zwingend eine arbeitswirtschaftliche Vorgehensweise notwendig (**Bild 3**).

Bild 2: Allgemeiner ERA-Entgeltaufbau

Bild 3: Arbeitswirtschaftliche Vorgehensweise

5.10.2 Arbeitsbewertungsmethoden

Mithilfe der Arbeitsbewertung (siehe auch 5.8) wird bei der ERA die menschliche Arbeit beschrieben, analysiert, erfasst und bewertet. Diese dient zur **Grundentgeltfindung**. Oft wird die Arbeitsbewertung auch als Anforderungsermittlung, Arbeitsplatzbewertung oder Stellenbewertung bezeichnet (**Bild 1 und Tabelle 1**).

> Die Arbeitsbewertung wird grundsätzlich personenunabhängig und arbeitsaufgabenbezogen durchgeführt.
> Gegenstand der Arbeitsbewertung sind die Anforderungen, die ein Arbeitssystem an den arbeitenden Menschen stellt.

Die **Anforderungen** werden durch Kennzahlen oder Entgeltgruppen festgelegt. Diese Kennzahl beeinflusst die Höhe des anforderungsabhängigen Entgeltteils.

Das Ergebnis einer anforderungsabhängigen Entgeltdifferenzierung ist das entsprechende Grundentgelt. Dies ist tariflich für eine Aufgabe mit entsprechendem Anforderungsniveau zu bezahlen. Weiter können aus den Kennzahlen bzw. der Arbeitsbeschreibung erforderliche Qualifikationen eines Mitarbeiters abgeleitet werden.

In den Tarifgebieten kommen unterschiedliche Bewertungsverfahren zur Anwendung:

- so ist es im Tarifgebiet **Baden-Württemberg** das analytische Stufenwertzahlverfahren,
- in **Nordrhein-Westfalen** das Punktebewertungsverfahren,
- und in allen **anderen Tarifgebieten** das **summarische Entgeltgruppenverfahren**.

Am **Beispiel** des **analytischen Stufenwertzahlverfahrens** und des **Punktbewertungsverfahrens** wird die Vorgehensweise der Bewertung und Einstufung von Arbeitsaufgaben skizziert.

Die Anforderungsmerkmale sind in Baden-Württemberg in fünf Merkmale unterteilt:
1. Wissen und Können,
2. Denken,
3. Handlungsspielraum/Verantwortung,
4. Kommunikation und
5. Mitarbeiterführung.

In Nordrhein-Westfalen sind es vier Anforderungsmerkmale:
1. Können,
2. Handlungs- und Entscheidungsspielraum,
3. Kooperation und
4. Mitarbeiterführung.

Bild 1: Verfahren der Arbeitsbewertung

Tabelle 1: Arbeitsbewertungsverfahren im Vergleich			
Bewertung der Gesamtanforderung, die eine definierte Arbeitsaufgabe objektiv an einen Mitarbeiter stellt			
analytische Arbeitsbewertung		summarische Arbeitsbewertung	
Bewertung der Einzelkriterien der Gesamtanforderung und Bildung einer Wertsumme		Bewertung der Gesamtanforderung als Ganzes	
Rangreihe (Factor Ranking Method) Die Einzelkriterien der Gesamtanforderungen werden verglichen und einer Rangreihe zugeordnet.	**Wertzahl** (Factor Rating Method) Die Einzelkriterien der Gesamtanforderungen werden nach einem gewichteten Schema (Wertzahlen) bewertet.	**Rangfolge** (Ranking Method) Alle Gesamtanforderungen werden verglichen und in eine Rangfolge eingeordnet.	**Katalogverfahren** Entgeltgruppenmethode (Classification) Alle Gesamtanforderungen werden als Ganzes mit Richtbeispielen verglichen und zugeordnet.

Wissen und Können

Wissen und Können umfasst im Wesentlichen die Kenntnisse und das körperliche Können (**Tabelle 1**). Die Kenntnisse sollten die Wissensgrundlagen und ihre Anwendung umfassen, bzw. die geistige Flexibilität berücksichtigen, die zur Erfüllung der Arbeitaufgabe erforderlich ist.

Unter körperlichem Können werden Fertigkeiten verstanden, die durch Arbeitsunterweisung, Übung, systematisches Anlernen, schulische/berufliche/universitäre **Ausbildung und Erfahrung** zu erwerben sind (**Tabelle 2**).

Bei der Betrachtung der notwendigen Zeitdauer für Arbeitsunterweisung, systematisches Anlernen und Ausbildung ist eine sachgerechte Ausführung bzw. Erfüllung der Arbeitsaufgabe mit der tariflichen Bezugsleistung als Grundlage anzusehen (**Tabelle 2**).

Hierbei ist zu beachten, dass die Erfahrungsstufen erst mit erreichter Erfahrung berücksichtigt werden.

Denken

Unter Denken wird die Aufnahme und Verantwortung von Informationen, sowie das Anwenden von Lösungsmustern und das Erarbeiten von Lösungen verstanden. Lösungsmuster sind gedanklich und/oder schriftlich vorhandene Strukturen zur Lösungsfindung, aus denen im Rahmen der Aufgabenstellung geeignete Lösungswege ausgewählt werden.

Bewertet werden Schwierigkeiten und Komplexität

- der Aufgaben und Probleme,
- der Anwendung und Entwicklung von Lösungsmustern und
- der Aufnahme und Verarbeitung von Informationen (**Tabelle 1, folgende Seite**).

Handlungsspielraum/ Verantwortung

Der Handlungsspielraum umfasst den Freiheitsgrad und die Verantwortung für den:

- Tätigkeitsspielraum,
- Dispositionsspielraum und
- Entscheidungsspielraum.

Bewertet werden der Freiheitsgrad und die Verantwortung bei:

- der Durchführung der Arbeit,
- der Auswahl der erforderlichen Mittel oder
- den zu treffenden Entscheidungen (**Tabelle 2, folgende Seite**).

Tabelle 1: Wissen und Können

1	Wissen und Können	
1.1	Anlernen	

Stufe	Beschreibung	Punkte
A 1	Kenntnisse, körperliches Können bzw. Fertigkeiten, die eine einmalige Arbeitsunterweisung und kurze Übung erfordern.	3
A 2	Kenntnisse, körperliches Können bzw. Fertigkeiten, die eine Arbeitsunterweisung und längere Übung erfordern.	4
A 3	Kenntnisse, körperliches Können bzw. Fertigkeiten, die eine einmalige Arbeitsunterweisung und Übung über mehrere Wochen erfordern.	5
A 4	Kenntnisse, körperliches Können bzw. Fertigkeiten, die ein systematisches Anlernen über einen Zeitraum der Stufe A 3 hinaus erfordern, wobei das Anlernen auch die Vermittlung theoretischer Kenntnisse umfassen kann.	7
A 5	Kenntnisse, körperliches Können bzw. Fertigkeiten, die eine umfangreiches systematisches Anlernen über ein halbes Jahr hinaus erfordern.	9

Tabelle 2: Ausbildung und Erfahrung

1.2	Ausbildung und Erfahrung	
1.2.1	Ausbildung	

Stufe	Beschreibung	Punkte
B 1	Abgeschlossene, in der Regel zweijährige Berufsausbildung i. S. des BBiG.	10
B 2	Abgeschlossene, in der Regel drei- bis dreieinhalbjährige Berufsausbildung i. S. des BBiG.	13
B 3	Abgeschlossene Berufsausbildung i. S. des BBiG und eine darauf aufbauende abgeschlossene, in der Regel einjährige Vollzeit-Fachausbildung (z. B. Meister-Ausbildung IHK).	16
B 4	Abgeschlossene Berufsausbildung i. S. des BBiG und eine darauf aufbauende abgeschlossene, in der Regel zweijährige Vollzeit-Fachausbildung (z. B. staatlich geprüfter Techniker).	19
B 5	Abgeschlossenes Fachhochschulstudium.	24
B 6	Abgeschlossenes Universitätsstudium.	29

1.2.2	Erfahrung	

Stufe	Beschreibung	Punkte
E 1	bis zu einem Jahr	1
E 2	mehr als 1 Jahr bis zu 2 Jahren	3
E 3	mehr als 2 Jahre bis zu 3 Jahren	5
E 4	mehr als 3 Jahre bis zu 5 Jahren	8
E 5	mehr als 5 Jahre	10

Kommunikation

Kommunikation im Sinne der Arbeitsaufgabe ist:
- Der Austausch von Informationen,
- die notwendige Zusammenarbeit,
- die erforderliche Abstimmung und Koordination,
- die Interessenvertretung gegenüber anderen Stellen innerhalb und/oder außerhalb einer Arbeitsgruppe bzw. eines Arbeitsbereichs.

Nicht geeignet ist die zur Mitarbeiterführung notwendige Kommunikation (siehe Mitarbeiterführung F). Bewertet wird der Grad der Kommunikationsanforderung zur Erfüllung der Arbeitsaufgabe (**Tabelle 3**).

Tabelle 1: Denken

Stufe	Beschreibung	Punkte
D 1	Einfache Aufgaben, die eine leicht zu erfassende Aufnahme und Verarbeitung von Informationen erfordern.	1
D 2	Aufgaben, die eine schwerer zu erfassende Aufnahme und Verarbeitung von Informationen erfordern oder Aufgaben, die es erfordern, standardisierte Lösungswege anzuwenden.	3
D 3	Aufgaben, die eine schwierige Erfassung und Verarbeitung von Informationen erfordern oder Aufgaben, die es erfordern, aus bekannten Lösungsmustern zutreffende Lösungswege auszuwählen und anzuwenden.	5
D 4	Umfangreiche Aufgaben, die es erfordern, bekannte Lösungsmuster zu kombinieren.	8
D 5	Problemstellungen, die es erfordern, bekannte Lösungsmuster weiterzuentwickeln.	12
D 6	Neuartige Problemstellungen, die es erfordern, neue Lösungsmuster zu entwickeln.	16
D 7	Neue komplexe Problemstellungen, die innovatives Denken erfordern; längerfristige Entwicklungstrends sind zu berücksichtigen.	20

Tabelle 2: Handlungsspielraum/Verantwortung

Stufe	Beschreibung	Punkte
K 1	Informationseinholung und -weitergabe zur Erledigung der Arbeitsaufgabe (z. B. Auftrag entgegennehmen und abmelden, auftretende Abweichungen melden).	1
K 2	Abstimmung in routinemäßigen Einzelfragen in direktem Zusammenhang mit der Arbeitsaufgabe (z. B. auftretende Abweichungen durchsprechen und abstimmen).	3
K 3	Abstimmung über routinemäßige Einzelfragen hinaus bei häufig unterschiedlichen Voraussetzungen in direktem Zusammenhang mit der Arbeitsaufgabe (z. B. auftretende Abweichungen klären).	5
K 4	Abstimmung und Koordinierung im Rahmen des übertragenen Aufgabenkomplexes bei gleicher Gesamtzielsetzung. Unterschiedliche Interessenlagen treten auf.	7
K 5	Interessenvertretung für den übertragenen Aufgabenkomplex gegenüber Anderen bei unterschiedlichen Zielsetzungen (z. B. Gespräche Einkäufer mit Lieferant).	10
K 6	Verhandlungen von funktionsübergreifender Bedeutung mit Anderen bei unterschiedlichen Zielsetzungen.	13

Tabelle 3: Kommunikation

Stufe	Beschreibung	Punkte
H 1	Die Arbeitsdurchführung erfolgt nach Anweisungen.	1
H 2	Die Arbeitsdurchführung erfolgt nach Anweisungen mit geringem Handlungsspielraum bei einzelnen Arbeitsverrichtungen (einzelne Arbeitsstufen innerhalb einer Teilaufgabe).	3
H 3	Die Arbeitsdurchführung erfolgt nach Anweisungen mit Handlungsspielraum bei einzelnen Teilaufgaben (Teil eines Gesamtauftrages oder Arbeitsablaufes).	5
H 4	Die Arbeitsdurchführung erfolgt nach Anweisungen mit Handlungsspielraum innerhalb der Arbeitsaufgabe.	7
H 5	Die Arbeitsdurchführung erfolgt nach allgemeinen Anweisungen mit erweitertem Handlungsspielraum innerhalb der Arbeitsaufgabe. Alternative Handlungswege bzw. Möglichkeiten sind gegeben.	9
H 6	Die Arbeitsdurchführung erfolgt nach Zielvorgaben mit Handlungsspielraum für ein Aufgabengebiet. Zur Aufgabendurchführung ist der selbstständige Einsatz bekannter Methoden und Hilfsmittel erforderlich.	11
H 7	Die Arbeitsdurchführung erfolgt nach Zielvorgaben mit erweitertem Handlungsspielraum für ein komplexes Aufgabengebiet.	14
H 8	Die Arbeitsdurchführung erfolgt nach allgemeinen Zielen mit weitgehendem Handlungsspielraum für ein umfangreiches Aufgabengebiet.	17

Mitarbeiterführung

Mitarbeiterführung umfasst die personelle und gleichzeitig fachliche Weisungsbefugnis zugeordneter Mitarbeiter, oder auch Einbeziehung von Mitarbeitern aus anderen Bereichen. Bewertet werden bei Aufgaben mit Mitarbeiterführung:

- Die notwendigen Besonderheiten der Zusammenarbeit und
- die Anforderungen an die Aufgabenvielfalt des Führungsprozesses bei unterschiedlichen Rahmenbedingungen (**Tabelle 1**).

Rahmenbedingungen sind weitere Faktoren, die die Führung beeinflussen, wie z. B. Geschäftsprozesse, Ressourcen, Mitarbeiterstrukturen in Anzahl und Qualifikation sowie Personalentwicklung und Arbeitssicherheit.

Bei der Bewertung von betrieblichen Arbeitsaufgaben müssen auf der Basis einer Aufgabenbeschreibung die einzelnen Bewertungsstufen und damit die Punkte pro Stufe und Anforderungsmerkmal festgelegt werden. Die Addition der Punkte pro Anforderungsmerkmal ergibt eine Gesamtpunktzahl. Diese Gesamtpunktzahl ist dann einer Entgeltgruppe zugeordnet. Die Zuordnungen sind je nach Tarifgebiet unterschiedlich (**Tabelle 2**).

Belastungen

Belastungen werden außerhalb des Stufenwertzahlverfahrens durch **eine Zulage besonders berücksichtigt**. Damit verfolgen die Tarifparteien das Ziel, die Gesundheit des Beschäftigten zu schützen. Zu den Belastungsarten im Sinn des Tarifvertrages gehören

- Die Belastung der Muskeln bzw. der Kraftaufwand um Werkstücke, Werkzeuge und Arbeitsmittel zu bewegen sowie der Wechsel der Belastungen in Verbindung mit notwendigen Körperhaltungen.
- Die Belastung durch Reizarmut wie eintönige, monotone, sich ständig wiederholende Arbeit und wenn am Arbeitsplatz die Möglichkeit zu sozialen Kontakten fehlt.
- Die Belastung durch Umgebungseinflüsse wie Lärm, Schmutz, Öl, Fett, Hitze, Kälte, Zugluft, Wasser, Säuren, Laugen, Gas, Dämpfe, Staub, Blendung und Lichtmangel sowie Unfallgefahr in Verbindung mit Schutzkleidung.

Tabelle 1: Mitarbeiterführung

5	Mitarbeiterführung	
Stufe	Beschreibung	Punkte
F 1	Erteilen von Anweisungen unter konstanten und überschaubaren Rahmenbedingungen und Zielen.	2
F 2	Erläuterung der Ziele und Abklärung der Aufgabenstellung mit Anhörung der Mitarbeiter. Sich ändernde Rahmenbedingungen und deren Auswirkungen sind nach Art und Umfang überschaubar.	3
F 3	Erreichen eines gemeinsamen Aufgabenverständnisses zur Zielerreichung, auch bei teilweise unterschiedlicher Interessenlage. Sich ändernde Rahmenbedingungen und deren Auswirkungen sind abschätzbar.	4
F 4	Gemeinsame Entwicklung von aufgaben-/bereichsbezogenen sowie individuellen Zielen bei teilweise unterschiedlicher Interessenlage. Sich ändernde Rahmenbedingungen und deren Auswirkungen sind abschätzbar.	5
F 5	Gemeinsame, auf persönliche Überzeugung der Mitarbeiter ausgerichtete Entwicklung und Ausgestaltung von aufgaben-/bereichsbezogenen sowie individuellen Zielen, bei häufig unterschiedlichen Interessenlage, mit eigenen und/oder anderen Mitarbeitern. Sich ändernde Rahmenbedingungen und deren Auswirkungen sind schwer abschätzbar, funktions- und/oder bereichsübergreifend.	7

Tabelle 2: Entgeltgruppen und Gesamtpunktzahl

Baden-Württemberg		Nordrhein-Westfahlen	
Gesamtpunktezahl	Entgeltgruppe	Gesamtpunktezahl	Entgeltgruppe
6	1	10 bis 15	1
7 bis 8	2	16 bis 21	2
9 bis 11	3	22 bis 28	3
12 bis 14	4	29 bis 35	4
15 bis 18	5	36 bis 43	5
19 bis 22	6	44 bis 54	6
23 bis 26	7	55 bis 68	7
27 bis 30	8	69 bis 77	8
31 bis 34	9	78 bis 88	9
35 bis 38	10	89 bis 101	10
39 bis 42	11	102 bis 112	11
43 bis 46	12	113 bis 128	12
47 bis 50	13	129 bis 142	13
51 bis 54	14	143 bis 170	14
55 bis 58	15	171 bis 200	AT-Bereich*
59 bis 63	16	*AT-Bereich = Außer Tariflicher Bereich	
64 bis 96	17		

5.10 Entgeltrahmenabkommen, Entgeltrahmentarifverträge (ERA)

Leistungsentgelte bei ERA

Zusätzlich zum Grundentgelt wird nach der Einarbeitungszeit (nach sechs Monaten) ein Leistungsentgelt gezahlt. Mit diesem Leistungsentgelt wird ein über der tariflichen Bezugsbasis liegendes Leistungsergebnis abgegolten.

Zur Ermittlung des Leistungsergebnisses können folgende Methoden einzeln oder in Kombination angewendet werden:
- Beurteilen,
- Kennzahlenvergleich und
- Zielvereinbarungen.

Bei der **Beurteilung** von Leistungsergebnissen wird auf die Betriebsvereinbarungen der beiden Betriebsparteien zurückgegriffen, in denen deren Gewichtung und Differenzierung festgelegt sind. Sollten die Betriebsparteien kein eigenes Beurteilungssystem festgelegt haben, erfolgt die Beurteilung anhand des tariflich empfohlenen Systems (**Bild 1 und Bild 2**).

Die Ermittlung der Leistungsergebnisse durch **Kennzahlen** erfolgt durch sachkundige Beauftragte des Arbeitgebers und müssen je nach Datenermittlungsmethode so festgehalten werden, dass eine lückenlose Nachvollziehbarkeit gewährleistet ist. Die Daten können maschinell erfasst und verarbeitet werden.

Das Leistungsentgelt wird nach der Einarbeitungszeit von 6 Monaten zusätzlich zum Grundentgelt bezahlt.

Zielvereinbarungen beziehen sich nur auf eine konkrete Arbeitssituation. Das Leistungsergebnis erfolgt durch Vergleichen der Zielerfüllung mit der Zielvereinbarung.

Die Auswahl der Leistungsmerkmale kann prozess- kunden-, produkt-, mitarbeiter- und/oder finanzbezogen sein. Hierbei beziehen sich die Merkmale auf:
- Quantität,
- Qualität und
- Verhalten der Beschäftigten.

Bild 2: Grundschema 2 der ERA-Leistungsvergütung

Bild 1: Grundschema 1 der ERA-Leistungsvergütung

Summarische Entgeltgruppenverfahren

Bei diesen Arbeitsbewertungsverfahren werden die Entgeltgruppen durch Stufendefinitionen festgelegt (**Tabelle 1**)
Kennzeichen aller summarischen Arbeitbewertungsverfahren sind die Anforderungsmerkmale Wissen und Können. Sie sind zur Ausführung einer betrieblichen Arbeit unbedingt erforderlich und bilden damit die Bewertungsgrundlage. Ergänzt wird diese Einstufung durch die Beschreibung des **Freiheitsgrades** (Handlungs- und Entscheidungsspielraum sowie Selbständigkeit).

Tabelle 1: Stufendefinition der Entgeltgruppe[1]	
Entgeltgruppe	Stufendefinition
1	Einfache Tätigkeiten, die nach einer zweckgerichteten Einarbeitung und Übung von bis zu 4 Wochen verrichtet werden können.
2	Tätigkeiten, deren Ablauf und Ausführung weitgehend festgelegt sind. Erforderlich sind Kenntnisse und Fertigkeiten, wie sie in der Regel durch ein systematisches Anlernen von bis zu 6 Monaten erworben werden.
3	Tätigkeiten, deren Ablauf und Ausführung überwiegend festgelegt sind. Erforderlich sind Kenntnisse und Fertigkeiten, wie sie in der Regel durch ein systematisches Anlernen von mehr als 6 Monaten erworben werden.
4	Tätigkeiten, deren Ablauf und Ausführung teilweise festgelegt sind. Erforderlich sind Kenntnisse und Fertigkeiten, wie sie in der Regel durch eine mindestens 2-jährige fachspezifische Ausbildung erworben werden.
5	Sachbearbeitende Aufgaben und/oder Facharbeiten, deren Erledigung weitgehend festgelegt sind. Erforderlich sind Kenntnisse und Fertigkeiten, wie sie in der Regel durch eine abgeschlossene mindestens 3-jährige fachspezifische Berufsausbildung erworben werden.
6	Schwierige sachbearbeitende Aufgaben und/oder schwierige Facharbeiten, deren Erledigung überwiegend festgelegt sind. Erforderlich sind Kenntnisse und Fertigkeiten, wie sie in der Regel durch eine abgeschlossene mindestens 3-jährige fachspezifische Berufsausbildung und mehrjährige Berufserfahrung erworben werden.
7	Umfassende sachbearbeitende Aufgaben und/oder besonders schwierige und hochwertige Facharbeiten, deren Erledigung teilweise festgelegt sind. Erforderlich sind Kenntnisse und Fertigkeiten, wie sie in der Regel durch eine abgeschlossene mindestens 3-jährige fachspezifische Berufsausbildung und mindestens 2-jährige Fachausbildung oder zusätzliche Kenntnisse und Fertigkeiten, die durch langjährige Berufserfahrung erworben werden.
8	Ein Aufgabengebiet, das im Rahmen von bestimmten Richtlinien erledigt wird oder hochwertiges Facharbeiten, die hohes Dispositionsvermögen und umfassende Verantwortung erfordern. Erforderlich sind Kenntnisse und Fertigkeiten, wie sie in der Regel durch eine abgeschlossene mindestens 3-jährige fachspezifische Berufsausbildung und eine mindestens 2-jährige Fachausbildung erworben werden sowie zusätzliche Kenntnisse und Fertigkeiten, die durch langjährige Berufserfahrung erworben werden.
9	Ein erweitertes Aufgabengebiet, das im Rahmen von Richtlinien erledigt wird. Erforderlich sind Kenntnisse und Fertigkeiten, wie sie durch den Abschluss einer mindestens 4-jährigen Hochschulausbildung erworben werden. Diese Kenntnisse und Fertigkeiten können auch durch eine abgeschlossene mindestens 3-jährige fachspezifische Berufsausbildung und eine mindestens 2-jährige Fachausbildung und eine langjährige Berufserfahrung sowie eine zusätzliche spezielle Weiterbildung oder auf einem anderen Weg erworben wurden.
10	Ein Aufgabenbereich, der im Rahmen von allgemeinen Richtlinien erledigt wird. Erforderlich sind Kenntnisse und Fertigkeiten, wie sie durch den Abschluss einer mindestens 4-jährigen Hochschulausbildung erworben werden und Fachkenntnisse durch mehrjährige spezifische Berufserfahrung. Diese Kenntnisse und Fertigkeiten können auch auf einem anderen Weg erworben werden.
11	Ein erweiterter Aufgabenbereich, der teilweise im Rahmen von allgemeinen Richtlinien erledigt wird. Erforderlich sind Kenntnisse und Fertigkeiten, wie sie durch den Abschluss einer mindestens 4-jährigen Hochschulausbildung erworben werden sowie Fachkenntnisse und langjährige spezifische Berufserfahrung. Diese Kenntnisse und Fertigkeiten können auch auf einem anderen Weg erworben werden.

[1] Tarifgebiet: Hessen, Pfalz, Rheinland-Rheinhessen, Saarland

5.10.3 Tarifierungsbeispiele

Tarifliches Beispiel: Einrichten und Bedienen von Werkzeugmaschinen

Beschreibung der Arbeitsaufgabe:

Vorbereiten und Rüsten von Maschinen

Maschinen (z. B. konventionell oder CNC-gesteuerte Zerspanungsmaschinen) nach Plan/Bedarf rüsten und Messeinrichtungen einstellen. Werkzeugwechsel durchführen.

Material bereitstellen, Werkzeuge vorbereiten, Schnittwerte und Werkzeuge nach Tabellen, Zeichnung bzw. Einstellplan einstellen. Bearbeitungsabläufe (z. B. durch Veränderung der Werkzeugfolgen, der Programmschritte, der Werkstückspannungen) optimieren.

Probeteil fertigen, ggf. abnehmen lassen sowie Maße und Schnittwerte korrigieren.

Bearbeiten und Prüfen von Werkstücken

Werkstücke einlegen, spannen und ausrichten. Maschinenablauf überwachen, Einstelldaten, Einspannungen usw. korrigieren. Teile auf Maßhaltigkeit, Beschaffenheit und Vollständigkeit prüfen. Nacharbeit und Ausschuss dokumentieren.

Fehlerschwerpunkte analysieren, Abhilfemaßnahmen abstimmen und Entwicklung verfolgen.

Steuern und Überwachen der organisatorischen Abläufe

Auftragsreihenfolge bei der Maschinenbelegung im Rahmen des vorgegebenen Produktionsprogramms festlegen, dabei ggf. auch Sondersituationen berücksichtigen (z. B. Varianten, Versuche). Produktivitäts-, Kapazitätskennzahlen etc. aufbereiten, ggf. präsentieren, Einhaltung vorgegebener Werte sicherstellen. Arbeitsmittel disponieren. Betriebsversuche durchführen. Ursachen für fehlerhafte Teile rückverfolgen und Fehler abstellen.

Beseitigen von Störungen

Bei Ablaufstörungen Ursachen analysieren, Störung beheben (z. B. Betriebsmittel austauschen und einstellen) bzw. Behebung veranlassen. Störungsbeschreibungen an Instandhaltung weitergeben. Maßnahmen zur Prozessoptimierung anregen.

Durchführung von Wartungs- und Instandsetzungsarbeiten

Wartungsintervalle überwachen, vorgegebene Instandsetzungsumfänge ausführen, Wartungs- und Reinigungsarbeiten nach Bedarf durchführen, Reparaturen ausführen. Wartungszeiten erfassen und Ausweichmaßnahmen vorschlagen.

Tabelle 1: Bewertungsbegründung			
	Bewertungsbegründung	Stufe	Punkte
1	**Wissen und Können**	–	–
	1.1 Anlernen		
	1.2.1 Ausbildung	B2	13
	Das Einrichten von Bearbeitungsmaschinen sowie der Eingriff in die Programmabläufe erfordern eine 3 1/2-jährige Berufsausbildung (z. B. als Zerspanungsmechaniker/-in).		
	1.2.2 Erfahrung	E2	3
	Das Steuern und Überwachen der organisatorischen Abläufe, das Rückverfolgen von Ursachen für fehlerhafte Teile, das Analysieren von Fehlschwerpunkten erfordern eine Erfahrung von 1 bis 2 Jahren.		
2	**Denken**	D3	5
	Die Ursachenanalyse der Ablaufstörung bzw. die Analyse der Fehlerschwerpunkte sowie die Anregungen zur Prozessoptimierung erfordern die Auswahl zutreffender Lösungswege aus bekannten Lösungsmustern.		
3	**Handlungsspielraum/Verantwortung**	H3	5
	Das Optimieren der Bearbeitungsabläufe sowie das Steuern und Überwachen der organisatorischen Abläufe setzen Handlungsspielraum bei einzelnen Teilaufgaben voraus.		
4	**Kommunikation**	K2	3
	Die Abhilfemaßnahmen zur Behebung von Fehlerschwerpunkten sowie die Veranlassung der Störungsbehebung erfordert Abstimmung in routinemäßigen Einzelfragen.		
5	**Mitarbeiterführung**	–	–
	Keine		
	Gesamtpunktzahl/Entgeltgruppe 8		29

Tarifliches Beispiel: Personalsachbearbeiter/-in

Beschreibung der Arbeitsaufgabe:

Vorbereiten und Umsetzen von Personalmaßnahmen

Für einen zugewiesenen Mitarbeiter-/Betreuungskreis Einstellungen, Versetzungen, Austritte, Entgeltveränderungen, Einstufungen, Umgruppierungen usw. unter Berücksichtigung tariflicher, betrieblicher und gesetzlicher Bestimmungen vorbereiten, abstimmen und umsetzen. Vorauswahl über Bewerber nach Unterlagen treffen.

Einstellvergütungen vorschlagen.

Einstufungen, Umgruppierungen für eindeutige Fälle vornehmen.

Bei Austritten Gespräche führen. Auskünfte über interne und externe Regelungen erteilen Mitarbeiter bei Versetzungswünschen beraten.

Vorbereiten und Auswerten von Aktionen

Zur Vorbereitung von regelmäßigen Personalaktionen (z. B. Entgeltveränderungen, Leistungsbeurteilungen) Unterlagen überprüfen und ggf. korrigieren, Aktion überwachen. Ergebnisse statistisch auswerten und kommentieren.

Bearbeiten von Arbeitsverträgen

Arbeitsverträge ausfüllen, versenden, Rücklauf überwachen. Kosten in Zusammenhang mit Einstellungen ermitteln, Erstattungen festlegen. Bei Zimmer- und Wohnungsbeschaffung unterstützen. Arbeitspapiere anfordern. Personaldatenerfassung unterstützen. Zeugnisse formulieren und abstimmen.

Tabelle 1: Bewertungsbegründung			
Bewertungsbegründung		Stufe	Punkte
1	**Wissen und Können**	–	–
	1.1 Anlernen		
	1.2.1 Ausbildung	B2	13
	Die Betreuung eines zugewiesenen Mitarbeiterkreises sowie die Betreuung von Aktionen erfordern eine 3-jährige kaufmännische Ausbildung.		
	1.2.2 Erfahrung	E3	5
	Die Vorbereitung und Umsetzung von Personalmaßnahmen für einen Betreuungskreis und deren Abstimmung erfordern eine Erfahrung von 2 bis 3 Jahren.		
2	**Denken**	D3	5
	Die Durchführung von Personalmaßnahmen, die Auswertung und Steuerung von Aktionen erfordern die Auswahl und Anwendung zutreffender Lösungswege aus bekannten Lösungsmustern.		
3	**Handlungsspielraum/Verantwortung**	H2	3
	Die Arbeitsausführung erfolgt nach Anweisungen mit geringem Handlungsspielraum bei einzelnen Arbeitsverrichtungen.		
4	**Kommunikation**	K3	5
	Die Vorbereitung und Abstimmung von Personalmaßnahmen sowie die Vorbereitung von Personalaktionen erfordert Abstimmungen mit den Fachbereichen und Beschäftigten über routinemäßige Einzelfragen hinaus.		
5	**Mitarbeiterführung**	–	–
	Keine		
Gesamtpunktzahl/Entgeltgruppe 9			31

5.10 Entgeltrahmenabkommen, Entgeltrahmentarifverträge (ERA)

Tarifliches Beispiel: Konstruktionsingenieur/-in

Beschreibung der Arbeitsaufgabe:

Erarbeiten von konstruktiven Lösungen

Konstruktive Lösungen für Erzeugnisse im Rahmen vorgegebener Konzeptionen erarbeiten. Verknüpfungen durch Abwandlung vorhandener Funktionen und Elemente konstruktiv bearbeiten. Lösungsentwürfe unter Berücksichtigung funktionaler, werkstoff-, fertigungstechnischer und wirtschaftlicher Gesichtspunkte ausarbeiten, bewerten und mit den zuständigen Stellen abstimmen. Zeitpläne erstellen, ggf. ausgewählte Alternativen detaillierungsreif darstellen. Konstruktive Untersuchungen über Funktion, Anordnung und Gestaltung durchführen, Elemente auswählen/abwandeln.

Weiterentwickeln/Optimieren

Zur Optimierung vorhandener Erzeugnisse, Aggregate, Bauteile, Berichte und Unterlagen, Kundenaufträge und Programmanforderungen analysieren und auswerten. Konstruktive Lösungen als Entwurf ausarbeiten und abstimmen. Messungen, Erprobungen, Funktionstests veranlassen. Auf besondere Anforderungen und nach statistischen Besonderheiten (z. B. Schadensentwicklung) bestehende Konstruktionen prüfen, Entwürfe erstellen, abstimmen und konstruktive Lösungen konkretisieren. Werkstoffe und Fertigungsverfahren festlegen, Versuche und Tests veranlassen. Technische Listen zusammenstellen und besondere Detaillierungen ausarbeiten. Produktpublikationen prüfen.

Durchführen von Berechnungen

Berechnen von Festigkeit, Lebensdauer, Verschleiß, Dimensionierungen und Gewicht der zu konstruierenden Teile. Ergebnisse auswerten, konstruktive Lösungen anpassen.

Tabelle 1: Bewertungsbegründung			
Bewertungsbegründung		Stufe	Punkte
1	**Wissen und Können**	–	–
	1.1 Anlernen		
	1.2.1 Ausbildung	B5	24
	Die Erarbeitung konstruktiver Lösungen, die Erstellung von Entwürfen sowie die Durchführung von konstruktiven Untersuchungen erfordert in der Regel eine Fachhochschulausbildung als Diplomingenieur/-in.		
	1.2.2 Erfahrung	E3	5
	Die Kenntnisse über Produkte, Fertigungsverfahren sowie betriebliche Abläufe zur Gestaltung und zur Optimierung von Erzeugnissen unter Berücksichtigung wirtschaftlicher Gesichtspunkte erfordern eine Erfahrung von 2 bis 3 Jahren.		
2	**Denken**	D5	12
	Die Ausarbeitung von konstruktiven Entwürfen und Lösungen unter Berücksichtigung von betrieblichen Gegebenheiten erfordert die Kombination und Weiterentwicklung bekannter Lösungsmuster.		
3	**Handlungsspielraum/Verantwortung**	H5	9
	Die Bearbeitung von Änderungen sowie die Erstellung von Zeitplänen und Umsetzungsplänen aufgrund unterschiedlicher Entwürfe erfordern einen erweiterten Handlungsspielraum innerhalb der Arbeitsaufgabe. Die jeweils beste Möglichkeit im Rahmen von Optimierungen ist auszuwählen.		
4	**Kommunikation**	K3	5
	Die Abklärung technischer Fragen und die Abstimmung bei der Umsetzung konstruktiver Lösungen erfolgt bei häufig unterschiedlichen Vorraussetzungen.		
5	**Mitarbeiterführung**	–	–
	Keine		
Gesamtpunktzahl/Entgeltgruppe 15			55

Zusammenfassung:

Die ERA- Vergütungssystematik (**Tabelle 1**) gleicht in einer Reihe von Grundelementen der früheren Systematik. Die Besonderheiten sind

- Unterteilung der Vergütung in zwei Vergütungskomponenten – Grundvergütung und Leistungsvergütung.
- Bestimmung der Vergütungen nach betrieblicher Zielsetzung („Wofür wird bezahlt?").
- Variabilität der Höhe der Vergütungen bei beiden Vergütungskomponenten.
- Zugrundelegung der Arbeitsaufgabe als Ausgang für die Arbeitsbewertung.
- Bemessung der Grundvergütung allein nach der Anforderung der Arbeitsaufgabe.
- Beschreibung der Anforderung zumindest mittels des Merkmals Können, Kenntnis und Fertigkeiten.
- Charakterisierung des Anforderungsniveaus mittels der Gleichsetzung mit Kenntnis und Fertigkeiten, wie sie in bestimmten Ausbildungsgängen (Berufsausbildungen, Studium an Hochschulen, Universitäten u.s.w.) vermittelt werden.
- Alternativen bezüglich der betrieblichen Gestaltung der leistungsbezogenen Vergütung.

> Die ERA-Vergütungssystem unterscheidet Grundentgelte und Leistungsentgelte.

Tabelle 1: System der Bewertung und Einstufung[1]

Stufenwertzahlverfahren

Grundlage der Bestimmung des Werts einer Arbeitsaufgabe sind folgende Bewertungsmerkmale für Arbeitsanforderungen:

1. Wissen und Können,
    1.1. Anlernen,
    1.2. Ausbildung und Erfahrung,
2. Denken,
3. Handlungsspielraum/Verantwortung,
4. Kommunikation,
5. Mitarbeiterführung,

Die Anforderungsniveaus der Bewertungsmerkmale werden durch Stufen differenziert. Die Gewichtung der Bewertungsmerkmale und Stufen ergibt sich aus den zugeordneten Punkten. Die Gesamtpunktzahl einer Arbeitsaufgabe ergibt sich aus der Addition der Punkte aus den einzelnen Bewertungsmerkmalen. Die Gesamtpunktzahl wird in 17 Entgeltgruppen zugeordnet (**Tabelle 2**).

[1] Tarifgebiet Baden-Württemberg

Tabelle 2: Entgeltgruppen und Gesamtpunktzahl

Entgeltgruppe	Gesamtpunktzahl	Entgeltgruppe	Gesamtpunktzahl
1	6	9	31 bis 34
2	7 bis 8	10	35 bis 38
3	9 bis 11	11	39 bis 42
4	12 bis 14	12	43 bis 46
5	15 bis 18	13	47 bis 50
6	19 bis 22	14	51 bis 54
7	23 bis 26	15	55 bis 58
8	27 bis 30	16	59 bis 63
17	64 bis 96		

Tabelle 3: ERA-Entgelttabelle (April 2018)

Entgeltgruppe	Entgeltgruppenschlüssel	Grundentgeld €	Entgeltgruppe	Entgeltgruppenschlüssel	Grundentgeld €
1	74,0	2 398,00	9	114,0	3 694,50
2	76,0	2 463,00	10	121,5	3 937,50
3	80,0	2 592,50	11	129,5	4 196,50
4	84,0	2 722,00	12	138,5	4 488,00
5	89,0	2 884,00	13	147,5	4 780,00
6	94,0	3 046,00	14	165,5	5 071,50
7	100,0	3 240,50	15	165,5	5 363,00
8	107,0	3 467,50	16	176,5	5 719,50
			17	186,5	6 043,50

5.11 Rechtliche Grundlagen bei der Arbeitssystemgestaltung

5.11.1 Verfassungsrechtliche Grundlagen

Die Möglichkeiten und Grenzen der Arbeitssystemgestaltung werden nicht allein von den Erkenntnissen der Arbeitswissenschaft, sondern auch von der ordnungspolitischen Struktur eines Gemeinwesens, also der Bundesrepublik Deutschland und inzwischen übergeordnet der Vorschriften der EU-Verträge bestimmt. Der Rahmen wird durch die Prinzipien der *Sozialen Marktwirtschaft* ergänzt: Wachstum, soziale Sicherheit, Gerechtigkeit und persönliche Freiheit sind dabei die Ziele. Der Staat hat durch die Festlegung dieser Rahmenbedingungen im Grundgesetz **GG (Bild 1)** eine **Schutzfunktion** bei der Gestaltung der Arbeitsbedingungen übernommen. Durch den *Schutz der Menschenwürde* (Art. 1 Abs. 1 GG) und das *Sozialstaatsgebot* (Art. 20 Abs. 1 GG) gibt er den obersten Rahmen. Der demokratische Staat übernimmt damit eine unmittelbare Verantwortung für die natürlichen und technisch-kulturellen Umwelt- und Lebensbedingungen. Dadurch sollte der Einzelne in der Lage sein, selbstverantwortlich nach eigenen und gesellschaftlichen Wertvorstellungen zu leben und zu handeln. Ergänzt werden diese *Urrechte* durch die Verfassungsnormen der *Freiheit der Persönlichkeitsentfaltung* (Art. 2 GG), der *Vereinigungsfreiheit* (Art. 9 GG) und der *Freiheit der Berufs- und Arbeitsplatzwahl* (Art. 12 GG).

5.11.2 Umsetzung in der sozialen Marktwirtschaft

Die Umsetzung der Verfassungsnormen steht im Spannungsfeld zwischen den Arbeitgeber- und Arbeitnehmerinteressen **(Bild 2)**. Diese werden in Deutschland auf dem „Markt" mithilfe der sozialen Marktwirtschaft subsidiär[1] geregelt. Das bedeutet: Die Arbeitsbedingungen können allein zwischen Arbeitgeber und Arbeitnehmer, zwischen den Tarifpartnern oder mit Vereinbarungen vom Staat festgelegt werden. Der Handlungsspielraum der Vertragspartner ist allerdings durch die Rahmenbedingungen des Staates geregelt. Dabei spielt die Lage auf dem Arbeitsmarkt eine entscheidende Rolle, denn bei hoher Arbeitslosigkeit sind die Arbeitnehmer auch bereit unter schlechteren Arbeitsbedingungen „ohne Murren" zu arbeiten und stellen ihre Forderungen zurück, bzw. dulden eine teilweise Nichterfüllung der Gesetze, Verordnungen, Richtlinien oder Erlasse.

[1] subsidiär, hier: Rechtsbestimmungen, die nur dann zur Anwendung gelangen, wenn das übergeordnete Recht keine Vorschriften enthält, lat. subsidiarus = zur Aushilfe dienend

GG Art. 1 (Schutz der Menschenwürde)
(1) Die Würde des Menschen ist unantastbar. Sie zu achten und zu schützen ist Verpflichtung aller staatlicher Gewalt.
(2) ...

GG Art. 20 (Sozialstaatsgebot)
(1) Die Bundesrepublik Deutschland ist ein demokratischer und sozialer Bundesstaat.

GG Art. 2 (Persönlichkeitsentfaltung)
(1) Jeder hat das Recht auf freie Entfaltung seiner Persönlichkeit, so weit er nicht die Rechte anderer verletzt und nicht gegen die verfassungsmäßige Ordnung oder das Sittengesetz verstößt.
(2) Jeder hat das Recht auf Leben und körperliche Unversehrtheit. Die Freiheit der Person ist unverletzlich. In diese Rechte darf nur aufgrund eines Gesetzes eingegriffen werden.

GG Art. 9 (Vereinigungsfreiheit)
(1) Alle Deutschen haben das Recht, Vereine und Gesellschaften zu bilden.
(2) ...
(3) Das Recht, zur Wahrung und Förderung der Arbeits- und Wirtschaftsbedingungen Vereinigungen zu bilden, ist für jedermann und für alle Berufe gewährleistet. Abreden die dieses Recht einschränken oder zu behindern versuchen, sind nichtig, hierauf gerichtete Maßnahmen sind rechtswidrig. ...

GG Art. 12 (Freiheit der Berufs- und Arbeitsplatzwahl)
(1) Alle Deutschen haben das Recht, Beruf, Arbeitsplatz und Ausbildungsstätte frei zu wählen. Die Berufsausübung kann durch Gesetz oder aufgrund eines Gesetzes geregelt werden.
(2) Niemand darf zu einer bestimmten Arbeit gezwungen werden, außer im Rahmen einer herkömmlichen allgemeinen, für alle gleichen öffentlichen Dienstleistungspflicht.

Bild 1: Die wichtigsten Regelungen des Grundgesetzes (GG) zur Arbeitssystemgestaltung

Bild 2: Das ordnungspolitische Kräftefeld bei der Gestaltung der Arbeitssysteme

5.11.3 Arbeitsrecht und Arbeitsschutz

Der Begriff des Arbeitsschutzes ist in Deutschland sehr umfassend zu verstehen. So sind alle Maßnahmen einbezogen, die dazu beitragen, Leben und Gesundheit der arbeitenden Menschen zu schützen, ihre Arbeitskraft zu erhalten und die Arbeit menschengerecht zu gestalten. Der gesamte Inhalt des Arbeitsschutzes ist mit all seinen Arbeitsschutzvorschriften integrativer Bestandteil und somit **Grundlage des Arbeitsrechts**.

Mithilfe der **Tabelle 1** kann man sich einen Eindruck verschaffen, wie komplex der *Arbeitsschutzbegriff* betrachtet, geplant, angewendet und ständig überprüft werden muss. Trotzdem gibt es kein Grundrecht auf risikofreie Arbeit. Denn, so hat sogar das Bundesverfassungsgericht ausgeführt: ein Verlangen nach absoluter Sicherheit verkennt die Grenze des menschlichen Erkenntnisvermögens und würde weithin jede Nutzung der Technik verbannen.

Der Schwerpunkt der Arbeitsgestaltung liegt in der Bestgestaltung der Arbeit, der Anwendung der Kenntnisse der Ergonomie und in der vorbeugenden Verhütung von Arbeitsunfällen z. B. durch die Bekämpfung der Gefahren an der Quelle, also durch den Einsatz von Stoffen, die *ungefährlich* sind. Die Beschränkung der Arbeitszeiten (Überstunden, Schichtarbeit) und eine Leistungsbeschränkung bei Akkordarbeit muss ebenfalls zum Schutz von Verschleißschäden festgelegt werden.

5.11.4 Die wichtigsten Regelwerke

Das Betriebsverfassungsgesetz (BetrVG)

Das Betriebsverfassungsgesetz (BetrVG) verlangt vom Unternehmer eine rechtzeitige und umfassende Unterrichtung und Beratung mit dem Betriebsrats über alle Maßnahmen, die Veränderungen bei den Arbeitssystemen mit sich bringen. Also muss jeder Umbau von technischen Anlagen dem Betriebsrat mitgeteilt und mit ihm beraten werden. Zusätzlich muss der Unternehmer auch alle (Verbesserungs-) Vorschläge von Arbeitnehmerseite anhören und beraten. Bei Änderungen z. B. der Arbeitsplätze, des Arbeitsablaufs oder der Arbeitsumgebung, die der menschengerechten Gestaltung der Arbeit offensichtlich widersprechen (§ 91 BetrVG), hat der Betriebsrat ein **Mitbestimmungsrecht** und kann Maßnahmen zur *Abwendung, Milderung* u.s.w. verlangen.

Dabei gilt der Grundsatz, dass alle strittigen Fragen mit dem ernsten Willen zur Einigung verhandelt werden müssen (§ 74 BetrVG). Alle Mitarbeiter/innen, welche im Unternehmen für die Arbeitssystemgestaltung (Ergonomie) verantwortlich sind, müssen immer eng mit dem Betriebsrat und den Sicherheitsbeauftragten zusammenarbeiten. Ein ständiger Kontakt und eine prozessorientierte Zusammenarbeit mit dem Betriebsrat ist Voraussetzung für einen reibungslosen Betriebsablauf. Wenn eine Arbeitssystemänderung vom Betriebsrat nicht abgenommen wird, kostet dies Zeit und somit zusätzlich viel Geld für die nachträglichen Änderungen.

Tabelle 1: Begriffe zum Arbeitsschutz

Begriff	Inhalt und Beschreibung
Arbeitsunfälle, Berufskrankheiten	Die Arbeit ist so zu gestalten, dass eine Gefährdung für Leben und Gesundheit möglichst vermieden wird oder die **nicht vermeidbare** verbleibende Gefährdung möglichst gering gehalten wird.
Arbeitsschutz, Schutzmaßnahmen	Dazu gehört die **sichere Gestaltung** von technischen Einrichtungen (Arbeitsmaschinen) und die **Schutzmaßnahmen** bei der Verwendung von gefährlichen Anlagen.
Gesundheitsschutz, Hygienemaßnahmen	Verhütung von allgemeinen Erkrankungen in der Arbeitsumwelt durch Gesundheitsschutz und Hygienemaßnahmen
Verschleißschäden und Arbeitszeitbeschränkung	Vermeidung von Verschleißschäden des einzelnen Menschen durch Beschränkung der Akkordleistung.
Sittliches Befinden	Schutz des sittlichen Empfindens z. B. durch Bestgestaltung und Unterhaltung von Wascheinrichtungen, Toiletten.
Menschengerechte Arbeitsgestaltung	– Die menschengerechte Gestaltung der Arbeit muss als übergreifender Gesichtspunkt gesetzt werden. – Sie dient insbesondere der **Erhaltung** der menschlichen Arbeitskraft.
Planung von Arbeitssystemen	Alle Maßnahmen sind mit dem Ziel zu planen, Technik, Arbeitsorganisation, Arbeitsbedingungen, soziale Beziehungen und Umwelteinflüsse miteinander **sachgerecht** und **ganzheitlich** zu verknüpfen.
Ergonomie	– Besonders die Kenntnisse über die ergonomische Gestaltung der Arbeitssysteme sind zu beachten. – Beachtung der Körpermaße

Arbeitsstättenverordnung (ArbStättV)

Die Arbeitsstättenverordnung detailliert die allgemeinen Vorschriften der Unfallverhütungsvorschrift (Tabelle 1). Die Arbeitsstättenverordnung regelt die allgemeinen Vorschriften der Unfallverhütung seitens des Staates (siehe auch DGUV Vorschrift 1 im Kapitel 5.11.6). Dabei wird im § 2 ArbStättV der Begriff Arbeitsstätte festgelegt. Es wird darauf hingewiesen, dass auch z. B. die Verkehrswege, die Pausenräume, die Toilettenräume zu den Arbeitsstätten gehören. Die Kantine wird nicht aufgezählt. Die allgemeinen Anforderungen des § 3 ArbStättV wiederholen prinzipiell die Regeln § 21, DGUV Vorschrift 1. Im Anhang der ArbStättV sind die Anforderungen an Arbeitsstätten, z. B. die Auslegung der Lüftung, die Höhe der Raumtemperaturen und der Beleuchtung erläutert.

Arbeitssicherheitsgesetz (ArbSichG)

Im § 1 Grundsatz wird festgelegt, dass der Arbeitgeber **Betriebsärzte** und **Fachkräfte für Arbeitssicherheit** zu bestellen hat (**Tabelle 1**). Diese sollen ihn beim Arbeitsschutz und bei der Unfallverhütung unterstützen. Der Schwerpunkt liegt in der Umsetzung und Anwendung der Vorschriften des Arbeitsschutzes und der Unfallverhütung. Dabei sollen die arbeitsmedizinischen und sicherheitstechnischen Erkenntnisse verwirklicht werden. In den §§ 3, 4, 5, 6 und 7 ArbSichG sind die Aufgaben und Anforderungen an die Betriebsärzte und Fachkräfte für Arbeitssicherheit festgelegt. Sie müssen dabei die Vorschriften des Arbeitsschutzes und der Unfallverhütung umsetzen, d. h. die Anforderungen ständig überprüfen und Maßnahmen einleiten, um die Vorschriften bei Nichteinhalten durchzusetzen. Im § 8 ArbSichG wird ausdrücklich auf ihre **Unabhängigkeit** bei der Anwendung der Fachkunde hingewiesen, d. h. sie sind bei allen Entscheidungen weisungsfrei. Im § 9 ArbSichG wird noch auf die Pflicht der Zusammenarbeit mit dem Betriebsrat hingewiesen. Ihre Bestellung und Abberufung kann übrigens nur mit Zustimmung des Betriebsrats erfolgen. Beachten Sie dies u.a. bei den Einstellungsgesprächen, wo auch der Betriebsrat mit entscheidet!

Tabelle 1: Das Regelwerk in der Übersicht

BetrVG Betriebsverfassungsgesetz	ArbStättV Arbeitsstättenverordnung	ArbSichG/ASiG Arbeitssicherheitsgesetz
§ 90 (Unterrichtungs- und Beratungsrechte) (1) Der Arbeitgeber hat den Betriebsrat über die Planung 1. von Neu-, Um- und Erweiterungsbauten von Fabrikations-, Verwaltungs- und sonstigen betrieblichen Räumen, 2. von technischen Anlagen, 3. von Arbeitsverfahren und Arbeitsabläufen oder 4. der Arbeitsplätze rechtzeitig unter Vorlage der erforderlichen Unterlagen zu unterrichten. (2) Der Arbeitgeber hat mit dem Betriebsrat die vorgesehenen Maßnahmen und ihre Auswirkungen auf die Arbeitnehmer, insbesondere auf die Art ihrer Arbeit sowie die sich daraus ergebenden Anforderungen an die Arbeitnehmer so rechtzeitig zu beraten, dass Vorschläge und Bedenken des Betriebsrats bei der Planung berücksichtigt werden können. Arbeitgeber und Betriebsrat sollen dabei auch die gesicherten arbeitswissenschaftlichen Erkenntnisse über die menschengerechte Gestaltung der Arbeit berücksichtigen. **§ 91 (Mitbestimmungsrecht)** Werden die Arbeitnehmer durch Änderungen der Arbeitsplätze, des Arbeitsablaufs oder der Arbeitsumgebung, die den gesicherten arbeitswissenschaftlichen Erkenntnissen über die menschengerechte Gestaltung der Arbeit offensichtlich widersprechen, in besonderer Weise belastet, so kann der Betriebsrat angemessene Maßnahmen zur Abwendung, Milderung oder zum Ausgleich der Belastung verlangen. ...	**§ 3 (Gefährdungsbeurteilung)** (1) Bei der Beurteilung der Arbeitsbedingungen nach § 5 des Arbeitsschutzgesetzes hat der Arbeitgeber zunächst festzustellen, ob die Beschäftigten Gefährdungen beim Einrichten und Betreiben von Arbeitsstätten ausgesetzt sind oder ausgesetzt sein können. Ist dies der Fall, hat er alle mögliche Gefährdungen der Gesundheit und Sicherheit der Beschäftigten zu beurteilen. Entsprechend dem Ergebnis der Gefährdungsbeurteilung hat der Arbeitgeber Schutzmaßnahmen gemäß den Vorschriften dieser Verordnung einschließlich ihres Anhangs nach dem Stand der Technik, Arbeitsmedizin und Hygiene festzulegen. Sonstige gesicherte arbeitswissenschaftliche Erkenntnisse sind zu berücksichtigen. (2) Der Arbeitgeber hat sicherzustellen, dass die Gefährdungsbeurteilung fachkundig durchgeführt wird. ...	**§ 1 Grundsatz.** Der Arbeitgeber hat ... Betriebsärzte und Fachkräfte für Arbeitssicherheit zu bestellen. Diese sollen ihn beim Arbeitsschutz und bei der Unfallverhütung unterstützen. **§ 3 Aufgaben der Betriebsärzte.** (1) Die Betriebsärzte haben die Aufgabe, den Arbeitgeber beim Arbeitsschutz ... insbesondere bei 1d) arbeitsphysiologischen, arbeitspsychologischen und sonstigen ergonomischen sowie arbeitshygienischen Fragen, insbesondere bei der Gestaltung der Arbeitsplätze, des Arbeitsablaufs und der Arbeitsumgebung zu unterstützen. **§ 6 Aufgaben der Fachkräfte für Arbeitssicherheit.** Die Fachkräfte für Arbeitssicherheit haben die Aufgabe, den Arbeitgeber beim Arbeitsschutz und bei der Unfallverhütung in allen Fragen der Arbeitssicherheit einschl. der menschengerechten Gestaltung der Arbeit zu unterstützen.

5.11.5 Das staatliche Arbeitsschutzrecht

Das staatliche Arbeitsschutzrecht wird in die Bereiche des technischen und sozialen Arbeitsschutzes unterteilt (**Tabelle 1**). Der technische Arbeitsschutz befasst sich dabei mit der Abwehr von Gefahren durch die angewandte Technik. Die Ergonomie dient dem Schutz von Leib und Leben der Arbeitnehmer. Der soziale Arbeitsschutz lässt sich schwer abgrenzen, da er mit dem „normalen" Arbeitsrecht stark verwoben ist. So gehört z. B. der Kündigungsschutz deshalb auch in den Bereich der Arbeitssystemgestaltung, da bei der Umgestaltung von Anlagen Arbeitsplätze „freigesetzt" werden können. Bei der Planung müssen diese Mitarbeiter in anderen Bereichen durch Arbeitsstrukturierungsmaßnahmen wieder eingegliedert werden. Für Jugendliche, Schwangere, Behinderte, müssen besondere ergonomische Bedingungen bei der Arbeit eingeplant werden.

Tabelle 1: Der staatliche Arbeitsschutz

Technischer Arbeitsschutz	Sozialer Arbeitsschutz
Sicherheit von gefährlichen Anlagen	Arbeitszeitschutz (ArbZG, BetrVG, BGB, ...)
Gerätesicherheit (CE, GS)	Mutterschutz (MuSchG)
Arbeitsstättenverordnung (ArbStättV)	Jugendarbeitsschutz (JASchG)
Schutz vor schädlichen Einwirkungen (Arbeitsplatz)	Schwerbehindertenschutz (SchwbG)
Organisation der Arbeitssicherheit	Kündigungsschutz (KSchG, BGB, BetrVG)
Menschengerechte Gestaltung der Arbeit	Arbeitsplatzschutz (ArbPlSchG)
Rechtsgebiete, die der Arbeitsschutz tangiert	
– Umweltrecht	– Bau- und Verkehrsrecht

Umweltschutz
Der **Umweltschutz** wurde bisher bei allen Ausführungen nicht erwähnt. Er kommt mit dem **technischen Arbeitsschutz** stark in Berührung. Teilweise besteht sogar ein gegenseitiges Spannungsverhältnis. Einige Verordnungen sind dem Bereich des Arbeitsschutzes, z. B. die Röntgenverordnung, und andere dem des Umweltschutzes, z. B. der Strahlenschutz, zugeordnet. Weiter sind auch viele Arbeitnehmer wegen ihrer „Nähe" zum Risiko zumeist höheren Gefahren ausgesetzt als sonstige Personen.

Bau- und Verkehrsrecht
Letztendlich gibt es auch bei den Vorschriften des **Bau- und Verkehrsrechts** zahlreiche Überschneidungen. Das **Arbeitsstättenrecht** tangiert u. a. das **Bauordnungsrecht** der Länder, weil bestimmte Festlegungen, z. B. die Beleuchtungsvorschriften, in beiden Rechtsgebieten enthalten sind. Im **Verkehrsrecht** gibt es z. B. starke Überschneidungen durch die Gefahrgutverordnung und die technischen Anforderungen an die Fahrzeuge.

Ergänzende Regelungen (DIN, VDE, VDI)
Sowohl die staatlichen Gesetze, Verordnungen als auch die allgemeinen Verwaltungsvorschriften können jedoch nicht alle sicherheitstechnischen Tatbestände bis ins Detail regeln, da die Technik starre Formen nicht zulässt. Einzelheiten sind deshalb in **DIN-Normen**, z. B. DIN EN ISO 13857 Sicherheit von Maschinen, **VDE-Bestimmungen** und sonstigen Richtlinien, z. B. **VDI-Richtlinie** 2057 Schwingungen, aufgenommen. Weiter gilt, dass immer nach den „anerkannten Regeln der Technik" und den „gesicherten arbeitswissenschaftlichen Erkenntnissen" gehandelt werden muss. Dabei gilt im Streitfall die überwiegende Meinung der Fachleute. Vor Gericht werden die beiden Parteien Gutachter als Sachverständige, z. B. TÜV, DEKRA, beauftragen um ihre Ansprüche zu beweisen. Das Gericht entscheidet dann mit einem zusätzlichen neutralen Gutachter, was der „Stand der Technik" ist.

5.11.6 DGUV Vorschrift 1 „Grundsätze der Prävention" – Unfallverhütungsvorschrift.

Nach dem 7. Buch des Sozialgesetzbuches (SGB 7) werden die Unfallverhütungsvorschriften von den Trägern der gesetzlichen Unfallversicherung beschlossen. Der komplexe Aufbau wurde vereinheitlicht. Die DGUV (Deutsche Gesetzliche Unfallversicherung) Vorschrift 1 beinhaltet und konkretisiert alle wesentlichen Anforderungen, die ein Unternehmer im betrieblichen Arbeits- und Gesundheitsschutz zu berücksichtigen hat. Sie hat die Unfallverhütungsvorschriften (BGV A1) abgelöst. Gleichzeitig erfolgte der Wechsel von der BG (Berufsgenossenschaft)-Regel „Grundsätze der Prävention" (BGR A1) zur DGUV Regel 100-001, die ergänzende Erläuterungen zur Vorschrift 1 gibt.

Zu den wesentlichen Inhalten der DGUV Vorschrift 1 zählen:
- die Pflichten des Unternehmers; wie beispielsweise Beurteilen der Arbeitsbedingungen, Unterweisen der Beschäftigten oder Maßnahmen bei Mängeln
- die Pflichten der Versicherten; wie etwa die Unterstützung des Unternehmers bei Sicherheitsmaßnahmen, verantwortungsbewusstes Verhalten oder Melden von Gefahren und Mängeln im Arbeitsbereich
- die Organisation des betrieblichen Arbeitsschutzes: sicherheitstechnische und betriebsärztliche Betreuung, Maßnahmen bei besonderen Gefahren, Erste Hilfe, Persönliche Schutzausrüstung

5.11.7 Die Fürsorgepflicht

Rechtsgrundlage für die Gestaltung der Arbeit im Betrieb ist die Fürsorgepflicht. Sie leitet sich aus dem (Arbeits-) **Vertragsrecht des BGB** ab. Dabei wird im § 611 BGB (Wesen des Dienstvertrags) durch den Dienstvertrag der Arbeitnehmer zur Dienstleistung verpflichtet, der Arbeitgeber zur Gewährung einer Vergütung. Zusätzlich gelten aber im Vertragsrecht allgemein die sog. **Nebenleistungspflichten** aus § 242 BGB **(Leistung nach Treu und Glauben)**. Diese wiederum verpflichten den Arbeitgeber zur **Fürsorgepflicht** und den Arbeitnehmer zur **Treuepflicht**.

Diese hier allgemein beschriebene Fürsorgepflicht verpflichtet **jeden** Arbeitgeber seinen Arbeitnehmern Schutz und Fürsorge im Rahmen seines Arbeitsverhältnisses einzuräumen. Dieses bezieht sich auf die Gestaltung des Arbeitsplatzes, der Arbeitsstätte und der Arbeitsumgebung.

Gefahren für Leben und Gesundheit im Zusammenhang mit der Erbringung der Arbeitsleistung sind also vom Arbeitgeber abzuwenden. Da diese Regelung für die Rechtspraxis sehr „offen" ist, kann jeder die Fürsorgepflicht mehr oder weniger so auslegen wie er es für richtig hält. Deshalb wurden vom Staat sehr detaillierte und umfangreiche Gesetze, Verordnungen und Regelungen des Arbeitsschutzrechts erlassen.

Tabelle 1: Die wesentlichen Veränderungen durch das EU-Arbeitsschutzrecht (Ziele des EWG-Vertrages)

- Die europäische Union setzt soziale Verantwortung gleichrangig neben wirtschaftliche Entwicklung.
  (Hebung des Lebensstandards).

- Die Arbeitsbedingungen in Europa sollen überall gleiche Standards haben.
  (Hoher sozialer Schutz).

- Die Wettbewerbsvoraussetzungen sollen überall gleich sein.
  (Harmonische Entwicklung des Wirtschaftslebens).

- Das EU-Arbeitsschutzrecht hat für die Modernisierung des bundesdeutschen Rechts gesorgt.

- Die Europäischen Arbeitsschutzrichtlinien geben die Richtung für die nationale Umsetzung vor.

- Jeder Bürger kann sich auf seine Rechte im europäischen Arbeitsschutzrecht berufen.

- EU-Arbeitsschutzrecht bedeutet für viele einen erheblichen Fortschritt.
  (Hohes Beschäftigungsniveau sichern).

5.11.8 Das Europäische Arbeitsschutzrecht

Das europäische Arbeitsschutzrecht hat mit dafür gesorgt, dass in Deutschland der Arbeits- und Gesundheitsschutz einen **qualitativen Sprung** nach vorn vollzogen hat. Heute kennzeichnet das bundesdeutsche Arbeitsschutzrecht eine **einheitliche Grundstruktur** mit dem Arbeitsschutzgesetz als Basis. Vor 1996 war es zersplittert und auf der 150 Jahre alten Gewerbeordnung aufgebaut.

Die europäischen Mitgliedsstaaten haben seit Ende der 70er-Jahre ein Richtlinienwerk zum Schutz von Gesundheit und Sicherheit der Arbeitnehmer und Arbeitnehmerinnen geschaffen, um den selbst formulierten **sozialen Verpflichtungen** und gleichzeitig dem Aufbau des gemeinsamen europäischen Marktes nachzukommen.

Der Wille der EU und das Ziel des EWG-Vertrages **(Tabelle 1)** war von Anfang an einen gemeinsamen europäischen Markt zu errichten. Dabei sollte eine **harmonische Entwicklung** des Wirtschaftslebens gefördert und ein **hohes Beschäftigungsniveau** gesichert werden, der **soziale Schutz** garantiert sein und der **Lebensstandard gehoben** werden.

Eine wichtige Aufgabe haben dabei die Gewerkschaften in den internationalen Unternehmen (z. B. VW mit SEAT und Skoda). Sie achten darauf, dass im ganzen Unternehmen dieselben Arbeitsbedingungen eingehalten werden.

Mit der Verabschiedung der „Einheitlichen Europäischen Akte" 1986 und der Einfügung von zwei neuen Artikeln Art. 110a und Art. 118a in den EWG-Vertrag, wurde eine bessere Rechtsgrundlage für den Gesundheitsschutz geschaffen.

Im Rahmen des Vertrages von Maastricht (1992) haben die Mitgliedsstaaten (außer Großbritannien) im Protokoll über die Sozialpolitik den **Art. 118 a und 100 a EWG** bestätigt. Das europäische Gemeinschaftsrecht ist eigenständig und autonom und unabhängig von den Rechtsordnungen der Mitgliedsstaaten.

Für sie besteht seit 1989 eine Verpflichtung, das nationale Arbeitsschutzrecht neu zu ordnen und die europäischen Arbeitsschutz-Richtlinien (**Bild 1**) umzusetzen[1]. Dabei soll die vollständige Wirksamkeit der Richtlinien entsprechend ihrem Ziel gewährleistet sein.

Die Bürger können sich gegenüber dem Staat unmittelbar auf ihre Rechte aus den Richtlinien berufen, wenn diese noch nicht national umgesetzt worden sind.

Das europäische Arbeitsschutzrecht orientiert sich an dänischen, schwedischen, norwegischen und niederländischen Gesetzen und am Abkommen Nr. 155 „Übereinkommen über Arbeitsschutz und Arbeitsumwelt" der Internationalen Arbeitsorganisation (ILO). Hintergrund ist dabei der Gesundheitsbegriff der World Health Organization WHO:

> Gesundheit im Zusammenhang mit Arbeit ist „nicht nur das Freisein von Krankheit oder Gebrechen, sondern umfasst auch die physischen und geistig-seelischen Faktoren, die sich auf die Gesundheit auswirken und die in unmittelbarem Zusammenhang mit der Sicherheit und der Gesundheit bei der Arbeit stehen."

Das europäische Arbeitsschutzrecht folgt einem modernen Leitbild bzw. Grundprinzipien und dient nicht allein der Gefahrenabwehr, sondern auch dem Schutz der körperlichen Unversehrtheit (Unfälle und Berufskrankheiten).

Dieser Ansatz hat in den vergangenen Jahrzehnten in Produktionsbetrieben Erfolge gezeigt und ein umfangreiches Technisches Regelwerk geschaffen.

Das neue, umfassende Leitbild richtet sich auf die veränderten Belastungsprofile in der modernen Arbeitswelt. Dazu gehören z. B. die Zunahme von psychischen Belastungen. Es wird den heutigen gesundheitlichen Problemen chronischer Erkrankungen und Befindlichkeitsstörungen viel eher gerecht.

Auszug aus EG-Vertrag Artikel 95 (ex-Art. 100a)

(3) Die Kommission geht in ihren Vorschlägen nach Absatz 1 in den Bereichen Gesundheit, Sicherheit, Umweltschutz und Verbraucherschutz von einem hohen Schutzniveau aus und berücksichtigt dabei insbesondere alle auf wissenschaftliche Ergebnisse gestützten neuen Entwicklungen. Im Rahmen ihrer jeweiligen Befugnisse streben das Europäische Parlament und der Rat dieses Ziel ebenfalls an.

Die europäischen Arbeitsschutz-Richtlinien basieren auf zwei Artikeln des EWG-Vertrags.

Der **Artikel 95 EG-Vertrag** verfolgt den Zweck, „die Einrichtung und das Funktionieren des Binnenmarkts" zu gewährleisten. Richtlinien auf dieser Grundlage dienen vorrangig der **technischen Harmonisierung** und beziehen sich auf Produktsicherheit und chemische Stoffe. In der nationalen Umsetzung von Richtlinien nach Art. 100 a ist keinerlei Spielraum erlaubt. Das Über- und Unterschreiten der EU-Normen ist verboten, weil eine absolute Harmonisierung des Handels beabsichtigt ist.

Mit den **Arbeitsschutz-Richtlinien** auf der Grundlage des **Artikel 138 EG-Vertrags** sollen die **Arbeitsschutz-Mindeststandards** in Europa für alle Arbeitnehmer und Betriebe vereinheitlicht werden. Die Mitgliedsstaaten verpflichten sich darin:

Die Richtlinien nach **Art. 28** und **29** regeln den freien Warenverkehr in Europa und zielen auf die **Beseitigung technischer Handelshemmnisse**.

Arbeitsschutz-Richtlinien, die aus **Art. 118 a EWG** abgeleitet sind, enthalten **Mindeststandards** und sogenannte **Erwägungsgründe**, also allgemeine Grundsätze zur Anwendung der Richtlinien.

---
[1] siehe Gesetzessammlung auf der CD des Buches

Bild 1: Die sieben Grundprinzipien des EU-Arbeitsschutzrechts

5.11 Rechtliche Grundlagen bei der Arbeitssystemgestaltung

5.11.9 Die Gefährdungsbeurteilung

5.11.9.1 Einführung

Im Konzept der **Prävention**[1] und der Arbeitssystemgestaltung ist die Gefährdungsbeurteilung die Grundlage für einen wirksamen Arbeitsschutz zur Verhütung von Unfällen und Gesundheitsgefahren integriert mit der menschengerechten Gestaltung der Arbeit (5.1.2 Menschengerechte Arbeitsgestaltung). Gefährdungsbeurteilungen können und sollten **retrospektive**[2] die Ursachen und Bedingungen eingetretener gesundheitlicher Schädigungen (Unfälle, arbeitsbedingte Erkrankungen) oder von Arbeitserschwernissen (Beanspruchungsfolgen) analysieren, bewerten und Maßnahmen einleiten.

> Die **menschengerechte Gestaltung** ist die Voraussetzung, dass Arbeitsverfahren und Abläufe sowie Arbeitsmittel und Arbeitsstoffe so gestaltet werden, dass Arbeitsverfahren und Abläufe im Sinne des Total Quality Managements geplant und unterhalten werden, dass technische und organisatorische Mängel durch eine ständige Verbesserung im Sinne von KAIZEN verringert oder beseitigt werden.

5.11.9.2 Inhalt und Ablauf der Gefährdungsbeurteilung Vorgehensweisen und Verfahren

Für die Gefährdungsbeurteilung kann es keine einheitliche Vorgehensweise und Methode geben. Sie muss an den Betrieb angepasst sein. Deshalb ist die Erarbeitung des eigenen Ablaufes durch Spezialisten zu planen und muss in dem Unternehmen erprobt, ständig verbessert und angepasst werden. Weiter bestimmt das Gefährdungspotenzial die Methode der Beurteilung. Die wichtigsten Methoden sind Betriebsbegehungen, Mitarbeiterbefragungen, sicherheitstechnische Überprüfungen, spezielle Ereignis-, Sicherheits- und Risikoanalysen.

> Die neue Norm ISO 45001 **„Managementsysteme für Sicherheit und Gesundheit bei der Arbeit"** formuliert die Anforderungen an den Arbeitsschutz- und Gesundheitsschutz-Managementsysteme als weltweit gültigen Standard. Gleichzeitig gibt die Norm Unternehmen geeignete Instrumente und Maßnahmen an die Hand, um diese praktisch umzusetzen. Ziel der ISO 45001 ist es, das Risiko von Verletzungen und Erkrankungen am Arbeitsplatz zu verringern und bestenfalls zu vermeiden – durch ein implementiertes Arbeits- und Gesundheitsschutz-Managementsystem.

> **Der Inhalt der Gefährdungsbeurteilung**
> Die Gefährdungsbeurteilung soll alles was zu Unfällen oder Gesundheitsbeeinträchtigungen führen kann aufzählen. Also somit u. a. die:
> - Gestaltung und Einrichtung der Arbeitsstätte, einschließlich der Verkehrswege, Arbeits-, Lager-, Aufenthaltsräume und des Arbeitsplatzes, Gestaltung, die Auswahl, den Einsatz, den Zustand von Arbeitsmitteln (Maschinen, Geräte, Anlagen, Werkzeuge) und Arbeitsstoffen, sowie den Umgang mit den zu bearbeitenden Arbeitsgegenständen,
> - Arbeits- und Fertigungsverfahren, die Tätigkeiten einschließlich der Arbeitsorganisation, also der Arbeitsabläufe, Arbeitsteilung, Arbeitszeit, Pausen und Verantwortung.
> - Arbeitsumgebungsbedingungen, wie u. a. Klima, Beleuchtung, Lärm und Strahlung,
> - Auswahl und Benutzung von persönlichen Schutzausrüstungen (PSA),
> - Unzureichende Qualifikation, Fähigkeit und Fertigkeit, sowie die unzureichende Unterweisung der Beschäftigten.

---

[1] Prävention = Vorbeugung, Verhütung; von lat. praevenire = zuvorkommen

[2] retrospektiv = zurückblickend; von lat. retro = zurück, rückwärts und lat. spicere = schauen

> **Rechtsgrundlagen zur Gefährdungsbeurteilung**
> Rechtliche Regelungen zur Durchführung von Beurteilungen von Gefährdungen, Gefahren, Risiken und Belastungen, die die Sicherheit und Gesundheit beeinflussen können, existieren sowohl für **Produkte** (= **Produktsicherheit**) (siehe auch Kapitel 5.11.11 EU-Maschinenrichtlinie) als auch für die **Beschäftigten** bei der Arbeit (= **Arbeitssicherheit**). Diese sind europäisch harmonisiert (**Tabelle 1**).
>
> Im Rahmen der Gemeinsamen Deutschen Arbeitsschutzstrategie (GDA) wurde die Leitlinie „Gefährdungsbeurteilung und Dokumentation" erarbeitet. Sie legt ein abgestimmtes Vorgehen der für den Arbeitsschutz zuständigen Landesbehörden und der Unfallversicherungsträger bei der Beratung und Überwachung der Betriebe fest.

Tabelle 1: Rechtsgrundlagen			
Arbeits-sicherheit	1989/391/EWG 91/383/EWG	Arb-SchG	DGUV, Vorschrift 1
	1999/92/EG 2009/104/EG	Betr-SichV	DGUV, Vorschrift 3
	1990/270/EWG	Bild-scharbV	DIN EN ISO 9241
	2000/54/EG	Bio-StoffV	TRBA 400 BGI/GUV-I 853
Produkt-sicherheit	1998/37/EG 89/392/EWG	Prod-SV	DIN EN ISO 13849 DIN EN ISO 12100

Arbeitsschutzgesetz (ArbSchG, Auszüge)

§ 2 Begriffsbestimmungen
(1) Maßnahmen des Arbeitsschutzes im Sinne dieses Gesetzes sind Maßnahmen zur Verhütung von Unfällen bei der Arbeit und arbeitsbedingter Gesundheitsgefahren einschließlich Maßnahmen zur menschengerechten Gestaltung der Arbeit.

§ 4 Allgemeine Grundsätze
Der Arbeitgeber hat bei Maßnahmen des Arbeitsschutzes von folgenden Grundsätzen auszugehen:
1. Die Arbeit ist so zu gestalten, dass eine Gefährdung für Leben und Gesundheit möglichst vermieden bzw., die Gefährdung möglichst gering gehalten wird;
2. Gefahren sind an ihrer Quelle zu bekämpfen;
3. bei den Maßnahmen sind der Stand der Technik, Arbeitsmedizin und Hygiene sowie gesicherte arbeitswissenschaftliche Erkenntnisse zu berücksichtigen;
4. ...

§5 Beurteilung der Arbeitsbedingungen
(1) Der Arbeitgeber hat durch eine Beurteilung der für die Beschäftigten mit ihrer Arbeit verbundenen Gefährdung zu ermitteln, welche Maßnahmen erforderlich sind.
(3) Eine Gefährdung kann sich insbesondere ergeben durch
1. die Gestaltung und Einrichtung der Arbeitsstätte und des Arbeitsplatzes,
2. physikalische, chemische und biologische Einwirkungen,
3. die Gestaltung, die Auswahl und den Einsatz von Arbeitsmitteln, insbesondere von Arbeitsstoffen, Maschinen, Geräten und Anlagen sowie den Umgang damit,
4. die Gestaltung von Arbeits- und Fertigungsverfahren, Arbeitsabläufen und Arbeitszeit und deren Zusammenwirken,
5. unzureichende Qualifikation und Unterweisung der Beschäftigten.

§6 Dokumentation
(1) Der Arbeitgeber muss über die je nach Art der Tätigkeiten ... erforderlichen Unterlagen verfügen, aus denen das Ergebnis der Gefährdungsbeurteilung, ... ersichtlich ist. ....

Arbeitsmittel
Bei den Arbeitsmitteln muss untersucht werden, ob diese für die jeweiligen Arbeiten geeignet sind und diese bestimmungsgemäß eingesetzt werden. Dabei sind die, sowohl bei der Benutzung selbst verbundenen Gefährdungen zu berücksichtigen, als auch jene, die durch Wechselwirkungen mit anderen hervorgerufen werden.

Betriebszustände
Eine Gefährdungsanalyse muss für **alle** Betriebszustände (**Bild 1**) (siehe Kap. 5.11.11 EU Maschinenrichtlinie) durchgeführt werden, um diese besonderen Gefahren einzugrenzen.

Besondere Personengruppen
Je nach Personengruppen gelten unterschiedliche Schutzbestimmungen:
- Betriebsangehörige,
- Beschäftigte von Fremdbetrieben (Reinigung, Wartung, Bau, Ausbildung, Zulieferung, ...),
- Leiharbeiter (Einweisung in den Arbeitsplatz)
- Besucher und Betriebsbesichtigungen,
- Rettungsdienste,
- Jugendliche (JArbSchG),
- Schwangere und stillende Mütter (MuSchG),
- Behinderte,
- ...(weitere)

Zu prüfen ist bei allen, ob die Beschäftigungsbeschränkungen oder besondere Schutzmaßnahmen eingehalten werden.

Betriebliche Arbeitsschutzorganisation
Eine gute Organisation und Dokumentation erleichtert und gewährleistet einen wirksamen Arbeitsschutz. Sie muss ein wesentlicher Bestandteil im täglichen Betriebsablauf sein. Sie muss vorbeugend wirken also schon in der Planung mitwirken, Nachbesserungen verursachen Krankheitsausfälle, Zeitverlust, Stress und Kosten. Sie hilft auch vor Gericht als Beweismittel für den Arbeitgeber und für den Arbeitnehmer.

Bild 1: Betriebszustände

Ablauf der Gefährdungsbeurteilung
Ja nach Betrieb wird die Gefährdungsbeurteilung mit unterschiedlichen Schwerpunkten ausgearbeitet werden. Die klassische Schrittfolge ist in der folgenden Seite dargestellt.
Bei der Untersuchung sollten allerdings zuerst die **bereichsübergreifenden Anforderungen** untersucht werden. Also Verkehrswege, Fluchtwege, Brandschutz, Beleuchtung, Lüftung und Heizung.
Danach sollten dem Arbeitsablauf folgend, die **Arbeitsplätze und Tätigkeiten** mit den verwendeten Arbeitsmitteln und der Arbeitsumgebungsbedingungen beurteilt werden.
Bewertungskriterien
Die Gefährdungen müssen mit dem Ziel zur Verminderung und Vermeidung des Unfall- und Gesundheitsrisikos bewertet werden.

5.11 Rechtliche Grundlagen bei der Arbeitssystemgestaltung

Erläuterungen zu den Begriffen bei der Gefährdungsbeurteilung

Gefährdungen

Gefährdungen umfassen sowohl die Möglichkeit des Einwirkens von schädlichen Energien und Stoffen auf den Menschen als auch Belastungen, die negative Beanspruchungsfolgen hervorrufen können.

Gefährdungsbeurteilung

Unter der Gefährdungsbeurteilung wird das Erkennen und Bewerten der Entstehungsmöglichkeiten von Unfällen und Gesundheitsbeeinträchtigungen infolge der beruflichen Arbeit verstanden. Sie hat das Ziel, Maßnahmen zur Beseitigung von Gefährdungen abzuleiten. Beurteilt wird dabei Folgendes:

- Welche Gefährdungen treten auf?
- Welche Personen (-gruppen) könnten betroffen sein?
- Sind die Bedingungen am Arbeitsplatz so gestaltet, dass eine Gefährdung für Leben und Gesundheit möglichst ausgeschlossen werden kann (§4 ArbSchG)?
- Sind Verbesserungen möglich?
- Wie dringlich sind die erforderlichen Maßnahmen?
- Welche Anforderungen müssen die neuen Maßnahmen erfüllen?

Gefährdungsfaktoren

Die Gefährdungen werden in gleichartige Gefahrenquellen und 15 Gefährdungsfaktoren unterteilt (**Bild 1**). Informationen über die Wirkungen und Bewertung dieser Gefährdungsfaktoren und über geeignete Arbeitsschutzmaßnahmen sind im Adressennachweis am Ende des Kapitels zu finden.

1. Mechanische Gefährdungen
2. Elektrische Gefährdungen
3. Gefahrstoffe
4. Biologische Arbeitsstoffe
5. Brand- und Explosionsgefährdungen
6. Kalte und heiße Medien
7. Klima
8. Beleuchtung
9. Lärm
10. Vibration
11. Strahlung
12. Aufnahme von Informationen, Handhabung von Stellteilen
13. Physische Belastungen
14. Psychische Belastungen
15. Sonstige Gefährdungen

All diese Gefährdungen sind Inhalt der Ergonomie (Kap. 5.2 Ergonomie). Hier werden in der Checkliste für manuelle Arbeitssysteme die Optimierung dieser Punkte genannt. Inhalt ist dabei die Verwendung ergonomischer Arbeitsmittel, Beachtung der Körpergrößen, Dimension der Greifräume, Anordnung der Teilebehälter, die Arbeitsposition, die Beleuchtung, die Belastung und Beanspruchung, die Belastungsanalyse und die Belastung durch Schichtarbeit.

Tabelle 1: Risiko-Matrix nach Nohl; Verfahren zur Sicherheitsanalyse

Schadensschwere \ Wahrscheinlichkeit	Leichte Verletzungen, oder Erkrankungen	Mittelschwere Verletzungen, oder Erkrankungen	Schwere Verletzungen, oder Erkrankungen	Möglicher Tod, Katastrophe
Sehr gering	1	2	3	4
Gering	2	3	4	5
Mittel	3	4	5	6
Hoch	4	5	6	7

Maßzahl	Risiko	Beschreibung
1 bis 2	gering	Der Eintritt einer Verletzung oder Erkrankung ist nur wenig wahrscheinlich. Handlungsbedarf besteht nicht.
3 bis 4	signifikant	Der Eintritt einer Verletzung oder Erkrankung ist wahrscheinlich. Handlungsbedarf ist angezeigt.
5 bis 7	hoch	Der Eintritt einer Verletzung oder Erkrankung ist sehr wahrscheinlich. Handlungsbedarf ist dringend erforderlich.

Bild 1: Gefährdungen am Arbeitsplatz

5.11.9.3 Verantwortung und Mitwirkung bei der Gefährdungsbeurteilung

Arbeitgeber (AG)
Der AG hat die Verantwortung für die Durchführung und Umsetzung der Gefährdungsbeurteilung.

Mitwirkung der Beschäftigten (AN, Arbeitnehmer)
Die AN können dem AG **Vorschäge** zum Gesundheitsschutz und zur Betriebssicherheit machen (§ 17 ArbSchG). Die AN bzw. ihre Vertretungen sind zu allen Fragen, die Auswirkungen auf ihre Sicherheit und Gesundheit haben, zu **hören** (§ 81ff BetrVerfG und §14 ArbSchG). Durch die Mitwirkung sollen die AN eingebunden werden und somit werden die Regeln **akzeptiert** und deren Einhaltung unterstützt.

Somit gilt die folgende Empfehlung:
- Vor Beginn muss über das Ziel und den Nutzen der Beurteilung informiert werden, am besten mit einen Gruppengespräch,
- Alle Arbeitssituationen erfassen und nach Gefährdungen hinterfragen,
- Sicherheitsmängel, gesundheitliche Beschwerden und subjektiv empfundene Belastungen durch Befragung oder Gruppendiskussion erfragen,
- Bei der Umgestaltung der Arbeitsplätze, Auswahl der Arbeitsmittel, der persönlichen Schutzausrüstung (PSA) und der Durchführung der Schutzmaßnahmen sollten die Erfahrungen und Kenntnisse der betroffenen AN mit einfließen (**Bild 1** und **Bild 2**).

Sicherheitsfachkräfte und Betriebsärzte
Diese Fachkräfte haben den AG bei der Gefährdungsbeurteilung zu beraten. Sie machen Vorschläge über das methodische Vorgehen, informieren über die Risikobewertung, ermitteln selbständig durch Begehungen und Ursachenforschung nach Unfällen arbeitsbedingte Gesundheitsgefährdungen.
Die besondere Aufgabe der Betriebsärzte ist die Erfassung und Auswertung der Vorsorgeuntersuchungen und die Risikobewertung individueller Gesundheits- und Leistungsvoraussetzungen.

5.11.9.4 Zeitpunkt der Gefährdungsbeurteilung

Die Gefahrdungsbeurteilung erfolgt
- als Erstbeurteilung, z. B. bei Neuanschaffungen oder
- nach Änderung des Standes der Technik, z. B. nach Veränderungen aufgrund von Störfällen (**Bild 3**).

Bild 1: PSA beim Schweißen

Bild 2: Gefahren durch bewegte Maschinenteile

Bild 3: Gefährdungsbeurteilung, *wann*?

5.11 Rechtliche Grundlagen bei der Arbeitssystemgestaltung

Vorgehensweise (Ablauf) zur Ermittlung gefährungsbezogener Arbeitsschutzmaßnahmen

A Festlegung des Untersuchungsgegenstandes
- Was ist zu beurteilen (Arbeitstätigkeit, Arbeitsplatz, Arbeitsstätte, Arbeitsmittel/Beschäftigte)?
- Wer beurteilt (Verantwortlicher, Durchführender, Helfer)?
- Wie wird beurteilt (Betriebsbegehung, Mitarbeiterbefragung, Überprüfung von Zuständen und Objekten)?
- Wann erfolgt die Beurteilung?

B Analyse arbeitsbedingter Gefährdungen und Belastungen (Ist-Zustand ermitteln)
- faktorenspezifische Analyse (Unfallfaktoren, pathologische Faktoren, Belastungsfaktoren),
- objektspezifische Analyse (Arbeitsmittel, Arbeitsstätte, Arbeitsgegenstand, Arbeitsverfahren),
- tätigkeitsspezifische Analyse (Arbeitsaufgabe, Arbeitsablauf),
- nutzergruppenspezifische Analyse (Beschäftigte),
- ereignisspezifische Analyse (Komponentenausfall, Störfall).

C Bewerten der arbeitsbedingten Gefährdungen und Belastungen mit dem Soll-Zustand (Schutzziele)
- Vergleich mit Schutzzielen in Rechtsvorschriften und Technischen Regeln,
- Vergleich mit Grenz- und Richtwerten, sowie Auslöseschwellen,
- Akzeptanzbetrachtung mit Risikoermittlung (Risikograph) analog nach der Prozess FMEA (QM Kap. 11.5.3 FMEA).

D Ableitung von Schutzmaßnahmen, Durchführen und die Wirksamkeit überprüfen
- Rangfolge der Maßnahmen,
- Festlegung von Verantwortlichen und Terminen,
- Realisierung der Maßnahmen und Durchführung mithilfe der Methoden nach KAIZEN, KVP, QM (Kap. 11.6 KAIZEN),
- Prüfung der Wirksamkeit der Maßnahmen z. B. mit Kennzahlen analog nach Kennzahlenanalyse (Kap. 2.6.1 Controlling)

E Dokumentation der Ergebnisse der Gefährdungsbeurteilung
- erfasste Gefährdungen und Belastungen (Ist-Werte),
- Schutzmaßnahmen zum Abbau der Gefährdungen und Belastungen (Soll-Ziele),
- Ergebnisse der Wirksamkeitsüberprüfung (Auswertung der Kennzahlen)
- Einbindung in die Dokumentation nach DIN EN ISO 9001:2015 (QM Kap. 11.3).

5.11.9.5 Gestaltungsrangfolge von Arbeitsschutzmaßnahmen

Gefährdungsbeurteilung
Maßnahmen zur Gewährleistung der Arbeitssicherheit resultieren, aus der **prospektiven**[1] Gefährdungsbeurteilung geplanter oder vorhandener Arbeitssysteme der Produkte oder aus **retrospektiven** Untersuchungen von Arbeitsunfällen, arbeitsbedingter Erkrankungen, Störungen und Havarien[2].

Maßnahmenerfordernis
Die **Dringlichkeit** (Maßnahmenerfordernis) von Arbeitsschutzmaßnahmen wird durch das
- **Schadensausmaß** (**Tabelle 1**) einer Gefährdung und
- der **Eintrittswahrscheinlichkeit** (Häufigkeit/Dauer) ermittelt (**Tabelle 2**).

$R = S \cdot (WI + WII + WIII)$

R Risikozahl
S Schadensausmaß
W Eintrittswahrscheinlichkeit

Tabelle 1: Das Schadensausmaß S

	Ausmaß der Verletzung oder Gesundheitsverletzung	Wichtungszahlen
S1	keine Folgen	1
S2	leichte Verletzungen	2 bis 3
S3	mittelschwere Verletzungen	4 bis 6
S4	schwere Verletzungen	7 bis 8
S5	Tod	9 bis 10

Tabelle 2: Die Gewichtung der Eintrittswahrscheinlichkeit W

	Häufigkeit und Dauer der Gefährdungsexplosion (WI)	Wichtungszahlen
W1	selten	1
W2	häufig (mehr als 1 mal pro Schicht)	2
	Eintrittswahrscheinlichkeit eines Gefährdungsereignisses (WII)	
W3	gering (kaum möglich)	1
W4	mittel (durchaus möglich)	3
W5	groß (sehr wahrscheinlich)	5
	Möglichkeit der gefährdeten Person zur Vermeidung oder Begrenzung des Schadens ($WIII$)	
W6	möglich	1
W7	möglich unter bestimmten Bedingungen	2
W8	unmöglich	3

---

[1] prospektiv = der Aussicht, Möglichkeit nach; von lat. prospectare = umsehen
[2] Havarie = Unfall, schwere Betriebsstörung; von arab. awariya = beschädigte Ware, Fehler

In Anlehnung an DIN EN ISO 12 100 kann eine **Risikozahl (R)** in **3 Risikostufen** zugeordnet werden (**Tabelle 1**).

Bei der Auswahl von Arbeitsschutzmaßnahmen geht es vorrangig um das Gegenüberstellen und Abwägen von Lösungsmöglichkeiten unter sicherheitstechnischen, humanen und wirtschaftlichen Kriterien. Kriterien dafür sind u.a.:
- Aufwand der vorgesehenen Schutzmaßnahme,
- Wirksamkeit der Maßnahme,
- Realisierungszeit,
- Allgemein Auswirkungen der Maßnahme.

Rangfolge von Arbeitschutzmaßnahmen

Gestaltungsrangfolge für die Produkte:

Bei der Konzipierung, Entwicklung und Bau von Produkten ist die EU-Maschinenrichtlinie und die 9. ProdSV einzuhalten, dabei muss die folgende Reihenfolge eingehalten werden:
- **Beseitigung oder Minimierung der Gefahren** (Integration des Sicherheitskonzeptes in die Entwicklung und den Bau der Maschine = eigensichere Konstruktion) (**Tabelle 2** – Gefahrstufe 0),
- **Ergreifen** von notwendigen oder zusätzlichen **Schutzmaßnahmen** gegen nicht zu beseitigende Gefahren (Tabelle 2 – Gefahrstufe 1),
- **Unterrichtung** der Benutzer über **Restgefahren**, weil nicht alle Gefahren beseitigt werden können. Hinweis auf erforderliche Spezialausbildung und persönlicher Schutzmaßnahmen (Tabelle 2 – Gefahrstufe 2)

Bei der Erstellung einer Betriebsanweisung muss der Hersteller nicht nur vom „normalen" Einsatz ausgehen, sondern auch einen Einsatz nach „vernünftigem" Ermessen mit einarbeiten. Wobei zwischen privaten Nutzern und Fachleuten unterschieden werden kann.

Tabelle 1: Risikostufen und Maßnahmenerfordernisse

Risikozahl	0 bis 24	25 bis 42	43 bis 100
Risikobewertung in Risikostufen	Geringes Risiko R (1)	Mittleres Risiko R (2)	Hohes Risiko R (3)
	Organisatorische und personenbezogene Maßnahmen	Maßnahmen mit normaler Schutzwirkung notwendig	Maßnahmen mit erhöhter Schutzwirkung dringend notwendig

Tabelle 2: Schutzmaßnahmen an Maschinen (DIN EN ISO 12100-1)

Schutzmaßnahmen, die vom Konstrukteur zu planen sind			
- Vermeidung von Risiko durch funktionstechnische Lösungen (Inhärent[1] sichere Konstruktion)	- Schutzeinrichtungen - sichere Steuerungen (Technische und ergänzende Schutzmaßnahmen)	- Betriebsanleitung - Warnzeichen, Signale (Benutzerinformation)	
Gefahr beseitigen **Gefahrstufe 0**	Gefahr unwirksam machen **Gefahrstufe 1**	Auf Gefahr hinweisen **Gefahrstufe 2**	
Schutzmaßnahmen, die vom Benutzer durchzuführen sind			
keine	- Zusätzliche Schutzeinrichtungen	- Betriebsanweisung - Ausbildung - PSA - Überwachung	

[1] inhärent = anhaftend, innewohnend, von lat. inhaerere = innewohnen

Beispiel für eine Gefährdungsbeurteilung

Betrieb/Abteilung:	Fertigung/Montage von Leuchten		Arbeitsstätte/Arbeitsplatz:	Meisterbüro		
Tätigkeit:			Name/Schicht/Datum:	Stephan, Normalschicht, 12.03.20xx		

Nr.	Teil-Tätigkeit	Mögliche Gefahren und Belastungen	Maßnahmen	Dringlichkeit	Beauftragter/Termin	Kontrolle durch/am
1	Dübelloch bohren	Absturzgefahr von der Leiter bzw. der Montagebühne	Nur geeignetes Gerüst und zugelassene Leiter benutzen	3	Müller 24.02.20xx	Otto 24.02.20xx
2		Augenverletzung durch Bohrmehl	Schutzbrille tragen	3	Ausführender Mitarbeiter	Otto regelmäßig
3		Kontakt mit spannungsführenden Leitungen	Vor Aufnahme der Arbeit Leistungspläne studieren, ggf. Leitungen spannungsfrei schalten	3	Müller	Otto
4		Herumschlagende Bohrmaschine	Aus sicherem Stand Maschine mit beiden Händen halten	3	Ausführender Mitarbeiter	Otto regelmäßig
5		Lärm durch Bohrmaschine	Gehörschutz tragen	2	Ausführender Mitarbeiter	Otto regelmäßig

5.11 Rechtliche Grundlagen bei der Arbeitssystemgestaltung

Gestaltungsrangfolge für die Arbeitsbedingungen:
Der AG muss die Arbeitsbedingungen und den Arbeitsschutz integrieren und die entsprechenden Schutzmaßnahmen einleiten (**Tabelle 1**). Nach § 4 ArbSchG gelten die folgenden Grundsätze:

- Gebot der Gefährdungsminimierung
- Gefahrbekämpfung an der Quelle
- Sachgerechte Verknüpfung von Technik, Arbeitsorganisation, Arbeitsbedingungen und Umweltbedingungen
- Nachrangigkeit individueller Schutzmaßnahmen (PSA), Lärm durch Dämmung beseitigen, dann werden Kopfhörer überflüssig. Diese behindern die normale Kommunikation.

Aus diesen Grundsätzen ist die Rangfolge der Maßnahmen zur Arbeitssicherheit abzuleiten. Aus **Tabelle 1** ersieht man die EInstufung in die primären, sekundären und tertiären Arbeitsschutzmaßnahmen.

Tabelle 1: Einstufung der Arbeitsschutzmaßnahmen

Primäre Arbeitsschutzmaßnahmen	Sekundäre Arbeitsschutzmaßnahmen	Teritäre Arbeitsschutzmaßnahmen
- Vermeiden der **Entstehung** einer Gefährdung - Verminderung des Gefährdungspotenzials auf ein ungefährliches Maß an der Quelle der Gefährdung	- Vermeidung/ Verminderung der **Ausbreitung** des Gefährdungsfaktors durch zusätzliche Mittel und Maßnahmen	- Vermeidung/ Verminderung der Einwirkung des Gefährdungsfaktors durch organisatorische und individuelle Maßnahmen
Maßnahmemöglichkeiten		
- Begrenzung der Energie - Schleichgang - Drehzahlbegrenzung	- Absaugung von Schadstoffen - räumliche Trennung durch Abschirmung	- Begrenzung der Expositionszeit[1] - Benutzung persönlicher Schutzausrüstungen (PSA)

[1] Minimale Aufenthaltszeit in einem Gefährdungsbereich

Beispiel für eine Checkliste: Anforderungen bei der Gestaltung von Arbeitsräumen, Arbeitsumgebung und Arbeitsplätzen = SOLL Vorgabe (Auszug)

Die Beschäftigten betreffend	Rechtsquelle	J	N
Sind die Mitarbeiter(innen) der Berufsgenossenschaft gemeldet und versichert?	SGB 7		
Ist für eine Tätigkeit entsprechende Aufsichtsdichte gesorgt?	ArbSchG § 13 DGUV-1		
Ist die jeweils beauftragte verantwortliche Person zur Durchführung des Projektes fachlich ausreichend geeignet?	ArbSchG DGUV-1		
Sind die beauftragten Mitarbeiter-(innen) zur Durchführung ihrer Tätigkeiten ausreichend qualifiziert, bzw. auch sonst geeignet und über mögliche Gefährdungen unterwiesen?	ArbSchG § 4ff DGUV-1		
Insbesondere bei der Beauftragung ausländischer Mitarbeiter: Ist eine Verständigung möglich?	ArbSchG § 4ff DGUV-1		
Die betriebliche Organisation betreffend			
Ist zur Durchführung der Tätigkeiten eine arbeitsmedizinische Untersuchung notwendig, wenn ja, wurde sie veranlasst?	ArbSchG § 11 DGUV-6		
Sind Fachkräfte für Arbeitssicherheit/Sicherheitsbeauftragte bestellt?	ASiG, DGUV-1		
Wurde vor Aufnahme der Arbeit eine Gefährdungs- und Belastungsbeurteilung durchgeführt und dokumentiert?	ArbSchG §§ 5,6		
Die Geräte und Anlagen betreffend			
Sind die Arbeits- und Sozialräume, Vorrichtungen und Gerätschaften, welche die Arbeitnehmer benutzen, so eingerichtet, dass die Beschäftigten gegen Gefahr für Leben und Gesundheit soweit geschützt sind, als die Natur der Arbeit es gestattet?	DGUV-1 BGB § 618 HGB § 62 GewO § 120a ArbStättV		
Werden die vorgeschriebenen regelmäßigen Prüfungen durchgeführt (z. B. an elektrischen Anlagen und Arbeitsmaschinen)?	DGUV-3		
Sind die Maßnahmen zum Brand- und ggf. Explosionsschutz ausreichend?	ArbSchG § 9		

Gestaltung sicherer Arbeitssysteme:

Die Schutzmaßnahmen des Herstellers sicherer Produkte sind durch den späteren Benutzer durch anwenderspezifische Maßnahmen zu ergänzen. Dies sind im Wesentlichen:
- die Restgefahren durch das Produkt,
- die konkreten Arbeitsplatzbedingungen beim Benutzer,
- die Wechselwirkungen der Produkte untereinander und mit den Arbeitsstoffen, der Arbeitsumgebung und der Ergonomie am Arbeitsplatz.

Wirkungskontrolle der Arbeitsschutzmaßnahmen

Durch das Arbeitschutzgesetz (ArbSchG § 3 (1)) ist der Arbeitgeber verpflichtet, die Wirksamkeit der Maßnahmen des Arbeitsschutzes laufend zu überprüfen und auch den neuen Entwicklungen und Erkenntnissen anzupassen. Diese Wirksamkeitskontrollen werden u. a. folgendermaßen durchgeführt:
- laufende oder stichprobenmäßige Kontrollen der sicherheitstechnisch bedeutsamen Betriebsbedingungen und der Anlagen,
- Durchführung von Wartungs- und Instandsetzungsarbeiten nach betriebsbedingten Vorgaben,
- Einschaltung von Sachverständigen wenn keine genügende Sachkenntnis vorhanden ist
- Dokumentation aller sicherheitstechnisch relevanten Ereignisse.

5.11.9.6 Die Verantwortung des Unternehmers

Die oberste Verantwortung für den Arbeits- und Gesundheitsschutz, die Sicherheit der Anlage, den Umweltschutz und die Produktsicherheit liegt beim Unternehmer selbst. Diese Verantwortung trägt der Unternehmer gegenüber seinen eigenen Mitarbeitern und gegenüber Dritten (**Tabelle 1**). Die folgenden Grundpflichten hat er dabei einzuhalten.

A Organisationspflicht. Aufbau einer geeigneten Arbeitsorganisation mit abgegrenzten Verantwortlichkeitsbereichen und kostenlose Bereitstellung aller Schutzmittel (PSA).

B Fürsorgepflicht (Kap. 5.11.7). Verantwortung für das Einhalten der Schutzvorschriften für Einweisungen, Nachschulungen und Versicherungspflicht.

C Auswahlpflicht. Die Mitarbeiter müssen für Ihre Tätigkeiten eine geeignete Qualifikation besitzen sowie die körperlichen und geistigen Voraussetzungen nachweisen.

D Direktionsrecht und Direktionspflicht. Der Unternehmer muss den Mitarbeitern geeignete Anweisungen erteilen.

E Kontrollpflicht. Überwachung der Anweisungen, Kontrolle über die Qualifikation der Mitarbeiter, evtl. Nachschulungen.

F Gleichbehandlungspflicht. Männliche und weibliche Mitarbeiter haben die gleichen Rechte und Pflichten.

Tabelle 1: Rechtsfolgen bei schuldhaftem Verhalten

	Bußgeld (Ordnungswidrigkeit)	Kriminalstrafe (Straftat)	Erstattung (Regress)
Rechtsgrundlage	§ 209 SGB 7 Verstoß gegen UVV oder vollziehbare Anordnung	§ 229 StGB, § 222 StGB Verletzung, Tötung eines Menschen	§§ 110, 111 SGB 7 Herbeiführen eines Arbeitsunfalles
Verschulden	Vorsatz, Fahrlässigkeit	Fahrlässigkeit	Vorsatz, grobe Fahrlässigkeit
Rechtsfolge	Je nach Schwere mehrere T €	Geld- bzw. Freiheitsstrafe bis 3 Jahre bzw. 5 Jahre bei Tötung	Alles, was die BG für den Verletzten aufwenden muss
Verfolgende Stelle	Gewerbeaufsicht, Berufsgenossenschaft	Strafgericht	Berufsgenossenschaft

Abkürzungen und Gesetze

AG	Arbeitgeber
AN	Arbeitnehmer
ArbSchG	Arbeitsschutzgesetz
ArbstättV	Arbeitsstättenverordnung
ASiG	Arbeitssicherheitsgesetz
BAM	Bundesanstalt für Materialforschung
BetrSichV	Betriebssicherheitsverordnung
BetrV	Betriebsverfassungsgesetz
BGB	Bürgerliches Gesetzbuch
BGI	Berufsgenossenschaftliche Informationen
BGR	Berufsgenossenschaftliche Regeln
BGV	Berufsgenossenschaftliche Vorschriften
BIA	Berufsgenossenschaftliches Institut für Arbeitsschutz
BildscharbV	Bildschirmarbeitsverordnung
BImSchG	Bundesimmisionsschutzgesetz
DGUV	Deutsche Gesetzliche Unfallversicherung
GefstoffV	Gefahrstoffverordnung
GewO	Gewerbeordnung
HGB	Handelsgesetzbuch
JArbSchG	Jugendarbeitsschutzgesetz
MuSchuG	Mutterschutzgesetz
ProdSG	Produktsicherheitsgesetz
PSA	Persönliche Schutzausrüstung
PTB	Physikalisch-Technische Bundesanstalt
SGB 7	Siebtes Buch Sozialgesetzbuch – Gesetzliche Unfallversicherung
StGB	Strafgesetzbuch

5.11 Rechtliche Grundlagen bei der Arbeitssystemgestaltung

5.11.10 Gefahrstoffe

Gefahrstoffe sind
- Stoffe, die gefährlich sind
- Stoffe, deren Zubereitung oder Bearbeitung gefährlich ist.

Die Merkmale der Gefahrstoffe sind:
- explosionsgefährlich
- brandfördernd
- entzündlich
- giftig
- gesundheitsschädlich
- ätzend
- reizend
- krebserzeugend
- fortpflanzungsgefährdend
- erbgutverändernd
- umweltgefährlich

Die gefährlichen Stoffe sind mit einer verbindlichen Einstufung für die EU in der Richtlinie 67/548/EWG aufgelistet.

GHS

Das global harmonisierte System (GHS) regelt weltweit die Einstufung und Kennzeichnung von Chemikalien **(Tabelle 1)**. Für die EU gilt hierzu die *Verordnung (EG) Nr. 1272/2008*, auch *CLP-Verordnung* (**C**lassification, **L**abelling and **P**ackaging of Substances and Mixtures) genannt. Die früheren S-Sätze und R-Sätze sind nun durch H-Sätze (Hazard Statements) und P-Sätze (Precautionary Statements) ersetzt **(Tabelle 1, folgende Seite)**.

Technische Regeln für Gefahrstoffe (TRGS). Für die praktische Umsetzung der Gefahrstoffverordnung gibt es die TRGS. Sie ist in 9 Bereiche gegliedert **(Tabelle 2)**, z. B. für Schutzmaßnahmen bei Tätigkeiten mit Gefahrstoffen TRGS 500-599. In TRGS 555 ist festgelegt wie eine vom Arbeitgeber zu erstellende Betriebsanweisung zu gliedern ist und wie anhand der Betriebsanweisung in regelmäßigen Abständen ein betriebliche Unterweisung der Mitarbeiter zu erfolgen hat.

Tabelle 2: Technische Regeln für Gefahrstoffe	
TRGS 001 - 099	Allgemeines, Aufbau und Beachtung
TRGS 100 - 199	Begriffsbestimmungen
TRGS 200 - 299	Inverkehrbringen von Stoffen, Zubereitungen und Erzeugnissen
TRGS 300 - 399	Arbeitsmedizinische Vorsorge
TRGS 400 - 499	Gefährdungsbeurteilung
TRGS 500 - 599	Schutzmaßnahmen bei Tätigkeiten mit Gefahrstoffen
TRGS 600 - 699	Ersatzstoffe und Ersatzverfahren
TRGS 700 - 899	Brand- und Explosionsschutz
TRGS 900 - 999	Grenzwerte, Einstufungen, Begründungen und weitere Beschlüsse des AGS

Tabelle 1: Kennzeichnung gefährlicher Stoffe (Gliederungsbeispiel)

Bezeichnung des Stoffs und des Unternehmens

Handelsname: xxxxxxx Artikelnummer: yyyy

Relevante identifizierte Verwendungen des Stoffs oder Gemischs und Verwendungen, von denen abgeraten wird, Verwendung des Stoffes/des Gemisches

Wasseraufbereitung, Hauptgruppe 1: Desinfektionsmittel und allgemeine Biozid-Produkte, Produktart 2: Desinfektionsmittel für den Bereich des öffentlichen Gesundheitswesen.

Einzelheiten zum Lieferanten, der das Sicherheitsdatenblatt bereitstellt. Hersteller/Lieferant:
XY AG, Straße, PLZ Ort, Tel., E-Mail, Notrufnummer.

Gefahren

GHS05 Ätzwirkung, Hautätzung 1B H314 Verursacht schwere Verätzungen der Haut und schwere Augenschäden.
Signalwort Gefahr

GHS09 Umwelt, Aqu. akut 1 H400 Sehr giftig für Wasserorganismen
Signalwort Gefahr

Gefahrbestimmende Komponenten zur Etikettierung:

Quaternäre Ammoniumverbindungen, Benzyl-C12-C16-alkyldimethyl, Chloride

Gefahrenhinweise (H-Sätze, Hazard Statements)

H314 Verursacht schwere Verätzungen der Haut und schwere Augenschäden.
H400 Sehr giftig für Wasserorganismen.

Sicherheitshinweise
(P-Sätze, Precautionary Statements)

P101 Ist ärztlicher Rat erforderlich, Verpackung oder Kennzeichnungsetikett bereithalten.

P102 Darf nicht in die Hände von Kindern gelangen.

P103 Vor Gebrauch Kennzeichnungsetikett lesen.

P260 Staub/Rauch/Gas/Nebel/Dampf/Aerosol nicht einatmen.

P303+P361+P353
BEI KONTAKT MIT DER HAUT (oder dem Haar): Alle beschmutzten, getränkten Kleidungsstücke sofort ausziehen. Haut mit Wasser abwaschen/duschen.

P305+P351+P338
BEI KONTAKT MIT DEN AUGEN: Einige Minuten lang behutsam mit Wasser spülen. Vorhandene Kontaktlinsen nach Möglichkeit entfernen. Weiter spülen.

P310 Sofort GIFTINFORMATIONSZENTRUM oder Arzt anrufen.

P405 Unter Verschluss aufbewahren.

P501 Entsorgung des Inhalts / des Behälters gemäß den örtlichen / regionalen / nationalen/ internationalen Vorschriften.

Tabelle 1: GHS[1], CLP-Verordnung[2]

Piktogramm	Anwendung, Beispiele für Gefahrenhinweise (H-Sätze, Hazard-Statements)	Beispiele für Sicherheitshinweise (P-Sätze, Precautionary-Statements)
Explosive Stoffe	**Gefahr.** Explosive Stoffe und Gemische oder Erzeugnisse mit Explosivstoffen in Vorrichtungen bei deren Zündung keine Wirkung durch Sprengung, Rauch oder Feuer verursacht wird, sowie Explosivstoffe zum Zweck von Explosionen. H200: Instabil, explosiv	P 202 Vor Gebrauch sämtliche Sicherheitsratschläge lesen und verstehen. P 281 Vorgeschriebene persönliche Schutzausrüstungen verwenden. P 372 Explosionsgefahren bei Brand. P 380 Umgebung räumen.
Oxidierende Stoffe	**Gefahr.** Oxidierende Stoffe: feste Stoffe oder Gemische, die, obwohl sie selbst nicht notwendigerweise brennbar aber durch Abgabe von Sauerstoff einen Brand anderer Materialien unterstützen oder verursachen können. H270: Kann Brand verursachen oder verstärken; Oxidationsmittel	P 220 Von Kleidung/.../brennbaren Materialien fernhalten/entfernt aufbewahren. P 244 Druckminderer frei von Fett und Öl halten. P 370 + P 376 Bei Brand: Undichtigkeit beseitigen, wenn gefahrlos möglich. P 403 An einem gut belüfteten Ort aufbewahren.
Selbsterhitzungsfähige Stoffe	**Gefahr.** Selbsterhitzungsfähige Stoffe oder Gemische mit der Neigung durch Berührung mit Luft ohne Energiezufuhr selbst zu erhitzen oder zu entzünden. H250: Entzündet sich in Berührung mit Luft selbst.	P 210 Von Hitze/Funken/offener Flamme/heißen Oberflächen fernhalten. Nicht rauchen. P 222 Kontakt mit Luft nicht zulassen. P 280 Schutzhandschuhe/Schutzkleidung/Augenschutz/Gesichtsschutz tragen. P 302 + P 334 BEI KONTAKT MIT DER HAUT: In kaltes Wasser tauchen, Verband anlegen.
Akute Toxizität (Sehr giftige Stoffe)	**Gefahr.** Akute Toxizität, jene schädlichen Wirkungen, die auftreten, wenn ein Stoff oder Gemisch in einer Einzeldosis oder innerhalb 24 Std. in mehreren Dosenoral oder dermal verabreicht oder 4 Std. lang eingeatmet wird. H300 Lebensgefahr bei Verschlucken	P 270 Bei Gebrauch nicht essen oder trinken oder rauchen. P 301+ P 310 BEI VERSCHLUCKEN sofort Giftinformationszentrum oder Arzt anrufen. P 321 Besondere Behandlung: siehe Etikett. P 330 Mund ausspülen. P 405 Unter Verschluss aufbewahren. P 501 Inhalt/Behälter der Entsorgung zuführen.
Gesundheitsgefahr	**Gefahr.** Sensibilisierung der Atemwege oder der Haut: Stoffe die beim Einatmen eine Überempfindlichkeit oder bei Hautkontakt eine allergische Reaktion auslösen. H334 Kann bei Einatmen Allergie, asthmaartige Symptome oder Atembeschwerden verursachen.	P 261 Einatmen von Staub oder Rauch oder Gas oder Nebel oder Dampfoder Aerosol vermeiden. P 285 Bei unzureichender Belüftung Atemschutz tragen. P 341 Bei Atembeschwerden an die frische Luft und in eine Position bringen, die das Atmen erleichtert.
Korrosiv, gegenüber Metallen, hautätzend	**Gefahr oder Achtung.** Stoffe oder Gemische die auf Metalle chemisch einwirken und sie beschädigen oder gar zerstören. H290 Kann gegenüber Metallen korrosiv sein.	P 234 Nur im Originalbehälter aufbewahren. P 390 Verschüttete Mengen aufnehmen um Materialschäden zu vermeiden. P 406 In korrosionsbeständigem Behälter oder Behälter mit korrosionsbeständiger Auskleidung aufbewahren.
Gase unter Druck	**Gefahr.** Gase unter Druck, die in einem Behältnis unter einem Druck größer 200 kPa enthalten sind oder die verflüssigt oder verflüssigt und tiefgekühlt sind. H280 Achtung, enthält Gas unter Druck; kann bei Erwärmung explodieren.	P 410 + P 403 Vor Sonneneinstrahlung schützen. An einem gut belüfteten Ort aufbewahren.
Gewässergefährdend	**Achtung oder Gefahr.** Akute aquatische Toxizität: die intrinsische Eigenschaft eines Stoffes, einen Organismus bei kurzzeitiger Exposition zu schädigen. H400 Sehr giftig für Wasserorganismen.	P 273 Freisetzungen in die Umwelt vermeiden. P 391 Verschüttete Mengen aufnehmen. P 501 Inhalt/Behälter der Entsorgung zuführen.

[1] Das global harmonisierte System (GHS) regelt weltweit die Einstufung und Kennzeichnung von Chemikalien.
[2] Regulation on Classification, Labelling and Packaging of Substances and Mixtures.

5.11.11 EU-Maschinenrichtlinie

Die Maschinenrichtlinie der Europäischen Union vom 17. Mai 2006 gilt für alle ihre Mitgliedsstaaten und wurde in Deutschland als Verordnung zum Gerätesicherheitsgesetz erlassen. Sie gilt für alle Maschinen und Maschinenanlagen. Zu den Maschinen zählen auch Sicherheitsbauteile und auswechselbare Ausrüstungen.

> Unter einer Maschine versteht man die Gesamtheit von miteinander verbundenen Teilen oder Vorrichtungen, von denen mindestens eines beweglich ist.

Die Maschinenrichtlinie umfasst 29 Artikel und hat 12 Anhänge (**Tabelle 1**). Die Vorgaben der Maschinenrichtlinie sind vom Maschinenhersteller, dem Maschinenbetreiber und dem Maschinenbenutzer zwingend einzuhalten. Im Anhang I der Maschinenrichtlinie sind die grundlegenden Sicherheits- und Gesundheitsanforderungen formuliert.

Man muss also möglichst eine gefahrlose Maschine bauen und wenn das nicht geht, den Benutzer vor der Gefahr schützen, z. B. durch Kapselung und wenn das nicht alle Gefahren ausschließt ihn davon in Kenntnis setzen (**Bild 1**).

Es gilt:
1. Gefahren zu beseitigen oder zu minimieren.
2. Schutzmaßnahmen gegen nicht zu beseitigende Gefahren zu ergreifen.
3. Den Benutzer der Maschine über Restgefahren zu unterrichten.

Tabelle 1: Aufbau der Maschinenrichtlinie

Richtlinie 2006/42/EG, vom 17. Mai 2006	
Artikel 1	Anwendungsbereich
Artikel 2	Begriffsbestimmungen
Artikel 3	Spezielle Richtlinien
Artikel 4	Marktaufsicht
Artikel 5	Inverkehrbringen und Inbetriebnahme
Artikel 6	Freier Warenverkehr
Artikel 7	Konformitätsvermutung und harmonisierte Normen (Ist eine Maschine nach einer Norm EN .... hergestellt, so wird unterstellt, dass sie die Sicherheits- und Gesundheitsanforderungen der Maschinenrichtlinie erfüllt.)
Artikel 8	Spezifische Maßnahmen
Artikel 9	Maschinen mit besonderem Gefahrenpotenzial
Artikel 10	Anfechtung einer harmonisierten Norm
Artikel 11	Schutzklauseln
Artikel 12	Konformitätsbewertungsverfahren
Artikel 13	Unvollständige Maschinen
Artikel 14	Stellen für die Konformitätsverfahren
Artikel 15	Installation und Verwendung der Maschinen
Artikel 16	CE-Kennzeichnung
Artikel 17-29	Administrative Vorgaben
ANHANG I	**Grundlegende Sicherheits- und Gesundheitsanforderungen für Konstruktion und Bau von Maschinen**
ANHANG II	Erklärung zur EG-Konformität und zur unvollständigen Maschine
ANHANG III	CE-Kennzeichnung
ANHANG IV	Liste der erfassten Maschinen
ANHANG V	Liste der erfassten Sicherheitsbauteile
ANHANG VI	Montageanleitung für unvollst. Maschinen
ANHANG VII	Technische Unterlagen
ANHANG VIII	Interne Fertigungskontrolle
ANHANG IX	EG-Baumusterprüfung
ANHANG X	Konformität bei umfassender Qualitätssicherung
ANHANG XI	Mindestkriterien für Prüfungsstellen zur Konformität
ANHANG XII	Querverweisliste zur alten EU-Richtlinie

Bild 1: Minimieren der Gefahr

Gesichtspunkte zur Sicherheit und zum Gesundheitsschutz

Materialien. Die verwendeten Materialien einer Maschine dürfen nicht zur Gefärdung der Sicherheit und der Gesundheit führen. Sie dürfen also z. B. nicht giftig sein und nicht brüchig werden und dabei eine Gefahr bilden. Man muss also Materialermüdung, Korrosion, Alterung und Verschleiß berücksichtigen und entsprechende Wartung bzw. Instandsetzung vorsehen.

Beleuchtung. Ergänzend zur normalen Raumbeleuchtung sind erforderlichenfalls zusätzlich Lichtquellen einzusetzen.

Handhabung. Eine Maschine muss man gefahrlos handhaben können. Das bedeutet auch, dass sie gefahrlos transportiert und aufgestellt werden kann. Es sind z. B. entsprechende Lastaufnahmeösen anzubringen oder beizustellen (**Bild 1**).

Steuerungen und Befehlseinrichtungen. Steuerungen und Befehlseinrichtungen müssen sicher und zuverlässig funktionieren. Ein Fehler in der Steuerungslogik darf zu keiner gefährlichen Situation führen.

Stellteile. Bei Stellteilen (z. B. Hebeln, Handrädern und Tastaturen) müssen die Steuerwirkungen unmissverständlich erkennbar sein, z. B. durch Bildzeichen bzw. Anzeigen oder durch eine Kohärenz[1] zwischen Stellbewegung und Wirkung. Eine Kohärenz liegt vor, wenn die Stellbewegung nach links auch die Vorrichtung nach links lenkt. Stellteile sollten möglichst außerhalb des Gefahrenbereichs liegen.

Ingangsetzen. Das Ingangsetzen einer Maschine darf nur durch eine absichtliche Betätigung der dafür vorgesehenen Stelleinrichtungen erfolgen, also z. B. durch Einschalten einer gewählten Betriebsart.

Eine Maschine darf sich keinesfalls selbst Ingangsetzen, nachdem zuvor ein Stillstand eingetreten ist.

Stillsetzen. Jede Maschine muss zum sicheren Stillsetzen mit einer Befehlseinrichtung, z. B. einem NOT-AUS-Taster ausgerüstet sein. Der NOT-AUS-Befehl muss solange erhalten bleiben, bis er bewusst zurückgenommen wird (z. B. durch Entriegelung des Tasters). Die Freigabe darf aber die Maschine nicht in Gang setzen, sondern dies nur ermöglichen (**Bild 2**).

Betriebsartenwahl. Die Betriebsartenwahl ist allen anderen Steuerungsfunktionen übergeordnet außer der Notbefehlseinrichtung bzw. dem Ausschalten.

Jeder Stellung des Betriebsartenwahlschalters darf nur eine Betriebsart zugeordnet werden, z. B. der Automatikbetrieb oder der Einrichtbetrieb (**Bild 3**).

Im Rüstbetrieb oder Wartungsbetrieb können einzelne Schutzfunktionen eingeschränkt sein, z. B. die Türverriegelung ist ausgesetzt. Im Automatikbetrieb müssen alle Schutzfunktionen aktiviert sein.

[1] Kohärenz = Zusammenhang, von lat. cohaerere = zusammenhängen

Bild 1: Lastösen zur Handhabung eines Roboters

Bild 2: Stillsetzen durch NOT-AUS

Bild 3: Betriebsartenwahlschalter

5.11 Rechtliche Grundlagen bei der Arbeitssystemgestaltung

Störung der Energieversorgung. Eine Unterbrechung der Energieversorgung (z. B. elektrische, hydraulische, pneumatische, mechanische Energie) darf nicht zu einer gefährlichen Situation führen. Auch die Energiewiederkehr darf keine Gefahr bergen. So sind z. B. Vorkehrungen zu treffen, dass bei Ausbleiben des Hydraulikdruckes bei einem hydraulischen Spannmittel das Werkstück nicht herausgeschleudert wird. Es ist gegenbenenfalls ein genügend stabiles Absperrgitter anzubringen.

Stabilität. Maschinen müssen so stabil sein und aufgestellt werden können, dass sie bei bestimmungsgemäßer Nutzung nicht brechen, umstürzen, herabfallen oder sonst wie zur Gefahr werden können.

Schutzmaßnahmen gegen sonstige Gefahren

Zu den sonstigen Gefahren zählen:
- Gefahren durch elektrische Spannung,
- Gefahren durch elektrische Aufladung,
- Gefahren durch nichtelektrische Energie, z. B. Bersten eines Behälters,
- Gefahren durch Montagefehler, z. B. Fehlen eines Sicherungsringes,
- Gefahr durch extreme Temperatur, z. B. durch hohe Oberflächentemperatur eines Motors,
- Brandgefahr, z. B. Auslaufen einer Flüssigkeit,
- Explosionsgefahr, z. B. bei mangelnder Absaugung von Stäuben,
- Gefahren durch Lärm,
- Gefahren durch Stäube,
- Gefahren durch Vibrationen,
- Gefahren durch Strahlung,
- Gefahren durch Laserlicht oder andere Lichtquellen,
- Gefahren in eine Maschine eingeschlossen oder eingeklemmt zu werden,
- Sturzgefahr, z. B. durch Ausrutschen oder Stolpern.

Kennzeichnung und Betriebsanleitung

An jeder Maschine muss deutlich lesbar und unverwischbar mindestens folgende Kennzeichnung angebracht sein:
- Name und Anschrift des Herstellers,
- CE-Kennzeichnung[1] (**Bild 1**)
- Bezeichnung der Serie oder des Typs,
- Baujahr (**Bild 2**).

Darüberhinaus sind sicherheitsrelevante Hinweise anzubringen, wie z. B. Maximalgewichte und dgl.

Bild 1: CE-Symbol

Bild 2: Maschinenkennzeichnung (Beispiel)

Jede Maschine muss mit einer Betriebsanleitung versehen sein. Diese enthält neben der Maschinenkennzeichnung:
- die bestimmungsgemäße Verwendung,
- Angaben zur Inbetriebnahme, Wartung, Montage, Störungsbeseitigung,
- Angaben für geeignete Werkzeuge oder Werkstoffe.

Auf sachwidrige Verwendungsmöglichkeiten ist auch hinzuweisen. Zur Betriebsanleitung gehören auch Planungsunterlagen für die Wartung oder Reparatur sowie erforderlichenfalls Angaben für einen sicheren Betrieb.

Die Betriebsanleitung muss enthalten:
- den Dauerdruckschallpegel, gemessen in dB(A), sofern dieser über 70 dB(A) liegt,
- den Höchstwert des Schalldrucks; sofern dieser 63 Pa übersteigt,
- den Schallleistungspegel, sofern dieser an den Arbeitsplätzen über 85 dB(A) liegt.

---

[1] CE von franz. Controlé Européen = europäisch geprüft

5.11.12 Europäische Sicherheitsnormen

Die Europäischen Sicherheitsnormen sind gegliedert nach:
- A-Normen (Grundnormen),
- B-Normen (Gruppennormen),
- C-Normen (Produktnormen).

Die **A-Normen** enthalten grundlegende Begriffe und Festlegungen. Hierzu gehören: DIN EN ISO 12100 *Sicherheit von Maschinen – Grundbegriffe und allgemeine Gestaltungsgrundsätze* und DIN EN ISO 14121 *Sicherheit von Maschinen, Leitsätze zur Risikobeurteilung*.

B-Normen leiten sich aus den A-Normen für verschiedenen Aufgabenbereiche ab. Zu den B-Normen gehört z. B. DIN EN 60204-1 *Elektrische Ausrüstung von Maschinen*.

Die **C-Normen** enthalten Aussagen über Sicherheitsaspekte, z. B. zu Werkzeugmaschinen und Robotern. Die C-Normen sind vielfach noch in Arbeit. Hersteller, Lieferanten und Nutzer von Maschinen müssen daher häufig einstweilen anhand der A-Normen und der B-Normen die geforderte Maschinensicherheit garantieren. Etwa 650 C-Normen sind für Maschinen vorhanden oder vorgesehen.

Risikoanalyse. Maschinen bergen aufgrund ihres Aufbaus und ihrer Aufgaben Risiken (**Bild 1**). Die EU-Maschinenrichtlinie verlangt daher eine Risikobeurteilung. Die A-Normen sind Hilfen für die Risikobewertung. Dabei beschreibt DIN EN ISO 12100 die zu betrachtenden Risiken und die Gestaltungsgrundsätze zur Risikominderung. DIN EN ISO 14121 beschreibt die Vorgehensweise zur Risikobeurteilung und zur Risikominderung zum Erreichen der Sicherheit. Diese Vorgehensweise ist ein iterativer[1] Prozess mit gegebenenfalls mehreren Schleifen der Wiederholung des Verfahrens (**Bild 2**).

Die Risikoanalyse umfasst:
1. Bestimmung der Grenzen der Maschine,
2. Identifizierung der Gefährdungen,
3. Verfahren der Risikoeinschätzung (Bild 2).

Zur Risikoanalyse können die Methoden des QM, wie z. B. das
- Ursache-Wirkungs-Diagramm (Ishikawa-Diagramm, Seite 407 und 477)
- die ABC-Analyse (Seiten 70, 186 und 344) oder
- die Fehlermöglichkeiten- und Einflussanalyse (FMEA, Seite 481)

angewendet werden.

Bild 1: Risiko

Bild 2: Risikoanalyse

Literatur:
- *Kessels, U., Muck, U.*: Risikobeurteilung gemäß 2006/42/EG: Handlungshilfe und Potenziale, Herausgeber DIN e.V., Verlag: Beuth
- *Wolke T.*: Risikomanagement, Oldenbourg Wissenschaftsverlag
- *Bayer C.*: Methoden der Risikoanalyse in der Technik: Systematische Analyse komplexer Systeme, TÜV AUSTRIA Akademie GmbH

---
[1] lat. iteratio = Wiederholung, schrittweise Annäherung an die ideale Lösung

6 Kostenrechnung für die Betriebspraxis

Ziel in modernen Betrieben ist es durch ständige Kontrolle die Betriebsabläufe unter wirtschaftlichen Gesichtspunkten zu regeln und nachhaltig zu sichern. Hierzu werden Daten aus der Finanz- und Betriebsbuchhaltung sowie der Kostenrechnung in der Betriebsstatistik erfasst und bewertet **(Tabelle 1)**.

Aufgaben der Kostenrechnung:
- Ermittlung der Selbstkosten,
- Kalkulation als Basis der Preisermittlung,
- Bewertung von fertigen und unfertigen Erzeugnissen in der Bilanz,
- Kontrolle der Wirtschaftlichkeit und Rentabilität eines Unternehmens,
- Grundlage für Investitionen,
- Grundlage für Managemententscheidungen.

Die Kostenrechnung erfolgt in drei Schritten **(Bild 1)**.

In der **Finanzbuchhaltung** werden alle Vorgänge erfasst, die zwischen Betrieb und Außenwelt, also den Kunden, Lieferanten, Mitarbeitern und anderen, ablaufen. Ihre Verfahren sind an zahlreiche gesetzliche Vorschriften, wie z. B. das Steuerrecht, gebunden.

Die **Betriebsbuchhaltung** dagegen hält alle betriebsinternen Vorgänge fest, wie z. B. Material- und Lohnkosten, Erzeugniskosten und Kostenanfall in den Kostenstellen des Betriebs in denen die Kosten entstanden sind.

Aufgrund der kurz-, mittel- und langfristigen Auswirkungen von Entscheidungen auf Basis der Kostenrechnung unterscheidet man verschiedene Systeme **(Tabelle 2)**.

6.1 Was sind Kosten?

Ausgaben, Aufwand und Kosten
Ausgaben sind z. B. Bargeldzahlungen für Rohmaterialien, Krediterhöhungen bei der Bank oder Forderungsminderungen gegenüber Lieferanten. Sie bilden den erhaltenen Gegenwert zu den vom Unternehmen durchgeführten Einkäufen.

Aufwand ist der gesamte erfasste Verbrauch an erbrachter Arbeit, Kapital und Material innerhalb eines abgegrenzten Zeitraums zur Herstellung von Produkten im Betrieb. Dies wird auch in dem Sprachgebrauch der Betriebswirtschaft als „Werteverzehr" bezeichnet. Bei der Erfolgsbetrachtung in einem Betrieb, nämlich der **Gewinn- und Verlustrechnung (GuV)**, wird der Aufwand von den Erträgen abgezogen.

Bild 1: Schritte der Kostenrechnung

Tabelle 2: Übersicht der Kostenrechnungssysteme

Gliederung nach Zeitbezug	Gliederung nach Sachumfang	Neue Kostenrechnungssysteme
• Istkostenrechnung, • Normalkostenrechnung, • Plankostenrechnung	• Vollkostenrechnung • Teilkostenrechnung	• Prozesskostenrechnung • Zielkostenrechnung (Target Costing) • Lebenszykluskosten (Life Cycle Costing) • Benchmark Costing • Projektkostenrechnung

Tabelle 1: Betriebliches Rechnungswesen

Finanzrechnung	Kosten- und Leistungsrechnung	Statistik	Planungsrechnung
Finanzbuchhaltung, Betriebsbuchhaltung, Bilanz, Gewinn- und Verlustrechnung (GuV)	Kostenartenrechnung, Kostenstellenrechnung, Kostenträgerrechnung	Auswertung der Zahlen und Daten von der Finanz- und Kostenrechnung zur Kontrolle der Wirtschaftlichkeit	Erstellen der betrieblichen Teilpläne, z. B. Absatzplan, Produktionsplan
Vergangenheitsbezug	Vergangenheits- und Zukunftsbezug	Vergangenheitsbezug	Zukunftsbezug
Externen Rechnungswesen	**Internes Rechnungswesen**		

> Kosten sind der bewertete Verbrauch („Verzehr") an Gütern also Materialverbrauch, Wertminderung der Maschinen und nämlich Löhne, Sozialkosten zur Herstellung und zum Absatz der Produkte und zur Aufrechterhaltung der Betriebsbereitschaft.

In der Kostenrechnung hat die Abgrenzung zwischen Aufwand und Kosten eine besondere Bedeutung. Kosten werden nur auf den „Werteverzehr" zur Erstellung der Leistung bezogen **(Tabelle 1)**.

> Kosten sind der in Geld bewertete Verbrauch von Produktionsfaktoren zur Erstellung betrieblicher Leistungen.

Tabelle 1: Grundbegriffe aus dem Rechnungswesen

Ausgaben	= Geldwert der Einkäufe an Gütern und Dienstleistungen pro Periode – Verminderung des Geldvermögens durch Bareinkäufe
Einnahmen	= Geldwert der Verkäufe an Gütern und Dienstleistungen pro Periode – Vermehrung des Geldvermögens durch Barverkäufe
Kosten	= bewerteter Verzehr von Gütern und Dienstleistungen im Produktionsprozess während einer Periode – z. B. Verbrauch von Rohmaterial in der Fertigung
Erlös	= in Geld bewertet, aus dem Produktionsprozess hervorgegangene Güter und Dienste – z. B. Forderung aus Warenlieferung/-verkauf
Aufwand	= zur Erfolgsermittlung periodisierte Ausgaben einer Periode (Werteverzehr – Eigenkapitalminderung) – z. B. Verbrauch von Rohstoffen
Ertrag	= zur Erfolgsermittlung periodisierte Einnahmen einer Periode (Wertezuwachs – Eigenkapitalerhöhung) – z. B. Lieferungen und Leistungen an Kunden

6.2 Gliederung der Kosten

Einzelkosten und Gemeinkosten
Mit **Einzelkosten** bezeichnet man die Kosten, die mit der betrieblichen Leistung direkt verknüpft werden können.

> Dazu gehören die Kosten für:
> - den Werkstoff, der in das zu fertigende Produkt eingeht,
> - die Einbauteile, die von fremden Firmen bezogen und im Fertigungsprozess verwendet werden,
> - die Fertigungslöhne, zur unmittelbaren Bearbeitung eines Erzeugnisses oder der Erbringung einer Leistung,
> - die Fremdbearbeitung von Erzeugnissen oder Erzeugnisteilen.

Gemeinsam anfallende Kosten, bei denen eine direkte Zuordnung zu einem Produkt oder einer Leistung nicht möglich ist, die aber wiederum in der Kalkulation verrechnet werden müssen, bezeichnet man als **Gemeinkosten**.

> Hierzu gehören:
> - die Gehälter für Meister, Konstrukteure, Arbeitsvorbereiter, Lagerverwalter, Einkäufer, Betriebsleiter und Verkäufer,
> - die Hilfslöhne für die Reinigung, den Transport, Lagerung und die Instandhaltung sowie die Lehrwerkstatt,
> - die gesetzlichen sozialen Kosten, wie Arbeitgeberanteile zur Sozialversicherung nämlich Renten-, Kranken- und Arbeitslosenversicherung, Beiträge zur Unfallversicherung und Berufsgenossenschaft, Lohn- und Gehaltsfortzahlung im Krankheitsfall, Ablösungsbeträge im Zusammenhang mit der Nichtbesetzung von Schwerbeschädigtenarbeitsplätzen,
> - die freiwilligen Sozialkosten bestehend aus Weihnachtsgratifikation, zusätzlichem Urlaubsgeld, Zuschüssen und Spenden für Betriebsangehörige, Zuschüssen für soziale Betriebseinrichtungen u.a. Kantine, Betriebssport, Kindergarten,
> - die betrieblichen Steuern, Abgaben, Beiträge,
> - die Verwaltungskosten,
> - die allgemeinen Vertriebskosten für Fahrzeuge, Versand und Lagerhaltung,
> - die Raumkosten mit Mieten, Energieverbrauch und Gebäudeinstandhaltung,
> - die kalkulatorischen Kosten, wie Abschreibungen, Zinsen, Wagnis und Unternehmerlohn.

Die Gemeinkosten sind ein Bestandteil der Gesamtkosten. Sie werden in einem Zeitraum erfasst und nach einem Verteilerschlüssel auf einzelne Kostenstellen bzw. Produkte verrechnet.

Fixe und variable Kosten
Die **Gesamtkosten**, die bei der Erstellung betrieblicher Leistungen entstehen, werden in beschäftigungsfeste, fixe Kosten (zeitabhängige Kosten) und beschäftigungsvariable (mengenabhängige) Kosten aufgeteilt. Die Kosten können bezogen werden auf die Stückzahl oder auch den Beschäftigungsgrad innerhalb eines Zeitraums (Periode).

> Fixe Kosten fallen unabhängig von der Höhe der Beschäftigung für einen Zeitraum in gleicher Höhe an.

6.2 Gliederung der Kosten

Der **Fixkostenanteil** pro Stück wird mit zunehmender Stückzahl in dem betrachteten Zeitraum kleiner. Diese Kosten sind zur Betriebsbereitschaft einer Produktion notwendig und auf einen Zeitraum bezogen, z. B. Gebäudekosten, Abschreibungen nach den Kalendermonaten und Gehälter. Ändern sich die Fixkosten nach einem Zeitraum sprunghaft, so spricht man von „sprungfixen Kosten", die bei längerfristigen Kalkulationen besonders beachtet werden müssen **(Bild 1)**.

Variable Kosten verändern sich mit der Ausbringung. Kosten und Ausbringung können dabei in einem linearen, progressiven oder auch degressiven Zusammenhang stehen, z. B. Akkordlöhne, Fertigungslöhne, Energieverbrauch, Fertigungsmaterial.

Der degressive Charakter der Kosten ist dadurch begründet, dass vorhandene Betriebsmittel besser ausgelastet werden können. Progressive Verläufe lassen sich durch Überbelastung der Betriebsmittel und des Personals erklären, z. B. durch erhöhten Ausschuss, steigende Instandhaltungskosten und Überstundenzuschläge **(Bild 2)**.

Durchschnittskosten

Die Gesamtkosten eines Zeitraumes lassen sich auch auf die in diesem Zeitraum hergestellten Stückzahlen verteilen. So ergeben sich die Durchschnittskosten je Stück.

Langfristig muss ein Unternehmen mindestens die durchschnittlichen Kosten über den Verkaufspreis erzielen, um nicht an der Firmensubstanz und die Existenz zu verlieren.

Grenzkosten

Ständig wechselnde Auftragslagen und harte Konkurrenz auf den Absatzmärkten der Welt erschweren gleichmäßige Auslastung der Maschinen und Anlagen. Die hierbei entstehenden neu anfallenden und wegfallenden Kosten haben besondere Bedeutung in den Produktionskosten. Bei linearem Gesamtkostenverlauf stimmen die Verläufe der Grenzkostenkurve und der variablen Stückkostenkurve überein. Grenzkosten werden für den Betrieb und für das einzelne Erzeugnis bestimmt **(Bild 3)**.

Bild 1: Fixkosten

Bild 3: Typischer Verlauf der Gesamtkosten

Bild 2: Variable Kosten abhängig von der Stückzahl

6.3 Kostenartenrechnung

Die Betriebsabrechnung ermittelt in der Kostenartenrechnung *welche* Kosten im Betrieb angefallen sind, z. B. Materialkosten, Löhne und Abschreibungen. Weiter erfasst sie, *wo* die Kosten angefallen sind, also in welchen Kostenstellen.

Die Kalkulation oder Kostenträgerrechnung ist nicht Bestandteil der Betriebsabrechnung. Sie ordnet die Kosten einzelnen Kostenträgern zu, z. B. wofür diese angefallen sind, wie Getriebe für Lastkraftwagen, Motoren für PKW Typ A und B. Hier werden sie zu Selbstkosten eines Erzeugnisses und schaffen damit die Grundlagen für die Bestimmung des Angebotspreises (**Bild 1**).

> Die Kostenartenrechnung erfasst alle Kosten aus einem Zeitraum eines Betriebes, die zur Beschaffung, Lagerung und Produktion von Erzeugnissen angefallen sind.
>
> Mit den Belegen: Rechnungen, Quittungen, Lohnbelegen, Gehaltsabrechnungen, Materialentnahmescheinen werden diese Kosten ausgewiesen. In der Kostenartenrechnung erfolgt dann eine verursachergerechte Zuordnung und Verrechnung der Kosten auf Kostenstellen und Kostenträger.

> Nach ihrer Entstehung lassen sich folgende Kostengruppen einteilen:
> - die **Materialkosten**: Roh-, Hilfs- und Betriebsstoffkosten,
> - die **Arbeitskosten**: Löhne, Gehälter, Lohnnebenkosten, Unternehmerlohn,
> - die **Kapitalkosten**: Abschreibungen, Zinsen, Wagnis,
> - die **Fremdleistungskosten**: Kosten für Reparaturen und Transportleistungen,
> - die **behördlichen Kosten**: Steuern, Gebühren und Beiträge.

Bei den Einzelkosten ist eine direkte Zurechnung durch Belege auf einen Kostenträger möglich. Die Gemeinkosten z. B. Stromkosten, Energiekosten, Instandhaltungskosten werden allgemein nicht auf einen Kostenträger bezogen.

Über den Umweg der Kostenstellenrechnung und mithilfe von Verteilerschlüsseln werden diese erst später auf den Kostenträger umgelegt (**Bild 2**).

Materialkosten

Zur Herstellung von Erzeugnissen werden Materialien benötigt.

Die Mengenerfassung der Materialien erfolgt direkt durch Entnahmescheine und indirekt durch Inventur (Anfangsbestand + Zugänge laut Lieferschein – Endbestand = Verbrauch).

Mithilfe der EDV und der laufenden Entnahmebuchungen lässt sich eine permanente Inventur durchführen.

> *Kosten je Materialart werden wie folgt ermittelt:*
> *Kosten je Materialart in € = Einsatzmenge in Mengeneinheit × Einstandspreis je Mengeneinheit*

Beispiel:
Für die Herstellung eines Gestelles werden 25 kg Winkelträger verwendet. Welche Kosten entstehen für das Rohmaterial?
Kosten = 25 kg Stahl × 5,60 €/kg = 140 €.

Bild 1: Fragestellungen zu Kostenarten, Kostenstellen und Kostenträger

Bild 2: Verrechnung der Einzel- und Gemeinkosten auf Kostenträger

> Sie werden unterteilt in:
> - die **Fertigungsmaterialien** z. B. Rohstoffe, Halbzeuge u. a. Sie gehen direkt in das Produkt ein und stellen die Grundlage eines Erzeugnisses dar und sind somit die Erzeugnis-Einzelkosten.
> - die **Hilfsstoffe** sind Farben, Reinigungsmaterial, und Verpackungsmaterial und gehen auch unmittelbar in das Erzeugnis ein. Meist sind sie untergeordnet und werden als „unechte" Gemeinkosten behandelt.
> - die **Betriebsstoffe** wie Schmierstoffe; Strom und Gas bilden keinen Bestandteil des Erzeugnisses, werden aber für die Produktion oder für die Maschinenversorgung benötigt. Sie werden über die Maschinenstundensätze auf die Produkte verrechnet.

6.3 Kostenartenrechnung

Entstehen bei der Bearbeitung von wertvollen Werkstoffen Abfälle, so müssen diese Reststoffe beim Verkauf als „Gutschrift" in die Rechnung mit einfließen.

Arbeitskosten
Die Arbeitskosten sind unmittelbar an den Mitarbeiter beim Arbeitseinsatz gekoppelt und lassen sich unterteilen in:

- die Fertigungslöhne (Lohneinzelkosten). Sie werden direkt für das Erzeugnis erbracht, z. B. Arbeiten an Maschinen, in Montagen oder in Fertigungslinien.
- die Hilfslöhne (Gemeinkostenlöhne). Sie werden an Mitarbeiter bezahlt, z. B. für Lagerarbeiten, Reinigungsarbeiten und Transportarbeiten, die zur Förderung des Produktionsprozesses beitragen.
- die Gehälter. Sie werden Mitarbeitern in Produktion, Steuerung und Verwaltung bezahlt, wie Betriebsleiter, Buchhalter, Arbeitsvorbereiter, Konstrukteure und Meister,
- die Sozialkosten. Sie sind jene Kosten, die an den Mitarbeiter gesetzlich oder freiwillig gezahlt werden. Zu den gesetzlichen Sozialkosten gehören der Arbeitgeberanteil zur Sozialversicherung (Renten-, Kranken- und Arbeitslosenversicherung), Beiträge zur Unfallversicherung und Berufsgenossenschaft, Lohnfortzahlung im Krankheitsfall. Die freiwilligen Sozialkosten sind Weihnachtsgeld, Urlaubsgeld, Zuschüsse für soziale Betriebseinrichtungen (Kantine, Bücherei, Kindergarten, Betriebssport), Kosten für Sanitätsstation u. a.

Beispiel:
Von zwei Mitarbeitern werden in 5 Stunden zwei Karosserien lackiert. Der Stundenlohn beträgt 9,50 €/h.
Ermitteln Sie die Auftragskosten und die Lohnkosten je Karosserie.

Lösung:
Auftragskosten = Lohnkosten

Lohnkosten = Arbeitszeit · Stundenlohn · MA-Zahl

$$= \frac{5\,h \cdot 9{,}50\,€/h}{Auftrag\,MA} \cdot 2\,MA$$

= 95 €/Auftrag

Lohnkosten/Karosserie = $\frac{95\,€/Auftrag}{2\,Karosserien/Auftrag}$

= 47,5 €/Karosserie

Kapitalkosten
Bei der Nutzung von Investitionsgüter, z. B. Gebäude, Maschinen, Patente, Bankkredite werden Kapitalkosten verursacht. Unter Kapitalkosten werden Abschreibungen, Zinsen und Wagnis verstanden.

Abschreibungen
Betrieblich genutzte Investitionsgüter unterliegen in unterschiedlicher Größe einer Wertminderung. Zum Beispiel: mit zunehmender Produktionsmenge und mit zunehmendem Alter sind es der Verschleiß, die Bedarfsverschiebung bei technischem Fortschritt und der Zeitablauf bei Patenten. Diese Wertminderungen sind jährlich in den Abschreibungen zu berücksichtigen. Hierbei werden die einzelnen Anschaffungswerte der Maschinen auf die voraussichtliche Nutzungsdauer **(Tabelle 1)** bezogen oder auf die produzierten Einheiten verteilt.

Tabelle 1: Nutzungsdauer bei Investitionsgütern

Investitionsgüter	Nutzungsdauer in Jahren
Gebäude	40 … 20
Kräne	12
PKW	5 … 3
LKW	4 … 3
Pressen	12 … 10
CNC-Maschinen	12 … 8

Abschreibung ist steuerrechtlich eine Absetzung für Abnutzung (AfA) und wird vor allem an Maschinen, Gebäuden, Geschäftsausstattungen und Fahrzeugen vorgenommen.

Beispiel:
Fertigungskosten für ein Teil:
Es werden 50 Zahnräder in einem Auftrag gefertigt. Die Rüstzeit beträgt 200 min pro Auftrag. Für die Fertigung der Zahnräder werden 6 min pro Stück verbraucht. Die Arbeit erfolgt im Akkord mit einem Akkordrichtsatz von 10 €/Stunde. Zur Kalkulation werden die Fertigungslohnkosten für den Auftrag und für das Stück benötigt.

Lösung:
Auftragszeit $T = t_r + m \cdot t_e$
= 200 min + 50 Stück · 6 min/Stück
= 500 min

*Fertigungslohnkosten für den Auftrag =
Auftragszeit · Akkordrichtsatz*

500 min/Auftrag · 10 €/60 min/h = 83,33 €/Auftrag

Fertigungslohnkosten pro Stück = $\frac{83{,}33\,€/Auftrag}{50\,Stück/Auftrag}$

= 1,67 €/Stück

Ziel der Abschreibungen ist:
- die Substanzerhaltung der Maschinen und Anlagen in Betrieben und
- die zeitraumgerechte Zuordnung der Kapitalkosten auf die Kostenträger.

Die Wertminderungen in der Betriebssubstanz können nur während der Gesamtdauer der Nutzung auf die einzelnen Nutzungsjahre in unterschiedlicher Höhe verteilt werden. Es werden vorzugsweise die nachstehenden Abschreibungsverfahren verwendet:
- die **lineare Abschreibung**, auch gleichmäßige oder proportionale Abschreibung genannt und
- die **degressive Abschreibung**.

Die gebräuchlichste Abschreibungsart ist die **lineare Abschreibung** mit gleichbleibenden Jahreswerten.

$$\text{Abschreibung} = \frac{\text{Anschaffungswert} - \text{Restwert}}{\text{Nutzungsjahre } n}$$

Anschaffungswert = Anschaffungspreis + Aufstellungs- und Inbetriebnahmekosten

Restwert = geschätzter verbleibender Kauferlös nach n – Nutzungsjahren.

Bei der **degressiven Abschreibungsmethode** wird bei einem festgelegten und konstanten Abschreibungsprozentsatz der Abschreibungsbetrag vom jeweils errechneten Restwert der Anlage berechnet. Der Abschreibungsprozentsatz ist hierbei größer als bei der linearen Abschreibung. Die Beträge nehmen von Jahr zu Jahr ab. In den ersten Jahren ist die Abschreibung höher als in späteren. Dieses Verfahren entspricht durch die Nutzung der Wertminderung der Anlage eher, als dies bei proportionaler Abschreibung der Fall ist.

Bilanzielle Abschreibung

Sie dient zur Bewertung des Betriebsvermögens und zur Aufstellung der Handels- und Steuerbilanz. Sie ist beendet, wenn die Nutzungsdauer abgelaufen ist. Die Abschreibung in der Steuerbilanz vermindert den zu versteuernden Gewinn des Unternehmens. Die Höhe der steuerlichen Abschreibung ist gesetzlich begrenzt und richtet sich nach einer gesetzlich festgelegten Nutzungsdauer einer Investition. Allgemein ist nur eine lineare Steuerabschreibung zugelassen.

Kalkulatorische Abschreibungen

Sie dienen der Verrechnung der Anlagegüter auf die Erzeugnisse und damit zur Bestimmung der Selbstkosten. Die Abschreibungen enden erst am wirklichen Ende der Nutzung. Die anfänglich angenommene oder gesetzliche Nutzungsdauer mit dem wirklichen Ende der Nutzung differiert erheblich. Um Rücklagen für das Unternehmen zu schaffen, werden die Anlagen kontinuierlich über die einmal angenommene Nutzungsdauer hinaus gleichmäßig weiter abgeschrieben.

Hierdurch wird es auch für den Unternehmer möglich, sich mit seinen Preisen dem Markt in begrenzten Bereichen anzupassen.

Zinsen

Die Zinsen werden auf das gesamt eingesetzte Kapital bezogen. Der kalkulatorische Zinssatz entspricht den aktuellen Zinssätzen für langfristiges Kapital.

Wagnis

Zu den kalkulatorischen Wagnissen (Verlustrisiko) gehören insbesondere:
- das *Produktionsrisiken* (Betriebsmittelrisiko durch Ausfall, Werkstoffrisiko und Arbeitsrisiko),
- das *Lagerhaltungsrisiko*, das Transportrisiko, und das Handelsrisiko sowie
- das *Finanzrisiko* bei Geschäften z. B. mit Staaten ohne sichere Währung.

Diese Risiken sind nicht voraussehbar und werden deshalb aus der Erfahrung abgeleitet und mit einem Durchschnittswert auf die Erzeugnisse verrechnet.

Beispiel:
Eine Anlage wird zum Preis von 300 000 € gekauft. Die Transport-, Aufstellungs- und Inbetriebnahmekosten betragen 60 000 €. Die Nutzungsdauer wird auf 8 Jahre geschätzt.
Ein voraussichtlicher Restwert beträgt 20 000 €. In welcher Höhe sind bei linearer Abschreibung die jährlichen Abschreibungsbeträge für die Kalkulation anzusetzen?

Lösung:

$$\text{Abschreibungsbetrag} = \frac{300\,000\,\text{€} + 60\,000\,\text{€} - 20\,000\,\text{€}}{8\,\text{Jahre}}$$

$$= 42\,500,-\,\text{€/Jahr}$$

6.4 Innerbetriebliche Leistungsverrechnung

Die innerbetriebliche Leistungsverrechnung besteht aus:
- der Kostenstellenrechnung,
- dem Betriebsabrechnungsbogen (BAB) und
- der Platzkostenrechnung.

Die **Kostenstellenrechnung** hat die Aufgabe, in Betrieben eine möglichst verursachergerechte Verrechnung der Gemeinkosten auf die Kostenträger (Erzeugnisse) zu gewährleisten.
Hierzu hilft die Bildung von Kostenstellen (Abrechnungsbereiche) im Betrieb **(Bild 1)**. Dadurch lassen sich die Gemeinkosten bereichsweise erfassen und mit einem Verteilerschlüssel auf die Produkte verrechnen.
Zur besseren Steuerung (Controlling) des Betriebsgeschehens ermöglicht die Kostenstellenrechnung schnelle, wirtschaftliche Einblicke in die Kostenstelle.

Zur besseren Buchführung sind Kostenstellen so zu gliedern, dass sich alle Kostenbelege ohne Schwierigkeiten zuordnen lassen können.

Aufgaben der Kostenstellenrechnung sind:
1. Kosten bei der Entstehung sammeln und verursachergerecht auf Kostenstellen verteilen,
2. Verteilungsschlüssel für die Gemeinkostenverteilung festlegen,
3. anfallende Kosten ständig überwachen, um das Betriebsgeschehen wirtschaftlich zu steuern (Controlling).

Die Kostenstellenpläne sind gegliedert in:
- die **allgemeinen Kostenstellen**, z. B. Grundstücks- und Gebäudeverwaltung, Energieversorgung,
- die **Fertigungshilfskostenstellen**, z. B. Arbeitsvorbereitung, Instandsetzungsabteilungen und Konstruktion. Sie dienen zur Gemeinkostenerfassung, die dann auf Hauptkostenstellen verrechnet werden,
- die **Fertigungskostenstellen**, z. B. Dreherei, Fräserei, Oberflächentechnik, Schleiferei u. a. sind ausschließlich Produktionsstätten der Erzeugnisse,
- die **Materialkostenstellen**, z. B. Materiallager, Sägerei u. a.,
- die **Verwaltungskostenstellen**, z. B. allgemeine Verwaltung, Geschäftsbuchführung, Finanz- und Betriebsbuchhaltung,
- die **Vertriebskostenstellen**, z. B. Verkauf, Vertriebsplanung, Werbung.

Zur besseren Verrechnung der Kosten werden die Hauptkostenstellen in Arbeitsplatzgruppen weiter unterteilt.

Bild 1: Innerbetriebliches Leistungsverrechnungsschema in einer Kostenstelle

6.4.1 Verfahren zur innerbetrieblichen Leistungsverrechnung

Betriebe stellen nicht nur Erzeugnisse, die für den Verkauf bestimmt sind her, sondern erbringen auch innerbetriebliche Leistungen. Hierunter wird die Herstellung von Werkzeugen, Vorrichtungen, Maschinen verstanden, sowie Reparaturen, innerbetriebliche Transporte, Forschungs- und Entwicklungsarbeiten.

> Diese Leistungen müssen auch nach steuerlichen Vorschriften behandelt werden (Aktivierungspflicht). Unter „aktivieren" versteht man die Summation der Kosten auf die Bilanzsumme des Anlagevermögens auf der Aktivseite der Bilanz. Anschließend werden die Kosten über Abschreibungen auf die Kostenstellen periodenweise verrechnet. Die Schwierigkeiten bei der Verrechnung der erbrachten Leistungen liegen in dem komplexen Austausch der verrechneten Leistungen auf die unterschiedlichen Kostenstellen im Betrieb.

> Endkosten = primäre Kosten plus/minus Kosten für innerbetriebliche Leistungen

Kommen die Stellen-Einzelkosten und Stellen-Gemeinkosten aus der Kostenartenrechnung und von der Kostenstelle, so werden sie als Primärkosten bezeichnet. Kosten aus der innerbetrieblichen Leistungsverrechnung werden Sekundärkosten genannt. Diese werden direkt durch Belege als Stellen-Einzelkosten oder über Schlüssel als Stellen-Gemeinkosten verrechnet.

> Es erstellt z. B. die Kostenstelle 1 (Fräserei) ein Getriebeteil für die Kostenstelle 2 (Montage) und für sich selbst. Die Kostenstelle 1 empfängt aber auch Leistungen von anderen Kostenstellen. Damit die Kostenträger verursachergerecht mit den jeweiligen Endkosten belastet werden, ist eine gegenseitige Verrechnung der innerbetrieblichen Leistungen erforderlich (**Bild 1, vorhergehende Seite**).

6.4.2 Betriebsabrechnungsbogen (BAB)

Der Betriebsabrechnungsbogen (BAB) ist ein wichtiges Instrument der Kostenstellenrechnung. Mit dem Betriebsabrechnungsbogen wird hauptsächlich eine verursachergerechte Verteilung der Gemeinkosten auf die Kostenstellen vorgenommen (**Bild 1**).

> Der BAB ermöglicht:
> - Verteilen der Kosten der allgemeinen Kostenstellen auf die nachgelagerten Kostenstellen,
> - Verteilen der Kosten der Hilfskostenstellen auf die Hauptkostenstellen,
> - Errechnen der Gemeinkostenzuschläge für die Hauptkostenstellen,
> - Controlling der Wirtschaftlichkeit in den einzelnen Kostenstellen

Kostenarten	Zahlen der Buchhaltung €	Erfassungsgrundlage	Verteilungs- (Umlage) -Schlüssel	Kostenstellen					
				Fertigungsstelle			Material-stellen	Verwaltungs-stellen	Vertriebs-stellen
				Ko 1	Ko 2	Ko 3			
	1	2a	2b	3	4	5	6	7	8
Gehälter	3000	Gehaltsliste	direkt	500	400	100	500	800	700
Hilfslöhne	2000	Lohnscheine	direkt	1200	100	150	400	100	50
Soz.-Aufwendungen	1000	Lohn- u. Gehaltslisten	direkt	400	100	200	100	150	50
Hilfs- u. Betriebsstoffe	500	Materialschein	direkt	200	50	50	50		150
Büromaterial	200	Rechnungen	direkt	10	10	10	20	80	70
Fremdreparaturen	800	Rechnungen	direkt	500		300			
Energieverbrauch	400	Rechnungen	Energieverbrauch d. Ko-St.	100	50	100	50	80	20
Abschreibungen	250	Kontenblatt	direkt	50	30	20	50	20	80
Steuer	150	Kontenblätter	Umlage					150	
Postgebühr	100	Rechnungen	direkt					100	
Werbekosten	450	Rechnungen	direkt						450
sonst. Kosten	100	Kontenblätter	Umlage	40	10	20	10	10	10
Summe der GK	8950			3000	750	950	1180	1490	1580
Fertigungslöhne	5000	Lohnscheine		2500	1000	1500			
Fertigungsmaterial	6000	Materialscheine					6000		
Herstellkosten = + 3 + 4 + 5 + 6	16880							16880	16880
GK-Zuschläge				120%	75%	63,7%	19,6%	8,82%	9,4%

Bild 1: Vereinfachter Betriebsabrechnungsbogen

6.4 Innerbetriebliche Leistungsverrechnung

In dem BAB sind die Kostenarten in den Zeilen und die Kostenstellen in den Spalten aufgeführt **(Bild 1)**. Die verschiedenen Gemeinkostenarten werden erfasst und auf die Kostenstellen nach einem Umlageschlüssel (Bild 1, vorhergehende Seite, Spalte 2) verteilt. Die Einzelkosten sind den Kostenstellen zugeordnet, in denen sie angefallen sind. Die Gemeinkosten-Zuschläge werden dann berechnet als Gemeinzuschlagssatz.

Allgemein ist der Betriebsabrechnungsbogen durch die Struktur des Betriebes bestimmt. Die Kostenarten und die Kostenstellen werden in ihrer Gliederung durch den Betrieb vorgegeben. In Großbetrieben lassen sich die Vielzahl der Daten nur über eine leistungsstarke EDV-Anlage handhaben.

Fertigungsgemeinkosten-Zuschlagssatz (FGK-Zuschlagssatz)

$$FGK\text{-}Z = \frac{Fertigungsgemeinkosten}{Fertigungslöhne} \cdot 100\,\%$$

Materialgemeinkosten-Zuschlagssatz (MGK-Zuschlagssatz)

$$MGK\text{-}Z = \frac{Materialgemeinkosten}{Materialeinzelkosten} \cdot 100\,\%$$

Verwaltungsgemeinkosten-Zuschlagssatz (VwGK-Zuschlagssatz)

$$VwGK\text{-}Z = \frac{Verwaltungsgemeinkosten}{Herstellkosten} \cdot 100\,\%$$

Vertriebsgemeinkosten-Zuschlagssatz (VtGK-Zuschlagssatz)

$$VtGK\text{-}Z = \frac{Vertriebsgemeinkosten}{Herstellkosten} \cdot 100\,\%$$

Grundsätzlich geht man bei der Kostenstellenrechnung mit dem Betriebsabrechnungsbogen in mehreren Stufen vor:
- Kostenübernahme,
- Kostenverteilung (innerbetriebliche Leistungsverrechnung),
- Ermittlung der Gemeinkosten-Zuschlagssätze,
- Nachprüfung der verrechneten Kosten mit den tatsächlich angefallenen Kosten,
- Ermittlung von Betriebskennzahlen (Gemeinkosten je Beschäftigten, Gesamtkosten je kg Produktionsleistung, Fertigungskosten je Maschinenstunde, Verlauf der Beschäftigtenzahl).

Die Gemeinkosten werden nicht direkt auf einzelne Kostenträger bzw. Aufträge, sondern auf bestimmte Kostenstellen verrechnet. Sie können nur über Umwege über die Stellen, an denen sie entstehen, d. h. über eine Kostenstelle, den einzelnen Kostenträgern oder Aufträgen zugerechnet werden.

Die Ermittlung eines geeigneten Verteilerschlüssels zur verursachergerechten Zuordnung macht meist große Schwierigkeiten, so dass versucht wird, viele Gemeinkosten als Kostenstellen-Einzelkosten direkt zu verrechnen. Je mehr dies erfolgreich gelingt, um so besser ist die Aussagekraft einer Kostenstellenrechnung.

Bild 1: Kostenverrechnungsprinzip des BAB

Kann man aus einer Kostenart nur Kostenstellen-Gemeinkosten verrechnen, so muss nach einem geeigneten Kostenverteilerschlüssel gesucht werden (**Bild 1**).

Die Auswertung des BAB zeigt Ansatzpunkte für mögliche Rationalisierungsmaßnahmen. Zum Beispiel ersieht man aus **Bild 1, Seite 276**, dass die Fertigungsgemeinkosten (FGK) fast so groß sind, wie die Fertigungslöhne. Bei einer Senkung dieser FGK wirkt sich diese genauso stark auf die Gesamtkosten aus, wie die Senkung der Lohnkosten.

Eine Einsparung an den Materialkosten um 2 %, z. B. durch günstigeren Materialeinkauf und geringeren Materialverbrauch, würde einer Lohnsenkung von 2,4 % entsprechen. Diese einfache Analyse macht die Auswirkungen verschiedener Rationalisierungsmaßnahmen bereits deutlich und führt zu einer realistischen Einschätzung von Rationalisierungsreserven.

Bei großen Unternehmen mit detaillierter Kostenstellengliederung wird der BAB zu unübersichtlich. Man teilt den Bogen kostenstellenweise auf. Jeder Kostenstellenleiter, z. B. Meister, Vorarbeiter, Gruppenführer oder Betriebsleiter erhält dann die Zahlen, wie **Bild 2** schematisch zeigt, in einem Kostenstellen-Vergleichsbogen. Hier werden die Kosten so nebeneinander dargestellt, dass die Kostenentwicklungen schnell erkannt werden können.

Die Verlagerungen von Kosten und ein außergewöhnlich hoher Kostenanfall bleiben durch die Nebeneinanderstellung nicht verborgen. Man sieht dadurch die Ansatzpunkte für ein Kostensenkungsprogramm.

gesehen: Abteilungsleiter	Kostenstellenbogen		Maschinenbau AG
	Gehaltsempfänger Ist 3/0 Soll 3/0		
	Lohnempfänger Ist 7/0 Soll 6/0		
Alle Zahlen in T€			
laufender Monat			Januar bis laufender Monat
Ist	Abweichung zum Budget	Folge-Nr.	Kostenarten-(gruppen)	Ist	Budget	Abweichung zum Budget
---	---	---	---	---	---	---
8,6		1	Gehalt einschließlich Sozialzuschlag	52,8	49,7	3,1+
7,3	1,1–	2	Lohn einschließlich Sozialzuschlag	50,7	50,4	0,3+
		3	Personalnebenkosten	0,1		0,1+
15,9	1,1–	4	Zwischen-Summe Personalkosten	103,6	100,1	3,5+
		5	Reise- und Bewirtungsspesen			
4,7	3,8+	6	Hilfsmaterial	6,6	5,4	1,2+
	0,4–	7	Geringwertige...	0,5	1,5	1,0–
57,5	8,3+	17	Summe der Kosten	311,2	289,4	21,8+

Bild 2: Kostenstellenbogen – Vergleichsbogen

Beispiel:
Ein Werkstück weist Herstellkosten aus von 16 880 €. Wie setzen sich diese zusammen?

Lösung: Material-Einzelkosten 6 000 € + Material-Gemeinkosten 1 180 €,
Materialkosten, gesamt: 7 180 €

Fertigungs-Einzelkosten der Kostenstelle 1 2 500 € + Fertigungs-Gemeinkosten der Kostenstelle 1 3 000 € + Fertigungs-EK-Kostenstelle 2 1 000 € + Fertigungs-GK-Kostenstelle 2 750 € + Fertigungs-EK-Kostenstelle 3 1 500 € + Fertigungs-GK-Kostenstelle 3 950 €,

Fertigungskosten gesamt: 9 700 €
Herstellkosten: 16 880 €

Bild 1: Verrechnungsprinzip der Kostenstellen – Einzel- und Gemeinkosten

6.4 Innerbetriebliche Leistungsverrechnung

Beispiel zur Vorgehensweise bei der Erstellung eines Betriebsabrechnungsbogens (BAB)
Schritt 1:
Erfassen und Verrechnen der Kostenträger-Gemeinkosten.
Der Betriebsabrechnungsbogen (BAB) zeigt in den Zeilen 2 bis 11 Gemeinkostenarten (**Bild 1**). Diese sind in Spalte 2 benannt. Wie diese Gemeinkosten erfasst werden, sind in Spalte 3 beschrieben. Die Kostenverteilung auf die einzelnen Kostenstellen, in den Spalten 5 bis 13, erfolgt nach den in Spalte 4 aufgeführten Verteilerschlüsseln. Ob diese Kosten „direkt" oder über spezielle Verteilerschlüssel verteilt werden, ist hier vermerkt. Die direkt zu verteilenden Kosten, auch Einzelgemeinkosten genannt, sind:
- die Gemeinkostenmaterialien, Zeile 2,
- die Hilfslohnkosten, Zeile 4,
- die Fremdinstandhaltungskosten, Zeile 7, und
- die sonstigen Kosten, Zeile 11.

Die Kostenstellenkontierung wird auf den Buchungsbelegen vermerkt und danach den Kostenstellen zugeordnet. Eine Zusammenfassung der im BAB verwendeten Kosten zeigt **Bild 2**.

1	2	3	4	5	6	7	8	9	10	11	12	13
Zeile	Kostenartengrundlage	Erfassungsschlüssel	Verteilerschlüssel	zu verrechnende Kostenstelle	allgemeine Kost.-stelle	Fertigungskostenstellen			Fertigungshilfsko.-stelle	Materialkostenstelle	Verwaltungskostenstelle	Vertriebskostenstelle
						A	B	C				
2	Gemeinko. Material	Materialscheine	direkt	12 150	600	3 500	4 000	2 000	900	500	300	350
3	Energiekosten	Rechnungen	Verbrauch	16 858	1 730	6 400	2 700	3 800	1 378	750	60	40
4	Hilfslohnkosten	Lohnscheine	direkt	27 600	4 800	8 800	4 000	4 400	4 000	1 600	0	0
5	Gehaltskosten	Gehaltsliste	Tätigkeitsschlüssel	18 400	3 800	1 800	1 800	1 800	1 400	1 000	3 400	3 400
6	Sozialkosten	Lohn- und Gehaltsliste	proportional Lohn/Gehalt	66 640	4 800	18 000	24 000	6 000	2 640	2 400	4 400	4 400
7	Fremdinstandhaltungsko.	Rechnungen	direkt	16 400	3 500	4 000	5 000	2 000	1 000	200	200	500
8	Steuern, Gebühren	Rechnungen	verschiedene Schlüssel	8 010	590	680	780	680	900	1 540	600	2 240
9	Mietkosten	Rechnungen	genutzte Fläche	47 200	8 000	12 000	14 000	10 000	1 000	1 000	600	600
10	kalk. Abschr. u. Zinsen	Jahrestab.	betriebsnotwendige Verr.	10 859	1 066	1 688	1 125	1 125	1 117	3 050	1 154	534
11	sonstige Kosten	Rechnungen	direkt	1 800	400	200	100	150	200	150	500	100
12	Summe der Kosten je Kostenstelle	Zeile 2 bis 11		225 917	29 286	57 068	57 505	31 955	14 535	12 190	11 214	12 164

Bild BAB 1: Betriebsabrechnungsbogen (BAB)

Kostenstelle	Verbrauch nach Mat-Schein €	geleistete Fertigungs-Stunden h/Mon.	Lohnverrechnungssatz €/h	Hilfslohnkosten €/Mon.	Fremd-Inst.-haltungskosten €/Mon.	sonstige Kosten €/Mon.
allgemeine Kostenstelle	600	300	16	4 800	3 500	400
Fertigungshauptkostenstelle A	3 500	400	22	8 800	4 000	200
Fertigungshauptkostenstelle B	4 000	200	20	4 000	5 000	100
Fertigungshauptkostenstelle C	2 000	200	22	4 400	2 000	150
Fertigungshilfskostenstelle	900	250	16	4 000	1 000	200
Materialkostenstelle	500	100	16	1 600	200	150
Verwaltungskostenstelle	300				200	500
Vertriebskostenstelle	350				500	100
Summe	12 150			27 600	16 400	1 800

Bild BAB 2: Kostenstellen-Einzelkosten

Beispiel BAB, Fortsetzung 1

Kostenstelle	Stromkosten					Wasserko. Verteilung
	Lichtverbrauch kWh/Mon.	Anschlusswert kW	Fertigungsstunden h/Mon.	gesamt kWh/Mon.	zu verrechnende Kosten €/Mon.	€/Mon.
allgemeine Kostenstelle	100			100	20	1 710
Fertigungshauptstelle A	2 000	30	1 000	32 000	6 400	
Fertigungshauptstelle B	1 500	15	800	13 500	2 700	
Fertigungshauptstelle C	1 000	20	700	19 000	3 800	
Fertigungshilfskostenstelle	50			50	10	1 368
Materialkostenstelle	40	10	200	2 040	408	342
Verwaltungskostenstelle	300			300	60	
Vertriebskostenstelle	200			200	40	
Summe				67 190	13 438	3 420

Wasserverbrauchskosten gesamt: 3 420 €

Bild BAB 3: Energiekosten

Kostenstelle	Schmidt	Simon	Maier	Schön	zu verrechn. Kosten
allgemeine Kostenstelle	2 000 €		1 200 €	600 €	3 800 €
Fertigungshauptkostenstelle A		1 800 €			1 800 €
Fertigungshauptkostenstelle B		1 800 €			1 800 €
Fertigungshauptkostenstelle C		1 800 €			1 800 €
Fertigungshilfskostenstelle		600 €		800 €	1 400 €
Materialkostenstelle				1 000 €	1 000 €
Verwaltungskostenstelle	1 000 €		2 400 €		3 400 €
Vertriebskostenstelle	1 000 €		2 400 €		3 400 €
Summe	4 000 €	6 000 €	6 000 €	2 400 €	18 400 €

Bild BAB 4: Gehaltskosten

Kostenstelle	Bruttolöhne Gehälter €	zu verrechnende Kosten €
allgemeine Kostenstelle	8 000	4 800
Fertigungshauptkostenstelle A	30 000	18 000
Fertigungshauptkostenstelle B	40 000	24 000
Fertigungshauptkostenstelle C	10 000	6 000
Fertigungshilfskostenstelle	4 400	2 640
Materialkostenstelle	4 000	2 400
Verwaltungskostenstelle	7 400	4 400
Vertriebskostenstelle	7 400	4 400
Summe	111 200	66 640

Bild BAB 5: Sozialkosten

Kostenstelle	genutzte Fläche qm	zu verrechnende Kosten €
allgemeine Kostenstelle	800	8 000
Fertigungshauptkostenstelle A	1 200	12 000
Fertigungshauptkostenstelle B	1 400	14 000
Fertigungshauptkostenstelle C	1 000	10 000
Fertigungshilfskostenstelle	100	1 000
Materialkostenstelle	100	1 000
Verwaltungskostenstelle	60	600
Vertriebskostenstelle	60	600
Summe	4 720	47 200

Verrechnungspreis 10 €/qm Monat

Bild BAB 7: Mietkosten

In Spalte 5 des BAB sind die Summen der verschiedenen Gemeinkostenarten addiert. Insgesamt wurden in diesem Monat 225 917 € verrechnet, Zeile 12 Spalte 5
Die restlichen Gemeinkosten werden als Kostenstellen-Gemeinkosten bezeichnet und werden nach den festgelegten Verteilerschlüsseln auf alle Kostenstellen umgelegt.

Dies sind:
- die Energiekosten in Zeile 3 aus Bild BAB 3,
- die Gehaltskosten in Zeile 5 aus Bild BAB 4,
- die Sozialkosten in Zeile 6 aus Bild BAB 4,
- die Steuer, Gebühren, Beiträge und Versicherungen in Zeile 8 aus Bild BAB 6,
- die Mietkosten, Zeile 9 aus Bild BAB 7 und
- die kalkulatorischen Abschreibungs- und Zinskosten Zeile 10 Bild BAB 8.

6.4 Innerbetriebliche Leistungsverrechnung

Beispiel BAB, Fortsetzung 2

Kostenstelle	Kosten in € / Monat				
	Steuern	Gebühren	Beiträge	Versicher.	Summe
	€	€	€	€	€
allgemeine Kostenstelle	500		50	40	590
Fertigungshauptkostenstelle A	600		30	50	680
Fertigungshauptkostenstelle B	700		30	50	780
Fertigungshauptkostenstelle C	600		30	50	680
Fertigungshilfskostenstelle	800	20	80		900
Materialkostenstelle	1000			540	1540
Verwaltungskostenstelle	600				600
Vertriebskostenstelle	400	800	40	1000	2240
Summe	5200	820	260	1730	8010

Bild BAB 6: Steuern, Gebühren, Beiträge, Versicherungen

1	2	3	4	5	6	7	8	9	10	11
Kostenstelle	Wieder-besch. wert	Ab-schreib. Satz	kalk. Abschr.	(4)/12	kalk. Zins-wert	7% kalk. Zinsen vom Zins-wert	durch-schn. Umlauf-wert	durch-schn. gebun-denes Kapital	7% kalk. Zinsen auf Um-laufver-mögen	zu verr. kalk. Abschr. + Zinsen (5)+(7)-(10)
	€	Jahr	€/J.	€/Mon.	€	€/Mon.	€	€	€/Mon.	
Allgemeine Kostenst.	80 000	8	10 000	833	40 000	233	–	–	–	1 066
F-Hauptkostenstelle A	150 000	10	15 000	1 250	75 000	438	–	–	–	1 688
F-Hauptkostenstelle B	100 000	10	10 000	833	50 000	292	–	–	–	1 125
F-Hauptkostenstelle C	100 000	10	10 000	833	50 000	292	–	–	–	1 125
F-Hilfskostenstelle	40 000	8	5 000	417	20 000	117	100 000	–	583	1 117
Materialkostenstelle	120 000	5	24 000	2 000	60 000	350	120 000	–	700	3 050
Verwaltungskostenstelle	50 000	5	10 000	833	25 000	146	90 000	60 000	175	1 154
Vertriebskostenstelle	40 000	8	5 000	417	20 000	117	–	–	–	534
	680 000			7 416	340 000	1 985			1 458	10 859

Bild BAB 8: Kalkulatorische Abschreibungen und Zinskosten

Schritt 2:
Internen Leistungsaustausch verrechnen

Die Verrechnung der innerbetrieblichen Leistung ist erforderlich, da es Kostenstellen in einem Betrieb gibt, die ihre Leistung für eine Kostenstelle erbringen und nicht direkt auf den Kostenträger abgerechnet werden können. Innerbetriebliche Leistungen können sein:
- Entwicklungs-, Versuchs- und Forschungsarbeiten,
- Selbsterstellte Vorrichtungen, Werkzeuge, Maschinen und Anlagen,
- Innerbetriebliche Dienste, wie Telefonzentrale, Hausmeister, Fuhrpark, Reinigung, Kopiergeräte u.a.

Die Verrechnung der innerbetrieblichen Leistungen erfolgt über die Verrechnungsschlüssel. Vorschläge für Verrechnungsschlüssel können sein:
- für allgemeine Kostenstellen:
  Sanitätsstelle: Kopfzahl betreuter Mitarbeiter,
  Fuhrpark: Fahrtenbuch,
  Grundstücke und Gebäude: Quadratmeter,
  Küche und Kantine: Kopfzahl,
  Reinigungsdienst: Quadratmeter Bodenfläche,
  Sozialdienst: Kopfzahl.
- Fertigungshilfsstellen:
  Lehrlingswerkstatt: Anzahl gelernter Mitarbeiter,
  Technische Leitung: Kopfzahl oder Fertigungslohnkosten,
  Technische Büros: Kopfzahl oder Fertigungsstunden.

Beispiel BAB, Fortsetzung 3
Der interne Leistungsaustausch der im Beispiel Spalte 6 dargestellten „allgemeinen Kostenstelle" mit der Summe von 29 286 € wird nach dem Verteilerschlüssel „genutzte Fläche", Bild BAB 9, auf die restlichen Kostenstellen umgelegt.

Eine weitere interne Kostenverteilung der „Fertigungshilfskostenstelle", Spalte 10, mit der Summe von 16 378 € werden nach dem Verteilerschlüssel „Kopfzahl", Bild BAB 10 auf die drei Fertigungshauptstellen A, B und C verrechnet. Beide Umlagen sind in gerasterten Flächen in Bild BAB 11 ausgewiesen.

	genutzte Fläche	verrechnete Kosten
Fertigungskostenstelle A	200	7 322 €
Fertigungskostenstelle B	150	5 490 €
Fertigungskostenstelle C	100	3 660 €
Fertigungshilfskostenstelle	50	1 830 €
Materialkostenstelle	150	5 490 €
Verwaltungskostenstelle	50	1 830 €
Vertriebskostenstelle	100	3 660 €
Summe	800	29 286 €

Bild BAB 9: Umlage der allgemeinen Kostenstelle

	Anzahl der Mitarbeiter	verrechnete Kosten
Fertigungskostenstelle A	23	9 410 €
Fertigungskostenstelle B	10	4 091 €
Fertigungskostenstelle C	7	2 864 €
Summe	40	16 365 €

Bild BAB 10: Umlage der Fertigungshilfskostenstelle auf Fertigungshauptstellen

Betriebsabrechnungsbogen (BAB)

1	2	3	4	5	6	7	8	9	10	11	12	13
Zeile	Kostenarten	Erfassungsgrundlage	Verteilerschlüssel	zu verrechnende Kostenstellen	allgemeine Kost.-stelle	Fertigungskostenstellen			Fertigungshilfsko.-stelle	Materialkostenstelle	Verwaltungskostenstelle	Vertriebskostenstelle
						A	B	C				
2	Gemeinko. Material	Materialscheine	direkt	12 150	600	3 500	4 000	2 000	900	500	300	350
3	Energiekosten	Rechnungen	Verbrauch	16 858	1 730	6 400	2 700	3 800	1 378	750	60	40
4	Hilfslohnkosten	Lohnscheine	direkt	27 600	4 800	8 800	4 000	4 400	4 000	1 600	0	0
5	Gehaltskosten	Gehaltsliste	Tätigkeitsschlüssel	18 400	3 800	1 800	1 800	1 800	1 400	1 000	3 400	3 400
6	Sozialkosten	Lohn- und Gehaltsliste	proportional Lohn/Gehalt	66 640	4 800	18 000	24 000	6 000	2 640	2 400	4 400	4 400
7	Fremdinstandhaltungsko.	Rechnungen	direkt	16 400	3 500	4 000	5 000	2 000	1 000	200	200	500
8	Steuern, Gebühren	Rechnungen	verschiedene Schlüssel	8 010	590	680	780	680	900	1 540	600	2 240
9	Mietkosten	Rechnungen	genutzte Fläche	47 200	8 000	12 000	14 000	10 000	1 000	1 000	600	600
10	kalk. Abschr. u. Zinsen	Jahrestab.	betriebsnotwendige Verr.	10 859	1 066	1 688	1 125	1 125	1 117	3 050	1 154	534
11	sonstige Kosten	Rechnungen	direkt	1 800	400	200	100	150	200	150	500	100
12	Summe der Kosten je Kostenstelle	Zeile 2 bis 11		225 917	29 486	57 068	57 505	31 955	14 535	12 190	11 214	12 164
13	Umlagen der allgem. Kostenstelle	Spalte 6, Zeile 12	genutzte Fläche		29 286	7 322	5 490	3 660	1 830	5 490	1 830	3 660
14	Summe der Gemeinkosten	Zeile 12 und 13		225 917		64 390	62 995	35 615	16 365	17 680	13 044	15 824
15	Umlage der F-Hilfsstelle auf F-Hauptst.	Spalte 10, Zeile 14	Beschäftigtenzahl			9 410	4 091	2 864	16 365			
16	Summe der Gemeink. nach F-Hilfskosten	Zeile 14 u. 15 Spalte 7, 8, 9		179 365		73 800	67 086	38 479		alle Zahlenangaben in €		

Bild BAB 11: Umlage der Fertigungshilfskostenstelle und allgemeinen Kostenstelle

6.4 Innerbetriebliche Leistungsverrechnung

Beispiel BAB, Fortsetzung 4

Betriebsabrechnungsbogen (BAB)

1	2	3	4	5	6	7	8	9	10	11	12	13
Zeile	Kosten-arten	Erfassungs-grundlage	Verteiler-schlüssel	zu ver-rechnen-de Kos-tenstelle	allge-meine Kost.-stelle	Fertigungskostenstellen			Ferti-gungs-hilfsko.-stelle	Materi-kosten-stelle	Verwal-tungs-kosten-stelle	Ver-triebs-kosten-stelle
						A	B	C				
2	Gemeinko. Material	Material-scheine	direkt	12 150	600	3 500	4 000	2 000	900	500	300	350
3	Energie-kosten	Rechnungen	Verbrauch	16 858	1 730	6 400	2 700	3 800	1 378	750	60	40
4	Hilfslohn-kosten	Lohnscheine	direkt	27 600	4 800	8 800	4 000	4 400	4 000	1 600	0	0
5	Gehalts-kosten	Gehaltsliste	Tätigkeits-schlüssel	18 400	3 800	1 800	1 800	1 800	1 400	1 000	3 400	3 400
6	Sozial-kosten	Lohn- und Gehaltsliste	proportional Lohn/Gehalt	66 640	4 800	18 000	24 000	6 000	2 640	2 400	4 400	4 400
7	Fremd-instand-haltungsko.	Rechnungen	direkt	16 400	3 500	4 000	5 000	2 000	1 000	200	200	500
8	Steuern, Gebühren	Rechnungen	verschiedene Schlüssel	8 010	590	680	780	680	900	1 540	600	2 240
9	Mietkosten	Rechnungen	genutzte Fläche	47 200	8 000	12 000	14 000	10 000	1 000	1000	600	600
10	kalk. Abschr. u. Zinsen	Jahrestab.	betriebsnot-wendige Verr.	10 859	1 066	1 688	1 125	1 125	1 117	3 050	1 154	534
11	sonstige Kosten	Rechnungen	direkt	1 800	400	200	100	150	200	150	500	100
12	Summe der Kosten je Kostenstelle	Zeile 2 bis 11		225 914	29 286	57 068	57 505	31 955	14 535	12 190	11 214	12 164
13	Umlagen der allgem. Kostenstelle	Spalte 6, Zeile 12	genutzte Fläche	29 286		7 322	5 490	3 660	1 830	5 490	1 830	3 660
14	Summe der Gemeinkosten	Zeile 12 und 13		225 917		64 390	62 995	35 615	16 365	17 680	13 044	15 824
15	Umlage der F-Hilfs-stelle auf F-Hauptst.	Spalte 10, Zeile 14	Beschäf-tigtenzahl	16 365		9 417	4 095	2 866				
16	Summe der Gemeink. nach F-Hilfskosten	Zeile 14 u. 15 Spalte 7, 8, 9		179 365		73 800	67 086	38 479				
17	Fertigungs-Lohnkosten	Lohn-scheine	direkt	74 600		28 200	38 200	8 200				
18	Fertigungs-kosten	Zeile 16 u. Zeile 17		253 965		102 000	105 286	46 679				
19	Material-einzelkosten	Material-schein	direkt	101 000								
20	Materialge-meinkosten	Zeile 14 Spalte		17 680								
21	Material-kosten	Zeile 19 u 20 Spalte 5		118 680								
22	Herstell-kosten	Zeile 18 u 21		372 645								
23	Verwaltungs-gemeinkosten	Zeile 14 Spalte 12		13 044								
24	Vertriebsge-meinkosten	Zeile 14 Spalte 13		15 824								
25	Selbst-kosten	Zeile 22,23 u 24		401 513		alle Zahlenangaben in €						

Bild BAB 11: Betriebsabrechnungsbogen (BAB)

Beispiel BAB, Fortsetzung 5
Schritt 3:
Ermittlung der Herstellkosten, Selbstkosten und Gemeinkostenverrechnungssätze sowie Kennzahlen für den Betrieb (Bild BAB 12)

Die Fertigungskosten lassen sich ermitteln aus:
Zeile 16 Fertigungs-Gemeinkosten:	179 365,–
Zeile 17 Fertigungs-Lohnkosten:	74 600,–
Zeile 18 Fertigungskosten	253 965,– €

Die Materialkosten ergeben sich aus:
Zeile 19 Material-Einzelkosten:	101 000,–
Zeile 20 Material-GK (Spalte 11):	17 680,–
Zeile 21 Materialkosten	118 680,– €

Die Herstellkosten bestehen dann aus der Summe von:
Zeile 18 Fertigungskosten	253 965,–
Zeile 21 Materialkosten	118 680,–
Zeile 22 Herstellkosten	372 645,– €

Nach Addition der Verwaltungskosten aus Zeile 14, Spalte 12 und der Vertriebskosten aus Zeile 18, Spalte 13 zu den Herstellkosten ergeben sich die Selbstkosten:
Zeile 22 Herstellkosten:	372 645,–
Zeile 23 Verwaltungsgemeinko.:	13 044,–
Zeile 24 Vertriebsgemeinkosten	15 824,–
Zeile 25 Selbstkosten	401 513,– €

Errechnung der Gemeinkosten-Verrechnungssätze:
Nach der Kostenumlage im Betriebsabrechnungsbogen werden aus den zusammengeführten Daten die Gemeinkostenverrechnungssätze gebildet. Üblicherweise nimmt man hier Datensummen mehrerer Monate, damit die ermittelten Durchschnittswerte besser dem Betriebsverlauf entsprechen. In dem Beispiel sind:

$$\text{MGK-Z in \%} = \frac{17\,680,-}{101\,000,-} \cdot 100\,\% = 17,5\,\%$$

$$\text{FGK-Z A} = \frac{73\,800,-}{28\,200,-} \cdot 100\,\% = 262\,\%$$

$$\text{FGK-Z B} = \frac{67\,086,-}{38\,200,-} \cdot 100\,\% = 176\,\%$$

$$\text{FGK-Z C} = \frac{38\,479,-}{8\,200,-} \cdot 100\,\% = 469\,\%$$

Ermittlung von Fertigungskostensätze:
Mithilfe des BAB lassen sich für die Kostenermittlung und für die Angebotserstellung leicht die Kostensätze der Fertigungshauptstellen errechnen. Hierzu ist die systematische Erfassung der Fertigungsstunden in den einzelnen Hauptstellen von besonderer Bedeutung. In dem Beispiel ergaben sich in dem betrachteten Monat die Fertigungsstunden zu:
Fertigungshauptstellen
A	bei 23 Mitarbeitern zu	2 744 Stunden
B	bei 10 Mitarbeitern zu	1 400 Stunden
C	bei 7 Mitarbeitern zu	700 Stunden.

Daraus ergeben sich die Fertigungskostensätze je Stunde zu:

$$\text{FKS} = \frac{\text{Fertigungskosten (Zeile 18)}}{\text{Fertigungsstunden/Monat}}$$

$$\text{FKS A} = \frac{102\,000,-\,€}{2744\,\text{Stunden}} = 37,17\,€/\text{Stunde}$$

$$\text{FKS B} = \frac{105\,286,-\,€}{1400\,\text{Stunden}} = 75,20\,€/\text{Stunde}$$

$$\text{FKS C} = \frac{46\,679,-\,€}{700\,\text{Stunden}} = 66,68\,€/\text{Stunde}$$

Die Verwaltungs- und Vertriebsgemeinkosten-Zuschlagsätze werden aus den Zeilen 23 und 24 des Beispiels geteilt durch die Herstellkosten aus Zeile 22 berechnet:

$$\text{VwGK-Z} = \frac{13\,044,-\,€}{372\,645,-\,€} \cdot 100\,\% = 3,5\,\%$$

und

$$\text{VtGK-Z} = \frac{15\,824,-\,€}{372\,645,-\,€} \cdot 100\,\% = 4,2\,\%$$

Weiter lassen sich aus BAB unterschiedlichste Betriebskennzahlen gewinnen, die dann zur Steuerung der Ergebnisse verwendet werden können.
In diesem Beispiel wird hier der Personalkostengrad für den Betrieb Schmidt GmbH ermittelt.

$$\text{Personalkostengrad} = \frac{\text{Personalkosten}}{\text{Selbstkosten}} \cdot 100\,\%$$

Personalkosten setzen sich aus den Ergebnissen der
Zeile 17	Fertigungslohnkosten	74 600,– €
Zeile 4	Hilfslohnkosten	27 600,– €
Zeile 5	Gehaltskosten	18 400,– €
Zeile 6	Sozialkosten	66 640,– €
Summe		187 240,– €

$$\text{Personalkostengrad} = \frac{187\,240,-}{401\,513,-} \cdot 100\,\% = 46,6\,\%$$

Verrechnungssatz	Gesamt-betrieb	Fertigungshauptkostenstelle		
		A	B	C
Materialgemeinkostenzuschlag	17,5 %			
Fertigungsgemeinkosten-Zuschlagssatz		262 %	176 %	469 %
Fertigungskostensatz €/h		37,17	75,20	66,68
Verwaltungsgemeinkostenzuschlagssatz	3,5 %			
Vertriebsgemeinkostenzuschlagssatz	4,2 %			

6.4.3 Platzkostenrechnung

Mit steigendem Automatisierungsgrad sinkt der Lohnanteil an den Gesamtkosten. Die Gemeinkosten für den Kapitaldienst der Maschinen, die Raumkosten, Instandhaltungskosten, die Kosten für Werkzeuge und Energien steigen an. Um die Kalkulation und die Zuordnung der Kosten weiter zu verfeinern, werden diese auf Maschinengruppen, Einzelmaschinen oder Arbeitsplätze aufgeteilt. Diese Kosten in dieser neuen kleinen Kostenstelle werden als Platzkosten bezeichnet. Diese Aufteilung bedeutet eine genauere Verteilung der Gemeinkosten, aber erschwert die Kostenstellenrechnung.

Die Anwendung ist nur sinnvoll in Kostenstellen
- mit Maschinen und Arbeitsplätzen, die ungleichmäßig genutzt werden,
- mit Maschinen mit hohen und niedrigen Fixkosten und
- in der Werkstättenfertigung.

> Zwei Verfahren haben große Bedeutung in der Platzkostenrechnung:
> 1. **Maschinenstundensatzrechnung:**
>   Hier sind alle maschinenbezogenen Kosten mit kalkulatorischen Abschreibungen und Instandhaltungskosten zusammengefasst.
> 2. **Arbeitsstundensatzrechnung:**
>   Diese setzt sich aus dem Maschinenstundensatz und dem Mitarbeiterlohn zusammen.

Die jetzt noch nach diesen Rechenmethoden verbleibenden Gemeinkostenanteile in einer Fertigungsstelle werden *Restfertigungsgemeinkosten* genannt.

Bei der Gegenüberstellung der Selbstkostenaufteilung mit und ohne Maschinenkosten wird deutlich, dass der auf den Lohn zu beziehende Restkostenanteil nur noch relativ klein ist und damit besser verursacherbezogen berechnet werden kann (**Bild 1**).

Maschinenkosten
Weiter sieht man im Kostenstellen-Vergleichsbogen die Kostenarten, die einer Maschine bzw. Maschinengruppe direkt zugeordnet werden können.

Kalkulatorische Abschreibungen lassen sich aus dem gerade bestehenden Wiederbeschaffungswert (mit Aufstellungs- und Inbetriebnahmekosten) und der Nutzungsdauer berechnen. Bei veralteten Maschinen ist der Wiederbeschaffungswert einer technisch vergleichbaren Maschine anzusetzen. Die kalkulatorischen Abschreibungen sollten der tatsächlichen Wertminderung der Maschine entsprechen.

Die **kalkulatorischen Zinsen** werden normalerweise in der Höhe der gerade üblichen Zinssätze für langfristiges Fremdkapital angesetzt. Zur Vereinfachung der Rechnung werden die Zinsen vom halben Wiederbeschaffungswert gerechnet.

Die **Raumkosten** werden auf die von der Maschine benötigte Grundfläche und der Bewegungsfläche für den Arbeitsplatz in qm bezogen. In den Raumkosten sind die Abschreibungen der Gebäude und Werkanlagen, Gebäudeinstandhaltung sowie Kosten für Heizung, Licht, Versicherung und Reinigung enthalten.

Die **Energiekosten** werden aus dem Anschlusswert der Maschine und den geltenden Stromkosten bzw. Energiekosten ermittelt.

Die **Instandhaltungskosten** bzw. laufenden Wartungen werden aus einem prozentualen Durchschnittswert der vergangenen Jahre gebildet und auf die Höhe des Beschaffungswertes bezogen. Diese Durchschnittswerte liegen zwischen 4 % bis 8 % des Beschaffungswertes.

Arbeitsplatzkostenrechnung:
Die Arbeitsplatzkosten sind auch unter den Platzkosten bekannt (Bild 1, übernächste Seite). Diese setzen sich aus den Maschinenkosten, Personalkosten, Restfertigungsgemeinkosten (RFGK), Werkzeugkosten und Kühlschmiermittelkosten zusammen. Die Kühlschmiermittelkosten verursachen durch die steigenden Entsorgungskosten einen hohen Kostenanteil in der Platzkostenrechnung.

Bild 1: Zusammensetzung der Selbstkosten ohne Maschinenkosten und mit Maschinenkosten

Beispiel: Maschinenstundensatz und Maschinenkosten je Stück

Die **Maschinenkosten je Stunde** (Maschinenstundensatz) und die Maschinenkosten je Stück sind zu errechnen.

Gegeben:
- Beschaffungswert (WBW[1]): 160 000 €
  (mit Aufstellung und Inbetriebnahme)
- Lebensdauer bei 1-Schicht-Nutzung: 10 Jahre
- Lebensdauer bei 2-Schicht-Nutzung: 8 Jahre
- Soll-Einsatzzeit im Jahr bei 1-Schicht-Betrieb bei 250 Arbeitstagen/Jahr, 8 h/Arbeitszeit pro Tag und einem Planungsfaktor von 80 %
  Nutzung = 1600 h/Jahr
- Soll-Einsatzzeit bei 2-Schicht-Betrieb
  (bei 16 h Arbeitszeit/Tag) = 3200 h/Jahr
- Zinssatz 8 %/Jahr
- Flächenbedarf 10 m²
- kalkulatorischer Mietpreis 120 €/(m² · Jahr)

[1] WBW = Wiederbeschaffungswert

- Strompreis bei 10 kWh 0,20 €/kWh
- Instandhaltungskostensatz (1-Schicht) 4 %/Jahr
- Instandhaltungskostensatz (2-Schicht) 6 %/Jahr

Lösung: **Bild 1**

Für die Kalkulation der **Maschinenkosten je Stück** muss zunächst die Belegungszeit je Einheit errechnet werden. Wenn im Beispiel die Betriebsmittel-Rüstzeit 60 min, die Betriebsmittelzeit je Einheit 10 min/Stück und die zu fertigende Stückzahl m = 200 Stück sind, dann ist die Belegungszeit des Betriebsmittels unter Berücksichtigung der Rüstzeit:

$T_{bB} = t_{rB} + m \cdot t_{eB}$ = 60 + 200 · 10 = 2060 min und die Belegungszeit je Einheit

T_{bB}/m = 10,3 min/Stück.

Damit sind die Kosten in €/Stück =
Maschinenstundensatz x Belegungszeit

Kostenart	Berechnungsformel			Kosten in €/h	
				1-Schicht-Betrieb	2-Schicht-Betrieb
kalkulatorische Abschreibungskosten K_A	$\dfrac{\text{Wiederbeschaffungswert (WBW) in €}}{\text{Nutzungsdauer in Jahren}}$	·	$\dfrac{1}{\text{Einsatzzeit in h/Jahr}}$	10,–	6,25
kalkulatorische Zinskosten K_Z	$\dfrac{\text{Beschaffungspreis (BW) in €}}{2}$	· $\dfrac{\text{Zinssatz in \%/Jahr}}{100}$	· $\dfrac{1}{\text{Einsatzzeit in h/Jahr}}$	4,00	2,00
Raumkosten K_R	Flächenbedarf in m²	· $\dfrac{\text{kalkulat. Mietpreis in €/m}^2 \cdot \text{Jahr}}{}$	· $\dfrac{1}{\text{Einsatzzeit in h/Jahr}}$	0,75	0,375
Energiekosten K_E	Elektrische Leistung in kW · Strompreis in €/kWh			2,00	2,00
Instandhaltungskosten K_I	Beschaffungspreis (BW) in €	· $\dfrac{\text{Instandhaltungskostensatz in \%/Jahr}}{100\ \%}$	· $\dfrac{1}{\text{Einsatzzeit in h/Jahr}}$	4,00	3,00
Maschinenstundensatz	Summe der Kosten			20,75	13,62

Bild 1: Schema zur Berechnung des Maschinenstundensatzes

	1-Schicht-Betrieb	2-Schicht-Betrieb
Maschinenkosten in €/Stück	$\dfrac{20{,}75\ \text{€/h} \cdot 10{,}3\ \text{min/Stück}}{60\ \text{min/h}} = 3{,}56$ €/Stück	$\dfrac{13{,}82\ \text{€/h} \cdot 10{,}3\ \text{min/Stück}}{60\ \text{min/h}} = 2{,}33$ €/Stück

Bild 2: Maschinenkosten in €/Stück

Für Kostenrechnungen bzw. Kostenvergleichsrechnungen in kapitalintensiven Fertigungen dürfen nicht mehr die Lohnkosten pauschal mit einem prozentualen Gemeinkostensatz beaufschlagt werden. Für kapitalintensive Anlagen ist es vorteilhaft Platzkostensätze je Nutzungsstunde zu ermitteln. Hierbei muss die Schichtbelegung berücksichtigt werden. Die Berechnung der Stückkosten in der Fertigung erfolgt durch Multiplikation der Platzkostensätze mit der anteiligen Belegungszeit einer Maschine bzw. Fertigungsanlage.

In der Platzkostenrechnung haben die *Restfertigungsgemeinkosten* eine besondere Stellung. Dieser Gemeinkostensatz wird über den Betriebsabrechnungsbogen (BAB) ermittelt und in Form eines Prozentsatzes angegeben. Man rechnet diesen Gemeinkostensatz zu den Fertigungslohnkosten. Aus der Summe der Fertigungsgemeinkosten werden die maschinenabhängigen Kostenanteile herausgenommen.

Die Restfertigungsgemeinkosten sind also Mischkosten (**Bild 2**), mit unterschiedlicher Aufteilung. Diese richtet sich nach den in den Restfertigungsgemeinkosten enthaltenen Kostenarten, wie z. B. die Hilfs- und Betriebsstoffe, die Ausschusskosten, die Betriebsgehälter, Kosten für das Hilfspersonal, den Werkstatt-Transport und die Qualitätssicherung.

Neben den Restfertigungsgemeinkosten sind die Instandhaltungs- und Kühlschmiermittelkosten auch Mischkosten. Zum Beispiel überwiegt bei planmäßiger, vorbeugender Wartung der fixe Anteil der Instandhaltungskosten. Bei der Instandhaltung nach Bedarf und Nutzung der Maschine haben die variablen Kosten einen höheren Anteil. Die Kühlschmiermittel müssen in der Fertigung grundsätzlich entsorgt werden und gehören somit anteilig zu den fixen Kosten. Beim Einsatz besonderer Kühlschmierstoffe für einzelne Fertigungsaufgaben müssen diese zu den variablen Kostenanteilen gerechnet werden.

Die Werkzeugkosten werden aus dem Betriebsabrechnungsbogen (BAB), nämlich aus der jährlichen Werkzeugverbrauchssumme entnommen.

Die Verbrauchssumme wird auf eine jährliche Stückzahl bezogen. Eine genauere Methode zur Berücksichtigung der Werkzeugkosten ist die Erfassung des tatsächlichen Verbrauchs entsprechend der Arbeitstechnologien.

Arbeitsstundensatzrechnung (Platzkostensatz) und Maschinenstundensatzrechnung in Abhängigkeit vom Beschäftigungsgrad wird durch die mehrschichtige Nutzung der kostenintensiven Anlagen immer wichtiger. Die aus fixen und variablen Anteilen bestehenden Platzkostensätze und die darin enthaltenen Maschinenstundensätze ergeben sich aus der jährlichen Fertigungskostensumme bzw. der Maschinenkostensumme durch Division der jährlichen Fertigungsstundenzahl. Diese Nutzungszeit ist die tatsächliche Betriebsmittelnutzungszeit einer Maschine oder Anlage unter Berücksichtigung des jeweiligen Planungsfaktors des Betriebs.

Bild 1: Platzkostenstruktur

Kostenarten	Fixe Kosten	Variable Kosten	Mischkosten
Personalkosten		•	
kalk. Abschreibungen	•		
kalk. Zinsen	•		
Raumkosten	•		
Energiekosten		•	
Instandhaltungskosten			•
Werkzeugkosten		•	
Kühlschmiermittel			•
Restfertigungsgemeink.			•

Bild 2: Fixe Kosten und variable Kosten in der Platzkostenrechnung

Der Planungsfaktor berücksichtigt Zeitausfälle durch die Anlage, das Personal und die Organisation. Diese können durch die Betriebsdatenerfassungsanlagen, z. B. Nutzungsschreiber, BDE-Terminals und Multimomentaufnahmen bewertet werden.

Die anteiligen fixen Platzkosten je Stunde fallen mit steigendem Beschäftigungsgrad bzw. mit steigender jährlicher Zahl der Fertigungsstunden. Der jeweils übliche Schichtbetrieb z. B. Einschichtbetrieb oder Zweischichtbetrieb wird dann als Normalbeschäftigungsgrad von 100 % angenommen.

Beispiel:
Normalbeschäftigungsgrad von 100 % bei zweischichtiger Nutzung sind:
250 Tage/Jahr x 2 Schichten/Tag x 8 h/Schicht x 80 % Planungsfaktor = 3 200 h/Jahr.

Die anteiligen variablen Platzkostenanteile je Stunde sind unabhängig vom Beschäftigungsgrad konstant. Damit fallen die gesamten Platzkosten mit höherer zeitlicher Nutzung der Anlage. Das Absinken der Platzkosten ist um so steiler, je größer die fixen Kapitalkosten der hochautomatisierten Anlage sind.

In der Darstellung **Bild 1 und Bild 2** fallen die Platzkostensätze und die darin enthaltenen Maschinenstundensätze mit wachsendem Beschäftigungsgrad bzw. mit der jährlichen Zahl der Fertigungsstunden.

Die Werte müssen jährlich nach den Änderungen der Kosten immer wieder neu ermittelt werden.

Generell sollten in einem Betrieb für alle kostenintensiven Anlagen die Platzkostensätze als Rechengrundlage für Kostenvergleiche vorliegen.

Bild 1: Platzkostensatz

Bild 2: Platzkosten

Beschäftigungsgrad

Der Beschäftigungsgrad ist eine betriebsstatistische Kennziffer, die die tatsächliche Beschäftigung als Prozentsatz der möglichen Beschäftigung (= volle Kapazitätsausnutzung) angibt. Eine Änderung des Beschäftigungsgrades bewirkt immer eine Änderung der Stückkosten bzw. Platzkosten. Den kostenoptimalen Beschäftigungsgrad erhält man, wenn die Stückkosten bzw. Platzkosten am geringsten sind.

Die Kosten steigen bei fallender Beschäftigung, da der gleichbleibende Fixkostenblock auf geringere Produktionsmengen verteilt werden muss.

Beispiel: Arbeitsplatzkosten

Grunddaten		Einheit	Beispiel:	
1.	Werkzeugmaschine		CNC-Bearbeitungszentrum	
2.	Bruttoflächenbedarf	m²	60	
3.	Raumkostensatz	€/m² und Jahr	240	
4.	Motor: Nennleistung	kW	60	
	mittl. Leistung bei 70 % Einschaltdauer	kW	48	
5.	Energieverrechnungssatz	€/kWh	0,2	
6.	Instandhaltungssatz	%/Jahr	4	
7.	Zeitlicher Nutzungsgrad Planungsfaktor		0,8	
8.	Zinssatz	%	10	
9.	Lohnnebenkosten	%	75	
10.	effektiver Lohn	€/h	22,5	
11.	Arbeitszeit 1 Schicht/Tag	h/Tag	8	
12.	Restfertigungsgemeinkosten	%	30 fix/ 15 var	

6.4 Innerbetriebliche Leistungsverrechnung

Beispiel: Arbeitsplatzkosten, Fortsetzung

Investitionsausgaben:

	13.	Wiederbeschaffungswert u. Werkzeuge	€	700 000
	14.	Verpackungs- und Transportkosten	€	100 000
	15.	Fundament- und Aufstellkosten	€	30 000
	16.	Sonderzubehör	€	50 000
	17.	Kosten der Inbetriebnahme	€	20 000
	18.	Investitionsbetrag: Nr. 13 bis Nr. 17	€	900 000
	19.	Nutzungsdauer	Jahre	10

Fertigungsstunden je Jahr:			Tage/Jahr	h/Jahr	%
	20.	Kalendertage	365		
	21.	Bezahlte Feiertage	11		
	22.	Arbeitstage ohne Samstage, Sonntage und Feiertage = maximale Kapazität	250	2 000	100
	23.	Urlaubstage: Ausfall ohne Ersatzperson	25	200	10
	24.	Fertigungstage: Nr. 22 – Nr. 23	225	1 800	
	25.	Ausfall wegen Krankheit und Sonstiges	10	80	4
	26.	Ausfall wegen Maschinenstörungen, Reinigung, Organisationsfehler u. a.	15	120	6
	27.	Fertigungsstunden = reale Kapazität (Nr. 24 – 25 – 26) · Nr. 11		1 600	80

Platzkosten in €/Jahr			Verteilung	fixe Kosten	variable Ko.
	28.	Fertigungslohnkosten = Nr. 22 · Nr. 10	1		45 000
	29.	Lohnnebenkosten = Nr. 28 · Nr. 9/100	1		33 750
	30.	Personalkosten = Nr. 28 + Nr. 29			78 750
	31.	Kalkulatorische Abschreibungen Nr. 18 : Nr. 19	0	90 000	
	32.	Kalkulatorische Zinsen Nr. 18 · 0,5 · Nr. 8/100	0	45 000	
	33.	Kapitalkosten = Nr. 31 + Nr. 32		135 000	
	34.	Raumkosten = Nr. 2 · Nr. 3	0	14 400	
	35.	Energiekosten = Nr. 4 · Nr. 5 · Nr. 27	1		15 360
	36.	Instandhaltungskosten = Nr. 18 · Nr. 6/100	0,6	14 400	21 600
	37.	Hilfs- und Betriebsstoffe Kühlschmierm. 15 000 €/Jahr aus BAB	0,8	3 000	12 000
	38.	Maschinenkosten = Nr. 33 bis 37		166 800	48 960
	39.	Summe direkt zurechenbarer Kosten Personalkosten + Maschinenkosten Nr. 30 + Nr. 38		166 800	127 710
	40.	Werkzeugkosten aus BAB 20 000 €/Jahr	0,8	4 000	16 000
	41.	Restfertigungsgemeinkosten Nr. 39 · Nr. 12/100 fixe Kosten Nr. 39 · 0,3 variable Kosten Nr. 39 · 0,15		50 040	19 157
	42.	Platzkosten = Nr. 39 + Nr. 40 + Nr. 41		220 840	162 867
	43.	variabler Platzkostenanteil = Nr. 42 : Nr. 27			101,79
	44.	fixer Platzkostenanteil = Nr. 42 : (Nr. 27 · Beschäftigungsgrad) · 100 % Platz 120 %		115,03	
		110 %		125,48	
		100 %		138,03	
		90 %		153,37	
		80 %		172,54	
		70 %		197,19	
		60 %		230,05	

6.5 Kalkulationen

6.5.1 Aufgaben der Kalkulation

In der Kostenrechnung werden die Kosten nach Kostenarten erfasst. Mit der Kostenstellenrechnung lassen sich die Gemeinkostenzuschlagssätze der Hauptkostenstellen ermitteln. Mithilfe der Kalkulation kann eine Verrechnung der Kosten auf die Kostenträger durchgeführt werden. In der momentanen Zeit großer Konkurrenz und des damit verbundenen großen Kostendrucks hat die Kalkulation für die Preisermittlung und Kostenkontrolle eine besondere Bedeutung erlangt.

Zur **Vergleichsrechnung** und der Leistungbewertung in einem Betrieb werden Erträge und Kosten einzelner oder mehrerer Betriebsleistungen z. B. Erzeugnisse, Produkte, Einzelteile, Dienstleistungen gegenübergestellt. Mit diesen Ergebnissen können Programme für die Produktion unter der jeweiligen Marktsituation leichter geplant werden.

> Vergleichsrechnungen, die sich auf die Kalkulationsergebnisse beziehen sind:
> - die Soll/Ist – Kostenvergleiche,
> - die innerbetrieblichen Vergleiche,
> - die Vergleiche zwischen verschiedenen Betrieben und
> - die Verfahrensvergleiche.

Im laufenden Betrieb können Produkte oder Halb- und Fertigfabrikate für die Ermittlung der Ist-Kosten durch die Kalkulation erfasst und wirtschaftlich bewertet werden.

> Je nach dem Zeitpunkt der Bewertung unterscheidet man zwischen
> - der Vorkalkulation,
> - der Zwischenkalkulation und
> - der Nachkalkulation.

Die **Vorkalkulation** liegt vor der Herstellung. Hierzu werden die Daten durch Schätzen oder aus älteren Erfahrungswerten gewonnen. Die Genauigkeit der Vorkalkulation hängt von der Genauigkeit der verwendeten Planungsdaten ab. Die Vorkalkulation ist aber für jedes Angebot zur Preisfindung und Wirtschaftlichkeitsrechnung vor der Herstellung unbedingt notwendig.

Die **Zwischenkalkulation** wird im Verlauf der Herstellung der Erzeugnisse zur Kontrolle der wirtschaftlichen Fertigung durchgeführt, z. B. bei vielen Arbeitsgängen und Kostenstellenwechseln sowie langen Durchlaufzeiten eines Produktes durch den Betrieb. Ziel der Zwischenkalkulation ist, gegebenenfalls Maßnahmen einzuleiten, die geeignet sind, eine unwirtschaftliche Auftragsabwicklung rechtzeitig zu erkennen und noch zu korrigieren.

Die **Nachkalkulation** wird nach Abschluss der Leistungserstellung von Erzeugnissen, Produkten und Dienstleistung zur Kontrolle der Wirtschaftlichkeit durchgeführt. Ziel der Nachkalkulation ist, die Abweichung zwischen tatsächlich angefallenen Kosten und den vorkalkulierten Kosten eines Auftrages zu ermitteln. Daraus können Erkenntnisse zum einen für die Durchführung künftiger Vorkalkulationen gewonnen werden und zum anderen erhält man Hinweise für weitere Rationalisierungsnotwendigkeiten.

6.5.2 Arten der Kalkulation

Die Anwendung eines bestimmten Kalkulationsverfahrens hängt stark von den Erzeugnissen und den verwendeten Produktionsverfahren eines Betriebs ab.

> Es gibt:
> - die Divisionskalkulation,
> - die Äquivalenz-Zahlen-Kalkulation und
> - die Zuschlagskalkulation.

Zur Auswahl eines geeigneten Kalkulationsverfahrens wird zwischen direkter und indirekter Kostenverrechnung unterschieden (**Bild 1, folgende Seite**). So lässt sich z. B. die einfache Divisionskalkulation nur dann anwenden, wenn alle Kostenarten direkt, ohne Umwege über die Kostenstellen, auf einen Kostenträger zu verrechnen sind. Gibt es mehrere Kostenträger, muss die mehrfache Divisionskalkulation oder die Äquivalenz-Zahlen-Kalkulation angewendet werden.

Lassen sich die Kostenarten nicht direkt sondern indirekt auf den Kostenträger verrechnen, wird als Leistungsrechnung eine Zuschlagskalkulation angeschlossen.

6.5.3 Divisionskalkulation

Es lassen sich drei Verfahren unterschieden, die in ihrer Anwendung sehr einfach sind und bei einfachen Betriebsstrukturen, z. B. bei Stromerzeugern, Wasserwerken und Produktionen mit nur einem Erzeugnis ohne Varianten zum Einsatz kommen.

Bei der **einstufigen Divisionskalkulation** werden alle während eines Zeitraumes anfallenden Kosten auf die in diesem Zeitraum erzeugten Mengen bezogen.

$$\text{Kosten/Einheit} = \frac{\text{Gesamtkosten/Zeitraum}}{\text{erzeugte Einheiten/Zeitraum}}$$

6.5 Kalkulationen

Bild 1: Auswahl eines geeigneten Kalkulationsverfahrens

Falls Lagerbestandsänderungen zu berücksichtigen sind, gilt die Formel:

$$\text{Kosten/Einheit} = \frac{\text{Gesamtkosten/Zeitraum} + \text{Herstellkosten der Lagerbestandsveränderungen/Zeitraum}}{\text{erzeugte Einheiten/Zeitraum}}$$

(+ entspricht Lagerbestandsverminderung,
– entspricht Lagerbestandszunahme)

Beispiel: Divisionskalkulation
Bei der Herstellung von Trinkwasser fallen Herstellkosten in Höhe von 240 000 €/Monat an. Hergestellt und abgegeben werden im gleichen Zeitraum 160 000 m³. Welche Herstellkosten ergeben sich in €/m³?

$$\text{Herstellkosten} = \frac{240\,000\ \text{€/Monat}}{160\,000\ \text{m}^3/\text{Monat}} = 1{,}50\ \text{€/m}^3$$

Bei der **mehrstufigen Divisionskalkulation** (Stufendivisionskalkulation) muss der Fertigungsvorgang mit einem Produkt nicht mehr für den gesamten Produktionsvorgang gelten, sondern nur für einzelne Fertigungsstufen.

Zwischen den Produktionsstufen können auch Zwischenlager angeordnet sein und alle Kostenstellen brauchen auch nicht durchlaufen zu werden.

Die Gesamtkosten der verschiedenen Kostenstellen werden dann jeweils durch die Anzahl der Stücke geteilt, die die betreffende Kostenstelle durchlaufen haben.

Die Divisionskalkulation wendet man vorzugsweise bei einfachen Betriebsstrukturen an.

Beispiel: Stufendivisionskalkulation.
Ein Erzeugnis wird im Verlauf des Fertigungsprozesses in mehreren Werkstätten bearbeitet. Jede Werkstatt wird für sich abgerechnet, übernimmt aber die Kosten je Stück der vorhergehenden Werkstatt als „Einstandskosten".
Lösung: Bild 2

	Kostenarten	Einheit	Kostenstelle A → B → C		
Vorleistung, Einstandskosten	• Rohstoffe 100 000 kg zu 2,– €/kg	€/Monat	200 000		
	• Zwischenerzeugnis von A 80 000 kg zu 5,– €/kg	€/Monat		400 000	
	• Zwischenerzeugnis von B 60 000 kg zu 7,– €/kg	€/Monat			420 000
Kalkulation	Fertigungskosten	€/Monat	300 000	160 000	240 000
	Herstellkosten	€/Monat	500 000	560 000	660 000
	erzeugte Menge	kg	100 000	80 000	60 000
	Herstellkosten/kg	€/kg	5,– →	7,– →	11,–
	Nach Durchlaufen der drei Fertigungsstufen ergeben sich für 1 kg = 11,– €/kg				

Bild 2: Stufendivisionskalkulation

Bei der **Veredelungsdivisionskalkulation** werden die Grundkosten, wie z. B. die Fertigungskosten wie bei der einstufigen Divisionskalkulation zunächst dem Produkt zugerechnet, während die Weiterverarbeitungskosten, wie z. B. Montage, Transport als Kosten einer weiteren Produktionsstufe nach gleichem Rechenschema zu ermitteln sind.

> **Beispiel: Selbstkosten**
> In der Kostenstelle A und B (mechanische Bearbeitung) werden Teile für ein Erzeugnis hergestellt, das in der Kostenstelle C montiert wird. Die Teile werden jedoch auch unmontiert verkauft. Es sind die in Bild 1 folgenden vier Fertigungsstufen (entsprechen auch Kostenstellen) zu unterscheiden.
> Materialkosten: 250 €/Stck
> Zu ermitteln sind die Selbstkosten für die Teile.
> *Lösung:* **Bild 1**

Dieses Beispiel ist typisch für die mehrstufige Divisionskalkulation, die auch in kleineren Betrieben, wie Textilindustrie, Veredelungsindustrien und bei der Stahlherstellung angewendet wird.

Die **Äquivalenzzahlkalkulation** ist eine veränderte Form der bereits vorgestellten Divisionskalkulationsverfahren. Sie wird dann angewendet, wenn ein Betrieb mehrere Produkte gleichzeitig herstellt in Rohstoff, Form, Ausstattung oder Fertigungsverfahren gleichartig, aber nicht gleichwertig. Beispiele hierfür sind Bleche unterschiedlicher Dicke, Papier verschiedener Qualität, Brauereien mit mehreren Produkten, Motoren mehrerer Baureihen.

Kennzeichnend für das Äquivalenzzahlverfahren ist, dass die Gesamtkosten für die herzustellenden Erzeugnisse bzw. für ihre besonderen Eigenschaften, z. B. Gewicht in einem festen Verhältnis zueinander stehen.

Diese festen Kostenverhältnisse werden durch Äquivalenzzahlen ausgedrückt. Hierdurch werden die einzelnen Produkte rechnerisch „gleichnamig" gemacht, so dass eine Teilung der Gesamtkosten durch die Gesamtmenge der gleichnamig gemachten Produkte möglich ist.

> **Beispiel: Äquivalenzzahlenkalkulation**
> Es werden vier verschiedene Kunststoffteile auf einer Fertigungsanlage hergestellt. Diesen vier Teilen sind verschiedene Vorgabezeiten zugeordnet. Für den Typ A wurde die Äquivalenzzahl 1 gewählt, Bild 2.
> Zu ermitteln sind die Äquivalenzzahlen für die anderen Vorgabezeiten.
> *Lösung:* **Bild 2**

Vorgehensweise:
Grundsätzlich erfolgt das Verfahren der Äquivalenzzahlenkalkulation in drei Schritten:
1. Alle unterschiedlichen Produkte werden mit der Äquivalenzzahl in ein rechnerisches Einheitsprodukt umgewandelt.
2. Die Kosten je Einheit des rechnerischen Einheitsproduktes werden ermittelt.
3. Die Kosten je Einheit der einzelnen Produkte werden aus den Kostenwerten und den jeweiligen Äquivalenzzahlen ermittelt.

① Leistung

		Kostenstellen			
Bezeichnung	Einheit	A	B	C	Vertrieb
hergestellte Menge	Stck./Monat	400	600	250	400

② Kosten

Kostenstellen		A	B	C	Vertrieb	gesamt
Fertigungskosten	€/Monat	60 000	120 000	25 000	32 000	237 000
Fertigungskosten	€/Stck.	150,–	200,–	100,–	80,–	

③ Selbstkosten

Materialkosten		250,–
Fertigungskosten	Kostenstelle A	150,–
	Kostenstelle B	200,–
	Kostenstelle C	100,–
Vertriebskosten		80,–
Selbstkosten		780,–

Bild 1: Veredelungs-Divisions-Kalkulation

Typ	Vorgabezeit in min	Äquivalenzzahl	alternative Äquivalenzzahl
A	7	1,00	0,22
B	12	1,71	0,38
C	18	2,57	0,56
D	32	4,57	1,00

Äquivalenzzahlen-Ermittlung

$$\frac{\text{Typ B}}{\text{Typ A}} = \frac{12 \text{ min}}{7 \text{ min}} = 1{,}71 \text{ oder alternativ}$$

$$\frac{\text{Typ C}}{\text{Typ D}} = \frac{18 \text{ min}}{32 \text{ min}} = 0{,}56$$

Bild 2: Äquivalenzzahlenkalkulation (Beispiel)

6.5.4 Zuschlagskalkulation

Die Einfachheit der Produktpalette, wie bei der Divisionskalkulation ist nur in wenigen Betrieben bzw. Teilbetrieben generell einzusetzen. Normalerweise werden meist mehrere Erzeugnisse mit unterschiedlichen Kosten an Material und Fertigungslöhnen in verschiedenen Fertigungsabläufen und mit unterschiedlichen Verfahren hergestellt. Hierzu wird die Zuschlagskalkulation eingesetzt.

Bei der Zuschlagskalkulation werden die Einzel- und Gemeinkosten getrennt auf die Kostenträger verrechnet. Die Einzelkosten lassen sich direkt mit Einzelbelegen, z. B. Materialentnahmescheinen auf die Kostenträger summieren. Die Gemeinkostenverrechnung erfolgt indirekt mit Gemeinkostenzuschlägen auf die Kostenträger. Die Zuschlagswerte sind besonders sorgfältig aus dem Betriebsabrechnungsbogen (BAB) zu ermitteln.

In Abhängigkeit von der Anzahl der Zuschläge unterscheidet man:
- die einstufige Zuschlagskalkulation und
- die mehrstufige Zuschlagskalkulation.

Die **einstufige Zuschlagskalkulation** wird häufig bei Handwerksbetrieben angewendet. Die Gemeinkosten müssen mit einem Zuschlagssatz einer Bezugsgröße, wie den Fertigungslohnkosten bei lohnintensiven Betrieben (Lohnzuschlagskalkulation) oder den Materialeinzelkosten bei materialintensiven Betrieben (Materialzuschlagskalkulation) zugerechnet werden **(Bild 1)**.

Beispiel: Kalkulation
In einem Malereibetrieb fallen folgende Kostendaten an:
Fertigungslohnkosten 150 000 €/Monat
Gemeinkosten 110 000 €/Monat
Gesamtkosten 260 000 €/Monat

Für die Kalkulation sollen die Selbstkosten ermittelt werden, wenn die Materialeinzelkosten auf 1 000 € und die Fertigungslohnkosten auf 450 € geschätzt werden.
Lösung:

Gemeinkostenzuschlag in % = $\dfrac{110\,000,-}{150\,000,-} \cdot 100\,\%$

GKZ = 73,3 %

Kalkulation:
Materialeinzelkosten	1 000,– €
Fertigungslohnkosten	450,– €
Gemeinkosten 73,3 %	329,85 €
Selbstkosten	1 779,85 €

Dieses Verfahren ist einfach und sollte nur dann angewendet werden, wenn die Gemeinkosten nicht zu hoch sind, d. h. ein geringer Fixkostenanteil vorliegt.

Die **mehrstufige Zuschlagskalkulation** teilt die Gemeinkosten entsprechend ihrer Einflussgrößen in mehrere Gemeinkostenarten auf **(Bild 2)**:
- die Materialgemeinkosten,
- die Fertigungsgemeinkosten,
- die Verwaltungsgemeinkosten und
- die Vertriebsgemeinkosten.

Bild 1: Ablauf einer einstufigen Zuschlagskalkulation

Bild 2: Schema der mehrstufigen Zuschlagskalkulation aus Einzel- und Gemeinkosten

Als Bezugsgröße für die Verrechnung auf die Kostenträger werden im Allgemeinen
- das Fertigungsmaterial,
- die Fertigungslöhne und
- die Herstellkosten verwendet.

Die Selbstkosten werden dann nach dem Schema in **Bild 2, vorhergehende Seite** ermittelt.

Die Anwendung der mehrstufigen Zuschlagskalkulation soll durch die nachstehenden Beispiele deutlich werden.
Arbeitet man mit unterschiedlichen Gemeinkostenzuschlägen, müssen die Fertigungslohnkosten und Fertigungsgemeinkosten für jede Fertigungshauptkostenstelle getrennt ermittelt werden.

Beispiel:
Mehrstufige Zuschlagskalkulation bei einer Fertigungs-Hauptkostenstelle (**Bild 1**).

Beispiel: Selbstkostenermittlung
Ein Stahlbehälter wird in den Fertigungshauptkostenstellen Schlosserei, Schweißerei und Montage hergestellt. Von der Arbeitsvorbereitung wurden die Daten in Bild 3 zusammengestellt. Gesucht sind die Selbstkosten für die Herstellung des Stahlbehälters.
Lösung: **Bild 1, folgende Seite**.

① **Vorgaben**

Kostenart	Einheit	Abkürz.	Wert
Materialeinzelkosten	€/Stck	MEK	40,–
Materialgemeinkostenzuschlag	%	MGKZ	12
Fertigungslohnkosten	€/Stck.	FLK	80,–
Fertigungsgemeinkostenzuschl.	%	FGKZ	140,–
Verwaltungsgemeinkostenzuschlag	%	VwGKZ	15
Vertriebsgemeinkostenzuschlag	%	VtGKZ	10
Sondereinzelkosten der Fert.	€/Stck.	SEF	2,–

② **Kalkulation**

Kostenart	Kosten in €/Stück
MEK	40,–
MGK bei MGKZ – 12 %	4,40
MK	→ 44,40
FLK	80,–
FGK bei FGKZ – 140 %	112,–
FK	→ 192,–
SEF	2,–
HK	→ 238,40
VwGK bei VwGKZ 15 %	35,75
VtGK bei VtGKZ 10 %	23,84
VVGK	59,59
SK	→ 297,99

Bild 1: Mehrstufige Zuschlagskalkulation

Bezeichnung	Einheit	Werte
Stahlblech, Schweißdraht usw. Materialgemeinkostenzuschlagssatz	€/Behälter %	750,– 10
Kostenstelle – Schlosserei: Zeit je Behälter – t_{e1} Fertigungslohn	h/Behälter €/h	40 19,50
Kostenstelle – Schweißerei: Zeit je Behälter – t_{e1} Fertigungslohn	h/Behälter €/h	10 22,–
Kostenstelle – Montage: Zeit je Behälter – t_{e1} Fertigungslohn	h/Behälter €/h	8 24,–
Gemeinkostenzuschläge: • Schlosserei • Schweißerei • Montage • Verwaltung • Vertrieb	% % % % %	110 130 80 10 15

Bild 3: Daten zur Kalkulation eines Stahlbehälters

Bild 2: Fertigungskostenkalkulation bei mehrstufiger Zuschlagskalkulation mit mehreren Fertigungshauptkostenstellen

6.5 Kalkulationen

Die Kalkulation mit Maschinenstundensätzen gewinnt mit der Zunahme der Maschinennutzung besondere Bedeutung. Es entstehen Kostenarten, die vom Mitarbeiter immer mehr unabhängig sind, also fest (fix) sind. Z. B. bei den Kapitalkosten sind die kalkulatorischen Abschreibungen, kalkulatorischen Zinsen und Raumkosten unabhängig vom Mitarbeiter.

Je höher aber der Fixkostenanteil an den Gesamtkosten ist, desto kleiner ist die Abhängigkeit der Kosten von der Leistungsmenge wie Arbeitsstunden und Stückzahlen. Deshalb bildet man Kostensätze für Arbeitsmittel, indem die Maschinen-, Vorrichtungs- und Werkzeugkosten aus dem Fertigungsgemeinkostenblock herausgelöst werden. Die verbleibenden Kostenreste werden Rest-Fertigungsgemeinkosten genannt. Diese müssen dann, wie bei der Zuschlagskalkulation, proportional zu den Fertigungslohnkosten verrechnet werden. Die Rest-Fertigungsgemeinkosten RFGK sollten möglichst keine Kostenarten enthalten, die einen hohen Fixkostenanteil oder kaum eine Beziehung zu den Maschinenkosten haben.

Beispiel zur einstufigen Zuschlagskalkulation bei mehreren Arbeitsvorgängen in einer Fertigungshauptkostenstelle:
Für die Herstellung eines Türschlosses sind die in Bild 2 aufgelisteten Daten ermittelt worden. Es sind die Fertigungskosten in €/Stück in einer Fertigungshauptstelle (Fertigungsinsel) zu ermitteln.
Lösung: Bild 3

Der Ablauf der Zuschlagskalkulation mit Maschinenkosten ist nur unterschiedlich in dem Bereich der Ermittlung der Fertigungskosten von den bisher bekannten Verfahren der Zuschlagskalkulation (**Bild 1, folgende Seite**).
In dem Beispiel **Bild 2, folgende Seite** haben die Rest-Fertigungsgemeinkosten wieder eine ausreichende Abhängigkeit (Proportionalität) zu den Fertigungskosten.

Literatur:
- *Coenenberg, A., Fischer, T.M., Günther, T.*: Kostenrechnung und Kostenanalyse, Stuttgart; Schäffer-Poeschel
- *Härdler, J.*: Betriebswirtschaftslehre für Ingenieure, Leipzig, Fachbuchverlag
- *IHK-Weiterbildung-Skript*: Betriebswirtschaftliches Handeln, Band 2
- *Olfert, K.*: Kostenrechnung, Ludwigshafen, Kiel Verlag

Kostenarten	Kosten in €/Stück	
MEK	750,–	
MGK bei MGKZ = 10 %	75,–	
MK		825,–
FLK – Schlosserei 40 h × 19,50 €/h	780,–	
FGK – Schlosserei bei FGKZ = 110 %	858,–	
FLK – Schweißen 10 h × 22,– €/h	220,–	
FGK – Schweißen bei FGKZ = 130 %	286,–	
FLK – Montage 8 h × 24,– €/h	192,–	
FGK – Montage bei FGKZ = 80 %	153,60	
FK		2 489,6
HK		3 314,60
VwGK bei VWGKZ = 10 %	331,46	
VtGK bei VTGKZ = 15 %	497,19	
VVGK		828,65
SK = HK + VVGK =		4 143,25

Bild 1: Mehrstufige Zuschlagskalkulation (Beispiel)

Arbeitsvorgang	t_r in min/ Auftr.	t_e in min/ Stck.	m in Stck./ Auftr.	FGKZ in %	FLK in €/h
Sägen – Rohteile	15	2,0	10	110	16,50
Teile – Fräsen	60	12,5		110	25,30
Teile – Schleifen	20	6		110	22,–

Bild 2: Daten zur Zuschlagskalkulation

1. Schritt:
Fertigungslohnkosten je Arbeitsgang

$$FLK = \left(\frac{t_r}{m} + t_e\right) \cdot \frac{Fertigungslohnsatz}{60}$$

Arbeitsvorgang	Rechnung	Fertigungslohn in €/Stck.
Sägen	$\left(\frac{15}{10} + 2,0\right) \cdot \frac{16,50}{60} =$	0,96
Fräsen	$\left(\frac{15}{10} + 12,5\right) \cdot \frac{25,30}{60} =$	7,80
Schleifen	$\left(\frac{20}{10} + 6\right) \cdot \frac{22,-}{60} =$	2,93
Summe	FLK	11,69

2. Schritt:

$$FK = FLK \cdot \left(1 + \frac{FGKZ}{100}\right)$$

$$FK = FLK + FGK = 11,69 + 12,86 = 24,55 \text{ €/Stck}$$

$$FK = 11,69 \frac{€}{Stck.} \cdot \left(1 + \frac{110\ \%}{100\ \%}\right) = 24,55 \frac{€}{Stck.}$$

Bild 3: Zuschlagskalkulation bei mehreren Arbeitsvorgängen

Sollten die RFGK nach erfolgter Kostenaufteilung weiterhin über 100 % liegen, ist die Proportionalität wieder infrage gestellt und man muss weitere Kostenarten herausnehmen. Diese sind dann direkt zu verrechnen.

Die Anwendung der Maschinenkostenrechnung zur Selbstkosten- und Fertigungskostenkalkulation zeigt **Bild 3**.

Rechnung:

Bezeichnung	Einheit	Werte
Materialeinzelkosten	€/Stück	102,–
Materialgemeinkosten-zuschlagssatz	%	14
Kostenstelle A:		
Fertigungszeit	min/Stück	20
Fertigungslohn	€/h	5,80
Fertigungsgemein-kostenzuschlagssatz	%	210
Kostenstelle B:		
Fertigungslohnkosten	€/Stück	2,95
Maschinenkosten	€/h	40,–
Zeit je Einheit t_e	min/Stück	15
Vorrichtungskosten	€/Stück	0,25
Werkzeugkosten	€/Stück	0,60
Restfertigungsgemein-kostenzuschlagsatz	%	120
Kostenstelle C:		
Rüstzeit t_r	min/Auftrag	150
Auftragsmenge m	Stück/Auftrag	10
Zeit je Einheit t_e	min/Stück	5
Fertigungslohn	€/h	6,80
Fertigungsgemein-kostenzuschlagssatz	%	180
Verwaltungsgemein-kostenzuschlagssatz	%	12
Vertriebsgemein-kostenzuschlagssatz	%	16

Daten:

Bezeichnung	Kosten in €/Werkstück	
MEK	102,00	
MGKZ 14 %	14,28	
MK		116,28
FLK_A	1,93	
$FGKZ_A$ 210 %	4,05	
FLK_B	2,95	
MAK_B	10,00	
VOK_B	0,25	
WEK_B	0,60	
$RFGKZ_B$ 120 %	3,54	
FLK_C	2,27	
$FGKZ_C$ 180 %	4,09	
FK		29,68
HK		145,96
VwGKZ 12 %	17,52	
VtGKZ 16 %	23,35	
VVGK		40,87
SK		186,83

Bild 3: Selbstkostenkalkulation

Bild 1: Ablauf der Zuschlagskalkulation mit Maschinenkosten

Vorgabe:
Fertigungslohnkosten 200 000,– €/Monat

Kostenarten	Fertigungs-gemein-kosten in €/Monat	Kos-ten arten	bezogen auf FLK = 200 000,– €/Stck.
Maschinenkosten	200 000	MAK	100 %
Werkzeugkosten	50 000	WEK	25 %
Vorrichtungskosten	20 000	VOK	10 %
Transportkosten	20 000	RFGK	10 %
Entwicklungskosten	40 000		20 %
Arbeitsvor-bereitungskosten	20 000		10 % 65 %
sonstige Kosten	50 000		25 %
Summe	400 000		200 %

Bild 2: Beispiel der Aufteilung von Fertigungsgemeinkosten

Gewinnzuschlag, Kundenskonto, Vertreterprovision und Kundenrabatte sind eventuell auch noch zu berechnen. Dazu bietet sich folgendes Schema an:

Selbstkosten des Auftrages	186,83		
+ 10 % Gewinnzuschlag	18,68		
→ **Barverkaufspreis**	205,51	=	95 %
+ 2 % Kundenskonto	4,11	=	2 %
+ 3 % Vertreterprovision	6,17	=	3 %
→ **Zielverkaufspreis**	215,79	=	100 %
→ 94 % + 6 % Kundenrabatt	13,77	=	6 %
→ **Listenpreis**	229,56	=	100 %
+ MwSt.			
→ **Bruttoverkaufspreis**			

6.6 Vollkostenrechnung und Teilkostenrechnung

6.6.1 Vollkostenrechnung

Mit der Vollkostenrechnung versucht man, alle angefallenen Kosten der Fertigung, des Vertriebs und der Verwaltung auf die einzelnen Kostenträger zu verrechnen. Dabei werden die Einzelkosten direkt auf die Produkte verrechnet. Die Gemeinkosten werden wie bekannt mithilfe der Kostenstellenrechnung und besonderen Bezugsgrößen möglichst verursachergerecht auf die Kostenträger verteilt.

Mit der Vollkostenrechnung kann das Verrechnungsproblem der fixen Kosten nicht richtig gelöst werden. So hat die Aufteilung zwischen fixen und variablen Kosten schon eine merkliche Verbesserung in der Kostenrechnung gebracht, aber ist noch nicht ausreichend.

Fixkosten entstehen durch langfristige Entscheidungen in den Betriebsentwicklungen, z. B. durch längerfristige Investitionen an Maschinen, Anlagen und Arbeitskräften in denen Kapital festgelegt ist. Solange man diese Kapazitäten nicht verändert, bleibt bei gleichbleibenden Preisen am Markt der Fixkostenblock eines Unternehmens konstant. Allgemein werden die Fixkosten linear zur Fertigungszeit verrechnet. Dies ist aber dann falsch, wenn unterschiedlichste Nutzungsgrade (Beschäftigungsgrade) vorliegen. Für die Fixkosten gibt es noch keinen verursachergerechten Schlüssel. Sie bleiben Gemeinkosten der Kostenstelle bzw. des Platzes. Nur die variablen Kosten sind direkt verrechenbar, z. B. Energie, Werkzeuge. Durch diese Vorgehensweise versagt dann die Vollkostenrechnung, wenn Entscheidungen auf der Grundlage von Maschinenkapazitäten und Mitarbeitern gefällt werden müssen.

Die Vollkostenrechnung versagt, wenn Entscheidungen anstehen zu:
- gewinnmaximaler Zusammensetzung von Fertigungsprogrammen,
- Eigenfertigung oder Fremdbezug,
- Verfahrensauswahl in der Ablaufplanung und
- Engpassfertigung bei hoher Auftragslage.

Eine besonders häufig auftretende Fehlentscheidung ist die Herausnahme von Produkten aus der Fertigung ohne alle Kosten und Folgen kurzfristig berücksichtigen zu können, sondern nur auf eine, nach dem Vollkostenprinzip fußende Gewinn- und Verlustrechnung (siehe auch Vergleich Voll- und Teilkostenrechnung).

6.6.2 Teilkostenrechnung (Deckungsbeitragsrechnung)

Alle Teilkostenrechnungen gehen auf das „Direct Costing" zurück. Diese wurde in den Dreißigerjahren zum ersten Mal in den USA angewendet. Der Begriff „Direct Costs" umfasst alle variablen Kosten, also die Einzelkosten und die variablen Gemeinkosten. Diese werden auch als **Grenzkosten** bezeichnet (**Bild 1**).

Um die variablen Gemeinkosten möglichst verursachergerecht verrechnen zu können, sollten sie dem Prozessverlauf entsprechen. Weiter sollten sie mit den Verantwortungsbereichen zusammenfallen, um eine gute Kostenkontrolle zu ermöglichen. Neben dem eigentlichen Ziel, der Feststellung der variablen Kosten für die Produktion der Erzeugnisse, wird bei der Teilkostenrechnung meist durch Einbeziehen der Erlöszahlen sie zu einer Erfolgsrechnung erweitert. Man spricht dann hier von einer Deckungsbeitragsrechnung.

Für den *Deckungsbeitrag* gilt folgende Formel:

Deckungsbeitrag = Umsatzerlös – variable Kosten

oder

Deckungsbeitrag = Nettoerlös – Grenzkosten

Die Deckungsbeiträge werden entweder je Stück, je Produktart oder für den gesamten Betrieb ermittelt (**Bild 2**).

Bild 1: Einteilung der Gesamtkosten bei der Teilkostenrechnung

Bild 2: Schema zur Deckungsbeitragsermittlung

Der Begriff „Beitrag" resultiert aus der Erkenntnis, dass jedes Produkt oder Stück bzw. Auftrag, für das/den mehr als die Grenzkosten erlöst werden, einen Gewinn abwirft. Dieser Gewinn leistet als erstes einen Beitrag zur Abdeckung der festen Kosten. Sind diese vollständig gedeckt, stellt sich für jedes weitere Teil ein tatsächlicher Gewinn ein (**Bild 1**). Der Begriff Deckungsbeitrag ist deshalb die Abkürzung für „Fixkostendeckungs- und Gewinnbeitrag".

Bild 1: Zusammenhang zwischen Deckungsbeitrag, festen Kosten (Fixkosten) und Gewinn

Bild 2 zeigt schematisch die Bestimmung des Deckungsbeitrags bei verschiedenen Umsatzerlösen. Ist der Erlös größer als alle variablen Kosten (Fall 3), so wird ein Deckungsbeitrag DB erreicht, der ein Teil der Fixkosten abdeckt. Bei höheren Erlösen (Fall 2) können die gesamten Fixkosten gedeckt werden. Weiter wird noch bei steigenden Erlösen ein zusätzlicher Gewinn erzielt (Fall 1).

Ergeben sich Erlöse, die kleiner als die Grenzkosten sind (Fall 4), spricht man von einem negativen Deckungsbeitrag. Dieser ist unbedingt zu vermeiden, da hier mit steigendem Auslastungsgrad der Betrieb ständig an Substanz verliert und damit schließen muss.

Der gleiche Zusammenhang lässt sich auch mithilfe des Gewinn-Schwellen-Diagramms („Break-even-Analyse) verdeutlichen (**Bild 3**). Hier werden nur positive Deckungsbeiträge betrachtet, da es sonst keinen Schnittpunkt zwischen Grenzkosten- und Erlöskurve gibt.

Der Deckungsbeitrag zeigt sich zu jedem Beschäftigungsgrad als Differenz der Erlöskurve E und der Grenzkurve K_{gr}. Hier wird weiter der Zusammenhang zwischen den Grundbegriffen Erlös, Grenzkosten und Deckungsbeitrag deutlich.

Bild 3: Break-even-Analyse

Fall 1	Fall 2	Fall 3	Fall 4
$DB > K_f$	$DB = K_f$	$0 < DB < K_f$	$DB < 0$
Der Deckungsbeitrag deckt die fixen Kosten ab und trägt zur Gewinnerzielung bei.	Der Deckungsbeitrag deckt genau die fixen Kosten ab.	Der Deckungsbeitrag deckt einen Teil der fixen Kosten ab.	Der Erlös ist niedriger als die Grenzkosten, so dass ein negativer Deckungsbeitrag entsteht.
positive Deckungsbeiträge			negativer Deckungsbeitrag

DB = Deckungsbeitrag
K_f = Fixkosten
G = Gewinn
K_{gr} = Grenzkosten
E = Erlös

Bild 2: Die vier Fälle von Deckungsbeiträgen

6.6.3 Vergleich Vollkostenrechnung und Teilkostenrechnung

Die Teilkostenrechnung ist eine Weiterentwicklung der Vollkostenrechnung. Beide Rechnungssysteme haben ihre Berechtigung. Mit der Vollkostenrechnung wird versucht, alle angefallenen Kosten auf die einzelnen Kostenträger zu verrechnen. Dieses Verfahren wird dann sinnvoll angewendet, wenn es für ein Produkt noch keinen Marktpreis gibt und eine Preisfindung erforderlich ist **(Bild 1)**.

Die Teilkostenrechnung wird dann erfolgreich angewendet, wenn ein Marktpreis vorliegt und bekannt ist. Durch dieses Verfahren kann eine Preisbeurteilung von den Ist-Kosten zum Marktpreis vorgenommen werden. Dies wird in dem folgenden Beispiel deutlich.

Vollkostenrechnung
- Marktpreis liegt nicht vor
- Preisermittlung ist erforderlich
- „Preisverhalten" der Konkurrenz wird als Funktion der Selbstkosten angenommen

Teilkostenrechnung
- Marktpreis liegt vor und ist bekannt
- keine Preisermittlung sondern Preisbeurteilung zum Marktpreis
- bei einzelnem Auftrag müssen bei freien Kapazitäten mindestens die Grenzkosten gedeckt sein, um sich für eine Auftragsannahme zu entscheiden

Bild 1: Preisfindung

Ein Marktpreis liegt nicht vor, so dass dieser durch eine Kalkulation zu ermitteln (finden) ist.

VOLLKOSTENRECHNUNG		TEILKOSTENRECHNUNG	
Kostenart	€/Stück	Kostenart	€/Stück
Materialeinzelkosten	12,–	Materialeinzelkosten	12,–
Materialgemeinkostenzuschlag 10 %	1,20		
Fertigungskosten	16,80	variabler Fertigungskostenanteil	10,–
Sondereinzelkosten	-,80	Sondereinzelkosten	0,80
Verwaltungs- und Vertriebskosten	7,70		
Gewinnzuschlag 8 %	2,68		
Mehrwertsteuer 16 %	5,39		
ANGEBOTSPREIS	43,96	GRENZKOSTEN	22,80
Ergebnis: Der Angebotspreis wird auf 43,96 €/Stück festgelegt.		Ein Angebotspreis kann nicht ermittelt werden. Auf jeden Fall muss er über den Grenzkosten von 22,80 €/Stück liegen.	

Es liegt ein Marktpreis von 30,– €/Stück vor, so dass dieser durch eine Kalkulation zu bewerten ist.

VOLLKOSTENRECHNUNG		TEILKOSTENRECHNUNG	
		NETTO-ERLÖS/STÜCK	30,–
Kostenart	€/Stück	Kostenart	€/Stück
Materialeinzelkosten	12,–	Materialeinzelkosten	12,–
Materialgemeinkostenzuschlag 10 %	1,20		
Fertigungskosten	16,80	variabler Fertigungskostenanteil	10,–
Sondereinzelkosten	-,80	Sondereinzelkosten	0,80
Verwaltungs- und Vertriebskosten	2,70		
SELBSTKOSTEN	33,50	GRENZKOSTEN	22,80
		DECKUNGSBEITRAG	7,20
Ergebnis: Da die Selbstkosten um 3,50 €/Stück über dem erzielbarem Netto-Erlös liegen, wird der Auftrag nicht angenommen, da man sonst mit „Verlust" arbeiten würde.		Da der erzielbare Netto-Erlös einen positiven Deckungsbeitrag von 7,20 €/Stück zulässt, wird der Auftrag (angesichts freier Kapazitäten) angenommen. Würde man ihn ablehnen, bliebe der durch diesen Deckungsbeitrag 7,20 €/Stück abgedeckte Fixkostenblock unabgedeckt und würde den Betriebserfolg negativ beeinflussen.	

Einstufige Deckungsbeitragsrechnung

In der einstufigen Deckungsbeitragsrechnung werden dem Kostenträger nur die variablen bzw. beschäftigungsabhängigen Kosten zugerechnet. Das heißt, neben den Einzelkosten können es auch die variablen Bestandteile der Gemeinkosten sein. Gemeinkosten, die auch variable Bestandteile haben, nennt man Mischkosten. Ein Beispiel hierfür sind die Instandhaltungskosten. Sie haben einen fixen Anteil durch das Wartungspersonal und einen variablen Anteil durch die Höhe der Betriebsmittelnutzung. Die Aufteilung der Mischkosten ist ein großes Problem in der Teilkostenrechnung. Hier bietet sich nur die Lösung durch Auswahl von Erfahrungswerten und von Schätzwerten an.

> Zur kurzfristigen Gewinnermittlung geht man wie folgt vor:
>
> Summe der Nettoerlöse der Produktarten
> − Summe der variablen Kosten der Produktarten
>
> = Summe der Deckungsbeiträge der Produktarten
> − fixe Kosten des Betriebes
>
> = Unternehmungserfolg

In der einstufigen Deckungsbeitragsrechnung gibt es nur einen Deckungsbeitrag, von dem der gesamte Fixkostenblock abgezogen wird. Durch die vielen fixen Kostenarten z. B. sozialrechtliche, tarifrechtliche und arbeitsrechtliche Anteile und bei hohem Fixkostenanteil im Verhältnis zu den Gesamtkosten, hat die einstufige Deckungsbeitragsrechnung Nachteile.

Mehrstufige Deckungsbeitragsrechnung:

Bei der mehrstufigen Deckungsbeitragsrechnung wird der Fixkostenblock stärker unterteilt. Diese Unterteilung erfolgt in:
- die Kostenstellenfixkosten,
- die Bereichsfixkosten und
- die Unternehmensfixkosten.

Hierdurch entstehen fünf sogenannte Fixkostenschichten (**Bild 1**):
- die Erzeugnisfixkosten, z. B. spezielle Messvorrichtungen oder spezielle Anlagen,
- die Erzeugnisgruppenfixkosten, z. B. Forschungs- und Entwicklungskosten für einzelne Produktlinien,
- die Kostenstellenfixkosten, z. B. allgemeine Fixkosten der Hauptkostenstellen,
- die Bereichsfixkosten, z. B. Produktionsgebäude,
- die Unternehmensfixkosten, z. B. restliche Fixkosten.

Eine Reihe von Preisbeurteilungsproblemen lassen durch die Ermittlung von Grenzkosten und Deckungsbeiträgen lösen. Andere Preisbeurteilungsprobleme z. B. bei ausgelasteten Kapazitäten erfordern eine besondere strategische Vorgehensweise in der Sortimentspolitik des Betriebes. Diese Vorgehensweise ist in der Kostenrechnung unter der Ermittlung der spezifischen Deckungsbeiträge und der Opportunitätskosten bekannt.

Sortimentspolitik

Hier unterscheidet man die Betrachtung der Sortimente bzw. der Produkte bei freien Kapazitäten von Mensch und Maschinen und bei ausgelasteten Kapazitäten. Man spricht dabei von der „Engpassfertigung".

Bei freier Kapazität sollte man bestrebt sein, dass jeder positive Deckungsbeitrag zur Deckung der fixen Kosten beiträgt. Daraus folgt, dass nicht die Vollkosten entscheidend sind, sondern die variablen Kosten und die Deckungsbeiträge.

> Die Grundregel lautet dann immer:
> Das Produkt behält man im Sortiment, solange der Deckungsbeitrag positiv ist, auch wenn es in der Vollkostenrechnung ein „Minus-Ergebnis" bringt.

> Die Rechnung der Schichtung ist:
>
> Summe der Nettoerlöse der Kostenträger
> − Summe der variablen Kosten
>
> = Deckungsbeitrag I
>
> − Erzeugnisfixkosten
>
> = Deckungsbeitrag II
>
> − Erzeugnisgruppenfixkosten
> = Deckungsbeitrag III
>
> − Kostenstellenfixkosten
> = Deckungsbeitrag IV
>
> − Bereichsfixkosten
> = Deckungsbeitrag V
>
> − Unternehmensfixkosten
>
> = Unternehmenserfolg

Bild 1: Mehrstufige Deckungsbeitragsrechnung

6.6 Vollkostenrechnung und Teilkostenrechnung

Beispiel: Unternehmensergebnis
Unter dem obigen Grundsatz soll bei der Schmidt GmbH das Unternehmensergebnis unter den nachstehenden Gesichtspunkten betrachtet werden. Wie groß ist/sind:
der Deckungsbeitrag/Produkt,
der Deckungsbeitrag/Gesamt,
die Fixkosten/Produkt,
die Fixkosten/Gesamt und
das Gesamtergebnis.
Die Grundlagen der Daten sind in **Bild 1** dargestellt.
Lösung: **Bild 2 und Bild 3**

Nach der ersten Überlegung aus **Bild 1** müsste das Produkt B mit den höheren Selbstkosten aus dem Markt genommen werden. Das Ergebnis der Deckungsbeitragsrechnung in **Bild 2** zeigt für das Produkt B einen positiven Deckungsbeitrag. Dies sind ca. 45 % vom Marktpreis und ist damit ein recht gutes Erzeugnis. Die Entscheidung nur nach der Betrachtung der Vollkostenkalkulation wäre also falsch gewesen.
Aus der Deckungsbeitragsrechnung wird deutlich, wenn das Produkt B nicht mehr im Sortiment geblieben wäre, hätten ca. 1,8 Mio. € der fixen Kosten nicht mehr gedeckt werden können und die Produkte A und C hätten den vollen Fixkostensatz tragen müssen. Hierdurch hätte sich bis zur Einführung eines neuen Produkts ein negatives Betriebsergebnis eingestellt.

Werte	A	B	C
Marktpreis in €/Stück	1110,–	1336,–	606,–
Materialeinzelkosten in €/Stück	450,–	250,–	80,–
Fertigungslohnkosten in €/Stück	80,–	270,–	70,–
FGK_{var} Teil	100 % 80,–	80 % 216,–	80 % 56,–
variable Kosten in €/Stück	610,–	736,–	206,–
Deckungsbeitrag in €/Stück	500	600,–	400,–
Rangfolge ($DB_{absolut}$)	②	①	③
Deckungsbeitrag in % vom Preis	45	44,9	66
verkaufte Menge pro Periode im Stck./Per.	3000	3000	5000
Deckungsbeitrag in € je Sorte und Periode	1,5 Mio	1,8 Mio	2,0 Mio
Deckungsbeitrag gesamt in €/Periode	5,3 Mio		
= Fixkosten in € pro Periode	5,0538 Mio		
= Gesamtergebnis €/Periode	246 200 €		

Bild 2: Sortimentspolitik „freie Kapazitäten" (Beispiel)

Kostenart \ Produkt	A	B	C
Materialeinzelkosten in €/Stück	450,–	250,–	80,–
Materialgemeinkostenzuschlag in %	10 %	10 %	10 %
Fertigungslohnkosten in €/Stück	80,–	270,–	70,–
Fertigungsgemeinkostenzuschlag – gesamt in %	220 %	280 %	240 %
*davon variabler Zuschlag ($FGKZ_{var}$) in %	100 %	80 %	80 %
*davon fixer Zuschlag ($FGKZ_{fix}$) in %	120 %	200 %	160 %
Verwaltungs- und Vertriebsgemeinkosten in €/Stück in % auf Herstellkosten	30 %	30 %	30 %
verkaufte Menge pro Periode in Stück/Periode	3 000	3 000	5 000
Marktpreis in €/Stück	1 110,–	1 336,–	606,–
Selbstkosten Vollkostenrechnung	976,3	1 691,30	423,8

Bild 1: Datengrundlagen und Sortimentspolitik (Beispiel)

Rückrechnung der Fixkosten, die pro Stück verrechnet wurden			
Kostenart	A	B	C
Materialgemeinkosten in €/Stück	10 % · 450,– 45,–	10 % · 250,– 25,–	10 % · 80,– 8,–
FGK_{fixer} Teil in €/Stück	120 % · 80,– 96,–	200 % · 270,– 540,–	160 % · 70,– 112,–
Verwaltungs- und Vertriebsgemeinkosten in €/Stück	225,30	390,30	97,80
Σ Fixkosten in €/Stück	366,30	955,30	217,80
verkaufte Menge pro Periode in Stück	3000	3000	5000
Σ Fixkosten in €/Periode und Sorte	1,098900 Mio	2,865900 Mio	1,089000 Mio
Σ $Fixkosten_{gesamt}$ in €/Periode	5,0538 Mio		

Bild 3: Sortimentspolitik „freie Kapazitäten" (Beispiel)

Während bei freien Kapazitäten noch jedes Produkt berücksichtigt wird, das einen positiven Deckungsbeitrag liefert, kann diese Vorgehensweise bei ausgelasteten Kapazitäten nicht mehr angewendet werden. Wenn in einer Engpassfertigung mehrere Erzeugnisse mit positivem Deckungsbeitrag je Stück gefertigt werden, spielt neben der Höhe des Deckungsbeitrags je Stück auch noch die Fertigungszeit je Stück eine bedeutende Rolle. Aus beiden Größen wird der „spezifische Deckungsbeitrag" DB_{spez} gebildet.

Spezifischer Deckungsbeitrag DB_{spez} in €/min

$$DB_{spez} = \frac{DB_{absolut} \text{ in €/Stück}}{\text{Fertigungszeit in min/Stück}}$$

Um die Bedeutung dieser Größe beurteilen zu können, wird das letzte Beispiel um die Fertigungszeiten je Stück erweitert **(Bild 1)**.

Bei dieser Betrachtung wird angenommen, dass die Fertigung mit dem gegenwärtigen Produktprogramm ausgelastet ist. Es steht eine Fertigungskapazität von 170 000 min/Periode zur Verfügung. Eine Marktanalyse zeigte, dass das Produktionsprogramm ohne Preiseinbußen von den Stückzahlen erweitert und auch verkauft werden kann. Hier ist der spezifische Deckungsbeitrag die entscheidende Größe zur Neustrukturierung des Produktionsprogramms **(Bild 2)**.

Hierdurch entsteht eine neue Rangfolge der Produkte. Mit dem Produkt C kann jetzt der höchste spezifische Deckungsbeitrag je Stück erzielt werden. Belegt man jetzt die zur Verfügung stehende Fertigungskapazität von 170 000 min/Periode in der Reihenfolge der Rangstufen, erhält man das „optimale Produktionsprogramm" **(Bild 3)**.

Im Vergleich zu dem bisherigen Produktionsprogramm mit einem gesamten Deckungsbeitrag von 5,3 Mio. € ergibt sich eine Verbesserung des Deckungsbeitrags durch die Optimierung auf 5,6 Mio. €. Das entspricht einer Verbesserung um 300 000 €/Periode und ca. 5,6 %.
Unter der Vorgabe „kein Ausbau der Kapazität" ist damit das Produktionsprogramm optimiert.

Das Beispiel zeigt:
Zur Erreichung eines maximalen Ergebnisses müssen die Produkte in der Reihenfolge ihrer spezifischen Deckungsbeiträge berücksichtigt werden. Es müssen also so viel Erzeugnisse hergestellt werden, wie sich ohne Preisverlust am Markt verkaufen lassen.

Produkt	A	B	C	Σ
gegenwärtiges Produktionsprogramm Stück/Periode	3 000	3 000	5 000	–
Stückfertigungszeit min/Stück	16'	24'	10'	–
benötigte Kapazität je Sorte min/Periode	48 000	72 000	50 000	170 000
maximal mögliches Programm Stück/Periode	4 500	4 000	6 000	–

Bild 1: Fertigungszeiten pro Produkt und maximal absetzbare Stückzahl

Produkt	A	B	C
$DB_{absolut}$ €/Stück	500,–	600,–	400,–
Fertigungszeit min/Stück	16	24	10
DB_{spez} €/min	31,25	25,–	40,–
Rangfolge	2	3	1

Bild 2: Spezifischer Deckungsbeitrag und Rangfolge

Rang	Produkt	max. mögliche Menge Stück/Periode	benötigte Fertigungszeit min/Periode	DB
1	C	6 000	60 000	2 400 000,–
2	A	4 500	72 000	2 250 000,–
3	B	1 583	38 000	950 000,–
	Summe		170 000	5 600 000,–
				5,6 Mio €

Alter DB = 5,3 Mio €
Neuer DB = 5,6 Mio €
Verbesserung = 0,3 Mio € ≙ 5,6 %

Bild 3: Das optimale Produktionsprogramm

6.6 Vollkostenrechnung und Teilkostenrechnung

Das Opportunitätskosten-Konzept

Muss bei ausgelasteter Kapazität aus besonderen Gründen ein zusätzliches Erzeugnis in die Produktion genommen werden und gibt es keine weitere Investitionsmöglichkeit für eine Kapazitätserweiterung, dann muss ein bisher gefertigtes Produkt zu Gunsten des neuen Erzeugnisses verdrängt werden. Der dadurch verlorene Deckungsbeitrag des verdrängten Produktes heißt „Opportunitätskosten" k_{opp}.

Das Opportunitätskosten-Konzept beantwortet die Frage, welcher Mindestpreis p_{min} das neue Produkt kosten muss, um ein Produkt aus dem Programm zu verdrängen. Zur Darstellung des Vorganges wird wieder das alte Beispiel verwendet. Das Fertigungsprogramm soll um das Zusatzprodukt D erweitert werden. D hat die variablen Stückkosten von 250,– € und benötigt 12 min/Stück Fertigungszeit. Aus der Rechnung des spezifischen Deckungsbeitrages (Bild 2, vorhergehende Seite), ist die Reihenfolge C, A, B bekannt. Das Produkt B mit dem kleinsten spezifischen Deckungsbeitrag heißt „randständiges Produkt". Bei der Optimierung des Produktionsprogramms ging hier schon das Ergebnis zu seinen Lasten. Bei der Entscheidung das Zusatzerzeugnis D aufzunehmen würde B verdrängt werden.

Das Zusatzerzeugnis D muss daher mindestens seine eigenen variablen Kosten und den Deckungsbeitragsverlust vom Produkt B am Markt erwirtschaften.

$P_{minD} = k_{vD} + k_{opp\,B}$

$p_{min\,D}$ = Preisuntergrenze von D
k_{vD} = variable Kosten von D
$k_{opp\,B}$ = Opportunitätskosten von B

Die Berechnung von k_{opp} kann mit zwei Methoden erfolgen:
- **Mengenmäßige Berechnung:**
  Das Produkt D verdrängt mit einer Mengeneinheit bei t_e = 12 min/Stück eine halbe Mengeneinheit von B mit t_e = 24 min/Stück. Für eine halbe Mengeneinheit B verliert das Unternehmen 300,– € an Deckungsbeitrag. Die Opportunitätskosten für die Verdrängung von B durch D beträgt somit 300,– € je Mengeneinheit von B.
- **Verwendung des spezifischen Deckungsbeitrags:**
  Eine Mengeneinheit von D verdrängt 12 min lang 25,– € von B. Die Opportunitätskosten betragen damit 12 x 25,– € = 300 €/Stück. Die Preisuntergrenze für Produkt D ist:

$p_{min\,D}$ = 250,– € + 300,– € = 550,– €

Bei einem Preis von 550,– € je Stück steht das Unternehmen gerade so da, als würde es das Zusatzprodukt nicht fertigen, DB = 0. Erst ab 550,– €/Stück beginnt die Gewinnzone für D.

Es können vier Fälle für die Preisuntergrenzen-Problematik abgeleitet werden:

1. **freie Kapazitäten** ohne erwarteten Preisverlust erfordern eine Grenzkostenberechnung,
2. **freie Kapazitäten mit Preisverlusterwartungen.** Hier muss mit den Opportunitätskosten immer wieder neu das Produktprogramm festgelegt werden.
3. **ausgelastete Kapazitäten ohne Investitionsentscheidung.** Der Kapazitätsengpass bleibt bestehen, sodass im vorliegenden Fall das zusätzliche Erzeugnis bzw. der Auftrag bei Auftragsannahme einen anderen Auftrag verdrängen würde. Hier kommt das Opportunitätskonzept zum Einsatz.
4. **ausgelastete Kapazitäten mit Investitionsentscheidung.** Der Kapazitätsengpass wird durch eine erzeugnis- bzw. auftragsbezogene Investition beseitigt, so dass dieser keinen anderen Auftrag verdrängt. Eine Kostenvergleichsrechnung mit der Erweiterungsinvestition gibt hierüber genauere Aussagen für eine Preisuntergrenze.

Es ist häufig zwischen Eigenfertigung und Fremdbezug zu entscheiden **(Tabelle 1)**.

Tabelle 1: Eigenfertigung und Fremdbezug

Situation	Eigenfertigung	Fremdbezug
freie Kapazitäten	K_{var} < EP	K_{var} > EP
ausgelastete Kapazitäten	$K_{var} + K_{opp}$ < EP	$K_{var} + K_{opp}$ > EP
Engpassbeseitigung durch Investition	K_{voll} < EP	K_{voll} > EP

EP = Einkaufspreis
K_{var} = variable Kosten
K_{opp} = Opportunitätskosten
K_{voll} = Vollkosten

Allgemeine Beispiele zu Opportunitätskosten:

Betrachtet man ein Unternehmen, das ein Bürogebäude besitzt und dieses selber nutzt, dann könnte durch Vermietung dieses Gebäudes das Unternehmen Erträge erzielen. Diese entgangenen Erträge werden als Opportunitätskosten bezeichnet. Opportunitätskosten bezeichnen auch den entgangenen Nutzen eines Produktes A, die entstehen, falls zu Gunsten von Produkt B auf A verzichtet wird, z. B. durch die Restriktionspolitik der Geschäftsleitung.

6.7 Kostenvergleichsrechnungen

Diese Vergleichsrechnungen werden bei Wirtschaftlichkeitsuntersuchungen angewendet. Hierbei wird ermittelt, welche von mindestens zwei Möglichkeiten die wirtschaftlichere ist.
Sie ist eine Entscheidungshilfe für die Beantwortung nachstehender Fragen:
- Soll eine Investition durchgeführt werden?
- Soll ein Produkt selbst hergestellt oder fremdbezogen werden?
- Soll die Produktion auf dem Betriebsmittel A oder B durchgeführt werden?
- Soll ein neues Erzeugnis in das Fertigungsprogramm aufgenommen werden?
- Ist das Arbeitsverfahren A oder B günstiger?

Mit den Vergleichsproblemen gibt es immer Auswahlprobleme zwischen Kosten und Mengen. So sollten Kosten nur verglichen werden, wenn Unterschiede vorliegen. Betragen z. B. die Fertigungskosten bei zwei mit einander vergleichbaren Arbeitsverfahren beides Mal 25,– €/Stück, dann braucht man diese Kostenart nicht in den Vergleich mit einzubeziehen. Die meisten Kostenvergleichsrechnungen sind deshalb Teilkostenvergleiche und nicht Vollkostenvergleiche.

Bei der Kostenvergleichsrechnung wird von folgenden Grundsätzen ausgegangen:
- In einem bestimmten Zeitraum wird eine bestimmte Menge erzeugt. Mithilfe der Vergleichsrechnung wird dann ermittelt, mit welchem der sich anbietenden Verfahren diese Menge mit den geringsten Kosten hergestellt werden kann.
- Bei der Kostenvergleichsrechnung sind fixe und variable Kosten zu verwenden, die mehr oder minder stark gegliedert werden können. Dabei werden in den Vergleich nur Kostenarten einbezogen, die bei den vergleichenden Verfahren eine unterschiedliche Kostenhöhe aufweisen.
- Es wird bei der statischen Rechnungen mit Durchschnittswerten gerechnet, die sich über die Nutzungs- und Einsatzdauer ergeben, z. B. ein im Nutzungszeitraum von 10 Jahren geltender durchschnittlicher Zinssatz.

Je nach Art des Problems kann man alle einzelnen Kostenarten vergleichen.

Kostenvergleichsrechnungen haben folgende Mängel:
- Sie sind statischer Natur und ermöglichen nur einen Vergleich zweier Zustände.
- Unterschiedliche Nutzungszeiten von Investitionsgütern werden nicht berücksichtigt.
- Sie ermitteln nur Kostenwirtschaftlichkeit, da Erlöse nicht berücksichtigt werden. Weiter ermöglichen sie keine Aussage über die Rentabilität des eingesetzten Kapitals.

In dem nachfolgenden Beispiel wird die Anwendung der Kostenvergleichsrechnung für zwei Betriebsmittel durchgeführt.

Beispiel: Kostenvergleichsrechnung
Die Bearbeitung eines Frästeiles kann auf einer konventionellen Fräsmaschine und einer CNC-Fräsmaschine erfolgen. Die Materialkosten sind in beiden Fällen gleich und werden nicht in den Kostenvergleich mit einbezogen. Für die Rechnung liegen folgende Daten vor: **Bild 1**.
Die Kostenvergleichsrechnung wird als Vergleich der Kosten je Stück durchgeführt, da unterschiedliche Zeiten für die Fertigung eines Teiles vorliegen.
Lösung: **Bild 2**

Bezeichnung	Einheit	konventionelle Maschine	CNC-Maschine
Zeit je Stück t_{e1}	min/Stck.	240	20
Fertigungslohnsatz	€/h	22,50	26,50
RFGKZ	%	120	160
Maschinenstundensatz	€/h	20,–	90,–
anteilige Werkzeugkosten	€/Stck.	15,–	30,–
Programmierkosten	€/Stck.	–	10,–

Bild 1: Daten zur Kostenvergleichsrechnung Betriebsmittel Fräsmaschinen

Kostenart	Einheit	konventionelle Maschine	CNC-Maschine
Fertigungslohnkosten	€/Stck.	90,–	8,83
RFGK	€/Stck.	108,–	14,13
Maschinenkosten	€/Stck.	80,–	29,70
Werkzeugkosten	€/Stck.	15,–	30,–
Programmierkosten	€/Stck.	–	10,–
Vergleichskosten		293,–	92,83

Die Fertigungskostendifferenz beträgt über 200 €/Stück zum Vorteil der CNC-Maschine.
Aus dem Ergebnis des Betriebsmittelvergleichs wird die Fertigung auf einer CNC-Maschine vorgeschlagen.

Bild 2: Beispiel-Rechnung Kostenvergleichsrechnung: Betriebsmittel – Fräsmaschinen

6.7 Kostenvergleichsrechnungen

Die Kostenvergleiche von Aufträgen und die Ermittlung von Grenzlosgrößen bei unterschiedlichen Fertigungsverfahren wird in der Einzel- und Kleinserienfertigung immer wichtiger. Um die tatsächlichen angefallenen Kosten „verursachergerecht" den Aufträgen entsprechend zuzurechnen, müssen die Fertigungskosten K_{FE} detailliert berechnet werden.

> Die Herstellkosten (Fertigungskosten K_{FE}) für jeden Auftrag setzen sich zusammen aus (**Bild 2**):
> - den einmaligen Vorbereitungskosten K_{VO},
> - den Auftragswiederholkosten K_{AW},
> - den Folgekosten K_{FO} und
> - den Einzelkosten K_E.

Die Berechnungsgleichung für die Herstellkosten eines Auftrages ist:

> Fertigungskosten $K_{FE} = \dfrac{K_{VO}}{N \cdot L} + \dfrac{K_{AW}}{L} + K_E + K_{FO}$
>
> L = Losgröße
> N = gesamte Auftragszahl

Beispiel: Kostenvergleichsrechnung
Ein Fertigungsprogramm für ein zu bearbeitendes Werkstück soll kostengünstig gefertigt werden. Zur Auswahl der Fertigung dieses speziellen Auftrages stehen ein CNC-Bohrwerk und ein CNC-Bearbeitungszentrum. Wie groß sind die Herstellkosten des Werkstückes auf den unterschiedlichen Maschinen? Weiter bekannt sind: monatliche Fertigung von einem Los von 100 Stück. Gesamte Laufzeit des Auftrages ist 2 Jahre.
Lösung: Bild 1

Verfahren	1	2
Maschine	CNC-Bohrwerk	BAZ
Material €/Stck.	85,–	85,–
K_{VO}	5 600,–	9 800,–
K_{AW}	125,–	250,–
K_{FO}	120,–	60,–
K_E	66,–	40,–
$\dfrac{K_{VO}}{N \cdot L} = ①$	$\dfrac{5\,600{,}-}{24 \cdot 100} = 2{,}33$	$\dfrac{9\,800{,}-}{24 \cdot 100} = 4{,}08$
$\dfrac{K_{AW}}{L} = ②$	$\dfrac{125{,}-}{100} = 1{,}25$	$\dfrac{250{,}-}{100} = 2{,}50$
$K_{FO} + Mat + K_F = ③$	120,– + 85,– + 66,– = 271,–	60,– + 85,– + 40,– = 185,–
$K_{FE} = ① + ② + ③$	274,58	191,58

Bild 1: Berechnung der Fertigungskosten im Auftrags-Kostenvergleich (Beispiel)

In der Kleinserienfertigung ist die Werkstattsteuerung ständig gezwungen, die Produktionsanlagen umstellen zu lassen. Dies führt zu einem zeitweiligen Stillstand der Maschinen bzw. Anlagen und kann erhebliche Kosten verursachen. Diese *Auftragswiederholkosten* fallen unabhängig von der Losgröße an. Mithilfe der Kostenartengliederung nach dem „Verursacherprinzip" kann bei einem Verfahrens- und Auftragsvergleich die Grenzlosgröße bestimmt werden.

> Grenzlosgröße $L_{GR} = \dfrac{K_{AW2} - K_{AW1} + (K_{VO2} - K_{VO1})/N}{K_{E1} - K_{E2}}$

Kostenarten bei Auftrags-Kostenvergleichen

Ausführungskosten	Vorbereitungskosten	Auftragswiederholkosten

1. Maschinenkosten
  1.1 Abschreibungskosten
  1.2 kalkulatorische Zinskosten
  1.3 Raumkosten
  1.4 Instandhaltungskosten
  1.5 Energiekosten
2. Werkzeugkosten
3. Fertigungslohnkosten
4. Restfertigungsgemeinkosten
5. Nacharbeit- und Ausschusskosten
	1. Betriebsmittelkonstruktionskosten
	2. Betriebsmittelfertigungskosten
	3. Betriebsmittelerprobungskosten
	  3.1 Ersterprobung der Programme
	  3.2 Ersterprobung der Sonderbetriebsmittel
	4. Arbeitsplanungskosten
	  4.1 Teilzeichnungen
	  4.2 Stücklisten
	  4.3 Arbeitspläne
	  4.4 Programmierungsunterlagen
		1. Auftragserstellungskosten
		  1.1 Vervielfältigen der Arbeitspapiere
		  1.2 Erstellen des 2. Lochstreifens
		2. Terminsteuerungskosten
		3. Rüstkosten außerhalb der Maschine
		4. Rüstkosten an der Maschine
		5. Transport- und Lagerungskosten zwischen den Arbeitsvorgängen

Bild 2: Kostenartengliederung für Auftragskosten-Vergleiche

Das Diagramm (**Bild 1**) der Verfahrensverläufe 1 und 2 zeigt, dass im Bereich 1 beim Verfahren 1 die wirtschaftlicheren Losgrößen liegen und im Bereich 2 das Verfahren 2 die wirtschaftlicheren Losgrößen hat.

Beispiel: Grenzlosgröße
Die Grenzlosgröße für den Vergleich aus Bild 1 ergibt sich dann zu:

$$L_{Gr} = \frac{250 - 125 + (9\,800 - 5\,600)/24}{66 - 40} = 10 \text{ St./Los}$$

Nur unterhalb der Grenzlosgröße von 10 Stück ist das Verfahren 1 wirtschaftlicher.

Bild 1: Grenzlosgröße beim Auftragskostenvergleich

6.7.1 Ermittlung von Grenzwerten

Viele Kostenrechnungen wollen Bereiche ermitteln, in denen wirtschaftlich gefertigt werden kann. Von besonderer Bedeutung ist der Übergang von einem unwirtschaftlichen zum wirtschaftlichen Bereich. Dieser Grenzwert wird immer durch die Menge von Stücken oder Stunden bestimmt.
Im Einzelnen werden unterschieden:
- die kritische Mengen, wie z. B. kritische Stückzahl, kritische Fertigungsstundenzahl, kritischer Beschäftigungsgrad,
- die Gewinnschwellen (Break-even-points).

Die kritische Menge stellt den Punkt dar, bei der die Kosten zweier Alternativen A und B gleich sind. Die kritische Menge M_{kr} von diesen zwei Alternativen wird ermittelt nach:

$K_{fA} + K_{vA} \cdot M_{kr} = K_{fB} + K_{vB} \cdot M_{kr}$
Wird die Gleichung nach der kritischen Menge aufgelöst:

$$M_{kr} = \frac{K_{fB} - K_{fA}}{K_{vA} - K_{vB}}$$

Darin sind:
M_{kr} kritische Menge in Leistungsmengeneinheit (Stück, Fertigungsstunde oder Beschäftigungsgrad) je Zeitraum (Monat, Jahr)
K_f fixe Kosten in €/Zeitraum der Alternative A und B.
K_v variable Kosten in €/Leistungsmengeneinheit (Stück, Fertigungsstunde, Beschäftigungsgrad) der Alternative A und B

Im Zähler dieser Gleichung steht der „Fixkostenvorteil" von Alternative A und B und im Nenner der „Variablenkostennachteil". Die kritische Menge gibt an, wann dieser „Variablenkostennachteil" durch ihren „Fixkostenvorteil" ausgeglichen worden ist.

Beispiel: Kritische Stückzahl
Um entscheiden zu können, ab welcher Auftragsmenge der Einsatz einer Verbesserung gegenüber dem vorhandenen Arbeitsplatz wirtschaftlich sinnvoll ist, wird mithilfe der nachstehenden Daten die kritische Stückzahl ermittelt: **Bild 2**.

Bezeichnung	Einheit	Alternativen ohne Verbesser. A	mit Verbesser. B
Zeit je Stck. t_{e1}	min/Stck.	45	28
Fertigungslohn	€/h	22,50	22,50
Lohnnebenkosten	%	70	70
Kosten der Verbesserung	€	–	2 500,–

$$M_{kr} = \frac{\overbrace{2500}^{K_{fB}} - \overbrace{0}^{K_{fA}}}{\underbrace{\frac{22{,}50 \cdot 1{,}70 \cdot 45}{60}}_{K_{vA}} - \underbrace{\frac{22{,}50 \cdot 1{,}7 \cdot 28}{60}}_{K_{vB}}}$$

$$M_{kr} = \frac{2\,500\,€ - \text{„Fixkostenvorteil" von A}}{10{,}83\,€ \text{ „Variablenkosten-Nachteil" von A Stck.}}$$

$M_{kr} = 230$ Stck.

Bild 2: Kritische Menge M_{kr} (Beispiel)

Setzt man diese Daten in die Gleichung zur Ermittlung der kritischen Menge ein, erhält man die mindestens zu fertigende Auftragsmenge, bevor sich die Verbesserung lohnt.
Nach der Fertigung einer Auftragsmenge von 230 Stück ist der „Fixkostenvorteil" von 2 500 € des verbesserten Arbeitsplatzes durch dessen „Variablenkostennachteil" von 10,83 € Stück ausgeglichen. Dies zeigt auch das Kostendiagramm in **Bild 1, folgende Seite**.

6.7 Kostenvergleichsrechnungen

Bei der Ermittlung von Gewinnschwellen (Break-even-points) kann die absolute Wirtschaftlichkeit eines Unternehmens bestimmt werden.

So ist die Gewinnschwelle eines Unternehmens jene Umsatzhöhe oder jener Beschäftigungsgrad, bei dem die Umsatzerlöse genau den Kosten entsprechen (**Bild 2**). Unter der Gewinnschwelle liegt der Verlustbereich, hierbei sind die Kosten höher als der Umsatzerlös. Oberhalb der Gewinnschwelle liegt der Gewinnbereich. Die Gewinnschwelle wird durch zwei kritische Größen bestimmt, den kritischen Umsatzerlös und den kritischen Beschäftigungsgrad. Am Beispiel eines Betriebes wird die monatliche Gewinnschwelle dargestellt.

Bild 1: Kostendiagramm mit kritischer Stückzahl M_{kr} (Beispiel)

Beispiel: Gewinnschwelle
Der Umsatzerlös der Firma Schmidt GmbH beträgt bei Normalbeschäftigung (100 % Beschäftigungsgrad) 450 000 €/Monat. Die fixen Kosten betragen 70 000 €/Monat. Die variablen Kosten sind 320 000 €/Monat. Es soll die Gewinnschwelle ermittelt werden.

Lösung:
Der kritische Beschäftigungsgrad B_{kr} ist:

$$(E_{100\%} - K_{v100\%}) \cdot B_{kr} = K_f$$

Darin sind:

$E_{100\%}$ Umsatzerlös in €/Monat bei 100 % Beschäftigungsgrad

$K_{v100\%}$ variable Kosten in €/Mon. bei 100 % Beschäftigungsgrad

B_{kr} kritischer Beschäftigungsgrad in %

K_f fixe Kosten in €/Monat

Der Ausdruck $(E_{100\%} - K_{v100\%})$ ist der Deckungsbeitrag bei 100 % Beschäftigungsgrad. Der kritische Beschäftigungsgrad ergibt sich dort, wo der Deckungsbeitrag gleich den fixen Kosten ist, also der Gewinn null ist.
Der kritische Beschäftigungsgrad ist somit:

$$B_{kr} \text{ in \%} = \frac{K_f}{E_{100\%} - K_{v100\%}} \cdot 100\%$$

Bei der Firma Schmidt GmbH ist der kritische Beschäftigungsgrad

$$B_{kr} = \frac{70\,000\,€}{450\,000\,€ - 320\,000\,€} \cdot 100\% = 53{,}5\%$$

und der kritische Umsatzerlös:

$$E_{kr} = \frac{70\,000\,€}{1 - \frac{320\,000\,€}{450\,000\,€}} = 241\,380\,€$$

Die Firma Schmidt GmbH erreicht erst die Gewinnschwelle bei einem Umsatzerlös von mindestens 241 380 €/Monat.

Bild 2: Gewinnschwelle (Beispiel)

Daraus folgt, dass bei der Firma Schmidt GmbH die Gewinnschwelle erreicht ist, wenn der Betrieb ca. zur Hälfte die Maschinen und Anlagen ausgelastet hat. Der kritische Umsatzerlös E_{kr} wird wie folgt ermittelt:

Kritischer Umsatzerlös: $$E_{kr} = \frac{K_f}{1 - \frac{K_{v100\%}}{E_{100\%}}}$$

6.7.2 Eigenleistung oder Fremdleistung

Der Leistungsumfang eines Unternehmens kann von der Rohstofferzeugung bis zum Absatz einschließlich erforderlicher Serviceleistung reichen. Jede in diesem Umfang zu erbringende Leistung könnte auch in anderen Betrieben erbracht werden.

Handelsbetriebe verzichten z. B. auf die Erzeugnisherstellung oder Lohnfertigungsbetriebe auf eine eigene Absatzorganisation. In Großbetrieben gibt es Fertigungswerke für die unterschiedlichsten Produkte, die dann über eine Zentralverkaufsorganisation vertrieben werden.

> Leistungen lassen sich ausgliedern:
> - durch „Fremdvergabe" an andere Unternehmen,
> - durch Ausgliederung von Unternehmensbereichen, die dann als juristisch selbstständige Tochtergesellschaft geführt werden,
> - durch „Teilverselbstständigungen" als sogenannte „Profit-Center".

Die Beurteilung, ob ein Fremdbezug vorteilhafter ist, muss in der heutigen wirtschaftlichen Situation in unserem Lande von mehreren Seiten gesehen werden. Dies lässt sich mithilfe unterschiedlicher Kriterien gut beurteilen. Je umfangreicher ein Beurteilungsproblem ist, z. B. für Transport und Logistik, Qualität und Termine, desto geringer ist die Wahrscheinlichkeit durch Kostenvergleich eine sinnvolle Entscheidung zu fällen. Es sind oft andere Kriterien zu beachten, die sogar wichtiger sind, wie

- die Versorgungs- und die Terminsicherheit,
- die Sicherung von Firmengeheimnissen,
- die Sicherung von Arbeitsplätzen,
- die Verbesserung des eigenen „Know-hows",
- die Bewahrung des erworbenen Namens und des Erzeugnis-Images, z. B. „Made in Germany" sowie
- die Abhängigkeit von Fremdfirmen.

Eher für Fremdbezug sprechen z. B. die Liquiditätsverbesserung und die Erhöhung der eigenen Flexibilität.
Deshalb wird man für die Wirtschaftlichkeit auch diese und gegebenenfalls weitere Beurteilungskriterien heranziehen.
Situationen, in denen man die Entscheidung zwischen *Eigenherstellung* und *Fremdbezug* einer Leistung zu treffen hat, kann man weiter unterscheiden:
1. in kurzfristige Auswirkungen:
    - es liegen freie Kapazitäten vor!,
    - es liegen ausgelastete Kapazitäten vor!,
2. in langfristige Auswirkungen:
    - müssen Investitionen durchgeführt werden?

Bei **freien Kapazitäten** gilt nachstehende Entscheidungsregel:

> Solange die Fremdleistungskosten größer als die Grenzkosten für die Eigenleistung sind, sollte man auf Fremdbezug verzichten.

Der Grundgedanke ist, dass man die Leistung so lange selbst erstellt, wie man gegenüber der Fremdvergabe einen positiven Deckungsbeitrag erzielen kann. Hierbei sind die Einstandspreise der Fremdleistung durch zusätzliche Aufgaben und die Verlustkosten, die durch Verdrängung des Produktes entstehen (Opportunitätskosten) mit zu berücksichtigen.

Bei **ausgelasteten Kapazitäten** gilt folgende Entscheidungsregel:

> Fremdvergaben von Aufträgen und Erzeugnissen sind so zu gestalten, dass die Verdrängungskosten durch Fremdvergabe minimal werden.

Auch hier ist die Eigenleistung so lange vorzuziehen, wie ein Deckungsbeitrag erreicht werden kann. Der Auftrag wird herausgegeben, der den kleinsten Deckungsbeitrag erwirtschaftet.

6.7.3 Statische Investitionsrechnung

Ziel der Investitionsrechnung ist die Beurteilung der Notwendigkeit und Zweckmäßigkeit einer Investition. Bei der Notwendigkeit unterscheidet man:
- **Erstinvestition:**
  Investitionen zur Aufnahme einer Fertigung, die bisher noch nicht im eigenen Betrieb durchgeführt wurden.
- **Ersatzinvestition:**
  Ein Arbeitsmittel wird durch ein gleichartiges anderes Arbeitsmittel (Maschine) ersetzt, da es nicht mehr einsetzbar ist.
- **Rationalisierungsinvestition:**
  Ein Arbeitsmittel wird durch ein anderes wirtschaftlicheres Arbeitsmittel ersetzt mit dem Ziel, eine Kostensenkung zu erreichen.
- **Erweiterungsinvestition:**
  Ein Arbeitsmittel wird zur Kapazitätserweiterung beschafft, um damit den Umsatz weiter zu erhöhen.

Die Beurteilung der Zweckmäßigkeit erfolgt neben den obigen Punkten nach
- **der Wirtschaftlichkeit:**
  der Verbesserung des Leistungs – Kostenverhältnisses,
- **der Rentabilität:**
  der Verzinsung des eingesetzten Kapitals und
- **dem Risiko:**
  der Amortisationsdauer.

Neben diesen drei wichtigen Kriterien betrachtet man noch die *Liquidität*, d. h. wie wirkt sich die Investition auf die Zahlungsfähigkeiten des Unternehmens aus, sowie die Einfachheit der Wartung und die Flexibilität.

6.7 Kostenvergleichsrechnungen

Mit der statischen Investitionsrechnung kann die Wirtschaftlichkeit, die Rentabilität und das Risiko zahlenmäßig dargestellt werden.
Zur Beurteilung der Wirtschaftlichkeit einer Investition ermittelt man als Beurteilungsgröße die Kosten je Zeitraum oder die Kosten je Stück (Leistungsmengeneinheit).
Dabei gilt folgende Entscheidungsregel:

> Sind die Kosten einer Alternative je Zeitraum oder je Stück höher als bei einer anderen Alternative, so ist die kostenniedrigste Alternative zu verwirklichen, z. B., ist die Alternative A größer als die Alternative B, dann ist B zu wählen.

Beispiel: Investitionsrechnung
Bei einer Rationalisierungsinvestition kommen zwei Maschinen von unterschiedlichen Herstellern zur Beschaffung in die engere Auswahl. Der Lieferzeitpunkt für beide Maschinen ist gleich.
Lösung: **Bild 1**
Durch den niedrigen Platzkostensatz wird man sich nach der Entscheidungsregel für den Kauf der Maschine B entscheiden.

Die Rentabilität einer Investition wird ermittelt nach:

$$\text{Rentabilität in \% je Zeitabschnitt} = \frac{\text{Gewinn in €/Zeitabschnitt}}{\text{eingesetztes Kapital in €}} \cdot 100\,\%$$

Mithilfe der Rentabilitätsrechnung beurteilt man den Gewinn nicht mehr als absolute Zahl, wie bei der Gewinn- und Verlustrechnung, sondern man setzt ihn ins Verhältnis zum durchschnittlich eingesetzten Kapital.
Bei Investitionsobjekten wird die Rentabilität angewendet, wenn das Objekt mit der besten Kapitalverzinsung ausgewählt werden muss.

Beispiel: Rentabilität
Von einer Montagegruppe werden in einem Monat 620 Elektromotoren montiert. In einer turnusmäßigen KVP-Besprechung in der Fertigung wurde von einem Mitarbeiter eine Verbesserung vorgeschlagen, die ein Investitionskapital von 120 000 € erfordert. Die Montagekosten lassen sich mit der Verbesserung um ca. 9,50 €/Motor senken. Wenn die Investition genehmigt werden soll muss eine Rentabilität von mindestens 40 % erreicht werden.
Lösung:

Rentabilität in % =
$$\frac{9{,}50\,\text{€/Stück} \cdot 620\,\text{Stück} \cdot 12\,\text{Monate/Jahr}}{120\,000\,\text{€}} \cdot 100\,\%$$

= 59 %/Jahr

Nach Rentabilitätsgesichtspunkten wird die Investition genehmigt.

Bezeichnung	Einheit	Maschine A	Maschine B
Kapitaleinsatz	€	250 000	220 000
Nutzungsdauer	Jahre	10	10
Einsatzzeit A = 80 % f. = 75 %	h/Jahr	2 816	2 640
Abschreibungskosten	€/Jahr	25 000	22 000
Zinskosten 8 %	€/Jahr	10 000	8 800
sonstige fixe Kosten	€/Jahr	5 000	4 400
fixe Kosten	€/Jahr	40 000	35 200
fixe Kosten	€/h	14,20	13,33
Fertigungslohn- und Lohnnebenkosten	€/h	39,37	35,87
Energiekosten, sonstige variable Kosten	€/h	1,40	1,12
variable Kosten	€/h	40,77	36,99
Platzkostensätze	€/h	54,97	50,32

Bild 1: Investitionsrechnung, Kostenvergleich (Beispiel)

Wenn bei Investitionen von Risiken gesprochen wird, meint man das in der Amortisationsdauer liegende Investitionsrisiko. Als *Amortisationsdauer* einer Investition wird die Zeitspanne verstanden, in der alle Investitionsausgaben durch Investitionseinnahmen wieder gedeckt sind. In der Literatur findet man auch dafür Begriffe, wie: Pay-back-period, Pay-off-period, Kapitalrückgewinnungsdauer und Kapitalrückflussdauer. Ein Investitionsrisiko wird umso kleiner angesehen, je kürzer die Amortisationszeit ist.

Bei Rationalisierungsinvestitionen wird als Amortisationsdauer der Zeitraum ermittelt, in dem die Investitionsausgaben durch Kostenersparnisse und Abschreibung wieder gedeckt sind.

$$\text{Amortisationsdauer in Jahren bei Rationalisierungsinvestitionen} = \frac{\text{Investitionsausgaben in €}}{\text{Kostenersparnis und Abschreibungen in €/Jahr}}$$

Im letzten Beispiel ergab sich bei einer Investitionsausgabe für Rationalisierungszwecke von 120 000 € eine jährliche Einsparung von 70 680 €/Jahr. Diese Verbesserung soll mindestens drei Jahre genutzt werden.

$$\text{Amortisations-Zeit} = \frac{120\,000\,\text{€}}{70\,680\,\text{€/J} + 40\,000\,\text{€/J}} = 1{,}08\,\text{Jahre}$$

Für die Mindest-Rentabilität und Mindest-Amortisationsdauer werden von Betrieb zu Betrieb unterschiedliche Größen festgelegt. Z. B. bei Hochkonjunktur ergeben sich längere Amortisationszeiten als bei rezessiver Entwicklung der Konjunktur.

6.7.4 Dynamische Investitionsrechnung

6.7.4.1 Kapitalwertverfahren

Die Verfahren der **statischen** Investitionsrechnung stellen in zwei wesentlichen Punkten Vereinfachungen gegenüber dem dynamischen Verfahren dar:

- Sie verwenden Kosten- und Leistungsgrößen und nicht Zahlungsgrößen.
- Sie berücksichtigen weder den unterschiedlichen zeitlichen Anfall noch die besonderen Ein- und Auszahlungen in den einzelnen Zeiträumen. Der Zeitfaktor in Verbindung mit Erträgen, Aufwendungen und Kosten wird nicht berücksichtigt.

Bei den **dynamischen** Rechenverfahren der Investitionsrechnung werden die vor einer Investition liegenden Ausgaben und die danach folgenden Einnahmen in Abhängigkeit ihres Anfallzeitpunktes bewertet. Dies erfolgt mithilfe der „Zinseszinsrechnung". Ziel dieser Bewertung ist es, Einnahmen, die zu Beginn der Nutzungsdauer anfallen, sehr viel höher zu bewerten als Einnahmen, die am Ende der Nutzungsdauer anfallen und damit in der Voraussage ungewiss sind.

Je früher Investitionen aus einer Investition zurückfließen, desto früher kann man sie wieder nutzbringend für das Unternehmen einsetzen. Bei den dynamischen Verfahren werden durch die Abzinsung die zeitlichen Unterschiede im Anfall der Kosten und der Einnahmen in unterschiedlichen Höhen berücksichtigt. Diese Betrachtung erfolgt zum Zeitpunkt der Inbetriebnahme der Investition.

> Es werden drei Rechenverfahren unterschieden:
> - das Kapitalwertverfahren:
>   Der Kapitalwert ist die Differenz zwischen den auf den Investitionszeitpunkt abgezinsten Gegenwartswerten aller Ausgaben und Einnahmen, die in der gesamten Zeit der Nutzungsdauer anfallen.
> - das interne Zinsfußverfahren:
>   Der interne Zinsfuß ist die tatsächliche Verzinsung (Ist-Verzinsung) des für ein Investitionsobjekt eingesetzten Kapitals.
> - das Annuitätenverfahren:
>   Die Annuität[1] ist der im Mittel anfallende und auf die Investitionszeit abgezinsten Jahresüberschuss.

> Die wichtigsten Verfahren von der Anwendungshäufigkeit sind das Kapitalwertverfahren und das Interne-Zinsfuß-Verfahren.

Eine Investition ist dann durchzuführen, wenn sie einen positiven Kapitalwert C_O aufweist. Der positive Kapitalwert sagt aus, dass die Investition neben der Amortisation des eingesetzten Kapitals und der Verzinsung des eingesetzten Kapitals zusätzlich noch einen Überschuss am Ende des Planungszeitraumes erbringt.

Beim Vergleich von mehreren Investitionsvorhaben ist die Investition auszuwählen, die den höchsten Kapitalwert erzielt.

Die Vorteile dieses Verfahrens liegen darin, dass
- die Einnahmen und Ausgaben einer Investition während der Nutzungsdauer berücksichtigt werden können,
- die Zahlungsströme nach dem Anfallszeitpunkt abgezinst werden können und
- die erzielten Umsätze und die Gewinne von unterschiedlichen, auf der Anlage gefertigten Produkten, besser berücksichtigt werden können.

> **Beispiel: Investitionsrechnung**
> Durch die Anschaffung einer Maschine mit den Investitionskosten von 400 000 € und einem Verkaufserlös von 10 000 € werden in den 5 Jahren der Nutzung Kostenüberschüsse (Einnahmen minus Ausgaben) erwartet:
> 1. Jahr = 140 000 €
> 2. Jahr = 130 000 €
> 3. Jahr = 100 000 €
> 4. Jahr = 80 000 €
> 5. Jahr = 60 000 €
> Für das eingesetzte Kapital wird 10 % als Zinssatz verrechnet.
> *Lösung:* **Bild 1, folgende Seite**

> Beim Kapitalwertverfahren sind nachstehende Daten zu betrachten:
>
> C = Kapitaleinsatz bzw. Investitionssumme oder Investitionsausgaben (alle einmaligen Ausgaben),
>
> A_1 = Ausgaben, d. h. alle während der Nutzungsdauer anfallenden Zahlungen (Zinsen, Abschreibungen, Reparaturen usw.),
>
> E_1 = Einnahmen, d. h. alle während der Nutzungsdauer zu erwartenden Umsatzerlöse,
>
> E_R = Restwert, d. h. der am Ende der Nutzungsdauer erzielte Verkaufserlös,
>
> t_n = Nutzungsjahre (1............n – Jahre)
>
> P = Kalkulationszinsfuß (geltende Bankzinsen)
>
> C_O = Kapitalwert ist das Maß der Verzinsung des eingesetzten Kapitals. Er wird aus der Summe aller während der Nutzungsdauer anfallenden und auf den Gegenwartszeitpunkt abgezinsten Einnahmen und Ausgaben gebildet.

---
[1] Annuität = jährliche Zahlung zur Tilgung und Verzinsung einer Schuld, von engl. annuity = Jahresrente, lat. annus = Jahr

6.7 Kostenvergleichsrechnungen

Zeitpunkt	Ausgaben €	Rückflüsse (Einnahmen – Ausgaben) €/Jahr	Nettozahlung (Zeitwert) €/Jahr	Abzinsfaktor für p = 10 %	Gegenwartswert €
0	– 400 000	0	– 400 000	1	– 400 000
1		140 000	140 000	0,9091	+ 127 274
2		130 000	130 000	0,8264	+ 107 432
3		100 000	100 000	0,7513	+ 75 310
4		80 000	80 000	0,6830	+ 54 640
5		+ 10 000 60 000	70 000	0,6209	+ 43 463
Gegenwartswert: Zeitwert im Jahr n · Abzinsfaktor				C_O	8 119

$$\text{Abzinsfaktor} = \frac{1}{(1+p)^t}$$

Kapitalwert C_o = Summe der Gegenwartswerte

p = Zinssatz
t = Jahre

$$C_o = -C + \sum_{t=1}^{t_n} + (E_1 - A_1) \cdot (1 + p)^{-t} + E_R (1 + p)^{-t_n}$$

Bild 1: Dynamische Investitionsrechnung (Beispiel)

In allgemeiner Schreibweise lautet die Gleichung:

$$C_0 = -C + \frac{Ü_1}{(1 + p)^1} + \frac{Ü_2}{(1 + p)^2} + \frac{Ü_n}{(1 + p)^n}$$

Ü Überschuss der Einnahmen einer Periode
p Kalkulationszinssatz
C Summe der Gegenwartswerte bzw. Anschaffungsausgaben (Kapitaleinsatz).
n Anzahl der Perioden

Erklärung der Kapitalwertergebnisse:
Eine Investition ist immer vorteilhaft, wenn ihr Kapitalwert positiv ist.

Kapitalwerte = 0
Der Investor erhält sein eingesetztes Kapital zurück und eine Verzinsung der Nettozahlungen in Höhe des Kalkulationsprozentsatzes. Die Investition hat keinen Vorteil gegenüber der Anlage am Kapitalmarkt zum gleichen Zinssatz.

Vorteile:
Bei diesem Verfahren handelt es sich um ein rechnerisch einfaches Verfahren. Es ermöglicht eine leichte Ergebniserklärung, da der Kapitalwert in Geldeinheiten ausgedrückt wird. Man bekommt ein absolutes Ergebnis. Mit diesem Verfahren ist es möglich, auch unterschiedlich verlaufende Zinsstrukturen von Periode zu Periode anzupassen. Zusätzlich lassen sich bei dieser Methode die Vorteile der dynamischen Rechnung, d. h. ein unterschiedlicher zeitlicher Anfall der Zahlungen, gegen über der statischen Rechnung, erfassen.

Kapitalwert > 0
Der Investor erhält sein eingesetztes Kapital zurück und eine Verzinsung der Nettozahlungen, die den Kalkulationszinsfuß übersteigen.

Kapitalwert < 0
Die Investition kann eine Verzinsung des eingesetzten Kapitals zum Kalkulationszinsfuß nicht gewährleisten.

Literatur:
- *Perridon, L; Steiner, M.*: Finanzwirtschaft der Unternehmen, Franz Vahlen-Verlag
- *Thommen, J-P.*: Managementorientierte Betriebswirtschaftslehre, Versus Verlag Zürich
- *Volkart, R.*: Corporate Finance. Grundlagen von Finanzierung und Investition,Versus Verlag Zürich
- *Kruschwitz, L., Husmann, S.*: Finanzierungen und Investitionen, Oldenbourg Wissenschaftsverlag.

6.7.4.2 Internes Zinsfußverfahren

Im Unterschied zum Kapitalwertverfahren, die eine Mindestverzinsung sicherstellen will, ermittelt man mit der internen Zinsfußmethode die **tatsächliche Rentabilität** einer Investition. Der interne Zinsfuß r (Rentabilitätszins) ist die Größe bei der die Auszahlungen für Investitionen und die nachfolgenden Überschüsse auf einen Zeitpunkt t_0, bezogen „Null" ergeben.

Geht man vom Kapitalwert aus, kann man sagen:

Es ist der interne Zinsfuß r gesucht bei dem der Kapitalwert der Investition 0 (Null) ist.

Das Merkmal des Vorteils einer Investition nach der internen Zinsfußmethode ist ein vorgegebener Vergleichszinssatz (z. B. 20 % vor Steuern). Ist zwischen mehreren Projekten zu entscheiden, so ist die Investition mit dem höchsten internen Zinsfuß zu wählen.

Die Ermittlung des internen Zinsfußes erfolgt bei der Beurteilung von alternativen Investitionsobjekten mithilfe der *Regula-Falsi-Methode*. Hier werden bei der Ermittlung der Kapitalwerte einer Investition zwei Kalkulationszinssätze ermittelt.

Beispiel 1:
Im Beispiel, Abschnitt 6.7.4.1 (Dynamische Investitionsrechnung) wurde bei einem Zinssatz von i = 10 % pro Jahr ein positiver Kapitalwert von 8119 € ausgewiesen. Die tatsächliche Verzinsung des in der Investition gebundenen Kapitaleinsatzes liegt also über 10 % und wird als interner Zinsfuß r bezeichnet.

Vorgehensweise:
Es wird derjenige Zinsfuß r gesucht bei dem der Kapitalwert C_0 = 0 ist.

$$C_0 = -I + \sum_{t=1}^{t_n} \frac{C_t}{(1+i)^t} = 0$$

C_0 Kapitalwert bzw. Gegenwartswert
I Investitionen
C_0 Cash flow (Einzahlungen) zum Zeitpunkt t
i Zinsfuß
n Jahr

Lösung: **Tabelle 1**

Tabelle 1: Ermittlung des internen Zinsfußes r einer Maschine (Lösung zu Beispiel 1)

Zeitpunkt	Nominalbeiträge in €			1. Versuch i_1 = 10 % p. a.		2. Versuch i_2 = 14 % p. a.	
	Auszahlungen	Rückflüsse (Cash flow) Einzahlungen	Nettozahlung (Zeitwert)	Abzinsungsfaktor	Nettozahlung (Barwert) in €	Abzinsungsfaktor	Nettozahlung (Barwert) in €
0	−400 000	0		1	−400 000	1	−400 000
1		140 000	140 000	0,9091	+127 274	0,8772	122 808
2		130 000	130 000	0,8264	+107 432	0,7695	100 035
3		100 000	100 000	0,7513	+75 310	0,6750	67 500
4		80 000	80 000	0,6830	+54 640	0,5921	47 368
5		+10 000 +60 000	70 000	0,6209	+43 463	0,5149	36 043
Summe	−400 000			C_{01}	8 119	C_{02}	−26 246

Bei i_1 = 10 % p. a. beträgt der Kapitalwert C_{01} = 8119
Bei i_2 = 14 % p. a. beträgt der Kapitalwert C_{02} = −26 246
Der Zinssatz r liegt somit zwischen 10 % und 14 %

$$r = i_1 + (i_2 - i_1) \cdot \frac{C_{01}}{C_{01} - C_{02}}$$

$$r = 10 + (14 - 10) \cdot \frac{8119}{8119 - (-26246)} \%$$

$$r = 10,24 \%$$

6.7 Kostenvergleichsrechnungen

Die rechnerische Ermittlung von r bereitet bei der mathematisch exakten Bestimmung erhebliche Schwierigkeiten, da eine Gleichung höherer Ordnung zu lösen ist. Zur hinreichend genauen Lösung wird nach einem Näherungsverfahren (Regula-Falsi-Methode) wie folgt vorgegangen:

1. **Schritt:**
   Wahl eines beliebigen „Probierzinsfußes" $i_1 = 10\,\%$ und Errechnung eines zugehörigen Kapitalwertes C_{01}.
2. **Schritt:**
   Wahl eines zweiten „Probierzinsfußes" $i_2 = 14\,\%$ für den gilt:
   falls $C_{01} > 0$, dann $i_2 > i_1$
   falls $C_{01} < 0$, dann $i_2 < i_1$
   und errechnen des zugehörigen Kapitalwertes C_{02} (**Bild 1**).

Ergebnisanalyse: Die Investitionsausgaben werden bei einer Zinsvorgabe von 10 % zurückgewonnen, bei 14 % aber nicht.

Die Ermittlung des tatsächichen Näherungswertes r zeigt schematisch Bild 1.

Aus den Werten von i_1 und i_2 bestimmt man durch Interpolation den Näherungswert r für den tatsächlichen Zinsfuß i.

Verwendet wird allgemein die Interpolationsformel. Für die Wahl der Versuchzinsfüße sollte die Differenz zwischen den Werten nicht kleiner als 3 % sein.

$$r = i_1 + (i_2 - i_1) \cdot \frac{C_{01}}{C_{01} - C_{02}}$$

i_1 1. Versuchszinsfuß
i_2 2. Versuchszinsfuß
C_{01} 1. Kapitalwert
C_{02} 2. Kapitalwert

Bewertung der Internen Zinfußmethode

Im Vergleich zur Kapitalwertmethode ist der Rechenaufwand bei der internen Zinsfußmethode, insbesondere bei der Berücksichtigung von Vergleichsinvestitionen, sehr viel höher. Der interne Zinsfuß zeigt dagegen deutlicher die Rendite, die vom Projekt aus sich heraus erwirtschaftet wird.

Bild 1: Ermittlung des Näherungszinsfußes r durch Interpolation

6.7.4.3 Annuitätenverfahren

Die Kapitalwertmethode ermittelt den Vorteil einer Investition in einem Betrag, den Kapitalwert. Das Annuitätenverfahren verteilt den Kapitalwert zusätzlich einer geforderten Verzinsung über die gesamte Projektlaufzeit zu einem gleich bleibenden Durchschnittsbetrag mit gleichen Zahlungsintervallen.

Unter der Betrachtung der Investitionsrechnung lautet bei Anwendung des Annuitätenverfahren die Frage: Wie hoch muss der jährliche Geldbetrag sein, um die Investitionssumme im Kalkulationszeitraum wieder zu erhalten und ausstehende Teilbeträge der Investition in einer bestimmten Höhe verzinst zu bekommen?

Bei einer Auswahlentscheidung unter mehreren Investitionsvorhaben ist dasjenige mit dem höchsten Annuitätenbetrag (mit der höchsten Annuität) zu wählen. Ein einzelnes Investitionsvorhaben ist vorteilhaft, so lange die Annuität größer oder gleich Null, also positiv ist (**Beispiel 2**).

In diesem Fall erhält man mindestens das eingesetzte Kapital verzinst mit dem Kalkulationszinsfuß zurück. Wertmäßig ist es dabei gleich, ob man den Kapitalwert oder über die Nutzungsdauer die Annuität erhält.

Beispiel 2:

Die Maschinen A und B sind miteinander zu vergleichen. Die Nutzungsdauer der Maschine A ist 5 Jahre, die der Maschine B ist 3 Jahre. Zu ermitteln sind die Annuitäten der Maschinen.

Lösung: Die Annuität der Maschine B ist größer und damit der Maschine A vorzuziehen (**Tabelle 1**).

Tabelle 1: Berechnung der Annuitäten zu Beispiel 2										
Zeitpunkt	Maschine A = Nutzungsdauer 5 Jahre					Maschine B = Nutzungsdauer 3 Jahre				
	Nominalbeträge in €			i = 10 % p.a.		Nominalbeträge in €			i = 10 % p.a.	
	Auszahlung	Rückflüsse (Cash flow) Einzahlung	Nettozahlung (Zeitwert)	Abzinsungsfaktor	Nettozahlung (Barwert) in €	Investitionen und Liquidation	Rückflüsse (Cash flow)	Nettozahlung (Zeitwert)	Abzinsungsfaktor	Nettozahlung (Barwert) in €
0	−400 000	0		1	−400 000	−50 000			1	−50 000
1		140 000	140 000	0,9091	+127 274		25 000	25 000	0,9091	22 727
2		130 000	130 000	0,8264	+107 432		25 000	25 000	0,8264	20 660
3		100 000	100 000	0,7513	+75 310		25 000	25 000	0,7513	18 782
4		80 000	80 000	0,6830	+54 640		0	0	0,6830	0
5		+10 000 +60 000	70 000	0,6209	+43 463		0	0	0,6209	0
Kapitalwert				C_0	8 119				C_0	+12 169
Wiedergewinnungsfaktor bei i = 10 % p.a. und Nutzungsdauer = 3 Jahre bzw. 5 Jahre				KFW	0,2638				KFW	0,40211
Annuität = $C_0 \cdot$ KFW					2 141			Annuität		4 893

6.7 Kostenvergleichsrechnungen

Das Annuitätenverfahren ist dann von praktischer Bedeutung, wenn bei einer fremdfinanzierten Investition versucht wird, den Kapitaldienst in Übereinstimmung mit der wirtschaftlichen Nutzungsdauer des Projekts zu bringen. Auch für die Ermittlung von weiter zu belastenden Grundgebühren, z. B. bei Wärmekosten, eignet sich das Annuitätenverfahren (**Beispiel 3**).

Rechenvorgang:
1. Schritt:
Ermittlung des Kapitalwertes der Investition.
2. Schritt:
Multiplikation des Kapitalwertes mit dem Annuitätenfaktor, der den Barwert mit einer geforderten Mindestverzinsung mit Zins und Zinseszins gleichmäßig über den Kalkulationszeitraum verteilt.

Annuitätenfaktor (Kapitalwiedergewinnungsfaktor KWF)

$$KWF = \frac{i(1+i)^n}{(1+i)^n - 1}$$

- a $C_0 \cdot KWF$ i Zinssatz in % (z. B. 3,5 % = 0,035)
- a Annuität
- C_0 Kapitalwert n Jahre

Beispiel 3:
Ein Energieversorgungsunternehmen betreibt verschiedene Blockheizkraftwerke. Der Energiepreis besteht aus einem festen und einem variablen, verbrauchsabhängigen Anteil. Der feste Anteil enthält die Kapitalkosten sowie die geschätzten Reparatur- und Wartungskosten während der Vertragslaufzeit. Zu kalkulieren ist der feste Grundpreis für die Energieversorgung durch ein neu zu errichtendes Blockheizkraftwerk bei einer Wohnfläche von 6000 m².

Lösung (**Tebelle 1**):

Ergebnisanalyse:
Bei einer Verzinsung, der der pro Periode ausstehenden Investitionsrückflüsse mit 8 % und einer Wiedergewinnung der Investitionsausgaben über 10 Jahre, ergibt sich über alle Jahre eine gleichmäßige Belastung von 91851 €. Berücksichtigt wurden alle jährlich anfallenden Auszahlungen.
Bei Umlage auf 6000 m² beträgt der feste Grundpreis 15,30 €/m² und Jahr.

Tabelle 1: Berechnung Jahreskosten pro Quadratmeter (Beispiel 3)

Kalkulationsdaten

Anschaffungswert des Blockheizwerkes (ohne Gebäudeteil)	650 000 €	Umlagebasis:	6 000 m²
Restwert nach 10 Jahren	200 000 €	Kalkulationszeitraum	10 Jahre
Reparatur- und Wartungskosten im 1. Jahr	3 000 €	Kalkulationszinssatz	8 %
– jährliche Steigerung	1 500 €		

1. Schritt: Ermittlung des Kapitalwertes der Auszahlungsreihe

Periode	Auszahlungen in €	Barwertfaktoren 8 %	Barwerte in €
t_0	650 000	–	650 000
t_1	3 000	0,9259	2 778
t_2	4 500	0,8573	3 857
t_3	6 000	0,7938	4 762
t_4	7 500	0,7350	5 512
t_5	9 000	0,6806	6 125
t_6	10 500	0,6302	6 617
t_7	12 000	0,5835	7 002
t_8	13 500	0,5403	7 294
t_9	15 000	0,5002	7 503
t_{10}	16 500 −200 000 } −183 500 Einnahme	0,4632	−84 997
	Kapitalwert der Auszahlungen		616 453

2. Schritt: Ermittlung der Annuität bei 8 %/10 Jahren
616 453 € · 0,1490 (Annuitätenfaktor) = 91 851 €
Ermittlung der festen Jahreskosten pro m²: 91 851 € : 6 000 m² = 15,30 €/m² und Jahr

6.7.4.4 Dynamische Amortisationsrechnung

Im Unterschied zu den Verfahren der statischen Amortisationsrechnung werden bei dem dynamischen Verfahren die Geldrückflüsse berücksichtigt. Hierbei werden die Rückflüsse mit einem gewählten Zinssatz auf die Barwerte in den einzelnen Perioden abgezinst. Der Zeitraum für die Wiedergewinnung der Investitionsauszahlung kann nach der Kumulationsmethode ermittelt werden.

Die Vorgehensweise bei der Kumulationsmethode entspricht der Vorgehensweise bei der statischen Amortisartionsrechnung. Die unterschiedlichen Geldrückflüsse werden periodenweise solange kumuliert, bis der Betrag der Investitionsauszahlung erreicht ist.

Ergebnis:
Die dynamische Amortisationsrechnung ist länger als die statische. Sie geht von Verzinsung der ausstehenden Beträge und von einem ungekürzten Anschaffungswert aus.

Die dynamische Amortisationsrechnung ist eine gute Ergänzung zu den übrigen dynamischen Investitionsrechnungen. Bei ihrer Anwendung kann die Geschäftsleitung durch die Kenntnisse der Pay-off-Periode mögliche Risiken besser abschätzen, die sich bei längerer Amortisationszeiten ergeben können. Risiken könnten z. B. entstehen durch Preisänderungen, Änderungen in der Konkurrenz der Mitanbieter auf den Märkten oder auch durch sich ändernde Gesetze im Zeitraum der Amortisation.

Besondere Vorteile sind darin zusehen, dass die mit der Investition tatsächlich erfolgenden unterschiedlichen Geldflüsse unter finanzwirtschaftlichen Gesichtspunkten erfasst werden. Die Rechnung mit unterschiedlichen Zinssätzen sind während des Kalkulationszeitraums problemlos möglich. Auch sind die dynamischen Rechnungsverfahren gegenüber den statischen Rechnungsverfahren genauer.

Statische Rechnungsverfahren lassen sich aus Zeitersparnis gründen anwenden, wenn die Nutzungszeiträume noch in kleinerem Bereich bis zu 3 Jahren liegt und der Investitionsbetrag nicht zu hoch ist. Sie werden hauptsächlich zu Rationalisierungs- und Ersatzinvestitionen herangezogen.

Beispiel: Berechnung der Amortisationszeit (vgl. Abschnitt 6.7.4.1)

Jahr n	Alternative 1 i = 10 % p.a.					
	Nominalbeiträge in €					
	Investition und Liquidation	Rücksflüsse (Cash flow)	Nettozahlung (Zeitwert)	Abzinsungsfaktor	Nettozahlung (Barwert) einzeln in €/Jahr	kumuliert in €
0	−400 000	0		1	−400 000	
1	/	140 000	14 000	0,9091	+127 274	−272 726
2	/	130 000	130 000	0,8264	+107 432	−165 294
3	/	100 000	100 000	0,7513	+75 310	−89 984
4	/	80 000	80 000	0,6830	+54 640	−35 344
5	/	10 000 60 000	70 000	0,6209	+43 463	8 119

$$n = n_v + \frac{c_v}{c_v - c_n}$$

n gesuchte pay-off-Zeit [Jahre]
n_v letztes Jahr vor Erreichen der Amortisation
c_v kumulierte Rückflüsse im letzten Jahr vor Erreichen der Amortisation
c_n kumulierte Rückflüsse im 1. Jahr nach Erreichen der Amortisation

$$n_1 = 4 + \frac{-35\,344}{-35\,344 + 8\,119}$$

n_1 = **4,77 Jahre**

6.8 Prozesskostenrechnung

Die Nachteile der Zuschlagskalkulation haben eine neue Kostenbetrachtung notwendig werden lassen. Der „Teufelskreis" der Zuschlagskalkulation ist:
1. Bei hohen Gemeinkostenanteilen führt die traditionelle Zuschlagskalkulation zu falschen Ergebnissen, weil:
   - die Serienprodukte bei der gesamten Kostenbetrachtung mit zu hohen Gemeinkosten bewertet werden, obwohl durch die hohe Stückzahl der Gemeinkostenaufwand je Teil sinkt,
   - die Produkte mit kleinen Losgrößen bzw. Einzelteile mit zu geringen Gemeinkosten bewertet werden und dadurch sehr wirtschaftlich erscheinen.
2. Die Informationen der traditionellen Systeme der Kostenrechnung führen zu falschen strategischen Entscheidungen, weil:
   - die Produkte mit kleiner Stückzahl wirtschaftlich erscheinen und entsprechend ausgeweitet werden und
   - das Produktprogamm unterschiedlichster Teile immer mehr ausgeweitet wird.
3. Die ausgeweiteten Produktprogramme führen zu einem Gewinneinbruch, weil:
   - die Aufwände in den Gemeinkostenabteilungen stark ansteigen, wenn das Produktprogramm ausgeweitet wird und
   - der Anteil von Einzelteilen weiter steigt und die Gewinne weiter sinken.

Beispiel: Prozesskosten
Kalkulation der Verwaltungs- und Vertriebsgemeinkosten im Vergleich bei unterschiedlichen Einheiten eines Getriebes. Diese sind in der ersten Rechnung der Zuschlagskalkulation mit einem Verwaltungs- und Vertriebsgemeinkostensatz von VVGK-Z = 20 % belastet. In der zweiten Rechnung erfolgt die Kalkulation mit auftragsbezogenen fixen Kosten von 800,– € je Auftrag.

Lösung: **Bild 1**

Hier wird deutlich, wie die Selbstkosten bei kleinen Losgrößen einen erheblichen Anteil an den Selbstkosten ausmachen und mit steigenden Losgrößen die Selbstkosten je Einheit wirtschaftlicher werden.

Ziel der Prozesskostenrechnung ist, Gemeinkostenbereiche wie Beschaffung, Versand, Lagerwirtschaft, Betriebsabrechnungsabteilungen und Arbeitsvorbereitung sowie Fertigungssteuerung nicht mehr mit prozentualen Gemeinkostenzuschlagssätzen zu verrechnen, sondern die Prozessabläufe „verursachergerecht" zu bewerten und kostenmäßig zu erfassen.

1. Rechnung: $VVGK\text{-}Z$ = 20 %

Anzahl Einheiten	Herstellkosten €	VVGK-Z 20 % €	Selbstkosten je Einheit €/Stück
1	400	80	480
5	2 000	400	480
10	4 000	800	480
15	6 000	1 200	480
20	8 000	1 600	480

2. Rechnung:

Anzahl Einheiten	Herstellkosten €	VVGK je Auftrag 800,– €	Selbstkosten je Einheit €/Stück
1	400	800	1 200
5	2 000	800	560
10	4 000	800	480
15	6 000	800	453
20	8 000	800	440

Bild 1: Verwaltungs- und Vertriebsgemeinkosten (Beispiel)

Prozesskostenrechnung bedeutet:
- die Gemeinkostenbereiche kostenmäßig transparent und damit steuerbar zu machen,
- die abteilungsübergreifenden Prozesse, die Hauptprozesse, und deren Einflussgrößen (cost driver) zu beschreiben und kostenmäßig zu bewerten,
- die Teilprozesse in einzelnen Kostenstellen zu analysieren und zu Hauptprozessen zusammenzufassen,
- unwirtschaftliche Prozessabläufe aufzudecken, Einsparmöglichkeiten zu finden, Maßnahmen zu Einsparungen einzuleiten, bessere Kalkulationsgrundlagen zu schaffen und strategische Entscheidungen zu unterstützen.

Es geht hierbei nicht um eine weitere Möglichkeit der verursachergerechten Produktkalkulation, sondern um eine wirtschaftliche Steuerung der Gemeinkostenbereiche. Durch eine gezielte Untersuchung der Tätigkeiten und der Kosten für diese Tätigkeiten kann eine bessere direkte Kostenbeeinflussung und Kostengestaltung erreicht werden.

Beispiel: Prozesskostensatz
Durch die Kostenstelle „Fertigungsplanung" in der Schmidt GmbH mit 11 Mitarbeitern sollen Teilprozesse kostenmäßig untersucht werden und der Prozesskostensatz für die Teilprozesse festgelegt werden.

Lösung: **Bild 1 und Bild 2, folgende Seite**

Schmidt GmbH „Fertigungsplanung"					
Kostenarten	Menge	Kosten in €	variable Kosten in €	fixe Kosten in €	Gesamt-kosten in €
Gehälter	11 MA	60 000,–	–	660 000,–	660 000,–
Sozialaufwand				200 000,–	200 000,–
Büromaterial			50 000,–		50 000,–
Telefon			30 000,–		30 000,–
Daten-Verarbeitungsk.			50 000,–	50 000,–	100 000,–
Raumkosten	400 m²	100,– €/m²		40 000,–	40 000,–
kalk. Abschreibungen				20 000,–	20 000,–
Summe			130 000,–	970 000,–	≙ 110 000 €/MJ

Bild 1: Prozesskosten der Kostenstelle „Fertigungsplanung" (Beispiel)

Kostenstelle: Fertigungsplanung									
Teilprozesse		Maßgrößen			Kosten-rechnung	Prozesskosten €			Prozesskosten – Satz €/Ausführung
Nr.	Bezeichnung	Art	Menge	Basis		LMI	LMN	gesamt	LMI	gesamt
1	Arbeitspläne ändern	Produktänderung	200	4 MJ		400 000	40 000	440 000	2 000,–	2 200,–
2	Fertigung betreuen	Varianten	100	6 MJ		600 000	60 000	660 000	6 000,–	6 600,–
3	Abteilung leiten			1 MJ			100 000			
MJ = Mannjahre LMI = Leistungsmengeninduzierte Tätigkeit LMN = Leistungsmengenneutrale Tätigkeiten ① Kosten je Arbeitsplanänderung = 2 200,– € ② Kosten je Varianten-Betreuung = 6 600,– €				11 MJ			110 000 € je MJ			

Bild 2: Teilprozesskostenermittlung der Kostenstelle „Fertigungsplanung" (Beispiel)

Die Vorgehensweise einer **Prozesskostenanalyse** gliedert sich in die Ablaufabschnitte:
- Festlegen des Untersuchungsbereichs,
- Grobgliederung der Prozessorganisation,
- Tätigkeitsanalyse durchführen und Maßgrößen in Kostenstellen festlegen,
- Ermitteln der Zeiten, Kosten und Kostensätze der Teilprozesse in den Schritten:
  1. Teilprozesse betrachten und klassifizieren in leistungsmengeninduzierte (leistungsmengenvariabel) oder leistungsmengenneutrale Teilprozesse,
  2. für jeden leistungsmengeninduzierten Prozess eine geeignete Maßgröße festlegen und den Prozessfaktor errechnen,
  3. für jeden leistungsmengenneutralen Prozess die Kosten auf die leistungsmengeninduzierten Prozesse umlegen,
  4. Plankosten ermitteln,
  5. Planprozessmenge festlegen,
  6. Prozesskostensatz errechnen,
- kostentreibende Teilprozesse (cost driver) bestimmen,
- Zuordnung von Teilprozessen auf Hauptprozesse,
- Kalkulation mit (Haupt-) Prozesskostenansätzen,
- Ansätze zur Prozessoptimierung darstellen und
- Maßnahmen zur verbesserten kostensparenden Lösung einführen.

Beispiel: Prozesskosten
Für ein Getriebe einer Antriebseinheit der Firma Schmidt GmbH soll eine schematische Kalkulation der Herstellkosten mithilfe von Prozesskostensätzen ermittelt werden.

Gegeben:

Materialkosten = 180,– €
Beschaffungsprozesskosten =
je Komponente = 6,50 € (1 Stück)
je Teil 1 = 1,50 € (20 Stück)
je Teil 2 = 1,– € (10 Stück)
Fertigungskosten, variabel = 50,– €
Fertigungskosten, fix = 40,– €
Kommissionierprozesskosten -
je Baugruppe = 10,– € (1 Stück)
je Montage = 24,– € (1 Stück)
Fertigungssteuerungsprozesskosten =
je Baugruppe = 10,– € (1 Stück)
je Montage = 12,– € (1 Stück)

Lösung: **Bild 1, folgende Seite**

6.9 Zielkostenrechnung (Target costing)

Die Methode der Prozesskostenrechnung zeigt ein Verfahren, zur Untersuchung der Gemeinkostenbereiche mit dem Ziel Kosteneinsparmöglichkeiten zu finden. Wie im vorherigen Kapitel gezeigt, verrechnet die Prozesskostenrechnung nicht mehr prozentuale Zuschlagssätze, sondern zergliedert den Gemeinkostenbereich in kostenübergreifende Prozesse für den gesamten Betrieb und ordnet den Prozessen verursachergerechte Kosten zu, mit denen die Produkte neu bewertet werden.

> Die Zielkostenrechnung ist eine Ergänzung zur Prozesskostenrechnung. Mit diesem Verfahren kann ein geschlossener Kostenansatz durchgeführt werden in den Schritten:
> - Planung der Kosten für den gesamten Produktlebenszyklus,
> - Schwerpunktplanung in der Entwicklungsphase unter den Gesichtspunkten der marktorientierten Preise und produktbezogenen Kostengrenzen.

Unter diesen Vorgaben wird die Zielkostenrechnung (Target costing) durch sechs Grundvoraussetzungen gekennzeichnet:

1. Die erlaubten Kosten werden vom Marktpreis her bestimmt.
2. Die Funktionen des zu entwickelnden Produktes werden vom Kunden bestimmt.
3. Zielkostenrechnung konzentriert sich auf die Produktentstehungsphase.
4. Die Entwicklung eines Produktes erfolgt von der Produktidee bis zur Vermarktung durch eine übergreifende Teamarbeit.
5. Die Zielkostenrechnung bezieht sich auf den Lebenszyklus, vom Produzenten bis zur Entsorgung beim Kunden, z. B. Autoentsorgung.
6. Die Kunden und Lieferanten werden in den Prozess der Kostenplanung und Kostensteuerung mit einbezogen.

> In der Grundüberlegung der Zielkostenrechnung wird nicht gefragt, was wird ein Produkt kosten, sondern, was darf ein Produkt am Markt kosten.

Grundlegende Schritte bei der Zielkostenermittlung sind:
- Den Marktpreis durch Marktforschung ermitteln und festlegen. Ausgehend von diesem Marktpreis werden rückwärts die zulässigen Kosten abgeleitet **(Bild 1, folgende Seite)**.
- Die Produkteigenschaften werden nach dem Kundenbedarf festgelegt.
- Das Gewichten der Produkteigenschaften erfolgt nach dem vom Kunden erhofften Nutzen.

Kostenarten	variable Kosten	fixe Kosten	Prozess-kosten	Gesamt-kosten
Material-kosten	180,–			180,–
Beschaffungs-prozesskosten			1 Komponente à 6,50 20 Teile 1 à 1,50 10 Teile 2 à 1,–	46,50
Fertigungs-kosten	50,–	40,–		90,–
Kommissionier-prozesskosten			1 Baugruppe à 10,–, 1 Montage à 24,–	34,–
Fertigungs-steuerungs-prozesskosten			1 Baugruppe à 10,– 1 Montage à 12,–	22,–
Herstellkosten	230,–	40,–	102,50	372,50

Bild 1: Schematische Kalkulation mit Prozesskosten in der Fertigung (Beispiel)

- Die Zielkosten ergeben sich durch die Rechnung:

> *Zielpreis – Zielgewinn = Zielkosten*

- Übertragen der Zielkosten in eine Matrix, in der die Produktfunktion aus der Kundensicht und der Produktkomponenten prozentual aufgeteilt und die Zielkosten der Produktkomponenten dargestellt werden **(Bild 2, folgende Seite)**.
- Zur Bewertung des Zielkostenergebnisses werden Indexzahlen ermittelt:

> Zielkosten (ZI):
> $$ZI = \frac{\text{Sollkosten (= Zielkosten)}}{\text{Ist-Kosten}}$$

Ist ZI größer 1, dann werden Produktkomponenten zu „billig" hergestellt.
Ist ZI kleiner 1, dann werden die Produktkomponenten zu „teuer" hergestellt.
Ist ZI = 1, dann ist das Kosten-Nutzen-Verhältnis für den Kunden „optimal".
- Die Zielkostenzone wird aus den Indexzahlen gebildet und zeichnerisch dargestellt.
- Nicht marktgerechte Kosten werden weiter untersucht, um Kosteneinsparungen aufzudecken. Eventuell lassen sich nicht geforderte Funktionen aus dem Produkt herausnehmen.

Bild 1: Zielkostenrechnung

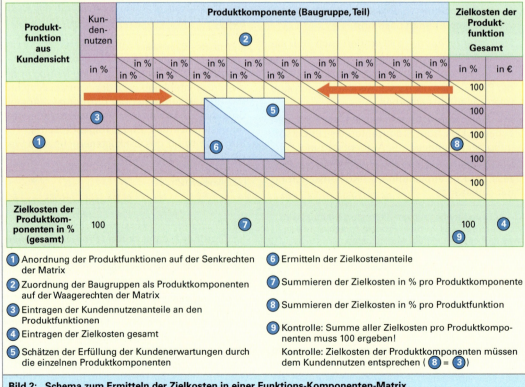

Bild 2: Schema zum Ermitteln der Zielkosten in einer Funktions-Komponenten-Matrix

6.9 Zielkostenrechnung (Target costing)

Beispiel: Zielkostenermittlung

Für ein neues Fahrrad ist ein Markpreis von 1 250,– € zu erzielen. Als Gewinn müssen 40 % erreicht werden, um den Betrieb weiterhin zu erhalten. Bei einer Marktanalyse für das Produkt „Fahrrad" wurden Produktfunktionen aus Kundensicht für die Hauptproduktgruppen ermittelt.

Zu ermitteln sind die Zielkosten % und € je Produktgruppe mit dem Zielkostendiagramm.

Lösung: **Bild 1**.

Literatur:
- *Horvath, P.:* Target Costing, Stuttgart: Schäffer Poeschel
- *Seidenschwarz, W.:* Target Costing: marktorientiertes Zielkostenmanagement, Vahlen Franz GmbH München
- *Bugert, W./Wielpütz, A.:* Target Costing: Grundlagen und Umsetzungen des Zielkostenmanagements, Hanser Verlag
- *Sauter, R.:* Markorientierte Steuerung der Gemeinkosten im Rahmen des Target Costings- ein Konzept zur Integration von Target Costing und Prozesskostenmanagement. Frankfurt am Main.

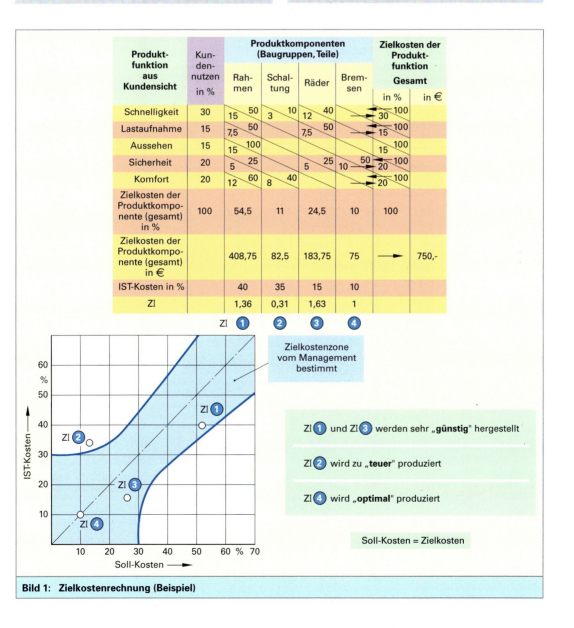

Bild 1: Zielkostenrechnung (Beispiel)

7 Produktionsplanung und -steuerung (PPS)

7.1 PPS-Grundlagen

7.1.1 Logistik, PPS, ERP und SCM

Jedes Produktionsunternehmen befindet sich in einem ständigen Wettbewerb, der durch eine rasch veränderliche Umwelt gekennzeichnet ist. Dabei gilt es, funktional überlegene Produkte mit hoher Qualität zu wettbewerbsfähigen Preisen in möglichst kurzer Zeit dem Markt zur Verfügung zu stellen. Diese Anforderungen des Marktes sind nur mit einem erhöhten Aufwand für Planung und Steuerung zu bewältigen **(Bild 1)**. Dies betrifft vor allem die Logistik, die Materialwirtschaft und die Produktionsplanung und -steuerung (PPS), die sich in der betrieblichen Praxis durchdringen und ergänzen **(Bild 2)**.

Die aus dem Lager- und Transportwesen entstandene **Logistik** hat die umfassende unternehmerische Führung der Bewegungs- und Lagerungsvorgänge realer Güter zum Gegenstand. Ihre Hauptaufgabe ist die Realisierung der technischen Grundfunktionen Lagern, Transportieren, Handhaben, Verteilen, Kommissionieren und Verpacken sowie das Erfassen, Speichern, Verarbeiten und Ausgeben der Logistikdaten. Diese Funktionen sind entlang der **Wertschöpfungskette** von der Beschaffung über die Produktion bis zum Absatz und zur Entsorgung auf den Kundennutzen ausgerichtet.

Die Verbindung des Beschaffungsmarktes mit dem Absatzmarkt mithilfe der Logistik wird auch **logistische Kette** genannt.

Die aus dem Einkauf und der Lagerhaltung gewachsene **Materialwirtschaft** sieht ihre Aufgabe in der wirtschaftlichen Beschaffung, Bevorratung und Bereitstellung der von einem Unternehmen benötigten Materialien (Bild 2).

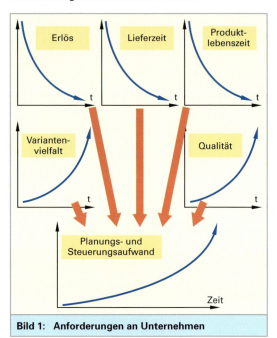

Bild 1: Anforderungen an Unternehmen

Bild 2: Die logistische Kette

7.1 PPS-Grundlagen

Bild 1: PPS im Spannungsfeld zwischen Absatzmarkt und Produktion

Die **Produktionsplanung und -steuerung (PPS)** bildet das Planungs- und Steuerungsinstrument für die Produktionslogistik und die unmittelbar damit verbundenen Aufgabenbereiche der Beschaffungs-, Distributions- und Entsorgungslogistik. Die Hauptaufgabe der PPS besteht damit in der Planung und Steuerung aller Produktionsprozesse zur optimalen Abwicklung der Kundenaufträge von der Angebotsbearbeitung bis zum Versand.
Werden dabei vor allem die unternehmensinternen Ressourcen betrachtet, spricht man auch von **Enterprise Resource Planning (ERP)**.
Die unternehmensübergreifende Planung und Steuerung der logistischen Kette bezeichnet man dagegen **Supply Chain Management (SCM)**.
Die **Produktion** umfasst alle Unternehmensbereiche, die an der Leistungserstellung für den Absatzmarkt beteiligt sind **(Bild 1)**. Damit beeinflusst PPS nicht nur die Fertigung (Teilefertigung und Montage) sondern auch die vorgelagerten Bereiche wie Konstruktion und Arbeitsplanung.

Die **Produktionsplanung** legt für den zukünftigen Produktionsablauf die Ziele sowie die Aufgaben und Mittel zum Erreichen dieser Ziele fest. Das Ergebnis sind Pläne mit den Soll-Daten für die Produktion.
Die **Produktionssteuerung** hat dafür zu sorgen, dass diese Pläne trotz der in jedem Betrieb unvermeidlichen Störungen in die Wirklichkeit umgesetzt werden. Dazu müssen die entsprechenden Aufträge veranlasst und überwacht werden.

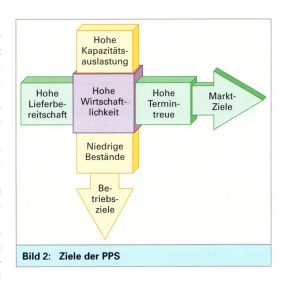

Bild 2: Ziele der PPS

7.1.2 Zielkonflikt der PPS

PPS hat die unterschiedlichen Interessen des Betriebes und der Kunden zu berücksichtigen **(Bild 2)**. Aus Kundensicht sollten die Aufträge in möglichst kurzer Zeit durch das Unternehmen fließen, damit das bestellte Produkt möglichst rasch zum vereinbarten Liefertermin zur Verfügung steht. Der Betrieb wünscht eine gleichmäßig hohe Auslastung der Kapazitäten, um Stillstandskosten zu vermeiden.

Bild 1: Verlagerung der Zielgewichtung

Außerdem sollen die Materialbestände möglichst gering sein, um die Kapitalkosten für das Umlaufvermögen und den Aufwand für Lagerung, Transport und Handhabung möglichst klein zu halten. Diese vier PPS-Ziele stehen aber zueinander im Widerspruch. **Geringe Lagerbestände** verringern die Lieferbereitschaft und erschweren aufgrund der unregelmäßig eintreffenden Kundenaufträge die gleichmäßige Kapazitätsauslastung.

Eine **hohe Kapazitätsauslastung** erfordert dagegen die Bildung von größeren Losen, was wiederum zu höheren Beständen und längeren Durchlaufzeiten führt.

Hohe Lieferbereitschaft und Termintreue erfordert höhere Material- bzw. Kapazitätsbestände, um kurzfristig auf Kundenwünsche reagieren zu können. Ebenso sind **kurze Durchlaufzeiten** und damit **kurze Lieferzeiten** nur durch einen großen Materialbestand und/oder mithilfe eines hohen Kapazitätsbestand zu erreichen.

Durch den Wandel vom Verkäufermarkt zum Käufermarkt hat sich eine Verlagerung von den betriebsbezogenen zu den marktbezogenen Zielen vollzogen. Stand früher eher die Auslastung der Betriebsmittel im Vordergrund, sind heute die Durchlaufzeiten und die Termintreue wichtiger geworden. Gleichzeitig werden aber auch niedrige Bestände gefordert. Dabei muss die Auslastung der Betriebsmittel zwangsläufig in den Hintergrund treten (**Bild 1**).

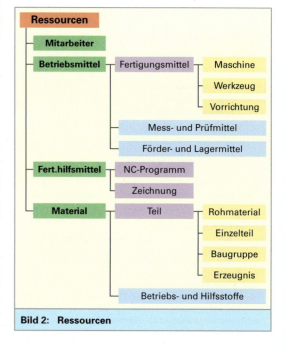

Bild 2: Ressourcen

7.1 PPS-Grundlagen

7.1.3 PPS-Planungsgrößen

Die **zentralen Planungsgrößen** der PPS sind die Ressourcen und die Zeiten. Unter **Ressourcen** versteht man alle Produktionsfaktoren, die im Rahmen der Fertigung (Teilefertigung und Montage) für die Herstellung der Erzeugnisse dienen **(Bild 2, vorhergehende Seite)**. Darunter fallen Personal, Betriebsmittel, Material und sonstige Hilfsmittel.

Die Ressourcen **Mitarbeiter** und **Betriebsmittel** werden häufig zur Ressource **Arbeitsplatz** zusammengefasst. Das Leistungsvermögen eines Arbeitsplatzes wird **Kapazität** genannt und i.a. in Stunden gemessen. Zur besseren Übersicht werden Arbeitsplätze und damit Kapazitätsangebote hierarchisch verdichtet **(Bild 1)**.

Die zweite wichtige Planungsgröße der Produktionsplanung und -steuerung ist die **Zeit**, vor allem die Wiederbeschaffungszeit und die Durchlaufzeit.

Die **Wiederbeschaffungszeit** entspricht der Zeitspanne zwischen der Auslösung eines Teilebedarfes (z. B. Zeitpunkt der Kundenbestellung) und der Deckung dieses Teilebedarfes (z. B. Auslieferung der Kundenbestellung). Die Wiederbeschaffungszeit umfasst somit neben der benötigten Auftragsbearbeitungszeit die Gesamtheit aller Durchlaufzeiten für die Fertigung nicht lagerhaltiger Einzelteile und Baugruppen sowie die benötigte Bereitstellungszeit für lagerhaltige Teile und Beschaffungszeiten bei Lieferanten für nicht lagerhaltige Fremdbezugsteile **(Bild 2)**. Anhand des Fristenplanes **(Bild 3)** erkennt man, dass die Wiederbeschaffungszeit für das Erzeugnis acht Arbeitstage und für das Eigenfertigungsteil sechs Arbeitstage beträgt.

Unter der **Durchlaufzeit** versteht man die Zeit, die zur Durchführung eines Fertigungsauftrages oder eines Arbeitsvorganges benötigt wird (Bild 3).

Bild 2: Elemente der Wiederbeschaffungszeit

Bild 1: Arbeitsplatzverdichtung

Bild 3: Wiederbeschaffungszeit, Durchlaufzeit

Für einen Fertigungsauftrag umfasst die Durchlaufzeit die gesamte Zeitspanne, die zur Fertigung der Auftragsmenge m eines Teiles vom Start des ersten Arbeitsvorganges bis zum Ende des letzten Arbeitsvorganges benötigt wird. So zeigt z. B. **Bild 3, vorhergehende Seite**, dass sich die Durchlaufzeit für den Fertigungsauftrag zur Teilefertigung des eigengefertigten Teiles aus den Durchlaufzeiten für die Arbeitsvorgänge Sägen, Drehen und Fräsen zusammensetzt und vier Arbeitstage beträgt. Bei lagerhaltigen Teilen entspricht die Durchlaufzeit der **Bereitstellungszeit**. Dies ist die Zeit, die benötigt wird, um die Auftragsmenge aus dem Lager für die Fertigung oder den Versand bereitzustellen.

Die Durchlaufzeit für einen Arbeitsvorgang setzt sich aus der Durchführungszeit, in der das Teil gefertigt bzw. montiert wird, und der sogenannten Übergangszeit zusammen (Bild 3, vorherige Seite). Die **Durchführungszeit** bezieht sich auf das Arbeitssystem Arbeitsplatz und entspricht i.a. der Vorgabezeit. Die personenbezogene Vorgabezeit wird Auftragszeit und die maschinenbezogene Vorgabezeit Belegungszeit genannt. Sie beinhaltet die Rüstzeit für das Arbeitssystem und die Ausführungszeit (Bearbeitungszeit), in der die Arbeitsgegenstände eines Auftrags mit der Losgröße m in diesem Arbeitssystem bearbeitet werden.

Die **Übergangszeit** ist die Zeitspanne vom Ende eines Arbeitsvorganges bis zum Beginn des Arbeitsvorganges am nächsten Arbeitsplatz. Sie enthält die **Transportzeit**, die **Liegezeit** und gegebenenfalls eine **Wartezeit**. Die Wartezeit, die auch **Zusatzzeit** genannt wird, ist ein Puffer, der im Bedarfsfall genutzt werden kann, um Störungen im Fertigungsablauf abzufangen. Diese Störungen des Ablaufes treten mit unterschiedlicher Dauer und Häufigkeit vor allem dann auf, wenn verschiedene Aufträge um einen Arbeitsplatz konkurrieren. Die Übergangszeit kann man somit in die planmäßig auftretende **Zwischenzeit** und die unregelmäßig auftretende **Zusatzzeit** aufteilen (Bild 3, vorherige Seite).

Bei einer Teilefertigung nach dem *Verrichtungsprinzip* (Werkstattfertigung) streuen die **Liegezeiten** vor den Arbeitsplätzen aufgrund der ständig wechselnden Auftragslage häufig sehr stark und liegen zwischen einer Stunde und mehreren Tagen **(Bild 1)**. Eine zuverlässige Terminierung ist in diesen Fällen nur durch eine Verkürzung der Liegezeiten und einer Verringerung der Streuung möglich. Dies setzt aber eine verbesserte Abstimmung zwischen dem Kapazitätsbedarf und dem Kapazitätsangebot voraus.

Bild 1: Zusammensetzung der Durchlaufzeit

Mai			Juni			Juli		
	BKT	KW		BKT	KW		BKT	KW
01 Di	Maifeiertag		01 Fr	485		01 So		
02 Mi	464		02 Sa			02 Mo	504	
03 Do	465	18	03 So	Pfingsten		03 Di	505	
04 Fr	466		04 Mo			04 Mi	506	27
05 Sa			05 Di	486		05 Do	507	
06 So			06 Mi	487		06 Fr	508	
07 Mo	467		07 Do	488	23	07 Sa		
08 Di	468		08 Fr	489		08 So		
09 Mi	469	19	09 Sa			09 Mo	509	
10 Do	470		10 So			10 Di	510	
11 Fr	471		11 Mo	490		11 Mi	511	28
12 Sa			12 Di	491	24	12 Do	512	
13 So			13 Mi	492		13 Fr	513	
14 Mo	472		14 Do	Fronleichn.		14 Sa		
15 Di	473		15 Fr	493		15 So		
16 Mi	474	20	16 Sa			16 Mo	514	
17 Do	475		17 So			17 Di	515	
18 Fr	476		18 Mo	494		18 Mi	516	29
19 Sa			19 Di	495		19 Do	517	
20 So			20 Mi	496	25	20 Fr	518	
21 Mo	477		21 Do	497		21 Sa		
22 Di	478	21	22 Fr	498		22 So		
23 Mi	479		23 Sa			23 Mo	519	
24 Do	Himmelfahrt		24 So			24 Di	520	
25 Fr	480		25 Mo	499		25 Mi	521	30
26 Sa			26 Di	500		26 Do	522	
27 So			27 Mi	501	26	27 Fr	523	
28 Mo	481		28 Do	502		28 Sa		
29 Di	482		29 Fr	503		29 So		
30 Mi	483	22	30 Sa			30 Mo	524	
31 Do	484					31 Di	525	31

Bild 2: Auszug aus einem Betriebskalender

Ein EDV-gestütztes PPS-System kann bei der Bewältigung dieser Aufgabe eine entscheidende Hilfe sein, wenn die dafür benötigten Daten immer aktuell bereitgehalten werden.

Die Terminplanung wird durch die Einführung eines **Betriebskalenders** wesentlich erleichtert. In ihm sind alle Arbeitstage fortlaufend als Betriebskalendertage (BKT) durchnummeriert **(Bild 2, vorhergehende Seite)**. Arbeitsfreie Tage werden nicht mitgezählt. Beliebige Termine können damit durch einfaches Addieren und Subtrahieren berechnet werden. Für die mittelfristige Terminplanung wird als Zeiteinheit häufig auch die Woche oder der Monat benutzt.

7.1.4 Grobablauf der PPS

Die Grundlage der Produktionsplanung und -steuerung bilden die auftragsneutralen und auftragsabhängigen Datenbestände, die im Rahmen der **Datenverwaltung** erfasst, gespeichert und aktualisiert werden müssen. Von der **Grunddatenverwaltung** werden die auftragsneutralen (terminunabhängigen) Grunddaten, wie z. B. die von der Konstruktion und der Arbeitsplanung erstellten Teilestammdaten, Stücklisten, Arbeitsplatzstammdaten, gespeichert und gepflegt **(Bild 1, folgende Seite)**.

Die Planung des eigentlichen Produktionsablaufs beginnt mit der **Produktionsprogrammplanung** (Bild 1, folgende Seite). Sie legt unter Berücksichtigung der Produktionskapazität und der Möglichkeiten des Beschaffungsmarktes fest, welche Erzeugnisse in welcher Menge in einer bestimmten Periode (= Zeitabschnitt) hergestellt werden sollen.

Der im Produktionsprogramm festgelegte **Primärbedarf** (= Bedarf an Produkten) ergibt sich aus den vorliegenden **Kundenaufträgen** und/oder der **Verkaufsprognose**. Damit das Produktionsprogramm termingerecht erfüllt werden kann, wird im Rahmen einer langfristigen **Bestandsplanung** für alle in der Fertigung benötigten Teile die Strategie für die Lagerhaltung und das geeignete Dispositionsverfahren für die Mengenplanung festgelegt. Wenn das Produktionsprogramm Kundenaufträge über Erzeugnisse enthält, die konstruktiv noch nicht endgültig festgelegt sind, werden entsprechende Aufträge an die Konstruktion und die Arbeitsplanung gegeben.

Unter **Auftrag** versteht man die schriftliche oder mündliche Aufforderung einer befugten Stelle eines Unternehmens an eine andere Stelle des selben Unternehmens zur Ausführung einer Arbeit. Eine **Bestellung** ist dagegen die Aufforderung eines Kunden an einen Lieferanten zur Ausführung einer Lieferung oder Dienstleistung.

Die **Produktionsbedarfsplanung** hat die Aufgabe die zur Erfüllung des Produktionsprogrammes erforderliche Bereitstellung der Ressourcen Material, Betriebsmittel und Personal sicherzustellen. Dazu wird in der **Mengenplanung** (Materialdisposition) aus dem Primärbedarf mithilfe der Stücklisten der **Sekundär-Bruttobedarf** (= Bedarf an Baugruppen, Einzelteilen und Rohmaterial) abgeleitet. Nach Abzug der verplanbaren Bestände erhält man den sogenannten **Sekundär-Nettobedarf** der zur Herstellung der Erzeugnisse benötigten Materialien (Teile). Dieser Nettobedarf bildet die Grundlage für die Bestellaufträge an die **Fremdbezugsplanung- und steuerung** und die Fertigungsaufträge an die eigene Fertigung. Die frühesten Starttermine und spätesten Endtermine der Fertigungsaufträge werden im Rahmen einer mittelfristigen **Termin- und Kapazitätsplanung** ermittelt. Der Kapazitätsbedarf wird dabei mithilfe der Arbeitspläne ermittelt und mit dem Kapazitätsangebot nur grob abgestimmt, da zu diesem Planungszeitpunkt das Kapazitätsangebot aufgrund von Störungen und Planungsungenauigkeiten nicht exakt bekannt ist.

In der kurzfristigen **Eigenfertigungsplanung und -steuerung** (Werkstattsteuerung) werden die in der Produktionsbedarfsplanung grob geplanten Ecktermine der Fertigungsaufträge genau bestimmt und ihre Durchführung veranlasst. Zur Festlegung der exakten Fertigungstermine wird je Arbeitsvorgang für alle eingeplanten Fertigungsaufträge der Kapazitätsbedarf des entsprechenden Arbeitsplatzes genau ermittelt und mit dem nun kurzfristig genauer bekannten Kapazitätsangebot abgeglichen. Vor der **Auftragsveranlassung** eines Fertigungsauftrages wird die Verfügbarkeit des benötigten Materials, der Betriebsmittel und der Auftragsunterlagen geprüft. Danach werden während der Durchführung der Fertigungsaufträge im Rahmen der **Auftragsüberwachung** die Aufträge, die Kapazitäten und die Bestände hinsichtlich Menge, Termin und Qualität ständig überwacht. Diese Informationen, die das aktuelle Betriebsgeschehen widerspiegeln, werden an die planenden Funktionsbereiche mithilfe der Betriebsdatenerfassung (**BDE**) zurückgemeldet (Bild 1, folgende Seite). Bei einer Abweichung zwischen den vom PPS-System vorgegebenen Solldaten und den ermittelten Istdaten der Produktion, wie z. B. eine Terminüberschreitung, muss die Störungsursache ermittelt und beseitigt werden. Ist dies nicht mehr möglich, so muss der entsprechende Plan geändert werden.

> Die Auftragsveranlassung und Auftragsüberwachung bilden die Schnittstelle zwischen dem Informationsfluss des PPS-Systems und dem zu steuernden Materialfluss.

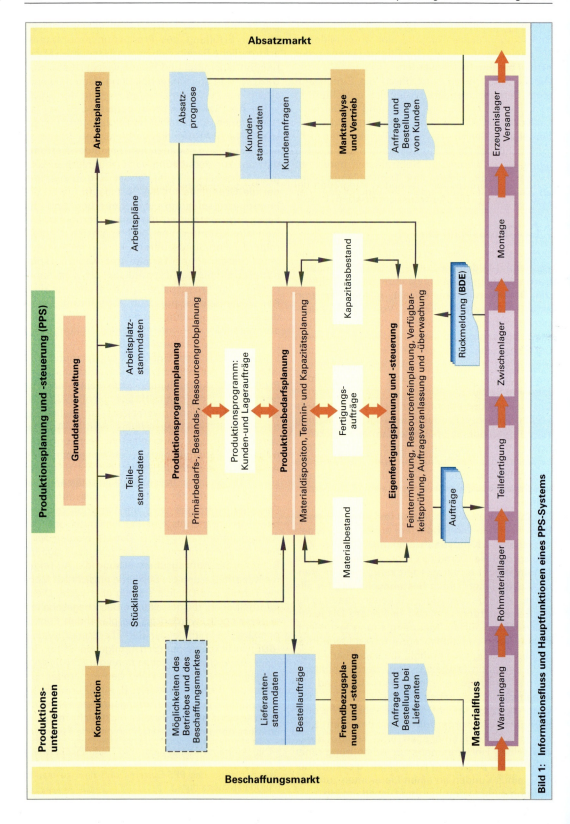

Bild 1: Informationsfluss und Hauptfunktionen eines PPS-Systems

7.1 PPS-Grundlagen

Im technischen Sprachgebrauch ist das PPS-System somit ein **Regler** der den *Istwert* der Regelstrecke Produktion ständig mit dem *Sollwert*, den der Absatzmarkt vorgibt, vergleicht und durch Aufträge an diesen anpasst **(Bild 1)**.

Für eine kundenorientierte und effiziente Auftragsabwicklung gehören zu den Hauptaufgaben eines modernen PPS-Systems außer den oben beschriebenen vier *Kernaufgaben* die drei **Querschnittsaufgaben** Auftragskoordination, Lagerwesen und PPS-Controlling **(Bild 2)**. Die Querschnittsaufgaben dienen der bereichsübergreifenden Integration der Kernaufgaben. Die **Auftragskoordination** koordiniert vor allem für komplexe Kundenaufträge die Auftragsabwicklung über die verschiedenen Unternehmensbereiche hinweg und dient dem Kunden als fester Ansprechpartner. Das **Lagerwesen** hat die Führung und Bewertung des Materialbestandes zur Aufgabe. Die Hauptaufgabe des **PPS-Controllings** ist die tatsächliche Erreichung der geplanten PPS-Ziele, z. B. Liefertermintreue, festzustellen, die Ursachen für die Abweichungen der Istwerte von den Plansollwerten zu ermitteln und danach Maßnahmen zur Problembehebung vorzuschlagen. Die **Datenverwaltung** ist sowohl Kern- als auch Querschnittsaufgabe.

Bild 2: Hauptaufgaben der PPS

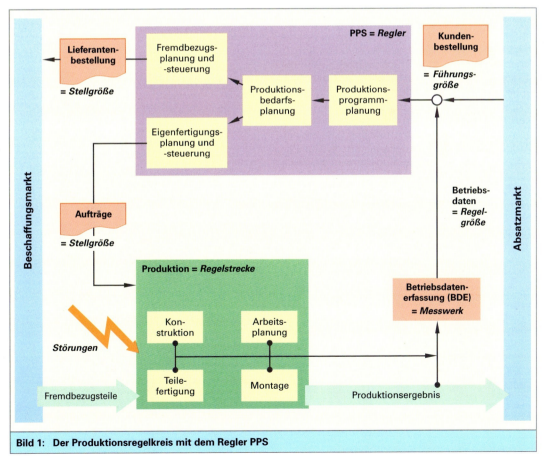

Bild 1: Der Produktionsregelkreis mit dem Regler PPS

7.1.5 Planungsebenen

Die gleichzeitige und genaue Bearbeitung aller PPS-Aufgaben ist wegen der damit zu bewältigenden großen Datenfülle kaum möglich. Daher wird der Planungsablauf bei vielen PPS-Systemen in drei **Planungsebenen** (Planungsstufen) mit jeweils kürzer werdenden Planungshorizonten und zunehmender Genauigkeit bzw. größerem Detaillierungsgrad unterteilt (**Bild 1**).

Dies sind die langfristige Grobplanungsebene mit der Produktionsprogrammplanung, die mittelfristige Planungsebene mit der Produktionsbedarfsplanung und die kurzfristige Feinplanungsebene mit der Fremdbezugs- und Eigenfertigungsplanung und -steuerung. Unter dem **Planungshorizont** wird die Länge des Zeitraumes bezeichnet, für den eine Planung durchgeführt wird. Der Planungshorizont wird in **Planungsraster** unterteilt, die dem kleinsten Zeitraum entsprechen, für den konkrete Zielvorgaben für die Planungsbereiche wie z. B. die Montage bzw. die zu planenden Teile gemacht werden (**Bild 2**).

Die sogenannte **Sukzessivplanung**[1], bei der die Planung der untergeordneten Ebene immer auf den Planungsergebnissen der jeweils übergeordneten Ebene beruht, erfordert eine genaue Abstimmung zwischen den einzelnen Planungsebenen. Sie kann z. B. nur funktionieren, wenn der tatsächliche Zustand der untergeordneten Ebene der jeweils höheren Ebene als Rückmeldung bekannt ist (**Tabelle 1, folgende Seite**).

Die drei Planungsebenen sind nicht zwangsläufig in jedem Unternehmen notwendig. In kleinen Betrieben kann z. B. auf die Stufe mittelfristige Planung verzichtet und deren Aufgaben auf die Grob- und die Feinplanung verteilt werden.

Aufgrund der ungenügend bekannten Zukunftsdaten und der ständig auftretenden Störungen müssen Pläne an die geänderten Bedingungen angepasst werden.

Bei der **rollierenden Planung** geschieht dies in festgelegten Zeitabständen, den sogenannten **Planungsperioden**. So wird zum Beispiel jeden Monat das Fertigungsprogramm für den Planungshorizont von den jeweils nächsten drei Monaten neu erstellt.

Bei der **ereignisorientierten Planung** wird die Neuplanung dagegen nur durch wichtige Ereignisse ausgelöst. Dies kann z. B. der Eingang eines Großauftrages oder die Inbetriebnahme einer neuen Produktionsanlage sein.

Bild 1: Planungshorizont, Planungsgenauigkeit

Fertigungsprogramm für die Planungsperiode **Mai**				
Teile-Nr.	KW 19	KW 20	KW 21	KW 22
3118	200 St.	190 St.	180 St.	210 St.
3107	100 St.	95 St.	90 St.	100 St.
3108	100 St.	95 St.	90 St.	100 St.
3117	150 St.	140 St.	120 St.	150 St.
3116	400 St.	–	400 St.	–
3117	150 St.	140 St.	120 St.	150 St.

Bild 2: Fertigungsprogramm für eine Planungsperiode

Zur Aktualisierung der bestehenden Pläne wird beim sogenannten **Neuaufwurf** die Planung jedesmal vollständig neu durchgeführt. Dies führt zu einem sehr großen Bearbeitungsaufwand. Bei der Aktualisierung der bestehenden Pläne nach dem sogenannten **Netchange-Prinzip** werden dagegen nur die Veränderungen der Eingangsgrößen gegenüber der vorigen Planung berücksichtigt. Dadurch bleiben z. B. bei der Stornierung[2] von einzelnen Kundenaufträgen die Terminplanungen für die restlichen Aufträge erhalten und werden nicht der neuen Situation angepasst.

---

[1] lat. succedere = nachfolgen, successive = allmählich, nach und nach
[2] it. stornare = einen Auftrag rückgängig machen

7.1 PPS-Grundlagen

Tabelle 1: Planungsebenen in der PPS

Planungsebene	Funktionsbereiche	Planungsbereich	Planungsobjekte	Planungshorizont	Planungsperiode	Planungsraster
Langfristige Grobplanungsebene	Produktionsprogrammplanung ↔ Kundenaufträge	Betriebsbereiche z. B. Konstruktion, Fertigung	Erzeugnisse	0,5 bis 2 Jahre	1 Quartal	1 Monat
Mittelfristige Planungsebene	Produktionsbedarfsplanung → Bestellaufträge / Fertigaufträge	Arbeitsplatzgruppe	Baugruppe Einzelteil	1 bis 2 Quartale	1 Monat	1 Woche
kurzfristige Feinplanungsebene	Fremdbezugsplanung und -steuerung / Eigenfertigungsplanung und -steuerung	Arbeitsplatz	Arbeitsvorgang	Monat	Woche	Stunde, Tag

7.1.6 Vom MRP[1]-Konzept zum ERP-System

MRP – Materials Requirements Planning

Das ursprüngliche MRP-Konzept, das in den 50er Jahren des letzten Jahrhunderts entwickelt wurde, ermittelte den Materialsekundärbedarf aufgrund des vom Absatzmarkt geforderten Primärbedarfs (**Bild 1**). Damit wurde die verbrauchsgesteuerte Materialdisposition um die bedarfsgesteuerte Materialdisposition erweitert.

MRP I – Manufacturing Ressource Planning

Mitte der 60er Jahre entstand das MRP I Konzept, das
- die langfristige Produktionsprogrammplanung,
- die Durchlaufterminierung (ohne Berücksichtigung von Kapazitätsgrenzen),
- die Ermittlung des Kapazitätsbedarfs aller für die Produktion benötigten Ressourcen,
- die Kapazitätsterminierung (mit Kapazitätsabgleich)
- und die Werkstattsteuerung

in die Planung einbezieht.

MRP II – Manufacturing Ressource Planning II

In den 80er Jahren entstand das MRP II Konzept, das zusätzlich wirtschaftliche und strategische Gesichtspunkte in der Produktionsplanung berücksichtigt. Dadurch wird eine ganzheitliche Betrachtung aller Aktivitäten des Leistungserstellungsprozesses erreicht. Das MRP II-Konzept bildet heute die Grundlage der meisten in der betrieblichen Praxis eingesetzten EDV-Systeme zur Produktionsplanung und -steuerung (PPS-Systeme).

Bild 1: Vom MRP-Konzept zum ERP-System

---

[1] Material Requirement Planning = Materialbedarfsplanung

SAP ERP		
Rechnungswesen u. a. mit	**Logistik** u. a. mit	**Personalwirtschaft** u. a. mit
Finanzwesen Buchhaltung Konsolidierung	**Materialwirtschaft** Materialstamm Einkauf Bestandsführung	Personalmanagement Personalzeitwirtschaft Lohn- und Gehaltsabrechnung
Controlling (Kostenrechnung) Gemeinkostenrechnung Kostenstellenrechnung Kostenträgerrechnung	**Vertrieb** Auftragsverwaltung Versand Fakturierung	Personalplanung Personalentwicklung Veranstaltungsmanagement Reisekostenabrechnung
Unternehmenscontrolling Investitionsmanagement Immobilienmanagement Finanzmanagement	**Produktionsplanung** Bedarfsplanung Instandhaltung Qualitätsmanagement Projektsystem	
Allgemeine und anwendungsübergreifende Komponenten u. a. mit Branchenlösungen, Workflow, Informationssystem, Systemverwaltung		

Bild 1: Betriebswirtschaftliche Kernfunktionen von SAP ERP®

ERP – Enterprise Ressource Planning
ERP erweitert das MRP II-Konzept um weitere Funktionalitäten wie Kostenrechnung, Finanzbuchhaltung und Personalwesen (**Bild 1, vorherige Seite**). Auf der Basis einer gemeinsamen Datenbasis werden dadurch für nahezu alle betriebswirtschaftlichen Prozesse eines Unternehmens eine ganzheitliche Betrachtung erreicht.

7.2 Das SAP ERP®-System

Da heute die Produktionsplanung und -steuerung ein integraler Bestandteil aller gängigen ERP-Systeme ist, soll im Folgenden ein kurzer Einblick in das weltweit am häufigsten eingesetzte ERP-System SAP-ERP® gegeben werden.

7.2.1 Grundlagen

Die 3 Buchstaben SAP, die für „Systeme, Anwendungen und Produkte in der Datenverarbeitung" stehen, bezeichnen sowohl für das Unternehmen SAP® AG, als auch eine Vielzahl deren Produkte, wie z. B. SAP ERP®.

SAP ERP ist eine integrierte, branchenneutrale Standardsoftware, die eine ganzheitliche Abwicklung von abteilungs- und bereichsübergreifenden Abläufen und Vorgängen in den Anwendungsbereichen Logistik, Rechnungswesen und Personalwirtschaft ermöglicht (**Bild 1**).

SAP ERP unterscheidet sich von seinem Vorgängerprodukt SAP R/3 vor allem dadurch, dass es auf der Integrationsplattform SAP NetWeaver aufbaut (**Bild 2**).

Bild 2: Integrationsmodell SAP ERP

SAP NetWeaver ermöglicht die Integration von Fremdsoftware in das SAP-System und unterstützt u. a. mithilfe einer webbasierten Oberfläche die Zusammenarbeit mit Kunden und Lieferanten.
SAP ERP umfasst die Komponente ECC (ERP Central Component), die weitestgehend dem bisherigen SAP R/3 entspricht. Zusätzlich beinhaltet SAP ERP Lösungen, die die Anforderungen spezieller Branchen berücksichtigen, wie z. B. SAP Automotive oder SAP Banking.

7.2.2 Merkmale des SAP ERP-Systems

Standard-Software. SAP ERP umfasst eine große Anzahl von Geschäftsprozessen die unabhängig von der Unternehmensart (z. B. Behörden, Banken, produzierende Unternehmen und Krankenhäuser) und Unternehmensgröße einsetzbar sind.

Customizing. Über Customizing können die Organisationsstruktur und die unternehmensneutralen Funktionalitäten an die spezifischen Anforderungen und Abläufe der einzelnen Unternehmen angepasst werden. Mithilfe des Einführungsleitfadens, dem sogenannten Implementation Guide (IMG) werden vorgegebene Parameter oder Variablen ohne eine Änderung des Programmcodes auf die unternehmensspezifischen Anforderungen eingestellt.

Bild 1: Geschäftsprozessintegration mit SAP ERP

Integration. Alle Daten werden redundanzfrei, also nur einmal, in einer einzigen zentralen Datenbank gespeichert und stehen sofort allen Anwendungen und berechtigten Personen zur Verfügung. So nutzt z. B. das Controlling-Modul (CO) Daten aus dem Finanzwesen (FI), dem Einkauf (MM), dem Vertrieb (SD) oder der Produktionsplanung und -steuerung (PP) (**Bild 1**).

Internationalität. Mithilfe von SAP ERP können weltweit agierende und multinationale Konzerne ihre komplexen betrieblichen Strukturen und betriebswirtschaftliche Abläufe abbilden. Die mögliche Wahl verschiedener Sprachen, die Fähigkeit mit verschiedenen Währungen zu arbeiten und die landesspezifische Anpassbarkeit an die jeweilige Gesetzgebung (z. B. im steuerlichen oder personalrechtlichen Bereich) machen das System international einsetzbar.

Client/Server-Konzept. Der Server ist eine Komponente, die für andere Komponenten Lösungen und/oder Dienste zur Verfügung stellt. Der Client ist die Komponente, die die Dienste in Anspruch nimmt. Das SAP-System fasst gleichartige Client/Server-Komponenten zu folgenden drei Schichten (**Bild 2**) zusammen:

- die **Präsentationsschicht** zur Führung des Nutzerdialogs über die grafische Oberfläche SAP GUI (Graphical User Interface) oder einen Internetbrowser,
- die **Applikationsschicht** (Anwendungsschicht) zur Abwicklung der betriebswirtschaftlichen Funktionalitäten und
- die **Datenbankschicht** zur Speicherung und Abfrage der betriebswirtschaftlichen Daten.

Bild 2: Schichten von SAP ERP

Skalierbarkeit. Die Zusammenfassung zu Schichten hat zunächst nichts mit der Aufteilung der Software auf die Hardware zu tun. So ist es z. B. möglich, alle Schichten auf einem einzigen Zentralcomputer oder jede Schicht auf einem oder mehreren Computern zu installieren. Dies erlaubt eine leichte Anpassbarkeit (Skalierbarkeit) der installierten Rechnerleistung z. B. bei steigender Benutzerzahl.

Bild 1: Struktur der wichtigsten Organisationseinheiten des Anwendungsbereiches Logistik

7.2.3 Unternehmensstruktur und Organisationseinheiten

Jede Unternehmensstruktur kann im SAP-System mithilfe der SAP-Organisationseinheiten abgebildet werden. In den Organisationseinheiten werden bestimmte betriebliche Funktionen zusammengefasst. **Bild 1** zeigt die wichtigsten Organisationseinheiten des Anwendungsbereiches Logistik für einen Beispiel-Konzern.

Der **Mandant** stellt im SAP-System die oberste Organisationseinheit dar und kann mit einem Konzern gleichgesetzt werden. Er ist in sich handelsrechtlich, organisatorisch und datentechnisch abgeschlossen. Allgemeine Materialdaten, die für das gesamte Unternehmen gelten, werden auf Mandantenbasis gespeichert.

Jeder **Buchungskreis** entspricht einer (Tochter-) Unternehmung im Sinne einer selbständig bilanzierenden und damit rechtlich von einem anderen Buchungskreis unabhängigen Einheit. Alle Daten, die in einem bestimmten Buchungskreis sowie den zugehörigen Werken und Lagerorten gültig sind, werden auf Buchungskreisebene gespeichert. Hierzu gehören z. B. Buchhaltungs- und Kalkulationsdaten, falls die Bewertung auf Buchungskreisebene stattfindet.

Die **Verkaufsorganisation** ist eine organisatorische Einheit der Logistik, die das Unternehmen nach den Erfordernissen des Vertriebs gliedert. Eine Verkaufsorganisation ist verantwortlich für den Vertrieb von Materialien und Leistungen. Sie ist stets einem Buchungskreis zugeordnet. Untergeordnete Elemente der Verkaufsorganisation sind Vertriebswege (z. B. Großhandel oder Endkundenverkauf) und Sparten (z. B. PKW oder LKW).

Die **Einkaufsorganisation** ist eine Organisationseinheit, die Materialien und Dienstleistungen für ein oder mehrere Werke oder Buchungskreise beschafft.

Das **Werk** ist eine organisatorische Einheit, die ein Unternehmen aus der Sicht der Produktion, Beschaffung, Instandhaltung und Disposition gliedert. Es ist i. Allg. ein Unternehmensstandort, an dem Güter hergestellt, für die Verteilung bereitgestellt und/oder Dienstleistungen erbracht werden.

Der **Lagerort** ist eine organisatorische Einheit, die eine Unterscheidung von Materialbeständen innerhalb eines Werkes ermöglicht. Die mengenmäßige Bestandsführung im Werk erfolgt auf Lagerortebene. Einem Mandanten können mehrere Buchungskreise und einem Buchungskreis wiederum können mehrere Werke zugeordnet sein. Ein Werk kann mehrere Lagerorte umfassen.

7.2 Das SAP ERP®-System

7.2.4 Einführung in die Bedienung

Einen Einblick in die Benutzung des SAP-Systems wird im Folgenden auf der Grundlage des IDES-Systems (IDES = **I**nternet **D**emonstration and **E**valuation **S**ystem) gezeigt. Das IDES-System ist ein vollständiges SAP ERP-System mit dem Customizing und dem Datenbestand des international agierenden Modell-Konzerns IDES.

Die **Systemfunktionsleiste** enthält neben dem Befehlsfeld unabhängig von der Anwendung Buttons für Systemfunktionen die häufig benötigt werden. Die in der Anwendungsleiste dargestellten Buttons sind anwendungsspezifisch. Der Name der aktuellen Anwendung wird in der Titelleiste angezeigt. Systemmeldungen wie z. B. Fehlermeldungen werden gegebenenfalls auf der linken Seite der Statusleiste ausgegeben. Allgemeine Informationen über das SAP-System und über die aktuelle Anwendung (Transaktion) stehen auf der rechten Seite der Statusleiste. Der Bildrumpf ist für die jeweils aufgerufene Anwendung reserviert.

Anmelden
Nach dem Start des SAP ERP-Systems erscheint das Anmeldebild (**Bild 1**). Hier müssen die dreistellige Nummer des Mandanten, die Benutzer-ID (Identifikationsnummer des Benutzers oder der Benutzername) sowie das Kennwort (Passwort) des Benutzers eingegeben werden. Die Angabe der Sprache (DE für deutsch oder EN für englisch) ist optional, da sie bereits systemseitig voreingestellt ist. Wie bei jeder professionellen Software springt man mit der TABULATOR-Taste und nicht mit der ENTER-Taste zum nächsten Eingabefeld. Wenn alle Anmeldedaten erfasst sind, müssen diese mit der ENTER-Taste oder einem Klick auf den Button „Weiter" bestätigt werden.

Aufbau eines Fensters
Nach erfolgreicher Anmeldung erscheint das Einstiegsbild SAP Easy Access mit dem SAP-Menü (**Bild 2**) oder einem Benutzermenü, das speziell auf die Aufgaben und Berechtigungen (Rolle) des Benutzers vom Systemadministrator eingerichtet wurde. Bild 2 zeigt außer dem SAP-Arbeitsplatzmenü im Bildrumpf weitere wichtige Elemente eines typischen SAP-Fensters. Die Menüpunkte der **Menüleiste** sind von der jeweiligen Anwendung abhängig.

Abmelden vom SAP-System
Nach Beendigung der Arbeit am SAP-System erfolgt die Abmeldung mit dem Befehl aus der Menüleiste SYSTEM /ABMELDEN. Alternativ kann das SAP-System auch über den „Fenster schließen"-Button, wie bei allen Windows-Anwendungen, verlassen werden.

Bild 1: Anmeldebild

Bild 2: Einstiegsbild SAP Easy Access mit den wichtigsten Fensterbestandteilen

Navigation zu einer Anwendung (Transaktion)
Eine Anwendung (Transaktion) ist aus der Sicht des Endanwenders ein logisch abgeschlossener Vorgang im SAP-System, wie z. B. das Anlegen eines Materials (eines Materialstammsatzes). Anwendungen können über eine Folge von Menüpunkten aus der Menüleiste oder dem SAP Easy Access Arbeitsplatzmenü gestartet werden (**Bild 1**). Die hierarchische Baumstruktur von SAP Easy Access enthält Ordner ①, zugehörige Unterordner ② und ausführbare Anwendungen ③. Die Ordner können durch einen Klick auf das daneben stehende Dreieck geöffnet werden. Ausführbare Anwendungen sind durch ein Quader-Symbol gekennzeichnet und werden durch Doppelklick gestartet.

Jede Anwendung hat einen technischen Namen (Transaktionscode), der unmittelbar hinter dem Quader-Symbol steht. Für das sofortige allgemeine Anlegen eines Materialstammsatzes lautet der Transaktionscode **MM01** ③. Wenn der Benutzer den Transaktionscode einer gewünschten Anwendung kennt, kann er ohne den Pfad der SAP Easy Access Baumstruktur zu durchlaufen die Anwendung direkt starten. Dazu muss der Transaktionscode im SAP Easy Access Bild in die Befehlszeile ④ eingetragen und die ENTER-Taste betätigt bzw. auf den Button „Weiter" geklickt werden ⑤.

7.2.5 Materialstammdaten

Stammdaten sind die Daten eines bestimmten Objektes wie z. B. eines Kunden oder eines Materials, die über einen längeren Zeitraum unverändert bleiben und zu einem Datensatz zusammengefasst in einer zentralen Datenbank gespeichert werden.

Materialstammdaten werden z. B. im SAP-Logistiksystem u. a. für folgende Funktionen benötigt:
- im Einkauf für die Bestellabwicklung,
- in der Bestandsführung für Warenbewegungsbuchungen und Inventurabwicklung,
- in der Rechnungsprüfung für das Buchen von Rechnungen,
- im Vertrieb für die Auftragsabwicklung,
- in der Produktionsplanung und -steuerung für Bedarfsplanung, Terminierung und Arbeitsvorbereitung.

Die Daten des Materialstammes werden entsprechend ihrer Funktionen in verschiedene Sichten wie z. B. Grunddaten, Disposition, Einkauf, und Vertrieb gegliedert (**Bild 2**). Die einzelnen Sichten können von den Mitarbeitern der jeweils betroffenen Fachbereiche einzeln gepflegt werden. Teilweise sind für die einzelnen Sichten[1] aufgrund ihrer Datenfülle mehrere Pflegebildschirmbilder notwendig (z. B. Grunddaten 1 und 2). Die verschiedenen Sichten sind wiederum einer der Organisationsebenen Mandant, Werk, Lagerort, Einkaufsorganisation oder Vertriebsorganisation zugeordnet.

---

[1] Unter einer Sicht versteht man eine Bildschirmmaske

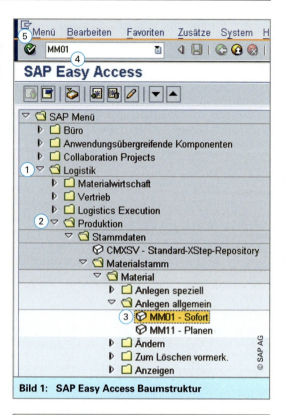

Bild 1: SAP Easy Access Baumstruktur

Bild 2: Materialstammsichten

Beim **Anlegen eines Materialstammsatzes** muss für das Material eine Branche und eine Materialart angegeben werden. Dadurch werden bestimmte Eigenschaften des Materials festgelegt und die Bildfolge sowie die Feldauswahl in den Materialstammsätzen gesteuert.

7.2 Das SAP ERP®-System

Im SAP-Standardsystem gibt es u. a. nachfolgend aufgeführte Materialarten (in Klammern steht jeweils die interne Identifikationsnummer):

- Fertigerzeugnisse (FERT) sind Materialien, die im Unternehmen selbst herstellt werden und zum Verkauf bestimmt sind.
- Rohstoffe (ROH) werden ausschließlich fremdbeschafft und anschließend weiterverarbeitet.
- Halbfabrikate (HALB) können fremdbeschafft oder eigengefertigt werden. Anschließend werden sie im Unternehmen weiterverarbeitet.

Nach der Eingabe der Materialnummer, der Branche und der Materialart (**Bild 1**) erscheint nach der Bestätigung mit der ENTER-Taste ein Dialogfenster zur Auswahl der Sichten die angelegt werden sollen (**Bild 2**). Danach müssen entsprechend der Sichtenauswahl in einem weiteren Dialogfenster die erforderlichen Organisationsebenen eingegeben werden (**Bild 3**). Nach dem Betätigen der ENTER-Taste er scheint das Bild der ersten gewählten Sicht zum Einpflegen der Grunddaten (**Bild 4**).

Der Materialkurztext wird hinter der Materialnummer eingegeben ①. Hilfen zu der Bedeutung eines Feldes erhält man mithilfe der F1-Taste. Ein Klick auf das Werthilfe-Symbol ② öffnet eine Wertliste, aus der der gewünschte Feldinhalt ausgewählt werden kann. Das Mussfeld-Symbol ③ kennzeichnet Felder, in die Werte eingegeben werden müssen. Da dies aber vor dem Klick auf das Weiter-Symbol ④ nicht erfolgt ist, erscheint in der Statuszeile eine entsprechende Fehlermeldung.

Bild 4: Beispiel für die Sicht Grunddaten

Nach dem Betätigen der ENTER-Taste werden die in eine Sicht eingepflegten Daten vor dem Sprung zur nächsten Sicht vom System auf ihre Plausibilität und Vollständigkeit geprüft. Der bearbeitete Materialstammsatz wird erst nach einem Klick auf das Disketten-Symbol in der Systemfunktionsleiste gespeichert.

7.2.6 Stücklisten

Im Folgenden soll mithilfe der Daten aus der Aufgabe 1 auf Seite 120 ein Einblick in die Stücklistenorganisation mit SAP ERP gegeben werden. Dazu müssen zuerst entsprechend dem oben gezeigten Vorgehen die Materialstammdaten von allen benötigten Materialien angelegt werden. Zur Kontrolle kann danach das entsprechende Materialverzeichnis ausgegeben werden (**Bild 1**).

Wie bei fast allen ERP-Systemen werden im SAP-System die Stücklisten in Baukastenform angelegt und gespeichert. Aus diesen Baukasten-Stücklisten lassen sich alle anderen Stücklistenarten und Teileverwendungsnachweise generieren.

Zum Anlegen einer neuen Stückliste muss das Material und das Werk angegeben werden bevor die benötigten Komponentennummern und Mengen erfasst werden (**Bild 2**). Der Positionstyp (PTp) in der zweiten Spalte ordnet die entsprechende Komponente einer Klasse zu. So bedeutet z. B. ein L in dieser Spalte, dass die Komponente gelagert werden kann und in die Bestandsführung eingeht. Nach dem Erfassen aller Baukastenstücklisten, die die Erzeugnisstrukturen der Kassette Gr. 1 und Kassette Gr. 2 vollständig beschreiben, können verschiedene Auswertungen vorgenommen werden. So zeigt z. B. **Bild 3** welche Gesamtmenge einer Komponente (eines Objektes) für die Einsatzmenge von 100 Kassetten Gr. 1 ① benötigt werden.

Bild 4 verdeutlicht in Form einer Strukturstückliste in welcher Beziehung die Komponenten bei der Fertigung der 100 Kassetten Gr. 1 zueinander stehen.

Bild 2: Stückliste anlegen

Bild 3: Mengenübersicht

Materialverzeichnis

Material	Materialkurztext	MatArt	BME
M-101	Kassette Gr. 1	FERT	ST
M-102	Schale Gr. 1	HALB	ST
M-103	Scharnier	HALB	ST
M-104	Niet DIN 660 - 3 x 6 -St	ROH	ST
M-105	Tiefziehblech DIN EN 10029-1,5-DC04	ROH	KG
M-106	Scharnierband	HALB	ST
M-107	Zylinderstift DIN 6325 - 6 m6 x 20	ROH	ST
M-108	Kassette Gr. 2	FERT	ST
M-109	Schale Gr. 2	HALB	ST

Bild 1: Materialverzeichnis

Bild 4: Stücklistenauflösung Struktur

7.3 Produktionsprogrammplanung

7.3.1 Überblick

Das Ziel der langfristigen Produktionsprogrammplanung ist es, in einem Produktionsprogramm die in der Zukunft herzustellenden Erzeugnisse nach Art und Menge festzulegen. Ausgangsdaten der Produktionsprogrammplanung bilden die bereits vorliegenden Kundenaufträge und Absatzprognosen für alle verkaufsfähigen Teile (Erzeugnisse und Ersatzteile) sowie die zur Herstellung dieses Marktbedarfes vorhandenen bzw. geplanten Ressourcen. Auf der Basis dieser Daten muss ein grober Abgleich zwischen den möglichen gewinnoptimalen Absatzmengen und den kostenoptimal realisierbaren Produktionsmengen vorgenommen werden (**Bild 1**). Das Produktionsprogramm kann somit zwangsläufig nur in enger Abstimmung zwischen Produktion und Vertrieb entstehen.

Die Produktionsprogrammplanung ist eine rollierende Planung, die periodisch, z. B. monatlich durchgeführt wird. Die Planungsperioden werden dabei gegenüber der letzten Planung jeweils um eine Periode in die Zukunft fortgeschrieben. Der Planungshorizont liegt üblicherweise zwischen 0,5 und 2 Jahren.

Im Extremfall des reinen *Einzelauftragsfertigers* erfolgt die Produktionsprogrammplanung ausschließlich auf der Basis von Kundenaufträgen. Bei der rein *kundenanonymen Lagerfertigung* wird dagegen das Produktionsprogramm durch die prognostizierten Absatzerwartungen bestimmt. Die Grenzfälle einer rein erwartungsbezogenen, lagergebundenen Produktion und einer rein kundenauftragsbezogenen Produktion liegen in der betrieblichen Praxis allerdings nur selten vor.

Um die von den Kunden gewünschten Sonderwünsche und Varianten in den geforderten Lieferzeiten auch bereitstellen zu können, muss im Rahmen der Produktionsprogrammplanung neben der langfristigen Kapazitätsplanung auch eine längerfristige Bestandsplanung durchgeführt werden. Aufgabe dieser **Bestandsplanung** ist es, für jede Teile-Nummer die optimale Bevorratungsstrategie und das geeignete Dispositionsverfahren (Mengenplanungsverfahren) mit den entsprechenden Dispositionsparametern, wie z. B. die Reichweite von Lagerbeständen, festzulegen.

> Ziel der Produktionsprogrammplanung ist die Festlegung der in Zukunft herzustellenden Erzeugnisse nach Art und Menge.

Bild 1: Erstellen eines Produktionsprogrammes

7.3.2 Prognoseverfahren

Der Bedarf von Standarderzeugnissen und Standardkomponenten wird prognostiziert, um eine Vorratsproduktion rechtzeitig anzustoßen, falls die Wiederbeschaffungszeit bzw. Durchlaufzeit größer als die von den Kunden zugestandene Lieferzeit ist.

> Unter einer Prognose versteht man das Gewinnen von zukünftigen Ereignissen durch ein systematisches und logisch begründbares Vorgehen.

Bei allen Prognoseverfahren wird die Zukunftsentwicklung aus Vergangenheitsdaten hergeleitet. Bei der Bedarfsprognose versucht man daher aus dem Bedarf in der Vergangenheit auf den Bedarf in der Zukunft mithilfe von statistischen Verfahren zu schließen. Die entsprechenden Bedarfswerte werden je Periode (Tag, Woche, Monat) mithilfe einer sogenannten Zeitreihe erfasst.

Bei der Analyse der Zeitreihen unterscheidet man folgende Arten des Bedarfsverlaufes **(Tabelle 1)**:
1. Gleichbleibender Bedarfsverlauf,
2. Linearer trendförmiger Bedarfsverlauf,
3. Nichtlinearer trendförmiger Bedarfsverlauf,
4. Saisonal schwankender Bedarfsverlauf,
5. Unregelmäßiger Bedarfsverlauf,
6. Sprunghaft sich verändernder Bedarfsverlauf.

Für die ersten vier Bedarfsverläufe stehen zur Berechnung des Prognosebedarfes unterschiedliche stochastische Verfahren zur Verfügung. Für unregelmäßige oder sprunghaft sich verändernden Bedarfsverlaufe ist dagegen nur eine intuitive Vorhersage durch den Menschen möglich. Einige gängige in PPS-Systemen eingesetzte Methoden zur Durchführung von Bedarfsvorhersagen sind im Folgenden aufgeführt.

Bei unregelmäßigen oder sprunghafte Bedarfsverlaufe ist eine intuitive Vorhersage erforderlich.

Gleitender Mittelwert
Eine einfache Methode zur Ermittlung des Prognosebedarfes für die nächsten Perioden ist die Bildung des arithmetischen Mittelwertes von den Bedarfen der jeweils letzten n Perioden:

$$V = \frac{1}{n} \cdot \sum_{i=1}^{n} T_i = \frac{(T_1 + T_2 + ... + T_n)}{n}$$

V Vorhersagewert für die nächste Periode
i Laufende Periode (Index)
n konstante Anzahl der betrachteten Perioden
T_i Tatsächlicher Bedarf in der Periode i

Das Verfahren heißt „gleitend", da bei der Ermittlung des nächsten Periodenbedarfes der älteste Verbrauchswert in die Berechnung nicht mehr eingeht. Stattdessen wird der dann neu hinzukommende tatsächliche Bedarfswert in der neuen Berechnung berücksichtigt **(Bild 1)**.

Das Verfahren eignet sich vor allem für einen konstanten (gleich bleibenden) Bedarfsverlauf. Je kleiner die Anzahl n der betrachteten letzten Perioden gewählt wird, um so schneller reagiert die Vorhersage auf Änderungen des tatsächlichen Bedarfes. **Beispiel 1 auf der folgenden Seite** zeigt die Berechnung des gleitenden Mittelwertes.

Um auf Verbrauchsänderungen besser reagieren zu können, wird bei der **gewogenen gleitenden Mittelwertbildung** den jüngeren Verbrauchswerten ein größeres Gewicht zugemessen als den älteren.

Bild 1: Gleitender Mittelwert

7.3 Produktionsprogrammplanung

Exponentielle Glättung erster Ordnung

Dieses Prognoseverfahren hat in der betrieblichen Praxis eine große Bedeutung gewonnen, da es nur einen geringen Rechenaufwand beansprucht und Vergangenheitsdaten mithilfe eines Glättungsfaktors α gewichtet. Die Vorhersage des Bedarfes erfolgt nach folgender Formel:

$$V_{neu} = V_{alt} + \alpha \cdot (T_{alt} - V_{alt})$$

Dabei bedeuten:
- V_{neu} neuer Vorhersagewert
- α Glättungsfaktor ($0 < \alpha < 1$)
- V_{alt} alter Vorhersagewert in der letzten Periode
- T_{alt} tatsächlicher Bedarf in der letzten Periode

Bei der Ermittlung des Vorhersagewertes V_{neu} für die nächste Periode geht dieses Verfahren vom Vorhersagewert V_{alt} und dem Prognosefehler für die letzte Periode aus. Der Prognosefehler für die letzte Periode ergibt sich aus der mit Differenz zwischen dem tatsächlichen Bedarf T_{alt} und dem Vorhersagewert V_{alt}. Mithilfe eines sogenannten Glättungsfaktors α, der zwischen 0 und 1 liegen darf, wird festgelegt, wie stark der letzte Prognosefehler in den neuen Vorhersagewert eingehen soll.

Beispiel 2 zeigt den Einfluss des Glättungsfaktors α auf den neuen Vorhersagewert. Bei einem niedrigen Glättungsfaktor reagiert die Prognose träge auf eine Änderung des Bedarfes. Ein zu großer Glättungsfaktor berücksichtigt dagegen Zufallsschwankungen zu stark. In der Praxis wählt man zweckmäßigerweise den Glättungsfaktor α zwischen 0,1 und 0,3.

Das Verfahren eignet sich vor allem für einen relativ konstanten Bedarfsverlauf. Zur Prognoseberechnung bei trendbehafteten Bedarfsverläufen eignet sich das mathematisch anspruchsvollere Verfahren der **exponentiellen Glättung 2. Ordnung**, das in einigen PPS-Systemen realisiert ist.

Beispiel 1: Gleitender Mittelwert

Periode		tatsächlicher Bedarf T_i
Index i	Bezeichnung	
1	Juli	104
2	August	123
3	September	111
4	Oktober	98
5	November	115
6	Dezember	102
7	Januar	?

Bedarfsverlauf

Der gleitende Mittelwert ergibt damit als Bedarfsvorhersage V für den Januar:

$V = (104 + 123 + 111 + 98 + 115 + 102)/6 = 653/6 = \mathbf{109}$

In Januar liegt der tatsächliche Bedarf aber bei 118 Stück.

Da bei der Prognoserechnung mit dem gleitenden Mittelwert immer mit einer konstanten Periodenanzahl gerechnet wird, entfällt der älteste Wert 104 und wird durch den neu hinzukommenden Wert 118 ersetzt.

Damit errechnet sich der Vorhersagewert V für den Februar:

$V = (123 + 111 + 98 + 115 + 102 + 118)/6 = 667/6 = \mathbf{111}$

Beispiel 2: Einfluss des Glättungsfaktors α auf die Bedarfsprognose

Periode Index i	Bezeichnung	tatsächlicher Bedarf T_{alt}	Vorhersagewerte V $\alpha = 0{,}2$	Vorhersagewerte V $\alpha = 0{,}8$
1	Juli	104		
2	August	123	104	104
3	September	111	108	119
4	Oktober	98	108	113
5	November	115	106	101
6	Dezember	102	108	112
7	Januar		?	?

Für den Januar berechnet sich der Prognosebedarf V
mit $\alpha = 0{,}2$: $V = 108 + 0{,}2 \cdot (102 - 108) = \mathbf{107}$
mit $\alpha = 0{,}8$: $V = 112 + 0{,}8 \cdot (102 - 112) = \mathbf{104}$

Regressionsanalyse

Bei Bedarfszahlen mit trendförmigen Verlauf können für die Prognoserechnung auch Regressionsanalysen eingesetzt werden. Bei diesen Verfahren wird der Verlauf der Bedarfswerte durch sogenannte Ausgleichskurven so angenähert, dass die Summe der Abstandsquadrate zwischen dem Kurvenverlauf (der sogenannten Regressionsfunktion) und den tatsächlichen Bedarfswerten ein Minimum bilden.

Häufig lassen sich die Bedarfswerte durch eine Gerade annähern. In diesem Fall wird die sogenannte **lineare Regressionsanalyse** eingesetzt, bei der der berechnete Verlauf der sogenannten Ausgleichsgerade in die Zukunft extrapoliert wird. Entsprechend der Geradenfunktion[1] $y = a \cdot x + b$ lautet die Formel für die Ausgleichsgerade mit welcher der Vorhersagewert V des Bedarfes in der Periode i berechnet wird:

$$V = a \cdot i + b$$

- V neuer Vorhersagewert
- i Laufende Perioden-Nummer
- a Steigung der Ausgleichsgerade
- b Ordinatenabschnittshöhe bei $i = 0$ (Ordinatenabschnitt).

Die Summe der Fehlerquadrate der Ausgleichsgerade erreicht das Minimum, wenn die Steigung m und der Ordinatenabschnitt b wie folgt berechnet werden:

$$a = \frac{n \cdot \sum_{i=1}^{n}(i \cdot T_i) - \sum_{i=1}^{n} i \cdot \sum_{i=1}^{n} T_i}{n \cdot \sum_{i=1}^{n} i^2 - \sum_{i=1}^{n} i \cdot \sum_{i=1}^{n} i}$$

$$b = \frac{\sum_{i=1}^{n} T_i \cdot \sum_{i=1}^{n} i^2 - \sum_{i=1}^{n} i \cdot \sum_{i=1}^{n}(i \cdot T_i)}{n \cdot \sum_{i=1}^{n} i^2 - \sum_{i=1}^{n} i \cdot \sum_{i=1}^{n} i}$$

- a Steigung der Ausgleichsgerade
- b Ordinatenabschnitt der Ausgleichsgerade
- i Laufende Perioden-Nummer
- n Anzahl der betrachteten Perioden
- T_i Tatsächlicher Bedarf in der Periode i

Bei nicht linearem Bedarfsverlauf muss eine **nichtlineare Regression** durchgeführt werden. Dabei wird der Verlauf der Bedarfswerte in den vergangenen Perioden meistens durch eine Parabel (Polynom) angenähert. Dies ist allerdings nur mit EDV-Einsatz sinnvoll. Beispiel 4 wurde mithilfe eines Tabellenkalkulationsprogrammes gelöst.

---

[1] In manchen Publikationen wird statt der Forme $y = a \cdot x + b$ die Formel $y = a + b \cdot x$ verwendet.

Beispiel 3: Lineare Regressionsanalyse von Bedarfswerten

Zahl der letzten betrachteten Perioden: $n = 9$
i: Perioden-Nr. $\quad T_i$: Bedarf in der i-ten Periode

	i	T_i	$i \cdot T_i$	i^2
	1	95	95	1
	2	110	220	4
	3	105	315	9
	4	117	468	16
	5	123	615	25
	6	119	714	36
	7	128	896	49
	8	125	1000	64
$n = 9$	9	132	1188	81
$\sum_{i=1}^{n}$	45	1054	5511	285

Ausgleichsgerade $V = 4{,}017 \cdot i + 97{,}028$

$$a = \frac{9 \cdot 5511 - 45 \cdot 1054}{9 \cdot 285 - 45 \cdot 45} = 4{,}017$$

$$b = \frac{1054 \cdot 285 - 45 \cdot 5511}{9 \cdot 285 - 45 \cdot 45} = 97{,}028$$

Damit berechnet sich der Vorhersagewert V für die Periode $i = 10$:

$V = 4{,}017 \cdot 10 + 97{,}028 = \mathbf{137}$

Beispiel 4: Nichtlineare Regression mit einem Tabellenkalkulationsprogramm

Ausgleichsparabel

$V = 0{,}034 \cdot i^3 - 1{,}289 \cdot i^2 + 16{,}297 \cdot i + 75{,}968$

Mit der vom Rechner ermittelten Gleichung für die Ausgleichsparabel ergibt sich für die Periode $i = 10$ der Vorhersagewert V.

$V = 0{,}034 \cdot 1000 - 1{,}289 \cdot 100 + 16{,}297 \cdot 10 + 75{,}968 = \mathbf{144}$

7.3 Produktionsprogrammplanung

Prognosefehler

Der Prognosefehler wird mithilfe der **Standardabweichung** σ (sigma) oder mit **der mittleren absoluten Abweichung MAD** (Mean Absolut Deviation) angegeben.

Die Standardabweichung σ ergibt sich aus der Differenz zwischen den tatsächlichen Bedarfen T_i und den Vorhersagewerten V_i aus n Perioden nach folgender Formel:

$$\sigma = \sqrt{\frac{\sum_{i=1}^{n}(T_i - V_i)^2}{n-1}}$$

Mit den selben Daten wird weniger aufwendig die mittlere absolute Abweichung MAD wie folgt berechnet:

$$MAD = \frac{1}{n}\sum_{i=1}^{n}|T_i - V_i|$$

Der MAD ist anschaulicher als die Standardabweichung. So bedeutet z. B. ein MAD-Wert von 24, dass im Durchschnitt der tatsächliche Bedarf von dem Vorhersagewert um 24 Stück pro Periode abweicht. Ein weiterer Vorteil des MAD liegt darin, dass er für die neue Periode aus den Daten der alten (vergangenen) Periode mit der exponentiellen Glättung 1. Ordnung wie folgt berechnet werden kann:

$$MAD_{neu} = MAD_{alt} + \alpha \cdot (|T_{alt} - V_{alt}| - MAD_{alt})$$

Zwischen der Standardabweichung σ und der mittleren absoluten Abweichung MAD besteht bei einer Normalverteilung der Prognosefehler die Beziehung:

$$\sigma \approx 1{,}25 \cdot MAD$$

Alle aufgeführten Prognoseverfahren beruhen ausschließlich auf Vergangenheitsdaten. Zukünftige Entwicklungen, wie z. B. technologische Neuerungen oder geänderte Kundenerwartungen werden nicht berücksichtigt. Aus diesem Grund bilden diese Verfahren nur dann eine Hilfe, wenn vor ihrem Einsatz sichergestellt ist, dass keine wesentlichen Änderungen in der Auftragslage zu erwarten sind. Dies kann nur durch ständige Marktbeobachtungen festgestellt werden. Der Disponent ist also aufgefordert, durch ständigen Kontakt mit allen am Marktgeschehen beteiligten Personen sich auf dem Laufenden zu halten.

> Für die Bedarfprognose ist der Sachverstand, die Erfahrung und die Marktkenntnis des Disponenten in der Regel wichtiger als die verschiedenen statistischen Prognoseverfahren.

Beispiel 4: Berechnung von Prognosefehlern

Perioden-Nummer i	Tatsächlicher Bedarf T_1	Vorhersagewert V_i	Prognosefehler $T_i - V_i$	Fehlerquadrat $(T_i - V_i)^2$	Betrag $\|T_i - V_i\|$
		358			
12	370	358	12	144	12
13	386	358	28	784	28
14	352	364	− 12	144	12
15	321	362	− 41	1681	41
16	350	354	− 4	16	4
17	360	353	7	49	7
18	308	354	− 46	2116	46
19	386	345	41	1681	41
20	308	353	− 45	2025	45
21	320	344	− 24	576	24
22	347	339	8	64	8
		Summe	Σ	9280	268
		Anzahl	n	11	11

Ergebnis: **Standardabweichung = 30,46**
Mittlere absolute Abweichung MAD = 24,36
Standardabweichung $\sigma \approx 1{,}25 \cdot$ MAD = 30,45

Bild 1 zeigt das schrittweise Vorgehen beim Erstellen der Bedarfsprognose.

7.3.3 XYZ-Analyse

Für die meisten Aufgaben der Materialdisposition (Mengenplanung) ist die genaue Kenntnis des exakten Prognosefehlers nicht nötig. Meistens genügt die grobe Klassifikation der Materialien (Teile) nach ihrer Vorhersagegenauigkeit. Dies geschieht mithilfe der XYZ-Analyse, bei der aus dem Verlauf des Verbrauches in der Vergangenheit auf die Vorhersagegenauigkeit des zukünftigen Bedarfs geschlossen wird (**Bild 2**).

X-Teile haben einen konstanten Verbrauch mit geringen Schwankungen. Eine hohe Vorhersagegenauigkeit des Bedarfs ist möglich. Dies gilt für ca. 50 % der Teile.

Bei **Y-Teilen** steigt oder fällt der Verbrauch mit einem Trend oder unterliegt saisonalen Schwankungen. Hier ist nur eine mittlere Vorhersagegenauigkeit des Bedarfs möglich (bei ca. 20 % der Teile).

Der Verbrauch von **Z-Teile** ist völlig unregelmäßig. Eine Bedarfsprognose ist kaum möglich.

> Bei X-Teilen ist die Schwankung gering, bei Y-Teilen groß, bei Z-Teilen nicht vorhersehbar.

Aufgabe:
Für ein Teil ergaben sich in den Perioden *i* folgende tatsächliche Bedarfe T_i und Prognosewerte V_i

i	1	2	3	4	5
T_i	82	86	84	90	88
V_i	80	81	82	83	85

Prognostizieren Sie den Bedarf *V* in der Periode 6.

Lösungen:
a) Arithmetischer Mittelwert
  $V_{n+1} = 1/n \cdot \Sigma T_i$
  $\Sigma T_i = 82 + 86 + 84 + 90 + 88 = 430$
  $V_6 = 1/5 \cdot 430 =$ **86**

b) Exponentielle Glättung mit $\alpha = 0{,}3$
  $V_{n+1} = V_n + \alpha \cdot (T_n - V_n)$
  $V_6 = 85 + 0{,}3 \cdot (88 - 85) =$ **86**

c) Lineare Regression:
  $V_i = a \cdot i + b$

  Formel für *m* und *b*: siehe Seite 338
  $\Sigma i = 1 + 2 + 3 + 4 + 5 = 15$
  $\Sigma i^2 = 1 \cdot 1 + 2 \cdot 2 + 3 \cdot 3 + 4 \cdot 4 + 5 \cdot 5 = 55$
  $\Sigma i \cdot T_i = 1 \cdot 82 + 2 \cdot 86 + 3 \cdot 84 + 4 \cdot 90 + 5 \cdot 88 = 1306$
  $a = (5 \cdot 1306 - 15 \cdot 430) / (5 \cdot 55 - 15 \cdot 15) = 1{,}6$
  $b = (430 \cdot 55 - 15 \cdot 1306) / (5 \cdot 55 - 15 \cdot 15) = 81{,}2$
  $V_6 = 1{,}6 \cdot 6 + 81{,}2 =$ **91**

Bild 1: Vorgehensweise zur Bedarfsprognose

Bild 2: XYZ-Analyse

7.3.4 Bevorratungsstrategie

Im Rahmen der Produktionsprogrammplanung muss unter anderem eine langfristige Lagerbestandsplanung durchgeführt werden. Dabei ist ein kostenoptimaler Kompromiss zwischen einer hohen Lieferbereitschaft und niedrigen Lagerbeständen zu finden.

Die Bevorratungsstrategie wird durch die Lage des Kunden-Entkopplungspunkts bestimmt (**Bild 1**). Als **Kunden-Entkopplungspunkt** wird diejenige Stelle in der betrieblichen Logistikkette bezeichnet, ab der die Aufträge einem bestimmten Kunden zugeordnet werden. Vor dem Kunden-Entkopplungspunkt werden die Aufträge kundenanonym aufgrund einer Absatzprognose auf Lager produziert. Die Bevorratungsebene je Teil wird so festgelegt, dass die vom Markt geforderten Lieferzeiten, auch bei längeren Produktionsdurchlaufzeiten eingehalten werden können. Haushaltsgeräten werden z. B. rein kundenanonym auf Lager produziert und nach Eingang einer Kundenbestellung sofort aus dem Fertigwarenlager geliefert.

Im Sondermaschinenbau ist man dagegen aufgrund der unterschiedlichsten Kundenanforderungen gezwungen viele Einzelteile auftragsbezogen zu produzieren. Die für verschiedene Maschinen immer wieder benötigten Standardkomponenten können dagegen entsprechend den Absatzerwartungen kundenanonym vorgefertigt werden. Dies reduziert im Auftragsfall die Gesamtdurchlaufzeit für die Produktion des kompletten Erzeugnisses.

> Bis zum Kunden-Entkopplungspunkt sind Aufträge kundenanonym.

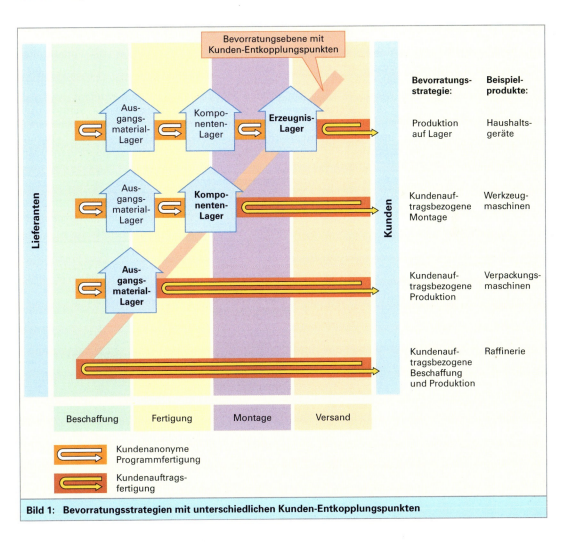

Bild 1: Bevorratungsstrategien mit unterschiedlichen Kunden-Entkopplungspunkten

7.3.5 Dispositionsverfahren

Der Kunden-Entkopplungspunkt bestimmt im Wesentlichen auch das Materialdispositionsverfahren mit dessen Hilfe die Bedarfsmenge und der Bedarfstermin einer Teilenummer ermittelt wird.

> Grundsätzlich unterscheidet man zwischen:
> - der *auftragsanonymen* verbrauchsgesteuerten Disposition und
> - der *auftragsabhängigen* bedarfsgesteuerten Disposition (**Tabelle 1**).

Verbrauchsgesteuerte Disposition
Die **verbrauchsgesteuerte Disposition** (stochastische Disposition) basiert auf dem Vorhersageprinzip. Aus dem Verbrauch eines Teiles in der Vergangenheit wird mithilfe von Prognoseverfahren auf dessen Bedarf in der Zukunft geschlossen. Verbrauchsgesteuerte Teile werden lagerhaltig geführt. Neue Beschaffungen werden so rechtzeitig ausgelöst, dass bis zur Verfügbarkeit des neuen Materials jede Bedarfsanforderung an das Lager ohne vorherige Reservierung abgedeckt werden kann. Das dabei eingesetzte *Bestellrythmus-* oder *Bestellpunktverfahren* erfordert, wie im nächsten Kapitel gezeigt wird, relativ wenig Aufwand. Da der zukünftige Bedarf bei der verbrauchsgesteuerten Disposition nicht exakt sondern mithilfe von Prognosen relativ ungenau ermittelt wird, muss zur Vermeidung von Fehlmengen ein erhöhter Sicherheitsbestand eingeplant werden, der wiederum die Lagerhaltungskosten erhöht.

Bedarfsgesteuerte Disposition
Die bedarfsgesteuerte Disposition (plangesteuerte Disposition) ermittelt exakt den zukünftigen Bedarf von Teilenummern auf der Basis von bereits vorliegenden Kundenaufträgen oder vorgegebenen Lageraufträgen (Programmaufträgen) nach dem Verursacherprinzip.
Die Art und die Mengen der zur Produktion benötigten Komponenten, den sogenannten Sekundärbedarf, erhält man durch die **Stücklistenauflösung**. Dabei wird der Bedarf des übergeordneten Teils mit den in den Baukastenstücklisten aufgeführten Mengenangaben für die untergeordneten Teile multipliziert (**Bild 1, folgende Seite**).
Der Grobtermin des Sekundärbedarfs wird mithilfe der **Vorlaufzeitverschiebung** bestimmt. Die Vorlaufzeit ist die Anzahl der Perioden (z. B. Tage oder Wochen) um die die Komponenten vor dem Fertigstellungstermin des übergeordneten Teils bereitgestellt werden müssen. Die Vorlaufzeiten werden im Rahmen der Arbeitsplanung grob mithilfe der in den Arbeitsplänen gespeicherten Daten oder Erfahrungswerten ermittelt.
Der gesamte Bruttobedarf ist die Summe vom Brutto-Sekundärbedarf und dem Zusatzbedarf je Periode. Der **Zusatzbedarf** ergibt sich aufgrund von Ausschuss, Ersatzteilbedarf oder Eigenbedarf.

Tabelle 1: Vergleich der wichtigsten Dispositionsverfahren		
Dispositions-Kriterien:	**Verbrauchsgesteuerte Disposition**	**Bedarfsgesteuerte (plangesteuerte) Disposition**
Grundprinzip:	Vorhersageprinzip	Verursacherprinzip
Beschaffungsveranlassung:	Vor dem Eintreten eines eventuellen Bedarfes wird bei Erreichen eines Meldebestandes sofort oder in bestimmten Zeitabständen eine einmalig festgelegte Menge beschafft.	Nach dem Eintreten eines konkreten Bedarfsfalles wird jede Beschaffung exakt nach Menge und Termin geplant und veranlasst.
Auftragsbezug:	auftragsneutral	auftragsabhängig
Voraussetzung:	Eindeutige Verbrauchsentwicklung mit geringen Zufallsschwankungen	Stücklisten und Arbeitspläne (bei Eigenfertigung)
Lagerbestand:	relativ hoch	gering bzw. keiner
Vorteile:	– hohe Lieferbereitschaft, – geringer Planungsaufwand	– geringe Lagerbestandskosten, – exakte Mengen- und Terminangaben
Nachteile:	– hohe Lagerkosten, – Risiko aufgrund fehlerhafter Bedarfsprognosen	– lange Lieferzeiten, – kleine Losgrößen, – Stücklisten und Arbeitspläne müssen bekannt und gespeichert sein, – hoher Planungsaufwand

7.3 Produktionsprogrammplanung

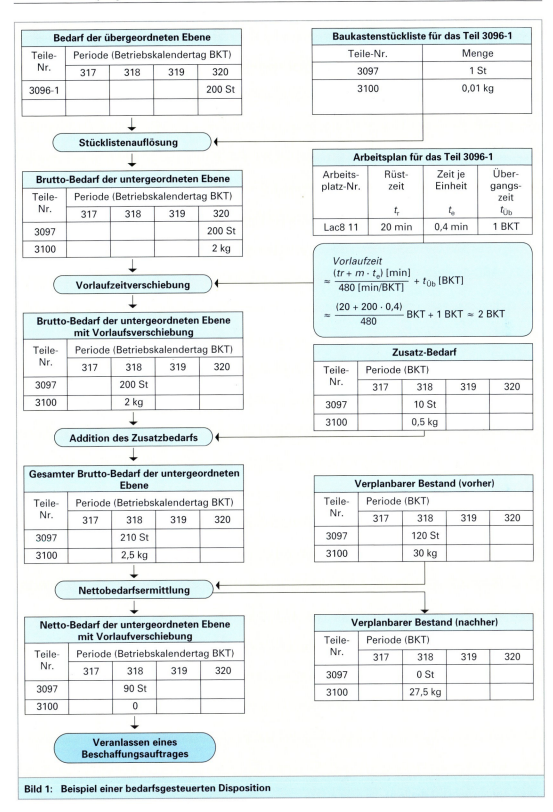

Bild 1: Beispiel einer bedarfsgesteuerten Disposition

Im Rahmen der anschließenden **Nettobedarfsermittlung** wird von dem um den Zusatzbedarf ergänzten Bruttobedarf der in der entsprechenden Periode disponierbare (verplanbare) Bestand subtrahiert.

Wenn das Ergebnis dieser Subtraktion positiv ist, reicht der verfügbare Bestand nicht aus um den Bruttobedarf zu decken. Es besteht in dieser Periode ein Nettobedarf. In diesem Fall muss ein Beschaffungsauftrag veranlasst werden. Der Nettobedarf ist dagegen null, wenn in einer Periode der verfügbare Bestand größer als der ergänzte Bruttobedarf ist. Ein Beschaffungsauftrag wird in diesem Falle nicht nötig.

7.3.6 ABC-Analyse

Die Entscheidung, ob ein Teil bedarfsgesteuert oder verbrauchsgesteuert disponiert wird, hängt unter anderem von seiner wirtschaftlichen Bedeutung ab.

Als Entscheidungshilfe bietet sich hier die ABC-Analyse an. Bei diesem Verfahren berechnet man für jeden Artikel (Teilenummer) aus seinem Wert und seinem Jahresbedarf den sogenannten Jahresbedarfswert und sortiert die Artikel nach fallendem Jahresbedarfswert **(Bild 1, folgende Seite)**. Wenn der Jahresbedarf unbekannt ist, wird statt dessen der bekannte Verbrauch in der Vergangenheit gewählt.

Die abfallend nach der Größe sortierten Jahresbedarfswerte werden in ihre prozentualen Anteile umgerechnet und aufsummiert (kumuliert). Der Zusammenhang zwischen den kumulierten Jahresbedarfswerten und der entsprechenden kumulierten Anzahl von Teilenummern wird in der Lorenzkurve dargestellt **(Bild 1)**. In der Fertigungsindustrie zeigt sich, dass relativ wenige Artikel (ca. 10 % bis 20 %) einen sehr großen Wertanteil (ca. 60 % bis 80 %) haben. Diese Artikel werden der Wertgruppe A zugeordnet. Auf diese sogenannten A-Teile wird das Hauptaugenmerk bei der Disposition gelegt. Die Wertgruppe B hat einen größeren Mengenanteil (ca. 30 % bis 40 %) bei einem wesentlich geringeren Wertanteil (ca. 10 % bis 20 %). Schließlich hat die Wertgruppe C einen sehr großen Mengenanteil (ca. 40 % bis 60 %), aber nur einen sehr kleinen Wertanteil (ca. 5 % bis 10 %).

Bei der Wahl eines angemessenen Dispositionsverfahrens geben die Ergebnisse der ABC- und der XYZ-Analyse für eine Vielzahl von Teilen einen ersten Anhaltspunkt **(Tabelle 1)**.

A-Teile sollten in der Regel bedarfgesteuert und damit exakt (aufwendig) disponiert werden, da diese Teile einen hohen Wertanteil auf sich vereinigen. C-Teile werden dagegen in den meisten Fällen verbrauchsgesteuert disponiert, da sich bei ihnen aufgrund ihres geringen Wertanteiles ein hoher Arbeitsaufwand zur Materialdisposition nicht lohnt. Eine Ausnahme bilden die Z-Teile. Diese Teile müssen immer – auch wenn sie nur einen geringen Wert haben – auftragsabhängig, also bedarfsgesteuert disponiert werden, da bei ihnen keine Bedarfsprognose möglich ist.

Bild 1: Lorenzkurve

Tabelle 1: Entscheidungshilfe für die Wahl des Dispositionsverfahrens			
Teilewert Bedarfsverlauf	**A-Teil** hoher Wert	**B-Teil** mittlerer Wert	**C-Teil** geringer Wert
X-Teil konstanter Bedarf	verbrauchsgesteuert oder bedarfsgesteuert	verbrauchsgesteuert oder bedarfsgesteuert	verbrauchsgesteuert
Y-Teil trendbehafteter oder saisonal schwankender Bedarf	bedarfsgesteuert	verbrauchsgesteuert oder bedarfsgesteuert	verbrauchsgesteuert
Z-Teil unregelmäßiger Bedarf	bedarfsgesteuert	bedarfsgesteuert	bedarfsgesteuert

7.3 Produktionsprogrammplanung

1.				2.	3.	4.
Teile-Nr.	Benennung	ME	Jahres-bedarf in ME/Jahr	Planver-rechn.-preis in €/ME	Jahresbedarfswert (JB-Wert) in €/Jahr	in %	Rang-platz

Teile-Nr.	Benennung	ME	Jahresbedarf in ME/Jahr	Planverrechn.-preis in €/ME	Jahresbedarfswert in €/Jahr	Jahresbedarfswert in %	Rangplatz
3094	Leiste	St	100 000,00	3,00	300 000	12,15	4
3095	Flachstab Fl DIN EN 10278	kg	15 000,00	5,00	75 000	3,04	7
3097	Halter unlackiert	St	10 000,00	5,60	56 000	2,27	10
3098	Bügel	St	10 000,00	4,80	48 000	1,94	11
3099	Schweißmutter DIN 929 – M8 St	St	20 000,00	0,10	2 000	0,08	18
3100	Lack rot RAL 3000	kg	140,00	10,00	1 400	0,06	19
3105	Kreuzgelenkwelle 40/490/ZZ	St	1 000,00	600,00	600 000	24,30	1
3106	Verbindungswelle 40/490	St	1 000,00	30,00	30 000	1,22	13
3107	Zahnwellenschaft 40	St	2 000,00	80,00	160 000	6,48	5
3108	Rohrwellenschaft 40	St	2 000,00	80,00	160 000	6,48	6
3109	Gelenkkreuz 40	St	2 000,00	7,00	14 000	0,57	15
3110	Nadelbüchse 40	St	8 000,00	5,00	40 000	1,62	12
3111	Nadel 40	St	160 000,00	0,04	6 400	0,26	16
3112	Gummilippenring 40	St	8 200,00	0,10	820	0,03	20
3113	Sicherungssch. DIN 6799	St	10 000,00	0,05	500	0,02	21
3114	Rohr DIN EN 12449	kg	740,00	8,00	5 920	0,24	17
3115	Rund DIN EN 10278	kg	4 000,00	5,00	20 000	0,81	14
3116	Zahnwellengelenk 40	St	2 000,00	250,00	500 000	20,25	2
3117	Nadelbüchse 40 mit Nadeln	St	8 000,00	8,00	64 000	2,59	9
3118	Halbfabrikat Gelenkschaft 40	St	4 000,00	80,00	320 000	12,96	3
3096-1	Halter rot lackiert	St	10 000,00	6,50	65 000	2,63	8
				Summe:	2 469 040	100,00	

Sortieren ⟶

5.		6.		7.		8.
Rang-platz	Teile-Nr.	Jahresbe-darfswert in %	kumuliert	Anzahl der Teile-Nummern in %	kumuliert	Wert-gruppe
1	3105	24,30	24,30	4,76	4,76	A
2	3116	20,25	44,55	4,76	9,52	A
3	3118	12,96	57,51	4,76	14,29	A
4	3094	12,15	69,66	4,76	19,05	A
5	3107	6,48	76,14	4,76	23,81	B
6	3108	6,48	82,82	4,76	28,57	B
7	3095	3,04	85,66	4,76	33,33	B
8	3096-1	2,63	88,29	4,76	38,10	B
9	3117	2,59	90,89	4,76	42,86	B
10	3097	2,27	93,15	4,76	47,62	B
11	3098	1,94	95,10	4,76	52,38	C
12	3110	1,62	96,72	4,76	57,14	C
13	3106	1,22	97,93	4,76	61,90	C
14	3115	0,81	98,74	4,76	66,67	C
15	3109	0,57	99,31	4,76	71,43	C
16	3111	0,26	99,57	4,76	76,19	C
17	3114	0,24	99,81	4,76	80,95	C
18	3099	0,08	99,89	4,76	85,71	C
19	3100	0,06	99,95	4,76	90,48	C
20	3112	0,03	99,98	4,76	95,24	C
21	3113	0,02	100,00	4,76	100,00	C

Bild 1: Beispiel einer ABC-Analyse für die Festlegung des Dispositionsverfahrens

7.3.7 Auftragsneutrale Durchlaufzeitplanung

Auftragsneutraler Fristenplan
Die endgültige Entscheidung über die für ein Teil richtige Bevorratungsstrategie lässt sich allerdings erst fällen, wenn die Auswirkungen dieser Strategie auf die Lieferzeit der betroffenen Produkte bekannt sind. Dazu empfiehlt es sich für jedes Produkt einen auftragsneutralen Fristenplan zu erstellen, um so eine grobe Vorstellung von seiner Gesamtdurchlaufzeit zu erhalten.

> **Bild 1, folgende Seite** zeigt die verschiedenen Stufen zur Erstellung eines Fristenplanes für unser Erzeugnisbeispiel Kreuzgelenkwelle:
> 1. **Erstellen der Erzeugnisgliederung** in Form einer Strukturstückliste, um zu erkennen welche Beschaffungs- und Fertigungsvorgänge parallel ablaufen können.
> 2. **Berechnung des Bruttobedarfes** für alle benötigten Komponenten. Dabei geht man von der im Normalfall höchsten zu erwartenden Auftragsmenge aus. In unserem Fall sind dies 20 Kreuzgelenkwellen. Eventuell vorhandene Lagerbestände für bedarfsgesteuerte Teile werden nicht berücksichtigt, um die Konsequenzen für den ungünstigsten Auftragsfall zu erkennen.
> 3. **Ermitteln der Wiederbeschaffungszeiten (WBZ)** von Fremdbezugsteilen und **Berechnen der voraussichtlichen Durchlaufzeiten** T_D für die Teile, die in der eigenen Fertigung hergestellt werden.
> Alle Fremdbezugsteile zur Produktion der Kreuzgelenkwelle sind B/X-Teile bzw. C/Y-Teile und werden daher verbrauchsgesteuert disponiert. Damit wird im Auftragsfall das Wiederbeschaffen beim Lieferanten durch einen Auslagerungsvorgang (AL) ersetzt. Da in unserem Modellbetrieb die Auslagerungszeit schon in der Übergangszeit des übergeordneten Teiles enthalten ist, wird die entsprechende Durchlaufzeit auf 0 Betriebskalendertage (BKT) gesetzt.
> Die eigengefertigten Teile der Kreuzgelenkwelle werden bedarfsgesteuert disponiert, weil es sich hier zumeist um teuere Kundenvarianten, also um A/Y-, A/Z-, B/Y- oder B/Z-Teile, handelt. Für diese Teile muss die Durchlaufzeit ermittelt werden. Die Durchlaufzeit T_D ist die Zeitspanne, die bei der Fertigung eines Teiles zwischen dem Beginn des ersten Arbeitsganges und dem Abschluss des letzten Arbeitsganges in Anspruch genommen wird.
>
> $T_D = (\Sigma\, t_r + m \cdot \Sigma\, t_e) + \Sigma\, t_{Üb}$
>
> T_D : Durchlaufzeit
> t_r : Rüstzeit
> m : Auftragsmenge (hier Bruttobedarf)
> t_e : Stückzeit
> $t_{Üb}$: Übergangszeit
>
> Das Summenzeichen Σ bedeutet, dass alle im Arbeitsplan aufgeführten Arbeitsvorgänge berücksichtigt werden.

> Sie kann mithilfe der in dem entsprechenden Arbeitsplan (s. Seite 135 und 136) angegebenen Vorgabezeiten nach der unten stehenden Formel berechnet werden. Da es sich beim auftragsneutralen Fristenplan um eine grobe Betrachtung der zeitlichen Verhältnisse handelt, werden die sich ergebenden Wiederbeschaffungszeiten und Durchlaufzeiten auf ganze Tage oder ganze Wochen aufgerundet.
> Durch das Einrechnen der Übergangszeiten $t_{Üb}$ wird die Kapazitätssituation der benötigten Arbeitsplätze grob berücksichtigt. Sie beträgt im Modellbetrieb 1 BKT je Arbeitsgang.
> Für die Endmontage von 20 Kreuzgelenkwellen ergibt sich damit eine Durchlaufzeit von 2 Betriebskalendertagen.
> Sich wiederholende Komponenten werden bei der auftragsneutralen Fristenplanung nicht zusammengefasst, um sich für den Auftragsfall alle Optionen (Möglichkeiten) offen zu halten.
> 4. **Rückwärtsterminierung** in Form eines Balkendiagrammes. Die Rückwärtsterminierung geht von einem Endtermin aus. Von dort aus wird zeitlich rückwärtsschreitend die Zeitdauer jedes benötigten Vorgangs als Balken zu seinem spätest möglichen Zeitpunkt eingezeichnet. Damit erhält man für jeden Vorgang den jeweils spätesten Anfangs- und Endzeitpunkt.
> 5. Nach der auftragsneutralen Rückwärtsterminierung empfiehlt es sich eine auftragsneutrale **Vorwärtsterminierung** durchzuführen.
> Bei der Vorwärtsterminierung beginnt man zu dem bei der Rückwärtsterminierung festgestellten frühesten Startzeitpunkt der Gesamtproduktion. Von dort aus wird zeitlich vorwärtsschreitend die Zeitdauer für jeden folgenden Vorgang als Balken zu seinem frühest möglichen Zeitpunkt eingezeichnet. Damit erhält man für jeden Vorgang den frühest möglichen Anfangs- und Endzeitpunkt.

Wenn der Start eines nachfolgenden Vorgangs von mehreren zeitlich verschieden langen Vorgängern abhängt, entstehen für die kürzeren Vorgänger zwangsläufig zeitliche **Puffer**. Vorgänge mit einem Puffer sind im Auftragsfall bei Terminüberschreitungen solang unproblematisch wie die Dauer der Terminüberschreitung kürzer als der Zeitpuffer ist. Der Puffer je Vorgang entspricht der Differenz zwischen seinem spätesten und frühesten Anfangszeitpunkt bzw. Endzeitpunkt.
Vorgänge bei denen diese Differenz Null ist, haben keinen Puffer. Die Folge aller Vorgänge ohne Puffer wird **kritischer Pfad** genannt, da jede Störung eines solchen Vorgangs die Gesamtdurchlaufzeit des Projektes verlängert, wenn die Dauer eines folgenden kritischen Vorgangs nicht verkürzt werden kann. Der Disponent muss daher auf alle Vorgänge, die auf einem kritischen Pfad liegen, ein besonderes Augenmerk haben.

> Die Folge aller Vorgänge ohne Puffer nennt man kritischen Pfad.

7.3 Produktionsprogrammplanung

Rückwärtsterminierung

Erzeugnisstruktur				Dispositions-verfahren	Vorgang	Brutto-Bedarf [ME]	TD/WBZ [BKT] aufgerundet	Perioden (Tage) -15 bis -1
Fertigungs-ebene		Teile-Nr.	Benennung	Menge				
0		3105	Kreuzgelenkwelle	1,00	b	EM	20	2
. 1		3106	Verbindungswelle	1,00	b	TF	20	3
. . 2		3114	Rohr DIN EN 12449	0,64	v	AL	12,8	0
. 1		3116	Zahnwellengelenk	2,00	b	VM	40	2
. . 2		3109	Gelenkkreuz	1,00	v	AL	40	0
. . 2		3112	Gummilippenring	4,00	v	AL	160	0
. . 2		3108	Rohrwellenschaft	1,00	b	TF	40	3
. . . 3		3118	Halbfa. Gelenkschaft	1,00	b	TF	40	6
. . . . 4		3115	Rund DIN EN 10278	0,76	v	AL	30,4	0
. . 2		3117	Nadelbü. mit Nadel	4,00	b	VM	160	2
. . . 3		3110	Nadelbüchse	1,00	v	AL	160	0
. . . 3		3111	Nadel	17,00	v	AL	2.720	0
. . 2		3113	Sicherungsscheibe	4,00	v	AL	160	0
. . 2		3107	Zahnwellenschaft	1,00	b	TF	40	3
. . . 3		3118	Halbfa. Gelenkschaft	1,00	b	TF	40	6
. . . . 4		3115	Rund DIN EN 10278	0,76	v	AL	30,4	0

Vorwärtsterminierung

Erzeugnisstruktur				Dispositions-verfahren	Vorgang	Brutto-Bedarf [ME]	TD/WBZ [BKT] aufgerundet	Perioden (Tage) 1 bis 13
Fertigungs-ebene		Teile-Nr.	Benennung	Menge				
0		3105	Kreuzgelenkwelle	1,00	b	EM	20	2
. 1		3106	Verbindungswelle	1,00	b	TF	20	3
. . 2		3114	Rohr DIN EN 12449	0,64	v	AL	12,8	0
. 1		3116	Zahnwellengelenk	2,00	b	VM	40	2
. . 2		3109	Gelenkkreuz	1,00	v	AL	40	0
. . 2		3112	Gummilippenring	4,00	v	AL	160	0
. . 2		3108	Rohrwellenschaft	1,00	b	TF	40	3
. . . 3		3118	Halbfa. Gelenkschaft	1,00	b	TF	40	6
. . . . 4		3115	Rund DIN EN 10278	0,76	v	AL	30,4	0
. . 2		3117	Nadelbü. mit Nadel	4,00	b	VM	160	2
. . . 3		3110	Nadelbüchse	1,00	v	AL	160	0
. . . 3		3111	Nadel	17,00	v	AL	2.720	0
. . 2		3113	Sicherungsscheibe	4,00	v	AL	160	0
. . 2		3107	Zahnwellenschaft	1,00	b	TF	40	3
. . . 3		3118	Halbfa. Gelenkschaft	1,00	b	TF	40	6
. . . . 4		3115	Rund DIN EN 10278	0,76	v	AL	30,4	0

Vorgänge:
- WB Wiederbeschaffen bei Lieferanten
- TF Teilefertigung
- VT Versand und Transport zum Kunden
- AL Auslagern
- VM Vormontage
- EM Endmontage

Dispositionsverfahren:
- b bedarfsgesteuert
- v verbrauchsgesteuert

Zeiten:
- T_D Durchlaufzeit in Betriebskalendertagen (BKT)
- WBZ Wiederbeschaffungszeit bei Lieferanten in BKT

- Auslagern
- Puffer
- Kritischer Pfad

Bild 1: Auftragsneutrale Fristenpläne für die Produktion von 20 Kreuzgelenkwellen

In unserem Fall liegt das Halbfabrikat Gelenkschaft mit der Teilenummer 3118 auf dem kritischen Pfad (**Bild 1, vorhergehende Seite**). Dieses Teil bildet die Ausgangskomponente für die Standard-Wellenschafte 3108 und 3107, aber auch für von Kunden gewünschte Gelenkschaftvarianten. Im Rahmen der Bestandsplanung empfiehlt es sich daher von diesem Teil 3118 so viele auf Lager zu legen, dass zumindest wichtige Eilaufträge termingerecht produziert werden können. Eine verbrauchsgesteuerte Disposition ist für dieses Teil 3118 jedoch nicht zu empfehlen, da es sich um ein A/Y-Teil handelt.

Auftragsneutraler Netzplan

Zur Darstellung von zeitlichen Zusammenhängen wird außer dem Balkendiagramm (häufig *Gantt*-Diagramm[1] genannt) vor allem im Sondermaschinenbau sowie bei der Abwicklung von einmalig auftretenden Projekten auch der Netzplan eingesetzt. Im Gegensatz zum Balkendiagramm werden im Netzplan die einzelnen Vorgänge nicht als Zeitstrahlen (Balken) sondern in der Regel als Knoten dargestellt. Ein Knoten ist ein Kasten, in dem alle wichtigen Informationen zu einem Vorgang enthalten sind. Die im zeitlichen Ablauf sinnvolle Verknüpfung der einzelnen Vorgangsknoten wird mithilfe von Pfeilen angezeigt.

[1] von *H. L. Gantt* um 1900 entwickelt und seit etwa 1940 für Projektplanungen in Verwendung

Tabelle 1: Vorgangsliste für die Produktion von Kreuzgelenkwellen

Vorgang-Nr.	Vorgangs-Bezeichnung	Kurzbezeichn.	Dauer [BKT]	Vorgänger
3105	Endmontage	EM	2	3106, 3116
3106	Teilefertigung	TF	3	3114
3107	Teilefertigung	TF	3	3118/1
3108	Teilefertigung	TF	3	3118/2
3109	Auslagern	AL	0	Start
3110	Auslagern	AL	0	Start
3111	Auslagern	AL	0	Start
3112	Auslagern	AL	0	Start
3113	Auslagern	AL	0	Start
3114	Auslagern	AL	0	Start
3115/1	Auslagern	AL	0	Start
3115/2	Auslagern	AL	0	Start
3116	Vormontage	VM	2	3107, 3108, 3109, 3112, 3113, 3117
3117	Vormontage	VM	2	3110, 3111
3118/1	Teilefertigung	TF	6	3115/1
3118/2	Teilefertigung	TF	6	3115/2

Bei der Erstellung des Netzplanes geht man in folgenden Schritten vor:

1. Erstellen der **Vorgangsliste**.
   Die Vorgangsliste enthält für jeden Vorgang neben der Vorgangs-Nummer und Vorgangs-Bezeichnung die zu erwartende Vorgangs-Dauer sowie die Nummern der direkten Vorgänger. Vorgänger sind Vorgänge, die unmittelbar vor dem betrachteten Vorgang liegen und beendet sein müssen (**Tabelle 1**).

2. Grafische Darstellung der **Projektstruktur (Netzplan)** mithilfe der Vorgangsknoten und logisch verknüpfenden Pfeilen (**Bild 1, folgende Seite**).

3. Berechnen der frühesten und spätesten Zeitpunkte mithilfe der Vorwärts- und Rückwärtsterminierung. Bei der auftragsneutralen Planung beginnt man sinnvollerweise mit der **Vorwärtsterminierung** zum Startzeitpunkt Null. Für jeden folgenden Vorgang entspricht der früheste Anfangszeitpunkt (FAZ) dem spätest liegenden frühesten Endzeitpunkt (FEZ) seiner Vorgänger. Der früheste Endzeitpunkt für einen Vorgang ergibt sich aus der Addition seiner Dauer (D) zu seinem frühesten Anfangszeitpunkt (FEZ = FAZ + D). Ist der Endtermin des Projektes vorgegeben, führt man zuerst die Rückwärtsterminierung und danach die Vorwärtsterminierung durch.

Bei der **Rückwärtsterminierung** beginnt man mit dem bei der Vorwärtsterminierung ermittelten frühesten Endzeitpunkt des Projektes. Von dort ausgehend ermittelt man zeitlich rückwärtsschreitend für jeden Vorgang den spätesten End- und Anfangszeitpunkt.

Der späteste Endzeitpunkt (SEZ) eines Vorgangs entspricht dem frühest liegenden spätesten Anfangszeitpunkt (SAZ) seiner Nachfolger. Der späteste Anfangszeitpunkt (SAZ) für einen Vorgang ergibt sich aus der Subtraktion seiner Dauer (D) von seinem spätesten Endzeitpunkt (SAZ = SEZ – D).

4. Ermittlung der **Gesamtpufferzeiten** und Darstellung des kritischen Pfades.
   Die Dauer des Gesamtpuffers (GP) für einen Vorgang ergibt sich aus der Differenz zwischen dem spätesten und frühesten Anfangszeitpunkt (GP = SAZ – FAZ) oder dem Unterschied zwischen dem spätesten und frühesten Endzeitpunkt (GP = SEZ – FEZ). Dieser Zeitpuffer wird Gesamtpuffer genannt, weil er für die Gesamtheit aller davor liegenden Vorgänger zur Verfügung steht. Überzieht im Auftragsfall einer der Vorgänger seine eingeplante Dauer um einen bestimmten Wert, so reduziert sich der Gesamtpuffer für alle folgenden Vorgänge um diesen Wert.

7.3 Produktionsprogrammplanung

Bild 1: Auftragsneutraler Netzplan (Beispiel)

Tabelle 1: Vergleich zwischen Rückwärtsterminierung und Vorwärtsterminierung		
	Rückwärtsterminierung	**Vorwärtsterminierung**
Ausgangspunkt:	Endtermin eines Auftrages mit dem Teil auf der höchsten Fertigungsebene beginnend	Frühest möglicher Starttermin mit den Teilen auf der tiefsten Fertigungsebene beginnend
Reihenfolge der Bearbeitung:	zeitlich rückwärtsschreitend auf die jeweils nächst tiefere Fertigungsebene	zeitlich vorwärtsschreitend auf die jeweils nächst höhere Fertigungsebene
Ergebnisse:	Späteste Endzeitpunkte, Späteste Anfangszeitpunkte	Früheste Anfangszeitpunkte, Früheste Endzeitpunkte, Puffer, Kritischer Pfad
Gefahr:	Terminüberschreitung bei Störungen	Längere Liegezeiten und damit höhere Kapitalbildung

7.3.8 Eigenfertigung oder Fremdbezug

Im Rahmen der längerfristigen Produktionsprogrammplanung muss entschieden werden, ob es zweckmäßiger ist Güter und Leistungen vom Markt zu beschaffen oder im Unternehmen selbst zu erstellen (Make-or-buy-Entscheidung), da eine kurzfristige Entscheidung nur mit erhöhtem Aufwand an Zeit und Geld möglich ist.

Das aktuelle Schlagwort dazu heißt „Outsourcing" (Verkürzung von Outside Resourcing). Darunter versteht man im Allgemeinen die Ausgliederung von Unternehmensaktivitäten, die nicht zu den Kernkompetenzen zählen.

Bild 1: Make-or-buy-Entscheidungsalternativen

Gründe für die Fremdvergabe sind
- der Spezialisierungstrend in der Wirtschaft,
- das Streben nach dem Produktkostenoptimum,
- die Verkürzung der Produktlebenszyklen und
- die zunehmende Kapitalintensität der Fertigung.

Bei der Entscheidung ob Teile selbst gefertigt oder fremd bezogen werden bieten sich die in **Bild 1** aufgeführten Alternativen. Die Kostenrechnung ist eine wichtige aber keineswegs die einzige Entscheidungsgrundlage für diese Entscheidung. **Bild 2** zeigt weitere Kriterien die für die Make-or-buy-Entscheidung wichtig sind.

Technisch hochwertige Teile, deren Herstellung für ein Unternehmen ein großes Know-how-Potenzial darstellen, sollten möglichst im eigenen Betrieb hergestellt werden, um die Marktmacht auszubauen oder zu erhalten.

Durch die Preisgabe von Know-how an Lieferanten ist die Gefahr groß einen potenziellen Konkurrenten zu „züchten". Insbesondere im Forschungs- und Entwicklungsbereich sollte man die Abhängigkeit von einem Lieferanten vermeiden.

Aufgrund der zunehmenden Modell- und Typenvielfalt kann man momentan einen Trend zur Erhöhung des Zukaufanteils, d. h. des Fremdbezuges beobachten.

Bild 2: Kriterien für die Entscheidung zwischen Fremdbezug und Eigenfertigung

Zur Reduzierung der Produktionstiefe und zur Verschlankung der Produktion („Lean Production") wird immer häufiger die Produktion aber auch die Entwicklung kompletter Komponenten (Baugruppen) auf Zulieferer übertragen.

7.3.9 Bestandsplanung

Um die sofortige Lieferbereitschaft von Teilen zu gewährleisten, müssen diese am Lager geführt werden. Vereinfachend kann man jedes Lager als einen Puffer auffassen, der zwischen dem Bedarfszeitpunkt und der Verfügbarkeit einer entsprechenden Beschaffung liegt.
Mithilfe des im **Bild 1** dargestellten Lagermodells lassen sich die Lagervorgänge und die Lagerkennzahlen leichter veranschaulichen. Der stufenförmige Bestandsverlauf, der sich aufgrund der unregelmäßigen Abgabe ergibt, wird im Lagermodell durch eine Ausgleichsgerade dargestellt.
Der **maximale Lagerbestand** eines Teiles ist die größte Menge, die auf Lager gehalten werden kann oder darf. Sie ergibt sich entweder aus den vorhandenen Lagermöglichkeiten oder aufgrund von Vorgaben der Unternehmensleitung zur maximalen Reichweite von Lagerbeständen.
Die **Reichweite** gibt an, für wie lange der momentane Bestand ausreicht, um den voraussichtlichen Bedarf zu decken.

Bild 1: Lagermodell

$$\text{Reichweite} = \frac{\text{vorhandener Bestand}}{\text{voraussichtlicher Bedarf je Periode}} \; [\text{Periode}]$$

Sicherheitsbestand
Häufig wird für ein Teil ein Sicherheitsbestand festgelegt, der Abweichungen zwischen dem geplanten und dem tatsächlichen Materialzugang und -abgang ausgleichen soll. Die Abweichungen können folgende Ursachen haben:
- **Bedarfsabweichungen**, wenn die tatsächlichen Bedarfe größer als die vorausgesagten Bedarfe sind,
- **Beschaffungszeitabweichungen** z. B. aufgrund von längeren Auftragsbearbeitungszeiten oder Transportproblemen, z. B. aufgrund von Qualitätsmängeln der gelieferten Teile,
- **Bestandsabweichungen**, wenn die ausgewiesenen Bestände (Buchbestände) im PPS-System aufgrund von Fehlbuchungen bzw. fehlenden Buchungen größer als die tatsächlich verfügbaren Bestände sind.
- **Liefermengenabweichungen**

Die Höhe des zu wählenden Sicherheitsbestandes hängt von dem geforderten **Servicegrad** (Lieferbereitschaftsgrad) ab.

Unter dem Servicegrad versteht man das Verhältnis zwischen der Anzahl der sofort befriedigten Bedarfe zu der Gesamtzahl der geforderten Bedarfe:

Bild 2: Vom Servicegrad abhängige Kosten

$$\text{Servicegrad } SG = \frac{\text{Anzahl der sofort befriedigten Bedarfe}}{\text{Gesamtzahl der geforderten Bedarfe}} \cdot 100\,\%$$

Der Sicherheitsbestand und die damit verbundenen Lagerhaltungskosten für das Lager und das gebundene Kapital steigen mit zunehmendem Servicegrad überproportional an **(Bild 2)**.

Den Lagerhaltungskosten stehen allerdings die sogenannten Fehlmengenkosten gegenüber. Aufgrund der fehlenden Mengen können z. B. Kosten für zusätzliche Überstunden, Wartezeiten in der Montage oder aber auch für Konventionalstrafen anfallen.

Wenn die entsprechenden Daten bekannt sind, lässt sich der optimale Servicegrad SG_{opt} an der Stelle des Kostenminimums mit folgender Formel berechnen:

$$SG_{opt} [\%] = 100\% - \frac{K_{St} [\text{€/St}] \cdot p_{LA} [\%/\text{Jahr}]}{K_{FM} [\text{€/St}] \cdot n_{LZ} [1/\text{Jahr}]}$$

SG_{opt}	Kostenoptimaler Servicegrad
K_{St}	Kosten pro Stück,
p_{La}	Lagerhaltungskostenprozentsatz,
K_{FM}	Fehlmengenkosten,
n_{LZ}	Anzahl der Lagerzugänge pro Jahr

Die einfachste Methode zur Festlegung des Sicherheitsbestandes geht von dem durch die Geschäftsführung geforderten Servicegrad aus und vergleicht diesen mit dem tatsächlichen Servicegrad. Nach der Beseitigung aller vermeidbarer Fehlerursachen wird der Sicherheitsbestand solange verändert bis der tatsächliche Servicegrad dem geforderten entspricht.

Wenn sich die Ursachen der Fehlmengen vor allem auf Zufallsabweichungen zurückführen lassen, kann man den Sicherheitsbestand SB bei einem relativ konstanten Bedarfsverlauf aufgrund von statistischen Gesetzmäßigkeiten wie folgt berechnen:

$$SB = SF \cdot \sigma \cdot \sqrt{WBZ} \quad (1)$$

SB	Sicherheitsbestand,
SF	Sicherheitsfaktor, der vom gewünschten Servicegrad abhängt,
σ	Standardabweichung der Bedarfswerte x_i (siehe Formel 2 oder 3)
WBZ	Wiederbeschaffungszeit (WBZ muss mit gleicher Zeiteinheit wie σ berechnet werden)

Die Standardabweichung σ ist dabei:

$$\sigma = \sqrt{\frac{1}{n-1} \left(\sum x_i^2 - \frac{1}{n} \left(\sum x_i \right)^2 \right)} \quad (2)$$

oder

$$\sigma \approx 1{,}25 \cdot MAD \quad (3)$$

σ	Standardabweichung (sigma)
x_i	Bedarfswert in der Periode i
n	Anzahl der betrachten Perioden
MAD	Mittlere absolute Abweichung (s. S. 339)

Der **Sicherheitsfaktor SF** zur Berechnung des Sicherheitsbestandes nach Formel 1 lässt sich näherungsweise mithilfe folgender Tabelle, die sich von der Standardnormalverteilung herleitet, für den gewünschten Servicegrad SG bestimmen.

Servicegrad SG in %	90,0	95,0	97,0	98,0	99,0	99,5
Sicherheitsfaktor SF	1,29	1,65	1,89	2,06	2,33	2,58

Die **Wiederbeschaffungszeit WBZ** umfasst

- die innerbetriebliche Auftragsbearbeitungszeit,
- die Lieferung für Fremdbezugsteile bzw. die Durchlaufzeit für Eigenfertigungsteile
- sowie die Prüf- und Einlagerungszeit.

Die Zeitspanne, in der der Sicherheitsbestand den voraussichtlichen Bedarf decken kann, nennt man Sicherheitszeit. Sie ergibt sich durch Division des Sicherheitsbestandes durch den Bedarf je Zeiteinheit:

$$\text{Sicherheitszeit} = \frac{\text{Sicherheitsbestand}}{\text{voraussichtlicher Bedarf je Zeiteinheit}}$$

Es ist noch zu bemerken, dass sich die Lieferbereitschaft stets nur auf einen Artikel bezieht. Besteht dagegen z. B. eine Produktvariante aus 5 Teilen, die jeweils einen Servicegrad von 98 % haben, so beträgt der Servicegrad für dieses Produkt nicht 98 % sondern $0{,}98 \cdot 0{,}98 \cdot 0{,}98 \cdot 0{,}98 \cdot 0{,}98 = 0{,}98^5 = 0{,}90$ also 90 %.

Meldebestand (Bestellpunkt)
Im Idealfall erfolgt ein Neuzugang sobald der tatsächliche Lagerbestand den Sicherheitsbestand erreicht (**Bild 1**). Die Beschaffung dieses Zuganges muss so rechtzeitig ausgelöst werden, dass der Bedarf in der Wiederbeschaffungszeit gedeckt wird.

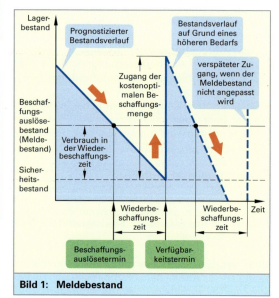

Bild 1: Meldebestand

7.3 Produktionsprogrammplanung

Addiert man den Bedarf in der Wiederbeschaffungszeit zu dem Sicherheitsbestand so erhält man den Beschaffungsauslösebestand, der auch Meldebestand genannt wird.

> Meldebestand = Sicherheitsbestand
> + Bedarf in der Wiederbeschaffungszeit

Wenn bei einer Entnahme der Meldebestand erreicht wird, muss sofort eine Beschaffung veranlasst werden. Dieses Beschaffungsverfahren, bei dem die Bestellauslösung bestandsbezogen erfolgt, nennt man **Bestellpunktverfahren**. Es wird vor allem für relativ teuere verbrauchsgesteuerte Materialien eingesetzt. Im Bedarfsfall wird meistens eine kostenoptimale Beschaffungsmenge (z. B. nach Andler) gewählt.

Der Nachteil des Bestellpunktverfahrens besteht in der unregelmäßig gestreuten Überprüfung der Lagerpositionen. Artikel, die keinen Lagerabgang haben, werden nicht als „Ladenhüter" erkannt.

Sowohl der Sicherheitsbestand, wie auch der Meldebestand müssen natürlich bei jeder stärkeren Änderung der Auftragslage oder der Wiederbeschaffungszeit der neuen Situation angepasst werden. Anderenfalls ergeben sich zu hohe und damit teuere Lagerbestände oder ein zu niedriger Servicegrad mit hohen Fehlmengenkosten.

Bestellrhythmusverfahren

Im Gegensatz zum Bestellpunktverfahren ist das Bestellrhythmusverfahren terminbezogen. Die Überprüfung, ob der Beschaffungsauslösebestand unterschritten ist, erfolgt nicht bei jeder Materialentnahme, sondern in regelmäßigen zeitlichen Abständen **(Bild 1)**. Dadurch lässt sich der Aufwand für die Disposition reduzieren und eine koordinierte Bestellung durchführen. Auf der anderen Seite erhöht sich beim Bestellrythmusverfahren der durchschnittliche Lagerbestand, da bei der Festlegung des Beschaffungsauslösebestandes, außer der Wiederbeschaffungszeit, auch die Zeit für das Überwachungsintervall berücksichtigt werden muss.

Dieses Verfahren eignet sich daher vor allem für relativ billige verbrauchsgesteuerte Materialien.

Beispielaufgabe zur Bestandsplanung:

Für ein verbrauchsgesteuertes Normteil soll der voraussichtliche Bedarf, die heutige Reichweite, der tatsächliche Servicegrad, der kostenoptimale Servicegrad, die Standardabweichung des angeforderten Bedarfes, der Sicherheitsbestand und der Beschaffungsauslösebestand für das Bestellpunktverfahren und für das Bestellrhythmusverfahren mit folgenden Daten ermittelt werden: Heute haben wir das Ende der 31. Kalenderwoche. Eine Kalenderwoche ist mit 5 Betriebskalendertagen (BKT) zu rechnen. Der geforderte Servicegrad soll dem kostenoptimalen Servicegrad entsprechen.

Heutiger Lagerbestand	324	St
Stückkosten K_{St}	5,00	€/St
Lagerhaltungskostenprozentsatz p_{La} pro Jahr (a)	24	%/a
Fehlmengenkosten durch Ausweichen auf ein teueres Material K_{FM}	4,00	€/St
Anzahl der Lagerzugänge pro Jahr (a)	30	1/a
Auftragsbearbeitungszeit	2	BKT
Lieferzeit	6	BKT
Materialprüfungs- und Einlagerungszeit	2	BKT
Überwachungsintervall beim Bestellrhythmusverfahren	1	Woche

Kalenderwoche	Angeforderter Gesamtbedarf	Sofort befriedigter Bedarf
20	75	75
21	69	69
22	81	81
23	130	130
24	125	120
25	128	128
26	118	118
27	136	120
28	125	125
29	135	130
30	122	122
31	133	133

Bild 1: Bestellrhythmusverfahren

Lösung:
Da zwischen der 22. und 23. Woche ein Bedarfsprung liegt und danach der Bedarfsverlauf relativ gleichmäßig ist, kann zur Ermittlung des zukünftigen Bedarfes der Durchschnittsbedarf $\bar{x}$ zwischen der 23. und 31. Woche gewählt werden:

Lfd. Nr. i	Angeforderter Gesamtbedarf x_i	Rechengröße x_i^2	Sofort befriedigter Bedarf
1	130	16 900	130
2	125	15 625	120
3	128	16 384	128
4	118	13 924	118
5	136	18 496	120
6	125	15 625	125
7	135	18 225	130
8	122	14 884	122
9	133	17 689	133
$n = 9$	$\sum x_i = 1\,152$	$\sum x_i^2 = 147\,752$	$\sum = 1\,126$

Der **voraussichtliche Bedarf** beträgt:

$\bar{x} = \frac{1}{n} \cdot \sum x_i = 1/9 \cdot 1152 = 128$ Stück/Woche

Die **Reichweite**, von heute aus gesehen, beträgt damit:

$$\text{Reichweite} = \frac{\text{aktueller Bestand}}{\text{voraussichtlicher Periodenbedarf}}$$

$$= \frac{324 \text{ Stück}}{128 \text{ Stück/Woche}} = 2{,}5 \text{ Wochen}$$

Der **tatsächliche Servicegrad SG** beträgt:

$$\text{Servicegrad } SG = \frac{\text{Anzahl der sofort befriedigten Bedarfe}}{\text{Gesamtzahl der Bedarfe}} \cdot 100\,\%$$

$$= \frac{1\,126}{1\,152} \cdot 100\,\% = 97{,}74\,\%$$

Der **kostenoptimale Servicegrad** SG_{opt} berechnet sich zu:

$$SG_{opt}\,[\%] = 100\,\% - \frac{K_{St}\,[\text{€/St}] \cdot p_{La}\,[\%/\text{Jahr}]}{K_{FM}\,[\text{€/St}] \cdot n_{LZ}\,[1/\text{Jahr}]}$$

$$= 100\,\% - \frac{5 \cdot 24\,\%}{4 \cdot 30} = 99{,}0\,\%$$

Für die **Standardabweichung** σ des angeforderten Bedarfes erhält man:

$$\sigma = \sqrt{\frac{1}{n-1}\left(\sum x_i^2 - \frac{1}{n}\left(\sum x_i\right)^2\right)}$$

$$\sigma = \sqrt{\frac{1}{8}\left(147\,752 - \frac{1}{9} \cdot 1\,152^2\right)}$$

$= 6{,}08$ Stück

Die **Wiederbeschaffungszeit WBZ** ist:

WBZ = Auftragsbearbeitungszeit
  + Lieferzeit
  + Prüfungs- und Einlagerungszeit

$= (2 + 6 + 2)\,BKT = 10\,BKT$
$= 2$ Wochen

Der **Sicherheitsbestand SB** berechnet sich mit dem für den geforderten Servicegrad von 99 % geltenden Sicherheitsfaktor SF = 2,33 zu:

$SB = SF \cdot \sigma \cdot \sqrt{WBZ}$
$= 2{,}33 \cdot 6{,}08 \cdot \sqrt{2}$
$= 20$ Stück

Der **Beschaffungsauslösebestand (Meldebestand)** für das **Bestellpunktverfahren** berechnet sich damit zu:

Meldebestand = Sicherheitsbestand
  + Bedarf in der Wiederbeschaffungszeit *(WBZ)*

$= 20$ Stück
$+ 2$ Wochen $\cdot$ 128 Stück/Woche
$= 276$ Stück

Der **Beschaffungsauslösebestand** für das **Bestellrhythmusverfahren** ergibt dagegen:

Auslösebestand: = Sicherheitsbestand
  + Bedarf in der Wiederbeschaffungszeit *(WBZ)*
  + Bedarf im Überprüfungsintervall

$= 20$ Stück
$+ 2$ Wochen $\cdot$ 128 Stück/Woche
$+ 1$ Woche $\cdot$ 128 Stück/Woche
≈ 404 Stück

7.4 Vertrieb

Ausgangspunkt für die gesamte Produktionsplanung und -steuerung sind die vom Vertrieb vorgegebenen Kundenaufträge, in denen die Menge und die Termine der zu liefernden Produkte festgelegt werden. Der Vertrieb stellt somit die Verbindung zwischen dem Absatzmarkt und der Produktion dar.

Bei der kundenorientierten Auftragsfertigung, wie z. B. im Werkzeugbau, begleitet der Vertrieb die komplette Prozesskette von
- der Anfrage eines Kunden,
- die Angebotsbearbeitung,
- über die Auftragsbearbeitung,
- bis zum Versand und
- zur Rechnungsstellung (Fakturierung) **(Bild 1)**.

7.4.1 Angebotsarten

Auf die Anfrage eines Kunden wird ein Angebot ausgearbeitet. Anhand dieses Angebotes entscheidet der Kunde, ob er das gewünschte Erzeugnis beim Anbieter bestellt. Ein Angebot ist eine zeitlich befristete Erklärung die angebotene Leistung zu den genannten Bedingungen zu erbringen **(Bild 2)**.

Angebote enthalten folgende vier Hauptelemente:
- die technische Lösung aufgrund der Kundenwünsche,
- den Preis, der von den erwarteten Selbstkosten und der vom Markt diktierten Preisobergrenze bestimmt wird,
- den möglichen Liefertermin unter Berücksichtigung der zu erwartenden Durchlaufzeiten,
- die Lieferbedingungen, einschließlich Zahlungsbedingungen, Gewährleistung, Haftung und Eigentumsvorbehalte.

Bei *kundenanonymer* Lagerfertigung von Großserienprodukten, wie z. B. bei Normalien, werden die Angebotsangaben in einem Verkaufskatalog publiziert.
Nur ein Bruchteil der *kundenspezifischen* Angebote führt zu einem Auftrag. Im Maschinen- und Anlagenbau werden z. B. im Mittel acht Angebote eingeholt, bevor eine Kaufentscheidung getroffen wird. Um den Bearbeitungsaufwand zur Erstellung eines kundenspezifischen Angebotes der Wahrscheinlichkeit, dass daraus auch eine Bestellung wird, anzupassen wurden folgende drei Angebotsformen definiert **(Tabelle 1, folgende Seite)**:

- Das **Kontaktangebot** enthält nur Angaben zur grundsätzlichen Ausführung des nachgefragten Erzeugnisses. Der Angebotspreis darf sich noch

Bild 1: Der Vertrieb zwischen Absatzmarkt und Produktion

Bild 2: Das Angebot

um 30 % verändern und der Liefertermin um 10 % verzögern.
- Das **Richtangebot** enthält genauere Beschreibungen des Erzeugnisses, die aber noch leicht modifiziert werden können. Die Preisangabe kann sich noch um 10 % erhöhen und die Lieferzeit um 5 % verzögern.
- Das **Festangebot** enthält dagegen präzise Angabe zum Produkt, die ebenso wie der Angebotspreis und der Liefertermin verbindlich sind.

Tabelle 1: Konkretisierungsgrad verschiedener Angebotsarten

Angebotsinhalt	Kontaktangebot	Richtangebot	Festangebot
Technische Ausführung	Allgemeine Angaben mit Funktionsprinzip	Veränderbare Detailangaben	Genaue nicht mehr änderbare Angaben
Endgültiger Preis	Angebotspreis ± 30 %	Angebotspreis ± 10 %	Angebotspreis ist verbindlich
Liefertermin	angebotener Leifertermin ± 10 %	angebotener Liefertermin ± 5 %	angebotener Liefertermin ist verbindlich
Angebotskonditionen	• Preisstellung • Zahlungsbedingung • Lieferbedingungen • Gewährleistung	• Rücktrittsrecht • Eigentumsvorbehalte • technische Abnahmenvorschriften	
Aufwand zur Erstellung der Angebotsunterlagen			

7.4.2 Angebotsbearbeitung

Das Erstellen eines kundenspezifischen Angebotes umfasst im Wesentlichen die in **Bild 1** dargestellten Tätigkeiten.

Das Ergebnis der **Auftragserfassung** ist eine genaue Beschreibung der Kundenanforderungen, die formlos in einem Pflichtenheft oder schematisiert mit einer Checkliste erfasst werden. Mithilfe dieser und weiterer zu ermittelnder Daten werden bei der **Auftragsbewertung** u. a.
- das geforderte Leistungsspektrum,
- der Umfang des möglichen Auftrages,
- das Finanzrisiko,
- die Bonität des anfragenden Unternehmens,
- die Gewinnerwartung sowie
- die Wahrscheinlichkeit einer Bestellung

bewertet und über den Aufwand für das zu erstellende Angebot sowie seine Form (Kontakt-, Richt-, Festangebot) entschieden.

Die **technische Problemlösung** erfolgt in der Regel in der Konstruktion. Oft kann man auf vorhandene Lösungen zurückgreifen und braucht diese nur modifizieren.

Bei der Angebotskalkulation werden verschiedene Verfahren eingesetzt **(Tabelle 1, folgende Seite)**:
- Schätzung,
- Kilokostenmethode,
- Materialkostenmethode,
- Einflussmethode oder
- Einzelteilkalkulation.

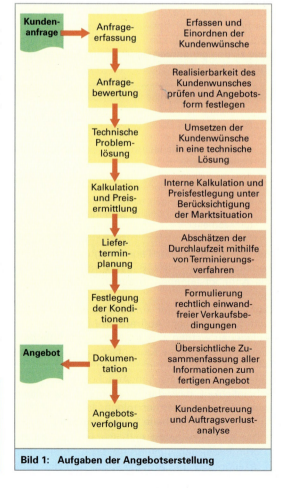

Bild 1: Aufgaben der Angebotserstellung

7.4 Vertrieb

Die Schätzung erfordert zwar den geringsten Aufwand, bietet aber auch die geringste Genauigkeit. Die intern kalkulierten Herstellungskosten bilden nur eine Entscheidungshilfe bei der Preisfindung. Der Angebotspreis sollte sich weniger an den eigenen Kosten als an dem Preis orientieren, den der Absatzmarkt akzeptiert und der der langfristigen Firmenstrategie entspricht.

Aufgabe der **Lieferterminplanung** ist die Bestimmung bzw. Überprüfung des gewünschten Liefertermins unter Berücksichtigung der Material- und Kapazitätsverfügbarkeit. Bei der Ermittlung des frühest möglichen Liefertermins wird die Vorwärtsterminierung eingesetzt. Die Rückwärtsterminierung empfiehlt sich dagegen, wenn vom Kunden ein bestimmter Liefertermin vorgegeben wird.

Bei der Kapazitätsplanung wird mit verdichteten Daten gearbeitet. Man betrachtet also nur komplette Kapazitätsgruppen z. B. die Dreherei oder die Montage bzw. nur die Engpasskapazitäten.

Die **Festlegung der Angebotskonditionen** dient vor allem der juristischen Abklärung des Angebotes. Dabei werden vor allem die Zahlungs- und Lieferbedingungen sowie das Vorgehen bei Nichteinhalten der vereinbarten Leistung geregelt.

Im Rahmen der **Angebotsdokumentation** werden alle Informationen die während der Angebotsbearbeitung anfallen, gesammelt, aufbereitet und systematisch gespeichert, um eine rationelle Wiederverwendung zu ermöglichen. Bei der Gestaltung des Angebotes selbst ist zu berücksichtigen, dass die Angebotsunterlagen in ihrer äußeren Form und Aufmachung das anbietende Unternehmen repräsentieren. Außerdem ist darauf zu achten, dass technische Normen und gesetzliche Vorschriften, wie z. B. das Gesetz zum Gebrauch von Maßeinheiten im Geschäftsverkehr, eingehalten werden. Mit der Abgabe des Angebotes ist die Angebotsbearbeitung aber noch nicht abgeschlossen.

Bei der **Angebotsverfolgung** geht es vielmehr darum, den mit dem Angebot hergestellten Kundenkontakt zu intensivieren, um den Kunden zur Annahme des Angebotes zu bewegen. Wenn das Angebot nicht zur gewünschten Bestellung führt, müssen die Ursachen für den Auftragsverlust analysiert und entsprechende Verbesserungen durchgeführt werden.

Tabelle 1: Methoden der Angebotskalkulation

Kalkulationsmethode	Basis (Grundgedanke)	Bestimmung der Herstellkosten (HK)	Rechenbeispiele (MK: Material-, FK: Fertigungs-, HK: Herstellkosten)
Kilokostenmethode	Konstantes Verhältnis zwischen Masse und Gesamtkosten des Erzeugnisses.	1. Kosten je Kilo bereits gefertigter ähnlicher Erzeugnisse und Gewicht für neues Erzeugnis bestimmen. 2. HK = Gewicht · Kosten je kg	Kilokosten für ähnliche Erzeugnisse: 50 €/kg Gewicht für neues Erzeugnis: 2 000 kg ⇩ HK des neuen Erzeugnisses: 100 000 €
Materialkostenmethode	Gleiche Kostenstruktur (Verhältnis zwischen Material- und Fertigungskosten) für ähnliche Produkte.	1. Kostenverhältnisse bereits gefertigter ähnlicher Erzeugnisse und Materialkosten für neues Erzeugnis bestimmen. 2. Lohn und Gemeinkosten mit Kostenverhältnissen berechnen.	Kostenverhältnis für ähnliche Erzeugnisse: $MK/FK = 1/2$ MK für neues Erzeugnis: ⇩ 20 000 € FK für neues Erzeugnis: $2 \cdot 20\,000\,€ =$ 40 000 € HK für neues Erzeugnis: 60 000 €
Einflussgrößenmethode	Der Zusammenhang zwischen den Gesamtkosten und wenigen Einflussgrößen, wie z. B. geometrische oder Leistungsdaten, ist durch eine Regressionsanalyse beschreibbar.	1. Kosten-Regressionsfunktion für bereits gefertigte ähnliche Erzeugnisse und Werte der Einflussgrößen für neues Erzeugnis bestimmen. 2. Kosten mithilfe der Regressionsfunktion berechnen.	Einflussgrößen: Leistung P in kW und Höhe h in m. Regressionsfunktion für ähnliche Erzeugnisse: $HK = 520 \cdot P + 3\,000 \cdot h^3$ Leistung P des neuen Erzeugnisses: $P = 20$ kW Höhe h des neuen Erzeugnisses: $h = 2,5$ m ⇩ $HK = 520 \cdot 20 + 3\,000 \cdot 2,5 \cdot 2,5 \cdot 2,5$ $= 57\,275\,€$
Kalkulation der kostenstimmenden Teile	Genaueste mögliche Berechnung der Material- und Fertigungskosten.	1. Daten für Zuschlagskalkulation bestimmen (Stücklisten, Arbeitspläne, Materialpreise, Platzkosten). 2. Zuschlagskalkulation durchführen.	$MK = \Sigma$ Materialeinzelkosten $+ \Sigma$ Materialgemeinkosten $FK = \Sigma$ ((Rüstzeiten/Auftragsmenge + Stückzeit) · Platzkosten) $HK = MK + FK$

(Zunehmende Genauigkeit ⇩)

7.4.3 Rahmenvereinbarung

Eine **Rahmenvereinbarung** ist eine Vereinbarung zwischen einem Kunden und einem Lieferanten über die Abnahme einer Gesamtmenge eines Erzeugnisses in einem bestimmten Zeitraum. Teilmengen von dieser Gesamtmenge werden zu späteren Zeitpunkten „abgerufen". Die Rahmenvereinbarung bildet die erste Ebene einer dreistufigen Lieferabrufsystematik, die nach dem Prinzip der rollierenden Planung dem Zulieferer eine rechtzeitige Mengen- und Terminplanung ermöglichen und dem Kunden die Bestellabwicklung vereinfachen soll **(Tabelle 1)**.

Neben der Gesamtmenge, die noch um ca. 40 % schwanken kann, werden in der langfristigen Rahmenvereinbarung die Qualität, der Preis und die Lieferbedingungen der Bezugsteile festgelegt.

Auf der zweiten Planungsebene werden ungefähr drei Monate vor dem Liefertermin sogenannte **Rahmenaufträge** erteilt, um rechtzeitig Material beschaffen oder evtl. notwendige Vorfertigungen anstoßen zu können. Die Mengen- und Terminangaben sind allerdings noch mit großen Unsicherheiten behaftet.

Auf der dritten Planungsebene erfolgt der endgültige **Lieferabruf**, der kurzfristig die zu liefernde Menge und den Liefertermin exakt und verbindlich festlegt. Damit werden die Materialien genau dann geliefert, wenn sie in der laufenden Fertigung des Abnehmers benötigt werden, also „Just-In-Time".

> Das **Just-In-Time (JIT) Konzept** ist ein Verfahren, das die Fertigung und Anlieferung von Materialien in der exakt benötigten Menge und Reihenfolge zum exakt geforderten Termin steuert, ohne dabei auf Lagerbestände zuzugreifen.

Elektronischer Datenaustausch

Die Umsetzung einer produktionssynchronen Beschaffung mit tages- und stundengenauen Anlieferfrequenzen setzt einen schnellen Datenaustausch zwischen Abnehmer, Zulieferer und Spediteur voraus. Die dabei übermittelten Daten müssen von den entsprechenden Softwarepaketen, z. B. die von den jeweiligen Unternehmen eingesetzten PPS-Systemen, zur direkten Weiterverarbeitung geeignet sein **(Bild 1)**. Für diesen elektronischen Datenaustausch EDI (Electronic Data Interchange) steht der weltweit einheitliche Standard EDIFACT (EDI for Administration, Commerce and Transport) zur Verfügung. In der Automobilindustrie wird die Branchennorm „Odette" eingesetzt.

Bild 1: Elektronischer Datenaustausch (EDI)

Tabelle 1: Lieferabrufsystematik

Planungsebene	Vorgang	periodische Bedarfsübermittlung durch Abnehmer	Planungsreichweite	Mengenabweichung
1	Rahmenvereinbarung (Quotierung)	langfristig aufgrund der Produktionsprogrammplanung	6 bis 12 Monate	ca. ± 40 %
2	Rahmenauftrag (Materialfreigabe)	mittelfristig, aufgrund der Produktionsbedarfsplanung (Materialdisposition)	3 bis 6 Monate	ca. ± 20 %
3	Liefereinteilung (Fertigungsfreigabe)	kurzfristig aus Eigenfertigungsplanung	mehrere Tage	ca. ± 10 %
	Produktionssynchroner Abruf	unmittelbar aus der Montage	6 bis 24 Stunden	0

7.4 Vertrieb

PPS-Einsatz bei der Angebotsbearbeitung
Bild 1 zeigt den kompletten Geschäftsprozess der Angebotsbearbeitung bis zur Auftragsannahme. Die Arbeitsvorgänge, die durch den Einsatz eines PPS-Systemes wesentlich erleichtert werden, sind blau schattiert dargestellt.

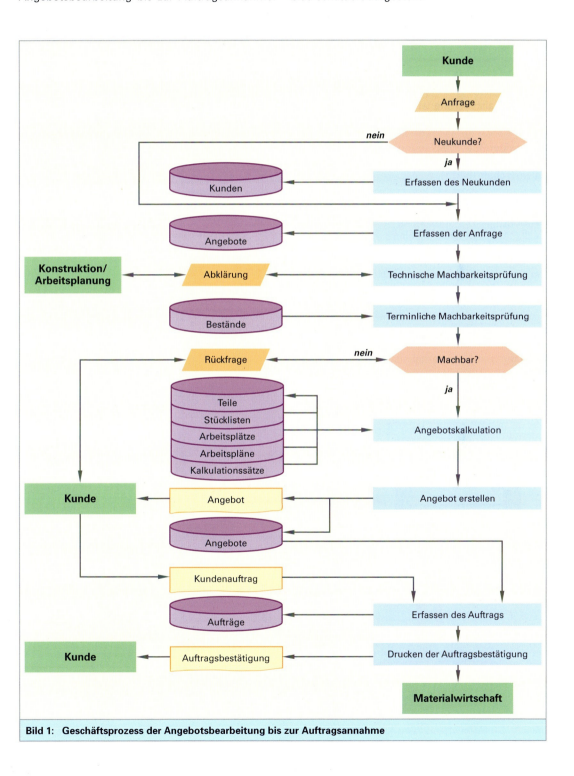

Bild 1: Geschäftsprozess der Angebotsbearbeitung bis zur Auftragsannahme

7.5 Materialsteuerung

Die Materialsteuerung hat die Aufgabe, entsprechend dem Produktionsprogramm
- alle erforderlichen Materialien,
- in der benötigten Menge,
- termingerecht und
- kostengünstig

dem Absatzmarkt und der eigenen Fertigung bereitzustellen.

Die Materialsteuerung wird häufig auch **Materialdisposition** genannt. Sie ist auftragsabhängig und gehört neben der längerfristigen und auftragsunabhängigen Materialplanung sowie der Materialflussgestaltung zu dem großen Bereich der **Materialwirtschaft (Bild 1)**.

> Die Materialdisposition umfasst die drei Hauptaufgaben:
> - die Materialbestandsführung,
> - die Materialbedarfsermittlung sowie
> - die Beschaffungsrechnung.

Der reale auftragsabhängige Materialfluss wird durch die Materialdisposition geplant und gesteuert **(Bild 2)**. Aufgrund ständig auftretender Störungen oder möglicher Planungsfehler ist bei der Materialdisposition eine genaue Kenntnis der aktuellen betrieblichen Situation unabdingbar. Dies ist mithilfe der Betriebsdatenerfassung (BDE) möglich. Die Vielzahl der in der Materialdisposition zu verarbeitenden Daten erfordern heute selbst in sehr kleinen Produktionsbetrieben ein PPS-System.

Materialarten

Zu den für die Fertigungsindustrie wichtigen Materialien zählt man außer Rohmaterial, Einzelteilen, Baugruppen und Erzeugnissen die Hilfsstoffe und Betriebsstoffe **(Tabelle 1, folgende Seite)**. Hilfs- und Betriebsstoffe werden meist nicht von der Materialdisposition, sondern der Fertigungsstelle beschafft, die diese benötigen.

Bild 1: Aufgaben der Materialwirtschaft

Bild 2: Die Materialdisposition steuert den Materialfluss

7.5 Materialsteuerung

Tabelle 1: Material aus der Sicht der Produktion							
Erzeugnis	Baugruppe	Einzelteil	Rohmaterial, Halbzeug	Hilfsstoff	Betriebsstoff	Rohstoff	Werkstoff
Endprodukt einer Fertigung	In sich geschlossener, aus zwei oder mehr Einzelteilen und/oder Baugruppen bestehender Gegenstand.	Aus Rohmaterial gefertigter, nicht zerlegbarer Gegenstand.	Werkstoff mit bestimmter Form zur Fertigung von Einzelteilen.	Material, das in das Erzeugnis eingeht, aber in der Stückliste nicht aufgeführt wird.	Material, das in das Erzeugnis nicht eingeht aber, z. B. von den Betriebsmitteln, zur Fertigung benötigt wird.	Materie ohne definierte Form, die gefördert, abgebaut, angebaut oder gezüchtet wird.	Aufbereiteter Rohstoff, der zur Herstellung von Halbzeugen, Hilfsstoffen und Betriebsstoffen benötigt wird.
Beispiele							
Kfz-Kreuzgelenkwelle	Karosserie, Zahnwellengelenk	Schraube, Niet, Nadelbüchse	Blechtafel, Rundstab	Schweißdraht, Klebstoff	Schmierstoff, Heizöl	Erz, Hanf, tierisches Fett	Metalllegierung, Rohglas

7.5.1 Materialbedarfsermittlung

Die Materialbedarfsermittlung bestimmt für einen bestimmten Termin oder eine bestimmte Periode den Materialbedarf nach Art und Menge.

Materialbedarfsarten
Der Materialbedarf wird nach den in **Bild 1** dargestellten Arten unterteilt. Unter **Primärbedarf** versteht man den Bedarf an verkaufsfähigen Erzeugnissen und Ersatzteilen. Er ist im Allgemeinen im Produktionsprogramm festgelegt. Der **Sekundärbedarf** ist der Bedarf an Baugruppen, Einzelteilen oder Rohmaterialien, die zur Herstellung des Primärbedarfs benötigt werden und in den Stücklisten aufgeführt sind. Der **Tertiärbedarf** ist der Bedarf an Hilfsstoffen und Betriebsstoffen, der zur Aufrechthaltung der Produktion erforderlich, aber in den Stücklisten nicht enthalten ist.

Der **Bruttobedarf** ist die benötigte Materialmenge je Periode oder je Auftrag ohne Berücksichtigung eventueller Lagerbestände. Er kann Primärbedarf, Sekundärbedarf oder Tertiärbedarf sein. Der **Nettobedarf** ergibt sich aus der Differenz von Bruttobedarf und dem verplanbaren Bestand.

Bei der Bestimmung des Materialbedarfs wird in der Regel für jedes benötigte Teil zuerst der Bruttobedarf und danach der Nettobedarf ermittelt. (**Bild 2**). Ausgangspunkt ist dabei der aus Kunden- und Lageraufträgen hinsichtlich Erzeugnis, Menge und Termin bekannte Primärbedarf. Einen so ermittelten Materialbedarf nennt man häufig **Bedarfsverursacher**. Für den Bedarfsverursacher wird im Rahmen der Beschaffungsrechnung ein **Bedarfsdecker** in Form eines Fertigungs- oder Bestellauftrages erzeugt.

Bild 1: Materialbedarfsarten

Bild 2: Materialbedarfsermittlung

Deterministische[1] Bedarfsermittlung

Für die Materialbedarfsermittlung stehen verschiedene Verfahren zur Verfügung (**Bild 1**). Das genauste und aufwendigste Verfahren ist die deterministische Bedarfsermittlung. Bei diesem Verfahren löst man meistens das gesamte Erzeugnis stufenweise „von oben nach unten" auf (analytische Methode). In einigen Fällen (z. B. bei Ersatzteilen) beginnt man aber auch beim einzelnen Teil und geht entsprechend seiner Verwendung von „unten nach oben" (synthetische Methode, Bild 1).

Bei der *analytischen deterministischen* Bedarfsermittlung wird vom Netto-Primärbedarf ausgegangen. Die Berechnung des Brutto-Sekundärbedarfes erfolgt exakt mithilfe von Strukturstücklisten für die Teile der nächst tieferen Fertigungsebene.

Danach wird für die bedarfsgesteuerten Teile von dem Bruttobedarf der verplanbare (disponierbare) Bestand abgezogen um den Nettobedarf zu erhalten (Beispiel auf der folgenden Seite). Dieser Nettobedarf bildet wiederum die Ausgangsmenge für die Bedarfsermittlung für die Teile auf der nächst tieferen Fertigungsebene.

Die Menge des disponierbaren Bestandes, die bei der Nettobedarfsermittlung vom Bruttobedarf subtrahiert wird, muss im Rahmen der Bestandsführung vorgemerkt (reserviert) und der disponierbare Bestand entsprechend vermindert werden (Bild 2, vorhergehende Seite).

Die Grobtermine des Sekundärbedarfes werden mithilfe der **Vorlaufzeitverschiebung** bestimmt. Die Vorlaufzeit ist die Anzahl von Tagen oder Perioden um die die untergeordneten Komponenten vor dem Fertigstellungstermin des übergeordneten Teils bereitgestellt werden müssen. Die Vorlaufzeiten werden mithilfe der Arbeitspläne grob ermittelt und bei PPS-Systemen häufig für einen bestimmten Mengenbereich in der Teiledatei abgespeichert.

Wenn man den Bedarf an **Wiederholteilen** nicht mehrfach für jede Fertigungsstufe getrennt berechnen möchte, verschiebt man alle gleichen Teile auf die tiefste Fertigungsebene, auf der sie zum ersten Mal auftreten. Auf dieser sogenannten Dispositionsebene (**Bild 1, folgende Seite**) werden die Wiederholteile zusammengefasst und die Bedarfsrechnung pro Wiederholteil nur einmal durchgeführt.

Für die deterministische Bedarfsermittlung eignet sich die Mengenübersichtsstückliste nur sehr schlecht, da hier keine klare Zuordnung zwischen den übergeordneten Teilen (z. B. Baugruppe) und den untergeordneten Teilen (z. B. Einzelteilen) erkennbar ist und damit keine korrekte Nettobedarfsrechnung durchgeführt werden kann.

Wegen des hohen Bearbeitungsaufwandes und der hohen Anforderungen an die Datenorganisation wird die deterministische Bedarfsermittlung vor allem für die höherwertigen A- und B-Teile eingesetzt. Sie empfiehlt sich aber auch für C/Z-Teile, bei denen eine Bedarfsprognose nicht möglich ist.

Stochastische[2] Bruttobedarfsermittlung

Sollte die deterministische Bedarfsermittlung den erforderlichen Aufwand nicht rechtfertigen oder keine Baukasten bzw. Strukturstücklisten verfügbar sein, empfiehlt es sich, die stochastische Bedarfsermittlung durchzuführen. Hierbei wird aufgrund des Verbrauchs in der Vergangenheit, also verbrauchsgesteuert, der periodenbezogenen Materialbedarf in der Zukunft vorhergesagt. In PPS-Systemen werden dafür verschiedene mathematisch-statistische Methoden (Prognoseverfahren) wie z. B. die Methoden der **Mittelwertbildung**, der **exponentiellen Glättung** oder **Regressions-analysen**[3], eingesetzt. Die stoachastische Bedarfsermittlung wird im Allgemeinen für die Ermittlung des Tertiärbedarfes oder für C-Teile mit konstantem, trendbehaftetem oder saisonalem Verbrauch (X-Teile und Y-Teile) angewandt.

Bei der Behandlung von Sonderfällen (z. B. Modeartikel) kann die **subjektive Schätzung** auch sinnvoll sein. Bei der **Analogschätzung** werden Schätzungen aufgrund von Erfahrungen mit ähnlichen Materialien durchgeführt. Bei der **Intuitivschätzung**[4] wird rein gefühlsmäßig eine Vorhersage über den zu erwartenden Bedarf gemacht.

Bild 1: Verfahren der Materialbedarfsermittlung

---

[1] lat. determinare = bestimmen, Determinismus = Lehre von der ursächlichen Vorbestimmung des Geschehens;
[2] Stochastik, Teilgebiet der Statistik, befasst sich mit zufälligen meist zeitabhängigen Eigenschaften, griech. stochastike techne = Kunst zum Erraten;
[3] Regressionsanalyse = Betrachtung von der Ursache her, lat. regressus = Rückkehr;
[4] Intuition = Erkennen ohne komplizierte Überlegung, lat. intueri = betrachten

7.5 Materialsteuerung

Das Rohmaterial Blech mit der Teile-Nr. 105 zur Herstellung der Schale (102) befindet sich auf der Fertigungsebene 2 und der Dispositionsebene 3.

Bild 1: Erzeugnisgliederung nach Fertigungs- und Dispositionsebenen

Beispiel: Materialbedarfsermittlung

Aufgabe:
Für einen Kundenauftrag über 200 Kassetten mit der Teile-Nr. 101 soll die deterministische (analytische) Materialbedarfsermittlung ohne Vorlaufverschiebung durchgeführt werden. Die Auftragsmengen entsprechen den Nettobedarfen.
Gegeben:
Erzeugnisgliederung:

Teile-Nr.	Disponierbarer Bestand (vorher)
101	0
102	120
103	250
104	2000
105	128
106	0
107	500

Lösungsvorschlag:

Strukturstückliste			Bedarfsermittlung					
Fertig-ebene	Teile-Nr.	Menge	Bruttobedarf	Dispo. Bestand vorher	Netto-bedarf	Dispo. Bestand nachher	Bedarfsart	
0	101	1,00	200	0	200	0	**Primärbed.**	
.1	102	2,00	2 · 200 = 400	120	280	0		
..2	105	0,15	0,15 · 280 = 42	122	0	80		
.1	103	2,00	2 · 200 = 400	250	150	0		Sekundärbedarf
..2	106	2,00	2 · 150 = 300	0	300	0		
... 3	105	0,02	0,02 · 300 = 6	128	0	●122		
..2	107	1,00	1 · 150 = 150	500	0	350		
.1	104	4,00	8 · 200 = 1600	800	0	400		

Achtung! Da das Blech mit der Teile-Nr. 105 auf zwei verschiedenen Ebenen benötigt wird, muss zuerst das Teil, das sich auf der tieferen Fertigungsebene befindet (also Ebene 3) und damit zuerst benötigt wird, disponiert werden.

7.5.2 Materialbestandsführung

Die Materialbestandsführung hat folgende Aufgaben:
- Mengenmäßige Fortschreibung der Bestände,
- lückenloser Nachweis über Bestandsveränderungen (Zugänge, Abgänge, Bestellungen, Fertigungsaufträge und Reservierungen),
- Kontrolle der Bestände z. B. Verfügbarkeit,
- Bereitstellen der Bestandsdaten für die Bedarfsermittlung und Beschaffungsrechnung und
- Aufstellen von Verbrauchsstatistiken.

Dabei unterscheidet man zwischen physischen (körperlichen) und dispositiven (planerischen) Vorgängen und den entsprechenden Beständen (**Bild 1**).

Der **physische Lagerbestand** (Istbestand) ist der körperliche Bestand eines Teils, der sich zu einem bestimmten Zeitpunkt in einem als Lager bezeichneten Ort tatsächlich befindet. Körperlich vorhanden ist ebenfalls der **Werkstattbestand**. Darunter versteht man die Menge an Material, die sich zur Verarbeitung in der Teilefertigung oder in der Montage befindet. Die körperlichen Bestände verändern sich durch reale Material-**Zugänge** und **-Abgänge**. Dies können Zugänge von Lieferanten (LZU) oder von der eigenen Fertigung (FZU) sein bzw. Abgänge an die eigene Fertigung (FAB) oder Abgänge an Kunden aufgrund von Kundenaufträgen (AAB).

Die Vorgänge und die sich verändernden Bestandsdaten, werden für jedes Teil auf der Materialdispositionsdatei in einem sogenannten **dispositiven Konto** geführt. Der dort ausgewiesene effektive Lagerbestand (Sollbestand) wird auch **buchmäßiger Lagerbestand** genannt.

Die für Kunden und die Fertigung vorgemerkten Materialmengen (Reservierungen) bilden den **reservierten Bestand**.

Eine besondere Form der Reservierung ist der **Sicherheitsbestand**. Darunter versteht man den Teil des tatsächlichen Lagerbestands, der für unvorhersehbare, außergewöhnliche Ereignisse und Störungen reserviert ist. Den sofort **verfügbaren Bestand** erhält man, wenn man vom buchmäßigen Lagerbestand den Sicherheitsbestand und den reservierten Bestand abzieht (**Bild 1**).

Den Bestand der laufenden Bestellungen oder noch nicht erledigter Fertigungsaufträge nennt man **Beschaffungsbestand** oder Bestellbestand. Diesen Bestand kann man bei der Berechnung des zukünftigen Nettobedarfs vom Bruttobedarf abziehen, wenn die entsprechenden Teile bis zum Bedarfstermin im Lager verfügbar sind. Aus diesem Grund wird die Summe aus verfügbarem Bestand und Beschaffungsbestand auch **disponierbarer (verplanbarer) Bestand** genannt.

Daten der Materialbestandsführung

Vorgänge

körperliche Materialbewegungen

Lagerzugang
- aufgrund einer Bestellung beim Lieferanten (**LZU**)
- aufgrund eines erledigten Fertigungsauftrages (**FZU**)
- ungeplant z. B. bei Mehrlieferung (**UZU**)

Lagerabgang
- aufgrund eines reservierten Kundenauftrages (**AAB**)
- aufgrund eines reservierten Sekundärbedarfes für die Fertigung (**FAB**)
- ungeplant, z. B. zur Behebung von Ausschuss (**UAB**)

dispositive Vorgänge

Reservierung
- für einen Primärbedarf (z. B. Kundenauftrag) (**APB**)
- für den Sekundärbedarf eines Fertigungsauftrages (**FSB**)

Beschaffung
- Bestellung bei einem Lieferanten (**LBE**)
- Fertigungsauftrag (**FBE**)

Bestände

körperliche (physische) Bestände:

- Lagerbestand$_{neu}$ = Lagerbestand$_{alt}$ + Zugänge – Abgänge
- Werkstattbestand

dispositive Bestände:

    buchmäßiger Lagerbestand
– Sicherheitsbestand
– reservierter Bestand
= verfügbarer Bestand
+ Bestellbestand (Beschaffungsbestand)
= disponierbarer (verplanbarer) Bestand

Bild 1: Daten der Materialbestandsführung

7.5 Materialsteuerung

Bei der Bestandsführung ist zu berücksichtigen, dass sich in der Regel bei einem realen Lagerzugang oder -abgang außer dem effektiven Lagerbestand auch ein entsprechender dispositiver Bestand verändert (**Tabelle 1**). So wird z. B. beim Lagerzugang aufgrund einer Bestellung der Bestellbestand dieses Teiles genau um die Menge reduziert, um die sich der Lagerbestand erhöht.

Mithilfe der **Inventur** werden die buchmäßigen Bestände den körperlichen Beständen (Lager- und Werkstattbestand) angepasst. Bei der **Stichtagsinventur** erfolgt dies für alle Teile an einem bestimmten Tag, z. B. am 31. Dezember eines jeden Jahres.

Für die **permanente Inventur** werden die Bestände zum Bilanzstichtag aus der buchmäßigen Bestandsfort-schreibung ermittelt. Die Zählung der körperlichen Bestände kann für die einzelnen Artikel über das ganze Jahr verteilt erfolgen. Dies setzt allerdings eine ordnungsgemäße Lagerbuchführung voraus.

Mithilfe in der **Materialbestandsführung** erfassten Daten können für den Disponenten wichtige Kennzahlen ermittelt werden. **Bild 1, folgende Seite** zeigt z. B. einige **Lagerkennzahlen**.

Die **Umschlaghäufigkeit** gibt an, wie oft der Lagerbestand in einem Zeitabschnitt völlig erneuert wird. Die Umschlaghäufigkeit ist um so höher je niedriger der **Durchschnittsbestand** ist, der wiederum mit seinem **Durchschnittsbestandswert** ein wichtiges Maß für das im Lager gebundene Kapital ist.

Tabelle 1: Bestandsveränderungen aufgrund verschiedener Vorgänge

Vorgang	Lager-bestand	Reservierter Bestand	Verfügbarer Bestand	Bestell-bestand	Disponierb. Bestand
Reservierung • für einen Primärbedarf z. B. Kundenauftrag (**APB**) • für den Sekundärbedarf eines Fertigungsauftrages (**FSB**)		+	−		−
Beschaffung • Bestellung bei einem Lieferanten (**LBE**) • Fertigungsauftrag (**FBE**)				+	+
Lagerzugang • aufgrund einer Bestellung beim Lieferanten (**LZU**) • aufgrund eines erledigten Fertigungsauftrages (**FZU**) • ungeplant z. B. bei Mehrlieferung (**UZU**)	+ + +		+ + +	− −	 +
Lagerabgang • aufgrund eines reservierten Kundenauftrages (**AAB**) • aufgrund eines reserviert. Sekundärbedarfes für die Fertigung (**FAB**) • ungeplant, z. B. nach Ausschuss (**UAB**)	− − −	− −	 −		 −

Tabelle 2: Beispiel einer Bestandsführung

Buch-ungs-tag	Vorgang	Menge in Stück	zum Termin	Effektiver Lagerbe-stand	Reser-vierter Bestand	Verfüg-barer Bestand	Bestell-bestand	Disponierbarer Bestand Menge	ab
8.6	Ausgangssituation			180	0	180	0	180	8.6
8.6	Sicherheitsbestand festlegen	20		180	0	160	0	160	8.6
9.6	Sekundärbedarf für Fertigungs-auftrag F611 reservieren	120	22.6	180	120	40	0	40	9.6
10.6	Bestellung L342 bei Lieferanten	200	24.6	180	120	40	200	240	24.6
10.6	Ungeplanter Abgang für dringen-den Reparaturauftrag R222	2		178	120	38	200	238	24.6
22.6	Auslagerung für Fert.auftr. F611	120		58	0	38	200	238	24.6
24.6	Lieferung der Bestellung L342	200		258	0	238	0	238	24.6

Lagerkennzahl	Berechnung
Geplante Lagerdurchschnittsbestandsmenge bei konstantem Verbrauch	= Sicherheitsbestand + (konstante Beschaffungsmenge/2)
Ermittelte Lagerdurchschnittsbestandsmenge	$= \dfrac{\text{Summe der Lagerbestandsmengen zu verschiedenen Zeitpunkten}}{\text{Anzahl der Zeitpunkte}}$
Umschlaghäufigkeit je Periode	$= \dfrac{\text{Summe aller Abgangsmengen der betrachteten Periode}}{\text{durchschnittliche Lagerbestandsmenge}}$
Lagerreichweite in Perioden	$= \dfrac{\text{Lagerbestandsmenge}}{\text{Verbrauch je Periode}}$
Lagerverweildauer in Tagen	$= \dfrac{\text{Tage je Periode}}{\text{Umschlagshäufigkeit je Periode}}$
Durchschnittlicher Lagerbestandswert	= Lagerdurchschnittsbestandsmenge · Durchschnittswert in €/ Mengeneinheit

Mit folgenden Beispieldaten

Zeitpunkt	Lagerbestand in Stück	Abgänge je Quartal in Stück
Ende des letzten Jahres	1 220	
Ende des 1. Quartals	880	3 600
Ende des 2. Quartals	1 550	2 550
Ende des 3. Quartals	1 170	3 040
Ende des betrachteten Jahres	1 310	2 650
Summe	6 130	11 840

ergeben sich folgende Kennzahlen:

- **durchschnittlicher Lagerbestand in diesem Jahr**
 = 6 130 Stück/5
 ≈ **1 226 Stück**

- **Umschlaghäufigkeit in diesem Jahr**
 = 11 840 Stück pro Jahr/1 226 Stück
 ≈ **9,7 mal pro Jahr**

- **Lagerreichweite am Ende des 4. Quartals**
 = 1 310 Stück/11 840 Stück pro Jahr
 ≈ **0,11 Jahre**

- **Lagerverweildauer in Tagen**
 = 360 Tage je Jahr/9,7 pro Jahr
 ≈ **37 Tage**

Bild 1: Lagerkennzahlen

Während die **Lagerverweildauer** eines Teiles anzeigt, wie viele Tage ein Teil durchschnittlich auf Lager liegt, gibt die **Lagerreichweite** an, für wie lang der momentane Lagerbestand ausreicht, die voraussichtlichen Bedarfe zu befriedigen.

Bestandsführung und Auftragsabwicklung
Die Materialbestandsführung ist mit der Auftragsabwicklung eng verbunden. **Bild 1, folgende Seite** zeigt die verschiedenen Schritte der Auftragsabwicklung. In **Tabelle 1, übernächste Seite** werden die entsprechenden Buchungsvorgänge im Rahmen der Materialbestandsführung für einen einfachen Kundenauftrag dargestellt.
Nach einer Kundenanfrage (1a), die mit einem angemessenen Angebot (1b) beantwortet wird, geht schriftlich ein Kundenbestellung (2) über 400 Schalen mit der Teile-Nr. 102 ein. Diese Kundenbestellung wird erfasst und in der Auftragsdatei abgespeichert (3). Bis zu diesem Punkt haben sich die Materialbestände noch nicht verändert.
Danach wird im Rahmen der Materialdisposition zuerst eine Auftragsbedarfsplanung (4) durchgeführt, also die Bedarfsverursacher ermittelt.

Dies sind der Primärbedarf des Kundenauftrags und die daraus resultierenden Sekundärbedarfe. Der Primärbedarf von 400 Schalen, wird reserviert (4a). Dies erhöht den reservierten Bestand für die Schalen um 400 und vermindert sowohl den verfügbaren als auch den disponierbaren Bestand auf -400. Der negative Bestand bedeutet, dass 400 Stück fehlen und damit ein Nettobedarf von 400 Schalen besteht. Um diesen Netto-Primärbedarf herstellen zu können wird ein Brutto-Sekundärbedarf (4b) von 400 mal 0,15 kg gleich 60 kg Blech benötigt. Dieser Bedarf des Teiles 105 wird reserviert. Dies führt aber dazu, dass der verfügbare und der disponierbare Bestand für das Blech ebenfalls negativ wird, also auch hier ein Nettobedarf besteht.
Um die Nettobedarfe zu decken, werden bei der Materialdisposition in einem weiteren Schritt (5) Fertigungsaufträge und Bestellungen eingeplant (vorgeschlagen). In unserem Fall wird ein Auftrag zur Fertigung von 400 Schalen eingeplant (5a) und als Bestellbestand notiert. Damit die Schalen gefertigt werden können, muss das dafür benötigte Blech als Fertigungssekundärbedarf reserviert werden.

7.5 Materialsteuerung

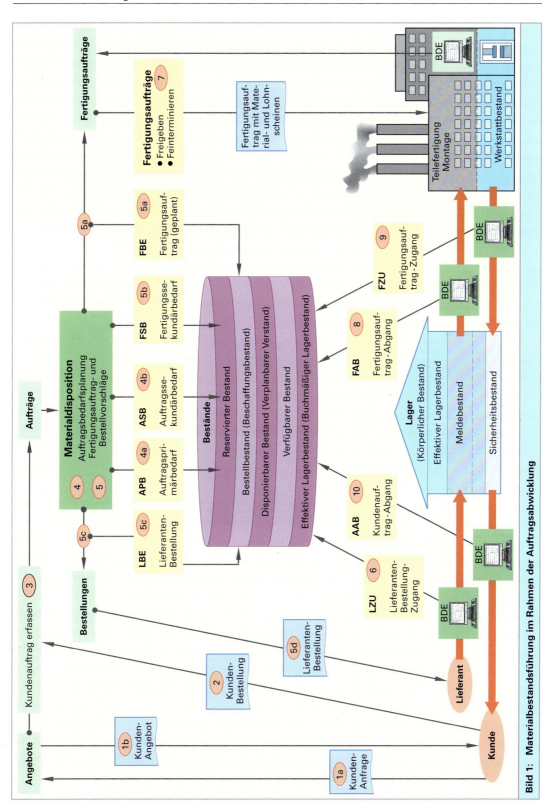

Bild 1: Materialbestandsführung im Rahmen der Auftragsabwicklung

Tabelle 1: Beispiel einer Materialbestandsführung

Vorgänge

Erzeugnisgliederung:
- 1 St 102 (Schale) — bedarfsgesteuert, Beschaff.menge: Bedarf
- 0,15 kg 105 (Blech) — bedarfsgesteuert, Bestellmenge: 300 kg

Lfd. Nr.	Beschreibung	Teile-Nr.	Menge	Mengeneinheit	\[102\] Kurzzeichen	Eff. Lagerbestand	Reservierter Bestand	Verfügbarer Bestand (nach Reservierung)	Bestellbestand	Disponierbarer Bestand (ab Liefertermin)	\[105\] Kurzzeichen	Eff. Lagerbestand	Reservierter Bestand	Verfügbarer Bestand (nach Reservierung)	Bestellbestand	Disponierbarer Bestand (ab Liefertermin)
1	Ausgangssituation					0	0	0	0	0		150	0	50	0	50
1a, 1b	Kundenanfrage und Kundenangebot	102	400	St												
2	Kundenbestellung geht ein	102	400	St												
3	Bestellung wird als Kundenauftrag erfasst	102	400	St												
4	**Bedarfsverursacher planen** (Auftragsbedarfsplanung)															
4a	Auftragsprimärbedarf reservieren	102	400	St	APB	0	400	−400	0	−400						
4b	Auftragssekundärbedarf reservieren	105	60	kg							ASB	150	60	−10	0	−10
5	**Bedarfsdecker planen** (Fertigungsauftrags- und Bestellvorschläge)															
5a	Fertigungsauftrag einplanen	102	400	St	FBE	0	400	−400	400	0						
5b	Sekundärbedarf für Fertigungsauftr. reservieren	105	60	kg							FSB	150	60	−10	0	−10
5c	Bestellung bei Lieferanten einplanen	105	300	kg							LBE	150	60	−10	300	290
6	Zugang des bestellten Rohmaterials	105	300	kg							LZU	450	60	290	0	290
7	Freigabe des Fertigungsauftrages	102	400	St												
8	Lager-Abgang des Bleches an Fertigung	105	60	kg							FAB	390	0	290	0	290
9	Lager-Zugang der fertigen Schalen	102	400	St	FZU	400	400	0	0	0						
10	Lager-Abgang der best. Schalen an Kunden	102	400	St	AAB	0	0	0	0	0						

Bestände der Teile-Nr. 102 (Schale) — Sicherheitsbestand: 0 Stück
Bestände der Teile-Nr. 105 (Blech) — Sicherheitsbestand: 100 kg

Kurzbezeichnungen der Dispositionselemente

- APB: Kunden-/Lagerauftrag-Primärbedarf (Reservierung)
- ASB: Auftrags-Sekundärbedarf (Reservierung)
- AAB: Kunden-/Lagerauftrag-Abgang
- FBE: Fertigungsauftrag-Beschaffung
- FSB: Fertigungsauftrag-Sekundärbedarf
- FAB: Lager-Abgang für die Fertigung
- FZU: Lager-Zugang von der Fertigung
- LBE: Bestellung bei Lieferanten
- LZU: Lager-Zugang von Lieferanten
- UZU: Ungeplanter Lager-Zugang
- UAB: Ungeplanter Lager-Abgang

Verfügbarer Bestand = Effektiver Lagerbestand − Sicherheitsbestand − Reservierter Bestand
Disponierbarer Bestand = Verfügbarer Bestand + Bestellbestand

negativer Bestand bedeutet Fehlmenge bzw. Nettobedarf

7.5 Materialsteuerung

In unserem Fall entspricht die Menge für den Fertigungsauftrag der Schalen genau der Menge, die schon im Rahmen der Auftragsbedarfsplanung ermittelt wurde. Daher muss für das Blech der schon reservierte Auftragssekundärbedarf nur in einen Fertigungssekundärbedarf umgewandelt werden (5b). Da für dieses Blech auch ein Nettobedarf besteht, wird eine Bestellung beim Lieferanten mit der kostenoptimalen Losgröße von 300 kg eingeplant (5c). Damit erhöht sich für das Blech der Bestellbestand auf 300 kg und der disponierbare Bestand auf 290 kg.

Nach dem entsprechenden Bestellschreiben an den Lieferanten (5d) erfolgt nach der Lieferzeit der Lager-Zugang (6) des bestellten Bleches. Der Fertigungsauftrag kann nun wie geplant freigegeben werden (7). An den Beständen muss daher nichts geändert werden. Nach dem Lager-Abgang (8) des Bleches werden die Schalen gefertigt. Die fertigen Schalen werden ins Versandlager gebracht (9) und von dort an den Kunden versandt (10).

7.5.3 Beschaffungsrechnung

Die Beschaffungsrechnung beantwortet für Teile, die nicht nur gefertigt und bestellt, sondern auch gelagert werden, folgende zwei Fragen (**Bild 1**):
- Wann soll beschafft werden (Beschaffungsauslösetermin)?
- Wieviel soll beschafft werden (Beschaffungsmenge)?

Bild 1: Aufgaben der Beschaffungsrechnung

Das Ziel der Beschaffungsrechnung ist ein möglichst niedriger Lagerbestand bei einem möglichst hohen Servicegrad (Lieferbereitschaft).

Beschaffungstermine
Eine Beschaffung (Bestellung beim Lieferanten oder Auftrag an die eigene Fertigung) wird für die meisten A-Teile ausgelöst, sobald ein Nettobedarf entsteht. Zur Ermittlung des Bedarfszeitpunktes wird vor allem die Rückwärtsterminierung eingesetzt. Die **Rückwärtsterminierung** geht vom festgelegten Endtermin des Primärbedarfes aus und ermittelt in einer Rückwärtsrechnung die spätesten Starttermine für die Bestellungen und Fertigungsaufträge zur Deckung der Sekundärbedarfe. Bei der **Vorwärtsterminierung** startet man dagegen von einem bestimmten Starttermin und berechnet den spätesten Endtermin des Primärbedarfes. Die **Bezugspunktterminierung**, auch Mittelpunktterminierung genannt, geht von einem feststehenden Termin in der Mitte des Auftragsnetzes aus. Dies kann z. B. ein noch freier Termin für einen Arbeitsgang auf einer sonst immer belegten Engpassmaschine sein. Von diesem Zeitpunkt aus wird

Bild 2: Terminierungsarten

in die Zukunft eine Vorwärtsterminierung und in die Vergangenheit eine Rückwärtsterminierung vorgenommen um die Termine für die restlichen Arbeitsgänge zu bestimmen.

Bei verbrauchsgesteuerten lagerhaltigen B-Teilen und C-Teilen wird dagegen mithilfe des Bestellpunktverfahrens oder des Bestellrhythmusverfahrens eine Beschaffung ausgelöst. Beim **Bestellpunktverfahren** wird eine Beschaffung veranlasst, sobald der Lagerbestand den Beschaffungsauslösebestand (Meldebestand) erreicht hat.

Beim **Bestellrhythmusverfahren** wird dagegen in einem festgelegten Rhythmus (z. B. alle 4 Wochen) auf jeden Fall oder nur wenn der Bestellpunkt unterschritten ist eine Beschaffung ausgelöst.

Festlegung der Beschaffungsmenge
Für die Festlegung der Beschaffungsmenge werden sowohl für die Bestellmenge bei Lieferanten als auch für die Losgröße der Fertigungsaufträge im Prinzip die selben Verfahren eingesetzt **(Bild 1, vorherige Seite)**.
Für Teile, die nicht gelagert werden, entspricht die Beschaffungsmenge (Auftragsmenge, Bestellmenge, Losgröße) exakt dem **Bruttobedarf**.
Kann ein Teil nur in einer festen Stückzahl, z. B. eine ganze Palette, geliefert werden, dann darf nur diese Stückzahl oder ein Vielfaches davon als Beschaffungsmenge gewählt werden. Man spricht in diesem Fall von einer **festen Losgröße**. Beim Verfahren der **festen Reichweite** werden die Bedarfe jeweils über einen festen Zeitraum zur Beschaffungsmenge zusammengefasst. Manchmal wird aber auch gerade soviel von einem Teil beschafft um das entsprechende Lagerfach wieder aufzufüllen **(Order-Up-Verfahren)**. In vielen Fällen versucht man die Beschaffungsmenge so zu wählen, dass die Summe der fixen (mengenunabhängigen) Kosten für die Beschaffung und die Lagerungskosten ein Minimum erreichen **(Bild 1)**.

Diese kostenoptimale Beschaffungsmenge x_{opt} kann mit der sogenannten **Andler'schen Formel** errechnet werden. Diese Formel geht von einem konstanten Jahresbedarf aus und berücksichtigt eine Vielzahl von wichtigen Einflussgrößen, wie z. B. die Lieferfähigkeit des Lieferanten oder der eigenen Fertigung, nicht. Einige dieser Einflussgrößen können aufgrund des flachen Verlaufs der Gesamtkostenkurve berücksichtigt werden, indem man die tatsächliche Auftragsmenge minimal halb so groß und maximal doppelt so groß wie die kostenoptimale Losgröße x_{opt} wählt.
Im Gegensatz zu dem **statischen Verfahren** nach Andler, das von der Annahme ausgeht, dass der Bedarf über der Zeit konstant ist und regelmäßig auftritt, berücksichtigen die sogenannten **dynamischen Verfahren** auch schwankende, zu verschiedenen Zeitpunkten auftretende Bedarfe, die allerdings genau bekannt sein müssen.
Ein dynamisches Verfahren ist das der **gleitenden wirtschaftlichen Losgröße**. Bei diesem Verfahren fasst man bereits bekannte Bedarfe entsprechend ihrer zeitlichen Folge schrittweise solange zu einer Auftragsmenge zusammen bis die auftragsmengenabhängigen Kosten (Fixe Beschaffungskosten und Lagerungskosten) je Stück ein Minimum erreichen.

Bild 1: Andler'sche Losgrößenformel

Faustformel:
$x_{opt}/2 <$ gewählte Beschaffungsmenge $m < 2 \cdot x_{opt}$

Beispiel:
Für folgende Daten
Teile-Nr. 328,
Jahresbedarf: 3 000 Stück/a,
Fixe Kosten je Beschaffung: 150 €,
Planverrechnungspreis: 50,00 €/Stück,
Lagerungskostenprozentsatz: 24 %/a
Verpackungseinheit: 100 Stück
ist die **kostenoptimale Losgröße x_{opt}**:

$$x_{opt} = \sqrt{\frac{200\ \%\cdot 3000\ \text{Stück}\cdot 150\ €}{50\ €/\text{Stück}\cdot 24\ \%/a}} = 274\ \text{Stück}$$

und die **gewählte Beschaffungsmenge m:**
m = 300 Stück, da Verpackungseinheit 100 Stück

7.5 Materialsteuerung

Das Verfahren wird wie folgt durchgeführt:
1. Zunächst berechnet man die Lagerungskosten LK_e für eine Mengeneinheit des Teiles pro Periode (Betriebskalendertag, Woche, Monat).

$$LK_e = \frac{PPr\,[€/ME] \cdot z\,[\%/Jahr]}{100\,[\%] \cdot APJ\,[Perioden/Jahr]}$$

LK_e Lagerungskosten für eine Mengeneinheit pro Periode

PPr Planverrechnungspreis je Mengeneinheit (ME)

z Lagerungskostensatz bezogen auf das im Lager gebundene Kapital

APJ Anzahl der Perioden pro Jahr

In unserem Beispiel **Tabelle 1, folgende Seite** ist ein Betriebskalendertag (BKT) eine Periode. Ein Jahr habe 235 Betriebskalendertage. Damit belaufen sich die Kosten um ein Druckstück einen Betriebskalendertag lang zu lagern auf ungefähr 0,153 €. Mit diesem Wert lassen sich für jeden Bedarf i die entsprechenden Lagerungskosten LK_i berechnen. Die Lagerung beginnt dabei immer am Termin des ersten Bedarfes.

$LK_i = Lm_i \cdot LP_i \cdot LK_e$

i Lfd. Nr. des betrachteten Bedarfes

LK_i Lagerungskosten für den Bedarf i

Lm_i gelagerte Bedarfsmenge von Bedarf i

LP_i Anzahl der Lagerperioden von Bedarf i

LK_e Lagerungskosten für eine Mengeneinheit pro Periode

2. Nun wählt man als vorläufige Auftragsmenge die erste Bedarfsmenge und berechnet dafür die auftragsmengenabhängigen Gesamtkosten je Mengeneinheit (GK_e):

$$GK_e = \frac{\sum_{i=1}^{n}(LK_i + FKB)}{ZuB} \text{ mit}$$

$$Zub = \sum_{i=1}^{n} Bm_i$$

GK_e Auftragsmengenabhängige Gesamtkosten je Mengeneinheit

i Lfd. Nr. des betrachteten Bedarfes

n Anzahl der zusammengefassten Bedarfe

LK_i Lagerungskosten für den Bedarf i

FKB Fixe Kosten je Beschaffung

ZuB Zusammengefasste Bedarfe

Bm_i Bedarfsmenge von Bedarf i

Da bis jetzt nur der erste Bedarf betrachtet wird, ist der zusammengefasste Bedarf ZuB gleich der ersten Bedarfsmenge. Lagerkosten fallen nicht an, da der Beschaffungstermin immer gleich dem Termin des ersten Bedarfes Bm_1 ist.

3. Danach wird der Bedarf der ersten zwei Perioden zusammengefasst und für diese Bedarfsmenge die losgrößenabhängigen Gesamtkosten je Mengeneinheit berechnet. Wenn dieser Wert größer ist, als der zuvor berechnete Wert, ist das Kostenminimum schon überschritten. Die kostenoptimale Auftragsmenge ist also nur die erste Bedarfsmenge.

4. Anderenfalls (die losgrößenabhängigen Stückkosten wurden also nicht kleiner) werden die folgenden Periodenbedarfe so lange zusammengefasst, bis das Minimum der losgrößenabhängigen Stückkosten erreicht ist. Die bis dahin zusammengefassten Bedarfsmengen bilden die kostenoptimale Beschaffungsmenge **(Tabelle 1, folgende Seite)**.

Häufig muss die so berechnete Beschaffungsmenge noch an weitere Einflussfaktoren wie z. B. an den kleinsten sinnvollen Losgrößenteiler angepasst werden. Im Gegensatz zur Anpassung des Ergebnisses der Ander'schen Formel muss beim Gebrauch der dynamischen Verfahren die berechnete Auftragsmenge aufgerundet werden, um die tatsächlich vorliegenden und zusammengefassten Bedarfe auch decken zu können. Weiterhin ist zu prüfen, ob die Bedarfszusammenfassung aus Kapazitäts- oder Termingründen überhaupt Sinn macht. So kann sich z. B. die Durchlaufzeit für den zusammengefassten Auftrag so erhöhen, dass der erste Bedarf nicht mehr termingerecht gedeckt werden kann.

Das **Kostenausgleichsverfahren** basiert auf den selben Überlegungen wie das Verfahren der wirtschaftlich gleitenden Losgröße.
Bei diesem Verfahren werden solange die Bedarfsmengen zusammengefasst, bis die anfallenden Lagerungskosten ungefähr den fixen Beschaffungskosten entsprechen. Die losgrößenabhängigen Stückkosten werden nicht berechnet.

Die aufwendigste Berechnung ist bei dem **Wagner-Whithin-Verfahren**[1] durchzuführen. Hier werden die Bedarfe nicht in Reihenfolge ihrer Termine sondern in allen möglichen Kombinationen solange zusammengefasst bis das tatsächliche Kostenoptimum für die Auftragsbildung der bis zur Berechnung bekannten Bedarfe erreicht ist.

---
[1] Optimale Losgröße nach *Harvey M. Wagner* und *Thomas M. Whitin*, vorgestellt 1958 in Management Science 5, S. 89 bis 96.

Tabelle 1: Beispiel für das Verfahren der gleitendenden wirtschaftlichen Losgröße

Ausgangsdaten:

Teile-Nummer: **326**	Bezeichnung: **Druckstück**
Planverrechnungspreis PPr in €/St:	150,00
Fixe Beschaffungskosten FKB in €/Beschaffung:	100,00
Lagerungskostensatz z in % /(Jahr u. ME):	24
Betriebskalendertage (BKT bzw. APJ) je Jahr:	235
Kleinster sinnvoller Losgrößenteiler:	10

Bekannte Bedarfe

Für Auftr. Nr	Termin in BKT	Menge
F01	400	20
A15/1	410	17
A15/2	420	10
A15/3	425	18

Lösungsvorschlag: (1.)

Lagerhaltungskosten LK_e in €/(BKT u. ME): = 150 €/St · 24 % / (100 % · 235 BKT) = **0,15 €/(St u. BKT)**

Bedarfe				Zusammengefasster Bedarf	Lagerdauer in BKT	Lagerkosten in €		Losgrößenabhängige Gesamtkosten	
Lfd. Nr.	Auftr.- Nr.	Termin in BKT	Menge in St			je Bedarf	Summe	in €/Besch.	in €/ME
i			Lm_i	ZuB	LP_i	LK_i	å LK_i	å $LKi+FKB$	Gk_e
1 (2.)	F01	400	20	20	0	0	0	0 + 100 = 100	100/20 = **5,00**
2 (3.)	A15/1	410	17	20 + 17 = 37	410 ... 400 = 10	17 × 10 × 0,15 = 25,50	0 + 25,50 = 25,50	25,50 + 100 = 125,50	125,50/37 = **3,39**
3	A15/2	420	10	37 + 10 = **47**	420 ... 400 = 20	10 × 20 × 0,15 = 30,00	25,50 + 30,00 = 55,50	55,50 + 100 = 155,50	(4.) 155,50/47 = **3,31**
4	A15/2	425	18	47 + 18 = 65	425 ... 400 = 25	18 × 25 × 0,15 = 67,50	55,50 + 67,50 = 123,00	123,00 + 100 = 223,00	223,00/65 = **3,43**

Die **minimalen losgrößenabhängigen Kosten** werden mit **3,31 €/St** durch das Zusammenfassen **der ersten drei Teilauftragsmengen zu 47 St** erreicht. Da der kleinste Losgrößenteiler 10 St ist, wird für die Losgröße **m = 50 St** gewählt.

7.5.4 Materialdisposition eines Kundenauftrages

Anhand eines einfachen Beispiel soll im Folgenden zusammenfassend das Vorgehen bei der Materialdisposition eines Kundenauftrages dargestellt werden.

Beispiel 1: Materialdisposition
Der Ausgangspunkt ist der vorliegende Kundenauftrag K01.
Danach sollen 10 Erzeugnisse mit der Teile-Nr. 325 am Betriebskalendertag BKT 410 gefertigt sein. Dieser Brutto-Primärbedarf wird in der Dispositionsdatei als reservierter Bestand gebucht. Da es für das Erzeugnis keinen disponierbaren Bestand gibt ist der Netto-Primärbedarf gleich dem Bruttobedarf.
Zur Deckung des Nettobedarfes wird der Montageauftrag F01 veranlasst. Die Auftragsmenge für diesen Fertigungsauftrag ist gleich dem Nettobedarf, wie dies bei der langfristigen Planung der Dispositionsparameter festgelegt wurde (siehe Spalte BM der Dispositionsdaten im Beispiel, folgende Seite). Der späteste Starttermin für den Montageauftrag ergibt sich aus der Vorlaufzeitverschiebung gegenüber dem Montage-Endtermin.
Zu diesem spätesten Starttermin müssen die für die Montage benötigten Teile 326 und 328 als Sekundärbedarf bereitgestellt werden. Der dazu benötigte Bruttobedarf ergibt sich aus der Erzeugnisstruktur. Dieser Bruttosekundärbedarf von 30 Teilen 326 und 40 Teilen 328 wird für den Montageauftrag F01 reserviert.

Nachdem vom Teil 326 ein disponierbarer Bestand von 10 Stück vorliegt, beträgt sein Nettobedarf nur noch 20 Stück. Zu seiner Deckung wird der Fertigungsauftrag F02 eingeplant. Da für die Ermittlung der Auftragsmenge vom Teil 326 das Verfahren der gleitenden wirtschaftlichen Losgröße angewandt werden soll, muss als Auftragsmenge die oben in Tabelle 1 schon ermittelte Beschaffungsmenge von 50 Stück gewählt werden. Darin sind die Bedarfe für die Aufträge A15/1 und A15/2 erhalten. Daher ist der neue disponierbare Bestand für das Teil 326 auch nicht 50 minus 20, sondern 50 minus 47, also 3.
Für das Rohmaterial 327, das für den Fertigungsauftrag F02 benötigt wird, muss nur der Bruttobedarf für die Lagerausfassliste ermittelt werden. Weitere auftragsabhängige Planungen müssen nicht durchgeführt werden, da das Material 327 verbrauchsgesteuert disponiert werden soll. Das bedeutet aber, dass der Disponent normalerweise davon ausgehen kann, dass immer genügend Material im Lager vorrätig gehalten wird. Eine neue Beschaffung wird erst ausgelöst, wenn nach der Materialentnahme festgestellt wird, dass der Meldebestand des verbrauchsgesteuerten Materials unterschritten ist.

7.5 Materialsteuerung

Ausgangsdaten:
Heute ist der BKT 360. Es liegt der **Kundenauftrag K01** über 10 **Erzeugnisse 325 zum Termin BKT 410** vor. Es sollen die Materialdisposition durchgeführt und die Folgeaufträge geplant werden.
Folgende **Bedarfe für das Teil 326** sind bekannt:
für A15/1 17 St zum BKT 410, für A15/2 10 St zum BKT 420 und
für A15/3 18 St für BKT 425.

Erzeugnisstruktur:

```
        325
    ┌────┼────────┐
 3 × 326         4 × 328
 1,5 × 327
```

Dispositionsdaten:

Teile-Nr.	DV	BA	Disp.Best.	BM	TD/WBZ
325	b	E	0	BF	10 BKT
326	b	E	10	GL 50 St	15 BKT
327	v	F		FX 600 St	30 BKT
328	b	F	25	AL 300 St	40 BKT

Prinzipielles Vorgehen:

Lfd. Nr.	1	2	3	4
Fertigungsebene/Baustufe	0	.1	..2	.1
Teile-Nummer	**325**	**326**	**327**	**328**
Menge in Baukasten-Stückliste		3	1,5	4
1. Bruttobedarf	10	30	75	40
2. Reservierungsauftrag				
Auftragsart	APB	FSB	keinen, da	FSB
für Auftrags-Nr.	K01	F01	verbrauchs-	F01
Reservierte Menge	10	30	gesteuert	40
Beginn der Reserv. [BKT]	360	360		400
Vormerktermin [BKT]	410	400		400
3. Disponierbarer Bestand vorher	0	10		25
4. Nettobedarf	10	20		15
5. Beschaffungsauftrag	Montage	Teileferti.		Bestellung
Auftragsart	FBE	FBE	keinen, da	LBE
Auftrags-Nr.	F01	F02	verbrauchs-	L01
Auftragsmenge	10	50 (GL)	gesteuert	300 (AL)
Endtermin [BKT]	410	400		400
TD bzw. WBZ [BKT]	10	15		40
Starttermin [BKT]	400	385		360
6. Disponierbarer Bestand nachher	0	3		285

keine 30, da 27 St zur Bedarfsdeckung der Aufträge A15/1 und A15/2 mit gefertigt werden.

Baukasten-Stücklisten → **Primärbedarf**

Sekundärbedarfsermittlung

1. **Bruttobedarfsermittlung**
2. **Reservierung** wofür, wieviel, ab wann, für wann
3. **Disponierbarer Bestand** vorher
4. **Nettobedarfsermittlung**
5. **Beschaffungsauftrag** Menge, Start- und Endtermin
6. nachher

für alle untergeordneten Fertigungsebenen

Einkauf/Fertigung

Auftragsarten / Vorgänge:
APB = Kundenprimärbedarf
LBE = Bestellung bei Lieferanten
FBE = Beschaffung bei Fertigung
FSB = Fertigungsauftragssekundärbedarf

Zeitarten:
TD = Durchlaufszeit
WBZ = Wiederbeschaffungszeit

BA = Bezugsart:
E = Eigenfertigung
F = Fremdbezug

DV = Dispositionsverfahren:
v = verbrauchsgesteuert
b = bedarfsgesteuert

BM = Beschaffungsmenge:
GL = Gleit. wirt. Losgr.
AL = nach *Andler*
FX = Fixe Menge/Versandeinheit
BF = Bedarf

Beispiel: Materialdisposition, Fortsetzung 1

Beispiel 1 (Fortsetzung): Materialdisposition

Damit bleibt für den Disponenten nur noch die Planung des schon reservierten Einkaufsteiles 328, dessen Bedarf nicht vollständig durch seinen disponierbaren Bestand gedeckt werden kann. Es wird also eine Bestellung bei dem Lieferanten nötig. Die Bestellmenge soll mithilfe der Andler'schen Formel ermittelt werden. Dies ist im vorherigen Kapitel (auf Seite 374) als Beispielaufgabe schon geschehen.

Wie man anhand dieses einfachen Beispiel leicht nachvollziehen kann, wird zur Ermittlung der Termine von Beschaffungsaufträgen für vorgegebene Kundenaufträge in der Regel eine Rückwärtsterminierung durchgeführt. Die in der Aufgabe vorgegebenen Durchlaufzeiten und Wiederbeschaffungszeiten wurden mithilfe von Erfahrungswerten und der in den entsprechenden Arbeitsplänen angegebenen Rüst-, Stück- und Übergangszeiten mit für dieses Erzeugnis üblichen Auftragsmengen ermittelt und auf ganze Wochen mit jeweils fünf Betriebskalendertagen (BKT) aufgerundet.

Beispiel 2: Aufgabe zur Materialdisposition eines Auftrages über 20 Kreuzgelenkwellen mit der Teile-Nr. 3105

Heute haben wir den Betriebskalendertag BKT **580**.
Es liegen folgende Kundenaufträge vor:

Auftragsnummer:	K101	K102
Teilenummer:	3 105	3 116
Fertigstellungstermin (BKT):	598	605
Auftragsmenge:	20	60

Für den Auftrag **K101** soll unter Berücksichtigung des Auftrages **K102** die Materialdisposition durchgeführt werden. Es sind der Erzeugnisstrukturbaum, die Bruttobedarfe, die Nettobedarfe, die disponierbaren Bestände sowie die Auftragsmengen, die Auftragsarten, die Starttermine und Endtermine der Folgeaufträge zu ermitteln.

Die Durchlaufzeiten (TD) sind mit Hilfe der in den Arbeitsplänen auf Seite 135 und 136 aufgeführten Rüstzeiten t_r und Stückzeiten t_g zu ermitteln. Pro Arbeitsgang (AG) ist mit einer Übergangszeit $t_{Üb}$ von einem Betriebskalendertag (BKT) zu rechnen.

Die Durchlaufzeiten sind auf ganze Betriebskalendertage (BKT) aufzurunden.
Ein Betriebskalendertag (BKT) soll 480 Minuten haben.
Das laufende Jahr hat 235 BKT.

Baukasten-Stücklisten (BK-Stücklisten):

BK-Stückliste:		3105
Teile-Nr.	Menge	
3106	1	St
3116	2	St

BK-Stückliste:		3106
Teile-Nr.	Menge	
3114	0,64	kg

BK-Stückliste:		3108
Teile-Nr.	Menge	
3118	1	St

BK-Stückliste:		3117
Teile-Nr.	Menge	
3110	1	St
3111	17	St

BK-Stückliste:		3116
Teile-Nr.	Menge	
3109	1	St
3112	4	St
3108	1	St
3117	4	St
3113	4	St
3107	1	St

BK-Stückliste:		3107
Teile-Nr.	Menge	
3118	1	St

BK-Stückliste:		3118
Teile-Nr.	Menge	
3115	0,76	kg

7.5 Materialsteuerung

Teile-Identnummer:	3105	3106	3107	3108	3109	3110	3111	3112	3113	3114	3115	3116	3117	3118
Teileart (TA) E: Erzeugnis G: Baugruppe T: Einzelteil R: Rohmaterial	E	T	T	T	T	T	T	T	T	R	R	G	G	T
Bezugsart (BA) E: Eigenfertigung F: Fremdbezug	E	E	E	E	F	F	F	F	F	F	F	E	E	E
Mengeneinheit (ME)	St	St	St	St	St	St	St	St	St	kg	kg	St	St	St
ABC- / XYZ – Klasse:	A/Y	C/Z	B/Y	B/Y	C/Y	C/Y	C/Y	C/Y	C/X	C/Y	C/X	A/Y	B/Y	A/Y
Plan-Verrechnungspreis in €/ME:	600	30	80	90	7	5	0,04	0,1	0,05	8	5	250	8	80
Dispositionsverfahren (DV): b / s bedarfsgest. v: verbrauchsgest.	b	b	b	b	v	v	v	v	v	v	v	b	b	b
Disponierbarer Bestand in ME (heute):	0	0	0	0			20 000	3 000	1 000	42	500	5	1 600	170
Meldebestand im ME:	-	-	-	-	200	800	200	160	100	18	60	-	1 000	70
Sicherheitsbestand in ME:	0	0	0	0	20	80						0	0	0
Summe der Rüstzeiten t_r in min:	30	75	35	50								30	20	120
Summe der Einzelzeiten t_e in min:	2	5	2,5	2								0,5	1	23
Summe der Übergangszeiten $t_{\text{üb}}$ in BKT:	1	2	2	2								1	1	3
Wiederbeschaffungszeit (Fremdbezug) in BKT:					20	20	20	20	10	10	10			
Beschaffungsmengenermittlung: GL Gleit. Wirtschl. Losgr. AL nach Andler FX Fixe Menge in ME	GL	GL	GL	GL	FX	FX	FX	FX	FX	FX	FX	GL	AL	AL
					800	2 000	80 000	12 000	20 000	438	1184			
Fixe Beschaffungskosten in €/Auftrag:	300	200	220	200	150	150	150	150	150	150	150	200	175	160
Lagerungskostenprozentsatz in %/Jahr:	24	24	24	24	24	24	24	24	24	24	24	24	24	24
Voraussichtlicher Jahresbedarf in ME:					2 000	8 000	160 000	8 200	10 000	740	4 000		8 000	4 000
Kleinster sinnvoller Losgrößenteiler in ME:	1	1	1	1	400	500	2000	1000	500	8,76	59,2	2	200	20
(Anzahl je Transporteinheit)														
Teile-Identnummer:	3 105	3 106	3 107	3 108	3 109	3 110	3 111	3 112	3 113	3 114	3 115	3 116	3 117	3 118

Beispiel 2: Materialdisposition, Dispositionsdaten für Beispiel 2 (Fortsetzung 1)

7 Produktionsplanung und -steuerung (PPS)

Lfd. Nr.		1	2	3	4	5	6	7	8	9	10	11	12	13	14	15	16
Erzeugnisstruktur	Fertig.ebene 0	1 St 3105															
	...1		1 St 3106														
	...2			0,64 kg 3114	2 St 3116	1 St 3109	4 St 3112	1 St 3108	1 St 3118		4 St 3117	1 St 3110	17 St 3111	4 St 3113	1 St 3107	1 St 3118	0,76 kg 3115
	...3									0,76 kg 3115							
	...4																
Bezugsartart (BA)		E	E	F	E	F	F	E	E	F	E	F	F	F	E	E	F
Dispositions-verfahren (DV)		b	b	v	b	v	v	b	b	v	b	v	v	v	b	b	v
Beschaffungsmenge (BM)		GL	GL	FX	GL	FX	FX	GL	AL	FX	AL	FX	FX	FX	GL	AL	FX
Bruttobedarf		20	20	12,8	40	96	384	96	96	0	384	0	0	384	96	96	197,6
Reservierungsauftrag				verb. gest.	verb. gest.	verb. gest.	verb. gest.			verb. gest.		verb. gest.	verb. gest.	verb. gest.			verb. gest.
Auftragsart		APB	FSB		FSB			FSB	FSB		FSB				FSB	FSB	
für		Kunden	Endmon.		Endmon.			Vormon.	Vormon.		Vormon.				Vormon.	Vormon.	
für Auftrag-Nr.		K101	F101		F101			F103	F104		F103				F103	F105	
Reservierte Menge		20	20		40			96	96		384				96	96	
Beginn der Reserv. [BKT]		580	580		580			580	580		580				580	580	
Reserv.-Endtermin [BKT]		598	596		596			594	591		594				594	591	
Disponierb. Bestand vorher		0	0		5			0	170		1600				0	74	
Nettobedarf		20	20		35			96	0		0				96	22	
Beschaffungsauftrag																	
Auftragsart		FBE	FBE		FBE			FBE			–				FBE	FBE	
an		Endmon.	Teilefert.		Vormon.			Teilefert.							Teilefert.	Teilefert.	
Auftrags-Nr.		F101	F102		F103			F104							F105	F106	
Beschaffungsmenge		20	20		96			96							96	260	
Endtermin [BKT]		598	596		596			594							594	591	
TD bzw. WBZ [BKT]		2	3		2			3							3	16	
Starttermin [BKT]		596	593		594			591							591	575*	
Disponierb. Bestand danach		0	0		0			0	74		1216				0	238	

BA = Bezugsart:
E = Eigenfertigung
F = Fremdbezug

DV = Dispositionsverfahren:
v = verbrauchsgesteuert
b = bedarfsgesteuert

Auftragsarten / Vorgänge:
APB = Kundenprimärbedarf
LBE = Bestellung bei Lieferanten
FBE = Beschaffung bei Fertigung
FSB = Fertigungsauftragsekundärbedarf

Zeitarten:
TD = Durchlaufzeit
WBZ = Wiederbes.zeit

BM = Beschaffungsmenge
GL = Bedarf / Gleit. wirt. Losgr.
AL = nach Andler
FX = Fixe Menge / Versandeinh.

* Starttermin ist verstrichen. Der Kundenauftragstermin kann aber gehalten werden, wenn 22 Teile 3118 direkt zur Fertigung von 3107 weitergeleitet werden.

a wegen Auftr. K102

Beispiel 2: Materialdisposition, Lösung für Beispiel 2, Fortsetzung 2

7.5 Materialsteuerung

Berechnung der gleitenden wirtschaftlichen Losgröße: Teile-Nummer: 3116   Bezeichnung: Zahnwellengelenk

Planverrechnungspreis in €/ME:	250,00	Lagerungskostensatz in %/(Jahr u. ME):	24	Lagerhaltungskosten in €/(BKT u. ME):
Fixe Beschaffungskosten in €/Besch.:	200,00	Betriebskalendertage (BKT) je Jahr:	235	250 €/ME · 24 %/(100 % · 235 BKT) = 0,255

	Nettobedarfe		Mögl. Beschaffungsmenge	Lagerdauer in BKT	Lagerungskosten in €		Fixe Beschaff.-kosten in €	Losgrößenabh. in €/Besch.	Gesamtkosten in €/ME	Berechnete Beschaff.-menge	Gewählte Beschaff.-menge
Für Auftrag Nr.	Termin in BKT	Menge			je Bedarf	Summe					
F101	596	35	35	0	0,00	0,00	200,00	200,00	5,71	95	96
K102	605	60	95	9	137,87	137,87	200,00	337,87	3,56	**Minimum**	96 da keinst. sinnv. Losgrößenteiler gleich 2 Stück

Die **Fertigungsauftragsmengen für die Teile 3105, 3106, 3108 und 3107** ist gleich dem Nettobedarf, da für diese Teilenummern die gleitende wirtschaftliche Losgröße eingesetzt werden soll, es aber keine weiteren bekannte Bedarfe gibt und der kleinste sinnvolle Losgrößenteiler gleich 1 ist.

Fertigungsauftragsmenge für Teil 3118 nach Andler:

$$x_{opt} = \sqrt{\frac{200 \cdot 4000 \cdot 160}{80,00 \cdot 24}} = 258 \Rightarrow m = 260 \quad \text{da Behältergröße gleich 20 (kleinster sinnvoller Losgrößenteiler)}$$

Um trotz der langen Durchlaufzeit, die sich wegen der großen Auftragsmenge (260 Stück von Teil 3118) ergibt, den Kundenauftrag nicht zu gefährden, müssen 22 Teile 3118 sofort zur Fertigung von Teile Nr. 3107 weitergeleitet werden.

Berechnung der auf einen BKT aufgerundeten Durchlaufzeiten TD für die geplanten Fertigungsaufträge:

Teile-Nr.	Bezeichnung	Auftrag-Nr.	(Σ t_r) [min]	+	m [Stück]	·	(Σt_e) [min/Stück]	/480 min/BKT+ [BKT]	Σ $t_{Üb}$ [BKT]	TD [BKT]	TD aufgerund. [BKT]
3105	Kreuzgelenkwelle	F101	30		20		2	0,146	1	1,146	2
3106	Verbindungswelle	F102	75		20		5	0,365	2	2,365	3
3116	Zahnwellengelenk	F103	30		96		4	0,863	1	1,863	2
3108	Rohrwellenwelle	F104	50		96		2	0,504	2	2,504	3
3107	Zahnwellenschaft	F105	35		96		2,5	0,573	2	2,573	3
3118	Halbfabrikat Gelenkschaft	F106	120		260		23	12,708	3	15,708	16

Beispiel 2: Materialdisposition, Nebenrechnungen, Fortsetzung 3

7.6 Eigenfertigungsplanung und -steuerung

Die mittelfristige Materialdisposition plant zur Deckung des Primär- und Sekundärbedarfes unter anderem Fertigungsaufträge ein, die im Fertigungsprogramm gesammelt werden. Die tatsächliche Kapazitätssituation der Arbeitsplätze zur Realisierung der einzelnen Arbeitsvorgänge wird bei der Produktionsbedarfsplanung nur grob, z. B. mithilfe von Übergangszeiten, berücksichtigt.

Die Eigenfertigungsplanung und -steuerung hat nun die Aufgabe, dafür zu sorgen, dass die Vorgaben der Produktionsbedarfsplanung möglichst in die Wirklichkeit umgesetzt werden. Dies geschieht in folgenden Schritten **(Bild 1)**:

- Programmkonsolidierung,
- Losbildung (Zusammenfassen von Aufträgen),
- Feinterminierung (auftragsorientierte Durchlaufterminierung),
- Kapazitätsfeinplanung (arbeitsplatzorientierte Kapazitätsterminierung)
- Reihenfolgeplanung (der Aufträge je Arbeitsplatz),
- Verfügbarkeitsprüfung aller benötigten Ressourcen und Dokumente,
- Freigabe zur Fertigung und Auftragsveranlassung,
- Auftrags- und Ressourcenüberwachung.

In einem ersten Schritt, der **Programmkonsolidierung**, wird mithilfe eines festgelegten Planungshorizontes von z. B. acht Wochen festgestellt, welche Fertigungsaufträge in die Feinplanung aufgenommen werden müssen. Weiterhin ist zu prüfen, ob für diese Fertigungsaufträge alle Arbeitsunterlagen (Konstruktionszeichnungen, Arbeitspläne, NC-Programme etc.) vorhanden sind und die Verfügbarkeit der benötigten Materialien und Werkzeuge gewährleistet ist.

Die folgende **Losbildung** fasst, sofern bei der mittelfristigen Materialdisposition noch nicht geschehen, Fertigungsaufträge, die einen gleichen oder sehr ähnlichen Fertigungsablauf haben und die terminlich im selben Zeitraum liegen, zu sogenannten Losen zusammen. Damit spart man Rüstkosten. Wenn Teillose aus unterschiedlichen Kundenaufträgen zu einem einzigen Fertigungslos zusammengefasst werden, führt dies meist zu einer Entkopplung der Kundenaufträge. Eine genaue Verfolgung des einzelnen Kundenauftrags ist dann nur noch mit sehr großem Aufwand möglich.

Bild 1: Aufgaben der Eigenfertigungsplanung und -steuerung

7.6 Eigenfertigungsplanung und -steuerung

7.6.1 Durchlaufterminierung (Feinterminierung)

Auf der Basis der vorgegebenen Ecktermine des Fertigungsauftrages wird in der **Feinterminierung** für jeden Arbeitsgang der Start- und Endtermin, sowie der mögliche zeitliche Puffer durch Rückwärts-, Vorwärts- oder Mittelpunktterminierung ermittelt. Die entsprechende Auftragszeit wird als sogenannter Arbeitsvorrat der benötigten Einzelkapazität (Arbeitsplatz) periodengenau, z. B. je Woche oder je Schicht, in einem Maschinenbelegungsplan zugeordnet **(Bild 1)**.

Auftragszeit:
$T = t_r + m \cdot t_e$

T Auftragszeit für den Arbeitsvorgang
t_r Rüstzeit
m Losgröße (Auftragsmenge)
t_e Zeit je Einheit (Stückzeit)

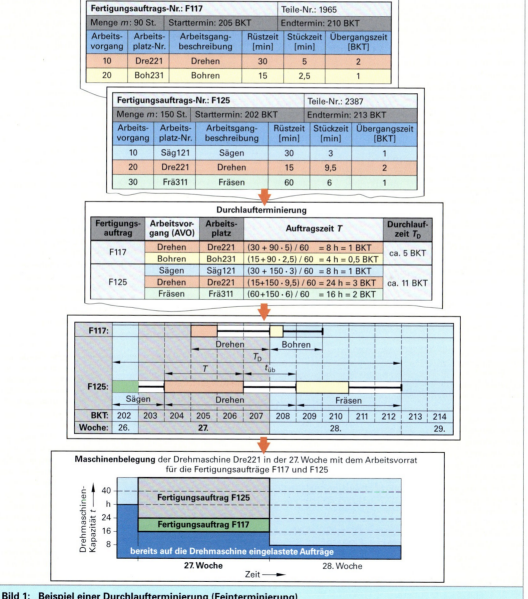

Bild 1: Beispiel einer Durchlaufterminierung (Feinterminierung)

Sollte sich bei der Durchlaufterminierung herausstellen, dass mit der berechneten Durchlaufzeit T_D die vorgegebenen Termine nicht gehalten werden können, dann muss die Durchlaufzeit verkürzt werden.
Es bieten sich zur **Verkürzung der Durchlaufzeit** folgende Maßnahmen an:

- **Reduzierung der Liegezeiten** und damit der Übergangszeiten um einen bestimmten Faktor.

- **Losteilung (Bild 1)**: Die Auftragsmenge, die auch häufig Los genannt wird, kann in zwei oder mehrere Lose für alle Arbeitsvorgänge aufgeteilt werden. Dabei werden aber zusätzliche Arbeitsplätze nötig. Außerdem entstehen zusätzliche Rüstkosten.

- **Arbeitsgangsplittung (Bild 1)**: Während bei der Losteilung der gesamte Fertigungsauftrag in mehrere Teilaufträge aufgeteilt wird, erfolgt bei der Arbeitsgangsplittung die Trennung des Fertigungsauftrags nur bei einzelnen Arbeitsgängen.

- **Überlappte Fertigung (Bild 1)**: Beim Überlappen wird eine oder mehrere Teilmengen schon zum nächsten Arbeitsplatz transportiert und mit dem nächsten Arbeitsvorgang begonnen, bevor das gesamte Los des vorhergehenden Arbeitsganges fertig bearbeitet ist.

Bei der Durchlaufterminierung geht man davon aus, dass in den einzelnen Perioden genügend Kapazitäten zur Verfügung stehen.

Bild 1: Verkürzung der Durchlaufzeit

Durchlaufzeit:

$$T_D = \sum T + \sum t_{Üb}$$

T_D Durchlaufzeit des Fertigungsauftrages

T Auftragszeit je Arbeitsvorgang

$t_{Üb}$ Übergangszeit (Liege- und Transportzeit) je Arbeitsvorgang

---

Aufgabe:
Ermitteln Sie für die beiden Fertigungsaufträge F201 und F205 den benötigten Arbeitsvorrat auf dem Montageplatz Mon711 in der 35. Kalenderwoche (301-305 BKT).

Fert.auf.-Nr.: F201		Teile-Nr.: 1723	
Menge m: 100 St	Starttermin: 301 BKT	Endtermin: 305 BKT	
AVO	Arbeitsplatz-Nr.	Arbeitsgangbeschreibung	t_r [min] / t_e [min] / $t_{Üb}$ [BKT]
10	Mon711	Montieren	60 / 3 / 1

Fert.auf.-Nr.: F205		Teile-Nr.: 1854	
Menge m: 200 St	Starttermin: 301 BKT	Endtermin: 305 BKT	
AVO	Arbeitsplatz-Nr.	Arbeitsgangbeschreibung	t_r [min] / t_e [min] / $t_{Üb}$ [BKT]
10	Mon711	Montieren	60 / 6 / 1

Lösung:
Der Arbeitsvorrat auf dem Montageplatz entspricht der Auftragszeit für den Arbeitsvorgang (AVO) Montieren.

Auftrag	Auftragszeit $T = t_r + m \cdot t_e$
F201	(60 + 100 · 3) min = 360 min = 6 Std.
F205	(60 + 200 · 6) min = 1260 min = 21 Std.

Ergebnis:
Die Fertigungsaufträge F201 und F205 benötigen zusammen eine Kapazität von 27 Std. in der 35. Kalenderwoche (301-305 BKT) auf dem Montageplatz Mon711.

7.6.2 Kapazitätsterminierung (Kapazitätsfeinplanung)

Der Kapazitätsbedarf je Kapazitätseinheit (Arbeitsplatz) und Periode ergibt sich aus der Summe der bei der Durchlaufterminierung eingelasteten Auftragszeiten.

Trägt man die Kapazitätsbedarfe für mehrere Perioden, z. B. Wochen, über der Zeitachse auf, erhält man das Belastungsprofil einer Kapazitätseinheit **(Bild 1)**. Diesem Kapazitätsbedarf muss die tatsächlich verfügbare Normalkapazität gegenübergestellt werden.

> Die Normalkapazität NK je Periode für einen Arbeitsplatz oder eine Arbeitsplatzgruppe errechnet sich nach folgender Formel:
>
> $NK = N \cdot T \cdot L / 100\,\% \cdot A$
>
> NK Normalkapazität in Stunden je Periode
>
> N   Anzahl der Mitarbeiter oder Maschinen,
>
> T   Gesamtarbeitszeit in Stunden je Periode, die in der Regel aus dem Schichtkalender zu entnehmen ist,
>
> L   durchschnittlicher Leistungsgrad in %,
>
> A   durchschnittlicher Ausnutzungsfaktor, der Verlustzeiten durch kleinere Störungen und Instandhaltungsarbeiten berücksichtigt.

In der Regel werden zwischen dem Kapazitätsbedarf und der Normalkapazität Unterschiede bestehen. Diese Differenzen müssen durch die Kapazitätsabstimmung ausgeglichen werden **(Tabelle 1, folgende Seite)**.

Wenn sich für mehrere Perioden eine Unterdeckung oder Überdeckung des verfügbaren Kapazitätbestandes ergibt, müssen im Rahmen der mittelfristigen Kapazitätsplanung die Verfahren der Kapazitätsanpassung und der Belastungsanpassung eingesetzt werden.

Bei der **Kapazitätsanpassung** wird der verfügbare Kapazitätsbestand an den terminierten Kapazitätsbedarf durch Arbeitszeitveränderungen oder Beschaffung bzw. Stilllegung von Betriebsmitteln angeglichen. Bei der **Belastungsanpassung** wird dagegen der Kapazitätsbedarf dem verfügbaren Kapazitätsbestand angepasst. Dies geschieht durch Vergabe bzw. Hereinnahme von vollständigen Fertigungsaufträgen. Es ist aber auch möglich nur einzelne Arbeitsvorgänge, wie z. B. das Härten, an einen Fremdfertiger (verlängerte Werkbank) abzugeben.

Bild 1: Vorgehen bei der Kapazitätsterminierung

Tabelle 1: Verfahren der Kapazitätsabstimmung

Für langfristige- und mittelfristige Planung			Für kurzfristige Planung	
Kapazitätsanpassung		**Belastungsanpassung**	**Kapazitätsabgleich**	
Anpassen der Höhe des Kapazitätsbestandes an den Kapazitätsbedarf		Anpassen des Kapazitätsbedarfes an den Kapazitätsbestand	Abgleichen des Kapazitätsbedarfes mit dem Kapazitätsbestand durch Veränderung des Belastungsprofils	
Kapazitätsbestand erhöhen	**Kapazitätsbestand vermindern**	**Fremdvergabe, Fremdannahme**	**Zeitlicher Ausgleich**	**Technologischer Ausgleich**
• zusätzliche Schicht, • Überstunden, • innerbetrieblicher Austausch von Arbeitskräften, • Einstellung von Personal, • Beschaffen von Betriebsmitteln.	• weniger Schichten, • Kurzarbeit, • Entlassen von Personal, • Stilllegen von Arbeitsplätzen.	• Fremdvergabe von Fertigungsaufträgen, • Fremdvergabe von einzelnen Arbeitsgängen (Verlängerte Werkbank), • Annahme von Fremdaufträgen.	• Auftragsmenge ändern, • Aufteilen der Lose, • Vorziehen von Aufträgen, • Aufschieben von Aufträgen auf Kosten des Endtermins.	• Ausweichen auf andere Betriebsmittel oder andere Fertigungsverfahren.

Bei der Fremdvergabe muss beachtet werden, dass die Beschaffungszeit für das Fremdvergabeteil erheblich von der Durchlaufzeit bei Eigenfertigung abweichen kann. In diesem Fall sollte eine neue Durchlaufterminierung durchgeführt werden. Für die kurzfristige Kapazitätsfeinplanung werden vor allem die Verfahren des **Kapazitätsabgleiches** eingesetzt. Hierbei versucht man durch Veränderung des Belastungsprofiles Kapazitätsüberdeckungen bzw. -unterdeckungen zu vermeiden. Neben der zeitlichen Verschiebung einzelner Aufträge bietet sich hier noch die Fertigung auf anderen Betriebsmitteln an, die zwar kostenmäßig oder fertigungstechnisch weniger günstig, aber zufällig verfügbar sind.

7.6.3 Reihenfolgeplanung

Die im Rahmen der Feinterminierung und der Kapazitätsfeinplanung für eine Periode auf einen Arbeitsplatz oder eine Arbeitsplatzgruppe eingeplanten Arbeitsgänge bilden eine Warteschlange vor dieser Kapazitätseinheit. Die Reihenfolge der Abarbeitung dieser Warteschlange ist in der Regel noch nicht festgelegt. Die Reihenfolgeplanung versucht nun die optimale Abarbeitsreihenfolge der vor einer Kapazitätseinheit wartenden Arbeitsgänge nach bestimmten Kriterien festzulegen.

Ein häufig gewähltes Kriterium ist die Rüstzeitminimierung. Bei Lackieranlagen hat es sich z. B. bewährt, vor dem Lackieren mit dunklen Farben die Aufträge mit hellen Farben zu legen, um den Umrüstaufwand zur nächsten Farbe möglichst gering zu halten.

Gegeben:
Zwei Aufträge A1 und A2, die in der gleichen Reihenfolge die Arbeitsplätze Drehmaschine und Fräsmaschine durchlaufen.

Arbeitsplatz	Auftragszeit T je Arbeitsvorgang	
	Auftrag A1	A2
Drehmaschine	4 Stunden	2 Stunden
Fräsmaschine	2 Stunden	4 Stunden

Gesucht: Optimale Reihenfolge bei der Maschinenbelegung.

1. Versuch: Zuerst Auftrag **A1**, dann Auftrag **A2**.

Arbeitsplatz	
Drehmaschine	Auftrag A1 A2
Fräsmaschine	A1 Auftrag A2

0   2   4   6h   8   10 Zeit▶

2. Versuch: Zuerst Auftrag **A2**, dann Auftrag **A1**.

Arbeitsplatz	
Drehmaschine	A2 Auftrag A1
Fräsmaschine	Auftrag A2 A1

0   2   4   6h   8   10 Zeit▶

Bild 1: Reihenfolgeplanung von zwei Fertigungsaufträgen

7.6 Eigenfertigungsplanung und -steuerung

Bild 1, vorhergehende Seite, zeigt dass es z. B. günstiger ist nicht mit dem Auftrag A1 sondern mit dem Auftrag A2 auf der Drehmaschine zu beginnen.
Bei einer mehrstufigen Fertigung mit unterschiedlichen Bearbeitungsreihenfolgen der Aufträge auf verschiedenen Maschinen versagen in der Praxis meistens dieses und andere Simulationsverfahren. Stattdessen werden zur Reihenfolgeplanung einzelne Prioritätsregeln oder eine Kombination von mehreren Prioritätsregeln eingesetzt.

Einige dieser **Prioritätsregeln** sind im Folgenden aufgeführt:

- **FIFO-Regel:**
Bei der „First-In-First-Out"-Regel wird dem zuerst ankommenden Auftrag die höchste Priorität zugeordnet. Die Aufträge werden also entsprechend der Reihenfolge ihres Eintreffens an der jeweiligen Maschine nach dem Spruch „Wer zuerst kommt, mahlt zuerst" bearbeitet.

- **Kürzeste Operationszeit-Regel:**
Der Auftrag mit der kürzesten Bearbeitungszeit (Operationszeit) an dem betrachteten Arbeitsplatz erhält die höchste Priorität und wird damit als erster aus der Warteschlange bearbeitet.

- **Kürzeste Restbearbeitungszeit-Regel:**
Die höchste Prioritätsziffer erhält der Auftrag, dessen noch verbleibende Bearbeitungszeit auf allen noch benötigten Maschinen zum Zeitpunkt der Belegung am kürzesten ist.

- **Dynamische Wert-Regel:**
Die höchste Prioritätszahl erhält der Auftrag, dessen Produktwert vor Ausführung des jeweiligen Arbeitsganges am höchsten ist.

- **Schlupfzeit-Regel**
Der Auftrag in der Warteschlange erhält die höchste Priorität, bei dem die Differenz zwischen dem Liefertermin und der verbleibenden Bearbeitungszeit, also sein „Schlupf", am geringsten ist.

In **Tabelle 1** ist aufgeführt, in wieweit einige Optimierungsziele mithilfe der verschiedenen Prioritätsregeln erreicht werden können. Besonders bei Kleinserienfertigung zeigt sich in der Praxis, dass es nicht immer sinnvoll ist, die Reihenfolgeplanung nach einer starren Prioritätsregel durchzuführen. Oft ist es zweckmäßiger, die kurzfristige Maschinenbelegung entsprechend der jeweiligen Auftragssituation von erfahrenen Mitarbeitern in den Werkstätten selbst festlegen zu lassen.

Bei der mehrstufigen Fertigung von mehreren Aufträge, versucht man die Reihenfolge der Aufträge so festzulegen, dass die Maschinenbelegung insgesamt ein Maximum und die Durchlaufzeit insgesamt ein Minimum erreicht. Wenn die Aufträge die verschiedenen Maschinen in derselben Reihenfolge durchlaufen, kann das Optimum gefunden werden, indem man mithilfe von Balkendiagrammen (Gantt-Diagrammen) alle möglichen Auftragsreihenfolgekombinationen durchspielt.

Bei der **Sukzessivplanung** wird erst nach der vollständigen Durchlaufterminierung die Kapazitätsterminierung durchgeführt. Dies führt bei Kapazitätsüberlastung häufig dazu, dass in der Durchlaufterminierung bereits zeitlich fixierte Aufträge bei der Kapazitätsterminierung wieder umgeplant werden müssen. Dies bedeutet aber, dass sich auch die entsprechenden Materialbedarfstermine ändern. Die sogenannte **Simultanplanung** versucht dagegen die Durchlauf- und Kapazitätsterminierung gleichzeitig durchzuführen und berücksichtigt damit die wechselseitigen Abhängigkeiten von Materialbedarfsterminen und Kapazitätsbelegungszeiten. Aufgrund des enormen Rechenaufwandes ist die Simultanplanung manuell kaum zu schaffen und bei den heute gängigen PPS-Systemen nur in Ansätzen realisiert.

Tabelle 1: Zielerfüllung durch einige Prioritätsregeln					
Optimierungsziel \ Prioritätsregel	First-In-First-Out-Regel	Kürzeste Operationszeit-Regel	Kürzeste Restbearbeitungs-Zeit-Regel	Dynamische Wert-Regel	Schlupfzeit-Regel
Maximale Kapazitätsauslastung	mäßig 😐	sehr gut 😊	gut 🙂	mäßig 😐	gut 🙂
Minimale Durchlaufzeit	mäßig 😐	sehr gut 😊	gut 🙂	mäßig 😐	mäßig 😐
Minimale Zwischenlagerkosten	gut 🙂	gut 🙂	mäßig 😐	sehr gut 😊	mäßig 😐
Minimale Terminabweichung	gut 🙂	mäßig 😐	mäßig 😐	mäßig 😐	sehr gut 😊

7.6.4 Auftragsveranlassung und Auftragsüberwachung

Die Auftragsveranlassung und Auftragsüberwachung gehören zu den steuernden Aufgaben der Eigenfertigungsplanung und -steuerung **(Bild 1)**. Sie wird daher auch häufig **Werkstattsteuerung** genannt. Ihre Aufgabe ist es dafür zu sorgen, dass die von der Produktionsplanung grob und durch die Kapazitätsfeinplanung genau festgelegten Werkstattaufträge möglichst planmäßig ausgeführt werden. Auftretende Störungen und Planungsungenauigkeiten müssen kurzfristig behoben werden.

Die **Auftragsveranlassung** hat die Aufgabe den eigentlichen Fertigungsprozess anzustoßen.

Im Rahmen der **Verfügbarkeitsprüfung** muss zunächst sichergestellt werden, dass für jeden Arbeitsgang alle benötigten Materialien, Produktionsmittel (Maschinen, Werkzeuge, Vorrichtungen, Prüfmittel) und Auftragsunterlagen (Zeichnungen, NC-Programme) bereitgestellt oder verfügbar sind. Danach kann der entsprechende Werkstattauftrag zur eigentlichen Fertigung freigegeben werden. Dazu werden alle zur Durchführung der Fertigung benötigten Belege erstellt (Bild 1).

Der **Werkstattauftrag** (Fertigungsauftrag) enthält neben allen Daten des auftragsneutralen Arbeitsplanes die Auftragsnummer, die Auftragsmenge und den vorgesehenen Auftragstermin. Ein Duplikat des Fertigungsauftrags begleitet als sogenannte **Laufkarte** das herzustellende Teil durch die Fertigung.

Die **Materialbezugsbelege** (Materialscheine, Lagerausfasslisten) werden dem Lager für die Materialbereitstellung zugeleitet. Die **Lohnbelege** werden zur Vorgabe der Bearbeitungszeit und zur Lohnabrechnung benötigt. Die **Rückmeldebelege** dienen der Überwachung des Auftragsfortschrittes.

Bild 1: Auftragsveranlassung und Auftragsüberwachung

7.6 Eigenfertigungsplanung und -steuerung

Die **Auftragsverteilung** leitet die Auftragsbelege an die entsprechenden Arbeitsplätze weiter (**Bild 1**). Vermehrt werden als Hilfsmittel zur Arbeitsverteilung Bildschirmgeräte (Terminals) eingesetzt, die mit dem Computer der zentralen Arbeitsverteilung verbunden sind. Der Meister oder der Werker kann in der Werkstatt über dieses Terminal den nächsten Auftrag zur Bearbeitung abrufen. Bei Inselfertigung von Teilefamilien werden die Aufgaben der Auftragsveranlassung einschließlich der Reihenfolgeplanung meist von den Mitarbeitern der Fertigungsinsel durchgeführt.

Die **Auftragsüberwachung** besteht im Wesentlichen aus einer Fortschrittsüberwachung der Werkstattaufträge. Sie vergleicht das tatsächliche Produktionsergebnis mit den Plandaten und aktualisiert die entsprechenden Materialbestands-, Kapazitäts- und Fertigungsauftragsdaten (**Bild 1, vorhergehende Seite**). Die Rückmeldung der tatsächlich erreichten Produktionsergebnisse erfolgt entweder „off line" mit Rückmeldescheinen oder „on line" mithilfe von sogenannten BDE-Terminals (**Bild 2**). Im Falle von Abweichungen werden korrigierende Maßnahmen, wie z. B. Nacharbeit oder Planänderungen veranlasst.

Zur Unterstützung der Eigenfertigungsplanung und -steuerung (Werkstattsteuerung) werden häufig **Manufacturing-Execution-Systeme (MES)** eingesetzt (siehe Kapitel 8). Diese EDV-Systeme bilden die Schnittstelle zwischen dem lang- und mittelfristig planenden PPS/ERP-System und der Fertigung. Sie ermöglichen eine kurzfristige Feinplanung des Fertigungsprozesses.

Bild 1: Auftragsverteilung

Bild 2: Bildschirmmaske eines BDE-Terminals

7.7 Betriebsdatenerfassung (BDE)

7.7.1 Aufgaben von BDE

Die Kenntnis der Betriebsdaten (**Tabelle 1**) ist Voraussetzung für eine wirkungsvolle Produktionsplanung und Produktionssteuerung.

Mithilfe der Betriebsdatenerfassung werden die im Rahmen der betrieblichen Prozesse anfallenden technischen und organisatorischen Daten am Ort ihrer Entstehung erfasst und zur Weiterverarbeitung an das PPS-System oder die Lohnabrechnung weitergeleitet (**Tabelle 2**).

Die Betriebsdatenerfassung hat damit folgende Aufgaben:

- Bereitstellen aktueller, vollständiger und fehlerfreier Daten für die mittelfristige Produktionsbedarfsplanung (Termin- und Mengenplanung),
- Unterstützung der kurzfristigen Eigenfertigungsplanung und -steuerung,
- Bereitstellen exakter Informationen
  - für die Kostenrechnung und
  - für die Lohnabrechnung,
- Verringerung des Belegvolumens und
- Verringerung des personellen Aufwandes.

Zur aktuellen Erfassung des Ist-Zustandes werden Betriebsdatenerfassungsgeräte eingesetzt (**Bild 1, folgende Seite**). Die halbautomatische Eingabe mithilfe von maschinenlesbaren Belegen verringert den manuellen Eingabeaufwand und vermeidet weitgehend Fehlereingaben. So ist z. B. auf dem Werksausweis die Personalnummer auf dem Magnetstreifen maschinenlesbar gespeichert oder die Auftragsnummer auf den Auftragsunterlagen mit dem Barcode maschinenlesbar verschlüsselt.

Die an den Terminals erfassten Daten werden an einen BDE-Leitrechner übermittelt. Von dem BDE-Leitrechner werden die Betriebsdaten auf ihre Plausibilität überprüft, auf einer BDE-Datenbank zwischengespeichert und zu Betriebskennzahlen wie z. B. die Auslastung eines Arbeitsplatzes verdichtet. Danach werden die aufgearbeiteten Betriebsdaten auf übergeordnete EDV-Systeme wie z. B. einen Fertigungsleitrechner oder das PPS-System weitergeleitet.
Je nach Gestaltung der Systemkomponenten und ihrer Kopplung zu einem Gesamtsystem lassen sich verschiedene Typen von BDE-Systemen nach folgenden Merkmalen unterscheiden (**Tabelle 2**):

- Ort der Datenerfassungsgeräte,
- Art der Datenerfassung,
- Art der Datenübertragung,
- Art der Datenverarbeitung.

Bei einer dezentralen Auftragsverteilung ist der Aufwand für die Betriebsdatenerfassung geringer als bei einer zentralen Auftragsverteilung, da im wesentlichen nur Start- und Endtermine von Fertigungsaufträgen sofort an die zentrale Auftragsverwaltung weitergegeben werden müssen.

Tabelle 1: Beispiele für Betriebsdaten

Organisatorisch	Technologisch	Speziell
Auftragsdaten z. B. Stückzahlen	Maschinendaten z. B. Produktionszeit	z. B. Kantinendaten, Zugangssicherung, Tankdaten, Fahrtenschreiber.
Personaldaten z. B. Arbeitszeit	Prozessdaten z. B. Qualität	
Materialdaten z. B. Bestand		

Tabelle 2: Merkmale von Betriebsdatenerfassungs-Systemen

Ort der Datenerfassungsgeräte	
zentral:	an einem zentralen Ort z. B. Fertigungssteuerung
bereichsweise:	z. B. im Meisterbüro
dezentral:	an jedem Arbeitsplatz
Art der Datenerfassung	
manuell:	direkt über Tastatur eines Terminals
halbautomatisch:	über Terminal mit Belegleser z. B. Barcode-Leser
vollautomatisch:	über Geber direkt an der Maschine z. B. Zähler
Art der Datenübertragung	
Off Line:	Erfassen der Daten auf transportablen Datenträgern und periodischer Transport zur Datenverarbeitung
On Line:	Erfassungsgerät ist direkt mit der Datenverarbeitungsanlage verbunden
Art der Datenverarbeitung	
Batch:	Die gesammelten Daten werden gemeinsam periodisch ausgewertet
Real-Time:	Die on-line anfallenden Daten werden sofort ausgewertet

7.7 Betriebsdatenerfassung (BDE)

Bild 1: Terminals zur dezentralen Betriebsdatenerfassung für online-Betrieb (Beispiel)

7.7.2 Technik der BDE

7.7.2.1 Strichcodes und Flächencodes

Die Datenerfassung erfolgt sehr häufig mithilfe von Strichcodes (Barcode[1]). Der Code kann direkt auf die Waren aufgedruckt werden oder aber mittels Etiketten aufgebracht werden. Im Lebensmittelbereich wird in Europa der EAN-Code (Europäische Artikel-Nummerierung) verwendet. Neben den einzeiligen Barcodes gibt es mehrzeilige Barcodes, z. B. den Code PDF 417 und die 2D-Barcodes mit meist quadratischen Codezellen, z. B. die in USA entwickelte **DataMatrix**.

Einzeilige Barcodes
Diese Codes sind alle Binärcodes mit meist unterschiedlich breiten Strichen und Strichlücken. Das Ablesen erfolgt optisch durch Auswerten der Breite und Anzahl der Striche bzw. der Strichlücken.

Die Breite der Striche und der Strichlücken ist ein ganzzahliges Vielfaches des **Moduls** eines Codes. Der Modul ist also das schmalste Element. Der Strichcode beginnt stets mit einem Startzeichen und endet mit einem Stoppzeichen, damit er aus beiden Richtungen gelesen werden kann. Häufig ist unter dem Strichcodemuster eine Klarschriftzeile.

> Strichcodes sind gut maschinell lesbar.

[1] engl. bar = Stange, Stab, Balken

Codetabelle: 2-aus-5-Code			
Start	110	6	01100
1	10001	7	00011
2	01001	8	10010
3	11000	9	01010
4	00101	0	00110
5	10100	Stopp	101

Bild 2: 2-aus-5-Code

2-aus-5-Code
Dieser Code verschlüsselt nur Ziffern. Jede Ziffer wird mit 2 breiten und 3 schmalen Strichen verschlüsselt. Die Lücken sind gleich schmal und tragen keine Information **(Bild 2)**.

Die breiten Striche haben 2- bis 3fache Breite gegenüber den schmalen Strichen. Die Informationsdichte ist relativ gering, d. h. man benötigt für vielstellige Zahlen sehr lange Codemuster.

2-aus-5-Code (interleaved[1])

Dieser Code verschlüsselt ebenfalls nur Ziffern. Jede Ziffer wird aus 2 breiten und 3 schmalen Strichen bzw. aus 2 breiten und 3 schmalen Lücken dargestellt (**Bild 1**). Die Lücken tragen also bei diesem Code Informationen.

> Die 1. Ziffer wird mit 5 Strichen dargestellt. Die 2. Ziffer wird mit den Lücken zwischen den Strichen der 1. Ziffer dargestellt, also überlappend. Die 3. Ziffer wird wieder mit Strichen und die 4. Ziffer mit den Lücken der 3. Ziffer verschlüsselt usw.

EAN-Code

Der EAN-Code ermöglicht die Verschlüsselung von Ziffern und setzt sich aus dunklen Strichen und hellen Lücken mit bis zu 4 Modulen zusammen (**Bild 2**).

> Jede Ziffer wird mit 7 Binärzeichen verschlüsselt. Dabei werden drei unterschiedliche Verschlüsselungen verwendet. Zeichensatz A, Zeichensatz B und Zeichensatz C (**Tabelle 1**). Der Zeichensatz A hat rechts immer eine „eins", d. h. einen Strich, und hat ungerade Parität (Quersumme der Bits mit Wert 1 ist ungeradzahlig). Der Zeichensatz B hat auch rechts immer eine 1, hat aber eine gerade Parität. Der Zeichensatz C hat stets links eine 1 und eine gerade Parität.
>
> Die linken 6 Ziffern werden für deutsche Artikel in der Zeichensatzfolge ABAABB verschlüsselt. Die rechten 6 Ziffern werden stets mit dem Zeichensatz C verschlüsselt. Außer den Nutzzeichen für die Verschlüsselung der Artikelnummer gibt es noch zwei Randzeichen 101 und ein Trennzeichen 01010.

> Der Vorteil des EAN-Codes ist die hohe Informationsdichte und die Lesesicherheit.

Mehrzeilige Barcodes

Die mehrzeiligen Barcodes bestehen aus mehreren Zeilen mit Strichen und Strichlücken. Das Start/Stopp-Zeichen ist aber gemeinsam (**Bild 3**). Mit dem PDF 417-Code können alle alphanumerischen Zeichen dargestellt werden. PDF ist die Abkürzung für engl. portable data file = tragbare Datensätze. Die Zeichen werden wortweise codiert und zwar mit 17 Modulen und diese bestehen seinerseits aus je 4 Strichen mit 4 Lücken. Die Zahl der Zeilen ist mindestens 3 und höchstens 90. Zum vollständigen PDF-Code gehören sowohl Prüfzeichen als auch Zeichen zur Fehlerkorrektur. Wesentlich weniger Platz als der PDF417-Code benötigt der Mikro-PDF-Code. Er hat aber auch eine geringere Datenkapazität.

---
[1] engl. interleaved = überlappend

Bild 1: 2-aus-5-Code (interleaved)

Bild 2: EAN-Code

Bild 3: Mehrzeiliger Barcode (Code PDF 417)

Tabelle 1: EAN-Code-Tabelle

Zeichen	Zeichensatz A	Zeichensatz B	Zeichensatz C
0	0001101	0100111	1110010
1	0011001	0110011	1100110
2	0010011	0011011	1101100
3	0111101	0100001	1000010
4	0100011	0011101	1011100
5	0110001	0111001	1001110
6	0101111	0000101	1010000
7	0111011	0010001	1000100
8	0110111	0001001	1001000
9	0001011	0010111	1110100

2D-Codes

Die 2D-Codes sind Flächencodes und meist auf quadratischen Flächen dargestellt (**Bild 1**). Der Code **Data Matrix** verschlüsselt auf einer sehr kleinen Fläche 2334 ASCII-Zeichen. Zur Orientierung beim Lesen hat er am linken und unteren Rand einen Balken. Es können mehrere Codeelemente direkt aneinander gefügt werden. Der **QR-Code** (von Quick Response Code = schnelle Antwort-Code) ist ein quadratischer Flächencode und besteht aus 21x21 bis 177x177 kleinen schwarzen und weißen quadratischen Symbolelementen. Der **Maxi-Code** hat eine quadratische Form, eine runde Mittelpunkt-Markierung und sechseckige Datenzellen.

Bild 1: 2D-Flächencodes

> 2D-Codes haben eine sehr hohe Informationsdichte.

Neben schwarz/weißen-2D-Codes gibt es auch 2D-Farbcodes. Diese haben eine noch größere Datendichte. Zur Codierung dienen die 6 Farben Rot, Grün, Blau und Cyan, Magenta, Gelb.

Statt gedruckt, können Codierungen auch geprägt werden und sind damit ziemlich robust gegen Beschädigungen, z. B. auf Motorblöcken (**Bild 2**).

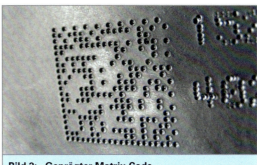

Bild 2: Geprägter Matrix-Code

7.7.2.2 Codeleser

Codeleser sind Datenerfassungssysteme. Sie können meist unterschiedliche Codes lesen, aber auch neuerdings Klarschriften lesen und entschlüsseln. Sie sind kabelgebunden oder kabellos, können kommunikationsfähig sein über WLAN und Bluetooth®. Zur Kommunikation mit dem Nutzer besitzen sie ein Mikrophon und einen Lautsprecher, sowie ein kleines Farbdisplay.

Scanner[1]

Man unterscheidet hinsichtlich der Anwendung:
- **Stationäre Scanner,** bei welchen die Waren über ein Sichtfenster gezogen werden oder die oberhalb von Transportbändern angeordnet sind und die codetragenden Waren identifizieren.
- **Handscanner (Bild 3)** sind für innerbetriebliche Anwendungen in der Produktion und Logistik, aber auch an Warenausgaben, z. B. zum Selbstscannen durch die Kunden.
- **Wearables**[2] **(Bild 4)** sind besonders kompakte Scanner. Sie werden mit einem Handschuh auf dem Handrücken getragen. Der Nutzer hat so beide Hände für seine eigentlichen Aufgaben frei.

Bild 3: Handscanner

Bild 4: Wearable-Scanner

---

[1] engl. to scan = untersuchen, abtasten, rastern
[2] eng. wearable = tragbar. Wearables sind elektronische Geräte, die in Kleidungsstücke integriert sind oder als Accessoire am Körper getragen werden.

Technologie der Scanner

Lesestifte. Zu den ersten Scannern gehörten die Lesestifte (**Bild 1**). Sie haben eine rotleuchtende LED (Wellenlänge 660 nm). Der Barcode wird beim Überstreichen des Codemusters diffus beleuchtet. Das reflektierte Licht gelangt über eine Linse auf den Fototransistor und es entsteht ein Impulszug, der dem **Strich-Lücken-Muster** der Codierung entspricht.

Stationäre Laserscanner. Der feine Lichtstrahl, z. B. einer Laserdiode wird über einen rotierenden Polygonspiegel (Vieleckspiegel) abgelenkt und auf das Strichcodemuster projiziert (**Bild 2**). Dabei läuft der Laserstrahl über das Strichcodemuster hinweg. Das reflektierte Licht wird ebenfalls über den Polygonspiegel reflektiert und einer Fotodiode mit Verstärker zugeführt. Beim Mehrstrahlscanner sitzen die einzelnen Spiegelfacetten nicht achsparallel, sondern verschränkt auf dem Polygonspiegelrad und so erzeugt jeder Spiegel eine andere Linie auf dem Leseobjekt. Bei **omnidirektionalen**[1] **Laserscanner** in Supermärkten wird der Laserstrahl über weitere Spiegel mehrseitig zur Ware abgelenkt. So können Artikel fast rundum gelesen werden.

Logistik-Codeleser
Logistik-Codeleser (**Bild 3**) erfordern ein großes Sichtfeld, sie müssen mehrere Codes gleichzeitig lesen können und weitgehend von der Produktgröße und Produktform unabhängig sein. Sehr kleine Codes müssen auch über große Distanzen lesbar sein. So ist eine hohe Bildauflösung und Tiefenschärfe wichtig. Das Lesen muss „on the fly" möglich sein. Also Lesen bei bewegenden Objekten. Die Bildverarbeitung und Objektidentifizierung muss extrem schnell erfolgen. Zur Glanz- und Störlichtunterdrückung wird mit polarisiertem Licht gearbeitet. Es können alle gängigen Barcodes, z. B. EAN-Code und 2D-Codes, z. B. DataMatrix-Code in 100 mm bis 2 m Abstand gelesen werden. Alle gängigen Datenschnittstellen werden bedient, z. B. ETHERNET, PROFIBUS, USB, RS 232C mit zugehörigen Protokollen.

AR-Brillen mit Kamera
Mit AR[2]-Brillen mit Kamera oder mit Tablets mit Kamera werden z. B. Details an der Bodengruppe einer Karosserie identifiziert (**Bild 4**) und generieren weitere dazu gehörende Informationen, z. B. Produktseriennummern, Produktzeichnungen, Produktmontageanleitungen. Es können natürlich auch Barcode oder QR-Code gelesen werden. Mikrofon und Lautsprecher ermöglichen eine sprachgeführte Interaktion.

Dem Lagerist z. B. werden notwendige Informationen eingeblendet, z. B. Teilestandort, Teilegröße, Teileausführungsformen und Seriennummern. Mithilfe einer AR-Brille können reale Geometrien, beispielsweise eine Fahrzeugheckleuchte mit maßstabsgetreuen, holographischen 3D-Modellen überlagert werden und beurteilt werden. Die AR-Brille kann z. B. Warnungen einblenden, falls das Objekt Gefahrstoffe enthält, z. B. bei hochmagnetischen Bauteilen, dass diese nicht von Personen mit Herzschrittmacher gehandhabt werden dürfen.

Bild 1: Historischer Lesestift

Bild 2: Prinzip des Laserscanners

Bild 3: Logistik-Codeleser

Bild 4: Identifikation mit Augmented Reality

---

[1] lat. omni- = Vorsilbe für alles, jeder, ganz. Omnidirektionales Scannen = in allen Richtungen scannen.
[2] AR Kurzform für Augmented Reality = erweiterte Realität

7.7 Betriebsdatenerfassung (BDE)

7.7.2.3 Elektronische Identifikationssysteme

Bei flexiblen Fertigungssystemen werden Identifikationssysteme verwendet, z. B. zum Erkennen welche Werkstücke sich auf welcher Palette (**Bild 1**) befinden, damit die Werkzeugmaschinen das dafür richtige Bearbeitungsprogramm ausführen. Auf der Werkstückpalette befindet sich ein mobiler elektronischer Speicher, der ohne elektrischen Anschluss am Vorbeifahren an einem Lesegerät oder Schreib-/Lesegerät abgefragt bzw. auch neu beschrieben werden kann. Das Lesegerät bzw. Schreib-/Lesegerät wird an eine SPS oder einen PC angeschlossen.

> Mit elektronischen Identifikationssystemen kann man Werkstücke berührungslos und in bewegtem Zustand erfassen und man kann Daten übergeben.

Über eine induktive Kopplung wird bei manchen Systemen der Datenspeicher während des Schreib- oder Lesezyklus auch mit Energie versorgt (**Bild 2**). Bei anderen Systemen ist eine kleine Batterie mit 10 Jahren Lebensdauer in den Datenspeicherblock mit eingegossen.

Die Speicherkapazität eines mobilen Datenspeichers liegt je nach Type z. B. bei 8 kByte. Zur Signalübertragung wird eine Pulscodemodulation verwendet (**Bild 3**). Dabei ist das Trägersignal ein magnetisches Wechselfeld mit einer Frequenz von etwa 2 MHz. Die Daten werden bei jeder Übertragung auf ihre Richtigkeit geprüft. Hierzu werden ergänzend zu den Nutzdaten jeweils Prüfdaten erzeugt und übertragen. Zur Energieübertragung verwendet man Wechselfelder mit etwa 200 kHz. Der maximale Abstand beim Schreiben/Lesen zwischen dem mobilen Datenspeicher und dem Schreib-/Lesegerät beträgt ca. 50 mm. Die Gehäuseformen sind kubisch oder zylindrisch, z. B. auch mit Einschraubgewinde und sind völlig dicht abgeschlossen.

Bei jeder Werkstückbearbeitung wird die durchgeführte Arbeit im mobilen Datenspeicher vermerkt (**Bild 4**). So wird eine dezentrale Datenhaltung möglich. Dies führt zu einer hohen Betriebssicherheit, da auch nach einem Ausfall des Zentralrechners bzw. der zentralen Datenbank, die für das Werkstück aktuellen Daten am Werkstückträger gespeichert bleiben.

> Mobile Datenspeicher ermöglichen eine dezentrale und sichere Datenhaltung.

Bild 1: Identifikationssystem beim Werkstücktransport

Bild 2: Prinzipschaltbild des mobilen Speichers

Bild 3: Pulscodemodulation für die Dualzahl 101011000

Bild 4: Mobiler Speicher an Bauteilträgern

Chipkarten und Chipmünzen

Die Chipkarte (Smart Card, Electronic Card) enthält einen Chipmodul meist mit Speicher- und Prozessorfunktionalität. Man unterscheidet die kontaktbehaftete und die kontaktlose Chipkarte bzw. Chipmünze. Die Chipkarte enthält den Chip in einer kunststofflaminierten Karte (**Bild 1**). Bei der Chipmünze (Coin) ist der Chip in Form einer Münze mit Kunststoff vergossen. Die Chipkarten/Chipmünzen dienen der Zugangskontrolle, des bargeldlosen Zahlungsverkehrs und der Betriebsdatenspeicherung.

Die Abmessungen der Chipkarte und der Kontaktflächen sind genormt. Neben der großen Chipkarte im Scheckkartenformat gibt es auch eine kleine Ausführung (**Bild 2**), z. B. zur Verwendung in Mobiltelefonen (SIM-Karte, von Subscriber Identity Module[1]).
Sechs der acht Kontakte des Chips sind einer festen Funktion zugeordnet. Zwei Kontakte können individuell belegt sein (**Tabelle 1**).

Bei den kontaktlosen Chipkarten und den elektronischen Preisschildern (RFID, Radiofrequenz-Identifikation, **Bild 3, Tabelle 2**) erfolgt die Kommunikation über Transponder (Sender/Empfänger). Der Transponder überträgt mittels elektromagnetischer Wellen die Signale zu einem Lesegerät mit Entfernungen von wenigen Millimetern (man muss die Karte über den Lesekopf halten) bis hin zu einigen Metern (z. B. bei Fahrzeugen für das „keyless go"). Die Stromversorgung erfolgt bei diesen Karten ebenfalls elektromagnetisch. Hierzu befindet sich auf der Karte eine Spule und Antenne. Als Speicher kommen alle Arten elektronischer Speicher vor: ROM, RAM, EEPROM. Über das EEPROM können z. B. wechselnde Betriebsdaten gespeichert und abgefragt werden.

> Chipkarten dienen häufig der Zugangskontrolle und haben die Funktionalität eines Schlüssels.

Bild 1: Chipkarte als Kreditkarte

Tabelle 1: Kontakte von Chipkarten

Kontakt	Name	Funktion	Ansicht
1	VCC	Betriebsspannung	
2	RST	Reset (Rücksetzen)	
3	CLK	Takt	
4		nicht definiert	
5	GND	Ground (Masse)	
6	VPP	Programmierspannung	
7	I/O	Input/Output (Eingang/Ausgang)	
8		nicht definiert	

Bild 2: SIM-Karte

Tabelle 2: Kenngrößen für RFIDs (Beispiele)

Speichergröße	2048 Byte	128 Byte
ISO Standard	ISO 14443 A	ISO 15693
Reichweite	bis 10 cm	70 cm
Kryptografische Authentifikation	64 Bit	96 Bit
Max. mögl. Applikationen	z. B. 123	z. B. 8
Speicher-Segmentierung	dynamisch	dynamisch

Bild 3: RFID – Aufbau und Parkmünze

---

[1] engl. Subscriber Identity Module = Teilnehmer-Identitätsmodul

7.7 Betriebsdatenerfassung (BDE)

RFID-Chips aus Kunststoff

Mit RFID-Chips aus Kunststoff den „intelligenten Etiketten" **(Bild 1)** können Waren einzeln unterscheidbar gekennzeichnet werden. Eine neue Drucktechnik ermöglicht die Herstellung von integrierten Schaltkreisen aus Polymeren.

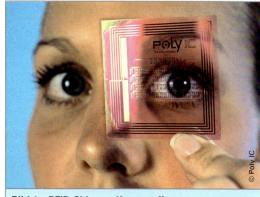

Bild 1: RFID-Chip aus Kunststoff

7.7.3 Funkterminals

Zur Wareneingangskontrolle, Materialausgangskontrolle und Materialflusssteuerung sowie zu Zwecken der Inventur und des Qualitätsmanagements verwendet man geschickterweise Handterminals mit Funkverbindung und integriertem Scanner.

Das Funkterminal **(Bild 2)** enthält ein großes grafikfähiges Display, Funktionstasten, eine numerische Tastatur und durch Doppelbelegung auch Alphatasten. Es enthält ferner einen vollständigen PC und ist somit auch internetfähig. Die Datenübertragung in ein Festnetz erfolgt z. B. als Funk-LAN-Verbindung mit 2,4 GHz (entsprechend IEEE 802.11) mit einer Bitrate von 2 Mbit/s **(Tabelle 1)**.

Neben den Hand-Terminals gibt es auch Funk-Touchscreen-Tabletts. Diese haben einen großen Farb-TFT-Bildschirm, welcher direkt mit Fingerdruck auf programmierbare Schaltflächen bedient werden kann.

Bild 2: Funkterminal

Funkterminals im Qualitätsmanagement
- ersparen Prüfbögen und Schreibzeug,
- ermöglichen eine Aktualisierung der Prüfvorgaben direkt beim Prüfer.

Funkterminals steuern
- Fahrerlose Transportsysteme,
- Regalbediengeräte,
- Mobile Mess- und Prüfplätze.

Funkterminals in der Materialflusssteuerung ermöglichen
- Beleglose Kommissionierung,
- Wareneingangsprüfung,
- Warenausgangsprüfung,
- Inventur.

Tabelle 1: Typische Eigenschaften eines Funkterminals

Eigenschaften	Kenngrößen (Beispiel)
Tasten	41 Silicon-Gummi Tasten 12 Funktionstasten
Scanner für Datentransfer zu PC	bis 1,152 Mbit/s
Display	LCD, VGA-Display, 160x240 Pixel
Funk	LAN nach IEEE 802.11 mit 2,4 Hz, Direct Sequenze (32 mW) oder Frequency Hopping (100mW) Alternativ: 403-512 MHz Narrow Band mit 2 W, bis 19,6 kbit/s
Barcode-Leser	1D bis ca. 2 m Entfernung
Batterie	Schnell wechselbar und wiederaufladbar (ca. 5 Std. Funkbetrieb) 1,5 Ah NiMH-Akku

7.8 Fertigungssteuerung mit Kanban

In der traditionellen, zentral organisierten Produktionsplanung und -steuerung wird der gesamte Produktionsbedarf an einer zentralen Stelle bis ins kleinste Detail vorausgeplant. Die Fertigungsaufträge und Materialien werden nach dem **Bring-Prinzip** (Push-Prinzip) von Arbeitsplatz zu Arbeitsplatz gebracht bzw. durch die Fertigung geschoben. Die einzelnen ausführenden Produktionsstellen haben kaum die Möglichkeit, die Produktion zu beeinflussen. Die Trennung von planenden und ausführenden Stellen macht diese zentral planenden und steuernden Systeme relativ unflexibel bzw. träge gegenüber Störungen oder kurzfristigen Änderungen der Auftragslage. Um die mangelnde Flexibilität zu kompensieren, ist eine relativ hohe Vorratshaltung nötig, die hohe Lagerungskosten und lange Durchlaufszeiten verursachen.

Im Gegensatz zum Bring-Prinzip ist das **Hol-Prinzip** (Pull-Prinzip) eine Fertigungssteuerungsstrategie, bei der die Materialien (Materialfluss) jeweils auf Anforderung (Informationsfluss) einer nachgelagerten Stelle (z. B. Fräsmaschine) an eine vorgelagerte Stelle (z. B. Drehmaschine) gezogen werden.

Das **Kanban-System (Bild 1)** arbeitet nach dem Hol-Prinzip. Dabei holt die nachgelagerte Fertigungseinheit (Senke) bei Bedarf einen vollen Behälter mit dem benötigten Teil aus seinem Bereitstellungslager ②. Gleichzeitig geht ein Kanban (jap. Zettel), der sich im vollen Behälter befindet, zurück an die vorgelagerte Fertigungseinheit (Quelle) ①. Nach dem Erhalt der Kanban-Karte beginnt die erzeugende Stelle (Quelle) mit der Produktion der auf der Karte genannten Teile-Menge und füllt damit den Kanban-Behälter ③. Sobald der Behälter mit der geforderten Menge gefüllt ist, wird er mit der Kanban-Karte versehen und in das Bereitstellungslager der Senke transportiert ④, von dem aus sich die Senke selbst versorgt ②.

Dieser Zusammenhang stellt einen selbststeuernden Regelkreis dar, welcher nicht über eine zentrale Planungsinstanz gesteuert wird, sondern sich den aktuellen Anforderungen an das Material über die Kanban-Karten anpasst. Das zentrale Produktionsplanungs- und -steuerungssystem gibt dem Kanban-System nur den Produktionsplan der letzten Fertigungsstufe vor (Bild 1, ①a).

Die administrativen Bereiche eines Unternehmens werden durch dieses Vorgehen entlastet und das Fehlerrisiko wird vermindert. Gleichzeitig bewirkt die Rückwärtsverkettung des Materialnachschubs eine Verringerung der Lagerbestände sowie eine Verkürzung der Durchlaufzeiten.

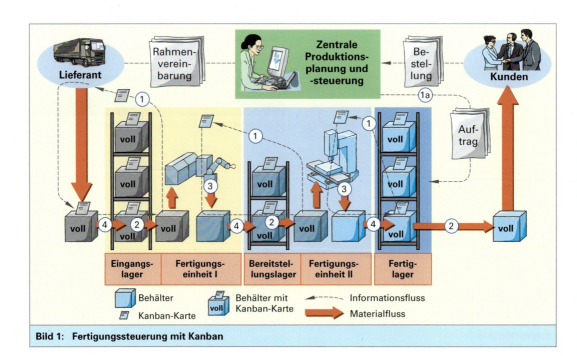

Bild 1: Fertigungssteuerung mit Kanban

8 Manufacturing Execution Systems (MES)

Im Zuge der fortschreitenden Digitalisierung der industriellen Produktion werden neue Konzeptionen der Fertigung erforderlich. Durch intelligente und digital vernetzte Systeme soll eine weitestgehende selbstorganisierte Produktion möglich werden. Durch die Vernetzung werden nicht mehr nur einzelne Prozessschritte, sondern die gesamte Wertschöpfungskette zeitnah optimiert.

> Die MES ist ein Fertigungsmanagementsystem um Fertigungsprozesse zeitnah bzw. in Echtzeit zu planen und zu steuern und den Material- und Informationsfluss abzubilden.

Die ERP-Systeme können meist viele Informationen und Ereignisse der Fertigung nicht erfassen und sind so für die Fertigungsorganisation nicht hinreichend. Für die Fertigungsorganisation ungeeignet sind auch die zu detaillierten Daten der Prozesssteuerungsebene (**Bild 1**).

8.1 Ziele von MES

Durch die Vernetzung der Systeme nimmt die Vielfalt und die Menge der Daten, aber auch die Geschwindigkeit der zeitnahen Verarbeitung der Systeme, kontinuierlich zu. Zur Produktionsdurchführung und zu Erfüllung der Kundenanforderungen (**Bild 2**) sind detaillierte Informationen unabdingbar.

Das MES reagiert auf die ständig eintreffenden Informationen in Echtzeit. Dadurch ist ein aktives Einwirken auf den Produktionsprozess möglich oder die Abweichungen zwischen Planvorgaben und Istzustand werden minimiert (**Bild 3**).

Bild 1: Automatisierungspyramide

Bild 2: Notwendige Informationen zur Produktionsdurchführung und Erfüllung der Kundenanforderungen

Bild 3: Geforderte Flexibilität im Produktionsprozess

8.2 Das MES-System

8.2.1 Aufgabe

Der Austausch von Informationen mit der Unternehmensleitebene (ERP) und der Fertigungsebene (SPS) mit den Fertigungs- und Produktionsprozessen, sowie die daraus resultierenden zeitnahen Reaktionen erfordern ein prozessnah operierendes Fertigungsmanagementsystem (MES). MES ist für den Informationsaustausch zuständig und organisiert bzw. unterstützt alle erforderlichen Aktivitäten im gesamten Produktionsprozess **(Tabelle 1)**.

Tabelle 1: MES-Aufgaben
• Informationsmanagement
• Auftragsmanagement
• Qualitätsmanagement
• Energiemanagement
• Personalmanagement
• Datenerfassung
• Betriebsmittelmanagement
• Leistungsanalyse
• Materialmanagement
• Feinplanung und Feinsteuerung

8.2.2 Grundlegende MES-Aufgabe im Produktionsprozess

Durch einen Auftrag (z. B. Kundenauftrag) zur Produktherstellung wird der Produktionsprozess, unter Berücksichtigung der dafür eingesetzten Ressourcen, ausgelöst. Die drei Ebenen eines Unternehmens (Unternehmensleiteben, Fertigungsmanagementebene und Fertigungsebene) haben dabei unterschiedliche Aufgaben **(Tabelle 2)**. Ein MES wird dadurch zum Bindeglied der direkt über- und untergeordneten Ebenen in Bezug auf die Funktionsweise und den Informationsaustausch.

8.2.3 Nutzungspotential

Der Nutzen durch den MES-Einsatz liegt:

- in einem verbesserten Automatisierungsgrad,
- in einer vorausschauenden Beherrschung des Produktionsprozesses,
- in einer Steigerung der Wertschöpfung und
- im Abbau von menschlicher Routinearbeit.

Ein verbesserter Produktionsprozess ist gekennzeichnet durch:

- Verkürzung der Durchlaufzeit,
- erhöhter Lieferbereitschaft,
- vermindertem Rüstaufwand,
- verbesserter Ressourcenauslastung,
- Verringerung der Lagerbestände,
- Qualitätserhöhung,
- hohe Transparenz,
- hohe Kundenzufriedenheit,
- hohe Flexibilität.

Tabelle 2: Grundsätzliche Aufgabe der Unternehmensebenen			
	Auftrag	**Ressourcen**	**Material**
ERP Unternehmensleitebene	zuständig für Auftragsart, Umfang, Zeitraum, spätere Abrechnung	zuständig für die Ressourcenverwaltung und Kapazitätsbetrachtung	zuständig für Bestandsführung, Materialbedarf und löst Bestellvorgänge aus
MES Fertigungsleitebene	bestimmt Bearbeitungszeitraum, ordnet die Ressourcen zu, bestimmt die Arbeitsgänge der Abwicklung, führt den Auftrag durch	prüft die Verfügbarkeit der Ressourcen, zeitnahe Zuordnung für die Auftragsabwicklung	bestimmt Materialverwendung, verantwortlich für Materialbereitstellung
Anlage/Maschine Fertigungsebene	Umsetzung der Arbeitsgänge – Schrittkette	Ausführung der Arbeitsgänge mit vorgegebenen Ressourcen	Durchführung der Materialverarbeitung zu Halbfabrikaten und Erzeugnissen

8.3 MES-Aufgabe in einem Produktionsprozess (Beispiel)

Durch die immer stärker werdende Digitalisierung und Vernetzung der Produktionsprozesse im Zuge von Industrie 4.0 rückt die MES verstärkt in den Fokus der individualisierten Fertigung von Produkten (**Bild 1**). Die MES fungiert als Schnittstelle der verschiedenen Ebene um individuelle Produkte kostengünstig und effizient zu produzieren. Der Produktentstehungsprozess mit Losgröße *Eins* setzt eine Optimierung der gesamten Prozesskette voraus um wirtschaftlich zu sein.

8.3.1 Auftrag

Der Auslöser für einen Produktionsprozess bildet ein Auftrag, der auf ERP-Ebene erfasst wird (**Bild 2**). In der Regel sind dies Terminaufträge oder Kundenaufträge (Bild 2). Hier werden die konkreten Anforderungen bzw. die Parameter des Kunden erfasst. Die Daten haben eine hohe Bedeutung für die spätere Abrechnung des Auftrags.

Für den eigentlichen Produktionsprozess ist ein Fertigungsauftrag notwendig, der auf der Ebene des MES aus dem Auftrag des ERP-Systems abgeleitet wird (**Bild 3**). Unterschiedliche Strukturen des ERP-Systems gegenüber des MES-Systems machen dies notwendig, um auch die zugehörigen Arbeitsgänge in der Fertigungsebene zu erstellen. Weitere Auftragsarten sind z. B. Plan-, Kanban-, Nacharbeits- oder auch Wartungs- und Instandhaltungsaufträge. Im Auftragsmanagement werden Informationen die einen Bezug zum Fertigungsauftrag haben verarbeitet. Die Informationen Termin, Arbeitsschritte, Vorgabedaten, z. B. Planzeiten, Losgröße, Charge, Einstelldaten, Seriennummern, oder auftragsbezogene Werkzeuge, Vorrichtungen und CNC-Programme werden aus dem ERP übernommen.

> Das Auftragsmanagement berücksichtigt die Beschränkungen der sequentiellen Abfolge von Arbeitsgängen auf der Fertigungsebene (**Bild 4**) und aktualisiert diese durch die Verarbeitung der Rückmeldung.

Bild 1: Individualisiertes Produkt

Bild 2: Kundenauftrag

Bild 3: Fertigungsmanagementebene

Bild 4: Fertigungsebene

Während des Fertigungsprozesses findet ein ständiger Abgleich der Soll-Parameter auf der Auftragsseite und den Ist-Informationen auf der Produktionsseite statt. Die Soll-Parameter können sich, je nach Produktionsstand, durch einen geänderten Kundenauftrag ändern. Aus dem Abgleich ergibt sich der aktuelle Produktionsstatus.

Die Arbeitsfortschritte werden in Echtzeit abgebildet und durch das Auftragsmanagement wird eine Transparenz des Auftragsdurchlaufes gewährleistet **(Bild 1)**.

Veränderungen im Auftragsdurchlauf werden durch die Informationen über geänderte Fertigungsbedingungen erforderlich **(Bild 2)**. Die Datenerfassung (Status, Mengen, Störungen im Ablauf oder Stillstände) liefert den aktuellen Prozesszustand, ermöglicht die Beobachtung und eine sofortige Reaktion auf Zustände im Produktionsprozess. D. h. durch die ständigen Statusupdates kann auf Veränderungen im Fertigungsbereich in Echtzeit reagiert werden.

Die Statusupdates sind auch eine zentrale Voraussetzung für den Regelkreis aus Fertigungsplanung und dem Abarbeiten der Aufträge. Organisatorische Mängel werden aus der langfristigen Betrachtung der Daten ersichtlich und unterstützen den Kontinuierlichen Verbesserungsprozess eines Fertigungsunternehmens.

Durch die zeitnahe Abbildung der Auftragsdurchläufe mit den entsprechenden Arbeitsgängen erhält man eine sehr hohe Transparenz im Fertigungsprozess. Dadurch kann sofort auf Ablaufstörungen reagiert werden, kurzfristige Umplanung eines laufenden Arbeitsgangs ist möglich, Umplanung für Terminoptimierung wird verbessert und eine langfristige Prozessverbesserung durch die Optimierung von Zeiten und Verbräuche.

Durch Erfassen sämtlicher Daten aus dem Produktionsbetrieb und Produktionsprozess ergeben sich Nutzungspotentiale für die gesamte Prozesskette. Eine hohe Bedeutung haben dabei die Maschinen-, Prozess- und Qualitätsdaten für zukünftige Fertigungsprozesse. Aber auch Daten für das Product Lifecycle Management und den Instandhaltungsprozess spielen eine wichtige zukünftige Rolle in der gesamten Prozesskette der Wertschöpfung **(Bild 3)**.

Bild 1: Individualisiertes Produkt

Bild 2: Kundenauftrag

Bild 3: Fertigungsmanagementebene

9 Projektmanagement

9.1 Grundlagen des Projektmanagements

9.1.1 Der Begriff Projekt

Projekte begegnen uns täglich: bei großen Bauvorhaben, bei der Umorganisation eines Unternehmens oder der Entwicklung komplexer neuer Produkte. Aber auch im privaten Bereich finden wir Projekte wie z. B. die Planung und Durchführung einer Hochzeitsfeier oder eines Umzuges.

Der lateinische Ursprung für den Projektbegriff ist *proiectum*, was „das voraus Geworfene" oder in unserem heutigen Sprachgebrauch „Plan, Vorhaben oder Absicht" bedeutet.

Nach **DIN 69901-5** ist ein **Projekt** ein „Vorhaben, das im Wesentlichen durch Einmaligkeit der Bedingungen in ihrer Gesamtheit wie z. B.

- die Zielvorgaben,
- die zeitliche, finanzielle, personelle oder andere Begrenzungen und
- die projektspezifische Organisation

gekennzeichnet ist".

Projekte sind in der Regel aufgrund ihrer relativen Neuartigkeit und Komplexität risikobelastete Vorhaben und erfordern zumeist zur erfolgreichen Lösung der Projektaufgabe das Fachwissen eines Teams von Experten aus verschiedenen Fachbereichen.

„Normale" Vorhaben, die als **Routinevorhaben** bei der täglichen Arbeit in der Linienorganisation eines Unternehmens bearbeitet werden, sind dagegen bekannte, sich wiederholende und zeitlich unbegrenzte Tätigkeiten mit einem relativ geringen Risikopotenzial (**Bild 1**).

Die Grenze von Routinevorhaben zu Projekten ist oft fließend. So wäre z. B. die Markteinführung eines neuen Produktes u. U. ein Projekt. Es kann jedoch zu einem Routinevorhaben werden, wenn auf Märkten mit einem sehr kurzen Produktlebenszyklus, wie etwa der Unterhaltungsmusikbranche, Produkteinführungen schnell aufeinander folgen.

Der **Projektinhalt** ist nach **DIN 69901-5** die „Gesamtheit der Produkte und Dienstleistungen, die durch die Aufgabenstellung eines Projekts als Ergebnis am Ende vorliegen müssen". Der Projektinhalt wird häufig auch **Projektgegenstand** genannt (**Bild 2**).

Der Projektinhalt bzw. der Projektgegenstand soll ohne Überschreitung der geplanten Kosten zu einem vorgegebenen Termin realisiert werden und die geforderten Leistungsmerkmale erfüllen. Das sogenannte „**Magische Zieldreieck**" verdeutlicht

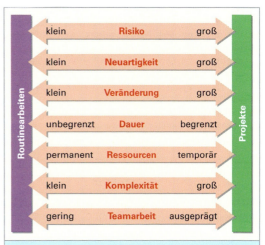

Bild 1: Vergleich von Routinevorhaben und Projekten

Bild 2: Projekt und Projektgegenstand

Bild 3: Magisches Zieldreieck eines Projektes

den Zusammenhang zwischen dem Leistungsziel, Kostenziel und Zeitziel eines Projekts (**Bild 3**).

Durch das Verschieben eines der drei Ziele gerät das Gesamtprojekt in Schieflage, es sei denn bei mindestens einem der beiden anderen Ziele wird ein Ausgleich geschaffen. So muss z. B. bei einer Erhöhung der Leistungsanforderung auch der geplante Kostenrahmen vergrößert werden.

Projekte lassen sich unterscheiden nach:
- der **Stellung des Auftraggebers**: externe oder interne Projekte,
- der beteiligten **Organisationseinheiten**: abteilungsinterne oder abteilungsübergreifende Projekte,
- der **Neuartigkeit**: Routineprojekt oder Pionierprojekt,
- der **Komplexität / Kompliziertheit**: Anzahl und Vernetztheit der beteiligten Elemente (**Bild 1**).

Bild 1: Neuartigkeit und Komplexität von Projekten

9.1.2 Elemente des Projektmanagements

Nach **DIN 69901** ist Projektmanagement die „Gesamtheit von Führungsaufgaben, -organisation, -techniken und -mitteln für die Initiierung, Definition, Planung, Steuerung und den Abschluss von Projekten".

Anders ausgedrückt ist Projektmanagement ein systematischer Prozess zur Führung komplexer Vorhaben mithilfe von projektspezifischen Managementmethoden und Tools (Werkzeuge).

Führung bedeutet die Tätigkeit der Willensdurchsetzung, d. h. der Bestimmung des Verhaltens anderer Personen. Damit umfasst das Projektmanagement sowohl **soziale Aspekte**, wie z. B.

- das Zusammenführen verschiedener interner und externer Teammitglieder,
- das kommunikative Einwirken auf die Teammitglieder und
- die Konfliktlösung,

als auch **fachliche, sachbezogene Aspekte**, wie z. B.

- das zielgerichtete Planen und Steuern von Tätigkeiten und
- den optimalen Einsatz von Ressourcen.

Projektmanagement ist vor allem eine kreative Führungsaufgabe und keine reine administrative Tätigkeit, die sich nur auf den Einsatz von Tools, wie z. B. Projektmanagement-Software beschränkt. Die **Institutionen**, die das Projekt führen, werden ebenfalls Projektmanagement genannt.

Bild 2 zeigt die verschieden **Elemente des Projektmanagements**. Im Mittelpunkt stehen die Projektziele. Die Projektorganisation, die Planung und Steuerung sowie die eingesetzten Methoden und Tools müssen auf das optimale Erreichen dieser Ziele ausgerichtet sein.

Diese fachlich-methodischen Aspekte müssen mit den verhaltensorientierten, psychologischen Aspekten, wie z. B. Führung und Teamentwicklung eng verzahnt sein.

Bild 2: Elemente des Projektmanagements

9.1 Grundlagen des Projektmanagements

Die **Projektaufbauorganisation** gliedert ein Projekt in zeitlich begrenzte Organisationseinheiten mit bestimmten Aufgaben und Befugnissen (siehe Kapitel 9.1.6).

Die **Projektablauforganisation** regelt die innerhalb des Projektes ablaufenden Arbeits- und Informationsprozesse.

Die **Projektplanung** ist wie jede Planung in die Zukunft gerichtet, um zukünftige Handlungen vorzubereiten. Es kann nach REFA als systematisches Suchen und Festlegen von Zielen sowie das Festlegen von Aufgaben, deren Durchführung zum Erreichen der Ziele erforderlich ist, definiert werden. Die Aufgabenplanung kann wiederum in die Ablaufplanung, die die Planung der erforderlichen Arbeitsvorgänge beinhaltet und die Mittelplanung, die die benötigen Ressourcen festlegt, unterteilt werden.

Im Gegensatz zur Planung spielt sich die **Steuerung** in der Gegenwart ab. Die Steuerung soll gewährleisten, dass die Aufgaben in geplanter Weise durchgeführt werden und dass beim Auftreten von Störungen entsprechend reagiert wird. Dazu muss die Aufgabendurchführung termingerecht angestoßen, also veranlasst werden. Während oder nach der Aufgabendurchführung muss weiterhin die Aufgabenerfüllung überwacht werden, um bei Abweichungen zwischen den geplanten Soll-Daten und den tatsächlich vorliegenden Ist-Daten Gegenmaßnahmen treffen zu können. Im Rahmen des Projektmanagements wird das Steuern häufig **Projektcontrolling** genannt.

Unter dem Begriff **Methode** wird ein planmäßiges, schrittweises Vorgehen zum Erreichen eines Zieles verstanden. Eine bestimmte Methode kann sich verschiedener **Techniken** bedienen. Unterschiedliche **Tools** (Werkzeuge) können wiederum diese Techniken unterstützen. Zu den **Projektmanagementmethoden** zählen Vorgehensweisen, wie z. B. die Vorwärts- und Rückwärts-Terminierung für die man z. B. die Netzplantechnik mithilfe des Tools Tabellenkalkulation realisieren kann **(Bild 2, vorhergehende Seite)**.

Zur Sicherung der einheitlichen Handhabung von Projektmanagement in einem Unternehmen bedarf es der Vereinbarung von „Spielregeln" für die Anwendung der Methoden, Techniken und Werkzeuge (Tools). Diese Vorgaben sind im **Projektmanagement-Handbuch** niedergelegt und gelten für alle Projekte eines Unternehmens.

Aus dem Projektmanagement-Handbuch wird für die spezifischen Projekte des Unternehmens je ein **Projekt-Handbuch** abgeleitet, das – ausgehend von den allgemein gültigen Standards des Unter-

Bild 1: Vom Projektmanagement-Handbuch zur Projektakte

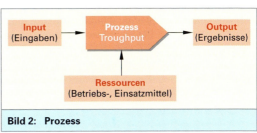

Bild 2: Prozess

nehmens – für das spezifische Projekt die Umsetzung der Methoden enthält. Das Projekt-Handbuch hat den Charakter einer Zielvereinbarung zwischen dem Auftraggeber und dem Projektleiter. Es dokumentiert alle projektrelevanten Ziele, Vereinbarungen und Rahmenbedingungen für das Realisieren eines spezifischen Projektes.

Das Projekthandbuch ist somit der zentrale Bestandteil der **Projektakte**, d. h. der Summe aller Ordner, in denen der Projektverlauf mit all seinen Ergebnissen dokumentiert wird (**Bild 1**).

9.1.3 Projektmanagementprozess und Projektwertschöpfungsprozess

Ein Prozess ist die sachlogische Folge von Tätigkeiten, die Eingaben (Input) in Ergebnisse (Output) mithilfe von Ressourcen umgestaltet (**Bild 2**). Zu den Ressourcen, die auch als Einsatzmittel bezeichnet werden, zählen Betriebsmittel, Personal, Finanzen, Anlagen, Einrichtungen, Computer, Software und Datenbanken.

Bei der Durchführung von Projekten sind zwei Hauptprozesse zu unterscheiden:
- der planende und steuernde **Projektmanagementprozess** und
- der **Projektwertschöpfungsprozess** mit den Tätigkeiten in der Durchführungsphase zur Realisierung des Projektgegenstandes, wie z. B. dem Bau einer Lagerhalle.

Regelungstechnisch gesehen hat damit der Projektmanagementprozess die Funktionen eines Reglers für die Regelstrecke Projektwertschöpfungsprozess (**Bild 1**).

Während die Tätigkeiten des Projektmanagements relativ gut unabhängig vom Projektgegenstand verallgemeinert dargestellt werden können, sind die Tätigkeiten des Projektwertschöpfungsprozesses vom jeweiligen Projektgegenstand abhängig. Im Folgenden soll daher vor allem der Projektmanagementprozess im Mittelpunkt der Betrachtungen stehen.

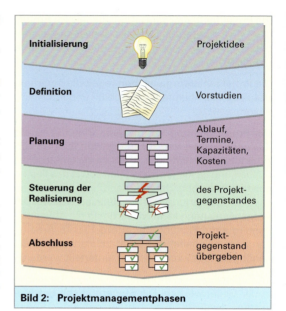

Bild 2: Projektmanagementphasen

9.1.4 Grundsätze des Projektmanagements

Aufgrund ihrer Komplexität, Neuartigkeit und dem damit verbundenen Risiko müssen Projekte systematisch umgesetzt werden.

Dabei sollten folgende Grundsätze eingehalten werden:
- eindeutige Zielvorgaben vorgeben,
- zuerst planen – dann durchführen,
- komplexe Vorhaben in zeitlich zusammenhängende Abschnitte (Projektmanagementphasen) unterteilen (**Bild 2**),
- zur Zielerreichung den Lösungszyklus einsetzen (**Bild 3**),
- sich Schritt für Schritt vom Groben zum Detail heranarbeiten, da die Unsicherheiten der Planung im Laufe der Projektphasen immer geringer werden. Zu Beginn des Projektes sollten nur die Eckpfeiler des Gesamtprojektes vorgegeben und in den folgenden Projektphasen sukzessive konkretisiert werden (**Bild 1, folgende Seite**).

Bild 3: Lösungszyklus

Bild 1: Regler in der Regelstrecke: Projektmanagementprozess mit Projektwertschöpfungsprozess

9.1.5 Tätigkeitsbereiche des Projektmanagements

Das US-amerikanische Project Management Institute gliedert die Aufgaben des Projektmanagements in folgende neun Tätigkeitsbereiche (Wissensbereiche) und beschreibt die dafür nötigen Prozesse (**Bild 2**):

Integrationsmanagement: Das Integrationsmanagement hat zum Ziel, die unterschiedlichen Aktivitäten eines Projekts optimal zu koordinieren und zu integrieren.

Umfangsmanagement: Das Umfangsmanagement soll sicherstellen, dass das Projekt alle erforderlichen Arbeiten, aber auch nur diese, umfasst, um es erfolgreich zu beenden.

Zeitmanagement: Das Zeit- und Terminmanagement soll gewährleisten, dass ein Projekt termingerecht fertiggestellt wird.

Kostenmanagement: Das Kostenmanagement zielt auf die Einhaltung des genehmigten Kostenrahmens. Hierfür ist der Kostenverlauf zu erfassen und gegebenenfalls Gegenmaßnahmen einzuleiten.

Qualitätsmanagement: Das Qualitätsmanagement in Projekten soll sicherstellen, dass die vom Auftraggeber definierten Qualitätsansprüche eingehalten oder sogar übertroffen werden.

Personalmanagement: Die Hauptaufgabe des Personalmanagements ist es, dafür zu sorgen, dass die am Projekt beteiligten Mitarbeiter so effizient wie möglich eingesetzt werden.

Kommunikationsmanagement: Das Kommunikationsmanagement soll dafür sorgen, dass sämtliche Projektinformationen rechtzeitig und angemessen erstellt, gesammelt, verbreitet und gespeichert werden.

Risikomanagement: Das Risikomanagement soll Projektrisiken feststellen, analysieren und so reagieren, dass die Wahrscheinlichkeit negativer Ereignisse auf das Projekt sinkt.

Beschaffungsmanagement: Das Beschaffungsmanagement soll die Beschaffung von Waren und Leistungen von außerhalb gewährleisten. Dies geschieht durch die optimale Einbindung von Partnern und Lieferanten in das Projekt.

9.1.6 Projekt-Aufbauorganisation

Die Projekt-Aufbauorganisation regelt die Aufgaben, die Kompetenzen, die Verantwortlichkeiten und die organisatorische Einbindung aller am Projekt beteiligten Personen (**Bild 1, folgende Seite**). Sie ist je nach Projektgröße und Unternehmen unterschiedlich ausgeprägt und wie das Projekt selbst eine Organisation auf Zeit. Typische Projektinstanzen sind:

Projektauftraggeber: Er entscheidet über die Durchführung des Projekts. Außerdem sollte er sicher stellen, dass die notwendigen finanziellen, personellen und sachlichen Ressourcen zur Verfügung stehen.

Bild 2: Tätigkeitsbereiche des Projektmanagements

Bild 1: Verlauf der Projekt-Unsicherheiten und der Projekt-Konkretisierung

Lenkungsausschuss: Bei großen Projekten wird häufig ein Lenkungsausschuss eingerichtet, der das oberste beschlussfassende Gremium des Projektes bildet. Typischerweise wird der Lenkungsausschuss mindestens mit dem Auftraggeber und den wichtigsten betroffenen Interessenvertretern (engl.: stakeholder) besetzt. Der Lenkungsausschuss initiiert, lenkt und überwacht das Projekt. Er genehmigt das Budget, ernennt und unterstützt den Projektleiter, trägt die Verantwortung bei der Personalauswahl und kontrolliert den Projektverlauf. Der Lenkungsausschuss hat vergleichbare Rechte und Pflichten wie ein Projektauftraggeber.

Projektleiter: Der Projektleiter (Projektmanager) ist dafür verantwortlich, dass das ihm übertragene Projekt erfolgreich abgewickelt wird. Zu seinen Hauptaufgaben gehören Planung, Koordination, Steuerung und Organisation des jeweiligen Projekts. Er muss vom Projektteam als Führungsperson akzeptiert werden. Das erfordert soziales Gespür und Fachkompetenz. Ebenso ist ein gutes Verhältnis zwischen Projektleiter und den Auftraggeber wichtig.

Projektassistent: Bei großen Projekten wird häufig auch die Rolle des Projektassistenten besetzt. Der Projektassistent unterstützt den Projektleiter und ist in der Regel für Teilaufgaben des Projektmanagements zuständig (z. B. Terminkoordination, Protokolle etc.).

Projektmitarbeiter: Die Projektmitarbeiter realisieren den Projektgegenstand. Dazu sollten sie vor allem über die nötige fachliche aber auch die persönliche Kompetenz verfügen, um die Projektziele zu erreichen. Projektteammitglieder sind dem Projektleiter (und ggf. dem Projektassistenten) im Rahmen des Projektes hierarchisch unterstellt. Personen, die während der gesamten Projektdauer am Projekt arbeiten, werden dem sogenannten **Projektkernteam** zugeordnet. Zum erweiterten **Projektteam** gehören Personen, die nur Teilleistungen für das Projekt erbringen.

Externe Fachleute, Dienstleister und Lieferanten: Sie unterstützen die verschiedenen Projektbeteiligten durch Gutachten und/oder Beratungsleistungen sowie durch Lieferungen und Aufbauarbeiten, die zur Realisierung des Projektgegenstandes benötigt werden (Bild 1).

9.1.7 Projekt-Organisationsformen

Projekte benötigen eine effiziente Integration des Knowhows verschiedener Unternehmensbereiche. Um dies zu erreichen, muss die Projektorganisation teilweise oder ganz aus der bestehenden Linienorganisation des Unternehmens herausgelöst werden.

Bild 1: Projekt-Aufbauorganisation

Bild 2: Grundformen der Projektorganisation

Dabei werden drei Grundformen der Projektorganisation unterschieden (**Bild 2**):
- Stabs-Projektorganisation,
- Matrix-Projektorganisation,
- Reine (autonome) Projektorganisation.

9.1 Grundlagen des Projektmanagements

Die drei Grundformen der Projektorganisation unterscheiden sich vor allem hinsichtlich
- dem Maß der Entscheidungskompetenz (Befugnissen) des Projektleiters und
- dem Grad der Einbindung der Mitarbeiter (MA) in das Projekt (**Bild 2, vorherige Seite**).

Bei der **Stabs-Projektorganisation**, auch Einfluss-Projektorganisation genannt, verzichtet das Unternehmen auf die Einrichtung einer eigenen Projektorganisation. Der Projektleiter erhält eine Stabsstelle (**Bild 1**). Er koordiniert nur den Projektablauf, hat jedoch gegenüber den Mitarbeitern (MA) keine Weisungsbefugnis. Diese bleibt bei dem Linienvorgesetzten. Der Projektleiter ist damit auf das Wohlwollen der Abteilungsleiter und eine starke Unterstützung durch die Unternehmensleitung angewiesen. Diese Organisationsform eignet sich für Projekte mit geringer Dinglichkeit, niedriger Komplexität und kleinem Risiko (**Tabelle 1**).

Bild 1: Stabs-Projektorganisation

Bei der **Matrix-Projektorganisation** werden die Projektmitarbeiter zeitweise zu einem Teil aus den Fachabteilungen herausgelöst und dem Projekt zugeordnet. Die fachliche projektbezogene Weisungsbefugnis liegt bei dem Projektmanager. Disziplinarisch bleiben die Projektmitarbeiter (MA) jedoch ihrem Linienvorgesetzten unterstellt (**Bild 2**). Die Matrix-Projektorganisation ist für Projekte geeignet, die eine starke interdisziplinäre Zusammenarbeit und eine unterschiedliche personelle Zusammensetzung während des Projektablaufs erfordern. Dies setzt aber ein hohes Maß an Kooperationsbereitschaft aller beteiligten Führungskräfte voraus.

Bild 2: Matrix-Projektorganisation

Bei der **reinen (autonomen) Projektorganisation** werden die Projektmitarbeiter (MA) zeitlich befristet vollständig aus ihren Fachabteilungen herausgelöst und ausschließlich dem Projekt zugeordnet (**Bild 3**). Der Projektleiter hat die volle Entscheidungs- und Weisungsbefugnis. Die Projektmitarbeiter sind ihm disziplinarisch und fachlich unterstellt. Die reine Projektorganisation eignet sich für Großprojekte und Projekte mit großer Bedeutung für das Unternehmen.

Empirische Befunde zahlreicher Untersuchungen zeigen, dass die Wahrscheinlichkeit für einen Projekterfolg mit zunehmender Entscheidungskompetenz des Projektleiters steigt.

Bild 3: Reine Projektorganisation

Tabelle 1: Vor- und Nachteile der verschiedenen Projektorganisationsformen

	Stabs-Projektorganisation	Matrix-Projektorganisation	Reine Projektorganisation
Vorteile	Rasch zu verwirklichen	Flexibler Personaleinsatz	Projektleiter hat klare Führungsrolle und Verantwortung
	Geringe organisatorische Änderungen	Leichte Wiedereingliederung der Mitarbeiter nach Projektende	Schnelles Reagieren auf Störungen
	Leichte Wiedereingliederung nach Projektende	Spezialistenwissen kann für Projekt flexibel genutzt werden	Identifikation mit dem Projekt
Nachteile	Schwache Position des Projektleiters	Konfliktpotenzial zwischen Linie (Fachabteilung) und Projekt	Schwierigkeit Mitarbeiter immer gleichmäßig auszulasten
	Probleme hinsichtlich der Verantwortlichkeit	Mitarbeiter sind „Diener zweier Herren"	Projektgruppe in Konkurrenz zur Linie
	Lange Reaktionszeiten bei der Korektur von Abweichungen	Hoher Abstimmungsaufwand zwischen Linie und Projekt	Schwierigkeiten bei der Wiedereingliederung nach Projektende

9.1.8 Projektphasen

Wie schon in Kapitel 9.1.4 ausgeführt, ist es für zunächst schwer überschaubare Vorhaben, wie Projekte sehr empfehlenswert, diese nach Zeitabschnitten (Phasen) zu strukturieren. **Bild 1** zeigt einen vereinfachten Projektphasenplan entsprechend dem in DIN 69901-2 definierten Standardmodell. Den einzelnen Phasen sind jeweils die wichtigsten Aufgaben zugeordnet. Sie können in der Praxis oft auch in einer anderen Reihenfolge oder zeitlich parallel verlaufen.

Der Übergang von einer Phase zur nächsten ist durch einen **Meilenstein (M)** gekennzeichnet. Im Projektmanagement versteht man unter Meilensteinen besondere Ereignisse, so z. B.:

- Fertigstellungstermine von Phasen,
- Das Vorliegen definierter Ergebnisse, z. B. der genehmigten Planung,
- Termine wesentlicher Zwischenergebnisse.

Meilensteine können – ebenso wie die Anzahl, Bezeichnungen oder die Inhalte der Phasen – frei gewählt werden. Sie sind unverzichtbar für die Steuerung von Projekten, da sie für den Projektleiter und den Lenkungsausschuss die wesentlichen Kontroll- bzw. Entscheidungspunkte eines Projektes sind.

Es wurden zahlreiche branchenspezifische, auf verschiedene Projektarten zugeschnittene Varianten von Phasenmodellen definiert. **Tabelle 1** zeigt einige typische Phasenmodelle für verschiedene Projektarten.

Tabelle 1: Projektphasen für unterschiedliche Projektarten

Software-Projekt	Produktentwicklungs-Projekt	Bau-Projekt nach HOAI[1]
Initialisierung	Initialisierung	Initialisierung
Aufgabenanalyse Systemanforderung Softwaranforderung	Analyse Konzept	Grundlagenermittlung
Systemplanung Detailplanung	Konstruktion	Vorplanung Entwurfsplanung Genehmigungsplanung
Codierung Modultest Integration Integrationstest Implementierung Systemtest	Prototypbau Tests Nullserie	Ausschreibung Vergabe Ausführung
Betrieb und Wartung	Serie	Abschluss

[1] Honorarordnung für Architekten und Ingenieure

Bild 1: Beispiel eines Projektphasenplanes

9.2 Projektinitialisierung und Projektdefinition

9.2.1 Projektinitialisierung und Start der Projektdefinitionsphase

Projektideen entstehen oft aus der Vision, etwas Neues zu schaffen oder etwas Bestehendes zu verbessern. Ein Projekts kann aber auch durch Eingang eines internen oder externen Auftrages initialisiert werden. Weiterhin kann ein Projekt ausgelöst werden, um eine komplexe Störfallsituation zu beheben (**Bild 1**).

Ziel der **Projektinitialisierungsphase** ist es, die Projektidee mit vertretbarem, aber geringem Aufwand grob zu beschreiben, um auf dieser Basis ausreichend sicher entscheiden zu können, ob die Projekt-Idee weiter verfolgt werden soll. Es wird geprüft, ob das Vorhaben zur Umsetzung der Idee bzw. der Initiative den Kriterien eines Projektes entspricht. Außerdem werden die Ziele, Chancen und Risiken des Projekts grob beschrieben.

Die Freigabe der Projektidee durch den internen oder externen Auftragsgeber erfolgt durch einen Auftrag an den zu ernennenden Projektleiter, die Vorstudien der Projektdefinitionsphase durchzuführen.

In der **Projektdefinitionsphase** wird das Projekt vorbereitet. Das Ziel der Definitionsphase ist, einen Projektantrag zu erstellen und Entscheidungsinformationen zu liefern, auf deren Grundlage der Auftraggeber bzw. der Projektlenkungsausschuss dem Projektantrag zustimmen bzw. ihn ablehnen kann.

Bild 1: Ursachen einer Projektinitialisierung

Die wichtigsten Entscheidungsinformationen sind:
- die Zielentwicklung,
- die Situationsanalyse,
- die Projektumfeld- und Stakeholder-Analyse,
- die Grobplanung des Projekts hinsichtlich Aufwand und Zeit,
- ein Vorschlag zur endgültigen Projektorganisation,
- die Risikoanalyse und
- ein Vorschlag zum Projektmarketing.

Zuerst wird die (vorläufige) Projektorganisationsform (siehe Kapitel 9.1.7) festgelegt und die für die Definitionsphase notwendigen Mitarbeiter in das **Projektkernteam** vom Projektleiter und dem Lenkungsausschuss berufen.

Das Projektkernteam trifft sich in dem vom Projektleiter vorbereiteten **Projektstart-Workshop**. In diesem ersten Arbeitsmeeting sollen sich die Kernteammitglieder kennenlernen, ein gemeinsames Verständnis über das Projekt und die zu erreichenden Ziele entwickeln, sowie das weitere Vorgehen beim Erstellen der Entscheidungsvorlagen für den Projektantrag festlegen (**Bild 2**).

Bild 2: Agenda des Projektstart-Workshops

		Interne Sicht (Team, Unternehmen)	
SWOT-Analyse		**S**trengths (Stärken) • Stärkefaktor 1 • Stärkefaktor 2 • ...	**W**eakness (Schwächen) • Schwächefaktor 1 • Schwächefaktor 2 • ...
Externe Sicht (Projektaufgabe, Wettbewerber)	**O**pportunities (Möglichkeiten, Chancen) • Chancenfaktor 1 • Chancenfaktor 2 • ...	**S–O Strategie:** Mit den eigenen Stärken bestehende Chancen nutzen.	**W–O Strategie:** Eigene Schwächen beseitigen, um bestehende Chancen zu nutzen.
	Threats (Bedrohungen, Gefahren) • Gefahrenfaktor 1 • Gefahrenfaktor 2 • ...	**S–T Strategie:** Mit den eigenen Stärken bestehende Gefahren abwehren.	**W–T Strategie:** Eigene Schwächen beseitigen, um drohende Chancen meistern zu können.
		Strategien	

Bild 1: Von der SWOT-Analyse abgeleitete Strategien und Maßnahmen

Strategien in Maßnahmen für die Projektplanung umsetzen

9.2.2 Situationsanalyse

Die aktuelle Ausgangssituation des zu definierenden Projektes kann mithilfe einer **SWOT-Analyse** systematisch durchleuchtet werden. Die vier Buchstaben "SWOT" stehen dabei für:

S = Strengths (Stärken)

W = Weaknesses (Schwächen)

O = Opportunities (Möglichkeiten, Chancen)

T = Threats (Bedrohung, Gefahren, Risiken)

Die aktuellen Stärken und Schwächen sowie die potentiellen Chancen und Risiken werden für das Projekt qualitativ aufgelistet und daraus Strategien und Maßnahmen abgeleitet (**Bild 1**).

Die Punkte Stärken und Schwächen sind vor allem vergangenheitsbezogen und liefern eine interne Sicht auf das Projektteam und das Unternehmen. Typische Faktoren der internen Sicht sind z. B. die Fähigkeiten des Projektteams oder die Unterstützung des Projektes durch die Unternehmensleitung.

Die Punkte Chancen und Gefahren sind eher zukunftsorientiert und nach außen auf die zu lösende Projektaufgabe oder die Wettbewerber gerichtet. Faktoren der externen Sicht sind z. B. Wettbewerbsvorteile oder Probleme mit Lieferanten (siehe Kapitel 9.2.6).

9.2.3 Projektumfeld- und Stakeholder-Analyse

Der Erfolg eines Projektes hängt auch von dem Projektumfeld ab. DIN 69904 definiert das **Projektumfeld** als das „Umfeld, in dem ein Projekt entsteht und durchgeführt wird, das das Projekt beeinflusst und von dessen Auswirkungen beeinflusst wird." **Bild 2** zeigt das interne und externe Umfeld der meisten Projekte. Das wichtigste Element des Projektumfeldes sind die Stakeholder (**Bild 3**).

Bild 2: Projektumfeld

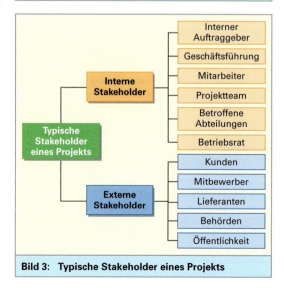

Bild 3: Typische Stakeholder eines Projekts

9.2 Projektinitialisierung und Projektdefinition

Stakeholder sind Personen oder Personengruppen, die ein Interesse am Projekt haben oder vom Projekt betroffen sind. Sie können dem Projekt gegenüber entweder positiv oder negativ eingestellt sein und je nach Einflussstärke den Projekterfolg maßgeblich beeinflussen. Es ist daher notwendig, frühzeitig eine Stakeholder-Analyse durchzuführen (**Bild 1**). Einen guten Überblick über die relevanten Stakeholder kann im Projektstart-Workshop mithilfe von Brainstorming oder Kartenabfragen erarbeitet werden. Die Wünsche, Bedürfnisse, Ziele, Erwartungen und Befürchtungen der Stakeholder können am besten in einem weiteren Workshop, an dem alle wichtigen Stakeholder teilnehmen, festgestellt werden. Entsprechend der Betroffenheit und der Einflussstärke der Stakeholder sollten konkrete Maßnahmen geplant werden, mit denen man auf die Stakeholder im Sinne eines Projekterfolges einwirken kann. Dies kann z. B. entsprechend der in **Bild 2** aufgeführten Strategien geschehen, die vom einfachen weiteren Beobachten (Monitoring) des Stakeholderverhaltens bis zur Beteiligung des Stakeholders am Projekt reichen können.

Bild 1: Ablauf der Stakeholder-Analyse

9.2.4 Zielentwicklung

Schon zu Beginn eines Projektes ist es wichtig, ein klares Verständnis darüber zu entwickeln, was durch das Projekt erreicht bzw. nicht erreicht werden soll. Die in der Initialisierungsphase grob festgelegten Leistungs-, Kosten- und Zeitziele werden in enger Absprache mit dem Auftraggeber präzisiert und in Einzelziele aufgegliedert. Die Anforderungen und Ziele des Projektumfeldes, vor allem die der Stakeholder, werden dabei soweit wie möglich berücksichtigt. Ziele beschreiben sowohl die zukünftig erwünschten Zustände als auch die Zustände, die nach der Realisierung der Projektaufgabe unerwünscht sind. Ein erwünschter (positiver) Zustand wäre z. B. „hohe Benutzerfreundlichkeit". Ein unerwünschter (negativer) Zustand wäre dagegen z. B. „die Betriebskosten dürfen nicht höher als 100 €/Std. sein". Allerdings sollte bei der Zielformulierung bedacht werden, dass positiv formulierte Ziele motivierender wirken. Negativ formulierte Ziele schrecken dagegen häufig ab.

Präzise schriftlich definierte Ziele sind die Basis für die Projektplanung und die Projektsteuerung und damit Voraussetzung für das erfolgreiche Realisieren von Projekten. Sie dienen als Orientierung und Entscheidungshilfe für alle Projektbeteiligten. Ungeschriebene Ziele sind daher keine Ziele.

Nach dem Gewichten (Priorisieren) der Ziele sollte die Verträglichkeit der Ziele bzw. deren Beziehung zueinander untersucht werden.

Projekte-Ziele müssen **SMART** formuliert werden. Die Buchstaben „SMART" stehen für:

Bild 2: Strategien zur Behandlung von Stakeholdern

Spezifisch:
Ziele müssen eindeutig und klar erkennbar definiert sein, damit alle Projektbeteiligten sofort wissen, was von ihnen erwartet wird.

Messbar:
Die Ziele sollten möglichst quantitativ messbar sein, um die Zielerreichung prüfen zu können.

Ausführbar:
Die Ziele müssen ausführbar, realistisch und erreichbar sein. Unrealistische Ziele wirken demotivierend.

Relevant:
Der Grund für eine bestimmte Zielsetzung muss wichtig und jedem/jeder Beteiligten bekannt und einleuchtend sein.

Terminiert:
Zu jedem Ziel gehört eine klare Terminvorgabe, bis wann das Ziel erreicht sein muss.

Man unterscheidet vier Arten von **Zielbeziehungen** (**Bild 1**):

① **Zielantinomie:** Zwei Ziele schließen sich vollständig aus und lassen sich gleichzeitig nicht erreichen. Dies erfordert die Entscheidung für das eine oder andere Ziel.

② **Zielkonkurrenz:** Die Mehrerfüllung des einen Zieles führt zu Einbußen bei einem anderen Ziel. Nach einer Überprüfung dieser Situation müssen entsprechende Konsequenzen abgeleitet werden.

③ **Zielneutralität:** Zwei Ziele sind unabhängig voneinander.

④ **Zielkomplementarität:** Maßnahmen zur Erreichung des einen Zieles wirkt sich posiiv auf die Erreichung eines anderen Zieles aus.

Bild 1: Zielbeziehungen

9.2.5 Projektgrobplanung

Ausgehend von den Projektzielen können in der Definitionsphase eines Projektes die wichtigsten Aufgaben und ihre Reihenfolge grob festgelegt und mithilfe eines Projektphasenplanes dargestellt werden. Wie in Kapitel 9.1.8 beschrieben, kann die Darstellung und der Inhalt eines Phasenplanes frei gewählt werden. Er sollte sich aber am konkreten Projektgegenstand und seinen Besonderheiten orientieren (**Tabelle 1, Seite 410**). Für die zu realisierenden Aufgaben kann nun die benötigte Zeit sowie der Ressourcenbedarf grob geschätzt werden. Auf der Basis des Ressourcenbedarfes lassen sich erste Schätzungen hinsichtlich der voraussichtlichen Personal-, Material- und Betriebsmittelkosten machen. **Bild 2** zeigt beispielhaft den geschätzten Aufwand und Zeitbedarf sowie die geplanten Meilensteine für die Phasen eines Projektes zur Entwicklung und zum Bau eines neuen Gerätes.

Spätestens nach der Projektaufwandschätzung sollte eine **Wirtschaftlichkeitsbetrachtung** für das Projekt durchgeführt werden. Entsprechend dem Wirtschaftlichkeitsprinzip muss für das Projekt das Verhältnis zwischen Output und Input möglichst groß (>1) sein (**Bild 3**). Wenn sich der Input und der Output monetär bewerten lassen, kann die Wirtschaftlichkeit mit der Kosten-Leistungsrechnung oder einer Investitionsrechnung berechnet werden. Wenn sich der Output (z. B. der Nutzen eines Fortbildungsprojekts) nicht monetär erfassen lässt, verwendet man eine Kosten-Nutzen-Analyse oder eine Nutzwert-Analyse (**Bild 4**).

9.2.6 Risikomanagement

Da Projekte bereits per Definition risikobehaftet sind, ist es unerlässlich, schon zu Projektbeginn mithilfe des Risikomanagements vorausschauend eventuell eintretende Risiken zu suchen und entsprechende Vorkehrungen zu treffen.

Bild 2: Beispiel Phasenaufwand und Meilensteinplan

Bild 3: Wirtschaftlichkeitsprinzip

Bild 4: Wirtschaftlichkeitsbetrachtungen

Ein **Risiko** ist ein potenzielles (mögliches), zukünftiges Problem, das zu negativen Abweichungen von der Projektplanung führen kann.

Das projektbezogene Risikomanagement beginnt mit dem Projektstart und muss über die gesamte Projektlaufzeit weitergeführt werden. Es umfasst die in **Bild 1** dargestellten vier Teilprozesse.

Zuerst müssen im Rahmen der **Risikoidentifikation** die möglichen Risiken erkannt, beschrieben und dokumentiert werden. Dies kann mithilfe der Erfahrung mit ähnlichen Projekten, Checklisten oder Kreativitätstechniken, wie z. B. der Brainstorming-Methode, geschehen.

Bild 1: Risikomanagement

Potentielle Projekt-Risiken sind z. B.:
- **Technische Risiken**: technische Unsicherheiten bei Entwicklung, Produktion und Einsatz
- **Terminliche Risiken**: z. B. zu enge Terminvorgaben, Lieferschwierigkeiten, Ressourcenausfall, Personalmangel
- **Soziale Risiken**: z. B. inhomogenes, unmotiviertes, unerfahrenes Projektteam, Widerstand der Stakeholder
- **Wirtschaftliche Risiken**: z. B. zu geringes Budget, falsche Kostenplanung, Währungsrisiko
- **Juristische bzw. politische Risiken**: z. B. Vertragslücken, vertragliche Nichteinhaltung, Gesetzesänderungen
- **Naturrisiken**: z. B. Umweltkatastrophen

Die erkannten Risiken müssen daraufhin im Team einer **Risikoanalyse** unterzogen werden, um Aussagen über ihre möglichen Auswirkungen auf das Projekt machen zu können. Bei der **qualitativen Risikoanalyse** werden die Risiken hinsichtlich ihrer **Eintrittswahrscheinlichkeit** und ihrer potenziellen **Auswirkungen** mithilfe eines Punktesystems z. B. von eins (niedrig) bis fünf (sehr hoch) beurteilt und zur besseren Übersicht in eine Risikomatrix eingetragen (**Bild 2**). Die Größe des Risikos wird häufig mithilfe der **Risikokennzahl** beschrieben, die sich aus dem Produkt der bewerteten Eintrittswahrscheinlichkeit und der bewerteten Auswirkungen ergibt **(Tabelle 1, folgende Seite)**.

Die **quantitative Risikoanalyse** beziffert die Risiken mithilfe von Schätzwerten für die möglichen monetären Schäden.

Im Rahmen der Risikoanalyse müssen die einzelnen Risiken außerdem auf ihre möglichen Ursachen hin untersucht werden, um leichter vorbeugende Maßnahmen planen zu können. Als Hilfsmittel eignet sich dafür besonders das Fischgrätendiagramm (Ishikawa-Diagramm). **Bild 3** zeigt ein Beispiel für die Ursachenanalyse für das Risiko „Überschreiten des Liefertermins" für ein Kundenprojekt.

Bild 2: Risikomatrix

Bild 3: Beispiel einer Risiko-Ursachensuche mit einem Fischgrätendiagramm

Auf der Basis der Risikoanalyse werden im Rahmen der **Risikobehandlung** Maßnahmen zum Umgang mit den Projektrisiken festgelegt (**Bild 1**). Geringe Risiken und manche Risiken mittlerer Stärke wird man im Regelfall akzeptieren, da sich der Aufwand für vorbeugende Maßnahmen nicht lohnt. Für ausgewählte kleinere Risiken, vor allem aber für Risiken mit gravierenden Auswirkungen und einer hohen Eintrittswahrscheinlichkeit, sind vorbeugende Maßnahmen vorzubereiten, damit das Risiko vermindert oder sogar vermieden wird. Hohe Risiken versucht man in der Regel zu versichern oder an weitere Dritte abzutreten. Im Extremfall muss der Projektauftraggeber sehr hohe Risiken vertraglich übernehmen oder der Projektauftragnehmer sollte den Projektauftrag nicht annehmen. Für Risiken, die sich nicht ausschließen lassen und für die keine Versicherung möglich oder wirtschaftlich ist, sollte im Rahmen der Finanzplanung eine „Vorsorge" als getrennt zu verwaltendes „Kapital" vorgesehen werden. Diese zusätzlichen Mittel stehen nur dann zur Verfügung, wenn das vorkalkulierte Risiko eintritt.

Die bekannten Risiken, das Auftreten neuer Risiken und die vorbeugenden Maßnahmen zur Risikobehandlung, müssen während der gesamten Projektlaufzeit periodisch überwacht werden (Bild 1, vorherige Seite). Gegebenenfalls sind die Teilprozesse Risikoidentifikation, Risikoanalyse und Risikobehandlung erneut durchzuführen.

Tabelle 1 zeigt beispielhaft das Ergebnis einer Risikoanalyse.

9.2.7 Projektmarketing und Projektkommunikation

Projekte sind außergewöhnliche Vorhaben, die häufig bei Stakeholdern Ängste und Widerstände hervorrufen. Aus diesem Grund sollte ein Projektmarketing in der Projektinitialisierungsphase geplant und während der gesamten Projektabwicklung umgesetzt werden. Das **Projektmarketing** umfasst alle Aktivitäten, die das Projekt und den Projektgegenstand an die Stakeholder heranführen, Widerstände gegen das Projekt abbauen und eine positive Grundeinstellung zum Projekt erzeugen. Von zentraler Bedeutung ist es, den Sinn und Zweck des Projektes zu erläutern, die Alternativen und die Gründe für den gewählten Lösungsweg aufzuzeigen und den Nutzen für die unterschiedlichen Zielgruppen darzustellen.

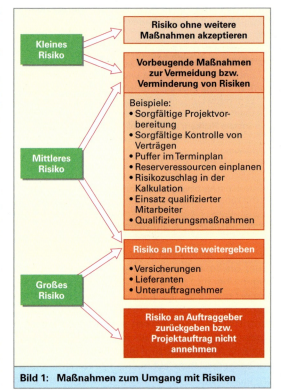

Bild 1: Maßnahmen zum Umgang mit Risiken

Tabelle 1: Beispiel einer Risikoanalyse und Maßnahmenplanung zur Risikobehandlung					
Risiko	Ursachen-Beispiel	Eintrittswahrscheinlichkeit 1 (niedrig) 5 (hoch)	Auswirkungen 1 (niedrig) 5 (hoch)	Risikokennzahl 1 - 3 (niedrig) 4 - 12 (mittel) 13 - 25 (hoch)	Maßnahmen-Beispiel
Termine	Personalmangel	3	3	9	Zeitarbeitsfirmen nutzen
Lieferanten	Lieferant erfüllt Verpflichtungen nicht	2	4	8	Alternative Lieferanten planen
Projektmitarbeiter	Nicht motiviert	2	5	10	Mehr Verantwortung übertragen
	Unterqualifiziert	3	5	15	Gezielte Schulungen
...	...	...	...	...	...

Bild 1 zeigt die wichtigsten Instrumente des Projektmarketing. Diese Instrumente sind zugleich Instrumente der Projektkommunikation. Durch die projektspezifische Organisation gibt es keine bereits etablierten Kommunikationsprozesse. Die **Kommunikation** zwischen den Projektbeteiligten muss in der Projektinitialisierungsphase individuell für jedes Projekt geplant und aufgebaut werden. Es muss geklärt und in einem Kommunikationsplan festgelegt werden: Wer gibt an wen, wann, in welcher Form, welche Information?

9.2.8 Projektantrag und Projektauftrag

Am Ende der Projektdefinitionsphase steht der **Projektantrag**, der im wesentlichen folgende Informationen enthält:
- Projektname (aussagekräftiger Name)
- Projektinhalte (Kurzbeschreibung des Vorhabens)
- Projektziele (Sachziele, Terminziele, Kostenziele)
- Situationsanalyse (SWOT-Analyse)
- Umfeld- und Stakeholderanalyse
- Projektorganisation (Organisationsform, Projektleiter, Projektteam)
- Projektgrobplanung (Projektphasen, Hauptaufgaben, Meilensteine mit Terminen)
- Ressourcen und Kosten (Personal, Material, Betriebskosten, Sonstiges)
- Projektrisikoanalyse
- Projektkommunikationsplanung

Auf der Basis dieser Informationen entscheidet der Projektauftraggeber, ob der Projektantrag in einen **Projektauftrag** umgesetzt werden soll. Der Projektauftrag ist ein rechtsverbindlicher Auftrag, ein Projekt durchzuführen und bildet so den eigentlichen Projektstart.

Häufig werden die Anforderungen und Ziele eines Projektes vom Autraggeber bzw. Kunden in einem sogenannten **Lastenheft** festgehalten. Wie die Anforderungen konkret realisiert werden, ist im Lastenheft noch nicht festgelegt. Auf der Basis des Lastenheftes wird das sogenannte **Pflichtenheft** vom Auftragnehmer erstellt (**Bild 2**). Das Pflichtenheft beschreibt, wie die Anforderungen des Lastenheftes umgesetzt werden sollen und ist somit ein Katalog über die zu erbringenden Leistungen. Das Pflichtenheft wird manchmal auch als Spezifikation, Leistungsbeschreibung oder Leistungskatalog bezeichnet. Das Lastenheft entspricht einer Auftraggeber-Anfrage und das Pflichtenheft einem wichtigen Bestandteil des Angebotes des Auftragnehmers. Nach der Genehmigung der vom Auftragnehmer angebotenen Leistungen durch den Auftragsgeber, ist das Pflichtenheft ein wesentliches Element des Projektauftrags.

Bild 1: Instrumente des Projektmarketings

Bild 2: Lastenheft – Pflichtenheft

9.3 Projektplanung

Planung ist die gedankliche Vorwegnahme der Realisierung. In der Projektplanungsphase wird entsprechend dem Grundsatz „Vom Groben zum Detail" die Grobplanung der Projektdefinitionsphase verfeinert. Man spricht daher auch von der Detailplanung.

> Im Einzelnen erfolgt die Planung in folgenden Schritten:
> **1. Projektstrukturplanung**
> Das Gesamtprojekt in Teilprojekte und Arbeitspakete (Vorgänge) gliedern.
> **2. Ablaufplanung**
> Die Arbeitspakte beschreiben und in eine zeitlich-logische Reihenfolge bringen.
> **3. Zeit- und Terminplanung**
> Den Zeitbedarf für die einzelnen Arbeitspakete schätzen und die voraussichtliche Projektlaufzeit mithilfe eines Netzplanes und/oder Balkendiagrammes ermitteln.
> **4. Ressourcen- und Kapazitätsplanung**
> Den Ressourcenbedarf je Arbeitspaket schätzen oder ermitteln und mit den vorhandenen Kapazitäten abgleichen.
> **5. Kostenplanung**
> Den Ressourcenbedarf mit Preisen bzw. Verrechnungssätzen bewerten und Gesamtkosten ermitteln.

9.3.1 Projektstrukturplan und Arbeitspakete

Die Basis für die Projektplanung ist der Projektauftrag. Er beschreibt als schriftliches Dokument u.a. das gewünschte Projektziel. Alle Arbeiten, die zum Erreichen des Projektzieles erforderlich sind, werden im **Projektstrukturplan (PSP)** hierarchisch in Teilprojekte und Arbeitspakete gegliedert, grafisch oder tabellarisch dargestellt. (**Bild 1**). Die **Arbeitspakete** sind nach DIN 69901-5 die hierarchisch niedrigsten Elemente in jedem Zweig eines Projektstrukturplanes. Sie umfassen jeweils einen klar umrissenen Tätigkeits- und Verantwortungsbereich, der für sich geplant und gesteuert werden kann. Der Projektstrukturplan beantwortet ausschließlich die Frage „Was ist in einem Projekt zu tun?"

Da alle weiteren Planungsschritte, wie z. B. die Termin-, Ressourcen- und Kostenplanung auf dem Projektstrukturplan aufbauen, darf keine für das Projekt notwendige Arbeit vergessen werden. Dies erreicht man am ehesten, wenn man alle vom Projekt betroffenen Abteilungen und Lieferanten frühzeitig bei der Erstellung des Produktstrukturplanes und der Definition der Arbeitspakte einbindet. Dies geschieht häufig im Rahmen eines sogenannten **Kick-Off-Meetings**.

> Die **Gliederung des Projektstrukturplanes** kann nach folgenden Gesichtspunkten erfolgen:
> - **objektorientiert**, d. h. nach dem Aufbau eines zu erstellenden Objektes z. B. für die Herstellung eines neuen Produktes oder die Software-Entwicklung (**Bild 2**).
> - **funktionsorientiert** (verrichtungsorientiert), d. h. nach den zum Erreichen des Projektzieles zu erledigenden Arbeiten, Tätigkeiten bzw. Funktionen (**Bild 3**). Diese Gliederung eignet sich vor allem für Organisationsprojekte.
> - **phasenorientiert**, d. h. nach dem zeitlichen Ablauf des Projektes (**Bild 4**). Diese Gliederung wird vor allem bei Bauprojekten eingesetzt.

---
[1] Funktion, von lat. functio = Tätigkeit, Verrichtung

Bild 2: Beispiel eines objektorientierten PSP

Bild 3: Beispiel eines funktionsorientierten PSP

Bild 4: Beispiel eines phasenorientierten PSP

Bild 1: Beispiel für die grafische und tabellarische Darstellung eines Projektstrukturplanes

9.3 Projektplanung

In der Praxis werden Projektstrukturpläne häufig gemischt nach mehreren der oben aufgeführten Gesichtspunkte gegliedert. Innerhalb einer Ebene sollte allerdings der gleiche Gesichtspunkt benutzt werden. Auf der Ebene der Arbeitspakete muss immer die funktionsorientierte Gliederung gewählt werden.

In **Bild 1** ist der Projektstrukturplan für ein einfaches Projekt dargestellt. Das Ziel dieses Projektes ist es, eine neue Maschine in der Fertigung eines Produktionsunternehmens erfolgreich einzuführen. Dieses Projektbeispiel soll im Folgenden zur Demonstration einiger Maßnahmen im Rahmen des Projektmanagements dienen.

Der Projektstrukturplan lässt sich Top-Down oder Bottom-Up entwickeln (Bild 1). Beim **Top-Down-Vorgehen** geht man von der Gesamtaufgabe aus und zerlegt diese zunächst auf der obersten Ebene in Teilprojekte. Diese werden auf den nächsten Ebenen weiter zergliedert, bis man bei den einzelnen Arbeitspaketen ankommt. Beim **Bottom-Up-Vorgehen** sammelt man zunächst alle nötigen Einzelaktivitäten. Diese fasst man dann zu Arbeitspaketen und diese wiederum zu Teilprojekten zusammen und baut so den Projektstrukturplan von unten nach oben auf.

Der Detaillierungsgrad der Arbeitspakete ist vom Umfang und der Komplexität des Gesamtprojektes abhängig.

In jedem professionellen Projektstrukturplan müssen natürlich auch die Arbeiten des Projektmanagements als separates Teilprojekt aufgeführt werden, da diese Managementarbeiten ebenfalls geplant, durchgeführt und verrechnet werden müssen (Bild 1).

Am Ende der Projektstrukturplanung muss für jedes Arbeitspaket von den entsprechenden Fachleuten eine **Arbeitspaketbeschreibung** erstellt werden, die als Basis für einen Arbeitsauftrag an die ausführenden Projektteammitglieder dienen kann.

> Die Arbeitspaketbeschreibung sollte mindestens folgende Informationen enthalten:
> - kurze Beschreibung der Aufgabenstellung,
> - Ziele und Ergebnisse, die nach Abschluss des Arbeitspaketes erreicht sein sollen,
> - eine für das Arbeitspaket verantwortliche Person oder organisatorische Einheit,
> - Schnittstellen zu anderen Arbeitspaketen,
> - durchzuführende Tätigkeiten (Arbeitsschritte),
> - geschätzte Dauer,
> - voraussichtliche Termine,
> - voraussichtlich benötigte Ressourcen (Mitarbeiter, Betriebsmittel, Material),
> - voraussichtliche Kosten.

Die Termine und Kosten werden später im Rahmen der Terminplanung (Kapitel 9.3.3) und Kostenplanung (Kapitel 9.3.5) präzisiert.

Damit die Arbeitspakete eindeutig identifiziert werden können, sollten Sie mit einer Nummer codiert werden. Diese Nummerierung wird als **PSP-Code** bezeichnet. In unserem Beispielprojekt hat das Arbeitspaket „Mitarbeiter einarbeiten" z. B. den PSP-Code 3.2 (Bild 1).

Besonders bei umfangreichen Projekten werden für die Ablauf-, Termin- und Ressourcenplanung die Arbeitspakete weiter in sogenannte **Vorgänge** zerlegt. Ein Vorgang muss wie ein Arbeitspaket jeweils einen klar umrissenen Verantwortungs- und Tätigkeitsbereich besitzen, der für sich geplant und gesteuert werden kann. Ein Arbeitspaket kann somit als „Mini-Projekt" innerhalb des Gesamtprojektes betrachtet werden. Der Einfachheit wegen sollen im Folgenden die Arbeitspakete nicht weiter zerlegt werden und als Vorgänge in die weitere Planung übernommen werden (1:1 Beziehung).

Bild 1: Projektstrukturplan des Beispielprojekts „Neue Maschine einsetzen"

9.3.2 Projektablaufplan

Während beim Erstellen des Projektstrukturplanes festgelegt wird, welche Arbeiten (Arbeitspakete, Vorgänge) zu erledigen sind, wird bei der Projektablaufplanung ermittelt, in welcher logisch-zeitlichen Abfolge die Arbeiten (Arbeitspakete bzw. Vorgänge) durchzuführen sind. Dazu muss geklärt werden:

- Welche Vorgänge (Arbeitspaket) müssen abgeschlossen sein (Vorgänger), bevor ein anderer Vorgang begonnen werden kann und welche Vorgänge folgen einem Vorgang (Nachfolger) (**Bild 1**)?
- Welche Vorgänge können nur zeitlich nacheinander (seriell) und welche Vorgänge können parallel durchgeführt werden (Bild 1)?

DIN 69900 nennt vier Arten von **Anordnungsbeziehungen** (AOB) zwischen zwei sich folgenden Vorgängen: die Normalfolge (NF), die Anfangsfolge (AF), die Endefolge (EF) und die Sprungfolge (SF) (**Bild 2**). Meistens genügt allerdings die **Normalfolge** (NF) die auch Ende-Anfang-Beziehung (EA) genannt wird. Die Anordnungsbeziehungen können mit Zeitabständen angegeben werden. Der **Zeitabstand** Z kann positiv, Null oder negativ sein. Der Zeitabstand ist z. B. bei einer Normalfolge, bei der zwischen zwei Vorgängen aus technischen Gründen eine Wartezeit eingehalten werden muss, die positive Zeitdauer der Wartezeit (**Bild 3**). Die Zeitangabe für den Zeitabstand einer Normalfolge ist dagegen negativ anzugeben, wenn ein Vorgang schon diesen Zeitabstand vor dem Ende seines Vorgängers beginnen kann (Bild 3). So kann z. B. in unserem Beispielprojekt der Vorgang „Mitarbeiter einarbeiten" einen Arbeitstag vor dem Ende des Vorgangs „Probelauf und Maschinenabnahme" beginnen. Der Zeitabstand ist also Z= -1 Tag.

Mithilfe der Ablaufplanung wird ausschließlich die Frage nach einer sinnvollen Reihenfolge und Anordnung der Vorgänge bzw. Arbeitspakete beantwortet. Die Anordnungsbeziehungen werden mithilfe einer **Vorgangsliste** oder eines einfachen Ablaufnetzplanes dargestellt. **Tabelle 1** zeigt die Vorgangsliste für die Realisierung unseres Beispielprojektes ohne die Querschnittsprozesse des dazugehörenden Projektmanagements.

Bild 2: Anordnungsbeziehungen

Bild 3: Normalfolgen mit Zeitabständen

Bild 1: Beispiele für serielle und parallele Anordnungsbeziehungen

Tabelle 1: Vorgangsliste für die Realisierung des Beispiel-Projekts

Nr.	PSP-Code	Vorgangs-Bezeichnung	Vor-gänger	Nach-folger
1	1.1	Maschine auswählen	–	2
2	1.2	Maschine bestellen	1	3, 4
3	1.3	Maschine liefern	2	5
4	2.1	Fundament legen	2	5, 6
5	2.2	Maschine aufstellen	3, 4	7
6	2.3	Stromversorgung vorbereiten	4	7
7	2.4	Stromversorgung anschließen	5, 6	8
8	3.1	Probelauf und Maschinenabnahme	7	9 Z = -1 Tag
9	3.2	Mitarbeiter einarbeiten	8 Z = -1 Tag	–

9.3 Projektplanung

In **Bild 1** ist der entsprechende Ablaufnetzplan dargestellt. Die Vorgänge werden dabei heute üblicherweise als Rechtecke und die Anordnungsbeziehungen als Pfeile dargestellt. Die Art der Anordnungsbeziehung wird häufig mit ihren Kurzzeichen über den Pfeilen kenntlich gemacht. Da bei unserem Beispielprojekt nur Normalfolgen vorkommen, wurde das entsprechende Kürzel NF nur einmal mit dem Zeitabstand von einem Tag über dem letzen Anordnungspfeil notiert.

9.3.3 Terminplanung

Die Terminplanung baut auf der Ablaufplanung auf. Sie hat zum Ziel, für jeden Vorgang die zeitliche Lage seines Anfangs, seines Endes und seines Puffers sowie die gesamte Projektdauer zu berechnen.

Dazu muss in einem ersten Schritt die Dauer je Vorgang von erfahrenen Experten ermittelt bzw. geschätzt werden, falls dies nicht schon bei der Definition der Arbeitspakete geschehen ist. Die Dauer (D) ist die Zeitspanne vom Anfang bis zum Ende eines Vorgangs. In **Tabelle 1** ist die für unser Beispielprojekt voraussichtlich benötigte Dauer der einzelnen Vorgänge in Arbeitstagen aufgelistet.

Die zeitliche Lage vom Anfang und Ende eines Vorganges kann mithilfe von Zeitpunkten oder Terminen beschrieben werden (**Bild 2**). Ein **Zeitpunkt** ist ein festgelegter Punkt im Ablauf, dessen Lage durch Zeiteinheiten (z. B. Arbeitstage) beschrieben wird, die sich auf einen Nullpunkt (z. B. Startzeitpunkt oder Endzeitpunkt des Projekts) bezieht. Ein **Termin** ist dagegen ein Zeitpunkt, der durch ein Kalenderdatum und/oder durch die Uhrzeit ausgedrückt wird. Bei der manuellen Terminberechnung arbeitet man in der Regel mit Zeitpunkten, da hierbei das aufwendige Einrechnen von Wochenenden und Feiertagen entfällt. Nach Abschluss der Terminplanung können mithilfe des Betriebskalenders (siehe Kapitel 7.1.3) die berechneten Zeitpunkte in Termine umgewandelt werden.

Die Terminberechnung (Terminierung) erfolgt in drei Schritten:
- Vorwärtsrechnung („Progressive Rechnung")
- Rückwärtsrechnung („Retrograde Rechnung")
- Berechnung der zeitlichen Spielräume („Puffer")

Dabei wird zunächst davon ausgegangen, dass für die Ausführung der Vorgangsaufgabe genügend freie Ressourcenkapazität zur Verfügung steht.

Vorwärtsrechnung

Bei der Vorwärtsrechnung wird für jeden Vorgang der **früheste Anfangszeitpunkt FAZ** und der **früheste Endzeitpunkt FEZ** ermittelt. Für Normalfolgen gelten folgenden Formeln. Dabei ist D die Vorgangsdauer und Z der vorzeichenbehaftete Zeitabstand.

In der Regel beziehen sich die Zeitpunkte auf den Projektstart als Nullpunkt. Daher beginnt der 1. Vorgang zum Zeitpunkt 0:

$$FAZ_{1.\ Vorgang} = 0$$

Für die folgenden Vorgänge gilt, wenn es jeweils nur einen Vorgänger gibt:

$$FAZ_{Vorgang} = FEZ_{Vorgänger} + Z_{Vorgang}$$

Tabelle 1: Vorgangsliste des Beispiel-Projekts mit Zeitdauern

Nr.	Vorgangs-Bezeichnung	Vor-gänger	Nach-folger	Dauer D [Tage]
1	Maschine auswählen	–	2	3
2	Maschine bestellen	1	3, 4	1
3	Maschine liefern	2	5	10
4	Fundament legen	2	5, 6	4
5	Maschine aufstellen	3, 4	7	3
6	Stromversorgung vorbereiten	4	7	2
7	Stromversorgung anschließen	5, 6	8	1
8	Probelauf und Maschinenabnahme	7	9 Z = -1 Tag	2
9	Mitarbeiter einarbeiten	8 Z = -1 Tag	–	3

Bild 2: Zeitpunkt und Termin

Bild 1: Ablaufnetzplan für die Realisierung des Beispielprojektes „Neue Maschine einsetzen"

Wenn ein Vorgang mehrere Vorgänger hat, ist sein frühester Anfangszeitpunkt FAZ der größte (maximale) früheste Endzeitpunkt FEZ aller unmittelbaren Vorgänger, sofern der betrachtete Vorgang keinen Zeitabstand Z hat:

$FAZ_{Vorgang} = Max (FEZ_{aller\ Vorgänger})$

Für alle Vorgänge gilt:

$FEZ_{Vorgang} = FAZ_{Vorgang} + D_{Vorgang}$

Für unser Beispielprojekt ergeben sich damit für die Vorwärtsterminierung die in der **Tabelle 1** berechneten Zeitpunkte.

Rückwärtsrechnung

Bei der Rückwärtsrechnung wird für jeden Vorgang der **späteste Endzeitpunkt SEZ** und der **späteste Anfangszeitpunkt SAZ** ermittelt. Dabei werden die Zeitpunkte vom Projektende ausgehend zeitlich rückwärtsgehend berechnet. Für Normalfolgen gelten für die Rückwärtsterminierung folgenden Formeln, wobei D für die Vorgangsdauer und Z für den vorzeichenbehafteten Zeitabstand steht. In der Regel wird für das Projektende der bei der Vorwärtsrechnung ermittelte früheste Endzeitpunkt FEZ des letzten Vorganges, also die voraussichtliche Projektdauer, gewählt. Damit gilt für den letzten Vorgang:

$SEZ_{letzter\ Vorgang} = FEZ_{letzter\ Vorgang}$

Für die davor liegenden Vorgänge gilt, wenn sie jeweils nur einen Nachfolger haben:

$SEZ_{Vorgang} = SAZ_{Nachfolger} - Z_{Nachfolger}$

Wenn ein Vorgang mehrere Nachfolger hat, ist sein spätester Endzeitpunkt SEZ der kleinste (minimale) späteste Anfangszeitpunkt SAZ aller unmittelbaren Nachfolger, sofern deren Zeitabstände Null sind:

$SEZ_{Vorgang} = Min (SAZ_{aller\ Nachfolger})$

Für alle Vorgänge gilt:

$SAZ_{Vorgang} = SEZ_{Vorgang} - D_{Vorgang}$

Für unser Beispielprojekt ergeben sich damit für die Rückwärtsterminierung die in der **Tabelle 2** berechneten Zeitpunkte.

Berechnung der Pufferzeiten

Die Ergebnisse der Vorwärts- und Rückwärtsrechnung sind die Voraussetzung zur Berechnung der Pufferzeiten. Man unterscheidet bei diesen zeitlichen Spielräumen zwischen der gesamten Pufferzeit GP und der freien Pufferzeit FP.

Die **gesamte Pufferzeit GP** ist die Zeitspanne zwischen der frühesten und der spätesten Lage eines Vorgangs. Der Gesamtpuffer ist damit die Zeitspanne, um die ein Vorgang von seiner frühesten Lage aus verschoben werden kann, bis er an den spätesten Anfangszeitpunkt SAZ seines Nachfolgers stößt (**Bild 1**). Der Vorgang kann somit um die Pufferzeit später anfangen oder länger dauern, ohne dass die gesamte Projektdauer verlängert wird.

Wenn der Gesamtpuffer für einen Vorgang jedoch voll ausgeschöpft wird, fehlt für die folgenden Vorgänge, wie z. B. im Bild 1 für den Vorgang 3, diese Zeitreserve.

Tabelle 1: Vorwärtsterminierung für das Projekt-Beispiel

Vorgangs-Nr.	Dauer D	Frühester Anfangs-Zeitpunkt FAZ	Frühester End-Zeitpunkt FEZ
1	3	= 0	= 0 + 3 = 3
2	1	= FEZ_1 = 3	= 3 + 1 = 4
3	10	= FEZ_2 = 4	= 4 + 10 = 14
4	4	= FEZ_2 = 4	= 4 + 4 = 8
5	3	= Max (FEZ_3, FEZ_4) = FEZ_3 = 14	= 14 + 3 = 17
6	2	= FEZ_4 = 8	= 8 + 2 = 10
7	1	= Max (FEZ_5, FEZ_6) = FEZ_5 = 17	= 17 + 1 = 18
8	2	= FEZ_7 = 18	= 18 + 2 = 20
9	3 Z = -1	= FEZ_8 + Z_9 = 20 + (−1) = 19	= 19 + 3 = 22

Tabelle 2: Rückwärtsterminierung für das Projekt-Beispiel

Vorgangs-Nr.	Dauer D	Spätester End-Zeitpunkt SEZ	Spätester Anfangs-Zeitpunkt SAZ
9	3 Z = -1	= FEZ_9 = 22	= 22 − 3 = 19
8	2	= SAZ_9 − Z_9 = 19 − (−1) = 20	= 20 − 2 = 18
7	1	= SAZ_8 = 18	= 18 − 1 = 17
6	2	= SAZ_7 = 17	= 17 − 2 = 15
5	3	= SAZ_7 = 17	= 17 − 3 = 14
4	4	= Min (SAZ_5, SAZ_6) = SAZ_5 = 14	= 14 − 4 = 10
3	10	= SAZ_5 = 14	= 14 − 10 = 4
2	1	= Min (SAZ_3, SAZ_4) = SAZ_3 = 4	= 4 − 1 = 3
1	3	= SAZ_2 = 3	= 3 − 3 = 0

Bild 1: Gesamte Pufferzeit GP

9.3 Projektplanung

Die **gesamte Pufferzeit GP** eines Vorgangs ergibt sich aus der Differenz zwischen seinen spätesten und frühesten Anfangszeitzeitpunkten (SAZ, FAZ) oder Endzeitpunkten (SEZ, FEZ):

$GP_{Vorgang} = SAZ_{Vorgang} - FAZ_{Vorgang}$ oder

$GP_{Vorgang} = SEZ_{Vorgang} - FEZ_{Vorgang}$

Für einen Vorgang ist der Gesamtpuffer GP = 0 wenn seine früheste und die späteste Lage zeitgleich (FAZ = SAZ und FEZ =SEZ) ist. Diese Vorgänge ohne Zeitreserve werden als **kritische Vorgänge** bezeichnet. Die zusammenhängende Folge von zeitkritischen Vorgängen (GP = 0) wird „**kritischer Pfad**" genannt.

Die **freie Pufferzeit FP** ist die Zeitspanne, um die ein Vorgang gegenüber seiner frühesten Lage verschoben werden kann, bis er an den frühesten Anfangszeitpunkt eines seiner Nachfolger stößt. Seine Berechnung erfolgt bei Normalfolgen (Ende – Anfang – Beziehungen) mit dem vorzeichenbehafteten Zeitabstand Z nach folgender Formel:

$FP_{Vorg.} = Min (FAZ_{Nachf.} + Z_{Nachf.}) - FEZ_{Vorg.}$

Die Terminberechnungen lassen sich mithilfe des Ablaufnetzplanes leichter durchführen und darstellen als mit Tabellen. **Bild 1** zeigt für unser Projektbeispiel den **Netzplan** mit den oben berechneten Zeitpunkten und Puffern.

Eine weitere Methode zur Terminberechnung ist die Balkendiagrammtechnik. Bei dieser Technik werden die Vorgänge über der Zeitachse in Form von Balken mit der Länge ihrer zeitlichen Dauer dargestellt. Die Abhängigkeiten zwischen den Vorgängen werden mit Pfeilen oder senkrechen Strichen ausgewiesen. **Bild 2** zeigt für unser Projektbeispiel das **Balkendiagramm**, das auch **Gantt-Diagramm** genannt wird.

Im Rahmen der Terminplanung sollten weiterhin für die Meilensteine, nach DIN 69900 die Ereignisse von besonderer Bedeutung, die Zeitpunkte bzw. Termine geplant werden. Neben den Meilensteinen „Start" und „Ende" des Projekts sollte mindestens am Ende jeder Projektphase ein Meilenstein stehen. Jedem Meilenstein werden im **Meilensteinplan** neben dem Plantermin die geplanten Projekt-Zwischenergebnisse zugeordnet.

Bild 1: Netzplan mit Zeitpunkten und Puffern für die Realisierung des Beispielprojekts

Bild 2: Balkendiagramm (Gantt-Diagramm) für die Realisierung des Beispielprojekts

Bild 1: Mithilfe von MS-Project erstelltes Balkendiagramm für die Realisierung des Beispielprojekts

Durch den Einsatz von Projektmanagement-Software lässt sich der manuelle Aufwand für die Terminplanung erheblich vermindern. **Bild 1** zeigt z. B. ein mit der **Software „MS-Project"** erstelltes Balkendiagramm unseres Beispielprojektes. Die Projektrealisierungsphasen sind als schwarze Balken und die Meilensteine als schwarze Rauten mit ihren Planterminen in der rechten Bildhälfte dargestellt. Der besseren Lesbarkeit wegen wurden in der linken Bildhälfte die Spalten mit den frühesten und spätesten Terminen und den Pufferzeiten ausgeblendet.

9.3.4 Ressourcenplanung

Unter **Ressource**, auch **Einsatzmittel** genannt, versteht man nach DIN 69901-5 Personal, Finanzmittel, Sachmittel, Informationen, Hilfs- und Unterstützungsmöglichkeiten, die zur Durchführung von Vorgängen, Arbeitspaketen oder Projekten herangezogen werden können (**Bild 2**).

Der reibungslose Ablauf eines Projekts ist nur gewährleistet, wenn diese benötigten Ressourcen

- in der richtigen Art und Qualität,
- in der richtigen Menge,
- zur richtigen Zeit und
- am richtigen Ort

zur Verfügung stehen.

Um dies zu erreichen, muss die Ressourcenplanung für jedes Arbeitspaket bzw. jeden Vorgang in folgenden Schritten durchgeführt werden:

- Ermittlung des Ressourcenbedarfs
- Ermittlung der verfügbaren Ressourcenkapazität
- Ermittlung der Ressourcenengpässe
- Kapazitätsabgleich der Ressourcenengpässe
- Terminplan eventuell revidieren

Bild 2: Ressourcen

Bild 3: Arbeitsumfang

Bei der Ermittlung des **Kapazitätsbedarfs einer Ressource** wird im Allgemeinen die für einen Vorgang benötigte Einsatzdauer dieser Ressource in Stunden, Arbeitstagen oder Wochen geschätzt. Häufig entspricht die benötigte Ressourcenkapazität, die auch Aufwand oder Arbeitsumfang genannt wird, nicht der Vorgangsdauer der Terminplanung. So beträgt z. B. die Vorgangsdauer zum Streichen einer Wohnung durch einen Maler vier Tage. Der Arbeitsumfang beträgt also vier Mitarbeitertage (4 MT). Wenn dagegen zwei Maler eingesetzt werden, ist bei gleichem Arbeitsumfang die Vorgangsdauer zum Streichen der Wohnung nur zwei Tage (**Bild 3**).

9.3 Projektplanung

Es bleibt aber die Vorgangsdauer für die Fahrt zur Baustelle gleich, egal ob zwei oder vier Maler im PKW sitzen. Weiterhin ist bei der Ressourcenbedarfsermittlung zu berücksichtigen, ob Ressourcen für die Abarbeitung eines Vorganges kontinuierlich vom Anfang bis zum Ende des Vorganges oder nur zeitweise (diskontinuierlich) benötigt werden. So wird z. B. für den Vorgang „Maschine liefern" das Betriebsmittel LKW sowohl für das Be- und Entladen als auch für die Fahrt, der LKW-Fahrer aber nur für die Fahrt benötigt.

In **Bild 1** ist am Beispiel für das Erstellen des Rohbaus einer Halle das Vorgehen bei der Ressourcenplanung dargestellt. Für alle Vorgänge stehen genügend Baufacharbeiter, Baumaschinen und Material zur Verfügung. Die Anzahl der verfügbaren Hilfsarbeiter ist dagegen während der gesamten Projektdauer auf vier Personen beschränkt.

Ausgehend von dem Terminplan (Gantt-Diagramm) wird für die Hilfsarbeiter ein Ressourcenauslastungsdiagramm erstellt. Dabei wird der terminbezogene Arbeitsumfang dieser Ressource für alle Vorgänge aufsummiert über der Zeitachse als Säulendiagramm dargestellt. Dabei stellt sich in unserem Fall heraus, dass es in den Kalenderwochen 20, 26 und 27 eine Ressourcenüberlastung für die Hilfsarbeiter gibt. In den Wochen 21 bis 25 und 28 besteht dagegen eine Ressourcenunterauslastung. Es muss also ein **Ressourcenabgleich** durchgeführt werden, um eine möglichst gleichmäßige Auslastung der Hilfsarbeiter zu erreichen.

Die **Ressourcenüberlastungen** in unserem Beispiel werden am besten dadurch beseitigt, dass man für den Vorgang V2 „Elektrisches Hauptkabel anschließen" statt zwei nur einen Hilfsarbeiter und für den Vorgang V5 „Fenster einsetzen" statt drei nur zwei Hilfsarbeiter einsetzt. Um aber für die beiden Vorgänge den geplanten Arbeitsumfang trotzdem bewältigen zu können, verlängert sich für beide Vorgänge die Dauer jeweils um eine Woche. Dies ist für gesamte Projektdauer unproblematisch, da für die Verlängerung der beiden Vorgangsdauern die jeweiligen Gesamtpuffer eingesetzt werden (Bild 1, ①).

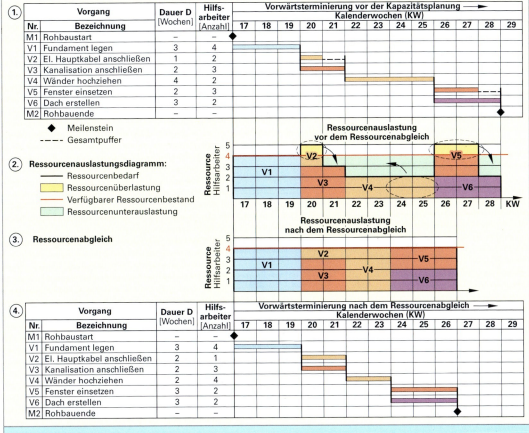

Bild 1: Beispiel einer Ressourcenplanung

Die **Ressourcenunterauslastung** kann in unserem Beispiel dadurch behoben werden, dass man für den Vorgang V4 „Wände hochziehen" vier statt der geplanten zwei Hilfsarbeiter einsetzt. Dadurch verkürzt sich sowohl der Vorgang V4 als auch die gesamte Projektdauer um zwei Wochen.

Weitere Methoden zur Abstimmung von Kapazitätsangebot und Kapazitätsnachfrage sind im Kapitel 7.6.2 (Seite 385) dargestellt.

9.3.5 Kosten- und Finanzplanung

Die **Projektkostenplanung** ermittelt alle Kosten, die im Zusammenhang mit der Projektdurchführung anfallen. Sie bildet die Basis für die Kosten-Nutzen-Analyse interner Projekte, für die Angebotserstellung für externe Projekte sowie für die Finanzplanung, d. h. die Planung der Zahlungen während der Projektdurchführung. Außerdem liefert die Kostenplanung die Plankosten, die für das projektbegleitende Controlling benötigt werden (**Bild 1**).

Während im Rahmen der Projektinitialisierung die Projektkosten nur grob abgeschätzt werden, liefert die Kostenplanung, die auf der Ressourcenplanung aufbaut, genauere Planwerte. Durch Multiplikation des geschätzten Arbeitsaufwandes (Zeitaufwandes) einer Ressource für einen Vorgang mit dem Verrechnungssatz dieser Ressource ermittelt man die Personal- und Betriebsmittelkosten (**Tabelle1**).

Aus der Menge des für einen Vorgang benötigten Materials und seinem Preis je Mengeneinheit berechnet man die Materialkosten. Weitere Kosten, wie z. B. Reisekosten oder Beratungskosten, können als sonstige Kosten ebenso wie die Personal-, Betriebsmittel- und Materialkosten dem Kostenträger Projekt als **Einzelkosten** direkt zugeordnet werden. Im Unternehmen für ein Projekt anfallende Gemeinkosten wie z. B. Raummiete oder Energiekosten werden in der Regel bereits über die Verrechnungssätze des Personals und der Betriebsmittel mit abgedeckt. In **Tabelle 2** sind für die Realisierung des Beispiel-Projektes „Hallen-Rohbau" die Plankosten je Kostenart und Vorgang aufgelistet.

Bild 1: Projektkostenplanung

Tabelle 2: Plankosten für die Projekt-Realisierung „Hallen-Rohbau" je Kostenart und Vorgang

Vorgangs-Nr. Dauer D		Kosten je Kostenart in 1000 €				
		Personal	Betriebsmittel	Material	Sonstige	Gesamt
V1	Fundament errichten	15	9	30	6	60
V2	El. Hauptkabel anschließen	4	2	2	2	10
V3	Kanalisation anschließen	6	4	8	2	20
V4	Wände hochziehen	12	8	16	4	40
V5	Fenster einsetzen	9	3	6	2	20
V6	Dach erstellen	12	7	9	2	30
	Summe	58	33	71	18	180

Tabelle 1: Beispiel für die Berechnung der Plankosten für einen Vorgang

Arbeitspaket/ Vorgang	Ressource	Kostenermittlung je Resource			Kosten je Konstenart in €				
		Aufwandschätzung	Verrechnungssatz/ Preis	Kosten je Ressource in €	Personal	Betriebsmittel	Material	Sonstige	Gesamt
V1 Fundament errichten	Bauingenieur	40 h	60,00 €/h	2 400,00	15 000,00				
	Baufacharbeiter	60 h	50,00 €/h	3 000,00					
	Hilfsarbeiter	240 h	40,00 €/h	9 600,00					
	Kran	40 h	100,00 €/h	4 000,00		8 800,00			
	Bagger	30 h	120,00 €/h	3 600,00					
	Rüttler	40 h	30,00 €/h	1 200,00					
	Verschalung	500 m²	10,00 €/m²	5 000,00			30 000,00		
	Beton	20 m³	600,00 €/m³	12 000,00					
	Baustahl	5 t	2 600,00 €/t	13 000,00					
	Vermessung			6 200,00				6 200,00	
	Summe								60 000,00

Aus den Kosten der terminierten Arbeitspakete bzw. Vorgänge erhält man die zeitliche Verteilung der Projektkosten je Kostenart, die auch **Kostenplan** genannt wird. (**Bild 1**). Um die Gesamtkosten für ein Projekt zu erhalten, müssen zu den Kosten zur Realisierung des Projektgegenstandes noch die Projektmanagementkosten addiert werden, deren Anteil bei kleinen Projekten bis ungefähr 10 % und bei großen Projekten ca. 2 % der Gesamtkosten ausmacht.

Ein oft gebräuchliches Instrument, um einen groben Überblick über die Kosten zu erhalten, ist die grafische Darstellung des Kostenganges und der kumulierten Kostensumme. Für den **Kostengang** wird die Summe der je Periode geplanten Kosten über der Zeit aufgetragen. Der **Kostensummenverlauf** stellt hingegen die kumulierten Kosten des Projektes dar (**Bild 2**). Beide Verläufe ermöglichen ein gutes Controlling, weil Abweichungen zwischen Soll- und Ist-Werten übersichtlich in einer Darstellung dargestellt werden können.

Die Projektkosten müssen finanziert werden. Dazu ermittelt die **Finanzplanung** auf der Basis der Kostenplanung den insgesamt erforderlichen Finanzbedarf (das Budget) und erstellt einen Projekt-Finanzplan. Der Projekt-Finanzplan ist eine Vorschau der für das Projekt je Abrechnungsperiode zu erwartenden Einzahlungen und Auszahlungen. Die Kostenentstehung und Auszahlungen fallen allerdings in der Regel nicht zeitlich zusammen. Durch einen Vergleich der Ein- und Auszahlungen soll für alle Abrechnungsperioden die Liquidität, also die Fähigkeit, fällige Zahlungen termingerecht erfüllen zu können, gesichert werden. Bei einem kleinen internen Projekt wird normalerweise auf eine detaillierte Finanzplanung verzichtet, da die projektabhängigen finanziellen Auswirkungen im Vergleich zum Gesamtfinanzvolumen des Unternehmens gering sind.

9.3.6 Projektplanung abschließen

Bild 3 zeigt die wechselseitigen Abhängigkeiten zwischen den verschiedenen Planungsaufgaben. Nach der Ziel-, Projektstruktur- und Ablaufplanung können die Termine der Arbeitspakete bzw. Vorgänge nur durch enge Abstimmung mit dem Ressourcenbedarf und dem Ressourcenbestand realistisch geplant werden. Aus den Ergebnissen der Ressourcen- und Terminplanung ergeben sich wiederum die voraussichtlichen Projektkosten.

Bild 1: Kostenplan als Säulendiagramm

Bild 2: Kostengang und Kostensumme

Bild 3: Wechselseitige Abhängigkeiten der Aufgaben der Projektplanung

Die Teilpläne müssen daher in ihrer Gesamtheit entsprechend der Projektzielplanung iterativ optimiert bzw. aufeinander angepasst werden. Die Summe dieser Teilpläne wird nach DIN 69901-5 **Projektplan** genannt. Der Projektplan bildet die Basis für die Projektsteuerung der Projektrealisierung.

9.3.7 Schätzverfahren

Aufgrund der Einmaligkeit und Neuartigkeit von Projekten kann man kaum den voraussichtlich benötigten Aufwand für ein Projekt oder seine Arbeitspakete exakt planen. Man ist vielmehr auf Schätzungen angewiesen. Im Wesentlichen werden folgende drei Klassen von Schätzverfahren eingesetzt: die Vergleichsverfahren, die Kennzahlenverfahren und die Algorithmischen Verfahren. Diese Schätzverfahren basieren auf Erfahrungswerten aus früheren Projekten, die für Vergleiche oder als Grundlage für mathematische Berechnungen verwendet werden.

Bei den **Vergleichs- bzw. Analogie-Schätzverfahren** wird zunächst zum zu planenden Projekt das hinsichtlich Projektart, Größe, Schwierigkeiten und Randbedingungen ähnlichste Vorgängerprojekt ausgewählt. Danach werden die Abweichungen zwischen dem aktuellen zu planenden Projekt und dem ausgewählten Vergleichsprojekt ermittelt und mithilfe dieser Unterschiede der Mehr- bzw. Minderaufwand für das aktuelle Projekt gegenüber dem Vergleichsprojekt geschätzt. Diese Verfahren werden vor allem in der Frühphase eines Projekts eingesetzt.

Eine besondere Ausprägung der Analogie-Schätzverfahren ist die **Expertenbefragung**. Bei der **Einzelschätzung** schätzt der Projektleiter oder ein erfahrener Fachmann den Aufwand alleine. Die Qualität einer **Gruppenschätzung** durch mehrere erfahrene Schätzer ist in der Regel jedoch bei größeren neuartigen Projekten wesentlich besser. Die Gruppenschätzung wird häufig nach dem sogenannten Delphi-Verfahren durchgeführt (**Bild 1**). Während beim **Standard-Delphi-Verfahren** die Experten voneinander völlig unabhängig und anonym in mehreren Befragungsrunden schätzen, diskutieren die Experten beim **Breitband-Delphi-Verfahren** nach jeder Befragungsrunde die Zwischenergebnisse ihrer Schätzungen.

Mithilfe der **Drei-Punkt-Schätzung** kann die Streuung der Schätzwerte berücksichtigt werden. Bei dieser Technik wird der Planwert PW der zu schätzenden Größe aus dem optimistischsten Schätzwert OSW, dem wahrscheinlichsten Schätzwert WSW und dem pessimistischsten Schätzwert PSW nach folgender Formel ermittelt:

$$\text{Planwert PW} = \frac{\text{OSW} + 4 \cdot \text{NSW} + \text{PSW}}{6}$$

Die **Kennzahlen-Schätzverfahren** erfordern ebenso wie die Vergleichs-Schätzverfahren das systematische Sammeln projektspezifischer Messdaten aus abgeschlossenen Projekten. Aus diesen Daten werden aussagekräftige Kennzahlen abgeleitet, die zur Bewertung von Schätzgrößen eingesetzt werden. Typische Kennzahlen sind z. B. die Kosten je Kubikmeter umbauter Raum bei Bauprojekten oder der Zeitaufwand je Flächengröße beim Streichen von Wänden. Die Kennzahlen hängen in der Regel von verschiedenen Einflussgrößen (Parametern) wie z. B. die angestrebte Qualität oder die Erfahrung der Projektmitarbeiter ab. Beim sogenannten Standardwertverfahren, das zu den Kennzahl-Schätzverfahren gehört, erhält man z. B. durch Multiplikation einer Kennzahl mit der entsprechenden Mengengröße den Planungsaufwand (**Bild 2**).

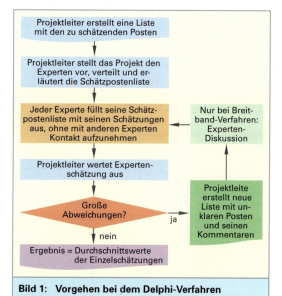

Bild 1: Vorgehen bei dem Delphi-Verfahren

Bild 2: Aufwandsermittlung mit einer Kennzahl für das Streichen einer Wand

9.4 Projektdurchführung und Projektcontrolling

Die **Algorithmischen Schätzverfahren** bedienen sich bei der Aufwandermittlung keiner Kennzahlen sondern einer oder mehrerer Formeln, die mithilfe von Regressionsanalysen aus einer Vielzahl von Ist-Daten abgeschlossener Projekte ermittelt wurden (**Bild 1**).

Mithilfe dieser Formeln kann der Aufwand für ein Projekt oder ein Arbeitspaket in Abhängigkeit von verschiedenen Einflussgrößen (Parametern) ermittelt werden. So ist z. B. der mithilfe der in Bild 1 dargestellten Formel ermittelte Aufwand für die Montage einer 8 t schweren Maschine, die eine normale Positioniergenauigkeit hat:
Aufwand = $3 \cdot Masse^{1,8}$ = $3 \cdot 8^{1,8}$
= 127 Personenstunden.

9.4 Projektdurchführung und Projektcontrolling

9.4.1 Aufgaben des Projektcontrollings

Nach dem Abschluss der Projekt-Planungsphase und der Freigabe der Durchführungsphase durch den Lenkungsausschuss kann mit der konkreten Realisierung des Projektgegenstandes begonnen werden. In dieser Projektphase hat der Projektleiter die Aufgabe mithilfe des Projektcontrolling[1] Prozesses das Projekt soweit wie möglich entsprechend den Planvorgaben umzusetzen (**Bild 2**).

Das **Projektcontrolling** als Bindeglied zwischen Projektplanung und Projektdurchführung umfasst sowohl die Projektkontrolle als auch die Projektsteuerung. Die **Projektkontrolle** ermittelt die Abweichungen der erfassten Ist-Werte von den durch die Planung vorgegebenen Soll-Werten und die Ursachen sowie den Trend dieser Abweichungen. Die **Projektsteuerung** versucht mit geeigneten Maßnahmen den weiteren Projektverlauf auf dem ursprünglich geplanten Kurs zu halten oder ihn trotz der Abweichungen darauf zurückzubringen. Sollte sich allerdings herausstellen, dass die Abweichungen nicht korrigierbar sind, muss durch die Projektsteuerung eine Änderung der Planvorgaben veranlasst werden.

Außerdem muss im Rahmen des Projektcontrollings zu angemessenen Zeitpunkten der Lenkungsausschuss über den Stand des Projektes mithilfe von Statusberichten informiert werden.

[1] Controlling ist vom englischen Wort „to control" abgeleitet, was u.a. kontrollieren, überwachen, beaufsichtigen - aber auch steuern, lenken, leiten und regulieren bedeutet.

Bild 1: Beispiele für mithilfe von Regressionsanalysen hergeleitete Formeln zur Aufwandermittlung

Bild 2: Der Projektcontrolling-Prozess

Zu Beginn der Durchführungsphase sollten alle an der Projektdurchführung Beteiligten im Rahmen eines sogenannten **Kick-Off-Meetings** über das Projekt, seine Ziele, die Projektplanung und die Aufgaben jedes einzelnen Mitarbeiters informiert und um eine konstruktive Mitarbeit geworben werden.

Danach muss der Projektleiter dafür sorgen, dass die Arbeitspakete bzw. Vorgänge planmäßig gestartet werden und die entsprechenden Ressourcen verfügbar sind.

Über den Stand der Durchführung der einzelnen Vorgänge und eventuell auftretende Störungen muss der Projektleiter rechtzeitig und ausreichend informiert sein. Dies kann mithilfe von Statusberichten der Vorgangsverantwortlichen oder mithilfe von persönlichen Gesprächen zwischen dem Projektleiter und den Projektmitarbeitern erfolgen. Die Erfassung der aktuellen Projekt-Ist-Daten sollte in regelmäßigen Zeitabständen, zumindest aber beim Erreichen eines Meilensteines durchgeführt werden. Ein besonderes Augenmerk muss der Projektleiter auf solche Vorgänge legen, die auf dem kritischen Pfad liegen oder ein hohes Maß an Neuigkeit oder Risiko haben. Zu kontrollieren sind vor allem die vier Projekt-Zielgrößen: Termine, Kosten bzw. Aufwände, erbrachter Leistungsumfang und Qualität.

9.4.2 Terminkontrolle

Im Rahmen der Terminkontrolle muss geprüft wer-den, ob die Arbeitspakete bzw. die Vorgänge recht-zeitig begonnen und in der geplanten Dauer zum geplanten Termin fertig gestellt wurden. Wenn sich die Fertigstellung eines Vorganges verzögert, können sich die Termine der Folgevorgänge verschieben. Die Dauer des Gesamtprojekts verlängert sich jedoch nur, wenn die Vorgänge auf dem kritischen Pfad liegen. Abweichungen von der ursprünglichen Planung können mithilfe eines **Balkendiagramms** anschaulich dargestellt werden. **Bild 1** zeigt z. B., dass die Vorgänge V2 und V3 eine Woche zu spät begannen, da der Vorgang V1 eine Woche länger als geplant benötigte. Da auch der Vorgang V3 eine Woche länger dauerte, konnte bis zum Stichtag (Ende der 23. Woche) mit dem Vorgang 4 noch nicht begonnen werden. Da keine weiteren Ressourcen bereitgestellt werden können, verschiebt sich nach der neuen Planung das Projektende voraussichtlich um zwei Wochen gegenüber der ursprünglichen Planung.

Ein weiteres einfaches und übersichtliches Hilfsmittel zur Überwachung des Projektfortschritts ist die **Meilenstein-Trendanalyse (MTA)**. Meilensteine sind wichtige während der Projekt-Planungsphase definierte Ereignisse im Projektablauf wie z. B. das Ende einer Phase oder ein Zahlungstermin.

Bild 1: Terminverfolgung mittels Balkendiagramm

Bild 2: Beispiel eines Meilenstein-Trendcharts

Mithilfe der Meilenstein-Trendanalyse wird der Projektablauf analysiert, indem periodisch die Meilensteintermine der Meilensteine geprüft und entsprechend des Projektverlaufes neu geschätzt werden. Für die Meilenstein-Trendanalyse hat sich das in **Bild 2** dargestellte Meilenstein-Trendchart bewährt. Auf der vertikalen Kathete des rechtwinkligen Dreiecks werden die geplanten Meilensteintermine und auf der horizontalen Kathete der geplanten Schätzpunkte eingetragen. Im Verlauf des Projektes werden beim Erreichen des nächsten Schätzzeitpunktes die voraussichtlichen Meilensteintermine neu geschätzt und in das Trenddiagramm eingetragen. Wenn man den neuen Eintrag mit dem vorherigen Termin verbindet, erhält man die Meilenstein-Trendlinie.

Die Trendlinie trifft die Hypotenuse des Dreiecks im Meilenstein-Trendchart, wenn bei der Projektdurchführung ihr Meilenstein erreicht wurde. Die Analyse der Verläufe der Meilenstein-Trendlinien ergibt Hinweise für die zu treffenden Maßnahmen zur Steuerung des Projekts. Eine horizontale Trendlinie deutet darauf hin, dass der Meilenstein und die dazugehörenden Vorgänge planmäßig laufen. Ein Meilenstein wird früher als geplant erreicht, wenn seine Trendlinie fällt. Dagegen bedeutet eine steigende Trendlinie, dass der entsprechende Meilenstein später als geplant erreicht wird.

9.4.3 Kosten- und Leistungskontrolle

Die Kostenentwicklung muss während des gesamten Projekts überwacht werden, um bei Bedarf rechtzeitig steuernd eingreifen zu können. Voraussetzung für eine effektive Kostenkontrolle ist, dass in der Planungsphase den Arbeitspaketen bzw. Vorgängen nicht nur Termine, sondern auch die voraussichtlichen Kosten (Plan-Kosten) zugeordnet wurden und während der Durchführung der Vorgänge kontinuierlich ihre anfallenden Ist-Kosten erfasst werden. Ein reiner Plan/Ist-Vergleich der Kostensituation zu einem bestimmten Zeitpunkt sagt allerdings wenig über den tatsächlichen Status des Projektablaufes aus.

Aus **Bild 1** kann man z. B. entnehmen, dass bis zum Stichtag am Ende der 23. Woche Ist-Kosten von IK = 110 T€ angefallen sind. Dem stehen für diesen Termin Plankosten von PK = 130 T€ gegenüber. Damit wäre zu diesem Zeitpunkt mit einer Unter-schreitung der geplanten Gesamtkosten von 20 T€ zu rechnen. Diese Betrachtung berücksichtigt allerdings nicht, dass nach der Planung an dem Stichtag schon der Vorgang V4 und nicht nur der Vorgang V3 abgeschlossen sein sollte. Damit ist zu diesem Termin in den Plan-Kosten auch der Leistungsumfang für den Vorgang V4 „Wände hochziehen" enthalten, obwohl mit diesem Vorgang noch nicht begonnen wurde.

Der tatsächlich geleistete Leistungsumfang kann mithilfe der in den USA entwickelten **Earned-Value-Analyse** berücksichtigt werden. Diese im deutschen Sprachgebrauch auch **Arbeitswert-Analyse** oder Leistungswert-Analyse genannte Methode versucht die Ist-Daten der drei Projektziele „Zeit", „Kosten" und „Leistung" gleichzeitig zu messen und mit den entsprechenden Plan-Daten zu vergleichen, um genauere Aussagen über den Projektstatus und den weiteren Projektverlauf machen zu können (Bild 1).

Die bis zum Stichtag erbrachte Leistung wird **Fertigstellungswert FW**, Arbeitswert oder im angelsächsischen Sprachraum Earned Value („verdienter Wert") genannt. Der Fertigstellungswert wird als Summe der Plan-Kosten für die bis zum Stichtag abgeschlossenen und/oder begonnenen Vorgänge definiert.

Bild 1: Earned-Value-Analyse (Arbeitswert-Analyse) während des Projekts „Hallen-Rohbau"

Der Fertigstellungswert FW von noch nicht abgeschlossen Vorgängen wird häufig mithilfe eines für diesen Vorgang vom Vorgangsverantwortlichen in Prozent geschätzten Fertigstellungsgrades FGR und den Vorgangs-Plankosten PK wie folgt berechnet:

$$FW = \frac{FGR_{geschätzt} \cdot PK_{geplant}}{100\,\%}$$

In **Bild 1, vorhergehende Seite** ist am Stichtag (Ende der 23. Woche) der Fertigstellungswert FW mit 90 T€ eingetragen, da bis zu diesem Termin die Vorgänge V1, V2 und V3 mit den Plan-Kosten 60 T€, 10 T€ und 20 T€ abgeschlossen sind und mit dem Vorgang V4 noch nicht begonnen wurde.

Dieser Fertigstellungswert von 90 T€ hätte nach der Projekt-Terminplanung eigentlich schon früher erreicht werden sollen. Die entsprechende **Terminabweichung TA** kann ermittelt werden, indem man durch den Fertigstellungswert am Stichtag eine Parallele zu der Zeitachse zieht. Diese Parallele schneidet die Plan-Kosten-Kurve zu dem Zeitpunkt, zu dem der Vorgangs V3 hätte schon abgeschlossen sein sollen. In unserem Fall ist das am Ende der 21. Woche. Unser Projekt ist also zwei Wochen im Zeitverzug, wie auch die Kontrolle mithilfe des Balkendiagramms zeigt.

Aus den am Stichtag ermittelten Daten für die kumulierten Plan-Kosten PK), Ist-Kosten (IK) sowie dem Fertigstellungswert (FK) lassen sich die tatsächliche **Kostenabweichung KA** und **Leistungsabweichung LA** sowie die entsprechenden relativen Abweichungen **Kosten-Entwicklungsindex KEI** und **Termin-Entwicklungsindex TEI** ableiten (**Bild 1**). Die Bezeichnung „Termin-Entwicklungsindex" rührt daher, dass die Terminabweichung TA in Geldwert ausgedrückt der Leistungsabweichung LA am Stichtag entspricht.

Die Kostenabweichung KA ist in unserem Fall negativ. Das bedeutet, dass für den Leistungsstand am Stichtag die tatsächlichen Kosten über den geplanten Kosten liegen. Der negative Wert der Leistungsabweichung LA bedeutet, dass die Leistungserstellung zeitlich zurückliegt. Dementsprechend sind die entsprechenden Indizes für die Kosten- und Termin-Entwicklung am Stichtag kleiner als Eins (< 100 %).

Je nachdem, ob die Kosten- und Termin-Abweichungen bis zum Stichtag als typisch oder atypisch für den weiteren Projektverlauf beurteilt werden, können mit den im Rahmen der Arbeitswert-Analyse ermittelten Daten und berechneten Indizes die zu erwartenden Gesamtkosten EGK und Gesamtdauer EGD des Projekt berechnet werden. Dies geschieht mithilfe der in Bild 1 dargestellten Formeln.

Der **Fertigstellungsgrad FGR** des Gesamtprojektes am Stichtag ergibt sich aus dem Quotient des aktuellen Fertigstellungswertes FW und den geplanten Projekt-Gesamtkosten PGK:

$$FGR\,[\%] = FW_{aktuell} / PGK \cdot 100\,\%$$

Die im Rahmen der Arbeitswert-Analyse für das Projekt „Hallen-Rohbau" am Stichtag (Ende 23. Woche) ermittelten Daten:			
Kumulierte Plan-Kosten:	PK = 130 T€	Geplante Projekt-Gesamtkosten:	PGK = 180 T€
Kumulierte Ist-Kosten:	IK = 110 T€	Geplante Projekt-Gesamtdauer:	PGD = 10 KW
Kumulierter Fertigstellungswert:	FW = 90 T€	Momentane Terminabweichung:	TA = 2 KW

Ermittlung der Abweichungen und Entwicklungsindizes	
Abweichungen	**Entwicklungsindizes**
Kostenabweichungen KA = FW – IK = –20 T€	Kostenentwicklungsindex KEI = FW/IK = 0,82
Leistungsabweichungen LA = FW – PK = –40 T€	Terminentwicklungsindex TEI = FW/PK = 0,69

Erwartete Gesamtkosten und Dauer des Projekts			
Fall	Bedeutung der Abweichungen für den weiteren Projektverlauf	Erwartete Gesamtkosten EGK	Erwartete Gesamtdauer EGD
1	Die Abweichungen sind atypisch, in Zukunft wird gemäß ursprünglicher Planung gearbeitet.	EGK = PGK – KA = 180 T€ – (–20 T€) **= 200 T€**	EGD = PGD – TA = 10 KW + 2 KW **= 12 KW**
2	Die Abweichungen sind typisch, sie lassen sich linear in die Zukunft projizieren.	EGK = PGK / KEI = 180 T€ / 0,82 **= 220 T€**	EGD = PGD / TEI = 10 KW / 0,69 **= 14,5 KW**
3	Die Abweichungen lassen auf wesentliche Planungsfehler schließen. Der restliche Projektablauf muss neu geplant werden.	Die voraussichtlichen Projekt-Gesamtkosten und die voraussichtliche Projektdauer lassen sich alleine mit den Daten der Arbeitswert-Analyse nicht ermitteln.	

Bild 1: Ermittlung der erwarteten Gesamtkosten und Gesamtdauer des Projketes „Hallen-Rohbau"

9.4 Projektdurchführung und Projektcontrolling

9.4.4 Abweichungsursachen und Steuerungsmaßnahmen

Nach dem Auftreten von Abweichungen zwischen den Plan- und Ist-Daten von Leistung (Quantität und Qualität), Kosten und Zeit sollten im Rahmen einer Abweichungsanalyse die Ursachen für die Abweichungen ermittelt werden (**Tabelle 1**). Nur so lassen sich geeignet Maßnahmen zum Gegensteuern finden und erfolgreich umsetzen.

Typische Maßnahmen sind:
- Überstunden veranlassen,
- zusätzliche Betriebsmittel (Maschinen) bereitstellen,
- mehr Mitarbeiter u.U. von außen hinzuziehen,
- Fremdvergabe von Arbeitspaketen oder Vorgängen,
- die Leistung (Quantität, Qualität) reduzieren und
- Termine verschieben.

Jede steuernde Maßnahme beeinflusst nicht nur eine Zielgröße, da die Projektziele Leistungsumfang (Quantität), Qualität der Leistung, Aufwand bzw. Kosten und Dauer bzw. Termin stark voneinander abhängig sind. Die gegenseitige Wechselwirkung zwischen den Projektzielen kann man mit dem sogenannten Teufelsquadrat veranschaulichen (**Bild 1**). Die auf den Diagonalen eines Quadrats eingetragenen Zielgrößen konkurrieren um die verfügbare Produktivität des Projektteams, das durch die Größe der Quadratfläche dargestellt wird.

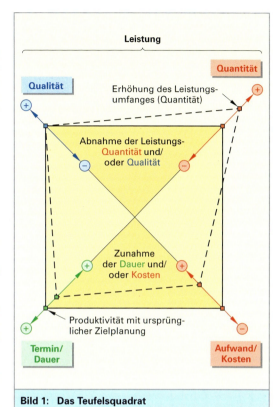

Bild 1: Das Teufelsquadrat

Wenn, wie z. B. im Bild 1 dargestellt, der Leistungsumfang (Quantität) ohne Qualitätsverlust erhöht werden soll, bedeutet dies, dass bei gleichbleibender Produktivität, die durch die konstante Größe der Fläche des Vierecks symbolisiert wird, die Kosten und Dauer zunehmen müssen.

Der ursprüngliche Projektplan muss geändert werden, wenn die Termin- und/oder Kostenüberschreitungen nicht mehr im Rahmen der Planvorgaben aufgefangen werden können. Im Gegensatz zu den ursprünglich festgelegten **Plan-Daten** werden die Vorgaben des revidierten Projektplanes **Soll-Daten** genannt. Schwerwiegende Veränderungen des Projektplanes überschreiten meistens die Zuständigkeit des Projektleiters und bedürfen daher in der Regel der Zustimmung des Projektlenkungsausschusses oder des Auftraggebers.

Tabelle 1: Beispiel für die Ursachen von Abweichungen			
Fehler bei der Planung und Realisierung	Personelle Ursachen	Organisatorische Ursachen	Änderung der Rahmenbedingungen
• Notwendige Aufgaben vergessen • Zeit und Kosten falsch geschätzt • Verfügbarkeit von Ressourcen nicht abgestimmt • Material und/oder Ressourcen nicht bereitgestellt	• Schlechte Motivation • Mangelnde Ausbildung • Konflikte im Team • Überlastung • Fluktuation • Krankheit • Streik	• Unklare Kompetenzen • Störende Einflussnahme durch die Unternehmensleitung • Führungsfehler z. B. mangelnde Einweisung oder mangelnde Kontrolle • Termindruck • Räumliche Aufteilung	• Leistungsänderungen durch Auftraggeber • Schlechtes Wetter • Konkurs von Lieferanten • Zusätzliche Risiken • Unerwartete technische Probleme

9.4.5 Berichte

Projekte können nur zielgerichtet gesteuert werden, wenn die Entscheidungsträger regelmäßig mit den für sie wichtigen Informationen über den Status des Projektes versorgt werden. Dies geschieht in der Regel mithilfe von Berichten, die an die jeweils nächsthöhere Hierarchieebene geschickt werden (**Bild 1**). Mit steigender Hierarchieebene sinkt die Häufigkeit und steigt der Abstraktionsgrad dieser Berichte, um die jeweiligen Empfänger nur mit den Informationen zu versorgen, die sie für ihre Funktion innerhalb des Projektes benötigen. Im **Berichtsplan** wird festgelegt, wer welche Information wann, an wen, in welcher Form weiterleiten muss (**Tabelle 1**).

9.5 Projektabschluss

Die letzte Phase eines Projektes ist der Projektabschluss. Er gliedert sich in die Implementierung und/oder Abnahme des Projektgegenstandes, die Abschlussanalyse, die Erfahrungssicherung sowie die Projektauflösung (**Bild 2**). Bei der **Projektabnahme** wird geprüft, ob der Projektgegenstand alle im Pflichtenheft definierten Forderungen erfüllt. Das Ergebnis dieser Überprüfung wird in einem Abnahmeprotokoll festgehalten. Im Rahmen der **Projektabschlussanalyse** werden Termin-, Kosten- und Leistungsabweichungen im Hinblick auf Ursachen und möglichen Vermeidungsmaßnahmen untersucht. In einem Rückblick werden außerdem die Stärken und Schwächen während der Projektdurchführung kritisch betrachtet. Diese Informationen fließen in den vom Projektleiter zu erstellenden **Projektabschlussbericht** und in die **Erfahrungssicherung** ein. Sinn und Zweck der Erfahrungssicherung ist es, die während des Projektes gemachten Erfahrungen (**„Lessons learned"**) und das damit entstandene Know-how systematisch zu sammeln, um es für kommende Projekte nutzbar machen zu können.

So wird sichergestellt, dass nicht immer wieder die gleichen Fehler gemacht werden und das Projektmanagement sich weiter entwickeln kann. Das Sammeln der positiven und der negativen Projekterfahrungen erfolgt am besten im Rahmen eines Projektabschluss-Workshops (Kick-Out-Meeting). Spätestens zu diesem Zeitpunkt sollte den Projektteammitgliedern ihr zukünftiger Wirkungskreis bekannt sein.

Mit der **Projektauflösung** wird das Projekt endgültig abgeschlossen. Die Projektorganisation wird aufgelöst und die beteiligten Mitarbeiter werden nach einer kleinen Abschlussfeier ihren ursprünglichen Aufgabenbereichen oder neuen Projekten zugeordnet.

Bild 1: Berichtsweg

Bild 2: Projektabschlussphase

Tabelle 1: Berichtsplan

Berichtsart	Berichtsersteller	Empfänger	Turnus: Zeitpunkt	Form: Inhalt	Zweck
Arbeitspaket-Bericht	Arbeitspaketverantwortlicher	Projektleiter	Wöchentlich, am letzten Arbeitstag	Formblatt; Arbeitspaketstatus	Grundlage für Fortschrittsermittlung
Projektstatus-Bericht	Projektleiter	Lenkungsausschuss	Monatlich und zu Meilensteinen	Formblatt; Projektstatus	Grundlage für Lenkungsausschusssitzung
Sonderbericht	Arbeitspaketverantwortlicher	Projektleiter	Auftreten einer unerwarteten Situation	Bericht; Beschreibung der Situation	Grundlage für wichtige, nötige Entscheidungen
Sonderbericht	Projektleiter	Lenkungsausschuss	Auftreten einer unerwarteten Situation	Bericht; Beschreibung der Situation	Grundlage für wichtige, nötige Entscheidungen
Projektabschluss-Bericht	Projektleiter	Lenkungsausschuss, Auftraggeber	Einmalig, zum Projektende	Ausführlicher Bericht über Projektergebnis	Grundlage für formellen Projektabschluss

10 Personalmanagement (PM)

10.1 Einführung

10.1.1 Ziele und Aufgaben

Das Personalmanagement (PM) (engl. Human Resource Management, HRM), früher *Personalwesen* ist ein funktionaler Bereich der Betriebswirtschaftslehre. Das Mind-Map **(Bild 1)** listet alle Bereiche/Kapitel der BWL auf. Die Produktionsorganisation plant, organisiert und terminiert die Abläufe und die Interaktionen zwischen Mensch und Maschine.

Die Hauptziele des PM sind die Sicherung der Arbeitsplätze und der Arbeitsfähigkeit der Mitarbeiter, die Gewährleistung ausreichend hoher Einkommen und eine Verbesserung des Arbeitsklimas zum Erreichen der Unternehmensziele.

Die Unternehmensleitung entwickelt zusammen mit dem Personalmanagement die **Strategische Personalplanung** mit Beachtung von Branche, Betriebstätten, der demographischen Entwicklung und den Unternehmenszielen.

Daraus resultieren die Teilaufgaben **(Bild 2)** des PM:

- Personalkosten,
- Personalbedarf,
- Personalbeschaffung,
- Personalentwicklung,
- Personalbewertung,
- Personalführung.

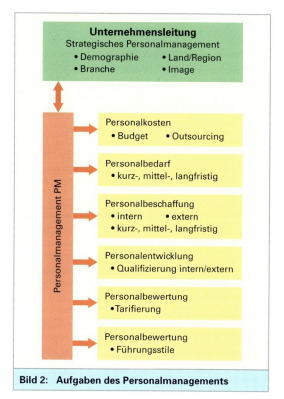

Bild 2: Aufgaben des Personalmanagements

Bild 1: Die funktionalen Betriebswirtschaftslehren

10.1.2 Personal 4.0 und die Abschaffung des Fließbandes

Mit der 4. Industriellen Revolution könnte das Fließband – *die* Errungenschaft der 2. Industriellen Revolution der Vergangenheit angehören[1].

1913 rationalisierte *Henry Ford* die Automobilmontage durch Mechanisierung der Fließfertigung mit einem mithilfe eines Fließbandes (moving assembly line, **Bild 1**). Die Produktion konnte dadurch **achtfach gesteigert** und die Kosten enorm gesenkt werden. Die **Massenproduktion** wurde damit für den Automobilbau möglich.

Die Fließfertigung, d. h. die Herstellung eines Produktes in aufeinanderfolgender arbeitsteiliger Weise, in Verbindung mit entsprechender Reihung der Betriebsmittel im Produktionsablauf wird sicher auch heute nicht infrage gestellt. Dass aber Werker kleinteilig gegliederte Verrichtungen im Sekundentakt ausführen (müssen) gehört hoffentlich alsbald der Vergangenheit an. Die Arbeiten werden z. B. in Gruppen ausgeführt und die Tätigkeiten selbst nicht in mehr kleine Elemente oder Handgriffe zergliedert. In der Motorenmontage gilt z. B. der Slogan: „one man one engine", d. h. der Werker hat Verantwortung für das ganze Produkt „Motor". Es ist „sein Motor".

Einzigartigkeit statt Gleichheit

Henry Ford sagte angeblich, dass jeder Kunde einen Ford in der Farbe seiner Wahl bekommen könne – solange die Farbe eben schwarz sei – also eine Forderung zur Standardisierung, zu serienidentischer Produkte. Serienidentische Produkte gleich Massenprodukte sind das Erfolgsgeheimnis der 2. Industriellen Revolution. 1917 gab es in Deutschland die erste **Deutsche Industrienorm „DN 1: Kegelstifte"**. Es ist der Beginn der Normung und damit auch der **Schlüssel zur Austauschbarkeit**. Für Einzelteile gilt dies uneingeschränkt auch heute noch. Für Prestigeobjekte, wozu z. B. auch Autos der Oberklasse zählen, da wollen die Kunden genau das Gegenteil: Das Auto soll einzigartig, also „maßgeschneidert" sein. So werden Autos nach Kundenwunsch in chaotischer Produktionsfolge hergestellt und fast keines ist mehr serienidentisch.

Die smarte Fabrik und das Personal 4.0

Statt Fließband gibt es Fahrerlose Transportsysteme (FTS = Robotcarrier) und verteilte Montageinseln[2]. Die Fahrzeugteile suchen selbst – aufgepackt auf das FTS den Weg zum günstigsten Durchlauf (**Bild 2**). Dabei gibt es Montageinseln die *sich ergänzen*, da sie stark spezialisiert sind und kurze Durchlaufzeiten haben und solche die *sich ersetzen* aber universell tätig sind und etwas länger brauchen. Damit erreicht man höchste Flexibilität bei größtmögliche Produktionssicherheit. Hat eine stark spezialisierte Montageinsel eine große Warteschlange, dann wird die Karosserie sich eher eine Universalmontageinsel aussuchen. Gibt es eine Störung, so können gestörte Inseln umfahren werden. Die Fabrik erreicht damit eine maximale Auslastung.

Für den Mitarbeiter bedeutet dies, dass monotone inhaltslehre Tätigkeiten der Vergangenheit angehören. Ihm obliegt es in der Gesamtschau eine **robuste Produktion** in ihrer Vielschichtigkeit am „Laufen" zu halten, wobei Störungen in Teilbereichen nicht zu merklichen Ausfällen oder Katastrophen führen. Damit wird dem Mitarbeiter auch Stress abgenommen.

Die Zielrichtung dieses Kapitels ist es die besondere Bedeutung des Personalmanagements bei der Auswahl und Bereitstellung, der Fortbildung und Weiterbildung der Mitarbeiter herauszuarbeiten.

---

[1] vgl. Pressemeldung vom 25.11.2016: Fließbänder könnten bei Audi in vielen Fabriken bald der Vergangenheit angehören. – (c) REUTERS/Laszlo Balogh
[2] siehe Kapitel 5.3 Montagetechnik, Seite 172

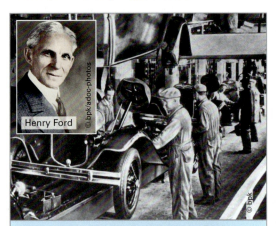

Bild 1: Fließband in der Produktion des Ford Modell T (1913)

Bild 2: Montageinseln statt Fließband

10.2 Personalplanung

10.2.1 Zielsetzung

Die Zielsetzungen bei Personalplanung **(Tabelle 1)** werden von Unternehmenszielen und deren Vorgaben abgeleitet. Neue Produkte, Erhöhung oder Verkleinerung der Produktionsmengen, Outsourcing verändern die Personalstruktur also die Anforderungen, die Qualifikation, die Mitarbeitszahl.

Das Personalmanagement muss die Vorarbeiten beginnen. In Zusammenarbeit mit den betroffenen Abteilungen werden die Pläne für die Umsetzung der Vorgaben erarbeitet und umgesetzt.

Dabei wird in zwei Bereiche unterschieden nämlich in **wirtschaftliche und soziale Ziele (Tabelle 2)**. Für das Unternehmen müssen diese gleichrangig gewichtet werden. Wer nämlich nur mit Kostenreduktion und höhere Ausbringung auf Kosten der Mitarbeiter arbeitet wird schnell die Motivation der Mitarbeiter aufs Spiel setzen.

Weiter müssen sich die Mitarbeiter mit der Firma identifizieren können. Die Zufriedenheit, die Arbeitsplatzsicherheit sind genauso wichtig wie ein angemessenes Einkommen. Ein Unternehmen mit einem „guten Namen" also mit Qualitätsprodukten hat eine positive Außenwirkung und wird gute Bewerber anlocken **(Tabelle 3)**.

Mithilfe des Internets können sich die Bewerber über die sozialen Medien und spezielle auch mithilfe von **Arbeitgeberbewertungsportale (Tabelle 4)** sehr gut über das Unternehmen informieren. Man erhält so direkte aktuelle Insiderinformationen von den im Unternehmen beschäftigten Mitarbeitern die ihre Bewertung abgeben.

Dabei wird in den meisten Portalen in drei Bereiche gegliedert. In die **Wohlfühlfaktoren** (Arbeitsklima, Vorgesetzte, Kollegen…) die **Karrierefaktoren** (Gleichberechtigung, Weiterbildung ..) und die **Benefits** (Flexible Arbeitszeiten, Kantine, Betriebsarzt). Die Einflussfaktoren auf die Personalplanung wie der Personalbestand, Altersstruktur die Fehlzeiten kann sich das Unternehmen durch eine Datenanalyse herausfiltern und mit geeigneten Kennzahlen bearbeiten.

Tabelle 1: Personalplanung

Themen	Inhalte (Auswahl)
Ziele und Zielsetzungen	Wirtschaftliche und soziale Ziele
Einflussfaktoren	Altersstruktur, Tarifverträge, Fehlzeiten
Gliederung & Struktur	Gehalt, Beurteilung, Beschaffung
Tätigkeitsfelder	Ort, Zeit, Qualität, Menge
Bedarfsermittlung	Einstellung, Abbau, Qualifikationen
Einsatzplanung	Stellenbeschreibung, Einsatzplanung
Entwicklungsplanung	Aufstiegsplanung, Umschulung
Kostenplanung	Lohn, Gehalt, Zusatzkosten
Beschaffungsplanung	Externe oder interne Arbeitskräfte
Marketingplanung	Bewertung im Internet
Personalabbau	Befristete Arbeitsverträge, Versetzung

Tabelle 3: Einflussfaktoren auf die Personalplanung

Umfeld und Politik	Unternehmungsplanung
– Gesetze, Verordnungen – Konjunktureinflüsse – Arbeitsmarktdaten – Tarifverträge, Betriebsvereinbarungen	**Personalbestand:** – Altersstruktur – Fehlzeiten – Qualifikation – Arbeitszeiten

Tabelle 4: Bewertungsportal (Auswahl, Beispiel)

Gruppe	Mittelwert (max. 5 Pkt.)	Sterne (max. 5)
Wohlfühlfaktor		
Arbeitsatmosphäre	3,72	***
Vorgesetztenverhalten	3,26	***
Kollegenzusammenhalt	3,85	***
Interessante Aufgaben	4,02	****
Kommunikation	3,28	***
Arbeitsbedingungen	3,62	***
Umwelt-/Sozialbewusstsein	3,45	***
Work Life Balance	3,72	***
Summe	**3,615**	
Karrierefaktor		
Gleichberechtigung	4,12	****
Umgang mit Älteren	3,95	***
Karriere/Weiterbildung	2,86	***
Gehalt/Sozialleistungen	3,34	***
Image	2,88	***
Summe	**3,43**	
Benefits		
– Flexible Arbeitszeiten – Sozialleistungen – Teilzeitmodelle – Weiterbildung – Homeoffice	– Parkplätze – Kantine – Verkehrsanbindung – Essenszulagen – Mitarbeiterrabatte	– Kinderbetreuung – Dienstmobil – Barrierefreiheit – Internetnutzung – Betriebsarzt – Fitnessraum

Tabelle 2: Zielsetzungen

Soziale Ziele	Wirtschaftliche Ziele

= Humanität, Arbeitsklima
  Zufriedenheit
  Identifikation
  Personalentwicklung
  Arbeitsplatzsicherheit
  Gehalt, soziale Leistungen
	= Rentabilität, Qualität
	  Opt. Arbeitsbedingungen
	  Personalengpässe ausgl.
	= Kostenreduktion
	  Potentiale voll ausreizen
	  Effizienz steigern

10.2.2 Stellenplanung

Zur Personalplanung gehören die Stellenbeschreibung, der Stellenplan und der Stellenbesetzungsplan bzw. das Qualifikationsprofil. Die **Stellenbeschreibung** beschreibt die Anforderungen an einen Arbeitsplatz und damit das Anforderungsprofil an den Mitarbeiter **(Tabelle 1)**.

Zum **Anforderungsprofil** gehören:
- Bezeichnung der Stelle,
- Wie ist die Stelle im Unternehmen integriert,
- Über- bzw. Unterstellung,
- Ziel und Hauptaufgaben der Stelle,
- Beziehung zu anderen Stellen,
- Anforderungen an den Stelleninhaber.

Im **Stellenplan** sind sämtliche Stellen eines Unternehmens aufgeführt, besetzt oder nicht. Es handelt sich also um einen *Sollwert*, der den gesamten Bedarf an Stellen und damit den Personalbedarf eines Unternehmens aufzeigt. Der Stellenplan ist Ergebnis der Personalbedarfsermittlung **(Tabelle 2)** auf Basis der Tätigkeitsfelder **(Tabelle 3)**. Der Stellenplan dient als Grundlage für den Stellenbesetzungsplan. Dort werden die tatsächlich besetzten Stellen eingetragen. Es handelt sich also um den *Istwert*. Dort wird deutlich welcher Mitarbeiter welche Stelle innehat. Die Differenz zwischen Stellen- und Stellenbesetzungsplan zeigt entweder einen Personalüberhang oder einen Personalbedarf an. Der Stellenplan dient ferner zur Stellenausschreibung bei einer Stellenneubesetzung.

Nach § 92 BetrVG[1] Personalplanung hat der Arbeitgeber den Betriebsrat über die Personalplanung, insbesondere über den gegenwärtigen und künftigen Personalbedarf zu unterrichten. Außerdem muss der Personalrat über personelle Maßnahmen und Maßnahme der Berufsbildung rechtzeitig informiert werden. Der Arbeitgeber muss mit dem Personalrat die erforderlichen Maßnahmen und die Vermeidung von Härten beraten.

Tabelle 1: Stellenbeschreibung (Beispiel)

Unternehmen	Werkzeugmaschinen, mittelständisch 200 Mitarbeiter, international tätig
1. Bezeichnung der Stelle	Leiter m/w Hauptabteilung Vertrieb
2. Rang	Hauptabteilungsleiter m/w
3. Vorgesetzter	Geschäftsführer m/w
4. Stellvertreter	Leiter m/w Hauptabteilung Einkauf
5. Untergeordnete Stelle	Marketing, Vertrieb Deutschland, Vertrieb Welt
6. Ziele	Alle Maßnahmen zur Erhaltung und Erweiterung des Umsatzes
7. Aufgaben und Kompetenzen	7.1 Leitung Hauptabteilung Vertrieb 7.2 Beratung der Geschäftsleitung 7.3 Analyse der Marktsituation 7.4 Prognosen zum Umsatz 7.5 Analyse der Vertriebskosten 7.6 Personalplanung Vertrieb 7.7 Personalschulung Vertrieb 7.8 Prognosen zum Umsatz 7.9 Analyse der Vertriebskosten 7.10 Personalplanung Vertrieb
8. Entscheidungsbefugnisse	bis 100 000 € im Einzelfall
9. Anforderungen	Wirtschaftswissenschaftliches oder ingenieurwissenschaftliches Studium, 5 bis 7 Jahre Tätigkeit in größerem Unternehmen davon 3 mindestens 3 Jahre im Vertrieb mit Leitungsfunktion, Englisch fließend, DV-Kenntnisse

Tabelle 2: Personalbedarfsermittlung

Anlass und Voruntersuchung	Einstellungen / Freisetzung Qualität / Quantität Individuell ⇒ Fachmann Kollektiv ⇒ Arbeitsgruppe
Organisatorisches Vorgehen	Stellenbildung / Stellenplan Stellenbeschreibung
Methoden und Modelle	**Trendextrapolation** **Kennzahlensysteme** Altersstruktur Qualifikationen Fehlzeiten **Delphi-Methode** **Szenariotechnik**
Auswertung, Berechnung	**Bruttobedarf an Mitarbeitern** – besetzte Stellen – feste Austritte (Pension) – Einstellungen (Vertrag) = **Nettobedarf an Mitarbeitern**

Tabelle 3: Übersicht über die Tätigkeitsfelder

Erforderliche Mitarbeiterzahl bereitstellen	Menge
Entsprechende Qualifikationen aussuchen	Qualifikation
Einstellung zum notwendigen Zeitpunkt	Termin
Passende Stellenzuordnung	Ort und Platz
Zielsetzungen	

- Sicherstellung der Mitarbeiterversorgung
- Verfügbarkeit von Mitarbeitern
- Wirksamkeit ihres Arbeitseinsatzes
- Steuerung des Verhaltens der Mitarbeiter
- Schaffung von Regeln und Bedingungen und damit
- optimale Unterstützung der Unternehmensziele
- optimale Gestaltung des Arbeitsumfeldes (Arbeitsklima)
- optimale Balance zwischen den Zielen des Unternehmens und den Interessen des Mitarbeiters

---

[1] Betriebsverfassungsgesetz: **§ 92 Personalplanung**
(1) Der Arbeitgeber hat den Betriebsrat über die Personalplanung, insbesondere über den gegenwärtigen und künftigen Personalbedarf sowie über die sich daraus ergebenden personellen Maßnahmen und Maßnahmen der Berufsbildung anhand von Unterlagen rechtzeitig und umfassend zu unterrichten. Er hat mit dem Betriebsrat über Art und Umfang der erforderlichen Maßnahmen und über die Vermeidung von Härten zu beraten.

10.2.3 Stellenbesetzung

Die Stellenbesetzung (= Bewerberauswahl, **Tabelle 1**) ist ein Schwerpunkt des PM. Wobei besonders hier eine enge Zusammenarbeit mit allen Abteilungen des Unternehmens wichtig ist.

Im Mittelpunkt stehen die **Schlüsselqualifikationen** des Stelleninhabers oder des Stellenbewerbers mit dem **magischen Dreieck (Bild 1)**. Sie bestimmen die fachliche und persönliche (soziale) Eignung. Der Schwerpunkt wird also auf dieser Beurteilung liegen. Voraussetzung ist natürlich die geforderte Fachkompetenz. Doch diese kann u. U. durch Fortbildung nachgebessert werden.

Die **Bewerberauswahl (Tabelle 2)** auch innerbetrieblich, zählt alle wesentlichen Bestimmungsgrößen auf. Das Eignungsprofil entspricht hier den Schlüsselqualifikationen. Die **klassische Bewerbung**, also mit Papier und Brief, wird zunehmend durch die Online-Bewerbung abgelöst.

Die Maßnahmen zur Personalbeschaffung werden durch die Feststellung einer personellen Unterdeckung ausgelöst. Unterschieden werden dabei die folgenden Alternativen:

- Anpassung ohne Änderung des Personalbestands, z. B. durch Personalleasing,
- Anpassung durch Änderung des Personalbestands durch Neueinstellungen,
- Besetzung der vakanten Stellen durch Versetzung von bereits im Unternehmen tätigen Mitarbeitern.

Für die Mitarbeiterauswahl gibt es mehrere Instrumente. Am häufigsten sind dabei Tests in allen Arten und „Abarten". Man darf die Tests über Wissen, Können, Motivation, Verhalten oder den IQ nicht ungeprüft übernehmen.

Viele Unternehmen setzen auf Assessment-Center. Hier werden die Bewerber mit Rollenspielen auf ihre Wissen und Verhalten ihr soziales Verhalten mit Mitbewerben geprüft. Die Auswertung erfordert allerdings ein hohes Fachwissen der Personalleiter und in manchen Fällen auch des Betriebsrats. Neutralität gegenüber des Bewerbers ist stringent einzuhalten.

Der Schwerpunkt bei der Stellenbesetzung ist das eigentliche Vorstellungsgespräch. Hier sitzen dem Bewerber, der Personalleiter, der zukünftige Chef und machen Fällen auch der Betriebsrat gegenüber. Nun werden alle Punkte nochmals abgefragt um eine endgültige Beurteilung zutreffen.

Bild 1: Magisches Dreieck der Schlüsselqualifikation

Tabelle 1: Personalentwicklung und Beurteilung

Themen	Inhalte (Auswahl)
Bewerberauswahl	Eignung, Anforderungen, Werkzeuge
Arbeitsvertrag	Formen, Freiheiten, Befristung
Beurteilung	Entlohnung, Führung, Durchführung
Stellenbeschreibung	Rang, Ort, Aufgaben
Umsetzung	Bedarfsanalyse, Seminare, CBT, WBT

Tabelle 2: Bewerberauswahl

Eignungsprofil	fachliche Eignung, persönliche Eignung
Bewerbung (klassisch)	Bewerbungsschreiben, Lebenslauf, Zeugnisse, Referenzen
Bewerbung (online)	eMail, Soziale Medien Anlagen
Bewerbung mit Chatbots	Algorithmen, Systeme
Firmenbewertungen (Blogs)	Aufbau, Firmenportraits, Analyse
Anforderungsprofil	Arbeitsplatzanalyse, fachliche Qualifikation, persönliche Eignung, Lastenheft/Pflichtenheft
Instrumente zur Auswahl	**Test** - Wissen, Können - Motivation, Verhalten - DGSG-Reihe **Assessment-Center** - Intension der Firma - Branchenwissen - Online Training	**Ärztlicher Eignungstest** - physiologisch/psychologisch **Vorstellungsgespräch** - Auftreten, Verhalten - Vorstellungen, Wissen **Vertragsabschluss** - Zeitpunkt, Gehalt

Personaleinstellung

Bei einem positiv verlaufenden Bewerbergespräch erfolgt die Personaleinstellung mit einem Arbeitsvertrag **(Tabelle 1)**. Hier ist vor allem zu unterscheiden ob die Stelle befristet oder unbefristet ist.

Recruiting[1] (Personalbeschaffung)

Ein Unternehmen hat bei der Recruiting, also der Personalbeschaffung viele Möglichkeiten.
- **Interne Stellenbesetzung** durch den qualifizierten Stellvertreter oder durch eine interne Ausschreibung im Unternehmen selbst,
- Nachfrage bei der **Agentur für Arbeit** die über differenzierte Bewerberlisten verfügen,
- **Anzeigen in regionalen und überregionalen Zeitungen**, die aber inzwischen nur noch eine schwer einschätzbare Leserschaft erreichen. Für Stellen in Forschung, Wissenschaft und Kultur sind diese doch üblich **(Bild 1)**,
- die **Social Media Recruiting (SMR)** dominiert die Personalbeschaffung.
- **87 %** der offenen Stellen werden auf der eigenen **Unternehmer-Webseite**
- **61 % auf Internet-Stellenbörsen**
- **20 % in Printmedien** ausgeschrieben. Alle **Online-Jobbörsen** bieten derzeit 77 Millionen Stellenanzeigen an. Durch die Portale erreichen die Unternehmer **100 Millionen Besucher**. Die Stellenausschreibungen **(Bild 1)** sind ähnlich gestaltet wie die in den Printmedien. Doch kann man mit Hilfe von Such/Analysemasken detailliert seinen Jobwunsch anklicken.

Ranking für Berufe aus der MINT – Technik
- Platz 1 Stepstone Deutschland,
- Platz 2 meinestadt.de,
- Platz 3 Indeed.de,
- Platz 4 Xing Stellenmarkt,
- Platz 5 Monster Deutschland.

Ranking für Blue Color Jobs
- Platz 1 Staufenbiel Institut,
- Platz 2 jobvector,
- Platz 3 Absolventa,
- Platz 4 UNICUM Karrierezentrum,
- Platz 5 T5-Karriere Portal.

Die Social Media Recruiting (SMR)

Das Berufsbild des Recrutierers (Personalbeschaffers) hat sich in den letzten 10 Jahren grundlegend verändert. Neue Methoden und Technologien sind unter dem Oberbegriff **Social Media Recruiting (SMR)** entwickelt worden. Im Folgenden wird nur ein kurzer Aufriss über diese Entwicklungen gezeigt.

Deswegen sind nicht alle Grundlagen aus dem Personalmanagement (PM) überholt. Sie müssen aber den neuen Methoden angepasst werden.

Alle Teilnehmer am „Beschaffungsprozess" beteiligten sind nun in **„Echtzeit"** eingebunden, das **Personalmanagement**, die den Kandidaten suchende **Fachabteilung**, der Betriebsrat und letztendlich die **Kandidaten** selbst.

SMR und die Nutzungszahlen der Portale
- **37 %** der mittelständischen Unternehmen finden Xing, Facebook u.ä. als sehr positiv Instrument,
- **66 %** der Bewerber sind von Unternehmen die die Portale des SMR einsetzen begeistert.

SMR und die Y-Generation
- **2/3** der Top 1000 finden SMR notwendig um die Y-Generation (Jahr 81 bis Jahr 98) anzusprechen,
- **73 %** der Y-Generation finden SMR gut und wichtig,
- **28 %** der Top 100 haben eine explizite Strategie für das SMR entwickelt.

Tabelle 1: Arbeitsvertrag

Nachweisgesetz	Inhalt, Rechtsfolgen
Gesetzliche Vertragsfreiheit (BGB)	**Abschlussfreiheit** - Kontrahierungszwang
	Inhaltsfreiheit - Typenfreiheit
	Formfreiheit - Mündliche Verträge
	Einschränkungen - Arbeitsrecht, BGB
Befristeter Arbeitsvertrag	Befristungskontrolle, Wirksamkeit, Diskriminierungsverbote

Lust auf Forschung in der Konstruktion?

Ein junges Team entwickelt mit Linearantrieben einzigartige hochdynamische Werkzeugmaschinen

Zur Verstärkung unseres Teams suchen wir einen

Werkzeugmaschinen-Konstrukteur (m/w/d)

oder einen Konstrukteur des allgemeinen Maschinenbaus der in dieses Fachgebiet

- Sie sind Absolvent einer Universität mit Studienschwerpunkt Maschinenbau/Fertigungstechnik.
- Sie haben Erfahrung in Konstruktionsaufgaben und können mit aktuellen CAD-Systemen arbeiten
- Sie verfügen über Kenntnisse in FEM.
- Sie kennen die elektrotechnischen und regelungstechnischen Funktionen moderner Servoantriebe oder Sie sind bereit sich in dieses Fachgebiet zu vertiefen.

…dann zögern Sie bitte nicht, sich bei uns zu bewerben.

- Ausgezeichnete Arbeitsbedingungen in neuen Räumen
- Eine erstklassige Ausstattung mit CAD-Soft- und Hardware
- Ein hochmodern ausgestattetes Versuchslabor

Bild 1: Stellenausschreibung, Beispiel aus der Zeitung

---

[1] von lat. recrescere = wieder nachwachsen. Im Militärischen sind die davon abgeleiteten deutschen Begriffe „Rekrutierung" und „Rekrut" gängig.

10.2 Personalplanung

Branding Strategien (BS) mit Social Media (SM)

Die **Branding Strategie** wurde aus den „Selfies" von Stars und viralen Hits abgeleitet, **Instagram** ist dabei der Marktführer. Die Unternehmen müssen dem Trend folgend eine positive und bekannte **Arbeitgebermarke** entwickeln. Der Aufwand (= Kosten) für die Pflege ist dabei nicht zu unterschätzen!

Um eine **Employer Branding Startegie** zu entwickeln sind folgende Schritte notwendig:

- Auf allen **SM-Portalen aktiv** sein, diese aktualisieren, z. B. mit **Pinterest** „bunt" machen.
- **Karriereseiten** der Portale mit Social-Sharing-Symbolen (**Icons** von Facebook, Twitter...) ergänzen.
- Eine „unverbindliche" **Verbindung mit dem Kandidaten** durch Gewinnspiele, Wettbewerbe und Videos über das Unternehmen, die Arbeit und Mitarbeiter aufbauen.
- Erstellung/Ergänzung der Facebook-Seite, also Eintrag in die **Jobbörse: Job in facebook**.
- **Instagram**-Seite eröffnen/ergänzen also die Kandidaten am **Leben des Unternehmens teilhaben** zu lassen, ja sogar einbinden in Konferenzen.
- Definieren einer Stimme des Unternehmens mit **Twitter**. Eigene Inhalte mit den Beiträgen der Anhänger integrieren und teilen.

10.2.4 Personalförderung

Zum Erreichen der Unternehmungsziele ist eine gezielte **Personalförderung** unverzichtbar (**Bild 1**). Die Ziele die ein Unternehmen dabei verfolgt sind u. a. Sicherung des **Fachkräfte**bestands und des **Führungskräfte**bestands, Verbesserung der Mitarbeiterzufriedenheit, Schulungen über technologische Neuerungen und Mitarbeiterbindung.

Alle Personalförderungsmaßnahmen müssen **prozess-orientiert** durchgeführt werden:

- **Istzustand** ermitteln, eine Potenzialermittlung der Mitarbeiter durchführen,
- **Sollzustand** mit dem ermittelten **Potentialbeurteilung** planen, einschließlich der Weiterqualifizierung, Umsetzung, Freisetzung oder der Suche nach neuen Mitarbeitern,
- **Implementation**, einschließlich der (Höher-) Qualifizierung der Mitarbeiter,
- **Testphase**, diese wird bei großen Veränderungen zuerst mit einer Gruppe „geübt",
- **Umsetzung**, die Testgruppe gibt ihr Wissen gezielt an die alle Mitarbeiter weiter und schult diese auch.

Um die Fülle an **Beurteilungsmaßstäben** praxisgerecht einsetzen zu können, werden diese meist in folgende **Hauptkriterien** eingeteilt:

1. **Hauptkriterium** ist das Arbeitsverhalten des Mitarbeiters: Wie plant er seine Arbeit, wie hoch ist sein Arbeitstempo oder wie belastbar ist er.

2. **Hauptkriterium:** ist das Verhalten gegenüber seinem Vorgesetzten und Kollegen. Ist er aggressiv, aufgeschlossen, hilfsbereit, also fähig zu einer kooperativen Zusammenarbeit.

3. **Hauptkriterium:** betrifft das Führungsverhalten des Mitarbeiters. Kann er delegieren, ist er ausgeglichen oder kann er sich durchsetzen.

Als **weitere Kriterien** werden sein geistiges Auffassungsvermögen und Kreativität, sowie sein persönliches Auftreten und seine Ausdrucksweise und auch Umgangsformen angeführt.

10.2.5 Personalbeurteilung

Die Personalbeurteilung, sei es bei Einstellungen oder Beförderungen, ist Teil der Führungsaufgabe eines Vorgesetzten.

> Es gilt: den richtigen Mitarbeiter zur richtigen Zeit am richtigen Ort zu gewissen.

Bild 1: Personalförderung als Teil der Unternehmensziele

Zur Beurteilungen gibt es viele Methoden. (Vergleiche die Bewertungsverfahren, z. B. zur Lohnfindung und Tarifierung, Kapitel 5.8 Arbeitsbewertung). Für die Stellenbesetzung bzw. Bewerberauswahl bedient man sich ähnlicher aber meist einfacherer Verfahren.

- **Freie Beurteilung.** Diese ist intuitiv, häufig spontan. Der Beurteiler ist nicht an bestimmte Kriterien und Verfahren gebunden. Exakte formulierte Kriterien sind meist nicht gegeben. Das Beurteilungsergebnis ist oft nicht plausibel nachvollziehbar und das kann zu Akzeptanzproblemen führen.
- **Auswahl nach Rangordnung.** Hier werden die Kandidaten vergleichend bewertet.
- **Kennzeichnungsverfahren.** Der Beurteilte wird anhand von Kriterien, z. B. äußerer Eindruck, Ausbildung, Redegewandtheit u. ä. beurteilt. Der zu beurteilende füllt eine Checkliste, ggf. auch mit Fangfragen, aus.

Bei den **summarischen Rangfolgeverfahren** wird die Leistung wie bei der freien Beurteilung vorgenommen oder abhängig von Kriterien.

Der Beurteilende stellt fest, welcher Kandidat den besten Eindruck gemacht hat und wer am schlechtesten war. Im nächsten Schritt werden der Zweitbeste bzw. der Zweitschlechteste benannt usw. Dadurch kommen alle Kandidaten in eine Reihung. Das Ergebnis erscheint oft nicht nachvollziehbar zu sein und kann zu Akzeptanzproblemen führen.

Das **analytische Rangfolgeverfahren** mit exakten Kriterien und einer Punktbewertung **(Tabelle 1)** erscheint objektiver zu sein. Hierbei erhält jede Person für einzelne Leistungsmerkmale Punkte.

Die Punkte werden umgekehrt wie bei der deutschen Schulnotengebung vergeben. Die Bestnote hat den Punktehöchstwert, z. B. bei insgesamt 5 Punkten (0 bis 4) die Wertungen:
- *sehr gut* = 4 Punkte,
- *gut* = 3 Punkte,
- *zufriedenstellend* = 2 Punkte,
- *schlecht bzw. häufig manchmal* = 1 Punkt,
- *selten und nie* = 0 Punkte.

Deren Addition führt dann zu einem Gesamtergebnis (Tabelle 1).

Eine weite Differenzierung, mit z. B. 100 Punkten macht meist wenig Sinn. Anstelle einer Zahlendarstellung können zur Ergebnisfindung auch graphische Darstellungen wie z. B. das Netzdiagramm **(Bild 1)** oder das Säulendiagramm **(Bild 2)** geeignet sein. Im Netzdiagramm ersieht man z. B. verteilte Fähigkeiten besser als in der Abbildung mit einem Säulendiagramm.

Tabelle 1: Analytisches Rangfolgeverfahren

Kriterium	Müller	Maier	Vogel	Graf
Fachkenntnisse	4	3	3	4
Belastbarkeit	3	4	2	2
Termineinhaltung	4	4	2	2
Zuverlässigkeit	4	4	3	3
Kostenbewusstsein	3	3	3	2
Zusammenarbeit	4	3	2	4
Motivation	3	2	2	4
Ergebnis (Summe)	25	23	17	21

Bild 1: Netzdiagramm

Bild 2: Säulendiagramm

10.2.6 Personalentlohnung

Die Personalentlohnung **(Tabelle 1)** umfasst natürlich nicht nur das „Lohnbüro", denn dieser Bereich verlangt ein weit reichhaltiges Spezialwissen.

Im Einzelnen sind dies:
- das Arbeitsrecht,
- das Tarifvertragsrecht,
- die Arbeitsbewertung,
- die Anforderungsermittlung mit ERA[1],
- die Arbeitsschutzgesetze,
- das Sozialversicherungsrecht,
- die Lohnabrechnung und
- die innerbetrieblichen Vereinbarungen.

Betrachtet man die Zielsetzungen bei den Entgeltkonzepten so erkennt man dass sich die Ziele teilweise widersprechen, also müssen immer Kompromisse gemacht werden. Eine Gleichbehandlung bei gleicher Ausbildung in derselben Hierarchieebene ist nicht möglich, wenn die Mitarbeiter mit unterschiedlichen Arbeiten betraut sind. Weiter bestimmen auch Betriebsvereinbarungen, Tarifverträge, betriebliche Anreizsysteme, Arbeitskräftemangel die Personalentlohnung. So kommt es im Unternehmen immer wieder zu Differenzen zwischen den Abteilungen und dem Personalmanagement das aber im Sinne des Gesamtunternehmens handeln muss.

10.3 Personalführung

10.3.1 Übersicht

Die zentrale Aufgabe des Personalmanagements ist die Personalführung **(Tabelle 2)**. Hier müssen die Zielsetzungen der Management-Konzepte des Unternehmens in den Abteilungen umgesetzt werden. Dazu gehören die Vorbereitung, Multiplikatoren-Ausbildung, die Schulung, die Umsetzung, Zertifizierung und Zulassung. Neben den in den Vorkapiteln behandelten Managementmethoden spielt bei Führungskräften das Konfliktmanagement eine besondere Rolle.

Die Führungskonzepte leiten sich aus den Managementsystemen ab. Das klassische *Harzburger Modell*[2] mit der Delegation von Verantwortung ist dabei immer noch aktuell. Zunehmend werden aber die situativen Führungen bevorzugt. Hier wird der Führungsstil der Situation, also dem Kenntnisstand und Ausbildungsgrad angepasst. So wird bei einfachen Arbeiten nur kurz unterwiesen, die Verantwortung trägt der Vorgesetzte.

---

[1] ERA siehe Kapitel 5.10
[2] Das Harzburger Modell entstand auf der Basis militärischer Führung und wurde an der Akademie für Führungskräfte der Wirtschaft (AFW) in Bad Harzburg gelehrt.

Tabelle 1: Elemente der Personalentlohnung

Zielsetzung der Entgeltkonzepte

- Gleichbehandlung
- Anerkennungssysteme
- Anforderungsorientierung
- Flexibilität bei Spezialisten
- Marktgerechte Entlohnung
- Planung von Lohnsteigerungen
- Branchen und regionale Lohnhöhe

Betriebliche Bestimmungswerte

- Betriebsvereinbarungen, Mitbestimmungsregeln
- Arbeitsvertragsinhalte
- Betriebliche Regeln

Außerbetriebliche Bestimmungswerte

- Gesetze   • Verordnungen   • Tarifverträge

Komponenten des Entgelts

- Kausale Komponente: Ausbildung, Erfahrung, Verantwortung
- Finale Komponente: Grundgehalt, Boni, Prämien
- Soziale Komponente: Kindergeld, Unterstützungen

Neue Lohnsysteme zur Motivierung und Anreiz

- Zielvereinbarungen: REFA, MTM, Messen, Bewerten
- Stärkung der Leistungsbereitschaft: Dialog, Gespräche, Rückkopplung
- Unparteilichkeit: Alt/Jung, Ledig/Verheiratet
- Ausrichtung nach Unternehmensstrategie

Tabelle 2: Personalführung

Management-Konzepte im Überblick (Auszug)

- Management by Objectives
  – Wie können Mitarbeiter die Arbeit verbessern?
- Customer Relationship Management (CRM)
  – Wie orientiere ich das Handeln am Kunden?
- Change Management
  – Prozessveränderungen organisieren
- Lean Management
  – Produktivität mit schlanken Strukturen steigern

Führungskonzepte umsetzen (ausgewählt)

- Harzburger Modell
  – Delegation ⇒ Aufgabe + Kompetenz + Verantwortung
- Situatives Führen (nach *Hersay* und *Blanchard*)
  – Der Vorgesetzte wählt je nach Situation unterschiedliche Führungsstile:
    o Stil 1: Niedere Reifer der Mitarbeiter ⇒ **Unterweisen**
    o Stil 2: Sehr reife Mitarbeiter ⇒ **Verantwortung Delegieren**

Führungsstile (klassisch)

- Autoritär ⇒ Kein Widerspruch, alles von „Oben"
- Patriarchalisch ⇒ Fürsorglich, auch bürokratisch
- Laissez faire ⇒ Klassischer Liberalismus
- Kooperativ ⇒ Zusammenarbeit und Unterstützung

Führungskräfte (Eigenschaften, Einstellungen)

- Verhalten
  – Lokomotion => Prozesse anschieben
  – Kohäsion => Zusammenhalt erzeugen
  – Social Sensibility => Adventure Time
- Aufgaben
  Zukunft planen, Motivation geben, Delegieren, Organisieren, Kommunizieren, Entscheiden, Leader Ship, Messen und Bewerten
- Kompetenzen
  – Schlüsselqualifikationen
  – Empathie => emotionale Intelligenz
  – Selbstwahrnehmung, Selbstmanagement

Weiter werden innerhalb der Personalführung auch die Eigenschaften und Einstellungen der Führungskräfte definiert. Sie müssen eindeutig zum Leitbild des Unternehmens passen da sich die Umwelt an diesem orientiert. Dabei werden drei Kenngrößen unterschieden. Das *Verhalten*, meist innerbetrieblich, die *Aufgaben*. Sie sind je nach Stelle unterschiedlich sowie die *Kompetenzen*.

10.3.2 Konfliktmanagement

In jedem Unternehmen kommt es immer wieder zu Meinungsverschiedenheiten und Konflikten, die auch die weitere Entwicklung des Unternehmens gefährden können. Für innerbetriebliche Streitigkeiten und Konflikte muss stets eine zufriedenstellende Lösung gefunden werden. Wichtig ist, dass die betroffenen Parteien miteinander kommunizieren **(Bild 1)**.

Das Gespräch sollte von einem neutralen und objektiven Beobachter begleitet werden. Auch Emotionen und die Vergangenheit müssen bei einem Konfliktgespräch angesprochen werden, um den eigentlichen Grund für den Konflikt zu bewältigen. Wichtigstes Ziel ist es eine Lösung für den Konflikt zu finden.

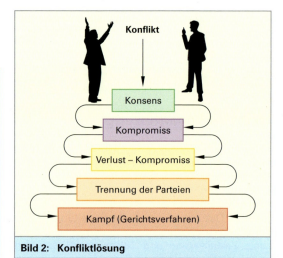

Bild 1: Streitigkeiten beseitigen durch Kommunikation

> Häufig erfolgt Konfliktlösung in fünf Schritten **(Bild 2)**:
>
> **1. Schritt:** Im ersten Schritt geht es darum eine Win-Win[1]-Situation **(Bild 3)** herzustellen, also eine Lösung zu finden, die für die Parteien die besten Chancen bietet. Dazu ist es für die beteiligten Parteien erforderlich von ihren bisherigen Standpunkten abzuweichen.
>
> **2. Schritt:** Gelingt der erste Schritt nicht zur Konfliktlösung, kann nach einem Kompromiss gesucht werden. Man schaltet einen externen, möglichst angesehenen Vermittler ein. Keine Partei steht dabei als Verlierer da, vielmehr kommt es zur teilweisen Einigung.
>
> **3. Schritt:** Führt auch Schritt 2 nicht zu einer Lösung, kann nach einem Kompromiss gesucht werden bei dem beide Parteien gleich große Verluste hinnehmen müssen. Wichtig ist, dass es auch hier nicht zu einem Gewinner und einem Verlierer kommt.
>
> **4. Schritt:** Wenn auch der dritte Schritt nicht zu einer Lösung führt, bleibt als weiterer Ansatz die Trennung der beiden Parteien. In einem Unternehmen ist dies oft nicht ohne weiteres möglich.
>
> **5. Schritt:** Als letztes Mittel kann ein Kampf über den Ausgang des Konflikts entscheiden. Hierbei kommt es meist zu einem Gerichtsverfahren, bei dem ein Gewinner und ein Verlierer daraus hervorgehen, weshalb dieser Schritt nur als letztes Mittel eingesetzt werden sollte.

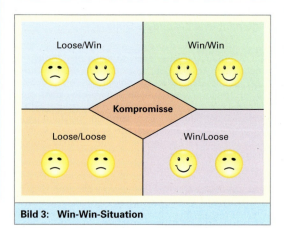

Bild 2: Konfliktlösung

Bild 3: Win-Win-Situation

---

[1] engl. to win = gewinnen

10.4 Mitarbeiterqualifizierung

Die Hauptziele der Mitarbeiterqualifizierung stimmen mit den allgemeinen Unternehmenszielen überein und betreffen aus der Sicht des Unternehmens:
- Die Bewältigung der Kundenanforderungen,
- Die Einsatzflexibilität der Mitarbeit,
- Die Nutzung der Technik,
- Die Bewältigung betrieblicher Neuerungen (Bild 1).

Aus der Sicht des Mitarbeiters geht es darum den betrieblichen Qualifikationsanforderungen gerecht zu werden, und um sich zu verbessern, um „weiter zu kommen".

10.4.1 Qualifizierungsplanung

Ähnlich wie die Investitionsplanung und die Personalentwicklungsplanung sollte eine Qualifizierungsplanung als mittel- und langfristige Planung in einem Unternehmen verankert sein. Eine Weiterqualifizierung im Zusammenhang mit Investitionen ist selbstverständlich und muss bei der Investitionsplanung stets mitgerechnet werden. Bei der Neuanschaffung z. B. einer Fertigungslinie mit Roboter muss eine Schulung des Bedienpersonals, des Servicepersonals, der Arbeitsvorbereiter und gegebenenfalls auch der Konstrukteure erfolgen, sonst gibt es keine optimale Nutzung der neuen Anlage (Bild 2). Die Schulungspakete müssen auf die Belange der jeweiligen Nutzer der Investition abgestimmt sein.

10.4.2 Gestaltung der Qualifizierungsmaßnahmen

Erwachsenengerechte Qualifizierung ist zielgruppenorientiert und nehmen Rücksicht auf die Lernvoraussetzungen der Teilnehmer. Während z. B. jüngere Teilnehmer mit Computer und Computerfachbegriffen vertraut sind ist dies bei den Älteren weniger gegeben. Die Unterweisungsmöglichkeiten sind vielfältig: Vortrag/Seminar bzw. Workshop, Training on the job und andere, insbesondere computerunterstützte und netzbasierte Lernmethoden (Tabelle 1).

Gerade die praktische Umsetzung (Training on the job) des Lernstoffes ist motivationssteigernd und leichter erfassbar als ein nur theoretischer Frontalunterricht. Eine besonders eingängige Lernform ist das Lernen mit Planspielen. Planspiele gibt es für viele betriebliche Aufgabenbereiche, z. B. Logistik, Produktionsmanagement, Kommunikation mit Kunden.

Träger der Qualifizierungsmaßnahmen sind bei großen Betrieben oft interne Trainer und Dozenten. Sie kennen recht gut die betrieblichen Bedarfe und Schwachstellen. Häufig werden für Schulungen auch externe Trainer bzw. Dozenten engagiert. Bei Schulungen für neue Anlagen kommt Schulungspersonal vom Anlagenhersteller in das Unternehmen und zwar vor der Inbetriebnahme der Anlage sowie begleitend während der Inbetriebnahme und in der ersten Zeit danach.

Bild 1: Ziele der Mitarbeiterqualifizierung

Bild 2: Training on the Job

Tabelle 1: Formen des Lernens
Seminare/Workshops
Training on the job
Planspiele
CBT (ComputerBasedTrain)
WBT (WebBasedTrain)
Blended Learning = integriertes Lernen (Präsenzlernen und E-Learning kombiniert)
Schwarmlernen - Erfolg durch Agieren der Gruppe - gemeinsame Interessen fördern - verschiedene Lösungen erforschen - Kenntnisse in der Gruppe offenlegen - Minimierung des Einflusses des Leiters - Ausgleich der Abhängigkeiten

10.4.3 Qualifizierungsbereiche

Eine Weiterqualifizierung bezüglich der **Fachkompetenz** ist im Regelfall unstrittig. Mit einer sich verändernden Technik muss eine ständige Anpassung des fachlichen Wissens einhergehen. Qualifizierung im Bereich der **Sozialkompetenz** ist nicht minder wichtig. Hier geht es um das gute Miteinander im Betrieb. Unstimmigkeiten sind stets auch Ursachen für Misswirtschaft, Schlamperei, Ineffektivität bis hin zu einem hohen Krankenstand und kosten richtig viel Geld. Eher etwas abstrakt ist der Qualifizierungsbereich zur Methodenkompetenz. Hier geht es um systematisches und methodisches Lösen von Problemen: Technische Probleme: z. B. Fehleranalyse und Fehlervermeidung, Arbeitssystemgestaltung, Prozessgestaltung u. ä. Ein wichtiger, aber häufig vernachlässigter Bereich ist die **Beteiligungskompetenz**.

> Ein Unternehmen lebt von Veränderungen und Veränderungen müssen von den Mitarbeitern mitgetragen werden. Das gelingt am besten wenn man die Mitarbeiter an der Gestaltung der Veränderungen beteiligt.

10.4.4 Beteiligungsqualifizierung

Eine Mitarbeiterbeteiligung sollte selbstverständlich sein bei der Arbeitsgestaltung der Arbeitsplätze und der unmittelbaren Arbeitsumgebung. Die Betroffenen kennen meist am besten die Schwachstellen. Das Problem ist: wie erfährt das Management was die Mitarbeiter eigentlich wollen. Hier ist der erste Schritt die Mitarbeiter frühzeitig in geplante Innovationsprozesse einbeziehen. Es folgen Diskussionsforen und Befragungen, z. B. durch individuelle Gespräche und durch Gruppengespräche, zur Not auch über Fragebögen.

Wichtig ist, dass Gespräche mit unterschiedlichen Fachabteilungen und Hierarchieebenen zustande kommen. Hier sollten die Planer, die Finanzexperten, die Betriebsleiter und die betroffenen Werker zusammenkommen. Notwendig ist die Qualifizierung der Mitarbeiter zur Beteiligung. Das ist nämlich für viele, die es gewohnt waren auf „Anordnung" zu arbeiten neu. Sie müssen erst dazu motiviert werden sich in die Gestaltung einzubringen und lernen wie man sich in Gestaltungsaufgaben einbringen kann. Die Planer und Manager müssen andererseits nicht nur wissen, dass man Mitarbeiter beteiligen kann, sondern lernen wie das geht.

Die Inhalte einer **Mitarbeiter-Beteiligungsqualifizierung (Tabelle 1)** sind:

- Einführung in den **Innovationsprozess**,
  - Gründe für die Innovation
  - Darstellung möglicher Interessenskonflikte
  - Ziele der Innovation und Art der Beteiligung.
- Vermittlung von Fachkenntnissen zum Innovationsprozess
- Vermittlung von **Sozialkompetenz**
  - Teamfähigkeit,
  - Diskussionsfähigkeit,
  - Konfliktbeherrschung.

> Mitarbeiter motivieren zu können ist der Dreh- und Angelpunkt für ein erfolgreiches betriebliches Innovationsmanagement.
>
> Mitarbeiter frühzeitig und umfassend zu informieren ist eine notwendige Voraussetzung.
>
> Ein kooperativer Führungsstil gibt Mitarbeitern ein verbessertes Selbstwertgefühl und motiviert ihn zur Beteiligung.
>
> Manager sollten zuhören können und sich nicht ständig nur selbst darstellen.
>
> Vorgesetzte sollten den Mut aufbringen Verantwortung Mitarbeitern zuzutrauen und an diese auch abgeben.

Tabelle 1: Beteiligungsqualifizierung

Mitbestimmung am Arbeitsplatz
- Bildung von Arbeitsgruppen
- Mitwirkung des Betriebsrats
- Information und Anhörung
- Konflikt und Beschwerdemanagement
- Das Betriebsverfassungsgesetz

Organisation und Moderation
- Gesprächsführung
- Sitzungsmanagement
- Rhetorik
- Interviewtechnik
- Fragebögen entwerfen und Auswerten

Durchführung von Gesprächskreisen und Seminaren
- Motivation
- Unterforderung – Überforderung
- Hilfsmittel
- Methoden der Umsetzung
-

11 Qualitätsmanagement

11.1 Einführung

> Unter Qualitätsmanagement[1] versteht man aufeinander abgestimmte Tätigkeiten zum Leiten und Lenken einer Organisation bezüglich der Qualität (EN ISO 9000:2005).

Die sich verstärkende Präsenz asiatischer Unternehmen auf dem Weltmarkt, die Öffnung osteuropäischer Märkte und die Einführung des EU-Binnenmarktes führten die europäischen Unternehmen in eine verschärfte Wettbewerbssituation. Neben den Preisen wird dabei die **Qualität von Produkten** und **Dienstleistungen** zu einem immer wichtiger werdenden strategischen Wettbewerbsfaktor. Die Festlegung qualitätsbezogener Ziele und die Planung und Durchführung qualitätsbezogener Tätigkeiten in sämtlichen Unternehmensbereichen sind zu einer der wichtigsten Managementaufgaben geworden.

11.1.1 Qualität

> Qualität ist der Grad, in dem ein Satz inhärenter[2] (innewohnender) Merkmale Anforderungen erfüllt (EN ISO 9000:2005).

Qualität ist somit die Erfüllung geforderter und erwarteter Ansprüche. Die **Qualitätsanforderungen** werden vom Kunden oder der Gesellschaft in Form von Erwartungen und Wünschen an den Hersteller festgelegt **(Bild 1)**.

Der Kunde erwartet zum Beispiel eine optimale *Funktion*, hohe *Sicherheit* und *Zuverlässigkeit*, eine gute Beratung und Betreuung und wünscht ein gutes Aussehen des Produkts. Eng damit verbunden ist auch eine **maximale Preisvorstellung** und ein akzeptabler **Liefertermin**. Auf der Seite des Lieferanten verursachen die Qualitätsforderungen Kosten, die nicht immer mit der Preisvorstellung des Kunden in Einklang zu bringen sind.

Die **Beschaffenheit** eines Produkts wird durch die Gesamtheit aller **Qualitätsmerkmale** bestimmt **(Tabelle 1)**.

Bild 1: Zusammenhänge zwischen Qualitätsforderung und Beschaffenheit

Tabelle 1: Qualitätsmerkmale			
Merkmalsart		Kennzeichen	Beispiel
quantitativ	kontinuierliches Merkmal	messbarer, stetiger Merkmalswert	Durchmesser eines Bolzens **Merkmalswert**: z. B. 20,05 mm, 20,1 mm oder 20,02 mm
	diskretes Merkmal	zählbar (0, 1, 2, ...)	Schweißpunkte **Merkmalswert**: z. B. 23, 24 oder 20 Schweißpunkte
qualitativ	Ordinalmerkmal	Beurteilung mit Ordnungsbeziehung	Aussehen einer Oberfläche **Merkmalswert**: z. B. sehr gut, gut, geeignet, schlecht oder sehr schlecht
	Nominalmerkmal	Beurteilung ohne Ordnungsbeziehung	Rillenrichtung einer geschliffenen Fläche **Merkmalswert**: gekreuzt, quer oder längs zum Werkstück

---

[1] Bis zum Jahr 1993 war die Benennung für diesen Oberbegriff im ganzen deutschen Sprachraum „Qualitätssicherung". Um eine Anpassung an den internationalen Sprachgebrauch zu erreichen, wurde dieser Oberbegriff in der DIN 55 350 in „Qualitätsmanagement" umbenannt.

[2] lat. inhaerens = (einem Ding) innewohnend

11.1.1.1 Qualitätsmerkmale

Die Merkmale eines Produkts, z. B. Farbe, Länge oder Schweißpunkte, weisen unterschiedliche Charakteristiken auf. Deshalb unterscheidet man verschiedene **Merkmalsarten**. Mit den Merkmalsarten werden auch die Arten der **Merkmalswerte** festgelegt **(Tabelle 1, vorhergehende Seite)**.

Da die quantitativen (mengenmäßigen) Merkmale bei der Fertigung erfahrungsgemäß eine Streuung aufweisen, werden die vom idealen Merkmalswert, dem Sollwert, abweichenden Werte durch die Grenzwerte **Mindestwert** und **Höchstwert** eingegrenzt. Bei Längenmaßen nennt man diese Grenzwerte **Mindestmaß** und **Höchstmaß**. Die Differenz zwischen Höchstwert und Mindestwert ist die **Toleranz**.

Bewegt sich ein **Merkmalswert** innerhalb der Toleranz, so ist er **geeignet**. Erreicht er den **Sollwert**, so ist seine **Qualität am höchsten**. In Richtung der Toleranzgrenzen wird die Qualität zwar reduziert, ist aber noch akzeptabel **(Bild 1)**.

Betrachtet man die Auswirkung bei fortschreitendem Fertigungsverlauf, so kann man feststellen, dass bei Merkmalswerten, die immer weiter vom Sollwert entfernt liegen, mehr Probleme auftauchen als bei Merkmalswerten am Sollwert. Das Fügen zweier Werkstücke kann z. B. in der Montage nur durch Nacharbeit oder Einsatz von speziellen Werkzeugen durchgeführt werden. Die Folge sind zusätzliche Kosten und damit Verluste. Dieser Zusammenhang wird durch die **Verlust-Funktion** nach *Taguchi*[1] **(Bild 2)** deutlich.

Ziel der Produktion muss also sein, den Merkmalswert am Sollwert mit einer möglichst geringen Streuung zu erreichen. Die Produktion wird dadurch aber auch teurer und unwirtschaftlicher. Die Festlegung der Grenzwerte ist somit stets ein Kompromiss zwischen den Kosten des Fertigungsprozesses und der Gleichmäßigkeit der Merkmalswerte.

11.1.1.2 Fehler

Wird eine Qualitätsforderung nicht erfüllt, so liegt ein Fehler vor. Dies kann sein, wenn ein Merkmalswert außerhalb des Toleranzbereichs liegt oder eine geforderte Eigenschaft nicht vorhanden ist.

Fehler werden nach ihren Folgen in Fehlerklassen eingeteilt:
1. **Kritischer Fehler** (Fehler mit kritischen Folgen). Dieser Fehler hat eine Gefahr für die Personen, die das Produkt benutzen, instand halten oder auf das Produkt angewiesen sind. Ein kritischer Fehler kann auch ein Fehler sein, der zum Ausfall einer größeren wichtigen Anlage führt.
2. **Hauptfehler** (Fehler mit erheblich beeinträchtigenden Folgen). Dies ist ein nichtkritischer Fehler, der eine vollständige Beeinträchtigung der Brauchbarkeit (Ausfall oder Verlust) eines Produkts zur Folge hat (Hauptfehler A) oder die Brauchbarkeit für den vorgesehenen Verwendungszweck wesentlich herabsetzt (Hauptfehler B). Dies kann zum Beispiel beim Ausfall der Belichtungsautomatik an einem Fotoapparat oder beim Ausfall des Antriebsmotors eines Staubsaugers der Fall sein.
3. **Nebenfehler** (Fehler mit nicht wesentlichen Folgen). Dies ist ein Fehler, der die Brauchbarkeit eines Produkts für den vorgesehenen Verwendungszweck nicht wesentlich herabsetzt oder ein Fehler, der den Gebrauch oder den Betrieb der Einheit nur geringfügig beeinflusst (Nebenfehler A) oder die Brauchbarkeit nicht beeinflusst (Nebenfehler B). Ein Riss im Kunststoffglas einer Kraftfahrzeugrückleuchte oder ein Lackierfehler wären z. B. solche Fehler.

---

[1] *Genichi Taguchi* (sprich tagudschi), japanischer Wissenschaftler

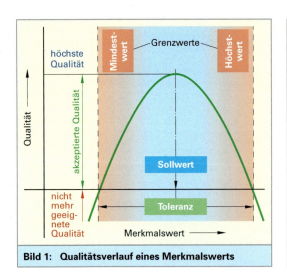

Bild 1: Qualitätsverlauf eines Merkmalswerts

Bild 2: Verlust-Funktion nach Taguchi

11.1.2 Ziele des Qualitätsmanagements

- **Kundenorientierung**

Kaufen wir heute ein Produkt, so erwarten wir, dass es zuverlässig unsere gestellten Anforderungen erfüllt. Erfüllt es eine oder mehrere Anforderungen nicht, so sind wir verärgert. Treten Folgeschäden an Menschen oder Sachen auf, machen wir die Herstellerfirma haftbar. Wir werden das Produkt in Zukunft meiden und unsere Erfahrung anderen mitteilen. Die Folge ist ein Umsatzrückgang und Kosten für Haftung und Schadenersatz bei der Herstellerfirma. Ihre Kapazitätsauslastung und ihr Gewinn sinken, Arbeitsplätze müssen reduziert werden.

> Oberstes Ziel des Qualitätsmanagements muss also sein, die Kundenanforderungen optimal zu erfüllen. Jeder Mitarbeiter des Unternehmens muss hierzu seinen Beitrag leisten.

Eine Qualitätsverbesserung des Produkts und des Herstellungsprozesses führt zu einer Produktivitätsverbesserung. Die Maßnahmen hierfür haben oft kurzfristig eine Kostensteigerung zur Folge, führen aber bei sinnvollem Einsatz langfristig zu einer Kostenreduzierung und damit zu der Möglichkeit, die Preise zu reduzieren. Der Marktanteil wird sich erhöhen, die Position des Unternehmens und die Arbeitsplätze werden gesichert (**Bild 1** und **Bild 2**).

Bild 1: Die Kette von der Qualitätsverbesserung bis zum Geschäftserfolg

- **Das *Kano*-Modell**

Will ein Unternehmen die Merkmale seines Produkts an den Kundenforderungen ausrichten, so müssen diese ständig untersucht und neu festgelegt werden. Es liegt in der Natur des Menschen, dass er ständig neue Bedürfnisse entwickelt.

Die aus den Bedürfnissen entstehenden Kundenanforderungen an die Merkmale eines Produkts sind demzufolge im Laufe der Zeit einem steten Wandel unterzogen. Weiterhin setzen die Kunden im Laufe der Zeit unterschiedliche Prioritäten bei den einzelnen Merkmalen. So werden manche Merkmale als selbstverständlich vorausgesetzt, andere wiederum sind zwar nicht unbedingt erforderlich, können aber bei einer Kaufentscheidung von großer Wichtigkeit sein. Durch Trends und Werbeaktionen können solche Merkmalsforderungen noch verstärkt werden.

Diese unterschiedliche Bedeutung der Merkmale bei Kunden untersuchte der japanische Wissenschaftler *Noriaki Kano* und fasste seine Erkenntnisse in einem **Modell** zusammen.

Bild 2: Die wichtigsten Ziele des Qualitätsmanagements

Die Anforderungen, die von den Kunden an ein Produkt gestellt werden, teilt **Kano** in **3 Kategorien** ein:

A) Die Basisanforderungen
Diese Anforderungen sind Selbstverständlichkeiten, bei denen ein Kunde davon ausgeht, dass sie in jedem vergleichbaren Produkt realisiert sind. Bei einem Personenwagen sind dies zum Beispiel Sicherheitsgurte mit Aufrollautomatik, Scheibenbremsen oder Zentralverriegelung. Die Basisanforderungen erzeugen auch bei starker Erhöhung des Erfüllungsgrads, z. B. durch eine wesentliche Konstruktionsänderung, die zur Verbesserung führt, kaum zusätzliche Kundenzufriedenheit. Der Kunde nimmt diese Basisanforderungen als selbstverständlich hin und achtet beim Kauf darauf kaum mehr.

B) Die Leistungsanforderungen
Dies sind Anforderungen, die einem Kunden besonders wichtig sind und auch direkt von ihm genannt werden. Bei einem Wettbewerbervergleich spielen diese Anforderungen eine entscheidende Rolle. Das können zum Beispiel bei einem PKW Airbags auf der Fahrer- und Beifahrerseite, eine höhenverstellbare Lenksäule oder eine Klimaanlage sein. Diese Leistungsanforderungen beeinflussen die Kunden direkt und ihr Erfüllungsgrad beeinflusst am stärksten die Kaufentscheidung.

C) Die Begeisterungsanforderungen
Diese Anforderungen erwarten die Kunden noch nicht. Es können z. B. technische Neuerungen an einem Produkt sein, die noch unbekannt oder noch zu wenig bekannt sind. Entdecken die Kunden solch eine besondere Eigenschaft eines Produkts, löst dies eine Begeisterung aus und kann entsprechend ihrem Erfüllungsgrad wesentlich zu einer Steigerung der Kaufentscheidung beitragen. Bei einem PKW können das zum Beispiel Seitenairbags, automatische Handbremse oder ein Tempomat sein.

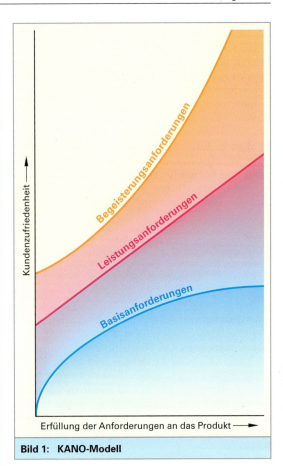

Bild 1: KANO-Modell

Bild 1 zeigt die grafische Darstellung des *Kano*-Modells. Die 3 verschiedenen Anforderungskategorien sind hier in Bezug zum Erfüllungsgrad und zur Kundenzufriedenheit dargestellt.

Kommt eine Begeisterungsanforderung beim Kunden mit großem Erfolg an, werden die Konkurrenten ihre Produkte ebenfalls an diese neuentstandenen Anforderung anpassen.

Nach einer gewissen Zeit, wenn alle Konkurrenzprodukte die gleichen Anforderungen erfüllen, können die Begeisterungsanforderungen zu Leistungsanforderungen und die Leistungsanforderungen zu Basisanforderungen werden. Will ein Unternehmen mit seinem Produkt am Markt mithalten, so müssen ständig Verbesserungen eingeführt werden, um neue Begeisterungs- und Leistungsanforderungen auszulösen.

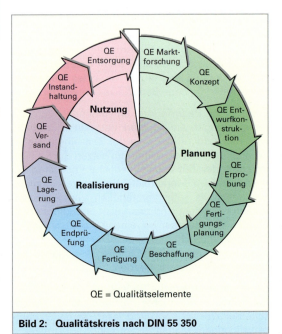

Bild 2: Qualitätskreis nach DIN 55 350

11.1.3 Qualitätskreis und Qualitätspyramide

Denkt man an die Qualität eines Autos, so stellt man fest, dass sich die Gesamtqualität aus einer Menge an Einzelelementen zusammensetzt. Eine Gliederung dieser Einzelelemente und ihre Zusammenhänge verdeutlichen zwei Denkmodelle des Qualitätsmanagements: Der **Qualitätskreis** und die **Qualitätspyramide**.

Qualitätskreis. Im Qualitätskreis **(Bild 2, vorhergehende Seite)** werden sämtliche Qualitätselemente im Laufe eines Produktzyklusses von der Idee bis zur Entsorgung aufgelistet. Jedes dieser Elemente bildet einen Baustein zur gesamten Produktqualität. Kommt z. B. die Marktforschung zu einem fehlerhaften Ergebnis oder wird in der Beschaffung ein zwar billigeres, aber minderwertigeres Zulieferteil eingekauft, so sinkt die Produktqualität. Qualitätsförderung muss also ein Ziel sämtlicher organisatorischer Unternehmensbereiche sein.

> Durch die ständige Weiterentwicklung der Produkte beginnt der Qualitätskreis immer wieder von neuem.

Qualitätspyramide (Bild 1). Die Gesamtqualität eines Erzeugnisses setzt sich durch die Beschaffenheit der einzelnen Baugruppen zusammen. Deren Qualitäten hängen wiederum von den Merkmalswerten der Einzelteile und deren Rohmaterialien ab. Umgekehrt kann man folgern, dass bei der Erwartung eines bestimmten Qualitätsstandards eines Erzeugnisses von den Baugruppen, deren Einzelteilen und ihrer Rohmaterialien ganz bestimmte Forderungen erfüllt sein müssen.

Werden Baugruppen oder Einzelteile fremd bezogen, so muss auch hier gewährleistet sein, dass diese Fremdbezugsteile bzw. Fremdbezugsbaugruppen den erwarteten Qualitätsanforderungen entsprechen.

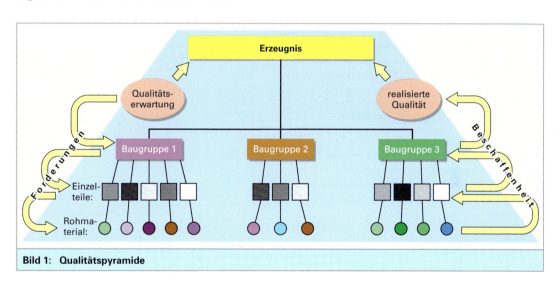

Bild 1: Qualitätspyramide

11.2 Teilfunktionen des Qualitätsmanagements

Maßnahmen zum Erreichen und zur Verbesserung der geforderten Produktqualität finden sich in allen Bereichen eines Unternehmens wieder. Sie verfolgen den gesamten Produktlebenslauf, von der Produktentstehung bis hin zur Anwendung des Produkts durch den Kunden. Die **Funktionen eines Qualitätsmanagementsystems** werden im Wesentlichen in vier Teilfunktionen aufgeteilt **(Bild 2)**.

Bild 2: Teilfunktionen des QM

11.2.1 Qualitätsplanung

> Definition nach DIN ISO 8402:
> Unter Qualitätsplanung versteht man die Tätigkeiten, welche die Zielsetzungen und die Qualitätsforderungen sowie die Forderungen für die Anwendung der Elemente des Qualitätsmanagements festlegen.

Die **Qualitätsplanung** umfasst also die Gesamtheit aller planerischen **Tätigkeiten vor dem Produktionsbeginn**. In dieser Phase wird die Qualität eines Produkts im Wesentlichen bestimmt durch folgende drei Einflussgrößen:
- die aus den Anforderungen des Kunden abgeleiteten und festgelegten Produkteigenschaften,
- die technische Realisierbarkeit der Produkteigenschaften,
- die materiellen, personellen und finanziellen Voraussetzungen des Unternehmens.

> Qualitätsplanung bezüglich eines Produkts:
> Identifizieren, Klassifizieren und Gewichten der Qualitätsmerkmale sowie Festlegen der Ziele, der Qualitätsforderungen und der einschränkenden Bedingungen.

In vielen Untersuchungen wurde mehrmals festgestellt, dass die meisten Fehler in der Produktplanungsphase entstehen. Die Fehlerbehebung erfolgte häufig aber erst, wenn die Fertigung schon angelaufen war oder wenn das Produkt schon den Kunden erreicht hatte (**Bild 1**).

Bild 1: Fehlerentstehung und Fehlerbehebung

Fehlplanungen und Folgekosten
Je später ein Fehler entdeckt und behoben wird, desto höher werden die Kosten zur Behebung des Fehlers. Wird der Fehler erst beim Kunden entdeckt, so wird auch der Ruf des Unternehmens geschädigt.
Erfahrungswerte haben gezeigt, dass die Folgekosten von Fehlern, je später sie entdeckt werden, nach der sogenannten „Zehnerregel" ansteigen. Diese besagt, dass die Folgekosten von Phase zu Phase im Produktlebenslauf um das 10-fache ansteigen (**Bild 2**). Rückrufaktionen in den letzten Jahren in der Automobilindustrie, die mehrstellige Millionensummen kosteten und von der Presse sehr wirksam verbreitet wurden, belegen diese „Zehnerregel".

Ziele der Qualitätsplanung
Eine gute Qualitätsplanung hat zum Ziel, das Produkt selbst, die Produktentstehung und die Vertriebsprozesse zu optimieren. Da die Beschaffenheit eines Produkts durch seine **Merkmale** (siehe „Qualitätsmerkmale") bestimmt wird, gilt es zunächst, diese Merkmale **optimal** festzulegen. Den Bereichen Produktplanung und Produktent-

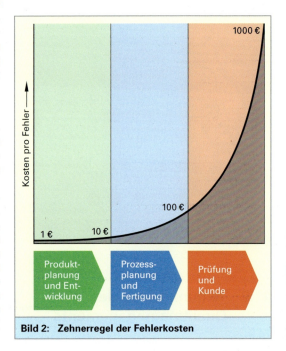

Bild 2: Zehnerregel der Fehlerkosten

wicklung kommt demzufolge die Aufgabe zu, die Merkmale aus den Anforderungen des Kunden abzuleiten und die Toleranzbereiche festzulegen. Da weitere Fehler noch bei den **Produktions- und Vertriebsprozessen** entstehen, gilt es weiterhin, diese Prozesse zu **optimieren**. Dies wird dann erreicht, wenn zum einen die geeigneten Verfah-

11.2 Teilfunktionen des Qualitätsmanagements

ren ausgewählt werden und zum anderen die Prozesse ständig überwacht werden. Als Hilfsmittel stehen der Qualitätsplanung verschiedene Werkzeuge (siehe „Werkzeuge des TQM") bereit.

Sie tragen dazu bei, Fehler im Voraus zu erkennen, damit diese erst gar nicht entstehen. Sie werden deshalb als präventive (vorbeugende, verhütende) Hilfsmittel eingestuft und reduzieren durch weniger Fehler auch die meist sehr aufwendigen Fehlerbehebungsmaßnahmen.

11.2.2 Qualitätsprüfung

Aufgabe der Qualitätsprüfung ist demnach, zunächst festzulegen, wie die definierten Merkmale eines Produkts zu prüfen sind (**Prüfplanung**), wann, wo und durch wen die Prüfung auszuführen ist (**Prüfausführung**) und wie die erhaltenen Prüfdaten weiterverarbeitet werden sollen (**Prüfdatenverarbeitung**).

> In der Qualitätsprüfung wird festgestellt, inwieweit eine Einheit, d. h. die Merkmale einer Einheit, die Qualitätsforderung erfüllt (**Bild 1**).

11.2.2.1 Prüfplanung

Sind die Qualitätsmerkmale im Rahmen der Qualitätsplanung festgelegt, wird bei der Prüfplanung die **Qualitätsprüfung im gesamten Produktionsablauf** vom Wareneingang bis zum Versand eines Produkts geplant. Alle geforderten Prüfungen werden im **Prüfplan** dokumentiert.

Die Festlegungen, die im Prüfplan gemacht werden müssen, lassen sich durch die Beantwortung von 8 Fragen (**Tabelle 1**) zusammenfassen.

Zunächst werden die zu prüfenden Merkmale mit den geforderten Grenzwerten aufgelistet. Danach wird die Prüfmethode mit dem passenden Prüfmittel ausgewählt. Das Prüfmittel darf vor allem in Bezug zur Toleranz eine bestimmte Messunsicherheit nicht überschreiten, da sonst das Messergebnis nicht verlässlich festgestellt werden kann. In Prüfmittelfähigkeitsuntersuchungen wird deshalb die Eignung eines Prüfmittels ermittelt.

Der Prüfumfang ist so festzulegen, dass möglichst alle fehlerhaften Teile erfasst werden können. Trotzdem soll die Prüfung wirtschaftlich und kostengünstig sein, d. h. es soll nur so viel wie nötig geprüft werden. Werden die Fertigungsprozesse weitgehend beherrscht, so genügt es, in größeren Zeitintervallen nur eine Stichprobe zu untersuchen. Mit gleicher Sensibilität sind auch der Prüfer und der Prüfort passend auszuwählen.

Sind die Prüfdaten ermittelt, so muss überlegt werden, wie sie ausgewertet werden sollen. Neben der Feststellung, ob ein Produkt als „Gut" eingestuft werden kann, will man häufig auch Daten über die Charakteristik des Fertigungsprozesses ermitteln. Art und Umfang der Auswertung und Datenarchivierung müssen also gezielt festgelegt werden.

Bild 1: Teilbereiche der Qualitätsprüfung

Tabelle 1: Acht Fragen zum Prüfplan	
Fragen	Erläuterung
Was?	Beschreibung der Prüfmerkmale, z. B. Längenmaß, Rundheit, Härte, Farbe
Wie?	Festlegung der Prüfmethode, z. B. Attributprüfung oder Variablenprüfung
Womit?	Auswahl des Prüfmittels, z. B. vertikales Höhenmessgerät, digitaler Messschieber, Rockwell-Härteprüfgerät
Wieviel?	Festlegung des Prüfumfangs, z. B. Stichprobenprüfung, 100 %-Prüfung
Wann?	Festlegung des Prüfzeitpunkts, z. B. Eingangs-, Zwischen- oder Endprüfung
Wer?	Auswahl der Person, die prüfen soll, z. B. Werker, Maschinenbediener, Fachmann aus dem QM-Bereich
Wo?	Festlegung des Prüforts, z. B. direkt an der Maschine, im Mess- und Prüfraum
Was geschieht mit den Prüfdaten?	Auswertung und Dokumentation der Prüfdaten z. B. statistische Auswertung, Form und Umfang der Prüfprotokolle

In der „VDI/VDE/DGQ-Richtlinie 2619" wird die Verfahrensanweisung zur Erstellung eines Prüfplans beschrieben. Sie ist in **Bild 1** in verkürzter Form als Ablaufplan dargestellt. Als Beispiel ist auf der folgenden Seite der Prüfplan eines Rohrwellenschafts dargestellt.

11.2.2.2 Prüfausführung

In der Prüfausführung wird festgestellt, ob und inwieweit die Produkte oder Dienstleistungen die an sie gestellten Qualitätsanforderungen erfüllen. Dabei werden die ermittelten Werte mit den in der Prüfplanung festgelegten Vorgabewerten verglichen. Werden Abweichungen festgestellt, sollen möglichst schnell die Ursachen gefunden und geeignete Korrekturmaßnahmen eingeleitet werden.

Dies kann zur Folge haben, dass die fehlerhaften Teile für die Weiterbearbeitung gesperrt werden und abgewogen wird, ob eine Nacharbeit möglich ist oder ob diese Teile ausgesondert werden müssen. Eine genaue Untersuchung der Fehlerursachen bildet die Grundlage für Verbesserungsmaßnahmen am Fertigungsprozess mit dem Ziel, weitere Fehler zu reduzieren oder ganz auszuschließen.

Innerhalb des Produktentstehungsprozesses unterscheidet man drei Arten der Prüfungen:

a) **Die Eingangsprüfung**
Sie muss sicherstellen, dass ein angeliefertes Produkt nicht verwendet oder weiterverwendet wird, solange nicht festgestellt ist, ob die festgelegten Qualitätsanforderungen erfüllt sind.

b) **Die Zwischenprüfung**
Sie stellt innerhalb eines Fertigungsablaufs immer wieder fest, ob bei den einzelnen Fertigungsschritten die geforderte Qualität erreicht wurde. Erst dann wird der Weg für die weitere Fertigung freigegeben. Die Zwischenprüfung hat weiterhin das Ziel, die einzelnen Fertigungsprozesse genauer kennen zu lernen. Häufig werden hier zur Auswertung statistische Verfahren angewendet (Siehe „Statistische Prozesslenkung").

c) **Die Endprüfung:** Diese Prüfung findet bei Fertigerzeugnissen bzw. Endprodukten ihre Anwendung. Bevor ein Produkt eingelagert oder zum Kunden versendet wird, werden hier als Abschluss die gefertigten Merkmalswerte mit den Vorgabewerten verglichen. Bei kompletten Systemen werden dabei häufig umfangreiche Funktionsprüfungen durchgeführt.

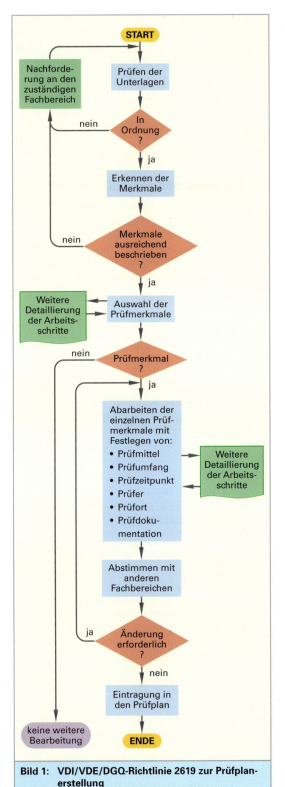

Bild 1: VDI/VDE/DGQ-Richtlinie 2619 zur Prüfplanerstellung

11.2 Teilfunktionen des Qualitätsmanagements

Prüfplan		Dok.-Nr.:	Q-PO-160297-2/97
		Blatt:	1 von 1

Ident-Nr.	3107
Zeichnungs-Nr.:	3107-1
Benennung:	Rohrwellenschaft 40
Prüfplan-Nr.	3107-P

lfd. Nr.	Prüfmerkmal	Prüfmittel	Prüfumfang	Prüfmethode	Prüfzeitpunkt	Prüfdokumentation
1	Gesamtlänge 54 ± 0,2 Maschinenfähigkeitsuntersuchung	Messschieber mit digitaler Anzeige und SPC-System	n = 50	2/V	Serienbeginn	Prüfprotokoll (SPC-System)
2	Gesamtlänge 54 ± 0,2	Messschieber mit digitaler Anzeige und SPC-System	n = 5	1/V	100 Stück	SPC-System Regelkarte
3	Innendurchmesser 36 F8 GoB = 36,064 GuB = 36,025 Maschinenfähigkeitsuntersuchung	Selbstzentrierende digitale Innenmessschraube 35–50 mm	n = 50	2/V	Serienbeginn	Prüfprotokoll (SPC-System)
4	Innendurchmesser 36 F8 GoB = 36,064 GuB = 36,025	Selbstzentrierende digitale Innenmessschraube 35–50 mm	n = 5	1/V	100 Stück	SPC-System Regelkarte
5	Oberflächenrauheit Innenbohrung Rz = 6,3 (Durchmesser 36 F8)	Rauheitsmessgerät	n = 5	1/V	100 Stück	SPC-System Regelkarte
6	Härte 58 + 2 HRC	Rockwell-Härteprüfgerät	n = 1	3/V	2 je Charge	Prüfprotokoll

Prüfmethode:
1 = Werker-Selbstprüfung
2 = Prüfung durch die Abteilung „Qualitätswesen"
3 = Prüfung im Mess- und Prüfraum
4 = Prüfung im Labor

V = variabel (quantitativ ermitteln)
A = attributiv (qualitativ ermitteln)
n = Stichprobenumfang (Anzahl der Teile aus dem Gesamtlos)

Erstellt durch:	*Baumann*	Datum:	22.10.20XX
Freigabe:	*Schlipf*	Datum:	28.10.20XX

Änderungsstand:	*28.01.XX*		
Verteiler:	*Bm/Sf/Ro*		

11.2.2.3 Prüfhäufigkeit

Bei der Prüfhäufigkeit werden die **100 %-Prüfung, die Stichprobenprüfung** und **die dynamisierte Stichprobenprüfung** unterschieden.

100 %-Prüfung:
Alle gefertigten Einheiten werden auf die gestellte Qualitätsanforderung geprüft. Da diese Prüfung sehr zeitaufwendig und damit kostenintensiv ist, wird sie nur bei kritischen Teilen angewendet.

Stichprobenprüfung:
Aus der Grundgesamtheit („N" = die Anzahl der Grundgesamtheit) wird eine Stichprobe mit kleinerer Anzahl („n"= Umfang der Stichprobe) entnommen und geprüft. Diese Prüfung wird bei der Wareneingangsprüfung bei der Annahme von Losen mit größerem Umfang („N") angewendet. Um den Prüfumfang bei Fertigungsprozessen in der Serienfertigung zu vermindern, beschränkt man sich auch hier auf Stichproben. Diese können entweder nach bestimmter Anzahl gefertigter Werkstücke oder in bestimmten Zeitabständen entnommen werden. Grundlage für diese Prüfung ist eine genaue Kenntnis der Prozesscharakteristik. Dafür werden in bestimmten Zeitabständen spezielle Maschinen- und Prozessfähigkeitsuntersuchungen durchgeführt.

Dynamisierte Stichprobenprüfung:
Zeigt eine Stichprobenprüfung über längere Zeit sehr gute Prüfergebnisse, so werden die Prüfhäufigkeit, der Prüfungsumfang oder beide verringert. Zeigt die Prüfung wieder ein schlechteres Ergebnis, so wird die Prüfung wieder verschärft.
Dies soll am Beispiel einer Wareneingangsprüfung näher erläutert werden:
Für die Kreuzgelenkwelle werden von einem Lieferanten Gummilippenringe in Losen zu je 500 (= „N") Stück bezogen. Zur Beurteilung der Lose wird von jedem Los eine Stichprobe vom Umfang $n = 20$ Stück entnommen. Befinden sich darin keine fehlerhaften Ringe, so wird das Los angenommen. Wird ein fehlerhaftes Teil gefunden, so wird das Los abgewiesen und bei den nächsten Losen der Stichprobenumfang auf $n = 50$ erhöht (**verschärfte Prüfung**). Fallen fünf Prüfungen in Folge wieder fehlerfrei aus, so wird wieder normal geprüft. Ergeben fünf normale Prüfungen keine fehlerhaften Teile, so wird auf die **„reduzierte Prüfung"** übergegangen. Dabei wird nur noch ein Stichprobenumfang von $n = 10$ geprüft. Fallen hier 5 Prüfungen in Folge fehlerfrei aus, so wird nur noch jedes zweite Los mit einer Stichprobe vom Umfang $n = 10$ geprüft (**Skip-Lot-Prüfung**). Wird aber wieder ein fehlerhaftes Teil gefunden, so wird die Prüfschärfe wieder auf die nächste Stufe gesetzt. **Bild 2** verdeutlicht diese Prüfstufensteuerung.

Bild 1: Prüfstufensteuerung am Beispiel Wareneingangsprüfung „Gummilippendichtringe"

11.2 Teilfunktionen des Qualitätsmanagements

11.2.2.4 Prüfdatenverarbeitung

Prüfdaten werden aus zwei Gründen gesammelt:
1. Durch eine **Archivierung der Prüfdaten** kann jederzeit nachträglich nachvollzogen werden, wann und mit welchen Ergebnissen einzelne Werkstücke, Baugruppen oder Erzeugnisse die Fertigungsprozesse durchlaufen haben. Fällt also ein Erzeugnis bei seinem Einsatz aufgrund eines Fehlers, der im Produktionsprozess seinen Ursprung hatte, vorzeitig aus, so kann festgestellt werden, ob der Fehler nur bei einem einzelnen Erzeugnis vorkam oder eine ganze Serie betroffen ist. Durch Rückrufaktionen können dann weitere Ausfälle verhindert werden.
Häufig fordern auch Kunden vom Hersteller eine Prüfdatenarchivierung, um beim Auftreten von Schäden und Haftungsfällen eine **Rückverfolgbarkeit** zu gewährleisten. Außerdem kann sich ein Kunde durch mitgelieferte Prüfdaten des Zulieferers eine umfangreiche und kostenintensive Wareneingangsprüfung ersparen. Besonders die Vorteile einer „Just-in-time"-Produktion würden durch eine Wareneingangsprüfung wieder weitgehend zunichte gemacht.
Die Art und der Umfang der Dokumentation werden im Prüfplan vorgegeben. Wenn Prozesse ausreichend beherrscht werden, genügt es auch häufig, nur Kenndaten von **komprimierten Prüfdaten** (z. B. Mittelwert und Standardabweichung bei normalverteilten Prozessen) oder Prüfdaten von Stichproben zu archivieren.

2. Die gesammelten Prüfdaten lassen wertvolle Rückschlüsse auf die Qualität und zeitliche Entwicklung der Produktionsprozesse zu. Es können Aussagen gemacht werden über die **Fähigkeit von Prozessen** (siehe „Maschinen- und Prozessfähigkeit") oder beim Erkennen von negativen Tendenzen kann rechtzeitig ein Prozess gestoppt und korrigiert werden. Damit wird ein **Regelkreis** geschlossen, der eine möglichst homogene Qualitätsentwicklung garantiert **(siehe Qualitätslenkung)**.
Häufig werden in Produktionen die gesammelten Daten recht wenig zu Prozessuntersuchungen genutzt. Eine Berücksichtigung des untenstehenden Grundsatzes hilft unnötige Prüfungen zu vermeiden.

> **Grundsatz bei Prüfplanung:**
> Prüfe nur, was du auch dokumentierst,
> dokumentiere nur, was du auch auswertest,
> werte nur aus,
> wenn du daraus auch Schlussfolgerungen ziehst!

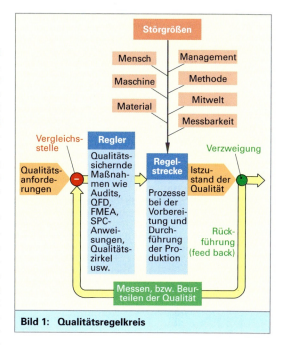

Bild 1: Qualitätsregelkreis

11.2.3 Qualitätslenkung

Bei der Qualitätslenkung steht die Prozessbeherrschung im Vordergrund. Oberstes Ziel ist die Vermeidung von Fehlern. Im gewünschten Endzustand werden die Prozesse in allen Bereichen eines Betriebs beherrscht und es können keine Fehler mehr vorkommen. Nach DIN ISO 8402 wird die Qualitätslenkung wie folgt beschrieben:

> Qualitätslenkung beinhaltet die vorbeugenden, überwachenden und korrigierenden Tätigkeiten bei der Realisierung von einem Erzeugnis mit dem Ziel, unter Einsatz von Qualitätstechniken die Qualitätsforderungen zu erfüllen. Qualitätslenkung umfasst also alle Arbeitstechniken und Tätigkeiten, deren Zweck sowohl die Überwachung eines Prozesses als auch die Beseitigung von Ursachen nicht zufrieden stellender Leistung in allen Stadien des Qualitätskreises ist, um wirtschaftliche Effizienz zu erreichen.

Demnach gilt es also, in allen Betriebsprozessen **Qualitätsregelkreise (Bild 1)** aufzubauen. Hierbei werden die Prozessergebnisse ständig geprüft und mit den Qualitätsforderungen verglichen. Regelmechanismen greifen bei Abweichungen in den Prozess ein und korrigieren ihn, bis die geforderten Qualitäten wieder erreicht werden. Die Streuung der Qualitätsmerkmale wird durch die **7M-Störgrößen** verursacht.

Die 7M-Störgrößen mit Beispielen:	
Mensch:	Qualifikation, Pflichtbewusstsein, Engagement, Motivation, Kondition, Verantwortungsgefühl der Mitarbeiter.
Maschine:	Leistung, Steifigkeit, Positioniergenauigkeit, Verschleißzustand, Beschaffenheit des Werkzeugs, Schwingungsverhalten.
Material:	Festigkeit, Spannungen, Gefügezustand, Abmessungen, Formgenauigkeit, Homogenität.
Management:	Stellenwert der Qualität, Qualitätspolitik, Qualitätsziele, Vorbildfunktion.
Methode:	gewählte Fertigungsverfahren, Prüfmethoden, Arbeitsschritte.
Mitwelt:	Einflüsse der Umgebung wie Temperatur, Luftfeuchtigkeit, Lichtverhältnisse, Bodenbeschaffenheit.
Messbarkeit:	Prüfbarkeit der Qualitätsmerkmale, Möglichkeiten und Qualitäten der vorhandenen Prüfmittel, Prüfmittelfähigkeit.

Die Qualitätslenkung hat zum Ziel, die durch die 7M-Störgrößen verursachten Streuungen der Qualitätsmerkmale zu minimieren und in Grenzen zu halten. Dies wirkt sich positiv auf die Verbesserung der Qualität und der Lebensdauer aus.

Aufgabe einer modernen Unternehmensführung muss also sein, Qualitätsregelkreise in allen Unternehmensbereichen aufzubauen, sie laufend zu pflegen und sie immer wieder auf ihre Effektivität zu überprüfen. Nur so kann ein Unternehmen in der heutigen Zeit auf den immer schneller werdenden Wandel in der Bedürfnisstruktur der Kunden reagieren, der Konkurrenz gegenüber bestehen und damit die Wettbewerbsfähigkeit sichern.

11.2.4 Qualitätsförderung

Wie Untersuchungen über Fehler und Probleme in Unternehmen zeigten, liegen deren Ursachen öfter im **menschlichen** als im technischen oder technisch-organisatorischen Bereich. Die Qualitätsförderung hat deshalb zum Ziel, jeden Mitarbeiter zu einem **qualitätsorientierten Denken und Handeln** zu bringen. Es muss ihm bewusst werden, dass seine Tätigkeit einen wesentlichen Baustein zur Gesamtqualität des Produkts beiträgt. Er muss motiviert werden, an seinem Platz stetig darauf zu achten, dass der Qualitätsstandard mindestens gehalten oder verbessert wird. Verbesserungsvorschläge müssen gefördert werden und ihnen die notwendige Beachtung, z. B. durch ein Prämiensystem, geschenkt werden.

Die Motivation der Mitarbeiter lässt sich durch folgende Maßnahmen erhöhen:
- Fairness im Umgang miteinander,
- Ermutigung der Mitarbeiter,
- Vertrauensförderung durch mehr Transparenz und Offenheit,
- Information über Ziele und Entscheidungen,
- Beratung, Unterricht und Schulung der Mitarbeiter,
- Austausch von Erfahrung und Wissen,
- Beteiligung der Mitarbeiter bei Zielfindungen und Entscheidungen.

Qualitätsförderung kann über zwei Wege begonnen werden (**Bild 1**):

1. Qualitätsförderung am Produkt bzw. der Dienstleistung,
2. Qualitätsförderung über die Menschen.

Bild 1: Methoden der Qualitätsförderung

11.3 DIN EN ISO 9000:2015 ff

Den Aufbau eines Qualitätsmanagementsystems (QM-System) haben viele Unternehmen in den zurückliegenden Jahren verwirklicht. Der Anstoß dabei kam in der Regel vom Kunden oder weil sich das Unternehmen nach außen und innen als qualitätsbewusst darstellen wollte.

Der Kunde verlangte vom Lieferanten eine Zusicherung, Qualitätsstandards der zu liefernden Produkte einzuhalten. Um diese Anforderungen an das QM-System zu vereinheitlichen und transparenter zu machen, wurden Ende der achtziger Jahre die bestehenden Normen weiter verbessert und im Jahre 2000 auf die Prozessorientierung umgestellt. Die aktuell gültige Norm erkennt man an dem Zusatz der Jahreszahl ihres Erscheinens z. B. DIN EN ISO 9001:2015

Nach den Richtlinien der ISO (International Organization for Standardization) müssen alle ISO-Normen im Zyklus von ca. fünf Jahren überprüft werden (EN = Europäische Norm). Die offizielle Sprache des ISO-Quellentextes ist Englisch. Die deutsche Übersetzung der Grundstruktur wurde zwischen Deutschland, Österreich und der Schweiz abgestimmt und gilt für alle Übersetzungen von Managementsystemnormen, die vollständig oder teilweise der ISO-Grundstruktur folgen.

Dabei bestimmt die Norm ISO 9000 die Grundlagen und Begriffe, die Kernnorm ISO 9001 die zertifizierbaren Normenforderungen und ISO 9004 dient als Leitfaden für ein umfassendes QM-System, das sich in Richtung TQM weiterentwickeln kann (TQM = Total Quality Management).

Zur Normenfamilie des Qualitätsmanagementsystems (QMS) gehören drei Normen (**Bild 1**):
- DIN EN ISO **9000 Grundlagen und Begriffe**
- DIN EN ISO **9001 Anforderungen**
- DIN EN ISO **9004 Leitfaden zur Leistungsverbesserung**

Die Ansatzpunkte der Kernnorm sind:
- Prozessorientierung,
- Kundenorientierung,
- Qualitätsziele und Qualitätspolitik,
- Ständige Verbesserung,
- Vorbeugung (Prävention),
- eine Norm für alle Organisationen,
- interne und externe Audits,
- jährlicher Auditrhythmus eines akkreditierten Auditors.

Es gibt folgende Änderungen:
- Die Abschnittsreihenfolge wurde geändert, damit zukünftig die Qualitätsnorm und die Umweltnorm (ISO 14001) die gleiche Struktur haben.
- Zur Bestimmung des Kontexts der Organisation wurde ein Abschnitt 4 eingeführt.
- Der „risikobasierte Ansatz" wurde hervorgehoben.
- „dokumentierte Informationen" wurde als neuer Sammelbegriff der bisher bekannten "dokumentierten Verfahren" und „Aufzeichnungen" eingeführt.
- Die Forderung nach einem Qualitätsmanagementhandbuch ist entfallen.
- Anstelle von „Produkten wird nun ausdrücklich von „Produkten und Dienstleistungen" gesprochen.
- Der „Beauftragte der obersten Leitung" (QMB) für das Qualitätsmanagementsystem wird nicht mehr explizit gefordert; diese Aufgaben sind an die oberste Leitung übergegangen.
- Festlegungen zur Planung und Durchführung von Änderungen am Qualitätsmanagementsystem wurden eingeführt.
- Tätigkeiten nach der Lieferung des Produkts bzw. der Dienstleistung wurden festgelegt.
- Das „Wissen der Organisation" wurde als Ressource explizit aufgenommen.
- Der Begriff des „Lieferanten" wurde ersetzt durch den Begriff des „Anbieters".

Bild 1: Die Normenreihe DIN EN ISO 9000 - 9004

11.3.1 Grundsätze des Qualitätsmanagements (QM)

In der zur Normenreihe des QM gehörenden Norm DIN EN ISO 9000:2015 sind die Grundsätze näher beschrieben. In der ISO 9001:2015 wird darauf Bezug genommen (**Bild 1**).

Organisation: Der Begriff Organisation umfasst unter anderem Einzelunternehmer, Gesellschaften, Konzerne, Firmen, Unternehmen, Behörden, Handelsgesellschaften, Verbände, Wohltätigkeitsorganisationen, Institutionen, oder eine Kombination der genannten, ob eingetragen oder nicht, öffentlich oder privat.

Die Grundsätze des Qualitätsmanagements sind Folgende:
- **Kundenorientierung:** Der Schwerpunkt des Qualitätsmanagements liegt in der Erfüllung der Kundenanforderungen und dem Bestreben, die Kundenerwartung zu übertreffen.
- **Führung:** Führungskräfte aller Ebenen schaffen die Bedingungen, unter denen Personen sich für das Erreichen der Qualitätsziele engagieren.
- **Einbeziehung von Personen:** Kompetente, befugte und engagierte Personen auf allen Ebenen, sind wesentlich für das Unternehmen, um dessen Fähigkeiten zu verbessern und Werte zu schaffen.
- **Prozessorientierter Ansatz:** Wenn Tätigkeiten als zusammenhängende Prozesse verstanden, geführt und gesteuert werden, erzielt man beständige und geplante Ergebnisse.
- **Verbesserungen:** Erfolgreiche Unternehmen legen einen Schwerpunkt auf die fortlaufende Verbesserung.
- **Faktengestützte Entscheidungsfindung:** Entscheidungen auf der Grundlage von Analysen und Auswertungen führen am ehesten zu den gewünschten Ergebnissen.
- **Beziehungsmanagement:** Für einen nachhaltigen Erfolg führen und steuern Organisationen ihre Beziehungen mit relevanten interessierten Parteien (z. B. Anbietern, Kunden, Investoren, Partnern und Angestellten).

Bild 1: Aufbauende Inhalte der Qualitätsmanagementsysteme

Tabelle 1: Hauptkapitel der Norm ISO 9001:2015

Normabschnitt	Normtitel	Normabschnitt	Normtitel
1	**Anwendungsbereich**	7.5	Dokumentierte Informationen.
2	**Normative Verweisung**	8	**Betrieb**
3	**Begriffe**	8.1	Betriebliche Planung und Steuerung,
4	**Kontext der Organisation**	8.2	Anforderung an Produkte und Dienstleistungen,
4.1	Verstehen Organisation und ihres Kontextes,	8.3	Entwicklung von Produkten und Dienstleistungen,
4.2	Verstehen der Erfordernisse und Erwartungen interessierter Parteien,	8.4	Steuerung von extern bereitgestellten Prozessen, Produkten und Dienstleistungen,
4.3	Festlegen des Anwendungsbereichs des Qualitätsmanagementsystems,	8.5	Produktion und Dienstleistungserbringung,
4.4	Qualitätsmanagementsystem und seine Prozesse.	8.6	Freigabe von Produkten und Dienstleistungen.
5	**Führung**	9	**Bewertung der Leistung**
5.1	Führung und Verpflichtung,	9.1	Überwachung, Messung, Analysen und Bewertung,
5.2	Politik,	9.2	Internes Audit,
5.3	Rollen, Verantwortlichkeiten und Befugnisse in der Organisation.	9.3	Managementbewertung.
6	**Planung**	10	**Verbesserungen**
6.1	Maßnahmen im Umgang mit Risiken und Chancen,	10.1	Allgemeines,
		10.2	Nichtkonformität und Korrekturmaßnahmen,
6.2	Qualitätsziele und Planung zu deren Erreichung,	10.3	Fortlaufende Verbesserung.
6.3	Planung von Änderungen.		
7	**Unterstützung**		**Anhang A** (informativ) Erläuterung der neuen Struktur, Terminologie und Konzepte, Produkte und Dienstleistungen,
7.1	Ressourcen,		
7.2	Kompetenz,		
7.3	Bewusstsein,		**Anhang B** (informativ) andere internationale Normen.
7.4	Kommunikation,		

11.3 DIN EN ISO 9000:2015 ff

Die wichtigsten Unterschiede der neuen Norm zur bisherigen sind in **Tabelle 1** zusammengestellt.

11.3.1.1 Prozess

Der Prozess ist definiert als Satz zusammenhängender oder sich gegenseitig beeinflussender Tätigkeiten, wobei Eingaben zum Erzielen eines vorgegebenen Ergebnisses verwendet werden. Prozesse haben immer eine Eingabe und ein Ergebnis.

11.3.1.2 Prozessorientierter Ansatz

Diese Internationale Norm fördert die Umsetzung eines prozessorientierten Ansatzes bei der Entwicklung, Verwirklichung und Verbesserung der Wirksamkeit eines Qualitätsmanagementsystems, um die Kundenzufriedenheit zu erhöhen.

Das Versehen und Steuern zusammenhängender Prozesse als ein System, trägt zur Wirksamkeit und Effizienz einer Organisation beim Erreichen ihrer beabsichtigten Ergebnisse bei.

Dieser Ansatz ermöglicht der Organisation, die Zusammenhänge und Wechselbeziehungen von Prozessen des Systems so zu steuern, dass die Gesamtleistung verbessert werden kann.

Die Steuerung der Prozesse und des Systems als Ganzes, kann durch den PDCA-Zyklus erreicht werden (P = Plan, D = Do, C = Check, A = Act).

Die Anwendung des prozessorientierten Ansatzes in einem QMS ermöglicht Folgendes:

- Das Verstehen der Prozessanforderungen und deren fortlaufende Einhaltung,
- Die Betrachtung der Prozesse im Hinblick auf die Wertschöpfung,
- Das Erreichen einer wirksamen Prozessleistung,
- Die Verbesserung von Prozessen auf der Grundlage von Bewertung von Daten und Informationen.

Bild 1 zeigt die schematische Darstellung eines Prozesses und die Wechselwirkung seiner Elemente. Die für die Steuerung benötigten Kontrollpunkte zur Überwachung und Messung sind für jeden Prozess spezifisch und ändern sich in Abhängigkeit von den damit zusammenhängenden Risiken.

Tabelle 1: Die wichtigsten Unterschiede in der Terminologie zwischen ISO 9001:2008 und ISO 9001:2015	
ISO 9001:2008	ISO 9001:2015
Produkte	Produkte und Dienstleistungen
Ausschüsse	Nicht verwendet
Beauftragter der obersten Leitung	Nicht verwendet
Dokumentation, QM-Handbuch, dokumentierte Verfahren, Aufzeichnungen	Dokumentierte Information
Arbeitsumgebung	Prozessumgebung
Überwachungs- und Prozessmittel	Ressourcen zur Überwachung und Messung
Beschafftes Produkt	Extern bereitgestellte Produkte und Dienstleistungen
Lieferant	Externer Anbieter

Bild 1: Die Normenreihe DIN EN ISO 9000 - 9004

Diese Internationale Norm wendet den prozessorientierten Ansatz an, der das Planen – Durchführen – Prüfen – Handeln – Modell, sowie risikobasiertes Denken umfasst. Der prozessorientierte Ansatz ermöglicht einer Organisation, ihre Prozesse und deren Wechselwirkung zu planen.

Das PDPH-Modell ermöglicht einer Organisation sicherzustellen, dass angemessene Ressourcen für ihre Prozesse zur Verfügung stehen, die Prozesse gesteuert werden und dass Chancen zur Verbesserung bestimmt werden und auf diese reagiert wird.

„Planen-Durchführen-Prüfen-Handeln-Zyklus"

Auf alle Prozesse und auf das Qualitätsmanagementsystem kann der „**P**lanen – **D**urchführen – **P**rüfen – **H**andeln"-Zyklus angewendet werden (PDPH) oder Plan – Do – Check – Act (PDCA).

- **Planen (Plan)**: Festlegen von Zielen des Systems und der Teilprozesse und Festlegen von Ressourcen, die zum Erzielen von Ergebnissen in Übereinstimmung mit den Kundenanforderungen und der Politik der Organisation notwendig sind, sowie Ermitteln und Behandeln von Risiken und Chancen,
- **Durchführen (Do)**: Umsetzen des Geplanten,
- **Prüfen (Check)**: Überwachen und Messen von Prozessen und den daraus resultierenden Produkten und Dienstleistungen im Hinblick auf Politik, Ziele, Anforderungen und geplante Tätigkeiten, sowie Berichterstattung über die Ergebnisse,
- **Handeln (Act)**: Ergreifen von Maßnahmen zur Verbesserung der Leistung.

Die neue Norm orientiert sich in erster Linie am PDCA-Zyklus:
- **Plan:** Normabschnitt ④: Umfeld der Organisation,
  Normabschnitt ⑤: Führungsverhalten,
  Normabschnitt ⑥: Planung,
  Normabschnitt ⑦: Unterstützung,
- **Do:** Normabschnitt ⑧: Durchführung,
- **Check:** Normabschnitt ⑨: Bewertung der Leistung,
- **Act:** Normbschnitt ⑩ : Verbesserungen.

Obwohl der prozessorientierte Ansatz schon mit der Revision 2000 eingeführt wurde, gab es doch erhebliche Probleme in der Umsetzung. Das soll mit der Revision erleichtert werden. Außerdem fordert die Norm einen verstärkt risikobasierten Ansatz. Ein formales QM-Handbuch ist nicht mehr notwendig, wenn die Organisation in anderer Weise eine angemessene Dokumentation zur Verfügung stellt. Auch auf einen „Beauftragten der obersten Leitung" wird im formalen Sinne verzichtet. Diese Aufgaben werden im Wesentlichen von der obersten Leitung wahrgenommen.

Bild 1: Darstellung der Normstruktur im PDCA-Zyklus (vgl. ISO 9001)

11.3 DIN EN ISO 9000:2015 ff

Managementprozesse	Kernprozesse	Unterstützende Prozesse
1.0 Anwendungsbereich 2.0 Normative Verweisungen 3.0 Begriffe (ISO 9000) 4.0 **Kontext der Organisation** 4.1 Versehen der Organisation und ihres Kontextes 4.2 Versehen der Erfordernisse und Erwartungen interessierter Parteien 4.3 Festlegen des Anwendungsbereichs des Qualitätsmanagementsystems 4.4 Qualitätsmanagementsystem und seine Prozesse 5.0 **Führung** 5.1 Führung und Verpflichtung 5:1:1 Allgemeines 5.1.2 Kundenorientierung 5.2 Politik 5.2.1 Festlegung der Qualitätspolitik 5.2.2 Bekanntmachung der Qualitätspolitik 5.3 Rollen, Verantwortlichkeiten und Befugnisse in der Organisation 6.0 **Planung** 6.1 Maßnahmen zum Umgang mit Risiken und Chancen 6.2 Qualitätsziele und Planung zu deren Erreichung 6.3 Planung von Änderungen 7.0 **Unterstützung** 7.1 Ressourcen 7.1.1 Allgemeines 7.1.2 Personen 7.1.3 Infrastruktur 7.1.4 Prozessumgebung 7.1.5 Ressourcen zur Überwachung und Messung 7.1.6 Wissen der Organisation 7.2 Kompetenz 7.3 Bewusstsein 7.4 Kommunikation 7.5 Dokumentierte Information 7.5.1 Allgemeines 7.5.2 Erstellen und Aktualisieren 7.5.3 Lenkung dokumentierter Information	8.0 **Betrieb** 8.1 Betriebliche Planung und Steuerung 8.2 Anforderungen an Produkte und Dienstleistungen 8.2.1 Kommunikation mit den Kunden 8.2.2 Bestimmen von Anforderungen für Produkte und Dienstleistungen 8.2.3 Überprüfung der Anforderungen für Produkte und Dienstleistungen 8.2.4 Änderung von Anforderungen an Produkte und Dienstleistungen 8.3 Entwicklung von Produkten und Dienstleistungen 8.3.1 Allgemeines 8.3.2 Entwicklungsplanung 8.3.3 Entwicklungseingaben 8.3.4 Steuerungsmaßnahmen für die Entwicklung 8.3.5 Entwicklungsergebnisse 8.3.6 Entwicklungsänderungen 8.4 Steuerung von extern bereitgestellten Prozessen, Produkten und Dienstleistungen 8.4.1 Allgemeines 8.4.2 Art und Umfang der Steuerung 8.4.3 Information für externe Anbieter 8.5 Produktion und Dienstleistungserbringung 8.5.1 Steuerung der Produktion und der Dienstleistungserbringung 8.5.2 Kennzeichnung und Rückverfolgbarkeit 8.5.3 Eigentum der Kunden oder der externen Anbieter 8.5.4 Erhaltung 8.5.5 Tätigkeiten nach der Lieferung 8.5.6 Überwachung von Änderungen 8.6 Freigabe von Produkten und Dienstleistungen 8.7 Steuerung nichtkonformer Ergebnisse	9.0 **Bewertung der Leistung** 9.1 Überwachung, Messung, Analyse und Bewertung 9.1.1 Allgemeines 9.1.2 Kundenzufriedenheit 9.1.3 Analyse und Bewertung 9.2 Internes Audit 9.3 Managementbewertung 9.3.1 Allgemeines 9.3.2 Eingaben für die Managementbewertung 9.3.3 Ergebnisse der Managementbewertung 10.0 **Verbesserung** 10.1 Allgemeines 10.2 Nichtkonformität und Korrekturmaßnahmen 10.3 Fortlaufende Verbesserung A **Anhang A (informativ)** Erläuterung der neuen Struktur, Terminologie und Konzepte A.1 Struktur und Terminologie A.2 Produkte und Dienstleistungen A.3 Versehen der Erfordernisse und Erwartungen interessierter Parteien A.4 Risikobasiertes Denken A.5 Anwendbarkeit A.6 Dokumentierte Information A.7 Wissen der Organisation A.8 Steuern von extern bereitgestellten Prozessen, Produkten und Dienstleistungen B **Anhang B (informativ)** Andere Internationale Normen des ISO/TC 176 zu Qualitätsmanagement und Qualitätsmanagementsystemen

Bild 1: Unternehmensprozesse ISO 9001

11.3.2 Einleitung (Allgemeines)

Aus der Einführung eines Qualitätsmanagementsystems (QMS) ergeben sich Vorteile für das Unternehmen. Die betrieblichen Prozesse liefern konstant zuverlässige Ergebnisse. Das führt zu beständigen Produkten und Dienstleistungen, die die Kundenanforderungen und zutreffenden gesetzlichen und behördlichen Anforderungen erfüllen. Dadurch wird auf Dauer die Kundenzufriedenheit erhöht. Bei der Weiterentwicklung des QMS werden Risiken und Chancen beim Erreichen der Ziele erkannt und behandelt. Die Fähigkeiten des Unternehmens und das Erfüllen der geplanten Anforderungen an die Produkte und Dienstleistungen kann nachgewiesen werden.

> Die neue Struktur der Norm erhebt nicht den Anspruch der Vereinheitlichung bestehender Qualitätsmanagementsysteme. Auch ein Abgleich der Dokumentation an die Gliederung ist nicht zwingend erforderlich. Die bisher verwendete Terminologie ist zwar veraltet, aber noch gültig.

Diese Internationale Norm wendet den prozessorientierten Ansatz an, der das Planen-Durchführen-Prüfen-Handeln-Modell, sowie risikobasierendes Denken umfasst. Unter risikobasierendem Denken versteht man im QMS, dass man diejenigen Faktoren bestimmt, die bewirken könnten, dass Prozesse von den geplanten Ergebnissen abweichen. Mit vorbeugenden Maßnahmen sollen negative Auswirkungen auf Prozesse minimiert werden. Zusätzlich zur Forderung nach ständiger Verbesserung, sollten auch weiterführende Formen eingeführt werden, wie z. B. bahnbrechende Veränderungen, Innovationen und Neuorganisationen.

> **Organisation:** Der Begriff Organisation umfasst unter anderem Einzelunternehmer, Gesellschaften, Konzerne, Firmen, Unternehmen, Behörden, Handelsgesellschaften, Verbände, Wohltätigkeitsorganisationen, Institutionen, oder eine Kombination der genannten, ob eingetragen oder nicht, öffentlich oder privat.

> **Kontext der Organisation:** Kombination interner und externer Themen, die eine Auswirkung auf die Vorgehensweise einer Organisation hinsichtlich der Entwicklung und des Erreichens ihrer Ziele haben kann.

> **Interessierte Parteien:** Beispiele: Kunden, Eigentümer, Personen in einer Organisation, Anbieter, Bankiers, Regulierungsbehörden, Gewerkschaften, Partner oder die Gesellschaft, Wettbewerber oder opponierende Interessensgruppen.

> **Dokumentierte Information:** Dokumentierte Information kann in jeglichem Format oder Medium vorliegen, sowie aus jeglicher Quelle stammen. Sie kann sich beziehen auf:
> - das Managementsystem, einschließlich der damit verbundenen Prozesse,
> - Informationen, die für den Betrieb der Organisation geschaffen wurden (Dokumentation),
> - Nachweise erreichter Ergebnisse (Aufzeichnungen).

11.3.2.1 Grundsätze des Qualitätsmanagement

In der zur Normenreihe des QM gehörende Norm DIN EN ISO 9000 (Grundlagen und Begriffe) sind die Grundsätze näher beschrieben. In der ISO 9001 wird darauf Bezug genommen. Die Grundsätze des Qualitätsmanagements sind Folgende:

- **Kundenorientierung:** Der Schwerpunkt des Qualitätsmanagements liegt in der Erfüllung der Kundenanforderungen und dem Bestreben, die Kundenerwartung zu übertreffen.
- **Führung:** Führungskräfte aller Ebenen schaffen die Bedingungen, unter denen Personen sich für das Erreichen der Qualitätsziele engagieren.
- **Einbeziehung von Personen:** Kompetente, befugte und engagierte Personen auf allen Ebenen sind wesentlich für das Unternehmen, um deren Fähigkeiten zu verbessern und Werte zu schaffen.
- **Prozessorientierter Ansatz:** Wenn Tätigkeiten als zusammenhängende Prozesse verstanden, geführt und gesteuert werden, erzielt man beständige und geplante Ergebnisse.
- **Verbesserungen:** Erfolgreiche Unternehmen legen einen Schwerpunkt auf die fortlaufende Verbesserung.
- **Faktengestützte Entscheidungsfindung:** Entscheidungen auf der Grundlage von Analysen und Auswertungen, führen am ehesten zu den gewünschten Ergebnissen.
- **Beziehungsmanagement:** Für einen nachhaltigen Erfolg führen und steuern Organisationen ihre Beziehungen mit relevanten interessierten Parteien.

11.3.2.2 Risikobasiertes Denken

Der neu eingeführte Oberbegriff soll zum Ausdruck bringen, dass eine Kernaufgabe eines Qualitätsmanagementsystems die vorbeugende Planung von Maßnahmen ist, um Fehler zu vermeiden. Das Konzept des risikobasierten Denkens war bereits in früheren Ausgaben dieser Norm enthalten, z. B. mit der Umsetzung von Vorbeugungsmaßnahmen zur Abschaffung von Nichtkonformitäten und dem Ergreifen von Maßnahmen zum Verhindern des Wiederauftretens. Dies verkörpert die Anwendung des risikobasierten Denkens bei der Planung und Verwirklichung von Prozessen des Qualitätsmanagementsystems und hilft bei der Bestimmung des Umfangs von dokumentierten Informationen (früher: Dokumentation).

Das Konzept der vorbeugenden Maßnahmen wird durch die Anwendung des risikobasierten Denkens bei der Formulierung von Anforderungen des QMS verstärkt umgesetzt.

Obwohl festgelegt ist, dass die Organisation Maßnahmen zur Behandlung von Risiken planen muss, sind keine formellen Methoden für das Risikomanagement oder ein dokumentierter Risikomanagementprozess erforderlich.

Organisationen können entscheiden, ob sie eine ausgedehntere Vorgehensweise für das Risikomanagement, als die Norm vorschreibt, entwickeln möchten oder nicht.

11.3.2.3 Die Norm DIN EN ISO 9001:2015

Anwendungsbereich (Normabschnitt 1.0)

Das Qualitätsmanagementsystem wird angewendet, wenn eine Organisation ihre Fähigkeiten darlegen muss, beständig Produkte und Dienstleistungen bereitstellen zu können. Sie muss die Anforderungen der Kunden und alle rechtlichen Anforderungen erfüllen. Die Organisation muss bestrebt sein, die Kundenzufriedenheit zu erhöhen und Prozesse zur Verbesserung des Systems anwenden.

Alle in dieser Internationalen Norm festgelegten Anforderungen sind allgemeiner Natur und auf jede Organisation zutreffend, unabhängig von deren Art oder Größe oder von der Art, der von ihr bereitgestellten Produkte und Dienstleistungen.

Normative Verweisungen (Normabschnitt 2.0)

Die folgenden Dokumente, die in diesem Dokument teilweise oder als Ganzes zitiert werden, sind für die Anwendung dieses Dokumentes erforderlich. Bei datierten Verweisungen gilt nur die in Bezug genommene Ausgabe. Bei undatierten Verweisungen gilt die letzte Ausgabe des in Bezug genommenen Dokuments z. B. ISO 9000.

Begriffe (Normabschnitt 3.0)

Für die Anwendung dieser Norm gelten die Begriffe nach ISO 9000, Quality Management System – Fundamentals and vocabulary.

> **Risiko**
> **Auswirkung von Ungewissheit:** Eine Auswirkung ist eine Abweichung vom Erwarteten, in positiver oder negativer Hinsicht.
>
> Die Bezeichnung „Risiko" wird verwendet, wenn die Möglichkeit ausschließlich negative Folgen hat.

> **Nichtkonformität (Fehler)**
> Nichterfüllung einer Anforderung

11.3.3 Kontext der Organisation (Normabschnitt 4)

4	Kontext der Organisation
4.1	Verstehen der Organisation und ihres Kontextes
4.2	Verstehen der Erfordernisse und Erwartungen interessierter Parteien
4.3	Festlegen des Anwendungsbereichs des Qualitätsmanagementsystems
4.4	Qualitätsmanagementsystem und seine Prozesse
4.4.1	Qualitätsmanagement aufbauen
4.4.2	Mit dokumentierter Information begleiten

11.3.3.1 Verstehen der Organisation (Normabschnitt 4.1)

Die Organisation muss externe und interne Themen bestimmen, die für ihren Zweck und ihre strategische Ausrichtung relevant sind.

Das Verstehen des Kontextes einer Organisation ist ein Prozess. Dieser Prozess bestimmt Faktoren, die Zwecke, Ziele und Nachhaltigkeit der Organisation beeinflussen.

Er berücksichtigt innere Faktoren, z. B. Werte, Kultur, Wissen und Leistung der Organisation. Er berücksichtigt ebenso externe Faktoren, z. B. gesetzliche, technologische, wettbewerbsbezogene, marktbezogene, kulturelle, soziale und ökonomische Umfelder.

Beispiele dafür, auf welche Art der Zweck einer Organisation zum Ausdruck gebracht werden kann, schließen ihre Visionen, Missionen, Politik und Ziele ein. Die Organisation muss diese externen und internen Themen bestimmen, die für sie relevant sind und sich auf ihre Fähigkeiten auswirken. Die Organisation muss diese Themen überwachen und überprüfen.

11.3.3.2 Verstehen der Erfordernisse und Erwartungen (Normabschnitt 4.2)

Aufgrund des Anspruchs einer Organisation, ihre Fähigkeiten beständig bereitzustellen, ist es erforderlich, Anforderungen zu erfüllen, z. B. Interessierte Parteien und deren Einfluss zu bestimmen, überprüfen, überwachen und zu dokumentieren.

11.3.3.3 Festlegen des Anwendungsbereichs
(Normabschnitt 4.3)

Die Organisation muss die Grenzen und die Anwendbarkeit ihres Qualitätsmanagementsystems bestimmen und dokumentieren. Bei der Festlegung dieses Anwendungsbereichs müssen Ziele, interne Faktoren wie Werte, Kultur, Wissen und Leistung und externe Faktoren wie Gesetze, der Markt, soziale und ökonomische Aspekte berücksichtig werden.

Zur Festlegung des Anwendungsbereichs gehört auch, die Anforderungen interessierter Parteien zu berücksichtigen, ebenso die eigenen Produkte und Dienstleistungen.

Wenn ein Unternehmen das Qualitätsmanagementsystem nach ISO 9001 einführt und damit den Anwendungsbereich festlegt, müssen sämtliche Anforderungen der Norm angewendet werden. Die Information über den Anwendungsbereich muss verfügbar sein und aufrechterhalten werden. Sollte eine Anforderung aus der Norm nicht zutreffen, muss eine Begründung dokumentiert werden.

Die begründet ausgeschlossene Anforderung darf die Fähigkeiten oder die Verantwortung des Unternehmens nicht beeinträchtigen. Ebenso darf die Konformität ihrer Produkte und Dienstleistungen, sowie die Erhöhung der Kundenzufriedenheit nicht beeinträchtig werden.

11.3.3.4 Qualitätsmanagementsystem aufbauen
(Normabschnitt 4.4)

Die Norm versteht ein Unternehmen als die Summe verschiedenster Prozesse, die alle gleichartig strukturiert sind. Jeder Prozess besteht aus einer Eingabe (Input), dem eigentlichen Veränderungsprozess und einem daraus folgenden Ergebnis (Output) **(Bild 1)**. Jede Tätigkeit, die eine Eingabe in ein Ergebnis umwandelt, kann als Prozess angesehen werden. Das Unternehmen selbst kann so als Prozess dargestellt werden, wobei das Ergebnis eine Dienstleistung (z. B. Transport), Software (z. B. Rechenprogramm), Hardware (z. B. mechanisches Motorenteil), oder ein verfahrenstechnisches Produkt (z. B. Schmiermittel) sein kann.

Erweitert man dieses Prozessmodell am Beispiel eines Unternehmens, kann man die Gliederung mit den Führungs- und Unterstützungsprozessen allgemeingültig ergänzen. In dieser Darstellung befindet sich der Kunde an beiden Stirnseiten des Unternehmensprozesses. Dieser Prozess hat als Eingabe die Kundenforderung und als Ergebnis ein Produkt, das den Kunden zufriedenstellt **(Bild 2)**.

Bild 1: Prozessstruktur

Bild 2: Prozesslandschaft eines Unternehmens

Wenn eine Organisation ein Qualitätsmanagementsystem aufbaut, muss es alle Anforderungen der Norm verwirklichen, aufrechterhalten und fortlaufend verbessern.

Ebenso müssen alle Prozesse bestimmt werden, die das Qualitätsmanagementsystem benötigt und sie müssen angewendet werden.

Die Organisation muss folgende, allgemeine Prozesse festlegen:
- Die erforderlichen Prozesse mit ihren Eingaben und geplanten Ergebnissen bestimmen,
- Die Prozesse in eine Abfolge bringen und deren Wechselwirkung bestimmen,
- Die Kriterien und Verfahren der Überwachung, Messung und damit verbundenen Leistungskennzahlen festlegen, um das Steuern der Prozesse sicherzustellen,
- Die erforderlichen Ressourcen planen und ihre Verfügbarkeit sicherstellen,
- Die Prozessverantwortlichen den Prozessen zuweisen,
- Die Risiken und Chancen in der Entwicklung des Qualitätsmanagementsystems bestimmen,
- Ein System einführen, das die Prozesse bewertet und Verbesserungen umsetzen kann, um die geplanten Ergebnisse zu erzielen,
- Ständige Verbesserung des Qualitätsmanagements.

Mit dokumentierter Information begleiten

Dokumentierte Informationen (früher: Dokumente und Aufzeichnungen) müssen im erforderlichen Umfang vorhanden und aufrechterhalten werden. Die Organisation muss dokumentierte Informationen aufbewahren, sodass vertraut werden kann, dass die Prozesse wie geplant durchgeführt werden.

11.3.4 Führung (Normabschnitt 5)

5 Führung

5.1 Führung und Verpflichtung

5.1.1 Allgemeines

5.1.2 Kundenorientierung

5.2 Politik

5.2.1 Festlegung der Qualitätspolitik

5.2.2 Bekanntmachung der Qualitätspolitik

5.3 Rollen, Verantwortlichkeiten und Befugnisse in der Organisation

11.3.4.1 Führung und Verpflichtung (Normabschnitt 5.1)

Alle Forderungen des Abschnitts 5 der Norm richten sich im englischsprachigen Quellentext direkt an das „Topmanagement" der Organisation. In all den aufgeführten Tätigkeitsbereichen muss die oberste Leitung persönlich etwas unternehmen und nachweisen können, indem sie selbst etwas tut oder in anderen Fällen sichergestellt, dass etwas getan wird.

Allgemeines (Normabschnitt 5.1.1)

Die oberste Leitung muss in Bezug auf das Qualitätsmanagementsystem (QMS) Führung und Verpflichtung zeigen, indem sie:

- die Rechenschaftspflicht für die Wirksamkeit des QMS übernimmt.
- sicherstellt, dass die Qualitätspolitik und die Qualitätsziele für das QMS festgelegt werden.
- die Anwendung des prozessorientierten Ansatzes und das risikobasierte Denken fördert.
- sicherstellt, dass die Anforderungen des QMS in die Geschäftsprozesse der Organisation integriert werden.
- sicherstellt, dass die für das QMS erforderlichen Ressourcen zur Verfügung stehen.
- die Bedeutung eines wirksamen QMS sowie die Wichtigkeit der Erfüllung der Anforderungen des QMS vermittelt.
- sicherstellt, dass das QMS seine beabsichtigten Ergebnisse erzielt.
- Personen einsetzt, anleitet und unterstützt, damit diese zur Wirksamkeit des QMS beitragen.
- Verbesserungen fördert.
- andere relevante Führungskräfte unterstützt, um deren Führungsrolle in ihrem jeweiligem Verantwortungsbereich deutlich zu machen.

Konformität: Erfüllung einer Anforderung.

Kundenorientierung (Normabschnitt 5.1.2)

Die oberste Leitung muss im Hinblick auf die Kundenorientierung Führung und Verpflichtung zeigen, indem sie sicherstellt, dass:

- die Anforderung der Kunden zutreffende gesetzliche, sowie behördliche Anforderungen bestimmt, verstanden und beständig erfüllt werden.
- die Risiken und Chancen, die die Konformität von Produkten und Dienstleistungen beeinflussen können, sowie die Fähigkeit zur Erhöhung der Kundenzufriedenheit bestimmt und behandelt werden.
- der Fokus auf die Verbesserung der Kundenzufriedenheit aufrechterhalten wird.

11.3.4.2 Politik (Strategie) (Normabschnitt 5.2)

Die Politik einer Organisation legt die oberste Leitung fest. Sie dokumentiert damit die Absichten und die Ausrichtung der Organisation. Üblicherweise seht die Qualitätspolitik mit der übergeordneten Politik der Organisation in Einklang. Sie kann der Vision und Mission der Organisation angepasst werden und bildet den Rahmen für die Festlegung von Qualitätszielen.

**Festlegung der Qualitätspolitik
(Normabschnitt 5.2.1)**

> Die oberste Leitung muss eine Qualitätspolitik festlegen, umsetzen und aufrechterhalten, die:

- für den Zweck und den Kontext der Organisation angemessen ist und deren strategische Ausrichtung unterstützt.
- einen Rahmen zum Festlegen von Qualitätszielen bietet.
- eine Verpflichtung zur Erfüllung zutreffender Anforderungen enthält.
- Eine Verpflichtung zur fortlaufenden Verbesserung des QMS enthält.

**Bekanntmachung der Qualitätspolitik
(Normabschnitt 5.2.2)**

> Die Qualitätspolitik muss:

- als dokumentierte Information verfügbar sein und aufrechterhalten werden.
- innerhalb der Organisation bekanntgemacht, verstanden und angewendet werden.
- für relevante interessierte Parteien verfügbar und angemessen sein.

Beispiel aus einem Unternehmen der Automobilzulieferindustrie. Im Eingangsbereich der Mitarbeiter hängt ein großes Banner mit folgendem Text (auszugsweise):

UNSERE AUFGABENSTELLUNG:
Ständig die zunehmenden Kundenerwartungen zu übertreffen.

WORAUF WIR WERT LEGEN:
Integrität: Redlichkeit und Fairness sind die Grundrichtlinien für unser Geschäftsgebaren und unseren Umgang mit Personen. Wir sind ein Unternehmen, das Versprechen einhält. Wir erfüllen unsere Verpflichtungen und halten uns dabei an unsere Unternehmensethik.

ZUFRIEDENHEIT DER KUNDEN:
Die Zufriedenheit unserer Kunden ist die Grundlage aller Vorteile für die Mitarbeiter, die Aktionäre, die Zulieferer und die Gemeinschaft. Durch ständige Verbesserungen in den Bereichen Qualität, Service, Wirtschaftlichkeit, sowie bei der exakten Terminplanung, werden wir die Erwartungen unser Kunden übertreffen (Auszugsende).

11.3.4.3 Rollen, Verantwortlichkeiten und Befugnisse (Normabschnitt 5.3)

> Die oberste Leitung muss sicherstellen, dass die Verantwortlichkeiten und Befugnisse für relevante Rollen innerhalb der gesamten Organisation zugewiesen, bekannt gemacht und verstanden werden. Die oberste Leitung muss die Verantwortlichkeiten und Befugnisse zuweisen für:

- das Sicherstellen, dass das QMS die Anforderungen dieser Internationalen Norm erfüllt.
- das Sicherstellen, dass die Prozesse die beabsichtigten Ergebnisse liefern.
- die Berichterstattung an die oberste Leitung über die Leistungen des QMS und die Verbesserungsmöglichkeiten.
- das Sicherstellen der Förderung der Kundenorientierung innerhalb der gesamten Organisation.
- das Sicherstellen, dass die Integrität des QMS aufrechterhalten bleibt, wenn Änderungen am QMS geplant und umgesetzt werden.

11.3.5 Planung (Normabschnitt 6)

6 Planung
6.1 Maßnahmen zum Umgang mit Risiken und Chancen
6.2 Qualitätsziele und Planung zu deren Erreichung
6.3 Planung von Änderungen

11.3.5.1 Umgang mit Risiken und Chancen (Normabschnitt 6.1)

Anmerkung zum Thema Risiken:
Zum Umgang mit Risiken kann Folgendes zählen: Vermeiden, von Risiken, ein Risiko auf sich zu nehmen um eine Chance wahrzunehmen, Beseitigen der Risikoquelle, Ändern der Wahrscheinlichkeit oder der Konsequenzen, Risikoteilung oder Beibehaltung des Risikos durch eine fundierte Entscheidung.

Anmerkung zum Thema Chancen:
Chancen können zur Übernahme neuer Praktiken führen z. B.: Markteinführung neuer Produkte, Erschließung neuer Märkte, Neukundengewinnung, Aufbau von Partnerschaften, Einsatz neuer Techniken und erwünschten und realisierbaren Möglichkeiten zur Verbesserung von Prozessen und der Kundenzufriedenheit.

Umgang mit Risiken und Chancen

Bei Planungen für das QMS muss die Organisation die strategische Ausrichtung und die Anforderungen der Kunden berücksichtigen sowie die Risiken und Chancen bestimmen, die behandelt werden müssen; um:

- zusichern zu können, dass das QMS seine beabsichtigten Ergebnisse erzielen kann.
- erwünschte Auswirkungen zu verstärken.
- unerwünschte Auswirkungen zu verhindern oder zu verringern.
- Verbesserungen zu erreichen.

Die Organisation muss Maßnahmen zum Umgang mit Risiken und Chancen planen, zum Beispiel:

- wie die Maßnahmen in die QMS-Prozesse der Organisation integriert und dort umgesetzt werden.
- wie die Wirksamkeit dieser Maßnahmen bewertet wird.

11.3.5.2 Qualitätsziele und Planung
(Normabschnitt 6.2)

Die Organisation muss Qualitätsziele für relevante Funktionen, Ebenen und Prozesse festlegen, die für das QMS benötigt werden. Die Qualitätsziele müssen:

- im Einklang mit der Qualitätspolitik stehen.
- messbar sein.
- zutreffende Anforderungen berücksichtigen.
- für die Konformität von Produkten und Dienstleistungen, sowie für die Erhöhung der Kundenzufriedenheit relevant sein.
- überwacht werden.
- vermittelt werden.
- soweit erforderlich, aktualisiert werden.
- als dokumentierte Informationen zu den Qualitätszielen aufrechterhalten werden.

Qualitätsziele kann man vereinfacht in drei Gruppen einteilen:

1. Langfristige Ziele
Beispiele:

Die Beschaffung und Einführung eines neuen Produktionsplanungssystems, die Beschaffung einer modernen Produktionsmaschine, die Entwicklung neuer Produkte und Öffnung neuer Märkte.

2. Mittelfristige Ziele
Beispiele:

Die Straffung der Produktpalette, die Einführung einer Messstation mit Auswerteelektronik, die Automatisierung eines Montagearbeitsgangs.

3. Kurzfristige Ziele
Beispiele:

Verbesserung unstabiler Arbeitsprozesse, Einführung neuer Kommunikationshilfsmittel, Verbesserung des Reinigungsprozesses, Realisierung des Internetauftritts (**Tabelle 1**).

Tabelle 1: Qualitätsziele – Beipiele
Langfristige Ziele
• Erweiterung der Produktionsfläche,
• Beschaffung und Integration einer Messmaschine,
• Einführung der KVP – Aktivitäten,
• Gruppenarbeit.
Mittelfristige Ziele
• Optimieren des Werkzeugwesens,
• Einführung von universellen Werkstückträgern,
• Durchführung von Internen Audits, jährlich in allen Bereichen,
• Senkung der Nacharbeitskosten.
Kurzfristige Ziele
• Verbesserung des Reklamationsmanagements,
• Einführung neuer Verpackungstechniken,
• Erweiterung der Online-Störungsdiagnose,
• Verwendung des Barcodes als Infoträger.

11.3.5.3 Planung von Änderungen
(Normabschnitt 6.3)

> Wenn die Organisation die Notwendigkeit von Änderungen am QMS bestimmt, müssen die Änderungen auf geplante Weise durchgeführt werden. Die Organisation muss Folgendes berücksichtigen:
> - den Zweck der Änderung und deren mögliche Konsequenzen,
> - die Integrität des Qualitätsmanagementsystems (QMS),
> - die Verfügbarkeit von Ressourcen,
> - die Zuweisung oder Neuzuweisung von Verantwortlichkeiten und Befugnissen.

11.3.6 Unterstützung (Normabschnitt 7)

7 Unterstützung

7.1 Ressourcen

7.1.1 Allgemeines

7.1.2 Personen

7.1.3 Infrastruktur

7.1.4 Prozessumgebung

7.1.5 Ressourcen zur Überwachung und Messung

7.1.6 Wissen der Organisation

11.3.6.1 Ressourcen (Normabschnitt 7.1)

Allgemeines (Normabschnitt 7.1.1)

> Die Organisation muss die erforderlichen Ressourcen für den Aufbau, die Verwirklichung, die Aufrechterhaltung und die fortlaufende Verbesserung des QMS bestimmen und bereitstellen. Die Organisation muss Folgendes berücksichtigen:
> - die Fähigkeiten und Beschränkungen von bestehenden internen Ressourcen,
> - was notwendigerweise von externen Anbietern zu beziehen ist.

MOBE GmbH	Änderungsauftrag	ÄA-Nr: 0617 Blatt: 1 Datum: 12.03.XX
Verteiler ☐ AV ☒ Montage ☒ Disposition ☒ Fertigung ☒ QMB ☒ Einkauf ☒ Vertrieb ☒ Ausrüstung		
Vom Aussteller wurde der Gesamtinhalt mit den Abteilungen/Funktionen abgestimmt ☐ AV ☐ Montage ☒ Disposition ☒ Fertigung ☒ QMB ☒ Einkauf ☐ Vertrieb ☒ Ausrüstung		
Nachrüstung erforderlich	☒ J	☐ N
Änderung Konfiguration	☐ J	☒ N
Änderung Preisliste erforderlich	☐ J	☒ N
Nachrüstung möglich	☒ J	☐ N
Änderung sicherheitsrelevant Produktinformation:	☐ J	☒ N

Referenz-Nr. 0617AV	Änderungsgrund-Merkmale-Durchführung
Maschinen Nr. 0012	Keilwelle klemmt im maximal zusammengefahrenen Zustand. Bereich der Entgratung der Verziehung verlängern.
Änderungs-Termin 5. Juli XX	Neues Längenmaß: 46 mm
Merkmal F	war: 44 mm

Änderungstermin:
A = Aufbrauchen der alten Komponenten
B = Aufbrauchen bis neue Artikel verfügbar
C = Ab Maschinen-Nummer
D = Ab neuer Montage
E = Ab neuer Maschinenmontage
F = Alle im Haus befindliche Maschinen berücksichtigen

Aussteller: Abteilung: AV Name: Krüger Datum: 14.02.XX	Geprüft: KO.	Abteilungs-leiter: Bauer	Nor-mung: 18.07.XX	Er-ledigt: Archiv 20.07.XX

Bild 1: Änderungsantrag eines Maschinenbauers

Änderungen werden in Form von Änderungsanträgen mit entsprechender Unterschriftenleiste der betroffenen Fachbereiche dokumentiert (**Bild 1**). In den Anträgen ist vom Antragsteller die Begründung der Änderung und die Auswirkung zu beschreiben.

Personen (Normabschnitt 7.1.2)

> Die Organisation muss die Personen bestimmen und bereitstellen, die für die wirksame Umsetzung des QMS und für das Betreiben und Steuern der Prozesse notwendig sind.

Infrastruktur (Normabschnitt 7.1.3)

> Die Organisation muss die Infrastruktur bestimmen, bereitstellen und instandhalten, die für die Durchführung ihrer Prozesse notwendig ist und um die Konformität von Produkten und Dienstleistungen zu erreichen. Zur Infrastruktur kann Folgendes zählen:
> - Gebäude und zugehörige Versorgungseinrichtungen,
> - Ausrüstung, einschließlich Hardware und Software,
> - Transporteinrichtungen,
> - Informations- und Kommunikationstechnik.

Die Organisation muss die Arbeitsumgebung, die zum Erreichen der Konformität mit den Produktanforderungen erforderlich ist, ermitteln, leiten und lenken. Um Prozesse leiten und lenken zu können, muss untersucht werden, welche Faktoren die Arbeitsumgebung überhaupt qualitätswirksam beeinflussen (**Bild 1**).

Die Arbeitsumgebung kann die Werkhalle betreffen, aber auch das Umfeld im Dienstleistungsbereich.

Die qualitätswirksamen Faktoren können sein:
- Arbeitsmethode,
- Beleuchtung,
- Sauberkeit,
- Temperatur (**Bild 2**),
- Klima (Luftfeuchte, Gase),
- Lärm.

Weitere Faktoren der Arbeitsumgebung können mit einbezogen werden:
- Gesundheitsschutz,
- Arbeitssicherheit,
- besondere Umgebungsbedingungen,
- Schichtarbeit,
- Sozialleistungen.

Die Arbeitsethik bildet ein gutes Entwicklungspotenzial und kann hier dokumentiert und bewertet werden, wie z. B.:
- Kritik und Anerkennung,
- Zufriedenheit der Mitarbeiter,
- Motivation der Mitarbeiter.

Die Bereitstellung von geeigneten Produktions-, Montage- und Dienstleistungseinrichtungen, sowie eine zweckmäßige Instandhaltung von den Einrichtungen wird gefordert, um ständig die Prozessfähigkeit sicherzustellen.

Bild 1: Richtige Arbeitshaltung ermöglichen

Bild 2: Raumtemperaturen

Prozessumgebung (Normabschnitt 7.1.4)

Die Organisation muss die Umgebung bestimmen, bereitstellen und aufrechterhalten, die für die Durchführung und zum Erreichen der Konformität von Produkten und Dienstleistungen benötigt wird. Eine geeignete Umgebung kann eine Kombination von menschlichen und physikalischen Faktoren sein, z. B.:

- soziale Faktoren, wie diskriminierungsfrei, ruhig, keine Konfrontationen,
- psychologische Faktoren, wie stressmindernd, Prävention vor Burnout, emotional schützend,
- physikalische Faktoren, wie Temperatur, Wärme, Kälte, Feuchtigkeit, Licht, Luftführung, Hygiene, Lärm.
- Diese Faktoren können sich in Abhängigkeit der bereitgestellten Produkte und Dienstleistungen wesentlich unterscheiden.

Messtechnische Rückführbarkeit (Normabschnitt 7.1.5.1)

Wenn die messtechnische Rückführbarkeit eine Anforderung darstellt oder von einer Organisation als wesentlicher Beitrag zur Schaffung von Vertrauen in die Gültigkeit der Messergebnisse angesehen wird, muss das Messmittel:

- in bestimmten Abständen oder vor der Anwendung gegen Normale kalibriert, verifiziert oder beides werden, die auf internationale oder nationale Normale rückgeführt sind. Wenn es solche Normale nicht gibt, muss die Grundlage für die Kalibrierung oder Verifizierung als dokumentierte Information aufbewahrt werden **(Beispiel 1)**.
- gekennzeichnet werden, um dessen Status bestimmen zu können.
- vor Einstellungsänderungen, Beschädigung oder Verschlechterung, was den Kalibrierstatus und demzufolge die Messergebnisse ungültig machen würde, geschützt sein.

Überwachung und Messung (Normabschnitt 7.1.5)

Die Organisation muss die Ressourcen bestimmen und bereitstellen, die für die Sicherstellung gültiger und zuverlässiger Überwachungs- und Messergebnisse benötigt werden, um die Konformität von Produkten und Dienstleistungen mit den festgelegten Anforderungen nachzuweisen. Die Organisation muss sicherstellen, dass die bereitgestellten Ressourcen:

- für die jeweilige Art der unternommenen Überwachungs- und Messtätigkeiten geeignet sind.
- aufrechterhalten werden, um deren fortlaufende Eignung sicherzustellen.
- mit geeigneten dokumentierten Informationen als Nachweis für die Eignung der Ressourcen zur Überwachung und Messung aufbewahrt werden.

Die Organisation muss bestimmen, ob die Gültigkeit früherer Messergebnisse beeinträchtigt wurde, wenn festgestellt wird, dass das Messmittel für seinen Einsatz ungeeignet ist, woraufhin die Organisation, soweit erforderlich, geeignete Maßnahmen einleiten muss.

Beispiel 1: Dienstleistungsangebot eines Messmittelkalibrierlabors

Unsere Leistungen:
- Die Anlieferung Ihrer Prüfmittel erfolgt nach terminlicher Absprache.
- Auf Wunsch kalibrieren wir nach vorheriger Terminvereinbarung auch innerhalb von ca. einem Werktag oder während Ihres Betriebsurlaubs. Ihre Prüfmittel werden von uns gereinigt, temperiert und nach der Kalibrierung angemessen konserviert.
- Die Kalibrierung erfolgt auf Messgeräten, deren Messunsicherheit sachkundig an die Messaufgabe angepasst ist, in klimatisierten Räumen durch erfahrene Messtechniker.
- Wir kalibrieren in Anlehnung an die VDI/VDE/DGQ 2618 festgelegten Richtlinien. Bei Bedarf finden auch andere DIN-Angaben, bzw. die spezifischen Werksnormen ihre Anwendung.
- Die Prüfergebnisse werden angemessen in unseren Prüfprotokollen dokumentiert und zusätzlich in unserer Prüfmitteldatenbank archiviert.
- Alle Prüfmittel können, nach der Kalibrierung, von uns kostenlos mit einer Prüfplakette gekennzeichnet werden, sodass der nächste Kalibrierfälligkeitstermin auf jedem Prüfmittel klar ersichtlich ist. Wir benutzen auch gerne Ihre Fälligkeitskennzeichnung.
- Nach Ihren Prüfintervallen fordern wir im Fälligkeitsmonat Ihre zur nächsten Prüfung anstehenden Messmittel gerne an.
- Wir beraten Sie in allen Fragen der Prüfmittelbeschaffung und -verwaltung, z. B. bei der Festlegung geeigneter Prüfintervalle, bei der Kennzeichnung oder in benötigten Normen, usw.

Wie in der alten Norm müssen nur die Prüfmittel gekennzeichnet, kalibriert usw. werden, die die Produktqualität direkt beeinflussen. Es genügt, die Prüfmittel zu kennzeichnen, die zur Konformitätsprüfung des Produkts mit festgelegten Forderungen verwendet werden. Diese Vorgehensweise ist auch für die Mitarbeiter einfacher, da nur das Delta der Prüfmittel gekennzeichnet ist und der Mitarbeiter sofort erkennt, wenn er ein nicht zugelassenes Prüfmittel (ohne Kennzeichnung) benutzt. Bei der Prüfmittelüberwachung wird von vielen Firmen die externe Kalibrierung mit entsprechend bereitgestellter Dokumentation angewendet.

Wissen der Organisation (Normabschnitt 7.1.6)

> Die Organisation muss das Wissen bestimmen, das benötigt wird, um ihre Prozesse durchzuführen und um die Konformität von Produkten und Dienstleistungen zu erreichen. Dieses Wissen muss aufrechterhalten und in erforderlichem Umfang zur Verfügung gestellt werden.

- Beim Umgang mit sich ändernden Erfordernissen und Entwicklungstendenzen muss die Organisation ihr momentanes Wissen berücksichtigen und bestimmen, durch welches notwendige Zusatzwissen die erforderliche Aktualisierung erlangt oder darauf zugegriffen werden kann.

- Anmerkung 1: Das Wissen der Organisation ist das Wissen, das organisationsspezifisch ist. Es wird im Allgemeinen durch Erfahrung erlangt. Es sind Informationen, die im Hinblick auf das Erreichen der Ziele der Organisation angewendet und ausgetauscht werden.

- Anmerkung 2: Das Wissen der Organisation kann auf Folgendem basieren:

- auf internen Quellen wie zum Beispiel: geistiges Eigentum, aus Erfahrung gesammeltes Wissen, Lektionen aus Fehlern und erfolgreichen Projekten, Erfassen und Austausch von nicht dokumentiertem Wissen und Erfahrung, Ergebnisse aus Verbesserungen von Prozessen, Produkten und Dienstleistungen,

- auf externen Quellen wie zum Beispiel: Normen, Hochschulen, Konferenzen, Wissenserwerb von Kunden oder externen Anbietern.

11.3.6.2 Kompetenz (Normabschnitt 7.2)

7.2	Kompetenz
7.3	Bewusstsein
7.4	Kommunikation
7.5	Dokumentierte Information
7.5.1	Allgemeines
7.5.2	Erstellen und Aktualisieren
7.5.3	Lenkung dokumentierter Information

> Begriff: Fähigkeiten, Wissen und Fertigkeiten anzuwenden, um beabsichtigte Ergebnisse zu erzielen. Kompetenz wird manchmal auch als Qualifikation bezeichnet. Die Organisation muss:

- für Personen, die unter ihrer Aufsicht Tätigkeiten verrichten, welche die Leistung und Wirksamkeit des QMS beeinflussen, die erforderliche Kompetenz bestimmen.

- sicherstellen, dass diese Personen auf der Grundlage angemessener Ausbildung, Schulung oder Erfahrung kompetent sind.

- wo zutreffend, Maßnahmen einleiten, um die benötigte Kompetenz zu erwerben und die Wirksamkeit der getroffenen Maßnahmen zu bewerten.

- angemessen dokumentierte Information als Nachweis der Kompetenz aufbewahren.

Anmerkung: Geeignete Maßnahmen können zum Beispiel sein: Schulung, Mentoring oder Versetzung von gegenwärtig angestellten Personen, Anstellung oder Beauftragung kompetenter Personen.

11.3.5.3 Bewusstsein (Normabschnitt 7.3)

> Die Organisation muss sicherstellen, dass die Personen, die unter Aufsicht der Organisation Tätigkeiten verrichten, sich Folgendem bewusst sind:

- der Qualitätspolitik,
- der relevanten Qualitätsziele,
- ihres Beitrags zur Wirksamkeit des QMS, einschließlich der Vorteile einer verbesserten Leistung,
- der Folgen einer Nichterfüllung des Qualitätsmanagementsystems (QMS).

11.3.6.4 Kommunikation (Normabschnitt 7.4)

Die Organisation muss die interne und externe Kommunikation, die in Bezug auf das QMS relevant ist, bestimmen, einschließlich:

- worüber sie kommunizieren wird,
- wann kommuniziert wird,
- mit wem kommuniziert wird,
- wie kommuniziert wird,
- wer kommuniziert.

Bild 1: Interne Kommunikation

Die zur Verfügung gestellten Einrichtungen einer modernen Kommunikationstechnik, gelten als Voraussetzung für die Durchführung der internen Kommunikation. Inhaltlich müssen Mitteilungen über die Wirksamkeit des QMS dokumentiert werden. Die interne Kommunikation kann zur Überwindung interner Schnittstellen (**Bild 1**) genutzt werden für:

- die Sicherstellung, dass die Qualitätspolitik in allen Ebenen der Organisation verstanden wird,
- Problemlösungen, die nach festgelegten Abläufen durchgeführt werden,
- die Behandlung fehlerhafter Produkte und die Benachrichtigung der betroffenen Stellen (Beispiel 1),
- die wirksame Behandlung von Kundenbeschwerden und Berichte über Produktfehler,
- die Rückmeldung eingeleiteter Maßnahmen zur Verbesserung eines Prozesses.

Beispiel 1: Interne Kommunikation am Beispiel des Prozesses der Lenkung fehlerhafter Produkte

Fehler bei Fertigung und Prüfung:
Werden bei Fertigung oder Prüfung Fehler an Produkten festgestellt, so werden:
- die Produkte auf den Begleitpapieren als gesperrt gekennzeichnet und der Fehler dokumentiert,
- der zugehörige Fertigungsauftrag nicht freigegeben,
- eine Entscheidung über Verwendung der Produkte oder Beseitigung der Fehler herbeigeführt,
- nach Vorliegen der Entscheidung die Produkte zur normalen Fertigungsfolge freigegeben oder
- nachgearbeitet bzw. als Ausschuss gekennzeichnet und verschrottet,
- Kaufteile zum Hersteller zurückgesendet,
- Lose, in denen fehlerhafte Produkte auftreten bis zur Fehlerbeseitigung nicht getrennt.

Behebung von Fehlern:
Fehler an Produkten, die nicht belassen werden können, werden durch Nacharbeit oder Reparatur so behoben, dass die Produkte danach den ursprünglichen Fertigungsunterlagen entsprechen (erforderlichenfalls nach zusätzlichen Fertigungsunterlagen).
Vor Aufnahme einer weiteren Bearbeitung im Anschluss an eine Nacharbeit werden die festgelegten Prüfungen wiederholt. Damit sind die Produkte zur weiteren Bearbeitung freigegeben.

Einholung erforderlicher Genehmigungen:
Entscheidungen über Fehler an Produkten, d. h. ob die Fehler belassen werden können, behoben werden müssen oder die Produkte unbrauchbar sind, trifft die Technik in schwierigen Fällen nach Einschaltung der zuständigen Fachbereiche. Die Genehmigung durch Kunden werden durch den Vertrieb dokumentiert.

Alle Mitarbeiter des Lagerwesens sind beim Auftreten fehlerhafter Produkte verantwortlich für:
- deren Aussortierung und Kennzeichnung mit dem Aufkleber „GESPERRT",
- deren Einlagerung im Sperrlager,
- die Dokumentation der Abweichungen und die Rückmeldung an die Materialwirtschaft,
- die Rücksendung oder fachgerechte Entsorgung auf Anweisung der Materialwirtschaft.

Alle Mitarbeiter der Produktion sind zuständig für:
- die sofortige Unterbrechung der Produktion beim Auftreten fehlerhafter Produkte und die Verständigung des Vorgesetzten,
- die Entscheidung, ob ein fehlerhaftes Produkt nachgearbeitet werden kann, in Absprache mit der Technik,
- die Nachbearbeitung fehlerhafter Produkte und deren erneute Prüfung,
- die Ausgliederung fehlerhafter Produkte, welche nicht nachgearbeitet werden können, aus dem Produktionsprozess und die Weitergabe an das Lagerwesen,
- die Dokumentation von im Produktionsprozess entstandenen fehlerhaften Produkten auf den Produktionspapieren.

Alle Mitarbeiter der Technik sind beteiligt an:
- der Entscheidung, ob Nacharbeit möglich oder ein Austausch erforderlich ist,
- der Klärung von Sonderfreigaben, gemeinsam mit dem Vertrieb.

Alle Mitarbeiter der Materialwirtschaft sind zuständig für:
- die Klärung von Rücksendungen in Absprache mit dem Liefertermin,
- die statistische Erfassung aller fehlerhaften Produkte aufgrund der Produktions- und Lieferpapiere.

Alle Mitarbeiter des Vertriebs sind zuständig für:
- die Klärung von Sonderfreigaben in Absprache mit dem Kunden und die Dokumentation der zusätzlichen Vereinbarungen.

11.3.6.5 Dokumentierte Information
(Normabschnitt 7.5)

Allgemeines (Normabschnitt 7.5.1)

> Die dokumentierte Information kann in jeglichem Format oder Medium vorliegen, sowie aus jeglicher Quelle stammen. Sie kann sich auf das Managementsystem, auf Informationen für den Betrieb und auf den Nachweis von erreichten Ergebnissen beziehen.
>
> Das QMS der Organisation muss beinhalten:
> - die von der Internationalen Norm geforderte dokumentierte Information,
> - dokumentierte Information, welche die Organisation als notwendig für die Wirksamkeit des QMS bestimmt hat,
> - Anmerkung: Der Umfang dokumentierter Information für ein QMS kann sich von Organisation zu Organisation unterscheiden, und zwar aufgrund:
>   - der Größe und der Art ihrer Tätigkeit, Prozesse, Produkte und Dienstleistungen,
>   - der Komplexität ihrer Prozesse und deren Wechselwirkungen,
>   - der Kompetenz der Personen.

Erstellen und Aktualisieren
(Normabschnitt 7.5.2)

> Beim Erstellen und Aktualisieren dokumentierter Information muss die Organisation:
> - angemessene Kennzeichnung und Beschreibung anwenden, zum Beispiel mit Titel, Datum, Autor oder Referenznummer.
> - angemessenes Format einsetzen, zum Beispiel die Sprache, Softwareversion, Graphiken und Medien.
> - angemessene Überprüfung und Genehmigung im Hinblick auf Eignung und Angemessenheit sicherstellen.

Am Beispiel einer Werkstattzeichnung kann man die Notwendigkeit, Dokumente zu lenken, deutlich machen. Von der Erstellung, Kennzeichnung, Prüfung, Freigabe, Verteilung und Änderung bis zur Archivierung muss entsprechend der Prozessbeschreibung das Dokument von den zuständigen Stellen gelenkt werden.

Ziel ist es, die geprüfte, mit dem aktuellen Änderungsstand gekennzeichnete Zeichnung zum richtigen Zeitpunkt am richtigen Ort zur Verfügung zu stellen und nach dem Gebrauch zu archivieren. Eine versehentliche Nutzung einer überholten Zeichnung muss ausgeschlossen werden können. Dasselbe gilt für CNC-Programme, Verfahrens- oder Prüfanweisungen und alle weiteren in einem Betrieb befindlichen Dokumente.

Lenkung dokumentierter Information
(Normabschnitt 7.5.3)

> Die für das QMS erforderliche und von der Internationalen Norm geforderte dokumentierte Information muss gelenkt werden, um sicherzustellen, dass sie:
> - verfügbar und für die Verwendung an dem Ort und zu der Zeit geeignet ist, an dem bzw. zu der sie benötigt wird.
> - angemessen geschützt wird (z. B. vor Verlust der Vertraulichkeit, unsachgemäßem Gebrauch oder Verlust der Integrität).
> - Zur Lenkung dokumentierter Information muss die Organisation, falls zutreffend, folgende Tätigkeiten berücksichtigen:
>   - Verteilung, Zugriff, Auffindung und Verwendung,
>   - Ablage/Speicherung und Erhaltung, einschließlich Erhaltung der Lesbarkeit,
>   - Überwachung von Änderungen (z. B. Versionskontrolle),
>   - Aufbewahrung und Verfügung über den weiteren Verbleib.

> Dokumentierte Informationen externer Herkunft, die von der Organisation als notwendig für Planung und Betrieb des QMS bestimmt wurden, müssen angemessen gekennzeichnet und gelenkt werden.
>
> Dokumentierte Informationen, die als Nachweis der Konformität aufbewahrt werden, müssen vor unbeabsichtigten Änderungen geschützt werden.

11.3.7 Betrieb (Normabschnitt 8)

8 Betrieb

8.1 Betriebliche Planung und Steuerung

8.2 Anforderungen an Produkte und Dienstleistungen

8.2.1 Kommunikation mit dem Kunden

8.2.2 Bestimmen von Anforderungen für Produkte und Dienstleistungen

8.2.3 Überprüfung der Anforderungen für Produkte und Dienstleistungen

8.2.4 Änderungen von Anforderungen an Produkte und Dienstleistungen

> Die Organisation muss geplante Änderungen überwachen, sowie die Folgen unbeabsichtigter Änderungen beurteilen und, falls notwendig, Maßnahmen ergreifen, um nachteilige Auswirkungen zu vermindern. Die Organisation muss sicherstellen, dass ausgegliederte Prozesse gesteuert werden.

11.3.7.2 Anforderung an Produkte und Dienstleistungen (Normabschnitt 8.2)

Kommunikation mit dem Kunden (Normabschnitt 8.2.1)

Die Kommunikation mit dem Kunden muss Folgendes umfassen:
- Bereitstellung von Informationen über Produkte und Dienstleistungen,
- Umgang mit Anfragen, Verträgen oder Aufträgen, einschließlich Änderungen,
- Erhalt von Rückmeldungen durch Kunden zu Produkten und Dienstleistungen, einschließlich Kundenreklamationen,
- Handhabung oder Steuerung von Kundeneigentum,
- Erstellung spezifischer Anforderungen für Notfallmaßnahmen, sofern zutreffend.

11.3.7.1 Betriebliche Planung und Steuerung (Normabschnitt 8.1)

Die Organisation muss die Prozesse zur Erfüllung der Anforderungen an die Bereitstellung von Produkten und Dienstleistungen und diese zur Ausführung der Planung verwirklichen und steuern, indem sie:
- die Anforderungen an die Produkte und Dienstleistungen bestimmt.
- die Kriterien für die Prozesse festlegt.
- die Kriterien für die Annahme von Produkten und Dienstleistungen festlegt.
- die Ressourcen bestimmt, die benötigt werden, um die Konformität mit den Produkt- und Dienstleistungsanforderungen zu erreichen.
- die Steuerung der Prozesse in Übereinstimmung mit den Kriterien durchführt.
- in erforderlichem Umfang dokumentierte Information bestimmt, aufrechterhält und aufbewahrt.
- darauf vertraut, dass die Prozesse wie geplant durchgeführt wurden.
- die Konformität von Produkten und Dienstleistungen mit ihren Anforderungen nachweist.

Die Aufgabe, den Kunden zu informieren, übernimmt das Marketing oder der Marketingbeauftragte. Informationen zu den Produkten bzw. Dienstleistungen werden dem Kunden in verschiedensten Weisen vermittelt.

Je nach zu erreichender Zielgruppe wird die Form gewählt, dieses Ziel bestmöglich zu erreichen.

Möglichkeiten der Produktinformationen:
- auf Messen – Produkte ausstellen,
- auf Verkaufsveranstaltungen,
- bei Vertreterbesuchen,
- mit Mustersendungen,
- Werbung in den Medien,
- Werbung im Internet,
- Direkt-Werbung,
- Kataloge.

Bestimmen von Anforderungen
(Normabschnitt 8.2.2)

Bei der Bestimmung von Anforderungen an die Produkte und Dienstleistungen, die Kunden angeboten werden sollen, muss die Organisation sicherstellen, dass:

- die Anforderungen an das Produkt und die Dienstleistung festgelegt sind, einschließlich:
  - jeglicher zutreffender gesetzlicher und behördlicher Anforderung,
  - derjenigen, die von der Organisation als notwendig erachtet werden.
- die Organisation die Zusagen im Hinblick auf die von ihr angebotenen Produkte und Dienstleistungen erfüllen kann.

Überprüfung der Anforderungen
(Normabschnitt 8.2.3)

Die Organisation muss sicherstellen, dass sie die Fähigkeiten besitzt, die Anforderungen an die Produkte und Dienstleistungen, die Kunden angeboten werden, zu erfüllen. Die Organisation muss, bevor sie eine Verpflichtung eingeht, ein Produkt an einen Kunden zu liefern oder eine Dienstleistung für einen Kunden zu erbringen, eine Überprüfung durchführen, die Folgendes einschließt:

- die vom Kunden festgelegten Anforderungen, einschließlich der Anforderungen hinsichtlich der Lieferung und der Tätigkeiten nach der Lieferung,
- die vom Kunden nicht angegebenen Anforderungen, die jedoch für den festgelegten oder den beabsichtigten Gebrauch, soweit bekannt, notwendig sind,
- von der Organisation festgelegte Anforderungen,
- gesetzliche und behördliche Anforderungen, die für die Produkte und Dienstleistungen zutreffen,
- Anforderungen im Vertrag oder Auftrag, die sich von den zuvor angegebenen Anforderungen unterscheiden.

Die Organisation muss sicherstellen, dass Anforderungen im Vertrag oder Auftrag, die sich von den zuvor festgelegten unterscheiden, geklärt werden.

Die Kundenanforderungen müssen vor der Annahme von der Organisation bestätigt werden, wenn der Kunde keine dokumentierte Angabe über seine Anforderungen macht.

Anmerkung: In einigen Fällen, z. B. im Internethandel, ist eine formelle Überprüfung für jede Bestellung nicht immer möglich.

Sofern zutreffend, muss die Organisation dokumentierte Informationen über die Ergebnisse der Überprüfung und über jegliche neue Anforderungen an die Produkte und Dienstleistungen aufbewahren.

Die Schwerpunkte der Ermittlung der Anforderungen unterscheiden sich je nachdem, ob die Entwicklung eines Produkts durchgeführt wird, ohne dass konkrete Kundenforderungen vorhanden sind bzw. Dienstleistungen auf Kundenwunsch realisiert werden. In jedem Fall sind vier Kategorien der Forderungen in Bezug auf das Produkt zu berücksichtigen:

a) Vom Kunden ausgesprochene Forderungen,

b) Vom Kunden unausgesprochene Forderungen,

c) Geltende gesetzliche und behördliche Forderungen,

d) Sonstige von der Organisation festgelegte Forderungen.

Änderungen von Anforderungen
(Normabschnitt 8.2.4)

Wenn Anforderungen an Produkte und Dienstleistungen Änderungen unterliegen, muss die Organisation sicherstellen, dass relevante dokumentierte Informationen angepasst und die zuständigen Personen auf die geänderten Anforderungen hingewiesen werden.

Wenn der Kunde keine dokumentierten Anforderungen vorlegt, müssen die Kundenforderungen vor der Annahme von der Organisation durch ein Angebot bestätigt werden (**Bild 1, folgende Seite**).

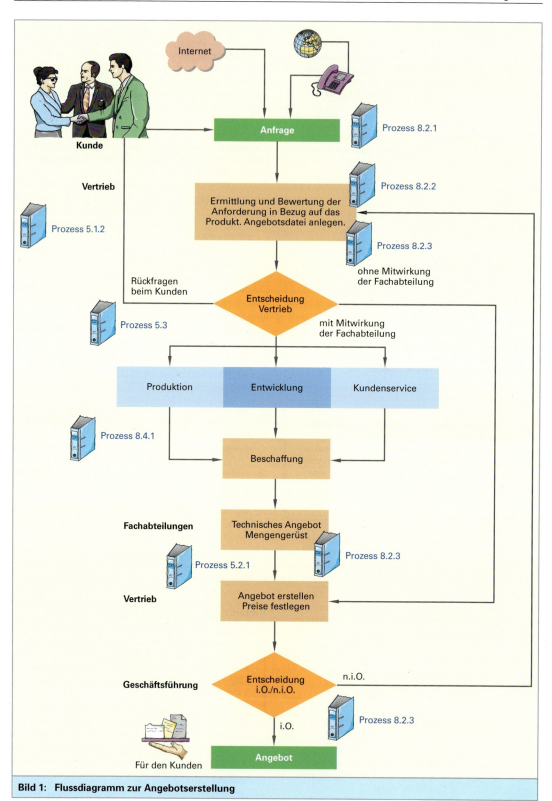

Bild 1: Flussdiagramm zur Angebotserstellung

11.3.7.3 Entwicklung von Produkten und Dienstleistungen (Normabschnitt 8.3)

8.3 Entwicklung von Produkten und Dienstleistungen

8.3.1 Allgemeines

8.3.2 Entwicklungsplanung

8.3.3 Entwicklungseingaben

8.3.4 Steuerungsmaßnahmen für die Entwicklung

8.3.5 Entwicklungsergebnisse

8.3.6 Entwicklungsänderungen

- die Notwendigkeit, Kunden und Anwender in den Entwicklungsprozess einzubinden,
- die Anforderungen an die anschließende Produktion und Dienstleistungserbringung,
- die Steuerungsebene, die von Kunden und relevanten interessierten Parteien für den Entwicklungsprozess erwartet wird,
- die benötigten dokumentierten Informationen, um zu bestätigen, dass die Anforderungen an die Entwicklung erfüllt wurden.

Allgemeines (Normabschnitt 8.3.1)

Die Organisation muss einen Entwicklungsprozess erarbeiten, umsetzen und aufrechterhalten, der dafür geeignet ist, die anschließende Produktion und Dienstleistungserbringung sicherzustellen.

Verifizierung
Die Norm definiert Verifizierung als „Bestätigung durch einen objektiven Nachweis, dass Anforderungen erfüllt werden". Bestätigung, dass ein Produkt ein unternehmenseigenes, internes Pflichtenheft erfüllt, führt zu einem verifizierten Produkt.

Validierung
Im Gegensatz dazu beschreibt die Norm Validierung als „die Bestätigung durch objektiven Nachweis, dass die Anforderungen für eine bestimmte Anwendung oder bestimmten Gebrauch erfüllt sind". Bestätigung, dass ein Produkt ein Lastenheft und damit die Anforderungen an den Gebrauch durch den Kunden erfüllt, führt zu einem validierten Produkt.

Entwicklungsplanung (Normabschnitt 8.3.2)

Bei der Bestimmung der Phasen und Steuerungsmaßnahmen für die Entwicklung muss die Organisation Folgendes berücksichtigen:

- die Art, die Dauer und den Umfang der Entwicklungstätigkeit,
- die erforderlichen Prozessphasen, einschließlich zutreffender Überprüfungen der Entwicklung,
- die erforderlichen Tätigkeiten zur Entwicklungsverifizierung und Entwicklungsvalidierung,
- die Verantwortlichkeiten und Befugnisse im Zusammenhang mit dem Entwicklungsprozess,
- den internen und externen Ressourcenbedarf für die Entwicklung von Produkten und Dienstleistungen,
- die Notwendigkeit, Schnittstellen zwischen Personen, die am Entwicklungsprozess beteiligt sind, zu steuern,

Anmerkung: Im Normalfall erfolgt in einem Unternehmen immer zuerst die Verifizierung und dann die Validierung. Im Sinne der Norm wird die Kundenanforderung ermittelt und in einem internen Lastenheft festgeschrieben. Die Verifizierung ist eine Überprüfung der Konformität zur formal im internen Lastenheft festgehaltenen Kundenanforderung.

Die Validierung ist hingegen eine Art Feldversuch, um zu prüfen, ob das Produkt in der Anwendung wirklich das leistet, was der Kunde haben will und somit unter anderem eine Verifizierung des Lastenhefts. Ein Produkt, das zwar verifiziert, aber nicht validiert wurde, birgt die Gefahr, dass der Anwender oder Kunde ein Produkt erhält, das zwar sehr gute Eigenschaften haben kann und dem internen Lastenheft gerecht wird, aber nicht den Anforderungen des Kunden in der Anwendung entspricht.

Entwicklungseingaben (Normabschnitt 8.3.3)

Die Organisation muss die Anforderungen bestimmen, die für die jeweiligen Produkte und Dienstleistungsarten, die entwickelt werden, von wesentlicher Bedeutung sind. Dabei muss die Organisation Folgendes beachten:

- Funktions- und Leistungsanforderungen,
- aus vorausgegangenen vergleichbaren Entwicklungstätigkeiten gewonnene Informationen,
- gesetzliche und behördliche Anforderungen,
- Normen, Standards oder Anleitungen für die Praxis, zu deren Umsetzung sich die Organisation verpflichtet hat,
- mögliche Konsequenzen aus Fehlern aufgrund der Art der Produkte und Dienstleistungen,
- dokumentierte Informationen über Entwicklungseingaben aufbewahren.

Bereits in der Planungsphase soll in die Entwicklung möglichst alles Wissen einer Organisation eingebracht werden, um die Risiken für die Funktions- und Produktionssicherheit klein zu halten.

Steuerungsmaßnahmen (Normabschnitt 8.3.4)

Die Organisation muss Steuerungsmaßnahmen für den Entwicklungsprozess anwenden, um sicherzustellen, dass:

- die zu erzielenden Ergebnisse definiert sind.
- Überprüfungen durchgeführt werden, um zu bewerten, ob die Ergebnisse der Entwicklung die Anforderungen erfüllen.
- Verifizierungstätigkeiten durchgeführt werden, um sicherzustellen, dass die Entwicklungsergebnisse die in den Entwicklungseingaben enthaltenen Anforderungen erfüllen.
- Validierungstätigkeiten durchgeführt werden, um sicherzustellen, dass die resultierenden Produkte und Dienstleistungen die Anforderungen erfüllen, die sich aus der vorgesehenen Anwendung oder dem beabsichtigten Gebrauch ergeben.
- jegliche notwendigen Maßnahmen zu Problemen eingeleitet werden, die während der Überprüfung oder Verifizierungs- und Validierungstätigkeiten, bestimmt wurden.
- dokumentierte Informationen über diese Tätigkeit aufbewahrt werden.

Beispiel 1: Verschiedene Arten von Entwicklungsaufträgen:

- neues Produkt (Hard-, Software, Dienstleistung) entwickeln bis zum Prototyp,
- neues Produkt vom Prototypen zur Serienreife,
- modifiziertes Produkt als Weiterentwicklung,
- modifiziertes Produkt zur Funktionserfüllung bei geänderten Rahmenbedingungen,
- Sonderprodukt auf Kundenwunsch.

Viele Produkte können zwar in den Grundstrukturen vorgeplant werden, jedoch kann man in manchen Fällen erst durch Versuche das endgültige Ergebnis erkennen und festhalten.

Dadurch ist der Vergleich zwischen Planung und Ergebnis jederzeit möglich. Das Entwicklungsergebnis muss in der endgültigen Form von den eingebundenen Stellen genehmigt werden.

Die Entwicklungsplanung ist wie eine Projektplanung zu sehen. Klare Eingaben für das Entwicklungsvorhaben sind erforderlich. Zum Beispiel: Verwendungszweck, Funktion, Randbedingungen, zu beachtende Gesetze, Normen, Vorschriften und Richtlinien, Umweltverträglichkeit und das Entsorgungskonzept. Die technischen, kaufmännischen und zeitlichen Grenzwerte müssen in der Entwicklungsplanung festgelegt sein.

In vielen Fällen sind Wettbewerbsprodukte bereits auf dem Markt. Die Entwicklungseingaben müssen sich schon bei der Festlegung von den realisierten Produktleistungen der Mitbewerber positiv unterscheiden.

Die Schwächen und Stärken der Wettbewerbsprodukte sollten bekannt sein. Die geplante Stärke des eigenen, neuen Produkts sind die Hauptverkaufsargumente fürs Marketing.

Entwicklungsergebnisse (Normabschnitt 8.3.5)

Die Organisation muss sicherstellen, dass die Entwicklungsergebnisse:

- die in den Entwicklungseingaben enthaltenen Anforderungen erfüllen.
- für die sich anschließenden Prozesse zur Bereitstellung von Produkten und Dienstleistungen geeignet sind.
- Anforderungen an die Überwachung und Messung, soweit zutreffend, sowie Annahmekriterien enthalten oder auf sie verweisen.
- die Eigenschaften von Produkten und Dienstleistungen festlegen, die für deren vorgesehenen Zweck und deren sichere und ordnungsgemäße Bereitstellung von wesentlicher Bedeutung sind.
- Die Organisation muss dokumentierte Informationen zu Entwicklungsergebnissen aufbewahren.

Entwicklungsänderungen (Normabschnitt 8.3.6)

**Die Organisation muss Änderungen, die während oder nach der Entwicklung von Produkten und Dienstleistungen vorgenommen werden, in dem Umfang ermitteln, überprüfen und steuern, der sicherstellt, dass daraus keine nachteilige Auswirkung auf die Konformität mit den Anforderungen entsteht.
Die Organisation muss dokumentierte Informationen aufbewahren zu:**

- den Entwicklungsänderungen,
- den Ergebnissen von Überprüfungen,
- der Autorisierung der Änderungen,
- den eingeleiteten Maßnahmen zur Vorbeugung nachteiliger Auswirkungen.

11.3.7.4 Externe Prozesse, Produkte und Dienstleistungen (Normabschnitt 8.4)

8.4 Steuerung von extern bereitgestellten Prozessen, Produkten und Dienstleistungen

8.4.1 Allgemeines

8.4.2 Art und Umfang der Steuerung

8.4.3 Informationen für externe Anbieter

Allgemeines (Normabschnitt 8.4.1)

Die Organisation muss sicherstellen, dass extern bereitgestellte Prozesse, Produkte und Dienstleistungen den Anforderungen entsprechen. Die Organisation muss Steuerungsmaßnahmen bestimmen, die für extern bereitgestellte Prozesse, Produkte und Dienstleistungen durchzuführen sind, wenn (Bild 1, folgende Seite):

- Produkte und Dienstleistungen von externen Anbietern für die Integration in die eigenen Produkte und Dienstleistungen vorgesehen sind.
- Produkte und Dienstleistungen den Kunden direkt durch externe Anbieter im Auftrag der Organisation bereitgestellt werden.
- ein Prozess oder ein Teilprozess infolge einer Entscheidung durch die Organisation von einem externen Anbieter bereitgestellt wird.

Die Organisation muss Kriterien für die Beurteilung, Auswahl, Leistungsüberwachung und Neubeurteilung externer Anbieter bestimmen und anwenden, die auf deren Fähigkeiten beruhen, Prozesse oder Produkte und Dienstleistungen in Übereinstimmung mit den Anforderungen bereitzustellen.

Die Organisation muss dokumentierte Information zu diesen Tätigkeiten und über jegliche notwendige Maßnahme aus den Bewertungen aufbewahren.

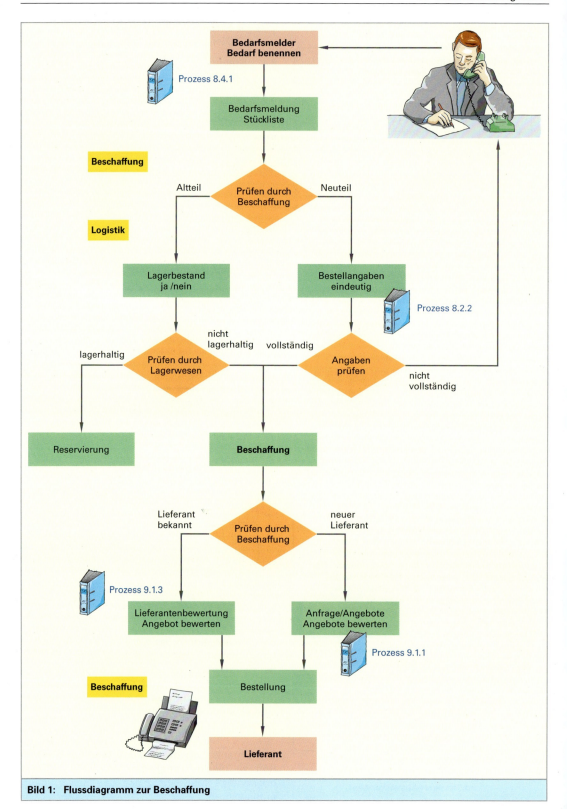

Bild 1: Flussdiagramm zur Beschaffung

Art und Umfang der Steuerung
(Normabschnitt 8.4.2)

Die Organisation muss sicherstellen, dass extern bereitgestellte Prozesse, Produkte und Dienstleistungen die Fähigkeit der Organisation, ihren Kunden beständig konforme Produkte und Dienstleistungen zu liefern, nicht nachteilig beeinflussen. Die Organisation muss:

- sicherstellen, dass extern bereitgestellte Prozesse unter der Steuerung ihres QMS verbleiben.

- sowohl die Maßnahmen zur Steuerung festlegen, die sie beabsichtigt für einen externen Anbieter anzuwenden, als auch die Maßnahmen zur Steuerung, die sie beabsichtigt für die Ergebnisse anzuwenden.

- die potentiellen Auswirkungen der extern bereitgestellten Prozesse, Produkte und Dienstleistungen auf die Fähigkeit der Organisation, beständig die Kundenanforderungen sowie zutreffende gesetzliche und behördliche Anforderungen zu erfüllen berücksichtigen.

- die Wirksamkeit der durch den externen Anbieter angewendeten Maßnahmen zur Steuerung berücksichtigen.

- die Verifizierung bzw. andere Tätigkeiten bestimmen, die notwendig sind, um sicherzustellen, dass die extern bereitgestellten Prozesse, Produkte und Dienstleistungen die Anforderung erfüllen.

Informationen für externe Anbieter
(Normabschnitt 8.4.3)

Die Organisation muss die Angemessenheit der Anforderungen vor deren Bekanntgabe gegenüber externen Anbietern sicherstellen. Die Organisation muss den externen Anbietern ihre Anforderungen in Bezug auf Folgendes mitteilen:

- die bereitzustellenden Prozesse, Produkte und Dienstleistungen,

- die Genehmigung von Produkten und Dienstleistungen, Methoden, Prozessen und Ausrüstungen, Freigabe von Produkten und Dienstleistungen,

- die Kompetenz, einschließlich jeglicher erforderlichen Qualifikation von Personen,

- das Zusammenwirken des jeweiligen externen Anbieters der Organisation,

- die Steuerung und Überwachung der Leistung des jeweiligen Anbieters, der von der Organisation eingesetzt wird,

- die Verifizierungs- oder Validierungstätigkeiten, die die Organisation oder deren Kunde beabsichtigt, beim jeweiligen externen Anbieter durchzuführen.

Die grundlegenden Anforderungen an die Produkte werden bereits mit den Beschaffungsangaben festgelegt **(Bild 1)**.

Die Prüfung zur Verifizierung muss in angemessener Form durchgeführt werden und wird vom Ergebnis der zurückliegenden Prüfungen beeinflusst.

Das Ergebnis geht in die Lieferantenbewertung ein. Eine enge datentechnische Verbindung zwischen dem Wareneingang und dem Einkauf macht die Erfüllung dieser Aufgabenstellung effizienter.

Bild 1: Lieferantenkette

11.3.7.5 Produktion und Dienstleistungserbringung (Normabschnitt 8.5)

8.5 Produktion und Dienstleistungserbringung

8.5.1 Steuerung der Produktion und der Dienstleistungserbringung

8.5.2 Kennzeichnung und Rückverfolgbarkeit

8.5.3 Eigentum der Kunden oder der externen Anbieter

8.5.4 Erhaltung

8.5.5 Tätigkeiten nach der Lieferung

8.5.6 Überwachung von Änderungen

8.6 Freigabe von Produkten und Dienstleistungen

8.7 Steuerung nichtkonformer Ergebnisse

Steuerung (Normabschnitt 8.5.1)

Die Organisation muss die Produktion und die Dienstleistungserbringung unter beherrschten Bedingungen durchführen. Falls zutreffend, müssen beherrschte Bedingungen Folgendes enthalten:

- die Verfügbarkeit von dokumentierten Informationen, die Merkmale der zu produzierende Produkte, der zu erbringenden Dienstleistung oder der durchzuführenden Tätigkeiten, die zu erzielenden Ergebnisse festlegen,

- die Verfügbarkeit und Anwendung von geeigneten Ressourcen zur Überwachung und Messung,

- die Benennung von kompetenten Personen, einschließlich jeglicher erforderlicher Qualifikation,

- die Durchführung von Überwachungs- und Messtätigkeiten in geeigneten Phasen, um zu verifizieren, dass die Kriterien zur Steuerung von Prozessen oder Ergebnissen, sowie die Annahmekriterien für Produkte und Dienstleistungen erfüllt wurden,

- die Durchführung von Freigaben, Liefertätigkeiten und Tätigkeiten nach der Lieferung.

- die Nutzung einer geeigneten Infrastruktur und Umgebung für die Durchführung von Prozessen,

- die Validierung und regelmäßig wiederholte Validierung der Fähigkeit, geplante Ergebnisse der Prozesse der Produktion oder Dienstleistungserbringung zu erreichen, wenn das resultierende Ergebnis nicht durch anschließende Überwachung oder Messung verifiziert werden kann,

- die Durchführung von Maßnahmen zur Verhinderung menschlicher Fehler,

Kennzeichnung und Rückverfolgbarkeit (Normabschnitt 8.5.2)

Die Organisation muss geeignete Mittel anwenden, mit denen Ergebnisse von Prozessen gekennzeichnet werden, wenn sie für die Sicherstellung der Konformität von Produkten und Dienstleistungen notwendig sind.

Die Organisation muss während der gesamten Produktion und Dienstleistungserbringung den Status der Ergebnisse in Bezug auf die Überwachungs- und Messanforderungen kennzeichnen.

Die Organisation muss eine eindeutige Kennzeichnung der Ergebnisse steuern, wenn Rückverfolgbarkeit gefordert ist, und sie muss die dokumentierten Informationen aufbewahren, die notwendig sind, um die Rückverfolgbarkeit zu ermöglichen (Bild 1).

Elektronik GmbH			Laufkarte/Fertigungsplan							
Ausstellungsdatum 27.11.XX	Anfangstermin 260		Endtermin 310	Auftragsmenge 250		Los-Nr. 0	Ident-Nr.		Lfd.Auftrags-Nr./Produkt-Nr.: LP-KRP01-05402-003	
Benennung Adaptereinschubkabel für Prüfplatz						Änderungsdatum		Blatt-Nr. 1/1	Erstelldatum 03.10.XX	F-Planer KiA
AG Nr.	Kostenstelle	APL Nr.	Arbeitsgang	tr (min)	te (min)	Code	Auftragszeit (min)	Stückzahl gut/Nacharbeit	MA-Fertig.	MA-QS	Bemerkung, Dokument, Änderungsstand
10	L100		Auftrag kommissionieren	2,0	25,0		25,0				
20	P210		Kabel konfektionieren, auf Länge zuschneiden abisolieren, verzinnen	2,0	0,9		225,0				Zeichnung KRP01-05402-000

Bild 1: Laufkarte/Fertigungsplan

Eigentum (Normabschnitt 8.5.3)

> Die Organisation muss sorgfältig mit dem Eigentum der Kunden oder der externen Anbieter umgehen, solange es sich unter Aufsicht der Organisation befindet oder von ihr verwendet wird. Die Organisation muss das ihr zur Verwendung oder zur Einbeziehung in die Produkte oder Dienstleistungen überlassene Eigentum des Kunden oder des externen Anbieters kennzeichnen, verifizieren, schützen und sichern.
>
> Bei Verlust, Beschädigung oder anderweitig für unbrauchbar befundenen Eigentum eines Kunden oder eines externen Anbieters muss die Organisation dem externen Anbieter mitteilen und dokumentierte Information dafür aufbewahren, was sich ereignet hat.
>
> Anmerkung: Das Eigentum eines Kunden oder externen Anbieters kann Materialien, Bauteile, Werkzeuge und Ausrüstungen, Betriebsstätten, geistiges Eigentum und personenbezogene Daten einschließen.

Erhaltung (Normabschnitt 8.5.4)

> Die Organisation muss Ergebnisse während der Produktion und der Dienstleistungserbringung in dem Umfang erhalten, der notwendig ist, um die Konformität mit den Anforderungen sicherzustellen.
>
> Anmerkung: Die Erhaltung kann die Kennzeichnung, Handhabung, Schutz vor Verunreinigung, Verpackung, Lagerung, die Übertragung oder den Transport und den Schutz einschließen.

Tätigkeit nach der Lieferung (Normabschnitt 8.5.5)

> Die Organisation muss die Anforderungen an Tätigkeiten im Zusammenhang mit Produkten oder Dienstleistungen erfüllen, die nach der Auslieferung bzw. Erbringung erfolgen. Bei der Ermittlung des Umfangs der erforderlichen Tätigkeiten nach der Lieferung muss die Organisation Folgendes berücksichtigen:
> - gesetzliche und behördliche Anforderungen,
> - die möglichen unerwünschten Folgen in Verbindung mit ihren Produkten und Dienstleistungen,
> - die Art, Nutzung und beabsichtigte Lebensdauer ihrer Produkte und Dienstleistungen,
> - Kundenanforderungen,
> - Rückmeldungen von Kunden.
>
> Anmerkung: Tätigkeiten nach der Lieferung können Tätigkeiten aufgrund von Gewährleistungsbestimmungen, vertragliche Pflichten, wie Instandhaltung, ergänzende Dienstleistungen, wie Wiederverwertung oder Entsorgung, einschließen.

Überwachung von Änderungen (Normabschnitt 8.5.6)

> Die Organisation muss Änderungen der Produktion oder der Dienstleistungserbringung in einem Umfang prüfen und steuern, der notwendig ist, um die Konformität mit den Anforderungen aufrechtzuerhalten.
>
> Die Organisation muss dokumentierte Informationen aufbewahren, in denen die Ergebnisse der Überprüfung von Änderungen, die Personen, die die Änderungen autorisiert haben, sowie jegliche notwendige Tätigkeit, die sich aus der Überprüfung ergeben, beschrieben werden.

11.3.7.6 Freigabe von Produkten und Dienstleistungen (Normabschnitt 8.6)

> Die Organisation muss in geeigneten Phasen geplante Vorkehrungen umsetzen, um zu verifizieren, dass die Anforderungen an Produkte und Dienstleistungen erfüllt worden sind.
>
> Die Freigabe von Produkten und Dienstleistungen zum Kunden darf erst nach zufriedenstellender Umsetzung der geplanten Vorkehrungen erfolgen, sofern nicht anderweitig von einer zuständigen Stelle und, falls zutreffend, durch den Kunden genehmigt wurde.
>
> Die Organisation muss dokumentierte Informationen über die Freigabe von Produkten und Dienstleistungen aufbewahren. Die dokumentierten Informationen müssen enthalten:
> - den Nachweis der Konformität mit den Abnahmekriterien,
> - die Rückverfolgbarkeit zu Personen, welche die Freigabe autorisiert haben.

11.3.7.7 Steuerung nichtkonformer Ergebnisse (Normabschnitt 8.7)

> Die Organisation muss sicherstellen, dass Ergebnisse, die die Anforderungen nicht erfüllen, gekennzeichnet und gesteuert werden, um deren unabsichtlichen Gebrauch oder deren Auslieferung bzw. deren Erbringung zu verhindern.
>
> Die Organisation muss geeignete Maßnahmen, basierend auf der Art der Nichtkonformität und deren Auswirkung auf die Konformität von Produkten und Dienstleistungen, umsetzen. Dies gilt auch für nichtkonforme Produkte und Dienstleistungen, die erst nach der Lieferung der Produkte oder Dienstleistungserbringung erkannt wurden.
>
> Die Organisation muss mit nichtkonformen Ergebnissen auf eine oder mehrere der folgenden Weisen umgehen:

- Korrektur,
- Aussonderung, Sperrung, Rückgabe oder Aussetzung der Bereitstellung von Produkten und Dienstleistungen,
- Benachrichtigung des Kunden,
- Einholen der Autorisierung zur Annahme mit Sonderfreigabe,
- die Konformität mit den Anforderungen muss verifiziert werden, nachdem nichtkonforme Ergebnisse korrigiert wurden.

> **Die Organisation muss dokumentierte Informationen aufbewahren, die**

- die Nichtkonformität beschreiben.
- die eingeleiteten Maßnahmen beschreiben.
- jegliche erhaltenen Sonderfreigaben beschreiben.
- die zuständigen Stellen ausweist, welche die Entscheidung über die Maßnahmen im Hinblick auf die Nichtkonformität trifft.
- den Nachweis der Konformität mit den Abnahmekriterien,
- die Rückverfolgbarkeit zu Personen, welche die Freigabe autorisiert haben.

11.3.8 Bewertung der Leistung (Normabschnitt 9)

9 Bewertung der Leistung

9.1 Überwachung, Messung, Analyse und Bewertung

9.1.1 Allgemeines

9.1.2 Kundenzufriedenheit

9.1.3 Analyse und Bewertung

11.3.8.1 Überwachung, Messung, Analyse und Bewertung (Normabschnitt 9.1)

Allgemeines (Normabschnitt 9.1.1)

> **Die Organisation muss bestimmen:**

- was überwacht und gemessen werden muss.
- welche Methoden zur Überwachung, Messung, Analyse und Bewertung benötigt werden, um gültige Ergebnisse sicherzustellen.
- wann die Überwachung und Messung durchzuführen ist.
- wann die Ergebnisse der Überwachung und Messung zu analysieren und zu bewerten sind.
- Die Organisation muss die Leistungen und die Wirksamkeit des QMS bewerten.
- Die Organisation muss geeignete dokumentierte Informationen als Nachweis der Ergebnisse aufbewahren.

Kundenzufriedenheit (Normabschnitt 9.1.2)

> Die Organisation muss die Wahrnehmung des Kunden über den Erfüllungsgrad seiner Erfordernisse und Erwartungen überwachen. Die Organisation muss Methoden zum Einholen, Überwachen und Überprüfen dieser Informationen bestimmen.
>
> Anmerkung: Beispiele für die Überwachung von Wahrnehmungen des Kunden können Kundenbefragungen, Rückmeldungen durch den Kunden zu gelieferten Produkten und erbrachten Dienstleistungen, Treffen mit Kunden, Analysen der Marktanteile, Anerkennungen, Gewährleistungsansprüche und Berichte von Händlern sein.

11.3 DIN EN ISO 9000:2015 ff

Analyse und Bewertung (Normabschnitt 9.1.3)

Die Organisation muss die entsprechenden Daten und Informationen, die sich aus der Überwachung und Messung ergeben, analysieren und bewerten. Die Ergebnisse der Analyse müssen verwendet werden, um Folgendes zu bewerten:

- die Konformität der Produkte und Dienstleistungen,
- den Grad der Kundenzufriedenheit,
- die Leistung und die Wirksamkeit des Qualitätsmanagementsystems (QMS),
- ob die Planung wirksam umgesetzt wurde,
- die Wirksamkeit durchgeführter Maßnahmen zum Umgang mit Risiken und Chancen,
- die Leistung externer Anbieter,
- der Bedarf an Verbesserungen des QMS,
- Anmerkung: Methoden zur Datenanalyse können statistische Verfahren umfassen.

Die Organisation muss:

- ein oder mehrere Auditprogramme planen, aufbauen, verwirklichen und aufrechterhalten, einschließlich der Häufigkeit von Audits, Methoden, Verantwortlichkeiten, Anforderungen an die Planung, sowie Berichterstattung, welche die Bedeutung der betroffenen Prozesse, Änderungen mit Einfluss auf die Organisation und die Ergebnisse vorheriger Audits berücksichtigen müssen.
- für jedes Audit die Auditkriterien sowie den Umfang festlegen.
- Auditoren so auswählen und Audits so durchführen, dass Objektivität und Unparteilichkeit des Auditprozesses sichergestellt wird.
- sicherstellen, dass die Ergebnisse der Audits gegenüber der zuständigen Leitung berichtet werden.
- geeignete Korrekturen und Korrekturmaßnahmen ohne ungerechtfertigte Verzögerung umsetzen.
- dokumentierte Informationen als Nachweis der Verwirklichung des Auditprogramms und der Ergebnisse der Audits aufbewahren.

11.3.8.2 Internes Audit (Normabschnitt 9.2)

9.2 Internes Audit

9.3 Managementbewertung

9.3.1 Allgemeines

9.3.2 Eingaben für die Managementbewertung

9.3.3 Ergebnisse der Managementbewertung

Die Organisation muss in geplanten Abständen interne Audits durchführen, um Informationen darüber zu erhalten, ob das QMS die Anforderungen erfüllt,

- die die Organisation an ihr Qualitätsmanagementsystem stellt,
- die die Internationale Norm stellt,
- die das QMS wirksam verwirklicht und aufrechterhalten wird.

Interne Qualitätsaudits dienen zur Überprüfung der Wirksamkeit des QM-Systems und stellen fest, ob das QM-System wirksam eingeführt wurde (**Bild 1**).

Bild 1: Vermeidung von Fehlerhäufungen durch Systemaudits

11.3.8.3 Managementbewertung (Normabschnitt 9.3)

Allgemeines (Normabschnitt 9.3.1)

> Die oberste Leitung muss das QMS der Organisation in geplanten Abständen bewerten, um dessen fortlaufende Eignung, Angemessenheit und Wirksamkeit, sowie dessen Angleichung an die strategische Ausrichtung der Organisation sicherzustellen.

Eingaben (Normabschnitt 9.3.2)

> Die Managementbewertung muss geplant und durchgeführt werden, unter Erwägung folgender Aspekte:
> - Status von Maßnahmen vorheriger Managementbewertungen,
> - Veränderungen bei externen und internen Themen, die das QMS betreffen,
> - Informationen über die Leistung und Wirksamkeit des QMS, einschließlich Entwicklung bei:
>   - der Kundenzufriedenheit und Rückmeldungen von relevanten interessierten Parteien,
>   - dem Umfang, in dem Qualitätsziele erfüllt wurden,
>   - Prozessleistung und Konformität von Produkten und Dienstleistungen,
>   - Nichtkonformitäten und Korrekturmaßnahmen,
>   - Ergebnisse von Überwachungen und Messungen,
>   - Auditergebnisse,
>   - der Leistung von externen Anbietern.
> - der Angemessenheit von Ressourcen,
> - der Wirksamkeit von durchgeführten Maßnahmen zum Umgang mit Risiken und Chancen,
> - Möglichkeiten zur Verbesserung.

Ergebnis (Normabschnitt 9.3.3)

> Die Ergebnisse der Managementbewertung müssen Entscheidungen und Maßnahmen enthalten zu:
> - Möglichkeiten der Verbesserung,
> - jeglichem Änderungsbedarf am QMS,
> - Bedarf an Ressourcen.
>
> Die Organisation muss dokumentierte Informationen als Nachweis der Ergebnisse der Managementbewertung aufbewahren.

11.3.9 Verbesserung (Normabschnitt 10)

10 Verbesserung

10.1 Allgemeines

10.2 Nichtkonformität und Korrekturmaßnahmen

10.3 Fortlaufende Verbesserung

11.3.9.1 Allgemeines (Normabschnitt 10.1)

> Die Organisation muss Chancen zur Verbesserung bestimmen und auswählen und jegliche notwendigen Maßnahmen einleiten, um die Anforderungen der Kunden zu erfüllen und die Kundenzufriedenheit zu erhöhen. Diese müssen Folgendes umfassen:
> - die Verbesserung von Produkten und Dienstleistungen, um Anforderungen zu erfüllen und um zukünftige Erfordernisse und Erwartungen zu berücksichtigen,
> - Korrigieren, Verhindern oder Verringern von unerwünschten Auswirkungen,
> - die Verbesserung der Leistung und Wirksamkeit des QMS.

Anmerkung: Beispiele für die Verbesserung können Korrektur, Korrekturmaßnahmen, fortlaufende Verbesserungen, bahnbrechende Veränderungen, Innovationen und Umorganisation sein.

11.3.9.2 Nichtkonformitäten und Korrekturmaßnahmen
(Normabschnitt 10.2)

Wenn Nichtkonformitäten auftreten, einschließlich derer, die sich aus Reklamationen ergeben, muss die Organisation:

- darauf reagieren und, falls erforderlich,
  - Maßnahmen zur Überwachung und zur Korrektur ergreifen.
  - mit den Folgen umgehen.
- die Notwendigkeit von Maßnahmen zur Beseitigung der Ursachen von Nichtkonformitäten bewerten, damit diese nicht erneut oder an anderer Stelle auftreten, und zwar durch:
  - Überprüfen und Analysieren der Nichtkonformität.
  - Bestimmen der Ursachen der Nichtkonformität.
  - Bestimmen, ob vergleichbare Nichtkonformitäten bestehen, oder möglicherweise auftreten könnten.
- erforderliche Maßnahmen einleiten.
- die Wirksamkeit ergriffener Korrekturmaßnahmen überprüfen.
- Risiken und Chancen, die während der Planung bestimmt wurden, aktualisieren.
- falls erforderlich, das Qualitätsmanagementsystem ändern.
- Korrekturmaßnahmen müssen den Auswirkungen der aufgetretenen Nichtkonformitäten angemessen sein.

Die Organisation muss dokumentierte Information aufbewahren, als Nachweis

- der Art der Nichtkonformität, sowie jeder daraufhin getroffenen Maßnahmen.
- der Ergebnisse jeder Korrekturmaßnahme.

11.3.9.3 Fortlaufende Verbesserung
(Normabschnitt 10.3)

Die Organisation muss die Eignung, Angemessenheit und Wirksamkeit ihres QMS fortlaufend verbessern.

Die Organisation muss die Ergebnisse von Analysen und Bewertungen, sowie die Ergebnisse der Managementbewertung berücksichtigen, um zu bestimmen, ob es Erfordernisse oder Chancen gibt, die als Teil der fortlaufenden Verbesserung berücksichtigt werden müssen.

Zur Beseitigung erkannter Fehler und ihrer Ursachen müssen Korrekturmaßnahmen festgelegt werden und ohne ungerechtfertigte Verzögerung realisiert werden (**Bild 1**).

Bild 3: Regelkreis Audit / Korrekturmaßnahmen

11.3.9.4 Anhänge in ISO 9001:2015

Normanhang A (informativ):
Erläuterung der neuen Struktur, Terminologie und Konzepte, Produkte und Dienstleistungen.

Normanhang B (informativ):
Andere internationale Normen.

11.4 Total Quality Management (TQM)

Bei steigenden Kundenforderungen, verschärften Wettbewerbsbedingungen und gleichzeitig zunehmender Komplexität der Produkte und Herstellungsprozesse, reicht es heute nicht mehr aus, Qualitätssicherung ausschließlich für das gefertigte Endprodukt zu betreiben. Qualität beginnt vielmehr bereits in der Unternehmensplanung und erstreckt sich über die Produktionsprozesse bis hin zum Service der verkauften Produkte.

Hintergrund dieses präventiven Qualitätsverständnisses ist die Überlegung, dass es letztlich vorteilhafter ist, Qualität von vornherein zu produzieren und Fehler zu vermeiden. Nach diesem Grundgedanken wird bereits seit den 80er-Jahren die Qualitätsphilosophie des Total Quality Managements (TQM) angewendet und als unternehmensweite Managementaufgabe verstanden. Zu den drei Kernmerkmalen (**Bild 1**)

- Kundenorientierung,
- Mitarbeiterorientierung,
- Prozessorientierung,

kommen in der erweiterten Betrachtung der Qualitätsbegriffe folgende Qualitätsmanagementprinzipien hinzu:

- kontinuierliche Verbesserung,
- präventives Verhalten,
- umfassendes Qualitätsdenken,
- Qualitätsmanagement als Führungsaufgabe.

TQM will vor dem Hintergrund turbulenter Märkte über Querschnittswirkung eine nachhaltige Unternehmenssicherung erreichen. Diese Querschnittsoffensive soll durch sämtliche Bereiche des Unternehmens wirksam werden und alle Kräfte bündeln. Es wird ein totales Streben nach Qualität in allen Tätigkeiten und Bereichen im Unternehmen gefordert. So erlangt TQM eine Neuorientierung, die sowohl Führungskräfte als auch Mitarbeiter betrifft (**Bild 2**).

TQM ist eine auf der Mitwirkung aller ihrer Mitglieder basierende Managementmethode einer Organisation. Dabei steht die Qualität und die Zufriedenheit der Kunden im Mittelpunkt. Ziel ist es, langfristigen Geschäftserfolg und Nutzen für alle Mitglieder der Organisation und der Gesellschaft zu erzielen.

Bild 1: Kernmerkmale des Total Quality Managements TQM

Bild 2: Umfassender Qualitätsansatz

11.4 Total Quality Management (TQM)

11.4.1 Qualität als oberstes Unternehmensziel

Das Erfüllen der Qualitätsforderungen durch die Beherrschung und Bewertung aller Unternehmensprozesse senkt die Kosten! Diese Aussage widerspricht der früher verbreiteten Meinung, dass ein konstant hohes Qualitätsniveau die Produktivität bremst. Qualität und Produktivität sind aus früherem Verständnis Gegensätze **(Bild 1)**.

Heutige Sichtweise
Durch die geplant erreichte Qualität der Prozesse verringern sich Nacharbeit, Beanstandungen, Reklamationen und vor allem Fehler. Es wird nicht mehr nur die Qualität der Produkte betrachtet, sondern die gesamte Prozesskette eines Unternehmens muss den Qualitätsanforderungen des QM-Systems standhalten. Hervorragende Prozessqualität bedeutet hohe Prozessfähigkeit und gegen Störungen unanfällige, robuste, statistisch beherrschte Prozesse, die auf Bestände und Puffer aller Art weitgehend verzichten können **(Bild 2)**.

Das Streben nach Qualität in allen Bereichen wird damit der Schlüssel zur Produktivität. Höhere Prozessqualität bewirkt zum Beispiel innerbetrieblich:

- bessere Maschinenauslastung,
- kürzere Materialdurchlaufzeiten,
- reduzierte Materialbestände,
- weniger Ausschuss und Nacharbeit,
- Verringerung der Verschwendung,
- konstant gute Produktqualität.

Diese Auswirkungen haben zur Folge:
- verbesserte Funktionalität und Zuverlässigkeit,
- reduzierte Gewährleistung und Kulanzkosten,
- verringerte Fehlerbeseitigungskosten,
- steigende Zufriedenheit des Kunden.

Die Deming'sche[1] Reaktionskette veranschaulicht die neue Sichtweise und ihre Bedeutung für die Weiterentwicklung eines Unternehmens **(Bild 3)**.

Bild 1: Alte Sichtweise

Bild 2: Zeitgemäße Sichtweise

---
[1] *William Edwards Deming* (1900-1993) Amerikanischer Wirtschaftswissenschaftler

Bild 3: Deming'sche Reaktionskette

11.4.2 Six Sigma

Eine Möglichkeit, die TQM-Philosophie zu realisieren, ist das umfassende Qualitätsmanagement nach der Six-Sigma-Methode. Der griechische Buchstabe Sigma σ wird in der statistischen Prozessregelung verwendet und bezeichnet die Standardabweichung einer Gauß'schen Normalverteilung (**Bild 1**).

> Six Sigma ist die sechsfache Standardabweichung und erfasst 99,99966 % aller Werte der Grundgesamtheit.

Die Six-Sigma-Methode wurde von Motorola entwickelt und patentiert. Sie ist im Ursprung ein strukturiertes Vorgehen mit der Anwendung einfacher statistischer Verfahren zur Beurteilung von Prozessleistungen.

Reale Prozesse, z. B. eine Serienfertigung, führen in ihren Ergebnissen zu Streuungen der betrachteten Merkmale, was zur Festlegung von Zielwerten und Toleranzgrenzen geführt hat. In den meisten Fällen lassen sich die Streuungen (Variationen) durch das Modell der Gauß'schen Normalverteilung gut beschreiben und berechnen. Dieses Modell hat die Eigenschaft, dass in einem Intervall von ± 3 σ um den Mittelwert, 99,73 % aller wahrscheinlichen Ergebnisse liegen.

Je kleiner die Streubreite im Verhältnis zur Breite des Toleranzfeldes ist, also je öfter Sigma in das Toleranzfeld passt, desto geringer ist die Fehlerhäufigkeit bzw. die Fehlerwahrscheinlichkeit. Dieses Streben nach Prozesssicherheit lässt sich am Beispiel eines LKWs, der durch einen Tunnel fährt, anschaulich darstellen.

Im **Bild 2 oben** passt der LKW haarscharf durch den Tunnel. Jeder kleinste Lenkausschlag (Streuung) führt zu Beschädigungen am Fahrzeug oder anders ausgedrückt, zur Berührung der Toleranzgrenzen. Dieses Bild veranschaulicht die Situation von ± 3 σ.

Im Vergleich dazu fordern seit Anfang der 90er-Jahre die Automobilhersteller von ihren Lieferanten eine Prozessstreuung von ± 5 σ innerhalb der gleichen Toleranzgrenzen, was **Bild 2 Mitte** in etwa darstellt. Six Sigma geht noch einen Schritt weiter und fordert eine gegen Null gehende Fehlerwahrscheinlichkeit mit Prozessergebnissen innerhalb der Toleranzgrenzen von ± 6 σ, wie **Bild 2 unten** veranschaulichen soll.

Bild 1: *Gauß'sche*[1] **Normalverteilung halbseitige Darstellung**

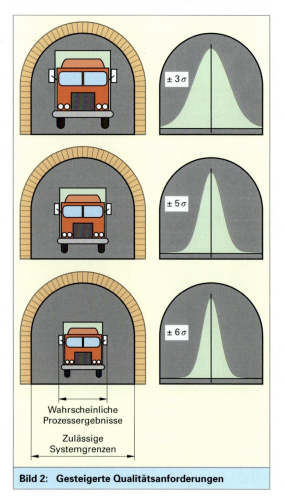

Bild 2: **Gesteigerte Qualitätsanforderungen**

---

[1] Karl-Friedrich Gauß, Mathematiker und Astronom (1777–1855)

11.4 Total Quality Management (TQM)

Ziel von Six Sigma

In Unternehmen gibt es auf allen Ebenen Prozesse. Sie sind dadurch gekennzeichnet, dass sie Eingangsstörgrößen und Ergebnisse haben. Die Sollgrößen variieren aufgrund von Abweichungen sowie Fehlern und werden Variationen genannt **(Bild 1)**.

Ziel von Six Sigma ist es, diese Variationen zu messen und einzuschränken. Jede Abweichung einer Sollgröße vom jeweiligen Ziel ist als Verlust anzusehen. Je größer die Abweichung, desto größer der Verlust.

Die Abweichungen treten in zwei Grundformen auf. Die systematische und die zufällige Abweichung. Je nach Art der Abweichung muss eine entsprechende Strategie angewendet werden, um die Ursache zu ermitteln und Reduzierungen zu bewirken. Dabei wird angestrebt, dass Fehlerquoten von kritischen Qualitätsmerkmalen im Durchschnitt um 50 % pro Jahr gesenkt werden. Zum Beispiel: 50 % weniger Beschwerden, Rücknahmen, Nacharbeiten, Produktionsausfälle, Liefertermünüberschreitungen, zu lange Antwortzeiten.

Die Verbesserungen werden auf der Grundlage der Durchschnittsleistung gemessen. Die Ermittlung des Sigma-Niveaus eines Prozesses ist jedoch nur der erste Schritt der Bewertung. Für die Verbesserung eines Prozesses und damit die Reduzierung der Variationen oder Abweichungen, muss nach den möglichen Ursachen für die Fehler gesucht werden. Die Ursachen müssen analysiert und Maßnahmen zur Beseitigung umgesetzt werden.

Das Six-Sigma-Programm umfasst nicht nur die Bewertung von Prozessen, sondern vor allem die eigentlich angestrebte Verbesserung ihrer Ergebnisse. Aufgrund der in der Regel komplexen Aufgabenstellungen werden innerhalb des Six-Sigma-Programms zahlreiche Projekte definiert, die sich gezielt mit den Problemen einzelner Prozesse befassen.

Organisation

Ein Schlüsselelement ist die Einbeziehung der Mitarbeiter auf allen Ebenen, indem ausgewählte Mitarbeiter des Unternehmens bestimmte Rollen zugewiesen bekommen. Als Bezeichnung und Verantwortlichkeiten haben die meisten Six-Sigma-Unternehmen das Gürtelsystem des Kampfsports übernommen (Gürtel-Belt) **(Bild 2)**.

Es deckt alle Ebenen ab, vom Champion auf der obersten Führungsebene und dem Master Black Belt für die Ausbildung über den Black Belt als Vollzeitverbesserungsexperte, dem Green Belt der Ingenieure und Meister bis hin zum White Belt der ausführenden Ebene. Champions sind die Motoren, Verfechter und die bewährten Wissensquellen von Six-Sigma. Diese Führungskräfte gehören zu den erfahrensten Managern der Organisation. Der Master Black Belt hat die Qualifikation eines Black Belts und arbeitet in Vollzeit als Referent im Six Sigma-Ausbildungsprogramm. Er dient als Coach der Black- und Green Belts und nimmt für die gesamte Organisation die Rolle eines Veränderungsmanagers wahr. Ein besonderer Anreiz für die Führungskräfte, die Verantwortung für die Umsetzung des Six-Sigma-Programms tragen, ist die Abhängigkeit ihres Gehalts vom Erfolgsgrad des von ihnen begleiteten Projekts. In der Rollenbeschreibung der Black Belts ist festgelegt, dass ein Black Belt jährlich mindestens vier Verbesserungsprojekte mit einer Kostenersparnis von insgesamt ca. € 200.000 durchzuführen hat. Die Anzahl, der für jede Rolle abgestellten Mitarbeiter in Six-Sigma, hängt von der Größe des Unternehmens ab.

Bild 1: Prozess überlagert von Variationen

Rollen:	Position / Verantwortung
Champion	Mitglied der Unternehmensleitung, Motor und Fürsprecher
Master Black Belt	Vollzeitverbesserungsexperte, Trainer und Ausbilder
Black Belt	Vollzeitverbesserungsexperte, Projektmanager und Spezialist
Green Belt	Abteilungsleiter, Meister, Teammitglieder
White Belt	Werker, Teammitglieder

Bild 2: Hierarchiestufen (Vorbild Kampfsport)

11.5 Werkzeuge des TQM

Qualitätsfördernde Maßnahmen sind in modernen Unternehmen ständige Begleiter im Lebenszyklus eines Produkts von der Idee bis zur Serienreife und Auslieferung. Jede Phase in diesem Gesamtprozess hat ihren typischen Ablauf und ihre typischen Fehlerquellen. So kann eine bei der Produktentwicklung falsch eingeschätzte Kundenforderung, eine schwierig zu fertigende Detailkonstruktion oder in der Fertigung eine zu ungenau fertigende Maschine die Minderung der Qualität verursachen. Um die Fehler in all diesen Phasen zu erkennen und auf ein Minimum zu reduzieren, wurden im Laufe der Zeit verschiedene Werkzeuge entwickelt, über die **Bild 1** einen Überblick gibt.

11.5.1 7 Tools – Werkzeuge zur Problemerkennung und Problemanalyse

Um Vorgänge, Abläufe, Zusammenhänge und Größenvergleiche einfach und leicht erfassbar darzustellen, eignen sich besonders grafische Darstellungen. Um im Arbeitsbereich des Qualitätsmanagments Probleme zu erkennen und zu analysieren, haben sich je nach Problembereich verschiedene grafische Darstellungen als sehr gut geeignet herauskristallisiert, die unter dem Begriff „7 TOOLS" in den Sprachgebrauch eingegangen sind.

11.5.1.1 Das Flussdiagramm

Das Flussdiagramm wird dort angewendet, wo man Prozessabläufe, die sich aus Einzelschritten zusammensetzen, bildlich darstellen möchte. Jeder Schritt wird als Kasten dargestellt. Verzweigungen werden als Rauten gezeichnet, in die die Verzweigungsbedingungen hineingeschrieben werden. Die verwendeten Symbole stammen aus der EDV-Programmierung (Programmablaufpläne) und sind in der DIN 66001 genormt. Bemerkungen und Notizen über die Verantwortlichen zu den einzelnen Schritten ergänzen das Diagramm **(Bild 1, folgende Seite)**. Mit dem Flussdiagramm können Abläufe übersichtlich dargestellt und eventuelle Lücken und unlogische Abläufe aufgespürt und verbessert werden. Außerdem gibt es Mitarbeitern, die sich neu in den Prozess einarbeiten müssen, eine schnelle Übersicht.

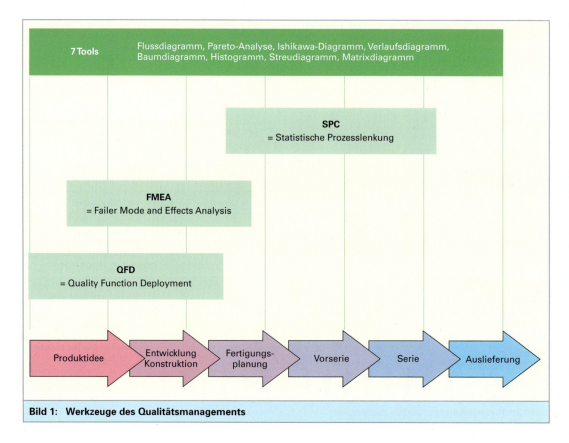

Bild 1: Werkzeuge des Qualitätsmanagements

11.5 Werkzeuge des TQM

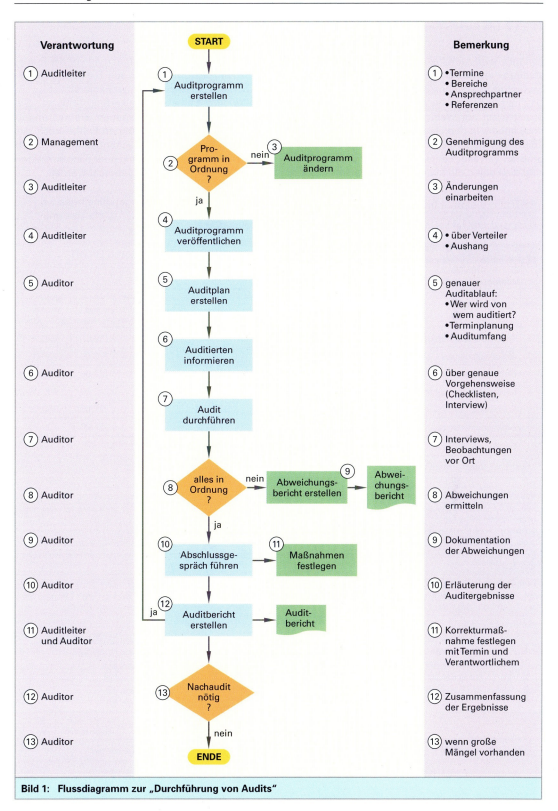

Bild 1: Flussdiagramm zur „Durchführung von Audits"

11.5.1.2 Die Pareto-Analyse

Bei der Pareto-Analyse[1], auch **ABC-Analyse** genannt, wird mithilfe einer **Balkendiagramm-Darstellung** eine **Entscheidungshilfe** gegeben, welche Probleme in welcher Reihenfolge zu lösen sind. Das Pareto-Prinzip besagt, dass unter vielen Einflussgrößen nur wenige einen *dominanten*[2] Einfluss haben. In den Qualitätsmanagement-Bereich übertragen heißt dies, dass nur wenige Fehler den größten Teil aller Fehlerfolgen verursachen. Meist sind die Fehler, die in der Fertigung oder bei sonstigen Prozessen auftauchen, recht vielfältig. Will man etwas verbessern, so steht man vor der Frage, wo man am besten anfangen soll. Die Pareto-Analyse gibt hier aufbauend auf einer Fehlerstatistik, z. B. mithilfe von Fehlersammelkarten, Antwort. Sie kann dabei unter verschiedenen Zielrichtungen angewendet werden. So können Fehler nach der Häufigkeit, nach den verursachenden Kosten, nach den Kosten für die Beseitigung oder nach sonstigen Kriterien in eine Rangfolge gebracht werden.

Beispiel:
In einer Elektromotorenmontage werden Elektromotoren im 3-Schichtbetrieb montiert. Mit einer Fehlersammelkarte wird eine Fehlerstatistik geführt und jede Woche ausgewertet **(Bild 1)**.

Fehlersammelkarte															MOBE-Antriebsmotoren GmbH		
Gruppe/Arbeitsplatz: **Montagegruppe EM 12**			Tätigkeit: **Elektromotorenmontage**														
Nr.	Fehlerart		Woche: 36												Summe der Fehler pro Woche	Fehlerkosten in € einzeln	Fehlerkosten in € pro Woche
			Montag			Dienstag			Mittwoch			Donnerstag		Freitag			
			F	S	N	F	S	N	F	S	N	F	S	N	F	S	N			
1	Anschlusskabel vertauscht	2		6	1	2	5	2		7			5		3	4	37	25,00	925,00
2	Motor läuft unrund				2	4	6	7	4	5	1			1			2	32	210,00	6.720,00
3	Gehäuse beschädigt		1			2		1			1		2			2	1	10	123,00	1.230,00
4	Lager schlecht eingepresst	3		1	2			1	4		2		1		1	2	2	19	210,00	3.990,00
5	Schrauben		2	1			1		2			3		4			1	14	25,00	350,00
6	Anschlussklemmen	2			4		2	5	1		3			2			1	20	35,00	700,00
	Summe pro Schicht:	7	3	8	9	8	15	19	7	14	5	4	7	8	7	11	132		Gesamtkosten 13.915,00 €

Bild 1: Fehlersammelkarte „Elektromotorenmontage"

Bei der Analyse der Fehlersammelkarte können schon erste Erkenntnisse über die Fehler gewonnen werden. Fehler 1 (Anschlusskabel vertauscht) taucht z. B. sehr häufig in der Nachtschicht auf. Hier wäre es ratsam, die betroffenen Mitarbeiter darauf aufmerksam zu machen, und nach der Ursache zu forschen. Fehler 2 (Motor läuft unrund) taucht nur in der Wochenmitte auf. Hier könnte z. B. eine schlechtere Lieferung die Ursache gewesen sein. Fehler 6 (Anschluss-Klemmen schlecht angequetscht) tauchte schwerpunktmäßig am Wochenanfang auf. Ein schlechtes Werkzeug kann hier die Ursache gewesen sein, das dann am Dienstag repariert oder ausgetauscht wurde.

Eine Rangfolge der Fehler nach der Häufigkeit und den Fehlerkosten soll nun zu einer Entscheidung führen, an welchen Fehlern zuerst verbessernde Maßnahmen erarbeitet werden sollen **(Bild 2 und Bild 3)**. Man sieht dabei sehr deutlich, dass die Eindämmung von Fehler 2 und 4 die höchste Kosteneinsparung bringen würde.

Bild 2: Pareto-Analyse „Fehleranzahl"

Bild 3: Pareto-Analyse „Fehlerkosten"

---

[1] *Vilfredo Pareto,* 1848–1923, franz.-ital. Nationalökonom und Soziologe; [2] lat. dominari = herrschend, dominant = vorherrschend

11.5 Werkzeuge des TQM

11.5.1.3 Das Ursache-Wirkungs-Diagramm

Das Ursache-Wirkungs-Diagramm ist auch unter dem Namen „Ishikawa-Diagramm[1]" oder wegen seines Aussehens als „Fischgräten-Diagramm" bekannt (**Bild 1**). Es werden damit mögliche Einflüsse (= Ursachen) auf ein vorhandenes und zu bearbeitendes Kriterium (= Wirkung) gesammelt und, gegliedert nach Oberbegriffen, dargestellt. Da sich bei einer Fertigung die Einflüsse meist auf die 7M-Störgrößen „Mensch, Management, Maschine, Methode, Material, Messbarkeit und Mitwelt" zurückführen lassen, werden diese häufig auch als Oberbegriffe gewählt und als Hauptäste im Diagramm dargestellt. Nun wird in Nebenästen jeder Oberbegriff mit detaillierten Einflüssen versehen. Das Ishikawa-Diagramm gibt damit einen geordneten **Gesamtüberblick** auf alle **Einflüsse**, die auf ein Kriterium einwirken.

Das Ursache-Wirkungs-Diagramm wird in der folgenden Vorgehensweise erstellt:

1. Schritt:
Das zu bearbeitende Kriterium (z. B. Streuung eines Merkmalswerts, Auftreten eines bestimmten Fehlers) wird detailliert beschrieben und auf der rechten Seite (Wirkung) eingetragen.

2. Schritt:
Alle möglichen Einflüsse (Ursachen) werden (am besten mit allen am Prozess beteiligten Personen) in einem Brainstorming gesammelt.

3. Schritt:
Die gesammelten Einflüsse werden gegliedert nach Oberbegriffen (z. B. 7M-Störgrößen) als Äste (bzw. „Fischgräten") in das Diagramm nach links an den Hauptast angehängt.

---
[1] *Kaoru Ishikawa*, jap. Wissenschaftler

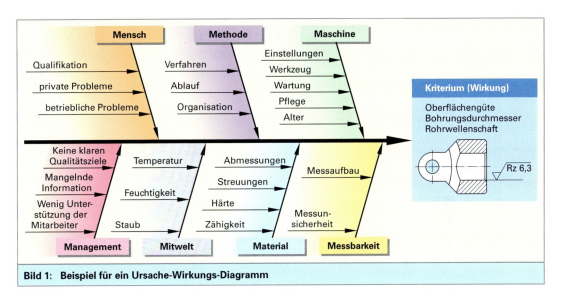

Bild 1: Beispiel für ein Ursache-Wirkungs-Diagramm

11.5.1.4 Das Verlaufsdiagramm

Mit dem Verlaufsdiagramm wird der Verlauf von Daten grafisch dargestellt. Es eignet sich zum Überwachen eines Systems, um zu sehen, wie sich das Verhalten im Laufe der Zeit ändert (**Bild 2**). Es lassen sich aufgrund der dargestellten Daten Prognosen für den weiteren Verlauf aufstellen. So kann z. B. bei einem Trendverlauf eines Längenmaßes ungefähr vorausgesagt werden, wann eine Toleranzgrenze mit größter Wahrscheinlichkeit erreicht wird. Es kann daraufhin in den Prozess eingegriffen werden, bevor der Datenverlauf aus der Toleranzgrenze läuft und Ausschuss produziert wird. Eine erweiterte Form des Verlaufsdiagramms sind Regelkarten in der statistischen Prozesslenkung.

Bild 2: Verlaufsdiagramm

11.5.1.5 Das Baumdiagramm

Das Baumdiagramm ist bekannt aus der Darstellung von Familienstammbäumen. Es findet in der Fertigungstechnik und im Qualitätsmanagement überall dort Anwendung, wo Aufgaben oder Funktionen, die in einer Abhängigkeit voneinander stehen oder nur in einer bestimmten Reihenfolge zu erledigen sind, übersichtlich und leicht überschaubar dargestellt werden sollen. Auch ein **Erzeugnis** lässt sich über das Baumdiagramm in seine einzelnen Baugruppen und Einzelteile **zerlegen** und grafisch darstellen, entsprechend der Reihenfolge bei der Montage (siehe Seite 83 – Fertigungsorientierte Erzeugnisgliederung). Bei der **Fehlerbaumanalyse** stellt das Diagramm die Zusammenhänge von unerwünschten Ereignissen und ihren Ursachen dar **(Bild 1)**.

Bild 1: Baumdiagramm einer Fehlerbaumanalyse

11.5.1.6 Das Streudiagramm

Wirken mehrere Variablen auf einen Prozess ein, so ist es für eine Optimierung des Prozesses wichtig, ob die Variablen untereinander eine Beziehung haben. Dazu vergleicht man die Variablen paarweise. Mit dem Streudiagramm kann beurteilt werden, welche Charakteristik die Beziehung der beiden verglichenen Variablen hat und in welcher Stärke diese auftritt. Bei der Erstellung eines Streudiagramms müssen zunächst in einer Untersuchung oder in Versuchen eine größere Menge Datenpaare ermittelt werden. Diese werden dann in das Streudiagramm eingetragen, auf dessen Koordinatenachsen die beiden Variablen aufgetragen sind. Konzentrieren sich die Punkte in einer Regelmäßigkeit, so herrscht eine starke Beziehung, die sich meist auch durch eine mathematische Funktion ausdrücken lässt. Ist die Streuung sehr groß, so ist keine Beziehung vorhanden.

Als Endergebnisse lassen sich also durch Streudiagramme die Einflüsse von verschiedenen Variablen auf ein Prozessergebnis gesetzmäßig erfassen.

Beispiel:
Ein neuer Klebstoff soll getestet werden und dabei festgestellt werden, ob eine Beziehung zwischen der Oberflächenrauigkeit und der Festigkeit besteht. **Bild 2** zeigt, dass eine Beziehung erkennbar ist, die sich aber nicht ganz eindeutig vor allem bei höheren R_z-Werten zeigt. Trotzdem lässt sich dieses Versuchsergebnis für eine Prozessoptimierung des Klebevorgangs verwenden.

Bild 2: Streudiagramm „Rauigkeit – Festigkeit"

11.5 Werkzeuge des TQM

11.5.1.7 Das Matrixdiagramm

In einem Matrixdiagramm werden jeweils zwei Themenbereiche gegenübergestellt und die Zusammenhänge und Beziehungen aufgezeigt. Das Matrixdiagramm bietet auch die Möglichkeit, diese Zusammenhänge und Beziehungen zu bewerten und zu klassifizieren. Der **Paarvergleich** ist eine spezielle Form des Matrixdiagramms. Er hilft bei Entscheidungsfindungen, bei denen die Einflussfaktoren auf die Entscheidung vielschichtig und schlecht überschaubar sind.

Dabei werden alle Kriterien, die für die Entscheidungsfindung ausschlaggebend sind, in Zeilen untereinander und in Spalten nebeneinander geschrieben. **Bild 1** zeigt dies am Beispiel eines Paarvergleichs, der bei der Klebstoffauswahl hilft. Nun wird jedes Kriterium in einer Zeile mit den restlichen Kriterien in den Spalten verglichen (z. B. Festigkeit – Verformbarkeit, Festigkeit – Alterungsbeständigkeit, Festigkeit – Grenztemperatur usw.). Ist das Kriterium in der Zeile wichtiger als das Kriterium in der Spalte, wird eine 2 eingetragen, ist es weniger wichtig eine 0. Dabei muss immer eine Entscheidung für eines der beiden Kriterien erfolgen. Wird nun die Quersumme für jedes Zeilenkriterium gebildet, erhält man eine Rangfolge für die Wichtigkeit der Einzelkriterien bei der Entscheidung.

Bild 1: Paarvergleich zur Entscheidungsfindung bei der Klebstoffauswahl

11.5.2 QFD – Quality Function Deployment

QFD wurde in den sechziger Jahren in Japan entwickelt. In den achtziger Jahren wurde diese Planungsmethode in den USA stark verbreitet und kam über Tochterfirmen Ende der achtziger Jahre auch in die Bundesrepublik. Mit der Methode werden systematisch die **Kundenwünsche** ermittelt und diese in **Produktmerkmale und Prozessmerkmale** umgesetzt. Die Einsatzbereiche von QFD sind sehr vielseitig. So können damit die Kundenanforderungen in der Baubranche (z. B. bei der Planung eines Kaufhauses oder Bürogebäudes), in der Konsumgüterbranche (z. B. bei der Neuentwicklung eines Haarföns oder Autoradios) oder Investitionsgüterindustrie (z. B. Neuentwicklung von Werkzeugmaschinen oder Montageanlagen) aufgelistet und die erforderlichen Produktmerkmale abgeleitet werden. Die Methode lässt sich auch bei der Planung und Optimierung von Herstellungsprozessen einsetzen.

Bild 2: Fehler im „House of Quality"

---

[1] engl. Quality Function Deployment = Qualitätsfunktions-Entwicklung

Bei der Durchführung der QFD-Methode versetzt sich ein sorgfältig ausgewähltes Team mit Mitgliedern aus allen beteiligten Betriebsbereichen (Vertrieb, Service, Konstruktion, Versuch, Produktion) in die Lage des Kunden und ermittelt zunächst die **Kundenforderungen**. Diese werden in ein Arbeitsformular, dem sogenannten **„House of Quality = Qualitätshaus"**, eingetragen und nach ihrer Bedeutung mit Punkten gewichtet. Nun werden in einer Matrixform die **Produktmerkmale** gegenübergestellt. Ergänzt wird die Matrix noch durch das „Dach" des Qualitätshauses, das die **Beziehungen zwischen den einzelnen Produktmerkmalen** verdeutlicht, durch eine **Bewertung der Konkurrenzprodukte** hinsichtlich der Erfüllung der Kundenanforderungen an der rechten Seite und durch eine Analyse der Bedeutung der einzelnen Produktmerkmale an der unteren Seite, aus der hervorgeht, an welchen Produktmerkmalen vorrangig gearbeitet werden muss. **Bild 2, vorherige Seite** zeigt den grundsätzlichen Aufbau des „House of Quality"- Formulars.

Das Formular beinhaltet somit eine Menge an Informationen, aus denen Schwachpunkte und Verbesserungsmöglichkeiten eines Produkts herausgelesen werden können. Durch den Vergleich mit Konkurrenzprodukten lassen sich auch noch Produktmerkmale zur Verbesserung von Marktchancen ableiten. **Bild 1** zeigt ein Beispiel mit einem teilweise ausgefüllten „House of Quality"-Formular.

Bild 1: Beispiel „House of Quality" für ein Kreuzgelenk

Arbeitsschritte bei der Erstellung eines „House of Quality" (Bild 1, vorhergehende Seite):

1. Erfassung der Kundenanforderungen,

2. Gewichtung der Kundenanforderungen (von 1 = unwichtig bis 5 oder 10 = wichtig),

3. Erarbeiten von Produktmerkmalen, bis alle Kundenanforderungen erfüllt sind,

4. Feststellen der Beziehungen zwischen den Kundenanforderungen und den Produktmerkmalen und gleichzeitige Bewertung dieser Beziehungen (3 = starke, 2 = mittlere und 1 = geringe Beziehung),

5. Ermitteln der Bedeutung der Produktmerkmale durch Multiplikation der Kundenanforderungsgewichtung mit der Beziehungsgewichtung und anschließender Addition,

6. Umsetzen der Produktmerkmale in messbare Zielgrößen (soweit möglich),

7. Feststellen der bevorzugten Variationsrichtung der Zielgröße des Produktmerkmals durch Pfeilangaben („je kleiner, desto besser" oder „je größer, desto besser"),

8. Abschätzen eines Schwierigkeitsgrades für die Realisierung eines jeden Produktmerkmals (1 = leicht bis 5 = schwierig),

9. Feststellen von positiven oder negativen Wechselwirkungen zwischen den Produktmerkmalen,

10. Vergleich des geplanten Produkts mit Konkurrenzprodukten,
    a) aus der Sicht der Kundenanforderungen,
    b) aus der Sicht der Produktmerkmale.

11.5.3 FMEA – Failure Mode and Effects Analysis

Die Methode der Fehler-Möglichkeits- und Einfluss-Analyse (FMEA) wurde Mitte der 60er-Jahre im Rahmen von Luft- und Raumfahrtprojekten der NASA in den USA entwickelt.

In der Bundesrepublik Deutschland fand sie in der Produktionstechnik, hier hauptsächlich im Bereich der Automobilindustrie, in der zweiten Hälfte der 80er-Jahre ihre Verbreitung.

Bei der FMEA werden in der Planungsphase mögliche Fehler, die bei einem System (z. B. Motorsäge), einem bestimmten Bauteil oder bei einem Fertigungsprozess auftreten können, aufgelistet. Anschließend wird jeder Fehler auf seine Auftrittswahrscheinlichkeit, auf seine Auswirkungen und auf seine Entdeckungswahrscheinlichkeit hin untersucht und analysiert. Mit einem Punktesystem (siehe folgende Tabellen) werden diese 3 Fehlerkriterien bewertet. Durch Multiplikation der drei vergebenen Punktezahlen erhält man die **Risikoprioritätszahl RPZ**. Diese kann zwischen 1 und 1000 liegen. Je größer diese Zahl ist, desto schwerwiegender ist der Fehler. Bei hohen RPZ-Werten muss unbedingt gehandelt werden. Im FMEA-Formular sind dafür auf der rechten Seite Spalten eingerichtet, in denen die Abhilfemaßnahmen eingetragen werden können.

> Das Ziel einer FMEA ist es, potenzielle Fehler schon während der Planung zu erkennen und zu vermeiden.

Außerdem bietet die FMEA den Vorteil, das Erfahrungswissen über Fehler, ihre Ursachen und Qualitätsauswirkungen systematisch zu sammeln und im Unternehmen für weitere Planungen verfügbar zu machen.

> Eine ständige Anwendung der FMEA führt zu einer ständigen Fehlerreduzierung.

Je nach Anwendungsbereich unterscheidet man 3 FMEA-Arten:

1. System-FMEA:
Sie untersucht ein **komplettes System** (z. B. ein Kraftfahrzeug) oder **einzelne Komponenten**, z. B. die Lenkung eines Gesamtsystems und wird im Entwicklungsbereich nach der Fertigstellung eines Produktkonzeptes angewendet.

2. Konstruktions-FMEA:
Sie untersucht die Konstruktionsmerkmale einzelner **Bauteile** von Systemen nach der Fertigstellung der Konstruktionsunterlagen.

3. Prozess-FMEA:
Sind die Fertigungspläne zur Herstellung der Bauteile, Systemkomponenten oder Gesamtsysteme fertiggestellt, so werden die **Fertigungsprozesse** auf mögliche Fehlerquellen mit der Prozess-FMEA untersucht.

Die FMEA wird von einem Team durchgeführt. Die Ergebnisse werden in einem FMEA-Formblatt niedergeschrieben und ausgewertet (**Seite 503**).

Ablauf einer FMEA am Beispiel einer Prozess-FMEA:

Teil 1:

1. Auflisten der Arbeitsgänge (Spalte 1).
2. Auflisten der möglichen potenziellen Fehler bei jedem Arbeitsgang (Spalte 2).
3. Auflisten der potenziellen Folgen eines jeden Fehlers (Spalte 3).
4. Auflisten der Fehlerursachen (Spalte 4).
5. Auflisten der geplanten Verhütungs- und Prüfungsmaßnahmen zum Zeitpunkt der FMEA-Erstellung (Spalte 5).
6. Abschätzung der Auftretenswahrscheinlichkeit durch eine Bewertungszahl nach Tabelle 1 (Spalte A).
7. Abschätzung der Auswirkung des Fehlers, wenn ihn der Kunde entdeckt, durch eine Bewertungszahl nach Tabelle 2 (Spalte B).
8. Abschätzung der Entdeckungswahrscheinlichkeit durch eine Bewertungszahl nach Tabelle 3 (Spalte E).
9. Berechnung der Risikoprioritätszahl (RPZ) durch Multiplikation der jeweiligen Bewertungszahlen für das Auftreten (A), die Bedeutung (B) und die Entdeckung (E) des Fehlers (Spalte RPZ). Mit der Risikoprioritätszahl können die Fehler geordnet werden und es zeigt sich, bei welchen Fehlern Maßnahmen zur Fehlervermeidung dringend erforderlich sind.

Teil 2:

In den folgenden Spalten werden vom FMEA-Team Maßnahmen zur Fehlervermeidung erarbeitet, die verantwortlichen Abteilungen oder Personen und der Termin für die Durchführung der Maßnahme festgelegt. Anschließend wird, wie im Teil 1, die Risikoprioritätszahl erneut berechnet. Durch Vergleich mit der ersten Risikoprioritätszahl lässt sich die Effektivität der Maßnahme zahlenmäßig erfassen.

Tabelle 1: Bewertung der Wahrscheinlichkeit des Auftretens (Spalte A)

Einstufung	Häufigkeit	Bewertung
unwahrscheinlich, Fehler kann nicht vorkommen	0	1
sehr gering, Fehler kann nur bei sehr seltenen Bedingungen auftreten	1/10000	2 bis 3
gering, Fehler kann in geringem Maße gelegentlich auftreten	1/2000	4 bis 6
mäßig, laut Erfahrung tauchen immer wieder Schwierigkeiten auf	1/100	7 bis 8
hoch, Fehler tritt in größerem Maße auf	1/2	9 bis 10

Tabelle 2: Bewertung der Fehlerauswirkung (Bedeutung – Spalte B)

Einstufung	Bewertung
keine Auswirkung	1
unbedeutend – Kunde wird nur geringfügig belästigt	2 bis 3
mittelschwerer Fehler – Produkt ist noch funktionsfähig, Kunde wird belästigt und ist verärgert	4 bis 6
schwerer Fehler – Verärgerung des Kunden, Reparatur erforderlich	7 bis 8
äußerst schwerer Fehler – z. B. Ausfall des Gesamtsystems, Folgeschäden treten auf	9
sicherheitskritischer Fehler – Unfallgefahren	10

Tabelle 3: Bewertung der Entdeckungswahrscheinlichkeit (Spalte E)

Einstufung	Bewertung
hoch – funktioneller Fehler, der entdeckt wird	1
mäßig – hohe Entdeckungswahrscheinlichkeit, z. B. durch Testversuche	2 bis 5
gering – nicht leicht zu entdeckendes Fehlermerkmal	4 bis 6
sehr gering – kaum zu entdeckendes Fehlermerkmal	9
unwahrscheinlich – verdeckte Fehler, Prüfung nicht möglich	10

11.5 Werkzeuge des TQM

FMEA Failure Mode and Effect-Analysis		Prozess-FMEA		Teilname: Kraftstoffpumpe		Teilnummer: 30 165 327 0003			Blatt 1 von 1
Ansprechpartner: Huber		Abteilung: KP-3		Modelljahr 2010	Typ KP-65	Freigabetermin 01.06.xx	Datum: 26.04.xx		
			Kunde:			Erstellt durch: ABM Datum 26.04.xx	Überarbeitet durch: Datum:	Genehmigt durch: Datum:	
Prozess Ablauf Arbeitsfolge	potenzielle Fehler	Auswirkung, Folgen	Ursachen	derzeitiger Zustand:			empfohlene Abstellmaß- nahme	Verantwort- lichkeit Termin	verbesserter Zustand getroffene Maßnahme			
				Verhü- tungs- u. Prüf- maß- nahmen	A B E RPZ					A B E RPZ
1. Montage der Spule	undicht Spritzwasser dringt ein	Fehlfunktion Kurzschluss	Arbeitsfehler, Dichtung vergessen	keine	3 7 10 210	separate Arbeitsfolge und Sicht- prüfung	Müller/KP-3 15.5.xx	Arbeitsplan und Prüfplan geändert 10.5.xx	3 7 5 105
	falsche Spule	Funktions- störung	falsch angeliefert	Über- prüfung der farb- lichen Kenn- zeich- nung	2 7 7 98	–			
2. Montage von Kolben, Feder- und Gehäuse- boden	Kolben hakt	Funktions- störung	Schmutz, Späne, Grat	Gehäuse spülen, Gangbar- keit prüfen	4 7 4 112	–			
	Gehäuse- boden passt nicht richtig	falsche Lage des Gehäuse- bodens, Funktions- störung	falscher Pressendruck	keine	4 7 7 196	Pressen- druck über- wachen (1 mal pro Tag)	Müller/KP-3 15.5.xx	Arbeitsplan u. Wartungs- plan geändert 10.5.xx	3 7 5 105

11.5.4 Statistische Prozesslenkung

11.5.4.1 Einführung

In der Serien- und Massenfertigung erfordern es die wirtschaftlichen Verhältnisse immer mehr, Qualität und Produktivität ständig zu verbessern. Fehlerhafte Teile am Ende des Fertigungsprozesses durch Prüfungen festzustellen und auszusortieren, genügt heute nicht mehr und verursacht zudem zu hohe Kosten. Es wurde in den letzten Jahrzehnten immer mehr erforderlich, die **Ergebnisse** bzw. die **Teilergebnisse** eines Fertigungsprozesses **ständig zu überwachen**. Zeigt sich dabei ein Trend zu fehlerhaften Ergebnissen oder treten schon fehlerhafte Teile auf, kann der Prozess rechtzeitig gestoppt und korrigiert werden. Die Produktion von fehlerhaften Teilen kann dadurch minimiert oder gar ganz vermieden werden.

Um den Prüfaufwand und damit auch die Prüfkosten auf ein erforderliches Minimum zu begrenzen, stützt man sich meist auf die **Auswertung von Stichproben**. Dies setzt allerdings voraus, dass die Charakteristik der Prozessergebnisse genau untersucht und bekannt ist.

Durch die Überwachung der Prozesse mit statistischen Methoden werden auch wertvolle Informationen gesammelt, die die Grundlage für ständige **Prozessoptimierungen** bilden. Ausschuss und Nacharbeit werden immer weniger. Ist der Fertigungsprozess genügend bekannt und beherrscht, kann der Prüfaufwand verringert werden. Dies wiederum hat eine Kostensenkung zur Folge.

Die gesammelten Daten bilden auch die Grundlage für eine **Prozessdokumentation**, die häufig von Kunden verlangt wird oder zur Erfüllung gesetzlicher Pflichten nach dem Produkthaftungsgesetz erforderlich ist.

Qualitätsüberwachung und Prozessregelung
Bei der Qualitätsüberwachung wird nach erfolgter Prüfung das geprüfte Teil mit „gut" oder „schlecht" durch einen Prüfer oder Prüfautomat beurteilt. Dabei kann eine 100 %-Prüfung (**Kontinuierliche Qualitätsüberwachung**) oder Stichprobenprüfung angewendet werden (**Statistische Qualitätsüberwachung**). Wird nach der erfolgten Prüfung eine sofortige Prozesskorrektur bei Unregelmäßigkeiten vorgenommen, so redet man von **kontinuierlicher Prozessregelung** bei der 100 %-Prüfung und von **statistischer Prozessregelung** bei der Stichprobenprüfung. **Bild 1** veranschaulicht diese Arten der Prozesslenkung.

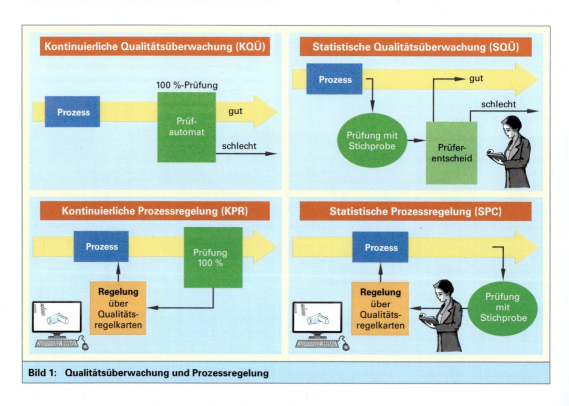

Bild 1: Qualitätsüberwachung und Prozessregelung

11.5 Werkzeuge des TQM

Mit regelmäßigen Stichproben und der Auswertung statistischer Kennwerte lässt sich bei der **statistischen Prozessregelung (SPC – Statistical Process Control)** mit wenigen Messwerten ein relativ genaues Bild eines Fertigungsprozesses machen.

Mithilfe einer **Qualitätsregelkarte**, die schon in den 20er-Jahren von *W.A. Shewart*[1] in den USA entwickelt wurde, werden die Kennwerte laufend grafisch dargestellt. Entwicklungen im Prozessverlauf können so recht frühzeitig entdeckt werden.

Noch bevor ein Merkmalswert aus der Toleranz läuft, kann in den Prozess eingegriffen und somit ein Fehler vermieden werden. Ein **Qualitätsregelkreis** ist damit geschlossen. Die statistische Auswertung kann mit den geläufigen Tabellenkalkulationsprogrammen sehr einfach durchgeführt werden. Gute Kenntnisse in den Grundlagen der Statistik sind Voraussetzung für die Beurteilung der statistischen Kennwerte, wie im **Bild 1** in den unterschiedlichen Trendverläufen ersichtlich ist.

Zufällige und systematische Einflüsse
Bei der Frage nach den Ursachen für die Streuung der Prüfwerte lassen sich zwei Bereiche unterscheiden (**Bild 2**). Die **zufälligen Einflüsse** beruhen auf der natürlichen Streuung, die während des Prozesses in ungestörtem Zustand entsteht. Einflussfaktoren können einerseits im Fertigungsprozess selbst liegen (z. B. kleine Temperaturschwankungen oder inhomogene Werkstoffbeschaffenheit) oder auch von der Messung herrühren (z. B. Schätzen von Zwischenwerten auf Skalen oder Fehler durch verschiedene Messstellen am Prüfling).

Den systematischen Einflüssen liegt eine Gesetzmäßigkeit zugrunde und sie verschieben die Lage der Streuung. Eine Ursache kann z. B. der Werkzeugverschleiß sein. Ist diese Gesetzmäßigkeit bekannt, so können mithilfe der statistischen Prozessregelung diese Einflüsse kompensiert werden.

Es stehen mehrere Möglichkeiten der Trendverläufe in den Programmen zur Verfügung. Im Diagramm (Bild 1) sind die Trendverläufe *Linear*, *Potenz* und *Logarithmus* exemplarisch dargestellt.

Über die sogenannte Korrelationsanalyse[2] untersucht man die Zusammenhänge zwischen Zufallsvariablen anhand einer Stichprobe. Eine Maßzahl für die Stärke und Richtung eines linearen Zusammenhanges ist der Korrelationskoeffizient R.

Oft wird anstelle des Korrelationskoeffizienten R das Bestimmtheitsmaß R^2 angegeben. Hier gilt, je näher das Bestimmtheitsmaß R^2 an 1 liegt, desto höher ist die Wahrscheinlichkeit des linearen Zusammenhangs. Ist $R^2 = 0$ liegt kein Zusammenhang vor. Das Bestimmtheitsmaß stellt also eine Maßzahl für die Güte der Anpassung dar. Die alleinige Betrachtung des Bestimmtheitsmaßes ist nicht ausreichend, da zusätzlich die Verläufe interpretiert werden müssen. Zum Beispiel kann es bei gemessenen Durchmessern zu keinem negativen Messwert kommen, der sich aber eventuell durch die Formel des Verlaufes ergibt. Trotz des schlechtesten Bestimmtheitsmaßes scheint der lineare Verlauf der Wirklichkeit am nächsten zu kommen.

$y = 12{,}042\ln(x) + 63{,}906$
$R^2 = 0{,}48826$

$y = 63{,}761 x^{0,1633}$
$R^2 = 0{,}52589$

$y = 3{,}3929 x + 65$
$R^2 = 0{,}38568$

Bild 1: Trendverläufe

Bild 2: Systematische und zufällige Einflüsse auf den Verlauf der Prüfwerte

---
[1] *Walter Andrew Shewart* (1891 bis 1967) amerik. Wissenschaftler
[2] von lat. correlatio = Wechselbeziehung

Da zufällige und systematische Einflüsse überlagert (**Bild 2, vorhergehende Seite**) vorkommen, werden sie mithilfe von statistischen Kennwerten (Kennwerte der Lage und Streuung) getrennt.

Beherrschte und fähige Prozesse
Um die statistische Prozessregelung (SPC) anwenden zu können, muss der Fertigungsprozess bestimmte Bedingungen erfüllen. Ein **Prozess ist dann fähig**, wenn die Streuung einen bestimmten Anteil der Toleranz nicht überschreitet und über längere Zeit hinweg in ihrer Charakteristik und Größe gleich bleibt. Ist die Streuung gegenüber der vorgegebenen Toleranz zu groß, so schafft man es nicht, ohne fehlerhafte Teile zu produzieren.

Verschiebt sich die Lage der Streuung ständig innerhalb der Toleranz, so ist der Prozess zwar fähig, aber **nicht beherrscht**. **Beherrscht** wird der Prozess erst dann, wenn es gelingt, die Lage laufend genügend zu korrigieren. Ist die Streuung zu groß und lässt sich auch die Lage nicht stabilisieren, so ist der Prozess **nicht fähig und auch nicht beherrscht**. **Bild 1** zeigt die verschiedenen Möglichkeiten.

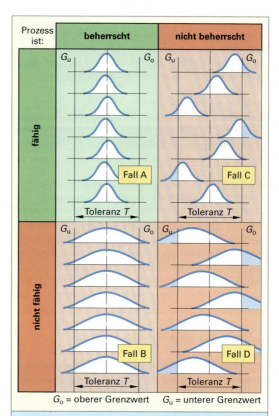

Bild 1: Fähige und beherrschte Prozesse

> Die Anwendung der statistischen Prozessregelung (SPC) ist nur dann sinnvoll, wenn der Prozess fähig und auch beherrscht ist (Fall A). Ist der Prozess nur nicht fähig (Fall B) oder nur nicht beherrscht (Fall C), so kann die statistische Prozessregelung (SPC) angewendet werden, um das Vorkommen von fehlerhaften Teilen zu minimieren. Ist der Prozess weder fähig noch beherrscht (Fall D), so bringt auch die statistische Prozessregelung keinen Nutzen mehr. Die Ergebnisse sind dann vom Zufall abhängig.

11.5.4.2 Darstellen und Auswerten von Prüfdaten

Um die Charakteristik von Streuung und Lage eines Prüfmerkmals beim Herstellungsprozess kennenzulernen, wird eine Stichprobe entnommen und die Prüfwerte für das Prüfmerkmal gesammelt. Der Stichprobenumfang sollte dabei nicht kleiner als $n = 50$ sein, da sonst keine verlässlichen Werte ermittelt werden können, bzw. die ermittelten Werte von den tatsächlichen Werten stärker abweichen können. Die einzelnen Prüfwerte werden in der Urliste gesammelt. Da aus diesem Zahlenfeld nur sehr schwer Hinweise auf die Lage und die Größe der Streuung gemacht werden können, ist es sinnvoll, die Werte in Klassen zu sammeln und als Strichliste, Stab- oder Balkendiagramm darzustellen.

Klassenanzahl und Klassenweite
Zunächst müssen die Messwerte in Klassen eingeteilt werden. Hierzu muss die **Klassenanzahl** und die **Klassenweite** festgelegt werden. Bei Stichprobenumfängen von $n = 30$ bis 400 berechnet man diese beiden Größen nach den unten stehenden Formeln.

Wertet man von Hand aus (wie im Beispiel gefordert), so rundet man hier auf gut teilbare und übersichtliche Größen auf oder ab. Wird die Auswertung über SPC-Softwareprogramme vorgenommen, so übernehmen diese Programme die genauen Werte.

R_n = Spannweite der Stichprobe vom Umfang n
$x_{i\,max}$ = größter Merkmalswert
$x_{i\,min}$ = kleinster Merkmalswert

11.5 Werkzeuge des TQM

Beispiel 1:

Im Rahmen einer Maschinenfähigkeitsuntersuchung wird eine Stichprobe vom Umfang $n = 50$ für folgendes Merkmal des Rohrwellenschafts geprüft:

Gabelinnenmaß $26^{+0,1}$ (Bild 1)

Höchstmaß G_o = 26,1 mm Mindestmaß G_u = 26,0 mm
Toleranz T = 0,1 mm Toleranzmitte C = 26,05 mm

Die Prüfwerte sind in der Urliste zusammengestellt (Tabelle 1).

Bild 1: Gabelinnenmaß $26^{+0,1}$

a) **Berechnung der Klassenanzahl k und Klassenweite w:**

$k \sim \sqrt{n} = \sqrt{50} = 7{,}07 \approx 7$

$R_n = x_{imax} - x_{imin} = 26{,}1 \text{ mm} - 26{,}02 \text{ mm}$

$R_n = 0{,}08 \text{ mm}$

$w \sim \dfrac{R_n}{k} = \dfrac{0{,}08 \text{ mm}}{7} = 0{,}0114 \text{ mm} \approx \mathbf{0{,}01 \text{ mm}}$

b) **Festlegung der Klassengrenzen**

Damit kein Prüfwert genau auf einer Klassengrenze liegen kann, geht man eine Zehnerpotenz tiefer als die der Messwerte. Diese tiefere Zehnerpotenz erhält die Ziffer 5. Damit kann nie ein Prüfwert genau auf einer Klassengrenze liegen und ist immer eindeutig einer Klasse zuzuordnen. Es ergeben sich folgende Klassen:

1. 26,015 – 26,025
2. 26,025 – 26,035
usw.

Will man die Toleranzgrenzen in die Diagramme mit einzeichnen, empfiehlt es sich, die Klassenanzahl so zu erweitern, dass die Toleranzgrenzen in eine Klasse gezeichnet werden können. In unserem Fall würden also die ersten Klassen folgendermaßen gewählt:

1. 25,995 – 26,005
2. 26,005 – 26,015
3. 26,015 – 26,025
usw.

c) **Strichliste und Histogramm**

Um ein Bild der Lage, Größe und Charakteristik der Streuung zu bekommen, stellt man die Häufigkeiten in den einzelnen Klassen durch eine Strichliste und/oder ein Histogramm (= Säulendiagramm der Häufigkeiten) dar **(Bild 2 und Bild 3)**.

Auswertung: Die Prüfwerte liegen zwar alle in der Toleranz, zeigen aber eine deutliche Verschiebung zur oberen Toleranzgrenze G_o. Es sind also auch mit großer Wahrscheinlichkeit Werte außerhalb der Toleranz zu erwarten. Außerdem ist die Streuung gegenüber der Toleranz recht groß – der Prozess wäre also nicht fähig.

Tabelle 1: Urliste der Prüfwerte

Urliste					
Merkmal:	Gabelinnenmaß		26 +0,1 mm		
1	26,04	26,06	26,05	26,06	26,05
2	26,07	26,09	26,05	26,04	26,08
3	26,07	26,05	26,07	26,07	26,06
4	26,05	26,02	26,03	26,08	26,06
5	26,08	26,05	26,08	26,10	26,07
6	26,04	26,06	26,06	26,05	26,03
7	26,06	26,08	26,04	26,07	26,09
8	26,06	26,10	26,09	26,06	26,07
9	26,05	26,06	26,06	26,08	26,05
10	26,08	26,07	26,09	26,08	26,09

Stichprobenumfang n:	50
größter Wert x_{max}:	26,10
kleinster Wert x_{min}:	26,02
Spannweite R (Range) = $x_{max} - x_{min}$:	0,08

Klasse Nr.	Klasse von	Klasse bis	Strichliste	Häufigkeit pro Klasse
1	25,995	26,005		0
2	26,005	26,015		0
3	26,015	26,025	I	1
4	26,025	26,035	II	2
5	26,035	26,045	IIII	4
6	26,045	26,055	IIIIIIIII	9
7	26,055	26,065	IIIIIIIIIII	11
8	26,065	26,075	IIIIIIII	8
9	26,075	26,085	IIIIIIII	8
10	26,085	26,095	IIIII	5
11	26,095	26,105	II	2
12	26,105	26,115		0

Bild 2: Strichliste

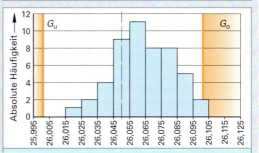

Bild 3: Histogramm der absoluten Häufigkeit

Beispiel 2:

Im Rahmen einer Maschinenfähigkeitsuntersuchung wird eine Stichprobe vom Umfang **n = 50** für folgendes Merkmal des Rohrwellenschafts geprüft:

Koaxialität Ø 20H7 zu Ø 40 (Bild 1).

Höchstmaß G_o' = 0,1 mm   Mindestmaß G_u = 0 mm
Toleranz T = 0,1 mm   Toleranzmitte C = 0,05 mm

Die Prüfwerte sind in der Urliste zusammengestellt (Tabelle 1).

a) Berechnung der Klassenanzahl k und Klassenweite w:

$k \sim \sqrt{n} = \sqrt{50} = 7{,}07 \approx 7$

$R_n = x_{imax} - x_{imin} = 0{,}12 \text{ mm} - 0{,}06 \text{ mm}$

$R_n = 0{,}06 \text{ mm}$

$w \sim \dfrac{R_n}{k} = \dfrac{0{,}06 \text{ mm}}{7} = 0{,}0086 \text{ mm} \approx \mathbf{0{,}01 \text{ mm}}$

b) Festlegung der Klassengrenzen

Geht man wie im ersten Beispiel vor, ergeben sich folgende Klassen:

1. 0,055 – 0,065
2. 0,075 – 0,085
usw.

Will man auch hier die Toleranzgrenzen in die Diagramme mit einzeichnen, so ist dies mit der oberen Toleranzgrenze problemlos möglich, da sie ja im Feld der Prüfwerte liegt.
Die untere Toleranzgrenze ist aber bei dem Wert 0. Dieser Wert wird sicherlich kaum erreicht werden, denn dies wäre ja der Idealfall, den kaum eine Produktionseinrichtung schaffen wird. Deshalb empfiehlt es sich, die Klassenanzahl um keine oder nur wenige Klassen nach unten zu erweitern. In unserem Fall sind deshalb die ersten Klassen folgendermaßen gewählt:

1. 0,005 – 0,015
2. 0,015 – 0,025
3. 0,025 – 0,035
usw.

c) Strichliste und Histogramm (Bild 2 und 3)

Auswertung:
Im Gegensatz zum ersten Beispiel zeigt sich hier ein ganz anderes Bild der Prüfwerteverteilung. Sie zeigt ein unsymmetrisches Bild. Dies liegt daran, dass immer kleiner werdende Koaxialitätswerte immer schwieriger herstellbar sind. Einen Wert unter 0,6 mm schafft man offensichtlich mit dem gegebenen Herstellprozess nicht mehr. Dieser Grund erklärt auch die unsymmetrische Verteilung. Diese Charakteristik ist bei allen **Null-begrenzten Merkmalstoleranzen** zu beobachten. Weiterhin ist erkennbar, dass nach oben die Streuung breiter wird und dass es Probleme mit dem gegebenen Prozess gibt, die Merkmalswerte innerhalb der Toleranz zu halten.

Bild 1: Prüfmerkmal Koaxialität

Tabelle 1: Urliste der Prüfwerte

Merkmal:	Koaxialität 0,1 mm			
	d = 20H7		zu d = 40	
1	0,08	0,09	0,06	0,08	0,07
2	0,06	0,10	0,07	0,06	0,08
3	0,07	0,06	0,09	0,08	0,07
4	0,09	0,07	0,08	0,07	0,09
5	0,06	0,08	0,07	0,12	0,06
6	0,07	0,09	0,06	0,07	0,08
7	0,09	0,07	0,11	0,08	0,07
8	0,06	0,07	0,08	0,09	0,10
9	0,08	0,11	0,07	0,10	0,06
10	0,10	0,06	0,09	0,07	0,07

Stichprobenumfang n:	50
größter Wert x_{max}:	0,12
kleinster Wert x_{min}:	0,06
Spannweite R (Range) = $x_{max} - x_{min}$:	0,06

Klasse Nr.	Klasse von	Klasse bis	Strichliste	Häufigkeit pro Klasse
1	0,005	0,015		0
2	0,015	0,025		0
3	0,025	0,035		0
4	0,035	0,045		0
5	0,045	0,055		0
6	0,055	0,065	IIIIIIIIII	10
7	0,065	0,075	IIIIIIIIIIIIIII	15
8	0,075	0,085	IIIIIIIIII	10
9	0,085	0,095	IIIIIIII	8
10	0,095	0,105	IIII	4
11	0,105	0,115	II	2
12	0,115	0,125	I	1

Bild 2: Strichliste

Bild 3: Histogramm der absoluten Häufigkeit

11.5 Werkzeuge des TQM

Beispiel 3:

Die Firma MOBE bezieht Nadelbüchsen von einem Lieferanten. Im Rahmen einer Qualitätsuntersuchung soll über eine Stichprobe von $n = 125$ die Fähigkeit des Herstellprozesses für das Merkmal „Härte" bezüglich der Toleranzforderungen nach folgenden Vorgaben untersucht werden:

Oberflächenhärte 700 – 800 HV 5 (Bild 1).

unterer Grenzwert UGW = 700 HV 5
oberer Grenzwert OGW = 800 HV 5
Toleranz T = 100 HV 5   Toleranzmitte C = 750 HV 5

Die Prüfwerte sind in der Urliste zusammengestellt (Tabelle 1).

a) **Berechnung der Klassenanzahl k und Klassenweite w:**

$k \sim \sqrt{n} = \sqrt{125} = 11{,}18 \approx \mathbf{11}$

$R_n = x_{imax} - x_{imin} = 798 \text{ HV } 5 - 701 \text{ HV } 5$

$R_n = \mathbf{97 \text{ HV } 5}$

$w \sim \dfrac{R_n}{k} = \dfrac{97 \text{ HV } 5}{11} = 8{,}82 \text{ HV } 5 \approx \mathbf{10 \text{ HV } 5}$

b) **Festlegung der Klassengrenzen (Bild 2 und 3)**
Geht man wie im ersten Beispiel vor und schließt die Toleranzgrenzen mit ein, ergeben sich folgende Klassen:
1. 689,5 – 699,5; 2. 699,5 – 709,5; usw.

c) **Strichliste und Histogramm (Bild 2 und 3)**

Auswertung:
Histogramm und Strichliste zeigen zwei Schwerpunkte in der Verteilung bei 715 HV 5 und 765 HV 5. Dies lässt vermuten, dass die Nadelbüchsen in zwei Chargen gefertigt und anschließend gemischt oder auf zwei getrennten Anlagen gehärtet wurden. Die Verteilung zeigt also eine Mischverteilung aus zwei symmetrischen Verteilungen. Jede Verteilung einzeln wäre zwar fähig (bei Korrektur zur Mitte auch beherrscht), als Mischverteilung aber unfähig. Weiterhin ist zu erkennen, dass die Verteilung am unteren Ende abrupt aufhört. Hier ist zu vermuten, dass der Zulieferer fehlerhafte Teile vor der Lieferung aussortierte.

Klasse Nr.	Klasse von	Klasse bis	Strichliste	Häufigkeit pro Klasse
1	689,5	699,5		0
2	699,5	709,5	IIIIIIIII	9
3	709,5	719,5	IIIIIIIIIIIIIIIIIIIIII	22
4	719,5	729,5	IIIIIIIIIIIIIIIII	17
5	729,5	739,5	IIIIIIIIIII	11
6	739,5	749,5	IIIIIII	7
7	749,5	759,5	IIIIIIIIIIII	12
8	759,5	769,5	IIIIIIIIIIIIIIIIIIIIIIII	24
9	769,5	779,5	IIIIIIIIIIIIII	14
10	779,5	789,5	IIIIII	6
11	789,5	799,5	III	3
12	799,5	809,5		0

Bild 2: Strichliste

Einsatzgehärtet: 700 HV 5 bis 800 HV 5

Bild 1: Nadelbüchse mit Merkmal „Härte"

Tabelle 1: Urliste der Prüfwerte

Merkmal:	Härte	700 HV 5 bis 800 HV 5		
Mindestwert: 700 HV 5		Höchstwert: 800 HV 5		
1	741	788	706	778	712
2	751	731	711	721	767
3	733	759	763	763	722
4	760	721	720	714	753
5	722	765	710	771	730
1	771	712	764	729	740
2	710	776	715	765	707
3	781	780	762	717	788
4	702	733	714	728	719
5	791	735	713	778	770
1	744	756	760	769	725
2	750	720	710	711	769
3	739	765	769	778	731
4	762	716	715	727	752
5	728	774	768	764	740
1	777	707	768	754	701
2	715	739	764	718	798
3	784	757	763	777	718
4	708	729	712	729	770
5	790	766	701	760	723
1	748	714	744	752	763
2	759	773	731	713	737
3	732	709	728	772	759
4	761	751	761	720	749
5	723	778	712	785	704

Stichprobenumfang n	125
größter Wert x_{max}:	798,00
kleinster Wert x_{min}:	701,00
Spannweite R (Range) = $x_{max} - x_{min}$	97,00

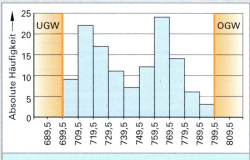

Bild 3: Histogramm der absoluten Häufigkeit

Absolute und relative Einzel- und Summenhäufigkeiten

Bei der statistischen Auswertung von Stichproben lassen sich die klassifizierten Prüfwertmengen auf verschiedene Weisen darstellen:

In den folgenden Tabellen und Bildern sind alle Häufigkeiten aus den Beispielen 1 und 2 der vorangegangenen Seiten tabellarisch und die relativen Häufigkeiten grafisch als Histogramme dargestellt.

1. Die Einzelhäufigkeiten:
Hier werden die Mengen in den einzelnen Klassen tabellarisch aufgelistet. Im Histogramm werden diese Zahlen grafisch dargestellt. Bei der absoluten Einzelhäufigkeit wird die Anzahl der Prüfwerte in jeder Klasse angegeben, bei der relativen Einzelhäufigkeit der Anteil dieser Prüfwerte in Prozent vom Stichprobenumfang. Mit diesen Prozentzahlen kann der Anteil mit einer bestimmten Aussagewahrscheinlichkeit auf die gesamte Losgröße übertragen werden.

2. Die Summenhäufigkeiten:
Hier werden die Mengen der Prüfwerte mit steigenden Klassen aufaddiert. Man erhält jeweils die Prüfwertmenge, die bis zur jeweiligen Klasse vorhanden ist. Auch hier lassen sich die Mengen mit absoluten Zahlen (absolute Summenhäufigkeit) oder mit prozentualen Anteilen (relative Summenhäufigkeit) tabellarisch angeben oder im Histogramm grafisch darstellen.

Tabelle 1: Einzel- und Summenhäufigkeit aus Beispiel 1 (Merkmal „Gabelinnenmaß 26$^{+0,1}$")

Klasse		Einzelklassenhäufigkeit		Summenhäufigkeit	
von	bis	absolut	relativ	absolut	relativ
25,995	26,005	0	0,0 %	0	0,0 %
26,005	26,015	0	0,0 %	0	0,0 %
26,015	26,025	1	2,0 %	1	2,0 %
26,025	26,035	2	4,0 %	3	6,0 %
26,035	26,045	4	8,0 %	7	14,0 %
26,045	26,055	9	18,0 %	16	32,0 %
26,055	26,065	11	22,0 %	27	54,0 %
26,065	26,075	8	16,0 %	35	70,0 %
26,075	26,085	8	16,0 %	43	86,0 %
26,085	26,095	5	10,0 %	48	96,0 %
26,095	26,105	2	4,0 %	50	100,0 %
26,105	26,115	0	0,0 %	50	100,0 %

Tabelle 2: Einzel- und Summenhäufigkeit aus Beispiel 2 (Merkmal „Koaxialität")

Klasse		Einzelklassenhäufigkeit		Summenhäufigkeit	
von	bis	absolut	relativ	absolut	relativ
0,005	0,015	0	0,0 %	0	0,0 %
0,015	0,025	0	0,0 %	0	0,0 %
0,025	0,035	0	0,0 %	0	0,0 %
0,035	0,045	0	0,0 %	0	0,0 %
0,045	0,055	0	0,0 %	0	0,0 %
0,055	0,065	10	20,0 %	10	20,0 %
0,065	0,075	15	30,0 %	25	50,0 %
0,075	0,085	10	20,0 %	35	70,0 %
0,085	0,095	8	16,0 %	43	86,0 %
0,095	0,105	4	8,0 %	47	94,0 %
0,105	0,115	2	4,0 %	49	98,0 %
0,115	0,125	1	2,0 %	50	100,0 %

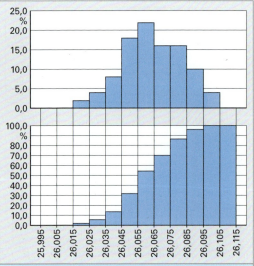

Bild 1: Histogramme der relativen Einzel- und Summenhäufigkeiten aus Beispiel 1

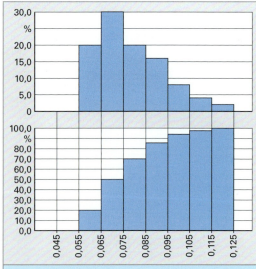

Bild 2: Histogramm der relativen Einzel- und Summenhäufikeit aus Beispiel 2

11.5.4.3 Mathematische Modelle zur Beschreibung von Zufallsereignissen

Die Entnahme von Stichproben aus einer Grundgesamtheit beruht auf Zufallsereignissen. Zeigt die Auswertung einer Stichprobe aber eine bestimmte Charakteristik wie z. B. aus Beispiel 1 eine glockenförmige Verteilung oder bei Beispiel 2 eine schiefe Verteilung, so kann bei genügend großer Stichprobe angenommen werden, dass die Grundgesamtheit dieselbe Verteilung zeigt.

Ist die Verteilungscharakteristik mit einem mathematischen Verteilungsmodell (z. B. der Normalverteilung nach Gauß) identisch, so kann die Charakteristik mit wenigen Parametern (z. B. Mittelwert und Standardabweichung bei der Normalverteilung) beschrieben werden. Die folgenden Abschnitte führen in die Grundlagen der Wahrscheinlichkeitsrechnung und in diese mathematischen Modelle ein.

Wahrscheinlichkeit

Die Wahrscheinlichkeit gibt als Bruch, Dezimalzahl zwischen 0 und 1 oder Prozentzahl an, bei welchem Anteil aller Fälle ein bestimmtes Ereignis eintritt.

Wird z. B. eine Münze geworfen, so kann die Wappenseite oder die Zahl oben liegen. Wird die Münze genügend oft geworfen, wird in der Hälfte der Fälle die Zahl zu sehen sein.

Die Wahrscheinlichkeit, eine Zahl zu werfen, ist deshalb $1/2$, bzw. 0,5, bzw. 50 %.
Die Wahrscheinlichkeit wird nach folgender Formel berechnet:

$$P(E) = \frac{\text{Anzahl der für E günstigen Ergebnisse}}{\text{Gesamtzahl aller möglichen Ergebnisse}}$$

E = erwartetes Ergebnis bzw. erwartete Ergebnisse eines Zufallsexperiments
P = Wahrscheinlichkeit des Auftretens des erwarteten Ergebnisses bzw. der Ergebnisse

Beispiel 1: Wie groß ist die Wahrscheinlichkeit, mit einem Würfel eine 6 zu würfeln?
Das Zufallsereignis ist, eine 6 zu würfeln, also ist E=6.
Die 6 kommt nur einmal auf dem Würfel vor, deshalb ist die Anzahl der für E günstigen Ergebnisse 1.
Es können 6 verschiedene Zahlen gewürfelt werden, deshalb ist die Gesamtzahl aller möglichen Ergebnisse 6.
Die Wahrscheinlichkeit lässt sich demnach folgendermaßen berechnen:

$$P(E=6) = \frac{1}{6} = 0{,}167 = 16{,}7\,\%$$

Beispiel 2: Wie groß ist die Wahrscheinlichkeit, mit einem Würfel eine 2 oder 3 zu würfeln?

$$P(E=2 \text{ oder } 3) = \frac{2}{6} = \frac{1}{3} = 0{,}333 = 33{,}3\,\%$$

Beispiel 3: Wie groß sind die Wahrscheinlichkeiten, mit 2 Würfeln die Zahlen 2, 3, 4, 5, 6, 7, 8, 9, 10, 11, oder 12 zu würfeln.

Hier ist es nicht mehr so einfach, die Anzahl der für E günstigen Ergebnisse und die Gesamtzahl aller Möglichkeiten zu erfassen. Das folgende **Bild 1** gibt darüber Aufschluss:

Würfel 2 \ Würfel 1	1	2	3	4	5	6
1	2	3	4	5	6	7
2	3	4	5	6	7	8
3	4	5	6	7	8	9
4	5	6	7	8	9	10
5	6	7	8	9	10	11
6	7	8	9	10	11	12

Bild 1: Mögliche Würfelkombinationen bei 2 Würfeln

Aus dem Bild kann man entnehmen, dass es insgesamt 36 Kombinationen der beiden Würfel gibt. Zur Zahl 2 führt nur eine Kombination, zur Zahl 3 zwei Kombinationen, zur Zahl 4 drei Kombinationen usw. Es ergeben sich folgende Lösungen:

$P(E=2) = \frac{1}{36} = 0{,}028$ $\quad$ $P(E=8) = \frac{5}{36} = 0{,}139$

$P(E=3) = \frac{2}{36} = 0{,}056$ $\quad$ $P(E=9) = \frac{4}{36} = 0{,}111$

$P(E=4) = \frac{3}{36} = 0{,}083$ $\quad$ $P(E=10) = \frac{3}{36} = 0{,}083$

$P(E=5) = \frac{4}{36} = 0{,}111$ $\quad$ $P(E=11) = \frac{2}{36} = 0{,}056$

$P(E=6) = \frac{5}{36} = 0{,}139$ $\quad$ $P(E=12) = \frac{1}{36} = 0{,}028$

$P(E=7) = \frac{6}{36} = 0{,}167$

Wahrscheinlichkeitsfunktion und Verteilungsfunktion

Wahrscheinlichkeitsfunktion. Bei der Wahrscheinlichkeitsfunktion werden die Einzelwahrscheinlichkeiten in Abhängigkeit von den Ereignissen als Funktion dargestellt.

> Die Wahrscheinlichkeitsfunktion wird mit
> $g(x)$
> bezeichnet, wobei x für die Ergebnisse der Zufallsereignisse steht.

Verteilungsfunktion. Bei der Verteilungsfunktion werden die Einzelwahrscheinlichkeiten addiert und die Summenwahrscheinlichkeiten als Funktion dargestellt.

> Die Verteilungsfunktion wird mit
> $G(x)$
> bezeichnet, wobei x ebenfalls für die Ergebnisse der Zufallsereignisse steht.

Für die Wahrscheinlichkeitsfunktion des Würfelexperiments aus Beispiel 3 ergibt sich ein dreieckiger Verlauf aus zwei linearen Funktionen. Für die Verteilungsfunktion ergibt sich ein S-förmiger Verlauf.

Das Nagelbrett von Galton

Die Streuung der Prüfwerte bei einem Fertigungsprozess entsteht durch mehrere nacheinander stattfindende Zufallsereignisse.
Dieser Vorgang kann anschaulich mit dem Nagelbrett von *Galton*[1] dargestellt werden (**Bild 3**). Auf einem Brett befinden sich mehrere Nagelreihen, die versetzt angeordnet sind. Über einen Trichter fallen Kugeln nacheinander auf den ersten Nagel in der obersten Reihe und werden dort mit der Wahrscheinlichkeit 50 % (0,5) nach links oder rechts verteilt. In der nächsten Reihe wird die Kugel wieder mit der Wahrscheinlichkeit 50 % nach links oder rechts verteilt. Jede Kugel durchläuft also einen zufälligen Kurs durch die Reihen und kommt schließlich in den Auffangkanälen am unteren Brettende an.
Von Interesse ist nun die Verteilungscharakteristik, die sich durch diese Zufallsereignisse ergibt.
Dazu müssen die Einzelwahrscheinlichkeiten von Nagelreihe zu Nagelreihe kombiniert werden.

Für Beispiel 3 ergeben sich die Funktionen nach **Bild 1 und Bild 2, folgende Seite**.

Bild 1: Wahrscheinlichkeiten, Beispiel 3

Bild 2: Verteilungen, Beispiel 3

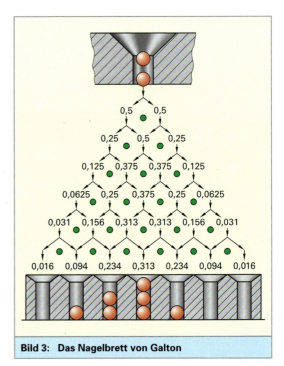

Bild 3: Das Nagelbrett von Galton

---

[1] *Francis Galton* (1822 bis 1911) engl. Naturforscher

Zeichnet man die Wahrscheinlichkeiten als Wahrscheinlichkeitsfunktion $g(x)$ auf, so erhält man einen glockenförmigen Verlauf (**Bild 1**). Die Verteilungsfunktion $G(x)$ zeigt einen S-förmigen Verlauf (**Bild 2**).

Bild 3 zeigt ein erweitertes Galton'sches Nagelbrett, bei dem sich auch der Einlauftrichter verschieben lässt. Damit lässt sich die Lage der Verteilung verschieben. Dieser Vorgang wird in einem Fertigungsprozess durch einen systematischen Einfluss wie z. B. eine Werkzeugabnutzung verursacht.

Im unteren Auffangbereich können auch verschobene Verteilungen zu Mischverteilungen zusammengesetzt werden. Es entsteht eine ähnliche Verteilung wie in Beispiel 3 im vorangegangenen Kapitel 11.5.4.2.

Die Normalverteilung

Zeigt die Verteilung von Prüfwerten einer Stichprobe die gleiche Charakteristik (symmetrische Glockenkurve) wie in Bild 1, so lässt sich diese auch mit dem Modell der *Gauß'schen Normalverteilung*[1] mathematisch beschreiben.

Geht man von unendlich vielen Einzelwerten und von immer schmaler werdenden Balken (= kleiner werdende Klassenbreiten) aus, so entsteht die für die Normalverteilung typische **Glockenkurve**, eine symmetrische und stetige Verteilung. Wurde im Histogramm an der senkrechten Achse (Ordinate) die absolute Häufigkeit (absolute Wertanteile) oder die relative Häufigkeit (prozentuale Wertanteile) aufgetragen, so wird daraus jetzt die Wahrscheinlichkeitsdichte $g(x)$ mit der folgenden Definition.

$$g(x) = \frac{\text{Wahrscheinlichkeit, dass ein Messwert eine Klasse belegt}}{\text{Breite der Klasse}}$$

Durch die zwei Parameter **Mittelwert µ** und **Standardabweichung** σ (Sigma) wird die Normalverteilung eindeutig beschrieben.

Die Wahrscheinlichkeitsdichtefunktion ist:

$$g(x) = \frac{1}{\sigma \cdot \sqrt{2 \cdot \pi}} \cdot e^{-\frac{1}{2}\left(\frac{x-\mu}{\sigma}\right)^2}$$

Der Mittelwert μ liegt beim **Kurvenmaximum** und bestimmt die Lage der Verteilung auf der x-Achse.

Die Standardabweichung σ kennzeichnet die **Streuung** (das Abweichverhalten vom Mittelwert) der Merkmalswerte. Der Wert der Standardabweichung **Sigma** entspricht dem Abstand der Wendepunkte der Kurve vom Mittelwert.

[1] *Gauß, Karl-Friedrich*, Mathematiker und Astronom (1777 bis 1855)

Bild 1: Wahrscheinlichkeitsfunktion $g(x)$

Bild 2: Verteilungsfunktion $G(x)$

Bild 3: Simulationsmodell für Normalverteilungen

Mathematisch berührt die Glockenkurve die x-Achse im Unendlichen. Die Fläche unterhalb der gesamten Glockenkurve entspricht der Grundgesamtheit. In der Praxis betrachtet man aber nur den Bereich von $\mu \pm 3 \cdot \sigma$, in dem 99,73 % aller Werte oder den Bereich von $\mu \pm 4 \cdot \sigma$, in dem 99,99 % aller Werte liegen (**Bild 1**).

Summiert man die Werte der Wahrscheinlichkeitsdichte mit zunehmendem x auf, so erhält man die **Verteilungsfunktion G (x)**. An ihrer senkrechten Achse können die prozentualen Anteile der Merkmalswerte von $x = -\infty$ bis zu einem bestimmten Wert x_n abgelesen werden (dieser entspricht der Fläche unter der Glockenkurve und damit dem Integral in diesem Bereich). Die Kurve zeigt einen typischen S-Verlauf, deren Wendepunkt bei dem Wert $x = \mu$ und damit bei 50 % der Merkmalswerte liegt.

Die standardisierte Normalverteilung

Wird das mathematische Modell der Normalverteilung bei einer statistischen Auswertung angewendet, so ist der Wert der Wahrscheinlichkeitsdichte $g(x)$ auf der y-Achse nicht von Interesse. Zu bestimmen sind immer Anteile, die unter einem vorgegebenen x-Wert, über einem vorgegebenen x-Wert oder zwischen zwei vorgegebenen x-Werten liegen. Wird eine Prüfwertemenge untersucht, so will man wissen, wie viel Prozent unter der unteren Toleranzgrenze oder über der oberen Toleranzgrenze oder wie viel Prozent zwischen den Toleranzgrenzen liegen.

Es wird also der Wert des Integrals, d. h. **die Fläche unter der Glockenkurve** für einen bestimmten Bereich gesucht. Diesen Wert stellt die y-Achse der Verteilungsfunktion dar.

Damit man diese Werte nicht über komplizierte Berechnungen bestimmen muss, wurde in der Mathematik eine Tabelle entwickelt, aus der diese Werte ablesbar sind.

Die Unabhängigkeit von bestimmten Streubereichen verschiedener Prüfwerte wird durch die Einführung einer standardisierten Normalverteilungsvariablen u erreicht.

Die Normalverteilungsvariable:
$$u = \frac{x - \mu}{\sigma}$$

Der Mittelwert μ und die Standardabweichung σ sind abhängig von der jeweiligen Aufgabe. Nimmt ein x-Wert genau den Wert von μ, $\mu + \sigma$, $\mu + 2\sigma$, $\mu + 3\sigma$, $\mu - 2\sigma$ oder $\mu - 3\sigma$ an, so lassen sich die entsprechenden Werte für die standardisierte Normalverteilungsvariable u wie nebenstehend berechnen und man erhält die standardisierte Normalverteilung, die im **Bild 2** dargestellt ist.

Bild 1: Wahrscheinlichkeitsdichtefunktion und Verteilungsfunktion der Normalverteilung

$x = \mu \quad \rightarrow \quad u = \dfrac{\mu - \mu}{\sigma} = 0$

$x = \mu + \sigma \quad \rightarrow \quad u = \dfrac{\mu + \sigma - \mu}{\sigma} = 1$

$x = \mu + 2\sigma \rightarrow u = \dfrac{\mu + 2\sigma - \mu}{\sigma} = 2$

$x = \mu + 3\sigma \rightarrow u = \dfrac{\mu + 3\sigma - \mu}{\sigma} = 3$

$x = \mu - \sigma \quad \rightarrow \quad u = \dfrac{\mu - \sigma - \mu}{\sigma} = -1$

$x = \mu - 2\sigma \rightarrow u = \dfrac{\mu - 2\sigma - \mu}{\sigma} = -2$

$x = \mu - 3\sigma \rightarrow u = \dfrac{\mu - 3\sigma - \mu}{\sigma} = -3$

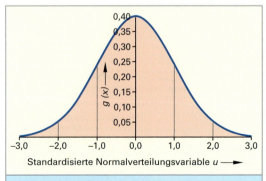

Bild 2: Standardisierte Normalverteilung

Die nebenstehende **Tabelle 1** zeigt die Werte der Verteilungsfunktion G(u) in Abhängigkeit von der standardisierten Normalverteilungsvariablen u. Umfangreiche Tabellen mit kleineren u-Schritten findet man in mathematischen Tabellenbüchern. Die Tabelle kann auch mit einem Tabellenkalkulationsprogramm selbst erstellt werden.
Die Arbeit mit dieser Tabelle soll an einigen Beispielen erläutert werden:

Tabelle 1: Werte G(u) der Standardisierten Normalverteilung

u	G(x)	G(x) in %	u	G(x)	G(x) in %
-3,0	0,0013	0,13 %	0,2	0,5793	57,93 %
-2,8	0,0026	0,26 %	0,4	0,6554	65,54 %
-2,6	0,0047	0,47 %	0,6	0,7257	72,57 %
-2,4	0,0082	0,82 %	0,8	0,7881	78,81 %
-2,2	0,0139	1,39 %	1,0	0,8413	84,13 %
-2,0	0,0228	2,28 %	1,2	0,8849	88,49 %
-1,8	0,0359	3,59 %	1,4	0,9192	91,92 %
-1,6	0,0548	5,48 %	1,6	0,9452	94,52 %
-1,4	0,0808	8,08 %	1,8	0,9641	96,41 %
-1,2	0,1151	11,51 %	2,0	0,9772	97,72 %
-1,0	0,1587	15,87 %	2,2	0,9861	98,61 %
-0,8	0,2119	21,19 %	2,4	0,9918	99,18 %
-0,6	0,2743	27,43 %	2,6	0,9953	99,53 %
-0,4	0,3446	34,46 %	2,8	0,9974	99,74 %
-0,2	0,4207	42,07 %	3,0	0,9987	99,87 %
0	0,5000	50,00 %			

Beispiel 1: Wieviel % der Werte liegen im Bereich von -2σ und $+2\sigma$ einer Normalverteilung?

Da dieser Bereich dem Bereich $-2u$ bis $+2u$ entspricht, können die beiden Werte G(u) aus der Tabelle entnommen und durch Subtraktion das Ergebnis bestimmt werden:

$G(u = +2) = 97{,}72\ \%$ $G(u = -2) = 2{,}28\ \%$

Ergebnis: 97,72 % − 2,28 % = **95,44 %**

Beispiel 2: Wieviel % der Werte liegen im Bereich von $-1{,}6\ \sigma$ und $+0{,}8\ \sigma$ einer Normalverteilung?

$G(u = +0{,}8) = 78{,}81\ \%$ $G(u = -1{,}6) = 5{,}48\ \%$

Ergebnis: 78,81 % − 5,48 % = **73,33 %**

Kurzbezeichnungen bei der Grundgesamtheit und der Stichprobe

Zur Beurteilung eines Fertigungsprozesses kann nur selten auf die Gesamtheit aller Merkmalswerte für eine Auswertung aufgebaut werden. Es können nur Stichproben genommen werden. Meist muss auch ein Prozess schon beim Anlauf beurteilt werden. Mit den aus der **Stichprobe** gewonnenen **Kennwerten** der Verteilung werden dann die **Parameter** der **Grundgesamtheit** geschätzt. Damit Stichprobenkennwerte klar von den Parametern der Grundgesamtheit unterschieden werden können, werden unterschiedliche Kurzbezeichnungen verwendet (**Tabelle 2**).

Tabelle 2: Kurzbezeichnungen bei Grundgesamtheit und Stichprobe

	Grundgesamtheit	Stichprobe
	Parameter:	Kennwerte:
Werteumfang	N	n
Mittelwert	μ	$\bar{x}$
Standardabweichung:	σ	s

Rechnerische Ermittlung von $\bar{x}$ und s

Der arithmetische Mittelwert $\bar{x}$ (sprich x quer) und die Standardabweichung s einer Stichprobe vom Umfang n werden nach den nebenstehenden Formeln ermittelt.
Beide Werte können bei den meisten Taschenrechnern mit einer Taste abgerufen werden.
Mit der Standardabweichung wird der mittlere Abstand der Einzelwerte x_i vom Mittelwert x berechnet. Quadrat und Wurzel wird deshalb notwendig, damit die Abstände alle positiv werden. Positive und negative Abstände würden sich sonst gegenseitig aufheben.

$$\bar{x} = \frac{\Sigma x_i}{n} = \frac{x_1 + x_2 + \ldots x_n}{n}$$

$$s = \sqrt{\frac{\Sigma(x_i - \bar{x})^2}{n-1}}$$

$x_1 = x_1, x_2 \ldots x_n$ (einzelne Merkmalswerte)

Häufig findet man auf Taschenrechnern zwei s-Werte: s_{n-1} und s_n (manchmal auch mit σ_{n-1} und σ_n bezeichnet). Der Unterschied liegt im Nenner der Formel für s (bzw. σ). Im einen Fall wird durch n−1 und im anderen Fall durch n dividiert. Bei Stichproben wird mit s_{n-1} gerechnet.

Beispiel: Für die normalverteilten Prüfwerte des Merkmals „Gabelinnenmaß" mit dem Maß $26^{+\,0{,}1}$ soll für die Stichprobe vom Umfang $n = 50$ (Prüfwerte siehe Urliste von Beispiel 1 im vorangegangenen Kapitel) der Mittelwert und die Standardabweichung bestimmt werden.

Es ergeben sich folgende Werte für den Mittelwert und die Standardabweichung:

$\bar{x} = 26{,}064$ mm
$s = 0{,}0185$ mm

Mit diesen beiden Werten lässt sich schon das zugehörige mathematische Modell der Gauß'schen Normalverteilung aufzeichnen (**Bild 1**). Da die Fläche unter der Glockenkurve die Menge der Merkmalswerte darstellt, kann man nach dem Einzeichnen der Toleranzgrenzen (G_u und G_o) erkennen, dass oberhalb der oberen Toleranzgrenzen ein erheblicher fehlerhafter Anteil liegt, obwohl in der Urliste kein Wert außerhalb der Toleranzgrenzen liegt. Mit der Verteilungsfunktion $G(x)$ kann dieser zeichnerisch ungefähr ermittelt werden.
Geht man also davon aus, dass der Fertigungsprozess normalverteilt ist, so ist langfristig dieser Fehleranteil zu erwarten.

Bild 1: Wahrscheinlichkeits- und Verteilungsfuntion

Wahrscheinlichkeitsnetz

Das Wahrscheinlichkeitsnetz stellt im Grunde die Verteilungsfunktion der Normalverteilung dar. Der Maßstab der senkrechten Achse (Ordinate) wurde so verändert, dass aus dem S-förmigen Verlauf eine Gerade wird. Dieser Maßstab beginnt bei 0,05 % mit großen Abständen, die bis zu 50 % immer kleiner werden. Ab 50 % werden sie in umgekehrter Weise wieder größer bis zu dem maximalen Wert 99,95 % (**Bild 2**).

Auf einer parallelen Achse ist die **standardisierte Normalverteilungsvariable u** abgetragen. Mit deren Hilfe lassen sich bei einer Stichprobenaufwertung sofort der Mittelwert und die Werte für die Standardabweichung ablesen.

Auf der waagerechten Achse (Abszisse) wird der zu betrachtende **Bereich der Merkmalswerte** aufgetragen. Mit dem Wahrscheinlichkeitsnetz kann man schnell und einfach Stichproben auf **Normalverteilung untersuchen** und **auswerten**.

Nach Ermittlung der relativen (prozentualen) Summenhäufigkeiten lassen sich diese als Punkte in das Wahrscheinlichkeitsnetz einzeichnen. Liegen die Punkte annähernd auf einer Geraden, so kann man davon ausgehen, dass der Prozess normalverteilt ist. Anhand der Geraden kann man weiterhin den Mittelwert ablesen und mithilfe des u-Maßstabes die Standardabweichung ermitteln.

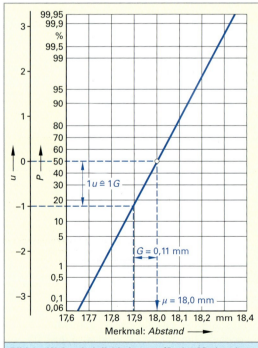

Bild 2: Wahrscheinlichkeitsnetz für das Merkmalbeispiel „Abstand in mm" mit einem Mittelwert von 18,0 mm

11.5 Werkzeuge des TQM

Aufgabe:

Die Härte von Gelenkbolzen soll mindestens 60 HRC und höchstens 62 HRC betragen.

Mit einer Stichprobe vom Umfang $n = 50$ soll im Rahmen einer Prozessfähigkeitsuntersuchung
a) Mittelwert und Standardabweichung rechnerisch bestimmt werden,
b) mithilfe des Wahrscheinlichkeitsnetzes beurteilt werden, ob eine Normalverteilung vorliegt und weiterhin soll mithilfe des Wahrscheinlichkeitsnetzes Mittelwert, Standardabweichung und die Überschreitungsanteile bestimmt werden.

Die ermittelten Messwerte sind in nebenstehender Urliste zusammengestellt **(Tabelle 1)**.

Tabelle 1: Urliste

Messwerte in Rockwell-Härte (HRC)

10	20	30	40	50
61,1	61,5	60,7	60,1	60,3
61,4	61,1	61,9	61,7	60,8
61,6	61,5	60,9	61,4	60,7
60,5	62,0	61,8	61,2	61,2
60,9	61,2	61,4	62,0	61,7
61,7	61,2	61,2	62,4	61,4
61,5	61,8	61,2	61,0	60,7
61,1	61,0	61,3	61,9	60,6
60,3	60,0	61,3	62,2	61,7
61,8	61,4	60,8	60,3	61,7

Lösung:

a) **Rechnerische Ermittlung von $\bar{x}$ und s**

Der arithmetische Mittelwert $\bar{x}$ und die Standardabweichung s der Stichprobe werden nach den nebenstehenden Formeln ermittelt.

Setzt man die Werte aus dem Beispiel ein, so errechnet man folgende Werte:

$\bar{x} = 61{,}24$ HRC

$s = 0{,}58$ HRC

$$\bar{x} = \frac{\sum x_i}{n} = \frac{x_1 + x_1 + \ldots x_n}{n}$$

$$s = \sqrt{\frac{\sum (x_i - \bar{x})^2}{n-1}}$$

$x_i = x_1, x_2 \ldots x_n$ (einzelne Merkmalssysteme)

Mit diesen beiden Werten lässt sich schon das zugehörige mathematische Modell der Gauß'schen Normalverteilung aufzeichnen **(Bild 1)**. Da die Fläche unter der Glockenkurve die Menge der Merkmalswerte darstellt, kann man nach dem Einzeichnen der Toleranzgrenzen (OGW und UGW) erkennen, dass die Anteile, die diese Grenzen überschreiten, relativ groß sind.

Obwohl sich in der Urliste kein Wert befindet, der unter dem unteren Grenzwert von 60 HRC liegt, zeigt uns das mathematische Modell auch hier einen erheblichen Überschreitungsanteil.

b) **Auswertung im Wahrscheinlichkeitsnetz**

Bevor man mit der Auswertung im Wahrscheinlichkeitsnetz beginnen kann, sind noch einige Vorarbeiten erforderlich.

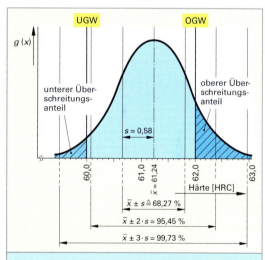

Bild 1: Normalverteilung, berechnet aus $\bar{x}$ und s

Klassenanzahl und Klassenweite

Zunächst müssen die Messwerte in Klassen eingeteilt werden. Hierzu muss die **Klassenanzahl** und die **Klassenweite** festgelegt werden. Bei Stichprobenumfängen von $n = 30$ bis 400 berechnet man diese beiden Größen nach den nebenstehenden Formeln.

Wertet man von Hand aus (wie im Beispiel gefordert), so rundet man hier auf gut teilbare und übersichtliche Größen auf oder ab. Wird die Auswertung über SPC-Softwareprogramme vorgenommen, so übernehmen diese Programme die genauen Werte.

$$\text{Klassenanzahl } k \approx \sqrt{n}$$

$$\text{Klassenweite } w \approx \frac{R_n}{k}$$

$$R_n = x_{i\,max} - x_{i\,min}$$

R_n = Spannweite der Stichprobe vom Umfang n
$x_{i\,max}$ = größter Merkmalswert
$x_{i\,min}$ = kleinster Merkmalswert

Tabelle 1 zeigt die für das Beispiel gewählten Klassen und die zugehörige Strichliste.

Häufigkeit und Summenhäufigkeit

Als Vorarbeit für die Auswertung im Wahrscheinlichkeitsnetz ist die relative Summenhäufigkeit in den einzelnen Klassen zu ermitteln.

Hierzu ermittelt man zuerst die **absolute Häufigkeit**, bei der in jeder Klasse die Anzahl der Messwerte ermittelt wird. Bezieht man jede Anzahl auf den Stichprobenumfang n und drückt diesen in Prozentanteilen aus, so erhält man die **relative Häufigkeit**.

Summiert man die Werte von Klasse zu Klasse auf, so ergibt sich die **absolute,** bzw. **die relative Summenhäufigkeit**. In Tabelle 1 sind die Ergebnisse in den letzten vier Spalten aufgetragen.

Histogramm der Häufigkeit und Summenhäufigkeit

Mit Tabelle 1 lassen sich nun auch sehr schnell Histogramme für die Häufigkeiten und Summenhäufigkeiten aufzeichnen (siehe **Bild 1**).

Übertragung in das Wahrscheinlichkeitsnetz

Nachdem der Maßstab und die Klassen auf die waagerechte Achse (Abszisse) übertragen wurde, werden die relativen Summenhäufigkeiten an den Werten der oberen Klassenenden senkrecht aufgetragen (**Bild 1, folgende Seite**).

Ergeben die Punkte annähernd eine Gerade, so kann man davon ausgehen, dass die Streuung des Fertigungsprozesses normalverteilt ist, d. h. der Fertigungsprozess lässt sich bei der weiteren Fertigung durch Stichproben mit der Ermittlung und dem Vergleich der Stichprobenkennwerte Mittelwert und Standardabweichung sehr leicht beobachten und analysieren.

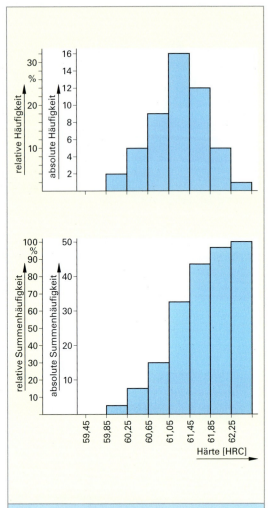

Bild 1: Histogramme der Häufigkeiten und Summenhäufigkeiten

Tabelle 1: Strichliste und Häufigkeiten

Klasse		Strichliste	Häufigkeit		Summenhäufigkeit	
Nummer	von ... bis [HCR]		absolut (Anzahl)	relativ (in %)	absolut (Anzahl)	relativ (in %)
1	59,45 – 59,85		0	0	0	0
2	59,85 – 60,25	II	2	4	2	4
3	60,25 – 60,65	⊞	5	10	7	14
4	60,65 – 61,05	⊞ IIII	9	18	16	32
5	61,05 – 61,45	⊞ ⊞ ⊞ I	16	32	32	64
6	61,45 – 61,85	⊞ ⊞ II	12	24	44	88
7	61,85 – 62,25	⊞	5	10	49	98
8	62,25 – 62,65	I	1	2	50	100

11.5 Werkzeuge des TQM

Bild 1: Wahrscheinlichkeitsnetz des Beispiels

Nach dem Einzeichnen der Summenhäufigkeiten des Beispiels ist zu erkennen, dass die Werte im Wahrscheinlichkeitsnetz annähernd auf einer Geraden liegen. Es kann also von einer Normalverteilung ausgegangen werden.

Bei dem Wert 50 % findet man am Schnittpunkt mit der Geraden den Mittelwert auf der Merkmalswert-Achse. Zeichnet man zwischen den Werten 0 und 1 der standardisierten Normalverteilungsvariablen ein Steigungsdreieck ein, so erhält man auf dem waagerechten Abstand die Standardabweichung.

In diesem Beispiel ergeben sich folgende Werte:

$\bar{x}$ = 61,15 HRC $\quad\quad$ s = 0,54 HRC

Die kleinen Differenzen zur rechnerischen Lösung ergeben sich aus der Zeichenungenauigkeit und dem geschätzten Einzeichnen der Geraden zwischen die leicht streuenden Konstruktionspunkte.

Nichtnormalverteilte Prozesse

Stellt sich heraus, dass die Summenhäufigkeitspunkte im Wahrscheinlichkeitsnetz nicht auf einer Geraden liegen, so können anhand der Punktelage auch andere Verteilungen erkannt werden.

Eine Mischverteilung aus zwei Normalverteilungen liegt vor, wenn die Punkte der unteren Hälfte und die Punkte der oberen Hälfte je auf einer Geraden liegen, dazwischen aber ein Versatz ist. Liegen die Punkte auf einem Bogen, so liegt eine unsymmetrische Verteilung vor. Bild 1 zeigt die beiden Fälle im Wahrscheinlichkeitsnetz und ihr Funktionsschaubild $g(x)$.

Überschreitungsanteile

Bei einer Prozessbeurteilung ist es auch noch wichtig, den Anteil zu kennen, der die Toleranzgrenzen überschreitet. Diese Überschreitungsanteile (u) können nach dem Einzeichnen der Toleranzgrenzen UGW und OGW im Wahrscheinlichkeitsnetz direkt abgelesen werden.

In dem gezeigten Beispiel ergibt sich für den unteren Überschreitungsanteil $u_{un} = 1{,}2\ \%$ und für den oberen Überschreitungsanteil $u_{ob} = 6\ \%$. 7,2 % der Merkmalswerte sind also bei dieser Verteilung und diesen Toleranzgrenzen als fehlerhaft zu erwarten.

Damit ohne Rechenaufwand der obere Überschreitungsanteil direkt abgelesen werden kann, befindet sich am rechten Rand des Wahrscheinlichkeitsnetzes der Summenwahrscheinlichkeitsmaßstab in umgekehrter Reihenfolge (100 % – P).

11.5.4.4 Qualitätsregelkarten

Mit Qualitätsregelkarten werden die Kennwerte für die Verteilung der Merkmalswerte laufend überwacht. In regelmäßigen Abständen werden Stichproben dem Prozess entnommen, ausgewertet und die Kennwerte dokumentiert. Im Wareneingang lassen sich mit diesen Karten auch die Lieferantenqualitäten überwachen. **Bild 2** zeigt den Aufbau einer solchen Karte am Beispiel einer Mittelwertkarte.

Um frühzeitig auf Änderungen des Prozesses zu reagieren, setzt man den Prozesskennwerten Grenzen. Erreichen die Kennwerte die **Warngrenzen**, so weisen die Überschreitungsanteile zwar noch ein erträgliches Maß auf, es besteht aber die Gefahr, dass der Prozess noch weiter abdriftet. Meist wird in solch einem Fall der Prozess noch schärfer, d. h. in kürzeren Abständen beobachtet.

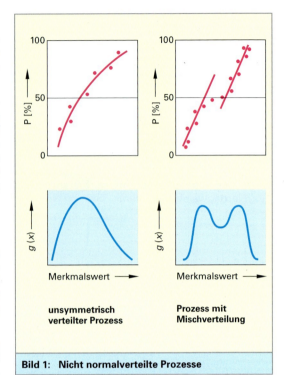

Bild 1: Nicht normalverteilte Prozesse

Bild 2: $\bar{x}$-Prozessregelkarte

11.5 Werkzeuge des TQM

Welche Maßnahmen in diesen Fällen im Einzelnen ergriffen werden müssen, wird im **Prüfplan** dokumentiert.

Arten von Qualitätsregelkarten
Man unterscheidet bei kontinuierlichen Merkmalen (= Messwerten) 2 Arten von Regelkarten:

1. Prozessregelkarten (Shewartkarten[1])
Diese Karten gehen nicht von vorgegebenen Grenzwerten aus. Eingriffs- und Warngrenzen (OEG, OWG und UWG, UEG) werden über Schätzwerte der Verteilungsparameter (Mittelwert und Standardabweichung) einer Grundgesamtheit bestimmt. **Bild 1** zeigt diesen Vorgang am Beispiel einer Urwertkarte.

Ist der Fertigungsprozess eine Wiederholung von einem schon einmal oder mehrmals durchgeführten Prozess, so werden die Grenzwerte aus dessen Verteilungsparametern gebildet.

Wird ein Fertigungsprozess zum ersten Mal angefahren, so schätzt man die Verteilungsparameter der Grundgesamtheit über einen Vorlauf (z. B. 25 Stichproben mit Stichprobenumfang $n = 5$). Da bei fortschreitendem Verlauf des Prozesses ständig weitere Messwerte gewonnen werden, können diese in erneute Grenzwertberechnungen mit einbezogen werden.

Bild 1: Prozessregelkarte (Shewartkarte) – von der Grundgesamtheit zur Regelkarte am Beispiel einer Urwertkarte

2. Annahmeregelkarten
Hier werden die Eingriffs- und Warngrenzen über die Toleranzgrenzwerte berechnet. Als Grundlage für die Berechnung der Eingriffs- und Warngrenzen dient eine Verteilung, deren Streuung zwischen den Toleranzgrenzen $\pm 4\,\sigma$ (manchmal auch $\pm 5\,\sigma$) beträgt.

In **Bild 2** wird dieser Vorgang am Beispiel einer Urwertregelkarte verdeutlicht.

Prozess- und Annahmeregelkarten gibt es für die Einzelmesswerte (Urwerte) und für die Kennwerte von Lage und Streuung einer Stichprobe (**Tabelle 1**). Um die Lage und die Streuung eines Prozesses gleichzeitig zu überwachen, werden vorzugsweise $\bar{x}$-Karten und R-Karten[2] oder $\bar{x}$ und s-Karten kombiniert. Führt man Regelkarten von Hand, wird die $\bar{x}$- und R-Karte bevorzugt, da die Spannweite R wesentlich einfacher von Hand zu ermitteln ist als die Standardabweichung s.

Bild 2: Annahmeregelkarte – vom Toleranzbereich zur Regelkarte am Beispiel einer Urwertkarte

Tabelle 1: Regelkarten	
Urwerte (x-Karte)	
Kennwerte der Lage	Kennwerte der Streuung
Median ($\tilde{x}$-Karte)	Spannweite (R-Karte)
arithmet. Mittelwert ($\bar{x}$-Karte)	Standardabweichung (s-Karte)

---

[1] *Walter Andrew Shewart* (1891 bis 1967), amerik. Wissenschaftler
[2] R von engl. range = Reichweite

Zufallsstreubereiche einer Normalverteilung

Eingriffs- und Warngrenzen werden nach den 99 %- und 95 %-Zufallsstreubereichen der Normalverteilung der Grundgesamtheit ermittelt. Der Zufallsstreubereich gibt den Merkmalswertebereich an, in dem 99 % bzw. 95 % der Merkmalswerte der Grundgesamtheit liegen. Die zugehörigen Merkmalsgrenzwerte können mit dem Wahrscheinlichkeitsnetz oder einer $G(u)$-Tabelle ermittelt werden. **Bild 1** zeigt die Ermittlung des 95 %-Zufallsstreubereichs mithilfe des Wahrscheinlichkeitsnetzes.

Bestimmung von Warn- und Eingriffsnetzen bei einer Mittelwert-Prozessregelkarte

Sind die Parameter Mittelwert μ und Standardabweichung s einer Grundgesamtheit bekannt (aus einem vorausgegangenen Prozess oder einem Vorlauf), so können die Warn- und Eingriffsgrenzen für eine Mittelwert-Regelkarte bestimmt werden **(Bild 2)**.

Toleranzgrenzen (Oberer Grenzwert (OGW) und Unterer Grenzwert (UGW)) werden auf Prozessregelkarten grundsätzlich nicht eingezeichnet, da sie ja für einzelne Merkmalswerte gelten.

> **Beispiel:**
> Durch einen Vorlauf bei der Herstellung von elektrischen Widerständen wurden folgende Parameter ermittelt:
>
> $\mu = 100$ Ohm, $\sigma = 2$ Ohm. In **Bild 1a, folgende Seite**, ist zunächst dieser Vorlauf durch ein Histogramm dargestellt und **Bild 1b, folgende Seite**, zeigt das zugehörige mathematische Modell der Normalverteilung.

Ergebnis: Der 95 %-Zufallsstreubereich liegt zwischen $x_{un} = 17{,}78$ mm und $x_{ob} = 18{,}22$ mm.

Bild 1: Ermittlung eines 95 %-Zufallsstreubereichs mit dem Wahrscheinlichkeitsnetz

Bild 2: Beispiel für eine $\bar{x}$-Karte (Mittelwertachse)

Aufgabe

Der folgende Fertigungsprozess soll mit regelmäßigen Stichproben vom Umfang $n = 10$ überwacht werden. Für eine $\bar{x}$-Regelkarte sollen die Warngrenzen und Eingriffsgrenzen bestimmt werden.

Die **Bilder c und d** zeigen drei Histogramme und ihre zugehörigen Schaubilder der Normalverteilung von Stichproben, die alle von dem Histogramm des Vorlaufs stammen können.

Stichprobe I liegt ganz links im Streubereich des Vorlaufs, II in der Mitte und III ganz rechts im Streubereich. Die Wahrscheinlichkeit, dass die beiden extremen Stichproben I und III vorkommen, ist sehr gering. Bleibt der Prozess konstant, werden mit größter Wahrscheinlichkeit ähnliche Stichproben wie die Stichprobe II mit gleicher oder größerer Streuung zu erwarten sein. Aus dieser Erkenntnis kann man folgern, dass die Mittelwerte der einzelnen Stichproben wiederum in einer Normalverteilung streuen.

Lösung:
Die Standardabweichung der Verteilung der Mittelwerte lässt sich nach folgender Formel bestimmen:

$$\sigma_{\bar{x}} = \frac{\hat{\sigma}}{\sqrt{n}} = \frac{2\,\Omega}{\sqrt{10}} = 0{,}632\,\Omega$$

Bild 1e zeigt die Normalverteilung der Mittelwerte $\bar{x}$. Die Regelkartengrenzen bestimmt man über die in Europa üblichen 99 %- bzw. 95 %-Zufallsstreubereiche (**Bild 1e und Bild 1f**).

Berechnung der Grenzwerte:

$$OEG = \hat{\mu} + u_{0{,}995} \cdot \frac{\hat{\sigma}}{\sqrt{n}}$$

$$= 100\,\Omega + 2{,}5758 \cdot \frac{2\,\Omega}{\sqrt{10}} = 101{,}63\,\Omega$$

$$UEG = \hat{\mu} - u_{0{,}995} \cdot \frac{\hat{\sigma}}{\sqrt{n}}$$

$$= 100\,\Omega - 2{,}5758 \cdot \frac{2\,\Omega}{\sqrt{n}} = 98{,}371\,\Omega$$

$$OWG = \hat{\mu} + u_{0{,}975} \cdot \frac{\hat{\sigma}}{\sqrt{n}}$$

$$= 100\,\Omega + 1{,}96 \cdot \frac{2\,\Omega}{\sqrt{10}} = 101{,}24\,\Omega$$

$$UWG = \hat{\mu} - u_{0{,}975} \cdot \frac{\hat{\sigma}}{\sqrt{n}}$$

$$= 100\,\Omega - 1{,}96 \cdot \frac{2\,\Omega}{\sqrt{n}} = 98{,}76\,\Omega$$

Die Werte der standardisierten Normalverteilungsvariable u (hier: 2,5758 und 1,96) werden einer $G(u)$-Tabelle entnommen.

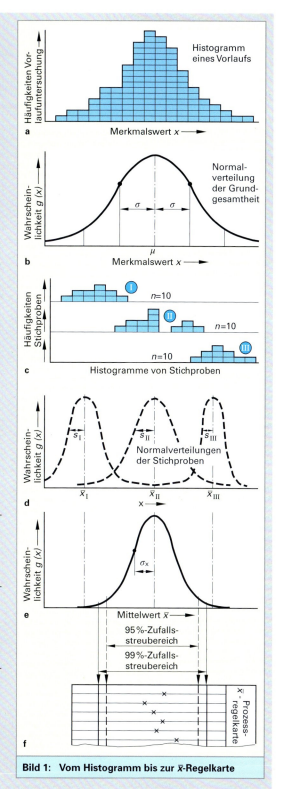

Bild 1: Vom Histogramm bis zur $\bar{x}$-Regelkarte

11.5.4.5 Maschinenfähigkeit und Prozessfähigkeit

Unter **Maschinenfähigkeit** versteht man die Fähigkeit einer Maschine, die Werte eines Merkmals mit genügender Wahrscheinlichkeit innerhalb der vorgegebenen Merkmalsgrenzwerte zu fertigen. Hierzu wird im Rahmen einer Maschinenfähigkeitsuntersuchung eine fortlaufende Stichprobe vom Umfang $n \geq 50$ entnommen. Alle Einflussgrößen, z. B. Prüfmittel, Bedienungspersonal, Rohmaterial, Maschineneinstellung, auf den Fertigungsprozess bleiben während der Fertigung der Stichprobe konstant. Der geschätzte Mittelwert und die geschätzte Standardabweichung[1] dieser Stichprobe charakterisieren die Fertigungsgenauigkeit der Maschine.

Aus den Kennwerten der Stichprobe werden die beiden Kennzahlen c_m und c_{mk} nach folgenden Formeln gebildet:

$$c_m = \frac{T}{6 \cdot \hat{\sigma}} \qquad c_{mk} = \frac{|\Delta_{krit}|}{3 \cdot \hat{\sigma}}$$

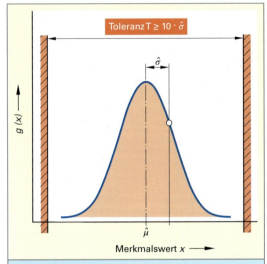

Bild 1: Normalverteilung einer Maschinenfähigkeitsuntersuchung

Die Maschine gilt als fähig, wenn die Toleranz mindestens den 10fachen Wert von $\hat{\sigma}$ beträgt **(Bild 1)**. Die Maschinenfähigkeitskennzahl c_m nimmt dann einen Wert gleich oder größer 1,66 an.

In der Automobilproduktion geht man häufig dazu über, einen Wert für $\hat{\sigma} \leq \frac{1}{12}$ der Toleranz zu fordern. Eine Maschine is demzufolge fähig, wenn ein c_m-Wert von 2 oder größer vorliegt.

Da der c_m-Wert nichts über die Lage der Verteilung innerhalb der Toleranz aussagt, bildet man mit dem kleinsten Abstand vom Mittelwert zur Toleranzgrenze nach oben stehender Formel den c_{mk}-Wert. Bildet diese Kennzahl ebenfalls einen Wert gleich oder größer 1,66, so ist auch nach dieser Zahl die Maschine fähig **(Bild 2)**.

Bei der **Prozessfähigkeit** wird auf ähnliche Weise ein Fertigungsprozess mit seinen sämtlichen Einflussgrößen (Personal, Maschine, Rohmaterial, Umwelteinflüsse, Prüfmethode usw.) untersucht. Grundlage der Bestimmung der Verteilungsparameter bilden dabei mindestens 25 Stichproben mit einem Umfang von mindestens $n = 5$, die in regelmäßigen Abständen dem Prozess entnommen werden. Aus den geschätzten Parametern Standardabweichung und Mittelwert werden dann die Prozessfähigkeitskennzahlen c_p und c_{pk} auf die gleiche Weise wie die c_{mk} gebildet und ausgewertet:

$$c_p = \frac{T}{6 \cdot \hat{\sigma}} \qquad c_{pk} = \frac{|\Delta_{krit}|}{3 \cdot \hat{\sigma}}$$

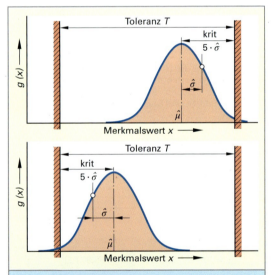

Bild 2: Normalverteilung mit außermittiger Lage im Toleranzfeld

Literatur:
- *Reuter K.:* Maschinenfähigkeit DIN ISO 21747; TQU-Verlag, Je nach Beobachtungs- und Analysemöglichkeiten unterscheidet man Kurz- und Langzeitprozessanalysen. Ein zugehöriges QUALITY APP bietet die Möglichkeiten einer Kurzzeitanalyse.
- *DIN ISO 21747* Statistische Verfahren - Prozessleistungs- und Prozessfähigkeitskenngrößen für kontinuierliche Qualitätsmerkmale

---

[1] $\hat{\sigma}$ geschätzte Standardabweichung aus der Standdardabweichung s der Fähigkeitsstichprobe; $\hat{\mu}$ geschätzter Mittelwert

11.6 KAIZEN

11.6.1 Begriff und Prinzip des KAIZEN

KAIZEN kommt aus Japan und setzt sich aus zwei japanischen Einzelwörtern zusammen: „KAI" bedeutet „Veränderung" und „ZEN" kann mit „das Gute, zur Verbesserung" übersetzt werden. In Deutschland ist das Prinzip unter dem Begriff „Kontinuierliche Verbesserung" bekannt und in Amerika spricht man von „Continuous Improvement". KAIZEN hat das Ziel, alle Prozesse im Betrieb kontinuierlich in kleinen Schritten zu verbessern. Dabei wird davon ausgegangen, dass überall im Betrieb von den Mitarbeitern Fehler gemacht werden. Ziel ist es, nicht wie bisher den Schuldigen zu suchen, sondern den Fehler als Chance zur Verbesserung zu sehen. Dazu muss zu den Mitarbeitern ein Vertrauensverhältnis aufgebaut werden. Sie werden bei der Fehleranalyse beteiligt und entwickeln Ideen für die Verbesserung. KAIZEN ist damit ein langfristiges, *mitarbeiterorientiertes* und *prozessorientiertes* Konzept.

Dabei ist es als erstes wichtig, die richtigen Konzepte festzulegen. Im nächsten Schritt werden Systeme eingeführt, die die Basis für die Einführung von KAIZEN bilden. Innerhalb dieser Systeme werden geeignete Werkzeuge angewendet (**Bild 1**).

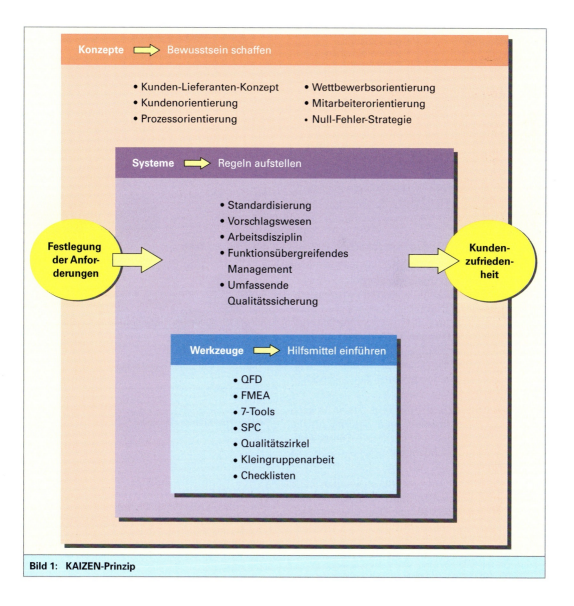

Bild 1: KAIZEN-Prinzip

11.6.2 Innovation und KAIZEN

Bei Innovationen werden im Betrieb große Schritte gemacht, die häufig mit großen Änderungen und Investitionen verbunden sind. KAIZEN setzt nach diesen Innovationen an. Selten läuft alles auf Anhieb bestens. Deshalb gilt es, den neuen Standard zunächst zu festigen und anschließend in kleinen Schritten mit geringen Mitteln den Prozess ständig zu verbessern (**Bild 1**).

Bild 1: Innovation und KAIZEN

KAIZEN	Innovation
Optimierung von Prozessschritten in einfacher Weise durch: • kleine Schritte • konventionelles Wissen • bessere Nutzung bestehender Ressourcen • prozessorientiertes Denken • Gruppenarbeit • Mitarbeiterorientierung • hohe Mitarbeiterverbundenheit	Technologiesprung zur umfassenden Veränderung in einem Bereich durch: • große Schritte • technologischen Durchbruch • meist große Investitionen • ergebnisorientiertes Denken • individuelle Arbeit • Technologieorientierung • niedrige Mitarbeiterverbundenheit
Beispiel: Erstellung einer Checkliste für Bestellvorgänge	Beispiel: Anschaffung eines Industrieroboters

11.6.3 Funktionsweise von KAIZEN

Veränderte und verbesserte Arbeitsprozesse zeigen am Anfang Unsicherheiten und Abweichungen. Am Anfang muss also der Prozess stabilisiert und erhalten werden. Dazu müssen Standards geschaffen und in Form von Verfahrens-, oder Arbeitsanweisungen festgehalten werden. Dies geschieht bei KAIZEN über den **STCA-Kreis**[1] (**S**tandardisierung-**T**un-**C**hecken-**A**ktion) (**Bild 2**). **Standardisierung** bedeutet dabei, die Zielvorgabe niederzuschreiben.

Beim nächsten Schritt **Tun** wird dieses Wissen umgesetzt. Beim **Checken** wird geprüft, ob die Ziele erreicht wurden und im letzten Schritt **Aktion** wird so lange nachgebessert, bis der Standard erreicht ist.

Ist der neue Standard erreicht, so werden neue Verbesserungen geplant und in ähnlicher Weise mit dem **PTCA-KREIS** (**P**lanen-**T**un-**C**hecken-**A**ktion) zur Verwirklichung gebracht.

Bild 2: Funktionsweise von KAIZEN

Die prozessorientierte Organisationsgestaltung und die Anwendung von kontinuierlichen Verbesserungsmethoden, wie z. B. KVP oder KAIZEN beeinflussen die Innovationsleistung von Unternehmen positiv. Die Denkweisen des KAIZEN sind eine Abkehr von der reinen Ergebnisorientierung.

---

[1] auch *Deming*-Kreis genannt, nach *William Edwards Deming* (1900 bis 1999) amerik. Wirtschaftswissenschaftler

11.7 Glossar[1]

Begriffe	Definition	Erläuterung
Abweichungs-genehmigung	Vor der Realisierung eines Produktes erteilte Erlaubnis, von ursprünglich festgelegten Anforderungen abzuweichen.	Eine Abweichungsgenehmigung eines Produktes wird üblicherweise für eine begrenzte Menge und für einen bestimmten Gebrauch erteilt.
Anforderung	Erfordernis oder Erwartung, das oder die festgelegt, üblicherweise vorausgesetzt oder verpflichtend ist.	Anforderungen an ein Produkt müssen erfüllt werden. Es können Produkt-, Qualitäts- und Kundenanforderungen sein.
Anspruchs-klasse	Kategorie oder Rang, die oder der den verschiedenen Qualitätsanforderungen an Produkte, Prozesse oder Systeme mit demselben funktionellen Gebrauch zugeordnet ist.	z. B. Hotelkategorie, 4 Sterne Hotel. Alle 4 Sterne Hotels haben den gleichen Standard und ähnlichen Komfort.
Audit	Systematisch, unabhängiger und dokumentierter Prozess zur Erlangung von Auditnachweisen und zu deren objektiver Auswertung, um zu ermitteln, inwieweit Auditkriterien erfüllt sind.	Interne Audits: Innerhalb einer Organisation oder eines Bereiches mit eigenem Personal durchgeführtes Audit. Externes Audit: Der Auditor ist eine externe, unabhängige Person.
Auditauftrag-geber	Organisation oder Person, die das Audit anfordert.	Ein Zertifizierungsaudit muss von der Geschäftsleitung beauftragt werden.
Auditfest-stellung	Ergebnis der Beurteilung der zusammengestellten Auditnachweise gegen Auditkriterien.	Auditfeststellungen können entweder die Erfüllung, die Abweichung oder die Verbesserungsmöglichkeit aufzeigen.
Auditkriterien	Satz von Vorgehensweisen, Verfahren oder Anforderungen.	Auditkriterien werden als Grundlage verwendet und mit den Auditnachweisen verglichen.
Auditnachweis	Aufzeichnungen, oder andere Informationen, die für die Auditkriterien zutreffend und verifizierbar sind.	Dokumentiert die nachweisliche Erfüllung oder den Erfüllungsgrad von Anforderungen der Auditkriterien.
Auditor	Person mit den dargelegten persönlichen Eigenschaften und der Kompetenz, ein Audit durchzuführen.	Die Qualifikation zum Auditor kann man durch Weiterbildungsmaßnahmen erhalten.
Auditplan	Beschreibung der Tätigkeiten und Vorkehrungen für ein Audit.	Jedes Audit läuft nach einem Auditplan ab, zeitlich und inhaltlich.
Auditprogramm	Satz von einem oder mehreren Audits.	Ein Auditprogramm enthält alle Tätigkeiten, die mit der Art des Audits zusammenhängen.
Auditschluss-forderung	Ergebnis eines Audits, welches das Auditteam nach Erwägung der Auditziele und aller Auditfeststellungen geliefert hat.	Bewertet das Auditergebnis und zeigt auf, wo Verbesserungen eingeleitet werden müssen.
Auditteam	Ein oder mehrere Auditoren, die ein Audit durchführen, nötigenfalls unterstützt durch Sachkundige.	Im Auditteam können auch auszubildende Auditoren mitwirken. Das Auditteam wird durch einen Leiter koordiniert.
Auditumfang	Ausmaß und Grenzen eines Audits.	Der Auditumfang beschreibt den Ort, die Organisationseinheit und die Prozesse, die auditiert werden.
Bewertung	Tätigkeit zur Ermittlung der Eignung, Angemessenheit und Wirksamkeit der Betrachtungseinheit, festgelegte Ziele zu erreichen.	Zur Bewertung werden alle verfügbaren Ergebnisse und Informationen herangezogen.
Dokumentierte Information (Dokument, Aufzeichnung)	Information, die von einer Organisation gelenkt und aufrechterhalten werden muss, und das Medium, auf dem sie enthalten ist.	Es können Dokumente, Aufzeichnungen, Spezifikationen, Verfahrensanweisungen, Zeichnungen, Berichte oder Normen sein.
Effizienz	Verhältnis zwischen dem erreichten Ergebnis und den eingesetzten Ressourcen.	Mit der Bewertung des Ergebnisses und der Gegenüberstellung der verwendeten Mittel kann die Effizienz gemessen werden.
Externer Anbieter (Lieferant)	Anbieter, der nicht Teil der Organisation ist.	z. B. Hersteller, Einzelhändler, Vertriebseinrichtung oder Verkäufer eines Produkts bzw. einer Dienstleistung.

[1] nach EN ISO 9000:2015

Begriffe	Definition	Erläuterung
Entwicklung	Satz von Prozessen, der Anforderungen in festgelegte Merkmale eines Produktes, eines Prozesses oder eines Systems umwandelt.	Das Ziel der Entwicklung kann in der Bezeichnung ausgedrückt werden, z. B. Produkt-, Prozess-, Verfahrensentwicklung.
Fähigkeit	Eignung einer Organisation, eines Systems oder Prozesses zur Realisierung eines Produktes.	Prozessfähigkeit kann mithilfe der Statistik nachgewiesen werden.
Freigabe	Erlaubnis, zur nächsten Stufe eines Prozesses überzugehen.	Freigaben werden innerbetrieblich von befugten Personen erteilt und verantwortet.
Funktionsbereich Metrologie	Funktionsbereich mit organisatorischer und technischer Verantwortung für die Festlegung und Verwirklichung des Messmanagementsystems.	Metrologie ist die Lehre von Maßen und Gewichten.
Interessierte Partei	Personen oder Gruppen mit einem Interesse an der Leistung oder dem Erfolg einer Organisation.	Kunden, Geldgeber, Banken, Aktionäre, Partner, Gesellschaften, Vereinigungen.
Kompetenz	Dargelegte Eignung, Wissen und Fertigkeiten anzuwenden.	Von einem kompetenten Partner erwartet man Sachkenntnisse und Praxis in der Anwendung.
Konformität	Erfüllung einer Anforderung.	Die Konformitätsprüfung ermittelt die Vollständigkeit der erfüllten Anforderungen.
Kontext	Kombination interner und externer Themen, die eine Auswirkung auf die Vorgehensweise einer Organisation haben.	Das Verständnis der Infrastruktur kann hilfreich sein, den Kontext der Organisation festzulegen.
Korrektur	Maßnahme zur Beseitigung der Ursache eines erkannten Fehlers.	Für jeden aufgetretenen Fehler muss eine Korrekturmaßnahme eingeleitet werden.
Korrekturmaßnahme	Maßnahme zur Beseitigung der Ursache eines erkannten Fehlers.	Für jeden aufgetretenen Fehler muss eine Korrekturmaßnahme eingeleitet werden.
Kundenzufriedenheit	Wahrnehmung des Kunden zu dem Grad, in dem die Anforderungen des Kunden erfüllt wurden.	Kundenzufriedenheit wird durch die Erfüllung der vereinbarten und durch die Erfüllung der erwarteten, stillschweigenden Anforderungen erreicht.
Management	Aufeinander abgestimmte Tätigkeiten zum Leiten und Lenken einer Organisation.	Das Management ist eine Person oder eine Personengruppe mit Befugnis und Verantwortung für die Führung einer Organisation.
Managementsystem	System zum Festlegen von Politik und Zielen sowie zum Erreichen dieser Ziele.	Eine Organisation kann verschiedene Managementsysteme einschließen, z. B. Qualitäts-, Umwelt- und/oder Arbeitsschutzmanagementsystem.
Mangel	Nichterfüllen einer Anforderung in Bezug auf einen beabsichtigten oder festgelegten Gebrauch.	Die Unterscheidung zwischen den Begriffen Fehler und Mangel ist wegen ihrer rechtlichen Bedeutung wichtig, insbesondere im Zusammenhang mit der Produkthaftung.
Merkmal	Kennzeichnende Eigenschaften.	Ein Merkmal kann quantitative oder qualitative Eigenschaften haben.
Messmanagementsystem	Bezeichnet die Wechselbeziehung oder Wechselwirkung stehenden Elementen, die zur metrologischen Bestätigung und zur ständigen Überwachung von Messprozessen erforderlich sind.	Messeinrichtungen werden in einem Managementsystem gesteuert, zugeordnet, bereitgestellt, verwaltet, abgenommen, freigegeben und beschafft.
Messmittel	Messgeräte, Software, Messnormal, Referenzmaterial oder apparative Hilfsmittel, wie sie zur Realisierung eines Messprozesses erforderlich sind.	z. B. Messschieber, Bügelmessschraube, Innenmessgerät, Fühlhebelmessgerät, Messuhr, Messtaster, Messmaschine, Mikroskop, Kamera, Oberflächenmessgerät.
Messprozess	Bezeichnet die Tätigkeiten zur Ermittlung eines Größenwertes.	Ein Messprozess kann manuell oder automatisch, kontinuierlich oder einzeln ausgeführt werden.
Metrologische Bestätigung	Bezeichnet die notwendigen Tätigkeiten, um sicherzustellen, dass ein Messmittel die Anforderungen an seinen beabsichtigten Gebrauch erfüllt.	Die Anforderungen für den beabsichtigten Gebrauch enthalten Gesichtspunkte wie Messbereich, Auflösung, Grenzwerte für Messabweichungen.
Metrologisches Merkmal	Kennzeichnende Eigenschaft, die die Messergebnisse beeinflussen kann.	Ein Messmittel hat üblicherweise mehrere metrologische Merkmale.

11.7 Glossar

Begriffe	Definition	Erläuterung
Nacharbeit	Maßnahme an einem fehlerhaften Produkt, damit es die Anforderungen erfüllt.	Wenn Nacharbeit auftritt, sollte nach der Ursache gesucht werden, um sie abzustellen.
Neueinstufung	Änderung der Anspruchsklasse eines fehlerhaften Produkts, damit es eine abweichende Anforderung erfüllt, die von der ursprünglichen abweicht.	z. B. Neueinstufung in eine niedrigere Güteklasse oder Abstufung in die Klasse 2. Wahl.
Nichtkonformität (Fehler)	Nichterfüllung einer Anforderung.	Fehler treten bei unsicheren Prozessen auf.
Oberste Leitung	Person oder Personengruppen, die eine Organisation auf der obersten Ebene leitet.	z. B. Unternehmensleitung, Werkleitung, Geschäftsleitung, Geschäftsführer.
Objektiver Nachweis	Daten, welche die Existenz oder Wahrheit von etwas bestätigen.	Sie können durch Beobachtung, Messung, Test oder ähnliche Verfahren erbracht werden.
Organisation	Gruppe von Personen und Einrichtungen mit einem Gefüge von Verantwortung und Befugnissen.	z. B. Unternehmen, Geschäftsbereiche, Gesellschaften, Verwaltungen, Betriebe.
Organisationsstruktur	Gefüge von Verantwortungen, Befugnissen und Beziehungen zwischen Personen.	Die Organisationsstruktur kann grafisch in einem Organisationsdiagramm dargestellt werden.
Produkt	Das Ergebnis eines Prozesses.	Das Produkt wird durch eine Prozesskette, dem Gesamtprozess, erzeugt.
Projekt	Einmaliger Prozess, der aus einem Satz von abgestimmten und gelenkten Tätigkeiten mit Anfangs- und Endterminen besteht, um ein Ziel zu erreichen.	Größere Projekte können strukturiert und in Einzelprojekte unterteilt werden, die durch die gleichen Kriterien gekennzeichnet sind.
Prozess	In Wechselwirkung stehende Tätigkeiten, Eingaben in Ergebnisse umzuwandeln.	Eingaben (Input) werden durch den Prozess in Ergebnisse (Output) umgewandelt.
Prozessumgebung (Arbeitsumgebung)	Bedingungen, unter denen Prozesse (Arbeiten) ausgeführt werden.	Die Prozessumgebung wird von der Aufgabenstellung, von Gesetzen und Vorschriften bestimmt.
Prüfung	Konformitätsbewertung durch Beobachtung und Beurteilen, begleitet durch Messen, Testen oder Vergleichen.	Werden die vorgegebenen Anforderungen erfüllt?
Qualifizierungsprozess	Prozess zur Darlegung der Eignung, festgelegte Anforderungen zu erfüllen.	Qualifizierung von Personen, Produkten, Prozessen oder Systemen.
Qualität	Grad, in dem ein Satz inhärenter Merkmale Anforderungen erfüllt.	Qualität ist die Erfüllung geforderter und erwarteter Kundenansprüche.
Qualitätslenkung	Teil des Qualitätsmanagements, der auf die Erfüllung von Qualitätsanforderungen gerichtet ist.	Die Qualitätslenkung gibt Maßnahmen vor, die zur Erreichung der Qualitätsziele dienen.
Qualitätsmanagement	Aufeinander abgestimmte Tätigkeiten zum Leiten und Lenken einer Organisation bezüglich Qualität.	Das Qualitätsmanagement umfast das Festlegen der Q-Politik, der Q-Ziele, der Q-Planung und der Q-Verbesserung.
QM-Handbuch (nicht mehr verwendet)	Dokument, in dem das Qualitätsmanagementsystem einer Organisation festgelegt ist.	QM-Handbücher sollten sich in ihrem Detaillierungsgrad an die Größe der Organisation anpassen.
Qualitätsmanagementplan (QM-Plan)	Dokument, das festlegt, welche Verfahren und Ressourcen eingesetzt bzw. angewendet werden müssen.	QM-Pläne befassen sich meistens mit Qualitätsmanagementprozessen und Produktrealisierungsprozessen.
Qualitätsmanagementsystem QM-System	Managementsystem zum Leiten und Lenken einer Organisation bezüglich der Qualität.	QM-System zur Realisierung des vorausschauenden Qualitätsmanagements.
Qualitätsmerkmal	Inhärentes Merkmal eines Produkts, Prozesses oder Systems, das sich auf eine Anforderung bezieht.	Inhärent bedeutet „einer Einheit innewohnend", insbesondere als ständiges Merkmal.
Qualitätsplanung	Teil des Qualitätsmanagements, der auf das Festlegen der Qualitätsziele und der notwendigen Ausführungsprozesse gerichtet ist.	Die Qualitätsplanung legt die Vorgaben fest, anhand derer die Prozessergebnisse bewertet werden können.

Begriffe	Definition	Erläuterung
Qualitätspolitik	Übergeordnete Absichten und Ausrichtung einer Organisation zur Qualität, formell ausgedrückt durch die oberste Leitung.	Eine Organisation legt mit ihrer Qualitätspolitik die Richtlinien für das Handeln aller Funktionsbereiche fest.
Qualitätssicherung	Teil des Qualitätsmanagements, der auf das Erzeugen von Vertrauen ausgerichtet ist, dass Qualitätsanforderungen erfüllt werden.	Der Begriff Qualitätssicherung ist im Laufe der Entwicklung des Qualitätsmanagements ein Unterbegriff geworden.
Qualitätsverbesserung	Teil des Qualitätsmanagements, der auf die Erhöhung der Eignung zur Erfüllung der Qualitätsforderungen gerichtet ist.	Verbesserung der Prozesse im Hinblick auf Wirksamkeit, Effizienz und Rückverfolgbarkeit.
Qualitätsziel	Etwas bezüglich der Qualität Angestrebtes oder zu Erreichendes.	Qualitätsziele beschreiben konkrete Vorgaben, die in einer bestimmten Zeit zu erreichen sind.
Reparatur	Maßnahme an einem fehlerhaften Produkt, um es für den beabsichtigten Gebrauch annehmbar zu machen.	Das reparierte Produkt muss ebenfalls alle Anforderungen eines fehlerfreien Produkts erfüllen.
Risiko	Auswirkung von Ungewissheit.	Eine Auswirkung ist eine Abweichung vom Erwarteten, in positiver oder negativer Hinsicht.
Rückverfolgbarkeit	Möglichkeit, den Werdegang, die Verwendung oder den Ort des Produkts zu verfolgen.	Bei sicherheitskritischen Teilen kann eine Rückverfolgbarkeit bis zur Materialcharge gefordert werden.
Sachkundiger	Person die spezielle Kenntnisse oder Fachwissen dem Auditteam zur Verfügung stellt.	Ein Sachkundiger handelt nicht als Auditor im Auditorenteam.
Sonderfreigabe	Erlaubnis, ein Produkt, das festgelegte Anforderungen nicht erfüllt, zu gebrauchen oder freizugeben.	In der Regel werden Sonderfreigaben mit dem Kunden abgestimmt und einvernehmlich freigegeben.
Spezifikation	Dokument, das Anforderungen festlegt.	z. B. Prozessspezifikation, Testspezifikation, Produktspezifikation, Abnahmespezifikation.
Ständige Verbesserung	Wiederkehrende Tätigkeit zur Erhöhung der Eignung, Anforderungen zu erfüllen.	Das Finden von Verbesserungsmöglichkeiten, um ein Ziel zu erreichen, ist ein ständiger Prozess.
System	Satz von in Wechselbeziehung oder in Wechselwirkung stehender Elemente.	Das System fasst einzelne Elemente aus einer Themengruppe zusammen.
Test	Ermitteln eines oder mehrerer Merkmale nach einem Verfahren.	z. B. Funktionstest, Klimatest, Korrosionstest, Sehtest, Verschleißtest, Belastungstest.
Validierung	Bestätigung durch Bereitstellung eines objektiven Nachweises, dass die Anforderungen für einen spezifischen beabsichtigten Gebrauch erfüllt worden sind.	Die Anwendungsbedingungen für die Validierung können echt simuliert werden.
Verfahren	Festgelegte Art und Weise, eine Tätigkeit oder einen Prozess auszuführen.	Herstellungs-, Produktions- und Fertigungsverfahren sind Bestandteile der Geschäftskompetenz.
Verifizierung	Bestätigung durch Bereitstellung eines objektiven Nachweises, dass festgelegte Anforderungen erfüllt worden sind.	Die Benennung „verifiziert" wird zur Bezeichnung des entsprechenden Status verwendet.
Verschrottung	Maßnahme an einem fehlerhaften Produkt, um dessen ursprünglichen Gebrauch auszuschließen.	Verschrottete und unbrauchbar gemachte Produkte können durchaus recycelt werden.
Vertrag	Bindende Vereinbarung.	In der Regel ein geschriebenes, unterschriebenes Dokument.
Vorbeugungsmaßnahme	Maßnahme zur Beseitigung der Ursache eines möglichen Fehlers.	Für jede mögliche Fehlerursache muss eine Vorbeugungsmaßnahme eingeleitet werden.
Wirksamkeit	Ausmaß, in dem geplante Tätigkeiten verwirklicht und geplante Ergebnisse erreicht werden.	Die Wirksamkeit eines Prozesses kann mithilfe einer Kennzahl bewertet werden.
Zuverlässigkeit	Ausdruck zur Beschreibung der Verfügbarkeit und ihrer Einflussfaktoren, Funktionsfähigkeit und Instandhaltbarkeit.	Eine Messgröße für die Zuverlässigkeit ist die Zeitspanne zwischen zwei erkannten Fehlern.

12 Produktpolitik

12.1 Marketing

12.1.1 Einführung

Für Techniker und Ingenieure sind grundlegende Kenntnisse aus dem Gebiet des Marketings notwendig. Weiter ist die Kundenorientierung der sich alle Unternehmen verschrieben haben, für alle technischen Angestellten bei ihrer täglichen Arbeit oberste Priorität. Sie müssen also nicht nur "produzieren", sondern immer die Wünsche des Kunden erkunden, erkennen und umsetzen.

Das **Bild 1** stellt die vier grundlegenden Marketingfunktionen die **4P's** (**P**roduct, **P**rice, **P**lace und **P**romotion), also die **Produktpolitik**, Kontrahierungspolitik, Distributionspolitik, Kommunikationspolitik dar. Diese 4P's werden allgemein als **Marketing-Mix** bezeichnet. Ergänzt werden diese durch die **+3P's** *Die Leute, Die Prozesse, Die Verpackung*. Im modernen Marketing kommen noch weitere **+9P's** dazu. Aus dem Themengebiet Marketing ist die **Produktpolitik der Schwerpunkt**.

An diesem Bild 1 wird deutlich wie komplex der Wissensbereich von Marketing ist. Auch treffen verschiedenste Meinungen und Theorien aufeinander. Durch die enorme Zunahme der Online-Aktivitäten **Bild 2** also des **eCommerce** wurden viele Marketingkonzepte auf den Kopf gestellt. Die Unternehmen werden gezwungen sich neu aufzustellen.

Nicht nur die klassische „Werbung" ist im Umbruch sondern auch die gesamte Kommunikation mit dem Kunden erfolgt über das **WEB**, das **Social Media Marketing** wie WhatsApp, Twitter, Facebook, Instagram und andere.

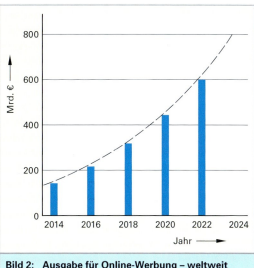

Bild 2: Ausgabe für Online-Werbung – weltweit

Die Marketingfunktionen			
Marketing ist Teil unseres Lebens			
Grundlegende Marketingfunktionen	Erweitertes Marketing Betroffene Personen	Modernes Marketing	
= Die 4P = Marketing-Mix	= +4P (8P)	= +9P (15P)	
Produktpolitik (Product) = Produkttiefe/-breite	**Leute** = Prozessbeteiligte = Kundenzufriedenheit	**Personalisierung** = persönliches Angebot = Plattformen aufbauen	**vorsagbare Modellierung** = Kundendatenerfassung = Verbraucherverhalten
Kontrahierungspolitik (Price) = Grad der Variabilität	**Prozesse** = evaluieren, umsetzen = Beziehungen auf	**Privatsphäre** = Individualisierung = Social Media (Twitter)	**Positionierung** = Position bewerten = Interaktionen analysieren
Distributionspolitik (Place) = Placement-Mix	**Verpackung** = Gesamtheit d. Produkts = Angebotsdarstellung	**Teilnahme** = Reaktion auf Produkte = Emotionen am Produkt	**Persönliches Netzwerk** = wo ist der Kunde = jeder hat eigene Kultur
Kommunikationspolitik (Promotion) = Platzierung d. Produkts	**Physische Beweise** = Dienstleistung erleben = Nachhaltigkeit	**Peer-to-Peer** = Messen, Kurse = persönliche Treffen	

Bild 1: Die Marketingfunktion

Marketing in Deutschland

Der Begriff des Marketing wurde in Deutschland erst in den späten Nachkriegsjahren (ab etwa 1960) angewendet, obwohl man sich in den USA schon in den 20er-Jahren mit dessen Zielen und Aufgaben beschäftigte. Der Grund liegt darin, dass erst zu dieser Zeit sich eine Wandlung des Marktes vom **Verkäufermarkt**, bei dem die Nachfrage an Gütern und Dienstleistungen das Angebot übersteigt, zum **Käufermarkt** voll durchsetzte. Dies brachte eine erste Umstrukturierung (Ausrichtung) der Unternehmen mit sich. Denn wenn der Absatz problemlos läuft, liegen die Problembereiche, die Engpässe im Bereich der Produktion, Beschaffung und Finanzierung.

Der **Käufermarkt** verlangt dagegen eine Ausrichtung auf die **Wünsche und Bedürfnisse der Kunden**. Erst jetzt kann sich die klassische Marktpreistheorie durchsetzen, mit dem sich selbst regulierenden Spiel von Angebot und Nachfrage und der Bildung eines **Gleichgewichtspreises (Bild 1)**. Allerdings gilt diese Theorie nur, solange keine Monopolisten den Preis bestimmen können. Dies gilt auf der Angebotsseite, z. B. die Software MS-Office, wie auf der Nachfrageseite, z. B. Zulieferer der Automobilindustrie.

Beispiel:
Bei **steigender Nachfrage**, also die Nachfragekurve springt von P_1 auf P_2, somit von m_1 auf m_2, **steigt der Stückpreis** von e_1 auf e_2. Die Anbieter können bei einer Verknappung höhere Preise durchsetzen, es stellt sich ein neuer Gleichgewichtspreis (P_2) ein.

Bild 1: Bildung des Gleichgewichtspreises

Der Marktpreis
… ist das Ergebnis des sich auf dem Markt vollziehenden freien Spiels von Angebot und Nachfrage, dies kann z. B. der Marktplatz, ein Gebrauchtwagenmarkt oder die Börse sein.

Angebot und Nachfrage
… stehen sich auf dem Markt mit unterschiedlichen Wertvorstellungen gegenüber. Entsprechend der Nachfragefunktion wollen die Nachfrager bei hohen Preisen wenig kaufen und größere Mengen erst bei fallenden Preisen abnehmen.
Die Anbieter sind dagegen natürlich bei niedrigen Preisen nicht daran interessiert, große Mengen anzubieten; erst bei steigenden Preisen werden sie größere Mengen am Markt anbieten.
Wenn die Anbieter ihre Preisvorstellungen reduzieren und die Nachfrager auch höhere Preise akzeptieren, werden sich die Preis- und Mengenvorstellungen angleichen. Es kommt zum sich einpendelnden **Marktgleichgewicht**.

Nach der Ablösung des produktionsorientierten Denkens durch eine marktorientierte Unternehmensführung gewann die Beschäftigung mit „Marketing", seinen Inhalten, seiner Zielsetzung und seinen Aufgaben immer mehr an Bedeutung.

Auch in der heutigen Zeit vollzieht sich wiederum ein tief greifender Strukturwandel, der die Unternehmen zu neuen Marketingstrategien, Ideen und Zielen herausfordert.

Die Reaktion der Unternehmen auf diese Herausforderungen war nicht nur auf das Marketing ausgerichtet, sondern die Unternehmen wurden mit Methoden wie Kanban[1], Lean Production, KVP, KAIZEN, Total Quality Management (TQM), Business Reengineering[2] und Prozessmanagement fit für den Wettbewerb gemacht.

Gefordert sind nämlich nicht nur konkurrenzfähige Preise, sondern auch sofortige Lieferung mit der gewünschten Qualität.

Literatur:

– *Beck, J., u. a.:* Marketing, Grundlagen und Instrumente, Verlag Europa-Lehrmittel
– *Beck, J., u. a.:* Marketing, Strategien und Konzepte, Verlag Europa-Lehrmittel
– *Meffert, H. und Bruhn. M.:* Dienstleistungsmarketing. Verlag Gabler
– *Koppelmann, U.:* Produktmarketing, Verlag Springer
– *Buck. K.:* Neues Industriegütermarketing, Verlag Vogel
– *Richter, H. P.:* Investitionsgütermarketing, Verlag Hanser

---

[1] jap. Kanban = Karte, Schild. Der Bedarf wird über den „Regelvorrat" gesteuert, d. h. Waren werden nicht auf Lager gelegt.
[2] engl. business = Geschäft, Handel und engl. reengineering = Neugestaltung, hier: Neukonzeption der Unternehmensstruktur.

12.1 Marketing

Leider wird der Begriff „Marketing" nicht einheitlich verwendet, deshalb ist es notwendig einige Begriffserklärungen gegenüber zu stellen:

- **nach Weinhold-Stünzi**[1]:
  „Marketing ist eine marktgerichtete und damit **marktgerechte Unternehmenspolitik**".

- **nach Köhler**[2]:
  „Marketing ist heute überwiegend als Ausdruck für eine umfassende (betriebsextern und betriebsintern) Konzeption des Planes und Handels, bei der systematisch gewonnene Informationen über Marktdaten sowie über die voraussichtliche **Gestaltbarkeit von Märkten** als vorrangige Basis dienen".

- **nach Meffert**[3]:
  „Marketing ist die bewusst **marktorientierte Führung** des gesamten Unternehmens, die sich in Planung, Koordination und Kontrolle aller aktuellen und potenziellen Märkte ausgerichteten Unternehmenstätigkeiten niederschlägt".

- **nach der American Marketing Association (AMA)**
  „Marketing ist der **Planungsprozess** der Konzeption, Preisgestaltung, Promotion und Distribution von Produkten und Dienstleistungen, um Austauschprozesse zu erreichen, die individuelle und organisatorische Ziele erfüllen".

Aus diesen verschiedenen Anschauungen erkennt man, dass der Begriff Marketing einem permanenten, schnellen Wandel unterliegt. Er muss sich den Änderungen in der Wirtschaftspolitik, der Gesellschaft anpassen.

Für uns sollte die Definition und Erläuterung nach **Gablers Wirtschaftslexikon** (Prof. Dr. *Heribert Meffert*) die Grundlage sein, denn der Begriff und die Ziele des Marketing werden aktuell und auch anschaulich dargestellt:

> **Marketing** (engl. = auf den Markt bringen), **Planung, Koordination und Kontrolle** aller auf die aktuellen und potenziellen **Märkte** ausgerichteten Unternehmungsaktivitäten mit dem Zweck einer dauerhaften Befriedung der **Kundenbedürfnisse** einerseits und der Erfüllung der **Unternehmungsziele** andererseits.

12.1.2 Merkmale und Aufgaben des Marketings

Der Wandel vom Verkäufer- zum Käufermarkt, bzw. von der reinen Distribution zum Marketing lässt sich durch tief greifende wirtschaftliche und gesellschaftliche Veränderungen in den letzten Jahrzehnten erklären. Sie führen nach der Phase der Produktionsorientierung über die Verkaufsorientierung zur Kunden- bzw. Marketingorientierung. Marketing als Managementkonzeption verlangt die bewusste Absatz- und Kundenorientierung aller Unternehmensbereiche.

Die Verwirklichung dieses Denkansatzes erfordert eine schöpferisch-gestaltende Funktion der systematischen Marktsuche und Markterschließung **(Informationsaspekt)**, die planmäßige Gestaltung des Marktes mithilfe aller absatzpolitischen Instrumente **(Aktionsaspekt)**, die marktbezogene Koordination aller Unternehmensaktivitäten **(Organisationsaspekt)** sowie die Berücksichtigung sozialer und umweltbezogener Belange beim Einsatz der Marketinginstrumente **(Sozialaspekt) (Tabelle 1)**.

---

[1] Prof. Dr. *Heinz Weinhold-Stünzi*, schweiz. Hochschullehrer
[2] *Ingo Köhler*, dt. Wirtschaftswissenschaftler
[3] Prof. *Herbert Meffert*, dt. Wirtschaftswissenschaftler

Tabelle 1: Marketing (Planung, Koordination und Kontrolle der aktuellen und potenziellen Märkte)			
Informationsaspekt	**Aktionsaspekt** (Marketing-Mix)	**Organisationsaspekt**	**Sozialaspekt**
• Systematische Suche, Sammlung, Aufbereitung und Interpretation aller Informationen mithilfe der Marktforschung. • Differenzierte Marktbearbeitung und Marktsegmentierung.	**Produktpolitik** (= Produktauswahl) **Distributionspolitik** (= Absatzmarkt) **Kontrahierungspolitik** (= Preispolitik) **Kommunikationspolitik** (= Werbung und PR)	Bei der Marketing-Organisation ist besonders den Kriterien der Integration, Flexibilität, Kreativität und Innovationsbereitschaft der Organisationsmitglieder Rechnung zu tragen.	• Die Marketingaktivitäten, z. B. die Werbung, beeinflussen die ökologischen Werte und Einstellungen der Gesellschaft, also des Konsumenten. • Anpassung des Unternehmens an die Ziele der Gesellschaft.

Informationsaspekt

Voraussetzung für kundengerechtes Verhalten ist die **planmäßige Informationsgewinnung** über den Markt. Diese Informationen werden durch die Marketing-Forschung bereitgestellt. Dies erfordert eine systematische Suche, Sammlung, Aufbereitung und Interpretation aller Informationen. Schwerpunkte sind Prognosen über Markt- und Absatzentwicklung sowie Analysen über das Käufer-, Absatz- und Konkurrenzverhalten. Die systematische Informationssuche bietet die Voraussetzung zur **differenzierten Marktbearbeitung**. Im Rahmen der Marktsegmentierung (Marktteilung) wird dabei auf die speziellen Wünsche der Kunden eingegangen. Aus dem *heterogenen* Gesamtmarkt werden *homogene* Kundengruppen (Teilmärkte bzw. Marktsegmente) gebildet, die gezielt unter Einsatz eines bestimmten **Marketing-Mixes** bearbeitet werden.

Aktionsaspekt

Die Erreichung der Unternehmens- und Marketingziele wird durch den Einsatz der Marketinginstrumente angestrebt.

> Die Gesamtheit marktbeeinflussender Variablen lassen sich in vier Aktionsbereiche zusammenfassen.
>
> - **Produktpolitik:** Welche Leistungen, Problemlösungen sollen dem Markt angeboten werden?
> - **Distributionspolitik**[1]**:** An wen und auf welchen Wegen sollen die Produkte, Dienstleistungen verkauft, bzw. an den Käufer herangetragen werden?
> - **Kontrahierungspolitik**[2]**:** Zu welchen Bedingungen sollen die Leistungen, Dienstleistungen am Markt angeboten werden?
> - **Kommunikationspolitik:** Welche Informations- und Beeinflussungsmaßnahmen sollen ergriffen werden, um die Leistungen abzusetzen?

Marketingaktivitäten sind stets als Kombination von Aktionsparametern mit unterschiedlichen Ausprägungen aufzufassen.

Organisationsaspekt

Der Entwurf und die Durchsetzung von Marketing-Konzeptionen bedingen eine Institutionalisierung des Marketing in der Unternehmensorganisation. Bei der Gestaltung der Marketing-Organisation ist besonders den Kriterien der Integration, Flexibilität, Kreativität und Innovationsbereitschaft der Organisationsmitglieder Rechnung zu tragen.

Sozialaspekt

Marketing-Aktivitäten beeinflussen die sozialen und ökologischen Werte und Einstellungen der Gesellschaft. Die Konsumerismus[3]- und Umweltschutz-Bewegung strebt ein verändertes Verhalten der Anbieter an. Diese zwingen die Unternehmen zu Anpassungsmaßnahmen im Marketingverhalten.

Die langfristige Vereinbarkeit von sozialen Belangen und Marketingaktivitäten bedingt eine grundsätzliche Orientierung des Marketingkonzeptes über die Einzelinteressen des Unternehmens hinaus an den allgemein anerkannten Notwendigkeiten und Zielen der Gesellschaft.

Das Umfeld für die Wirtschaft und die Manager der internationalen Industrielandschaft hat sich in den letzten Jahren dramatisch verändert. Davon sind nicht nur die Großbetriebe betroffen, sondern derzeit verstärkt die Zulieferer, also die mittelständischen Unternehmen. Die großen Industrieunternehmen sind heute weltweit aktiv; nicht nur um ihre Produkte zu vermarkten, sondern insbesondere um wirtschaftlich, politisch und strategisch präsent zu sein. Deshalb müssen die Randbedingungen, die neuen Herausforderungen genau erfasst und die Konsequenzen für die deutschen Unternehmen dargestellt werden **(Tabelle 1)**. Nur die Unternehmen, die diese neuen Anforderungen erkennen und umsetzen, werden weiter auf dem Weltmarkt erfolgreich sein.

Unsere Gesellschaft hat inzwischen den Anspruch auf einen hohen Lebensstandard, auf soziale Absicherung, auf Freiheit, eine gesunde Umwelt und persönliche Sicherheit als Selbstverständlichkeit eingestuft. Die Mitarbeiter der Firmen geraten durch ihre Arbeit in innere Konflikte wenn die

Tabelle 1: Wichtige Aspekte der Entwicklungen der Gesellschaft und der Wirtschaft
Unternehmen müssen wirtschaftliche, politische und strategische **Präsenz** zeigen.
Mitarbeiter streben nach hohem **Lebensstandard**.
Mitarbeiter fordern eine langfristige **soziale Absicherung**.
Mitarbeiter beanspruchen auch im Beruf die **Freiheit**.
Gesellschaft und Mitarbeiter fordern eine gesunde **Umwelt**.
Mitarbeiter verlangen im Unternehmen die persönliche **Sicherheit**.
Die Produkte dürfen die Umwelt und die **Lebensqualität** nicht gefährden.
Konkurrenz von Japan und den Tigerstaaten sowie andern aufstrebenden Ländern der 2. Welt.
Produktion von kundenorientierter **Qualität**.

---

[1] lat. distribuere = verteilen; [2] lat. contrahere = zusammenziehen, eine geschäftliche Verbindung eingehen; [3] it. consumo = Verbrauch, lat. consumere = verbrauchen, verzehren

Unternehmen Produkte planen, die die Umwelt und die Lebensqualität gefährden. Oftmals geraten die Unternehmen und somit die Manager und Mitarbeiter durch die Medien noch zusätzlich in Gewissensnot. Den Managern, den Führungskräften der Unternehmen erwachsen daraus ganz neue Herausforderungen. Sie werden nicht mehr nur als Fachmann für ihre Produkte angesprochen, sondern auf die **Wirkung auf die Umwelt**, den Lebensstandard angesprochen – ein Waschmittel muss heute die Wäsche nicht nur waschen, sondern diese reiner, besser, höherwertiger, leuchtender, flauschiger, farbiger machen!

Marketing-Mix für die Investitionsgüterproduktion

Der klassische Ansatz des Marketing-Mix mit den vier P's (product, price, place, promotion) also der Produkt-, Preis-, Absatz- und Werbepolitik kann nicht 1:1 übernommen werden. Besonders die hohe gleichbleibende Qualität, der kosten- und zeitaufwendige Service und die Garantieansprüche, sowie die Lieferfähigkeit und Pünktlichkeit (just in time) müssen bei der Wahl der Instrumentarien berücksichtigt werden.

Für die Vermarktung von Industriegütern muss das Marketing-Mix „Produktpolitik" mit dem Zusatz **„Service"** ergänzt werden. Ein Produkt ohne Service ist für den „Industriekunden" nicht akzeptabel. Der reine Grundnutzen (Produkt) gerät immer mehr in den Hintergrund, er ist eine Selbstverständlichkeit, denn das reine Produkt bieten alle anderen Anbieter mit der ähnlichen Qualität. Mit dem **Serviceleistungsaspekt** kann man sich vom Wettbewerber unterscheiden, es ist ein Alleinstellungsmerkmal.

> Die erste Maschine verkauft der Vertrieb, die zweite der Kundendienst.

12.1.3 Unternehmenspolitik

Da sich der internationale Konkurrenzkampf heute im Konsummarkt und teilweise schon im *einfachen* Investitionsgütermarkt meist nur noch auf den Sektoren Kosten und Preise abspielt, ist es insbesondere für die Unternehmen in Deutschland, einem Hochlohnland, eine äußerst schwierige Aufgabe hier zu bestehen. Hier ohne Abstriche auf den Sektoren Lebensstandard und hohem Beschäftigungsstand bei gleichzeitiger Rationalisierung der Unternehmen mitzuhalten ist nur durch eine generelle Umstrukturierung, neue

> Nur mit attraktiven und innovativen Produkten bei extrem hoher Variantenvielfalt, bei dem der Statuswert den Nutzwert übersteigt, kann die deutsche und europäische Industrie erfolgreich sein (**Tabelle 1**).

Denkansätze und Innovation möglich. Generell ist dies möglich, da ein hohes Ausbildungspotenzial vorhanden ist. Es hat allerdings keinen Sinn mit Billigprodukten auf dem Weltmarkt konkurrieren zu wollen, denn hier herrscht ein Überangebot.

Die Unternehmen benötigen heute eine außerordentlich flexible und schnelle Organisation, ein straffes Prozessmanagement und zudem ist „High-Tech" die Grundvoraussetzung.

Nur solide Unternehmen werden am Markt bestehen, welche innovative Produkte herstellen, die einen eigenen Charakter haben, intelligent konzipiert sind und einen akzeptablen Preis haben. Gerade wegen des hohen Niveaus der Produkte, die zusätzlich Dienstleistungen in Form von **Komplettlösungen** anbieten, wie z. B. Lieferung eines Motors einschließlich Getriebe, Kupplung, sowie Einbau und Wartung, kann die Beschäftigung in den einzelnen Unternehmen gesichert werden. Eine besondere Betrachtung findet dabei die **Strategie der Modellzyklen**.

Kurze Modellzyklen bewirken einen hohen Werteverfall und bei hochwertigen Produkten eine Verstimmung der Kunden. Zudem verzinsen sich die meist hohen Investitionen nicht. Deshalb rückt das Marketing als Motivator und Initiator in den Mittelpunkt. Es fordert ein **aktuelles Design** und einen **hohen Marktwert** der Produkte und Dienstleistungen. Der Käufer dieser *gehobenen* Produkte fordert sein **persönliches Produkt**, eine eigene persönliche Betreuung, ein Dienstleistungsangebot rund um die Uhr, natürlich Termingenauigkeit bei kürzester Lieferzeit. Abgerundet werden all diese Herausforderungen an die Unternehmen letztendlich mit der **Produktqualität** und **Produktsicherheit**. Des Weiteren geht der Kunde selbstverständlich von der Erfüllung aller Umweltauflagen bei dem Produkt und seiner Herstellung aus.

Tabelle 1: Ansatzpunkte für das externe und interne Marketing
Attraktive und **innovative Produkte**
Hohe **Variantenvielfalt**
Statuswert übersteigt den Nutzwert
Flexible und schnelle Organisation
High-Tech als Grundvoraussetzung
Komplettlösungen, d. h. ein Unternehmen koordiniert und überwacht seine Lieferanten
Kurze Modellzyklen bewirken einen hohen Werteverfall
Persönliche Produkte und Betreuung
Hohe Produktqualität und Produktsicherheit

12.1.4 Marketing und Prozessorientierung

Das Marketing eines Unternehmens kann nur erfolgreich sein, wenn das Unternehmen die Zielsetzungen, Forderungen und Wünsche der Kunden umsetzt. Zu lösen sind diese Herausforderungen nur mit prozessorientierten Ansätzen, die die geforderten Überlappungen, Verkettungen und Querverbindungen planbar, steuerbar und ausführbar machen. Außerdem müssen die Gedanken einer fortwährenden Optimierung der einzelnen Prozesse in alle Hierarchien einfließen.

Der *Taylorismus* mit der Trennung von Durchführung und Kontrolle muss durch ein Prozessdenken für das Ganze abgelöst werden **(Bild 1)**.

Dass dieser Unternehmensprozess heute schon in der Automobilindustrie erfolgreich praktiziert wird, lässt sich durch das folgende Beispiel zeigen. Die Zulieferer, als Mitglied der Prozesskette, liefern komplette, einbaufertige Baugruppen bei hoher **Variantenvielfalt** zum exakten Stundentermin. Der perfekte Zulieferer hat seinen Produktionsort in der Nähe der Montagewerke des Endproduktes, produziert immer genau die Baugruppen für die laufende Schicht und liefert die Teile direkt an den Montageort. In einigen Fällen übernimmt der Zulieferer auch noch den Einbau seiner eigenen Baugruppen. Somit ist der Zulieferer nicht nur für die Qualität und die Terminierung seiner Produkte verantwortlich, sondern er haftet auch noch für den Einbau seiner Produkte.

Außerdem können komplexe Baugruppen, wie z. B. die Lieferung der kompletten Vorderachse einschließlich der Bremsanlage, nicht mehr von dem Zulieferer allein entwickelt und gebaut werden. Er muss mit dem Hersteller des Endproduktes seine Entwicklung koppeln, dessen Pflichtenheft und Ideen umsetzen. Außerdem koordiniert er die *Unter-Zulieferer*, die ihm wiederum z. B. die Hydraulikzylinder für die Bremsanlage anliefern.

Das Marketing des Zulieferers eines Unternehmens hat also die Aufgabe diesen Markt nach neuen Gesamtkonzepten zu untersuchen. Eine Kooperation mit anderen Zulieferern ist dabei gefragt, um dann als Generalanbieter, z. B. für die Kfz-Elektronik, aufzutreten, oder neue Konzepte mit dem Produkthersteller zu erarbeiten.

Die Montage der Zukunft gleicht dem modernen Supermarkt. Hier mieten die Firmen die Regale (Preis nach Standort) und die eigenen Vertreter füllen diese mit ihren Produkten.

Im Industriebetrieb mietet der Lieferant einen *leeren* Montageplatz für den Einbau seiner Baugruppen und bringt seine Mitarbeiter, Maschinen, Anlagen und Werkzeuge mit. Hier wird der Produzent des Endproduktes zum reinen Dienstleistungsunternehmen, er hat kein produzierendes Personal mehr, das gebundene Kapital wird klein gehalten.

> Das Unternehmen kann mit einem kleinen, hochqualifizierten Stammpersonal hohe Renditen einfahren, denn das Risiko liegt bei den Zulieferern.

Literatur:
- Meffert, H.: Marketing Arbeitsbuch : Aufgaben – Fallstudien – Lösungen, Verlag Gabler
- Berekoven, L., u.a.: Marktforschung : Methodische Grundlagen, Verlag Gabler
- Weis, H. C.: Marketing, Verlag Kiehl
- Bruhn, M.: Kundenorientierung, Verlag Beck
- Bormann, J. und Hurth, J.: Hersteller- und Handelsmarketing, Verlag Kiehl

Traditionelle Unternehmensorganisation		Prozessorientierte Unternehmensorganisation
Festgefügte Linien-Funktionsmeisterorganisation. **Taylorismus**, d. h. Trennung von Durchführung und Kontrolle und individuelle Verantwortung des Einzelnen für den Arbeitsabschnitt.		Flexible Sparten- oder Matrixorganisation. Prozessorientierung mit Überlappungen. Verkettungen der Gesamtverantwortung der Gruppe für den Prozess bei ständiger Verbesserung mit KAIZEN.

Bild 1: Entwicklung der Organisationsformen

12.1.5 Marketing und die Ziele des Qualitätsmanagements

Das Qualitätsmanagement erfüllt für das Marketing eine wesentliche **Kernaufgabe**. Es sichert die Erfüllung der Ziele und Forderungen des Marketings. In einem prozessorientierten Unternehmen sind das Marketing, das Qualitätsmanagement, die Produktion wesentliche Teile des Gesamtprozesses.

Jede Gruppe, jede Abteilung, jeder Teilbetrieb ist des anderen Kunde bzw. Lieferant, jeder Prozessteilnehmer stellt dabei seine (Kunden-) Forderungen (Preis, Qualität, Termin, Kosten, …) die im Sinne einer konsequenten Kundenorientierung zu erfüllen sind **(Bild 1)**.

Bild 1: Marketing und Qualitätsmanagement

12.1.5.1 Kundenorientierung

Kaufen wir heute ein Produkt, eine Ware, eine Dienstleistung so erwarten wir, dass sie *zuverlässig* und *genau* die gestellten Anforderungen erfüllt.

Erfüllt das Unternehmen eine oder mehrere Anforderungen nicht, so sind die Kunden verärgert. Wenn zudem noch Folgeschäden an Menschen oder Sachen auftreten, machen wir die Herstellerfirma, den Lieferanten haftbar. Die Folge ist Haftung nach dem Produkthaftungsgesetz; Schadenersatz und zusätzlich sicherlich ein Umsatzrückgang und ein Imageverlust.

Das Marketing muss dann mit hohem Aufwand das verlorene Terrain zurückerobern. Dies erfordert zusätzlichen Arbeitsaufwand, Kosten und Zeit. Das Marketing darf aber in diesem Fall den „Schwarzen Peter" nicht einfach den *anderen* zuschieben. Gerade das Marketingteam, das direkt mit dem Kunden zusammenarbeitet, hat im Prozess die primäre Aufgabe hier rechtzeitig zu reagieren.

Oftmals werden aus falsch verstandenem Genauigkeitswahn die Anforderungen des Kunden übererfüllt. Hier muss das Marketing in die Prozesse eingreifen. Das Marketing muss mithilfe der Marketingforschung genauestens ermitteln, welche Forderungen (= Kundenwünsche) der Kunde hat. Ein Beispiel dafür ist, wenn ein Unternehmen die äußeren Maße des Produktes „einfache Kunststoffeimer" prüft, aber die Prüfung des Aussehens (Design) vernachlässigt.

Die **Kundenorientierung** beinhaltet also das Erkunden der **tatsächlichen Forderungen**, denn nur diese bezahlt der Kunde auch. Funktionen, die er nicht braucht, nicht nutzt, nicht nutzen kann, müssen **eliminiert** werden, sonst verschenkt man diese als unbezahlte Zugabe.

Gebrauchsfunktion	Geltungsfunktion
= technische Funktion	= **nicht** technische Funktion
Technik & Design (Funktionalität)	Status & Styling (Formgebung)
Werkzeugmaschine > PKW > CD Player > Schmuck	

Funktionen (= Wirkungen der Objekte)		
Hauptfunktion	Nebenfunktion	Unnötige Funktion
= eigentliche Aufgabe, die Erfüllung ist unerlässlich	= notwendige Aufgaben zur Erfüllung der Hauptfunktion	= vom Kunden nicht verlangt oder honoriert
Prit-Stick muss z.B Papier kleben	Prit-Stick muss nachschiebbar sein	Verbraucher-Stift muss entsorgt werden

Ziel der Wertanalyse nach DIN 69 9910:
= Optimierung des Ergebnisses durch Wertverbesserung, Wertgestaltung und Wertplanung

Wert:
Durch das Design, die Konstruktion wird der Wert des Objektes (Produkt / Dienstleistung) festgelegt. Je früher die Wertanalyse durchgeführt wird, desto größer ist die Kostenersparnis!

Bild 2: Aufbau der Wertanalyse

Weiter zu bedenken ist, dass das Marketing Wünsche der Kunden nachfragt, die der Kunde selbst gar nicht (oder selten) (aus-)nutzen kann (PKW mit 250 kW, 280 km/h Spitze …). Diese Forderungen müssen dann aus Imagegründen ebenfalls erfüllt werden. Besonders bei hochwertigen Produkten ist dies (überlebens-)wichtig für das Unternehmen. Das Marketing gliedert deshalb wie die **Wertanalyse (WA) (Bild 2)** die Produkte und Dienstleistungen in **Gebrauchsfunktionen** und **Geltungsfunktionen**.

12.1.5.2 Kundenwünsche und Total Quality Management

Für das Marketing, dessen Zielsetzung sicherlich die Kundenorientierung ist, muss die Bedeutung der Leitsätze des Qualitätsmanagements, der TQM-Führungsmethode herausgestellt werden (**Bild 1**).

> TQM ist eine Führungsmethode einer Organisation (Unternehmung) bei welcher Qualität in den Mittelpunkt gestellt wird, welche auf der Mitwirkung aller ihrer Mitglieder beruht und welche auf langfristigen Erfolg durch **Zufriedenstellung der Abnehmer** und auf den **Nutzen für die Mitglieder** der Organisation und für die **Gesellschaft** zielt.

TQM, Marketing und Kundenorientierung

Für ein Unternehmen, das mit **TQM-Prinzipien** arbeitet, können die folgenden Bausteine genannt werden (**Tabelle 1**).

Bild 1: Die wichtigsten Ziele des Qualitätsmanagement

Tabelle 1: Die Grundthesen, bzw. die Bausteine des TQM und des Marketings

Nr	These	Beschreibung	Nr	These	Beschreibung
1	Zielklarheit	– Einheitliche und klar umrissene Unternehmungsziele im Sinne der **Kundenorientierung** und der Prozessorientierung	4	Kontinuierliche Verbesserung (KVP)	– Messen von Qualitätsmerkmalen statt Gut-Schlecht-Beurteilung mit Lehren (z. B. Dämpfung, Geräusch, Emission, keine Überhitzung), – Analyse von Messwerten und Prozessverbesserungsmaßnahmen – Einbeziehung der Mitarbeiter in den Qualitätsverbesserungsprozess durch KAIZEN und Vorschlagswesens
2	Kundenorientierung	Beispiele für eine erfolgreiche Kundenorientierung: – Eingehen auf Kundenwünsche, – Beratung, – Freundlichkeit bei Telefongesprächen, – schneller Service, – klare Gebrauchsanweisungen, – Ersatzteilgarantie.	5	Kontinuierliche Schulung und Weiterbildung der Mitarbeiter	– Standardisierung der Arbeitsprozesse der Mitarbeiter durch den Aufbau von eigenverantwortlichen Schulungssystemen für die einzelnen Teams und das gesamte Unternehmen.
3	Null-Fehler Produktion (FMEA[1])	– Analyse und Vermeidung von Fehlern mithilfe der System-FMEA (z. B. neue Montagelinie), – der Konstruktions-FMEA (Bauteile) und – der Prozess-FMEA (Fertigungspläne und Fertigungsprozesse).	6	Regelmäßige Audits (Zertifizierung)	– Zertifizierung des Unternehmens um einen einheitlichen definierten Qualitätsstandard garantieren zu können. – regelmäßige Untersuchungen der Qualitätsverbesserungsmaßnahmen auf ihre Wirksamkeit

---

[1] FMEA = Failure Mode and Effects Analysis = Methode der Fehler-Möglichkeits- und Einflussanalyse.

[2] Corporate Identity = Firmen-identität, „Wir-Gefühl" im Unternehmen erzeugen, nach außen mit einem geschlossenen, positiven Bild auftreten.

12.1 Marketing

Qualitätsaudits und Zertifizierung

Viele Kunden verlangen von ihren Lieferanten, ihren Zulieferern, ohne Ausnahme im Bereich der Automobilindustrie, den Nachweis der **Zertifizierung**, also ein gut aufgebautes und funktionierendes **Qualitätsmanagementsystem**. Die Großabnehmer führen dabei ihre Audits bei den Lieferanten selbst durch und überprüfen vor Ort die Qualität und Wirksamkeit der QM-Systeme. Der Lieferant wird damit ein **„A-Lieferant"**, d. h. seine Produkte und/oder Dienstleistungen werden ohne Eingangsprüfung direkt in das Endprodukt eingebaut. Dies qualifiziert diesen Lieferanten besonders dann, wenn er bei namhaften Kunden als „A-Lieferant" eingestuft ist.

Um die eingeleiteten Qualitätsmaßnahmen zu überwachen, um Schwachstellen zu entdecken und Anregungen zu Verbesserungen zu bekommen, führt man in Unternehmen **Qualitätsaudits** durch. Dabei entwickelt ein geschultes Auditorenteam ein Konzept, in dem der Auditablauf und die Auswertungskriterien festgelegt werden.

Bild 1: Das Kano-Modell

Dabei werden drei Qualitätsauditarten unterschieden:
1. **Produktaudit** für fertig gestellte und geprüfte Produkte, um die Erfüllung der Qualitätsmerkmalforderungen zu überprüfen.
2. **Verfahrensaudit**, z. B. für einen Fertigungsprozess, um seine Wirksamkeit zu untersuchen.
3. **Systemaudit**, hier wird das gesamte Qualitätsmanagementsystem auf seine Fehler und die Wirksamkeit überprüft.

Die Details, die Vorgehensweise und der Aufbau des TQM wird ausführlichst im Kapitel II Qualitätsmanagement beschrieben.

12.1.5.3 Das Kano-Modell

Erst nachdem der Druck durch die japanische Konkurrenz erkannt wurde, begannen die Unternehmen in den USA und in Europa durch intensives zielgerichtetes Marketing die Bedeutung der Qualität in der Produktentwicklung zu erkennen. Von *Noriaki Kano* wurde ein Modell **(Bild 1)** entwickelt, das die Kundenwünsche in drei Bereiche gliedert:
1. **Grundanforderungen**,
2. Qualitäts- und **Leistungsanforderungen**,
3. **Begeisterungsanforderungen**.

Die **Tabelle 1** gibt einen genaueren Überblick über die Klassifizierungsvorstellungen von *Kano*.

Tabelle 1: Beschreibung der Klassifizierungen nach *Kano*		
Basisanforderungen	**Leistungsanforderungen**	**Begeisterungsanforderungen**
– **Unausgesprochene, erwartete** Forderungen – Selbstverständlichkeit – Nichterfüllung erzeugt schwere Imageverluste	– direkt **genannte** Forderungen – Wettbewerbsvergleich der Produkte über dessen Erfüllungsgrad	– **nicht genannte** Forderungen, Überraschung – Innovation, Neuerung – Maximierung der Kundenzufriedenheit
– Klimaanlage (Oberklasse) – Reserverad – Erste Hilfe Kasten, Warndreieck – Batterien bei der Fernbedienung beigelegt – Felgenbremsen vorne/hinten – Notebook mit DVD-Laufwerk und Brenner	– Klimaanlage (Mittelklasse) – ABS – Strom-Sparschaltung – Internetanschluss – Trommelbremsen (Fahrrad) – Notebook mit spritzwassergeschützter Tastatur	– Klimaanlage (Kleinwagen) – GPS und Navigation – Titan-Tennisschläger – Hydraulikbremsen (Fahrrad) – Notebook mit Multi-Touch-Gestenunterstützung

Verfallsrichtung der Anforderungen in Pfeilrichtung

Durch die Beispiele wird deutlich, dass bestimmte Kundenanforderungen in ihrer Wertigkeit *verfallen*. Für das Marketing bedeutet dies, dass die Kunden an das Produkt bzw. die Dienstleistung bestimmte Forderungen stellen. Das Unternehmen muss diese Leistung erbringen, erhält dafür aber keine besondere Vergütung mehr, denn diese Leistung ist inzwischen *branchenüblich*.

Werden die **Basisanforderungen** nicht erbracht, drohen schwerwiegende **Imageverluste**, denn für den Kunden sind dies Selbstverständlichkeiten, die erfüllt sein müssen. Problematisch werden dadurch auch Marktforschungsanalysen, denn der Kunde nennt die Grundanforderungen nicht, z. B. das Betriebssystem und ein Office-Grundpaket bei einem PC, oder die Diebstahlsicherung bei einem Mittelklassewagen. Diese müssen dann durch den Vergleich mit dem Wettbewerber und dessen Produkten und Dienstleistungen ergänzt werden. Im allgemeinen Geschäftsverkehr ist dabei zu beachten, dass eine einmal nicht extra berechnete erbrachte Leistung kaum mehr rückgängig gemacht werden kann, ohne den Kunden schwer zu verärgern.

Die in der **Tabelle 1, vorhergehende Seite**, genannten Beispiele sollen deutlich machen, mit welchen kurzen Lebenszyklen heute viele Brachen *leben* müssen und wie schnell ein Unternehmen immer wieder neue innnovative Produktvarianten, bzw. Produkte auf den Markt bringen muss um Marktführer, also Trendsetter zu bleiben!

Alternativ zeigt die **Tabelle 1** wie ein führender Automobilkonzern seine **Kundenzufriedenheit** prüft und zu einer ähnlichen **Klasseneinteilung** kommt.

In vielen Fällen genügt zur Sichtung und Übersicht die Gruppierung der gesammelten Kundenforderungen, die einfache **ABC-Analyse**. Dabei würden der *A-Klasse* die primären, sofort zu erfüllenden Kundenforderungen, der *C-Klasse* die unwichtigen Forderungen zugeordnet. Die übrig gebliebenen Forderungen kommen in die *B-Klasse*.

Bei der Umsetzung der Kundenwünsche ergibt sich das Problem der Kosten und der daraus resultierenden Preisgestaltung. Dieses Problem lässt sich nur durch eine **Positionierungsanalyse** und eine konkrete Kundenbefragung mit der Zielrichtung der Abfrage Kundenzufriedenheit lösen!

12.1.5.4 Kundenorientierung und Kundenzufriedenheit

Um ständig mit dem Prinzip der Kundenorientierung auf dem „Laufenden zu sein", hat ein führender deutscher Automobilhersteller die folgenden Grundgedanken für die Vorgehensweise des Management und aller Mitarbeiter vorangestellt.

- Wissen wir genau, warum der Kunde unser Produkt kauft und nicht das der Konkurrenz?
- Wissen wir, welche Produktmerkmale dem Kunden wichtig sind?
- Wissen wir, wie genau wir die Erwartungen des Kunden mit unserem Produkt erfüllt haben?
- Wissen wir, welche nichttechnischen Beweggründe die Kaufentscheidung des Kunden beeinflusst hat?
- Wie sehen unsere Verfahren und Methoden zur Ermittlung der Kundenmeinung aus? Geben sie tatsächlich die Kundenmeinung wieder, oder nur die eigene Einschätzung über das, was wir für Kundenmeinung halten?

Die **Kundenforderungen und Kundenwünsche** können mithilfe einer modifizierten **Positionsanalyse** dargestellt werden. Dabei werden die Forderungen und Wünsche der Kunden in einer Liste gesammelt **(Tabelle 1, folgende Seite)** und in Kostenklassen und Beurteilungsklassen eingestuft analog den Prinzipien einer ABC-Analyse.

Tabelle 1: Beschreibung der Kundenzufriedenheit und Kundenforderungen		
Ebene I Selbstverständlichkeiten	**Ebene II** Ausgesprochene Forderungen und Erwartungen	**Ebene III** Überraschungen
• **nicht explizit genannte** Eigenschaften, • vollständiges Erfüllen registriert der Kunde in der Regel nicht, tritt aber die Nichterfüllung plötzlich auf, z. B. das Auto springt nicht an, ist der Kunde schwerwiegend unzufrieden.	• **die Zufriedenheit wächst mit dem** Grad der Erfüllung und • umgekehrt wächst die **Unzufriedenheit** mit dem Grad der Nichterfüllung, wobei hier schon das Fehlen einer **einzigen Forderung** ausschlaggebend sein kann (z. B. kein Nebelschlusslicht).	• bereits **wenige Kleinigkeiten** können einen **überraschenden Beitrag** zur Zufriedenheit liefern, • durch sie lässt sich am ehesten **Marktführerschaft** erreichen, • Innovationen müssen vom Kunden bemerkt und anerkannt werden.

12.1 Marketing

Die Kosten werden dabei z. B. bei der Klasse 1 von € 1,– bis 5,–, bei der Klasse 2 von € 5,01 bis 20,– bis zur Klasse 10 mit mehr als 10 000 € betragen. Die durch eine Kundenbefragung festgestellte Wichtigkeit/Wertigkeit wird in Form einer Beurteilung von den Notenstufen 1 (= kann entfallen) bis 10 (= unbedingt erforderlich) abgefragt.

Die Befragung muss sehr gewissenhaft und nach bestimmten Verbrauchergruppen, z. B. Einkommen, Alter sortiert erfolgen, zudem muss zwischen Sonderwünschen und Standardausrüstungen unterschieden werden.

Die Darstellung erfolgt dann in einer zweidimensionalen Grafik, einer modifizierten Positionierungsanalyse (**Bild 1**). Die Auswertung kann über 4 Quadranten erfolgen, wobei dann Folgendes ausgesagt werden kann:

Bild 1: Modifizierte Positionierungsanalyse zur Einstufung der Kundenwünsche und Kundenanforderungen

Quadrant 1:
– **Standardwünsche** mit wenig Ansehen,
– Niedrige aber meist notwendige Erfüllungskosten,
– Niedrige Kundenbefriedigung.

Quadrant 2:
– **Kernaufgabe** für die Kundenorientierung,
– Niedrige Erfüllungskosten,
– Hohe Kundenbefriedigung.

Quadrant 3:
– Luxus und **Prestigewunsch**orientierung,
– Kleine Stückzahlen,
– Hohe Erfüllungskosten,
– Höchste Kundenbefriedigung.

Quadrant 4:
– **Sonderwünsche** von speziellen Kunden,
– Sehr hohe Kosten,
– Befriedigung des Kunden wird als Standard angesehen (kostenlose Zulieferung sowie Einbau und Wartung).

Tabelle 1: Sammelliste für die Einstufung von Kundensonderwünschen am Beispiel eines Mittelklasse PKW (vereinfachte Auswahl)

Nr.	Kundenforderung/ Kundenwunsch	Kostenklasse	Beurteilungsklasse	Nr.	Kundenforderung/ Kundenwunsch	Kostenklasse	Beurteilungsklasse
1	ABS	7	4	13	Bordcomputer	6	7
2	Airbag	5	6	14	Frischluftfilter	2	2
3	Abschleppöse	2	4	15	Elektron. Differentialsperre	7	1
4	Allradantrieb	9	1	16	Fahrzeug-Navigation-System	2	1
5	Alarmanlage	4	3	17	Tempomat	2	2
6	Außenspiegel elektrisch abklappbar	3	1	18	BLUEMOTION Technologie	8	8
7	Autotelefon	7	1	19	Verzurrösen im Gepäckraum	3	6
8	Klimaanlage	6	4	20	Elektronische Wegfahrsperre	5	3
9	Beheizbare Vordersitze	6	2	21	Elektron. Stabilitätssystem	6	4
10	Nebelschlussleuchte	3	4	22	Leichtmetallräder	7	2
11	Höhenverstellbarer Sitz	4	4	23	Memory für Fahrersitz	5	3
12	Hohlraumkonservierung	5	6	24	Make-up-Spiegel	1	8

12.2 Marketinginstrumente

12.2.1 Die marktpolitischen Instrumente des Marketing

Mit den marktpolitischen Instrumenten versucht das Unternehmen aktiv auf dem Absatzmarkt Einfluss zu gewinnen. Dazu gibt es vier grundlegende Methoden (**Bild 1**). Allein aus den *Überschriften* erkennt man, dass das Produkt nur als *Teilaspekt* für das Marketing in Erscheinung tritt.

Das *gute* Produkt, die *pünktliche* Dienstleistung bleibt der **Grundpfeiler** des Unternehmens. Doch ohne den Einsatz der marketingpolitischen Instrumente des Marketings lassen sich heute auch noch so gute Produkte nicht mehr verkaufen. Auf dem Markt werden heute nämlich viele **gleichwertige Produkte und Dienstleistungen** angeboten. Viele, meist kleinere Unternehmen haben diese Problematik immer noch nicht richtig erkannt und versuchen nur mit ihrer guten Technik zu konkurrieren. Das genügt aber bei globalen, offenen Märkten nicht mehr! Sie investieren in aufwendige risikoreiche Innovationen (keine Erfahrungen), ohne beim Kunden nachzufragen, ob er diese Veredelung überhaupt will! Vielleicht hätte eine kleine, kostengünstigere Verbesserung ausgereicht, die Kundenwünsche zufrieden zu stellen. Aufgabe des Marketings ist es dann, diese geschickt als Innovation zu verkaufen.

Dies ist kein Widerspruch, obwohl bei vielen gleichwertigen Produkten auf dem Markt, sich „unser" Produkt am besten durch eine „Innovation" unterscheiden muss.

Auswahl der Instrumente des Marketing-Mix

Die marktetingpolitischen Instrumente (**Tabelle 1**) geben dem Unternehmen, dem Marketing, der Absatzwirtschaft viele Möglichkeiten sich auf dem Markt zu verbessern, oder sich neu zu etablieren. Wichtig ist es dabei die **richtige Wahl** zu treffen. Der gesamte finanzielle Aufwand und der Arbeitseinsatz ist verloren aber auch das **Image** kann darunter leiden, Markt- oder Umsatzeinbußen sind die unmittelbare Folge einer falschen Marketing-Mix-Strategie.

Eine falsche (Billig-) Preispolitik lässt sich nicht einfach später wieder nach oben korrigieren. Hier müssen dann schon flankierende Maßnahmen, wie z. B. eine Verbesserung der Ausstattung des Produktes nachfolgen.

Bild 1: Die vier Instrumente des Marketing Mix

Tabelle 1: Die vier marketingpolitischen Instrumente im Überblick			
Produktpolitik	**Kontrahierungspolitik**	**Distributionspolitik**	**Kommunikationspolitik**
– Das Ziel ist für das Produkt, die Dienstleistung beim Käufer eine bessere Beurteilung und ein höheres Image zu erhalten.	– Gestaltung des Kaufabschlusses, – Regelung der Zahlungsabwicklung, der Konditionen.	– Maßnahmen um die Vertriebswege zu analysieren und auszuloten, – Lagerhaltung, – Logistik, – Standort.	– Aufbau von persönlichen und unpersönlichen Kontakten, – Lieferanten- und Kundenbeziehung erhalten, ausbauen, pflegen und standardisieren.
– Produktgestaltung, – Qualität, – Verpackung, – Namenspolitik, – Kundendienst.	– Garantie, – Diversifikation, – Sortimentspolitik, – Programmpolitik.	– Preispolitik, – Module, – Gesamtpaket, – Rabattpolitik, – Lieferbedingung,	– Zahlungsbeding., – Kreditpolitik, – Abschöpfungspolitik, – Prämienpolitik.	– Absatzwege, – Direktabsatz, – Handelsvertreter, – Reisender,	– Indirekter Absatz, – Transport, – Lagerung, – Standortpolitik.	– Werbung, – Verkauf, – Verkaufsförderung, – Öffentlichkeitsarbeit.	– Sponsoring, – Product-Placement, – Public-Relations, – Corporate-Identity.

12.2 Marketinginstrumente

Bedeutung der verschiedenen Marketinginstrumente

Mithilfe der einfachen Beispiele, die in **Bild 1** und **Tabelle 1** für Konsumgüter und Investitionsgüter zusammengestellt sind, kann man sich einen Überblick über den Einsatz der verschiedenen Marketinginstrumente, des Marketing-Mix machen. Bemerkenswert ist dabei, dass die Produktpolitik in beiden Bereichen denselben Prozentsatz einnimmt. Unterschiede ergeben sich insbesondere in der Werbung und in der Distribution. Alle Kunden müssen ständig **neu** angesprochen werden und alle Absatzwege neu ausgelotet werden. Die Tabelle 1 zeigt für die Gebrauchsgegenstände „HiFi" die hohe Bedeutung des Kundendienstes bei der Produktpolitik, der Abschluss eines Ratensparvertrages erfordert dagegen einen guten Verkaufsrepräsentanten.

Bild 1: Bewertung der Marketinginstrumente

12.2.2 Ziele und Gliederung der Produktpolitik

Die Produktpolitik und Programmpolitik, insbesondere dabei die **Produktinnovation** ist die wesentliche Säule zum Ausbau des **Marktanteils** und der Verbesserung des **Return on Investment (RoI)**[1]. Weiter gewinnt der TQM an Bedeutung zur Erlangung der **Qualitätsführerschaft**. Weiter wird eine starke **Koordination** zwischen der **Produktpolitik** (= Marketing > Kunde), der Forschung und Entwicklung (= Konstruktion) und der **Produktion** (= Produkt) vorausgesetzt. Die **Produktpolitik** (Tabelle 2) gliedert sich dabei in vier Standbeine, die **Produktgestaltung** mit dem Schwerpunkt der Produktinnovation, der **Programmpolitik** mit dem Inhalt der Treue, der Kunde will sich *wiederfinden*, dem **Kundendienst**, der heute komplette Problemlösungen liefern muss und der **Garantieleistung**.

[1] RoI = Return of Investment: Ziel eines Unternehmens muss es sein, das investierte Kapital möglichst schnell zurück zu gewinnen.

Tabelle 1: Bedeutung der verschiedenen Marketinginstrumente

	Mundhygiene	Backwaren	„HiFi"	Kleidung	Ratensparvertrag
Produktpolitik	xxxx	xxxx	xxxxx	xxxxx	xxx
Preispolitik	xxx	xxxx	xxx	xxx	xx
Werbung	xxxxx	x	xxxx	xx	xxxx
Absatzweg	xxxx	xxxxx	xx	xx	xxx
Verkauf	x	xx	xxx	xxxx	xxxxx
Kundendienst			xxxx	x	xxx

x = geringe Bedeutung   xxxxx = hohe Bedeutung

Tabelle 2: Produktpolitik (einfache Gliederung)

Produktgestaltung und Design	Programm- und Sortimentspolitik	Kundendienstpolitik	Garantieleistungspolitik
Produktinnovation, Produktvariation, Produktelimination	Programmtreue, Materialtreue, Wissenstreue.	Profilierung, Problemlösung, Funktionserfüllung, Inspektion.	Lieferbedingungen, Wandlung, Schadenersatz, Umtausch.

Tabelle 3: Produkt- und programmpolitische Entscheidungen

Produkt- & Programmpolitik	Produktlebenszyklus	Produktinnovation	Produktvariation	Produktdifferenzierung	Produktelimination	Verpackungsgestaltung	Programmgestaltung	Verbraucherpolitik & Ökologieaspekt
1	2	3	4	5	6	7	8	9
– A-Lieferant bei allen Kunden anstreben – Kerngeschäft stärken	– neue Produkte aufbauen – Zykluszeiten verkürzen sich ständig	– neue Tendenzen erkunden, erproben und testen	– Produkte und Dienstleistungen an den Trend anpassen	– nach neuen Märkten Ausschau halten – *wachsam* sein	– unwirtschaftliche Produkte rechtzeitig aussortieren, oder besser verkaufen	– Umweltaspekte beachten – Transport/ Handling gut gestalten	– gesamtes Produktionsprogramm optisch aufeinander abstimmen	– Trend der jeweiligen Verbrauchergruppe ständig untersuchen und verstärken

Entscheidungen über Produkte und Dienstleistungen sind nicht nur als ein technisches Problem, sondern vor allem als *marktbezogenes Problem* zu untersuchen. Diese Entscheidungen werden als das *Herz des Marketing* bezeichnet, denn die Überlebensfähigkeit des Unternehmens hängt von einer *attraktiven Gestaltung* der *Produktpolitik und Programmpolitik* ab. Nur durch die Befriedigung der Kundenbedürfnisse und ein auf den Kundennutzen ausgerichtetes Leistungsangebot kann langfristig die Erreichung der Unternehmensziele gewährleistet werden.

Die verschiedenen Möglichkeiten für produktpolitische und programmpolitische Entscheidungen sind in der **Tabelle 3, vorhergehende Seite** aufgezählt. Auch hier wird wiederum deutlich, dass der *Produkttyp* nicht von der Produktion entschieden werden kann, sondern vom Markt bestimmt wird, den das Marketing unabhängig zu erkunden hat.

Die **Produkt- und Programmpolitik** können aus den verschiedensten Blickwinkeln betrachtet werden. Sie haben unterschiedliche Ansätze, verfolgen aber das gleiche Schwerpunktziel, nämlich die **Kundenorientierung** zu verwirklichen und zu perfektionieren.

Die **Tabelle 1** zeigt die generellen **Markt- und Umweltentwicklungen,** welcher die Unternehmen bei ihrer Produkt- und Programmpolitik unterworfen sind. Hier stehen die **Kundenorientierung**, das **Umweltbewusstsein** und das **Qualitätsmanagement** im Mittelpunkt.

Die **ökonomischen Ziele (Tabelle 2)** sind *real* beschreibbar, somit auch messbar und grafisch und tabellarisch darstellbar. Sie formulieren die betriebswirtschaftlichen Vorgaben des Unternehmens. Alle Marketingaktivitäten müssen sich natürlich diesen allgemeinen Vorgaben unterordnen, z. B. müssen die geplanten Gewinne oder ein erwartetes Wachstum im laufenden Geschäftsjahr erzielt werden.

Tabelle 1: Markt- und Umweltentwicklungen für die Programm- und Produktpolitik

Entwicklungsrichtung	Beschreibung, Zukunftsaufgaben
Qualitätsansprüche der Kunden steigen	– Die Aufklärung durch Warentestinformationen nimmt zu – Die Garantiezeiten haben sich verlängert – Die Produkte gleichen sich immer mehr an
Beziehungen zum Kunden verbessern	– Wachsende technisch-qualitative Homogenität – Aufbau von langfristigen Beziehungen durch ein Relationship-Marketing – Erweiterung des Dienstleistungsangebotes, Service, Value-Added-Services
Umweltbewusstsein steigern	– Der Energieverbrauch muss gesenkt werden, zudem müssen die Abgase frei von Schadstoffen sein – Die Wiederverwendbarkeit und das Recycling müssen ausgebaut und optimiert werden – Zielrichtung ist ein kompletter Wertschöpfungskreislauf
Zahl der Gesetze/ Verordnungen steigt	– Durch den Aufbau eines Qualitätsmanagementsystems können alle neuen Gesetze und Verordnungen beherrscht werden, denn sie werden dem Unternehmen rechtzeitig bekannt gemacht – Die Produkthaftung verlangt unbedingt eine Zertifizierung nach ISO 9000:2000 – Eine gute Umsetzung der Arbeitssicherheit und des Arbeitsschutzes erhöht die Motivation der Mitarbeiter
Produktkomplexität nimmt weiter zu	– Die Qualifizierung der Mitarbeiter muss weiter gesteigert werden – Die kundenorientierte individuelle Ausstattung wird in allen Produkten und Dienstleistungen die Regel sein
Konzentration des Nachfragemarktes	– Die Konzentration des Handels wird weiter stark zunehmen, der Handel bestimmt die Produkte, die er in seinem Angebot platziert – Der Handel muss in die Produktentwicklung aktiv eingeschaltet werden
Produktlebenszyklen werden kürzer	– Die Kunden erwarten die neuen Produkte immer schneller, die Durchlaufzeiten müssen sich verkürzen – Durch die erhöhten Anforderungen (Qualität, Technik, und kurze Durchlaufzeit) werden die Entwicklungskosten immer höher; nur kapitalkräftige Unternehmen haben in Zukunft eine Chance

Tabelle 2: Ökonomische Ziele

Gewinn und Rentabilität	Wachstum	Rationalisierung	Kapazitätsauslastung	Sicherheit	Marktstellung
– geplante Einzeldeckungsbeiträge erreichen – geplante Rol-Soll--werte erzielen	– Absatzerhöhung – Umsatzsteigerung – Gewinnerhöhung	– Synergieeffekt – Degressionseffekt	– Produktion – Design – Marketing	– Risikostreuung – Neue Kundensegmente – Überlebensstrategien	– Anteilssteigerung – Qualität – Vollsortiment – Ökologie
– die Einnahmen sollten wenigstens die variablen Kosten decken	– Erhöhung des Marktanteils in einem Produkt- oder Marktsegment	– die aufgewendeten Investitionen sollten sich auch auf andere Bereiche auswirken	– die Maschinenkapazitäten dem wirklichen Dauerbedarf anpassen	– Märkte auf ihre Stabilität ständig ausloten und Ersatzlösungen planen	– durch Zukauf oder Kooperation einen Marktsektor vollständig abdecken

12.2 Marketinginstrumente

Psychographische Ziele und Produkttypologien

Das Image, das generelle **psychographische Ziel (Tabelle 1)** muss durch sorgfältiges Aufarbeiten ausgewählt und gefestigt werden. Eine schnelle Änderung des einmal definierten **Image** (Einstellung) ist schwer möglich. So hat z. B. ein Mitarbeiter, der zu Beginn der Beschäftigung öfters zu spät kommt, schnell das Image des stetig Unpünktlichen weg. Gerade bei der Einführung eines neuen Image, z. B. *24 Stunden Service* wird der Kunde dies auch *austesten* und bei der Nichterfüllung erleidet das Unternehmen einen schweren Imageschaden!

> Besonders in den USA werden die drei Produkttypen *convenience goods* (convenience = üblich, hier: Tageswaren) *shopping goods* (Einkäufe) und *speciality goods* (besondere Käufe) in den Marketingstrategien unterschieden.

Der Verbraucher kauft die *convenience goods*, z. B. Grundnahrungsmittel im Vorbeigehen, in Eile nach Geschäftsschluss. Für die *shopping goods*, z. B. kleine Smartphones, gutes Steak nimmt er sich mehr Zeit und vergleicht Preis und Qualität auch in einem anderen Geschäft. Die *speciality goods*, z. B. ein neues Auto, ein PC, kann sich der Kunde, je nach Einkommen, einmal pro Jahr leisten. Hier sind der Ruf, das Image, die Qualität des Produktes von entscheidender Bedeutung. Ähnlich ist das Kaufverhalten des Einkäufers eines Unternehmens des Mittelstandes, z. B. für Handwerker. Er kauft die billigen und einfachen Produkte bei seinem Stammlieferanten. Für Investitionen lässt er sich Zeit und achtet auf die Erfüllung seines Pflichtenheftes.

Das Produkt und die Zusatzleistungen

Da ein Produkt nie *nackt* verkauft wird, müssen alle Zusatzleistungen, wie z. B. die Verpackung, der Kundendienst, die Gewährleistung bei der Produktpolitik berücksichtigt werden.
Deshalb gehören zum Produkt:

- Der **Kernvorteil**, also das eigentliche Produkt, z. B. ein Mittelklasse-PKW in Kombiausführung, den der Kunde für seine Arbeit braucht, oder ein anderer Kunde für seinen Hobbygarten.

- Die **Produkteigenschaften**, also das Image, die Gebrauchstauglichkeit, die Verpackung, das Aussehen, die Leistung und vieles andere, gehören untrennbar zum Produkt und beeinflussen die Kaufentscheidung.

- Die **Zusatzleistungen**, wie die Beratung und die Garantie. Insbesondere der Kundendienst ist für den Kunden im **Investitionsgüterbereich** von entscheidender Bedeutung.

Tabelle 1: Psychographische Ziele und Produkttypologien (Aufzählung)

Produkt- und Markenimage

Lieferanten- und Firmenimage

convenience goods	shopping goods	speciality goods
Mehl		
		Aktie
Verbrauchsgüter	Gebrauchsgüter	Dienstleistungen

Verkaufsfördernde Elemente

Die **Tabelle 2** gibt einen Überblick über die wesentlichen Punkte, welche die *Umsätze steigen* lassen. Welche einzelnen Elemente die wesentlichen sind, ist allein von dem Kunden abhängig. Er bestimmt durch seinen Kundenwunsch das Produkt. Daraus leitet sich z. B. wieder die Serviceleistung ab: *Der PC für die Materialdisposition muss immer betriebsfähig sein.*

Tabelle 2: Allgemeine verkaufsfördernde Elemente für Produkte

Element	Beispiel, Folge
Image	– Mercedes steht für solide Autos
Umweltverträglichkeit	– der grüne Punkt ist das Gütesiegel
Präsenz	– auf der ganzen Welt vertreten
Nutzen	– das *Hybrid-Auto* spart Geld
Verfügbarkeit	– mit Handy überall erreichbar
Service	– keine großen Wartezeiten durch den 3 Stunden Service
Preis	– bestimmt den Kundenkreis und die Absatzmenge
Qualität	– ermöglicht den Einstieg in den A-Lieferantenkreis
Lebensdauer	– dem Produkt angepasst
Marke	– ermöglicht die Etablierung in andere Sektoren

Produktnutzen

Aufbauend auf dem **Grundnutzen** werden den Produkten oder Dienstleistungen abgestimmte Eigenschaften **(Zusatznutzen)** zur besseren Bedürfnisbefriedigung des Kunden zugeordnet **(Tabelle 1)**. Diese dienen insbesondere bei Gebrauchs- und Konsumgütern oftmals allein dem Geltungsbedürfnis des Kunden. Der Grundnutzen hat nur die Funktion zu erfüllen. Eine ähnliche Einteilung, die eigentlich die gleiche Aufgabe erfüllen soll, nämlich die Kundenwünsche zu gliedern, kann mithilfe des **KANO**-Modells durchgeführt werden. Hier wird zwischen **Grundanforderungen**, **Leistungsanforderungen** und **Begeisterungsanforderungen** unterschieden.

Primär- und Sekundärleistungen

Die Primärleistung kennzeichnet die ursprüngliche **Kernleistung** des Unternehmens, diese kann auch *allein* vertrieben werden. Sekundärleistungen dagegen werden immer in Kombination mit der Primärleistung angeboten **(Tabelle 2)**. Die Verknüpfung des Produktprogramms mit der Markenpolitik und der Kundendienstpolitik, also dem Angebot von **Value-Added-Services**[1], einer Sekundärleistung, tritt immer mehr in den Mittelpunkt. So werden auch die ursprünglich reinen Sachleistungen (Produkte) nur noch mit Dienstleistungen verknüpft angeboten. So wird z. B. der *Bringservice* bei der just-in-time-Lieferung von einbaufertigen Baugruppen, also die ursprüngliche Primärleistung, sowohl zur Sachleistung als auch Dienstleistung.

Tabelle 2: Ausprägungsformen der Primär- und Sekundärleistungen

		Primärleistung besitzt eher:	
		Sach-leistungscharakter	Dienst-leistungscharakter
Sekundärleistung besitzt eher:	**Dienstleistungscharakter**	1 – Zubehör artikel[2] bei Konzerten	2 – Theaterprogramm Duty-Free-Verkauf bei Flugreisen – Merchandising-
	Sachleistungscharakter	3 – Garantie – Versicherung der Primärleistung – Klassischer (technischer) Kundendienst	4 – Telefonbanking – Sportangebot bei Urlaubsreisen – Zugrestaurant – Frequent-Flyer-Programme[3]

Tabelle 1: Die Einzelelemente des Produktnutzens

Grundnutzen	
– Physikalisch-funktionelle Eigenschaften des Produktes zur Bedürfnisbefriedigung – Formale Erfüllung des Dienstgeschäftes	– Ein PC bewältigt die geforderten Aufgaben – Die Reparatur wird durchgeführt

+

Zusatznutzen			
– den Grundnutzen übersteigende Eigenschaften – formale Übererfüllung der Dienstleistung		– PC kann zusätzliche Aufgaben erledigen – Zusätzliche Serviceleistungen (24 Stundenservice)	
Erbauungsnutzen		**Geltungsnutzen**	
– Das Produkt oder die Dienstleistung erbringt dem Nutzer eine zusätzliche **ästhetische Bedürfnisbefriedigung**.	– Das Design (Form und Technik), das Styling (Farbe, Gestaltung) des PC finden Anklang. – Die Ersatzteile sind der Umgebung angepasst.	– Das Produkt oder die Dienstleistung erbringt dem Nutzer eine zusätzliche **soziale Bedürfnisbefriedigung**.	– Das hochwertige, prestigeträchtige Markenprodukt (auch Ausstattung) erzeugt Bewunderung. – Abholung des PC, Neueinweisung.

+

Produktnutzen	
– Alle Eigenschaften eines Produktes oder Aufwendungen bei einer Dienstleistung.	– Summe aller Komponenten

---

[1] engl. value = Wert, engl. to add = hinzufügen, hier: Zusatznutzen
[2] merchandise = Waren, z. B. werden Kugelschreiber, Kalender, T-Shirts mit dem Markenlogo des Lieferanten bedruckt
[3] engl. frequent = häufig, engl. flyer = Flieger, Renner, hier: Sachen die sich gerade gut verkaufen.

12.2.3 Programmstrukturanalysen und das Portfolio

12.2.3.1 Übersicht

Um fundierte marktpolitische Entscheidungen treffen zu können, benötigt ein Unternehmen, nachdem es eine gründliche Analyse der Ausgangslage durchgeführt hat, auch eine Darstellungsform, die schlüssig und objektiv die gewonnenen Ergebnisse darstellt. Hierzu wurden verschiedene Formen der **Programmstrukturanalysen** entwickelt, z. B. die klassische Lebensstrukturanalyse, die Altersstrukturanalyse, die Umsatzstrukturanalyse und das **Portfolio**[1].

Das Portfolio ist eine zweidimensionale Darstellung des Marktwachstums und der zugehörigen Marktanteile für ein Produkt, für eine Produktgruppe oder auch für eine Dienstleistung. Die Daten für die Erstellung eines Produktportfolio müssen durch eine Zielgruppenanalyse gewonnen werden. Dabei muss die Frage gestellt werden, wer das Produkt kauft, bzw. kaufen soll und welche soziografischen, psychografischen und demografischen Merkmale die Zielgruppe aufweist.

Nur durch diese genaue Abstimmung ist garantiert, dass die Käufergruppe mit der Zielgruppe auch identisch ist und somit richtige Ergebnisse *erfragt* werden. Wenn ich Rasenmäher verkaufen will, sollte ich keine Jugendlichen befragen, obwohl diese evtl. sogar Rasen mähen müssen, denn den Kauf wird der Hausherr durchführen.

- **Question marks**[2] sind Produkte (Dienstleistungen), die durch ein hohes Marktwachstum bei geringem relativen Marktanteil gekennzeichnet sind. Aufgrund des hohen Marktwachstums binden sie Finanzmittel ohne Gewinne zu erwirtschaften und es ist nicht sicher, ob sich der Marktanteil langfristig ausbauen lässt.

- **Stars**[3] sind Produkte (Dienstleistungen), die im Markt schon erfolgreich sind und weiter gute Wachstumschancen haben. Sie erfordern einen hohen Betreuungsaufwand und verursachen so hohe Kosten, die sich aber aufgrund des Wachstumspotenzials in der nahen Zukunft wieder amortisieren sollten.

- **Cash cows**[4] sind erfolgreiche und etablierte Produkte (Dienstleistungen), die auf dem Markt einen hohen Marktanteil haben. Trotzdem hat das Marktwachstum stark abgenommen. Die Gewinne sind hoch, sichern aber nur noch kurzfristig den Erfolg des Unternehmens. Wer es hier versäumt, die notwendigen Reinvestitionen für neue *stars* zu tätigen, den bestraft der Markt. Ein Unternehmen bleibt für den Kunden nur durch „stars" attraktiv.

- **Poor dogs**[5] sind Produkte (Dienstleistungen), deren Lebensdauer abgelaufen ist. Sie erwirtschaften meist keine Überschüsse mehr, obwohl sich die Anlagen längst amortisiert haben. Kalkulatorisch „rechnet" sich die Produktion oftmals, wenn die Anlagekosten (= fixe Kosten) mit *Null* angesetzt werden. Doch finanzpolitisch ist dies falsch, denn Abschreibungen von Neuinvestitionen vermindern die Steuerlast und erhöhen den cash flow des Unternehmens! Nur in der Investitionsgüterindustrie kann sich das Unternehmen mit der Entscheidung der Eliminierung von Produkten mehr Zeit lassen.

12.2.3.2 Kurzbeschreibung des Marktwachstum-Marktanteil-Portfolio

Das *klassische* Produktportfolio, bzw. die Programmstrukturanalyse besteht aus vier Grundelementen: *question marks, stars, cash cows* und *poor dogs*.

Die in **Bild 1** dargestellte zeitliche Abfolge – *question marks – stars – cash cows – poor dogs* ist nicht zwangsläufig, denn viele Produkte erreichen nicht einmal den Status „Star" und werden schon sehr früh zum „Flop". Wenn das Unternehmen dies rechtzeitig erkennt, kann es viel Geld sparen.

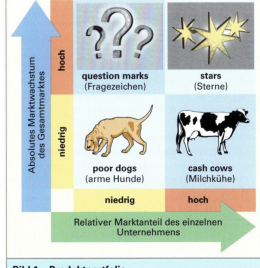

Bild 1: Produktportfolio

---

[1] portfolio von franz. portefeuille = Aktentasche, hier: Geschäftsbereich, Warenangebot, Dienstleistungsangebot; [2] engl. question mark = Fragezeichen; [3] engl. star = Stern; [4] engl. cash = Kasse, cow = Kuh, hier: Kuh mit der man Geld verdient; [5] engl. poor dog = armer Hund

12.2.3.3 Erstellung eines Produktportfolios

Bei der **Erstellung einer Portfolioanalyse** für programm- und produktpolitische Entscheidungen müssen zuerst die **Kenngrößen** ermittelt werden, die den langfristigen Erfolg eines Unternehmens tragen sollen. Man schränkt sich dabei auf **zwei Schlüsselgrößen** ein, diese müssen dann die unternehmensinternen und -externen Erfolgseinflüsse repräsentieren.

In unserem Beispiel sind dies das **Wachstum** und die **Marktanteile**. Dazu werden z. B. die Daten des absoluten Wachstums der Produktpalette „Bohrmaschinen Typ A, Typ B, Typ C und Typ D" durch eine **Zielgruppenanalyse** durch eine Marktforschungsstudie erfasst. Im einfachsten Fall erhält man die Daten aus der eigenen EDV-Verkaufs-Datenbank. Die Ergebnisse sind in **Bild 1** grafisch dargestellt. Die Grundwerte des regionalen Marktanteils sind meist leicht selbst zu erfassen oder können bei Marktforschungsinstituten abgefragt werden.

Die Erstellung des Portfolio ist einfach, die Datenreihen werden in **hoch** und **niedrig** eingeteilt und so entsprechend (mutig) in das Portfolio übertragen.

Bild 2 zeigt im praktischen Beispiel, wie sich aus zwei Diagrammen (Marktanteil und Wachstum der Produkte) eine Matrix-Darstellung ergibt und daraus eine komplexere Aussage entwickeln lässt. Das Ergebnis ist dann das Portfolio des Marktwachstums und der Marktanteile für die Produktpalette des Unternehmens.

Das Prinzip des *Portfolio* wurde aus der Wertpapieranalyse übernommen. Hier geht es darum, die **Ausgewogenheit** von Wertpapieren festzustellen. Genau dieses Ziel der Ausgewogenheit von Wachstum und Liquidität[1] (= Marktanteil) innerhalb des Produktprogramms muss auch ein Unternehmen verfolgen, die Portfolioanalyse stellt dies dann grafisch dar. Zusätzlich werden *Lücken* oder auch *Übererfüllung* im eigenen Programm grafisch sofort erkannt.

Nach den Ergebnissen einer Marktstudie eines führenden Marktforschungsinstitutes kommt dem **Marktanteil** eine zentrale Bedeutung für die **Gewinnhöhe**, dem *RoI* und dem *cash flow* zu. Für die **Wachstumsrate** des Marktes gilt, je höher die Marktwachstumsrate und je größer der eigene Anteil am Markt ist, desto höher wird die **Rentabilität** des eigenen Unternehmens sein.

Deshalb ist das Produktportfolio die grundlegende Marketingstudie! Für Unternehmen, deren Aktien an der Börse gehandelt werden, oder die sich dort etablieren wollen, ist die Erstellung von verschiedenen Portfolien eine *Pflichtübung*. Nach den neuen EU-Richtlinien müssen alle Aktiengesellschaften 1/4-jährlich einen Geschäftsbericht erstellen. Durch gut zusammengestellte Portfolien kann der *Zahlendschungel* lebendiger und aufgelockerter für die Banken, die Investmentfonds, die Broker[2] und deren Kunden dargestellt werden, zudem lassen sich auch einige Zahlenreihen beschönigen und *reinwaschen*!

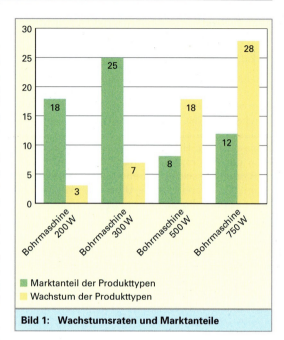

Bild 1: Wachstumsraten und Marktanteile

Bild 2: Das Portfolio der Produktpalette *Bohrmaschinen*

---

[1] lat. liquidus = flüssig, hier: zahlungsfähig;
[2] engl. broker = Makler, Agent

12.2 Marketinginstrumente

12.2.3.4 Strategien zum Portfolio – der Produkt-Lebenszyklus

Bild 1 gibt einen Überblick über den Lebenslauf der Produkte (question mark bis zum poor dog) und die dabei anzuwendenden Strategien. Die Darstellung kann natürlich nicht ohne Vorbehalte übernommen werden, mit ihr können nur strategische Überlegungen angestellt werden. Aufgezeigt ist hier der *Normalverlauf* eines Produktlebenslaufes. Bei Abweichungen von diesem Idealfall muss *nachgedacht* werden, warum es zu Abweichungen gekommen ist. Anschließend müssen im Team Entscheidungen über das weitere Vorgehen getroffen werden. Wer diese Strategien zu engstirnig verfolgt, handelt nicht marktgerecht, denn letztendlich bestimmt der Markt, nicht das Marketing, die Strategie.

12.2.4 Das mehrdimensionale Portfolio von McKinsey

Die Unternehmensberatung **McKinsey (Bild 2)** hat ein alternatives Modell eines Produktportfolio mit den Größen **Marktattraktivität** und relative **Wettbewerbsvorteile** entwickelt. Diese Modelle besitzen eine Mehrdimensionalität im Gegensatz zu dem eindimensionalen Modell mit dem Marktwachstum und den Marktanteilen.

> McKinsey beschreibt sein Modell wie folgt:
> Das Kriterium **Marktattraktivität** umfasst:
> - das Marktwachstum,
> - die Marktgröße,
> - die Marktqualität und
> - die Umwelteinflüsse.
>
> Das Kriterium **relative Wettbewerbsvorteile** umfasst
> - die relative Marktposition,
> - das relative Produktionspotenzial und
> - die relative Personalqualität.

Somit beinhaltet ein Kriterium mehrere „Unterkriterien", die kumuliert und gewichtet in das Portfolio eingehen. Die einzelnen Produkte oder Produktgruppen des Unternehmens werden dabei in dem Portfolio positioniert. Durch die Mehrdimensionalität des Portfolio können die Stärken und Schwächen des Unternehmens erkannt werden. Auf eine genauere Beschreibung der Analyse und Bewertung wird an dieser Stelle verzichtet. Es soll hier aber aufgezeigt werden, wie vielfältig die Ansätze innerhalb des Marketing sind. Dennoch können noch so *tolle* Modelle die komplexen, dynamischen Märkte nie real erfassen. Für den *Techniker* ist diese *Ungenauigkeit* oftmals sehr suspekt, aber die Wirtschaft lässt sich wegen ihrer vielen Unwägbarkeiten nicht exakt wie ein technisches Produkt im voraus berechnen!

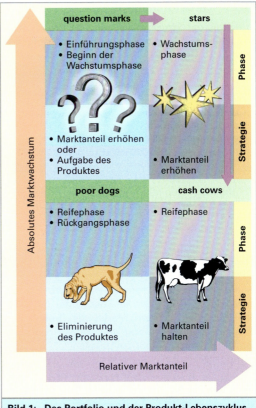

Bild 1: Das Portfolio und der Produkt-Lebenszyklus und die Strategien

Bild 2: Das *mehrdimensionale* Portfolio-Modell und die Positionierung der Produkte eines Unternehmens

12.2.5 Strukturanalysen

Innerhalb der **Strukturanalysen** sind zwei Formen zu unterscheiden, **die Risiko-** und **die Erfolgsanalyse**.

> Die **Risikoanalyse** beschäftigt sich u. a. mit
> - der Altersstruktur,
> - der Umsatzstruktur und
> - der Kundenstruktur.
>
> Die **Erfolgsanalyse** dagegen untersucht
> - mit **Deckungsbeitragsanalysen** die operative Produkt- und Programmplanung.

In folgenden Kapiteln werden diese Analysemethoden beschrieben und mit dem Hilfsmittel des Benchmarking, einer Art Kennziffernrechnung ergänzt.

Das Benchmarking und der Benchmark[1]

Das Setzen und Anstreben des *Benchmark* ist insbesondere durch die EDV-Branche bekannt geworden. Dabei setzt der *Beste*, oder der *Erste*, der Vorreiter auf dem Markt, den Benchmark, d. h. er gibt die Bestmarke vor, die dann die anderen Unternehmen einholen müssen.

Die Firma Daimler gilt z. B. in der PKW-Oberklasse als Benchmarkführer. Das Produkt *CD-Laufwerk* begann mit der Lesegeschwindigkeit *1-fach*, jetzt bei *64-fach* und mehr angekommen und inzwischen z. T. als Speichermedium durch die DVD, USB-Sticks und die Cloud abgelöst.

Die ABC-Analyse

Die ABC-Analyse, bei den 7-TOOLS als Pareto-Diagramm bezeichnet, klassifiziert ausgewählte Kriterien, wie z. B. im QM die Fehlerursachen für Schlechtteile mit ihrer Häufigkeit in Klassen. Innerhalb der Logistik werden die Beschaffungsteile in A-, B- und C-Teile eingeteilt, wobei die A-Teile 75 %, die B-Teile 20 % und die C-Teile 5 % des gesamten Einkaufswertes umfassen sollten. Auch in der Zuliefererindustrie wird zwischen A-, B- und C-Lieferanten unterschieden. Die Produkte des A-Lieferanten werden ohne Kontrolle „just in time" an das Montageband angeliefert.

In **Tabelle 1 und 2** wird die Analyse der Kundenstruktur eines Unternehmens dargestellt. Den Kunden wird nach den Umsätzen ein **Rangplatz** zugewiesen, nach dem sie geordnet werden und der prozentuale Umsatzanteil wird errechnet.

Die Kunden-Anteile werden nun kumuliert[2] und den Soll-Schranken zugeordnet, hier bis 75 % A-Kunden, bis 95 % B-Kunden und der Rest C-Kunden. Die tatsächliche Ist-Einteilung kann vom Soll-Vorschlag abweichen. Die Kunden müssen zueinander *passen*!

Mit der Einrechnung des Kunden *Tornsdorf* würden zwar die 5 % für die Schranke C erreicht werden, aber der Kunde passt nicht zu den anderen.

---

[1] engl. bench = Bank, Arbeitstisch, engl. mark = Zeichen, Norm, benchmark = vergleichender Leistungstest;
[2] lat. cumulare = anhäufen, hier aufaddieren

Tabelle 1: Die Umsätze der Kunden und ihre Rangplatz-Zuordnung

Kd.-Nr.	Kunde	Jahresumsatz €/Kunde	Rangplatz
1	Becker	44.445	3
2	Bomann	2.145	11
3	Hönekamp	1.465	13
4	Langholz	41.723	5
5	Maier	22.195	7
6	Mayer	233	15
7	Müller	43.647	4
8	Oslowski	1.234	14
9	Otto	66.520	2
10	Paulisson	67.345	1
11	Rosenbaum	3.243	9
12	Schuhmann	2.712	10
13	Schüler	23.312	6
14	Stephani	1.643	12
15	Tornsdorf	19.345	8
	Jahresumsatz	341.207	

Tabelle 2: Die nach Rangplatz sortierten Kunden, die prozentualen und kumulierten Umsatzanteile und die ABC-Klassen-Einteilung der Kunden

Rang	Kd.-Nr.	Kunde	Jahresumsatz €/Jahr	kumulierter Umsatz %-Anteil	kumulierter Umsatz %+%	% pro Klasse	ABC-Klasse
1	10	Paulisson	67.345	19,7	19,7		A
2	9	Otto	66.520	19,5	39,2		A
3	1	Becker	44.445	13,0	52,3	77,3	A
4	7	Müller	43.647	12,8	65,1		A
5	4	Langholz	41.723	12,2	77,3		A
6	13	Schüler	23.312	6,8	84,1		B
7	5	Maier	22.195	6,5	90,6	19,0	B
8	15	Tornsdorf	19.345	5,7	96,3		B
9	11	Rosenbaum	3.243	1,0	97,2		C
10	12	Schuhmann	2.712	0,8	98,0		C
11	2	Bomann	2.145	0,6	98,7	3,7	C
12	14	Stephani	1.643	0,5	99,1		C
13	3	Hönekamp	1.465	0,4	99,6		C
14	8	Oslowski	1.234	0,4	99,9		C
15	6	Mayer	233	0,1	100,0		C
		Summen	341.207	100			

12.2.5.1 Die Analyse der Altersstruktur

Bei der **Altersstrukturanalyse (Bild 1)** wird das gesamte Sortiment eines Unternehmens mit allen Varianten in Bezug auf sein Lebensalter, seit es im Programm ist, untersucht. Viele alte *cash cow –Produkte* sind in der Regel für ein Unternehmen ein hohes Risiko, dagegen sichern neue *stars*-Produkte die Wachstumschancen und das langfristige Überleben. Die **Tabelle 1** zeigt ein Unternehmen mit einem *kopflastigen* Sortiment, d. h. viele Produkte haben die späten Phasen (poor dogs) des Lebenszyklus (Sättigung, Verfall) erreicht und sollten aus dem Markt genommen werden. Der Markt wird die Produkte nicht mehr lange nachfragen und das Unternehmen kann nichts *Neues* rechtzeitig nachschieben! Der Kurvenverlauf sollte im Idealfall ungefähr der *Gauß'schen Normalverteilungskurve* entsprechen.

Somit muss ein Unternehmen die Zahl der demnächst zu eliminierenden Produkte (poor dogs) klein halten, also eine **konsequente Rückzugsstrategie** verfolgen. Der überwiegende Teil der Produkte muss den Charakter *stars* besitzen, sie müssen sich also in der Wachstumsphase und Reifephase befinden und sich durch eine hohe Lebenserwartung auszeichnen.

Da die Unternehmensleitung, das Management, insbesondere das Marketing, bei allen ihren strategischen Untersuchungen auf Hypothesen angewiesen sind, kommt es hier oftmals zu folgenreichen Fehlentscheidungen. So wird ein ständiger Wechsel zwischen den Strategien *cows* möglichst lange ausreizen oder *stars* erst ausreifen lassen, das Unternehmen mittelfristig gefährden. Das rechtzeitige Erkennen von Marktlücken und das **geplante** Produkt-Outsourcing wird zum Kernpunkt des Marketing. Dazu müssen alle Hilfsmittel, Methoden, Verfahren des **TQM** eingesetzt werden, um die Problematik aufzureißen. Nur so werden die Ergebnisse der Analysen **vorurteilsfrei** interpretiert werden und die Mitarbeiter die Entscheidungen mit tragen!

12.2.5.2 Benchmarking und die Innovationskraft

Ein guter Benchmarkingfaktor (= Kennziffer) für die Programmstrukturplanung ist die Produktinnovationsrate. Sie gibt im Rahmen von Altersstrukturen das Verhältnis der Umsätze aus den neueren Produkten zu dem Gesamtumsatz des Unternehmens an **(Bild 2)**.

Wird das Benchmarking über die Jahre geführt, kann das Unternehmen daraus seine derzeitige Politik erkennen. Sicherlich kann man den Benchmark-Faktor weiter variieren, z. B. für die Produktarten *question marks, stars, cash cows* und *poor dogs* oder für Produkte aus der Einführungsphase, Wachstumsphase, also nach dem Modell des Lebenszyklus. Zwischenbetriebliche Vergleiche sind sehr schwierig, wenn nicht überhaupt unmöglich und mit *Vorsicht* zu bewerten!

$$\text{Produktinnovationsrate} = \frac{\text{Umsatz neue Produkte}}{\text{Gesamtumsatz des Unternehmens}} \cdot 100$$

Der Benchmarking-Faktor stellt die Produktinnovationsrate des Unternehmens dar
Beispiel:
Umsatz neue Produkte € 200 000,–
Gesamtumsatz des Unternehmens € 1 000 000,–
Benchmarking-Faktor = 20

Bild 1: Altersstruktur, Beispiel für eine Überalterung der Produktionsstruktur

Bild 2: Benchmark der Innovationskraft

12.2.6 Die Umsatzstrukturanalyse

Die Umsatzstrukturanalyse des Produktionsprogramms zeigt dem Unternehmen den Umfang und die zeitliche Entwicklung der Geschäftstätigkeit. Somit erhält das Unternehmen einen Überblick über seine Programm- und Produktpolitik. Zur Darstellung gibt es verschiedene Analysemöglichkeiten, z. B.

- **Umsatzanteile** über die beanspruchte **Produktionskapazität**,
- **Umsatzanteile** über die **Produkte**, bzw. Produktgruppen oder Produktlinien,
- **Umsatzanteile** über die **Lebenserwartung**.

12.2.6.1 Die Umsatzanteile

Die Darstellung des Umsatzanteils über der Produktkapazität ist für das Unternehmen am anschaulichsten. Die Daten zur Erstellung der Umsatzstruktur werden in einer tabellarischen Darstellung **(Tabelle 1)** zusammengestellt. Daraus wird dann zur anschaulichen Darstellung eine abgewandelte *Lorenzkurve* gewonnen, die aus der ABC-Analyse abgeleitet wird.

Bild 1: Umsatzanteil in %

Das Umsatzprofil, die abgeleitete **Lorenzkurve**, die sich aus der **Tabelle 1** ergibt, ist in **Bild 1** grafisch dargestellt. Die Produkte sind dabei nach dem Umsatzvolumen geordnet dargestellt. Bei dieser Darstellung zeigt die sich ergebende Lorenzkurve im Vergleich mit der 45°-Linie die Stärke der **Konzentration** des Programms des Unternehmens und auch die **Abhängigkeit** von einzelnen Produkten.

Durch die Art und das Ausmaß von Veränderungen sowie deren Verteilung können günstige und ungünstige Relationen erkannt und untersucht werden. Die Darstellung in **Bild 2** mit der Lorenzkurve, sortiert nach dem **Produktcharakter**, dem Lebenszyklus, gibt dagegen darüber Auskunft, wie das Unternehmen seine *Kräfte* über den Lebenszyklus verteilt.

Bild 2: Umsatzanteil in %

Tabelle 1: Umsatzanteil der Produkte über die beanspruchte Produktionskapazität						
Produkte	**A**	**B**	**C**	**D**	**E**	**Gesamt**
Umsatz in €	80 000	200 000	220 000	450 000	130 000	1 080 000
Rang	5	3	2	1	4	
Umsatzanteil in %	7	19	20	42	12	100 %
Produktionskapazität in h	2 000	2 000	1 500	3 000	800	9 200
Kapazitätsanteil in %	22	22	16	33	7	100 %
Produktcharakter	**Einführung**	**Wachstum**	**Reife**	**Sättigung**	**Verfall**	

12.2.7 Die Produktpositionierungsanalyse

12.2.7.1 Beschreibung der Positionierungsanalyse

Eine Erweiterung der Produktanalyse ist die **Produktpositionierungsanalyse**. Hier wird die **subjektive Wahrnehmung** des Produkts in den **Augen des Kunden** in Form einer Matrix, ähnlich dem eines Portfolio dargestellt. Der Kunde fällt seine Kaufentscheidung für *sein Produkt*, indem er das Produkt mit seinem **Idealprodukt**, seiner Idealvorstellung vergleicht. Der Kunde wählt dann dasjenige Produkt aus, das seinem Idealprodukt **am nächsten kommt**.

Die gemeinsame Darstellung, des von dem Kunden gewünschten Produkts und des vorgestellten Idealprodukts, wird in einem zwei- oder dreidimensionalen Raum dem **Produktmarktraum (joint space**[1]) dargestellt. In bestimmten Fällen wird der *Wunschproduktwahrnehmungs-Raum* (**perceptual map**[2]) und der *Idealproduktwahrnehmungs-Raum* (**preference map**[3]) separat erarbeitet. Die Darstellung des **perceptual map** dient dazu, die **Differenzierungsfähigkeit** der eigenen Produkte im Vergleich zum **Hauptwettbewerber** zu analysieren. Dies ist dann der Ausgangspunkt für weitere Produktmodifikationen bis hin zu Produktinnovationen. Die alternative Darstellung des preference map dient der **Marktsegmentierung**[4], d. h. es werden verschiedene **Zielgruppen** nach Merkmalen untersucht:

- **geografischen**, z. B. das Land, der Bezirk,
- **demografischen**[5], z. B. das Geschlecht, das Alter,
- **psychologischen**, z. B. der Lebensstil, die Einstellung,
- **verhaltensorientierten**, z. B. die Markentreue.

Lücken im Angebot in einer Zielgruppe werden so schnell in der Matrixdarstellung offensichtlich und können durch schlüssiges Handeln geschlossen und genutzt werden!

Durch die Positionierung der Produkte des Unternehmens und den Vorstellungen der Kunden von einem Idealprodukt, können mit der Analyse des Produktmarktraumes Marktnischen entdeckt werden. Zusätzlich bestehende Aktivitäten können verstärkt, verlängert oder variiert werden, sodass man dem Idealprodukt des ausgewählten Kundensegments immer näher kommt und damit immer besser als die Konkurrenz ist.

Der **Produktmarktraum** besteht aus vier Elementen (**Tabelle 1**) die miteinander korrespondierenden, nämlich die **Produkteigenschaften**, die **Produktposition**, die **Kundenposition** und die sich daraus ergebende **Distanz** zwischen der Produkt- und Kundenposition als Ergebnis der Untersuchung.

Die Aufgabe des Marketingteams ist es, das Idealprodukt zu *hinterfragen* und die Ergebnisse dieser Marktanalyse in die Sprache der Techniker zu *übersetzen*. Dazu benutzt man die 7-TOOLS der integrierten Produktionsorganisation und des Qualitätsmanagement (TQM), z. B. das HoQ, das Paretodiagramm, den Paarvergleich, das Affinitätsdiagramm[6].

Nicht immer wird es der Technik gelingen, das Wunschprodukt des Kunden seinem Idealprodukt genau anzugleichen, eine gewisse **Distanz** wird bleiben. Wie wichtig das Prozessdenken, das Prozessmanagement, also ein abteilungsübergreifendes Arbeiten, für eine moderne kundenorientierte Unternehmensführung ist, wird durch die Beschreibung der Produktpositionierungsanalyse erneut deutlich.

Tabelle 1: Die vier Elemente des Produktmarktraums

Produkteigenschaften	Produktpositionen	Kundenpositionen	Distanz zwischen der Produkt- und Kundenposition
Bestimmung der **Haupteigenschaften**, welche die höchste Bedeutung für den Kunden haben.	Jedes potenzielle Produkt wird entsprechend der **kaufrelevanten Eigenschaften** eingeordnet.	Jeder potenzielle Kunde wird entsprechend seiner **Anforderungen** an ein ideales Produkt eingeordnet.	Die räumliche Distanz zwischen dem **Idealprodukt** und dem **Wunschprodukt** bestimmt die Kaufwahrscheinlichkeit.
– Preis – Technologie – Kosten – Umweltnutzen	– hoch, mittel, niedrig – gering, wenig, stark	Vergleich mit vorgegeben Positionierung oder Werten	– der Kunde muss seine Vorstellungen wiederfinden

---

[1] engl. joint = gemeinsam, engl. space = Raum; [2] engl. perceptible = wahrnehmbar, engl. map = Karte, Aufzeichnung; [3] engl. preference = Vorliebe; [4] lat. segmentum = Abschnitt, Teil; [5] griech. demos = Volk, griech. graphein = schreiben, Demographie = Darstellung der Altersstruktur der Bevölkerung; [6] lat. affinitas = Verwandtschaft

12.2.7.2 Die Verfahren zur Bestimmung von Produktmarkträumen

Bei der Bestimmung von Positionierungsanalysen müssen zuerst die Produktmarkträume bestimmt werden. Dazu gibt es zwei Hauptverfahren:

- **Eigenschaftsbeurteilung** und
- **multidimensionale Verdichtung**.

Bei dem **Verfahren der Eigenschaftsbeurteilung (Bild 1)** werden dem Kunden verschiedene kaufentscheidende Kriterien vorgegeben, z. B. Qualitätsforderung, Umweltnutzen, Preisklasse, Technologiestandard, Serviceleistung. Diese werden in Form einer **Faktorenanalyse** (Beschreibung im folgenden Kapitel) gruppiert. Anschließend müssen die Entscheidungskriterien gewichtet und auf zwei Kriterien reduziert werden, damit eine zweidimensionale Darstellung möglich wird! Bei der Befragung der Testpersonen muss insbesondere bei technischen Fragen darauf geachtet werden, dass diese die Fragen auch richtig verstehen.

Bei der **multidimensionalen Verdichtung (Bild 2)** wird eine zweidimensionale Darstellung mit verwandten Produkten, z. B. Mittelklasse PKW, Waschmaschinen, Drucker, Kleinbildkameras **vorgegeben**. Die Achsenbeschriftung fehlt allerdings, oder wird nur äußerst vage und grob mit eingezeichnet. Der Kunde (= Testperson) muss also rein subjektiv, die *Verwandtschaft* des Testprodukts (= Wunschvorstellung) in das Diagramm eintragen. Der Kunde muss seine Marke nicht nennen, er setzt aber ein deutliches Signal, wohin seine Kaufentscheidung tendiert!

Bild 1: Verbraucheranforderungen an Fruchtsäfte

Bild 2: Wettbewerb bei einem Handwerkzeug

Tabelle 1: Verfahren zur Bestimmung von Produktmarkträumen		
	Verfahren der Eigenschaftsbeurteilung	**Verfahren der multidimensionalen Skalierung (MDS)**
Beschreibung	– Den potenziellen Kunden (= Testpersonen) wird eine Liste **kaufrelevanter Entscheidungskriterien** vorgegeben. – Mithilfe einer Faktorenanalyse muss dann die Liste auf 2 – 3 Entscheidungskriterien reduziert werden, sodass es sich in einem 2 – 3 dimensionalen Raum grafisch darstellen lässt.	– Bei der MDS muss der Kunde (= Testperson), die zu beurteilenden Produkte mit seiner **wahrgenommenen Ähnlichkeit** (subjektiv) in einen zweidimensionalen Raum einordnen. – Die Eigenschaften (Skalierung) des Positionsraums wird im Nachhinein, nach den wichtigsten Kaufkriterien eingefügt.
Voraussetzung und Anwendung	– Die Kunden müssen relativ zuverlässig bestimmt werden können. – Den Testpersonen (Kunden) wird ein Entscheidungsverhalten unterstellt, dass sie den Inhalt der Frage erkennen und ihre Antwort sachlich (z. B. technisches Verständnis) richtig einordnen können.	– Die MDS hat große Vorteile, wenn dem Kunden die prägenden Kaufentscheidungskriterien bei der Produktwahrnehmung noch nicht bekannt sind. – Aus der Analyse kann dann zusätzlich der tatsächliche Kaufentscheidungsfaktor abgeleitet werden.
Beispiele	**Bild 1**, Verbraucheranforderungen an Fruchtsäfte	**Bild 2**, Wettbewerbspositionierung bei Schlagbohrmaschinen

12.2 Marketinginstrumente

12.2.7.3 Die faktorenanalytische Verdichtung

Die faktorenanalytische Verdichtung (**Tabelle 1**) kann in mehrfacher Weise zur Analyse der Entscheidungskriterien von Kunden benutzt werden. Mit ihrer Hilfe kann die Marktforschung die kaufrelevanten Faktoren sammeln, gruppieren und sogar für eine anschließende Positionsanalyse verdichten. Die faktorenanalytische Verdichtung kann mit den *M7-Werkzeugen*, wie z. B. der ABC-Analyse (Pareto-Diagramm), dem Paarvergleich, dem Affinitätsdiagramm, dem Relationendiagramm, dem Baumdiagramm aufgearbeitet, erweitert und ergänzt werden.

Für den Faktor *Funktionalität* bietet sich z. B. der **Paarvergleich** zur Beurteilung der Wertigkeit der einzelnen genannten Kundenwünsche an. Mithilfe dieser gezielten Auswertung können die Kundenwünsche gewichtet dargestellt werden (**Tabelle 2**).

12.2.7.4 Die Positionierungs-Analyse (PA)

Durch die PA können **objektiv nachvollziehbare Mängel erkannt** und somit gezielt Produktverbesserungsmaßnahmen eingeleitet werden, z. B. zu hoher Lärm, zu kleine Leistung, zu wenig passive Sicherheit, zu geringe Ausstattung.

Bei den Kunden treten oftmals **Wahrnehmungsverzerrungen** auf, obwohl die tatsächlichen Produkteigenschaften identisch mit dem Konkurrenzprodukt sind. Hier muss dann eine aufklärende Kommunikationspolitik einsetzen, z. B. Werbeaktion mit Test unter *erschwerten* Bedingungen.

Bei der Einführung eines neuen Produktes in den Positionsraum ändert sich der Wahrnehmungsraum der Kunden durch **neue Beurteilungskriterien**.

Die Einführung des Kriteriums Umweltverträglichkeit, z. B. die Produktverbesserung durch phosphatfreie Waschmittel, hat die Wettbewerbspositionierung der Anbieter stark verändert.

Wenn mehrere Unternehmen die Positionierungsanalyse voll ausschöpfen, führt dies zur **Angleichung der Marketingstrategien** und somit zu einer ähnlichen Produkt- und Programmpolitik. Zu beachten ist dabei, dass die Unternehmen unter verschiedenen Markennamen und Firmennamen ihre Produkte entsprechend in die Lücken der Positionierung stellen und somit auf aktive Produktdifferenzierung setzen. Somit kommt es zur **Homogenität und Austauschbarkeit** der Produkte.

Tabelle 2: Beispiel eines Paarvergleichs für die Bewertung der Funktionalität bei einem PKW

Hinweis: Vergeben Sie 2 Punkte, wenn Ihnen der Begriff der Zeile wichtiger ist, als der in der Spalte; ansonsten vergeben Sie 0 Punkte	Verarbeitung	Leistung	Geschwindigkeit	Hubraum	Ventilzahl	Verbrauch	Sicherheit	Zuverlässigkeit	Summe der Bewertung
Verarbeitung		2	2	0	2	0	0	0	6
Leistung	0		2	0	2	0	0	0	4
Geschwindigkeit	0	0		2	2	0	0	0	4
Hubraum	2	2	0		2	0	0	0	6
Ventilzahl	0	0	0	0		0	0	0	0
Verbrauch	2	2	2	2	2		0	0	10
Sicherheit	2	2	2	2	2	2		2	**14**
Zuverlässigkeit	2	2	2	2	2	2	0		**12**

Somit hat für den Kunden die **Sicherheit**, gefolgt von der **Zuverlässigkeit** die höchste Priorität. Zusätzlich könnte man die einzelnen Bewertungen mit einem Gewichtungsfaktor versehen, um die Aussage noch weiter zu verbessern.

Tabelle 1: Faktorenanalytische Verdichtung mit der Marktforschung: „Welche Faktoren beeinflussen den Kauf eines Autos"

Funktionalität	Außendesign	Innendesign	Preis, Kosten	Service
– Verarbeitung – kw-Leistung – Geschwindigkeit – Hubraum – Ventilzahl – Verbrauch – Sicherheit – Zuverlässigkeit	– Farbe – Karosseriedesign – Felgendesign – Spoiler – Reifendesign – Türendesign – Türenfunktion	– bequeme Sitze – Armaturenbrett-design – Kopffreiheit – Beinfreiheit – Kofferraumgröße – handliches Lenkrad – Make-up-Spiegel	– Grundpreis – Anschaffungspreis – Wartungskosten – Leasing oder Miete – Versicherung – Steuer – Wiederverkaufspreis	– 24-Stunden-service – schnelle und vollständige Ersatzteilversorgung – Ersatzwagenbereitstellung – Abholdienst

12.2.8 Analyse des Vertriebs über den Zwischenhandel

Immer dann, wenn das Unternehmen über keine direkten Vertriebswege verfügt, reicht die Analyse der Konsumentenbedürfnisse nicht mehr aus. Insbesondere wegen der wachsenden **Konzentration im Handel** ist der erfolgreichen Einführung neuer Produkte nur mit der aktiven Unterstützung und Kooperation durch die Händler möglich. Der Händler unterstützt das Produkt aber nur, wenn es seinen **Händleranforderungen** genügt, d. h. es muss dem Händler zusätzliche Umsätze erbringen, sonst wird es nicht *gelistet*, es kommt nicht in die Regale.

> Allein die Aufnahme im Sortiment genügt dennoch nicht, denn es kommt z. B.:
> - auf die **Regalplatzierung** in Augenhöhe an oder
> - die Belegung einer breiten und hohen Regalfläche, um alle **Produktvarianten** präsentieren zu können.
> - Auch **Zweitplatzierungen**, also Verkaufsstände in Kassennähe müssen durchgesetzt werden.
> - Besonders wichtig ist die **optimale Platzierung** der Produkte.
> - Bei „**Beratungsprodukten**" kommt es zusätzlich auf die **Verkaufsunterstützung** im Sinne von Empfehlung und Beratung an.

Die **starke Position des Handels** zeigt sich insbesondere daran, dass die Händler die (mitgebrachten) Regale (Verkaufsplatz) nicht nur an die Unternehmen vermieten, sondern diese auch noch auf Kosten des Lieferanten befüllen lassen.

Die Berücksichtigung der **Handelsbedürfnisse** muss als **Kundenorientierung** verstanden werden, denn im Handelsmarkt konkurriert man heute meist (immer) mit fast gleichwertigen Produkten. Der Händler ist immer zuerst Kaufmann und übernimmt nur gegen gute Provisionen das Risiko des Lieferanten. Zudem muss er zuerst von einer Produktinnovation überzeugt werden. Woher sollte er auch die Argumente für das Produkt kennen, wenn nicht alleine vom Unternehmen, das das Produkt herstellt! Kostenlose Schulung, Einweisung, finanzielle Unterstützung, persönliche Beratung, Dauerkontakte, Bereitstellung von Ansprechpartnern und Informationsmaterial sind hier gefragt und müssen integrativ als Marketingkonzept geplant werden.

Die **Tabelle 1** der händlerbezogenen Produktansprüche gibt einen guten Überblick über die **Kundenforderungen der Händler**. Sie dienen als Grundlage für die Organisation und den Aufbau einer optimalen Programm- und Produktpolitik.

Tabelle 1: Händlerbezogene Produktansprüche

Rationalisierungs-ansprüche	Verkaufssteigerungs-ansprüche	Marktstellungs-ansprüche	Logistik-ansprüche
❶ Nutzung der Betriebsmittelausstattung	❶ Verbesserung der Sortimentattraktivität	❶ Marktanteil	❶ Raumansprüche
– Gute Flächennutzung – Keine Leerkapazitäten	– Vollsortiment – Strategieeignung	– Länderspezifische Angaben	– Stoffbezogene Ansprüche
❷ Geringer Personalaufwand	❷ Leistungsdifferenzierung	❷ Umschlagsgeschwindigkeit	❷ Transportmitteleignung
– Selbstverkäuflichkeit – Einfaches Nachfüllen – Lieferantenauffüllung – Keine eigene Auszeichnung notwendig – Leicht transportierbar – Wenig Reklamation – Schnelle Verkaufsabwicklung – Einfache Bezahlung	– Beratungsintensives Produkt – Kompetenz – Hoher Präsentationsaufwand – Exklusivität – Individualisierung – Personifizierung	– Durchschnittliche produktbezogene Angaben verbessern – Schwankungen – Saisoneinflüsse – Bestellrhythmen	– Massentscheidung – Gewichtsforderungen – Mechanische Resistenz – Klimaresistenz
	❸ Anregung zum Mehrkauf		❸ Manipulationsansprüche
	– Großpackungen – Sets – Zusatz/Erweiterung		– Hantierbarkeit – Gute, schnelle Informationen

12.2.9 Operative Programm- und Produktpolitik

12.2.9.1 Deckungsbeitragsanalysen

Ziel der Programm- und Produktpolitik ist die Erzielung möglichst **hoher Deckungsbeiträge**, denn damit können die Fixkosten schnell abgedeckt werden. Dies ergibt dann die gewünschte, schnelle Amortisation des eingesetzten Kapitals. Nur mithilfe solcher Analysen werden die Produkte „richtig behandelt" und nicht vorschnell aus dem Programm **eliminiert**. Oftmals erbringen nämlich Produkte mit einen negativem Ertrag einen höheren Deckungsbeitrag als Produkte, die einen Gewinn ausweisen. (Die Deckungsbeitragsrechnung wird im Kapitel „Kostenrechnung" ausführlich dargestellt.)

Diese Grundgleichung ermöglicht die Erstellung einer Teilkostenrechnung, die dann mit der Vollkostenrechnung verglichen werden kann!
Nach **Tabelle 1** der **Vollkostenrechnung** müsste das **Produkt 1** eliminiert werden, da es einen **Verlust von** € 6 000,– einfährt!
Durch die **Teilkostenrechnung** (Deckungsbeitragsrechnung) **(Tabelle 2)** wird aufgezeigt, dass das **Produkt 1** einen Deckungsbeitrag zur Deckung der fixen Kosten von € **14 000,–** einfährt.
Die **Tabelle 3** zeigt die schwerwiegenden Folgen der Einstellung des **Produkts 1**, denn der **Gesamtgewinn sinkt auf** € **10 000,–**, wenn die **fixen Kosten** dem Unternehmen erhalten bleiben.
Wenn das Unternehmen allerdings durch einen schnellen und guten Verkauf dieser Produktlinie die gesamten fixen Kosten, einschließlich der Mitarbeiter „los wird", sieht die Rechnung anders aus. Deshalb gilt es für die Unternehmen die „poor dogs" rechtzeitig zu verkaufen. Selbst wenn ein Verkauf nicht mehr möglich ist, können die großen Unternehmen durch hohe Verlustzuweisungen vom Finanzamt meist gut weiterleben.

> Der **Deckungsbeitrag** errechnet sich aus:
> *Deckungsbeitrag* (€) = *Erlös* (€) – *variable Kosten* (€)

Tabelle 1: Vollkostenrechnung des Produktprogramms

Produkt	Menge	Preis	Stück-kosten	Stück-gewinn	Erlös	Gesamt-kosten	Gewinn
Nr.	St.	€/St.	€/St.	€/St.	€	€	€
1	2 000	12	15	– 3	24 000	30 000	– 6 000
2	1 500	20	20	0	30 000	30 000	0
3	10 000	7	4	3	70 000	40 000	30 000
Gesamtergebnisse					124 000	100 000	**24 000**

Tabelle 2: Deckungsbeitragsrechnung des Produktprogamms

Produkt	Menge	Preis	variable Stückk.	Deckungs-beitrag	Erlös	variable Kosten	fixe Kosten	Deckungs-beitrag
Nr.	St.	€/St.	€/St.	€/St.	€	€	€	€
1	2 000	12	5	7	24 000	10 000	20 000	**14 000**
2	1 500	20	15	5	30 000	22 500	7 500	7 500
3	10 000	7	3	4	70 000	30 000	10 000	40 000
Gesamtergebnisse					124 000	62 500	37 500	**61 500**

Tabelle 3: Deckungsbeitragsrechnung des Produktprogramms ohne Produkt 1

Produkt	Menge	Preis	variable Stückk.	Deckungs-beitrag	Erlös	variable Kosten	fixe Kosten	Deckungs-beitrag
Nr.	St.	€/St.	€/St.	€/St.	€	€	€	€
1	0						20 000	
2	1 500	20	15	5	30 000	22 500	7 500	7 500
3	10 000	7	3	4	70 000	30 000	10 000	40 000
Gesamtergebnisse					100 000	52 500	37 500	**47 500**

12.2.9.2 Kundenzufriedenheitsanalysen, die Beschwerdepolitik

Nachdem sich die Unternehmen in der Vergangenheit innerhalb der Produkt- und Programmpolitik schwerpunktmäßig nur um die Gewinnung neuer Kunden gekümmert haben, ist diese Vorgehensweise nicht mehr ausreichend. Die Pflege und der Ausbau bestehender **Kundenbeziehungen** muss entscheidend verstärkt bzw. neu überdacht werden. Gründe liegen in den schwächer wachsenden Märkten, in dem **Verdrängungswettbewerb** durch immer neue Anbieter und in der Verkürzung der **Produktlebenszyklen**, die wiederum tendenziell zu einer nachlassenden Bindung des Kunden an das Produkt führen. Zusammenfassend spricht man hier von der **Beschwerdepolitik**.

So kann nur über die enge Kundenbindung das eigene Unternehmen seine Marktposition halten und evtl. sogar verbessern.

> Voraussetzung zur Kundenbindung ist dabei die **Zufriedenheit des Kunden** in **allen Phasen** des Konsumprozesses, also bei den Vorgesprächen, dem Kauf, bei der Nutzung und bei der Entsorgung des Produkts oder der Dienstleistung.

Eine umfassende, über einen längeren Zeitraum sich ausbildende Kundenzufriedenheit ist dann gegeben, wenn sich eine **hohe Loyalität**[1] gegenüber dem Produkt, dem Unternehmen und dem Händler entwickelt hat. Treue zu einem Produkt zeigt sich nicht allein durch den mehrmaligen Kauf, sondern es muss sich eine **bleibende positive Einstellung** zum Produkt eingestellt haben und dies zeigt sich in einem **besonderen Verbundenheitsgefühl**. Diese entstehende positive Einstellung ist höher zu bewerten als nur die *einfache* Kundenzufriedenheit.

Der Kunde muss aus der reinen rationalen, d. h. vernunftgeprägten Bindung (Erfüllung des Kundenwunsches) zu einer emotionellen, d. h. gefühlsgeprägten Bindung (innere Zufriedenheit) gebracht werden. Gefühle, Emotionen, Stimmungen, Freude, Stolz sind in den Begriff *Treue* einzubringen. Zu bedenken ist aber, dass emotionale Enttäuschungen nur selten vergessen werden, es braucht lange um sie wieder ins Lot zu bringen.

Gelingt es, den Kunden zur **Loyalität zum Produkt**, zum Unternehmen, zu bringen, so werden vier Vorteile **(Tabelle 1)** für das Unternehmen zum Tragen kommen. Nämlich eine **höhere Markteintrittsbarriere** für den Konkurrenten, eine **Wechselbarriere** für den Kunden, eine **Preisabsicherung** und eine **Qualitätsabsicherung** für das eigene Unternehmen. Sicherlich ist nicht jedes Produkt von sich aus ein *Loyalitätsprodukt*. Nur Markenprodukte oder Produkte, die zu diesem gemacht werden, bringen dem Kunden eine innere Zufriedenheit. Er hat nach dem Kauf eine positive Einstellung, er kann stolz auf den Kauf sein.

Kundenzufriedenheit gilt als die Grundvoraussetzung für die vom Kunden wahrgenommene Produktqualität. Sie bildet sich natürlich am besten in der konkreten Produkterfahrung; die Einstellung des Kunden zu einem Produkt, einem Unternehmen bringt das eigene Unternehmen nicht weiter.

Der einfachste Weg um die richtigen Informationen über den Stand und die Tendenzen der Kundenzufriedenheit zu erhalten, ist der Aufbau eines **Beschwerdemanagements** **(Tabelle 1, folgende Seite)**.

Tabelle 1: Die vier Loyalitätsbarrieren	
Barriere	**Beschreibung**
Markteintrittsbarriere	Durch eine umfassende, zeitraumbezogene Kundenzufriedenheit wird der Kunde an das Produkt und an das Unternehmen gebunden. Er entwickelt eine hohe Loyalität. Es kommt zum mehrfachen Wiederkauf. Es entwickelt sich ein Verbundenheitsgefühl. Für die in den Markt neu eintretenden Unternehmen ist der Marktaufschluss äußerst schwierig.
Wechselbarriere	Hat der Kunde eine positive Einstellung gegenüber dem Produkt, dem Unternehmen entwickelt, ist es für die existierende Konkurrenz sehr schwierig, den Kunden zum Markenwechsel zu bewegen. Er vertraut erst einmal dem Produkt, mit dem er zufrieden war.
Preisabsicherung	Durch die Überzeugung des Kunden vom Produkt und vom Unternehmen hat letzteres hohe Preiserhöhungsspielräume. Der Kunde respektiert und honoriert dies u.a. wegen der Überzeugung, dass gute Produkte auch ihren Preis haben – das Überziehen kann tödlich sein.
Qualitätsabsicherung	Die Kundenzufriedenheit ist für die Marktforschung ein guter Indikator für die wahrgenommene Produktqualität. Es wird die Einstellung nach einer konkreten Produkterfahrung wiedergegeben. Die Beschwerden müssen durch ein Beschwerdemanagement abgebaut werden und eine Produktverbesserung muss sich anschließen.

---

[1] loyal = gesetzestestreu von franz. la loi = das Gesetz, hier: produkttreu

12.2 Marketinginstrumente

Grundsätzlich muss das **Beschwerdemanagement** die folgenden Ziele und Aufgaben, wie in **Tabelle 1** dargestellt, verfolgen.

Leider reicht das *einfache* Beschwerdemanagement **(Tabelle 1)** nicht aus, da sich nicht alle Kunden direkt beschweren, aber trotzdem unzufrieden sind. Ihre *Reaktionen* können nämlich sehr weitreichend sein. Nicht nur, dass sie keine Aufträge oder Dienstleistungen mehr bestellen, sondern sie geben ihre negativen Erfahrungen z. B. am Biertisch, bei Messen, bei einem Schulungsseminar, den anderen, bisher zufriedenen Kunden weiter und raten vom Kauf der Produkte ab. Besonders schwerwiegend ist es, wenn die Kunden aus Verärgerung oder Gekränktheit ihre Unzufriedenheit verzerrt und übertrieben weitergeben.

Ein sehr anschauliches Beispiel ist z. B. die *Mundpropaganda* von dem miserablen Essen im Roten Löwen in Schneuselhausen oder vom Hundefleisch eines Chinarestaurants!

Insbesondere im Dienstleistungsgeschäft sind nicht alle Kunden bereit, ihre berechtigten Anliegen, (nicht unbedingt Beschwerden) dem Servicetechniker, dem Unternehmen direkt und sofort vorzubringen. Der Kunde hält sich selbst evtl. für zu „pingelig", oder er hat mangelnde Zivilcourage, er möchte aber seine Forderung, seinen Wunsch erfüllt haben. Beispiele dafür sind in der **Tabelle 2** aufgelistet.

Um all diese Mängel rechtzeitig und umfassend zu erkennen, müssen die Unternehmen in regelmäßigen Abständen **Kundenzufriedenheitsstudien** durchführen. Damit wird auch zusätzlich der Vergleich mit den Mitbewerbern möglich und man erhält damit wertvolle Anhaltspunkte für die Produktpolitik und Programmpolitik.

Zufriedenheits- und Beschwerdeanalysen können zusätzlich als ein Controlling-Instrument[1] zur Erhöhung der Effizienz aller Marketingaktivitäten des Unternehmens eingesetzt werden. Die Erwartungen des Kunden hängen nicht nur direkt vom Produkt ab, sondern von der Wahrnehmung der erlebten subjektiven Leistung und Qualität, d. h. der Kunde beurteilt im Normalfall nicht die Einzelleistung, sondern er vergleicht die Gesamtleistung des Produkts, der Dienstleistung mit der des Konkurrenten. So sind z. B. beim Kauf eines Auto die Technik, die Qualität, die Verkaufserfahrung des Händlers, der Kundendienst, der Preis, das Image und die Kommunikation gleich wichtig.

Tabelle 1: Ziele, Aufgaben der Beschwerdepolitik

These	Beschreibung
Informationen ernst nehmen	Die produktpolitischen Informationen, also die Beschwerden systematisch erfassen und unvoreingenommen aufarbeiten; sie sind der wichtigste Träger der Produktverbesserung.
Produktverbesserungen abstimmen	Die kundenorientierten Produktverbesserungen, bzw. Programmerweiterungen mit den Kundenzufriedenheitsanalysen abstimmen und einleiten.
Verhaltenskonzept aufbauen	Ein abgestimmtes Verhaltenskonzept bei Beschwerden entwickeln, das dann professionell, kulant, schnell und angemessen die Zufriedenheit des Kunden wieder herstellt und die Beschwerden an die richtigen Stellen zur Verbesserung der Produkte weiterleitet.

Tabelle 2: Gründe für das Zurückhalten von Beschwerden

These	Beschreibung, Beispiele
Billige Präsentation	Hochwertige Ersatzteile werden in *preisgünstigen* Verpackungen angeliefert.
Autoritäres Auftreten	Der Kundenberater, der Kundendienst tritt zu forsch, überheblich und selbstsicher auf.
Keine Kooperation	Durch bevormundende Redewendungen und Verhaltensweisen, wie z. B. „das machen wir schon immer so" wird ein Gedankenaustausch über die Kundenwünsche ausgeschlossen, Verbesserungsvorschläge somit ignoriert.
Technisches Verständnis	Dem Kunden werden unterbewusst ein fehlendes technisches Verständnis und mangelnde Erfahrung unterstellt, deshalb kann er nicht sachverständlich argumentieren, seine Anregungen und Beschwerden werden nicht ernst genommen oder abgeblockt. Insbesondere beachten immer noch viele eher rational orientierte Männer nicht die eher emotionale Einstellung der Frauen zur Technik. Spezielle Marketingstrategien müssen dazu erarbeitet werden um hier Vorurteile gegen die Technik im Allgemeinen abzubauen.

Zufriedenheits- und Beschwerdeanalysen werden zur Erhöhung der Effizienz aller Marketingaktivitäten genutzt.

---

[1] engl. to control = steuern (hat nicht die Bedeutung von kontrollieren = überprüfen), Controlling-Instrument = Steuerungsinstrument, Steuerungsmöglichkeit

12.3 Marketingstrategien zur Umsetzung der Produktpolitik

Die Grundaussage der klassischen Mikroökonomie der Volkswirtschaftslehre ist, dass die Kaufentscheidung des Kunden ausschließlich vom Preis abhängt. Der sich auf dem (vollkommenen) Markt entwickelnde Gleichgewichtspreis (Angebot und Nachfrage) setzt aber voraus, dass die Produkte keine Qualitätsunterschiede aufzeigen und auch keine Präferenzen[1] für bestimmte Leistungen bestehen. Durch den Wandel vom Verkäufermarkt zum Käufermarkt entstand neben dem Preiswettbewerb auch zusätzlich noch ein Qualitätswettbewerb, der die Kaufentscheidung des Kunden beeinflusst.

Die zweidimensionale Sicht (Präferenzstrategie und die Preis-Mengen-Strategie) ist nicht ausreichend um die realen Marktbedingungen zu erfassen. Insbesondere die Kundenorientierung erfordert eine differenzierte Betrachtung der Wettbewerbsstrategien (**Tabelle 1**).

Bild 1: Differenzierte Wettbewerbsstrategien

Die **Alternativen zur gezielten Beeinflussung der Kunden**:
Präferenzstrategie: Sie verfolgt das Ziel, beim Kunden eine Vorzugsstellung für das Produkt und/oder die Dienstleistung durch eine Vielzahl von spezifischen, vom Mitbewerber zu differenzierenden Merkmalen (mehrdimensionale Präferenzen) heraus zu arbeiten.
Preis-Mengen-Strategie: Hier werden alle Marketingaktivitäten auf die preispolitischen Maßnahmen (eindimensionale Präferenz) konzentriert. Durch einen niedrigen Preis soll eine große Anzahl von Abnehmern angesprochen werden. Damit erhöht sich die Absatzmenge und somit steigt der Deckungsbeitrag. Dieser kann dann die höheren fixen Kosten (Anlageinvestitionen) abtragen.
Differenzierte Wettbewerbsstrategien (Bild 1):
Die Strategien gehen im Ansatz mit ähnlichen Überlegungen vor. Die Psyche der Abnehmer soll dabei angesprochen werden. Dies erreicht dasjenige Unternehmen das seine spezifischen **Kernkompetenzen** erkennt, entwickelt und kultiviert. Nur so kann das Unternehmen auf Dauer im Wettbewerb überleben. Die eigenen Wettbewerbsvorteile müssen empirisch dem Unternehmen angepasst werden.
Die differenzierten Wettbewerbsstrategien werden in einem zweidimensionalen Raum, **Marktabdeckung** und **Wettbewerbsvorteil**, dargestellt. Unterschieden wird bei dem Wettbewerbsvorteil in den Leistungsvorteilen z. B.: Qualität oder Spezialisierung und dem Kostenvorteil; sowie bei der Marktabdeckung in Teilmärkte und Gesamtmärkte. Im Einzelnen zielt z. B. die aggressive Preisstrategie auf die Marktführerschaft oder die Konzentration auf Marktnischen ab.

Tabelle 1: Absatzgerichtete Wettbewerbsstrategien

Strategien	Beschreibung	Vorgaben
Innovationsorientierung	Erarbeitung einer Pionierposition durch: – hohen Anteil neuer Produkte mit hoher Qualität, – hohen Forschungsaufwand.	– Management des Wissens, – Akzeptanz der externen Innovationen.
Qualitätsorientierung	– Totale Sicherstellung der technischen Qualität, – Erfüllung der subjektiven abnehmerbezogenen Qualität (Kundenorientierung).	– Installation des Qualitätsmanagements, – TQM, – Auditierung.
Markierungsorientierung	– Herausarbeiten des Produktimages und Firmenimages, – Glaubwürdige Botschaft und Identität mit dem Produkt muss den Käufer emotional binden.	– Markenbewusstsein ist derzeit „in".
Programmbreitenorientierung	– Flexibel, schnell und profitabel zahlreiche Produktvarianten anbieten, – hohe Komplexitätskosten werden durch Globalisierung aufgefangen.	– Variantenmanagement, – Synergieeffekte nutzen.
Kostenorientierung	– Nutzung von Erfahrungskurveneffekten, – Fixkostendegression (Gesetz der Massenfertigung), – Economies-of-scale (Einsatz von effizienteren Maschinen).	– Global Sourcing, – Outsourcing, – Single-Sourcing.
Differenzierung durch Imitation	– Nachahmung erfolgreicher Wettbewerber bzw. Produkte, – Nutzung des Trends.	– Kleiner F&E[2]-Aufwand, – Preisvorteil.

---

[1] Präferenz von franz. préférer = vorziehen, bevorzugen
[2] F&E = Forschungs- und Entwicklungsaufwand

12.3.1 Die Qualitätsorientierung

Die meisten abnehmergerichteten Wettbewerbsstrategien sind auf die Qualitätsorientierung als zentrale Strategiedimension ausgerichtet. Eine relativ hohe Produktqualität im Vergleich zu den Mitbewerbern ermöglicht üblicherweise auch einen relativ hohen Preis.

Qualität besteht aus objektiven und subjektiven Komponenten **(Tabelle 1 und 2)**. Die objektive, also technische Qualität bedeutet die Erfüllung und Einhaltung der Kundenspezifikationen entsprechend der Qualitätssicherung nach DIN ISO 8402 **(Tabelle 1, folgende Seite)**. Die subjektive, also abnehmerbezogene Qualität ist das Ergebnis des Wahrnehmungsvorgangs und des Bewertungsvorgangs im Sinne der Kundenorientierung nach TQM. Das TQM beinhaltet zusätzlich noch die Zielorientierung, die Prozessorientierung, die Mitarbeiterorientierung, die Veränderungsorientierung. Dies dient der Zufriedenstellung der Kunden, also der individuellen Nutzenerfüllung und fördert den langfristigen Geschäftserfolg. Die Qualität steht außerdem im Spannungsfeld der Erwartungshaltung des Kunden, der tatsächlich erlebten Leistung im Vergleich mit den Konkurrenzprodukten bzw. -leistungen, deshalb muss von relativer Qualität gesprochen werden.

Tabelle 1: Die Qualität von Dienstleistungen

Ausstattung	• Eine zentrale Qualitätsdimension hat die sachliche und persönliche Ausstattung der Serviceleistung.
Verlässlichkeit	• Die versprochene bzw. vertraglich dargelegte Serviceleistung muss ohne Nachhaken, ohne Reklamationen ausgeführt werden.
Hilfsbereitschaft	• Dem Kunden müssen seine „äußeren" Probleme und Schwierigkeiten abgenommen werden, er soll sich auf seine Kernarbeit konzentrieren können, damit wird der Kunde effizienter und wirtschaftlicher. • Problemlösungen für unsere Dienstleistung anzubieten bestimmt entscheidend die Qualität unserer Dienstleistung am Kunden.
Glaubwürdigkeit	• Das Herausarbeiten, Darstellen und Überzeugtsein der eigenen Kompetenz ist der Grundpfeiler der Glaubwürdigkeit gegenüber dem Kunden. Die Grenzen bilden dabei die Überheblichkeit (der Kunde entwickelt über die Zeit ebenfalls ein fundiertes Fachwissen) und die Unterwürfigkeit (Bewahren der eigenen Persönlichkeit). • Die Höflichkeit und Vertrauenswürdigkeit der Mitarbeiter unterstützt die Glaubwürdigkeit in besonderer Weise.
Kundenverständnis	• Durch ein hohes Einfühlungsvermögen kann das Unternehmen die individuellen Wünsche (Kundenorientierung) erkennen und letztendlich auch angemessen erfüllen.
Zeitkomponente	• Für die meisten Kunden in der Investitionsgüterindustrie ist die ständige Kundendienstbereitschaft Grundvoraussetzung, der Stillstand einer Anlage muss in kürzester Zeit behoben werden. • 24-Stunden-Service in der Ersatzteilversorgung ist Standard. • Serviceverträge mit einer Garantie der Reparatur innerhalb von 6 Stunden oder weniger sind keine Seltenheit. • Mit der Beachtung der Zeitkomponente kann man sich einen Qualitätsvorteil gegenüber seinen Konkurrenten herausarbeiten.
Reklamationen	• Die Aufarbeitung und das *Ernstnehmen* von Reklamationen z. B. durch gebührenfreien Telefonservice kann unzufriedene Kunden abwehren.

Tabelle 2: Die Qualitätskomponenten

Gebrauchsnutzen	• Beschreibung der wichtigsten Funktionsmerkmale in Form von messbaren Kennzeichen (Beschleunigung, Verbrauch, Volumen, ...). • Die einzelnen Merkmale sind aber für jeden Kunden von unterschiedlicher Bedeutung und somit von ungleichem Nutzen.
Haltbarkeit	• Die Haltbarkeit bestimmt die Lebensdauer des Produktes. • Die technische Haltbarkeit ist abhängig von der Häufigkeit des Gebrauchs bis die Funktionstüchtigkeit erlischt. • Die ökonomische Komponente der Haltbarkeit ist durch die Reparaturkosten (Reparaturfreundlichkeit) bestimmt.
Zuverlässigkeit	• Beschreibt die Wahrscheinlichkeit des Versagens des Produktes. • Die Bedeutung dieses Faktors ist um so höher zu bewerten je teurer die Ausfallkosten und/oder Stillstandskosten und Wartungskosten sind.
Ausstattung	• Ist der Sekundäraspekt der Qualitätsdimension *Gebrauchsnutzen*. • Sie umfasst die Zusatzvorzüge, u.a. auch kostenlose Getränke oder Zeitschriften, Betreuung und Beratung durch Fachpersonal, Hilfe bei der Montage und Inbetriebnahme beim Kunden.
Normgerechtigkeit	• Allgemeine Beherrschung und Verwendung der üblichen gültigen Normen (DIN = Gesetz) und der branchenüblichen Normrichtlinien (VDI-Richtlinien), also Vermeidung von Sonderkonstruktionen im beiderseitigen Interesse (Baukastenprinzip und Austauschbau).
Ästhetik	• Diese besondere Art der Qualitätsdimension umfasst das Styling und das Design, also die subjektive Qualität. • Die Ästhetik des Produktaussehens (Identität des Produktes, der Marke, der Firma), des Produktgeschmacks (Wirkung, Darstellung des Produktes, des Unternehmens), des Produktgeruchs (z. B. haben Neuwagen und Gebrauchtwagen ein unverwechselbares „Gschmäckle") ist eindeutig von persönlichen Einstellungen und Vorlieben geprägt und abhängig.

Das Unternehmen ist also aufgefordert, einen eigenen Qualitätsstandard zu bestimmen. Dies muss mit den Methoden eines umfassenden Qualitätsmanagements, also dem QFD, der FMEA, des DoE, dem SPC den Q7-Qualitäts-Werkzeugen und den M7-Management-Werkzeugen durchgeführt werden. Das Grundprinzip des Qualitätsmanagements ist es, in allen Bereichen des Unternehmens ein hohes Qualitätsbewusstsein zu entwickeln und auch umzusetzen, zu verbessern und auch innovativ weiter zu entwickeln. So ist z. B. die Kundenzufriedenheit entscheidend vom Einhalten der Liefertermine abhängig; dies ist von der Qualität, also dem Qualitätsbewusstsein aller beteiligten Abteilungen und Mitarbeiter abhängig.

Ohne einen dieser Forderungen angepassten *Führungsstil*, kann das Qualitätsmanagement nicht umgesetzt werden. Verlangt sind dabei eine **offene informale Unternehmenskultur** wie z. B. das Harzburger Modell mit der Delegation von Verantwortungs- und Entscheidungskompetenz auf allen Hierarchieebenen. Das Qualitätsmanagement beinhaltet natürlich auch die Prozessorientierung, die dem durchgängigen Qualitätsgedanken über alle Bereiche Rechnung trägt.

Beim klassischen Ansatz des Marketing bildet man dazu sog. Qualitätsdimensionen, also Komponenten der Qualitätsorientierung im Sinne eines strategischen Wettbewerbsvorteils (**Tabelle 1 und 2, vorhergehende Seite**).

12.3.2 Die Innovationsorientierung

Kennzeichnend für eine ausgeprägte Innovationsorientierung sind das hohe Forschungsbudget und Entwicklungsbudget und der hohe Anteil von neuen Produkten, also die Pionierposition am Markt. Der Vorteil einer Pionierorientierung ist das frühzeitige Entwickeln von Markt-Know-how, also Erfahrung, und der Aufbau eines zukunftsweisenden Technologieimages. Die Zeit (Entwicklungszeit) hat im strategischen Wettbewerb die entscheidende Rolle übernommen. Der Zeitvorteil eines frühzeitigen Markteintritts, gepaart mit der unmittelbaren Erfüllung der aktuellen Kundenwünsche, ist dann mit dem TQM-Ziel der Kundenorientierung vollkommen im Einklang.

Die Strategie der Pionierorientierung haben z. B. die Automobilindustrie und die Smartphone-Hersteller in den vergangenen Jahren ständig angestrebt. Die Wirkung auf dem Markt verstärkt sich, wenn es dem Unternehmen gelingt, Industriestandards zu setzen. Beispiele dafür sind u. a. beim Auto die Komplettausstattung, das Tablet oder die Social Media Anwendungen. Die Erfolgsvoraussetzungen für die Realisierung von Innovationsvorteilen sind in der **Tabelle 2** dargestellt.

Tabelle 1: Definition der Qualitätssicherung nach DIN ISO 8402

Alle geplanten und systematischen Tätigkeiten, die innerhalb des Qualitätsmanagementsystems verwirklicht sind, und die wie erforderlich dargelegt werden, um angemessenes Vertrauen zu schaffen, dass eine Einheit die Qualitätsforderung erfüllen wird.

Die vier Teilfunktionen der Qualitätssicherung

Qualitäts-planung	Qualitäts-lenkung	Qualitäts-prüfung	Qualitäts-förderung
– Zehnerregel – quantitative Merkmale – qualitative Merkmale ⋮	– Qualitätsregelkreis 7M Störgrößen – Mensch – Maschine ⋮	– Prüfplanung – Prüfausführung – Prüfdatenverarbeitung	– Qualitätszirkel – Motivation – Methoden – QFD – FMEA

Tabelle 2: Die Voraussetzung zur Realisierung von Innovationsvorteilen

Ansatz	Beschreibung und Erläuterungen
Management des Wissens	– Schaffung eines für Innovationen notwendigen Wissensbestands, – Steuerung des Zugriffs auf das vorhandene Know-how, – Akzeptanz (= Übernahme) der extern vorhandenen Basisinnovationen von anderen Unternehmen.
Innovationsziele setzen	– langfristiges an Innovationen orientiertes Denken im Management durchsetzen, d. h. Lebenszyklusplanung.
Schnittstellen-Management	– zentrale Voraussetzung ist die verstärkte Abstimmung der technischen und der absatzbezogenen Aktivitäten, – Abstimmung und Koordination der Prozesse.
Akzeptanz von Misserfolgen	– Unterstützung des innovationsgerichteten Engagements, – wer nichts macht, kann auch keine Fehler machen, – Zeit und Kapazitäten für die Verfolgung von Forschungs- und Entwicklungsaktivitäten den Mitarbeitern zugestehen.
Innovationen im Unternehmen einbehalten	– Patente, Gebrauchsmuster rechtzeitig und vollständig anmelden – Konkurrenzpatente analysieren, – Strikte Geheimhaltung organisieren und kontrollieren, – Lernkurveneffekte ausnutzen und anwenden.

12.3.3 Die Markierungsorientierung

Die Markierungsorientierung ist eine zentrale, abnehmergerichtete Differenzierungsdimension. Die Bedeutung des **Markenbewusstseins** (= Markierung) ist auch in der Konsumindustrie inzwischen zu einem bedeutenden Marktbeeinflussfaktor geworden. Viele Unternehmen unterschätzen die Bedeutung der Produktmarkierung im Wettbewerb immer noch. Insbesondere der trendbestimmende und oftmals zugleich *trendhörige* Käufer kauft nur Markenwaren. Bestimmend für einen guten Markennamen sind das **Produktimage** und der Werbedruck, also die gesamte Kommunikationspolitik des Unternehmens. Die Markierung (denken Sie durchaus an die Duftmarkierung – Stallgeruch – im Allgemeinen) hat in der heutigen Zeit deshalb noch mehr an Bedeutung gewonnen, da sich die Produkte durch eine hohe Homogenität und Austauschbarkeit auszeichnen. Die Kunden möchten aber durchaus mit *ihren* Produkten und der Inanspruchnahme von *besonderen* Dienstleistungen aus der Masse der Kunden (Käufer) herausragen, oder zeigen, dass sie sich Markenwaren leisten können. Zusätzlich kann der Kunde, wenn er nicht genügend über die Produkte informiert ist, durch die psychologische Differenzierung (der Kunde kennt unser Produkt z. B. aus der Werbung …) seine Kaufpräferenz zugunsten unseres Unternehmens fällen, obwohl er bei Kenntnis aller Informationen ein anderes Produkt ausgewählt hätte.

Es gilt also zusammenfassend, wenn der Kunde keine objektiven Kriterien zur Beurteilung von Produkten oder Dienstleistungen hat, wird er in der Regel das Markenimage zur Beurteilung heranziehen. Das Markenimage kann sich auf das Produkt, die Produktlinie oder das gesamte Unternehmen beziehen. Die Voraussetzungen für die Wettbewerbswirksamkeit der Markierungsorientierung sind in **Tabelle 1** dargestellt.

12.3.4 Die Programmbreitenorientierung

Diese Programmbreitenorientierung stellt eine besondere Form der Nachfrageorientierung innerhalb der Angebotspolitik dar. Das Unternehmen möchte dabei flexibel, schnell und profitabel zahlreiche Produktvarianten im Markt positionieren. Voraussetzung ist also eine Produktdifferenzierung, die sich durch ein breites und tiefes Programm auszeichnet, zusätzlich muss das Angebot noch durch flankierende Dienstleistungen (value-added-services) ergänzt werden. Für das Unternehmen (wie auch für den Wiederverkäufer) bedeutet dies einen hohen Ressourceneinsatz und somit ist er meist gegenüber dem reinen Spezialisten in einem Kostennachteil. Die zunehmende Programmbreite verursacht häufig überproportional ansteigende **Komplexitätskosten** (Wartung, Ersatzteile, Produktpflege). Diese zentrale Herausforderung lässt sich allerdings durch ein geschicktes Variantenmanagement (Gleichteile, Baukastenbauweise), die dann die geforderte Kostenreduktion einfährt, durchaus verwirklichen. Das Unternehmen muss sich mit der Nutzung von **Synergieeffekten** beschäftigen und diese konsequent ausnutzen. Meist basieren die Produkte und Dienstleistungen auf einem gemeinsamen Knowhow, dies gilt es zu nutzen und zu konzentrieren. Die Produkte werden mit und auf den gleichen Ressourcen hergestellt, sodass es hier keine Probleme gibt, sofern nicht jede Variante eine eigene *High-Tech-Entwicklung* erfordert. Dasselbe gilt natürlich auch für den Vertrieb und die Abnehmer, eine hohe flexible Variantenvielfalt befriedigt den Kunden sicherlich besser.

Tabelle 1: Die Voraussetzungen und die Thesen der Markierungsorientierung	
These	**Voraussetzungen**
1	Einmalige Botschaft über die Eigenschaften des Produkts, der Dienstleistung, die Botschaft muss etwas Besonderes sein. Abgedroschene Phrasen zerstören das Image für immer (lange Zeit).
2	Die Glaubwürdigkeit der Botschaft muss die Identität der Marke, des Unternehmens herausarbeiten. Die Botschaft muss mit den tatsächlichen Gegebenheiten, der Praxis übereinstimmen. Je höher der Ansatz, die Botschaft, das Versprechen, desto höher sind die Erwartungen (Verifizierung) der Kunden, die diese kompromisslos nachprüfen werden! – 3 Sterne im Michelin verlangen immer eine 100 %ige Leistung!
3	Die Botschaft muss in einer unverwechselbaren Darstellung dem Kunden vermittelt werden, des Weiteren muss das Versprechen den Kunden emotional unterstützen. Gefühle können den Kunden besser überzeugen als rationale Argumente, diese sind meistens durch Messungen, Bewertungen objektiv widerlegbar. Werden die Gefühle, die Emotionen, die Botschaften verletzt, tritt beim Kunden ein tiefer (stiller) Schmerz, eine schwere Enttäuschung auf, die schwer zu heilen ist, bzw. rückgängig zu machen ist.
4	Die Umsetzung eines Markenimages verlangt zusätzlich eine kommunikative Strategie. Verlangt sind dabei eine entsprechende Ausstattung der Distributionspolitik und der Preispolitik, also ein Selektivvertrieb, verbunden mit einer Hochpreisstrategie und einer dem Kundenkreis angepassten Preisgestaltung.

Die Unternehmen verwirklichen die vom Kunden geforderte Angebotsdifferenzierung durch modulare Konzepte in allen Ebenen von der Entwicklung bis zum Vertrieb. Innerhalb der Fertigung können dann aus einzelnen (variablen) Komponenten im **Baukastenprinzip** die vom Kunden gewünschten Kombinationen (Varianten) zusammengestellt werden (Legobaukasten).

12.3.5 Kostenorientierung

Derzeit wird bei der Kostenorientierung besonders auf niedrige, direkte Kosten geachtet (Deckungsbeitragsrechnung); zudem sollten die Erfahrungskurveneffekte eingebracht werden. Durch die zusätzliche Nutzung der synergiebedingten[1] Kostenvorteile (economies[2] of scope[3]) können in der Produktion durch die Verwendung von nunmehr größeren Stückzahlen bei Gleichteilen (Baukastenprinzip bei Varianten) Kosten reduziert werden **(Tabelle 1)**. Des Weiteren kann die gleiche Produktionseinrichtung eingesetzt werden.

Die Entwicklung kann gezielt im Modulverfahren oftmals Versuchsergebnisse im Rechner vorab annähernd genau und so sehr kostengünstig simulieren. Kostenaufwendige und zeitraubende Versuche und Tests (Pionierposition) können so nahezu entfallen, oder sehr gezielt und effektiv gefahren werden.

Bei größeren Ausbringungsmengen ergibt sich natürlich eine höhere Rentabilität **(Bild 1)**.

Durch die Erfolgsrelevanz des größeren Marktanteils erzielt man günstigere Einkaufskonditionen und in der Produktion Fixkostendegressions-Effekte. Die Fixkosten der Anlagen, der Verwaltung, der Werbung sinken pro Stück bei einer höheren Auslastung (Gesetz der Massenfertigung). Der Deckungsbeitrag (letztendlich zur Deckung der gesamten fixen Kosten) steigt dabei stark an.

Tabelle 1: Kostenstrategien innerhalb der Beschaffung

	Kostenvorteil	Strategie
1.	– Die Verkleinerung der Zahl der Zulieferer – Verringerung des Verwaltungsaufwands – ermöglicht bessere Koordination und hohe Qualitätsstandards auf allen Ebenen – Entwicklung, Forschung, Fertigung, Montage – Nachteilig ist die Abhängigkeit von wenigen (einem) Lieferanten	Single Sourcing
2.	Weltweiter Einkauf und Fertigung – verringert die Beschaffungskosten – ermöglicht joint venture Abkommen – Austausch und Informationen über die weltweiten Innovationen – Flexibilität bei Marktänderungen – hohe äußere Originalität der Produkte bleibt erhalten – Öffnung von neuen Märkten	Global Sourcing
3.	Produktionssynchrone (stundengenaue) Bereitstellung der Teile – kleinere Kapitalbindung, keine Lagerhaltung – Verringerung des Auslastungsrisikos – Übernahme der Produkthaftung – kürzere Durchlaufzeiten	Just-in-Time-Konzept
4.	Anwendung von neuesten Verfahren – Alleinbesitz des Know-how, der Patente – Vollautomatisierte Fertigung und Montage – Mannlose Schichten, offene Arbeitszeiten – Vergabe von kompletten Baugruppen – Flexibles, teamorientiertes Personal	Innovative Prozesstechnologie

[1] griech. syn – ergein = zusammenarbeiten, helfen
[2] engl. economies = Einsparung
[3] engl. scope = Spielraum

Bild 1: Kostensenkungspotenziale beim Produktionsprozess

12.3 Marketingstrategien zur Umsetzung der Produktpolitik

Zusätzlich kann das Unternehmen durch den Einsatz von effizienteren Verfahren, Anlagen, Maschinen, motiviertem und geschultem Personal die Ausbringung erhöhen, bzw. die Qualität verbessern und die Fehlerquote senken (economies-of-scale). Voraussetzung ist und bleibt eine weitgehende **Standardisierung** der Produkte und Dienstleistungen des Unternehmens, also die Beherrschung aller Verfahren.

Zu Beginn jeder Untersuchung zur Verbesserung der Effizienz muss das Unternehmen z. B. in Form einer **ABC-Analyse** seine Prozesse analysieren, um danach Kostenpotenziale ausfindig zu machen. Jetzt können gezielt die wesentlichen, die zu verbessernden Prozesse ausgewählt werden.

Besonders in der Automobilindustrie sind Joint Ventures oder Abkommen über die gemeinsame Nutzung von einzelnen Komponenten und Entwicklungsprojekte keine Seltenheit. Viele Länder lassen ausländische Unternehmen auf ihrem Markt nur zu, wenn auch bestimmte Teilmengen des Produkts im eigenen Land hergestellt werden.

Auch innerhalb der Entwicklung und Forschung bis hin zum Aufbau von gemeinsamen Produktionsanlagen werden durch die Unternehmen die Degressionsvorteile ausgeschöpft, um im Weltmarkt gegenüber noch größerer Konkurrenz bestehen zu können. So betreiben z. B. Siemens, ICL und Bull gemeinsam in Deutschland kooperative Grundlagenforschung, Ford und VW entwickelten zusammen einen *Van* und vermarkten diesen aber unter den verschiedenen Markennamen *Sharan* und *Galaxy*.

Die größten Kostenvorteile versprechen sich die Unternehmen derzeit immer noch bei der Beschaffung. Hier werden die verschiedensten Strategien eingesetzt, die in der **Tabelle 1** zusammengestellt sind. Viele Unternehmen haben aber inzwischen erkannt, dass durch das *klassische Outsourcing* der Produktion in Niedriglohnländer schon mittelfristig auch die Konstruktion und Entwicklung sich ebenfalls ins Ausland verlagert.

Im Handwerk und den kleineren Unternehmen lassen sich z. B. im Sektor Materialwirtschaft und Logistik durch eine konsequente und unerschrockene Kostenorientierung Kosten einsparen. Oftmals „verzettelt" sich der kleinere Unternehmer bei der Ersatzteil- und Hilfsstoffbeschaffung und der ständigen Kontrolle bei der Vorratshaltung. Die dabei eingesetzten Fachkräfte fehlen dem Unternehmen dann bei der Bearbeitung der anstehenden Aufträge.

Tabelle 1: Die klassische Produktdifferenzierung

Durch die Produktdifferenzierung wird versucht, durch das zeitgleiche parallele Angebot mehrere Produkt-Varianten gezielt auf die Bedürfnisse unterschiedlicher Zielgruppen abzustimmen, um den Trend der Individualisierung der Konsumentenbedürfnisse erfüllen zu können.

Methoden	Beschreibung, Maßnahmen, Vorgehensweise
Produktvarietät	Mehrere Produktvarianten in einem Gesamtmarkt (global) aufbauen
	VW, Audi, Skoda, ...
Produktplanung	Aufbau eines Ideeninnovationsprozesses, bei dem die Eigenschaftsausprägungen mithilfe von Marktforschungen bestimmt werden. Fragenkataloge, Funktionsanalysen, Produktpositionierung und das Portfolio sind wichtige Hilfsmittel.
Funktionale Eigenschaften	Veränderungen am Material, der Konstruktion um zusätzliche (individuelle Wunsch-) Eigenschaften zu ermöglichen, den Gebrauchsnutzen und Zusatznutzen zu erhöhen.
Baukasten- und Modulsysteme	Vorgabe ist eine Analyse der Kundenanforderungen um das Spektrum der Produktanpassungen festzulegen und abzugrenzen. Daran muss sich eine klare Trennung in Muss-, Soll- und Kann-Funktionen anschließen.
Muss-, Soll-, Kann-Funktionen	Diese Art der Produktdifferenzierung wird bei den *Value-Added-Services* als zentrales Element gesehen. Mussleistungen bietet jeder, bzw. sind zum Betrieb erforderlich – Reifen. Solleistungen sind erst bei wenigen Typen enthalten, z. B. eine Klimaanlage. Kannleistungen sind fast bei keinem Produkt auf dem Markt zu finden, z. B. die Minibar im Rücksitzbereich. Das KANO-Modell der Kundenorientierung benutzt ähnlich strukturierte Denkansätze: Basis-, Leistungs- und Begeisterungsanforderungen.

Deshalb beauftragen inzwischen viele Handwerker dafür spezialisierte Logistikunternehmen. Diese übernehmen und organisieren dann die gesamte Logistik des Unternehmens, also die Materiallogistik planen, die Lager rechtzeitig nachfüllen, die Baustellen beliefern und die Bestände verwalten und überwachen.

12.4 Käuferverhaltensforschung

12.4.1 Marketingmanagement und Marketingforschung

Um Marketingentscheidungen untermauern zu können, muss das Verhalten der Marktteilnehmer (Kunden) offengelegt werden; dies ist die Grundlage des Marketingmanagements.

Ausgangspunkt ist dabei das reale **Marktverhalten**, dort zeigen sich die konkreten **Marktbedürfnisse**; daraus muss das Unternehmen sein **Marktangebot** entwickeln. Die Marketingforschung muss die Marktbedürfnisse gedanklich vorwegnehmen (antizipieren[1]), das Marktverhalten wiederum durch geeignete Methoden messen, das Marketing muss dann die geeigneten Marketinginstrumente bestimmen.

Die Marketingforschung muss dem Marketingmanagement die laufende Informationsversorgung sicherstellen, damit es zu kontinuierlichen Qualitätsverbesserungen (im Sinne von TQM) bei den Marketingentscheidungen kommt. Also muss die Auswahl der richtigen Instrumente zur richtigen Zeit und im angemessenen Umfang gemacht werden. Die getroffenen Marketingentscheidungen lösen wiederum einen neuen Informationsbedarf bei der Marketingforschung aus.

> Marketingforschung ist zusammenfassend die systematische Suche, Sammlung, Aufarbeitung und Interpretation von Informationen, die sich auf alle Probleme des Marketings zum Verkauf von Gütern und Dienstleistungen beziehen.

Die Begriffe Marketingforschung und Marktforschung sind in **Tabelle 1** gegeneinander abgegrenzt. Die Marktforschung beschäftigt sich systematisch mit dem Markt (Angebot und Nachfrage) speziell um die Möglichkeiten von Umsätzen. Die Marketingforschung umfasst die gesamte Absatzgestaltung des Unternehmens, insbesondere die Wirkungen der eigenen Marketingaktivitäten, wie z. B. die Werbung, die Distribution.

Die allgemeine Marketingtheorie versucht, mithilfe von Hypothesen Marktmodelle und Verhaltensmodelle zu entwickeln. So kommt es zum „Marketingrad" (**Bild 1**), das analog wie das *Demingrad* (Qualitätszirkel des TQM) aufgebaut ist.

Hier folgt im ständigen Kreislauf dem Design, die Produktion, der Verkauf, die Forschung und dann wieder das Design.

Bild 1: Marketingrad

Tabelle 1: Marketingforschung und Marktforschung

Marketingforschung (Absatzforschung)

Marketingaktivitäten	Absatzmarkt	Beschaffungsmarkt
– Distributionsforschung – Preisforschung – Kommunikationsf. – Konsumentenverhaltensforschung	– Marktpotenzial – Absatzpotenziale (Unternehmung) – Marktvolumen – Markentreue – Produkttest	– Arbeitsmarkt – Kapitalmarkt – Rohstoffmarkt
Innerbetriebliche Sachverhalte		
– EDV-Planung – Vertriebskostenanalyse – Kapazitäts-Programme – Lagerplanung		
	Marktforschung	

Dabei wird das Zusammenspiel zwischen der Marketingtheorie, der Marketingentscheidung, der Marketingforschung und dem realen Marktverhalten beschrieben.

Das Modell (**Bild 1**) wird in der Praxis analog durchgeführt. So stellt z. B. die Marktforschungsabteilung eines PKW-Unternehmens durch eine übliche Routineuntersuchung durch Umfragen fest, dass der Absatz des PKW-Typs „Marienkäfer" mittelfristig zurückgehen wird.

---

[1] lat. anticipare = vorwegnehmen

Die darauf erstellte Marktforschungsstudie ermittelte, dass dies primär an den zu hohen Verbrauchswerten liegt. Das Ergebnis wird dem Marketingmanagement (Informationsvorgang) präsentiert.

Der prognostizierte Trend tritt tatsächlich ein, der Absatz sinkt (= reales Marktverhalten). Durch die rechtzeitige Hypothesenbildung und durch die Marktprognose hat das Unternehmen rechtzeitig auf den Trend reagieren können und verschiedene Maßnahmen diskutiert und geprüft.

Mittelfristig wird eine neue Motorentwicklung in Gang gesetzt, kurzfristig konnte die Entwicklung durch einige Verbesserungen den Verbrauch um 10 % senken. Parallel werden von der Marktforschung das Potenzial, die Marktbedürfnisse durch Befragung abgefragt. Dabei stellt sich heraus, dass die Maßnahmen auf hohes Interesse stoßen, also das Marktpotenzial groß genug ist, um im Markt zu bleiben und die höheren Produktionskosten zudem gedeckt werden können.

Beide Maßnahmen, die kurzfristige Sofortmaßnahme (1. Werbeeffekt: „Wir tun etwas für die Umwelt") und die mittelfristige (2. Werbeeffekt: „Wir erhöhen zusätzlich noch die Qualität") werden umgesetzt (= Marketingentscheidung).

Das Marketingmanagement selbst sollte für die Zukunft eine schlüssige Marketingtheorie, ein Modell für die zukünftige Hypothesenbildung der Marktforschung, aufbauen, um rechtzeitig auf das Kaufverhalten der Kunden reagieren zu können. Die Aufgaben und Funktionen der Marketingforschung sind in der **Tabelle 1** ausführlich dargestellt.

12.4.2 Das Paradigma[1] des Kaufverhaltens

Dem Kaufverhalten muss natürlich bei der Bewertung des Marktes die primäre Rolle zugestanden werden. Die Marktforschung ist schon immer bestrebt, die zentralen Bestimmungsfaktoren des Kaufverhaltens zu analysieren, um daraus Erklärungsansätze zu entwickeln. Die anstehenden Fragestellungen sind in der **Tabelle 2** als die *7-W des Kaufverhaltens* zusammengefasst.

Die Marktforschung muss durch das frühzeitige Erkennen von Veränderungen im Markt das Unternehmen auf neue Märkte ausrichten und Innovationen einleiten.

Tabelle 1: Die Funktionen der Marketingforschung

Funktion	Bedeutung
Frühwarnfunktion	Die Marketingforschung sorgt dafür, dass Risiken frühzeitig erkannt und abgeschätzt werden können.
Innovationsfunktion	Sie trägt dazu bei, dass Chancen aufgedeckt, antizipiert und genutzt werden können.
Intelligenzverstärkerfunktion	Sie trägt im willensbildenden Prozess zur Unterstützung der Arbeit (Argumente, Berechnungen) der Unternehmensführung bei.
Unsicherheitsreduktionsfunktion	Sie trägt in der Phase der Entscheidungsfindung zur Präzisierung und Objektivierung der Sachverhalte bei.
Strukturierungsfunktion	Sie fördert das Verständnis der Zielvorgabe und die Lernprozesse in der Unternehmung.
Selektionsfunktion	Sie sorgt dafür, dass aus der umweltbedingten Informationsflut die für die unternehmerischen Ziel- und Maßnahmeentscheidungen relevanten Informationen selektiert und aufbereitet werden.

Tabelle 2: Das Paradigma des Kaufverhaltens (Die 7-W beim Kauf)

Nr	Fragestellung	Verhalten und Betroffene
1	Wer kauft?	Kundentyp, **Träger** der Kaufentscheidung (Mann/Frau/Alt/Jung, ...)
2	Was?	Kauf**objekte**, Kaufumfang
3	Warum?	Kauf**motive**, Kaufanlässe, Kaufauflösung
4	Wie?	Kauf**entscheidung**sprozesse, Kaufpraktiken
5	Wie viel?	Kauf**menge**, Vorratskauf, Sicherheitskauf, Gelegenheitskauf
6	Wann?	Kauf**zeitpunkt**, Kaufhäufigkeit
7	Wo bzw. bei wem?	Einkaufs**ort**, Händlerwahl, Herstellerwahl

Wenn es dem Marketing noch gelingt, die gewonnene Informationenflut zu sortieren und gezielt aufzuarbeiten, dann kann das Unternehmen im Markt weiter erfolgreich sein.

---
[1] lat. paradigma aus griech. paradeigma = beispielhafte Art, Muster

Zur Erklärung des generellen Verhaltens der Konsumenten existieren eine Menge von Modellen und Theorien, die meist einen sehr hohen Komplexitätsgrad aufweisen. Leider können die Modelle nicht direkt auf den einzelnen Fall im Unternehmen unmittelbar übertragen werden. Die Modelle sind im Allgemeinen sehr theoretisch, denn das Käuferverhalten ist nicht nur sehr differenziert, sondern auch einem schnellen zeitlich nicht vorhersehbaren Wandel unterworfen. Zudem beeinflusst die Konjunktur, also die Lage und das Einschätzen der Wirtschaft das Kaufverhalten. Die Modelle versuchen zwar dies zu berücksichtigen, doch emotionale Einflüsse und Entscheidungen der Käufer sind nur im Trend zu beschreiben und jeder Trend hat einen nicht vorhersehbaren **Umkehrpunkt**, der dann plötzlich und unerwartet eintreten kann.

Die **Tabelle 1** zeigt, wie die Grundmodelle der Käuferverhaltensforschung dabei vorgeht. Die **Tabelle 2** stellt zusammenfassend die Ziele der Marktforschung dar.
Bild 1 zeigt, in einer anderen Darstellung die Schwerpunkte der Marktforschung. Dabei werden die Einzelphasen der Willensbildung und der Willensdurchsetzung als Prozess dargestellt, man spricht somit vom Marketingentscheidungsprozess, der durch die Realisierung und Rückkopplung mit der Kontrollphase als Prozess-Regelkreis interpretiert werden muss.

Bild 1: Der Marketingentscheidungsprozess

Tabelle 1: Modellansätze für die Marketing- und Käuferverhaltensforschung

Modell		Beschreibung
S-R-Modell Behavioristischer Ansatz		• Analyse beruht nur auf beobachtbare und **messbare** Variablen. • Psychische Prozesse sind für „Behavioristen" nicht beobachtbar. • Das Verhalten des Kunden wird durch Reaktion (**R=Response**) auf den beobachteten Reiz (**S=Stimuli**) interpretiert. • Die attraktive Gestaltung eines Gerätes (Stimulus) kann zum Impulskauf (Responce) führen, die Psyche interessiert nicht.
S-O-R-Modell Echte Verhaltensmodelle	Neobehavioristischer[1] Ansatz	• Neben den beobachtbaren und messbaren Variablen werden auch sogenannte **intervenierende** zugelassen, diese werden indirekt über **Indikatoren** empirisch erfasst. • Damit wird die **Einstellung** des Konsumenten (**O = Organismus**) zum Produkt positiv oder negativ verstärkt.
	Kognitiver[2] Ansatz	• Zusätzlich wird der **Informationsverarbeitungsprozess** – Lernen – Denken – Wissen – beachtet. • Die neue Küche der Nachbarin kann zum „Stimulus" für denselben Wunsch werden. • Bei der Auswahl wird dann auf eigenes, vorhandenes Wissen zurückgegriffen.

Tabelle 2: Die Ziele der Marktforschung

Marktanalyse	Marktbeobachtung	Marktprognose
Analyse des Marktes auf seine kennzeichnenden Faktoren	Beobachtung der Entwicklung des Marktes im Zeitablauf	Erstellung einer Prognose der Marktsituation für die Zukunft

---
[1] engl. behavior = Verhalten, lat. neo = neu
[2] lat. cognitiv = erkennen, wahrnehmen; cognitiv = erkenntnismäßig

Die wichtigsten Marktforschungsinstitute:
- *Gesellschaft für Konsumforschung (GfK SE):* Das Unternehmen erhebt die Einschaltquoten für das Fernsehen. Die Gemeinde Haßloch dient als Testmarkt mit dem die Wirkung von Fernsehwerbung untersucht und die Neueinführung von Produkten simuliert wird. GFK errechnet auch den GfK-Konsumklimaindex.
- *TNS Infratest* ist die deutsche Tochtergesellschaft der zur WPP Group gehörenden Kandar Group zweitgrößten Marktforschungsunternehmen der Welt. TNS bietet Marktforschung, Meinungsforschung und Marketing-Beratung an. TNS dimap in Berlin ist bekannt durch die Wahlberichterstattung im Auftrag der ARD.
- *ACNielsen* bietet Daten über Absatz- und Umsatztrends, Verkaufsentwicklungen, Marktanteile, Distributionen, Preise und sonstige marktrelevante Informationen. Der Hersteller kann daraus die richtigen Marketing- und Absatzstrategien entwickeln.

12.5 Das Marketing-Mix

Das allgemeine Marketing-Mix **(Tabelle 1)** ist der Ausgangspunkt des absatzpolitischen Instrumentariums innerhalb der Absatzwirtschaft und des Marketings.

- Die **Produktpolitik** ist dabei die Grundlage, denn ohne Produktinnovation und eine geschickte Sortimentspolitik, gepaart mit einem guten Service, kann das Unternehmen nicht einmal mittelfristig überleben, sie ist die **Kernaufgabe**. Die Produktpolitik wurde in den vorhergehenden Seiten ausführlich dargestellt.
- Mit der **Kontrahierungspolitik** (Preispolitik) liefert das Unternehmen zu angemessenem Preis bei ausgewogenen Konditionen. So bestimmt eine Niedrigpreisstrategie die Produktqualität und den Kundenkreis.
- Im weltweiten Wettbewerb ist der Vertrieb nicht mehr allein vom eigenen Unternehmen zu bewältigen. Die **Distributionspolitik** wird heute immer mehr Logistikspezialisten mit einem weltweiten Vertriebsnetz übertragen. Selbst die Betreuung der Kunden durch Reisende und Handelsvertreter ist für kleinere Unternehmen wegen der hohen Kosten kaum mehr durchführbar.
- Die Verkaufsförderung, die Werbung, das Sponsoring, also der Bereich der **Kommunikationspolitik** ist inzwischen auch sehr stark im Industriegüterbereich vertreten. Ein Produkt, das einen Namen hat, wie z. B. AEG, obwohl das Unternehmen seit langem nicht mehr existiert, verkauft sich aus Tradition und mit den Wertvorstellungen aus der Vergangenheit. Corporate Identity (CI)[1], Public Relations[2] sind für ein Unternehmen oftmals tragende Säulen, diese gilt es zu pflegen, zu erhalten und zu stärken.

Da das Marketing-Mix traditionell im Konsumgüterbereich angesiedelt ist, sind viele Begriffe und Wertungen nicht unmittelbar in den Industriebereich übertragbar. Deshalb gibt es auch innerhalb der technischen Angestellten viele Berührungsängste. Im Bereich der Dienstleistungen, des Service, des Kundendienstes ist das Verständnis für ein Marketing-Mix-Konzept vorhanden.

Die technischen Angestellten sind in der Mehrzahl immer noch davon überzeugt, dass sich ein *gutes* Produkt von selbst verkauft. Somit genügt eine ausgewogene Produktpolitik und Sortimentspolitik. Für den im technischen Bereich Arbeitenden wird die Produktpolitik weiterhin der Schwerpunkt bleiben.

Tabelle 1: Marketingpolitische Instrumente, das Marketing-Mix, die vier P's			
Produkt-, Sortiments- und Servicepolitik	**Kontrahierungspolitik**	**Distributionspolitik**	**Kommunikationspolitik**
product	price	place	promotion
Produktpolitik	**Preispolitik**	**Direktabsatz**	**Werbung**
• Produktinnovation • Produktmodifikation • Produktelimination • Sortimentspolitik • Servicepolitik • Beschwerdepolitik • Dienstleistungspolitik	• Konditionenpolitik • Rabattpolitik • Kreditpolitik • Preisstrategien • Präferenzstrategie • Billigwarenstrategie • Übervorteilsstrategie	• Intern, z. B. Reisende • Extern, z. B. Handelsvertreter • Indirekter Absatz z. B. Großhandel • Distributionslogistik • Franchisesystem • Absatzvermittlung • Messen, Ausstellungen, Vorführung	• Verkaufsförderung • Public Relations • Product Placement • Sponsoring • Corporate Identity Corporate Design • Persönlicher Verkauf
• Wie kann das Produkt bei dem Kunden Interesse wecken? • Kann die Servicepolitik direkt an das Produkt gebunden werden?	• Bestimme ich den Preis der Produkte oder der Markt? • Welche Konditionen gebe ich welchem Kunden weiter?	• Wer bringt und verkauft das Produkt oder die Dienstleistung beim Kunden? • Wer organisiert und übernimmt meinen kompletten weltweiten Ersatzteilverkauf?	• Wie spreche ich meine Kunden an? • Welche Werbemittel setze ich ein, um eine bestimmte Gruppe zu erreichen?

[1] engl. corporate identity = Unternehmenserkennung;   [2] engl. public relations = Öffentlichkeitsarbeit

Die Unternehmensanalyse

Voraussetzung aller Tätigkeiten, somit auch der Umsetzung des Marketing-Mix, ist eine gründliche Unternehmensanalyse. Hieraus entwickelt sich direkt die Zielhierarchie (**Tabelle 1**). Unterschieden wird dabei in die sog. übergeordneten Ziele wie z. B. den Unternehmenszweck und die Handlungsziele wie z. B. Markführerschaft in dem Bereich Reinigung. Anschließend muss das Unternehmen noch seine Marktstellung und den finanziellen und sozialen Rahmen untersuchen. Wesentliche Hilfen sind dabei das Produktportfolio und die Produktlebenszyklusanalyse. Gleichzeitig muss das Unternehmen die Zielharmonie (**Tabelle 2**) beachten, denn oftmals widersprechen sich einige Zielsetzungen nicht auf den ersten Blick. Zielkonflikte sollten erkannt und vermieden werden.

Die zunehmende Bedeutung des Marketing-Mix

Der globale Markt verlangt von dem Unternehmen ein verändertes Verhalten, eine Anpassung und ein sofortiges sensibles Reagieren auf die Marktänderungen mit allen Möglichkeiten, die das Marketing-Mix anbietet.

Tabelle 2: Das Zusammenwirken der Ziele innerhalb der Zielhierarchie

Ziel	Ziel-harmonie	Ziel-neutralität	Ziel-konflikt
Beschreibung	... ist dann gegeben, wenn die Verwirklichung eines Zieles ein anderes gesetztes Ziel begünstigt	... ist dann gegeben, wenn die gesetzten Ziele unabhängig voneinander verfolgt werden können	... ist dann gegeben, wenn ein gesetztes Ziel ein anderes negativ beeinflusst
	Idealvorstellung	gute Alternative	immer vermeiden
Beispiel	Steigerung des Umsatzes und des anteiligen Gewinns	Ausweitung des Servicenetzes und Qualifizierung der Mitarbeiter	Erhöhung des Marktanteils durch Niedrigpreise bei Qualitätsprodukten

Tabelle 1: Die Zielhierarchie in einem Unternehmen

Übergeordnete Ziele	Handlungsziele
Unternehmenszweck	**Oberziele der Unternehmung**
business mission	goals
„Für unsere Kunden reinigen wir alles"	– Ausweitung des Marktanteils
Unternehmensidentität	**Funktionsbereichsziele**
corporate identity	– Marketingkonzeption abstimmen
– „Reinigen ist unsere Kompetenz"	**Zwischenziele**
	– Geschäftsfelder differenzieren
Unternehmensgrundsätze	**Unterziele**
policies and practies	
– „Sauber und gründlich"	– Marketing-Mix-Bereiche stärken

Literatur:

- *Herrmann, D.*: Preispolitik, Verlag Kohlhammer
- *Pepels, W.*: Vertriebsmanagement in Theorie und Praxis, Verlag Oldenburg
- *Moser, K.*: Wirtschaftspsychologie, Verlag Springer
- *Olbrich, Rainer*: Marketing, Eine Einführung in die marktorientierte Unternehmensführung, Verlag Springer
- *Herlyn, W.*: PPS im Automobilbau - Produktionsprogrammplanung und -steuerung von Fahrzeugen und Aggregaten, Verlag Hanser
- *Homburg, C.* und *Krohmer, H.*: Marketingmanagement, Verlag Gabler
- *Becker, J.*: Marketing-Konzeption. Grundlagen des zielstrategischen und operativen Marketing-Managements, Verlag Vahlen
- *Kotler, P.*: Grundlagen des Marketings, Verlag Pearson

Sachwortverzeichnis

1:1-Beziehung, 1:1-relation   106
1:n-Beziehung, 1:n-relation   106
2-aus-5-Code, 2-out-of-5 code   391
2D-Code, matrix code   393
3-Schichtbetrieb, three-shift work   163
3D-Druck, 3D print   215
3D-Printing, 3D-Printing   215
3D-Scanner, 3D scanner   218
6D-Steuergerät, 6D controller   212
7 Tools (Sieben Grundwerkzeuge), 7 Tools   33, 553
7M-Störgrößen, 7 perturbance variables   458

A

A-Normen, standards, cat. A   268
ABC-Analyse, ABC evaluation analysis   76, 194, 348, 540, 550
Abfrage, query   114
Ablaufanalyse, analysis of work flow   167
Ablaufgraf, straight line scheduling   33
Ablauforganisation, processing organization, work organization   44, 48
Absatzmarkt, sales market   22, 359
Abschreibung, depreciation   274
Additive Fertigungsverfahren, additive manufacturing technology   215
Akkordlohn, piece wage   232
Aktionsaspekt, aspect of marketing policy actions   533
Allseitenrolle, universal roller   181
AM-Verfahren, AM methods   215
AMA, AMA (American Marketing Association)   533
Amortisationsrechnung, amortization accounting   316
Amortisationszeit, period of repayment   171
Analyse und Bewertung, analysis and evaluation   487
Anatomie, anatomy   147
Änderungsdaten, change data   95
Andler'sche Formel, Andler's formula   374
Anforderung (Basis-, Leistungs-), requirement category   539
Anforderungen, requirements   477
Anforderungsanalyse, requirements analysis   223
Anforderungsprofil, job specification   23
Angebot, offer   359, 532
Angebotsart, type of offer   359
Annahmeregelkarte, acceptance control chart   521
Annuitätsverfahren, annuity accounting method   314
Anordnungsbeziehung, relationship of arrangement   74
Anthropometrie, anthropometry   148
Apache OpenOffice Base, Apache OpenOffice Base   109
Arbeit, work   83, 158
Arbeit 4.0, work 4.0   18

Arbeitgeber, employer   249
Arbeitnehmer, employee   63
Arbeitsablauf, work flow   40, 127
Arbeitsablaufbogen, flowchart   194
Arbeitsablauforganisation, workflow management   45
Arbeitsanalyse, job analysis   45
Arbeitsaufgabe, job   40
Arbeitsbeanspruchung, job strain   154
Arbeitsbedingung, working conditions   135
Arbeitsbelastung, workload   154
Arbeitsbeschreibung, work specification   222
Arbeitsbewertung, job evaluation, job rating   219, 239
Arbeitsentgelt, employee pay   219
Arbeitsform, working type   23
Arbeitsgestaltung, job design   145, 250
Arbeitskosten, labor cost   274
Arbeitsmethode, working method   135
Arbeitsorganisation, work management   45
Arbeitsplan, routing   135
Arbeitsplanerstellung, creation of routing   135
Arbeitsplatz, workplace   22, 39
Arbeitsplatzgestaltung, workplace layout   144
Arbeitsplatzinhaber, job owner   63
Arbeitsplatzorganisation, workplace management   45
Arbeitsplatztyp, workplace type   149
Arbeitsposition, work item   152
Arbeitsrecht, labor law   250
Arbeitsschrittfolge, work step sequence   164
Arbeitsschutz, labor protection   250
Arbeitsschutzgesetz (ArbSchG), on-the-job protection law   256
Arbeitsschutzrecht, labor protection law   252
Arbeitsschutzvorschrift, labor protection instructions   22
Arbeitssicherheitsgesetz, on-the-job safety law   251
Arbeitsstättenverordnung, workplace decree   251
Arbeitsstrukturierung, work restructuring   48, 191
Arbeitssystem, work system   40, 66, 146, 262
Arbeitssystemgestaltung, operating system design   143
Arbeitsteilung, division of labor   47, 143
Arbeitstisch, workbench   149
Arbeitsverfahren, working method   135
Arbeitswechsel (rotation), job rotation   48
Arbeitswert-Analyse, work value analysis   431
Arbeitszufriedenheit, job specification   48
ArbSichG, Arbeitssicherheitsgesetz, on-the-job safety law   251
ArbStättV, Arbeitsstättenverordnung, ArbStättV, German workplace decree   251
Artikel, article   117
Artteilung, qualitative division of responsibilities   47

Audit, audit 487
Aufbauorganisation, organizational structure 10, 38, 41, 44
Aufbaustruktur, structure 41
Aufgabenbereicherung (enrichment), job enrichment 48
Aufgabenerweiterung (enlargement), job enlargement 48
Aufgabengliederung, task structuring 76
Auftrag, order 46, 96, 327
Auftragsabwicklung, order processing 84
Auftragsbewertung, order evaluation 360
Auftragsdurchlauf, workflow 117
Auftragserfassung, order registration 360
Auftragskoordination, coordination of orders 329
Auftragsmenge, lot size 130
Auftragsüberwachung, order monitoring 327, 382, 388
Auftragsveranlassung, order initiation 327
Auftragsverteilung, assignment of activities 389
Auftragszeit, order filling time 129
Auftrittswahrscheinlichkeit, probability of occurrence 501
Augmented Reality (AR), augmented reality 214, 394
Ausführbarkeit, practicability 145
Ausführungszeit, execution time 130
Auslandsinvestitionen, investment in foreign countries 49
Auswahlstückliste, sample bill of materials 125

B

B-Normen, standards, cat. B 268
BAB, expense distribution sheet 276
Balkendiagramm, bar diagram 423
Balkenplan, bar chart 72
Barcode, bar code 391
Basisanforderung, basic requirement 450
Basismengeneinheit, base unit of measure 337
Basiswerkstück, basic work piece 174
Baugruppe, subassembly 117
Baukastenprinzip, modular principle 117
Baukastenstückliste, one-level bill of materials 122
Baumdiagramm, tree diagram 33, 498
Baurecht, building laws 252
Baustellenfertigung, fixed-site production 10
BDE, PDA, production data acquisition 390
BDSG, Bundesdatenschutzgesetz, Federal Data Protection Act 93
Beanspruchung, strain 22, 154
Bedarfsprognose, demand forecast 342
Bedürfnisse, needs 145, 532
Begeisterungsanforderung, enthusiasm requirement 450
Behälter, container 150
Belastung, stress 22
Belastungswechsel, strain level alternation 152
Belegungszeit, utilization time 129

Beleuchtung, lighting 154
Beleuchtungsstärke, illumination 154
Benchmarking (Leistungsvergleich), benchmark, benchmarking 37, 55, 198, 550
Beratungsrecht, deliberation right 63
Berufsgenossenschaft, employer´s liability insurance association 143
Berufskrankheit, occupational disease 250
Beschaffungsbestand, backlog of procurements 368
Beschaffungskosten, procurement costs 319
Beschaffungsmarkt, procurement market 22, 117
Beschaffungsmenge, procurement quantity 374
Beschaffungsrechnung, procurement bill 373
Beschwerde, complaint 558
Bestandsdaten, inventory data 95
Bestandsplanung, inventory planning 327, 355
Bestellabwicklung, order handling 108
Bestellpunkt, order point 356
Bestellrhythmusverfahren, fixed reorder cycle system 357
Bestellung, order 327
Betrieb, company, operation 21, 476
Betriebsabrechnungsbogen, expense distribution sheet 276
Betriebsanleitung, operating instructions 267
Betriebsarzt, company physician 251
Betriebsbuchhaltung, business accounting 269
Betriebsdatenerfassung, plant data collection 390
Betriebskalender, work center calendar 326
Betriebsmittel, operating resource 83, 95
Betriebsmittelplanung, resource scheduling 200
Betriebsorganisation, corporate organization 21
Betriebsrat, works council 63, 163
Betriebsstättenplanung, corporate planning 203
Betriebsverfassungsgesetz, BetrVG, German Works Constitution Act 63, 250
Bewegungsdaten, transaction data 95
Bewertung der Leistung, performance evaluation 486
Bildschirmarbeitsplatz, workstation 149
BKT, work center calendar day 326
Blickbereich, field of vision 153
Blickwinkel, visual angle 153
Branding Strategien, branding strategies 441
Brainstorming, Brainstorming 68
Break-even-point, break even point 307
Bridge, bridge 89
Bring-Prinzip, delivery system principle 398
Browser, browser 89
Brutto-Bedarf, gross requirements 347
Bundesdatenschutzgesetz, BDSG, Federal Data Protection Act 93
Bunker, hopper 178

C

C-Normen, standards, cat. C 268
CAD, CAD 87

Sachwortverzeichnis

CAD-Modell, CAD pattern 218
CAI, CAI 87
CAM, CAM 87
CAO, CAO 88
CAP, CAP 87, 138
Capek, Karel, Capek, Karel 185
CAQ, CAQ 87
Cash cow (Milchkühe), cash cow 547
Cave, Cave 211
CE-Kennzeichnung, CE mark 267
Chipkarte, smart card 396
Chipmünze, chip coin 396
Churchill, Winston, Churchill, Winston 143
CIB, CIB 88
CIM, CIM 87
Client, client 88
CLP-Verordnung, CLP decree 264
Codeleser, code reader 393
Concurrent Engineering (CE), Concurrent Engineering 86
Controlling, controlling 52
Convenience goods (Verbrauchsgüter), convenience goods 545
Corporate Identity (Firmenimage), corporate identity 538
CSMA/CD, CSMA/CD 91

D

Darstellungsmatrix, representation matrix 70
Datei, file 103
Dateiverarbeitung, file processing 102
Datenart, data kind 95
Datenbank, data base 103, 107
Datenbankdesign, data base layout 104
Datenfeld, data field 102
Datenmanagement, data management 85
Datenmodell, data model 104
Datenobjekt, data object 102
Datenstruktur, data format 102
Datenverwaltung, data management 327
Dauerauftrag, standing order 46
Dauerbeanspruchung, continuous stress 157
Dauerleistung, continuous workmanship 157
Deckungsbeitrag, contribution margin 171, 397
Deckungsbeitragsrechnung, breakeven analysis 557
Delphi-Verfahren, Delphi method 428
Deming, Edwards W., Deming, Edwards W. 38
Deming´sche Reaktionskette, Deming's series of reactions 491
DGUV, Deutsche Gesetzliche Unfallversicherung, DGUV, german statutory accident insurance 252
Digital Light Processing, Digital Light Processing 215
DIN EN ISO 9000 ff, DIN EN ISO 9000 ff 415
Dirigismus, regimentation 23
Disposition, disposition 39
Dispositionsebene, planning level 120

Distributionspolitik, distribution mix 543
Diversifikation, diversification 43
Dokumentierte Information, documented information 475
Durchführungszeit, execution time 326
Durchlaufpuffer, passage buffer 178
Durchlaufterminierung, continuous scheduling 383
Durchlaufzeit, door-to-door time, lead time 43, 191, 324
Durchschnittskosten, average costs 272

E

EAN-Code, EAN code 392
Earned-Value-Analyse, earned value analysis 431
eCommerce, eCommerce 531
Effektivität, effectiveness 60
Eigenfertigung, in-house production 354
Eigenfertigungsplanung, internal production planning 327
Eigentum, property 485
Eingangsprüfung, receiving inspection 454
Eingriffsgrenze, limit of interference 520, 522
Einliniensystem, straight-line organization 42
Einzelarbeit, individual employment 41
Einzelauftrag, individual order 46
Einzelfertigung, single-part production 47
Einzelhäufigkeit, single frequency 510
Einzelkosten, direct cost 270, 426
Einzigartigkeit, singularity 9
Endprüfung, final inspection 454
Energie, energy 83
Energieumsatz, energy throughput 158
Entdeckungswahrscheinlichkeit, probability of detection 501
Entgeltdifferenzierung, wage differentiation 229
Entgeltrahmenabkommen, salary framework agreement 236
Entität, entity 104
Entitätsmenge, entity amount 105
Entity-Relationship-Modell, ERM, entity relationship model 105
Entlohnung, remuneration 229, 443
Entwicklungseingaben, design and development inputs 480
Entwicklungsergebnisse, design and development outputs 481
ERA, ERA 236
Erbauungsnutzen, edification benefit 546
Erfahrung, experience 219
Ergonomie, ergonomics 147, 250
Erholungszeit, relaxation time 130, 158
ERM, Entity-Relationship-Modell, ERM 105
ERP, Enterprise Ressource Planning, ERP, enterprise resource planning 85, 88, 323, 332
Ersatzteilwesen, spare parts service 117
Erträglichkeit, bearableness 145
Erzeugnis, product 95
Erzeugnisbaum, product chart 118

Erzeugnisgliederung, product classification   117
Erzeugnisspektrum, product spectrum   117
Erzeugnisstruktur, product structure   165
EU-Maschinenrichtlinie, EU engine directive   265
Exoskelett, exoskeleton   173
Explosionszeichnung, exploded view   117
Export, export   25

F

Fabrik 4.0, factory 4.0   17
Fabrikplanung, corporate planning, plant planning   135, 199
Failure Mode and …(FMEA), failure mode and … (FMEA)   501
Faktorenanalyse, factor analysis   554
Fehler, error   448
Fehlerwahrscheinlichkeit, error probability   492
Fehlleistung, blunder   162
Fehlplanung, detailed planning, incorrect planning   331, 452
Feinterminierung, detailed scheduling   383
FEM, Finite-Elemente-Methode, finite element analysis   50
Fertigstellungsgrad, degree of completion   432
Fertigungsarten, types of production   47
Fertigungsaufträge, production orders   194
Fertigungsebene, production level   120
Fertigungsfamilie, production family   138
Fertigungshilfsmittel, production resources and tools   137
Fertigungsmittel, workshop facility   137
Fertigungsmittelplanung, plant planning   135
Fertigungsplanung, production planning   382
Fertigungssystem, manufacturing system   206
Festangebot, firm offer   359
Festlohn, fixed wage   234
FIFO-Regel, FIFO rule   387
Finanzbuchhaltung, financial accounting   269
Fischgrät-Diagramm, herring bone diagram   415
Fixkosten, fixed costs   270
Flächencode, matrix code   393
Flächenplanung, area development planning   200
Fließband, band conveyor   23
Fließfertigung, flow shop   10
Flussdiagramm, flow chart   32, 73
FMEA, Fehler-Möglichkeits- und Einfluss-Analyse, FMEA, failure mode and effect analysis   45, 197, 458, 538
Folgekosten, follow-up costs   452
Förderer, conveyor   181
Fördern, conveying   172
Formular, form   109, 113
Fortschrittzeit, progress time   131
Frauen, women   148
Freiheitsgrade, degrees of freedom   188
Fremdbezug, external procurement   354
Fremdbezugsplanung, external procurement planning   327
Fremdleistung, external services   307
Fremdleistungskosten, cost of external services   273
Frühschicht, morning shift   163
FTS, fahrerloses Transportsystem, AGV, automatic guided vehicle   183
Fügen, jointing   172
Führung, Leadership   467
Führungsstab, management team   42
Führungsstil, style of leadership   23
Funkterminal, radio terminal   397
Funktion, function   80
Funktionalität, functionality   117
Funktionsanalyse, operational analysis   81, 204
Funktionsart, functional type   80
Funktionsklasse, functional class   80
Funktionsstruktur, functional structure   80
Fused Layer Modeling, Fused Layer Modeling   215

G

Galton, Francis, *Galton, Francis*   512
Gantt-Diagramm, Gantt diagram   72, 423
Gateway, gateway   89
Gauß, K. F., *Gauß, K. F.*   492
Gebrauchsfunktion, consumer function   80
Gebrauchsnutzen (-tauglichkeit), service ability   537, 561
Gefährdungsbeurteilung, danger assessment   255
Gefährdungsfaktor, hazard coefficient   257
Gefährdungspotential, risk potential   255
Gefahren, dangers   263, 265, 267
Gefahrenhinweise, hazard statements   263
Gefahrstoffe, hazardous materials   263
Gehalt, salary   235
Gehaltsgruppe, salary bracket   229
Gelenkroboter, anthropomorphic robot   188
Geltungsfunktion, image function   80
Geltungsfunktion (nutzen), prestige utility   537
Geltungsnutzen, profit of image   546
Gemeinkosten, overhead costs   270, 426
Gestaltung, formation   39
Gesundheit, health   147
Gesundheitsschutz, health protection   250, 265
Gewinn- und Verlustrechnung (GuV), profit and loss account   269
Gewinnhöhe, profit amount   9
Gewinnschwelle, breakeven point   307
GG, Grundgesetz, German basic law   249
Glättung, smoothing   341
Glockenkurve, bell-shaped curve   513
Greifraum, arm sweep   148
Greifwege, gripper path   151
Grenzbelastung, limit stress   145
Grenzkosten, marginal cost   272
Grenzlosgröße, maximum lot size   306
Grenzwert, limit   306
Griff in die Kiste, bin picking   179
Grobplanung, rough planning   331

Sachwortverzeichnis

Grunddaten, basic data 95
Grundgesamtheit, parent population 521
Grundgesetz, German basic law 249
Grundlohn, base pay 229
Grundnutzen, basic profit of a product 546
Gruppenarbeit, team work 15, 23, 41, 48
Gurtförderer, belt conveyor 182

H

H-Sätze, hazard statements 263
Halbfabrikat, semi-finished product 118
Haltearbeit, holding strain 152, 159
Handelshemmnisse, trade restrictions 49
Handhaben, handle 172
Handlungsspielraum, action scope 48
Handmontage, manual assembly 172
Hängebahnförderer, trolley conveyor 182
Hauptfunktion, key function 80
Hauptnutzungszeit, productive time 133
Heben, lifting 161
Hierarchie, hierarchy 41
Hilfslohn, indirect labor 270
Histogramm, histogram 507
Höchstmaß, maximum dimension 448
Höchstwert, maximum value 448
Hol-Prinzip, pick-up system principle 398
House of Quality, House of Quality 499
HUB, hub 91
Humanität, humanity 22
Hygienemaßnahmen, hygienic proceedings 250

I

Ideenfindung, brainstorming 68
Identifikationssystem, identification system 395
Identifizieren, identify 99
Identnummer, identity number 99
Image, image 543
Indexdatei, index data file 103
Industrie 4.0, industry 4.0 17
Industrielle Revolution, industrial revolution 17
Information, information 83
Informationsaspekt, aspect of information 533
Informationssicherheit, information security 94
Infrastruktur, infrastructure 471
Innovation, innovation 23, 24, 543
Instanz, instance, unit of supervision 39, 40, 42
Integrität, integrity 107
Internet, internet 86
Intranet, intranet 90
Investition, investment 171
Investitionsrechnung, investment appraisal 135, 308
Investitionsrechnung, dynamisch, investment appraisal, dynamic 310
Investitionsrechnung, statisch, investment apraisal, static 309
Ishikawa-Diagramm, herring bone diagram 497
ISO 9000: 2015, ISO 9000: 2015 459

ISO 9001: 2015, ISO 9001: 2015 459
ISO 9004: 2015, ISO 9004: 2015 459
IST-Analyse, analysis of the current state 32
Istkosten, actual costs 319
IT-Sicherheitsmanagement, IT security management 92

J

Justieren, adjust 172

K

KAIZEN, KAIZEN 26, 36, 45, 525
KAIZEN (=ständige Verbesserung), kaizen 50
Kalkulation, cost accounting 171, 290
Kalkulatorische Kosten, imputed costs 270
Kanban, kanban 398
Kano Model, Kano Model 539
KANO-Modell, schematic chart (Inventor: Kano, N.) 35
Kano, Noriaki, *Kano, Noriaki* 35
Kapazität, capacity 325
Kapazitätsauslastung, capacity utilization 449
Kapazitätsterminierung, capacity scheduling 385
Kapitalkosten, capital costs 55, 274
Kennzahlen, financial highlights 52
Kernkompetenz, core competence 58
Kernprozess, business critic process 35
Kettenförderer, chain conveyor 182
Kick-Off-Meeting, kick-off-meeting 418
Kinematik, kinematics 186
Klassengrenze, class limit 507
Klassenweite, class interval 506
Klassenzahl, class number 506
Klassifizieren, classifying 99
Klassifizierungsnummer, classification reference number 99
Kommissionierung, order picking 177, 208
Kommunikationspolitik, communication policy 543
Kommunikationssysteme, communication systems 88
Kompetenz, authority 31
Kompetenzbereich, area of authority 74
Komplexität, complexity 24
Konfliktmanagement, conflict management 444
Konkurrenz, competition 25
Können, skill 219
Konstruieren 4.0, design 4.0 18
Kontext der Organisation, Context of the Organization 465
Kontinuierliche Verbesserung (KVP), continuous process improvement (CPI) 538
Kontischicht, all-shift 163
Kontrahierungspolitik, contract policy 543
Kontraktionsarbeit, contraction strain 152
Körpergröße, body height 148
Körperhaltung, bearing 159
Korrekturmaßnahmen, corrective action 489

Kostenartenrechnung, cost type accounting 272
Kostenausgleichsverfahren, cost averaging method 375
Kostenorientierung, cost orientation 564
Kostenplanung, cost planning 135
Kostenrechnung, cost accounting 269
Kostenstellen, cost center 272
Kostenstellenrechnung, cost center accounting 276
Kostenträger, cost unit 272
Kostenüberwachung, expense control 209
Kostenvergleichsrechnung, cost comparison method 304
Kritische Menge, critical amount 306
Kritischer Pfad, critical path 350
Kunde, customer 95, 490
Kunden-Entkopplungspunkt, point of customer decoupling 345
Kundenanforderung, customer request 449
Kundenauftrag, customer order 327
Kundenbeziehung, customer relationship 59
Kundenforderung, customer claim 541
Kundenorientierung, customer focus, customer orientation 31, 537
Kundenwünsche, customer's need 541
Kundenzufriedenheit, customer satisfaction 486, 540
KVP, kontinuierlicher Verbesserungsprozess, KVP, continuous improvement process 23, 36

L

Lager, stock 161
Lagerbestand, warehouse stock 324, 368
Lagern, storage 177
Lagerverweildauer, period of storage 370
Lagerwesen, warehousing 329
Lagerzeit, period of storage 191
LAN, LAN 91
Lärm, noise 147
Laser Sintering, Laser Sintering 215
Laserscanner, laser scanner 394
Lastenheft, user specification 68, 417
Lastentransport, freight transport 158
Laufkarte, job ticket 388
Layer Laminated Manufacturing, Layer Laminated Manufacturing 215
Layout, layout 195
Layout-Planung, layout planning 208
Lean Management, lean management 51
Lean Production, lean production 13, 23
Lebenserwartung, design life 552
Lebensqualität, quality of life 24
Lebensrhythmus, macrobiotic rhythm 162
Lebenszyklus, life cycle 549
Leistung, performance 154
Leistungsanforderung, performance requirement 450
Leistungsbereitschaft, willingness to achieve 162

Leistungsgrad, performance level 131
Leistungslohn, incentive wage 234
Leistungsverrechnung, innerbetrieblich, charge resulting from services, internal 276
Leistungszulagen, incentive bonus 235
Leitungskreis (-gruppe), circuit group 192
Lesegerät, reading device 394
Lesestift, code pen 394
Liegezeit, wait time 326, 384
Liniensystem, line organization system 42
Logistik, logistics 84, 200, 322, 332
Logistische Kette, logistics chain 84
Logistischer Codeleser, logistical code reader 394
Lohngruppe, wage bracket 220, 226
Lohngruppenverfahren, job classification method 220
Lohnkostenlinie, labor costs line 231
Lohnlinie, wage line 231
Lohnschlüssel, wage rate key 230
Lorenzkurve (Statistik), Lorenz curve 197, 552
Losbildung, lot formation 382
Losgröße, lot size 374
Losteilung, lot division 384

M

MAD, mean absolute deviation, MAD, mean absolute deviation 343
Magazin, store 180
Make-or-buy, make or buy 136, 354
Makro, macro 109
Makroformen, macro shapes 175
Managementbewertung, management review 488
Managementwerkzeuge M7, management tools M7 191
Männer, men 148
Manufacturing-Execution-Systeme (MES), Manufacturing Execution Systems (MES) 389, 399
Marketing, marketing 531
Marketing-Mix, marketing mix 543, 569
Marketinginstrumente, marketing instruments 543
Marketingmanagement, marketing management 566
Marketingstrategie, marketing strategy 560
Markierungsorientierung, label orientation 563
Markt, market 22
Marktanteil, market share 547
Marktbedarf, market demand 542
Marktforschung, market research 542, 566
Marktpreis, market price 532
Marktsegmentierung, market segmentation 553
Marktwachstum, market growth 547
Marktwirtschaft, soziale, social market economy 249
Marktziel, market objective 323
Maschinenfähigkeit, machine capability 457, 524
Maschinenfähigkeitsuntersuchung, machine capability study 37

Maschinenrichtlinie, EU machinery directive 265
Mask Sintering, Mask Sintering 215
Maslow, Abraham, Maslow, Abraham 145
Material, material 83, 95, 117
Materialbedarf, material requirements 365
Materialbestandsführung, material accounting 368
Materialdisposition, inventory control 364, 376
Materialfluss, material flow 177, 198, 364
Materialfluss-Prozess, material flow process 195
Materialflussbogen, material flow sheet 193
Materialflussoptimierung, materials flow optimization 191
Materialkosten, cost of materials 55, 273, 319
Materialplanung, materials planning 135
Materialstammdaten, material master data 336
Materialsteuerung, materials controlling 364
Materialwagen, material cart 150
Matrixdiagramm, matrix diagram 499
Matrixorganisation, matrix organization 43
McKinsey, McKinsey 549
ME, Mengeneinheit, ME, unit of quantity 120
Medien, media 24
Meffert, Herbert, Meffert, Herbert 533
Mehrfachstückliste, multiple parts list 124
Mehrliniensystem, multiple-line organization 42
Mehrstellenarbeit, multiple-machine work 41
Meilenstein, milestone 423
Meldebestand, reordering quantity 356
Mengeneinheit, unit of quantity 120
Mengenplanung, quantity planning 327
Mengenprämienlohn, quantity bonus wage 233
Mengenstückliste, bill of materials, quantitative overview 165
Mengenteilung, quantitative division of responsibilities 47
Mengenübersichtsstückliste, gross requirement parts list 121
Mensch, human 60, 143
Merchandising (Absatzförderung), merchandising 546
Merkmalsart, feature category 448
Merkmalswert, characteristic value, value of a feature 448, 520
MES, MES Manufacturing Execution systems 389, 399
Messwert, measuring value 513
Messzeit, test time 126
Methodenplanung, method planning 135
Mindestmaß, minimum dimension 448
Mindestwert, minimum value 448
MindMap, mind map 193
Mitbestimmung, codetermination 250
Mittelwert, mean value 340, 513
MOBE, Modellbetrieb, MOBE, model business 97
Modalanalyse, modal analysis 50
Modell, model 218
Modellbetrieb, model business 97

Modellbildung, modeling of industrial processes 210
Modellzyklen, market cycle 25
Moderation, moderation 192
Montage, assembly 166
Montage 4.0, assembly 4.0 19, 173
Montageabfolge, assembly sequence 164
Montageablauf, assembly process 189
Montagehilfe, assembling device 151
Montagemaschinen, assembling machine 184
Montageorganisation, assembly management 189
Montageplattform, assembly plate 174
Montagereihenfolge, assembly schedule 118
Montagestruktur, assembly structure 190
Montagetechnik, assembly technique 172
Montagezeit, assembly time 145
Morphologie, morphology 69
Morphologischer Kasten, morphological box 70
MPM, Metra Potential Methode, MPM, metra potential method 74
MRP I, Manufacturing Resource Planning, MRP I, manufacturing resource planning 331
MRP II, Manufacturing Resource Planning II, MRP II, manufacturing resource planning II 331
MS-Project, MS-Project 424
MTM, methods-time measurement, MTM, methods-time measurement 144
Much, Detlef, Much, Detlef 46
Multi Jet Modeling, Multi Jet Modeling 215
Muskelarbeit, physical work 158

N

n:m-Beziehung, n:m-relation 106
Nachfrage, demand 532
Nachkalkulation, statistical cost accounting 290
Nachtschicht, night shift 163
Nagelbrett, bean machine 512
Nebenbetriebe, auxiliary plants 200
Nebenfunktion, side function 80
Nettobedarf, net requirements 347
Netzplan, network 73, 352, 423
Netzwerk, network 88
Neuplanung, replanning 138
Nichtkonformität, nonconformity 489
Normalform, normal form 108
Normalisieren, normalization 108
Normalverteilung, normal distribution 513
Normalverteilungsvariable, normal distribution variable 515
Nummernplan, numerical code plan 99
Nummerung, numbering 99
Nutzungsprämienlohn, operating rate premium wage 234
Nutzwert, utility value 25
Nutzwertanalyse, efficiency analysis 78, 195, 197, 198

O

Organisation, organization 38, 219
Organisationsaspekt, organizational aspect 533
Organisationsplanung, management planning 200
Organisationsstruktur, organizational structure 330
Outsourcing, outsourcing 26

P

P-Sätze, precautionary Statements 263
Parallelnummer, dual reference number 100
Pareto-Analyse, Pareto analysis 194, 496
Pareto, Vilfredo, Pareto, Vilfredo 496
PDCA-Zyklus, Plan Do Check Act cycle 462
PDM, product data management, PDM, product data management 85
Perceptual Map, perceptual map 553
Personal, personnel 95
Personal 4.0, staff 4.0 436
Personalführung, human resources management (HRM) 443
Personalkosten, labor cost 55
Personalmanagement (PM), human resources managment (HRM) 435
Personalplanung, personnel planning 200, 437
Personalwirtschaft, personnel management 332
Perzentil, percentile 148
Pfad, path 350
Pfad, kritischer, path, critical 75
Pflichtenheft, functional specification 68, 417
Physiologie, physiology 147
Planung, planning 61, 199, 468
Planungsablauf, planning process 61
Planungsanstoß, planning impulse 61
Planungsart, planning type 61
Planungsaufgaben, planning tasks 61
Planungsauftrag, planning application 61
Planungsdarstellung, representation of planning 72
Planungsebene, planning level 330
Planungserfolg, result of planning 64
Planungsergebnis, operating result of planning 64
Planungsgenauigkeit, planning accuracy 330
Planungsgrundlage, planning basis 64
Planungshorizont, planning horizon 330
Planungsinstrument, planning tool 64
Planungskonzept, planning concept 64
Planungsperiode, planning period 330
Planungsraster, planning grid 330
Planungsrecht, planning laws 209
Planungsstufe, planning stage 64
Planungssystematik, systematic manner of planning 64
Planungsteam, planning team 61
Planungsziel, planning goal 61
Planzeit, incentive time 130
Platzkostenrechnung, work center costing 285

Plus-Minus-Stückliste, bill of materials, alteration overview 124
Poly Jet Modeling, Poly Jet Modeling 215
Poor dog (arme Hunde), poor dog 547
Portfolio, portfolio 547, 570
Portfolioanalyse, portfolio analysis 45
Positionierungsanalyse, positioning analysis 540, 555
PPS, Produktionsplanungs- und Steuerungssysteme, PPS, production planning and control 322
Präferenzstrategie, consumer taste pattern strategy 560
Prämienlohn, bonus wage 233
Preference Map, preference map 553
Preis-Mengen-Strategie, price quantity strategy 560
Preispolitik, pricing policy 543
Primärbedarf, primary requirements 327
Primärschlüssel, primary key 105
Prioritätsregel, priority rule 387
Problemanalyse, problem analysis 107
Problemerkennung, problem detection 494
Produkt, product 25
Produktdatenmodell, product data model 85
Produktdifferenzierung, product differentiation 565
Produktentwicklung, product development 84
Produkthaftungsrisiko, product liability risk 45
Produktion, production 323
Produktion und Dienstleistungserbringung, production and service provision 484
Produktionsablauf, production running 14
Produktionsbedarfsplanung, production requirement planning 327
Produktionsfaktor, production factor 83
Produktionskapazität, production capacity 552
Produktionskonzepte, production concepts 199, 206
Produktionsplanung, master production scheduling 322
Produktionsprogrammplanung, planning the demand program 327, 339
Produktionsprozess, manufacturing process 452
Produktionsregelkreis, production control loop 329
Produktivität, productivity 60
Produktlebenszyklus, product life cycle 83
Produktmerkmal, product feature 500
Produktnutzen, product benefit 546
Produktorientierung, product guideline 43
Produktpalette, product range 548
Produktplanung, product planning 542
Produktpolitik, product policy 531, 544
Produktportfolio, product portfolio 548
Produktpositionierungsanalyse, product positioning analysis 553
Produktprogramm, production program 83, 84, 117

Produktqualität, product quality 191
Profit-Center, profit center 43
Prognosefehler, forecast error 343
Prognoseverfahren, forecast method 339
Programmkonsolidierung, program consolidation 382
Programmpolitik, program policy 545
Programmstrukturanalyse, program structure analysis 547
Projekt, project 403
Projekt-Handbuch, project manual 405
Projektablauforganisation, project flow organization 405
Projektablaufplan, project flow plan 420
Projektabschlussbericht, project closing report 434
Projektabschlusstermin, project deadline 74
Projektantrag, project proposal 417
Projektarbeit, project work 62
Projektaufbauorganisation, organizational break down structure 405
Projektcontrolling, project controlling 405, 429
Projektinitialisierung, project initialization 411
Projektkosten, project costs 426
Projektleiter, project manager 62
Projektmanagement, project management 403
Projektmanagementsystem, project management system 197
Projektmarketing, project marketing 416
Projektorganisation, project organization 408
Projektorientierung, project guidance 43
Projektphase, project phase 410
Projektphasenplan, project phase plan 410
Projektplanung, project planning 62, 417
Projektstart, project start up 411
Projektstrukturplan, project structure plan 72, 418
Projetstarttermin, project start deadline 74
Protokoll, log 91
Prozess, process 28, 461
Prozessbeherrschung, process under control 457
Prozesscharakteristik, process characteristic 456
Prozessfähigkeit, process capability 35, 457, 524
Prozesskennzahl, process reference number 198
Prozesskette, process chain 27, 84
Prozesskostenrechnung, process cost accounting 317
Prozesslenkung, process control 504
Prozessmanagement, process management 28, 44, 191
Prozessmodell, process model 28
Prozessnetz, web of processes 27
Prozessoptimierung, process optimization, process orientation 504, 536
Prozessplanung, process planning 542
Prozessregelkarte, process control chart 521
Prozessregelung, process control 504
Prozessstreuung, spread of process characteristics 492
Prozessteam (-führung), process management 192
Prozessumgebung, Environment for the operation of processes 472
Prozessverbesserung, improvement of processes 53
Prozesszeit, process time 130
Prozesszeitverkürzung, cut in process time 59
Prüfausführung, implementation of an inspection 454
Prüfdaten, test data 506
Prüfdatenarchivierung, test data archiving, test data processing 457
Prüfhäufigkeit, testing frequency 456
Prüfplanung, inspection planning 453
Prüfstufensteuerung, inspection level controlling 456
Prüfung, inspection 453
Prüfwert, test value 505
Psychoakustik, psychoacoustics 50
Psychographische Ziele, trait psychology goals 545
PTCA, Planen-Tun-Checken-Aktion, PDCA, Plan-Do-Check-Act 36, 526
Puffer, buffer 74, 178, 350
Pufferzeit, buffer time 422
Pull-Prinzip, pick-up system principle 398
Push-Prinzip, delivery system principle 398

Q

QFD, quality function deployment, QFD, quality function deployment 33, 45, 494, 499, 542
QM-Glossar , QM glossary 527
QR-Code, QR code 393
Qualifizierung, qualification 445
Qualität, quality 447, 561
Qualitätsanforderung, quality standard 447
Qualitätsaudits, quality (system) audit 539
Qualitätsförderung, furtherance of quality work 458
Qualitätshaus, house of quality 500
Qualitätskreis, quality circle 450
Qualitätslenkung, quality control 457
Qualitätsmanagement, quality management 447
Qualitätsmerkmal, quality characteristic 448
Qualitätsplanung, quality planning 452
Qualitätsprüfung, quality inspection and testing 453
Qualitätspyramide, quality pyramid 451
Qualitätsregelkarte, quality control chart 505, 520
Qualitätsregelkreis, quality control loop 505
Qualitätssicherung, quality assurance 447
Qualitätsüberwachung, quality monitoring 504
Qualitätswerkzeuge Q7, quality management tools Q7 191
Quality Function Deployment, quality function deployment 499
Query, query 114
Question mark (Fragezeichen), question mark 547

R

Rahmenvereinbarung, framework agreement 362
Rangfolgeverfahren, job ranking method 221
Rangplatz, digit position 550
Rangreihenverfahren, ranking method 221
Ranking, ranking 192, 194
Rapid Manufacturing, Rapid Manufacturing 13, 215
Rapid Prototyping, rapid prototyping 215
Rapid Tooling, Rapid Tooling 215
Rationalisierung, rationalization measures 26, 138
Rationalisierungsinvestition, rationalization investment 308
Raumkosten, cost of office and workshop space 270
Rechnungswesen, accounting 332
Recht, law 249
Recruiting, recruiting 441
Redundanz, redundancy 107
Reengineering, reengineering 57
REFA, REFA (German association for work time studies) 22, 46, 144, 154
Regalförderzeug, racking conveyor equipment 177
Regalzeilenlager, high-level storage installation 177
Regelkarte, control chart 521
Regelkreis, closed loop 53
Regler, controller 329
Regression, regression 342, 429
Relationales Datenmodell, relational data model 104
Repeater, repeater 91
Ressorcenplanung, resource planning 424
Ressource, resource 83
Ressourcen, resources 470
RFID, radio frequency identification, RFID, radio frequency identification 396
RFZ, Regalförderzeug, RFZ, racking conveyor equipment 177
Richtangebot, target offer 359
Risiko, risk 268, 415, 501
Risikoanalyse, risk analysis 550
Risikobasiertes Denken, Risk-based thinking 465
Risikomanagement, risk management 414
Risikoprioritätszahl, RPZ, risk priority number, RPN 197
Roboter, robots 173, 185
Rohmaterial, raw materials 117
Rollenförderer, roller conveyor 181
Rückmeldebeleg, feedback voucher 388
Rückrufaktion, recall action 452
Rückverfolgbarkeit, traceability 457
Rückwärtsrechnung, backward calculation 74
Rückwärtsterminierung, backward time scheduling 121
Rundtaktmontage, carousel clocked assembly 184
Rüstzeit, change-over time 130
Rutsche, chute 181

S

Sachleistung, in-kind benefits 546
Sachmerkmal, subject characteristic 101
Sachmerkmalleiste, subject characteristic line 101
SAP, SAP 332
Scanner, scanner 393
SCARA-Roboter, SCARA robot 184
Schätzverfahren, estimation procedure 428
Schichtarbeit, shift work 162
Schichtplan, shift schedule 163
Schlanke Hierarchie, lean production (manufacturing) 51
Schlupfzeit-Regel, slack time rule 387
Schlüsselkunde (Hauptauftragsgeber), key account customer 29
Schlüsselprozess, key process (primary-) 29, 192
Schutzausrüstung, protective equipment 255
SCM, supply chain management, SCM, supply chain management 322
SE, Simultaneous Engineering, SE, simultaneous engineering 14, 50
Selbstverwirklichung, self-realization 145
Selective Laser melting, Selective Laser melting 215
Serienmontage, continuous series-type assembly 172
Server, server 88
Serviceleistung, service feature 535
Shewart, Walter Andrew, *Shewart, Walter Andrew* 505
Shewartkarte, Shewart chart 521
Shopping goods (Gebrauchsgüter), shopping goods 545
Sicherheit, safety 145, 265
Sicherheitsabstand, safeguard distance 150
Sicherheitsfaktor, factor of safety 356
Sicherheitshinweise, precautionary Statements 263
Sicherheitsnormen, safety standard 268
Sichtenauswahl, view selection 337
SIM-Karte, SIM card 396
Simulationstechnik, simulation methods 210
Simultaneous Engineering, simultaneous engineering 50
Simultanous Engineering (SE), ???? 14
Simultanplanung, simultaneous planning 387
Situationsanalyse, situational analysis 204
Sitz-Steh-Konzept, sitting/standing concept 153
Six Sigma, six sigma strategy 492
Skip-Lot-Prüfung, skip lot inspection 456
SMART, SMART 413
Smith, Adam, *Smith, Adam* 144
Sollkosten, budgeted cost 319
Social Media Marketing, social media marketing 531

Sozialaspekt, aspect of social sensitivity 533
Sozialkompetenz, social competence, social skills 23
Sozialkosten, social costs 270
Soziologie, sociology 147
Spannweite, spread 506
Sparte, division 43
Spartenorganisation, divisional organization 43
SPC, Statistische Prozessregelung, SPC, statistical process control 37, 458, 494, 504
Speciality goods (Dienstleistungen), specialty goods 545
Speicher, mobil, data storage unit, mobile 395
SQL, SQL 116
Stab-Linien-Prinzip (-Organisation), line-and-staff-organization 42
Stakeholder, stakeholder 412
Stammdaten, master data 95
Standardabweichung, standard deviation 343, 492, 513
Standardwerkzeug, standard tool 137
Standortplanung, location planning 200
Standortstruktur, location structure 204
Stapel, staple 161
Star (Sterne), star 547
Statuswert, status value 25
Staurollenförderer, accumulating roller conveyor 182
STCA-Kreis, STCA circle 36, 526
Steharbeitsplatz, standing workstation 149
Stelle, job, position 39, 41
Stellenbesetzung, staffing 439
Stellenplanung, staff planning 438
Stereolithography, Stereolithography 215
Steuerungsmaßnahmen, controls 480
Stichprobe, sample 504, 515
Stichprobenprüfung, sampling inspection 456
Stichprobenumfang, sample size 456
Störung, vegetativ, disturbance of the nervous vegetative system 162
Streudiagramm, scatter diagram 498
Streuung, dispersion 492
Strichcodes, bar code 391
Strichliste, tally sheet 509
Structured Query Language, structured query language 116
Strukturanalyse, structural analysis 550
Strukturdaten, structural data 95
Strukturierung, structuring 201
Strukturpunkte, structural elements 206
Strukturstückliste, bill of materials, structural overview 121
Stückliste, bill of material 101, 121, 165, 338
Stücklistenauflösung, bill of material explosion 347
Stücklistenverarbeitung, bill of materials, processing 135
Stufenverfahren, points rating method 225

Stufenwertzahlverfahren, step number evaluation 221
Sukzessivplanung, succession planning 330, 387
Summenhäufigkeit, cumulative frequency 510
SvZ (Systeme vorbest. Zeiten), SvZ, standard operation time system 144
Switch, switch 91
SWOT-Analyse, SWOT-analysis 412
Systemelement (Sieben), system element 40
Systemstudie, feasibility study 204

T

Taguchi, G., *Taguchi, G.* 448
Target-Costing, target costing 319
Tarifieren, wage bracket ranking 226
Tarifvertrag, collective agreement 227
Tarifvertragsparteien, parties to a pay deal 249
Tätigkeit, activity 219
Taylor, F. W., *Taylor, Frederick Winslow* 42, 143
Taylorismus, Taylorism (scientific management) 26, 536
Teamfähigkeit, ability to work in a team 23
Technologien, technology 199
Teilefamilie, family of parts 138
Teileverwendungsnachweis, cross reference voucher 125
Teilkostenrechnung, direct costing 297
Teilverrichtung, subassembly 189
Temperatur, temperature 147
Terminierung, scheduling 373
Terminplan, timing schedule 74
Terminplanung, scheduling 421
Terminüberwachung, progress control 209
Tisch, desk 149
Toleranz, broad-mindedness 23
Toleranzbereich, range of tolerance 521
Toleranzfeld, tolerance field 524
Toleranzgrenze, tolerance limit 497
Total Quality Management, total quality management 490
Toypota-Produktions-System (TPS), Toyota Production System 16
TQM, TQM (total quality management) 26, 33, 490, 538
TQM Werkzeuge, TQM tools 494
Tracking, tracking 213
Tragen, carrying 161
Transponder, transponder 396
Transport, transport 117
Transport-Matrix, cost center transfer matrix 196
Transportsysteme, conveyor system 181
Transportweg, transport route 196
Transportzeit, move time 326
Trendchart, trend chart 430
Tupel, tuple 105

U

Übergangszeit, transit time   326
Überprüfung der Anforderungen, review of requirements   479
Umlauflager, transportation inventories   177
Umsatzanteil, turnover proportion   552
Umsatzstruktur, sales pattern   552
Umweltbewusstsein, environmental consciousness   545
Umweltschutz, environmental protection   252
Unfallverhütungsvorschriften, safety rules   250
Unternehmen, business enterprise   21
Unternehmensphilosophie (=kultur), organizational culture   51
Unternehmenspolitik, business policy   535
Unternehmensprozess, business process   24, 60
Unternehmensstrategie, corporate strategy   49
Unternehmungsprozess, business process   26
Unterstützung, support   470
Urwertkarte, raw data chart   521

V

Value-Added-Service (Mehrwertdienst), value-added-service   546
Variantenstückliste, bill of materials, variants overview   123
Variation, variation   492
VE, VE, virtual environment   211
Verantwortung, responsibility   219
Verbesserung, improvement   488
Verbesserungsprozess, improvement process   36
Verbundnummer, combined reference number   100
Verfügbarkeit, availability   92, 388
Verfügbarkeitsprüfung, availability check   382
Vergleichsrechnung, comparative cost accounting   290
Verlaufsdiagramm, trend path diagram   497
Verlust-Funktion, loss function   448
Verteilungsfunktion, distribution function   512
Verteilzeit, delay allowance   129
Vertrauensverhältnis, confidential relation   525
Vertraulichkeit, confidentiality   92
Vertrieb, sales and distribution   359, 556
Vertriebsprozess, distribution process   452
Verwaltungskosten, administrative expense   270
Vibrationsaustrag, vibration discharge   179
Virtual Environment, virtual environment   211
Virtual Reality, virtual reality   211
Virtualisierung, virtualization   211
Vollkostenrechnung, absorption costing   297, 557
Vorgabezeit, standard time   129
Vorgabezeitbestimmung, recording of standard time   134
Vorgabezeitermittlung, determination of standard time   137
Vorgangsdauer, process duration   74
Vorgangsliste, activity list   72, 352

Vorhersage, forecast   341
Vorkalkulation, preliminary costing   290
Vorlaufzeit, lead time   366
Vormontage, pre-assembly   166
Vorranggraph, priority diagram   190
Vorschlagswesen, employee suggestion system   47
Vorwärtsrechnung, forward calculation   74
Vorwärtsterminierung, forward time scheduling   352

W

W-Fragen, Questions for job performance   39
WA, Wertanalyse, VM, value management   35, 537
Wachstumsrate, rate of expansion   548
Wagner-Whithin-Verfahren, Wagner-Whithin method   375
Wahrscheinlichkeit, probability   511
Wahrscheinlichkeitsfunktion, probability function   512
Wahrscheinlichkeitsnetz, probability paper   516
Wandlungsfähigkeit, mutability   9
Wareneingangsprüfung, inspection of incoming shipments   456
Warngrenze, warning limit   520
Wartezeit, queue time   326
WBZ, Wiederbeschaffungszeit, replenishment lead time   350, 356
Weinhold-Stünzi, Heinz, Weinhold-Stünzi, Heinz   533
Weltmarkt, global market   24
Werbeaktion, advertising measure   449
Werkbankfertigung, workbench shop   10
Werkstattauftrag, job shop order   388
Werkstattfertigung, shop production   10
Werkzeuge, tools   494
Wertanalyse, value management   35, 80, 537
Wertigkeit, valence   76
Wertschöpfung, value added   58
Wertschöpfungskette, value added chain   322
Wettbewerbsstrategie, competitive strategy   560
Wettbewerbsvorteil, competitive advantage   549
Wiederbeschaffungszeit, replenishment lead time   325, 350, 356
Wirtschaftlichkeit, economic efficiency   22, 48
Wissen, knowledge   219
Wissensmanagement, knowledge management   86
Workflow, workflow   27

X

XYZ-Analyse, XYZ analysis   76, 344

Z

Zeitakkordlohn, piecework wage   231
Zeitaufnahme, time observation   130
Zeitdaten, time data   130
Zeitdauer, length of time   130

Sachwortverzeichnis

Zeitermittlung, time measurement 130
Zeitformel, time formula 130
Zeitgrad, performance efficiency 232
Zeitklasse, time classes 130
Zeitklassenverfahren, method of time classes 133
Zeitlohn, timework rate 235
Zeitrechnung, time calculation 74
Zeitreserve, time interval 74
Zeittabelle, time-table 130
Zeitverkürzung, shortening of periods 59
Zentrallager, central store 177
Zentralstab, central staff 42
Zielgewinn, target profit 319
Zielgruppenanalyse, target group analysis 548

Zielkostenrechnung, target costing 319
Zufallsereignis, random event 511
Zufallsstreubereich, error band 522
Zufriedenheit, satisfaction 145, 558
Zulieferer, supplier 26
Zumutbarkeit, reasonability 145
Zusatzbedarf, additional requirement 347
Zusatznutzen, additional benefit 546
Zusatzzeit, additional time 326
Zuschlagskalkulation, overhead accounting 293
Zwischenhandel, intermediate trade 556
Zwischenkalkulation, intermediate costing 290
Zwischenprüfung, interim check 454
Zwischenzeit, interim time 326

Quellenverzeichnis

Die meisten Bilder und Tabellen entstanden auf der Basis von Entwürfen der Autoren bzw. entstammen ihrem Arbeitsumfeld. Nachfolgend genannte Firmen und Institutionen haben den Arbeitskreis aber im Besonderen mit Druckschriften, Zeichnungen und Fotos (Seite/Bild-Nr. in Klammern) unterstützt; dafür bedankt sich der Arbeitskreis. Herausragend war die Unterstützung durch die Firma **ALFRED HEYD GmbH u. Co.** in Öhringen. Ihre Gelenkwellen dienten uns über mehrere Kapitel hinweg als Leitbeispiel.

ALFRED HEYD GmbH u. Co., Öhringen 97/1/2/3, 118/1, 123/2, 139/1, 141, 142
ASEA-Industrieroboter, Friedberg 185/1/2
August Mössner GmbH& Co KG, Eschach 11/2
Axel Springer Syndication GmbH Ullstein Bild, Berlin, 17/1.1, 143/3, 144/1
Gebhard Balluff GmbH, Neuhausen 395/4
b p k Bildagentur für Kunst, Kultur und Geschichte, Berlin (10/3, 17/1.2, 19/1.2, 456/1
Bosch Rexroth AG, Lohr am Main, 143/22
BMW Group, München, 173/1/3/4, 293/3/4, 294/4
Bundesministerium für Arbeit und Sozialordnung, Berlin
Comao S.p.A., I-Grugliasco 174/1
Daimler AG, Stuttgart (177/3, !90/2
Forschungsinstitut für Rationalisierung (FIR), Aachen
Galerie Cyprian Brenner GCB, Hüttlingen, 18/1.1
HAKO-Lehrmittel, Reutlingen, 513/3
Kessler + Co. GmbH & Co. KG, Abtsgmünd, 182/3

KEYENCE Deutschland GmbH, Leinfelden-Echterdingen 179/2, 394/3
KUKA AG, Augsburg, 12/2/3, 188/1
KUKA Roboter GmbH, Augsburg 186/3o, 187/3
LEUWICO Büromöbel GmbH, Meeder-Wiesenfeld, 149/2
MIAG Fahrzeugbau GmbH, Braunschweig 183/2
norlinhistory: Eli Whitney, 19/1.1
PolyIC GmbH & Co. KG, Fürth, 397/1
Porsche AG, Stuttgart, 9/1, 436/2
Rationalisierungs-Kuratorium der Deutschen Wirtschaft e. V. (RKW), Eschborn
Robert BOSCH GmbH, Stuttgart, 12/1, 18/1.2, 172/1//2/3, 174/2, 188/3
Siemens Dematic AG, München, 143/1
Siemens AG, Nürnberg, 17/1.3, 18/1.3, 397/2
ThyssenKrupp AG, Düsseldorf, 11/1
TRAPO AG, Gescher Hochmoor, 181/1/2
voxeljet technology GmbH, Friedberg, 215/3